CNCA

# 中国合格评定国家认可委员会

CHINA NATIONAL ACCREDITATION SERVICE FOR CONFORMITY ASSESSMENT

中国合格评定国家认可委员会（CNAS）是根据《中华人民共和国认证认可条例》的规定，由国家认证认可监督管理委员会授权成立，统一负责对认证机构、实验室和检查机构等相关机构的认可工作。

## 一、文化理念

认可使命是证实能力，传递信任，愿景是权威可信——社会公信、政府采信、国际互信。核心价值观是科学、公正、诚信、责任。

## 二、主要进展

截至2012年12月31日，累计认可各类认证机构、实验室及检查机构5 840家机构,认可数量同比增长10%。其中，累计认可各类认证机构131家，涉及业务范围类型8 698个；累计认可实验室5 352家，其中检测实验室4 550家、校准实验室634家、医学实验室105家、生物安全实验室33家、标准物质/标准样品生产者6家、能力验证提供者24家；累计认可检查机构357家。有效认可状态各类认证证书682 245份，认可范围各类认证数量同比增长近13%。认可申请不受理率达15%。累计暂停734个机构认可资格，撤销345个，注销479个。组织实施和利用能力验证计划307项。

2012年认可工作取得新进展：一是以国家质检总局支树平局长一行到秘书处调研认可工作为契机，全面总结了认可制度统一发展十年的主要成果和经验；二是承办世界认可日主题活动圆满完成，首次召开了全国合格评定机构认可工作会议，取得很好效果；三是牵头承担的“P3、P4实验室生物安全技术及应用”课题荣获了国家科技进步二等奖，填补了认证认可领域国家科技奖项空白；四是CNAS秘书长肖建华连任国际认可论坛副主席，保持了我国在国际认可组织高层的影响力；五是检查机构认可制度首批加入国际实验室认可合作组织检查机构互认协议。

2012年，是我国认可统一发展的十周年。十年来，在国家质检总局和认监委的正确领导下，我国认可工作实现了跨越式发展，发生了根本性变化。最重要的就是建立了集中统一的国家认可制度，成立了中国合格评定国家认可委员会。十年来，我国认可工作积累宝贵经验,达成了应当长期坚持的六条共识。一是集中统一的国家认可制度是认可事业长期健康发展的根本保障；二是传递信任、服务发展是认可工作的基本要求；三是实施国际化战略、推进国际互认是认可工作的基本目标；四是走国际化和中国化相结合的中国认可发展之路是认可工作的正确选择；五是统筹处理好速度结构质量的协调关系、不断提升认可有效性和公信力是认可工作科学发展的长期任务；六是加强以人为本、以技术为基础的自身能力建设是推动认可事业持续发展的基础保障。

国家质检总局支树平局长2012年6月7日专门调研认可工作，对中国认可统一发展十周年进行了高度概括和高度评价。他指出：“这10年，是中国认可事业跨越发展的10年，是中国质量发展史上值得记载的 0年，而且越是随着时间的推移，这段历史将愈加显得厚重和关键

地址：北京市东城区南花市大街8号　　邮编：100062

网址：http://www.cnas.org.cn　　传真：010-67105005

創造更值得信賴的世界
CCIC be around you, For a more reliable world!

# 中　国
# 认证认可年鉴

# 2013

CNCA

中国质检出版社

**图书在版编目（CIP）数据**

中国认证认可年鉴．2013/国家认证认可监督管理委员会编．北京：中国质检出版社，2013.10
ISBN 978-7-5026-3890-0

Ⅰ．①中…　Ⅱ．①国…　Ⅲ．①产品质量—质量管理中国 2013 年鉴 Ⅳ．①F279.23-54

中国版本图书馆CIP数据核字（2013）第219679号

**中国认证认可年鉴　2013**
责任编辑：薛斌　王春娥　曹纯

中国质检出版社出版发行
北京市朝阳区和平里西街甲2号（100013）
北京市西城区复外三里河北街16号（100045）
网址：www.spc.net.cn
总编室：（010）64275323　发行中心：（010）51780235
读者服务部：（010）68523946
世纪千禧印刷（北京）有限公司　印刷
各地新华书店经销
*
开本 889×1194　1/16　印张 60　字数 1500 千字
2013年11月第1版　2013年11月第1次印刷
*
定价：280.00元

2013年1月18日，全国认证认可工作会议以视频会议形式在北京召开

2013年1月18日全国认证认可工作会议全景

2013年4月16日，第十一次全国认证认可工作部际联席会议在北京召开

国家质检总局局长支树平出席第十一次全国认证认可工作部际联席会议并讲话

国家质检总局副局长、国家认监委主任孙大伟出席第十一次全国认证认可工作部际联席会议并讲话

6月9日，由国家质检总局、国家认监委主办的世界认可日主题活动在北京举办

1月9日，中国认证认可协会2011年度年终总结会在北京召开。国家质检总局副局长、国家认监委主任孙大伟，中国认证认可协会会长王凤清出席会议并讲话

2月20日，中国国际核聚变能源计划执行中心质量管理体系认证证书授予仪式在北京举行。科技部部长万钢，国家质检总局副局长、国家认监委主任孙大伟出席授予仪式

10月16日，国家认监委《国家行政机关质量管理体系理论与实践研究》课题验收暨鉴定会在北京召开。国家质检总局副局长、国家认监委主任孙大伟出席会议并讲话

5月20日，联合国教科文组织政府间海洋学委员会和世界气象组织亚太区域海洋仪器检测评价中心在天津成立。国家质检总局副局长孙大伟，国家海洋局局长刘赐贵，天津市副市长熊建平，联合国教科文组织助理总干事、海委会执行秘书温迪·沃森·怀特出席揭牌仪式并致辞

9月11日，“全国检测实验室开放日”活动在上海拉开序幕。国家质检总局副局长、国家认监委主任孙大伟出席活动并致辞

9月11日，上海北斗导航及位置服务产品检测中心（筹）启动建设。国家质检总局副局长、国家认监委主任孙大伟，上海市常务副市长杨雄为中心揭牌

6月28日—29日，第三届中美欧三方消费品安全峰会在美国马里兰州贝赛斯达市举办。国家质检总局副局长、国家认监委主任孙大伟出席会议并讲话

7月3日，国家质检总局副局长、国家认监委主任孙大伟在北京会见英国标准协会（BSI）新任主席大卫·布朗爵士一行，双方就认证认可领域的相关议题进行了广泛深入的交流

7月16日—17日，中俄总理定期会晤委员会经贸合作分委会中俄标准计量认证和检验监管常设工作组第十次会议在海南举行。常设工作组中方主席、国家质检总局副局长、国家认监委主任孙大伟率中国代表团参会，与工作组俄方主席、俄罗斯技术调节和计量署副署长扎日高尔金共同主持会议

3月6日—7日，江苏检验检疫系统认证监管工作会议在扬州召开，国家认监委副主任车文毅出席会议并讲话

4月12日—13日，浙江省、上海市、江苏省质监局在江阴联合召开“长三角地区认证认可工作研讨会”，国家认监委副主任车文毅出席会议并讲话

5月8日—9日，2012年《中国认证认可年鉴》工作会议在四川成都召开，国家认监委副主任车文毅到会并讲话

7月19日，国家认监委副主任车文毅出席“全球食品安全倡议（GFSI）中国主题日”活动并作主题演讲

8月20日，国家认监委副主任车文毅带领评审专家组赴哥斯达黎加开展进口水产品境外生产企业注册检查，这是我国首次对境外水产企业实施进口注册检查

4月10日，国家认监委副主任程方向北京国体世纪体育用品质量认证中心有限公司颁发新版《认证机构批准书》

4月12日—13日，2012年全国认证机构管理工作会议在北京召开，国家认监委副主任程方出席会议并作工作报告

5月14日，上海市经济团体联合会和上海市工业经济联合会共同举行2012年上海企业社会责任报告发布会，国家认监委副主任程方出席发布会并致辞

6月29日—30日，国家认监委副主任程方在江苏出入境检验检疫局轻工产品与儿童用品检测中心、国家中低压配电设备质量监督检验中心调研

8月23日，国家认监委副主任程方出席2012年度全国认证认可工作部际联席会议联络员会议，并赴国家陶瓷和耐火材料检测中心以及获证企业进行实地考察

2月7日，“十五”国家科技攻关计划及“十一五”国家科技支撑计划项目成果“高级别生物安全实验室国家认可评价技术体系与应用”成果评估会议在北京召开，国家认监委副主任王大宁出席会议并讲话

5月24日—26日，“第六届中国国际有机食品博览会”在上海举办，国家认监委副主任王大宁参观“有机产品认证示范创建区”展区

5月25日，中国-欧盟有机产品认证研讨会在上海召开。国家认监委副主任王大宁出席会议

10月18日—19日，第十届全国HACCP应用与认证研讨会在上海举办，国家认监委副主任王大宁出席会议并讲话

11月7日，国家认监委副主任王大宁与GLOBAL G.A.P.主席Nigel Garbutt先生就双方合作进行会谈，并续签《中国国家认证认可监督管理委员会与GLOBAL G.A.P./Food PLUS技术合作备忘录》

3月2日，由浙江省质检院（浙江方圆检测集团）举办的“2012检测机构发展论坛”在杭州举行，国家认监委副主任谢军出席并发表主题演讲

3月13日，国家认监委副主任谢军在上海出席“国家信息传输线产品质量监督检验中心”筹建论证会，听取了中国电子科技集团第二十三研究所的论证报告

3月29日，IEC中国国家委员会秘书长、IEC理事局（IEC/CB）成员、国家认监委副主任谢军与来访的IEC副主席兼IEC标准局（IEC/SMB）主席Jim Matthews进行会谈，双方就IEC扩常政策及IEC发展纲要等议题交换了意见

6月9日，“传递信任 服务发展——推进认证认可，夯实质量基础”主题系列活动拉开序幕，国家认监委副主任谢军出席活动，并为进口免办CCC诚信企业和认证行业公信力特约督察员颁发聘书

6月14日，IEC中国国家委员会秘书长、IEC理事局成员、国家认监委副主任谢军在美国波士顿出席IEC理事局会议

1月17日，国家认监委副主任顾基平赴中认物业认可项目部检查指导安全工作

7月4日，国家认监委副主任顾基平出席中认物业公司举办的“2012舌尖上的CQC”主题厨房开放日活动

7月15日，国家认监委财务管理部党支部与中检集团财务部党支部开展支部共建主题教育活动，赴河南洛阳八路军办事处参观学习。国家认监委副主任顾基平参加活动并作指导

10月26日，国家认监委副主任顾基平赴中检集团南方电子产品测试（深圳）有限公司考察，并对中检集团测试公司有关投资项目的执行情况进行调研

12月13日—14日，国家认监委认证认可信息化专题培训（第三期）暨统计工作会议在北京召开，国家认监委信息化工作领导小组副组长、国家认监委副主任顾基平出席会议

2月14日，国家认监委总工程师刘卫军率团赴香港参加《CEPA补充协议八》宣讲会

5月31日—6月1日，中韩合格评定分委会第九次会议在成都召开，国家认监委总工程师刘卫军出席会议

6月9日—16日，国家认监委总工程师刘卫军率团访问了美国商务部，与美国商务部副部长助理克雷格·艾伦共同主持中美认证认可工作组成立会议

7月2日—4日，中国认证认可协会在福建召开宣传工作座谈会暨通讯员网络会议，国家认监委总工程师刘卫军出席会议并讲话

7月17日，国家认监委总工程师刘卫军深入浙江省平湖市童车生产企业调研，指导玩具强制性产品认证工作

“6·9”世界认可日，湖南省质监局发放资料，宣传认证认可知识

江西省质监局深入企业开展管理体系认证网格化监督检查

重庆市质监系统积极开展玩具产品强制性产品认证专项检查活动

北京出入境检验检疫局开展进口有机认证产品和玩具产品市场检查

四川出入境检验检疫局开展实验室开放日活动

天津出入境检验检疫局认证监管人员深入企业开展认证认可领域质量安全风险排查工作

镇江市质监局联合市工商局开展有机产品认证标志市场检查

牡丹江市质监局对部分大型卖场的有机产品专柜进行统一监督检查

上海市质监局在“质量月”期间开展了形式多样的“检测实验室开放日”活动。图为小学师生走进上海市质监局质检院食化所，零距离接触食品检验工作

上海出入境检验检疫局会同上海机动车检测中心，对200余批次进口改装车辆进行质量风险集中排查和整治

甘肃出入境检验检疫局开展进口强制性认证产品市场监督抽查

广西出入境检验检疫局启动ISO 9001管理体系认证获证企业问卷调查工作，对获证企业和认证结果采信方开展问卷调查和现场访问

## 《中国认证认可年鉴》编纂顾问委员会委员名单



## 《中国认证认可年鉴》编纂委员会委员名单



## 《中国认证认可年鉴》编纂办公室名单



## 《中国认证认可年鉴》编辑部成员名单

# 编 辑 说 明

一、《中国认证认可年鉴》是逐年记载中国认证认可事业发展进程的编年史册，也是一部资料丰富的工具书，《年鉴》（2013）记载的是中国认证认可事业2012年的发展情况。

二、2012年，认证监管工作认真贯彻落实全国质检工作会议和全国认证认可工作会议部署，深入贯彻《质量发展纲要（2011—2020年）》和“十二字”方针，按照“传递信任，服务发展”的总要求，加快认证认可制度创新、监管模式创新、服务创新、科技创新和体制机制改革创新，取得了明显成效。

一是积极推动制度创新，完善了认证认可制度体系。主要表现在建立和完善了铁路产品认证、司法鉴定机构资质认定等制度，发布了进口食品境外企业注册管理规定、行风建设实施办法、认证机构履行社会责任指导意见等一批新的规章办法等。二是积极推动监管模式创新，提升了认证认可监管效能。在3个省级质监局、10个直属检验检疫局和5个中心城市质监局，重点推进认证执法监管体系建设，至此，所有直属检验检疫局和省级质监局实现了全覆盖，中心城市质监局覆盖面达到50%。建立了10个认证执法监管区域联动机制，共覆盖17个省级质监局和18个直属检验检疫局。网格化检查范围扩大到23个省区。三是积极推动服务创新，扩大了认证认可服务成效。围绕提升认证认可服务功能，提高从业机构的创新研发能力，积极组织开发适应市场需求的碳减排核查、诚信管理体系评价等新型第三方评价服务，加快认证认可在食品安全、信息安全、节能环保、新能源、生产性服务业等重点领域的推进步伐。四是积极推动科技创新，增强了认证认可技术支撑能力。认证认可领域“十二五”国家科技项目顺利启动，“P3、P4实验室生物安全技术及应用”项目荣获国家科技进步二等奖，“国家行政机关质量管理体系理论与实践研究”“中国检测机构科学发展战略研究”等一批课题通过验收鉴定。五是积极推动体制机制改革创新，优化了认证认可发展环境。认证认可部际协作机制日趋成熟，与发改委、科技部、工信部、公安部、铁道部、工商总局、林业局等部委紧密协作，在共同推进重点领域认证认可工作、建立完善行业内认证和采信制度、开展流通领域认证执法监管等方面取得了明显进展。

以上五个方面的详细内容，可见于《年鉴》的第三部分至第二十二部分的相关文章、领导讲话和资料。

三、“文献”一栏中刊登了一篇重要文件——《2013年认证认可工作要点》，是2013年认证认可工作发展的指导性文件。“特载”一栏刊登的一组文章，是国家认监委各级领导关于2012年认证认可工作方针和工作重点的论述和安排。这两个栏目的内容均具有重要的指导意义。

四、“专文”一栏刊登了从《全国认证认可会议经验交流材料汇编》中甄选出的4篇优秀的交流材料和1篇重点课题研究报告的详细摘要。前者内容涉及的是地方两局认证监管一线工作人员对认证认可工作的思考与探讨，为今后认证认可的开展起到了一定抛砖引玉的作用。而《认证认可对国民经济和社会发展贡献研究》是从认证认可技术研究所的科研课题中甄选出的具有代表性的成果，从中可以看出加强认证认可建设对我国经济和社会发展具有深远的影响。

五、《年鉴》（2013）尚未包括香港、澳门特别行政区和台湾省关于认证认可发展情况的内容。

六、由于知识和经验所限，《年鉴》（2013）编撰中的错误和缺点在所难免，欢迎各界批评指正。同时向积极参与和关心《年鉴》的各界同仁和朋友表示衷心感谢。

《中国认证认可年鉴》编辑部

2013年8月

地址：中国北京朝阳区朝外大街甲10号
Address:Jia No.10,Chaowai Dajie Chaoyang District,Beijing,China
Zip: 100020 Tel:010-65994482 Fax:010-65994262 Http://www.ccaa.org.cn

中国认证认可协会二届五次理事会暨第四次常务理事会2013月4月26日在京召开。审议通过了《关于组建中国认证认可协会第二届检测分会的提案》、《关于颁布实施<认证机构公平竞争规范——认证价格自律规定>的提案》等4项提案

**中国认证认可协会（简称CCAA）**成立于2005年9月27日，是由认证认可行业的认可机构、认证机构、认证培训机构、认证咨询机构、实验室、检测机构和部分获得认证的组织等单位会员和个人会员组成的非营利性、全国性的行业组织。依法接受业务主管单位国家质量监督检验检疫总局、登记管理机关民政部的业务指导和监督管理。

中国认证认可协会以推动中国认证认可行业发展为宗旨，为政府、行业、社会提供与认证认可行业相关的各种服务。

**主要职能：**加强社会责任监督和行业自律；调查研究中外行业发展及市场趋势，参与制定行业发展战略规划，向政府提出政策和立法建议，向社会提供信息与咨询服务；倡导科技进步，促进信息化建设，组织行业从业人员资格管理教育和培训；参与制、修订国家行业标准，并组织贯彻实施；组织国际对话，促进国际合作；开展认证推广工作；编辑、翻译出版认证方面的标准、期刊、书籍、文集和资料等；

**主要业务：**包括认证人员注册、培训开发、会员服务、自律监管、技术标准和开展国内外认证认可业务交流合作等。为加强认证认可行业自律监管和推进规范化管理，中国认证认可协会成立了行业自律工作委员会和人员注册技术与申投诉委员会。中国认证认可协会还承担了全国认证认可标准化技术委员会（SAC/TC261)秘书处日常工作。此外，中国认证认可协会还与中国国家认证认可监督管理委员会共同主办了由国家质量监督检验检疫总局主管的《中国认证认可》杂志，该杂志也成为中国认证认可行业指导性刊物。

中国认证认可协会着力于行业、企业与政府间的沟通协调，并加快国际合作步伐，努力为中国认证认可行业发展营造良好的氛围。

# CCC 认证标志发放管理中心

## ISSUANCE & MANAGEMENT CENTRE FOR CCC MARK

CCC 认证标志发放管理中心是 2002 年经中国国家认证认可监督管理委员会批准、设立的专门从事我国强制性产品认证标志发放和管理的机构。根据《强制性产品认证管理规定》、《强制性产品认证标志管理办法》规定，列入《中华人民共和国实施强制性产品认证的产品目录》的产品，必须经过认证合格、加施认证标志后，方可出厂、进口、销售和在经营活动中使用。

标志中心现有三项主要业务，分别为发放和管理国家认证认可监督管理委员会统一印制的标准规格的“CCC”标志；受国家认证认可监督管理委员会委托，对特殊式样的“CCC”标志以及认证证书持有者自行印刷、模压等方式使用认证标志的设计方案进行核准和管理；向国家认证认可监督管理委员会、各地质检部门、指定认证机构、证书持有者、社会各界提供有关标志管理方面的信息。

标志中心将秉承“**高效准确，热情服务**”的质量方针，为广大客户提供最为专业、优质的服务。


中心客户服务电话：010-65991234

执法协查：电话：010-65994077

传真：010-65994229

投诉受理：电话：010-65991234-3018

E-mail：tousu@3cmark.cn

地址：北京市朝阳区朝外大街甲十号 5 层

邮编：100020


| 总部基地分中心<br>地址：北京市南四环西路 188 号 9 区 8 号楼一层大厅<br>电话：010-83886643/6645<br>传真：010-83886644 | 广州分中心<br>地址：广州市珠江新城花城大道 66 号（中国检验检疫大楼一层东厅）<br>电话：020-38290665<br>传真：020-38290577 |
|---|---|
| 南京分中心<br>地址：南京市中华路 99 号（中国检验检疫大楼 1 层大厅）<br>电话：025-52345298<br>传真：025-52345297 | 宁波分中心<br>地址：宁波市马园路 9 号（宁波出入境检验检疫局报检大厅）<br>电话：0574-87022121<br>传真：0574-87022220 |
| 青岛分中心<br>地址：青岛市福州南路 85 号 1506 室<br>电话：0532-80887857<br>传真：0532-80887830 | 武汉分中心<br>地址：武汉市汉阳琴台大道 588 号西附楼 B0118 室<br>电话：027-58905905<br>传真：027-58905905 |
| 西安分中心<br>地址：西安市含光北路 10 号检验检疫大楼 B 座 606 室<br>电话：029-85365773<br>传真：029-85263320 | 长春分中心<br>地址：长春市普阳街 1301 号（吉林出入境检验检疫局 1306 室）<br>电话：0431-87607640<br>传真：0431-87607641 |

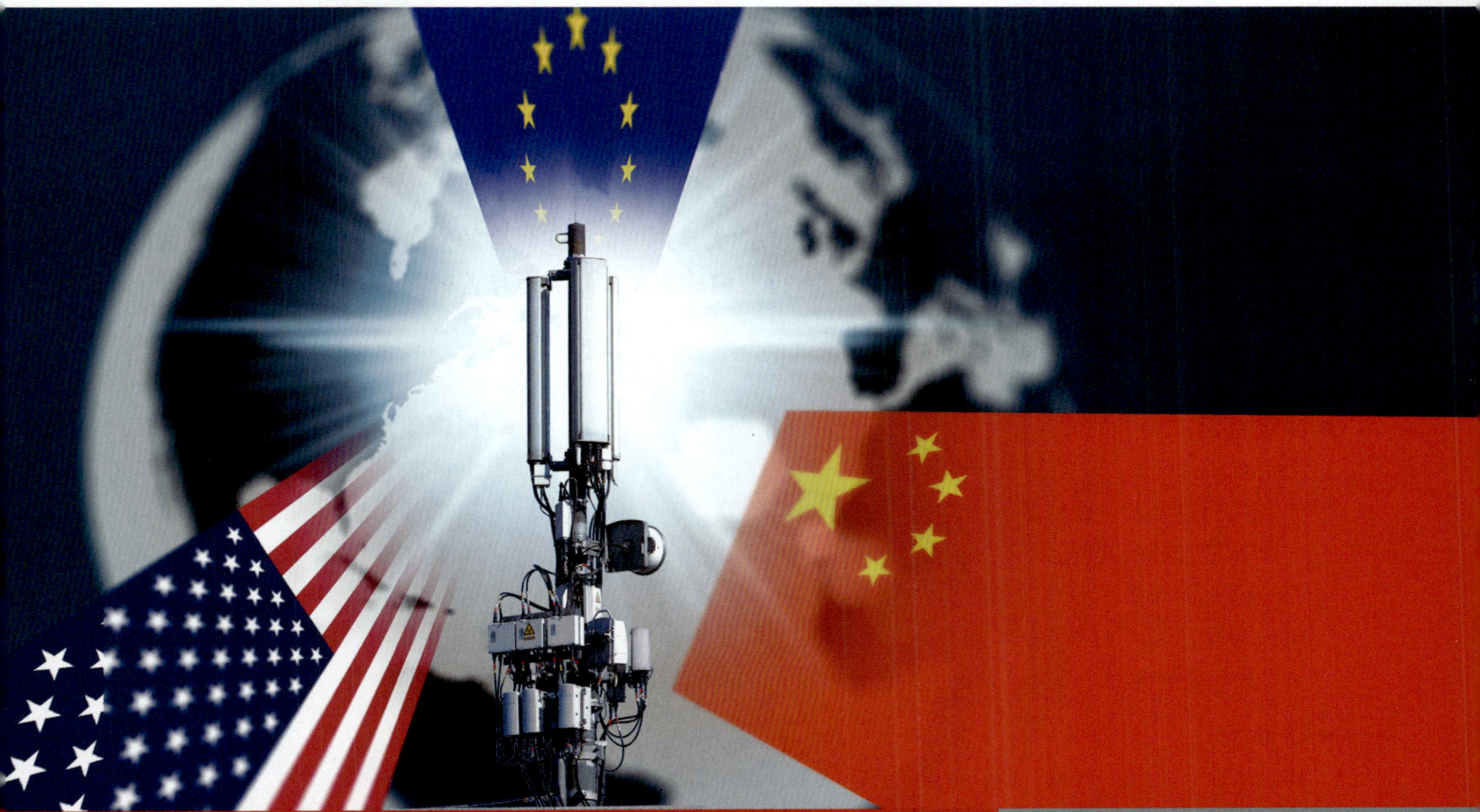

# 目　录

## 第一部分　文　献



## 第二部分　特　载

## 第三部分　专　文



## 第四部分　法制建设与政策研究



## 第五部分　认可监管

## 第六部分 认证监管



## 第七部分 注册管理



## 第八部分 实验室与检测监管

## 第十三部分　国际合作



## 第十四部分　信息化建设



## 第十五部分　全国认证认可部际联席会议



## 第十六部分　地方认证监督管理

## 第十七部分　认证及相关机构

## 第二十部分　法　规





## 第二十二部分　统计资料



## 第二十三部分　附　录

2013

Yearbook of Certification and Accreditation of China

# 第一部分　文　献

# Part One　Documents of Importance

# 2013年认证认可工作要点

2013年全国认证认可工作的总体要求：深入学习贯彻党的十八大精神，认真落实“抓质量、保安全、促发展、强质检”工作方针，以质量和效益为中心，坚持创新驱动、综合推进、系统优化、协同发展，切实增强机遇把握能力、风险管控能力、自主创新能力、统筹协调能力，大力发展认证认可服务业，提升认证认可公信力，进一步完善中国特色认证认可工作体系，为建设质量强国做出新贡献。围绕以上要求，要着重把握以下要点。

## 一、敏锐把握政策机遇和发展需求，完善综合推进机制，提升认证认可管理效能

### （一）建立政策研究与舆情动态跟踪机制

加强政策理论研究和业务综合指导，对“十二五”专项规划及国家产业政策进行动态跟踪研究，重点做好《质量发展纲要》和服务业、自主创新能力、节能减排、战略性新兴产业等专项规划的研究分析，提出具体落实措施。组织认证认可“十二五”规划实施的中期评估，更好地适应国家宏观发展要求。

加强舆情监测和正面宣传。开发适合认证认可特点的舆情监测综合信息系统，充分发挥舆情监测在化解风险隐患、提高应急能力、优化舆论环境方面的作用。建立健全覆盖地方两局、从业机构的信息宣传网络，组织好《认证认可条例》颁布10周年、低碳产品认证、世界认可日和突出典型经验等重点宣传活动。开展中国认证认可贡献奖评选活动。地方认证监管部门要充分重视宣传工作，健全信息宣传和舆情监测的渠道机制，结合各地实际加大宣传力度，把成果经验及时提炼好、宣传好，形成良好氛围和强劲推力。

### （二）完善部际协作机制

进一步发挥认证认可部际联席会议的议事协调作用，密切与成员单位及相关部门的联系，研究非成员单位列席部际联席会议的机制，增强部际协作机制的信息沟通、工作协调、业务指导、人员培训、宣传推动等功能，不断拓展部际协作的广度、深度和密度。

加强与相关部委的协调配合，共同推进能源管理体系认证、铁路产品认证、低碳产品认证、有机产品认证、战略性新兴产业检测平台建设等重点工作。

### （三）拓展区域工作机制

根据各地实际需要，制定有针对性的政策措施，使认证认可更好地融入地方经济发展。加强认证认可监管部门与地方政府部门的沟通协作，认真落实局省合作备忘录涉及认证认可、检验检测的条款项目，推广地方开展认证认可工作的典型经验。

鼓励引导各地出台认证认可促进政策和地方性法规，把认证认可纳入“质量兴省”、“质量兴市”战略和政府质量考评体系；支持具备条件的地方先行先试，开展新领域认证，建设检测认证平台，加快有机产品认证、低碳产品认证、公共检测平台建设示范区创建步伐。各地认证监管部门要主动作为，积极穿针引线，形成上下联动、多点推进、条块结合的生动局面。

### （四）深化国际合作互认机制

完善政府引导、行业协作、区域拉动、技术机构实施的国际合作模式，支持和推动认证、认可、检测机构走向国际。加大地方局参与认证认可国际合作的工

作力度，积极指导从业机构和企业参与认证认可国际合作活动。及时了解业界诉求，通过政府间合作解决企业遇到的问题。

开展认证认可国别政策研究和国际组织发展动态前瞻性研究，组织国际多边互认体系有效性评估，充分利用多边合作舞台，发挥多边互认体系效能，提升国际话语权和影响力。积极推动双边合作，加快推进与主要贸易伙伴的合作步伐。深化港澳台合作，开展检测检查结果互认试点。实现多双边合作互促互动。与国家标准委联合承办 2013 年国际标准化组织合格评定委员会大会。

## 二、统筹推进科技创新和法制建设，完善协同创新机制，提升认证认可制度科学化水平

### （一）加快新领域认证认可制度协同创新

加快以生态文明、信息安全、战略性新兴产业等为代表的新领域认证认可制度和科技创新步伐，力争取得一批创新突破，整体提升我国认证认可自主创新能力。

探索建立监管部门、从业机构和社会各方共同参与的协同创新机制，实现认证认可创新覆盖科研立项、制标制规、机构人员审批、宣传培训、后续监管全流程的一体化。

研究制定鼓励新领域认证制度创新的政策措施，科学确定资质条件，提高认证规则备案效率，通过协同创新，有效解决外部需求变化快、内部审定时间长、工作不同步的问题。

抓紧抓好低碳产品认证、北斗卫星导航检测认证体系、生物安全实验室认可、战略性新兴产业国家质检中心规划建设等一批重点项目的实施。

### （二）系统优化合格评定制度体系

完善顶层设计和系统管理，加强制度体系的内在协调和相互支撑，建立合格评定制度体系表。

突出适用效果，大力发展适合市场需求的自愿性认证制度。区分各类自愿性认证的风险等级实行分类管理，积极开发推广节能环保、绿色低碳、服务等符合国家政策导向的自愿性认证，对高风险认证加严实施条件和监管要求。继续推进自愿性认证效果评估，对长期进展缓慢的认证项目查找分析原因，提出针对性措施；清理规范认证试点项目，明确试点范围、时限和要求。规范和改进认证机构自愿性认证的备案管理。

突出风险管控，继续推动强制性认证制度创新。基于风险分析，完善产品目录和指定机构动态调整机制，适度增强指定机构的竞争性，以低压电器和轮胎产品为试点调整认证规则，搞好目录新增产品的实施，改进产品界定、编码对应等配套工作，提升强制性认证实施效果。

突出系统整合，进一步完善资质认定、注册备案等准入性合格评定制度。强化资质认定制度在检验检测机构管理中的支撑地位，规范资质认定技术评审，完善食品检验机构、环境监测机构、战略性新兴产业检测机构的资质认定条件。在注册备案工作中积极采信第三方认证结果，提升危害分析与关键控制点（HACCP）体系认证的有效性，推进水产品、肉类、乳制品、酒类的进口注册工作，协调进口注册、出口备案、对外推荐注册的均衡发展。

突出能力证实，完善认可制度体系。更加重视认可在合格评定链条中的突出作用，加强认可制度和能力建设。以认可机构自身能力为关注点，强化认可评审过程关键点控制，完善认可技术政策，加强国际同行评审、认可机构内控内审、政府监管部门行政监督，更好地提升认可能力。

### （三）夯实认证认可科技创新平台

以认证认可专业技术委员会为依托，以国家科技计划项目为龙头，建立社会各方广泛参与、研发应用紧密对接的认证认可科技创新平台。推进认证认可学科建设和专业教育，构建认证认可知识系统。组织“认证认可理论及政策研究”、“支撑认证认可的评价分析、检测验证与有效性保障技术研究与示范”、标准化发展战略等重大课题研究，开展重点领域认证认可和检验检疫行业标准制修订，提高基础研究水平和科标项目质量，促进科研成果输出为制度创新和标准创新成果，充分发挥认证认可技术体系的支撑引领作用。

### （四）加强认证认可法制建设

以《认证认可条例》颁布 10 周年为契机，组织开展中国特色认证认可法律制度的战略研讨。坚持制度创新和法制建设相协调，立法、普法、行政执法相协调，提高认证认可法规体系的科学化系统化水平。

加快重点领域认证认可法律规范的制修订进程，继续推动《实验室管理条例》立法，出台《低碳产品认证管理办法》、《节能产品认证管理办法》等规章制度，抓紧《有机产品认证管理办法》、《实验室和检查机构资质认定管理办法》、《认证人员管理办法》等规章的修订。

完善法制工作程序，切实做好立法前论证、立法后评估工作，继续推进“六五”普法活动。地方认证监管

部门要按照认监委的统一部署，狠抓法制和制度建设，积极争取地方的支持，完善执法监管环境，提高依法监管水平。

## 三、着力改善政务环境和发展环境，完善产业引导机制，提升认证认可服务业创新活力

### （一）制定认证认可服务业发展指导意见

研究借鉴国际认证认可服务业发展经验，组织国内认证认可服务业现状调研，深入分析从业机构、检测认证市场的全面状况，研究制定促进认证认可服务业发展的配套办法，培育充分开放、公平竞争、规范有序、充满活力的认证检测服务市场。

### （二）积极引导从业机构规模化、品牌化、专业化

根据从业机构的行业背景、市场定位和专业能力，实行分类指导，鼓励检验检测认证机构由提供单一类型合格评定服务向复合型合格评定服务延伸，鼓励产品认证机构加强检验检测能力建设，鼓励检验检测认证机构自主组建产业创新联盟，鼓励从业机构参与认证技术创新。培育检验认证知名品牌，做优做强一批专业领域从业机构，逐步提升认证认可、检验检测服务产值。

完善人员注册制度，强化培训考核和继续教育，严格专业领域能力要求和资质条件，促进从业人员能力素质提升，推动认证认可从业人员纳入国家职业资格制度。

### （三）加快认证检测公共服务平台建设

围绕解决群众关心的质量安全热点问题，加快食品安全、环境监测、能效测试等民生领域检验检测公共服务平台建设。完善国家检测资源共享平台，开展公共检测技术平台示范区创建活动，加强食品检验机构、复检机构公布工作，继续深化检测机构开放活动，树立一批群众公认的检验检测机构品牌。

推进认证认可电子商务建设，建立认证检测公共服务信息平台，开发合格评定网络化服务，帮助从业机构提升管理服务效能。

### （四）建立认证认可服务业统计评价体系

加强认证认可服务业信息化建设，建立认证认可服务业统计指标体系，开展认证认可服务业增加值和贡献率测算，研究认证认可服务业成熟度、竞争度、满意度的评价指标。

## 四、突出强化风险防控和严密监管，完善监管联动机制，提升认证认可工作公正性

### （一）创新监管方法模式，深化风险排查整治

推行认证认可风险分级管理，提高风险排查、识别和防控的有效性。继续开展网格化监管检查。对质量安全问题突出、社会舆论关注集中的认证项目，开展专项执法整治。增强监督检查的针对性，推动行政监督检查与专业技术评审相结合，发挥技术评审对行政监管的技术支撑作用，重点是不符合项和潜在风险易发、多发环节的审核过程，解决监管“不痛不痒”问题，消除系统性、行业性、区域性风险。对国务院取消的4项认证认可行政审批项目，加强后续管理。

### （二）全面强化从业机构监管，严格落实主体责任

全面推行认证机构社会责任报告制度，逐步向认可机构和检测机构推行，引导从业机构建立履行社会责任的组织治理机制，落实主体责任。在不放松对认证机构和获证企业监管的同时，切实加强对认可机构、人员注册机构、检验检测机构的监管，建立认可机构和人员注册机构年度行政监督制度，加强资质认定获证机构的日常监管，强化对省级资质认定工作的监督和指导，探索深化“认证机构、检测机构、认可机构、获证企业、获证产品”联动监管模式。

### （三）健全认证执法监管体系，提升基层执法监管能力

明确地方认证监管部门的职责和定位，强化属地管理职能。各级地方认证监管部门要坚持寓监管于服务，把行政监管的立足点放在促进认证认可服务业发展、服务地方经济发展大局上，健全“联合部门，依靠地方”的工作机制，充分发挥地方政府和社会各方的积极性，形成加强监管、推进工作的合力。

开展认证执法监管体系建设“回头看”，继续推进认证执法监管体系建设，中心城市覆盖率提升到80%，增强中心城市带动周边区域的功能。加强认证执法监管队伍建设，充分利用认证认可网上培训平台，推行“省市县三级全覆盖”培训模式，提升认证执法监管人员能力素质。

### （四）促进区域监管联动，提升监管整体合力

总结推广认证执法监管区域联动机制的经验，在中

部、华南等地区推动建立区域联动机制，全面深化地区间、两局间合作，促进各局信息互通、资源共享、结果互认、执法联动，针对跨地区违法违规活动组织联合执法行动，打击区域“结合部”的不法行为。构建城市口岸检验检疫认证行政执法监管联盟。

## 五、切实改进工作作风和工作方法，完善行风长效机制，提升认证认可监管部门执行力

坚决贯彻落实中央“八项规定”，制定落实中央和总局相关规定的实施细则。以作风建设为切入点，大力倡导真抓实干的作风、深钻细研的学风、朴实精炼的文风，努力创建学习型、服务型、创新型机关。精简办会办文，严格执行会议和培训管理办法，提高调查研究和宣传工作的实效。

开展群众路线教育实践活动，总结推广支部工作法，增强认证认可联系点、下基层活动实效，健全创先争优长效机制。加强思想政治工作、精神文明和认证认可文化建设，继续探索完善认证认可特色的核心价值和廉政风险防控体系，开展行风测评活动。

推进认证认可电子政务建设，全面推行基于质量管理体系的绩效管理，进一步加强各级监管部门的机构职能和队伍建设，提升经费、技术等保障能力，改进对地方认证监管部门的绩效考核指标，开展专项经费绩效考核和检查。

各级领导干部要增强宗旨意识、大局意识、服务意识、创新意识，带头提高机遇把握能力、风险管控能力、自主创新能力和统筹协调能力，自觉做到为民、务实、清廉，真抓实干，攻坚克难，以优良的党风政风，树立优良的行风形象。

# 完善制度　凸显作用

## ——国家质检总局局长支树平在全国认证认可工作会议上的讲话

（2013年1月18日）

刚才，大伟同志作了一个很好的报告，4家单位进行了经验交流。听下来有一个突出感受，2012年认证认可工作成绩明显，围绕“传递信任，服务发展”的命题，在制度、监管模式、服务、科技和体制机制等5个方面实现了创新发展。许多方面可圈可点，比如，建立和完善了铁路产品认证、司法鉴定机构资质认定、有机产品认证、进出口食品企业注册备案管理等制度，完善了认证认可制度体系；强化认证执法监管区域联动，推广“网格化”检查，扩大覆盖面，提升了认证认可监管效能；积极开发低碳产品认证、能源管理体系认证等新型第三方评价服务，为北斗导航等国家重大项目提供检测认证服务，拓宽了认证认可服务领域；“P3、P4实验室生物安全技术及应用”项目荣获国家科技进步二等奖，填补了认证认可领域国家科技奖项空白；认可监管部“五服务工作法”被评为中央国家机关“优秀党支部工作法”典型，为全系统赢得了荣誉。同时，进一步加强了部际协作、国际合作，扩大了认证认可的影响。成绩来之不易，凝聚了大家的心血和汗水。

1月8日，我们刚刚召开了全国质检工作会议。会议的主题是，深入学习贯彻党的十八大精神，坚定走中国特色质检工作之路。会议研究部署工作突出强调“长短结合”：既立足当前，落实好抓质量、保安全、促发展、强质检各项任务；更着眼长远，作一些宏观思考，进一步完善中国特色质检工作体系。

中国特色社会主义在质量领域的最大实践成果，就是形成了中国特色质检工作体系，而认证认可正是这一体系中最具中国特色的工作之一。我们通过对认证认可的集中统一管理，兑现了我国入世谈判中关于合格评定的承诺，推动了我国质检工作走向世界；通过集中统一的认证认可确实优化了质量治理结构，完善了质检制度体系，解决了行政执法缺少评价手段以及标准不一、重复评价、效率低下等问题。可以说，这套体系越来越多地得到了国际认可。但是也要看到，我国从国际上引入认证认可制度的时间不是很长，我们对认证认可这个新生事物还缺乏深入了解，还没有把它的规律研究透、作用发挥够。我以为，今年认证认可工作也要体现“长短结合”，既抓当前也抓长远，关键是要“完善制度、凸显作用”。

### 一、要完善制度

中国认证认可制度从改革开放之初的国外引进、分散管理，到中国入世之后的整合集中、统一管理，时代烙印非常鲜明。30多年特别是近10多年以来，中国经济社会发生了巨大变化，认证认可面临的形势、环境、条件和任务等也发生了巨大变化。从国际趋势看，认证认可已经从最初便利贸易的工具，发展成为服务政府监管的有效手段，应用越来越广泛，作用越来越凸显。从国内实际看，认证认可已经纳入了国家产业体系，国家服务业发展“十二五”规划中就特别提到检验检测、认证认可是新兴服务行业、服务业态，要推动认证认可与各个产业的结合。这种形势下，我们必须抓紧完善中国认证认可制度。

在宏观层面，要搞准定位，完善体系。要认真总结认证认可多年来的发展经验，深刻领会党和国家有关认证认可的新政策、新要求，用十八大和中央经济工作会议精神，科学审视认证认可的新定位、新内涵、新任务，进一步强化认证认可作为社会主义市场经济基础性制度安排的地位。要在中国特色质检工作体系的大框架下，主动借鉴和转化国际认证认可发展最新成果，深入研究认证认可与质检各方面工作的内在联系，进一步完善符合中国国情、适应中国发展的认证认可理论体系、制度体系、技术体系、国际互认体系和工作机制，使集中统一的中国特色认证认可制度不断加强、不断完善、不断稳固。

在微观层面，要发展产业，优化升级。要抓住国家大力发展包括认证认可、检验检测在内的高技术服务业、生产性服务业等新兴服务业的大好机遇，聚焦国家重点发展产业，加快认证认可制度创新。统筹兼顾现代农业、先进制造业、现代服务业、战略性新兴产业、文化产业、生态文明建设等发展需求，加快认证认可在节能减排、绿色低碳、信息安全、高技术产业等新领域创新步伐，优化认证认可的产业布局，加快形成适应市场需求、“五位一体”协调推进的认证认可制度和产业体系。要主动适应标准、技术法规和产业条件的更新升级，不断完善认证制度，丰富评价工具，提升评价标准，使认证认可充分适应不同行业、不同领域特殊的发展需求，更好地传递信任、服务发展。

## 二、要凸显作用

毋庸置疑，认证认可在经济社会发展中的作用日益凸显。特别是在“第三次工业革命”呼之欲出、经济全球化加速发展、国际环境深刻变化的今天，我国认证认可工作更要着眼国内外大局，坚持“十二字方针”，凸显三个方面作用。

### （一）要着眼国家发展需求，凸显评价支撑的作用

我们学习十八大和中央经济工作会议精神，有一个突出感受，就是质量已经成为鲜明的发展追求。认证认可作为质量三大基础设施之一，作为一种国际化、市场化程度比较高的第三方评价制度，要成为抓质量、保安全、促发展、强质检的先进手段、可靠工具和重要支撑。抓质量方面，要围绕质量和效益这个中心，将各方的质量需求和期望有机联系起来，将各个质量管理环节有机衔接起来，通过公正评价和信息传导，形成质量发展的激励机制、倒逼机制，激发内生活力，释放质量红利，切实把推动发展的立足点转到质量和效益上来。保安全方面，要围绕坚守安全底线，探索以第三方认证认可结果采信为核心的质量安全考核激励机制，加强对有机产品生产、认证环节和强制性认证目录内重点产品的监管，严厉打击假冒有机产品认证、强制性认证证书及标志等违法行为。促发展方面，要围绕“五位一体”总布局，加大认证认可基础能力建设，加强战略性新兴产业等重点行业认证认可制度建设，鼓励认证服务机构由提供单一类型合格评定服务向复合型合格评定服务延伸，向规模化、品牌化、专业化发展，为国家发展提供强有力的技术支撑服务。

### （二）要着眼国际发展趋势，凸显互信互认的作用

认证认可的突出特点是国际通行、社会通用，它通过广泛建立行业采信、区域协作等机制，成为各方之间传递信任的桥梁纽带。当前，世界经济已由危机前的快速发展期进入深度转型调整期，低速增长态势仍将延续，主要经济体总需求仍然疲弱，各种形式的保护主义明显抬头，西方大国对外转嫁内部经济困难意图十分明显。认证认可既与国际接轨、符合WTO规则，又与行政监管衔接、体现效能原则，应该成为中国应对经贸摩擦、参与国际事务的重要抓手。一方面，要为国家外交外贸大局搞好服务。加快推动国际合作互认，提高贸易便利化水平，促进开放型经济发展。特别要紧盯发达国家加快建立低碳、污染控制等第三方评价制度的新动向，积极参与相关标准规则制定，争取主动权，维护国家利益。另一方面，也要为国际认证认可事业作出贡献。大伟同志刚才在报告中，集中描述了中国特色认证认可工作体系的发展脉络、内涵、特征和核心要求，这应该是我国认证认可事业发展成就的高度概括，也是我国对国际认证认可制度发展作出的重要贡献。国际认可论坛对此曾作过高度评价。应该看到，这些成就和贡献，凝聚了所有认证认可人特别是认监委历届党组班子包括风清主任等老领导的探索、领悟和追求。我们要继续保持与国际同步发展势头，在一些关键领域实现自主创新突破，不断完善中国特色认证认可工作体系，为国际认证认可制度发展作出更大的贡献。

### （三）要着眼质检自身建设，凸显监督约束的作用

习总书记强调“打铁还需自身硬”。认证认可、检验检测是质检部门把关执法的技术手段，我们的数据是否准确、技术是否权威，直接影响公信力和话语权。去年我在世界认可日特别强调，认可机构处在合格评定顶端，是“评定之评定”，权力大，责任大，风险也大，要“公正认可，赢得认可”。实际上，不光认可机构，认证机构、检测机构特别是质检系统的检测机构，都要严格落实评价责任，认监委以及各级监管部门更要履行监管责任。要进一步完善法律规范、行政监管、认可约束、行业自律、社会监督相结合的监管体系，在风险管理的基础上强化这些环节间的联动，清晰界定合格评定链条中各参与方的责任。研究完善监管制

度的可行办法，积极采用社会责任报告、区域联动监管、社会监督等手段，加强自我约束，真正在合格评定体系中树立权威。

认证认可是中国特色质检工作体系的重要组成部分。完善制度、凸显作用，既是认证认可工作的自身要求，也是完善中国特色质检工作体系的需要。认证认可只有纳入质检工作这个大盘中，才能完善制度、凸显作用，也才能体现特色、创新发展。全系统要进一步提高认识、凝聚力量，共同做好认证认可工作。总局各司局、标准委以及四大院等直属单位要加强顶层设计，从理论、制度、标准、法规、技术机构建设等方面为认证认可提供有力支撑。各地两局要进一步加强认证监管机构和队伍建设，将认证认可纳入质量工作整体布局，使认证认可工作有平台、有抓手、有机构、有人力、有资金，也有作为。总之，我们期望并相信中国认证认可一定能够乘学习贯彻十八大精神之东风，坚定地走中国特色质检工作包括认证认可发展之路，为建设质量强国包括认证认可强国作出更大贡献！

# 国家质检总局局长支树平<br>在第十一次全国认证认可工作部际联席会议上的讲话

（2013年4月16日）

往年，联席会议都是放在岁末年初召开。今年调整到这个时间，主要想在政府换届完成、机构改革定盘之后，便于对全年工作进行统筹安排。现在，新一届政府刚刚开局，各部门各单位的工作正在全面铺开。这段时间应该是大家比较繁忙的时候。百忙之中，大家赶来参加这次会议，充分体现了对认证认可工作、对质检工作重视和支持。在此，我代表质检总局向大家表示衷心感谢！

今天的会上，国家质检总局副局长、国家认监委主任孙大伟向大家汇报了2012年的工作情况和2013年的工作安排。各单位分别介绍了工作情况并提出了意见建议。对这些意见和建议，认监委要认真梳理研究，充分吸收到今年的工作计划中。就今年工作而言，我想着重谈两点意见，供大家参考。

## 一、围绕党中央国务院新的部署，进一步共同推进认证认可工作

随着我国改革开放的不断深入、市场经济的不断发展，认证认可工作越来越得到党和国家、社会各界的高度重视。特别是过去五年，在党中央、国务院的正确领导下，在部际联席会议各成员单位的共同努力下，认证认可工作不断推进，作用地位不断提升，发展空间不断拓展。现在，认证认可已经纳入了国家产业体系，国家服务业发展“十二五”规划中就特别提到认证认可是新兴服务行业、服务业态，要推动认证认可与各个产业的结合；国务院去年发布的《质量发展纲要》明确将认证认可作为质量发展的基础性工作。联席会议各成员单位作为国家主管部门，坚持从国家大局、从战略层面上重视和推动认证认可工作，这在各单位的总结材料、大会发言中已有充分体现。质检总局作为认证认可工作主管单位，历来对这项工作看得重、抓得紧。在今年全国认证认可工作会议上，我也鲜明地指出，认证认可是抓质量、保安全、促发展、强质检的先进手段、可靠工具和重要支撑。

今年是落实党的十八大精神的开局之年，也是新一届国务院的开局之年。这段时间，我们通过学习领会党的十八大、十八届二中全会、全国“两会”以及国务院第1次全体会议精神，深刻感受到认证认可工作正面临新的形势和任务，党中央、国务院对认证认可工作既有宏观要求，也有具体任务。4月4日，新任国务委员王勇同志到国家质检总局调研，就重点强调了要加强计量标准认证认可等基础性工作，进一步完善标准、认证认可相关的准入退出、评价考核、信息公开、激励约束等制度。所以，下一步我们推动认证认可工作，必须要与党中央、国务院的新要求、新部署结合起来。目前，至少要抓住“三个结合”。

首先，结合政府职能转变，共同推进认证认可工作。职能转变是新一届国务院开局的第一件大事。十二届全国人大一次会议通过的《国务院机构改革和职能转变方案》，明确了深化行政体制改革的目标和方向，提出以职能转变为核心，继续简政放权，处理好政府与市场、政府与社会的关系，减少政府对微观事务的管理，更好地发挥市场机制和社会力量的作用。方案还明确提出要“整合业务相同或相近的检验、检测、认证机构”，并列为重点工作任务。

国务院第1次全体会议进一步强调，要把减少行政审批作为职能转变的突破口。联想到《行政许可法》已明确的“四个能够”，也就是公民、法人或者其他组织能够自主决定的、市场竞争机制能够有效调节的、行业组织或者中介机构能够自律管理的、行政机关采用事后监督等其他行政管理方式能够解决的，可以不设行政许可。国务院已经连续清理取消6批行政审批项

目，规定凡可以采用事后监管和间接管理方式的事项，一律不设前置审批。

转变政府职能，为加强认证认可工作提升了有利时机。认证认可作为一种国际化、市场化的管理手段、政府实施间接管理的有效途径，实际上是在政府与市场、政府与社会之间起到了传递信任、良性互动的作用，可以承担起行政审批管理难以做好的技术评价工作，帮助政府部门跳出微观事务，降低管理成本，提高行政效能，同时也有利于提升政府公信力。实际上，许多国家都通过建立采信制度、指定授权、购买第三方服务等多种方式，运用认证认可手段支撑政府监管。这些国际通用的方式，可以供各单位在机构改革和职能转变中借鉴运用。请各单位结合职能转变的需要，和我们一起研究怎样将认证认可融入到机构职能和各项行政管理事务中去，一起研究如何促进检验检测认证机构的整合发展，使其真正成为行政管理的有力支撑，成为推动政府职能转变的有效手段。

其次，结合质量发展战略，共同推进认证认可工作。我们明显地感受到，新一届党中央、国务院对质量的重视又到了一个新的境界。党的十八大提出，要“把推动发展的立足点转到提高质量和效益上来”；中央经济工作会议强调要“以质量和效益为中心”；李克强总理提出，要打造中国经济升级版，促进经济转型，提高增长质量和效益。我以为，这个质量虽然都是大质量、宏观质量，但都是由微观的质量构成的，由各行各业的质量构成的。认证认可是质量管理的先进手段，是三大基础设施之一，必须在提升质量和效益中发挥更加重要、更加突出的作用。

2012年2月，国务院颁布实施了《质量发展纲要（2012—2020年）》，正式提出建设质量强国，将完善认证认可体系和检验检测技术体系，作为夯实质量发展基础、完善质量发展机制的重要内容。今年贯彻落实《纲要》的年度行动计划侧重民生、三农、重点工程等领域，提出10项重点任务，也包括交通铁路产品、有机产品、服务外包、节能减排等方面认证认可的内容。请各单位结合实施《纲要》和行业管理需要，推进认证认可在相关领域的实施。针对不同行业不同的质量需求特点，认监委要配合行业主管部委，积极研究开发适应行业质量需求的新型认证认可工具，提升认证认可的实施效果。

其三，结合“五位一体”建设，共同推进认证认可工作。认证认可的一个突出特点是国际通行、社会通用，可以说是社会各方共同使用的一种传递信任的工具，也可以说是联系各方的桥梁纽带。过去在工业制造业和国际贸易中用得比较多，后来延伸到各大产业领域，再后来服务政府监管、促进社会诚信的作用也日益显现。党的十八大提出经济、政治、文化、社会和生态文明建设“五位一体”总布局，认证认可有很大的服务潜力和作用空间。

比如生态文明建设，既关系到经济，又关系到民生，特别受到关注，这方面的建设过去相对滞后，需要我们大力运用认证认可手段，加快节能环保、绿色低碳等方面认证认可工作步伐，提供更好的生态产品，真正实现绿色发展、低碳发展，打造美丽中国这张名片。认监委今年加快了生态领域认证认可制度建设步伐，在兄弟单位的支持配合下，制定或修订了有机、节能、低碳产品等认证管理办法，启动万家企业能源管理体系建设。同时，在检验检测技术体系建设等方面，也有新的举措。这些工作覆盖面很广，需要请各兄弟部委发挥职能作用，一起推动认证认可在相关领域的应用实施。

## 二、完善中国特色认证认可工作机制，进一步凸显认证认可的作用

党的十八大再次突出论述了中国特色社会主义。我们大家共同创立的“统一管理，共同实施”的认证认可工作机制，正是具有中国特色的一种机制。经国务院同意，我们建立了全国认证认可工作部际联席会议制度，作为这一工作机制的主平台，为我国认证认可事业在统一管理的基础上迅速发展、规范发展、科学发展，提供了组织上、制度上、机制上的保障。这个机制和平台充分反映了认证认可工作公共属性、社会属性，充分体现了社会主义制度集中力量办大事的优势，也充分满足了各方面对认证认可工作日益增加的需求。某种意义上，我们这个联席会议的所有成员单位，都是中国特色认证认可工作机制的建设者，都是这一机制的有机组成。从过去看，这个机制确实发挥了不可替代的作用；从现实和将来看，这个机制更加重要，更加不可替代。结合中央提出的新任务新要求，如何进一步发挥认证认可工作联席会议作用，我以为，总的说就是要“完善制度，凸显作用”。完善制度，就是要完善中国特色认证认可制度，强化市场经济基础性制度安排的地位，适应认证认可服务业的发展。凸显作用，就是通过完善制度来进一步凸显认证认可的评价支撑的作用、互信互认的作用、监督约束的作用。具体到部际联席会议来说，就是要加强成员单位之间的密切配合，通过完善“统一管理，共同实施”的工作机制，来凝聚力量，增进协同，扩大效能，进一步凸显认证认可的作用。

首先，要把握工作重点。部际联席会议是研究部署

认证认可涉及国家层面、部际层面工作的平台，要把握国家工作的重点、各部委工作的重点，从中确定部际协作的阶段性、重点性工作。当前，党的十八大、十八届二中全会、全国“两会”所确定的转变发展方式、改善民生、建设生态文明、推进行政体制改革等部署，既是焦点也是重点。部际联席会议也应该围绕这些热点重点，进行相应的安排部署，才能与国家发展、部委工作接上茬、合上拍。

其次，要增进共识合力。部际联席会议的核心作用，是统一认识，协调行动，形成合力。为此，需要我们加强信息沟通、工作交流、协调配合，找到各方诉求的结合点、交集点，从国家整体利益的角度统一思想、统一立场、统一行动。同时，各部委也需要充分发挥行业管理职能，组织动员本系统本行业协调一致，加大对外宣传推动力度，充分调动各方面的积极性，从更广泛的层面，形成推动认证认可工作的强大合力。

第三，要提高议事效率。部际联席会议搞得好不好，牵头单位很关键。认监委要进一步改进作风，增强服务意识、大局意识、责任意识，提高组织协调能力、服务保障能力，创新工作方式方法，不断完善部际联席会议的制度和机制，提高议事协调效率，使部际协作机制常态化、高效化运行。特别是要针对兄弟单位在工作中遇到的问题、提出的建议，要认真进行研究，改进管理服务，真正通过这个协作平台，帮助兄弟单位解决一些实际问题。

最后，代表国家质检总局给大家表个态。我们将一如既往地重视联席会议这个平台，一如既往地增进与各部门各单位的团结合作，共同把认证认可这项共同的事业推向前进。只要我们同心同德、共同努力，认证认可事业一定会有更加光明的前景和未来。

# 沿着中国特色质检工作之路 全面推进认证认可事业创新发展

## ——国家质检总局副局长、国家认监委主任孙大伟在全国认证认可工作会议上的讲话

（2013 年 1 月 18 日）

这次会议的任务是，深入学习贯彻党的十八大精神，认真落实全国质检工作会议的部署要求，总结回顾中国特色认证认可事业发展的历程和经验，探索创新发展之路，安排部署新年度工作。下面，我代表认监委党组作工作报告，着重讲三点意见。

### 一、2012 年认证认可创新发展的主要成效

2012 年，在国家质检总局党组的正确领导下，我们认真贯彻落实全国质检工作会议和全国认证认可工作会议部署，深入贯彻《质量发展纲要》和“十二字”方针，按照“传递信任，服务发展”的总要求，加快认证认可制度创新、监管模式创新、服务创新、科技创新和体制机制改革创新，取得了明显成效。

#### （一）积极推动制度创新，完善了认证认可制度体系

建立和完善了铁路产品认证、司法鉴定机构资质认定等制度，发布了进口食品境外企业注册管理规定、行风建设实施办法、认证机构履行社会责任指导意见等一批新的规章办法，建立了强制性认证产品目录动态调整和指定机构动态管理机制，修订了目录产品界定描述表。在 8 个直属检验检疫局试点建立出口食品企业备案采信第三方认证结果的新模式，修订发布了新的有机产品国家标准和认证规则，设置可核查、可追溯的“有机码”。完善质量分析和风险分析工作，提高了认证认可制度的科学性和有效性。

#### （二）积极推动监管模式创新，提升了认证认可监管效能

各地认证监管部门创造性地开展工作，积极探索严格、科学、高效监管的有效途径。在 3 个省级质监局、10 个直属检验检疫局和 5 个中心城市质监局，重点推进认证执法监管体系建设，至此，所有直属检验检疫局和省级质监局实现了全覆盖，中心城市质监局覆盖面达到 50%。建立了 10 个认证执法监管区域联动机制，共覆盖 17 个省级质监局和 18 个直属检验检疫局。网格化检查范围扩大到 23 个省区。深入开展“两个专项”、“双打”和“质检利剑”行动，抓住重点区域、重点问题、重点产品全面开展排查整治，组织有机产品标志专项整治。结合换证开展认证机构年度审查，开展对认可机构的行政监督检查。组织开展认证有效性和资质认定专项检查，重点检查管理体系获证企业 4 881 家、强制性产品认证（CCC）获证企业 12 719 家、资质认定获证机构 360 家、有机产品生产销售单位 2 827 家；本年度撤销、暂停、注销 CCC 证书 58 047 张，出口备案企业资质 428 家。建立舆情监测机制，及时妥善处置了热点问题，对违法认证、检测机构作出处罚，维护了认证认可的公信力。

#### （三）积极推动服务创新，扩大了认证认可服务成效

围绕提升认证认可服务功能，提高从业机构的创新研发能力，积极组织开发适应市场需求的碳减排核查、

诚信管理体系评价等新型第三方评价服务，加快认证认可在食品安全、信息安全、节能环保、新能源、生产性服务业等重点领域的推进步伐，新增3个能源管理体系认证试点行业，新建12个有机产品认证示范区、1个服务外包认证示范区，与总参签订共建北斗导航检测认证体系协议，认证认可在推进产业优化升级、促进节能减排、转变农业生产方式、促进对外贸易稳定增长、培育战略性新兴产业等方面取得了新的成效。

### （四）积极推动科技创新，增强了认证认可技术支撑能力

认证认可领域“十二五”国家科技项目顺利启动，“P3、P4实验室生物安全技术及应用”项目荣获国家科技进步二等奖，“国家行政机关质量管理体系理论与实践研究”、“中国检测机构科学发展战略研究”等一批课题通过验收鉴定。国家质检总局科技委认证认可专业技术委员会成立，认证认可行业标准（RB）列入国家标准体系，强化了认证认可科技标准化的支撑地位。《中国认证机构发展报告》、《国家质检中心发展报告》、《中国质检工作手册（认证认可分卷）》编纂完成。统一上报信息平台和有机产品认证标志查询系统上线运行，科技创新能力和信息化水平全面提升。

### （五）积极推动体制机制改革创新，优化了认证认可发展环境

认证认可部际协作机制日趋成熟，与发改委、科技部、工信部、公安部、铁道部、工商总局、林业局等部委紧密协作，在共同推进重点领域认证认可工作、建立完善行业内认证和采信制度、开展流通领域认证执法监管等方面取得了明显进展。上下联动机制更加紧密，组织地方两局和全行业广泛开展“世界认可日”、“全国检测实验室开放日”等宣传活动，加强与地方政府联系，签订了工作联系点、认证示范区、联合办学等多个委地合作项目。国际合作互认机制进一步深化，我国成功加入IECEE体系E3能效计划，新增18家通过国际评审的IECEE-CB实验室，中美双边合作机制正式建立，港澳台合作取得新突破，我国认证认可专家成功连任国际认可论坛副主席。创先争优长效机制初步形成，建立了3个基层“认证认可工作联系点”，在机关党建、文化建设、绩效管理和质量体系建设中积极探索认证认可特色，“五服务工作法”被评为中央国家机关“优秀党支部工作法典型”；构建认证认可廉政风险防控体系，提炼了认证认可文化内涵，增强了事业发展活力。人才培养机制走向正规化。积极推动认证认可职业资格建设，探索开展认证认可专业教育，加强从业人员培训和监管机构队伍建设，增添了事业发展后劲。

过去的一年，我们取得了来之不易的成绩，这是国家质检总局党组正确领导的结果，是中央国务院有关部门和社会各界关心支持的结果，是各级认证认可监管部门和认证认可全行业团结拼搏的结果。

## 二、以党的十八大精神为统领，全面推进中国特色认证认可事业创新发展

改革开放30多年来，我国借鉴国际认证认可制度，并与我国实际相结合，努力探索出了一条中国特色的认证认可发展之路。2001年国家认监委成立后，认真履行国务院授予的统一管理、监督和综合协调全国认证认可工作的职责，在质检总局的正确领导和社会各方的共同推动下，以中国特色社会主义理论为指导，从国情实际出发，对中国特色认证认可工作体系进行了深入探索和实践。2002年，以老领导王凤清同志为主任的第一届委党组在第一次全国认证认可工作会议上提出建立国家认证认可和合格评定工作体系，确立了建立制度、构建体系、进入世界前列“三步走”的发展目标。2004年，第三次全国认证认可工作会议第一次提出建立有中国特色的认证认可体系，阐述了中国特色的基本内涵。2007年，我们在“国际认可中国日”对外宣布，中国特色认证认可工作体系架构基本建成。从“十五”到“十二五”时期，我们沿着中国特色之路，接力探索，持续推进，不断深化对认证认可本质规律的认识，不断深化认证认可领域改革建设发展的实践，使中国特色认证认可工作体系日益完善，认证认可事业蓬勃发展。

经过十多年不懈的努力，我们以国际认证认可准则为依据，从中国国情实际出发，制定了“三步走”发展战略，坚持同步发展和后发突破相结合，确立了中国特色认证认可发展道路；我们建立了国家强制性与自愿性相结合的认证制度、集中统一的认可制度、统分结合的检测检查机构资质认定制度和进出口食品企业注册备案制度，确立了中国特色认证认可制度体系；我们确立了以《认证认可条例》为核心，行政法规与技术法规紧密衔接的中国特色认证认可法律法规体系；我们组建了国家认监委统一管理、地方质量技术监督和出入境检验检疫部门分级负责的认证认可监管机构，构建起“法律规范，行政监管、认可约束、行业自律、社会监督”的“五位一体”监管制度，确立了中国特色认证认可监管体系；我们建立与国际标准相等效、与自主需求相适用的合格评定标准体系、科技创新体系和信息化体系，确立了中国特色认证认可技术体系；我们坚持多双边协调、国内外互动，遵循WTO及相关

国际规则，广泛参与合格评定国际组织和互认机制，积极运用话语权发挥建设性作用，确立了中国特色认证认可国际互认体系；我们按照“统一管理，共同实施”的工作原则，建立了政府部门积极推动、社会各方广泛参与的部际协作、区域合作和多领域采信机制，确立了中国特色认证认可工作机制。这七个方面，共同构成了中国特色认证认可工作体系，为认证认可事业的发展，提供了切实的体制保障、组织保障、制度保障和技术保障。

中国特色认证认可工作体系的探索、建立和发展，有着深厚的时代条件、现实条件和内在条件。从时代条件看，认证认可在中国的引入，顺应了我国改革开放和现代化建设的时代潮流，是我国经济与国际接轨、参与经济全球化的需要，是完善社会主义市场经济体制、有效发挥市场基础作用的需要，是提升我国质量总体水平、实现又好又快发展的需要，也是丰富和发展国际认证认可制度、促进全球贸易便利化的需要。我们推进认证认可工作，就必须符合国家整体发展战略，满足科学发展对质量工作的迫切需要，立足中国特色质检工作体系的总体布局；从现实条件看，认证认可是质量管理的先进手段，是市场经济运行的信用工具，是政府监管的技术支撑，必须与特定的社会环境、市场条件、质量状况相适应。我国正处在社会主义初级阶段和经济社会转型期，推行认证认可制度面临与发达国家很不相同的环境条件。国情决定了我们不能照搬发达国家的现成模式和经验，而应当将认证认可的核心要素、通行规则和共性规律，与中国实际相结合，走国际化与中国化相结合的道路；从内在条件看，认证认可在我国起步较晚，一方面发展速度明显快于发达国家，另一方面发展质量、发展内涵和创新能力相比发达国家还有明显的差距，存在发展的平衡性、协调性、可持续性不足等问题。如何变差距劣势为后发优势、突破发展瓶颈，需要我们探索出一条最大程度地发挥我国制度优势、适合国情特点的特色发展之路。这些时代、现实和内在条件，是我们选择中国特色认证认可之路的前提和依据。必须随着这些条件的变化，不断进行新的探索。

顺应经济全球化和我国改革开放的时代潮流，将国际认证认可制度的通行规则与中国的特殊国情和实际需求紧密结合起来，是中国特色认证认可工作体系最鲜明的实践特色；在充分符合国际通行规则的基础上，逐步形成了紧密协同国家宏观政策、行政监管作用突出、统一化管理、组织机制健全、合格评定体系完备等鲜明的工作特点；体现了认证认可的第三方特性与多元化功能相统一，政府引导作用与市场基础作用相统一，制度安排的特殊性、创新性与国际准则接轨的一致性、互认性相统一这些典型特征。中国特色认证认可工作体系的实践特色、工作特点和典型特征，为我国质量工作提供了国际通行的先进管理手段；同时也推动了国际合格评定制度体系发展，大大丰富了国际认证认可实践。

在中国特色认证认可工作体系的接力实践中，我们取得了一系列重要的发展成果、管理成果和创新成果。认证认可广泛应用于国民经济和社会各领域，与经济贸易和政府监管的结合日趋紧密，对国民经济和社会发展的贡献不断提升。截至 2012 年底，我国已建立了“四个统一”的强制性认证制度、36 项自愿性认证制度、29 项认可制度，拥有认证机构 173 家、资质认定实验室 2.8 万家、注册从业人员 7.8 万人次，颁发有效证书总数突破 100 万张，获证组织 40 多万家，连续 10 年居世界第一。近 40 部法律法规和多部国家规划、行政规章中涉及认证认可制度，采信认证认可结果。我国参加了 20 个合格评定国际组织，加入 12 个国际多边互认框架，与 25 个国家和地区签订双边合作互认安排。认证认可的有效性、服务性、科学性、权威性与自主创新能力持续增强，社会影响和国际地位不断提高。认证认可已经成为中国特色质检工作体系的重要组成部分，成为国家质量发展机制的重要支柱，成为市场经济运行的基础性制度安排，成为适应市场需要的新兴服务产业。

在取得这些重要成果的同时，我们也积累了宝贵的基本经验：一是必须始终坚持国际化与中国化相结合的方针，从国情实际出发，按国际规则办事，走中国特色的认证认可发展之路；二是必须始终坚持“统一管理，共同实施”的原则，正确处理制度的统一性与开放性、政府引导作用与市场基础作用的关系，不断健全政府领导、部门联动、社会参与的工作机制，协同各方广泛参与，充分调动和发挥各方面的积极性；三是必须始终坚持服务国家工作大局的根本宗旨，从国家发展需求出发，把握认证认可的工作定位，协同各项质检工作融入经济社会发展大局；四是必须始终坚持创新驱动发展战略，大胆探索，改革开放，通过创新激发内在活力，破解发展中的问题；五是必须始终坚持以制度建设为根本，不断挖掘认证认可制度的核心价值，发挥中国认证认可制度的特有优势；六是必须始终坚持以质取胜、科学发展的理念，统筹处理好认证认可发展速度、结构与质量的关系，坚持边规范、边发展，不断提升认证认可有效性和公信力；七是必须始终坚持以人为本，加强干部队伍思想作风和能力建设，造就一支适应事业发展的认证认可人才队伍。这七条基本经验，是对历年来认证认可理论和实践探索的集中凝炼，必须在今后工作中始终坚持，并结合新形势新任务，赋予新内涵、增添新活力，继续探索并不断深化。

立足当前，党的十八大，开启了我国全面深化改革开放、全面建成小康社会的新时代。十八大高举中国特色社会主义伟大旗帜，提出一系列新思想、新观点、新论断、新部署，为质量工作和认证认可工作指明了前进方向。随着国家全面深化改革开放、加快转变经济发展方式，深入落实《质量发展纲要》和“十二五”系列规划，认证认可工作进入了稳定加强的新时期，面临前所未有的发展机遇。在刚刚召开的全国质检工作会议上，支树平局长代表总局党组作的工作报告，以十八大精神为统领，系统阐述了中国特色质检工作体系的丰富内涵，确立了中国特色质检工作理论、制度、技术、机制“四位一体”的总体布局，要求坚定不移地贯彻落实“十二字”方针，全面做好2013年质检工作。树平局长在工作报告中，充分肯定了认证认可在中国特色质检工作体系中的重要地位和作用，对认证认可工作提出了一系列明确要求。在本次会上，树平局长还要作重要讲话，提出新要求，我们一定要深入学习领会，坚决贯彻落实，进一步坚定走中国特色认证认可发展之路的自信和自觉，进一步完善中国特色认证认可工作体系，自强不息，全面推进认证认可事业创新发展。

第一，中国特色认证认可事业的指导方针是“抓质量、保安全、促发展、强质检”。必须把握认证认可的质量基础工作定位，围绕中国特色质检工作体系的总体布局，坚定不移地贯彻质检工作方针，努力夯实认证认可的质量基础地位，不断强化质量基础作用。十八大提出“要把推动发展的立足点转到提高质量和效益上”，中央经济工作会议进一步提出要以提高质量和效益为中心，实现有质量、有效益、可持续的发展，强调实实在在、没有水分的增长质量。质量成为贯穿科学发展主题、转变经济发展方式主线的核心追求。全国质检工作会议特别强调落实中央对质量发展的新要求，必须完善中国特色质检工作体系。就认证认可而言，一方面，要充分发挥认证认可的质量基础作用，运用认证认可手段提升质量工作的公信力；另一方面，认证认可必须自觉融入质检整体工作，与其他各项质检工作紧密融合、协调推进，才能有效发挥应有作用。只有始终贯穿“十二字”方针，将认证认可工作放在国家质量发展这个全局、放在质检工作这个整体去谋划、去推进，才能不跑偏、不削弱、不掉队，才能有作为、有地位、有权威，为全面提高发展质量和效益、建设质量强国做出应有贡献。

第二，中国特色认证认可事业的发展模式是创新驱动发展。必须把握认证认可的创新特征，坚持“找准定位，创新发展”，全面推进认证认可制度创新、监管模式创新、服务创新、科技创新和体制机制改革创新，激发认证认可全行业的创新活力，增强自主创新能力。十八大明确提出“实施创新驱动发展战略”，构建国家创新体系，建设创新型国家。认证认可是经济社会发展到一定阶段后通过创新的手段满足市场对质量需求和信任期望的产物，随着市场需求变化而不断地创新发展。从本质上讲，创新是认证认可最鲜明的制度特征，也是最充沛的动力源泉。我们提出认证认可创新发展，从根本上讲就是要推动认证认可制度与经济社会发展需求相结合，吸收运用各种创新成果，通过提高自主创新能力，突破认证认可面临的发展瓶颈障碍，实现我国认证认可由数量规模型向质量效益型、由外延式增长向内涵式发展、由认证认可大国向认证认可强国的转变。通过“五个创新”的推进，已经取得了一系列制度、监管、服务、科技和机制方面的创新成果，但同时也要看到，自主创新能力和活力不足，协同创新尚未形成有效机制，依然是我国认证认可工作面临的突出问题。国际同行的创新领先优势、国内各行业的外部创新成果对我国认证认可自主创新形成倒逼机制，这就要求我们坚定不移地走创新发展之路，巩固“五个创新”协调推进格局，狠抓协同创新，在重点领域加快形成创新突破。

第三，中国特色认证认可事业的重要任务是大力发展认证认可服务业。必须把握认证认可的新兴服务产业定位，大力发展适合市场需要的认证认可、检验检测服务业，推动认证认可与现代农业、先进制造业和现代服务业融合，从传统产业向经济社会各个领域特别是服务业、新兴产业延伸。十八大明确提出“推动服务业特别是现代服务业发展壮大”。随着国家发展规划和产业政策日趋完善配套，认证认可作为现代服务业、生产性服务业、高技术服务业的定位日趋清晰。国务院刚刚颁布的《服务业“十二五”发展规划》进一步明确把认证认可作为适应市场需要的新兴服务产业，把检验检测作为新兴服务业态，为认证认可提供了广阔的发展空间，提出了明确具体的目标任务，如加大检验检测认证基础能力建设，加强检验检测体系建设，鼓励检验检测认证服务机构由提供单一类型合格评定服务向复合型合格评定服务延伸，推动检验检测认证服务等高技术服务业做大做强，发展成为国民经济的重要增长点。规划还明确提出“十二五”服务业增速要高于GDP增速、高技术服务业营业收入年均增长18%以上等预期指标。这些前所未有的发展机遇和政策支持，一方面为认证认可作为新兴服务产业的优先发展注入了强劲动力，另一方面也对认证认可加快自身转型形成了倒逼压力。我们要增强把握机遇、加快发展的责任感、使命感和紧迫感，从国家产业体系的整体布局去谋划认证认可服务业的定位与发展，从新型工业化、新型城镇化、军民融合式发展、绿色低碳发展这些国家新的发展理念中敏锐捕捉政策信号，更新观念思路，将推动创新发展的落脚点放在大力培育发展认证认可服务业上，将履行管理职能的着眼点放在营造良好行业发展环境、培育产业发展活力、为从业主体提供优质服务上，不断拓展认证认可的服务领域，深化服务内涵，提升服务能力，力争在"十二五"末建成适应市场需求、体系完备、布局合理、充满活力的认证认可服务业，稳步提高认证认可服务业产值和贡献。

第四，中国特色认证认可事业的战略目标是努力建设认证认可强国。必须把握我国认证认可工作的国际方位，从国家整体战略出发，以全球视野和战略眼光，统筹推进认证认可国内发展和国际合作，推动我国认证认可工作由快转优、由大变强，提升在国际上的影响力和竞争力。建设认证认可强国是我国认证认可"三步走"战略的既定目标，也是建设质量强国的重要步骤和组成部分。经过多年努力，我国已经是在国际上有着重要影响的认证认可大国，正处在由大变强的转型阶段，还面临着自主创新能力有待增强、认证认可国际合作成果有待深化、在国际合格评定领域的话语权有待提升等课题。中国特色认证认可事业创新发展，必须以增强自主创新能力为核心，全方位参与、实质性推动认证认可多双边合作互认进程，在事关国家发展利益的合格评定体系建设、合格评定标准规则制定等方面发挥重要作用，加快建设认证认可强国的步伐。

第五，中国特色认证认可事业的核心价值是公正、公信。必须把握认证认可独立公正、传递信任的第三方特性，构建认证认可核心价值体系，切实履行社会责任，维护认证认可的公正性，提升认证认可公信力。十八大把维护社会公平正义作为建设中国特色社会主义的基本要求，把公正、诚信作为社会主义核心价值体系的基本要素，提出加强政务诚信、商务诚信、社会诚信和司法公信建设。总局党组高度重视质检工作的公正性和公信力，提出树立质检部门刚正廉明、科学权威、可亲可信"三个形象"，殷切期望认证认可"走在前面，做出表率"。树平局长要求认证认可"传递信任，服务发展"，强调"公正认可，赢得认可"，这些要求最终都落在公正、公信这些认证认可的核心价值上。我们要深刻领会这些精神，深刻认识到公正是认证认可活动的基本准则、公信是认证认可工作的生命线，大力倡导认证认可核心价值理念，努力做到公正认证、公正认可、公正检测、公正执法，树立公正形象，赢得公信赞誉。

## 三、以"十二字"方针为指引，扎实做好2013年认证认可工作

2013年认证认可工作的总体要求是，深入学习贯彻党的十八大精神，认真落实"抓质量、保安全、促发展、强质检"工作方针，以质量和效益为中心，坚持创新驱动、综合推进、系统优化、协同发展，切实增强机遇把握能力、风险管控能力、自主创新能力、统筹协调能力，大力发展认证认可服务业，提升认证认可公信力，进一步完善中国特色认证认可工作体系，为建设质量强国做出新贡献。

### （一）敏锐把握政策机遇和发展需求，完善综合推进机制，提升认证认可管理效能

当前，认证认可工作面临一系列难得的发展机遇，必须倍加珍惜、牢牢把握，从服务国家"五位一体"建设及工业化、信息化、城镇化、农业现代化"四化"全局的角度，发挥整体协同效应，增强认证认可工作的系统性、协调性、前瞻性，破解发展中的深层次矛盾，推动认证认可事业取得突破性进展。

一是建立政策研究与舆情动态跟踪机制。加强政策理论研究和业务综合指导，对"十二五"专项规划及国家产业政策进行动态跟踪研究，重点做好《质量发展纲要》和服务业、自主创新能力、节能减排、战略性新兴产业等专项规划的研究分析，提出具体落实措施。组织认证认可"十二五"规划实施的中期评估，更好地适应国家宏观发展要求。开发适合认证认可特点的舆情监测综合信息系统，充分发挥舆情监测在化解风险隐患、提高应急能力、优化舆论环境方面的作用。加强正面宣传，建立健全覆盖地方两局、从业机构的信息宣传网络，组织好《认证认可条例》颁布10周年、低碳产品认证、世界认可日和突出典型经验等重点宣传活动。开展中国认证认可贡献奖评选活动。地方认证监管部门要充分重视宣传工作，健全信息宣传和舆情监测的渠道机制，结合各地实际加大宣传力度，把成果经验及时提炼好、宣传好，形成良好氛围和强劲推力。

二是完善部际协作机制。进一步发挥认证认可部际联席会议的议事协调作用，密切与成员单位及相关部门的联系，研究非成员单位列席部际联席会议的机制，增强部际协作机制的信息沟通、工作协调、业务指导、人员培训、宣传推动等功能，不断拓展部际协作的广度、深度和密度。加强与相关部委的协调配合，共同推进

能源管理体系、铁路产品认证、低碳产品认证、有机产品认证、战略性新兴产业检测平台建设等重点工作。

三是拓展区域工作机制。根据各地实际需要，制定有针对性的政策措施，使认证认可更好地融入地方经济发展。加强认证认可监管部门与地方政府部门的沟通协作，认真落实局省合作备忘录涉及认证认可、检验检测的条款项目，推广地方开展认证认可工作的典型经验。鼓励引导各地出台认证认可促进政策和地方性法规，把认证认可纳入“质量兴省”、“质量兴市”战略和政府质量考评体系；支持具备条件的地方先行先试，开展新领域认证，建设检测认证平台，加快有机产品认证、低碳产品认证、公共检测平台建设示范区创建步伐。各地认证监管部门要主动作为，积极穿针引线，形成上下联动、多点推进、条块结合的生动局面。

四是深化国际合作互认机制。完善政府引导、行业协作、区域拉动、技术机构实施的国际合作模式，支持和推动认证、认可、检测机构走向国际。开展认证认可国别政策研究和国际组织发展动态前瞻性研究，组织国际多边互认体系有效性评估，充分利用多边合作舞台，发挥多边互认体系效能，提升国际话语权和影响力。积极推动双边合作，加快推进与主要贸易伙伴的合作步伐。深化港澳台合作，开展检测检查结果互认试点。实现多双边合作互促互动。

### （二）统筹推进科技创新和法制建设，完善协同创新机制，提升认证认可制度科学化水平

继续完善以风险分析和质量分析为基础、以市场需求为导向、以标准和法规为依据的认证认可制度模式，更加注重顶层设计、系统优化、过程管理和协同创新，正确处理好认证认可制度的创新性与稳定性、适用性与规范性的关系，加强制度建设、标准建设和法制建设的协同，使认证认可制度更加充分地吸纳社会需求，更好地适应经济社会发展。

一是加快新领域认证认可制度协同创新。加快以生态文明、信息安全、战略性新兴产业等为代表的新领域认证认可制度和科技创新步伐，力争取得一批创新突破，整体提升我国认证认可自主创新能力。探索建立监管部门、从业机构和社会各方共同参与的协同创新机制，实现认证认可创新覆盖科研立项、制标制规、机构人员审批、宣传培训、后续监管全流程的一体化。研究制定鼓励新领域认证制度创新的政策措施，科学确定资质条件，提高认证规则备案效率，通过协同创新，有效解决外部需求变化快、内部审定时间长、工作不同步的问题。抓紧抓好低碳产品认证、北斗卫星检测认证体系、生物安全实验室认可、战略性新兴产业国家质检中心规划建设等一批重点项目的实施。

二是系统优化合格评定制度体系。完善顶层设计和系统管理，加强制度体系的内在协调和相互支撑，建立合格评定制度体系表。突出适用效果，大力发展适合市场需求的自愿性认证制度。区分各类自愿性认证的风险等级实行分类管理，积极开发推广节能环保、绿色低碳、服务等符合国家政策导向的自愿性认证，对高风险认证加严实施条件和监管要求；继续推进自愿性认证效果评估，对长期进展缓慢的认证项目查找分析原因，提出针对性措施；清理规范认证试点项目，明确试点范围、时限和要求；规范和改进认证机构自愿性认证的备案管理。突出风险管控，继续推动强制性认证制度创新。基于风险分析，完善产品目录和指定机构动态调整机制，适度增强指定机构的竞争性，以低压电器和轮胎产品为试点调整认证规则，搞好目录新增产品的实施，改进产品界定、编码对应等配套工作，提升强制性认证实施效果。突出系统整合，进一步完善资质认定、注册备案等准入性合格评定制度。强化资质认定制度在检验检测机构管理中的支撑地位，规范资质认定技术评审，完善食品检验机构、环境监测机构、战略性新兴产业检测机构的资质认定条件。在注册备案工作中积极采信第三方认证结果，提升危害分析与关键控制点（HACCP）体系认证的有效性，推进水产品、肉类、乳制品、酒类的进口注册工作，协调进口注册、出口备案、对外推荐注册的均衡发展。突出能力证实，完善认可制度体系。要更加重视认可在合格评定链条中的突出作用，加强认可制度和能力建设。以认可机构自身能力为关注点，强化认可评审过程关键点控制，完善认可技术政策，加强国际同行评审、认可机构内控内审、政府监管部门行政监督，更好地提升认可能力。

三是夯实认证认可科技创新平台。以认证认可专业技术委员会为依托，以国家科技计划项目为龙头，建立社会各方广泛参与、研发应用紧密对接的认证认可科技创新平台，推进认证认可学科建设和专业教育，构建认证认可知识系统，组织“认证认可理论及政策研究”、标准化发展战略等重大课题研究，提高基础研究水平和科标项目质量，促进科研成果输出为制度创新和标准创新成果，充分发挥认证认可技术体系的支撑引领作用。

四是加强认证认可法制建设。以《认证认可条例》颁布10周年为契机，组织开展中国特色认证认可法律制度的战略研讨，坚持制度创新和法制建设相协调，立法、普法、行政执法相协调，提高认证认可法规体系的科学化系统化水平。加快重点领域认证认可法律规范的制修订进程，继续推动《实验室管理条例》立法，

出台《低碳产品认证管理办法》、《节能产品认证管理办法》等规章制度，抓紧《有机产品认证管理办法》、《实验室和检查机构资质认定管理办法》、《认证人员管理办法》等规章的修订。完善法制工作程序，切实做好立法前论证、立法后评估工作，继续推进“六五”普法活动。地方认证监管部门要按照认监委的统一部署，狠抓法制和制度建设，积极争取地方的支持，完善执法监管环境，提高依法监管水平。

### （三）着力改善政务环境和发展环境，完善产业引导机制，提升认证认可服务业创新活力

认证认可“传递信任，服务发展”成效的关键是培育发展适应市场需求的认证认可服务业。要深入探索认证认可服务业的定位、功能和发展方向，切实加强对认证认可服务业的政策指导、宏观调控和监督管理，逐步构建认证认可服务产业体系。

一是制定认证认可服务业发展指导意见。研究借鉴国际认证认可服务业发展经验，组织国内认证认可服务业现状调研，深入分析从业机构、检测认证市场的全面状况，研究制定促进认证认可服务业发展的配套办法，培育充分开放、公平竞争、规范有序、充满活力的认证检测服务市场，提高从业人员能力素质，推动认证认可从业人员纳入国家职业资格制度。

二是积极引导从业机构规模化、品牌化、专业化。根据从业机构的行业背景、市场定位和专业能力，实行分类指导，鼓励检验检测认证机构由提供单一类型合格评定服务向复合型合格评定服务延伸，鼓励产品认证机构加强检验检测能力建设，鼓励检验检测认证机构自主组建产业创新联盟，鼓励从业机构参与认证技术创新。培育检验认证知名品牌，做优做强一批专业领域从业机构，逐步提升认证认可、检验检测服务产值。

三是加快认证检测公共服务平台建设。围绕解决群众关心的质量安全热点问题，加快食品安全、环境监测、能效测试等民生领域检验检测公共服务平台建设，完善国家检测资源共享平台，开展公共检测技术平台示范区创建活动，加强食品检验机构、复检机构公布工作，继续深化检测机构开放活动，树立一批群众公认的检验检测机构品牌。推进认证认可电子商务建设，建立认证检测公共服务信息平台，开发合格评定网络化服务，帮助从业机构提升管理服务效能。

四是建立认证认可服务业统计评价体系。加强认证认可服务业信息化建设，建立认证认可服务业统计指标体系，开展认证认可服务业增加值和贡献率测算，研究认证认可服务业成熟度、竞争度、满意度的评价指标。

### （四）突出强化风险防控和严密监管，完善监管联动机制，提升认证认可工作公正性

牢记“质量是基础，安全是底线”，树立底线思维，注重问题导向，增强风险意识，强化监管联动，继续完善“法律规范，行政监管，认可约束，行业自律、社会监督”五位一体监管体系，创新监管模式手段，整合优化监管资源，充分发挥各个监管手段、各个监管环节的联动效应，使各级监管部门“能管、易管、好管”，维护认证认可的公正性和公信力。

一是创新监管方法模式，深化风险排查整治。推行认证认可风险分级管理，提高风险排查、识别和防控的有效性。继续开展网格化监管检查。对质量安全问题突出、社会舆论关注集中的认证项目，开展专项执法整治。增强监督检查的针对性，推动行政监督检查与专业技术评审相结合，发挥技术评审对行政监管的技术支撑作用，重点是不符合项和潜在风险易发、多发环节的审核过程，解决监管“不痛不痒”问题，消除系统性、行业性、区域性风险。对国务院取消的 4 项认证认可行政审批项目，加强后续管理。

二是全面强化从业机构监管，严格落实主体责任。全面推行认证机构社会责任报告制度，逐步向认可机构和检测机构推行，引导从业机构建立履行社会责任的组织治理机制，落实主体责任。在不放松对认证机构和获证企业的监管同时，切实加强对认可机构、人员注册机构、检验检测机构的监管，建立认可机构和人员注册机构年度行政监督制度，加强资质认定获证机构的日常监管，强化对省级资质认定工作的监督和指导，探索深化“认证机构、检测机构、认可机构、获证企业、获证产品”联动监管模式。

三是健全认证执法监管体系，提升基层执法监管能力。明确地方认证监管部门的职责和定位，强化属地管理职能。各级地方认证监管部门要坚持寓监管于服务，把行政监管的立足点放在促进认证认可服务业发展、服务地方经济发展大局上，健全“联合部门，依靠地方”的工作机制，充分发挥地方政府和社会各方的积极性，形成加强监管、推进工作的合力。开展认证执法监管体系建设“回头看”，推进认证执法监管体系建设，中心城市覆盖率提升到 80%，增强中心城市带动周边区域的功能。加强认证执法监管队伍建设，充分利用认证认可网上培训平台，推行“省市县三级全覆盖”培训模式，提升认证执法监管人员能力素质。

四是促进区域监管联动，提升监管整体合力。总结推广认证执法监管区域联动机制的经验，在中部、华南等地区推动建立区域联动机制，全面深化地区间、两局间合作，促进各局信息互通、资源共享、结果互认、

执法联动，针对跨地区违法违规活动组织联合执法行动，打击区域“结合部”的不法行为。

**（五）切实改进工作作风和工作方法，完善行风长效机制，提升认证认可监管部门执行力**

坚决贯彻落实中央“八项规定”，以作风建设为切入点，努力创建学习型、服务型、创新型机关。精简办会办文，提高调查研究成效。根据工作需要、新闻价值和社会效果，加强面向基层一线的实效宣传。深入开展群众路线教育实践活动，总结推广支部工作法，增强认证认可联系点、下基层活动实效，继续探索完善认证认可特色的核心价值和廉政风险防控体系，健全创先争优长效机制。推进认证认可电子政务建设，全面推行基于质量管理体系的绩效管理，进一步加强各级监管部门的机构职能和队伍建设，提升经费、技术等保障能力，改进对地方认证监管部门的绩效考核指标，开展专项经费绩效考核和检查。各级领导干部要切实增强宗旨意识、大局意识、服务意识、创新意识，带头提高机遇把握能力、风险管控能力、自主创新能力和统筹协调能力，自觉做到为民、务实、清廉，真抓实干，攻坚克难，以优良的党风政风，树立优良的行风形象。

党的十八大发出了全面建成小康社会、夺取中国特色社会主义新胜利的动员令和宣言书。我们要在国家质检总局党组的领导下，凝聚力量，创新发展，坚定不移地抓质量、保安全、促发展、强质检，努力完善中国特色认证认可工作体系，为建设质量强国做出新贡献！

# 国家质检总局副局长、国家认监委主任孙大伟在第十一次全国认证认可工作部际联席会议上的讲话

（2013年4月16日）

今天会议的主要任务是贯彻落实党的十八大和全国“两会”精神，围绕新一届国务院的总体工作部署，总结第10次部际联席会议以来的工作，研究安排新年度工作，推动我国认证认可事业创新发展。下面，我分两个部分汇报工作：

## 一、2012年工作情况

2012年，国家认监委在质检总局的正确领导下，会同部际联席会议各成员单位和有关方面，按照“统一管理，共同实施”的工作原则，围绕国家发展大局，全面推进认证认可工作。

首先汇报认证认可工作的总体进展。

2012年初，国务院颁布《质量发展纲要》，提出建设质量强国的战略，明确了未来十年国家质量发展的目标任务。《纲要》提出推动完善认证认可体系，夯实质量发展基础。2012年12月，国务院发布《服务业发展“十二五”规划》，提出大力发展认证认可和检验检测服务业。根据《纲要》和“十二五”规划的阶段部署，国家认监委围绕“抓质量、保安全、促发展、强质检”工作方针，提出了加快认证认可制度、监管模式、服务、科技和体制机制“五个创新”，推动认证认可事业创新发展，全面提升认证认可公信力，更好地“传递信任，服务发展”。

一是推动制度创新，完善认证认可制度体系。加强质量分析和风险分析，重点完善了强制性产品认证（CCC）、有机产品认证制度，建立CCC认证产品目录和指定机构动态管理机制，对有机产品认证加严监管要求，强化了质量安全的制度保障。适应行业发展及政府职能转变的需求，会同铁道部、发改委分别出台了铁路产品认证、低碳产品认证等新领域认证认可制度。目前，我国共建立和实施了22大类157种产品的强制性认证制度和36项自愿性认证制度，11项基础认可制度和26项专项认可制度，认证认可制度体系更加完善，科学性和有效性进一步提升。

二是推动监管模式创新，提升认证认可监管效能。以构建“区域化、层级化”监管机制为目标，全面推进认证执法监管体系建设，全国省级质检部门实现了全覆盖；以区域联合监管执法为手段，建立了10个认证执法监管区域合作联动机制，覆盖17个省级质监局和18个直属检验检疫局；以科学、高效监管为导引，在23个省区推行“网格化”监督检查，全面排查区域的质量安全风险。以落实机构主体责任为抓手，全面推行认证机构年度工作报告审查和社会责任报告制度。以高风险产品及环节为重点，组织开展“两个专项”、“双打”和专项监督检查，集中整治认证认可、检验检测领域内的违法违规行为。2012年，共撤销、暂停、注销各类证书216 257张、出口企业备案资质428家，维护了认证认可的公信力。

三是推动服务创新，扩大认证认可服务成效。围绕提升认证认可服务功能，提高从业机构的创新研发能力，适应国家产业发展需要，配合发改委等部门积极组织开发适应市场需求的碳减排核查、诚信管理体系评价等新型第三方评价服务，加快认证认可在信息安全、节能环保、新能源等重点领域的推进步伐，新增3个能源管理体系认证试点行业、12个有机产品认证示范区、1个服务外包认证示范区，新授权33家国家质检中心。

四是推动科技创新，增强认证认可技术支撑能力。认证认可领域“十二五”国家科技项目顺利启动，“P3、P4实验室生物安全技术及应用”项目荣获国家科技进步二等奖，“国家行政机关质量管理体系理论与实践研究”、“中国检测机构科学发展战略研究”等一批课题通过验收鉴定。认证认可行业标准（RB）正式列入国家标准体系。完成了《中国认证机构发展报告》、

《国家质检中心发展报告》等研究成果，开通了统一上报信息平台、有机产品认证标志查询系统等一批信息化项目。

五是推动体制机制改革创新，优化认证认可发展环境。着力完善部际协作机制、上下联动机制和国际合作互认机制。组织全行业广泛开展“世界认可日”、“全国检测实验室开放日”等宣传活动，在江苏、陕西等地建立了3个“认证认可工作联系点”，签订了认证示范区、联合办学等多个委地合作项目。去年，我们取得了多项国际合作互认成果。国际实验室认可合作组织（ILAC）正式批准了检查机构认可多边互认协议（MRA），我国成为首批加入该互认协议的成员。我国还成功加入IECEE体系E3能效计划，新增18家通过国际评审的IECEE-CB实验室。我国代表成功连任国际认可论坛（IAF）副主席。此外，中美认证认可双边机制正式建立，双边和海峡两岸合作取得了实质性进展。

以上是总体进展情况，再汇报一下认证认可部际协作的主要工作。

2012年，各成员单位和有关方面自觉从国家大局出发，充分利用认证认可部际联席会议这个平台，加强沟通，密切配合，进一步完善了部际协作机制，推动了认证认可工作的深入开展。

一是紧密围绕职能转变，充分运用认证认可手段。各成员单位认真贯彻国务院关于深入推进行政审批制度改革的精神，结合取消、调整行政审批项目，积极运用认证认可的第三方评价手段，实现行政管理方式转变。原铁道部会同认监委共同建立铁路产品认证制度，先后发布两批铁路产品认证采信目录共计378种产品，其中由行政许可转入的146种，其他行政手段管理的产品232种，提升了铁路产品质量和铁路运输安全保障能力。公安部多年来始终积极推动消防、安防产品的强制性认证管理，新增7类31种CCC认证消防产品，同时积极推进自愿性认证工作，从源头上保障公共安全。民航总局将认证结果采信作为有关行政许可项目的基础性工作，加强对民航技术机构的管理。

二是积极适应行业需求，加快工作推进步伐。各单位围绕节能减排、低碳发展、培育战略性新兴产业等国家战略导向，将认证认可作为推动行业发展、促进产业转型升级的有效途径。发改委与认监委在万家企业节能低碳行动中共同推动能源管理体系建设，试点行业增加到13个，共同建立低碳产品认证制度，并在三个省区开展认证试点。工信部与认监委全面启动电子信息产品污染控制认证。水利部和财政部、农业部在东北四省区共同实施“节水增粮”行动，将节水产品认证作为重要抓手。各部委在相关行业加快推进节能、节水、环保认证，组织开展联合国CDM项目节能减排审定等工作。2012年，已获得能源管理体系认证证书的企业有157家，正在实施审核的企业还有110家，据不完全统计，经审核认证的节能量超过114万吨标准煤，相当于减少二氧化碳排放303万吨。全年累计新增资源节约产品认证证书11 807张，经测算，共节水224.89亿吨，节能3 277.6万吨标准煤，节约资金5.7亿元。交通部、住建部等部委组织开发多个新认证项目，促进新技术、新材料和新产业发展。农业部、环保部会同认监委积极开展有机、绿色、无公害等“三品”认证，促进生态农业发展。旅游局建立旅游业标准认证体系，积极开展星级饭店、旅游景区质量等级和旅游企业认证，推动旅游服务业升级。

三是切实保障资质能力，完善检测认证技术平台。各单位结合食品安全、公共安全、信息安全等管理职能，建立健全检验检测认证技术体系，为行业管理和技术执法提供技术支撑。科技部、司法部、环保部等部委积极推进司法鉴定机构、食品检验机构、环境监测机构资质认定工作，完善公共技术服务平台。工信部重点加强新能源、新材料等战略基础产业和新兴产业的国家质检中心规划建设，新建16家国家质检中心。总参测绘导航局和认监委共同建设北斗导航产品检测认证体系，推动北斗系列产品民用化。铁道部制定《铁路产品认证检验能力建设专项规划》，加强认证检测实验室和测试基地建设。海关总署运用认证认可手段保障政府实验室的有效运行。

四是着力完善保障机制，加大政策支持力度。各单位通过出台法规规章、建立采信机制、项目支持、政府采购等途径，进一步支持和促进认证认可工作的开展。科技部、发改委、财政部积极支持认证认可研究项目立项，加大经费保障力度。科技部将“碳排放和碳减排认证认可关键技术研究与示范”项目列为首批启动的“十二五”国家科技支撑计划项目，发改委将“我国低碳产品认证制度建立研究”列为应对气候变化专项，为国家节能减排和低碳发展提供了技术支撑。公安部通过认证结果通报，引导公安机关采信产品认证结果。

五是充分发挥职能作用，强化行业指导管理。各单位积极支持配合认监委，完善认证管理制度和技术规则，规范行业认证检测行为，加强对从业机构人员的监督管理。认监委会同质检总局、食安办、农业部、工商总局等部委，修订完善有机产品认证制度，组织对生产、流通领域有机产品进行清查整治，有效防范了认证风险。农业部完善绿色食品认证管理办法和相关标准规范，提高了认证工作质量。住建部强化建筑领域质量管理体系认证的专业特殊要求，提高了认证有效性。铁道部高度重视认证活动的技术规范性，督促认证机构做好认证规则的制订与宣贯，完善相关技术文件。公安部、体育总局采取飞行检查模式，对消防产品、体育用品等开展证后监督工作，提升认证有效性。

六是积极参与部际协作，增进工作协同配合。各单位依托部际联席会议机制，按照“统一管理，共同实施”原则，积极主动地参与。各单位配合认监委共同组织“世界认可日”等宣传活动，合力加强从业机构和人员培训，认真开展“自愿性认证效果评价”工作，积极参与IEC三大认证体系国内运行机制，提升了认证认可的实施效果。加强认证认可涉外事务的协调，共同维护了国家利益。在各单位的共同努力下，认证认可部际联席会议的议事协调作用日益显现，工作效率逐步提高。

## 二、2013年工作设想

2013年是落实党的十八大精神的第一年，也是新一届国务院推进机构改革和政府职能转变的第一年。随着国家加快推进建设质量强国、全面建成小康社会的战略部署，认证认可工作面临一系列新机遇、新挑战和新要求。我们对当前国际国内涉及认证认可工作的一些情况进行了简单梳理，供大家在研究安排工作时参考：

一是国际上认证认可的作用不断强化。认证认可已经从最初的贸易便利工具发展成为服务各国公共政策的重要管理工具，与政府监管的结合越来越紧密。首先是认证认可作为贸易技术壁垒的作用在强化。认证认可是WTO/TBT协定的三大技术性措施之一，具有从源头进行批量化准入管理的功能，相较于单一的检查措施其壁垒作用更强。欧盟出台RoHS法令，美国出台食品安全现代化法案，许多都涉及认证认可内容。随着国外贸易保护主义的抬头，以认证检测等为手段的国外技术壁垒呈增多趋势。其次，认证认可在新经济中的作用加强。在第三次技术革命和新一轮全球产业格局调整中，各国都不遗余力地加快节能、低碳等领域认证认可技术发展，建立碳评价技术体系，并力图在标准规则制定和国际互认安排中争取主动，以占据新兴产业和技术优势，进而对发展中国家形成新的壁垒。此外，认证认可在国际事务中的作用不断强化。认证检测等合格评定措施成为贸易谈判、应对气候变化等国际事务中的重点话题。近年来我国参与的双边高层对话中，越来越多的国家将认证认可作为对话焦点，提出明确要价。在多边场合下，国际认可论坛、国际实验室认可合作组织加强相互协调，推动新的互认进程，去年批准了检查机构互认机制。同时，认证认可国际组织与其他国际组织间的合作也在不断加深，反映出认证认可在国际事务中的份量在增加。

二是各国政府对认证认可活动的监管不断强化。政府部门的监管力度在加大。认证认可作为市场化的第三方评价制度，其效用取决于认证认可本身的有效性和公信力，与一个国家市场规则和法制的完备程度、从业机构的诚信意识和专业能力、以及政府部门的监管能力密不可分。近年来，随着认证认可活动的广泛开展，各国都面临市场监管薄弱、良莠不齐的问题，少数不良机构的行为损害了整个行业的公信力，具有政府色彩的强制性认证、指定检测甚至直接危害到政府的公信力。因此，国际上日益重视对认证认可活动的政府监管和规范约束。特点之一是加强相关立法和行政监督检查，明确法律责任；特点之二是从分散发展的模式趋向于统一管理的模式，建立国家统一的认证认可体系。比如欧盟通过认可和市场监督法规，运用政府之力推动建立国家认可体系，强化政府对合格评定活动的监管。日本、韩国等国在产品安全准入乃至低碳等新领域逐渐向国家统一的认证制度发展。我国建立的“统一管理，共同实施”的认证认可体系，正是吸收了各国的发展经验，也切合国情需要，受到国际同行的关注和肯定。

三是认证认可对于国家发展的作用不断强化。十八大报告和十二届全国人大一次会议《政府工作报告》、《质量发展纲要》等“十二五”系列规划赋予了认证认可更加重要的作用。国务院机构改革和职能转变，进一步为认证认可在各领域的应用提供了广阔空间。认证认可作为市场经济运行的基础性制度安排，突出面临几个方面的机遇：首先，十八大关于“五位一体”建设的总体布局为认证认可提供了更为广阔的舞台。认证认可在服务经济建设、服务生态文明建设、服务社会管理等方面，还有很大的潜力。其次，国家深化行政体制改革，以职能转变为核心推进机构改革，为认证认可服务行政管理方式转变提供了新的契机。十二届全国人大一次会议审议通过的《国务院机构改革和职能转变方案》提出“以职能转变为核心，继续简政放权、推进机构改革、完善制度机制、提高行政效能”，要求深化行政审批制度改革，减少行政审批事项，减少资质资格许可和认定，充分发挥市场在资源配置中的基础性作用，更好发挥社会力量在管理社会事务中的作用。《方案》还明确提出“整合业务相同或相近的检验、检测、认证机构，解决这些机构过于分散、活力不强的问题”。国务院去年取消第六批行政审批项目，规定凡可以采用事后监管和间接管理方式的事项，一律不设前置审批。认证认可作为市场化、国际化的第三方评价制度，是政府实施间接管理的有效方式，能够更好地发挥市场机制的基础作用，降低行政风险，提升政府管理效率和公信力。再次，国家明确提出大力发展认证认可服务业。“十二五”规划明确将认证认可、检验检测作为新兴的现代服务业、高技术服务业，首次确立了认证认可的产业定位，与国家产业体系的结合越来越紧密。《服务业发展“十二五”规划》将认证认可作为新兴服务产业、检验检测作为新型服务业态，提出“加大检验检测认证基础能力建设”、“鼓励检验检测认证服务机构由提供单一类型合格评定服务向复合型合格评定服务延伸”，推动检验检测认证服务等高技术服务业做大做强，发展成为国民经济的重要增长点。规划中关于“十二五”服务业增速要高于GDP增速、高技术服务业营业收入年均增长18%以上等预期指标，为认证认可服务业加快发展提出了明确要求。

结合以上形势任务，今年全国认证认可工作会议总结回顾了建设中国特色认证认可工作体系的历史实践，明确了认证认可事业创新发展的目标方向，就2013年度工作进行了部署。根据“完善制度，突显作用”的总要求，提出“把握四个要点，增强四种能力，完善五个机制，实现五个提升”的年度认证认可工作总体思路。即：坚持创新驱动、综合推进、系统优化、协同发展，切实增强机遇把握能力、风险管控能力、自主创新能力、统筹协调能力，大力发展认证认可服务业，提升认证认可公信力。重点是完善综合推进机制，提升认证认可管理效能；完善协同创新机制，提升认证认可制度科学化水平；完善产业引导机制，提升认证认可服务业创新活力；完善监管联动机制，提升认证认可工作公正性；完善行风长效机制，提升认证认可监管部门执行力。

这些工作需要通过部际联席会议这个平台沟通协调、部署推动，需要各成员单位和相关部门大力支持、积极推进。为此，我们结合中央的总体要求，初步提出今年部际联席会议的工作思路，提请各单位审议并在安排部委工作时重点考虑：

第一，结合职能转变推进认证认可工作。国务院第一次常务会议对国务院机构改革和职能转变作出了部署，要求加快职能转变步伐，减少一批行政审批事项，取消一批资质资格许可事项。在减少事前审批、政府直接管理方式的同时，认证认可作为政府实施间接管理的有效手段，可以在政府职能转变中提供支撑服务。我们建议各单位结合机构“三定”和清理取消审批许可项目，通过建立和实施认证制度、采信认证结果等方式，运用认证认可手段促进职能和管理方式的转变。同时，对本系统的资质类许可认定项目和检验检测认证机构进行摸底，共同研究规范资质管理、整合发展技术机构的措施。

第二，加快完善国家认证认可制度体系。国家建立统一的认证认可制度体系，既是国际认证认可发展的趋势，是全球经济与市场一体化的必然要求，也是当前深化行政体制改革的迫切需要。我国按照“统一管理，共同实施”原则建立的国家认证认可制度，一方面从国家层面进行统一规划和管理，构建统一的制度体系；另一方面在各行业广泛建立和实施认证制度，鼓励和推动认证认可的广泛应用。今后，要以创新驱动为动力，着眼满足国家发展需求，加快完善国家认证认可制度体系。一是对认证认可制度体系进行系统优化，加快认证认可法规规章、通用技术准则、共性技术的制定，全面开展认证认可风险分析和质量分析，重点规范认证检测机构资质能力条件，形成更为规范系统的认证认可体系。二是完善重点领域认证认可制度，进一步完善CCC认证、有机产品认证等制度，提高风险防控能力。组织自愿性认证项目实施效果评估，开展ISO 9000认证有效性调查，提升认证有效性和用户满意度。三是加快建立新领域认证认可制度。建立和实施节能产品认证、低碳产品认证制度，鼓励各行业研发适应行业需求的新型认证制度，加快社会公共安全、战略性新兴产业等领域的国家质检中心建设，完善检验检测认证支撑平台。四是推动认证认可在重点产业领域的均衡发展，会同有关部委加大能源管理体系、节能环保认证等实施力度，加快服务认证的工作步伐，扩大认证试点范围和区域。

第三，着力培育认证认可和检验检测服务业。根据《国务院机构改革和职能转变方案》和《服务业发展“十二五”规划》的要求，以“优化结构，整合资源，增强活力，提升能力”为目标，加强检验检测认证市场的统一规划管理，对从业机构进行分类管理、分类指导，促进业务相同或相近的检验检测认证机构优化整合，鼓励从业机构由提供单一类型合格评定服务向复合型合格评定服务延伸，提高创新能力和市场活力，实现规模化、品牌化、专业化发展。遵循WTO相关规则，完善检测认证市场准入管理，建立CCC认证指定机构动态管理机制，增强检测认证服务市场的开放度和竞争度。会同相关部委开展认证认可服务业专题调研，研究制定促进认证认可服务业发展指导意见，建立认证认可服务业统计指标和评价体系。请各部委依据国家相关政策，对认证认可服务业给予大力扶持，多渠道细化落实政策措施，培育行业内优秀品牌机构，推动认证认可服务业加快发展，提升其在产业体系中的增加值和贡献率。

第四，切实强化认证认可行业管理。各部委有效履行管理职能，为促进认证认可规范发展发挥了不可替代的作用。从认证认可的新定位新要求看，需要进一步加强行业管理，形成认证认可监管部门、行业主管部门、社会力量齐抓共管的合力，进一步完善认证认可监管体系。一是组织开展认证认可专项监督检查活动，加强对重点行业、重点产品的监管。今年，国家认监委将部署11项专项监督检查，覆盖CCC认证、自愿性认证、食品农产品认证、实验室资质认定、国家质检中心等多个领域，重点是质量安全问题高发领域和第三方检测等社会关注热点。二是严格落实从业机构主体责任。去年，认监委发布认证机构社会责任报告制度，今后将逐步推广到认可机构和检测机构，督促从业机构建立履行社会责任的组织治理机制。请各单位结合以上整体部署，根据本行业特点进行细化，将认证检测领域作为行业管理的重点对象，从源头上确保相关行业及产品的质量安全，推动行业管理和行业发展上新台阶。

第五，进一步健全部际联席会议机制。部际联席会议是议事协调的工作平台，是联系各方的桥梁纽带。作为牵头单位，国家认监委将以落实八项规定为抓手，改进工作作风，增强服务意识，提高协调能力和服务水平。进一步加强联席会议的制度机制建设，完善议事协调规则，加强信息通报、人员培训、对外宣传等工作，增强协作实效。这次会前，我们先期召开了成员单位通讯员会议，征求各单位的意见和建议。我们对此进行了初步梳理，并结合各单位反映的实际问题，正在研究具体措施。今后，我们将进一步加强各层次的沟通联络，建立专题性的会商机制。同时，适应认证认可工作拓展的需要，研究成员单位内设机构深度参与部际协作以及非成员单位参与的办法，为大家提供良好的沟通平台，扩大部际协作的覆盖面和影响面。2013年，国家认监委计划结合《认证认可条例》颁布10周年开展认证认可发展战略研讨，组织“世界认可日”等系列活动，届时请各单位及相关机构共同参与。请各单位继续支持并积极参与部际协作，为进一步完善部际联席会议制度、推动认证认可事业发展多提宝贵意见。

2013

Yearbook of Certification and Accreditation of China

# 第二部分　特　载

Part Two　Essays

# 站在新起点　再创新辉煌

国家质检总局副局长、国家认监委主任　孙大伟

盛世和谐，喜迎新岁。在全国上下深入贯彻中央经济工作会议精神的热潮中，我们满载收获和喜悦，迎来了充满期待和希望的2012年。

刚刚过去的2011年，国家认监委深入贯彻全国质检工作会议和全国认证认可工作会议精神，紧密围绕“抓质量、保安全、促发展、强质检”方针，着力在“找准定位、创新发展”上下功夫，取得了“十二五”认证认可工作的良好开局。

在抓质量方面，我们通过运用强制性产品认证制度、建立质量分析长效机制、严格认证从业机构监管、全面实施食品检验机构资质认定制度等手段，强化了市场准入作用，规范了认证市场，全面提升了获证企业管理水平和产品质量水平，认证认可的质量基础设施作用得到了有效发挥。

在保安全方面，我们通过扎实开展“双打”活动、加强风险分析管理、加大认证监督检查力度、加严食品农产品认证监管等工作，切实加强了对认证认可的监督管理，防范了系统性、行业性风险。

在促发展方面，我们通过实施认证认可技术性措施，积极应对国外技术壁垒，加快推进节能减排、新能源、高新技术产业、现代服务业等领域的认证认可工作，在服务产业转型发展、服务外贸发展、服务政府职能转变和地方经济发展，发挥技术支撑和引导作用推进节能环保等方面都取得了新成效，推动了认证认可全面融入经济社会发展。

在强质检方面，我们通过深入开展创先争优活动、推进认证执法监管体系建设，加强科技、标准化、信息化等基础工作，推进认证认可行风队伍建设，全面提升了认证认可法制化、标准化、国际化和机关自身建设水平，促进了认证认可事业的全面、协调、可持续发展。

过去的一年，认证认可行业以高度的责任感和使命感，努力完善认证认可制度，巩固健全认证认可工作机制，全面提升认证认可技术支撑能力，大力培育认证认可现代服务业，深入实施认证认可国际化战略，有效提升了认证认可服务社会经济发展的作用和国际影响力，取得了有目共睹的成绩和进步。

回首2011年，我们深感欣慰；展望2012年，我们更觉责任重大、任重道远。

2012年，是“十二五”规划全面实施的关键之年，也是认证认可工作创新发展的关键之年。国家“十二五”规划纲要将认证认可作为大力发展的现代服务业，9处直接提到认证认可工作。国家多部专项规划以及省级地方规划明确提出要发挥认证认可作用。胡锦涛总书记在中国加入世界贸易组织10周年高层论坛上强调，要完善“适应开放型经济发展的体制机制”。认证认可作为服务科学发展、转型发展、开放型经济发展的重要技术性措施，其作用将更加显现。

2012年，国家认监委将深入贯彻中央经济工作会议和全国质检工作会议精神，围绕中央经济工作会议确定的“扩内需、调结构、惠民生”等重点目标和国家质检总局制定的“抓质量，保安全，促发展，强质检”方针，全面落实“找准定位，创新发展”的总体要求，加快制度创新、监管模式创新、服务创新、科技创新

和体制机制创新，努力增强认证认可公信力，全面提升认证认可工作水平，更好地服务经济社会发展。

### 一、建立质量分析和风险管理模式，完善认证认可制度

从国家市场经济体制和质检管理体制的整体构架层面，抓好认证认可制度的顶层设计，注重认证认可制度与其他质检管理制度、其他部门管理制度的链接，促进认证认可在经济社会各领域的协调推进；抓好质量分析、风险分析、认证需求分析等环节的工作，建立以风险管理为基础的认证认可制度模式；完善强制性产品认证、食品农产品认证、实验室资质认定、合格评定机构认可、进出口食品注册备案等制度，对行业认证制度开展制度评估和风险研究，防范系统性、行业性风险。

### 二、服务国家重大发展需求，提升认证认可服务水平

围绕中央经济工作会议确定的扩大内需、改善民生、节能环保、战略性新兴产业等政策目标，加大认证认可在国家和地方层面的推进力度。为此，要重点做好节能环保认证，有机产品认证示范区创建、低碳认证试点、应对国外检测认证技术壁垒等工作。

### 三、健全采信机制和保障机制，强化政策支持引导

跟踪应对气候变化法、清洁生产促进法等立法进程以及高技术服务业、社会征信系统建设等“十二五”专项规划，争取认证认可在法律政策和规划层面获得新的支点，为推进认证认可工作提供有利条件。进一步发挥部际联席会议制度的作用，推动各部委加强政策引导，建立健全采信机制，促进认证认可在各行业的应用。

### 四、加强认证认可监管，规范引导认证认可现代服务业发展

组织开展认证认可行业职业道德和社会责任教育，深化认证认可行业文化建设，引导从业机构和从业人员树立“诚信为本、操守为重、以质取胜”的职业规范。充分发挥行业组织的行业自律作用，推进认证认可行业诚信体系建设。贯彻落实《认证认可条例》、《认证机构管理办法》等法规规章，严格加强认证机构、咨询机构、检测机构及其从业人员的监管，组织开展针对重点产品、重点领域、重点环节的认证专项执法检查，严厉打击非法认证、假冒认证标志证书、买证卖证、无证生产销售等违法违规行为，净化认证市场。全面推进认证执法监管体系建设，适应行政管理体制改革的新形势，提升各级认证监管部门的监管服务能力。加大宣传力度，营造良好的社会舆论环境。

2012年将是认证认可事业的又一个新起点，机遇与挑战并存。在新的一年里，我们要全面贯彻“抓质量，保安全，促发展，强质检”工作方针，团结协作，励精图治，开拓创新，大力发展认证认可现代服务业，为开创国家“十二五”发展新局面作出新贡献。

## 推进认证认可法制政研工作又好又快发展

国家认监委政策与法律事务部　蔡　伟

在新的一年，国家认监委政策与法律事务部将按照国家质检总局和国家认监委的整体工作要求和部署，在加快制度建设、强化法制监督、开展政策研究方面下大力气，坚持改革创新，突出“新思路、新举措、新亮点、新成效”，多思善谋、真抓实干，全面推进认证认可法制和政研工作又好又快发展。

### 一、加强认证认可立法、法规协调和普法工作

在立法工作中根据建设“法治质检”、“法治认证认可”的要求，在保障产品质量安全、服务经济发展、推动节能减排、强化认证认可以及检验检测技术保障、

规范认证认可工作程序等重点领域，进一步加快规章、规范性文件的制修订工作。对其市场主体，要依法监督管理，依法提供服务，依法维护其合法权利，创造公平竞争的良好环境。

### （一）继续加强认证认可法规体系建设

一是继续配合国家质检总局法规司完成列入计划的规章的制修订工作。重点推进《有机产品认证管理办法》、《节能产品认证管理办法》、《进口食品境外生产企业注册管理规定》、《出口商品注册登记管理办法》、《实验室和检查机构资质认定管理办法》等规章的制修订工作。

二是继续开展《实验室管理条例》草案的研讨、征求意见工作。通过草案征求意见、对国内外法律法规和管理制度进行梳理研究、实地调研、专家论证等多种方式，进一步完善《实验室管理条例》草案，建立我国统一的实验室管理制度，全面提升我国实验室的检验检测能力和管理水平，促进社会和经济的发展。

三是继续开展国家认监委规范性文件的合法性审查。对业务部门报送国家认监委政策与法律事务部的涉及管理相对人的规范性文件草案，国家认监委政策与法律事务部要对草案的制定依据、权限设置、实施程序、监管措施等内容进行合法性审查。

### （二）继续加大法规协调工作力度，力争在法律法规中体现认证认可内容

重点关注《环境保护法修正案》、《清洁生产促进法修正案》、《城市轨道交通工程安全质量管理条例》、《农药管理条例》、《商用密码管理条例》、《电子电气产品污染控制管理办法》、《消防产品监督管理规定》等和认证认可工作密切相关的法规的制修订进程，提出科学、合理的协调意见，在法律法规中体现认证认可内容，利用认证认可手段为经济和社会提供服务，促进认证认可事业的发展。

### （三）进一步加强对涉及产品质量、产品安全法律法规的宣贯力度

根据国家认监委《关于开展法制宣传教育的第六个五年规划实施意见》的要求，全面推进认证认可“六五”普法工作，力争普法工作有新思路、新要求、新举措、新发展。根据不同普法对象的特点，采取认证认可法律法规及时上网公布，新颁布的规章和规范性文件及时宣贯解读、编撰配发认证认可法规汇编等方式，进一步提高普法工作的针对性和实效性，切实提高执法人员的法律素质和依法行政水平，使社会各界了解认证认可法律法规和认证认可工作，全面推进认证认可法制建设，构建良好的认证认可法治环境。

## 二、全面深入推进认证执法监管体系建设

全面落实国家质检总局坚持“12字方针”、破解“12个问题”的要求，在认证执法监管体系建设中深入探索和实践如何“抓质量、保安全、促发展、强质检”，用“12字方针”为认证执法监管体系建设注入新的内涵，特别是在质监行政管理体制调整等新形势和新变化下，认证执法监管体系建设要突出新思路、新举措、新主题，全面深入地推进认证执法监管各项工作的开展。一是继续扩大省级质检部门认证执法监管体系建设的覆盖面，推动中心城市和较大城市加强认证执法监管体系建设工作，继续开展面向基层认证执法监管人员的培训工作，继续提高认证执法监管信息化建设的水平；二是继续完善认证认可申投诉渠道，依法严肃处理认证违法案件，对重大案件加强督查督办力度，有针对性地指导和组织部署强制性产品认证、有机产品认证等领域的专项监督检查，规范认证市场、维护群众利益；三是继续推动各地建立认证执法监管区域合作机制，统一执法尺度、实现资源共享，更好地服务地方经济社会发展。

### （一）坚持“抓质量”，加大认证市场监管力度，加强行政执法监督

#### 1. 严格执法、保障民生，进一步加大对认证市场的监管力度，有重点地开展认证执法专项监督检查

将进一步加强对认证市场的监管力度作为2012年认证执法监管体系建设工作的重要环节，进一步加大对认证行政执法相对人遵守法律、法规情况的监督检查，依法追究违法当事人的法律责任。针对认证行政执法中的突出问题和薄弱环节，开展认证行政执法重点专项检查，结合群众关注问题和社会热点问题，有针对性地指导和组织部署强制性产品认证、有机产品认证等领域的专项认证执法监督检查，规范认证市场、维护群众利益。

#### 2. 规范执法、加强监督，持续推进法治认证认可建设工作

重点加强认证行政执法监督制度的建设，有计划地定期对地方两局认证执法情况进行监督检查，促进认证执法行为的规范化。推动建立重大行政处罚案件备案制度，各级质检部门对认证大案要案实施行政处罚时要向上级质检部门备案，加强上级质检部门对下级质检部门及执法人员行使职权情况的监督检查，及时

发现和纠正违法或者不当的行政行为。

### （二）坚持“保安全”，做好“双打”、申投诉处理等工作，防范质量安全风险，妥善应对突发质量安全事件

#### 1. 从严监管、加强防范，继续做好申投诉处理工作，加大认证违法行为的处罚力度

严格执行《认证认可申诉投诉处理办法》，加强申诉投诉处理工作，加大重大案件督办力度，继续认真做好申投诉处理数据分析，加强认证违法风险监测工作。对认证领域违法案件，不断加大查处力度，提高认证执法权威性。

#### 2. 落实责任、密切协作，继续做好“双打”工作

全面落实《国务院关于进一步做好打击侵犯知识产权和制售假冒伪劣商品工作的意见》精神，继续履行国家认监委“双打”工作，集中整治认证认可领域侵权和假冒伪劣问题。

### （三）坚持“促发展”，扩大认证执法监管体系建设覆盖面，推动各地建立认证执法监管区域合作机制

#### 1. 改革发展、稳步推进，不断扩大认证执法监管体系建设的覆盖面

深入扎实地推进认证执法监管各项工作的开展，力争省级质检部门认证执法监管体系建设的覆盖面由目前的 80% 扩大到 100%。结合质监行政管理体制调整等工作的落实，以中心城市和较大城市为切入点，充分调动和发挥中心城市质检部门认证执法监管工作的积极性、能动性和创造性，做到以点带面，以中心城市带动区域认证执法监管水平的提升。同时将开展认证执法监管体系建设推动工作的督导检查，确保认证执法监管体系建设工作取得实效。

#### 2. 创新机制、服务地方，推动区域认证执法监管合作新格局

巩固长三角、沈阳经济区、大连沿海经济带等地建立认证执法监管区域合作机制的工作成果，及时总结并推广典型经验和有效做法，在华北、西北等地区重点推进认证执法监管区域合作机制建立工作，不断扩大区域合作联动的覆盖面。继续支持各地扩大认证执法监管工作中的信息互通机制、联合执法机制、监管交流机制，探索统一执法尺度、实现资源共享的新思路、新方法，不断提升认证执法监管水平。

### （四）坚持“强质检”，加强认证执法队伍建设和认证执法监管信息文化建设

#### 1. 面向基层、人才强检，不断加强认证认可行政执法队伍建设

结合认证执法监管工作的新形势和新任务，坚持狠抓认证执法监管工作的基层能力建设。根据不同地方局的不同需求，有针对性地确定至少 2 至 3 个省级质监局，对基层认证执法人员开展系统全面的认证执法监管业务和法制培训，覆盖面达到省市县三级，切实提高基层执法监管人员的法律意识和业务素质，提升认证执法效能。

#### 2. 科技强检、科学监管，不断加强认证执法监管信息化建设

全面推动“自愿性认证活动执法监管系统”和“认证行政执法信息报送系统”的运行工作。总结并推广认证机构用户和地方两局用户对认证执法监管信息系统的运行和使用经验，研究部署信息系统的进一步升级改造和完善工作。继续开展对认证机构执行自愿性认证活动执法监管信息动态上报制度的监督抽查工作。对机构上报的认证活动信息和地方两局上报的检查结果进行统计分析，对于存在瞒报、漏报、迟报数据或者上传虚假数据行为的认证机构，一经查实，依法依规严肃处理，并由地方质检部门对其加大监督频次和监督力度。开展对地方质检部门推广运行两大认证执法监管信息系统，利用信息化手段开展认证监管工作的督导。

## 三、推动认证认可政策研究工作全面展开

深入学习“12 字方针”，破解“12 个问题”，以创新思维结合认证认可工作实际，找到“12 字方针”与认证认可工作的结合点，使坚持“12 字方针”、破解“12 个问题”落到实处。

继续做好国办发 48 号文在认证认可领域的贯彻、落实。与国家认监委相关部室一道，抓住机遇，进一步推动体制调整工作中各级认证监管职能、机构和人员的落实，切实提高认证认可工作水平。

围绕“十二五”规划，一是继续推动国家重点专项规划更多地利用认证认可手段，突出认证认可服务经济社会发展的作用；二是建立完善规划实施机制，推动各项规划的贯彻落实。

围绕中心工作，进一步健全完善政研工作机制，切实改进工作作风和工作方法，着力提高政研工作服务领导决策、服务业务一线的能力和水平。

# 加强认证市场监管　提高工作服务质量

国家认监委认可监管部　生　飞

2012年，国家认监委认可监管部的总体工作思路是：坚持以国家质检总局“12字方针”以及破解“12个问题”的要求为指导思想，按照《国家认证认可事业发展“十二五”规划》的战略部署，围绕加快转变经济发展方式的总体目标，大力推动认证认可工作在新领域的应用，利用《认证机构管理办法》发布实施的契机，完善审批工作流程，加强认证市场监管。同时，将结合“深入基层为民服务”活动，支持地方一线，服务从业机构和获证组织，不断提高工作质量和服务水平。

## 一、做好《认证机构管理办法》的贯彻落实

在审批环节，要进一步完善和充实国家认监委网站机构审批的相关指南和内容，把《认证机构管理办法》中审批相关内容的规定融合到具体的申请和审批事项的指南和材料要求中，并按照该办法的要求，做好认证机构年度审核工作；要认真组织实施，保证工作质量，总结工作经验，完善相关工作制度。在监管工作环节，完善《认证机构管理办法》的配套规范性文件，以该办法的规定为重点，加强对认证从业机构、从业人员的行政监管。

## 二、加强行政审批工作

落实国务院要求，夯实机构在网上提交申请的统一规范基础，并进一步梳理审批工作流程、明确审批相关各岗位职责，严格按照各岗位工作时限开展工作，进一步提高工作效能，确保履行审批工作“三亮”中的承诺。

## 三、加大市场监管工作力度

保持高压态势，继续对各种违法违规行为严厉打击；主动服务基层，多渠道、多层次深入调查研究，完善认证市场监管制度；支持一线行政监管工作，加强对地方局行政监管人员业务培训和对地方局认证市场监管工作的业务指导；继续完善认证人员继续教育制度，不断提高认证从业人员能力；保持与时俱进，根据认证市场发展和监管工作的需要对现有的行政法规进行修订。

## 四、推动管理体系认证业务

总结能源管理体系认证试点工作，提出进一步做好能源管理体系认证工作的方案并加以实施；继续研究服务认证制度，研究制定服务认证基本规范，并以基本规范指导认证机构修订相关服务认证研究项目，选择成熟的服务认证制度推向实施。

## 五、强化认证认可部际联席会议机制

认真履行认证认可部际联席办公室的服务职能，充分利用《工作简报》的形式加强对认证认可工作的宣传；利用部际联席会议平台，推动相关业务工作的发展。

# 完善强制性、自愿性认证制度建设

国家认监委认证监管部　许增德

2012年，国家认监委认证监管部将以强制性产品认证（CCC）制度实施10年为契机，在全面总结回顾及专题研究的基础上，以“巩固、完善和发展强制性产品认证制度”为中心开展工作。

## 一、建立强制性产品认证目录动态调整长效机制

以产品风险分析为基础，紧紧围绕强制性产品认证制度的宗旨，制定强制性产品认证目录进出原则、条件和基本程序。对目前的目录进行全面梳理，并按照确定的原则进行动态调整。

## 二、建立强制性产品认证指定机构动态管理机制

进一步明确和细化指定机构进出的原则程序；分步解决在部分产品领域指定认证机构为独家的问题；对指定检测机构进行全面梳理，按“总量控制、适度竞争，能力优先、综专结合，分布合理、便利企业”的原则进行指定调整；积累经验，对《强制性产品认证机构、检查机构和实验室管理办法》进行修订。

## 三、建立与产品风险特点相匹配的强制性产品认证模式

建立对强制性认证产品风险分级方法，根据产品风险特点、生产方式、行业成熟度、上市周期等因素，对目录内产品进行全面梳理，调整目前对所有产品均执行单一的、最严格的“第五种认证模式”，建立起产品分级、企业分类的认证模式多样化的强制性产品认证制度，达到保证认证质量、提高认证效率、减轻企业负担的效果。

## 四、强化强制性产品认证制度基础建设

以香港机构参与强制性产品认证实施为案例，研究建立互认制度及境外机构参与实施的政策，研究制定合资机构、民营机构、上市机构等不同性质机构参与制度实施的政策及管理制度。

建立强制性产品认证数据收集、质量分析长效机制。2012年初向各指定机构及相关方发文，对当年的年度报告的上报内容和时限提出要求，快速推进CCC数据收集管理长效机制建设，实现CCC数据收集管理分析制度化、常态化。对CCC基础数据和质量数据进行系统分析加工，完成年度质量分析报告。

完善强制性产品认证管理系统、免办及小批量信息系统，强化综合统计、查询输出功能。组织信息中心，对CCC证书数据库、CCC免办电子审批系统、CCC入境监管设限数据库的实时报送和管理端的功能需求进行梳理（重点是统计、查询和报表功能），并推进管理后台的设计开发工作。

## 五、加大对指定机构的监管力度

深度开展对指定认证机构、指定实验室的监督检查，从认证、检测活动的关键环节入手开展监督检查。结合质量分析输出成果，重点检查新指定、指定业务领域有调整的指定机构，对指定认证机构采取量化打分、排名等监督结果的评价试点，加大后续处理力度。

加强CCC免办、特殊检测处理程序审批工作的规范性，深入开展CCC免办监督检查工作。在2011年免办监督检查经验基础上，2012年将重点加强各局CCC免办审批和后续监管工作。

加大对CCC获证产品的监督抽查力度，突出重点、高风险产品，全面覆盖全国各区域。采取一次部署、全年实施的方式，重点在流通领域开展CCC获证产品监督抽查工作，并加大对抽查不合格企业的处理力度，同时加强对地方局抽查工作的监督。

深化国家监管抽查CCC目录产品质量分析工作。将国抽数据统计分析与指定机构监督工作相结合，做到信

息共享，结果互通。根据前期工作基础，逐步探索建立能够实现数据采集、汇交、分析等功能的数学模型及相关软件，研究建立整套的CCC产品质量评价体系和长效机制。

## 六、召开强制性产品认证工作会议

以强制性认证制度实施10年为契机，组织召开全国强制性产品认证工作会议，研讨CCC认证新政策及科学发展机制，建立年度例会制度。

## 七、全面梳理自愿性产品认证制度

按照“政府指导、搭建平台，机构主导、市场驱动，鼓励联盟、形成合力”的思路，研究探索自愿性产品认证的新途径，推动自愿性产品认证的发展。

配合国家整体发展战略，与行业管理部门密切合作，进一步推动节能产品认证和环保产品认证，建立实施低碳产品认证制度。争取与环保部尽快签署认证认可战略合作协议，并在协议框架下，与环保部联合发布相关文件，确定国家统一的环保产品认证制度的基本原则。

进一步加大交通产品自愿性认证的宣传与推广，共同推进产品认证证书在社会中的认知度与认可度，确保产品认证结果的有效性不断提高。继续同交通部做好沟通和交流，争取联合出台开展交通节能产品认证的有关文件，加大推动行业开展节能产品认证工作的力度。

在对有关产品和标准进行梳理的基础上，适当时对相关铁路产品进行认证可行性和必要性论证，并与铁道部有关部门充分沟通，为下一步实施铁路产品认证做好准备。

基于碳排放认证科研成果，建立低碳产品认证制度。与国家发改委共同发布目录，发布产品认证分类规则、实施规则，确定实施机构名录。

修订目前已发布的18个电气电子零部件产品自愿性认证实施规则，规范相关产品认证工作，促进整机产品强制性认证的有效实施。

进一步完善资源节约产品认证指标量化体系，改进节能量计算方法，根据机构新的资源节约产品的认证开发情况，适时扩大指标量化所涉及的产品目录。

全面实施国推污染控制认证制度，推进国推污染控制认证的财税优惠工作，总结国推污染控制认证的实施经验，不断促进制度完善发展。

根据国务院《“十二五”节能减排综合性工作方案》的要求，采取措施继续扩展节能产品认证范围，加强认证监管，规范认证行为。

配合国家可再生能源发展工作，组织认证机构对生物质能设备认证工作进行研究，组织认证机构开展海上风电认证的研究工作。

密切跟踪我国金融IC卡推广应用情况，研究探索建立我国金融IC卡检测认证体系，促进金融IC卡在相关行业的应用和产业健康发展。

加强与工信部、财政部等相关部门的沟通，继续推进国家信息安全产品认证制度建设和认证采信；继续开展和不断完善重要信息技术产品信息安全性认证，扩大信息技术产品信息安全性认证种类。

## 八、出台出口商品注册登记管理办法

与国家质检总局相关部门就出口商品注册登记工作进行协调，配合国家认监委政策与法律事务部，推动国家质检总局尽快出台《出口商品注册登记管理办法》，拟定目录并征求相关部门意见。

# 实现注册工作新发展

国家认监委注册管理部 顾绍平

2012年，国家认监委注册管理部将继续按照国家质检总局局长支树平提出的“抓质量、保安全、促发展、强质检”四方面要求，结合部门工作职责，在进出口食品企业注册备案和食品农产品认证监管工作中紧紧围绕破解“12个问题”，努力实现各项工作的创新发展，力争取得明显成效。

## 一、工作重点

稳步推进进口食品境外企业注册工作，积极回应WTO通报各国提出的关注和问题，推动《进口食品境外生产企业注册管理规定》的发布实施；根据国家质检总局统一部署，推进水产品进口注册，研究和推进酒类、乳制品和燕窝进口注册工作；探索在现有资源条件下实施进口注册的新模式，建立中国特色的进口食品注册管理体系；继续做好国家质检总局公布的《出口食品生产企业备案管理规定》的后续贯彻落实工作和推荐企业对国外注册工作，在出口食品企业全面推行危害分析与关键控制点（HACCP）体系认证，整合注册备案和HACCP认证监管资源；做好组织应对美国FS-MA新发布法规的工作；加强卫生注册评审员队伍建设。

建立完善有机产品认证信息实时采集系统和有机产品认证标志备案查询系统；研究建立有机产品认证风险监测与预警平台；做好有机产品等获证食品农产品和认证机构的专项监督抽查；做好有机产品、HACCP、良好农业规范等认证新规则、办法和标准的宣贯；组织好地方局加强有机产品、食品安全管理体系、HACCP等食品农产品认证日常监管；组织好有机产品等食品农产品认证宣传。

## 二、工作措施

妥善答复外方咨询，积极推动《进口食品境外生产企业注册管理规定》的发布实施，依据规定以国家质检总局公告形式制定、发布《进口食品境外生产企业注册实施目录》（已起草），力争将水产品、酒类、乳及乳制品和燕窝等高风险进口食品列入目录，起草相关境外生产企业注册的程序，配合目录一并发布，稳步推进相关进口注册工作展开。同时，在国家认监委网站上建立完善进口食品境外生产企业注册名单发布专区，统一发布进口食品境外生产企业注册名单信息。

根据国外官方检查反馈信息，逐步整理完善肉类等高风险产品注册企业对外推荐细则和监管细则，指导各局规范提报信息、监管模式和监管内容，拓展监管效果，提升肉类等高风险产品注册企业对外推荐的整体有效性，积极应对国外官方检查，防范出现区域性、系统性缺陷。

积极深入一线，加强调研指导。计划组织西南、东北、华中、华东等不同片区直属局举办座谈调研，促进各局提高监管水平，帮助解决基层具体业务问题和交流经验，为工作开展收集第一手资料与信息。

继续将队伍建设作为一项长期重要工作加以落实，特别是要制定队伍建设的长远规划，按照不同专业、岗位、培养对象，分门别类，各有侧重地开展培训，着重加强一线人员业务培训；要根据各地备案注册工作情况、出口食品特点、进口国法律法规要求，采取集中授课、现场观摩、异地交流等培训形式，增强队伍建设有效性；通过“传、帮、带”或者“导师负责制”等形式，提升新进人员业务能力。

筹划信息化手段的全面应用，探索备案注册工作深度发展。目前已建立起一套基于海关（HS）数据的数字编码并在此基础上编写程序，用以实现出口备案注册企业监管信息与CIQ2000通关产品数量、目的国以及产品检验检测结果等重要数据的实时采集并自动比对，收集单个、不连贯的通关问题产品信息，验证备案注册监管效果，识别并预警可能导致危机的情况或事件。积极探索应用新技术手段开展网络培训和网络会议，增强培训效果和参加人员范围，强化快速反应和沟通效果。

继续做好《出口食品生产企业备案管理规定》的贯彻落实和发展创新工作。在出口食品企业中全面推行HACCP，帮助企业提高预防控制传统和非传统人为故意污染危害的能力，满足进口国不断提出的新要求；组织好在备案工作中采用第三方认证结果，整合注册备案监管和认证监管资源的试点示范工作；借鉴美国先进的企业监管经验，探索企业监管新模式，提高监管工作效能；开展引导加强企业内审员队伍建设探索工作，帮助增强企业履行主体责任的能力；在新发布的出口企业安全卫生要求基础上，组织修订原肉类、水产等企业的备案卫生规范；在22大类备案产品分类的基础上，借鉴CAC和其他有关分类办法，组织制定各大类产品的细化分类目录，规范备案品种标注；开展对各直属局落实《出口食品生产企业备案管理规定》的专项监督检查。

继续做好组织应对FSMA的有关工作：继续做好配套法规的评估跟踪工作；推动所有出口食品企业建立实施HACCP体系，进一步落实企业的主体责任；继续开展具有食品防护功能的HACCP体系研究，提升企业食品防护能力；做好输美食品企业的GMP培训和接待检查工作，尽快实现输美低酸罐头和酸化食品名单在FDA的链接工作；推动与FDA在第三方认证认可领域的交流合作。

做好对外推荐企业的工作。完成《推荐食品企业对国外注册管理办法》的制定下发工作；继续做好对欧盟、美国、日本、韩国、新加坡、马来西亚、以色列、香港、澳门等国家和地区的推荐企业注册工作；根据国家质检总局与有关国家签署协议的情况，组织做好对蒙古等国家和地区的企业推荐注册工作。

建议完善有机产品认证信息实时采集系统和有机产品认证标志备案查询系统，及时发布有机产品认证信息，为公众和消费者提供有机产品、有机标志追溯查询服务，进一步促进公众参与意识，主动接受公众监督，促进有机产品认证质量的不断提高。

积极做好有机产品、HACCP、良好农业规范等认证新规则、办法和标准的宣贯，提高相关认证人员准入门槛，合理调控认证机构数量，从严控制认证质量。

组织好有机产品等食品农产品认证宣传，于2012年3月组织开展“有机产品认证宣传月”系列活动。同时，运用新媒体采取更加丰富的宣传形式和方法，扩大有机产品等食品农产品认证的影响。

按照国家质检总局要求，研究建立有机产品认证风险监测与预警平台，对各地方局、各认证机构和有机生产、加工、贸易企业，以及媒体、消费者提供的线索，统一进行危害分析和研判，通过预警平台对有机产品认证活动中的风险及时发布，使行政监管、认可评价、行业自律和人员注册管理、认证活动等环节更具科学性和针对性。同时，积极协助地方局做好食品农产品认证活动风险因素的主动侦测、及时处置。

继续做好有机产品等获证食品农产品和认证机构的专项监督抽查，及时通报抽查结果，严厉打击违法违规认证活动。

继续组织好地方局全面加强有机产品、食品安全管理体系、HACCP体系等食品农产品认证日常监管工作。

继续组织好2012年度有机产品认证示范区创建活动，组织专家对申报县市评审，及时公布评审结果。同时，组织专家赴第一批有机产品示范创建县市，进行有机产品和食品安全区域化管理等方面的知识培训，加大正面宣传力度，并在自愿的原则下组织有机示范县市和推荐局参加国内外有机产品专业展览和培训，帮助拓展有机销售市场，促进相关县市有机产业发展。

继续加强与欧盟的沟通与交流，认真做好欧盟来华有机产品认证检查准备工作，积极争取中国有机产品认证制度列入欧盟第三国名单。同时，继续加强对日、韩、美的交涉力度，推进有机产品认证对日、美、韩互认进程，突破中国有机产品主要贸易国的技术壁垒，促进我国有机产品的出口。

继续做好与GLOBALGAP V4.0的基础性比较工作，力争2012年完成相关工作，继续保持国际互认成果。同时，按照国家认监委与GFSI备忘录要求，积极推进中国HACCP认证结果国际采信，促进相关获证企业产品的出口。

继续做好地方局食品农产品的认证监管指导工作，进一步完善《食品农产品认证监管手册》相关内容，切实促进地方局监管能力的提升。

# 夯实基础　依法行政　提高检测机构管理水平

国家认监委实验室与检测监管部　肖　良

2012年，国家认监委实验室与检测监管部将通过抓制度建设、抓工作落实、抓能力建设和抓信息化建设等措施，夯实基础，依法行政，着力提高工作质量，促进检测机构提升管理水平和技术能力，更好地服务社会经济发展。

## 一、抓制度建设

在制度建设、监管机制、评审质量、国家产品质检中心授权监管、证后监管、信息化建设等6个方面，成立专家组，理清法律法规与现行做法的关系，按照科学发展观要求，搞好实验室资质认定顶层设计。

研究制定《食品复检机构监督管理办法》、《国家产品质检中心管理办法》、《资质认定获证实验室监督管理办法》。

研究修订《实验室和检查机构资质认定管理办法》、《实验室能力验证管理办法》、《实验室资质认定评审员管理办法》，提升规章的适应性和有效性。

研究制定《行业评审组工作规则》，加强对行业评审组的管理；研究制定《实验室资质认定信息通报工作规则》，加强地方局与国家认监委的信息数据沟通工作，加强信息化建设。

积极开展《实验室管理案例》立法研究。

## 二、抓工作落实

全面落实《食品安全法》及其实施条例的要求，督促全国涉及食品检测能力的近6 000家实验室按照新的要求取得食品检验机构资质认定证书。做好食品复检机构名录公布及其监督检查工作。

进一步做好国家质检中心授权工作，与相关部委协作，做好国家质检中心规划和建设论证工作。

继续开展专项监督检查活动。实验室资质认定专项监督检查、国家质检中心的专项监督检查和食品检验机构资质认定专项监督检查，要以“强质检”为目标，综合以往监督检查的经验，研究制定面向基层、面向质检的工作方案，提升专项监督检查的科学性、针对性和有效性。

继续开展以直属局实验室、国家产品质检中心、省级产品质检院所为参加对象的能力验证工作，在能力验证项目的选择上，针对社会热点、重点，通过开展能力验证，有效检验实验室的能力，扩大能力验证工作的影响力。

严格行业评审组的工作职责和工作规则要求，通过走访、考核、资料审查等方式，加大对行业评审组的工作管理力度，对不合格的行业评审组予以清理调整。

积极开展司法鉴定认定认可工作。落实《司法鉴定机构资质认定评审准则》相关工作细则，做好司法鉴定机构的资质认定全国推动工作。

加强对中国合格评定国家认可委员会秘书处工作的指导和监督；督促做好生物安全实验室认可工作；推动GLP实验室认证认可工作。

积极推动检测资源平台建设和有效运行，做好实验室开放日活动。

## 三、抓好能力建设

加强学习型机关建设，加强人才培养和人才队伍建设，优化资源配备，提升团队战斗力。

继续举办实验室资质认定评审员继续教育培训班，分行业或专业开展评审员学术交流，提高评审员队伍水平。

继续举办国家产品质检中心负责人培训班，提高国家产品质检中心的管理水平。

举办质量技术监督局负责实验室资质认定的工作人员的培训研讨班，加强对省级质量技术监督局资质认定工作的监督和指导；举办食品检验机构监督员培训班，切实提高食品检验机构自身管理水平和能力。

继续加强国家产品质检中心建设，努力提高基层质检实验室水平，增强基层质检系统实验室的能力。

积极开展国际合作，努力开拓实验室资质认定工作人员的国际视野，积极参加有关国际活动；密切跟踪国际GLP工作的进展，加强与有关国家和经济体GLP监控机构的交流协作，争取双边领域互认有所突破。

深入基层，调查研究，继续抓好“为民服务，创先争优”活动。

### 四、抓信息化建设

继续推动网上行政审批系统的建设和使用，完善检测资源共享平台，及时更新相关信息，更好地发挥平台的作用。在国家认监委网站完善实验室能力验证专栏、食品检测机构专栏子网站，并实时发布各类相关信息，提供数据查询平台。

## 进一步推动认证认可国际化水平

国家认监委国际合作部　薄昱民

2012年，国家认监委国际合作部将以认证认可事业“十二五”发展规划和“抓质量、保安全、促发展、强质检”的12字工作方针为指导，具体做好以下工作：

### 一、多项举措并举，进一步发挥认证认可服务国家经贸发展的作用

有步骤、有策略地推进国际互认合作，特别是争取国外对我国认证认可结果的承认。在双边领域，根据我国政策回顾和调整开展对日互认合作，启动与韩互认合作研究，研究对以色列合作方案，并通过宣讲等活动促进中新电子电器认证互认协议发挥实效。在多边领域，着力深化IEC三大认证互认体系国内运作机制，开展体系扩展研究，做好新增实验室国际同行评审的迎审工作，继续加强市场推广，促进体系效能的发挥。继续做好加入PECD/GLP MAD的基础准备工作，并通过双边渠道寻找促成欧盟REACH法规采纳我国GLP实验室数据的办法。

积极有效地应对国外贸易技术壁垒，帮扶中国出口企业。在双边领域，巩固已经建立的中美、中欧、中俄、中日、中韩等合作机制，积极建设与德国、东盟及其成员国、上合组织及其成员国的合作机制，充分利用这些渠道敦促解决中国企业在目标市场遇到的问题，建设信息平台、组织说明会，向出口企业提供目标市场准入信息。在多边领域，有效开展与认证认可有关的WTO评议工作，积极参与国际组织会议、投票表决，继续巩固管理层任职，推荐技术层的任职，确保国际规则制修订中中国利益的最大化。

继续通过双多边磋商、咨询等方式，最大限度地化解外方质疑，减轻国外（尤其是欧、美、日等国家）对我国认证认可制度施加的压力，维护我国认证认可国际形象，为认证认可服务国家经济社会发展营造良好的外部环境。

### 二、全方位加强基础建设，为科学有效地开展国际合作提供支撑

梳理合作情况，评估协议实施效果。按照国家、国际组织分别总结已开展的交流合作，理清脉络，对以前合作协议类文件的实施情况进行评估，提出处理意见。

研究重要贸易伙伴的认证认可体系，提出清晰的合作目标和推进方案。在已掌握信息的基础上，加大研究力度，必要时利用外部资源，对重要贸易伙伴的认证认可体系以及与我国外交经贸关系等方面进行全面分析，研究提出较长时期的合作目标和推进合作的方式方法。

加强与地方、行业的联系，推进认证认可国际合作“基层化”。通过与地方认证管理部门和行业协会的沟通合作，摸清出口企业状况和诉求，使认证认可国际合作有的放矢，脚踏实地为出口企业服务。

### 三、配合国家方针政策开展对港澳台合作

积极配合内地与港澳CEPA补充协议八的签署和实施，指导内地指定认证机构与香港获得资质的机构建立合作关系，按照CEPA要求开展合作。

根据国家对台工作大局开展与台交流合作，巩固已经建立的合作关系，并推进已达成共识的合作项目的落实。

# 重点工作出亮点　基础工作求突破　日常工作抓质量

国家认监委科技与标准管理部　史小卫

2012年，国家认监委科技与标准管理部将以开展“为民服务，创先争优”活动为全年工作抓手，以推进“学习型组织建设”为提升能力手段，围绕质检事业发展大局，“重点工作出亮点、基础工作求突破、日常工作抓质量”，切实做好以下工作：

## 一、重点工作围绕质检和认证认可事业发展大局，发挥科技引领作用

围绕国家质检总局工作重点，进一步完善标准体系，加强标准制修订；组织开展碳排放与碳减排认证认可关键技术攻关研究，完成主要研究任务，并推动成果应用；推动低碳产品认证试点工作的开展和《低碳产品认证管理办法》的尽快发布；通过开展双多边技术交流和参与国际会议，重点加强与ASTM、AOAC等机构的合作；探索与欧盟基准实验室的合作；为参与国际标准化活动的专家提供更强有力的支撑，形成团队合力，继续广泛深入地参与国际标准化活动。

## 二、基础工作注重完善管理手段，理顺管理流程，加强制度建设

创新管理机制，启动实施新立科技支撑计划项目。跟进国家科技部的科技支撑计划项目管理改革措施，结合新立项目参与单位多、跨域广的特点，在申报、批准、启动、组织的过程中，既立足现有经验又与时俱进地建立新的管理机制。

组织落实《认证认可科技发展“十二五”规划》和《认证认可标准化发展“十二五”规划》，启动相关管理制度的构建。

加强检验检疫标准化制度建设，完成《检验检疫标准化管理办法》及其实施细则等系列管理文件的修订与发布。

完善检验检疫标准化管理。加强标准实施的监督检查，并针对标准质量和标准实施效果，进一步扩大方法标准验证范围，开展规程标准调整，完善标准后评估及征求意见工作措施。

做好认证认可专业技术委员会的筹建工作，并按照国家质检总局科技委的统一部署，着手专业委相关工作的组织实施。

加强检验检疫标准化工作队伍管理。重点做好专业委工作职责的落实以及工作方式方法的调整，同时加强对专家队伍的动态化调整。

## 三、日常工作注重工作质量和创新，全面落实“为民服务，创先争优”活动要求

深入开展“贯通上下游携手创佳绩”、“学习型党支部建设”等活动，坚持开展“专家公开课”、“学习论坛”、“深度汇谈”等具有部门特色的活动，推动部门党支部建设和人员能力的提升；推动两岸认证认可术语协调组工作，有效支撑两岸认证认可合作；推进检验检疫标准化信息化手段应用，通过完善标准管理信息系统，增加SN标准电子发布等功能，促进管理质量和效率的提升；推广“合格评定工具箱”，推动认证认可核心标准的有效实施；开展检验检疫标准化科研工作，通过申请国家、国家质检总局科技项目支持，重点组织开展国内外方法验证技术比对与分析、标准电子发布平台研发等项目；完善试剂盒评价制度和公定方法制度，加强验证实验室的管理，继续扩大工作领域和范围。

# 完善认可工作体制机制　适度扩大认可服务领域

中国合格评定国家认可中心　肖建华

2012年，中国合格评定国家认可中心将认真贯彻国家质检总局“抓质量、保安全、促发展、强质检”的工作方针和国家认监委总体部署与要求，以进一步提高认可工作质量和增强认可约束作用为着力点，不断完善认可工作体制机制，适度扩展认可服务领域，大力增强认可工作服务大局的能力，积极开创认可工作新局面，有力推进我国认可事业稳步持续地向前发展。

## 一、进一步推动各项认可工作健康发展

一是全面推进认可业务。继续推进质量、环境、职业健康安全、食品安全、信息安全管理体系认证机构，常规产品认证、良好农业规范、有机产品认证机构，以及检测、校准实验室和检查机构等相关机构的认可工作。积极推进医学实验室、生物安全实验室、司法鉴定机构/法庭科学实验室认可，商品检验、建设工程、交通运输等领域检查机构认可，以及能力验证提供者、标准物质/标准样品生产者认可制度和良好实验室规范评价制度的开展。

二是稳妥拓展业务领域。继续推进能源管理体系认证机构认可制度、温室气体合格评定机构认可制度、信息技术服务管理体系认证机构认可制度、供应链安全管理体系认证机构认可制度、医学实验室安全认可制度、实验动物机构认可制度等6项课题研发工作，做好科技成果转化，适时发布认可制度，满足社会需求。

三是努力发挥技术支撑作用。按照经济、社会发展要求和认证认可市场需求，找准认可工作同行政政策的切入点和行业部门的结合点，继续将支撑政府监管工作、主动服务各级政府的监管需求，作为认可工作发展的一个重点着力方向。加强与行业主管部门的联动，及时沟通信息，互相利用资源，确保认可有效性。继续配合国家质检总局、国家认监委完成指定或委托工作，包括强制性产品指定认证机构、实验室专项监督检查、管理体系认证机构专项监督检查、农产品专项监督检查、资质认定合并评审等工作，进一步落实、规范资质认定技术评价工作，尤其是食品检验机构资质认定技术评价工作，充分发挥认可技术优势，为政府部门提供高水平的技术服务。

## 二、进一步完善认可工作机制

一是继续做好认可质量风险分析工作，不断提高工作质量。狠抓质量和风险控制，深化认可发展速度结构质量与风险控制的分析研究和落实工作，每季度将召开一次质量分析会。鼓励科研，鼓励解决实际问题，以技术提高降低认可风险。关注重点领域工作，包括能源之星认可、食品检验机构资质认定二合一评审等，及时总结经验，促进业务开展。继续加强内部管理，完善工作监控，确保工作质量。建立健全认可统计分析制度，完善科学决策机制。认真查找工作难点和问题点，特别是客户反映比较大的问题，有针对性地进行处理，切实提高服务能力。

二是继续创新和完善认可约束机制。加大对认证机构及实验室非例行专项监督力度。加大对获证组织确认审核力度，促进提高认证有效性。研究和扩大检测项目的能力验证覆盖面，有效监督实验室能力的保持和提高。

## 三、进一步加强国际交流与合作

一是继续完善参与国际组织工作的平台和机制。全面做好国际同行评审后续工作，继续保持国际互认协议签约方资格。进一步加强国际性人才培养工作，通过多种方式扩大各级业务人员对国际组织工作的了解和参与。加强国际组织动态和成果信息的通报和利用。积极参与相关国际组织活动，切实维护我国认可工作的利益，积极发挥我们作为认可大国的影响力和推动作用。

二是继续扩大和深化国际交流与两岸合作。从服务

外贸发展大局出发，拓展国际合作空间，加强认可国际合作与交流。通过“走出去、请进来”等方式，积极学习和引进国外先进经验，大力宣传我国认证认可工作的成果和经验。继续加强两岸认可技术合作与交流，为两岸经济合作大局服好务。在国家质检总局、国家认监委的领导和统一部署下，完成好上级交办的国际合作、对港澳台合作等工作任务。

## 四、进一步加强自身建设

一是进一步加强科技工作。加强领导、完善机制，加大科研工作的投入，完成制定并实施《认可工作科技发展“十二五”规划》；加强基础技术和基础工作研究；加强国内外法律法规对认可活动影响的研究。

二是不断加强信息化建设。加大开发业务管理系统的力度和进度，不断满足业务发展的需求；加快实验室检查机构业务系统开发进度。

三是继续加强宣传工作。创新宣传形式，拓展宣传渠道，提高认可社会知名度。充分利用世界认可日宣传平台和认可机构成立十周年契机，认真组织策划宣传活动，树立认可机构良好形象，营造认可工作良好氛围。

四是深入推进评审员队伍建设。深入研究评审员队伍建设遇到的难题，继续深化认可评审员管理制度改革；加强专职评审员队伍建设，构建多层次评审员结构；组织落实评审员专业匹配原则，完善评审员见证机制；采取多种方式进一步加强对评审员的持续培训；完善行风建设工作机制；做好评审员队伍质量分析，建立考核指标。

五是深入推进干部人才队伍建设。大力推进绩效管理工作，着力提升人才培养和发展的水平，制定人才发展专项规划，落实人才培养计划，进一步加强后备人才培养。

六是深入推进文化建设。弘扬认可文化，提升中心文化建设的整体水平，以文化的力量陶冶、激励和塑造队伍，增强凝聚力和战斗力。

## 五、进一步加强党的建设

一是加强学习，提高思想认识。深入学习十七届六中全会精神，以更加昂扬的精神状态、更加扎实的工作，以优异成绩迎接党的十八大召开。

二是根据国家质检总局的安排部署，突出“为民服务，创先争优”主题，紧密结合认可工作特点，加强组织和宣传，将创先争优活动不断推进。

三是进一步抓好支部建设和党员队伍建设，抓好理论学习，加强党风廉政建设。按照国家质检总局推进廉政风险防控工作部署，完成“规定动作”，结合自身实际做好“自选动作”。继续深入开展精神文明建设活动，努力构建和谐环境。

# 加强自身建设发挥更大作用

中国认证认可协会　赵宗勃

2012年，中国认证认可协会（以下简称“协会”）将紧紧围绕国家质检总局和国家认监委的总体要求和工作部署，全面落实“坚持12字方针，破解12个问题”的要求和协会“十二五”规划安排，切实加强协会自身建设，发挥更大作用，重点完成以下几项工作：

进一步整合协会资源，全面提升针对会员的服务内容和水平，丰富服务手段，建立服务的信息化平台和网络，完善日常沟通和交流机制；组织会员单位开展行业战略研究，参与认证认可创新工程建设；制定出台优秀认证人员评选表彰管理办法。

加强行业自律监管，规范执业行为，完善自律诚信机制，提高认证认可信誉，构筑和谐公平环境；推进行业自律工作体系建设，启动9个项目工作组的工作，力争年内完成2~3项具体项目；推进行业自律信息化建设；加大监督检查工作力度；筹备开展2012年度良好认证审核（咨询）案例评议交流活动。

从服务注册人员和行政监管机构的角度，持续完善注册系统和程序，利用信息化手段为认证人员提供便利和及时高效的服务。

进一步开发更加适宜的认证人员继续教育课程，丰富教学内容，进一步发挥协会网络培训平台远程教育优势，配合行政监管部门做好从业人员的继续教育工作。

从服务和方便考试人员的角度，在对考试人员的情况进行调查分析的基础上，进一步合理策划考试时间和地点，加强对考试及考后各个环节的管理。

进一步加强 SAC/TC 261 秘书处的各项工作，支持秘书处广泛动员行业的资源和力量，积极参与认证认可标准的跟踪和制修订，确定一些有价值的课题，服务于行业的科学研究工作，为行业发展提供科学支撑；完成《认证机构信用评价标准》、《认证执业人员信用评价标准》两个国家标准的专家审定；进行《中国认证认可职业资格制度建立》、《中国服务认证机构管理政策体系研究》等新课题研究。

提升信息化工作水平。整合现有认证人员注册系统、认证人员转换执业机构系统、认证证书上报系统、继续教育培训和考试系统，逐步建立协会统一的信息化服务体系；按照新的需求改版、扩容协会网站，实现与信息化服务体系的有效链接。

继续推动协会的国际合作，深化与国外有影响力的人员注册机构的双边合作，推动认证人员注册结果的互认和服务业认证，社会责任认证等新注册领域的合作研究和开发工作；为会员单位创造更多的参与国际组织活动和与国外大机构合作交流的机会。

充分发挥《中国认证认可》杂志行业主流媒体作用，进一步办好协会《工作通讯》，实现两者功能定位的有益补充。

开展协会文化体系建设，塑造优秀的协会文化。制定协会文化建设体系路线图，每年落实 2~4 个文化建设项目。

全面加强协会自身建设，提升科学管理水平；出台《中国认证认可协会专业技术职务任职资格评定、聘任（暂行）规定》，开展职称评定工作；建立完善协会干部员工学习培训制度，创建学习型组织；加强人力资源、办公自动化、文档秘、财务、后勤等各项管理工作。

# 开拓创新　积极探索认证认可基础理论

国家认监委认证认可技术研究所所长　乔　东

2012 年研究所围绕《贯彻实施质量发展纲要 2012 年行动计划》（国办发［2012］27 号）为工作指引，按照 2012 年全国认证认可工作的总体要求，以“抓质量、保安全、促发展、强质检”为工作方针，以“传递信任，服务发展”为指导，强化认证认可科研工作，注重认证认可基础理论研究，积极推进年度工作，取得了一定的成效。

## 一、总体情况

### （一）支部建设

研究所党支部本年度工作强化了基层党组织的建设，突出了党员先进性的体现。开展“如何进一步发挥党员先进性”为主题的“每季一讲”活动；开展创建党员“闪亮点”活动；设立了研究所党支部“图书角”并定期更新书目，切实加强学习型党支部建设；积极查找支部存在问题，制定相关措施，努力做好党支部整改提高晋位升级工作；不断完善党风廉政工作机制，建立研究所廉政风险防控网络体系。注重学习贯彻落实十八大精神，及时印发学习资料，组织学习讨论，要求全体职工把思想统一到党的十八大精神上来，把力量凝聚到认证认可的理论体系和发展道路的研究上来。

### （二）队伍建设

研究所目前共有人员 37 人，其中在编人员 7 人。在国家认监委领导和人事部门的关心和大力支持下，为适应事业单位改革要求，解决研究所长期大比例空编的问题，结合实际情况，研究所向国家认监委提出了使用研究所事业编制的请示，拟年内完成首批聘用人员转编工作。现已使用编制调入山西局研究员1人，接收应届博士毕业生1人。

### （三）财务管理

研究所高度重视财务管理工作，结合2011年底审计署的审计结果，组织认真学习贯彻了新修订的《事业单位财务规则》，并按照国家质检总局和国家认监委要求，细化和健全了研究所内部管理制度，重点加强国家认监委下拨专项资金的管理，注重资金使用的绩效，强化内部审计，不断提升财务管理水平。

### （四）工作定位

根据研究所目前开展工作情况，研究所的工作主要体现在认证认可基础理论研究、应用技术研究和科研技术服务等三方面，按照委领导的指示，经近年的实际运作，逐步确立了“以认证认可研究为核心，以认证认可服务为支撑”的工作定位。

## 二、业务发展

### （一）认证认可基础理论研究

#### 1. 完成“中国检测机构科学发展战略研究”

研究所主持承担的“中国检测机构科学发展战略研究”项目，从宏观管理体制、微观运行机制、出入境系统技术机构、质监系统检测院所、行业检测机构、国外和民营检测机构、品牌建设、检测能力分类标准及检测机构对经济社会影响评价等方面历时两年研究，提出了促进我国检测机构改革攻坚与战略发展的新举措，深具战略前瞻意义。7月20日，项目顺利通过由国家质检总局科技司组织由国务院参事、工程院院士及来自中编办、科技部、农业部和地方质检两局的有关领导组成的验收专家委员会的验收。专家委员会对研究成果给予充分肯定。验收专家认为该项研究取得的成果对于今后我国检测机构的统筹协调管理，以及国有性质检测机构面临的事业改革具有很好的借鉴意义，建议继续梳理有关观点，形成中国检测机构改革发展措施后向国务院报告。

#### 2. 完成2011年度认证认可对国民经济和社会发展贡献率测算研究工作

认证认可对国民经济和社会发展贡献率（2011年度）测算工作于2012年4月启动，在国家认监委的支持下，在陕西、河南、江苏、上海等省市质量技术监督部门及相关认证机构的积极配合下，研究所认真组织、精心安排问卷调查工作，对获取的问卷严格审查，保证了一手资料的真实性和准确性。研究所运用成熟的复合矩阵方法和索洛余值模型，对贡献率数值进行了测算，经业内统计专家评估后，初步测算出2011年认证认可对国民经济（GDP）的综合贡献率为0.880%、对社会发展的贡献率为0.337%。按照年初全国认证认可工作会议孙大伟主任的有关要求，研究所创新性地开展了认证对上海经济贡献测算研究，并初步测算出2011年度认证对上海市国民经济（GDP）的贡献率为0.341%。

#### 3. 完成了国家质检公益重点项目“认证认可行业发展综合指标体系设计及应用研究”项目的立项

研究所按照国家认监委领导的要求，2012年初开始组织国家统计局、上海发展研究中心等单位共同申报国家质检公益重点项目——“认证认可行业发展综合指标体系设计及应用研究”（申请立项300万元），目前该项目已立项。该项目着眼于宏观把握全行业发展态势和全面提升认证认可有效性水平，研究建立五套认证认可行业发展综合指标体系，运用指数化评价方法研究基于互联网模式的认证认可行业发展指数测算与预测预警平台，实现行业发展动态监测、评价、预警全过程的信息化和规范化。

#### 4. 完成“中国认证认可基础理论研究”国家软科学研究计划立项申报

研究所组织系统内外专家开展了“认证认可理论研讨会”，对理论体系的建设进行了充分的论证。在此基础上，结合科技部“2013年度国家软科学研究计划项目申报要求”，联合清华大学、上海发展战略研究所及系统内外相关部门申报了国家软课题重大合作项目《认证认可理论及政策研究》，目前已通过科技部的初步审核。

#### 5. 组织开展认证认可行业标准发展战略研究

研究所于2012年启动《认证认可行业标准发展战略研究》，召开了认证认可行业标准座谈会，开展调研，就顶层设计思路、设计建议、项目任务书进行讨论研究。

#### 6. 编辑出版《认证认可研究动态》

研究所先后于4月30日、8月31日，出版了2期《认证认可研究动态》，对《中国检测机构科学发展战略研究》、“认证认可行业发展综合指标体系设计及应用研究”、“有机产品认证舆情风险分析”、“全国技术检测服务统计分析系统研究”等研究所重点研究工作进行了介绍。

### （二）认证认可应用技术研究

1. 开展“十二五”碳排放与碳减排实施战略研究。

2. 启动“十二五”科技支撑计划“适宜我国农业生

产条件的良好农业规范质量保证关键技术研究与示范”课题。

3. 开展国家质检总局课题认证有效性与统计模型研究课题研究。

4. 开展家质检总局课题食品农产品行为规范与认证有效性研究。

5. 初步开展“国家产品质量监督检验中心检验质量评价体系建立及分类监管关键技术研究”。

6. 承担国家质量监督检验检疫总局“基于实名制质量信用信息化平台应用技术研究”项目。

7. 组织“十二五”科技部“基于国际背景的行业减排和低碳产品认证认可关键技术研究与示范” 项目建议书的起草。

8. 组织“十二五”科技部“中国有机产品认证关键技术研究与示范项目”指南和项目建议书的起草。

9. 完成“强制性产品认证制度评估项目研究”对强制性产品认证（CCC）对经济发展贡献率研究工作，测算出 CCC 对经济发展的贡献率为 0.105%，形成“CCC 认证对经济综合发展案例分析集”。

10. 完成“太阳能节能产品自主知识产权认证制度及应用研究”项目及“中欧认证制度比较研究”项目的立项。

11. 开展并完成了《出口企业管理体系及产品认证指南》的编撰工作，为提高出口企业产品国际通行能力提供了技术保证。

12. 初步完成了《全国检测机构诚信体系建设评价标准》的相关研究。

13. 与浙江省标准研究院签署《实验室领域标准信息化系统战略合作备忘录》，共同研发的检测系统标准信息化工具。

14. 编撰《能力验证概论》。

15. 作为全国分析测试人员能力培训委员会秘书处单位，完成了《酒精检测人员分析测试技术汇编》编制工作。

16. 为推广良好农业规范认证，联合中华供销合作总社共同编写《农产品供应商评价准则》。

17. 开发、编写《管理体系认可评审员培训教程》工作。

18. 开展全球社会责任合规方案（GSCP）研究。

## （三）认证认可科研技术服务

1. 工信部授权研究所为“食品工业企业诚信管理体系评价人员考评小组”秘书处，承担食品工业企业诚信管理体系评价人员考评的技术工作。

2. 司法部授权研究所为“全国司法鉴定机构资质认定认可教育培训基地”，负责全国在司法鉴定资质认定认可领域开展相关的技术研究和技术推广培训工作。

3. 对国家级资质认定评审员开展继续教育培训，完成对 26 个行业评审组、31 个省质监局和 35 个出入境局近 1 200 余人的培训考核工作。

4. 受国家商务部对外贸易司的委托，承担了出口食品质量安全培训工作，完成了对 120 家出口食品企业的质量安全培训，提高了出口企业风险防范意识和应对能力。

5. 为世界银行“吉林省农产品质量保证项目”提供技术支持。完成《食品农产品认证实用指南》和《农产品检测实验室管理人员培训教程》的编制工作。同时完成了实验室管理人员与认证人员培训。

6. 为联想集团“农产品生产质量安全保障项目”提供技术支持。

7. 开展司法鉴定机构资质认定培训和咨询工作。

8. 开展认可实验室 / 检查机构内审员培训、认证机构评审员培训、持续培训和咨询。

9. 开展建筑施工领域质量管理体系审核员培训工作。

10. 开展食品企业诚信体系评价与咨询。

## （四）配合国家认监委各部门工作

1. 配合办公室，承担《中国认证认可年鉴》编辑部具体管理工作，协助组织召开 2012 年《中国认证认可年鉴》工作会。

2. 配合法律部，协助编制《认证认可年度发展报告》；配合研究制定《实验室管理条例》。

3. 配合认可部，开展管理体系认证国家监督抽查数据质量分析。

4. 配合认证部，承担国抽、委抽 CCC 数据质量分析；组织召开了 2011 年度 CCC 质量分析总结会。

5. 配合注册部，参与“十二五”科技部“中国有机产品认证关键技术研究与示范项目”指南和项目建议书的起草；完成有机产品认证工作组、良好农业规范认证工作组和危害分析与关键控制点（HACCP）体系认证相关认证技术工作组工作；组织并实施 2012 年有机示范区评审工作；协助开展食品农产品专项监督抽查和统计分析工作；组织实施全国有机产品认证检查员的新标宣贯工作。

6. 配合实验室部，组织开展 2012 年度“实验室资质认定监督检查”工作、2012 年度“国家质检中心监督检查”工作，开展《司法鉴定机构资质认定评审准则》修订工作，完成了《我国检测技术统计实施系统方案》编写、完成了“食品检验机构现行标准体系研究”项目。

7. 配合国际部，开展《认证认可国际动态》编撰出版工作。

8. 配合科标部，完成“十二五”国家科技支撑计划“支撑认证认可的评价分析、检测验证与有效性保障技术研究与示范”项目审批及启动工作；成立认证认可基础分专业技术委员会，承担两岸合格评定词汇审核；参与编制《认证认可科技质量分析》报告。

## 三、努力方向

### （一）支持研究所发展的固定业务有待确立

在委领导的大力关心下，组织专题会议对研究所发展进行研究讨论，委领导的高度重视和亲切关怀让研究所全体职工倍受鼓舞，随着研究所科研工作力度的持续增强，需要明确固定的长效业务支撑研究所承担的认证认可基础理论研究和应用技术研究。

### （二）不断完善内部管理制度

随着研究所规模的不断壮大，需要不断改进完善内部管理制度、人员管理机制，适应研究所的新变化、新发展。

### （三）进一步提升认证认可技术保障能力

围绕《质量发展纲要（2011—2020年）》的要求，做好认证认可理论、方针、政策法规、发展战略及应用技术研究，提高认证认可工作的针对性、有效性，更好地服务政府部门决策管理工作。

# 提高有效性　增强公信力<br>围绕质量强国战略推动强制性产品认证创新发展

## ——国家质检总局副局长、国家认监委主任孙大伟<br>在强制性产品认证工作会议上的讲话

（2012年4月9日）

今年是强制性产品认证制度实施十周年。前不久，国务院颁布实施《质量发展纲要》，为强制性产品认证工作指明了发展方向，提出了明确要求。这次会议的目的是深入贯彻《质量发展纲要》，认真落实“抓质量、保安全、促发展、强质检”方针，全面总结强制性产品认证工作，进一步完善强制性产品认证制度。首先，我代表国家质检总局和国家认监委，向莅临会议的公安部、农业部、国家食品药品监督管理局等有关部门的领导，以及来自各指定机构的代表们表示热烈欢迎！向工作在强制性产品认证一线的同志们致以诚挚慰问和衷心感谢！刚才，认监委总工程师刘卫军同志向大会作了工作报告。我们要认真学习领会，贯彻落实到位。下面，我讲三点意见：

### 一、总结历史经验，充分认识强制性产品认证的重大意义

认证认可是国际通行的合格评定制度，是由公正独立的第三方机构依据国际标准、国家标准和规则实施的产品、服务和管理评价活动，旨在建立贸易各方相互信任、提升质量和管理水平、促进贸易和经济社会可持续发展。强制性产品认证是各国政府为保护国家安全、人身健康安全、环境等目的，依法实施的具有市场准入性质的合格评定制度。

2002年5月1日，我国履行入世承诺，按照“四个统一”的原则，正式实施了强制性产品认证（CCC认证）制度，实现了我国在合格评定领域与国际接轨。强制性产品认证制度的建立和实施，为国内外消费者、企业、政府部门建立了保证质量安全、建立相互信任、实现共赢发展的桥梁，为我国深度参与国际经济合作、履行政府管理职责、促进质量提升和经济社会发展，提供了良好的制度保障。

对消费者而言，强制性产品认证是保护人身健康安全、维护消费者权益的重要保障。CCC认证制度的本身目的就是保护人身健康安全和消费者权益，营造安全的消费环境。CCC认证的实施范围，都是与人身健康安全密切相关的产品。作为一种市场准入制度，通过强制性认证，保证了相关产品符合国家法律法规和标准的强制性要求，将不合格产品拒之于市场和国门之外，从源头保证了产品质量安全，避免消费者遭受不当侵害，具有很好的指导消费作用。经过这些年的积极努力和广泛宣传推动，很多消费者亲身感受到经过CCC认证的产品安全可靠、值得信赖，有意识地关注产品是否获得CCC认证，CCC标志逐渐成为消费者心目中的安全标志。

对企业而言，强制性产品认证是提升质量管理水平、增强产品竞争力的重要举措。CCC认证是对相关企业及其产品设立的强制性要求，具有准入门槛和技术调节的作用。通过实施CCC认证，对于企业的技术设施、管理能力等设置强制条件，从而引导企业技术进步，淘汰落后产能，提升质量管理水平；并且限制了大批劣质企业进入市场，避免了市场恶性竞争。同时，企业通过获证，获得消费者和利益相关方的信赖，由此树立了良好的市场形象，提升了在国内外市场的竞争力。从更高层面看，引导企业微观行为符合国家产业政策和社会公共利益，促进了产业转型升级。刚才，卫军总工在工作报告中提

到，我国CCC认证实施以来，目录内产品的质量安全水平逐年提高，获证产品的合格率比未获证产品平均高出25%。具体到各个行业，都有许多典型的例子，比如玩具、灯具、农机、消防产品等等。

对政府而言，强制性产品认证是转变管理方式、有效履行政府管理职能的重要手段。与政府直接参与技术评价和行政许可的管理方式相比，CCC认证通过国家制定强制性要求，由专业性第三方机构实施产品评价，政府部门实施监管，能够充分发挥市场机制的基础作用，合理配置社会资源，为政府监管提供技术支撑，从而有效提高政府管理效能，降低行政风险，增强政府公信力。强制性认证作为各国政府的通行做法，越来越受到我国各级政府部门的重视。近年来，许多行业主管部门结合自身职能，充分发挥强制性认证的作用，推动CCC认证范围由消费品领域逐步向消防安防、工程安全、信息安全、节能减排等领域扩展，并与行政许可、政府采购等措施相衔接，有效促进了政府监管和产业政策目标的实现。刚才卫军总工在工作报告中重点介绍了公安部、农业部等部委的典型经验，值得我们学习和推广。CCC认证作为传递信任的工具，在社会诚信体系建设中也发挥着日益重要的作用。

对国际社会而言，强制性产品认证是我国技术性措施与国际接轨、提升中国制造的国际形象的重要体现。CCC认证制度作为我国兑现入世承诺的重要标志，其建立和实施遵循了国际准则，提高了我国合格评定措施的开放性和透明度，受到了国际社会普遍欢迎。CCC认证的实施，增进了我国合格评定制度的国际互信，减少了国外技术壁垒，对于促进对外贸易便利发展、树立中国产品的良好国际形象，产生了积极深远的影响。我国已全部等效采用国际标准化组织（ISO）制定的21项合格评定国际标准，CCC认证采用的361项标准中有248项是国际标准，采标率达69%。我国加入IECEE-CB互认体系，实现国内外CB报告的双向对等接受；与新西兰、越南等国签订互认协议，促成目的国政府接受我国CCC认证结果，我国电子电气、摩托车等出口产品凭借CCC标志直接通关，这些CCC认证带来的国际互认成果，大幅降低了企业重复检测认证成本，减少了国外技术壁垒，提升了我国产品的国际竞争力。

十年来，经过各方共同努力，我国强制性产品认证制度不断完善，服务领域不断拓展，社会影响不断扩大，在促进产品质量安全水平提升、服务节能减排和产业升级、支撑政府管理和公共服务、促进对外贸易发展和社会诚信体系建设等方面发挥的作用日益突出。CCC认证日益受到消费者的信赖，受到企业的广泛好评，受到政府部门和全社会的高度重视，也受到世界各国的普遍认可。我们要充分认识强制性产品认证制度的重大意义，认真总结强制性产品认证工作以来的成功经验。特别要注重总结提炼、宣传推广、拓展深化强制性产品认证如何满足各方期望、发挥各方作用的实践经验：一是强制性产品认证制度作为国家质量基础设施的重要支撑，如何服务国家工作大局，适应国家宏观需求和战略调整；二是各级政府部门作为监管方和行业管理者，如何有效运用强制性认证手段，完善政策支持和工作机制，促进强制性产品认证与行业管理的深度融合；三是各指定机构作为强制性产品认证的实施主体，如何发挥行业优势，加强自身建设，提高认证技术能力和服务水准；四是获证企业作为强制性产品认证的评价对象，如何切实履行质量安全主体责任，通过强制性认证持续改进质量管理，提升企业竞争力，创造更多价值。这些经验浓缩起来，就是统一管理与共同实施的有机结合、政府主导作用与市场基础作用的有机结合、保障安全与提升价值的有机结合。这“三个结合”既是我国强制性产品认证工作开展的基础，也是推动强制性产品认证创新发展的动力。我们要总结好、运用好这些成功经验，不断发扬光大。

## 二、强化基础作用，大力提升强制性产品认证的有效性和公信力

随着国家进入“十二五”发展新阶段，科学发展、转型发展的主题主线日趋鲜明，质量安全在经济社会发展中的基础地位日益凸显，CCC认证作为我国认证认可体系的基础性制度、国家质量基础设施的重要内容，其地位作用也将不断强化、不断提升。国家《质量发展纲要》提出建设质量强国的奋斗目标，制定了未来十年国家质量发展的总体战略。明确提出夯实质量基础，推进认证认可和检验检测能力建设，推动完善认证认可体系，提高强制性产品认证的有效性。

认证认可的作用发挥，基于其制度的有效性和公信力。强制性产品认证作为具有市场准入性质的认证制度，除了认证认可共有的独立性、规范性、专业性、国际性等特性外，还具有法定性、强制性等特点，体现国家强制力和政府公信力，在国家质量发展中起着“基础中的基础”作用，因而对其有效性和公信力的要求更高。进入“十二五”新阶段后，CCC认证工作面临质量强国战略加快实施、质量安全问题不断凸显、国际社会日益关注等新形势，面临更多的机遇和挑战。我们要准确把握强制性产品认证工作面临的新形势、新要求，充分发挥强制性产品认证的制度特点，围绕“抓质量，保安全，促发展，强质检”十二字方针和“传递信任、服务发展”的主题，把“提高有效性，增强公信力”作为强制性产品认证“稳中求进，创新发展”的立足点，为质量强国

建设发挥基础性作用。

首先，提高有效性、增强公信力是落实质量强国战略的基础保障。建设质量强国是《质量发展纲要》贯穿始终的主线，是推动我国从制造业大国向制造业强国转变的必然要求。《纲要》确定了国家质量发展目标，要求到2015年，制造业产品质量国家抽查合格率稳定在90%以上，重点提升认证认可、检验检测等服务质量。应当看到，CCC认证在提升产品质量安全水平方面还有很大潜力，一些CCC目录产品的抽检合格率还不稳定，质量安全问题还屡有发生，CCC认证在消费者中的信赖度、知名度还不算高。比如，去年CCC国抽总体合格率只有88%左右，相比90%的目标还有距离，部分产品差距更大。我们尤其应当看到，CCC认证集中在高风险产品上，集检测、检查、验证等多种技术手段和认证模式于一体，容易产生系统性安全风险，甚至引发社会信任危机，这些特点对其有效性和公信力提出了更为严峻的挑战。面对质量发展的更高目标，CCC认证的有效性和公信力急待提高，质量基础作用还有待增强。

其次，提高有效性、增强公信力是强制性产品认证服务科学发展的现实需要。随着产业转型升级、扩大内需、节能减排等节奏的加快，带来消费方式和经济发展方式的深刻变革，消费者和各方的需求期望越来越高。CCC认证要向新领域拓展，满足特定行业和产品的要求，需要认证有效性、公信力进一步提升。当前，CCC认证在应用日益广泛、作用日益显现的同时，也面临社会认知度、消费者信赖度、产业适宜度、用户满意度整体有待提升等制约因素，这些因素最终都集中体现在有效性和公信力上。国家“十二五”规划明确将认证认可和检验检测作为大力发展的现代服务业、高技术服务业。CCC认证具有高技术服务业的技术含量高、辐射带动作用强等特点，对照高技术服务业的定位，无疑在技术能力、服务作用等方面还有很大的提升空间。为此，认证认可“十二五”规划明确提出要“遵循现代服务业发展规律，结合认证认可行业自身特点，努力推进以提升认证认可社会认知度、公信力为目标的品牌建设”。今年《政府工作报告》特别强调要大力推进政府诚信、商务诚信和社会诚信，构建社会征信系统。认证认可在社会诚信建设中将起到更加重要的作用，要求我们更加看重公信力，提高有效性，推动认证认可向现代服务业转型，全面提升服务水平。

第三，提高有效性、增强公信力是强制性产品认证遵循国际规则、增进国际互信的前提条件。CCC认证是符合WTO/TBT协定的技术性措施，应当遵循国际认证制度的通行准则。CCC认证实施以来，我们坚持遵行WTO规则，履行国际义务，得到了各成员国的理解和承认，证实了CCC认证在国际上的公信力。但同时我们也要看到，一些国家还在就CCC认证的评定程序、市场开放度等方面频频质疑，甚至通过外交途径向我国施压。一方面，合格评定领域的国际合作、国际互认是发展大势；另一方面，同领域的国际较量、国际摩擦也呈上升之势，此外，CCC认证对象的国际化也加剧了各方关注，所有这些都对CCC认证提出了新的挑战。要求我们从维护国家利益的全局高度，进一步完善认证制度，努力改进合格评定程序、市场准入等方面的工作，进一步树立CCC认证的良好国际信誉。

第四，提高有效性、增强公信力是强制性产品认证制度自身完善的核心要求。今年全国认证认可工作会议按照中央总体精神和质检总局统一部署，提出围绕“十二字”方针和“传递信任，服务发展”主题，以提高认证认可公信力为着力点，从制度、监管模式、服务、科技和体制机制五个方面创新发展。CCC认证是我国认证认可体系的基础性制度，是认证认可服务国家发展大局的重要基石。审视与谋划认证认可未来发展，都必须将着眼点和着力点放在CCC认证制度上。当前，我国认证认可制度在总体有效、持续完善的同时，也存在一些需要解决的问题，体现在CCC认证方面，主要是在制度设计、认证实施、执法监管、风险管理等方面还存在一些薄弱环节，如认证模式单一化、市场开放度和竞争性不足、指定机构布局不合理等问题，特别是近年来，社会上涉及CCC认证产品的质量安全事故时有发生，国内外企业对CCC认证提出了更高期望，新闻媒体反映了CCC认证需要改进的一些现象，更加促使我们反思，使我们愈加认识到完善CCC认证制度、提高有效性和公信力刻不容缓。我们要按照“五个创新”的要求，依靠创新驱动，不断完善CCC认证制度，加强监管执法，提升服务水平，增强技术能力，健全工作机制，使CCC认证制度不断焕发新的活力。

## 三、凝聚各方合力，推动强制性产品认证创新发展

强制性产品认证制度已经走过十年历程，进入了新的发展阶段。过去十年里，我们坚持“统一管理，共同实施”原则，坚持改革创新，凝聚各方合力，共同建立并有效实施了强制性产品认证制度。在今后发展阶段，我们同样需要坚持‘统一管理，共同实施”原则，坚持创新发展，依靠各方努力，围绕“提高有效性、增强公信力”，共同完善强制性产品认证制度，更好地“传递信任，服务发展”。

首先，要坚持创新发展方向，完善强制性产品认证的制度模式。抓好总体规划和顶层设计，使CCC认证制

度更好地与国家质量发展战略相衔接。以国家发展规划和产业政策为指引，以产业需求为导向，以产品风险特点为基础，科学调整CCC认证模式和认证规则，建立质量分析和风险分析模式，建立CCC认证目录、指定机构动态管理机制，逐步增强CCC认证的科学性、公正性和适用性，使CCC认证更加适应产业转型升级和参与国际竞争的需要。

其次，要紧贴行业发展需求，拓展强制性产品认证的服务领域。国家认监委将积极支持各部委加强认证认可工作，充分发挥认证认可部际联席会议的平台桥梁作用，共同研究在相关行业加强和完善CCC认证制度，更好地满足行业管理和产业发展需求，不断拓展CCC认证的服务功能和服务领域。配合国家相关产业政策，重点推动CCC认证在公共安全、工程安全、信息安全、节能减排等领域的应用。同时，要积极总结和宣传推广各部委重视CCC认证工作、各行业发挥CCC认证作用的典型经验，搞好协调、指导与服务。希望各部门、各级政府进一步重视CCC认证工作，发挥职能优势，及时反映认证需求和意见，协调解决存在的问题，帮助我们改进工作。

第三，要强化监督管理职责，保障强制性产品认证的健康发展。CCC认证具有法定性、强制性，体现法律强制力和政府公信力，更加需要严格监管。CCC认证实施以来，我国建立了世界上最为健全的强制性认证监管制度。继《认证认可条例》、《强制性产品认证机构管理办法》之后，2010年，《认证机构管理办法》颁布实施，进一步细化了市场准入条件和监督管理规定。今后，要以这些法律法规为依据，进一步完善认证监管执法体系，创新监管方式和手段，继续推行CCC获证产品、企业、指定机构、工厂检查员联动式检查方式，完善CCC产品国家监督抽查联动机制，积极探索区域化、网格化等管理模式，严厉打击无证制售、假认证等违法行为。最近，央视“3·15”晚会曝光了玩具存在的问题，也反映出CCC认证监管的必要性。国家认监委已部署对部分CCC产品专项整治。今后，我们将抓住重点产品、重点行业，进一步加大监管执法力度，维护CCC认证的权威性和公信力。

最后，要落实机构主体责任，提升强制性产品认证的工作水平。CCC认证从业机构实行指定制度，这是国家为保证CCC认证特定能力而实施的政府授权，也是给予指定机构的荣誉。目前共有指定认证机构10家、指定实验室158家，其专业能力和市场信誉应当说处于行业的领先水平。各指定机构要珍惜这份荣誉和信任，牢记职责使命，自觉履行社会责任，以能力提升为核心，切实加强自身建设，不断提升管理和服务水平，以实际行动维护CCC认证的有效性和公信力。这里，我想对各指定机构提几点要求：

一是要注重能力建设。CCC认证的有效性和公信力，关键取决于从业指定机构的自身能力，包括内部管理能力、技术创新能力、市场开发能力、持续改进能力等等。各指定机构要注重发挥行业优势，制定长远发展战略，走专业化、品牌化发展道路，培育核心竞争力；要适应技术进步和产业升级的要求，更新已有认证能力，突出加强高风险和新领域的认证能力建设，提高自主创新能力；要重视抓好人员能力培训和管理，建立人才激励机制，树立优秀认证工程师、工厂检查员的品牌形象，促进认证从业人员队伍能力的全面提升。

二是要严格规范管理。要建立健全质量管理体系和风险管控机制，完善各项规章制度，加强对重点关键环节的控制，严格依法依规运作。鼓励指定机构建立高于行政强制要求的质量体系和管理制度，探索适应自身特点的最优实践方式。

三是要增强服务意识。要围绕高技术服务业的定位，关注最终结果和客户满意度，切实增强服务意识和服务水准，积极探索认证增值服务的途径，为企业用户、消费者、管理部门、社会公众提供多样化服务，传递质量安全信任，服务经济社会发展。

四是要恪守职业道德。各指定机构要加强职业道德和诚信体系建设，切实履行社会责任，弘扬“崇尚质量，恪守诚信”的行业文化理念，全面推行廉政风险防控工作，树立CCC认证指定机构和从业队伍的优良行风形象。

强制性产品认证工作意义深远、使命光荣、责任重大。希望大家以高度的责任感和使命感，团结一心，真抓实干，开拓创新，深入学习贯彻《质量发展纲要》，扎实做好各项工作，为建设质量强国、服务科学发展做出新的贡献！

# 国家质检总局副局长、国家认监委主任孙大伟在“世界认可日”主题活动上的讲话

（2012年6月9日）

今天是第五个“世界认可日”，我们齐聚一堂，共同迎接这个全球质量界的盛事。“世界认可日”自创设以来，在世界各国的共同推动下，已经成为各国同行相互交流、提升认证认可能力的平台，成为增进业界信心、展现认证认可价值的桥梁。

我国在“世界认可日”举办的系列活动，得到了各级领导的高度重视，得到了社会各界的普遍关注，也引起了国际同行的瞩目，影响越来越深远。今天，全国人大常委会华建敏副委员长亲自与会并将做重要讲话，充分体现了国家领导人对质量工作和认证认可工作的高度重视。此次“世界认可日”活动期间，国家质检总局支树平局长专程到中国合格评定国家认可中心，也是国家认可委秘书处考察，全面了解国内外认可工作开展情况，充分肯定了过去10年我国认可工作取得的明显成效，强调认证认可工作责任重大、使命光荣、前景广阔，并在年初对认证认可工作提出的“传递信任，服务发展”的命题基础上，针对认可工作的本质、规律和特点进一步提出了“公正认可，赢得认可”的明确要求。在此，受树平局长的委托，我代表国家质检总局和国家认监委做个发言，首先向出席今天活动的华建敏副委员长等各级领导，向关心支持质量工作和认证认可工作的各界人士，表示衷心的感谢！向全国质量工作和认证认可工作者，表示诚挚的问候！

今年的世界认可日，恰逢我们国家颁布实施《质量发展纲要》，加快实现建设质量强国的战略目标之际。认证认可作为质量基础设施的三大支柱之一，是推动质量发展的重要手段。今年我国“世界认可日”活动的主题是“推进认证认可工作，夯实质量发展基础”，这对于提升认证认可的作用影响、推动《质量发展纲要》的贯彻落实，具有重要的现实意义。

质量是经济社会发展的重大战略问题，质量发展是推动经济社会发展的强大动力。当前，以质量为核心的国际竞争日趋激烈，以质量发展为重要目标的经济发展方式转变，正在深刻影响世界各国。实现经济转型发展的目标，必须把质量发展放在更加突出、更加优先的位置，充分运用各种手段促进质量发展。认证认可作为国际通行的质量管理基础手段，在我国得到了大力推行和迅速发展。党中央、国务院高度重视认证认可工作，从改革开放和进一步完善社会主义市场经济体制的战略全局出发，大力发展认证认可事业，建立了统一管理格局下的中国特色认证认可体系，在发挥政府主导作用、促进共同实施等方面探索创造了许多有益经验，认证认可的作用和影响越来越大，有效提升了我国质量总体水平。中国在认证认可领域的优良实践和成功经验，得到了国际同行的充分肯定和普遍重视。2008年，国际认可论坛和国际实验室认可合作组织共同设立“世界认可日”，得到了我国政府部门和社会各界的积极响应。每年的“世界认可日”，国家质检总局和国家认监委都组织主办系列活动，以此推动认证认可工作，促进国际交流合作，更好地服务国家发展大局。

“十二五”时期是我国深化改革开放、加快转变经济发展方式的攻坚阶段。围绕科学发展、转型发展的主题主线，质量发展在国家发展全局中的地位日益凸显。今年2月国务院颁布实施《质量发展纲要》，明确提出大力推进认证认可工作，夯实质量发展基础。认证认可作为市场经济运行的基础性制度安排、质量发展的基础性工作，得到了国家政策的进一步支持，得到了各级党委政府和全社会的进一步重视。我们今天隆重举办“世界认可日”活动，就是在大的方面要为建设质量强国做贡献，在现阶段，要深入贯彻实施《质量发展纲要》，认真落实“抓质量、保安全、促发展、强质检”工作方针，在眼下，要认真开展质量安全风险排查整治和专项教育治理。因此，我们要大力宣传推动认证认可工作，加快推进认证认可事业创新发展，更好地履行“传递信

任，服务发展”的职责使命，为建设质量强国发挥更大的作用。

首先，要找准行业定位，为质量发展提供优质服务。认证认可、检验检测是质量服务产业，也是国家“十二五”大力发展的现代服务业中的高技术服务业。我们要牢牢把握国家政策机遇，把“传递信任，服务发展”作为宗旨使命，按照现代服务业和高技术服务业的定位，努力提升服务质量，拓展服务领域，延伸服务价值，加快推动认证认可向现代服务业转型，为建设质量强国提供技术支撑和服务保障。

第二，要坚持创新驱动，为质量发展增添强大动力。创新发展是认证认可面临的时代课题和事业发展的必由之路。面对新形势、新任务和新要求，我们必须发扬开拓进取、改革创新的优良传统，加快认证认可的制度创新、监管模式创新、服务创新、科技创新和体制机制改革创新，着力破解质量发展与认证认可事业发展中的基础性、战略性问题，通过创新激发认证认可的发展活力，提升认证认可的内在价值，不断丰富中国特色认证认可实践经验，引领认证认可向服务质量发展的纵深、高端领域推进。

第三，要严格监督管理，为质量发展构筑信用屏障。大力加强认证认可行业诚信建设，严格落实从业机构和获证组织的主体责任，树立公正廉明、科学严谨、诚实守信的行风形象，从源头上提升质量水平。各级认证认可监管部门必须切实履行监管职责，完善“法律规范、行政监管、认可约束、行业自律、社会监督”五位一体的监管体系，深入开展质量安全风险排查整治和道德领域突出问题专项治理活动，加强全过程风险管理，努力增强认证认可的社会公信力。国家认可机构必须充分发挥认可约束作用，坚持公正认可，以实力、制度、严格、诚信确保公正，规范合格评定活动，确保认可工作自身的公正和权威，必须赢得认可，赢得社会、政府和国际上的广泛认可。认证检测机构和从业人员必须恪守职业道德，切实履行社会责任，坚持质量第一、诚信为本，自觉抵制虚假认证、买证卖证等不诚信不道德行为，向用户和社会真实、客观地传递信任，做质量发展的建设者、推动者。

第四，要加强宣传引导，为质量发展营造浓厚氛围。质量发展，离不开全社会的共同关注和共同行动。为此，我们要努力办好“世界认可日”等各类质量主题活动，充分运用其桥梁和平台作用，向社会大力宣传普及质量知识和认证认可工作，积极争取各级政府部门和社会各界的重视、关注与支持，汇聚质量发展合力；同时积极引导正面宣传，树立中国认证认可的良好形象，创建一流的质量服务品牌。

# 国家质检总局副局长、国家认监委主任孙大伟在“全国检测实验室开放日”活动启动仪式上的致辞

（2012年9月11日）

金秋九月，天高气爽。在第23个全国“质量月”来临之际，国家质检总局、上海市人民政府和国家认监委在上海隆重举办“全国检测实验室开放日”活动。我代表国家质检总局和国家认监委，向活动的举办表示热烈的祝贺！向上海市政府及社会各界给予的支持表示衷心的感谢！

2012年2月，国务院颁布实施《质量发展纲要》，确立了建设质量强国的战略目标，对未来10年国家质量发展作出了战略部署。今年全国“质量月”以“贯彻《质量发展纲要》，推进质量强国建设”为主题，组织开展一系列活动，掀起了宣传贯彻《质量发展纲要》的新高潮，营造了人人关心质量、人人讲求质量的浓厚氛围。本次“全国检测实验室开放日”活动是全国“质量月”系列活动的重要内容，受到了社会各方的热切关注。

检测是质量基础工作，检测实验室是质量把关控制的基础平台。随着质量安全意识的日益深化，随着国家

质量发展水平的逐步提升，检测工作日益受到社会各方的高度重视和广泛关注。我国检测实验室广泛分布在质检、农业、卫生、食药等各个监管部门和国民经济各个行业，承担着质量控制把关、服务经济建设的光荣任务。在各级党委政府的高度重视和全社会的共同推动下，广大检测实验室认真履行职责，切实加强基础建设和队伍建设，夜以继日地承担着大量繁重的检测任务，为维护质量安全提供了有力保障，为行业发展和监管部门提供了技术支撑，为消费者和生产者建立了信心，为我国质量水平的提升、经济社会的发展，做出了应有的贡献。经过多年努力，我国各级检测机构的检测把关能力和技术条件不断提升，专业技术队伍日益壮大。目前我国已建立498家国家质检中心、26 400多家资质认定实验室、1 100多家食品检验机构、4 272家认可检测实验室，形成了以统一的实验室资质管理和国家认可制度为核心的检测技术体系，成为国家质量基础设施的重要组成部分。

我国进入“十二五”新的发展阶段后，检验检测机构在经济社会发展全局中的地位作用日益重要，检验检测工作与人民群众日常生活的关系日益紧密。国家“十二五”规划纲要明确提出，大力发展检验检测等科技支撑服务。《国家质量发展纲要》明确要求，完善检验检测体系，夯实质量发展基础。检验检测被列为八类重点推进的高技术服务业之一，得到国家政策的大力扶持与引导。加强检验检测机构建设，为社会提供科学、公正、专业的检测服务，对于夯实质量发展基础，加强质量监督管理，建立社会公众消费信心至关重要。面对建设质量强国的宏伟目标，面对人民群众日益增长的质量安全需求，需要全社会更加关心和重视检测工作，需要我们进一步加强检验检测机构建设，严格规范检测行为，不断提升检测服务质量。本次检测实验室开放日活动，为社会各界了解检测工作，强化质量安全意识，增进社会公众对我国质量安全保障能力的信心，提供了一扇窗口；也为检测机构展现自身能力，树立良好形象，更好地为社会服务，提供了良好的契机。

希望广大检测机构以科学检测、公正检测为准则，以提升质量、服务发展为已任，严格加强检测把关，用心打造公正、诚信、专业的服务品牌，为消费者、生产者和监管部门建立信任；希望广大消费者、媒体和社会各界朋友，积极关心、支持和监督检测机构的工作，大力宣传推动质量工作，共同营造质量发展的良好环境；希望各级政府部门更加重视和加强检测机构建设，发挥政府主导作用，加大政策引导力度，把完善检验检测体系作为质量发展的基础工程、保障和改善民生的惠民工程、促进产业升级转型发展的创新工程，构建科学高效的质量工作体系，全面提升质量工作水平。让我们共同努力，以科学发展观为指导，深入贯彻落实《质量发展纲要》，把我国质量安全保障能力与质量服务体系建设提升到新水平，以优良业绩迎接党的十八大胜利召开！

# 国家质检总局副局长、国家认监委主任孙大伟在全国合格评定机构认可工作会上的讲话

（2012年9月19日）

很高兴参加全国合格评定机构认可工作会。这是中国合格评定国家认可委员会成立十年来，第一次组织召开这样一个由认证机构、实验室和检查机构一起参加的认可工作会议，涵盖了合格评定认可的三大主要门类。会议代表来自120多家认证机构和260多家实验室和检查机构，代表了全国获得认可的5 000多家合格评定机构。这也从一个侧面，集中反映了我国集中统一的国家认可制度发展十年来的制度面貌和发展成就。在此，我代表国家质检总局和国家认监委，向会议的召开以及我国认可事业发展取得的成绩，表示热烈的祝贺！向会议代表以及全国认证认可行业的同志们表示诚挚的问候和衷心的感谢！

这次会议的时机很好。今年是贯彻实施《质量发展纲要》的头一年，也是中国认可统一发展10周年。今

年2月国务院颁布的《质量发展纲要》将认证认可作为质量发展的重要基础，作出推进完善认证认可体系的战略部署。今年“世界认可日”前夕，国家质检总局局长支树平专程视察中国合格评定国家认可中心（认可委员会秘书处）并发表重要讲话，高度评价了认可十年来的发展成绩，并在年初对认证认可工作提出“传递信任 服务发展”的总体要求的基础上，进一步对认可工作提出了“公正认可 赢得认可”的新期望。在质量发展和认证认可工作承前启后的重要节点，在第23个全国“质量月”来临之际，召开合格评定认可工作会议，对于深入贯彻《质量发展纲要》，全面落实“公正认可，赢得认可”要求，科学总结10年来我国认可工作发展的成绩经验，进一步发展和完善合格评定认可制度，夯实质量发展基础，推进建设质量强国，具有十分重要的意义。借此机会，我讲三点意见：

## 一、回顾十年发展历程，合格评定认可工作取得了宝贵的成绩和经验

我国认可工作统一发展的10年，刚好是十六大以来科学发展的10年，也是我国入世以来全面开放经济迅速腾飞的10年。十年来，认可工作以科学发展观为指导，认真贯彻党的十六大、十七大精神，认真落实质检总局和认监委的决策部署和要求，建立了中国化和国际化相结合的国家认可制度，实现了认可体系的根本性转变和认可工作的跨越式发展。十年来，认可制度增长了三倍，认可数量增长了五倍，认可的认证数量增长了九倍。认证服务领域和国际互认范围实现了全覆盖，建立了11项基本认可制度和29项专项认可制度，加入了国际和亚太区域所有互认体系；认可约束机制由单一化发展为多元化，制定了120多项认可技术规范。这十年的发展成绩值得自豪，发展经验值得认真总结。认可中心总结的六条基本经验，必须长期坚持、持续深化、不断完善。从质量发展全局和认证认可工作整体来看，我以为，要把总结经验、探寻规律、推动工作有机统一起来，真正继承发扬过去好的做法经验，创造性地运用科学发展理念来指导推动认可工作的长远发展。

第一，要科学总结我国认可工作在中国化和国际化相结合的实践中探索出来的规律性经验。我国认可事业从无到有、从小到大，一开始就是走的借鉴国际通行做法、结合中国实际的创新道路，其中沉淀了许多宝贵的经验和认识。这些都是可资利用的宝贵财富。我以为最为根本的是从中提炼出规律性认识，把握住大原则大方向，比如说，集中统一的原则、“统一体系，共同实施”的机制，这些大方向经过国外上百年历史、经过国内十年实践的检验都是正确的、有效的，这些就要牢牢坚持，结合新情况新问题加以具体化。

第二，要不断深化对认可的本质特征的认识。支树平局长指出，我们对认证认可的认识还远远没有穷尽，号召全系统都要认真研究，把规律研究透，把作用发挥够。随着社会实践的深入，我们对认证认可的属性的认识，就在不断地丰富。就认可工作来说，更是如此。认可作为合格评定的顶端，与其他质量基础设施中的关系、作用机制如何？作为公权行为，其法律地位和法律效力如何？在政府监管和社会诚信体系建设起什么作用？作为社会通用技术语言，如何处理公共规则与技术特性的关系？作为国际互认的基础，如何与各国法规相协调？这些命题随着实践的发展，将日益尖锐地摆在我们面前，我们不能停留在过去的认识上，而要根据不断变化的发展需要，不断深化对其本质特性的认识。

第三，要认真思考认可工作面临的新问题新挑战新要求。国家正处于发展的转型阶段，认证认可同样面临向现代服务业、高技术服务业转型的课题。就认可工作而言，同样面临来自外部和内部的许多新情况、新问题、新挑战，面临国家发展对我们提出的新要求、新任务，对此我们要有清醒的思考认识，要有提前的部署和准备。认可中心对于战略研究历来非常重视，举办过多次战略研讨活动。我希望大家结合对十年的总结和对《纲要》的学习，站在更高起点上思考谋划，真正把认可中心建设成为学习型组织、创新型组织。

## 二、建设质量强国，必须更加重视合格评定认可工作

《质量发展纲要》是新时期国家质量工作的指导纲领，建设质量强国是我国未来质量发展的战略目标。纲要明确将认证认可作为质量发展基础，提出推进完善认证认可体系和检验检测技术保障体系，对认可工作提出了新的明确要求。认可是合格评定链条的最高端，是基础之基础、评定之基础，地位更加重要，作用更加凸显。

从国际趋势看，合格评定认可越来越成为推动经济全球化进程、促进全球经贸发展的战略性手段。纵观国际认证认可发展史，先后走过了从国家向区域、从区域向国际发展的过程。可以说，认可是合格评定发展到一定水平的产物，是经济全球化发展到一定阶段的产物。随着世界多极化、经济全球化的深入发展，认可在合格评定中的地位日益重要，在服务政府监管和经济社会发展中的作用日益重要，在国际贸易体系中的作用日益重要。在金融危机影响持续深化、世界经济复苏缓慢的当前，国际经济格局和贸易体系正在经历新一轮深刻变革。认证认可在促进贸易便利发展、促进产业升级和经济转型的作用日益重要，国际上充分利用认证认可作为提振

经济的重要手段；同时，由于贸易保护主义势头上升，贸易管制措施的技术化，许多国家日益将认证认可作为设置贸易壁垒的重要手段。认证认可作为质量基础设施的地位日益强化，作为技术性措施的作用日益强化。由于认可是合格评定活动的基础，是国际互认的基础。认证认可作用的强化，首先体现在认可作用的强化上。今年8月，俄罗斯正式加入WTO，今年初成立了国家统一的认可机构，还提升了认可机构的规格。俄罗斯对认可制度的高度重视，也从一个侧面证明了为适应WTO要求建立认可制度的重要性和迫切性。从多边视角看，认可领域国际性组织的作用正在强化，对于国际贸易格局和各国经济发展的影响越来越显著。据统计，国际认可论坛（IAF）多边互认协议的成员已经达到50个，国际实验室合作组织（ILAC）多边互认协议的成员达到62个，IAF和ILAC互认框架内认可的认证机构约4 000家、实验室约4万家、检查机构6 700多家。这些多边互认体系成员的经济总量已经占到全球经济总量的95%。而且，认可国际组织与标准、计量、合格评定国际组织的关系日益密切，合作日益频繁。我国要在全球经济事务中发挥更大作用，必须更好地运用认可这个手段，必须在国际互认进程中施加更为实质的影响，必须在国际认证认可发展趋势中发挥更加有效的引领作用。

从国内发展看，合格评定认可越来越成为服务经济社会发展、支撑政府监管的基础性制度。认证认可是国际公认的国家质量基础设施，在我国的一系列政策规划中得到确认和强化。目前已有30余部法律法规采信认证认可制度，进入“十二五”后，认证认可面临更为广阔的发展空间。国家“十二五”规划纲要将认证认可作为重点发展的现代服务业，9处直接提及认证认可，另有29部国家专项规划和29个省级地方规划都明确涉及认证认可工作。此外，国务院文件进一步将认证认可、检验检测定位为高技术服务业，强化了政策支持力度。不管是经济转型发展的社会需求，还是现代服务业、高技术服务业的行业定位，都对认证认可工作自身产生了深远影响。仅以行业规模而论，2010年光全国检测市场规模就达650亿元，其延伸和辐射带来的产业增加值更是不可胜数，足以表明认证认可已成为现代服务业的重要门类。认证认可作为市场经济运行的基础性制度安排、国际贸易技术性措施的重要手段、质量基础设施的重要组成部分，地位空前强化，作用日显突出，责任更加重大。随着合格评定活动日益向经济社会各领域特别是战略产业、新兴产业、高端技术渗透，对认可提出了更高更新的要求，迫切需要认可领域加快创新发展，更好地发挥技术支撑和基础保障作用。

从质量工作看，合格评定认可越来越成为规范合格评定活动、提升质量工作水平的关键性环节。当前，我国质量工作的机制环境还相对薄弱，质量安全问题仍然相当突出。质量工作日益受到全社会高度重视，对认证认可等合格评定工作提出了更高的要求。与发展要求相比，认证认可的制度优势和特有作用尚未充分发挥出来，合格评定工作还有很大潜力。随着社会需求的快速增长、合格评定领域的不断扩展，我国认证、检测、检查等各类合格评定从业机构快速增长，自身能力和服务水平得到了长足进步，但也还存在重发展、轻管理，重数量、轻质量，重效益增长、轻能力提升等问题，合格评定机构和从业队伍良莠不齐，迫切需要加强监督管理和规范约束。近年以来，涉及合格评定的质量安全事件屡屡发生，涉及有机产品认证、食品农产品检测、特种设备检查等多个敏感领域，今年以来，针对合格评定机构的投诉呈明显上升趋势，其中有工作态度、工作能力问题，也有廉洁诚信、作风行风问题，严重损害了认证认可行业独立、公正、诚信的形象，加大了质量安全风险，给认证认可发展带来了负面影响。这些现象，一方面暴露出个别合格评定机构存在不诚信、片面追求利益最大化、内部管理松懈等问题，另一方面也反映监管体系不完善、监管约束手段和力度不足的问题。认可处在合格评定链条的顶端，是规范合格评定活动的关键环节，应当发挥更加重要的作用。从认可工作自身看，也还存在认可制度发展不平衡、认可约束机制不完善、认可内部监督不健全、自主创新能力和国际话语权不强等问题。我们必须更加重视做好合格评定认可工作，切实强化认可约束机制，进一步提升认可工作的有效性和公信力，更好地发挥“证实能力，传递信任”的作用。

## 三、深入贯彻《质量发展纲要》，加快完善合格评定认可制度

经历了十年发展历程，认可工作进入了崭新的发展阶段。当前，认可中心和各合格评定机构正在深入学习贯彻《质量发展纲要》和支树平局长关于认可工作的重要讲话精神，以“抓质量、保安全、促发展、强质检”12字方针和“传递信任，服务发展”、“公正认可，赢得认可”要求为指引，在新的起点上谋划认可工作的创新发展。根据国家质检总局和国家认监委的总体部署，结合这次会议的具体部署，我这里主要强调抓好三个基础环节：

第一，坚持公正认可和赢得认可相统一，努力提升合格评定认可机构的公信力。

“公正认可，赢得认可”是支树平局长代表总局党组对认可工作提出的总要求。认可是公权活动，公正性是认可的内在要求、基本属性和主要特征。维护认可的

公正，才能维护合格评定的公正和有效，才能赢得政府、社会和国际的广泛认可。认可委员会作为国家认可机构，要自觉践行这一根本要求，以实力、制度、严格、诚信来确保认可公正。

一是要抓好“两个专项”这个抓手。认真贯彻落实质检系统质量安全风险排查整治工作座谈会精神，继续深入开展质量安全风险排查和道德领域突出问题教育治理两个专项活动，深挖认可领域的风险隐患。要根据总局下一阶段排查整治的重点产品和重点领域，突出排查食品安全、机动车安检、建材等检测机构的风险，坚决取消不合格机构的认可资质，从认可源头防控形形色色的“检测门”事件，树立公正认可、公正检测的良好形象。

二是要抓好制度建设这个根本。严格规范认可制度的决策过程，坚持科学决策、依法决策、民主决策，加强制度顶层设计、风险评估等工作，充分吸纳行业需求，充分听取专家委员会和最终用户的意见，保证制度的科学性、公正性。大力加强风险管理制度、认可人员责任制度、认可监督检查制度、合格评定机构诚信评价制度建设，运用制度手段防范风险、明晰权责、强基固本。

三是要抓好内部管理这个保障。我们要充分认识到，随着认证认可的作用在提升、影响在扩大，社会公众对我们的期待比以往任何时候都更高，风险隐患比以往任何时候都更严峻，稍有不慎就可能引发媒体的炒作，甚至引发系统性行业性风险。近年来涉及认证认可的负面报道和举报投诉逐年上升，有的直指行业“潜规则”、直指我们队伍存在的问题。对此，我们务必保持高度警醒，时刻绷紧内部管理、行风廉政这根弦，继续发扬认可中心“两手抓，两手硬”的优良传统，进一步发挥好基层组织和党员干部的作用，建立具有认可中心特色的质量管理体系、党风廉政惩防体系、组织文化体系，通过严格规范内部管理，树立认可机构和认可队伍公正严明的良好形象。

第二，坚持证实能力和提升能力相结合，努力提升合格评定认可工作的有效性。

认可处在合格评定链条的最高端，对于合格评定机构而言，认可不光是证实能力的基础手段，也是提升能力的重要手段。《质量发展纲要》对产品、服务、工程质量提出了明确的提升目标，相对应的是对能力提升的要求。要更新理念，把着力点放在通过提升能力来证实能力上，以合格评定机构自身需求为关注点，建立有利于合格评定活动持续改进、合格评定机构持续发展的认可约束机制，强化认可对于能力提升的支撑引导作用。

首先，认可机构要提升对合格评定机构的规范要求。顺应产业升级和认证认可技术发展趋势，及时更新认可技术规范，深化技术要求，不断丰富和完善认可约束手段，使认可要求与国际保持同步发展，与产业发展要求保持协调适应。当前，要针对部分行业和产业领域合格评定机构存在的良莠不齐、无序竞争、能力不足、服务滞后、创新意识淡化等突出问题，大力采用从业机构分类管理、认可风险分级、认可有效性评估等有效措施，运用认可约束手段扶优汰劣，引导合格评定机构走注重质量和服务的集约化、专业化、品牌化发展之路。

其次，合格评定机构要加强自律管理。广大合格评定机构要增强法制意识、诚信意识、质量意识和责任意识，严格履行主体责任，依照监管部门和认可机构的管理规范、技术准则，建立健全内部管控制度，完善质量管理体系和诚信体系，实施品牌文化管理，积极履行社会责任，自觉树立科学、公正、诚信、责任的行业形象。

同时，认证认可监管部门要充分发挥政府引导和行政监管作用。进一步完善法律规范、行政监管、认可约束、行业自律、社会监督五位一体的监管体系，建立与认可约束相配套的监管制度和市场规范，积极采信认可结果，完善对于合格评定机构的监管服务。

第三，坚持自身发展和服务发展相协调，努力提升合格评定认可制度的适用性。

认可的服务对象是用户，是经济社会发展需求。认可制度的自身发展，应当以服务发展为宗旨，以用户需求为导向，创新认证制度发展模式，不断提升服务发展、服务用户的能力。

一是要坚持创新发展。围绕全国认证认可工作会议提出的制度、监管模式、服务、科技、体制机制“五个创新”的总体部署，积极开发新型认可制度，探索建立创新驱动的认可发展新模式。紧盯国际国内的发展趋势和发展需求，加快节能低碳、信息安全、高等级生物安全、国防军工等重点领域认可技术建设，推动认可向新产业新领域渗透，强化其对创新科技和创新产业的技术支撑。加快认可标准、认可核心技术的自主创新步伐，提升我国在认可领域的国际话语权。

二是要坚持协调发展。注重认可各个专业领域、各项评价手段、各项技术规范之间的协调配套，抓紧建立健全特定领域认可制度的配套技术文件，建立覆盖合格评定全范围全过程的认可约束机制，推动认可体系的横向和纵向发展，实现认可作用效果的最优化。要完善认可采信机制，积极推动各政府部门、各行业广泛采信认可结果，促进认可与各个行业评价手段的衔接，巩固国家认可制度在第三方评价体系中的核心地位。

三是要坚持统筹发展。立足当前，着眼长远，把当前深化两个专项活动、排查质量安全风险，现阶段贯彻实施《质量发展纲要》、加强重点领域认可制度建设和长远谋划认可工作顶层设计、推进质量强国建设紧密结合起来，增强认可发展后劲。要围绕质量发展整体部署和认证认可“三步走”战略，推动建立与质量诚信体系、认证体系和检验检测技术保障体系等相协同的认可体系；要围绕认可工作整体规划布局，统筹认可制度、机制、能力和队伍建设，发挥合格评定机构参与认可建设的合力，努力在“十二五”时期为认可工作可持续发展打下坚实的基础。

加强合格评定认可工作是完善认证认可体系、建设质量强国的重要举措和必然要求。希望认可委员会和广大合格评定机构同心协力，真抓实干，更好地“证实能力，传递信任，服务发展”，为建设质量强国做出新贡献，以优异成绩迎接党的十八大胜利召开！

# 国家质检总局副局长、国家认监委主任孙大伟在中国检验有限公司发展战略座谈会上的讲话

（2012年9月27日）

金秋时节，美丽的海南依然热情如火。在中秋国庆佳节即将到来之际，我们在三亚福朋喜来登酒店隆重举行中国检验有限公司发展战略座谈会，总结回顾30年不平凡的发展历程，共同谋划更加美好的发展蓝图，心情格外振奋。

30年前，借着改革开放的东风，中检公司肩负着历史使命，开始了艰苦创业历程；30年后，借着香港与祖国共繁荣共发展的新机遇，中检公司承载着新的期望，开始了新的创业发展征程。在这个值得庆贺、值得纪念的时刻，树平局长、总局老领导、中央驻港联络办的领导，以及国家质检总局有关司局、认监委和部分地方局的领导专程出席今天的座谈会，充分表明了总局历任领导对中检公司的关怀厚爱，表明了质检系统和社会各界的关心支持。借此机会，我受树平局长委托，代表质检总局和认监委，向中检公司取得的发展业绩，向三亚福朋喜来登酒店盛大开业表示热烈的祝贺！向长期以来关心支持公司发展的各级领导、有关部门和社会各界表示衷心的感谢！向长期以来辛勤工作、默默奉献的公司全体员工表示诚挚的问候！

回首中检公司成立、发展、壮大的30年，是我们国家改革开放、繁荣发展的30年，是质检事业爬坡奋进、奋发有为的30年，是中检公司开拓进取、硕果累累的30年。在此，树平局长指派我做个工作发言，具体谈几点意见：

## 一、充分肯定中检公司30年发展的成功实践

1982年，经国务院批准，中国检验有限公司在香港注册成立。中检公司的成立，是改革开放的产物，是质检工作的需要，担负着光荣使命和重要职责。作为质检系统设在香港的“窗口”公司，为国家经济发展、香港繁荣稳定和质检事业发展做出了重要贡献。从大的方面讲，可以概括为：

### （一）发挥窗口作用，服务大局成效显著

30年来，中检公司始终秉承爱国、爱港、创新、发展的理念，以服务国家经济建设、保持香港繁荣稳定为己任，立足香港、依托内地、走向世界，认真贯彻中央一系列惠港挺港政策，严格执行总局各项决策部署和规定要求，在切实发挥前沿把关作用的同时，积极服务香港和内地企业，大力推动香港与内地的贸易便利化，促进国家对外开放和两地经贸交流，为香港巩固国际航运和经济中心地位，提升香港经济竞争力作出了积极的贡献。近年来，中检公司年均检验中转货物120多万批、350多亿美元、60多万个集装箱，共检出不合格商品31 964批，检出不合格食品及水果3.14万吨，检出有害生物近500批，未发生一起重大质量安全事件；共签发货物原产地证书和“未再加工证明”证书900多万份、签证金额400多亿美元，为客户争取关税优惠30多亿美元。以实际行动确保了输往香港和内地产品质量安全，促进了香港与内地经贸往来的健康发展，受到香港各界的高度赞扬。特别值得肯定的是，在九七回归前后历次重要时刻，中检公司作为在港中资机构，树立高度的政治意识、大局意识、责任意识，坚决贯彻执行中央对港对台政策，坚决维护香港稳定大局，坚决保持公司自身稳定发展，以实际行动维护了香港政局稳定和经

济发展，受到中央有关部门和特区政府的好评，为质检系统树立了良好的窗口形象。

### （二）抢抓发展机遇，综合实力快步提升

中检公司紧紧抓住中央优惠政策和香港资源优势，大力加强技术、服务、质量、品牌等核心能力建设，积极参与国际竞争，开拓市场业务，着力打造本土化和国际化相结合的知名检验鉴定机构，核心竞争力日益突出，业务规模稳步扩大，综合实力不断加强。一是检测技术能力逐步提升。实验室检测类别由30个品种增加到近百个品种，检测能力由800个项目扩展到近2 000个项目，成为香港政府推荐或指定的食品营养成分检测机构、汽车废气检测机构和检疫处理专业机构，以及美国消费品安全委员会认可的输美玩具及儿童产品检验机构。二是业务范围不断扩大。在稳固进口废物原料检验、进口汽车检验等授权性业务的同时，积极开拓市场性业务，由过去单一的检验鉴定业务扩展到检测、检验、鉴定、认证、咨询等质量服务综合业务，并向物业管理、酒店服务等其他领域渗透。目前，公司广泛服务于香港、内地及全球上万家用户，年营业额达5亿多港元，成为有较高国际知名度和竞争力的大型综合性质量服务机构。三是公司规模不断扩大。在一代代中检人的共同努力下，中检公司由小到大，由弱到强，从原来办公面积数百平方尺、十几名员工的小公司，发展为拥有近30万平方尺办公场地、17个业务部门、4个分公司、6个境内外分支机构和一座五星级酒店的大型企业集团，总资产由成立之初的50万元人民币增加到40亿港元，30年增长了6 000多倍。

### （三）创新管理模式，发展后劲不断增强

中检公司充分发挥香港市场健全、法制完备、企业管理水平高的优势，借鉴运用优秀企业的管理理念和管理模式，以改革促发展，以创新促管理，在公司组织管理架构、市场运营架构、财务人事制度等方面进行大胆改革和积极探索，初步建立了符合现代企业制度要求和公司长远发展需要的内部治理结构。适应公司业务发展，建立了科学的激励约束机制；围绕产品、工作和队伍的关键敏感环节，建立了质量管理体系和风险管理机制；着力抓好班子、带好队伍，培养造就了一支具有国际化视野和专业化水准的管理、技术、营销团队。去年，公司董事会制定了未来十年战略发展规划，提出“一个目标”、“三大战略”、“五项举措”，进一步明确了公司未来发展目标方向，奠定了坚实的发展基础。

回顾中检公司30年发展历程，成绩得来不易，经验十分宝贵。这些经验不但对于中检公司自身具有指引意义，而且对于质检事业的改革发展也具有启示意义。首先，在国门最前线、对外开放的最前沿，我们建立了质检把关的坚强防线。为推动关口前移，创新质检管理模式，进行了先行先试；其次，培养了能与国际知名机构同台竞争、同步发展的检验认证“国家队”，对于我们打造民族知名品牌，提升中国质检的国际竞争力、影响力，进行了有益实践；第三，在香港这样一个高度市场化、国际化的环境下，探索了质检工作如何开展，如何与国际接轨，检验认证市场如何管理，如何发展，进而对于如何建设检验认证现代服务业，如何在现代产业条件下夯实质量发展基础，都有很强的启示作用。

## 二、牢牢把握中检公司发展新机遇

中检公司当年的成长壮大，得益于改革开放的政策，得益于香港回归的历史机缘。如今，中检公司又面临一系列十分难得的新机遇，面临十分有利的内外环境。

首先，是政策的机遇。从全国范围看，随着国家“十二五”规划的实施，我们迎来了加快产业结构调整和转型升级、培育战略性新兴产业发展的难得机遇。检验检测、认证认可是经济社会发展的技术基础，随着经济总量增长、结构调整、质量提升，对检验认证等质量服务业提出了巨大的需求，被国家确定为现代服务业和高技术服务业，29部国家专项规划都明确提出大力加强检验认证等工作。特别是国家《质量发展纲要》的出台，确定了建设质量强国的战略目标。纲要明确将检验检测和认证认可作为质量发展基础，提出大力加强检验检测技术保障体系和认证认可体系建设。从区域范围看，中央明确深化内地与香港的更紧密经贸安排，首次将港澳地区纳入国家“十二五”规划，强调要继续巩固香港的国际金融、经济和航运中心地位，强化香港在国家发展全局中的地位。同时，两岸关系和平发展格局向好，两岸经贸交流日益频繁。中检公司拥有连通两岸三地的独特优势，拥有更加广阔的发展前景。

其次，是市场的机遇。当前，世界经济发展的重心正在加快向亚太区域转移，世界范围内新技术革命推动产业转型升级步伐加快，新能源、新材料、节能低碳等新兴产业的快速发展迫切需要检测认证等技术手段提供支撑引领。全球金融危机之后，检验认证服务市场的增长速度明显高于世界经济增长速度，显示出检验认证市场活力仍然旺盛。产业升级和产业转移的加快，刺激了亚太地区检验认证服务业的迅速发展。香港作为亚太地区乃至全球经济竞争力领先的城市，服务业优势明显，检验认证市场潜力巨大。2008年，特区政府将检验认证作为香港重点发展的六大优势产业之一，进一步优化了检验认证业的发展环境。已有30年发展历史的中检公司，拥有较强的综合实力和市场竞争力，完全可以赢得市场

先机，获得更大发展空间。

此外，是质检事业发展的机遇。质检事业正处于稳定发展的大好时期，质量工作的重要性日益得到全社会的重视，质量发展环境日趋完善。当前，全系统正在深入落实《质量发展纲要》和“抓质量，保安全，促发展，强质检”的工作方针，加快建设法治质检、科技质检、和谐质检，总局对中检公司发展更加看重、更加关心、更加支持。随着检验监管模式加快改革、检验检测技术体系加快建设，前置把关、本土服务更加重要，更加需要发挥中检公司这个前沿窗口的作用。因此，中检公司在质检事业发展全局中的地位作用只会增强。我们要认清形势，牢牢把握好各种机遇，不失时机地发展壮大自己。

当然，我们也要清醒地看到世界经济复苏缓慢、香港经济转型艰难、检验认证市场竞争日趋激烈等外部挑战带给我们的压力，清醒地认识到中检公司自身还存在许多“短板”和不足。但是，机遇与挑战总会并存，面对困难，老局长总讲的一句话是：只要思想不滑坡，办法总比困难多，只要我们树立“化危为机”的理念，在把握机遇中化解挑战，在应对挑战中寻求机遇，我们就能够把握住身边的机遇，实现更好更快的发展。

## 三、再创中检公司发展新辉煌

如何把握机遇，实现新发展?

### （一）找准定位，制定正确的发展战略

战略是把大局、管长远的方针蓝图。一个组织要长久发展，离不开准确的定位，离不开正确的发展战略。中检公司是系统的窗口公司，要围绕质检工作方针和总体战略去推进自身发展，按照树平局长对海外公司的要求，发挥好窗口、桥梁、纽带、基地、平台等作用，服务质检事业发展；中检公司是在港中资机构，要贯彻中央对港政策，坚持政治第一，大局第一，稳定第一，凡事从政治上考虑，从大局上谋划，从长远处着眼；中检公司是本土化企业，要立足香港实际，融入香港社会，遵守香港法令，服务香港企业公众；中检公司是国际化公司，要以国际水准来衡量，按照现代企业制度来管理，在国际竞争中求生存、求发展；中检公司是第三方机构，要坚持独立、公正、严谨、诚信的执业操守，提供中立、持平的专业服务，保持良好的从业记录，破除“官商”的陈旧观念和习气。在找准这些定位的基础上，制定科学合理的总体发展战略，以及机构、业务、市场、资产等具体发展战略，形成统筹全局、分击合进的发展态势。

### （二）抓住关键，建立科学的发展模式

作为国际化的第三方质量服务机构，对于中检公司未来发展来说，最根本的是要建立现代企业制度，打造具有中检公司特色优势的核心竞争力，走转型发展、创新发展之路。首先，要优化业务结构，转变过于依赖授权性业务的现状，大力发展市场性、竞争性业务，形成主辅业互补协调发展格局。授权性业务只能保生存，不能包发展。习惯于吃政策老本，只会丧失进取精神，进而丧失竞争力和市场开拓能力，不可能成为国际知名品牌。要正确处理好主业与辅业、服务监管与服务企业、授权性业务与市场性业务的关系，认真做好政府授权的传统业务，大力开拓第三方检验认证市场，从过去以授权性业务为依靠，转变为以授权性业务为支撑、多元化业务协调发展的格局，提升市场竞争力。其次，要积极稳妥地推进业务扩张和资本扩张，走规模化集约化发展之路。业务扩张和资本扩张是现代跨国公司发展的两个轮子。企业发展到一定程度，必然要通过购并、重组、金融等各种工具，但必须与公司管理能力相适应、与公司发展目标相适应，绝不能盲目铺摊子。第三，要坚持严格科学管理，建立风险管理机制，优化内部治理结构。按照总局的部署，深入开展“两个专项”行动，深入排查防控质量安全风险，从根子上治理行风道德上突出问题，严防发生工作质量和廉政事故。在内设机构、运营平台、下属机构的设置，包括各项业务和行政事务，都要以严格管理为前提，明确权责关系，加强监督约束，特别要规范决策的过程，不断提高管控力和执行力。第四，要形成鼓励创新的氛围和机制，增强发展活力。建立有利于创新发展的激励机制，推动公司的科技创新、管理创新、服务创新。

### （三）立足根本，构筑坚牢的发展基础

要深入落实“科技兴检”、“人才强检”战略，加快检验检测技术武装，根据业务的需要，充分运用自有、系统和社会的技术资源，打造技术一流、管理一流的检验检测技术平台。要继续稳妥地推进多元化经营，在主业健康发展的同时，管理好、发展好酒店服务、物业管理等辅助业务，实现国有资产保值增值，不断增强综合实力。要牢固树立以人为本的理念，把人才作为公司的第一资源，搞活用人机制，加大人才引进力度，打造一流的企业管理人才队伍、专业技术人才队伍和市场研发人才队伍。要结合驻港特点，培育爱国爱港、守责诚信、敬业奉献的先进企业文化。要加强班子建设，建强、配好中检公司和下属机构的领导班子。公司领导班子是总局、认监委的委派干部，身处香港这个特殊敏感地，对中检公司领导层的要求更高。要按照树平局长所阐述的“企业家”的角色定位，努力培养战略家的敏锐和远见、冒险家的胆识与魄力、外交家的品质和风度、创新家的思维与追求，成为称职合格的质检“企业家”。

### （四）汇聚合力，营造良好的发展环境

中检公司是全系统的公司，是质检事业的重要组成部分，离不开全系统的大力支持，离不开社会各方面的共同帮助。总局将进一步加大政策支持力度，继续在业务、机构、人事等方面给予支持保障。各业务司局要根据中检公司的自身发展需要，研究制定具体的支持措施，帮助解决实际困难。在工作中，既要热情关心，大力支持，又要严格要求，规范管理，把关心支持落到根子上。各地方局都要积极支持中检公司的发展，密切协同配合，形成工作合力，共同把好检验检疫关。广东、深圳、珠海、广西、福建、厦门、海南等毗邻局，更要加强联系，当好后方，帮助中检公司拓升发展空间。

中检公司的发展前景非常美好。我们要坚定不移地贯彻落实总局党组的决策部署，更加奋发有为地抓质量、保安全、促发展、强质检，以更加优良的业绩迎接党的十八大胜利召开！

# 国家质检总局副局长、国家认监委主任孙大伟在CNAS第二届执委会第三次会议上的讲话

（2012年9月11日）

今天，中国合格评定国家认可委员会在这里召开第二届执行委员会第三次会议，回顾总结2012年度工作情况，研究安排明年的工作思路。这次会议是在党的十八大刚刚胜利闭幕、全国上下迅速掀起学习宣贯热潮的时刻，也是在全年工作进入收尾阶段、各项工作承前启下的时刻召开的，既是一次例行的年度工作会议，又是学习贯彻十八大精神的实际行动，开得很及时、很有意义，充分说明了中国合格评定国家认可委员会抓学习行动迅速、抓工作积极主动，为明年工作开好局打下了良好的基础。

刚才凤清主任的讲话，充分肯定了今年秘书处和各委员会的成绩，对明年认可工作提出了具体要求，下一步要认真贯彻落实。即将过去的2012年，是我们党和国家很不平凡的一年，对于质量工作和认证认可工作而言也是值得铭记的一年。具体到认可工作来说，今年是我国认可事业统一发展十周年，有三件特别值得纪念的大事。年初，《质量发展纲要（2011—2020年）》颁布实施，做出了建设质量强国的全面部署，对认可工作提出了明确的要求；年中，质检总局支树平局长到国家认可中心调研，提出“公正认可，赢得认可”的命题，对认可工作寄予了新期望；年尾，党的十八大胜利召开，描绘了全面建成小康社会的新蓝图，进一步提升了质量工作的地位，为认可工作发展指明了方向。这三件大事，对质量事业和认证认可事业产生了深远的影响，也为认可工作的进一步发展提供了很好的机遇。一年来，CNAS秘书处和各委员会认真履行职责，按照总局党组和认监委党组的总体部署，积极贯彻落实《质量发展纲要》和“十二字”方针，围绕认证认可“五个创新”的总体要求，自觉实践“公正认可，赢得认可”理念，在深化改革、创新发展、服务大局等各方面都取得了新的成绩，我国认可工作在十年发展的新起点上又取得了新的进步。归纳起来主要体现在“三个提升”上：

一是认可的服务功能有新的提升。一年来，认可工作紧紧围绕质检整体工作，以服务国家经济社会发展为己任，不断拓展服务领域，提高服务水准。在服务质检工作方面，充分发挥认可保障合格评定能力和质检工作有效性的特有作用，积极承担了总局和认监委赋予的技术评价、监督检查等任务，为“两个专项”、“双打”、“质量月”等活动取得成效做出了贡献；在服务政府管理方面，积极为各级政府部门提供认可服务，认可为越来越多的部委行业所采信，在行政监管、政府采购、财政支付等方面得到广泛应用，成为支撑政府监管和促进行政管理创新的有效手段；在服务民生经济方面，认可为食品安全、节能减排、新能源新产业等民生重点和经济转型任务提供了有效支撑，增进了消费者和社会用户对检测、认证服务的信心，为满足社会日益增长的质量需求、应对质量安全突发事件发挥了不可替代的作用。

二是认可的自身能力有新的提升。认可中心和

CNAS各委员会高度重视能力建设，凤清主任将提升认可能力作为今年工作重中之重，下了很大气力狠抓认可制度、技术、队伍建设，取得了明显成效。一年来，在认可领域深入开展了质量安全风险排查整治和道德领域突出问题专项治理行动，进一步完善了认可的质量管理体系，健全了风险管控措施，对潜在风险和苗头性问题进行了全面查纠。同时，在新领域、高端领域认可技术攻关、制度开发方面，也取得了新的进展。

三是认可的地位影响有新的提升。以认可工作统一管理十周年和组织开展“世界认可日”活动为契机，大力宣传认证认可工作，扩大了认可的社会影响。国际合作和互认今年取得了突出成绩，肖建华同志连任国家认可论坛副主席，体现了中国在国际认可界的大国地位。积极参与、推动国际及两岸认可合作，与发达国家认可机构进行深度交流，进一步提升了我国参与国际认可活动的影响力。

以上只是从质检工作整体的角度，对一年来认可工作成绩作了简单归纳和列举，具体内容不一一列举。这些成绩的取得，离不开凤清主任、各位委员、全体认可从业者的共同努力。在此，我代表质检总局和认监委，向大家表示衷心感谢和诚挚问候！

我国认可事业统一发展十年来的成绩来之不易。我们要认真总结发展经验，科学研判发展形势，准确把握发展要求，继续巩固大好的发展局面。刚刚胜利闭幕的党的十八大，是我们党在全面建成小康社会决定性阶段召开的一次具有里程碑意义的盛会，是高举旗帜、继往开来、团结奋进的大会。十八大报告描绘了全面建成小康社会的宏伟蓝图，为质检工作和认证认可工作指明了前进方向。按照中央的总体部署，总局和认监委近日组织集中传达学习，明确了学习宣传贯彻十八大精神的部署和要求。总局党组和委党组要求，把学习宣传贯彻落实十八大精神作为当前的首要政治任务，要求全系统把思想统一到十八大精神上来，把力量凝聚到实现十八大确定的各项战略任务上来，掀起学习贯彻十八大精神的热潮。中国合格评定国家认可委员会要按照中央要求和总局、认监委的部署，结合认可工作的实际，把学习贯彻十八大精神与科学总结认可事业十年发展经验结合起来，与落实《质量发展纲要》和“十二五”规划结合起来，与谋划明年工作思路结合起来，在武装头脑、指导实践、推动工作上下工夫、见成效，把十八大精神作为推动认可事业科学发展、服务全面建成小康社会战略部署的强大思想武器。结合自己出席十八大的亲身感受和学习体会，我就如何以十八大精神为指导做好来年工作、推动认可工作创新发展，谈几点希望：

第一，抓好基础性建设，夯实长远发展根基。十八大报告首次写入“中国特色社会主义制度”，确立了“三位一体”的总体框架，极大地丰富了中国特色社会主义的内涵。“三位一体”的内在关系里，道路是实现途径，理论体系是行动指南，制度是根本保障。联系到认证认可工作实际，我们深切地感受到十八大的这一创新成果，对于我们深化中国特色认证认可事业的认识，加强制度在内的各项基础建设，具有很强的指导意义。我国认证认可工作走的就是一条中国特色的发展之路，这条与国际接轨、从国情出发的中国特色道路，是我国认证认可事业之所以取得如此迅速发展和巨大成就的根本原因。在新的发展阶段，如何沿着这条中国特色道路继续走下去，是我们每一位认证认可人需要认真思考的。道路的坚定，离不开理论探索、理论创新的指南，离不开制度建设、制度创新的根本保障。我们要以制度建设为根本，大力加强认可领域的各项基础建设，为认证认可事业长远发展提供坚强保障。从认可工作的特性出发，尤其要注重三个方面的基础建设：一是要加强合格评定认可制度建设，抓好认可制度与合格评定制度、与经济社会发展需求的配套、衔接与协调，适应国家发展的新需求，建立完善新领域的认可制度，为合格评定在更大范围、更高层次的应用，提供技术支撑；二是要加强认可能力建设，包括认可的专业技术、风险管理、人员队伍等方面的建设，以制度来保障认可的公正性、有效性、权威性，增强公信力，真正做到“公正认可，赢得认可”；三是要加强国际互认工作机制建设，抓住我国认可在国际上的地位影响不断提升的有利条件，在现有的产品认证、质量管理体系认证、环境管理体系认证三大互认成果基础上，积极推进食品安全管理体系、信息安全管理体系、人员认证、温室气体审定核查等新的互认进程并在其中发挥实质性作用，巩固国际互认地位，不断提升中国认可在国际上的话语权。

第二，抓好前瞻性研究，拓宽创新发展思路。十八大报告的一个突出特点是富含新意，包含许多新思想、新观点、新论断，开创了当代中国马克思主义的新境界，是我们党建设中国特色社会主义理论和实践探索的最新成果。我们党在理论和实践上与时俱进、永不止步的品格，也给我们认可工作的创新发展提供了诸多启示。从理论上讲，中国特色社会主义更加系统、更加成熟，充分体现了我们党的道路自信、理论自信和制度自信。特别是科学发展观作为指导思想写入党章，大大丰富了中国特色社会主义的理论体系。就认可工作而言，中国特色社会主义如何体现在中国特色的认可工作上，科学发展观如何具体运用到认可工作当中，都需要在理论上作进一步探索。工作越是往前推进，越是创新发展，越需要理论体系的支撑和引领，越需要理论探索的加快和超前；从实践上讲，“五位一体”的中国特色社会主义建设总布局为认可工作的发展提供了更加广阔的舞台，经济、政治、文化、社会建设向纵深推进，相关领域的改革不断深化，特别是生态文明建设上升到了新高度，要求节能环保和绿色、循环、低碳经济发展提升到更高水平，这对认证认可工作提出了前所未有的社会需求，我们在认可工作的理论实践上必须有更加前瞻的眼光、更加系统的思维，深入研究认可制度、机制、科技、队伍建设等方面的新问题、新需求，为认可的实践推进提供指引。树平局长在总局传达学习十八大精神专题会上特别强调要抓好研究探索，以中国特色社会主义理论为指导，认真总结质检工作10多年经验，深入研究质检事业发展的全局性、战略性、前瞻性问题，不断提高质检工作水平，努力走出一条具有中国特色的质检工作新路。我们要结合认可工作的实际，在认真研读十八大报告的基础上，不断加深对中国特色社会主义的认识，围绕全局性、战略性、前瞻性问题多做思考和研究，把前瞻性研究的新成果转化为推动事业发展的新成效。

第三，抓好当前性工作，巩固良好发展局面。今年是承前启后的关键一年，今年工作的进展成效，关系到“十二五”的发展全局。要立足当前，着眼长远，抓紧做好年终岁尾的各项工作，确保全年工作目标任务的圆满完成。要突出重点，继续深化“两个专项”行动，着力抓好食品安全、公共安全、检验检测等重点环节，把风险防控工作做实、做精、做细，严防发生系统性、区域性、行业性风险。继续深化创先争优长效机制建设，突出以质取胜、为民服务的特色，扩大服务社会、服务基层的成效；要严格管理，以迎接认监委行政监督检查为契机，保持质量管理体系的有效运行，管好业务，管好干部，杜绝工作质量事故和队伍稳定问题；要搞好总结，认真总结一年来工作成绩和经验，查找问题和薄弱环节，有针对性地谋划明年工作思路，使来年工作有的放矢、循序渐进，形成良性发展格局。

中国特色社会主义事业进入了崭新的历史阶段。我们要认真学习贯彻十八大精神，深入贯彻落实《质量发展纲要》，坚定不移地抓质量、保安全、促发展、强质检，抓住机遇，锐意进取，努力开创认可工作新局面，为建设质量强国、全面建成小康社会做出更大贡献！

2013

Yearbook of Certification and Accreditation of China

# 第三部分　专　文

# Part Three　Research and Experience

# 合作共赢　创新发展
# 着力完善认证执法监管区域联动合作机制

上海出入境检验检疫局

2012年，在国家质检总局和国家认监委的高度重视和正确领导下，泛长三角地区10个直属检验检疫局深入贯彻《质量发展纲要》和“十二字”方针，认真落实“传递信任、服务发展”的总体要求，密切加强交流与合作，扎实推进认证执法监管体系建设，努力提升认证监管区域整体能力。

## 一、在深入上下工夫，扎实推进泛长区域联动合作机制制度化

泛长区域认证执法监管联动合作机制已经走过七载，覆盖了东部和中部七省一市的10个直属检验检疫局。七年来，泛长三角地区10个局始终坚持“有利于促进区域统筹协调，有利于推动转型升级，有利于实现一体化发展”的合作原则，充分发挥区域优势，主动服务国家战略。2012年，泛长三角地区10个局分别在上海和厦门召开了第七届联席会议预备会和联席会，国家认监委领导高度重视，亲临会议调研指导。经过充分酝酿和讨论，10个局达成了“要在大合作机制框架下，更具创新性、有效性、服务性”的共识，确立了多层次联动机制和轮值局制度、联络员制度、信息通报制度等三项制度，成立了出口食品企业备案管理、出口商品注册登记管理、强制性产品认证执法管理和实验室管理等四个专业组，拓展了专业协作的领域。多年来，泛长区域认证执法监管合作机制不断完善，已制定了检验检疫认证监管合作、检验鉴定机构管理合作、强制性产品认证执法信息共享和目录外产品鉴定结果互认等工作方案和管理办法。这些合作机制和制度已经成为泛长十局创新认证执法监管工作的重要载体，成为东部沿海和中部省市开展区域合作的重要平台。

## 二、在融合上显实效，努力实现泛长区域联动合作机制一体化

在各成员局的积极探索和共同努力下，泛长区域联动合作机制不断完善，内容不断丰富，活动不断深入，形成了整体合力，实现了多方共赢。一是认证执法优势互补，工作效率倍增。上海局与江苏局、浙江局、宁波局在CCC目录外产品上已实现了互相认可，严密监管，闭环执法，为口岸无纸化放行、无障碍放行奠定了基础。2012年，上海口岸通过该形式放行货物18 345批，其中江苏15 292批，浙江2 931批，宁波122批，货值5.062亿美元，分别占上海口岸同类型货物进口的10.99%和8.56%。二是监管协作相互支撑，监管效能明显提升。4月—6月，根据国家认监委《关于请协助对美国水质协会上海代表处非法开展认证活动进行调查的函》的要求，沪浙两地密切协作，联动调查，迅速查清了美国水质协会上海代表处非法开展认证活动的事实，根据两局调查结果，国家认监委及时发布了警示公告，对规范认证市场秩序起到了较好的规范

和警示作用。在强制性产品认证（CCC）免办审批工作中，泛长十局尝试实行联合监管。2012年，上海检验检疫局协助浙江检验检疫局在上海口岸布控查验免办CCC认证机动车辆，为探索开展深层次合作奠定了基础。在有机产品入境验证工作中，上海局主动与其他口岸机构联系，查获不合格进口有机产品占全国30%以上，央视晚间新闻作了专题报道。三是人员技术资源共享，合作领域不断拓展。泛长十局加强培训联动，互派师资，共享资源。去年，国家认监委领导和相关部门专家亲临上海，为泛长十局认证处处长和上海局认证执法监管人员宣讲《质量发展纲要》，开展认证执法培训。江苏、浙江、厦门局的认证专家为上海局审定视频培训教材。泛长十局卫生注册、食品农产品认证监管的专家，分别为浙江、安徽、湖北等局的卫生注册评审员培训、出口食品农产品认证监管培训授课。江西、安徽两局共同探索建设国家有机产品认证示范区以及创建出口农产品质量安全示范区工作。上海、浙江、宁波和福建四局通过多种方式，沟通交流，深入研讨采信等效的第三方认证结果试点方案。湖北局与上海、江苏局相关实验室就玩具检测达成合作意向，为支持湖北汉川童车产业集群产业的发展打下良好基础。

## 三、在创新上做文章，继续推动泛长区域联动合作机制长效化

2013年，上海检验检疫局将坚持创新驱动，按照国家认监委的部署要求，继续大胆探索，先行先试，进一步巩固机制，深化合作，为深化区域联动合作、完善认证执法监管体系积累更多经验。一是认真贯彻十八精神对质检工作的新要求，进一步加强理论政策研究。深刻领会国家对区域发展的战略目标、产业导向和政策环境，进一步总结经验，找准定位，强化责任，增强效能。科学策划、统筹组织认证执法专项整治、监督检查、“双打”行动等活动，提升整体能力。二是紧密结合区域自身特点和实际，进一步深化联动机制建设。积极探索多层次联动、联查、互派、互认、共研、共享等机制，推动合作机制的制度化、规范化和长效化。三是全力推进区域合作协调发展，进一步凸显联动合作成效。立足合作共赢，推动信息互通、结果互认、资源共享、执法联动工作，实现认证执法领域专业互动全覆盖，专项联查有突破，违法查处出成果。加强局与局、局与地方政府部门间的信息互动与共享，加快实现各类政务信息、监管信息、业务数据的电子化传输和接收，畅通渠道，提高效率。

在十八大精神的指引下，在国家质检总局和国家认监委的坚强领导下，上海局将以更加开放的理念、更加开阔的视野、更加务实的精神，携手共进，努力开创泛长三角区域合作新局面，实现认证认可事业发展新跨越，为进一步完善中国特色认证认可工作体系作出新贡献。

# 加强检测机构监管　服务经济转型发展

上海市质量技术监督局

近年来，依托上海创新驱动、转型发展的发展战略，上海检验检测市场规模不断壮大，规范程度不断提升，公信力明显增强，在服务经济发展、保障社会民生、维护公共安全等方面的能力和水平显著提高。截至2011年底，上海的检验检测服务年产值超过120亿元，年均增速超过15%。一个立足上海、服务长三角、辐射全国的检验检测认证服务高地正逐步建成。2012年，上海市质监局在履行认证监管职能、打造检验检测高地、服务经济发展方面做了一些有益的探索。

## 一、加强制度建设，创新监管方式，提高检测机构监管水平

### 1. 运用科技手段规范管理，提高评审质量

按照上海市政府建设“行政效率最高、行政透明度最高、行政收费最少的地区之一”的要求，上海市质量技术监督局（以下简称“上海市局”）运用“制度+科技”手段，规范评审管理，提高审批效率。通过建立包括评审员管理、评审质量考核评价等制度，不断提高实验室评审质量；通过加强职业道德和行风教育，定期开展评审理论和实务培训，不断加强评审员队伍建设；通过行政审批标准化规范审批流程，依托金质工程实现网上办事“一办到底”，降低审批风险。

### 2. 探索实验室监管新模式，提高监管有效性

在实验室证后监管方面，探索行政监管新模式，着力提高监管有效性。一是将强化主体责任和日常监督检查相结合。全面完成食品检验机构换发证工作，建立了食品检验机构法人代表约谈制度，落实区县局日常监管职责，提升机构主体责任意识。二是将能力验证和专项监督检查相结合。围绕食品安全、健康环保等重点检测领域全年共组织开展了7项能力验证，涉及300余家次检测机构，同时开展专项监督检查，督促获证机构持续符合资质认定条件。三是将区域合作和监督抽查相结合。建立长三角区域合作机制，邀请江苏、浙江评审专家参与实验室抽查，推升长三角地区实验室监督评审水平。

### 3. 加强风险排查防控，落实机构主体责任

在全系统开展的风险排查专项行动中，成立检验检测风险专项工作组，将提高机构主体责任意识作为检验检测监管风险防控的重点。制定《上海市产品质量监督抽查通用规范》，从制度上落实质检机构的主体责任。推动机动车安检机构和食品检验机构等专业性机构签署行业自律承诺书，规范检验行为。在食品检验、机动车安全技术检验等重点领域开展风险防范课题研究，加强风险预警和评估，提高风险研判和防控能力。

## 二、加强基础建设，打造检验检测高地，服务上海经济转型发展

近年来，上海市局积极争取市有关部门和区县政府支持，建立协作平台，合力打造检验检测认证服务高地。

### 1. 着手顶层设计，服务产业发展大格局

以《上海市技术基础“十二五”发展规划》为抓手，推动认证检测行业健康有序发展。会同市发改委等部门加大检测认证行业情况的调研，开展了战略性研究；会同统计局等部门建立了全市检测统计年报制度，连续3年开展检测资源统计工作，促进检测资源数据信息的共享，为政府决策提供了支撑。

### 2. 运用政策激励，助推行业做大做强

充分发挥政府推动作用，用好用足政策，鼓励检验检测行业实现品牌化、规模化运作，培育大型检验检测集团，引领整个行业健康发展。一是推动税制改革先行先试。借助国务院在上海先行先试开展增值税改

革的难得机遇，上海市局积极推动将检测认证行业作为鉴证服务类纳入增值税改革范围，一年来试点效果明显，小规模纳税人税负降幅达到40%左右。二是推动行业品牌化建设。在全国率先将检测行业纳入到服务业地方名牌的申报范围，共有6家检测机构首次获得了2012年上海名牌（服务类），品牌化建设迈出了实质性的一步。

**3. 通过资源整合，打造检测公共服务平台**

以多方出资、多元参股等市场化方式，大力推动上海优质检验检测资源整合重组、做大做强。如支持市北高科技园区检测认证服务产业集聚，推动闸北区检验检测总部型经济快速发展。联合市经信委和松江区政府，设立“上海市检验检测公共服务示范基地”，为高新技术企业、中小微企业提供便捷高效的一体化检验检测服务。

**4. 服务产业配套，推动检验检测高地建设**

抓住浦东综合配套改革试点机遇，争取国家质检总局和国家认监委支持，积极推进新能源汽车、卫星导航、太阳能光伏、风机设备等与战略性新兴产业相匹配的国家质检中心的建设，为重大产业发展提供技术支撑。

**5. 着力宣传引导，提升认证认可影响度**

开展世界认可日、实验室开放日等宣传活动，提出“打造检验检测认证服务高地、助推上海创新驱动转型发展”主题，围绕推动检测认证行业发展的相关政策、措施和规划进行宣传和研讨。全国质量月期间，总局和认监委将“全国检测实验室开放日”活动主场设在上海。上海市局组织全市60余家检测实验室开展开放日活动80余项，举办检验检测成果展览，邀请消费者和人大代表、政协委员1 500余人走进实验室参观，发放宣传资料1万余份，让社会公众亲身感受检验检测为社会经济和市民生活所起的基础保障作用。

在国家质检总局和国家认监委的领导下，在兄弟单位的支持下，上海的认证认可工作取得了一些成绩，但也存在很多不足之处。上海市局将以本次会议为契机，认真贯彻落实总局和认监委的工作要求，学习兄弟省市的经验做法，进一步加强认证监管工作，坚持以市场需求为导向，以政策激励为动力，以依法监管为保障，不断创新监管理念，完善监管方式，扎实推动认证认可行业规范、健康、可持续发展。

# 科学监管　严格执法
# 着力提升认证行政执法工作成效

江苏出入境检验检疫局

2012年，江苏出入境检验检疫局（以下简称“江苏局”）坚持以“抓质量、保安全，强质检、促发展”12字方针为指引，全力打造“认证行政执法样板”，着力发挥认证认可的基础保障作用，取得了显著成效。

## 一、完善监管机制，夯实工作基础

自国家认监委确定“监管重心下移”，强化地方两局的认证执法监管职能后，江苏局党组高度重视，经过认真研究，确立了“统一思想、提高认识，典型引领、逐步推进，健全机制、形成常态”的工作思路。

一是深化认识。通过组织全省系统认真学习相关法律法规和文件，使大家充分认识到认证行政执法是法律法规赋予的职责，是构建“五位一体”监管体系的重要组成部分，是促进认证市场规范、提升认证认可公信力的有效手段，也是发挥“传递信任、服务发展”作用的可靠保证。不履行此项职责就意味着“行政不作为”，就会冒“监管缺失”的风险。正是基于这样的认识，认证行政执法工作逐步得到全省系统各级领导的重视，越来越广泛地被相关业务部门关注并积极参与。

二是抓好试点。江苏局选取苏州局为试点单位，在管理体系认证监管上总结出“事前预防、事中监督、事后监管”的过程联动监管理念，“机构不重复，体系全覆盖，产品有出口，行业多样化”的企业抽查原则，以及“行政处罚、行政提示、机构约谈、通知整改、上报通告”的检查结果处理方式。在强制性产品认证（CCC）免办监管上总结出抓“4个环节”（登记、审批、核查、核销），实行“5个专”要求（专门人员负责、专项管理文件、专设台账、专有标识、专属存放区域），对企业凭《CCC免办证明》进口产品采取“全核销管理”制度，对办理企业实施“分类管理”制度的工作经验。通过召开工作推进会、现场会，将上述经验在全省推广，使认证行政执法工作在省内全面铺开。

三是健全机制。江苏局十分重视基层局的工作实践和经验总结，经过近几年来的探索和努力，已初步形成了江苏特色的认证行政执法监管模式。全省建立了“以认证监管部门为主导，以检验检疫业务部门为主力，以法制工作部门为执法监督”的工作机制；认证行政执法工作部署做到“三同时”，即与其他业务工作同计划、同落实、同督查；工作实施上做到“三结合”，即与注册许可、分类管理、日常检验检疫等工作相结合；建立了一支经过培训和实际执法锻炼的150多人的认证行政执法队伍；探索形成了较为成熟的认证执法实施和执法结果处置方式，做到了有法必依、执法必严、违法必究。

## 二、借助样板引领，推动深入开展

江苏局以“认证行政执法样板”创建为抓手，着力发挥样板的示范引领作用，以此推动认证行政执法工作深入开展。

年初，江苏局组织制定了《江苏检验检疫局“认证行政执法样板”建设工作指导意见》，明确了工作目标、内容、步骤和方法措施；应用“成熟度评价方法”，组织制定了“认证行政执法样板”建设考核验收标准。7月，江苏局召开了样板建设工作推进会，让通过样板验收分支局现身说法，介绍创建经验，树立典型，以点带面，形成了比学赶超的浓厚氛围。

江苏局在前期创建和验收的基础上，进一步明确分工、改进措施，靠前指导、加强督查。各分支局进一步发挥主观能动性，结合自身实际寻找样板建设切入点，明确目标、明确责任，将每个指标、每项任务分解落实到具体的责任科室和责任人。同时，各分局主动加强与江苏局及相关部门的沟通互动，积极争取支持和配合，形成了工作合力，提升了样板建设成效。全年共有6个分支局通过考核验收，促进了认证执法监管工作整体水平的提升。

## 三、强化队伍保障，实现常态运行

实现认证行政执法常态化，队伍建设是关键。近几年江苏局从三个方面着手，大力加强认证行政执法队伍建设。

一是开展岗位培训。协调人事部门，将认证行政执法专业岗位纳入全局常规培训。2010 年至 2012 年，连续三年举办认证行政执法岗位培训班，邀请国家认监委法律部领导及相关专家进行授课，全省系统共有 150 名同志参加培训，并通过考核后经人事部门确认具备认证行政执法人员资质。

二是开展技能竞赛。在江苏省质监系统组织的岗位技能竞赛中，将“体系有效性监管岗位”纳入参赛范围，要求认证行政执法监管全员参赛，以学促赛，以赛促学，不仅通过竞赛发现人才、培养骨干，还有力地促进了全员技能的持续提升。

三是开展实战练兵。江苏局把开展管理体系认证网格化监督检查，作为锻炼队伍的难得机会和有效手段，邀请国家认监委认可部领导进行专项培训指导。共出动认证执法人员 150 多人次，检查获证企业 74 家，涉及相关认证机构 27 家，发现各类问题 185 个。通过网格化检查，达到了体验执法过程、交流执法经验、统一执法标准的目的。

据统计，2012 年管理体系认证监督检查共出动 1 004 人次，检查企业 515 家，发现企业问题数 280 个，发出整改通知单 61 份，机构问题数 158 个，发出整改通知单 54 份。全年，强制性产品认证（CCC）获证产品入境验证 73 000 多批，其中现场查验 11 000 多批，发现问题产品 99 批。共立案处罚认证违法案件 27 起，罚款金额 92 万元人民币，有力地提升了认证机构的守法意识和企业的自我维权意识。

# 积极协调地方政府
# 合力推进有机产品认证示范区创建工作

贵州省质量技术监督局

2012年，贵州省质量技术监督局（以下简称“贵州省质监局”或“省局”）按照国家认监委的工作要求，积极协调地方政府共同组织、推进有机产品认证示范创建区活动，扩大认证认可工作的作用力和影响力，助推了贵州特色有机产业发展。

## 一、高度重视、精心组织、共同推进

2012年初，按照国家认监委关于组织开展国家有机产品认证示范创建区活动的部署要求，省局在全省范围内进行了动员和部署，对全省有机种植、有机养殖、有机生产加工企业进行了详细的摸底调查，确定将贵州省有机产业发展较为集中的两个市州作为国家级有机产品认证示范创建区的重点培育区域，经专家组对两个地区的五个县的申报材料进行初评筛选和实地核查后，最后确定黔东南州麻江县作为国家有机产品认证示范创建区申报推荐单位，向省政府领导做了专题汇报。

省委、省政府对在贵州省组织开展国家有机产品示范创建区工作高度重视，谢庆生副省长专门批示，要求省质监局牵头，与有关市（州）县政府共同做好组织协调工作，争取有机产品认证示范创建区申报成功，为进一步推进贵州省有机产品认证示范创建区工作树立典型，促进贵州有机产业的发展，实现区域经济与生态环境的和谐发展。按照省政府领导要求，省质监局与黔东南州委、州政府联合成立了由省质监局局长张伟力担任组长的贵州省有机产品认证示范创建区工作指导组，负责全面统筹协调、组织指挥申报有机产品认证示范创建区工作。随后，贵州省质监局分管领导和8名工作同志组成的指导组奔赴麻江县驻扎蹲点，全面开展组织协调和现场指导帮扶工作。谢庆生副省长亲临麻江县对创建工作进行指导，提出麻江县要通过推动有机产业健康发展，成为全省科技创新产业升级示范县的标杆，探索一条适合贵州省农业现代化发展的典型模式。指导组在蹲点工作中创新思路，站在助推麻江有机蓝莓产业发展、走出传统农业产业发展路径的高度，从麻江县生态环境、产业结构、蓝莓产业规划、政府指导、政策扶持、有机生产控制管理等方面进行了全方位的梳理和架构设计，多次与州县政府沟通交流，共同召开工作调度会，在麻江县原有工作基础上进一步分解明确各职能部门的职责任务，完善规章制度。在半个月的时间里，工作指导组与麻江县政府各部门共同补充、修改、完善文件材料420多份。尤其是建立完善了覆盖全县有机蓝莓产业发展各环节的风险评估、风险控制措施等系列监控、追溯、诚信体系。重新补充、修改和完善了麻江县《国家有机产品认证示范区申报材料》共59份文件，《国家有机产品认证示范区相关材料》共82份文件。同时，组织对全县参与此项工作的相关单位、企业及个人多次进行有机认证知识培训，印发《有机产品认证知识问答》宣传册500份。分组深入田间地头、销售市场进行现场检查，对生产、销售企业贯彻有机产品认证新要求、实施新标准、规范生产销售行为进行现场指导。

在国家认监委的关心支持下，在贵州省委、省政府的领导下，在州县各级政府和相关部门的共同努力下，黔东南州麻江县顺利通过了国家认监委组织的现场评审，荣获了国家有机产品认证示范创建区的称号。省局围绕地方特色产业发展，积极配合地方政府指导帮扶麻江县成功获批国家有机产品认证示范创建区的工作成效，得到了省委省政府的充分肯定，谢庆生副省长为此专门批示指出：“省质监局积极服务发展、以项目作为质量兴省活动的抓手，这个做法值得总结和推广”。

## 二、示范区创建工作效益明显

通过有机产品认证示范区创建工作，促进了当地有机产业的发展，取得了明显的经济效益、社会效益和生态效益。目前，麻江县有机蓝莓种植面积近 1 333 公顷， 2012 年产值超过 7 200 万元。与此同时，有机蓝莓产业还助推了旅游业发展，以蓝莓采摘体验游为主题的旅游综合收入占 2012 年全县旅游年收入 6.63%。社会效益则更为明显，已初步形成了农业产业与旅游产业相结合，做到了互动双赢。有机蓝莓产业发展为当地增加了社会就业岗位，带动当地 1 000 多户农户脱贫致富。在示范区的下司、宣威等6个乡镇，聚集有苗族、布依族等近 10 个少数民族，发展有机产业，实现了少数民族农民群众增收，促进了民族地区和谐发展。

## 三、下一步工作

贵州省质监局将按照贵州省委省政府的要求，继续组织实施国家认监委部署的“有机产品认证示范创建区”活动。组织协调当地政府和相关部门继续加强对获得示范创建区称号的麻江县相关工作的督促指导，在全省范围内示范推广麻江经验。同时，参照国家认监委有机产品认证示范创建区的要求，结合贵州实际，组织开展省级有机产品认证示范区创建活动，形成多点联动、层层深入的局面。

# 认证认可对国民经济和社会发展贡献研究

国家认监委认证认可技术研究所

2012年，认证认可工作围绕《质量发展纲要(2011—2020年)》和“十二字”方针，按照“传递信任，服务发展”的总体要求，在认证认可制度创新、监管模式创新、服务创新、科技创新和体制机制改革创新方面，取得了明显成效，中国特色认证认可工作体系日益完善，认证认可事业蓬勃发展。认证认可工作在经济快速发展和和谐社会建设的各个领域，为相关行业发展提供了全方位的技术支撑和服务保障。

国家认监委认证认可技术研究所在连续6年认证认可对我国国民经济和社会发展贡献率测算工作的基础上，继续开展2012年度的贡献率测算工作。通过总体安排、精心设计、科学抽样、仔细筛选、综合测算和系统分析，得出了2011年认证认可对国民经济的贡献率为0.880%、对社会发展的贡献率为0.337%。综合2005年—2011年的测算结果，我国认证认可对国民经济的贡献率分别为0.671%、0.767%、0.814%、0.785%、0.909%、0.910%和0.880%，认证认可创造的增加值分别为1 229.39亿元、1 625.45亿元、2 094.47亿元、2 360.26亿元、3 048.09亿元、3 619.64亿元和4 151.39亿元，年平均增长速度为22.49%；2008年、2009年、2010年和2011年我国认证认可对社会发展的贡献率分别为0.326%、0.334%、0.338%和0.337%。

我国连续发布认证认可对国民经济和社会发展的贡献率，对国际认证认可界的研究工作是一次突破，也是一个创新，得到了国际同行的高度评价。对认证认可工作与经济和社会贡献率的研究，将为我国认证认可的监管和认证认可融入经济社会大局提供理论基础。

## 一、研究目的

认证认可作为国家质量基础设施的重要支柱和现代市场经济运行的基础性制度安排，是各类组织提高管理和服务水平、保证产品和服务质量、提高竞争力的重要途径；是消费者识别产品和服务质量、保护自身利益的有效工具；是国家从源头上规范市场行为、确保产品和服务质量、指导消费、推动产业技术升级和产业结构调整、促进对外贸易、保护环境、保护人民生命健康的重要手段。

近年来，党中央、国务院和社会各界对认证认可工作日益重视，认证认可工作重要性与日俱增，担负着推动我国经济协调发展、构建和谐社会的重要使命。据统计，“认证认可”已写入多部中央文件，目前我国已有40多部法律法规和多部国家规划、行政规章建立认证认可制度，采信认证认可结果，明确利用认证认可这一手段为社会发展和经济活动服务。社会越发展，认证认可越重要，这一点正在成为共识。经过多年的努力，我国初步建立了既与国际接轨、又富有中国特色的认证认可制度，颁布实施了《认证认可条例》，建立了“法律规范、行政监管、认可约束、行业自律、社会监督”五位一体的认证认可监督体系，“四个统一”的国家认证制度，“统一管理、共同实施”的工作机制，我国已成为在世界上有影响的认证认可大国。

2001年国家认监委成立以来，特别是《认证认可条例》颁布十年来，我国认证认可事业有了快速的发展，认证认可的科学性、有效性、权威性、服务性与自主创新能力持续增强。认证认可作为质量管理的先进手段，其理论研究也相应地要求与认证认可实践的发展同步。为从理论角度分析我国认证认可工作对国民经济和社会发展的作用，并从宏观和微观两个角度定性和定量评价认证认可对国民经济和社会发展的贡献，使社会各界包括认证认可业内人士能更科学地认识认证认可工作的作用与地位，促进认证认可工作健康有序地向前发展。国家认监委组织专家，开展了“十五”科技攻关计划重点课题——“认证认可对国民经济和社会发展的贡献研究”，首次研究提出了2005年认证认可对国民经济(以下用GDP表示)的贡献率为0.671%，对社会发展的贡献率为0.314%。

2011年，是我国加入世贸组织十周年、国家质检总局和国家认监委成立十周年。十年来，我国建立完善了统一的认证认可监督管理制度，建立健全了“法律规范、行政监管、认可约束、行业自律、社会监督”的认证认可管理模式，中国特色的认证认可制度体系基本构建完善，认证有效性不断提高。全国认证认可系统在国家质检总局和国家认监委的正确领导下，紧紧围绕“抓质量、保安全、促发展、强质检”十二字方针，坚持找准定位、创新发展，组织实施《认证认可事业发展“十二五”规划》，切实履行监管职责，扎实推进各项工作，实现了“十二五”的良好开局。

为完善认证认可发展数据，持续和规范评价认证认可对国民经济和社会发展的贡献，根据国家认监委定期开展认证认可贡献率测评的要求，2012 年 4 月，国家认监委认证认可技术研究所（CCAI）启动了“2011 年度认证认可对国民经济和社会发展贡献率”的测算工作。按照统一安排，研究所委托 165 家认证机构选取国民经济主要代表行业，在全国范围内调查了 4460 家获证企业（含获管理体系证书及产品认证证书的各类型企业）；委托陕西省、江苏省、河南省和上海市质量技术监督部门，开展了对资质认定实验室贡献率调查工作，共向符合条件的实验室发放调查问卷 1 426 份。

截至 2012 年 9 月 30 日，研究所共回收获证企业调查问卷 2 888 份，其中有效问卷为 2 343 份，有效问卷数量较上年度增长 53.04%；共回收资质认定实验室调查问卷 1 186 份，其中有效问卷为 865 份，有效问卷数量较上年度增长 29.88%。

2012 年 10 月，研究所根据 2005 年国家科技支撑计划项目“认证认可对国民经济和社会发展贡献研究”成果，建立测算数据库，并导入测算数学模型，得出了 2011 年度认证认可对国民经济和社会发展贡献率数值分别为 0.880% 和 0.337%。

## 二、研究内容

本研究首先从统计核算的角度，对认证认可贡献率进行了层次和范围上的划分，力求科学地将认证认可的直接贡献和间接贡献转换成可用于进行实际测算的认证机构认可的贡献率、认证实验室的贡献率、认证的贡献率和检测服务的贡献率。此类划分在理论及方法上具有创新性，在实际操作上也是可行的；第二，综合提出测算认证对 GDP 贡献率的复合矩阵法，通过在全国范围内对获证企业开展认证作用调查，收集认证的效果及获证企业经济效益等基础数据，并对调查数据进行深入分析，从统计推断角度测算认证对 GDP 的贡献率；第三，结合索洛余值经济增长模型的特点，从宏观角度，对认证认可和相应经济统计指标的时间序列数据进行回归分析，测算认证认可对经济增长的贡献率，以便于相关政府部门决策时参考；第四，通过企业获证前后在社会发展方面进步的效果，采用解释力度法，测算了认证认可对社会发展的贡献率；第五，在认证实验室的贡献率分析方面，委托陕西省、江苏省、河南省和上海市质量技术监督部门，开展了对资质认定实验室贡献率调查工作，测算了认证实验室和实验室认可工作对经济发展的贡献率，并在此基础上测算了认证认可对 GDP 的综合贡献率。

## 三、研究方法

为测算认证认可对 GDP 的贡献率和认证认可对社会发展的贡献率，本研究分别采用了复合矩阵法、索洛余值法和解释力度等方法。

### （一）认证认可对 GDP 的贡献

#### 1. 认证认可对 GDP 贡献模式分析

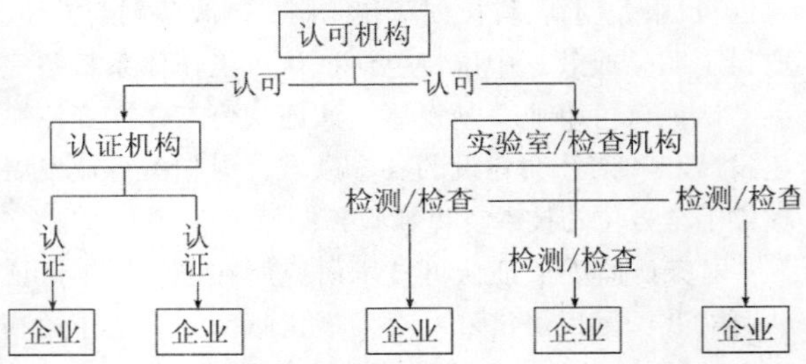


图 1 认证认可关系模式

在经济活动中，独立核算的认证机构、实验室和检查机构（以下统称实验室）、生产企业都通过提供产品或服务创造增加值，并作为国民经济核算的组成部分汇总为全国或地区的 GDP，即增加值之和等于 GDP。

认证机构、实验室通过第三方权威机构对其承担相应合格评定活动能力的认可，进而为其本身的效益（增加值）做出贡献。因此，认可对 GDP 的直接贡献，即为认可对认证机构和实验室增加值的贡献率乘以其增加值占 GDP 的比重。实际操作中，可通过对认证机构和实验室进行调查得到其增加值及测算认可对认证机构和实验室增加值的贡献，认证机构和实验室的增加值总量可根据调查得到的样本认证机构、实验室的增加值及认证认可监管部门提供的认证机构、实验室个数推算得出。

认可对 GDP 的间接贡献是通过认证的作用来实现的，即经过认可的认证机构和实验室，通过为企业提供体系或产品认证以及检测服务，促使企业提高质量管理水平进而为企业提升增加值做出贡献。通过对获证企业和接受检测服务的企业进行调查，得到其增加值，并测算认证和检测服务对这些企业增加值的贡献。获证企业增加值总量可根据调查得到的样本企业增加值及有关部门提供的获证企业和受检企业的个数推算得到。

认证认可对 GDP 的贡献率

= 认可对 GDP 的直接贡献率 + 认可对 GDP 的间接贡献率

=（认证机构认可对 GDP 的贡献率 + 认证实验室对 GDP 的贡献率）

+（认证对 GDP 的贡献率 + 检测服务对 GDP 的贡献率）

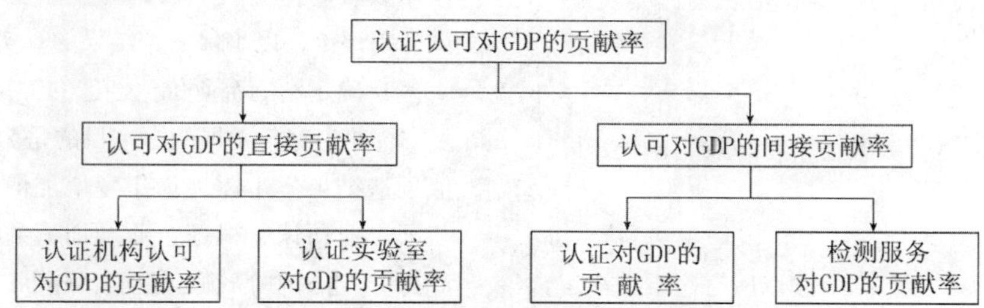


**图 2 认证认可对 GDP 贡献率的构成**

其中：

认证机构认可对 GDP 的贡献率

= 认可对认证机构增加值的贡献率 × 认证机构对 GDP 的贡献率

认证实验室对 GDP 的贡献率

= 认证对实验室增加值的贡献率 × 实验室对 GDP 的贡献率

认证对 GDP 的贡献率

= 认证对获证企业增加值的贡献率 × 获证企业对 GDP 的贡献率（持续测算）

检测服务对 GDP 的贡献率

= 检测服务对受检企业增加值的贡献率 × 受检企业对 GDP 的贡献率

**2. 数据收集与分析**

（1）问卷设计及数据采集方法

根据复合矩阵法的原理，在运用该方法分析认证对企业增加值的贡献率（$\alpha$）时，可以将获证企业价值创造过程视为一个复杂系统，将认证与过程管理、人力资源等因素作为影响价值创造的关键因素，将生产制造、市场营销等主要职能部门作为企业价值创造的特征维度，分别确定关键因素与主要职能部门的重要度，并组织专家组对各因素在具体部门的作用表现进行评估，从而得到因素——部门复合作用矩阵。通过对该矩阵进行测算，最终得到认证对企业价值创造的贡献率 $\alpha$。该方法的算法模型见图 3。

| 部门及其权重 / 因素及其权重 | | 部门 1 | 部门 2 | …… | 部门 $n$ | 因素运营绩效 | 因素潜在绩效 | 因素营效率 | 因素相对贡献 |
|---|---|---|---|---|---|---|---|---|---|
| | | $w_1$ | $w_2$ | | $w_n$ | | | | |
| 因素 1 | $c_1$ | $a_{11}$ | $a_{12}$ | | $a_{1n}$ | $y_1^y$ | $y_1^q$ | $e_1$ | $g_1$ |
| 因素 2 | $c_2$ | $a_{21}$ | $a_{22}$ | | $a_{2n}$ | $y_2^y$ | $y_2^q$ | $e_2$ | $g_2$ |
| …… | …… | | | | | | | | |
| 因素 m | $c_3$ | $a_{m1}$ | $a_{m2}$ | | $a_{mn}$ | | | | |
| 部门运营绩效 | | $z_1^y$ | $z_2^y$ | | $z_n^y$ | | | | |
| 部门潜在绩效 | | $z_1^q$ | $z_2^q$ | | $z_n^q$ | | | | |
| 部门运营效率 | | $f_1$ | $f_2$ | | $f_n$ | | | | |
| 部门相对贡献 | | $h_1$ | $\mathrm{h}_2$ | | $h_n$ | | | | |

**图 3 复合矩阵法的原理**

符号说明：

$a_{ij}$（$i$=1,2,…,$m$；$j$=1,2,…,$n$）：因素 $i$ 在部门 $j$ 中的实际运行状况。

$w_j$：部门 $j$ 参与认证贡献率估算时的权重；

$c_i$：因素 $i$ 的权重；

$y_i^p$ 和 $y_i^q$：因素 $i$ 的实际运营绩效和潜在绩效；

$e_i$：因素 $i$ 的运营效率；

$g_i$：因素 $i$ 的相对贡献；

$z_j^p$ 和 $z_j^q$：部门 $j$ 的实际运营绩效和潜在绩效；

$f_j$：部门 $j$ 的运营效率；

$h_j$：部门 $j$ 的相对贡献。

通过综合各部门权重及各因素在不同部门的实际表现，可得各因素在整个企业价值创造中的实际运营绩效：

$$y_i^{p}=c_i\times\sum_{j=1}^{n}w_j a_{ij}$$

将各因素在相关部门的实际运营效果均设定为理想值（如满分 10 分），可得各因素的潜在运营绩效：

$$y_i^{q}=c_i\times\sum_{j=1}^{b}10w_j$$

将某因素的实际运营绩效与潜在绩效相比较，可获得该因素的运营效率：

$$e_i=y_i^{p}/y_i^{q}$$

用某一因素的实际运营绩效除以所有因素潜在运营绩效之和，就得到该因素对系统总体的相对贡献 $g_i$：

$$g_i=y_i^{p}/\sum_{i=1}^{m}y_i^{q}$$

在利用复合矩阵法测算认证对 GDP 的贡献率时，关键是测算认证对获证企业价值创造的贡献率 $\alpha$。

根据复合矩阵法原理，在估算 $\alpha$ 时需要分别确定影响企业价值创造的关键因素及主要的价值创造职能部门，并对诸因素、职能部门的重要度及诸因素在相关部门的作用表现进行量化评价。无论是关键因素的确定，还是主要职能部门的确定，都应紧紧围绕获证企业价值创造过程展开；在评价各因素在不同部门的作用表现时，应组织被调查企业主要职能部门负责人员分别评价，以确保调查结果的真实性、可信性。

① 确定影响企业价值创造的关键因素及其权重

企业生存与发展的根本目的是为社会创造价值，价值创造结果集中体现为年度增加值。通过文献总结和获证企业访谈，根据企业增加值的构成（包括固定资产折旧、生产税净额、劳动者报酬和营业盈余四方面），确定影响企业价值创造的主要因素见图 4。

其次，企业在进入市场开展正常经营之前，首先必须满足一定的市场准入条件，如满足环境保护和能源节约的要求，目前，在很多情况下，是否通过管理体系认证或产品认证是企业进入市场的先决条件。因而，将影响企业市场准入的基本因素概括为：环境保护、能源节约和体系 / 产品认证三个方面。

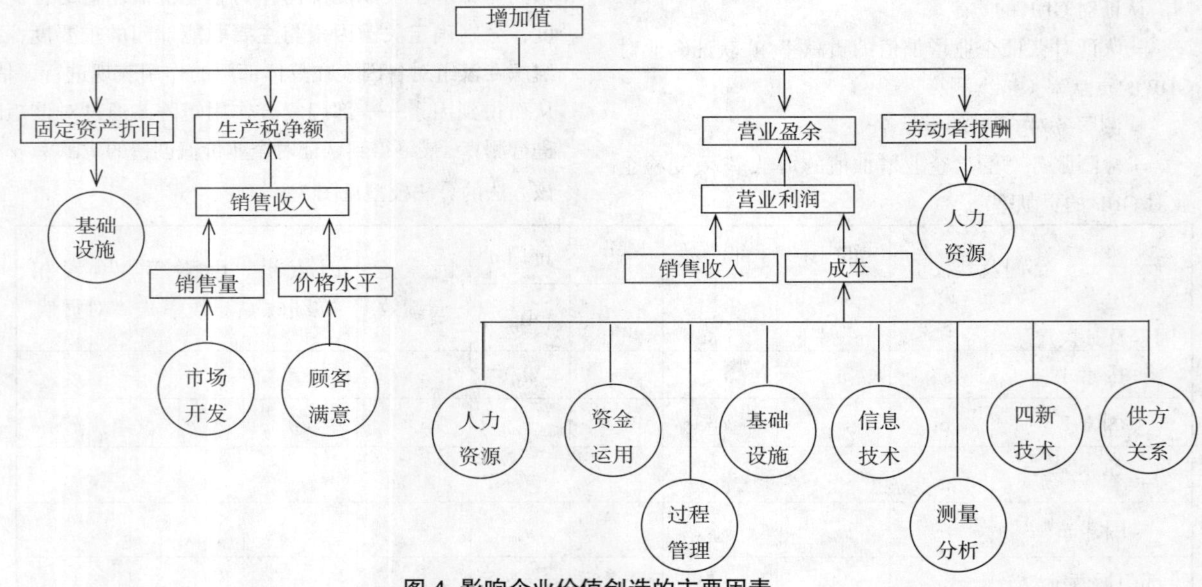


**图 4 影响企业价值创造的主要因素**

此外，在市场经济条件下，获证企业若持续经营，必须在领导力、发展战略、企业文化等方面有所加强，这些可持续经营需要满足的条件是影响企业价值创造的重要因素，主要概括内容见图 5。

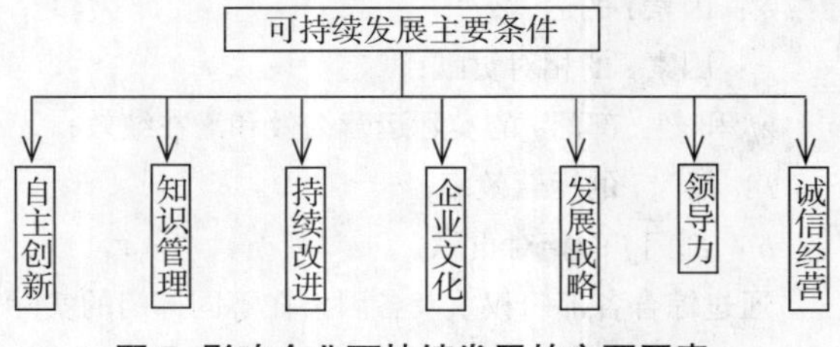


**图 5 影响企业可持续发展的主要因素**

综合上述分析，确定影响企业价值创造的主要因素包括三方面共计 20 项因素，包括：领导力、企业文化、环境保护、能源节约、诚信经营、发展战略、市场开发、顾客满意、人力资源、资金运用、基础设施、信息系统、四新技术应用、自主创新、供方和合作伙伴关系、过程管理、绩效测量与分析、知识管理、持续改进和体系 / 产品认证。

为了确定不同影响因素在价值创造过程中所起作用的大小，采用专家赋权方法确定因素权重。在实际操作中，主要通过对样本企业的调查，特别是由企业主要负责人进行综合评价而得到。调查过程和调查内容为：

请企业主要负责人对如下影响企业效益增长的20项因素（见表1）分别进行1~10分评价，参考分值范围如下：

| 影响程度： | 影响较小 | 影响一般 | 影响较大 | 影响很大 |
|---|---|---|---|---|
| 分值范围： | 1或2 | 3或4或5 | 6或7或8 | 9或10 |

表1 20项因素及其影响程度评价

| 因素 | 影响程度评价 | 因素 | 影响程度评价 | 因素 | 影响程度评价 | 因素 | 影响程度评价 | 因素 | 影响程度评价 |
|---|---|---|---|---|---|---|---|---|---|
| 领导力 | | 企业文化 | | 环境保护 | | 能源节约 | | 诚信经营 | |
| 发展战略 | | 市场开发 | | 顾客满意 | | 人力资源 | | 资金运用 | |
| 基础设施 | | 信息系统 | | 四新技术应用 | | 自主创新 | | 供方和伙伴关系 | |
| 过程管理 | | 绩效测量与分析 | | 知识管理 | | 持续改进 | | 体系/产品认证 | |

对全部调查企业按同因素分别进行汇总，从而得到各因素影响程度评价总分，并由此计算比重作为最终参与认证贡献核算时的权重，设为$C_i$，$i$=1，2，3，…，20。

②确定企业价值创造的主要职能部门及其权重

通过获证企业访谈与典型案例分析，从企业价值创造流程的角度，将各类企业中主要的职能部门划分为5个，包括：生产制造（制造业指生产制造部门、建筑业指工程管理部门、服务业指服务提供部门）、质量和/或技术、采购供应、市场营销和综合管理（指环境和/或安全主管部门以及行政办公主管部门）。

在此基础上，被调查企业主要负责人就5个主要职能部门，从对企业效益增长的贡献程度（$a_i$）和对认证工作参与程度（$b_i$）两方面进行1～10分评价，从而得到部门重要度评价矩阵（参见表2）。关于职能部门贡献程度和认证活动参与程度的等级划分及参考分值范围如下：

| 贡献程度： | 贡献较小 | 贡献一般 | 贡献较大 | 贡献很大 |
|---|---|---|---|---|
| 认证参与度： | 参与较少 | 参与一般 | 参与主要过程 | 参与全部过程 |
| 分值范围： | 1或2 | 3或4或5 | 6或7或8 | 9或10 |

**表2 部门重要度评价矩阵**

| 部门＼贡献/参与程度 | 对企业效益增长的贡献程度 | 认证参与程度 |
|---|---|---|
| 生产制造 | $a_1$ | $b_1$ |
| 质量和/或技术 | $a_2$ | $b_2$ |
| 采购供应 | $a_3$ | $b_3$ |
| 市场营销 | $a_4$ | $b_4$ |
| 综合管理 | $a_5$ | $b_5$ |

计算每一个职能部门重要度得分$X_i$：

$X_i=a_i\times b_i$　（$i$=1，2，3，4，5）

对全部调查企业按同职能部门分别进行汇总：

$W_i=\sum_{j}^{n}X_{ij}$　（$j$=1,2,..,$n$；$i$=1，2，3，4，5）

其中$n$为调查企业个数并由此计算比重，得到职能部门在参与认证贡献率测评时的权重：

$$w_i=\frac{W_i}{\sum_{i=1}^{5}W_i}\quad (i=1,2,3,4,5)$$

③构建因素－部门作用评价矩阵

对选定的关键因素与重要职能部门，设置二维复合作用矩阵（参见表3），由样本企业中五个主要职能部门的负责人员，分别对20项因素在本部门所发挥作用大小，按照1~10分进行评价，10分表示该因素作用得到充分发挥，1分表示发挥作用较低。设评价结果为$a_{ij}$（$i$=1,2,⋯,20；$j$=1,2,⋯,5）。

对企业效益影响因素在各主要部门所发挥的作用分别进行1~10分评价（由各部门分别填写），参考分值范围如下：

作用程度：很小 较小 一般 较大 很大
分值范围：1或2 3或4 5或6 7或8 9或10

表3 因素－部门作用调查表

| 效益影响因素 | 部门 | | | | |
|---|---|---|---|---|---|
| | 生产制造 | 质量和/或技术 | 采购供应 | 市场营销 | 综合管理 |
| 领导力 | | | | | |
| 企业文化 | | | | | |
| 环境保护 | | | | | |
| 能源节约 | | | | | |
| 诚信经营 | | | | | |
| 发展战略 | | | | | |
| 市场开发 | | | | | |
| 顾客满意 | | | | | |
| 人力资源 | | | | | |
| 资金运用 | | | | | |
| 基础设施 | | | | | |
| 信息系统 | | | | | |
| 四新技术应用 | | | | | |
| 自主创新 | | | | | |
| 供方和合作伙伴关系 | | | | | |
| 过程管理 | | | | | |
| 绩效测量与分析 | | | | | |
| 知识管理 | | | | | |
| 持续改进 | | | | | |
| 体系/产品认证 | | | | | |

（2）调查组织

2012年4月，国家认监委下发“关于开展2011年度认证认可对国民经济增长和社会发展贡献率测算工作的通知”（认办可函[2012]83号），委托研究所开展2011年度认证认可贡献率测算工作。按照统一安排，研究所委托165家认证机构选取国民经济主要代表行业，在全国范围内调查了4 460家获证企业（含获管理体系证书及产品认证证书的各类型企业）；委托陕西省、江苏省、河南省和上海市质量技术监督部门，开展了对资质认定实验室贡献率调查工作，共向符合条件的实验室发放调查问卷1 426份。

截至2012年9月30日，研究所共回收获证企业调查问卷2 888份、资质认定实验室调查问卷1 186份。

（3）调查表审核、建立数据库

为保证调查表的数据质量，国家认监委研究所组织了对问卷的审核工作，审核后合格问卷共计 3 208 份，其中认证贡献率调查合格问卷 2 343 份、资质认定和认可实验室贡献率调查合格问卷 865 份，分别比上年度增长 53.04% 和 29.88%。

在此基础上，利用 SPSS 统计软件建立调查企业和实验室数据库。

### 3. 认证对 GDP 的贡献率

在上述认证贡献率调查问卷基础上，课题组利用复合矩阵法和认证认可贡献率测评与分析系统，结合国家认监委、国家统计局、CNAS 的相关统计数据，测算得到 2011 年认证对 GDP 的贡献率。

（1）获证企业增加值占全国 GDP 比重（$\beta$ 值）的测算

2011 年获证企业增加值受两个因素影响，即：获证企业本身增加值变化的影响和获证企业个数变化的影响。

①获证企业本身增加值的变化

2011 年度获证企业调查样本 2 343 家，增加值 9 101.84 亿元（2010 年 8 165.34 亿元），增长 11.47%（当年价格）；其中新增企业 19 家，增加值 5.65 亿元。由此可得出样本获证企业 2011 年效益增长带来的增加值为 930.85 亿元，增长 11.40%。2010 年度获证企业增加值共计 78 760.84 亿元，根据样本数据推算出 2010 年获证企业 2011 年增加值为：87 739.57 亿元。

②获证企业个数的变化

2011 年 QMS 证书 203 899 张、2010 年 196 527 张（CNAS），增加 7 372 张，增长 3.75%；由此带动获证企业增加值总额增长 2 190.91 亿元。

上述两类因素所产生的 2011 年全国获证企业增加值总额为 89 930.48 亿元，占全国 GDP 比重（$\beta$ 值）为 19.07%。

2011 年获证企业增加值总额占全国 GDP 比重与 2010 年相比下降了 0.72%，主要原因有两点：一是 2011 年获证企业样本增加值增长 11.47%（当年价格），低于同期 GDP 的增长速度（18.49%，当年价格）；二是 2011 年 QMS 证书数增长 3.75%，低于 2010 年同期 7.20% 的增长速度。根据国家工商总局“2011 年市场主体统计分析”，截至 2011 年底，全国实有企业 1253.12 万户，比上年底增长 10.26%。即，2011 年全国企业增加近 117 万户，而 QMS 证书只增加 7372 张，从另一角度说明获证企业比重在下降。

（2）认证对获证企业增加值的贡献（$\alpha$ 值）的测算（见表 4）

表 4　$\alpha$ 值表

| 年份 | $\alpha$ /% |
|---|---|
| 2005 | 4.09 |
| 2006 | 4.1 |
| 2007 | 4.12 |
| 2008 | 4.11 |
| 2009 | 4.1 |
| 2010 | 4.08 |
| 2011 | 4.09 |

获证企业调查样本显示（差异系数 0.1801 与 2010 年 0.1798 基本持平），2011 年认证对企业效益的促进作用有所回升，对获证企业增加值的贡献在 2010 年的基础上提升了 0.01%，达到 4.09%。

（3）认证对 GDP 贡献率测算

认证对 GDP 贡献率 = α × β = 4.09% × 19.07% = 0.780%

见表 5、图 6、图 7。

表 5　认证贡献率相关统计数据及测算

| 年份 | $\alpha$ /% | $\beta$ /% | 认证对 GDP 的贡献率 /% | GDP 现价 / 亿元 | GDP 增速 /% | QMS 张数（CNAS） | QMS 增速 /% |
|---|---|---|---|---|---|---|---|
| 2005 | 4.09 | 16.41 | 0.671 | 183 217.04 | 10.43 | 143 823 | — |
| 2006 | 4.1 | 18.71 | 0.767 | 211 923.5 | 11.65 | 163 298 | 13.54 |
| 2007 | 4.12 | 19.75 | 0.814 | 257 305.6 | 13.04 | 210 773 | 29.07 |
| 2008 | 4.11 | 19.1 | 0.785 | 300 670 | 9.6 | 179 400 | −14.88 |
| 2009 | 4.10 | 19.8 | 0.812 | 335 353 | 8.7 | 183 327 | 2.19 |
| 2010 | 4.08 | 19.79 | 0.808 | 397 983 | 10.3 | 196 527 | 7.20 |
| 2011 | 4.09 | 19.07 | 0.780 | 471 564 | 9.2 | 203 899 | 3.75 |

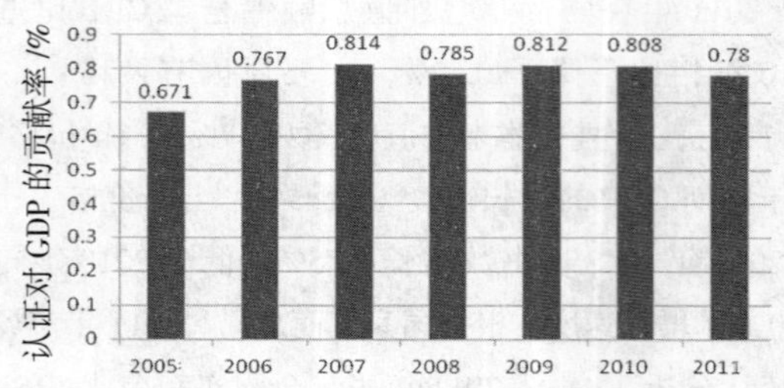


图 6 认证对 GDP 的贡献率 /%

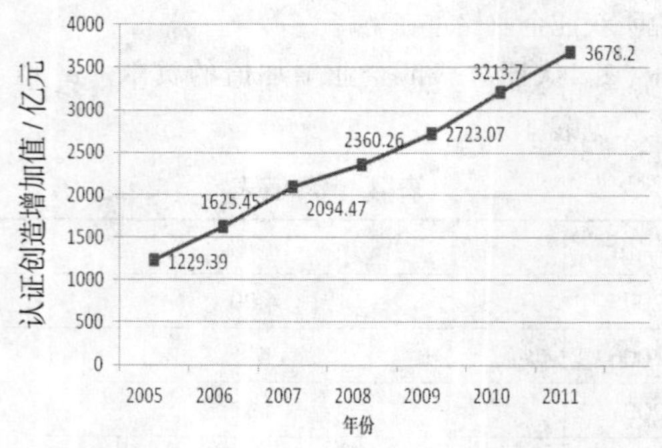


图 7 认证所创造的增加值

如上所述，认证对 GDP 贡献率取决于两个变量，即认证对获证企业经济效益的贡献率 $\alpha$ 和获证企业增加值占当年 GDP 的份额 $\beta$。其中，$\alpha$ 值主要取决于获证企业的问卷调查数据，本次调查样本数量为 2 343，比上年增长 53.04%，差异系数基本持平。2011 年度 $\beta$ 值测算主要从两个方面考虑，即：获证企业本身增加值变化的影响和获证企业个数变化的影响。由于本次调查的获证企业在规模分布上更趋于合理，使得 $\beta$ 值测算结果在精度上有所提高。

### 4. 认证实验室对 GDP 的贡献率

（1）认证实验室对 GDP 贡献模式分析

依据研究计划，此次调查认证实验室范围包括经资质认证（指计量认证）和 CNAS 实验室认可的实验室。

认证（指计量认证）不同于质量管理体系认证或其他管理体系认证，其区别主要有两点：

管理体系认证属于自愿性认证，自愿性体现在企业自愿决定是否申请认证；企业自愿选择由国家认可的认证机构，不受部门和地方的限制。而认证实验室是我国通过计量立法，对为社会出具公证数据的检验机构（实验室）进行强制考核的一种手段，是政府对实验室的强制准入（认可）。

实验室不同于其他组织机构，一般的组织机构主要从事生产、流通、服务等经济活动，以生产的产品或服务满足社会需要。实验室则为社会出具公证数据，经认证合格的实验室提供的数据，用于贸易出证、产品质量评价、成果鉴定，此类检验数据作为公证数据，具有法律效力。

由此可见，认证与实验室效益的关系或对实验室效益的贡献，不同于管理体系认证与一般企业效益的关系或对企业效益的贡献，实验室对经济和社会的贡献同样也不同于一般企业对经济和社会的贡献。

（2）认证实验室对 GDP 的直接贡献和间接贡献

权威机构依据 ISO/IEC 导则 25 和 ISO/IEC 17025 等标准对实验室承担相应合格评定活动能力进行认证或认可，从而对实验室自身的效益（增加值）做出贡献。经认证的各个实验室对实验室增加值的贡献，即为对 GDP 的直接贡献。

实验室认证活动对 GDP 的间接贡献，是通过实验室为企业提供检测服务获得，体现为经过认证的实验室通过为企业提供检测服务，使得企业由此提高了质量管理水平进而为企业的增加值做出贡献。

认证实验室对 GDP 的贡献 = 直接贡献 + 间接贡献

结合认证认可对 GDP 贡献率的模式分析和增加值统计的核算原则，认证实验室对 GDP 的贡献率

= 认证实验室对 GDP 的直接贡献率 + 认证实验室对 GDP 的间接贡献率

= 认证对实验室增加值的贡献率 × 实验室对 GDP 的贡献率 +

检测服务对受检企业增加值的贡献率 × 受检企业对 GDP 的贡献率

=（认证对实验室增加值的贡献率 ×

实验室增加值 /GDP）

+（检测服务为受检企业创造的增加值 /GDP）

根据现有实际状况，可对认证实验室对 GDP 直接贡献进行测算。认证实验室对 GDP 直接贡献率可定义为：实验室增加值总额占报告期 GDP 的百分比，用字母 $S$ 表示。

$S$ =（实验室增加值总额 / 报告期 GDP）× 100%

贡献率测算所需的基本统计数据如实验室增加值总额需要通过此次调查及推算得到：

实验室增加值总额 = 实验室增加值中位数 × 检测机构个数

实验室检测服务净收入 = 实验室检测服务收入中位数 × 实验室个数 – 原材物料消耗

（3）认证实验室对 GDP 的贡献率

结合认证认可对 GDP 贡献率的模式分析和增加值统计的核算原则，认证实验室对 GDP 直接贡献率可定义为：实验室增加值总额占报告期 GDP 的百分比，用字母 $S$ 表示见表 6。

表 6　2011 年认证实验室对 GDP 贡献率测算表

| 年份 | 实验室增加值中位数 / 万元 | 实验室检测服务收入中位数 / 万元 | 实验室增加值 / 亿元 | 实验室检测服务总收入 / 亿元 | 实验室检测服务净收入 / 亿元 | GDP 现价 / 亿元 | GDP 增长速度 /% | 认证实验室对 GDP 的贡献率 S/% |
|---|---|---|---|---|---|---|---|---|
| 2008 | 61.69 | 61.2 | 148.06 | 146.88 | 117.5 | 300 670 | 9.6 | 0.088 |
| 2009 | 73.03 | 71.22 | 182.58 | 178.05 | 142.44 | 335 353 | 8.7 | 0.097 |
| 2010 | 87.15 | 86.31 | 227.33 | 225.26 | 178.61 | 397 983 | 10.3 | 0.102 |
| 2011 | 102.27 | 104.00 | 262.52 | 266.96 | 210.67 | 471 564 | 9.2 | 0.100 |

注：2011 年全国资质认定实验室 25 669 家；实验室增加值中位数、实验室检测服务收入中位数取自 2011 年度资质认定实验室贡献调查，样本 865 家。

### 5. 认证认可对 GDP 的综合贡献率（见表 7）

从统计核算角度来看，认证对 GDP 贡献率和认证实验室对 GDP 贡献率均定义为认证对象所创造的增加值占当年 GDP 的比重（或份额），故：

认证认可对 GDP 的综合贡献率

= 认证对 GDP 贡献率 + 认证实验室对 GDP 贡献率

2011 年认证认可对 GDP 的综合贡献率为 0.880%，对 GDP 的贡献量为 4151.39 亿元。

表 7　认证认可对 GDP 的综合贡献率

| 年份 | 认证对 GDP 的贡献率 /% | 认证创造增加值 / 亿元 | 资质认定实验室对 GDP 的贡献率 /% | 资质认定实验室创造增加值 / 亿元 | 认证认可对 GDP 的贡献率 /% | 认证认可创造增加值 / 亿元 |
|---|---|---|---|---|---|---|
| 2009 | 0.812 | 2 723.07 | 0.097 | 325.02 | 0.909 | 3 048.09 |
| 2010 | 0.808 | 3 213.70 | 0.102 | 405.94 | 0.910 | 3 619.64 |
| 2011 | 0.780 | 3 678.20 | 0.100 | 473.19 | 0.880 | 4 151.39 |

### 6. 认证认可对 GDP 贡献率测算结果说明

从认证认可对 GDP 的贡献模式可看出，认可除对 GDP 有直接贡献外，还通过认证的作用来体现认可对 GDP 的间接贡献。

从统计核算的角度看，只要是独立核算的认证机构、实验室、检查机构和生产企业，都通过提供产品或服务创造增加值，并作为国民经济核算的组成部分汇总为全国或地区的 GDP。同理，认证认可对 GDP 贡献率由四个部分组成（见图 8），即：

认证认可对 GDP 的贡献率

$$=\frac{\text{认证机构认可创造增加值}+\text{认证创造增加值}+\text{认证实验室创造增加值}+\text{检验检测服务创造增加值}}{\text{报告期 GDP}}\times 100\%$$

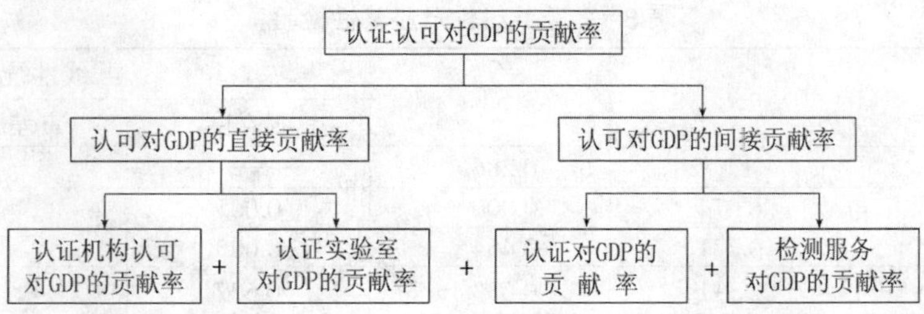


图 8　认证认可对 GDP 的贡献率结构图

## （二）认证认可对经济增长的贡献

在利用复合矩阵法对微观调查数据进行测算分析的同时，我们也采用索洛余值法，将认证认可作为技术进步的解释因素之一，对认证认可及与经济增长相关的宏观统计数据进行分析，从另一角度测算认证认可对经济增长的贡献率。

（1）索洛余值算法模型

利用索洛余值法测算认证认可对经济增长的贡献率所采用的变量及其结构关系如图 9 所示。

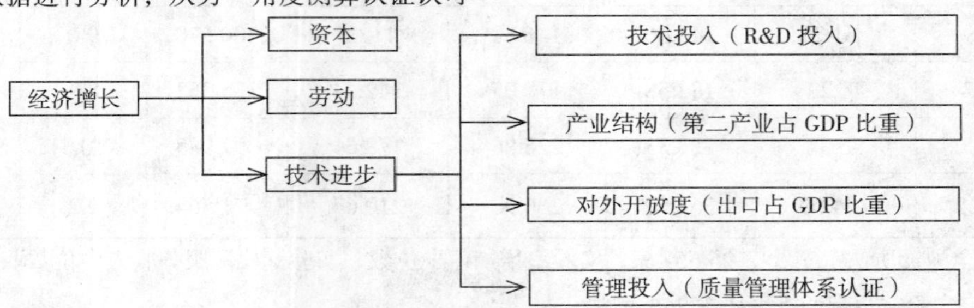


**图 9 测算认证认可对经济增长贡献率的索洛模型结构**

具体采用的模型是：

$$\ln(Y_t/L_t)=\ln B+\alpha\ln(K_t/L_t)+\gamma\ln RD_t+\omega\ln ST_t+\eta\ln RZ_t+\kappa\ln OP_t$$

其中：$Y$ 为总产出，$K$ 为资本投入，$L$ 为劳动投入，RD 为技术资本的投入，ST 代表产业结构，RZ 表示认证要素，OP 代表对外开放度。

### 2. 数据搜集

利用索洛增长速度模型测算认证认可对经济增长的贡献率，需要搜集整理大量的历史统计数据。其中，国内生产总值的计算，需根据历年公布的生产总值指数，将 1978 年以来历年 GDP 名义值统一折算成以 1978 年为不变价的实际值。

对资本存量的计算采用“永续盘存法”，其公式为：$K_t=I_t/P_t+(1-\delta_t)K_{t-1}$，其中，$I_t$ 表示当年的投资，常用的方法是用当年资本形成总额，或固定资产投资额来代替；$P_t$ 是价格指数，通常是固定资产投资价格指数；$\delta_t$ 是折旧因子，表示资本的折旧率；劳动力指标采用中国统计年鉴公布的历年从业人员数。在技术进步解释因素的数据来源方面，用历年我国科技投入额表示技术投入水平（RD）；用第二产业占 GDP 的比重反映产业结构的变动与升级（ST）；用历年有效质量管理体系认证证书张数（RZ）来表示管理投入水平；用出口占 GDP 的比值反映我国对外开放的程度（OP）。

### 3. 测算、检验、优化

利用 SPSS 软件将以上各相关历史数据导入模型，根据短板原则，计算 1993—2011 年的数据。

确定评价指标是测算认证认可对经济增长贡献率的重要环节，选取指标不同及指标个数多少都会影响认证认可贡献率的测算结果和评价。为消除不同指标间的相互影响，以及剔除与经济增长关系不紧密的指标，本次研究对所采用的全部指标进行了多重共线性检验、显著性检验及因变量的一阶自相关检验。

从表 6 可看出，除 $\ln(Y_t/L_t)$、$\ln ST_t$ 之外，其他自变量均与因变量不存在显著的关系（Sig.>0.05）。经检验方差膨胀因子，发现除 $\ln ST_t$ 外，其他自变量指标之间存在着严重的多重共线性问题（VIF ≥ 5），见表 8。若直接使用这些指标测算认证认可对经济增长贡献率，则会得出不准确的乃至错误的结果，以致对认证认可贡献率做出错误的评价。

**表 8 多重共线性及显著性检验**

| 指标 | $t$ | Sig. | 共线性统计 | |
|---|---|---|---|---|
| | | | 容忍度 | 方差膨胀因子（VIF） |
| （常数）$B$ | –1.112 | 0.286 | — | — |
| $\ln(Y_t/L_t)$ | 6.074 | 0.000 | 0.005 | 212.428 |
| $\ln RD_t$ | 0.771 | 0.454 | 0.005 | 221.341 |
| $\ln ST_t$ | 2.391 | 0.033 | 0.507 | 1.973 |
| $\ln RZ_t$ | 1.249 | 0.234 | 0.145 | 6.881 |
| $\ln OP_t$ | 0.105 | 0.918 | 0.171 | 5.838 |

为解决多重共线性及显著性等问题，采用了对不显著的变量（Sig. > 0.05）进行逐级筛选的方法，结果见表 9。

表 9　变量选取及优化

| 指标 | $t$ | Sig. | 共线性统计 | |
|---|---|---|---|---|
| | | | 容忍度 | 方差膨胀因子（VIF） |
| （常数）$B$ | −0.754 | 0.463 | | |
| ln（$K_t/L_t$） | 49.004 | 0.000 | 0.229 | 4.358 |
| $\ln ST_t$ | 3.427 | 0.004 | 0.908 | 1.101 |
| $\ln RZ_t$ | 1.836 | 0.086 | 0.227 | 4.408 |

由表 9 可看出，自变量（尤其是认证）与因变量之间的关系得到了明显的改善，自变量指标之间的多重共线性问题也得到解决，方差膨胀因子（VIF）均小于 5。因此，测算认证认可对经济增长贡献率的最佳匹配是：

$$\ln(Y_t/L_t) = -0.152+0.741\ln(K_t/L_t)+0.937\ln ST_t+0.006\ln RZ_t$$
$$(-0.754)\quad(49.00)\quad(3.43)\quad(1.84)$$

4. 测算结果

从回归结果可看出：有效质量管理体系认证证书张数与经济增长的关系在实证分析中是有效的，从弹性系数的变化可看出：2009 年，有效质量管理体系认证证书张数每增长 1%，国内生产总值可增长 0.007%；2010 年，证书张数每增长 1%，国内生产总值增长 0.005%，有效质量管理体系认证证书对经济增长的影响有所减弱；到 2011 年，证书张数每增长 1%，国内生产总值增长 0.006%，对国内生产总值增长的促进作用有所回升，增长了 0.001 个百分点，这也说明认证的质量与上年相比有所提高，见表 10。

表 10　2005—2011 年认证认可对经济增长的贡献率

| 年份 | GDP 增速 /% 不变价 | 认证认可对经济增长的贡献率 | | | |
|---|---|---|---|---|---|
| | | 弹性 | 有效质量管理体系证书张数 | 证书增速 /% | 对经济增长的贡献率 /% |
| 2011 | 9.2 | 0.006 | 203 899 | 3.75 | 0.24 |
| 2010 | 10.3 | 0.005 | 196 527 | 7.2 | 0.35 |
| 2009 | 8.7 | 0.007 | 183 327 | 2.19 | 0.18 |
| 2008 | 8.95 | 0.006 | 179 400 | −7.65 | −0.56 |
| 2007 | 13.04 | 0.006 | 194 262 | 18.96 | 0.84 |
| 2006 | 11.65 | 0.006 | 163 298 | 13.54 | 0.69 |
| 2005 | 10.43 | 0.006 | 143 823 | 6.32 | 0.38 |

注：2011 年有效质量管理体系认证证书 203 899 份，数据来源自“中国认证认可”2012 年第 2 期；
2011 年 GDP 471 564 亿元及增速 9.2% 均为国家统计局 2012 年 1 月 17 日发布的初步测算数；
由于近两年经济的不稳定性，分年度的贡献率仅供参考。

2011 年 GDP 与 2010 年 GDP 相比增长 9.2%（不变价），有效质量管理体系证书张数增长 3.75%。有效质量管理体系证书张数增长对经济增长的贡献率约为 0.24%。

## （三）认证认可对社会发展的贡献

本研究主要从获证企业角度来分析认证认可对社会发展的贡献。课题组针对影响认证对社会发展贡献的三个重要因素，展开对典型企业的问卷调查，结合专家在认知上的变化和赋权，测算得到 2011 年认证认可对社会发展的贡献率为 0.337%，比 2010 年微降 0.001%。

1. 认证认可对社会发展作用的指标体系

课题组依据已有的研究成果，并从理论上予以归纳，把社会发展的内涵与影响因素分为可持续发展与社会和谐两个一级指标；环境保护、能源节约、资源利用、社会公平、社会安定、生活质量与社会诚信等七个二级指标及具有涵盖性、可操作性和易于主观评定的 30 项三级指标。

在社会发展的三级指标中，提取其中与认证认可有直接相关、目前作用明显的 10 项指标（如图 10 带框线的指标）：污染预防与排污控制能力、节能降耗、废品回收再利用、安全生产、职业病防治能力、劳动保护程度、员工工资与福利水平、企业信用、提供就业岗位、社会公益。分析这些指标在评价分数上的变化。

评价标准如下：

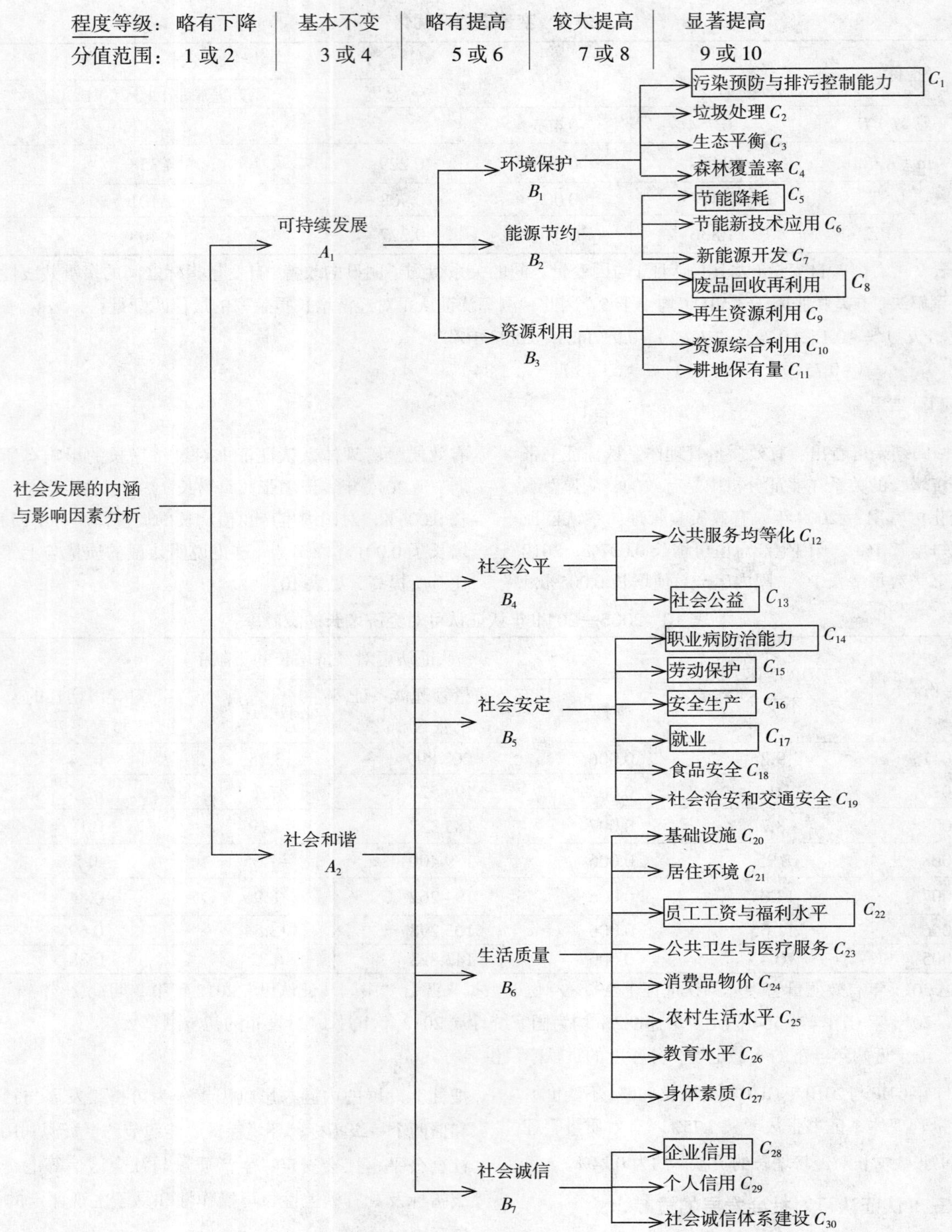


图10 认证认可对社会发展作用的定量分析模型

### 2. 解释力度算法模型

通过对获证企业的问卷调查，根据专家在社会发展评价指标感知程度上的变化（分数的变化），结合权重计算各指标加权得分之和，并由此推算出获证企业对社会发展的作用系数。

如果认证对某项指标的得分在 5 分以上，可以认为认证对该指标所代表的社会发展内容有作用，5 ~ 10 分之间距离（5 分）表明认证可以发挥作用的空间，认证 10 个指标对社会发展的作用系数可以通过下述公式计算：

$$R_c=\sum_{i=1}^{n}\frac{w_i(\bar{U}_i-M)}{M}$$

其中，$R_c$ 表示认证对 10 个直接相关的评价指标的作用系数；$W_i$ 表示第 $i$ 项指标的相对重要性权重，其值在 0 到 1 之间；$M$ 为评价基准值；$\bar{U}_i$ 表示企业认证前后在第 i 项指标上的作用程度，其值在 1 到 10 之间。

因此，认证认可对社会发展贡献率测算公式为：

$$R=R_c\times k_1\times k_2=\sum_{i=1}^{n}\frac{w_i(\bar{U}_i-M)}{M}\times k_1\times k_2$$

$R$ 表示认证认可对社会发展的贡献率；$R_c$ 表示获证企业对社会发展的作用系数；$k_1$ 表示企业相对所有主体的解释力度；$k_2$ 表示获证企业相对所有企业的解释力度。

### 3. 测算结果

2011 年，认证认可对社会发展的贡献率为 0.337%。其中，由于认证对获证企业作用略有下滑（由 2010 年的 4.08% 下降到 2011 年的 4.07%），导致获证企业对社会发展的作用系数 $R_c$ 由 2010 年的 8.31%，下降到 2011 年的 8.30%。随着政府对社会发展宏观调控能力的进一步加强（目前已有 3000 家政府获得质量管理体系认证），以及社区、家庭对就业、社会公益、污染预防等方面意识及参与程度的进一步提高，使得企业相对政府、家庭、社区等主体对社会发展的解释力度由 2010 年的 58.90%，微降为 2011 年的 58.86%。2011 年，获证企业增长速度（质量管理体系证书增长）与 2010 年 7.2% 相比有较大幅度的下降，只有 3.75%，其所创造的增加值占 GDP 比重由 2010 年的 19.79% 下降至 19.07%，导致获证企业相对所有企业的解释力度 $k_2$ 也由 2010 年的 6.910%，下降到 2011 年的 6.900%。三项因素共同作用的结果，2011 年认证认可对社会发展的贡献率为 0.337%，比 2010 年下降 0.001%。

2013

Yearbook of Certification and Accreditation of China

# 第四部分　法制建设与政策研究

Part Four　Legal System Construction and Policy Research

## 一、认证认可立法部分

2012年，国家认监委坚持充分发挥认证认可立法在行业内的引领和推动作用，在重点领域继续加强认证认可法规的制修订和立法研究工作，进一步促进认证认可法规体系建设；加强立法工作组织协调，进一步提高立法科学性和透明度，进一步提高立法质量。

### （一）发布实施《进口食品境外生产企业注册管理规定》、《铁路产品认证管理办法》

#### 1.《进口食品境外生产企业注册管理规定》

为贯彻落实《食品安全法》及其实施条例，加强进口食品境外食品生产企业的监管，《进口食品境外生产企业注册管理规定》（总局令第145号）（以下简称“145号令”）于2012年3月22日公布，自2012年5月1日起施行。原国家质检总局2002年3月14日公布的《进口食品国外生产企业注册管理规定》同时废止。

《食品安全法》第65条规定，向我国境内出口食品的境外食品生产企业应当经国家出入境检验检疫部门注册。因此145号令的制定发布，就是为了贯彻落实《食品安全法》的规定。145号令明确规定：国家实行进口食品境外生产企业注册管理制度。《进口食品境外生产企业注册实施目录》内食品的境外生产企业，应当获得注册后，其产品方可进口。

145号令规定了国家质检总局、国家认监委、各地出入境检验检疫机构分级管理，各自履行监管职责的监督管理制度。国家质检总局统一管理；国家认监委组织实施注册及其监督管理工作；各出入境检验检疫机构在列入目录内的进口食品入境时，查验其是否由获得注册的企业生产，注册编号是否真实、准确，经查发现不符合法定要求的，依照《中华人民共和国进出口商品检验法》等相关法律、行政法规予以处理。

145号令公布实施后，2002年3月公布的《实施企业注册的进口食品目录》范围未作调整，目前仍然包括畜禽肉、肉制品、可食用的副产品和内脏。此外，按照《食品安全法实施条例》的规定，境外食品生产企业注册有效期为4年。因此，145号令增加了注册有效期为4年的规定。需要延续注册的，应当在注册有效期届满前一年，由其所在国家（地区）推荐并向国家认监委提出延续注册申请。逾期未提出延续注册申请的，国家认监委注销对其注册，并予以公告。

145号令强化了对获得注册的境外食品生产企业的监督管理。国家认监委依法对实施注册的境外食品生产企业进行监督管理，必要时对已获得注册的境外食品生产企业进行复查。发现违法违规行为的，应当及时查处；经复查发现已获得注册的境外食品生产企业，不能持续符合注册要求的，国家认监委应当暂停其注册资格并报国家质检总局，同时向其所在国家（地区）主管当局通报，并予以公告；对于情节严重的，国家认监委撤销注册并报国家质检总局。同时向其所在国家（地区）主管当局通报，并予以公告。

进口国家实行注册管理而未获得注册的境外食品生产企业生产的食品的，依据《中华人民共和国进出口商品检验法实施条例》第五十二条，由出入境检验检疫机构责令其停止进口，没收违法所得，并处商品货值金额10%以上、50%以下的罚款。

#### 2.《铁路产品认证管理办法》

为维护铁路运输安全，加强铁路产品认证管理，铁道部、国家认监委联合制定了《铁路产品认证管理办法》，于2012年5月11日发布，自2012年7月1日起施行。

铁路产品认证采用强制性认证和自愿性认证相结合的认证制度。实行强制性产品认证管理的铁路产品，依照《认证认可条例》和《强制性产品认证管理规定》的规定实施。实行自愿性产品认证管理的铁路产品，确立认证结果采信制度，由铁道部制定、调整并公布铁路产品认证采信目录，从事列入采信目录内产品认证的认证机构，应当依法经国家认监委批准并经铁道部确认，认证机构应当制定统一的认证规则、认证标志，并向国家认监委、铁道部备案。列入采信目录内的铁路产品，取得认证后，方可在铁路领域使用。

国家认监委负责铁路产品认证工作的监督管理和综合协调工作，并对开展铁路产品认证活动的认证机构和检测机构开展定期或者不定期的监督检查，发现违法违规行为的，依法查处，并通报铁道部。根据监管工作需要，可与铁道部共同组织对认证产品开展专项监督检查。

铁道部负责铁路产品认证采信工作和认证产品在铁路使用领域的监督管理工作，并依法对获证产品在使用领域进行监督，对不符合要求的认证结果不予采信，并定期通报所采信的铁路产品及认证机构相关信息。

铁道部各相关职能部门和铁路各有关单位在运输设备检查中，应加强认证产品使用情况的检查监督。

### （二）继续进行《实验室管理条例》立法研究工作

2010年，国家认监委启动《实验室管理条例》的立法研究工作，2011年完成《<实验室管理条例>立法研究报告》。2012年，在完成《实验室管理条例》草案的基础上，国家认监委继续通过多种方式，收集相关资料，对草案进行完善。包括：对国内外实验室管理法律制度进行比较研究；考察地方实验室立法，赴我国实验室数量较多、规模较大的广东、浙江、上海等地，对地方实验室立法情况、实验室管理现状、实验室发展中亟待规范的问题等展开调研；及时回复全国人大代表关于制定实验室管理法规的建议等。

### （三）完成《认证及认证培训、咨询人员管理办法》立法后评估工作

国家认监委于2012年4月启动了对《认证及认证培训、咨询人员管理办法》（总局第61号令）（以下简称“《办法》”）的立法后评估工作。针对《办法》设定的基本法律制度的执行情况、在制度设定和执行中存在的问题、解决方式等，进行立法后评估。此次立法后评估工作由法律部法规处组织开展，中国认证认可协会承担对认证从业人员注册制度的评估，同时根据认证从业人员的分布数量及其工作开展情况，选取有代表性的认证机构、培训机构、咨询机构进行机构评估。立法后评估工作结束后，撰写了《认证及认证培训、咨询人员管理办法立法后评估报告》。根据后评估报告提出的问题，拟对《认证及认证培训、咨询人员管理办法》进行有针对性的修订。

### （四）认证认可法规协调工作

随着国家认监委工作全面深入开展以及认证认可法规体系的进一步完善，认证认可制度在社会经济活动中继续发挥重要作用，得到政府各部门及全社会的广泛关注和认同。法规协调工作也越来越显示出重要性。2012年，国家认监委继续做好法规协调工作，进一步发挥认证认可制度在社会管理、社会经济活动中的积极作用，促进认证认可事业的发展。

截至2012年12月31日，共回复全国人大法工委、国务院法制办、国务院有关部门、国家质检总局有关部门的法规征求意见稿109件（次）。其中包括《安全生产法修正案》、《环境保护法修正案》、《校车安全条例》、《保健食品监督管理条例》、《建筑市场管理条例》、《铁路安全条例》、《医疗器械监督管理条例》、《农药管理条例》、《商用密码管理条例》、《消防产品监督管理规定》、《电子电气产品污染控制管理办法》等和认证认可工作密切相关的法律、行政法规、规章和行政规范性文件。

其中，《清洁生产促进法修正案》于2012年2月29日发布，2012年7月1日起施行。该法第二十九条规定，企业可以根据自愿原则，按照国家有关环境管理体系等认证的规定，委托经国务院认证认可监督管理部门认可的认证机构进行认证，提高清洁生产水平。对比2002年旧法条款，该条在鼓励企业通过环境管理体系认证的基础上，认可了与清洁生产相关的其他认证形式。

另外，《消防产品监督管理规定》（公安部、工商总局、质检总局第122号令）于2012年8月13日公布，2013年1月1日起施行。其中多个条款规定了消防产品强制性产品认证制度，并详细规定了国家认监委的相关监督管理职责。

## 二、认证认可普法工作

2012年，国家认监委依据中宣部、司法部以及国家质检总局的统一部署，根据《国家认监委关于开展法制宣传教育的第六个五年规划实施意见》，结合工作实际，积极开展认证认可“六五”普法工作。

### （一）开展认证认可“六五”普法下基层活动

根据《国家质检总局关于开展质检法治文化建设年活动的通知》的要求，2012年，国家认监委开展了认证认可“六五”普法下基层活动。向部分地方两局拨付认证认可普法经费，以此进一步加强地方两局认证认可普法力度，进一步提高地方认证监管队伍的法律素质和执法水平。根据统一部署，有关地方两局已经开展了形式多样的认证认可普法工作，收到了良好的效果。国家认监委也根据需要派员奔赴各地，向地方

认证监管人员进行认证认可普法宣传教育以及相关法规的宣贯，和地方认证监管一线人员进行现场交流及互动，取得很好的效果。

### （二）对新发布的规章进行全面宣贯

2012年6月，国家认监委针对修订后新发布施行的《进口食品境外生产企业注册管理办法》（总局令第145号），组织委内相关部门向地方认证监管部门进行了宣贯，对新老办法的区别和实施中的一些重点问题进行了说明和讲解，促进了145号令在各地方认证监管部门的正确统一实施。

## 三、认证行政执法

### （一）继续深入推进认证执法监管体系建设

2012年，国家认监委下发了《关于深入推进认证执法监管体系建设的通知》（认办法函[2012]87号），在内蒙古自治区质量技术监督局等3个省级质量技术监督局和吉林检验检疫局等10个直属检验检疫局重点推动认证执法监管体系建设，进一步增强各省级质检部门发挥区域管理职能的自觉性和积极性，确保认证执法监管职责履职到位。截至2012年底，认证执法监管体系建设工作在省级质检部门的覆盖面已由2011年底的78%扩大到100%。

### （二）进一步加强中心城市认证执法监管工作

2012年，国家认监委确定了大连市、苏州市、济南市、洛阳市、巴音郭楞蒙古自治州质量技术监督局等5个中心城市质量技术监督局作为重点推动认证执法监管体系建设单位，认证执法监管体系建设在中心城市的覆盖面达到50%，充分调动和发挥了中心城市质检部门认证执法监管工作的积极性、能动性和创造性，达到因地制宜加大认证执法监管工作力度，以中心城市带动区域认证执法监管水平提升的目的。

### （三）推动形成区域认证执法监管联动新格局

2012年，国家认监委继续推动各地质检部门不断深化认证执法监管区域联动机制建设。一是在质监系统内，华北地区的北京、天津、河北、山西、内蒙古五省市区质监局，西北地区的陕西、甘肃、宁夏、青海、新疆五省区质监局，西南地区的四川、云南、重庆两省一市质监局相继启动认证执法监管区域联动机制；二是在检验检疫系统内，北京、天津、河北、山西和内蒙古等华北五局，辽宁、吉林、黑龙江等东北三局也分别建立认证执法监管区域联动机制；三是在两局合作层面，天津检验检疫局和天津市质监局签署认证执法监管合作协议，开创了地方两局认证执法监管合作的先河。截至2012年底，认证执法区域合作联动机制已包含17个省级质监局和18个检验检疫局，占全国67个地方质检两局的52%，并已覆盖华北、东北、华东、西北、西南等多片区域，在全国范围内呈现出多点开花、层层推进的良好态势。

### （四）持续做好执法监管信息系统运行工作

2012年，国家认监委对各认证机构执行自愿性认证活动执法监管信息动态上报制度的工作进行了4次监督抽查，根据抽查结果，对未按要求全面执行上报制度的16家认证机构进行了约谈，对其中的10家认证机构在国家认监委网站上给予通报批评，并予以行政告诫；对按要求严格执行上报制度的17家认证机构在国家认监委网站上予以通报表扬。2012年国家认监委建立了认证行政执法信息报送工作的质检系统内部通报制度，定期向各局通报信息报送情况，加强对地方执法部门信息报送工作的督促和指导。截至2012年底，共通过邮件通报报送情况7次，全国共上报认证行政处罚案件信息1 768条。同时，为了更好发挥该系统交流平台的作用，共录入187条执法类文件，供各级质检部门在执法过程中参考；同时尝试在该系统发布典型案例，以期达到典型引路，规范执法的目的。此外，根据各局使用中的反馈意见，进一步完善了该系统的部分功能，使填报工作操作更便捷，统计功能、查询功能更为完善，真正使“认证行政执法信息报送系统”成为各级认证执法主体的得力助手。

### （五）开展覆盖省市县三级的认证执法监管培训工作，加强认证行政执法队伍建设

2012年，国家认监委继续有针对性地确定若干个省级质检局，采取“省市县三级全覆盖”的模式开展培训。分别在上海、浙江检验检疫局和天津市质检两局组织认证执法监管人员培训班，组织了委内认可部、认证部、注册部、实验室部的有关同志组成讲师团赴培训班授课。同时，继续加强培训工作力度，支持辽宁、山东检验检疫局和陕西、四川省质监局自主开展省市县三级认证执法监管培训工作。自2011年以来，“省市县三级全覆盖”的培训模式已在全国10个省级质检两局铺开，覆盖面占全部省级质检两局的15%，取得了预期的成效，切实提高了基层执法监管人员的法律意识和业务素质，提升了认证执法效能。

### （六）扎实开展“双打”工作，建立“双打”工作长效机制

2012年，汽配等强制性认证目录内产品专项整治

活动和有机产品认证标志专项整治活动被列入了国务院下发的《2012年全国打击侵犯知识产权和制售假冒伪劣商品工作要点》（国办发[2012]30号），认证认可领域“双打”工作得到了更高程度的重视。

在强制性产品认证领域，国家认监委部署开展了部分重点强制性认证产品质量安全专项整治行动和强制性认证获证产品监督抽查工作，加强了强制性认证目录产品入境监管工作，特别加强了对强制性认证玩具产品的监督管理；在食品农产品认证领域，国家认监委继续加强认证规范标准培训宣传，组织开展了食品农产品认证专项监督检查，积极开展有机产品认证示范创建区工作，认证认可领域“双打”长效机制建设已取得初步的成果。

2012年11月，国家认监委牵头国家质检总局“双打”工作第十四督查组，对甘肃、青海质检两局“双打”工作开展督查，并参与国家质检总局对北京、天津、广东等地质检系统的督查工作。督查组深入基层一线，采取听取汇报、现场检查和明察暗访等形式，深入督促检查各地实际工作情况。通过总结经验、查找问题、完善措施，确保“双打”工作取得实效。

### （七）开展认证行政执法专项监督检查工作

2012年5月，国家认监委下发了《关于开展2012年认证行政执法专项监督检查的通知》(国认法函[2012]67号），部署开展了对各省级质检部门认证行政执法情况的专项监督检查。本次执法监督以检查各局认证执法监管体系建设情况、强制性产品认证执法情况、有机产品执法情况为重点，同时调研各局在认证执法监管工作中存在的问题和解决方法。2012年下半年，根据各省级质检部门自查情况，对部分局开展了重点监督抽查。通过自查和抽查工作，有效规范了各省级质检部门认证行政执法行为，推动了认证行政执法责任制的落实，强化了行政机关程序意识，规范了自由裁量权，提高了依法行政水平。

### （八）加强申投诉工作，建立信息共享机制，加大违法案件督办力度，严惩认证违法行为

2012年，国家认监委共接到申投诉134件，经审核，符合国家认监委申投诉规定的有效申投诉65件全部按规定予以受理，处理率达100%。共撰写申投诉工作及数据分析的专题报告4篇，督办案件23件，牵头组织调查涉及重大违法违规的申投诉16件。同时，国家认监委建立了与中国合格评定国家认可中心之间申投诉信息的共享机制，将收到的涉及获得认可的认证机构投诉转发认可中心，共同加大对违法和违反认可准则认证机构的惩处力度。

2012年，国家认监委不断加大对认证违法行为的处罚力度，严惩认证违法行为，对印度泛太平洋认证有限公司长沙代表处未经批准开展认证活动的违法行为给予撤销代表处备案的行政处罚，并予以公布。通过该行政处罚，对其他认证机构及其代表处起到震慑作用，有利于不断规范认证行为，提高认证有效性。

### （九）做好涉及认证认可行政复议工作

2012年2月，北京振业兴管理体系认证有限公司因不服国家认监委做出的撤销其批准文件的行政处罚决定，向国家质检总局提起行政复议。国家认监委在接到国家质检总局行政复议答复通知书后，立即协调案件承办部门撰写并递交了行政复议答辩书。国家质检总局在审理查明相关事实的基础上，做出了维持国家认监委行政处罚决定的行政复议决定，维护了国家认监委行政行为的权威性。

### （十）按照国务院要求，进一步做好行政审批清理工作

2012年9月，《国务院关于第六批取消和调整行政审批项目的决定》（国发[2012]52号）明确取消了国家认监委“认证培训机构、咨询机构设立审批”两项行政审批项目及“认可证书和认可标志式样备案”、“认证标志备案”两项非行政许可审批项目。截至2012年底，国家认监委共有行政许可项目7项，非行政许可审批项目2项。

## 四、政策研究及业务综合工作

### （一）围绕政研工作职能，加强开拓创新

2012年，国家认监委在政研工作思路、方法、机制等方面着力创新，进一步拓展认证认可政策研究工作的广度、深度、厚度。

#### 1. 对地方认证监管资源状况进行调查分析

地方认证监管是我国认证认可体系的重要组成部分，摸清其资源状况对于“十二五”时期乃至未来十年的认证认可事业发展意义重大。2012年，国家认监委通过调查问卷等形式，开展了对地方质监系统及出入境检验检疫系统的认证监管资源调查，对地方认证监管的机构设置、人员配置、层级分布、区域特点进行了全面统计和详细分析，相关调查结果通过政研参考资料发表。

#### 2. 启动检测认证行业发展政策研究项目

《国务院办公厅关于加快发展高技术服务业的指导

意见》进一步将认证认可确定为高技术服务业，提出大力发展第三方质量安全检验检测、认证技术服务。为满足委领导决策参考和业务实际需要，国家认监委在2012年启动了检测认证行业发展政策研究项目，通过对检测认证行业现状的调查、研究，探索行业发展的客观规律，结合国家经济和社会发展重大决策，就检测认证行业落实科学发展观、服务经济建设和社会发展提出政策建议。目前，该项目第一阶段研究成果已初步成形。

#### 3. 深入开展学习“十八大”精神系列政策分析工作

党的十八大顺利召开后，国家认监委结合认证认可工作实际，组织对十八大报告关系认证认可发展的重点内容进行了全面、系统、深入的学习研究。从认证认可支持生态文明建设、助力经济结构调整、贯彻依法治国方略、推进行政体制改革、实施创新驱动战略等多个角度撰写了系列参考资料，有力推动了国家认监委“十八大”学习宣贯工作的深入开展。

### （二）围绕重点工作，抓好贯彻落实

#### 1.《质量发展纲要（2011—2020年）》宣贯工作

作为新时期促进质量发展、建设质量强国的行动指南，《纲要》对认证认可工作提出了新的更高要求，抓好《纲要》的学习宣贯是推动认证认可工作又好又快发展的重要保证。《纲要》一经发布，国家认监委立即对其中涉及的认证认可相关内容进行了梳理总结、深入解读，参与了国家质检总局组织的纲要学习问答的编写，印发了在认证认可行业内学习宣贯《纲要》的实施方案，撰写了国家认监委宣贯工作要点的建议报告，有力深化了国家认监委、地方认证监管部门和认证认可从业机构学习领会《纲要》的理论深度。

4月28日，《贯彻纲要2012年行动计划》印发以后，国家认监委于5月9日组织召开专题会议，召集委机关各部室、下属单位集中学习《行动计划》，传达了孙大伟副局长关于学习贯彻《行动计划》的指示。6月13日，根据国家质检总局通知正式发布《关于印发〈国家认监委贯彻实施质量发展纲要2012年行动计划任务分解表〉的通知》，进一步明确了国家认监委2012年贯彻落实《纲要》的重点工作和责任部门。11月，按照国家质检总局通知要求，国家认监委组织各部室及下属单位对落实《行动计划》的工作情况进行了总结，并初步提出了2013年的工作安排。

#### 2. 组织开展“两个专项行动”

国家认监委认真学习贯彻全国质检工作会议精神，深刻领会支树平局长关于抓好风险管理工作的重要要求，为保障认证认可行业两个专项活动的顺利开展做了大量的工作。第一，周密组织，全面部署。5月初，国家质检总局正式部署开展两个专项活动后，国家认监委在半个月的时间内先后组织召开2次专题会议，向国家质检总局提交了6份意见、材料，初步形成了实施方案并进行了任务分解。5月下旬，印发国家认监委《关于开展认证认可质量安全风险排查整治和道德领域突出问题专项教育治理活动的通知》，向地方两局、各下属单位及时传达国家认监委相关工作要求、组织领导和实施方案。第二，悉心办理，加强协调。国家认监委先后办理了30余份相关文件，进行了大量的意见、材料征集工作。7月，为配合国家质检总局专题研讨会及国家认监委半年工作总结会的召开，组织撰写了《国家认监委质量安全风险分析报告》。第三，加强调研，认真总结。8月，在两个专项活动“全面排查阶段”工作完成后，国家认监委对地方两局开展认证认可质量安全风险排查的工作情况进行了及时总结。活动开展中，由委领导带队，各专项组成员赴认可中心、黑龙江两局开展了实地调研。10月，国家认监委召开专题会议，对深入开展风险整治工作进行了再认识、再动员、再部署。

#### 3. 组织开展全国“质量月”活动

9月—10月，配合全国“质量月”活动的开展，国家认监委起草并印发了《国家认监委关于深入开展2012年全国“质量月”活动的通知》，重点突出全行业参与的主要要求，积极动员各地认证监管部门、行业组织、从业机构在认证认可领域开展“质量月”活动，推动两个专项行动走向深入。活动结束后，及时收集、掌握各从业机构的活动开展情况，并以简报的形式进行了汇总。

### （三）围绕年度工作计划，推动任务落实

#### 1. 编撰完成《认证认可发展报告（2012）》及《认证认可质量数据分析报告》

在2011年所确立的规格、版式、模块等质量水平基础上，2012年版的发展报告进一步增强了实用性和可读性，凸显了“十二字方针”贯彻落实的主题主线，内容凝练、设计美观、图文并茂，充分实现了体例化、规范化的编写目标，得到了各相关方面的诸多肯定。

2012年，《质量数据分析报告》进行了全面改版，在编撰质量上逐步向发展报告看齐，主要体现在以下四个方面。第一，篇章结构进行了大幅调整，体例上确定为资源状况、业务发展、行政监管3篇12节，内

容进一步充实、篇幅有所增加；第二，加强了业务数据的宏观判断分析，重点概括业务发展的整体趋势，增加了与ISO数据的横向对比分析；第三，改进了质量数据分析的方法，更加关注结果和问题，凝练分析出13个主要问题；第四，版式及印刷质量有了大幅提升。

**2. 高度关注国家各类规划对认证认可的相关政策要求**

2012年，国家认监委继续高度关注国家专项、部委、行业规划中关于认证认可工作的政策要求，有层次、有计划地对41部已颁布的国家专项规划进行了梳理研究，涉及节能减排、应对气候变化、食品安全、信息安全、战略性新兴产业、服务业发展等多个领域；对正在制定尚未颁布的国家专项规划保持密切关注；提出贯彻落实意见并完成相关政策研究参考资料共5期。

**3. 完善认证认可风险管理工作**

国家认监委充分发挥政策研究优势，深入研究、大胆实践，认证认可风险管理工作在2012年进一步得到加强。第一，继续推进认证认可业务风险分析研究政研项目，开展实地调研、座谈，起草完成《认证认可风险管理手册》并将根据后期征求意见的结果进行修订；第二，及时根据研究成果对前期已完成的《认证认可风险分析报告》及《认证认可风险分析一览表》进行了修订完善，组织地方认证监管机构在两个专项活动中开展有针对性的认证认可风险排查整治工作；第三，针对风险沟通等重要理论问题开展政策研究并撰写2期政研参考资料。

**4. 全面梳理国家质检总局部省合作备忘对认证认可相关要求**

为进一步加强部省合作备忘机制建设，凸显认证认可服务区域经济社会发展的核心职能，国家认监委对2002年~2011年间国家质检总局与地方政府签署的47份部省合作备忘文件进行了全面梳理、分析，把握总体变化趋势，对涉及认证认可工作的180个条款进行了全面摘编和深刻分析，将所有条款与认证认可的10个主要业务领域进行了一一对应，提出有针对性的政策建议供领导决策及各业务部室对照督办。

**5. 及时准确办理各类业务综合文件**

截至2012年底，法律部政研室共牵头办结各类业务综合文件230余件，办文总数与2011年同期相比又有上升；其中急件、特急件占办文总数的一半以上；办文及时回复率和办文准确率均达到了100%，有效保障了国家认监委相关意见得到主办单位的采纳。

**撰稿人：黄　叙　陈腊梅　蔡煜刚　石书浩　蔡云飞　罗元卓**

**审稿人：蔡　伟　梁　刚　张　威　马　昆　王学胜**

2013

Yearbook of Certification and Accreditation of China

# 第五部分　认可监管

## Part Five　Supervision Certification Bodies

## 一、认证及相关机构市场准入制度建设

### （一）行政审批业务办理情况

2012年，受理认证机构行政许可申请143项，其中，不予行政许可4项；批准28家机构新设分支机构128家；17家机构扩大业务范围19项次；备案的认证业务共20家69项，不予备案认证业务10项；申请变更65项，完成变更56项；到期换证认证机构申请23家，已审批22家，1家正在审批中；撤销1家认证机构认证资质，注销1家没有按期申请的认证机构的认证资质，注销1家认证机构的质量管理体系认证资质；SA 8000备案企业196家。全年组织专家评审4次，120个评审项目，共有30人次专家参加；网上评审7项，21人次专家参加；现场核查7项。

新设立认证培训机构3家，扩大业务范围的5家，到期换证1家。外资认证机构驻华代表处的备案工作，完成2家备案工作。

### （二）认证机构年度审查情况

根据2011年9月颁布的《认证机构管理办法》，2012年上半年首次开展了认证机构年度审查工作，并换发了新版式认证机构批准书，取得了较好效果。

一是年审工作进一步促进认证机构遵守《认证机构管理办法》，支持配合依法行政。二是年审工作与工商部门的企业年审工作衔接，受到工商部门重视，一些地方工商局明确要求认证机构交验新版批准书参加年审。三是年审工作促使国家认监委进一步清理、规整了认证机构的基本信息，完善了认证机构档案管理。四是年审工作方便国家认监委掌握了较完整的认证机构基本信息、经营信息等。对法人类型、经济性质、分支机构地域分布、从业人员、经营状况等数据进行的分类及组合分析，对把握宏观管理有重要参考价值。全部173家认证机构按要求提交了年度报告，按要求在2月底前提交的有149家占86%，逾期提交的有24家占14%。材料完整齐全，一次通过年审的有130家占75 %，材料不全、通知补充后通过年审的有31家占18%，年审发现存在不符合法定从业条件限期整改的有12家占7%。五是通过年审，撤销4家认证机构的8个分支机构以及1家认证机构的1个业务领域。

### （三）发布《中国认证机构发展报告（2011）》

为了使认证行业和社会各相关方充分了解我国认证机构和认证行业发展的总体情况，国家认监委对截至2011年12月31日批准的175家认证机构报送的2011年年度工作报告进行了详细分析，编制了《中国认证机构发展报告（2011）》，计划发放给相关部门和单位，以展示我国认证机构的行业发展水平和发展状况，供行业内部和相关部门参考。报告内容共分四个部分，即认证机构发展情况、认证业务和认证人员发展情况、认证机构经营发展情况和国家认监委认可部对认证机构的行政审批、业务开发与市场监管工作。

### （四）举办行政审批专家培训

8月2日—3日，由国家认监委主办的认证机构行政审批专家培训班在青海省西宁市举办。本期培训班是国家认监委建立认证机构行政审批专家队伍以来开展的第二次大规模集中年度培训，共有来自47个单位的59名专家参加了培训。

此次培训内容丰富，针对性强，专家普遍反映效果良好。短短两天时间内，总结了2011年认证机构行政审批专家评审工作的开展情况，具体讲解了与行政审批相关的法律法规及配套性规范文件的有关规定以及具体评审过程中需注意的问题，还向全体专家通报了国家认监委“短平快科研项目”《认证机构行政审批专家评审要点识别及分类的研究与应用》的前期进展情况及后续工作安排，同时还特别邀请了认可机构和认证机构的老师为专家系统讲授了信息安全管理体系和信息技术服务管理体系的标准及有关认可规范。最后，专家们一起沟通交流了文件评审及现场核查的经验和

技巧，并对专家评审工作提出了许多中肯的建设性的意见建议。

### （五）开展自愿性认证项目效果评估工作

在委领导的指导下，国家认监委牵头制定了自愿性认证项目效果评估工作方案，并按工作方案推进。此项工作促进了相关基础信息的整理分析，创新了宏观管理思路。一是全面整理了国家认监委成立以来推动开展的自愿性认证项目，为把握认证认可宏观管理工作提供了完整数据。二是评估工作引起相关主管部门重视相关认证工作进展情况，对促进认证有效性提升将起到重要作用。目前，森林认证、能源管理体系认证、ITSMS 认证试点、清真食品认证试点评估报告已经完成。

## 二、认证市场监管制度建设

### （一）大力加强对认证市场的行政监管力度

2012 年，国家认监委组织相关地方两局对 95 家认证机构和 13 家境外认证机构常驻代表处实施了专项现场检查，检查发现 5 家认证机构专职审核员少于 10 人，不符合行政许可要求，已按相关规定处理。对印度泛太平洋认证有限公司等 6 家未经批准非法开展认证活动的境外认证机构进行了查处，对相关机构进行了处罚，并及时发布警示公告。对于其中 2 家已在华设立常驻代表机构并经国家认监委备案的境外机构，做出了撤销常驻代表机构备案的处理。

### （二）全面推进管理体系认证网格化监管工作

2012 年，共组织 12 个地方局实施网格化监管，涉及 4 881 家企业及 120 家认证机构，涵盖质量、环境和职业健康安全管理体系等认证领域的 6 569 张证书，约占当前体系认证有效证书总数的 1.4%。根据检查抽样数据分析结果，获证企业的管理体系运行合格率达到 96%，74% 的获证企业表示获取证书是出于提高自身管理水平的需要，84% 的受检企业在取得证书前的体系运行时间超过 3 个月，企业所支出的认证初审收费金额平均为 20 188 元，平均支出的监督审核收费金额为 10 320 元。受检企业中体系运行存在问题的有 2 708 家，占 55.48%，共涉及 3 516 个问题。在抽检证书数量居前 10 位的认证机构中，有 5 家认证机构所涉企业的体系运行状况高于平均水平，显示认证机构的发证数量与其发证企业体系运行质量无明显的关联性。而通过认证机构收费状况与其发证企业体系运行状况的对比分析，认证机构的平均收费水平与其发证企业的体系运行质量呈正相关关系。检查发现认证机构存在的问题 1 434 个，认证机构对获证企业监督力度不够的问题尤为突出。

### （三）发布《认证机构履行社会责任指导意见》，督促认证机构履行社会责任

结合新版机构批准书换证工作，依照《认证机构管理办法》开展认证机构年度审查。建立认证机构履行社会责任报告制度，发布了《认证机构履行社会责任指导意见》，督促机构强化“责任认证、诚信认证”意识。组织全国 173 家认证机构履行社会责任宣贯会，中国质量认证中心等 3 家认证机构发布社会责任倡议，倡导认证行业积极履行社会责任和诚信义务。

**撰稿人：林　峰　张志国　付　强　安　东　李凌志**
**审稿人：赵宗勃**

2013

Yearbook of Certification and Accreditation of China

# 第六部分　认证监管

Part Six　Management and Supervision on Certification

## 一、管理体系认证

### （一）管理体系认证开展情况

根据各认证机构上报的证书信息统计，截至2012年12月31日，认证机构颁发的各类管理体系有效认证证书总数为490 220张，同比增长9.56%；涉及获证企业337 149家，同比增长6.51%。管理体系认证主要领域有效证书数持续增长，食品农产品相关体系认证有效证书数出现下降趋势。三大管理体系认证有效证书继续保持快速增长，其中质量管理体系认证证书314 324张，同比增长7.48%；环境管理体系认证证书83 452张，同比增长15.71%；职业健康安全管理体系认证证书38 411张，同比增长26.43%。食品农产品相关的体系证书数有所下降，其中食品安全管理体系认证有效证书7 630张，同比下降5.64%；HACCP认证有效证书5 766张，同比下降29.9%。

### （二）落实质量发展纲要，服务经济转型发展

深化推进认证认可能力建设，不断完善有利于质量发展的体制机制，推动认证认可向重点支柱产业、战略性新兴产业、高科技产业领域渗透，提升认证认可与产业经济的融合度。

#### 1. 能源管理体系认证试点工作成效显著

目前共有37家机构在13个行业领域开展认证试点工作，积极向国家发改委、工信部宣传能源认证试点工作并取得成效，得到了相关部委对推动能源管理体系建设和认证的政策支持，十二个部委联合制定的《万家企业节能低碳行动实施方案》中把建立健全能源管理体系作为对万家企业的要求。

#### 2. 积极开展服务认证制度的开发研究工作

服务认证做为国家认监委2012年业务开发的重点工作之一，一直在加紧研究，并于2012年初召开了小规模的机构研讨会，并开展了调研活动，基本确定了服务认证的分类方法和基本原则，形成了《服务认证技术通则》文件一份，整理完成了《服务认证制度开发阶段报告》，对下一步的工作重点和难点做了分析，为服务认证的顺利推进打下良好基础。

#### 3. 森林认证试点效果良好

经林业局推荐，国家认监委于2009年9月批准设立了一家专业的森林认证机构，即中林天合（北京）森林认证中心有限公司（以下简称“中林天合”）。中林天合在林业局科技发展中心指导下开展认证试点工作。两年多来，中林天合已对广西、广东、海南、辽宁、吉林、黑龙江等地17家单位进行认证审核，其中产销监管链认证审核2家，森林经营认证审核15家，涵盖森林面积192万公顷（其中10家单位已通过了认证，森林面积101万公顷）。

## 二、产品认证

### （一）强制性产品认证制度建设

#### 1. 强制性产品认证工作开展情况

截至2012年12月31日，CCC目录内产品共计22大类157种，认证实施规则78份，指定认证机构13家，指定实验室167家。

CCC有效证书共计333 158张，其中境内305 473张，境外27 685张；持有效证书的企业48 596家，其中境内企业43 860家，境外企业4 736家。2012年新颁发CCC证书78 445张，其中境内72 664张，境外5 781张；涉及获证企业19 826家，其中境内企业18 018家，境外企业1 808家；暂停证书43 666张次，撤销证书19 487张次，注销证书21 383张次。

#### 2. 召开了强制性产品认证工作大会，启动并部署强制性产品认证制度完善与调整工作

为启动并部署强制性产品认证制度完善与调整工

作，国家认监委于2012年4月召开了强制性产品认证工作大会，孙大伟主任出席会议并讲话，相关部委、行业协会、技术机构等300多位代表参加。

会议以“稳中求进、创新发展”为主题，总结十年来的经验与成效，从制度设计、认证实施、行政监管等多个角度，深刻剖析了影响制度发展的问题，提出下一步紧扣“优化制度设计、夯实基础建设、强化监督管理”这条主线，不断从制度顶层设计、目录和指定机构动态调整、认证规则和模式调整、数据管理和质量分析长效机制建立等多个方面，完善和调整强制性产品认证制度。

**3. 完成了CCC制度顶层设计的完善方案及实施规则调整和试点方案准备工作**

在质量分析的基础上，按照“平衡责权、控制风险、保证质量”原则，提出了完善CCC认证制度顶层设计、调整实施规则方面的具体方案。借鉴欧盟先进的合格评定理念，通过进一步完善法规体系、梳理文件层级、调整实施规则定位等，进一步完善了CCC认证管理制度。

**4. 建立目录动态调整机制并完成目录调整**

为提高CCC认证目录管理与法律法规、产业政策、产品发展需求的适宜性，以及产品进、出目录的规范性，建立并实施了目录动态调整机制。并首次对目录进行了“瘦身”，将矿用橡套软电缆等8种产品调出目录。另外，根据公安部消防局建议，对新一批消防产品实施强制性认证的可行性必要性进行论证，同时对儿童汽车座椅、反光板等下一步拟调入目录的产品开展了广泛调研。

**5. 完成了CCC目录内产品风险分析与定级工作以及认证模式多样化调整工作**

组织专家对目录内各产品进行具体分析研究，从产品成熟程度、行业发展水平、由产品生产特点所决定的质量控制保证能力等五个影响产品风险的要素考虑，对目录内的各类产品进行了仔细梳理和科学评估，确定风险等级，并在风险分析的基础上，根据产品特点设置多样化的产品认证模式。

**6. 完成了指定机构动态管理方案并着手调整工作**

着手开展对《强制性产品认证机构、检查机构和实验室管理办法》（质检总局“65号令”）的修订和指定实验室管理办法的研究工作，已完成《CCC指定实验室评价指标体系》，建立可操作性强、优胜劣汰的实施机构动态调整机制。同时开展对目前CCC指定机构布局及业务状况的梳理分析工作，按省行政区域，对每种产品有效证书的分布、指定实验室的分布、本地化服务状况、竞争是否适度状况进行了全面汇总、梳理，按照“合理布局、便利企业；总量控制、适度竞争；能力优先、综专结合”的原则，开展对指定机构的补充指定。

**7. 建立了行政专项监督与认可监督和人员注册管理的联动机制**

与认可中心、认证认可协会就CCC认证的联动监管机制建设进行了研究，并完成了行政监管与认可监督、人员注册管理联动机制方案。提高了工作效率，降低了行政风险。

**8.CCC质量分析工作建立常态化机制**

在2011年完成了CCC认证十年质量分析报告的基础上，2012年将建立CCC质量分析作为一项年度工作来抓，发文部署，建立了CCC认证质量分析长效机制，形成了CCC认证质量数据报送机制，组织成立由国家认监委、指定认证机构、指定实验室、认可中心和研究所等专家组成的工作小组，起草完成了2012年度CCC认证质量分析报告。

**9. 完成“强制性产品认证制度实施评估及发展研究”课题**

组织开展并完成“强制性产品认证制度实施评估及发展研究”课题。在课题研究过程中，组织认证机构、实验室、研究所、信息科技大学等相关单位，对强制性产品认证制度进行了全面分析和评价，形成了典型案例集并建立相关数学模型，完成了“CCC认证制度实施效果研究”和“CCC认证制度实施评估及发展建议研究”报告，并通过了总局课题验收。

**10. 建设认证认可联系点，助推地方经济发展**

根据国家认监委机关党委的统一部署，深入地方一线调研寻找结合点，开展对口帮扶、直接服务，牵头建立了国家认监委扬中市和扬州市经济开发区等两个联络点。

6月，国家认监委分别与江苏省扬中市政府、扬州经济技术开发区签订《关于建立认证认可工作联系点的合作备忘录》，并针对节能减排、低碳认证、CCC认证等方面开展了专题培训。9月，落实总局全国“质量月”活动，围绕节能节水认证、智能电网认证等领域，举办了第二期专题培训会，有力助推了地方经济发展。

**11.CCC认证信息化工作取得新进展**

抓好CCC信息化建设，打牢数据基础支撑。协调信息中心，完成CCC业务管理端系统的开发工作、CCC工厂检查计划上线查询系统的开发工作、“CCC免办特殊检测处理程序管理系统”的正式上线工作。推进CCC认证申请信息查询系统、自愿性产品认证信息报送系统的建设。

## （二）强制性产品认证监督管理

### 1.CCC获证产品监督抽查

2012年，以创新监管工作机制、提高CCC认证有效性为目标，对CCC获证产品领域重点选取近年来国抽合格率下降的、质量安全状况不稳定的轮胎、橡胶避孕套、电动工具、小家电、玩具等25种产品，组织全国31个省级质监局、5个副省级市质监局和35个直属检验检疫局，历时6个月，出动执法人员2 986人次，在流通、生产和进口领域抽查了1 875批次的获证产品，涉及1 121家销售商和生产企业。

监督抽查过程中共查处无证生产销售进口相关产品的违法违规案件38起。实现了一次部署、全年实施、突出重点、全面覆盖，切实保障了监督抽查力度。

### 2.指定认证机构、实验室及检查员的监管

在2012年的认证专项监督检查行动中，对全部10家指定认证机构和检查员、6类60家次指定实验室以及获得CCC认证的110家企业进行了监督检查，出动专家约1 400人日。产品认证领域包括：机动车制动软管、轮胎、玩具，灯具、电动工具、小家电等12个产品认证领域和6个检测领域。

根据监督检查发现的问题，对1家指定认证机构实施行政告诫，对13家指定认证机构和实验室发出限期整改通知书，撤销3家指定实验室CCC指定检测业务，暂停2家指定实验室CCC指定检测业务，撤销1名工厂检查员。

### 3.“CCC免办”与“小批量”工作的监督检查

共组织5个检查组于9月—10月，分别对浙江等11个直属局的CCC免办工作，以及辽宁等5个直属局的汽车产品特殊检测处理程序工作实施监督检查。

核查审批资料383份，检务档案201份，现场检查CCC免办企业22家，发现问题32个，提出工作改进建议15件，加强了处理程序审批工作的规范性。

### 4.国家监督抽查CCC目录产品统计分析工作

2012年，国家监督抽查（五个批次及电线电缆专项抽查）共抽查3 225个CCC目录内产品，涉及15大类30种产品、9个认证机构和26个省（市、区）。CCC目录内产品平均获证率99.01%。获得CCC认证的3 193个产品平均抽查批次合格率为90.32%，未获CCC认证的32个产品平均抽查批次合格率为87.50%，获证产品平均抽查批次合格率比未获证产品高约3个百分点。

### 5.深入开展CCC目录内产品专项整治工作

2012年，在CCC认证领域严厉打击侵犯知识产权和制售假冒伪劣商品行为，有序推进落实质量安全风险排查整治工作。下发《关于开展部分重点强制性认证产品质量安全专项整治行动的通知》（国认证［2012］19号），组织开展了对机动车零部件、电线电缆、轮胎、玩具、灯具等9类重点CCC目录内产品的专项整治行动，要求地方两局针对重点区域、重点企业严厉查处无证生产销售和假冒伪造强制性产品认证标志、证书的行为，要求指定认证机构全面排查、清理重点产品的获证企业和认证证书，强化生产企业质量主体责任意识，建立健全强制性产品认证质量安全长效监管机制。

专项整治行动共检查企业12 719家，查处无证、假冒证书及标志和不符合CCC认证要求企业数1 364家，共计暂停、撤销处理CCC认证证书9 093张。

### 6.开展风险预警工作，建立应急机制

建立了对指定认证机构的CCC认证风险信息预警分析和处理工作的长效机制，同时建立了较为成熟的应急机制，针对媒体舆情反映的CCC认证相关问题，进行及时应对、分析、通报和处理。2012年共发送4期《强制性产品认证舆情信息风险预警》，包含舆情信息59条，涉及全部10家指定认证机构。主要涉及汽车、家用电器、电线电缆、装饰装修材料和玩具产品等方面。

2012年，按照制定的突发应急事件处理程序，先后单独或配合总局及时应对并处置了多个产品质量安全相关的突发事件，包括“3·15”晚会曝光玩具使用医疗垃圾及废旧回收料、丰田汽车质量安全诉讼、商用空调电人问题事件等。按照紧急动态应急机制，获取信息后快速深入了解，第一时间部署行动，严格进行检查，同时针对可能出现的问题制定了相关预案。

### 7.抓重点产品监管，调研出措施

在质量分析及风险排查的基础上，加强了对玩具、电动工具、汽车等高风险产品的监管，对地方两局作出了一系列工作部署，先后赴河北、广东、浙江、江苏等地开展调研活动，梳理实际状况、认真分析存在的问题，提出了改进措施及下一步长效机制建议。

以企业集中地江苏启东地区为试点，开展减轻企业负担、推动地方行业规范发展的调研活动。通过单元粗化、生产企业分类管理、认证模式调整、利用工厂

检测设施、简化获证后监督等措施，从制度设计层面减轻企业负担，并组织认证机构在江苏启东地区开展电动工具认证方案试点工作，为企业提供便利服务。待试点实施成熟后，向其他企业集中地推广。

8.CCC 认证目录与海关 HS 编码对应工作

为确保 CCC 目录内产品入境验证通关工作的顺利开展，9 月，结合 2012 年 CCC 产品目录界定表的发布，组织认证机构、直属检验检疫局的专家代表，编制完成 CCC 目录产品与 2012 年 HS 编码的对应关系表，提出了 2012 年 HS 编码检验检疫监管条件的调整建议。10 月，商请通关司调整相应 HS 编码监管条件。对涉及 CCC 目录内产品的 488 个 HS 编码，全部设置 L 监管条件，在报检环节中要求企业提供证书信息，并通过系统自动进行信息比对，从而进一步促进强制性产品认证入境监管与检验检疫通关管理的衔接，形成合力，严把市场准入关。12 月，印发《国家认监委关于发布强制性产品认证目录产品与 2012 年 HS 编码对应表的公告》（国家认监委 2012 年第 36 号），为口岸 CCC 入境产品的监管提供技术支撑，为进口报检企业提供便利。

9. 强化对外合作

（1）对台合作

2012 年，国家认监委与台湾标准检验局重点就 LED 路灯认证领域合作互认和 CCC 认证领域比对合作专题开展了两次会议交流，达成了相关合作成果。与台湾交通部、机动车审验中心共同对两岸机动车认证检测标准开展比对研究。

第一，在 LED 路灯认证领域达成合作互认共识，开展试点 LED 路灯认证领域的合作互认工作。

第二，完成 CCC 认证制度和台湾验证登录制度的技术比对工作，就两岸制度之间的合作互认领域进行了研讨。对大陆 CCC 认证制度和台湾验证登录制度（RPC）进行了名词术语、法规体系、管理制度、产品目录、认证程序、认证模式、监督管理等方面进行了技术分析和比对，完成了两岸制度比对研究报告。

（2）中德电动汽车认证领域国际技术交流与合作

积极开展电动汽车认证领域的国际技术交流与合作，与德国相关政府部门签署了部门间的合作协议，共同完成电动汽车认证合作可行性研究报告。

## （三）自愿性产品认证工作

1. 自愿性认证开展情况

目前开展自愿性产品认证机构共 69 家，其中内资机构 51 家，外资机构 18 家，工厂检查员 3 660 名。各机构自行编制产品认证实施规则共 2 569 份，协议实验室 1 179 家，29 家认证机构的认证结果有政府或行业主管部门采信。颁发有效证书 171 075 张，持有效证书企业 31 094 家。

其中铁路产品认证累计颁发有效证书 991 张；国推信息安全产品认证累计颁发有效证书 266 张，涉及企业 116 家；国推电子信息产品污染控制认证累计发放证书 1 000 余张，涉及企业 60 余家；节能产品认证累计颁发有效证书 17 725 张，涉及企业 1 028 家；节水产品认证累计颁发有效证书 2 602 张，涉及企业 492 家；可再生能源认证累计颁发有效证书 2 089 张，涉及企业 645 家；环保产品认证累计发放证书约 7 451 张，涉及 4 374 家企业；交通产品认证累计发放证书 190 余张，涉及企业 74 家。列入能效标识目录管理的产品共计 27 种，已备案企业数达到 5 400 余家，备案产品型号超过 28 万个。

2. 铁路产品领域

国家认监委和铁道部就铁路产品认证相关工作建立了联合工作机制，并对认证机构从业资质和认证依据等有关问题达成共识，共同推动铁路产品认证工作。会同铁道部，发布了《铁路产品认证管理办法》，公布了两批实施铁路产品认证的采信目录，涉及 9 类 378 种产品。目前，覆盖第一批采信的 242 种产品认证实施规则编制完成，并已完成备案工作。

3. 电子电器污染物控制领域

2012 年启动了“电子电器国推污染控制”认证工作。联合工信部共同确认了 3 家认证机构及 20 家实验室作为国推污染控制认证实施机构，引入欧盟有关法规，依据国内相关企业的实际情况，在工业和信息化部的大力支持下，该项工作正在步入正常化轨道。

4. 节能产品认证

与国家发改委等部门进行协调、达成共识，编制完成《节能产品认证管理办法》。扩展节能产品认证领域，新增三种节能产品认证领域。

5. 节水认证和可再生能源认证

积极与水利部等行业主管部门沟通，推动地方政府采信节水产品认证结果，扩展节水产品认证领域（三种给水管道产品），并对抽查中涉及到的节水认证产品进行了排查和分析，要求认证机构对出现问题的产品证书进行处理。

配合国家可再生能源发展工作，组织认证机构开展可再生能源认证新项目研究，目前生物质能设备认证、海上风电认证已具备实施条件，并开展认证工作。

#### 6. 资源节约（节能 / 可再生能源 / 节水）产品指标量化

将发证量较大、计算方法成熟的产品纳入资源节约产品指标量化体系中进行测算，2012 年度共计节约 / 替代电力 92 067.51 百万度（相当于 3 277.60 万吨标准煤），节约水资源 224.89 亿吨。

#### 7.《节能产品政府采购清单》工作

今年第十二期《节能产品政府采购清单》共覆盖 29 个政府采购四级品目、52 种产品类别，清单中包括 364 家企业、45 781 个产品型号 / 系列；其中政府强制采购的节能产品覆盖 9 个政府采购四级品目、23 种产品类别，共涉及 270 家企业、37 215 个产品型号 / 系列。

#### 8. 能效标识管理工作

联合发改委、国家质检总局发布了实施能效标识管理的第九批产品目录，完成对应产品实施规则编制和实施工作。

目前，列入能效标识目录管理的产品共计 27 种，已备案企业数达到 5 400 余家，备案产品型号超过 28 万个。

#### 9. 电气电子零部件产品认证

为促进整机产品强制性认证的有效实施，已完成 18 个电气电子零部件产品自愿性认证实施规则初稿的修订。

#### 10. 低碳产品认证

积极配合委内相关部门开展低碳产品认证专题研究，加强技术储备，共同推动低碳产品认证管理办法出台。

#### 11. 信息安全产品认证

组织机构开展信息安全产品认证风险分析，完成《信息安全产品认证风险分析研究报告》。

## 三、食品农产品认证监管部分

截至 2012 年 12 月底，我国食品农产品有效认证证书 102 527 张，从事食品农产品认证机构 50 家。国家认监委和各地质检部门 2012 年开展的食品农产品认证监管工作主要有：

### （一）食品农产品认证制度建设情况

2012 年修订发布了《有机产品认证实施规则》、《有机产品》国家标准，并制定了《有机产品认证目录》，启用了国家有机产品认证标志备案系统，统一和细化了有机产品认证标识规定，统一认证尺度，增强了可操作性，首次发布了《危害分析与关键控制点体系（HACCP）认证实施规则》，明确了我国开展 HACCP 认证依据标准和认证程序要求。

### （二）专项监督检查开展情况

#### 1. 食品农产品认证机构专项监督检查情况

2012 年委托认可中心组织相关专家共对 19 家认证机构进行了监督检查，现场检查获认证企业 41 家。发现的问题主要有：认证机构对审核（检查）员的能力管理较弱，致使审核（检查）员专业能力不能满足现场审核（检查）需要；认证审核（检查）不到位造成对企业现场审核（检查）有效性较差，认证机构审核（检查）档案内容与企业实际状况不符；认证机构对证后监督管理较为薄弱导致企业不能完全持续满足认证要求；认证机构管理人员流动较大，认证管理质量不稳定等。同时检查中也发现，部分认证机构不能按照认证实施规则要求报送认证年度报告。

#### 2. 食品农产品认证专项监督抽检情况

对获得有机产品和绿色食品认证的水果、蔬菜、茶叶、水产品、肉制品（畜肉）和乳制品等六类产品 278 个样品进行了监督抽检，其中有机产品 190 个，绿色食品 88 个。检测结果显示，在抽取的 278 个样品中，有 7 批次产品农残、重金属超标，有机产品抽检合格率为 97.37%，绿色食品抽检合格率为 97.73%。有机产品中农残检出 6 批次，绿色认证的产品农残检出 11 批次。

2012 年，监督抽检总体合格率达到 97% 以上，总体产品质量稳定，有机茶中联苯菊酯类和三氯杀螨醇类农药、有机蔬菜中毒死蜱以及水产品中重金属镉超标等。国家认监委要求各局、认证机构将上述情况作为重点风险项目在监管、认证活动中予以高度关注，各有机产品认证机构在对上述产品进行认证时，应当将这些高风险项目列为必检项目。

### （三）地方质检部门日常监管情况

#### 1. 开展有机产品认证标志专项整治

各认证机构按照《关于启用国家有机产品认证标志备案系统的公告》（国家认监委公告 2012 年第 9 号）建立了标志发放和管理制度，截止 2013 年 3 月初，已上传有机码 5.8 亿个。

各地方质检部门根据国家认监委下发的《关于开展

有机产品认证标志专项整治活动的通知》(国认注[2012]53号),共召开800多场宣贯培训会,接受培训企业、销售商21 926人次,检查了销售场所1761个,提出整改要求的199个,检查获证企业1 104家,限期整改109家。地方两局累计检查认证机构共计205次,查处立案7起,结案4起;检查销售场所4 233个,立案11起,结案7起,移交工商部门2起;检查获证企业2 633家,立案17起,结案6起。

#### 2. 地方质检部门日常监管情况

2012年,各地方质检部门在积极配合和参与国家认监委组织的专项监督检查基础上,对食品农产品认证活动开展了日常监管。各局共派出17 298人次,监督检查各类食品农产品获证企业13 052家,涉及各种认证产品11 745个,共发现涉嫌违规行为121起,处理结案94起。涉嫌违规行为的种类主要是:获证企业、产品不能持续符合认证要求,伪造、冒用、超范围、超期使用认证证书行为及未按认证实施规则实施认证,伪造、冒用、超范围、超期使用认证标志行为。江苏、河北等地质监部门还对有机产品进行了抽样检测,上海、广东、浙江等地出入境检验检疫局加大了对进口有机产品的查验和监管,河北、黑龙江、四川、浙江、江苏、山西、甘肃等地质检部门与当地工商、农业等部门建立监管联动机制,从生产、加工、流通各个环节加强有机产品认证监管。

### (四)食品农产品认证信息系统建设和舆情分析及处置情况

2012年上线运行"有机产品认证标志备案管理系统",升级食品农产品认证信息系统2.0版,有机产品认证版块实现与"自愿性认证执法系统"、"有机产品认证标志备案系统"进行对接,定期收集研判媒体、网络、电视等食品农产品认证相关信息,共监测到涉及有机产品的舆情11 745条,涉及有机负面信息640条,发出舆情处置单26份,均已处置完毕。天津、上海、黑龙江等地质检部门还通过新闻发布会等形式,主动向社会公开调查和处理结果。

### (五)有机产品认证示范区建设情况

2012年共有26个县市提出了申请,经过对申报县市文件和现场评审,评选出12个县市为第二批"有机产品认证示范创建区"。山西、上海、浙江、福建、河南、湖北、重庆、四川、贵州、云南、陕西、新疆、兵团质监局,以及山西、安徽、福建、江西、山东、新疆检验检疫局等地方两局积极组织开展本地有机产品认证示范创建区指导申报工作,并派专家参加了示范创建区评审等工作。

国家认监委组织首批10个有机产品认证示范创建县、市参加了"第六届中国国际有机食品博览会(BioFach China)",组织地方两局、认证机构的相关专家对首批"有机产品认证示范创建区"开展了有机产品认证法律法规标准和生产技术培训,还组织示范创建区有机产业管理者及所在地质检部门人员赴德国参加"德国有机产品检测、认证、法律法规等相关知识培训",组织示范创建县市制作了专题宣传片在全国各大火车站候车室、机场候机厅进行轮播。

**管理体系认证**
**撰稿人:林　峰　张志国　付　强　安　东　李凌志**
**审稿人:赵宗勃**
**产品认证**
**撰稿人:汪俊峰　关钧文**
**审稿人:许增德**
**食品农产品认证**
**撰稿人:王茂华　孙　璐**
**审稿人:顾绍平　陈海洋　李春光**
**服务认证**
**撰稿人:林　峰　张志国　付　强　安　东　李凌志**
**审稿人:赵宗勃**

2013

Yearbook of Certification and Accreditation of China

# 第七部分　注册管理

# Part Seven　Registration of Food Establishment

## 一、出口食品生产企业注册备案管理

2012 年，肉类出口生产企业备案 543 家，水产企业 1 546 家，与往年的出口食品生产企业注册备案登记数量基本持平，详见表 1。

表 1 2008 年—2012 年肉类和水产类出口生产企业数量对比

| 年份 | 2008 | 2009 | 2010 | 2011 | 2012 |
|---|---|---|---|---|---|
| 肉类企业 | 517 | 560 | 565 | 559 | 543 |
| 水产企业 | 1 480 | 1 574 | 1 565 | 1 555 | 1 546 |

## 二、出口食品生产企业卫生备案专项监督情况

按照国家质检总局和国家认监委质量安全风险排查整治和道德领域突出问题专项教育治理活动的总体要求，通过全面排查与重点排查相结合、排查与帮扶提升相结合，较好地完成了 2012 年的排查整治工作。

### （一）全面排查

按照国家认监委统一部署，组织直属局对出口备案注册企业持续符合备案和国外注册的情况进行全面排查。经各局排查汇总上报，发现并解决企业生产过程中违法违规使用加工助剂和食品添加剂、企业质量管理体系运行不到位、企业诚信缺失等 27 项风险隐患。根据各局上报情况，为进一步督促各直属局做好排查的巩固和提高阶段工作，加强长效机制建设，补充下发了《关于进一步做好出口食品备案企业安全风险排查整治工作的通知》。根据各直属局上报情况，在风险排查整治活动和其他专项监管活动中，已吊销 10 家出口食品企业备案资格；暂停 33 家出口食品企业备案；注销 385 家出口食品企业的备案资格。

### （二）重点排查

2012 年初，媒体曝光国内部分地区蜜饯企业存在环境脏乱、随意使用添加剂等问题后，立即按照国家质检总局和国家认监委统一部署，组织各地检验检疫局对出口蜜饯、明胶企业进行全面排查。重点检查备案企业是否获得生产许可证，许可证是否在有效期内，企业加工环境是否满足备案要求；检查企业的生产原料、辅料和添加剂是否建立验收标准并严格执行，加工过程中食品添加剂使用（防腐剂、甜味剂、色素及增白剂等）是否符合相关食品安全国家标准，是否存在添加非食用物质行为；检查企业的生产工艺，加工过程是否规范；检查企业是否按照食品安全法规定建立健全各项质量安全管理制度。排查共派出卫生注册评审员 300 余人次，对获出口备案 25 家明胶企业和 66 家蜜饯企业进行了全面清查，共提出整改建议 256 项，未发现企业有严重违法违规行为。

### （三）帮扶提升

按照 2012 年国务院食品安全重点工作安排和国家质检总局进出口食品安全工作的总体要求，为加大对敏感产品企业的重点监管治理，提高准入门槛，淘汰不符合要求企业，国家认监委下发《关于组织开展出口肉类和乳品等企业 HACCP 验证提升计划的通知》（国认注［2012］41 号），组织直属检验检疫局实施肉及肉制品（以下简称“肉类”）和乳制品等出口备案企业的危害分析和关键控制点体系（HACCP）验证提升计划，进一步明确工作内容、验证依据、验证重点。

经统计，各局共验证肉类企业 661 家、乳制品企业 45 家、其他类企业 61 家，派出监管人员 2 066 人，指导帮助企业改正 HACCP 体系问题 8 大类 2 262 个，暂停企业 20 家，注销、取消 42 家企业备案资格，共提出 HACCP 提升长效建议 10 项。结合进口乳制品注册研究工作，翻译美国《A 级巴氏消毒奶法规乳》等技术文件，针对美国检查我国出口肉类企业提出的问题，组织专家翻译研究了《输美热加工禽肉制品的

HACCP 通用模板》，为出口企业和一线注册评审员提供参考借鉴依据，进一步提升了出口肉类企业 HACCP 体系应用水平。

## 三、进口食品境外生产企业注册管理

### （一）积极推动进口水产品境外企业注册工作展开

根据进口注册的总局部门规章和实施目录的总局公告，在现有已对世界各国输华肉类境外企业实施进口注册管理的基础上，积极推动了输华水产品境外企业进口注册工作的实施。对输华水产贸易相关世界各国/地区驻华使馆进行沟通说明，发出《关于进口水产品境外生产企业注册有关事宜的函》140 余份，督促相关境外主管机构按照进口注册统一规范提交相应申请文件。组织派出 3 个专家评审组 12 人次赴哥斯达黎加、智利和韩国对其输华水产品企业进行了实地评审，搜集掌握了境外主管部门及其企业的准确情况。现已完成了对新加坡、俄罗斯、墨西哥、泰国等 10 个国家的注册申请审核程序，公布了 2 000 余家相应境外水产品企业在华注册名单；水产品进口注册管理工作现已正式展开，已将近四成输华水产品主要贸易国纳入进口注册管理范围。

### （二）严格把好进口肉类国外生产企业注册关口

2012 年还组织 10 个评审组共 30 人次赴瑞士、哥斯达黎加等 11 个国家，对各国申请在华注册的 58 家肉类、3 家水产品生产企业进行了现场评审，并对巴西、加拿大、新西兰等 8 个国家申请在华注册的 46 家肉类企业（指未经现场检查批准注册的企业）进行了文件审核。整理完成赴澳大利亚、爱尔兰等国开展食品生产企业注册评审工作报告 10 份；2012 年，在前期现场检查和国外主管部门担保的基础上，批准荷兰、加拿大、新西兰等 15 个国家 86 家肉类生产企业在华注册，目前在华注册国外肉类企业数量达到 460 家，并公布 11 个国家水产品企业在华注册名单。在稳步做好各项进口肉类国外生产企业注册工作基础上，不断扩大实施进口肉类国外企业注册的范围和数量，不断深化对国外肉类企业的前置性监管，提出合理的卫生控制要求，有理有据地拒绝不符合要求企业的注册，保护国内消费者安全健康。

## 四、努力促进出口，服务外贸发展

面对更加复杂的贸易技术壁垒和食品安全形势，积极发挥出口食品企业对外推荐注册的准入作用，为出口食品提供安全卫生保障，使注册备案工作服务稳增长、促发展大局。

在兔肉产品出口不景气的情况下，国家认监委不断加大对外交涉力度和注册帮扶力度，积极推荐部分企业最终获得了俄罗斯注册，不仅创造了巨大经济效益，也对我国肉兔产业的发展起到极大的推动作用，带动了养殖、饲料和运输等相关产业。

截至 2012 年 11 月，共向欧美等国家和地区主管部门新增推荐 224 家各类企业对外注册的注册资格（取消 60 家）；新增 83 家动物源性企业获得欧盟注册资格（取消 7 家）；新增推荐 54 家日用陶瓷企业对美注册（取消 32 家）；新增 32 家对美 HACCP 验证水产企业审核并对外公布（取消 21 家）。通过多年持续不断地在多边和双边场合积极交涉，促使巴西批准了我国推荐的 43 家水产企业、12 家肠衣企业获准对巴注册。向马来西亚、新加坡、韩国、越南、印度尼西亚等推荐我国肉类、水产等 146 厂次，新增 5 家肉类企业对新加坡注册、6 家热加工禽肉企业对韩国注册、2 家热加工偶蹄企业对日本注册、2 家肠衣企业对韩国注册、11 家热加工牛羊肉企业对蒙古国注册、2 家肠衣企业对日本注册、120 家水产企业对韩国、越南、印度尼西亚注册。

## 五、精心策划，紧跟形势，做好注册评审员队伍建设

加强卫生注册主任评审员队伍建设，加深检验检疫系统内对 2012 年 5 月 1 日正式施行的《进口食品境外生产企业注册管理规定》（2012 年第 145 号总局令）的理解和执行能力，国家认监委于 11 月 20 日 ~23 日在江苏南京举办了 2012 度主任评审员培训班。本次培训对象主要是各直属局认证处分管卫生注册相关工作人员，32 个直属局共 80 多名学员参加了培训并完成考试。培训内容主要是对《进口食品境外生产企业注册管理规定》（2012 年第 145 号总局令）条款释义、进口注册赴外评审实施要求进行讲解；结合了出口备案工作采信第三方认证工作进展和形势，及时增加了对采信工作的分析回顾、对认证机构实施认证行为的现场验证要求的讲解内容，统一了学员的思路，明确了各局下一步工作方向与重点；此外还组织专家对欧美注册卫生要求和肉类 HACCP 通行模板相关内容进行了授课，进一步规范和强化出口食品生产企业对外注册的卫生要求和现场验证工作要点，旨在提高参加培训的实际检查能力和规范执法的意识，全方位增强主任评审员的监管水平。

**撰稿人：郑林莹　庞　平**

**审稿人：顾绍平　陈海洋　李春光**

2013

Yearbook of Certification and Accreditation of China

# 第八部分　实验室与检测监管

## Part　Eight　Supervision on Testing and Inspection Bodies

2012年，国家认监委实验室与检测监管工作以“抓质量、保安全、促发展、强质检”十二字方针为指导，深入贯彻落实《质量发展纲要》和《认证认可事业“十二五”规划》，《2012年认监委主要工作任务分解表》的46项计划内工作任务和4项新增工作任务都顺利实施完成。

## 一、完善实验室资质认定制度和监督管理制度

### （一）开展对各项制度的总体梳理和回顾

对实验室和检查机构资质认定工作所依据的各项法律法规进行梳理、修订和完善，完成了《实验室和检查机构资质认定管理办法》修订稿的研究和起草，开展了《国家产品质检中心管理办法》的规章立法研究，积极参与《实验室管理条例》的立法研究等。对国家产品质检中心授权、食品检验机构资质认定等业务工作进行了梳理，深入分析了现有风险的成因、危害程度、风险等级，并拟定了相应的控制措施。与司法部联合下发了《关于全面推进司法鉴定机构认证认可工作的通知》，发布了新的《司法鉴定资质认定评审准则》，初步建立了具有中国特色的司法鉴定机构资质认定与认可制度。代国家质检总局拟定了《关于进一步规范食品检验机构委托检验工作的通知》。修订了良好实验室规范（GLP）监控体系制度和程序文件等。此外，资质认定监督检查、能力验证等多项工作制度得到了改进和完善，为各项工作的顺利开展提供了制度保障。

### （二）管理和工作制度创新

为逐步探索建设符合我国国情、具有中国特色的实验室资质认定管理体系，从顶层设计入手，实验室与检测监管部对内部职能分工进行了调整，厘清职责，优化管理手段，重新配置人员，组建“资质认定处”和“监督管理处”，做到了“审批”和“监督”彻底分离，提升了资质认定工作的针对性、专业性、科学性和规范性，调动了部门人员的工作积极性，为今后实验室资质认定及监管工作的高效开展奠定了组织基础。

## 二、规范行政审批和完成大量日常行政审批工作

完成国家级资质认定（计量认证）审批1 091家次，平均每个工作日受理和审批5家次。省级质检院（所）验收33家次。截至2012年底，全国资质认定获证实验室达到28 128家，其中，国家级资质认定获证实验室2 496家，食品检验机构2 748家。

开展国家产品质检中心规划和审批，2012年已规划论证并批准筹建6家新的国家产品质检中心，共完成国家产品质检中心审批284家次，其中新授权国家产品质检中心30家，国家产品质检中心总数量已达到509家。

推动政务信息公开，建设服务型机关，已经完成了资质认定网上审批系统（一期）建设，初步实现了国家级资质认定实验室在线申报和查阅信息，有利于今后进一步提升行政审批效率。

## 三、加强监督检查，规范检测市场

### （一）完成资质认定获证实验室专项监督检查

组织地方质检两局、资质认定行业评审组进行了自查，组织所有获证实验室根据要求开展自查。抽取了10个省（区）涉及食品、建材、电器、纺织品和室内空气等关系民生和安全领域的261家资质认定获证实验室以及涉及食品检验的高校科研机构获证实验室进行了检查，重点核查实验室依法依规开展检验检测工作的情况；对检查发现存在严重问题的20家资质认定获证实验室进行了行政处理。同时，对10个省级资质认定管理部门的工作情况进行了监督指导。

### （二）完成国家产品质检中心专项监督检查

组织所有国家产品质检中心开展自查，并抽取了

100家国家产品质检中心进行现场检查，对检查发现存在较严重问题的3家国家产品质检中心及时进行了后续处理，有效地监督和促进了国家产品质检中心的行为规范性。

### （三）完成对认可机构的监督检查

会同认可部开展了对认可机构（CNAS）的首次专项监督检查，督促认可机构不断提升认可工作质量，并承担好行政部门委托的实验室技术评价工作。

### （四）加强信访申投诉案件处理和舆情核查

2012年，涉及检测行业的信访、申投诉案件高发，充分发挥专家的作用，公正客观地组织调查，严格依法依规进行处理，全部案件均稳妥地予以办理和回复，较好地维护了当事人的合法权益。2012年共计办理相关案件30件，对4家实验室作出告诫处理，对3家实验室作出暂停资质整改的行政处理的决定。

舆情核查方面，密切跟踪和关注有关热点问题，及时分析和应对突发事件，有效应对和处理涉及检测的近10起突发舆情事件。在应对北京华环室内空气检测连续被央视“焦点访谈”节目曝光事件中，紧急指导相关部门进行了专项调查并及时撤销了涉事机构的资质，给社会以满意交代；在湖南农大“洋奶粉香兰素检测”事件中，快速反应，及时责成相关部门撤销涉事机构的资质，根据国务院领导批示，深入研究如何进一步加强食品检验机构资质认定监管，向国务院食安办提交了专项工作报告；并据此组织了针对高校食品检测机构的专项检查，有效地降低了此类实验室违规的风险。此外，在毒胶囊事件、山西可乐残氯事件、河南今麦郎方便面酸价超标事件、进口葡萄酒专项整治、太阳能热水器能效事件、白酒中塑化剂事件等一连串的突发事件中，响应迅速，措施得力，应对得当，迅速平息了相关事件。

## 四、稳步推进食品检验机构资质认定工作

为了落实《食品安全法》及其实施条例的要求，严格实施食品检验机构资质认定制度，一方面注重提高食品检验机构资质认定行政审批的质量和效率，另一方面密切关注各省食品检验机构资质认定工作的实施进度，及时督促、指导、统一和协调全国的食品检验机构资质认定工作。

截至2012年底，全国已获得食品检验机构资质认定的实验室达到2 748家，正在申请和审批中的实验室1 421家。直接受理的国家级食品检验机构资质认定申请356家，已批准的有231家，平均每天受理和批准1家食品检验机构资质认定。

## 五、加强国家产品质检中心授权管理

为进一步加强国家产品质检中心授权管理，提高国家产品质检中心的管理水平和政策水平，国家认监委组织了针对食品类和新授权国家产品质检中心负责人的培训。培训内容包括质量发展纲要要求、食品检验机构资质认定要求、授权工作要求、委托检验要求、规范运作要点、社会责任和廉洁从业要求、质量安全风险排查和检验风险分析等方面，通过此次培训，既进一步明确了国家产品质检中心授权这一行政许可项目的法定要求，也强化了国家产品质检中心的法律意识和责任意识。

## 六、推进实验室能力验证活动

2012年，拟定并组织开展了36个涉及食品、动植物检疫、节能减排等领域的能力验证项目，动员全国2 956家次的实验室参与相关能力验证，并对各个项目进行了全过程的监管和跟踪。特别是及时组织了“新菠萝灰粉蚧识别与鉴定”能力验证，为国家质检总局有效地配合国家外交政策而实施的进出口植物检验检疫工作提供了可靠的技术支撑，得到了国家质检总局有关司的高度评价。

## 七、加强实验室评审员队伍建设

为提升行政审批质量，大力加强了资质认定评审员培训和考核工作。2012年共组织新任评审员培训考核2期共150人次，换证评审员继续教育培训考核6期1 200余人次，确保了评审员队伍的结构优化和知识更新。

## 八、发挥资质认定制度优势服务社会创新

### （一）筹建一批国家产品质检中心，服务经济发展大局

加强与工业与信息化部、城乡建设部、新闻出版总署、总参谋部、山东省人民政府、云南省人民政府、江苏省人民政府、北京市人民政府等行业管理部门和省级政府部门的沟通协作，推动以高新技术领域国家产品质检中心规划建设为核心的公共检测服务平台建设。在相关领域规划筹建6个国家质检中心，并拟研究结合国家战略性新兴产业发展需求，推动更多的高水平国家质检中心建设。

对国家质检中心发展状况进行了深入研究，首次发布了《2011年度国家产品质检中心发展报告》白皮书，研究分析了国家产品质检中心当前的资源状况、分布特点和发展趋势，为今后更好地建设和管理国家产品质检中心奠定了基础。

**（二）落实“质量月”活动要求，组织实施“全国检测实验室开放日活动”**

利用“质量月”活动契机，组织开展“全国检测实验室开放日”活动，以在上海举办的启动仪式为起点，组织70多家实验室向社会开放，有50余家检测机构共同发起《诚信检测倡议》，孙大伟主任和上海市副市长姜平共同启动开放日活动并作重要讲话。全国各地相关实验室对社会公众开放，从正面极大地宣扬了我国检验检测体系的能力水平和严谨工作作风，重塑了社会公众对检测机构的信心，提升了检验检测的社会形象。

**（三）与总参谋部签署战略合作协议**

结合国家大力推动北斗卫星导航产业发展的契机，促成国家认监委与总参谋部签署战略合作协议，为国家认监委在国家卫星导航产业发展中发挥关键作用奠定了基础，也开拓了认证认可为军队、国防事业的发展、为“军民融合”战略思想的贯彻提供服务和支持的新道路。

**（四）推进韩国KFDA国外公认检测机关资格的申报工作**

继续推动我国实验室申报和维持韩国KFDA国外公认检测机关资格，促进我国检测数据被国外政府部门承认，减少我国食品企业产品出口至韩国时不必要的重复检验。截至2012年底，经推荐，已有22家实验室成为获得韩国KFDA承认的公认检测机关。

## 九、加强科技研究取得新进展

**（一）开展质检技术服务业统计工作方案的研究和制定工作**

贯彻落实《国务院办公厅转发统计局关于加强和完善服务业统计工作意见的通知（国办发〔2012〕42号）》，组织开展了质检技术服务业统计工作方案的研究和制定工作，为今后将质检技术服务业作为一个独立行业进行规划、建设和管理奠定了数据基础，为核算检验检测、计量、标准、认证行业对国家总体经济指标的贡献率奠定了基础，为引导检验检测行业的科学发展具有重要意义。

**（二）加强国际交流，拓展GLP工作**

稳步推进化学品良好实验室规范（GLP）监控体系建设，扩大实验室检查范围，规范GLP检查程序，加强国际交流，不断推动我国化学品安全管理水平的提升，促进化学品进出口贸易。国家认监委GLP监控体系建设已经取得阶段性成果，目前批准的GLP实验室已经达到7家，有关培训教材已经编写完成，制度体系正在改进。国家认监委GLP体系在国内外逐步树立权威形象，推动了我国化学品安全数据的国际互认。

**（三）完成两个“短平快”课题研究**

针对食品检验机构资质认定工作中存在的食品检验能力分类复杂、标准不一的问题，组织开展了《食品检验能力分类方法研究》，研究成果有利于规范食品检验机构能力表述和资质认定部门开展食品检验资质认定工作。组织开展了《公共服务检测平台指标体系研究》，综合分析国内已有各类公共服务检测平台的现状和功能、作用，初步提出了合理的公共服务检测平台模型及其评价指标方案，为引导社会搭建有效的公共服务检测平台提供技术支持。

撰稿人：谢　澄　周　刚　郭　栋　李　璇
审稿人：肖　良　齐　晓　沈　军

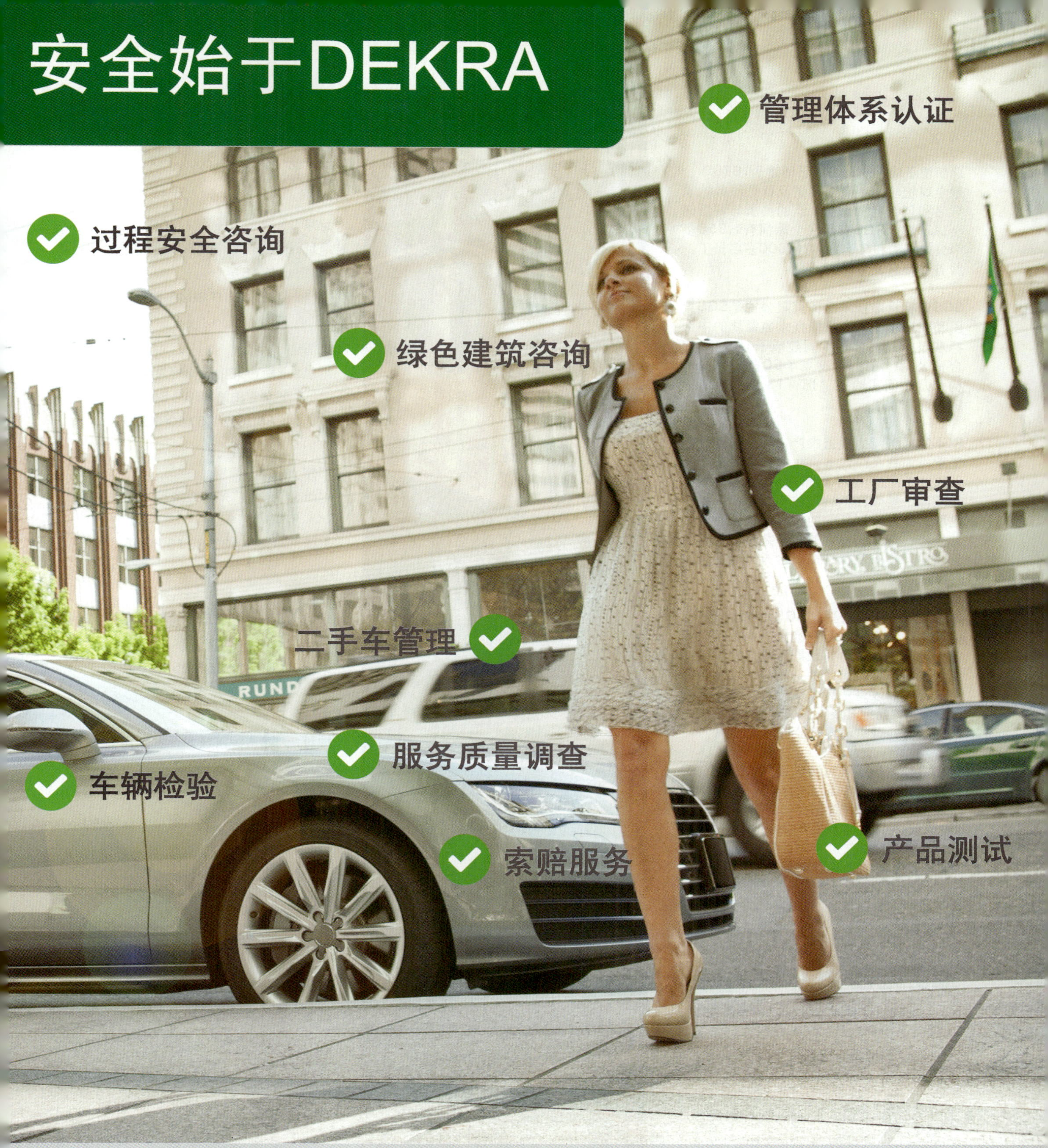

# 泰尔认证中心

## 一、中心概况

泰尔认证中心（简称TLC），隶属于工业和信息化部电信研究院，是目前国内唯一的一家专业从事邮电通信行业企业质量管理体系认证、环境管理体系认证、职业健康安全管理体系认证和产品认证的机构。中心秉承工业和信息化部电信研究院“鼎力支撑政府，热忱服务行业”的宗旨，树立了“促进通信行业新技术的产业化发展、提高行业整体技术、质量和管理水平”的企业责任观，积极推动政府、通信运营企业、通信设备制造企业、消费者和第三方认证检测机构间相互关系的和谐发展。成立十余年来始终专注于服务国内邮电通信行业，获证企业全部为通信运营企业、通信设备制造企业、通信工程施工企业及邮政系统单位。

泰尔认证中心是国内最早通过国家主管部门批准、开展认证业务的机构之一，早在1996年就通过了国家质量技术监督局的批准和国家认可。2003年泰尔认证中心按照原信息产业部和国家认证认可监督管理委员会的要求完成了企业法人工商注册，注册资本为人民币伍仟万元，是目前国内注册资本金最高的认证机构。2006年中心再次通过了国家认证认可监督管理委员会对认证资格的重新确认，批准的业务范围为：质量管理体系认证、环境管理体系认证、职业健康安全管理体系认证、邮电通信产品认证，批准编号为：CNCA-R-2002-030。

为了确保认证活动的科学性、客观性和公正性，泰尔认证中心组建了管理委员会，由来自工业和信息化部相关司局、工业和信息化部电信研究院、中国电信、中国移动、中国联通、中国通信标准化协会、部分大型通信设备制造企业及相关研究机构等单位的代表组成，从认证运作方针、运营战略及政策实施方面给予指导和监管。

## 二、历史沿革

1.1994年10月，根据原邮电部科技司科质[1994]170号文件要求，在邮电部邮电工业标准化研究所内筹建通信设备质量体系审核中心，1995年3月正式成立。

2.1995年7月，根据原邮电部科技司科质[1995]154号批复要求，更名为邮电通信质量体系认证中心。

3.1996年12月，经原国家质量技术监督局批准，正式成为国家注册的第三方专业认证机构。

4.2001年3月，根据国务院办公厅国办发[2000]38号、科学技术部中科发[2000]300号文件要求，随信息产业部邮电工业标准化研究所整建制并入信息产业部电信研究院。

5.2002年12月，根据原信息产业部信部科[2002]639号批复要求，更名为泰尔认证中心。

6.2002年12月，通过了国家认证认可监督管理委员会（CNCA）对机构认证资格的重新确认，批准业务范围为：质量管理体系认证、环境管理体系认证、职业健康安全管理体系认证、邮电通信类产品认证

7.2003年1月，根据信息产业部和国家认证认可监督管理委员会的批准，信息产业部电信研究院出资人民币伍仟万元，正式设立泰尔认证中心并完成工商注册。

## 三、业务范围

目前泰尔认证中心在质量管理体系认证、环境管理体系认证、职业健康安全管理体系认证方面服务的专业范围包括：邮电通信运营行业及橡胶和塑料制品、基础金属及金属制品、机械及设备、电气电子和光学设备等制造行业企业和通信工程设计施工、通信系统及计算机信息系统集成、软件开发等行业企业。

泰尔认证中心开展的产品认证覆盖了通信电源、通信电缆光缆、蓄电池、配线设备、手机充电器、移动基站天线等六大类共80余种通信产品。

## 四、主要业绩

目前泰尔认证中心颁发的产品认证证书已被各大电信运营商全面采信，普遍作为招投标时的基本资质要求之一。同时在部分政府机关、其它行业的采购招标活动中，中心颁发的产品认证证书也被作为招投标时的基本资质要求之一。

长期以来泰尔认证中心在行业主管部门的关心和广大邮电通信运营及通信设备制造企业、通信工程设计施工企业的支持下，在产品认证和管理体系认证方面取得了长足发展，截止目前累计发放各类认证证书约6400余张，涉及企业2700余家。

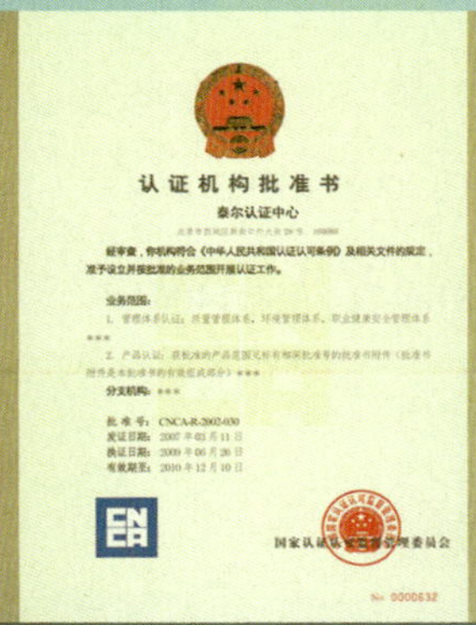

## 五、远景展望

泰尔认证中心始终秉承“坚持标准、审核公正、作风廉洁、保守机密、为用户提供优质服务”的质量方针，并将继续坚持和不断强化专业特色的发展策略，力争为邮电通信行业的发展保驾护航、为企业产品质量和管理水平的稳步提高倾心尽力。同时，为顺应认证事业的发展尤其是广大企业的需要，泰尔认证中心还将在原有认证业务范围的基础上，逐步向更宽、更广、技术含量更高的领域拓展，以期更好地为广大通信行业企业服务。

泰尔认证中心热切期望越来越多的通信行业企业能加入到泰尔认证中心的获证企业行列中来，在信息通信业和认证认可行业主管部门的领导下、携手电信运营商、共同开创通信行业美好的明天！

**通信地址：北京市新街口外大街28号 泰尔认证中心　　邮政编码：100088**

**电　话：(010)82053536,82053379　　传　真：(010)82053539,82050131**

# 北京国体世纪体育用品质量认证中心

## 中心简介

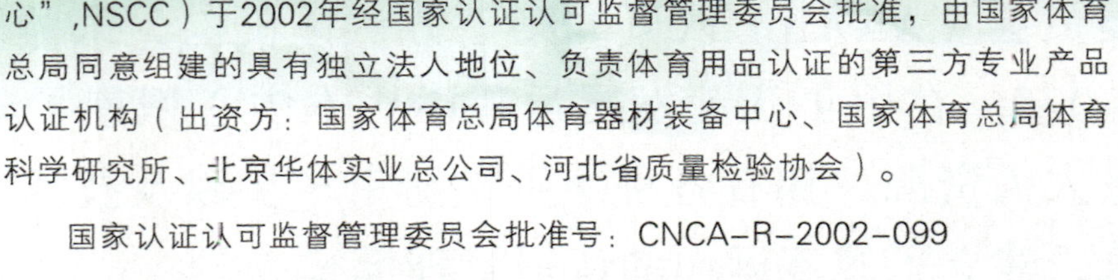

北京国体世纪体育用品质量认证中心有限公司（简称“北京国体认证中心”,NSCC）于2002年经国家认证认可监督管理委员会批准，由国家体育总局同意组建的具有独立法人地位、负责体育用品认证的第三方专业产品认证机构（出资方：国家体育总局体育器材装备中心、国家体育总局体育科学研究所、北京华体实业总公司、河北省质量检验协会）。

国家认证认可监督管理委员会批准号：CNCA-R-2002-099

中国合格评定国家认可委员会认可号：CNAS C099-P

北京国体认证中心开展体育用品产品认证工作，坚持国际通行的认证准则，执行国家有关法律、法规及相关政策，严守认证工作纪律。做到认证：科学、公正、权威；服务：热诚、高效、负责。

北京国体认证中心与国家标准化管理委员、全国各单项体育运动协会、国家级质量检验中心以及国际相关产品认证机构保持密切联系与合作。

北京国体认证中心注重社会效益，不以盈利为目的。在国家体育总局、国家认证认可监督管理委员会的指导和监督下，积极开展体育用品产品质量认证工作，促使我国的体育产品质量不断提高，逐步树立民族品牌形象，为我国竞技体育运动以及全民健身活动的发展提供良好的质量保证，为我国体育事业和体育产业的发展做出贡献。

北京国体认证中心认证业务范围：室内健身器材，室外健身器材，运动鞋，运动服装，国民体质监测器材，体操器材，田径器材，乒羽器材，球类器材，户外攀岩类体育器材，冰雪运动器材，水上运动器材，轮滑器材，休闲娱乐康复器材，人造草、塑胶跑道、木地板等场地场馆设施辅助器材。

授权使用标志

地　　址：北京市崇文区天坛东路80号（中国棋院南门）
邮政编码：100061
联系电话：010-67102638　67160958
传　　真：010-67102638
官方网站：www.nscc.com.cn

中国安全技术防范认证中心（英文名称China Certification Centre for Security and Protection,缩写CSP）是中国国家认证认可监督管理委员会和公安部批准成立的，具有第三方公正地位，实施产品合格评定的认证实体,是承担国家强制性产品认证的指定认证机构之一。

中心严格遵守国家法律法规，遵循国际惯例，维护获证企业的合法权益，信誉为本，竭诚为国内外客户提供认证服务。

中心开展的强制性产品认证及部分自愿性产品认证获国家认证机构认可委员会（NAS）的能力认可。

中心承担国家强制性产品认证的目录：入侵探测器、防盗报警控制器、汽车防盗报警系统、防盗保险柜（箱）、汽车行驶记录仪、车身反光标识。开展中国公共安全产品自愿性认证目录：防盗安全门、防盗锁、机动车测速仪、呼出气体酒精含量探测器、道路交通信号灯、警用多波段光源、“502”指印熏显柜、警用活体指纹/掌纹采集设备、DNA检测试剂、公安350兆模拟无线通信设备。

地址：北京市海淀区首体南路 1 号（公安部一所院内）
邮编：100048
电话：010–88513156
传真：010–88513161
网址：www.csp.gov.cn
E–mail：cspa@vip.163.com

---

中国公共安全认证网(www.csp.gov.cn)是中心的门户网站和公共安全认证领域的专业网站，准确、及时地发布中心公共安全产品认证的各类信息。

《中国安全防范认证》杂志由公安部主管，中国安全技术防范认证中心承办,具有国际和国内统一刊号，面向国内外公开发行，是我国安全技术防范合格评定领域内富有影响力的刊物。

编辑部：
电话：010–88513169
传真：010–88513164
E–mail：csp2001@sina.com
网址：www.csp.gov.cn
地址：北京市海淀区首体南路 1 号（公安部一所院内）

# 中国安全技术防范认证中心

## CHINA CERTIFICATION CENTER FOR SECURITY AND PROTECTION

# 热烈庆祝中环联合（北京）认证中心有限公司成立十周年

*2003-2013*

## 企业介绍

中环联合（北京）认证中心有限公司（英文简称CEC）是经中国国家认证认可督管理委员会批准的国家级综合性认证机构。公司依托环境保护部环境发展心（中日友好环境保护中心）、中国环境科学研究院、中国环境保护产业协雄厚的科研技术力量，已逐步发展成为拥有一批素质全面、实践经验丰富、备良好专业技术背景和科研能力的人才队伍。多年来始终以饱满的热情和专的水准为社会各界提供：中国环境标志、EMS、QMS、OHSMS、FSMS、HACCP、机产品、低碳产品等领域的认证、温室气体项目的审定/核查以及各领域的训活动。

周生贤部长、柳斌杰署长出席绿色印刷战略合作签字仪式

## 工作业绩

中国环境标志产品认证工作的有效实施，极大地提高了我国产品制造业对品生命周期各个阶段所产生环境影响的重视。2006年财政部与环保部联合发将中国环境标志产品纳入到政府绿色采购清单，号召政府部门优先选用环境志产品，引导全社会树立绿色消费、可持续消费的新型消费理念。2011年国院《关于加强环境保护工作的意见》国发[2011]35号更是将环境标志产品认和绿色印刷这两项工作列为国家环境保护重点工作。建国60周年，由央视举的建国60年60大品牌评选活动中，中国环境标志荣列其中。

中、日、韩环境部长出席环境标志互认签字仪式

## 国际合作

中国环境标志计划历来注重与世界各国环境组织的相互交流和科技交往。过多边以及单边交流，目前已与德国、日本、韩国、澳大利亚等国家建立起境标志互认关系，极大地提升了中国环境标志的国际影响力，也为中国产品出国门创造了条件。

## CDM项目

中环联合（北京）认证中心有限公司是联合国气候变化框架公约（UNFCCC）准的清洁发展机制指定经营实体（DOE），具有面向全球开展温室气体减排项的审定与核查/核证业务的能力。CEC是中国首家获得DOE资质的机构，也是国首家获得UNFCCC再认可的具有清洁发展机制15个业务领域的审定与核查/证资质的DOE。

中国环境标志计划通过全球环境标志网络组织（GEN）国际同行评审

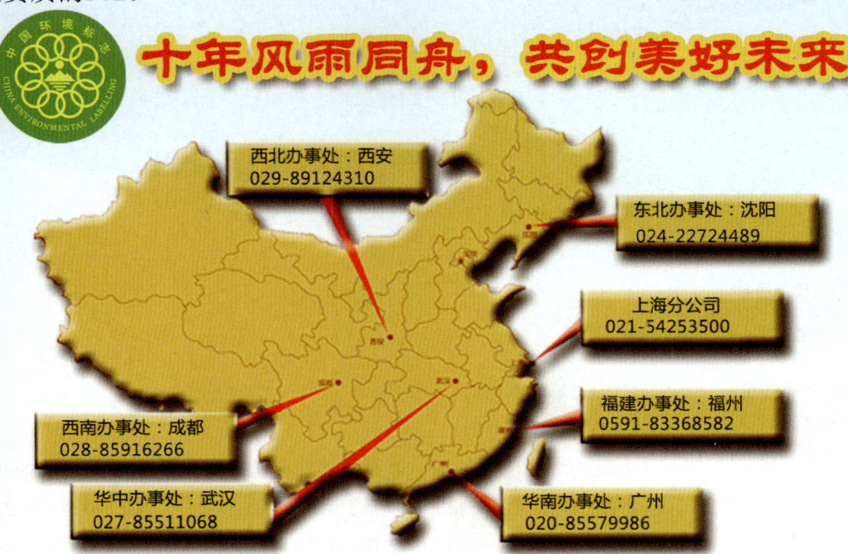


地址：北京市朝阳区育慧南路1号　邮编：100029

电话：010-51650570（市场部）　网址：www.sepacec.com

# 北京外建质量认证中心

Beijing Waijian Quality Certification Centre

中心法人代表 王涛

驻埃塞俄比亚参赞接见审核组成员

员工接受爱国主义教育

## 客观公正 清正廉洁
## 科学高效 热诚服务

北京外建质量认证中心(Beijing Waijian Quality Certification Centre，简称WJQC)，是经工商管理部门注册(注册号：110105004491842)，具有企业法人资格的科技服务实体。

WJQC经中国国家认证认可监督管理委员会(CNCA)批准，中国合格评定国家认可委员会(CNAS)认可，具备质量管理体系、环境管理体系和职业健康安全管理体系的认证资格。

WJQC拥有一支具有扎实的专业技术知识、丰富的管理经验、熟练掌握管理体系审核技能，经中国认证认可协会(CCAA)注册的审核员队伍。

WJQC的宗旨是：严格遵守国家法律、法规和有关部门的规定，遵循国际惯例，客观公正地进行管理体系的审核。

WJQC以非歧视性的方式实施质量方针和程序，对所有申请人提供服务，不以任何方式妨碍或阻止申请人的申请。

WJQC不以赢利为目的，日常开支来源于管理体系审核费和教育培训费，在完成政府主管部门委托对外援工程项目进行第二方审核的同时，承接国内组织的第三方认证审核。

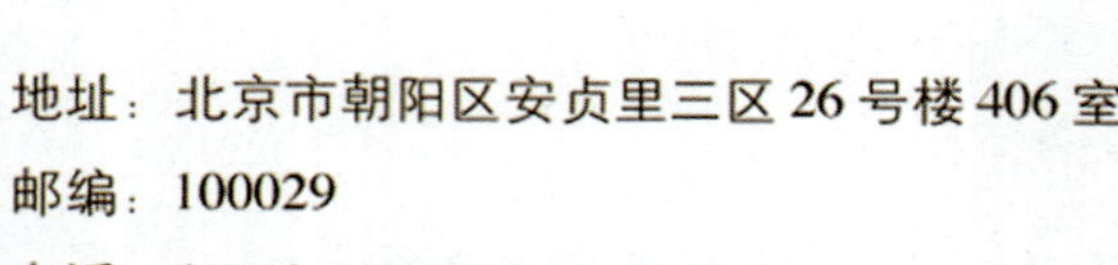

地址：北京市朝阳区安贞里三区26号楼406室
邮编：100029
电话：（010）64450540 64450325
传真：（010）64450540-601
Email：bjwjqc@263.net
网址：www.bjwjqc.com

参加商务部重大援外工程联合检查

审核人民大会堂东大厅装饰工程现

# 环境保护部有机食品发展中心（OFDC-MEP）
# 南京国环有机产品认证中心（OFDC）

**OFDC**——中国有机事业的发起机构，推动中国有机事业发展的主力军与核心力量，开创了中国有机事业的先河。OFDC 是中国唯一同时获得国内（CNCA）和国际（IFOAM）认可的有机认证机构，亚洲首家获得加拿大官方认可的有机认证机构，同时也是全球第一批获得欧盟等效性认可的 30 家有机认证机构之一。

OFDC 业务范围世界分布图

## OFDC 能提供的服务

### 1. 认证服务领域：

- OFDC 有机认证帮助您的产品顺利进入以下有机市场：

  中国、美国、欧盟、日本、加拿大、东盟、韩国、中国台湾和中国香港等国家和地区。

- 良好农业规范（China-GAP）认证——国际通行的从生产源头加强农产品和食品质量安全控制的有效措施。

《有机产品》国家标准认证

OFDC 有机标准认证

JAS 认证

欧盟有机标准

加拿大有机认证

美国有机认证

Gertall 合作认证

GAP 认证

### 2. 其他有机相关领域的服务：

有机农业领域的科学研究、区域有机食品发展规划研究、国际项目合作、标准培训和技术支持、宣传和推广等。

地址：南京市蒋王庙街8号（邮编：210042）
Add：8 Jiang-Wang-Miao Street, Nanjing 210042, P. R. China
电话/Tel：+86-25-85287238/85287244
传真/Fax：+86-25-85287242 / 85420606
E-mail：info@ofdc.org.cn
网址/Web：www.ofdc.cn / www.ofdc.org.cn

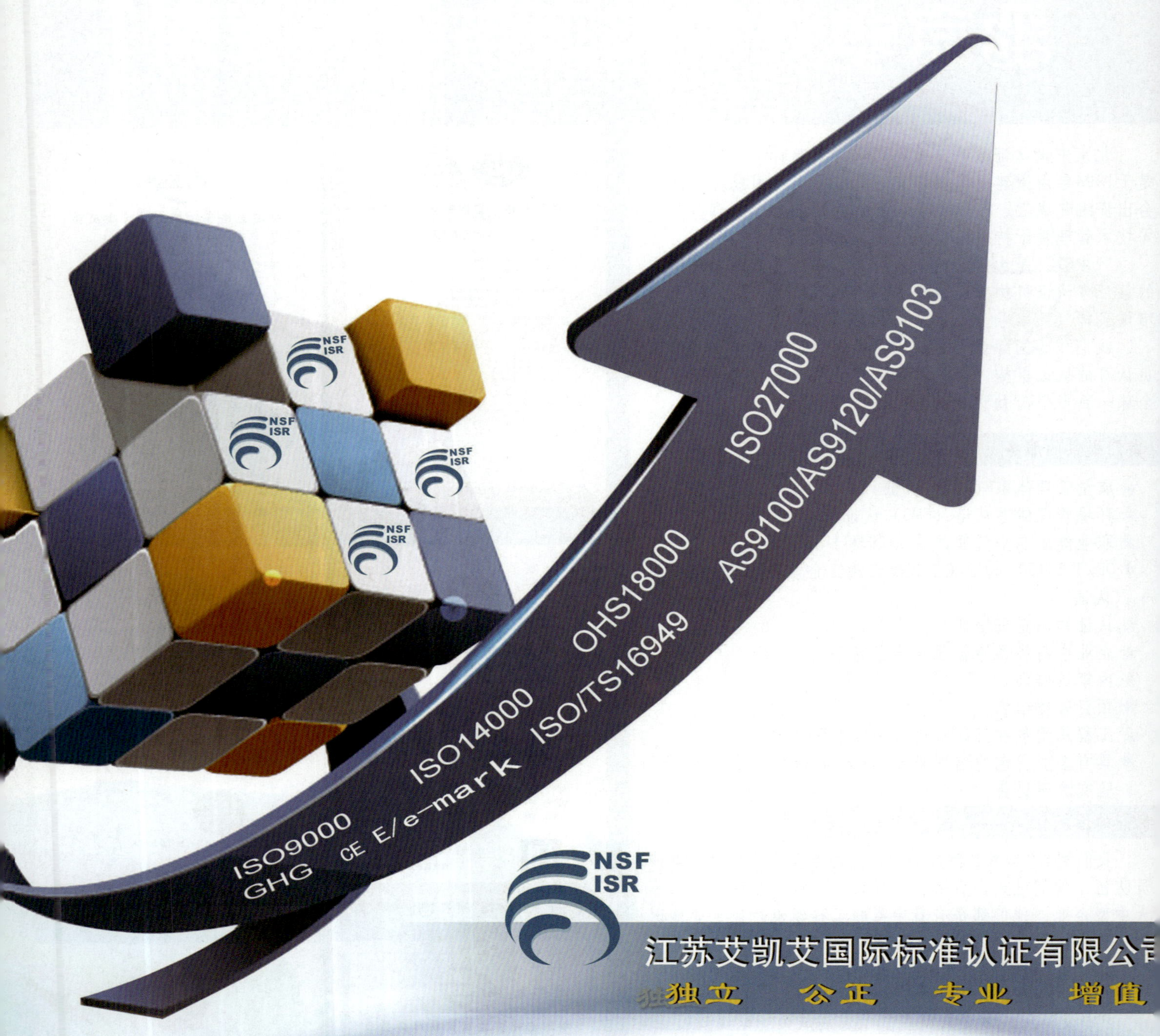
ISO9000
ISO14000
OHS18000
ISO27000
GHG
CE E/e-mark
ISO/TS16949
AS9100/AS9120/AS9103
NSF
ISR
江苏艾凯艾国际标准认证有限公司
独立　公正　专业　增值

质量方针：公正 客观 严谨 求实

追求一流认证水平，提供最佳认证服务

# 上海环科环境认证有限公司

上海环科环境认证有限公司的前身是上海环境管理体系审核中心。公司从1996年就开始与国际同步追踪和研究ISO14001系列标准，并于1998年首批通过国家认可；公司自2009年《能源管理体系 要求》GB/T 23331—2009国家标准颁布起，积极参与能源管理体系标准的研究和认证规范的编制，并于2010年5月首批通过国家试点资格；公司自2011年11月8日起获得上海市推进清洁生产办公室清洁生产审核机构资质的备案。

环科公司的业务领域包括环境管理体系认证、能源管理体系认证、清洁生产审核、循环经济规划、生态工业园区规划等。其中环境管理体系认证业务范围包括25个大类，能源管理体系认证业务范围包括轻工和电子信息产品2个大类。

环科公司根据“十八大”建设生态文明的精神，结合自身业务工作，确立公司“十二五”期间以“生态工业园区规划为引领，清洁生产审核为抓手，环境管理体系和能源管理体系认证为技术支撑，低碳核查为新技术领域”的业务发展方向，为上海市及周边地区的生态文明建设和生态工业园区规划提供技术服务。

环科公司的认证客户包括上海市各大工业区、大中型国有企业、外资企业、民营企业等类型组织，涉及纺织、化工、制药、电子、机械、危险废物处理、区域管理、食品等行业，在多年的服务中得到了各获证组织的高度评价。公司人员还具备上市环保核查资质，为多家上市企业开展了上市环保核查，并通过环境保护部与各省级环境保护部门审批。

环科公司参与多项上海市级重大规划，实施的规划项目包括上海市浦东新区川沙功能区循环经济规划、上海市浦东新区陆家嘴功能区循环经济规划、上海市漕河泾开发区循环经济规划、上海化学工业区生态工业园区规划、上海国际汽车城零部件配套工业园区有限公司生态工业园区规划、上海星火开发区生态工业园区规划。

认证机构批准书

环境管理体系机构批准书

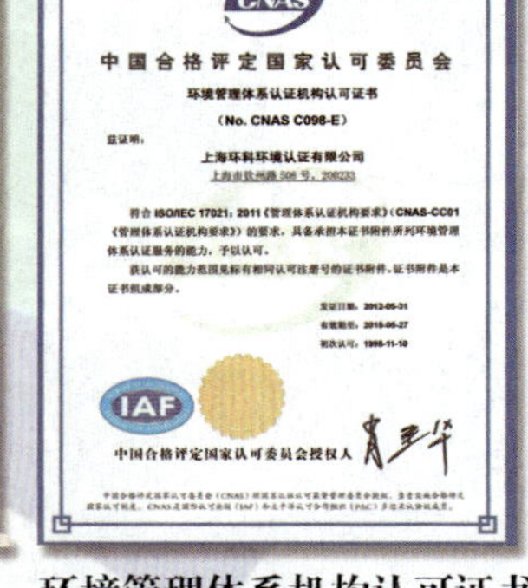
中国合格评定国家认可委员会

环境管理体系机构认可证书

认证机构批准书

能源管理体系机构批准书

中国合格评定国家认可委员会

认可业务范围

环境管理体系认可业务范围

地址：上海市钦州路508号　　邮编：200233

电话：021-64085119　　传真：021-64081189

网址：http://huanke.saes.sh.cn

# 东方易初 BEIST 北京东方易初标准技术有限公司

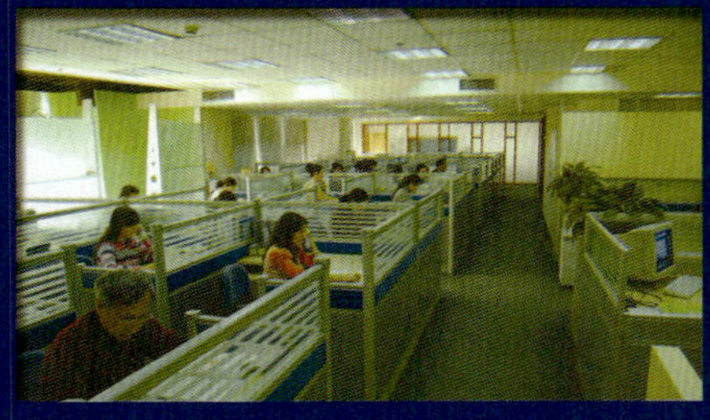

北京东方易初标准技术有限公司（东方易初/BEIST）成立至今18年，是中国国际标准管理体系咨询的最初推动者，也是中国体系咨询和管理咨询相融合的策源地和推动者。

目前公司员工100人以上，专业力量雄厚，咨询项目大多具有开创性，通过优质的管理咨询服务为客户创造价值，覆盖行业范围、著名机构数量在业界最多，咨询效果最好。

东方易初是业界的著名品牌，也是认证咨询、管理咨询业的领军机构。除致力于提升客户的管理能力，标准化运作水平和运营管理绩效外，东方易初始终积极承担相应的社会责任，积极维护市场环境且尊敬竞争对手的机构，在业内公关平台上做了许多公益性、引导性的工作，这一切获得了客户、行业、政府和社会的高度认可。东方易初目前是中国认证认可协会常务理事单位，中国企业联合会管理咨询委员会副主任单位，国家认监委批准从事ISO9000、ISO14000、OHSAS18000、ISO22000、TS16949、ISO27000、CMM评估、ISO13485能源管理体系等国际标准认证咨询机构（行政批准号：CNCA-Z-01Q-2005-001号），国家认监委批准的国家注册认证咨询师试点培训机构，2009年度中国管理咨询年度人物获评单位，2013年进入中国企业联合会咨询公司评选前十名。联合国下属管理咨询互认机构ICMCI在中国首批认可的管理咨询、培训机构，中国企业联合会和国家人事部批准的首家国家注册管理咨询师培训机构，中关村高新技术企业协会常务理事单位，北京市医学教育协会常务理事单位，北京师范大学经管学院MBA培训基地，东方易初积极参与推动我国与国际同行的双边和多边互认活动，东方易初领导曾于1996年代表我国出席了在美国西雅图举行的“国际审核员培训和认证协会（IATCA）全体委员大会”，并在会上代表中国做主旨报告，获得了与会各国代表的一致好评。

# 北京中电力企业管理咨询有限责任公司

BEIJING ZHONGDIANLI ENTERPRISE MANAGEMENT CONSUL TING CO .LTD

## 公司简介

北京中电力企业管理咨询有限责任公司创建于1998年4月，是国家认监委批准的从事国际管理标准认证咨询的备案机构（批准号为CNCA-Z-010-2002-057），是中国企联管理咨询委员会执行委员单位，北京企联咨询业委员会副主任单位，中国认证认可协会理事单位，中国企联推荐的“2005年具有影响力中国管理咨询机构100家”之一，2008年获“中国管理咨询业十佳品牌”称号，2010年获“全国电力行业管理咨询客户满意最佳典范品牌”称号。荣获“2011年度中国十大信用中小企业”、“2012年中国管理咨询机构50大”等称号。

公司坚持“诚信、创新、卓越、共好”的理念，经过15年的发展，建立了规范、高效的咨询服务体系，建立了一支年轻化、专业化、高素质的咨询师队伍，积极倡导并致力于与IT技术有机结合，探索出了卓有成效的“中电力咨询模式”。公司以严谨的工作和优质的服务，先后为国家电网公司、江苏省电力公司、山东电力集团公司、华北电力集团、山西省电力公司、国网新源控股有限公司、浙江省电力公司、安徽省电力公司、福建省电力公司、中国长江电力股份公司、海南电网公司、广东粤电集团公司等700多家企业提供了高品质的咨询服务，在中国认证咨询、管理咨询行业树立了良好的形象，公司已发展成为具有较高知名度的综合性管理咨询公司。

2013

Yearbook of Certification and Accreditation of China

# 第九部分　科研与标准建设

## Part Nine　Research and Standard Making

## 一、2012 年认证认可科技与标准化工作

### （一）认证认可科技与标准化工作基本情况

#### 1. 认证认可科研立项与验收情况

2012 年，认证认可科研立项与验收情况见表 1。

表 1 2012 年度科研立项与验收情况汇总表

| 科研项目 | 立项 | | | | | | 验收 | | | | | |
|---|---|---|---|---|---|---|---|---|---|---|---|---|
| | 国家科技部科研课题 | 质检总局科研课题 | 质检行业公益专项 | “短平快”课题 | 其他 | 总计 | 国家科技部科研课题 | 质检总局科研课题 | 质检行业公益专项 | “短平快”课题 | 其他 | 总计 |
| 2012 年新增 | 6 | 9 | 2 | 9 | 0 | 26 | 0 | 10 | 2 | 4 | 2 | 18 |
| 总计 | 35 | 79 | 14 | 15 | 2 | 145 | 21 | 59 | 4 | 8 | 2 | 94 |

#### 2. 认证认可标准化工作基本情况

2012 年，认证认可标准立项审定情况见表 2。

表 2 2011 年认证认可国家标准基础数据表

| 项目数量 | 立项数 | 审定数 | 发布数（当前有效） |
|---|---|---|---|
| 2012 年新增 | 8 | 24 | 7 |
| 当前总计 | 143 | 133 | 92（81） |

注：认证认可国家标准指由 SAC/TC 261 归口管理或国家认监委负责起草的认证认可国家标准。

#### 3. 认证技术规范备案情况

2012 年，认证技术规范备案工作基本数据见表 3。

表 3 2012 年认证技术规范备案工作基本数据

| 项目 | 受理申请 | 批准备案 | 不予备案 | 撤销 | 废止 | 现行有效 |
|---|---|---|---|---|---|---|
| 2012 年新增 | 41 | 19 | 0 | 0 | 6 | 19 |
| 当前总计 | 311 | 179 | 76 | 14 | 56 | 123 |

4. 认证认可行业标准工作情况

2012 年，认证认可行业标准基础数据见表 4。

表 4 2012 年认证认可行业标准基础数据

| 项目 | 立项数 | 审定数 | 发布数 |
|---|---|---|---|
| 2012 年新增 | 11 | 4 | 0 |
| 当前总计 | 11 | 4 | 0 |

## （二）认证认可科技与标准化主要工作

### 1. 发挥科技引领作用，全面构建认证认可在国家低碳战略中的定位

在国家低碳发展战略中提前谋划、合理布局，面对不同于常规产品、体系认证的模式，解放思想、协同创新，组织国内顶尖技术力量开展低碳领域认证认可发展策略、制度建设及关键技术研究，为确立认证认可在应对全球气候变化、国家建立碳交易市场和低碳产业发展等重大政策中的定位奠定良好基础，为提升认证认可在低碳领域的国际地位创造有利条件。一是协调各方，研究修改《低碳产品认证管理暂行办法》，拟于近期以发改委与国家认监委联合发文形式发布，为创建国家统一的低碳产品认证制度提供法律支撑；二是低碳产品认证广东、重庆试点项目正式启动，该项目得到联合国开发计划署资助；三是开展温室气体自愿减排项目审定与核证研究，输出成果以发改委红头文件发布，直接支撑《温室气体自愿减排交易管理暂行办法》（发改气候［2012］1668 号）的有效实施；四是继续深化碳排放和碳减排认证认可关键技术研究，边研究边应用，第三方核查技术成果已经在国家 6 省 1 市碳排放权交易试点中发挥重要作用。

### 2. 成立认证认可专业技术委员会，发挥科技咨询和技术支撑作用

国家质检总局科技委认证认可专业技术委员会于 2012 年 4 月正式成立，认证认可领域首次拥有了自己的科技支撑组织。该委员会在启动运作的第一年，以“实现常态化运作”为目标，以建章立制、严格内部管理为重点，强化年度工作任务的部署与落实，组织开展了 27 个大项 47 个小项的工作，努力发挥技术支撑作用和参谋咨询作用。

### 3. 厚积薄发，喜结硕果，生物安全实验室认可技术研究成果通过国家科技进步奖评审

十年攻关，厚积薄发，生物安全实验室认可技术研究成果以组内专家打分第一名的成绩顺利通过国家科技进步奖评审，成为国家认监委推荐的首项获得国家科技奖项目，有效提升了认证认可科技竞争力与社会影响力。

### 4. 落实认证认可科技与标准化“十二五”规划，各层次项目全面启动

为了分步骤、有层次地全面落实《国家认证认可科技发展“十二五”规划》，针对国家战略需求落实重大攻关任务、针对行业与地方发展需求开展关键技术研究、针对行业自身发展需求开展理论与政策研究等三个层次的 23 项重点任务。“十二五”期间认证认可领域第二个科技部重大项目“支撑认证认可的评价分析、检测验证与有效性保障技术研究与示范”2012 年正式启动实施，旨在为战略性新兴产业、生产性服务业、现代农业、公共安全等四个领域创建和完善认证认可制度以及发挥科技引领与支撑作用，共争取到科技部专项经费 2 751 万元；“短平快”项目实施效果显著，得到委内业务部门的赞誉与支持。从 2009 年开始的每年 1~3 项迅速增长至 2012 年的 9 项，覆盖国家认监委所有业务部室，为各部门业务的开展提供了快速有效

的技术支撑；凝练认证认可基础理论研究需求，申报2013年度国家软科学研究项目，旨在对认证认可在国家质量基础中的定位与作用机理进行更加系统、深入的研究；承担“两岸合格评定术语协调工作组”工作，完成《两岸合格评定词汇对照》修订，并出版问世，该书受到两岸业内人士的欢迎与好评，为两岸合格评定合作机制提供了语言交流平台。

#### 5. 对认证认可科技与标准化十年发展进行全面总结与分析

对2002—2011十年间认证认可科技与标准化的发展情况进行了全面质量分析，覆盖8大立项渠道的278项科研项目、80项国家标准和107份技术规范，初步摸清了家底，厘清了问题，为实现未来十年的跨越式发展提出了明确、可行的政策建议。同时，汇聚认证认可十年科研管理经验，编写《认证认可优秀科研项目组织实施及成果案例》，通过37对问答和10个经典案例，为认证认可科研工作及管理人员提供一套实用工具书。编写《认证认可科研成果集》， 收集整理了55项重要的科研成果，推动科研成果的宣传及应用。

#### 6. 认证认可行业标准化工作正式启动

2012年上半年标准委正式批复认证认可行业标准工作，国家认监委组织研究制定了认证认可行业标准工作方案。完成了业务部室、地方两局、相关认证机构的走访和调研，形成了《认证认可行业标准化管理办法》及其实施细则的初稿，完成了《认证认可行业标准运行平台建设方案》及《认证认可科技与行业标准化联动工作机制》初稿。完成第一批11项认证认可行业标准计划项目下达工作，以及第一批认证认可行业标准计划项目4项标准草案的审定工作。

## 二、2012年检验检疫标准化工作

### （一）检验检疫标准化工作组织与管理

#### 1. 制度建设

完成并发布了《检验检疫标准化工作管理办法》及其工作细则。针对SN标准中规程标准和方法标准的特点，重点组织开展了规程标准改革和方法标准验证工作。2012年完成了第一批规程标准改革项目的审定工作，下达了第二批规程标准改革项目。2012年完成了消费品领域和食品理化领域25项SN标准的验证工作，并且起草完成动物检疫、植物检疫、食品微生物检测及消费品物理检测等领域的验证技术要求和程序，为2013年大范围试点验证工作奠定了坚实的基础，也为进一步提升SN标准质量奠定了坚实的基础。SN标准水平正在稳步迈向国际先进水平。

#### 2. 组织机构建设

2012年完成了专业委队伍动态调整工作，对七个专业委的35位委员和秘书进行了调整。人员的变动提升了专业委的活力，形成了一支能战斗能吃苦的可以信赖的专家队伍。各专业委从建立自身工作机制入手，开展了大量的专业技术工作，在标准体系梳理，标准立项和审定、规程标准调整、标准覆盖率统计、标准化宣贯与培训等工作中发挥了突出作用。

### （二）检验检疫标准化工作新进展

#### 1. 计划项目立项、标准审定与标准发布

（1）检验检疫行业标准的立项、审定和发布

2012年，检验检疫行业标准审议立项7批次480个项目，立项累计达到7 024项，其中包括常规立项354项，下达应急制修订计划1批1项；专项制标3批125项；2012年安排行业标准审定20次，审定通过标准约600项；2012年发布行业标准批共计563项，截至2012年12月，检验检疫现行有效的行业标准3 882项。

（2）归口管理的国家标准完成情况

2012年检验检疫系统各单位完成发布由国家认监委归口管理的国家标准计划项目94项，本系统制定并经标准委发布的国家标准累计达到891项，新承担国家标准计划项目23项。

（3）承担国际标准项目制修订情况

截至2012年底，共组织检验检疫系统主持承担国际标准制（修）订项目30项，已完成12项。

#### 2. 专项、应急制标

2012年共下达了58项规程类标准改革专项；危险化学品专项59项；支持新疆区域经济建设专项8项；山东局标样应急项目1项；科研输出标准项目89项。

#### 3. 标准宣贯与培训

根据2012年度国家认监委培训计划安排，组织完成检验检疫标准管理信息系统培训1次，参加培训人员180名。

#### 4. 首次开展重要技术标准检查，推动标准有效实施

为落实国家《质量发展纲要》要求，推动SN标准的有效实施，更好地支撑国家质检总局重点业务工作的开展，组织开展了对检验检疫重要技术标准实施情况的系列检查。

本次检查根据检验检疫标准化工作实际，针对动检、植检、卫检、危化和食品等专业5个业务领域7类标准，组织专家现场抽查了5个直属检验检疫局的标准执行情况；并对35个直属检验检疫局根据规定的检查内容进行了自查，对下一步工作具有重要的指导意义。

**5. 完成试剂盒评价试点工作**

完成了2011年启动的商品化食品检测试剂盒评价试点工作，共有五个试剂盒通过评价。评价工作进入日常工作阶段。未申请和未通过评价的SN标准和计划项目目前正在公示。本次试点评价工作，将对我国检验检疫行业标准质量提升起到促进作用。

**6. 国际交流与合作**

在国际交流领域方面，截至2012年底，共组织12个出访团组，接待来访2次。一年来，国家认监委与AOAC合作关系取得稳步发展，参与AOAC组织的技术研讨和年度会议的人员数量及频次显著增加，参与活动的深度进一步加强；与ASTM合作日益强化，ASTM总裁和副总裁分别访问国家认监委。2012年外方主动邀请检验检疫系统专家参与对方工作，同时ASTM方面主动提出合作建议，凸显检验检疫标准化工作的国际地位稳步提升。

**撰稿人：贺 婧 吴 彤 审稿人：刘先德**

2013

Yearbook of Certification and Accreditation of China

# 第十部分　认可约束

# Part Ten　Accreditation

2012年，中国合格评定国家认可中心（以下简称“认可中心”）认真贯彻落实“抓质量、保安全、促发展、强质检”、“传递信任，服务发展”和“五个创新”的工作方针与要求，以“夯实基础、创新发展”作为工作主线，奋力开拓，扎实推进，各项工作取得了新进展和新成效。

## 一、贯彻落实上级部署坚决有力

一是深入学习贯彻十八大精神。党的十八大是一次高举旗帜、继往开来、团结奋进的大会。认可中心按照国家质检总局、国家认监委的部署，认真学习领会十八大精神实质，把学习贯彻党的十八大精神与认可工作紧密结合起来，加快推进认可工作持续健康发展，为全面建成小康社会作出积极贡献。

二是“世界认可日”系列活动圆满完成。以国家质检总局支树平局长一行到认可中心调研为契机，全面总结认可制度统一发展十年来取得的成果和经验，认真学习贯彻支局长“公正认可、赢得认可”的总要求，增强了履行认可使命的荣誉感、责任感和凝聚力。承办国家质检总局和国家认监委主办的6月9日“世界认可日”主题活动，规格高，影响大，意义深远，推动了认证认可活动在全球的发展。

三是积极推进学习贯彻《质量发展纲要》。《质量发展纲要》首次从国家层面肯定了认可作为质量发展基础的重要作用，规定了明确的任务目标。按照国家质检总局和国家认监委部署，认可中心通过召开战略研讨会进行专题研讨、认真落实《质量发展纲要2012年行动计划》相关工作、务实开展2012年全国“质量月”认可相关活动等形式，多层次组织学习和宣传贯彻《质量发展纲要》，取得了明显成效。

四是两个专项活动顺利开展。组织开展“认可工作质量安全风险排查整治和道德领域突出问题专项教育治理”活动，全面排查认可领域的风险并分析成因。截至2012年底，14项任务已按计划全部完成，降低了认可工作质量安全风险，解决了认可工作中一些突出问题。

五是应对突发事件工作有力。按照国家认监委相关部署，认真应对中央电视台“3·15晚会”灭火器事件、毒胶囊事件、河北儿童玩具事件、“7·23”甬温铁路事件和太阳能热水器检测事件等突发情况，每次行动都采取“突击检查”方式，成立应急工作组，制定应急预案、处置方案，在第一时间进行工作部署和现场调查，了解机构真实运作情况，识别存在的突出问题，及时进行分析处理，有效发挥了认可的基础作用，积极履行行政监管的技术支撑职能。

## 二、积极推进各项认可工作扎实有效

### （一）努力提供证实服务

第一，在日常服务方面。截至2012年12月31日，累计认可各类认证机构、实验室及检查机构5 840家，认可数量同比增长10%。其中，累计认可各类认证机构131家，涉及业务范围类型8 698个；累计认可实验室5 352家，其中检测实验室4 550家、校准实验室634家、医学实验室105家、生物安全实验室33家、标准物质／标准样品生产者6家、能力验证提供者24家；累计认可检查机构357家。有效认可状态各类认证证书682 245份，认可范围各类认证数量同比增长近13%。认可申请不受理率达15%。累计暂停734个机构的认可资格，撤销345个，注销479个。组织实施和利用能力验证计划307项。

第二，成功举办首届合格评定机构工作会议。这次会议是我国认可工作历史上首次由认证机构、实验室、检查机构共同参加的全国认可工作会议。会议听取了大量来自合格评定机构一线的意见和建议，为解决认可工作面临的新问题，统一了思想、开拓了思路。

第三，在新制度研发方面。能源管理体系认可制度已制定能源管理体系实施方案并正式开始受理；信息技术服务管理体系、温室气体审定/核查机构和低碳产品认证认可制度研发取得积极进展；能源之星实验室认可文件完成配套，认可流程得到固化，运作逐渐成熟；医学参考测量实验室认可制度初步建立，开展并完成了试点认可工作；实验动物机构认可研发项目按计划进行。

第四，在约束机制方面。分级管理进展顺利。2012年共对81家认证机构进行了分级评价。分级管理的实施，有效促进了认证机构的良性发展和持续改进，认证机构自律能力进一步加强，认可风险进一步降低。确认审核取得突破。2012年完全独立开展以来，对10家认证机构的60家获证组织实施了确认审核。确认审核工作已作为认证有效性监督的一种重要手段纳入认可监督机制之中。

第五，在深化认可政策方面。深化认可政策和技术要求系统研究工作全面正式启动，共制修订了21项认可规范文件、4项认可说明文件和1项技术报告。针对认证领域，制定有机产品认证机构认可加严工作方案，对符合认可要求的有机产品认证机构换发了认可证书附件；为落实国家认监委关于新版GB/T 28001《职业健康安全管理体系 要求》的转换工作，制定了认可转换方案。针对实验室和检查机构领域，发布《对实验室认可申请受理若干要求的解释说明》，细化了对实验室认可的受理要求；强力推进2011版《测量不确定度的要求》实施，全面促成实验室校准测量能力（CMC）表述与国际接轨；修订实验室认可准则在化学领域、微生物领域的应用说明；制订了《对大型综合实验室的认可实施方案》，调整大型综合实验室评审方式，控制认可风险；根据实验室的专业特点和相关认可客户的需求，制定专门认可方案和认可补充要求，使实验室认可管理区别化、精细化；制订了《食品检验机构认可补充要求》以及医学实验室质量和能力认可准则在临床化学、免疫学、病理学等9个子领域的应用说明，深化了实验室认可技术要求；制订发布了《关于评定项目评价的实施意见——评定项目审定评价指标和判定标准》，加强实验室、检查机构认可评定的一致性，提高评定工作质量；修订了《检查机构能力认可准则在建设工程检查领域的应用说明》，提高建设工程领域检查机构认可质量，降低认可风险；编制了《能力验证常见问题和解答》。针对综合领域，制订发布了《认证机构、实验室、检查机构及资质认定技术评价评定批准流程关键点控制表》，强化内部流程控制。

### （二）积极提供支撑服务

组织实施委托的行政专项监督检查。实施了对10家强制性产品认证（CCC）指定认证机构和110家CCC获证企业的突击检查，还对19家食品农产品认证机构和41家获证企业实施了专项监督检查工作。对6类强制性认证产品领域的60家次实验室进行了专项监督，监督方式基本采取了飞行检查模式，并首次采用模拟认证流程的方式，考评实验室日常管理和技术水平，实施了相关实验室整改措施现场验证工作；协助国家认监委完成新增CCC实验室资格审查；食品检验机构资质认定、司法鉴定机构资质认定技术评价工作也取得了新的进展；积极配合注册部开展出口食品企业备案采信第三方认证结果相关认可技术政策研究，为政府采信提供技术支持。积极配合政府部门相关工作。配合卫生部开展新型病毒定级工作以及高级别生物安全实验室活动资格审批和管理工作；与卫生部沟通，配合卫生行业开展血站实验室管理与认可工作；与北京、上海、天津等地方卫生主管部门合作，支持地方医疗机构"十二五"发展规划以及地方医院评级工作；与交通部沟通，探讨实验室和检查机构认可与行业等级评定制度的结合，开展了联合评审的试点工作；与公安部签署认可合作意见，共同推动公安机关法庭科学（刑事技术）实验室的认可工作；配合公安、司法等政府部门联合开展能力验证计划；持续深化与特种设备行业主管部门的合作，继续开展特种设备综合检验机构认可与核准的联合评审活动；配合国家质检总局开展二级生物安全实验室认可工作；配合国家认监委推进资质认定技术评价工作、推进食品检验机构资质认定技术评价工作；协助国家认监委开展能力验证计划的立项、审核、培训工作。参与重要文件的起草修订工作。司法部、认监委共同发布《全面推进我国司法鉴定机构的认证认可工作的通知》。认可中心积极参与相关政策和要求的研究制定工作；国家认监委组织《国家产品质检中心管理办法》研讨，开展"国家产品质检中心"专项检查，认可中心参与研讨和相关检查；承办《2011年度国家产品质量监督检验中心发展报告》白皮书编撰的具体工作，为政府规范大型综合实验室的管理建言献策；组织编写了《良好实验室规范（GLP）监控体系培训教材》，全面修订了GLP符合性检查程序和作业文件。

### （三）积极加强国际合作

国际互认方面，我国检查机构认可制度首批加入国际互认协议，标志着我国检查机构认可结果实现了全球互认。发挥国际作用方面，成功举办了首届国际动物检疫实验室质量控制关键技术研讨会；与中国标准化协会联合主办第三届中国能力验证与标准物质/标准样品论坛；在2012年10月召开的国际认可论坛第26届全体大会上，认可中心主任肖建华连任新一届IAF副主席，彰显了中国认可的大国实力；此外，认可中心先后有9名代表在国际和区域认可合作组织或国际标准化组织中担任不同层次的领导职务，发挥了实质性作用，中国认可机构的国际地位和影响力不断提升。

### （四）积极加强基础建设

第一，开展“基础建设提升活动”。确定了质量分析、认可技术、信息化建设、干部人才队伍、文化建设和宣传、党的建设等六个方面共计20项重点工作。目前，“基础建设提升”活动深入有效，已完成16项重点工作。第二，加强科技工作。制订发布了《认可工作“十二五”科技专项发展规划》；制订发布了认可制度体系表；2012年，认可中心牵头承担的“P3和P4实验室生物安全技术与应用”国家级科研项目，获2012年科技部“国家科学技术进步奖二等奖”，这是认证认可行业首次获得国家科学技术进步奖二等奖；认可中心参加的《化学品毒性检测实验室安全与质量控制系列技术标准研究》获得中国石油和化学工业联合会“科技进步一等奖”；《上海合作组织认证认可合作机制研究》课题获得“科技兴检“三等奖；认可中心一名专家获得“2012中国标准化杰出人物——创新人物”奖。第三，加强信息化工作。继续维护并完善认可业务信息化管理系统，继续开展电子档案管理系统的开发和数字化加工；稳步推进认可中心网站管理和改版建设工作；顺利启动了人力资源管理系统、网络教育培训系统的调研工作；OA办公自动化系统公文管理模块通过验收，体系文件和规范文件管理模块正在试运行；正式启动认可统计项目，并开展数据存储备份等工作。第四，加强宣传工作。紧密围绕世界认可日、中国认可统一发展十周年等专题活动，通过新闻报道、接待参观、座谈研讨、文化书籍、演讲比赛、文艺演出、网站维护、公益活动等多种形式向社会传播认可理念，弘扬认可文化。第五，加强队伍建设。干部人才建设方面，人才专项发展规划正式发布实施，干部轮岗顺利实施，干部管理人事制度进一步完善，绩效管理力度进一步加强，人员招聘和培训工作进一步提高，通过对项目负责人进行知识拓展、派员到国际知名认可机构学习等方式，积极探讨和开拓了新的培训内容，有效促进了工作创新；评审员队伍建设方面，建立了认证机构评审人员资源需求分析模型并开展了部分认可制度试点，实现了认证机构认可评审员资源管理的预测机制；完成了认证机构评审员能力分析评价系统的调整，落实了“项目制”式的认证机构评审员培养管理新方式；加强了带岗评审员和管理岗评审员的培养；制定并完善了实验室业务线的评审员使用与退出机制，确保评审资源的不断优化。第六，加强法治工作。深入开展“六五”普法工作，编制了《法律知识选编》。第七，加强党的建设。紧紧围绕国家质检总局“人民质检、为民服务、以质取胜、创先争优”主题，继续做好“三亮”、“三创”、“三比”、“三评”工作和2012年的公开承诺活动；通过支部重新划分、分类定级和晋位升级的方式，结合“三会一课”制度、学习型党组织、主题党日实践等活动，进一步深入落实基层组织建设年活动。第八，加强廉政建设。全面落实党风廉政建设责任制和廉政风险防控工作，结合认可工作实际开展党风廉政教育活动，通过自查、核查和修订制度，狠抓队伍作风建设，认真开展信访举报的查处工作；结合认可工作道德领域突出问题专项教育治理活动，召开行风建设座谈会，全面开展廉政风险防控工作、推进纪律教育月活动，编制了《职权目录》、《廉政风险一览表》和《权力运行流程图》。第九，加强文化建设。构建认可专业文化体系，发布了文化手册；编辑出版了《中国认可发展历程》和《认可之路》大型画册，建成认可发展陈列展室，积淀了认可文化。推进精神文明建设，连续八年获得中央国家机关文明单位称号。

撰稿人：田珊珊　审稿人：肖建华

2013

Yearbook of Certification and Accreditation of China

# 第十一部分　人员注册

## Part Eleven　Personnel Registration

2012年，中国认证认可协会（以下简称“协会”）紧紧围绕国家质检总局和国家认监委的中心工作要求，围绕认证认可行业发展需求，进一步加强认证人员注册和考试业务管理，不断提升认证人员注册的有效性。

## 一、加强认证人员注册管理，进一步规范有机认证从业人员管理

### 1. 及时落实标准换版及新增领域对认证人员注册管理的新要求

完成《职业健康安全管理体系审核员注册准则》、《危害分析和关键控制点（HACCP）体系审核员注册准则》的修订发布，完成《质量管理体系审核员建筑施工领域专业注册要求》的制定发布工作。

### 2. 进一步规范有机认证从业人员管理

发布第2版有机产品检查员注册准则，从细化专业类别、提高准入门槛、严格考核过程和加强证后监管等方面落实了相关要求。暂停了部分有机产品认证检查员注册资格，对有机产品认证检查员注册准则换版进行了统一安排，举办了新版有机产品认证检查员注册准则宣贯会。

截至2012年12月31日，协会完成管理体系审核员注册15 266人次，再注册9 975人次；产品检查员注册404人次，再注册（含扩项）615人次；批准管理体系审核员见证评价人员2 201人，有机产品认证检查员见证评价人员75人；完成各类认证人员年度确认24 566人次；发放审核员注册证书23 100张。

## 二、开发新领域认证人员注册制度，进一步加强考试管理

### 1. 开展信息技术服务管理体系认证人员注册工作

按照国家认监委要求，及时制定发布了《信息技术服务管理体系审核员注册准则》，把人员确认方案与注册准则要求有机结合，保证了认证机构对新领域认证人员的基本需求。《注册准则》对已注册人员升级、年度确认、再注册以及认证机构对审核员的持续培养与监督等给予了充分考虑。

### 2. 组织实施了4次全国统考

考试科目除传统的4个领域8个科目外，新增了OHSMS转版和建筑施工。全年共计60 296人次参加统考，比2011年增加了20 806人项。为方便考生就近考试，缓解个别考点资源不足等情况，新增杭州、南京、济南和郑州4个考点，使统考考点地域分布更加合理。

截至2012年12月31日，除统考外完成其他注册项目考试共96场次，涉及18个项目，共计3 175人次；完成产品认证检查员注册1 793人次，咨询师注册1 030人次，审核员注册942人次，其他领域认证人员注册/确认286人次，发布注册公告19期；完成2012年认证人员年度确认，其中咨询师1 087人次，检查员1 602人次。

## 三、强化认证从业人员继续教育，研发新的培训课程

制定并发布了CCAA《2012年认证人员继续教育实施方案》，完成了2门通用课和12门专业课培训大纲的编写与发布，确认了机构23家、课程43个、教师121人，备案了300个认证机构自主开发的课程，录制了5门网络课程，组织对面授班进行了监督。截至2012年12月31日，网络共培训59 736人次，参加面授19 480人。制定并发布了《2012年认证培训教师继续教育实施方案》，举办了包括OHSMS、19004、HACCP等教师继续教育培训班在内的9期培训班，教师816人次参加了培训。

截至2012年12月31日，共完成培训机构初次评审、监督评审、复评33家，培训课程初次评审、监督评审、复评77个。完成教师年度确认1批438人、注册2批54人、再注册3批376人。

**撰稿人：张 颖 审稿人：生 飞**

2013

Yearbook of Certification and Accreditation of China

# 第十二部分　行业自律

## Part Twelve Self Disciplining of Acceditation and Certification Bodies

2012年，中国认证认可协会（以下简称“协会”）紧紧围绕国家质检总局和国家认监委的中心工作要求，围绕认证认可行业发展需求，结合“创先争优”以及协会开展的“两个转变”活动要求，全面加快制度、自律监管、服务、科技、体制机制“五创新”发展步伐，在推动认证认可行业服务国家经济社会发展方面做了一些工作并取得了一定成绩。

## 一、构建行业自律工作体系，不断完善自律诚信机制

### 1. 召开有机产品认证行业自律工作座谈会，充分征求意见建议

经二届三次理事会审议通过，发布新版《认证机构公平竞争规范——与认证证书有关的有违公平竞争行为约束》，进一步加强对有机产品认证证书转换的自律监管，不断适应认证认可领域不断拓展的新形势。

### 2. 行业自律工作委员会已经成为拓展行业自律工作的有效机制

2012年行业自律工作委员会的工作重点就是抓落实，召开行业自律工作委员会2012年第一次全体会议和第二次全体会议。10个行业自律工作组分别召开项目启动会，380余人次参与的10项课题研究工作稳步推进。

### 3. 典型引路，良好认证审核（咨询）案例评议交流活动圆满成功

举办2012年度良好认证审核（咨询）案例评议交流活动。案例涉及的认证领域进一步扩展，从传统体系认证扩展到能源认证等。40余家认证机构提交的108个案例参加了现场评议交流，38个案例获评本年度良好认证审核案例。

### 4. 常抓不懈，认证证书转换的日常监督管理得到加强

制定发布《认证证书转换实施指南》，细化了认证证书转换的各项要求。加大对违规转换行为的清查处理力度，对国家认监委月报库数据和协会自律监管系统数据进行分析比对，完成全部核查工作。

### 5. 认证人员转换执业机构管理平稳有序

2012年共分三个季度办理注册认证人员转换执业机构1 058人，因不符合要求未予办理的21人，第四季度的转换申请正在办理之中。2012年通过调查投诉举报案件，撤消了7人15项注册资格。对于违规注册的一个审核员做不予注册的处理，并对2家违规转换人员的机构作出内部通报处理。

### 6. 完成证书清查和分析，开展非例行价格检查

要求各认证机构对2011年度认证证书及价格信息报送情况进行自查。在自查基础上，由协会组织清查，完成了对各机构证书变化趋势的汇总分析。并于2012年7月24日—26日，2012年9月24日分别开展了2012年第一次非例行价格检查和第二次非例行检查。

## 二、发挥行业组织优势，提升服务行业服务会员水平

### 1. 召开了二届三次理事会暨第三次常务理事会

对2011年工作全面回顾总结对2012年工作进行安排部署。会议明确了协会要发挥行业组织的优势，做好联络各方的桥梁纽带，配合主管部门带领全行业在社会传递信任，体现了认证认可工作重要价值。

### 2. 配合国家质检总局、国家认监委组织完成《职业分类大典》

增设“认证认可”专业相关工作。制作职业大典信

息采集统计表，完成职业大典提交材料的准备，形成建议报告提交国家质检总局，为保证国家职业分类大典修订工作客观全面做了大量工作。

#### 3. 制定实施《优秀认证人员评选表彰办法》

为树立行业典范，表彰先进，激励认证从业人员学习先进、爱岗敬业、开拓进取出台了制度性方案。

#### 4. 加强对服务业认证的宣传和扶持，加大对检测服务和认证企业的社会宣传和推广力度

协办第二届中国国际品牌发展论坛，推介获证企业代表、行业专家参加论坛并发表演讲。协办 2012 中外服务贸易企业洽谈会，组织有关专家在可持续发展与绿色建筑国际合作、中国环境服务国际合作、中国企业低碳发展竞争力等大会分论坛中作了主题报告。

#### 5. 推动会员服务工作精细化

新发展 19 家单位入会，完成会员单位年度注册、证书发放及会费收缴等工作。更新协会网站会员名录。走访检测分会，研究检测分会工作。

### 三、全力承担 SAC/TC 261 秘书处工作，做好 ISO/CASCO 对口工作组工作

#### 1. 充分利用 SAC/TC261 秘书处的平台，积极参与国际标准化组织活动，提升参与国际标准化工作的能力

派员参与国际标准组织的活动，派员参加国际对口工作组活动，参加 ISO/CASCO 第 28 届年会，参加国内对口工作组等活动，逐步提升参与国际标准化工作的能力。

#### 2. 积极申请协办 ISO/CASCO 第 29 届年会

协会作为“全国认证认可标准化技术委员会（SAC/TC261）”秘书处承担单位，并对口国际标准化组织合格评定委员会（ISO/CASCO）的工作，向国家标准委申请协办此次 CASCO 年会已获批复同意。

#### 3. 对科研与标准制修订工作相结合进行了有益尝试

《检验检测机构良好操作管理与服务标准研制》标准委公益性科研项目通过科技部审核，并于 2012 年 7 月作为 2013 年质检公益专项备选项目按照国家质检总局要求向财政部上报《项目实施方案》和《项目预算申报书》。

#### 4. 组织实施和报批国家标准制修订项目

目前 SAC/TC261 已与标准制修订单位签订《国家标准制修订计划项目任务书》；上报国家标准委标准制定项目 5 项；国家标准制修订项目提案 13 项；组织对 6 项国家标准制修订项目征求了意见。

### 四、加强双边交流合作，推动务实项目开展

#### 1. 出席国际人员认证协会（IPC）执委会议

秘书长以副主席身份出席在罗马召开的国际人员认证协会（IPC）执委会。IPC 执委会决定在成员之间正式建立质量管理体系审核员、环境管理体系审核员等注册人员资格互认制度。

#### 2. 与国际汽车行动组（IATF）签署谅解备忘录

与国际汽车行动组（IATF）签署谅解备忘录，以促进在 IATF 注册的 ISO/TS 16949 审核员获得协会质量管理体系审核员的注册资格，使其在中国开展的 ISO/TS 16949 认证审核活动符合《认证认可条例》的要求。备忘录的签署为双方的进一步合作提供了框架基础。

#### 3. 与莱茵 TüV 集团以及劳氏质量认证有限公司就行业自律等问题交换意见

与莱茵 TüV 集团大中华区总裁薛勒、总监刘慧芳就认证人员注册工作相关问题举行会谈。与劳氏质量认证有限公司亚太区总裁费保罗、大中国区总经理张见心、营运经理陈涯就行业自律、人员注册、行业宣传等相关问题交换了意见。

### 五、增强“两刊一网”社会影响力

《中国认证认可》杂志注重加强与行业各部门的沟通和交流，充分听取各方建议，在重大选题上立足行业发展，突出热点问题。编写了“承诺，10 年间”专题报道，全方位介绍了入世 10 年来我国认证认可工作认真履行承诺的实际行动。结合我国强制性产品认证实施十周年所取得的成效编写了“走在质量强国的路上”等一批贴近行业热点有思想、有深度的报道，真正起到了“行业风向标”的作用。

编辑出版协会《工作通讯》，发行覆盖面进一步扩大。更新了版面设计风格，开辟了人物谱、专家观点等新专栏，组织了理事会、SAC/TC 261 全委会等专题报道，促进了行业与政府、企业、社会之间的信息交换和沟通交流。

向国家质检总局、国家认监委网站报送刊发新闻消息 10 余条，在协会网站刊发新闻报道 39 篇，图片新闻 15 篇。参与《中国认证认可年鉴》编写，获评国家认监委《中国认证认可年鉴》优秀组织单位。构建“两刊

一网”宣传格局，增强了社会影响力，为上级主管部门实施有效监管以及引领行业发展营造了良好舆论氛围。

## 六、深入开展两个作风转变活动

把握“强组织、增活力，创先争优迎十八大”主题和“抓基层党建，强质检基础”总体要求，着力完善加强协会党总支建设的体制机制，努力实现创先争优和基层组织建设年五个提升目标。

落实动员学习、查摆问题、整改提高、总结汇报各阶段要求，深入开展进一步转变思想作风和工作作风活动。通过组织学习、自纠自查、问卷调查等环节，认真查摆问题。

开展多样的主题教育活动，振奋精神、陶冶情操。开展延安红色之旅主题教育活动，带领新老党员一起重温入党誓词，重温延安精神，学习延安时期党的优良传统和作风。承办“弘扬雷锋精神，爱心你我同行”北京太阳村公益活动，捐赠了一批生活用品，学习创始人张淑琴十几年如一日为太阳村孩子们“东奔西走”的雷锋精神。

## 七、加强自身建设，提升科学化管理水平

第一，启动实施质量管理体系建设。着手理顺职责、规范行为、提高效率、深化服务，增加管理的科学性、合理性和有效性，确定初步工作方案及实施步骤。邀请外部专家开展全员培训，举办体系文件编写培训，完成了各部门体系文件目录编写工作。

第二，推进人力资源管理系统改革项目。通过改革和完善绩效考核、薪资福利、职称评定、社险缴纳等制度，激发干部员工创新发展潜能。对协会《职称评定的管理规定和办法》征求了修改意见，将适时出台。

第三，上线电子公文传输系统，实现与主管单位公文传输电子化。加强文件登记阅办归档管理。截至2012年12月31日，共完成收发文件1 513件，其中完成发文463件，包括协会发文263件，技术标准发文45件，发函48件，公告93件，便文14件；完成收文814件；完成内部签报236件。

第四，优化OA办公系统各模块功能，及时解决OA系统模块应用和流程改善问题。加强保密、信息安全、财务、车辆使用、固定资产等各项管理工作。

第五，在接受民政部专家组评估过程中，协会自身建设以及受评相关内容，获得了肯定。

**撰稿人：张　颖　审稿人：生　飞**

2013

Yearbook of Certification and Accreditation of China

# 第十三部分　国际合作

# Part Thirteen　International Cooperation

## 一、服务外交外贸大局

在近年来的中美商贸联委会（JCCT）上，涉及强制性产品认证（CCC）领域的议题一直是美方重要关注的问题，美方多次在JCCT上向我领导人反映，并据此向我提出贸易领域要价。为缓和并解决该问题，国家认监委于2012年6月与美国商务部共同成立了中美认证认可工作组，为两国认证认可政府主管部门搭建了固定的合作平台。双方商定涉及认证认可领域的技术性问题均尽量通过工作组解决，避免“技术问题政治化”；同时约定日后工作中涉及双方关注的内容均对等、双向安排。

为落实温家宝总理和德国总理默克尔在《中华人民共和国与德意志联邦共和国首轮中德政府磋商联合新闻公报》中提出的“双方愿加强在认证领域的合作”，国家认监委于2012年2月下旬组团赴德国与德国联邦经济和技术部进行会谈，就成立中德认证认可合作工作组、工作方式及内容等与德方达成了初步一致，并建立了联络点。同时，积极参与中德标准化委员会下涉及认证认可的相关工作。

配合高访，与波兰磋商签署合作协议。2012年4月，温家宝总理访问波兰前夕，波兰联邦经济部通过波兰国家认证机构（PCBC）与国家认监委联系，希望能在高访期间与国家认监委签署认证认可领域合作协议。国家认监委给予积极回应，并与波方就协议文本草案达成共识，由于时间紧迫，协议未能签署。双方商定选择适当的时机签署该合作协议。

充分发挥中欧工业品安全与WTO/TBT磋商机制中合格评定工作组合作平台的作用，于2012年2月和10月分别在布鲁塞尔和北京召开了第十一次、第十二次中欧合格评定工作组会议，交涉对贸易产生影响的认证方面的问题，并进一步推进了联合搭建信息平台的工作，为中国企业提供欧盟CE制度相关信息。

参与2012年7月在海南举行的中俄标准计量认证和检验监管工作组第十次会议，会议决定俄方认可主管部门或认可机构加入工作组，推动两国认可机构间的合作。双方同意，持续推动在认证（合格评定）领域及认证机构和检测机构间的合作，推动合格评定结果的互认；继续组织实施中俄专项能力验证计划，两国共34家实验室参加了此次“蔬菜中毒死蜱、马拉硫磷和硝酸盐的测定”能力验证计划，全部返回数据结果，并已形成了技术报告。

国家认监委于2012年5月在成都举行中韩合格评定分委会第九次会议，并与韩国技术标准局（KATS）在北京联合举办了面向韩国认证机构的说明会。本次会议就双方强制性认证最新信息交流、TBT关联事项及认证认可领域的合作等内容进行了交流。特别是会议决定开展中韩MRA联合研究，并通过了联合研究工作方案和研究报告体例，也将为中韩自贸区建设提供重要支持。

依照部署，接待朝鲜国家食品安全委员会代表团来访。2012年7月，国家认监委主任孙大伟接见了朝鲜国家食品安全委员会委员长崔光来一行，就双方在认证认可领域的合作议题进行了交流。期间，组织朝方代表参观了认证机构和获证企业等，夯实了中朝认证认可领域合作的基础。

## 二、合力推进双多边互认

### （一）深度参与、配合国家自贸区（FTA）建设

根据中瑞（士）自贸谈判整体安排，国家认监委参加了已经开展的前六轮谈判，并就签署认证认可领域合作协议达成了共识，形成了协议文本草案，将在中瑞FTA协定框架下择机签署；稳步推进中国－新西兰电子电器认证互认协定的实施，编辑出版了《〈中国－新西兰电子电器合格评定互认协定〉解读》，并以此书为教材针对出口企业举办了相关培训，帮助企业了解利用互认获得认证出口新西兰的途径和具体要求。组织中新标准差异比对和我国强制性产品认证（CCC）制度相关规范的翻译和对新通报，并为新西兰检查员

组织了现场培训。

### （二）开展对韩国、以色列合作先期研究

将对韩国、以色列合作的先期研究列入2012年工作的任务分解，并列入国家认监委2012年科研“短平快”项目，并已形成研究报告初稿。先期研究工作是国际合作工作的重要创新，报告对我国与韩国以色列的合作具有指导意义，并为日后开展类似研究起到示范作用。

### （三）国际多边互认体系参与力度进一步加强

2012年5月，国家认监委为配合国家新能源政策，大力推进国际多边互认体系范围拓展。我国加入国际电工委员会电工产品合格测试与认证体系（IECEE）E3（Electrical Energy Efficiency）能效计划。

2012年，国家认监委大力推进IECEE体系实验室和国际电工委员会防爆电气安全认证体系（IECEx）体系实验室建设工作，新增18家IECEE体系实验室和1家IECEx实验室。参与国际互认体系的认证机构和检测机构达到47家。

### （四）国际多边互认体系国内运作取得新成效

2012年11月8日，国家认监委在江苏无锡召开第五届IEC三大认证体系国内运作机制年会暨战略发展研讨会，会议总结机制建立五年来的工作，研讨未来一段时期IEC三大认证体系国内运作发展战略。

印发《第五届IEC三大认证体系国内运作机制年会行动方案》。第五届IEC三大认证体系国内运作机制年会行动方案包括体系发展战略研究、体系建设与范围拓展、体系市场推广与应用、体系运行有效性评估、体系运行保障性机制等五个方面24项具体工作任务。

完成IEC三大认证体系国内运作机制工作组（第二届）换届工作。聘任战略发展、技术支持、同行评审、市场推广、申投诉处理五个工作组专家120人次，任期自2013年1月1日起，为期三年。

### （五）积极开展国际多边互认体系运作有效性评估

完成国家认监委“短平快”项目DPK2011-02《我国运作IECEE-CB体系有效性评估研究——以家电产品类别为例》，并通过项目验收。此项目是国家认监委在认证认可国际组织领域开展的首个参与有效性评估项目。该项目通过验收也标志着国家认监委对认证认可国际多边互认体系运行有效性评估全面展开。

2012年，国家认监委组织开展IECEE体系、IECEx体系和国际电工委员会电子元器件质量评定体系（IECQ）体系国内运作运行有效性评估。评估围绕贸易情况分析、国际国内运作情况、存在问题及原因分析等展开，形成了各体系运行有效性评估报告。此次体系运行有效性评估摸清了我国参与国际多边互认体系运行情况，总结体系运作的经验，查找体系运作中存在的问题，为科学决策提供了支持。

## 三、积极应对技术壁垒

### （一）经合组织良好实验室规范（OECD/GLP）工作取得新进展

为应对欧盟REACH法规，配合商务部做好加入经合组织良好实验室规范工作组数据互认协议（OECD/GLP/MAD）基础准备工作。5月，派员参加了在法国巴黎举行的OECD/GLP第26次年会。8月，国家认监委组团访问了芬兰、德国、巴西的GLP监控机构、GLP实验室以及欧盟化学品管理局，为加强我国GLP体系建设积累了经验、奠定了基础。

### （二）加强WTO通报、咨询、评议工作

依照WTO规则，向WTO通报了新修订的《有机产品认证管理办法》，并接受了来自新西兰、美国等国家的评议。继续应对欧盟、美国、日本等经济体针对我国《认证机构管理办法》和《进口食品境外生产企业注册管理规定》提出的贸易关注。考虑到巴西水产品注册程序有可能对我国水产品出口造成的不利影响，我国对巴西水产品企业注册程序提出了贸易关注。

## 四、大力发展双边关系

以举办新兴经济体认证认可研讨会为契机，拓展与新兴国家的合作。于2012年12月在福州举办了主题为“认证认可体系及对经贸的促进作用”新兴国家认证认可研讨会。来自沙特、波兰、印尼、尼日利亚、印度和巴西等六个国家的政府部门和认证认可机构的代表参加了研讨会。通过该研讨会，与以上新兴国家有关部门和机构建立了直接联系，为进一步开展合作奠定了基础，同时也扩大了我国国际影响力和认知度。

为开拓与非洲国家合作，2012年11月国家认监委组团赴非洲访问肯尼亚、赞比亚等国，与当地认证认可政府主管部门进行了交流，向对方介绍了我国认证认可体系和运作情况，为日后合作搭建了平台，同时也为我国开展对非洲合作开辟了新渠道，有利于扩大我国在非洲的影响力。

国家认监委于2012年9月与海湾合作组织（GCC）标准化委员会（GSO）进行了接洽，双方进行了初步的信息交换，包括机构职能、组织框架和主要业务等。

GSO 向国家认监委表达了在玩具等产品领域深入开展合作的意愿，我方表示将与 GSO 探索建立合作机制。

## 五、深度参与国际组织

### （一）鼓励认证认可国际组织任职，确保话语权

2012 年，国际电工委员会向 IEC 中国国家委员会主席王凤清同志颁发 IEC 杰出贡献奖，以感谢王凤清女士在担任 IEC 理事局成员期间以及 IEC 中国国家委员会主席十年来所做出的杰出贡献。

2012 年，我国在认证认可国际组织管理层任职取得丰硕成果。继续巩固在国际电工委员会（IEC）、国际标准化组织（ISO）等管理层任职，确保国际组织话语权。国家认监委总工程师刘卫军成功当选 IEC 合格评定局（CAB）成员。中国合格评定国家认可委员会秘书长肖建华成功连任国际认可论坛（IAF）副主席。

截至 2012 年底，我国专家在认证认可国际组织中有 20 人次担任管理层职务，73 人次担任工作组成员，38 人担任认证认可国际组织同行评审员。

### （二）全面完成国际组织合格评定投票和表决工作

全面完成 ISO/CASCO 成员合格评定领域标准投票表决工作，并提出投票意见。完成 IECEE、IECEx、IECQ 三大国际认证互认体系的投票工作，对三大体系中的规则完善、运作文件的制修订以及新领域的拓展等组织提出中方意见。

### （三）组团或派员参加国际会议，紧密跟踪国际趋势

2012 年，为紧密跟踪国际认证认可发展趋势，提升中国认证认可在国际组织中的影响力，国家认监委参加中国质检总局团组跟踪亚太经济合作组织（APEC）等国际组织的活动；参加或组团参加了 IEC 大会、太平洋标准大会（PASC）会议和 ISO/CASCO 大会及相关工作组会议；组团参加了 IEC/CAB、IECEE、IECQ、IECEx、OECD 拖拉机协定以及良好实验室规范（GLP）等会议；派员参加了 IAF、PAC、ILAC、APLAC、IPC 年会、CAC 大会及相关技术分委会会议；组织下属机构参加了 IQNet、ANF 相关工作会议。

## 六、深化与港澳台合作

两岸认证认可领域合作初显成果，逐步发挥起了服务两岸经贸发展的作用。2012 年 4 月下旬，孙大伟副局长率大陆代表团赴台湾花莲出席 2012 年度海峡两岸标准检验认证认可消费品安全合作研讨会及相关活动。期间，举办了“认证认可支持绿能政策及环境”专题研讨会和两岸认证认可合作工作组第三次会议。2012 年，两岸认证认可合作工作组及项目组稳步推进两岸认证认可领域合作的相关工作。有两个方面的工作特别值得注意，首先是互信项目组开展了海峡两岸强制性产品认证制度比对研究，目前研究报告已基本定稿，该研究详细介绍和比较了两岸的强制性产品认证制度和产品互供情况，分析了互认基础，为两岸在强制性产品认证领域的互信、互认奠定了基础。其次是 LED 项目组在前期开展的大量 LED 能力验证比对项目和体系比对的基础上，实现了两岸 LED 路灯认证检测结果的互认，取得了两岸认证认可领域互认探索的阶段性成果。

在内地与香港、澳门更加紧密经贸关系的安排框架下，实质性地推进了内地与香港、澳门在认证认可领域的合作。积极有效地落实《内地与香港关于建立更紧密经贸关系的安排》及其补充协议七、八。截至 2012 年底，已有 3 家香港检测机构与内地指定认证机构就委托检测签署了合作协议，有效推进了香港检测机构参与 CCC 认证检测业务。为落实中央促进港澳经济发展政策，新发布了《内地与香港关于建立更紧密经贸关系的安排》补充协议九，在广东省先行先试，将工业产品领域的认证检测惠港、澳政策扩展到了食品农产品领域，补充协议九的发布与实施将进一步推动粤港澳经济圈的繁荣与发展。

**撰稿人：刘志伟　王　鑫　审稿人：薄昱民**

2013

Yearbook of Certification and Accreditation of China

# 第十四部分 信息化建设

## Part Fourteen Informationization Construction

2012年，认证认可信息化建设牢固树立“传递信任，服务发展”的理念，以“为民服务，创先争优”为宗旨，紧紧围绕国家质检总局“十二字”工作方针，注重服务能力与技术能力建设，打造精品工程，充分发挥服务保障作用。

## 一、认证认可信息化工作新进展

### （一）打造精品工程，不断提升信息化服务软实力

#### 1. 完成有机产品认证标志备案系统建设

为了向社会及时、准确提供有机产品获证企业和产品信息，开展了有机产品认证标志备案查询系统建设，于2012年3月1日上线。截至年底，21家有机产品认证机构累计上传的标志数约4.2亿枚，累计接受查询4.6万余次。

该系统的建成有效加强了有机产品认证的信息公开，取得了较好的社会反响。2月28日，央视专题采访了有机产品认证标志备案查询系统的相关情况；5月15日，国务院办公厅在其《关于印发2012年全国打击侵犯知识产权和制售假冒伪劣商品工作要点的通知》中提出要加强有机产品认证标志备案系统的建设和宣传。

#### 2. 推进数据集中管理工作，加强统一上报平台应用

2011年统一上报平台投入试运行后，2012年进一步完善了系统，组织召开了5次协调会，平台顺利通过验收；8月1日，平台正式上线运行，截至年底，164家机构上报数据263 760多条。同时大力推行数据集中管理，协调解决该平台与认可中心、认证认可协会相关系统的对接问题，减轻了机构多头重复报送数据的压力。

#### 3. 强制性产品认证（CCC）管理基本实现信息化全覆盖

6月15日起，“免于CCC认证的特殊用途进口产品检测处理管理系统”在5个直属检验检疫局正式运行，全年共受理518个车型，进口车辆2 467辆。11月，“CCC工厂检查活动监管系统”和“CCC业务质量分析系统”上线运行，实现了对CCC证书数据、CCC免办业务的综合质量分析和CCC认证机构、指定实验室的统一数据上报。

#### 4. 数据仓库项目建设取得阶段性成果

从系统人机界面、统计分析、预警分析等7个方面基本完成认证认可决策支持系统设计开发，并与统一查询系统、出入境验证设限库统计与查询系统完成集成开发。9月起，各系统已陆续上线试运行。

#### 5. 落实国家质检总局加强进口废物原料业务管理要求，积极推行CA应用

积极配合、快速推进进口废物原料装运前检验监管（PSI）系统的数字认证（CA）应用，主要完成了CA电子密钥制作、CA应用系统建设、日常维护及应用培训4方面工作。截至2012年底，为海外检验机构、境外供货企业及自检企业制作发放密钥5 841个。

### （二）以安全实用为标准，不断提升信息化保障基础能力

#### 1. 优化IT运维管理体系，提高运维服务质量

优化系统功能，根据各系统试运行情况，从应用性、系统性、集成性、安全性等角度对IT运维流程管理系统进行优化；加强配置项管理与系统监控，通过屏幕、声光、短信等报警提示方式，加强主动监控，提高运维接警处置效率。

#### 2. 加强国家认监委网络和机房建设，提高硬件保障能力

在广州组建了异地灾备系统；优化改造国家认监委北京数据中心网络和机房，将CCC公众服务平台、有

机产品认证系统等7个系统迁移至虚拟化平台，并对CCC免办电子审批系统、出口食品生产企业备案管理系统等10个系统的数据库进行了迁移整合，提高资源使用率和实用性；提高机房环境的安全系数，加装室外机微雾冷却系统、软水机组，改造机房水路和消防设施。

#### 3. 各单位高度重视，大力加强信息安全建设

在认真做好信息安全和保密检查工作的同时，中国信息安全认证中心（以下简称“信安中心”）加装了防火墙、VPN等安全设备，建设了网络服务器监控系统，部署了应用层防火墙和入侵检测系统，提高内部网络的整体安全性；合格评定认可中心（以下简称“认可中心”）启动了内外网隔离调研和数据库备份工作，统一部署了防火墙及上网行为审计、流控软件，并加强定期分析和处置；中国检验有限公司（以下简称“港中检”）加强了信息化基础设施建设，调整了多个办公地点机房的网络走线及机柜，安装了大功率不间断电源UPS，完成了元朗一期内部光纤工程，建成了以租用光纤线路为骨干、3G无线线路为备份的统一内网，上环总部与各分支工作点的互联网出口得到统一，同时开展了信息化安全体系建设，加强防火墙、网络版防病毒软件及计算机域管理，规范内网计算机的权限管理、文件共享等信息化基础工作。

### （三）加强政务公开和行业信息服务，扩大认证认可社会影响

#### 1. 实现国家认监委内外网信息发布的统一管理

完成了国家认监委政府网站迁移，并重新开发公众留言、网站申投诉和依申请公开功能，实现了内外网信息发布的统一管理及与流媒体管理平台的无缝衔接。开展“2012年全国认证认可工作会议”、“中国有机产品认证公共服务专栏”、“2012年世界认可日”、“认证认可专业委交流平台”等网站专题建设。

#### 2. 推进认证认可行业门户网站建设

2012年，中国认证认可信息网发布信息量20 464条，比2011年增长22.9%，总浏览量8 530 465次，全球综合排名第116 604位，中文排名第9 555位。

### （四）不断夯实业务统计工作基础，强化落实统计职责

召开认证认可业务统计工作会议；编制发布《2011年度认证认可业务统计报告》，按时保质发布业务综合概况手册、统计报表和数据质量分析报告；提供应急统计服务53次，并为《认证认可业务质量数据分析报告》、《认证认可业务发展报告》和《2012认证认可年鉴》提供了业务统计数据。

### （五）建设两个管理体系，提升内部管理水平

全面推行和落实质量管理体系，扎实开展满意度调查、质量培训、档案整理等工作，9月24日获得了中国质量认证中心颁发的认证证书。开展了信息安全管理体系建设，12月28日获得了国家质检总局京区首张信息安全管理体系认证证书。

### （六）加强标准化和科研能力建设，营造科研氛围

开展“检测机构统一标识代码研究及其管理平台建设项目”、“绿色数据中心体系研究”等信息化项目研究，组织完成了4项2013年度国家质检总局科技项目和1项质检公益性行业科研专项的申报，参与“中国有机产品认证关键技术研究与示范”项目申报，“中国食品农产品认证信息系统”获得中国信息化成果（质检部分）二等奖。

## 二、认证认可信息化组织与管理

### （一）发挥领导小组职能作用，提升信息安全保障

充分发挥国家认监委信息化工作领导小组办公室（以下简称“信息办”）的组织协调职能，着力加强对各成员单位的信息化指导，建立规范化、标准化管理制度，提升信息安全保障能力，积极促进认证认可信息化工作交流与持续发展。

组织开展《认证认可“十二五”信息化专项规划》年度情况总结分析，编发《2012年认证认可信息化工作要点》及阶段情况总结；收集汇编信息安全法律法规、制度规范、标准规范总计46项，为各单位信息化工作提供政策依据与技术参考；积极组织参加“国家电子商务示范城市创建”质检工作研讨，将各成员单位的相关工作建议及时反馈总局信息办；积极组织参加“中质信维杯”质检信息化优秀论文评选活动，获得组织奖，在报送的5篇论文中，信息中心1篇获得三等奖、认可中心1篇获得优秀奖；组织召开认监委信息化工作领导小组第八次会议，举办认证认可信息化专题（第三期）培训；组织完成国家认监委2012年度政府信息系统安全与保密检查；“十八大”期间，加强认证认可网络及信息系统安全情况的监督保障，实现每日信息报送。

## （二）各成员单位以《认证认可“十二五”信息化专项规划》为指导，积极开展本单位信息化建设

信安中心制定了信息化工作管理办法，从组织机构职责、项目管理、运维管理、应用管理、信息安全管理、经费管理、考核与奖惩等7个方面规范信息化建设，并编制了信息分级、数据备份、用户权限管理等管理规范，为信息化日常工作奠定较好的基础；全面使用业务系统，并建设移动办公平台，提高了工作效率和工作质量。

认可中心根据《认可工作“十二五”信息化专项发展规划》开展信息化工作，修订了《信息化工作作业指导书》，制定了年度信息化工作计划，启动认可信息统计工作，制定了工作方案、管理办法，组建了统计队伍，初步确定“统计年报”的框架，基本建成业务统计工作机制；同时加大业务系统开发和应用，完善认可业务管理系统“认证机构子系统”、加大实验室应用系统的使用推广、推进认可业务系统“实验室/检查机构子系统”建设；开展了办公自动化系统公文管理、体系文件和规范文件管理等模块试运行，开发完成电子档案管理系统—实验室/检查机构部分，并完成检查机构/医学实验室认可业务档案数字化加工，不断提升认可工作信息化水平。

认证认可协会加强办公自动化建设，不断完善协会OA系统功能，实现了与国家质检总局电子公文传输，实现无纸化办公。

港中检建设了与深圳海关的证书电子数据传输系统，为启动与海关合作业务试点提供了有力保障，同时开展了公司门户网站的改版升级，成为展示公司形象的良好窗口。

**撰稿人：张婉妮　审稿人：王　海**

# 第十五部分 全国认证认可部际联席会议

# Part Fifteen Inter-Ministerial Meeting

## 一、第十一次全国认证认可工作部际联席会议基本情况

2013 年 4 月 16 日，第 11 次全国认证认可工作部际联席会议在北京召开。与会代表以十八大精神为指导，围绕新一届国务院的工作部署，研讨和部署认证认可工作。会议认为，要围绕政府职能转变，加强认证认可工作，充分发挥认证认可作为市场化、国际化的管理制度的独特作用，为政府部门简政放权、转变管理方式提供有效途径和可靠支撑，更好地发挥市场机制和社会力量的作用，提高政府管理效能和公信力。

本次会议共有 21 个成员单位以及司法部、人力资源社会保障部、人民银行、统计局、国务院法制办、气象局、烟草专卖局和总参测绘导航局等特邀单位的代表出席。国家质检总局局长支树平出席会议并讲话，联席会议召集人、国家质检总局副局长、认监委主任孙大伟主持并作工作报告。

支树平局长在讲话中，充分肯定了全国认证认可工作部际联席会议制度所发挥的作用，提出 2013 年认证认可工作部际协作的总体要求是：一是围绕党中央国务院新的部署，进一步共同推进认证认可工作。将认证认可工作与党中央、国务院的新要求、新部署结合起来，认真落实王勇国务委员视察国家质检总局时关于加强认证认可等基础性工作的要求。结合政府职能转变，结合质量发展战略，结合“五位一体”建设，推进认证认可工作。二是完善中国特色的认证认可工作机制，进一步凸显认证认可的作用。积极利用部际联席会议的工作平台，通过完善“统一管理，共同实施”的工作机制，凝聚力量，增进协同，扩大效能。要把握工作重点，围绕深化行政体制改革、改善民生、建设生态文明等推进认证认可工作。要增进共识合力，充分发挥部际联席会议秘书处的作用，充分发挥各部委的行业管理职能，形成推动认证认可工作的强大合力。要提高议事效率，不断完善部际联席会议制度和机制，使部际协作机制常态化、高效化运行。孙大伟副局长在报告中总结了 2012 年认证认可工作，提出了 2013 年工作思路。

在发言讨论中，各单位普遍关注在推进国务院机构改革和职能转变中如何充分运用认证认可手段，发挥认证认可向政府、市场和社会传递信任的作用，一致认为认证认可是市场经济条件下政府简政放权、提高管理效能和公信力的有效手段，是促进政府职能转变、建设创新型、服务型政府的重要途径。水利部代表表示，将通过建立健全强制性和自愿性相结合的节水产品认证体系，推动节水社会建设。国家林业局代表表示，将继续推动森林认证工作，促进森林可持续发展和消除国际绿色贸易壁垒。住建部代表表示，将加大认证产品采信工作，加大认证产品在保障房建设中的试点工作力度。交通部代表表示，将结合清理行政审批，研究制定关于加强交通运输产品认证工作的指导意见。人民银行代表表示，将研究建立金融标准认证体系，按照政府引导、市场运作、立足标准、规范发展的原则，进一步发挥金融服务认证手段的作用，规范金融市场准入和技术监管。公安部代表表示，希望加强对公共安全类产品认证的扶植力度，利用认证认可制度来支撑相关法律实施。知识产权局代表表示，正在加快建立知识产权领域管理体系和服务认证制度。科技部代表表示，在实施国家创新驱动发展战略以及战略性新兴产业、节能减排、生态文明建设等方面，需要更好地发挥认证认可的作用。中国铁路总公司代表表示，将按照政企分开的原则，继续推进铁路产品认证，加强认证结果的采信，保障铁路产品、工程和运输安全质量。

会议确定 2013 年工作重点是：

第一，结合职能转变推进认证认可工作。结合机构改革“三定”和清理取消审批许可项目，扩大认证认可实施与采信范围。根据《国务院机构改革和职能转变方案》关于“整合业务相同或相近的检验检测认证机构”的部署，组织研究落实措施。

第二，加快完善国家认证认可制度体系。实施创新驱动发展模式，对认证认可制度体系进行系统优化，

完善质量管理、产品安全、食品农产品等重点领域认证认可制度，加快建立实施节能、低碳等新领域认证认可制度，推动认证认可在重点产业的均衡发展。

第三，着力培育认证认可和检验检测服务业。落实《服务业发展“十二五”规划》，加强检验检测认证市场的统一规划管理，建立认证认可和检验检测服务业统计评价体系，提升从业机构创新能力和市场活力，促进认证认可和检验检测服务业的繁荣发展。

第四，切实强化认证认可行业管理。发挥认证认可监管部门、行业主管部门、社会力量齐抓共管的合力，组织开展认证认可专项监督检查，整治质量安全突出问题和风险高发领域，严格落实从业机构主体责任。

第五，进一步健全部际联席会议机制。完善部际联席会议议事协调规则，建立专题会商机制，加强信息通报、人员培训、对外宣传等工作。

## 二、部际联席会议成员单位认证认可工作开展情况

遵循《认证认可条例》“统一管理，共同实施”工作机制，全国认证认可工作部际联席会议成员单位在2012年积极推动认证认可工作、积极采信认证结果，取得积极成果。

### 科技部

#### （一）2012年认证认可工作情况

**1. 落实国家节能减排政策，开展碳排放和碳减排认证认可关键技术研究**

应对气候变化是当今最受瞩目的全球性议题之一，节能减排是我国落实“十二五”战略部署的重要举措。我国已承诺到2020年单位国内生产总值二氧化碳排放比2005年下降40%~45%。《国民经济和社会发展第十二个五年规划纲要》、《“十二五”控制温室气体排放工作方案》、《质量发展纲要（2011—2020）》等多个重要规划和文件中均提出了“探索建立低碳产品标准、标识和认证制度”的要求。同时，建立碳排放和碳减排认证认可制度也是国际通行做法，无论是联合国气候变化框架公约下的清洁发展机制，还是欧盟强制性的排放交易制度，以及国际自愿减排机制等，都是基于建立了相对完善的认证认可体系。

科技部非常重视低碳领域研究工作，将由国家质检总局、国家认监委组织的“碳排放和碳减排认证认可关键技术研究与示范”项目列为首批启动的“十二五”国家科技支撑计划项目，安排国拨经费近1700万元。2012年是项目攻关的关键一年，项目采取“边研究、边应用”的方式积极推进，目前，项目阶段成果直接支撑了《低碳产品认证管理暂行办法》、《温室气体自愿减排项目审定与核证指南》等政策性文件的制定与实施，其中《温室气体自愿减排项目审定与核证指南》已由有关部委正式印发；同时，研究成果也在6省1市的碳交易市场试点中得到普遍采用。此外，项目研究成果得到了其他国家和相关国际组织的重视，碳足迹和低碳产品认证的总体思路被亚洲认证联盟采纳，作为建立亚洲认证体系和互认体系的重要依据，“电工电子产品碳足迹和低碳产品标准指南”已提交国际标准提案，联合国开发计划署（UNDP）和欧盟委员会资助我国在重庆、广东开展低碳产品认证试点项目。可以说，该项目研究是在低碳认证领域发挥科技引领作用的一个典型案例，也是部际合作的一个良好实践。

**2. 结合重点领域，开展支撑认证认可的共性技术研究**

《国家中长期科学和技术发展规划纲要（2006—2020年）》重点领域及其优先主题中，能源、交通运输业、信息技术与现代服务业、公共安全等部分，分别提出了与海上风电、电动汽车、信息技术、生产性服务与公共安全等重点领域密切相关的认证认可关键技术研发需求。国家认监委在《国家认证认可十二五科技规划》中也明确将这些需求列为了“十二五”认证认可亟需解决的科研任务。对此，科技部非常重视，将国家认监委提出的“支撑认证认可的评价分析、检测验证与有效性保障技术”列入2012年国家科技支撑计划项目组织实施，安排专项经费近2 800万元，支持国家认监委整合国内优势力量组织该项研究。项目立足支撑认证认可的共性关键技术，重点服务国家急需发展的重要产业领域，针对战略性新兴产业、现代农业与生产性服务业等领域中，急迫需要解决的认证认可重大技术问题开展研究。研究成果将为我国试剂盒评价、电动汽车认证、合同能源管理服务认证、海上风电认证、司法鉴定/法庭科学机构认可等制度的建立提供科技支撑。

#### （二）下一步工作考虑

**1. 利用现有技术基础，提高我国在国际认证认可活动中的影响力**

一是通过国际科技合作，在技术层面形成更广泛的共识，提高我国在标准制定、认证认可活动中的话语权；二是面向战略性新兴产业等重点领域，加强认证、检测、标准制定等方面的技术储备，逐步建立完善、相对稳

定的认证认可科研队伍，提高我国在国际认证认可活动中的影响力。

**2. 继续配合国家质检总局、国家认监委，做好认证认可科研工作**

科技部将继续关注国内外认证认可发展趋势，配合国家质检总局、国家认监委和有关部门、行业，做好认证认可科研工作的前瞻性、战略性部署，在节能减排、水足迹认证等重点领域，发挥对认证认可工作的科技支撑作用。

## 工业和信息化部

### （一）2012 年认证认可工作情况

**1. 聚焦中央领导和人民群众最为关心的药品和婴幼儿奶粉质量安全问题，推进新版 GMP、HACCP 体系标准的贯彻实施**

2012 年，工业和信息化部（以下简称“工信部”）在全国开展了“促进药品和婴幼儿奶粉生产质量安全”活动。工信部会同国家认监委、国家食药局、地方工业和信息化主管部门在北京、山西、西藏、内蒙古、黑龙江等 11 个省市（区）成功举办了全国药品和婴幼儿奶粉生产质量安全巡回宣讲活动，来自 1 800 多家药品和婴幼儿奶粉生产企业的代表参加了活动。活动以宣贯新版良好生产规范（GMP）认证和危害分析与关键控制点（HACCP）体系认证规范为切入点，推动落实企业质量主体责任，解决人民群众普遍关心的药品和婴幼儿奶粉质量安全问题，提升企业质量安全管理能力和实物质量水平，营造了社会各界共同参与保障药品和婴幼儿奶粉质量安全的良好氛围。

**2. 利用认证认可手段，加强电子信息产品污染控制**

一是根据《国家统一推行的电子信息产品污染控制自愿性认证实施意见》的要求，2012 年 4 月，与国家认监委联合公布了《关于对从事国家统一推行的电子信息产品污染控制自愿性认证活动的认证机构、实验室开展确认工作的公告》（国家认监委 2012 年第 13 号公告），确定了从事国推自愿性认证活动的认证机构、实验室的确认要求和程序，发布了《关于从事国家统一推行的电子信息产品污染控制自愿性认证活动的认证机构确认结果的公告》（国家认监委 2012 年第 15 号公告）。经过认证机构联合推荐，最终确定了 20 家实验室从事国推污染控制自愿性认证检测工作，名单即将公布。二是今年 7 月与国家认监委联合启动了国家统一推行的电子信息产品污染控制自愿性认证（简称“国推污染控制认证”）工作。

**3. 积极配合国家认监委开展软件过程能力及成熟度评估认证项目实施效果的评估工作**

按照国家认监委《关于商请共同组织开展自愿性认证项目实施效果评估工作的函》（国认可函[2012]58 号）要求，积极组织行业专业机构对软件过程能力及成熟度评估认证项目开展情况进行了摸底，制定了工作方案。配合国家认监委组建评估专家组，开展实施效果评估工作。目前，工信部正在与国家认监委进一步沟通协商，计划在对评估资料进行收集、整理和分析的基础上，最终形成评估报告和工作建议意见。

**4. 积极参与国家质检中心的审查及规划工作**

围绕新能源、新材料和以北斗为代表的全球卫星导航系统等战略性新兴产业发展，组织对行业内质量检验技术机构开展了审查评估，2012 年 7 月和 12 月，工信部分两批向国家认监委推荐机械科学研究总院等 16 家单位筹建国家质量监督检验中心。

### （二）2013 年需要共同推动的重点工作

2013 年，希望继续加强合作，共同推进电子信息产品污染控制国推认证、新版食品药品质量安全认证等工业领域认证认可工作，同时也要积极配合国家认监委做好工业领域认证认可工作的监管和指导，确保认证认可工作的质量和有效性。

希望国家认监委予以支持的重点工作有：

第一，希望充分发挥工业领域内专业认证机构的作用，支持工信系统专业化认证机构在 IT 服务管理、电子商务质量体系认证等新兴领域开展相关技术服务，并创造公平竞争的环境。对于具有研发及技术验证能力的认证机构，希望在项目及经费的渠道上给予直接或间接的支持，从而形成以技术含量高的认证领域为主导的认证机构群体，在国际贸易活动、消费类产品市场、社会公共服务中发挥重要作用。

第二，希望在涉及工业和信息化领域尤其是战略性新兴产业、软件和集成电路等领域国家质检中心规划布局时，进一步加强沟通协调，充分发挥主管部门作用，从而使相关领域国家质检中心真正在产业发展中发挥作用。

## 公安部

### （一）强制性产品认证

公安部消防产品合格评定中心对火灾报警设备、喷水灭火设备、消防水带、汽车消防车、泡沫灭火设备、建筑耐火构件、消防装备产品灭火剂产品等八类43种消防产品开展强制性产品认证（CCC）工作。获得我国CCC认证证书的消防产品生产企业共有500余家，较2011年增长近200家，持有认证证书共计4 000余张，其中30家企业的106张证书处于暂停状态。新增7类31种强制性认证产品的认证工作开展顺利，实现了由原市场准入制度向强制性认证管理制度的平稳过渡，已有200余家企业提交了认证申请并获得证书。火灾报警设备、喷水灭火设备、消防水带产品的新版认证规则于2011年10月1日实施，目前已基本完成了强制性认证证书的换版工作,共计换发了约3 000张新版证书。

中国安全技术防范认证中心开展的强制性产品认证业务包括：入侵探测器、防盗报警控制器、汽车防盗报警系统、防盗保险柜（箱）、汽车行驶记录仪、车身反光标识产品等2大类13种安防和道路交通安全产品，颁发CCC认证证书1 527张，认证企业503家，其中国外企业22家。同时，根据标准换版情况，及时启动了汽车行驶记录仪产品依据新标准的认证实施规则修订和认证证书转换工作，目前正在有序进行。

### （二）自愿性产品认证

公安部消防产品合格评定中心对防火门、消火栓、灭火器、消防水枪、消防接口、消防应急灯具、可燃气体、防火阻燃材料、自动寻的喷水灭火装置产品、预作用报警阀组产品、微水雾滴灭火设备产品、感温自启动灭火装置产品等十二类产品开展自愿性认证工作。共有400余家国内外各类产品企业获得自愿性认证证书约4 000张，其中41家企业的209张证书处于暂停状态。从年初到现在，共对200余家企业进行了首次、扩大或换证等类别的认证工作，共计发/换自愿性认证证书1 000余张。

中国安全技术防范认证中心开展的自愿性产品认证（GA）业务包括：防盗安全门、防盗锁、呼出气体酒精探测器、道路交通信号灯、警用活体指掌纹采集仪、警用DNA试剂、警用350兆通信设备等3大类10种安防、道路交通安全、刑事技术和警用通讯产品，颁发GA认证证书175张，认证企业54家，其中国外企业4家，全年发放GA认证标志10万余枚。

### （三）认证认可制度运行有效

公安部在推进认证认可制度方面，2012年着重开展了三个方面的工作。

一是机构认可加强对所属认证、检验和鉴定机构的规范化管理。所属2家认证机构、11家产品检验机构全部保持国家认可资质，业务和能力持续符合国家认监委和认可委规范性要求，同时在公安部物证鉴定机构中继续推进实验室认可，提升鉴定公信力。

二是认证结果信息通报引导公安机关采信产品认证结果。在公安部继续对消防、安全技术防范、刑事技术、警用通信等部分社会公共安全产品推行产品认证制度的基础上，按季度通过社会公共安全产品认证结果信息通报制度，向公安机关和社会公共安全行业发布认证结果信息。截至2012年底，向各地公安机关共发布了有消防、安全技术防范、道路交通安全3大类13种社会公共安全产品实施强制性认证和消防、安全技术防范、刑事技术、警用通信、交通安全5大类21种社会公共安全产品实施自愿性认证的2万张认证证书和3 000家认证企业的认证结果信息。

三是加强行业获证后的监督工作。根据认证规则的规定，结合消防等行业产品质量水平现状，充分收集新闻媒体及各有关部门的信息反馈，将产品获证后监督工作作为2013年认证的工作重点。按照公安部统一要求和部署，先后对灭火器、灭火剂、消防水带、自动喷水灭火产品、火灾报警产品、消防车产品、防火门、消防应急灯具、可燃气体报警产品等九类产品安排了有针对性的证后监督工作，全部采取飞行监督模式进行，共计监督检查了600余家企业，其中有100余家企业未通过检查，共计暂停证书300余张，撤销证书3张。通过监督工作的加强与深入开展，进一步提高了认证工作的严肃性与权威性，有效整治了获证企业存在的问题，对规范行业的健康运行和发展起到了显著的效果。

四是进一步推进认证业务的拓展。按照《中华人民共和国消防法》的有关规定及公安部和国家质检总局联合组织召开的有关会议精神，对有强制性国家标准或行业标准的产品逐步实施强制性认证并取得新的进展。11月29日，国家认监委和公安部消防局在北京组织召开了对15类59种消防产品实施强制性认证的必要性和可行性论证会，为消防产品强制性认证目录的进一步扩展打下了良好的开端。

### （四）意见和建议

结合国家认证认可制度特点，按照公安部党委部署全国公安机关认真学习贯彻党的十八大精神，在下一步社会公共安全行业的认证认可工作将紧密结合公安工作实际，切实找准贯彻落实党的十八大精神的结合点和着力点，紧扣三个方面，提出计划和重点工作。

一是积极适应全面建成小康社会对维护稳定工作提出的新要求，进一步更新理念思路，推动机制创新，强化科技应用，把握规律特点，着力提升公安机关战斗力，牢牢掌握维护稳定工作主动权，努力为全面建成小康社会创造安全稳定的社会环境。

二是主动顺应人民群众过上更好生活的新期待，进一步加强和创新以保障和改善民生为重点的社会管理工作，努力做到寓管理于服务之中、在服务中实施管理，着力提高公安机关社会管理科学化水平，确保社会既充满活力又和谐稳定。

三是更加自觉地把执法能力建设置于建设社会主义法治国家的时代背景下来思考、来把握，坚持不懈、持之以恒抓好执法规范化建设，切实增强运用法治思维和法治手段化解社会矛盾、维护社会稳定的能力和水平，切实做到严格规范公正文明执法，进一步提升公安机关执法公信力。

为将上述工作思路变为现实，公安部将积极主动地开展工作，攻坚克难，同时也希望国家质检总局、国家认监委继续给予在认证认可制度建设和重点工作继续给予公安机关和社会公共安全行业。具体意见是：

一是社会公共安全行业相关立法后实施产品认证的质量管理。消防法、道路交通安全法等法规出台后，国家认证认可制度对于立法后的实施给予了支持，建议进一步扩大社会公共安全行业其他领域立法后的支持，加快对产品实施认证制度的质量管理，提高社会公共安全产品质量。

二是强制性认证制度调整是深化改革、促进提升的有效之举，建议在调整中充分考虑社会公共安全行业特点和维护我国社会稳定的重要性，保持我国社会公共安全行业的可持续发展和国家主体利益。

三是认证认可是公安标准化和质量监督工作的有力抓手，为贯彻落实好党的十八精神，进一步提高公安工作和社会公共安全产品的质量，建议在国家认证认可制度研究和规划中，给予专项扶植，加强合作，提升国家认证认可制度对国家长治久安、社会和谐稳定的支撑保障作用和效果。

## 环境保护部

### （一）环境标志产品认证

2012 年环境标志产品认证健康平稳发展，对 68 类产品开展了认证工作，共计颁发环境标志产品认证证书 403 个。截至 2012 年底，现行有效证书共 2 425 个（其中初次 575 个，复评 468 个，年检 1 382 个），总计通过认证的产品型号数约 51 621 个。环境标志产品认证积极为绿色印刷提供支持，2012 年，有 109 家企业通过了认证，实施绿色印刷战略两年来，共有 181 家企业通过了认证。据统计，2012 年秋季教科书共 1 000 多种，2 亿册采用了绿色印刷。据此估算，全国一半以上中小学生（超过 9 600 万人）至少人手一本绿色印刷教科书。印刷纸张、油墨等超过 60% 采用环保型产品，印刷行业年减少挥发性有机化合物（VOC）排放 1.5%，年节约 5 亿元。绿色印刷战略的实施推动了我国印刷业的绿色转型和升级。

为促进环境标志产品认证工作的健康发展，2012 年制订实施了《环境标志产品认证证书备案办法》；开展了与国家环境标志认证组织和外国认证机构的合作，通过了全球生态标志网（GEN）的同行评审，与日本、韩国、澳大利亚、新西兰、德国、北欧、泰国、香港等 8 个国家和地区签订了互认合作协议；与日韩两国认证机构签署了《中日韩环境标志一体机共同认证规则协议》、《中日韩环境标志互认认证程序协议》和《中日韩互认实施规则》等 3 项协议。

### （二）有机产品认证

2012 年 3 月，随着新版国家有机产品标准和有机产品认证实施规则正式实施，环保系统认证机构认真贯彻新标准，严格认证程序，推进认证工作。截至 2012 年底，共完成了 1 117 个认证项目（其中作物 894 个、食用菌 1 个、野生采集 14 个、畜禽养殖 23 个、水产养殖 28 个和有机产品加工 157 个），包括我国大陆 29 个省份及 1 个欧盟国家。

环境保护部有机食品发展中心开展了区域性有机产品认证培训、中国有机产品认证示范创建区培训、有机产品基地建设与农业源污染控制高级研修等工作；对江苏多市以及上海质监局的认证监管人员进行了新版《有机产品认证实施规则》培训，配合新闻媒体开展了对有机产品及其防伪追溯标志的宣传；积极配合国家认监委 2012 年度有机产品防伪标志管理工作、认证工作质量安全风险排查整治工作和食品农产品认证机构专项监督检查工作。通过科研和宣传工作，提高了当地工作人员的有机农业和生态保护知识，带动了有机农业相关产业发展，促进了贫困地区的生态环境保护和农业可持续发展。

### （三）环保产品认证

2012 年，发放环保产品认证证书 310 个，其中水污染控制产品 14 个；大气污染控制产品 137 个（油烟净化器 67 个），材料和药剂 7 个；环境监测仪器 150 个；噪声控制产品 1 个，固体废物处置产品 1 个。获证产品中环境监测仪器类占 48.4%，大气污染控制类占 44.2%（油烟净化器占 21.6%），这两类产品占当年认证总数的 92.6%。

2012 年，对 210 家国内企业和 6 家境外企业进行了生产现场审核，在审核过程中有 7 家企业由于生产组织、质量控制能力、生产条件等原因没有通过现场审核。2012 年新制定《污染源过程（工况）监控仪》和《餐厨垃圾处理装置》2 项认证规则，根据国家认监委要求，开展对所有认证规则重新修订更新，将于 2013 年 1 月报国家认监委备案。为了保证产品认证工作质量，根据中国认证认可协会 2010 年发布的《自愿性产品认证检查员注册准测》要求，认证机构积极开展内部和外部培训，采用网络授课、面授等多种形式对检查员进行继续教育培训，目前 10 名注册检查员均已完成继续教育工作并完成了年度确认，通过各种培训有效地提高了工厂检查员的理论和实践水平，使现场审核能力得到了进一步提高。

### （四）环保系统计量认证

环保系统计量认证遵照《实验室和检查机构资质认定管理办法》（国家质检总局第 86 号局长令）和《实验室资质认定评审准则》（国认实函 [2006] 141 号）的要求，结合环保系统的行业特点，深化评审和管理。2012 年共完成 32 个实验室的计量认证评审工作。其中，首次评审 1 个、复查评审 31 个（包括四个二合一评审）。截至 2012 年底，环保系统通过国家级计量认证的单位共 57 个，其中，环境监测类实验室 35 个、辐射环境监测类实验室 17 个、科研院所类实验室 5 个。中国环境监测总站和 34 个省级环境监测站均通过国家级计量认证。早在 1991 年，原国家环境保护局颁布了环境监测质量保证三项制度，2006 年以来，又相继发布实施《环境监测人员持证上岗考核制度》和《环境监测人员持证上岗考核实施细则"。计量认证中，现场评审与持证上岗考核工作相结合，通过实施实验室自考认定等制度，强化了实验室的技术培训和人员能力确认工作，同时，加大计量认证现场抽查比例（持证上岗考核要求现场抽查比例不低于 30%），保证实效性。

环保系统计量认证中，根据环境监测的行业特点，不断规范和完善申报项目的类别及项目（参数）的填报工作，按照领域、介质，分成 17 大类、528 个项目（参数）、1 145 个方法，编制了较为完善的申报项目和方法实用手册，保证了计量认证申报及其评审工作的规范性。环保评审组定期派出监督人员实施现场监督，跟踪现场评审的全过程，2012 年共监督 11 次，占评审总数的 34%。目前环保评审组共有国家级计量认证评审员 82 人，有相关工作经验的技术专家 50 余人。

### （五）2013 年认证认可工作重点

第一，继续推动环境标志产品认证的健康发展，加强环境标志产品标准工作，为节能减排提供技术支持。继续与国务院有关部门配合，做好政府绿色采购工作。

第二，进一步规范有机产品和环保产品认证工作，加强认证机构内部管理，提高人员素质和业务水平。

第三，认真组织实施 2013 年度国家认监委下达的计量认证评审计划。结合环境保护部开展的大贯标活动，不断完善实验室质量管理体系，推进计量认证工作向纵深发展。加快"环境监测人员持证上岗考核网络试题库"建设，为计量认证申报工作做好技术支撑。

### （六）建议

完善认证从业人员技术职称制度，使认证从业人员能够与其他技术行业一样，获得国家承认的技术职称，有利于认证行业吸引高素质人才、培育专业化人才，减少人员流失。

改善国家有机产品认证标志备案系统。

进一步理顺计量认证与实验室认可的关系。

完善计量认证评审员培训办法，增加培训方式。

## 住房和城乡建设部

建设工程是国家经济和社会发展的一个重要载体，直接关系到经济社会全面协调和可持续发展，关系到人民群众的生活质量和生命财产安全，关系到能源资源节约和合理利用等公共利益。目前，住建部已成立了北京康居认证中心、中国建筑科学研究院认证中心、中国建筑标准设计研究院认证中心 3 家认证机构，成立了国家建筑工程质量监督检验中心、国家建筑工程材料质量监督检验中心等 7 家国家级检测机构，成立了建设部玻璃幕墙质量检测中心等 7 家部级检测机构，完成了包括数百类产品的 200 余家企业的认证，近 200 个项目获国家康居住宅示范工程挂牌。

### （一）2012 年认证认可工作情况

#### 1. 加强对认证机构的管理

住房和城乡建设部进一步强化服务意识，加强对认证机构的管理。一年来，各认证机构认真按照国家认监委有关要求，做好年检等工作。总体来看，各认证机构制度建设进一步加强，业务流程更加规范，人员素质大大提高，业务范围得到较大的拓展。有关认证机构的认证采信力度和可持续性发展能力稳步增强。

#### 2. 强化质量管理体系认证的专业特殊要求

根据建设领域工程质量安全形势的实际需要，以努力解决影响工程质量安全的突出问题为目标，以通用认证为依托，以建筑施工中应用的专业性认证特殊要求为载体，创新工作方式，协调各方力量，依照《质量管理体系要求》和《工程建设施工企业质量管理规范》，在建筑施工领域开展了全面的认证工作，受到认证机构和施工企业的欢迎，提升了建筑施工企业质量管理水平。

#### 3. 多渠道提升认证结果的权威性

为确保百姓住上安心房、放心房，住房和城乡建设部组织建立了“保障性住房建设材料部品采购信息平台”，进入平台的部品部件和材料，必须通过国家级认证机构颁发的产品认证证书，为确保保障性住房的建设质量，提供了第一道保障防线，大大提升了建筑产品认证结果的采信效果。

#### 4. 积极推行新型材料的应用

以工程示范作为产业化链条，综合采用新型结构体系、供排体系、隔墙体系、厨卫体系等新材料、新部品，为住宅产业现代化提供典范。通过示范，以点带面，推动整个住宅产业的技术进步，使住宅的质量和功能进一步改善，适用性能、安全性能、耐久性能以及环境性能、经济性能全面提高。保障质量安全、节能、环保等产品认证。

### （二）2013 年认证认可工作重点

2013 年，住房和城乡建设部将认真贯彻落实党的十八大精神，深刻领会经济建设、社会建设和生态建设中质量管理的重要性，围绕质量强国的战略目标，在以下几个方面重点推进住房城乡建设系统认证认可工作。

一是进一步强化服务意识，以保障工程质量安全和人民群众生命财产安全为目标，做好认证认可工作。相关认证机构将在对获证企业提供增值服务上下功夫，做好做强认证工作。

二是坚持质量优先的原则，进一步完善质量管理体系建设并做好相关人员培训工作。实现有关机构的人员素质、质量与认证专、兼职检查员、检查组长的快速增长相匹配，确保认证项目的高质量完成。

三是积极支持有关认证机构继续选择重点领域，与重点行业协会深入合作，发掘认证业务稳定增长点。同时也选择重点区域，发展与地方行业管理部门的合作。

### （三）意见和建议

一是加大认证产品的采信工作。建筑产品认证，是一项专业性很强的认证。目前认证企业水平存在差异，使认证结果的采信度受到影响。如何规范市场，加大认证产品的采信工作是一个亟待解决的问题。

二是加大认证产品在保障房、示范示点工程中的应用力度。以国家大力发展保障房为契机，将符合认证的产品和部品积极的推出，在保障房领域中大量使用。在如何提高国家住宅产业化的过程中，对深化应用认证部品 / 产品等问题进行深层次、多角度的研究和探讨。

三是加强对自愿性产品认证的支持。自愿性产品认证，目前涵盖了绝大部分涉及建筑安全与节能环保的产品，虽然发展数年，但始终步履维艰。培育自愿性产品认证的发展，需要在借鉴欧美产品认证发展经验的同时，结合我国实际情况，制定有中国特色的自愿性产品认证政策。

四是对于产品认证而言，需要在认证依据方面有所创新。目前，仅采用国标和行标作为认证授权范围大大限制了自愿性产品认证的发展。专业化需要机构以自身专业技术基础为背景，而创新化需要政策的许可。建议在现行认证制度的标准依据方面出台有利于机构操作的规定。

五是进一步简化认证机构申请、扩项等工作的审批程序。对符合条件的认证机构在进行行政审批申请等工作中，建议国家认监委依据现有的规范要求，通过加强对提交资料的审核、公示等相关环节的衔接，进一步缩短时间。

六是建议认监委加强对认证机构负责人的培训，组织同行业认证机构的交流和学习，使同行业机构互相了解，加强沟通，促进认证机构健康发展。

下一步，住房和城乡建设部将在“认证认可部际联席会议”的统一协调下，在“统一管理，共同实施”的框架内，积极推动本行业认证认可事业的发展，积极开展建筑工程以及保障质量安全、节能、环保等领域的认证工作，并积极探索产品认证制度从勘察设计到施工、监理等各阶段实施管理的思路和经验，促进我国工程建设的可持续、健康发展。

## 交通运输部

2012 年，交通运输行业的认证认可工作，以服务交通运输行业转变发展方式为目标，以推动和促进社会主义诚信体系建设为宗旨，积极推进认证认可工作，在中国船级社质量认证公司和中交（北京）交通产品认证中心两家认证机构的共同努力下，取得了一定成效。主要体现在：

### （一）认证服务范围和规模逐步扩大

#### 1. 体系认证业务能力不断增强，服务范围不断扩大

2012 年，通过持续有效的能力建设，体系认证继续保持稳健的增长。截至 2012 年 11 月 30 日，颁发的有效管理体系认证证书 5 565 张，其中 QMS 证书 3 959

张，EMS 证书 624 张，OHSMS 证书 637 张，UKAS-QMS 证书 309 张，EnMS 证书 3 张，ISMS 证书 2 张，另颁发了 HSE 评价证书 31 张。目前有效管理体系认证客户数 4 382 家。

在业务拓展同时，交通运输部认证机构始终把认证审核有效性放在首位，始终坚持“独立、公正、诚信”的方针，通过自身内部管理制度的完善和能力建设，确保了认证审核活动满足《认证认可条例》等法规要求、认可制度的要求及认证认可协会行业自律的要求。2012 年，交通运输部认证机构接受了 CNAS 及 UKAS 的年度认可评审，同时进行了新版 ISO 17021：2011 版转换认可评审，均顺利通过，评审组对交通运输部认证机构的认证审核有效性给予了充分肯定。同时，2012 年交通运输部认证机构管理体系认证业务覆盖范围得到扩大，交通运行业能源管理体系认证（试点）获得中国国家认证认可管理委员会的批准。根据中国石化集团体系认证业务的主管部门的要求，积极进行了认证机构准入的准备与申报，获得了中国石化集团质量管理体系认证机构准入资格证书，为更好地提供认证服务打下坚实基础。

在管理体系市场拓展方面，交通运输部认证机构不断加强市场拓展力度，结合交通运输行业背景，积极在交通运输和交通建设领域利用自身的网络平台进行宣传推广，同时积极与交通行业的各类专业协会进行有效地沟通，充分展示交通行业认证机构的认证服务理念和实际效果，扩大了在交通运输行业内的影响。同时结合国家促进产业结构调整、大力发展第三产业的方针政策，积极推动管理体系在第三产业的应用，开发了交通运输及物流等行业的体系认证业务，并取得很好的效果，认证的服务质量得到顾客的认可；结合国家对企业节能减排的鼓励和扶持政策，积极申报取得交通运输行业的能源管理体系认证资格，为交通运输行业的能源管理体系认证服务工作做好积极的准备。

为更好地服务客户，交通运输部认证机构根据自身发展及管理控制需要，策划对业务运作模式及管理方式进行了调整，目前上海、南京、广州、大连、天津、青岛、重庆、武汉等八个分公司已经按认证机构管理办法要求获得了国家认监委的批准，可作为关键场所开展管理体系认证审核活动。西安办事处也已向属地的技术监督局备案。并根据运作模式及管理方式的调整，组织专项工作进行了流程梳理及管理制度的优化完善，以确保认证审核活动持续符合《条例》、《认证机构管理办法》及认可要求。

#### 2. 产品认证种类不断扩大，服务形式不断增多

2012 年，交通运输部认证机构大力推进交通运输产品和新能源设备的认证工作，业务品种和服务形式不断增多，市场拓展收效明显。

截至 2012 年 12 月，产品认证项目新增路用添加材料、公路波形梁钢护栏、混凝土外加剂、发动机冷却液等 6 种新产品的认证，使已开展的交通产品认证领域增至 8 大类 32 种产品。

此外，北京市不仅对汽车喷烤漆房产品市场准入有明确的认证要求，且对在用汽车喷烤漆房提出了定期进行使用安全综合评价的要求；在内蒙古锡盟积极推进道路用沥青、公路钢护栏、桥梁伸缩装置、公路桥梁支座等产品的认证制度管理试点工作。

通过与国家主管部委、行业协会、标准检测机构合作，积极争取政策支持。目前，风电项目整机招标已有明确认证要求；桥梁钢认证已被列入诸如产品进入港珠澳大桥项目的必备条件。

上述市场形势均为开展交通运输产品认证提供了良好契机。

截至 2012 年 12 月，交通运输行业认证机构累计颁发产品认证证书 575 张，现行有效证书 493 张，带有 CNAS 认可标志证书 109；其中设计评估证书 141 张，型式认证证书 229 张，其他类证书或符合性证明 19 张；产品认证总有效客户达到 206 家。

在产品认证规模不断扩大的情况下，交通运输部认证机构加大资源投入，加强技术研发，在认证技术研究方面积极承担相关行业标准和科研项目研究工作。2012 年，两家认证机构先后承担九项交通运输产品和道路施工机械的行业标准制定。

#### 3. 积极参与减排审定核查业务

交通运输行业认证机构把节能减排审定核查业务作为机构发展的重要支柱。2012 年，节能减排审定业务获得突破性进展，2012 年提交联合国清洁发展机制委员会 CDM 项目 21 个，完成交通运输节能减排专项资金申请项目审核数量 22 个，完成地方发改委节能量审核项目 208 项。

### （二）加强学习，增强社会责任意识

交通运输行业认证机构始终把质量安全、认证审核有效性放在首位，坚持规范经营、诚信为本，通过强化内部管理，不断增强社会责任意识，服务于经济社会发展大局。

#### 1. 贯彻有关会议精神 强化守法意识教育

交通运输行业认证机构常抓贯彻落实《认证认可条例》与《交通行业企业落实社会责任指导意见》，不断加强“诚信为本，规范经营”教育，提高认证人员

特别是认证管理人员的规范经营意识，积极建设以遵守规范和守法经营为特征的企业文化。

2012年4月，两家认证机构的领导参加了2012年度全国认证机构管理工作会议，参与讨论了《认证从业机构履行社会责任指导意见》。7月中旬，认证机构领导参加由国家认监委召开的《认证机构履行社会责任指导意见》宣贯座谈会，并在会后将《认证机构履行社会责任指导意见》出台的背景、认证机构履行社会责任的重要意义、指导思想、原则和要求等在认证机构内部进行了及时宣贯。

在党的十八大召开前后，交通运输行业认证机构先后多次将《认证机构履行社会责任指导意见》与交通运输部制定的《交通运输行业企业落实社会责任指导意见》对照学习，以全面贯彻落实科学发展观，转变发展方式，调整发展结构，落实稳中求进为基调，充分发挥认证机构“传递信任，服务发展”的作用。

#### 2. 强化制度建设和内部管理

首先，密切关注政策法规、行业规则和认可委对产品认证机构认可要求的变化，及时修订完善管理制度及认证规则。其次加强认证业务过程控制，在顾客反馈、日常监督基础上强化了动态监督；第三强化了认证决定过程，在实施认证过程中，两家机构能够做到严格把关，以确保认证质量。第四强化考核机制，将认证审核有效性与认证审核人员绩效挂钩。对认证审核人员按月实施绩效考核，将客户反馈、政府主管部门监督检查、认可评审、动态监控、认证决定信息等按月统计考核，直接在月度绩效中体现，起到了良好作用，促进了认证审核人员的责任性。实现了以“独立、公正、诚信”为根本，以客户满意为标准的，高效运行的认证工作。

### （三）不断加强能力建设

能力建设是认证机构确保认证审核有效性的基础，交通运输行业认证机构始终注重能力建设。

#### 1. 产品检验检测的能力不断扩大

产品性能检测是产品认证必可少的一个环节，按照产品认证检验机构管理的相关要求，2012年，交通运输产品认证机构不仅完成了“国家电光源质量监督检验中心”、“武汉水运行业能源利用监测中心”和“中交国通公路工程技术有限公司”等3家签约检验机构协议到期的续签工作，还根据认证业务拓展需要，与“江苏省交通科学研究院股份有限公司”签订了“委托检验合作协议”。

截至2012年12月，交通运输行业认证机构的签约检验机构已增至18家，进一步为产品认证的实施提供了有力的技术保障。

#### 2. 加强人员的引进与培训

一方面加大了认证审核人员的引进和培养。2012年新引进认证审核人员30名，并加强了现场审核人员和检查人员的培训力度和资质管理；其次，组建了专业组，开展专业领域技术研讨，为确保认证审核有效性提供技术支持。在技术能力建设方面，密切关注了行业规则变化和新的认可要求，及时将法律法规及行业规则转换为认证机构的文件；积极承担相关行业标准和科研项目研究工作，目前参与了GB/T 19011《质量（或）环境管理体系审核指南》，GB/Z 19036《质量管理体系 GB/T 19001在中小型组织中的应用指南》，GGB/T 190XX《质量管理体系 金融服务组织应用GB/Z 19001指南》，参与CCAA组织的证书数量与人员数量的关系项目研究工作。

2012年，交通运输部认证机构按照中国认证认可协会发布的《自愿性产品认证检查员注册准则》和《关于产品认证检查员年度确认工作的通知》的要求，对目前检查员队伍进行了调整和梳理，进一步加强检查员的管理与培养，组织了交通运输产品认证中心检查员继续教育的相关培训活动，截至2012年12月，共有注册检查员214人，包括180名专职检查员和23名兼职检查员，其中高级检查员104名。为产品认证的工厂检查提供了稳定可靠的技术评价资源。

#### 3. 及时修订认证实施规则

根据产品标准、检验方法的变化情况，及时修改制定产品认证实施规则，2012年完成对产品认证实施规则的修改并备案，在认证依据、认证模式和认证要求方面均进行了很好的创新和优化。目前已有62份产品认证实施规则提交国家认监委备案。

### （四）注重认证工作的宣传工作

11月27日—28日，在北京国际会议中心，交通运输行业成功举办了以“提升质量、传递信任、服务发展”为主题的“2012交通运输产品认证交流大会”。交通运输部副部长高宏峰、国家认监委总工程师刘卫军出席大会并作重要讲话，交通运输部科技司司长赵冲久出席大会并作主旨报告。此次大会受到行业内外的高度关注，400余名行业内外领导、专家和代表相聚一堂，在充分肯定了交通运输产品认证几年来的成绩的基础上，共同探讨如何进一步推动交通运输产品认证工作，发挥产品认证的质量源头管理作用，提升交通运输行业的产品质量管理水平，提升社会公众对交通产品质量安全的信任，更好地为交通运输行业科学发展、安全发展服务，为实现全面建成小康社会的宏伟目标服务。大会的成功举办，不仅进一步提升了产品认证的影响，而且明确了交通运输产品认证在行业质量管理制度中的重要地位和作用，为今后更好地推动交通产品认证工作创造了有利的机遇。

### （五）认真履行交通评审组职责，做好实验室管理工作

在认证领域，国家认监委在交通运输部还设有国家计量认证交通评审组，其主要工作是是协助国家认监委协调和组织行业实验室计量认证活动，配合行业主管部门做好行业实验室的管理并做好计量认证获证实验室的监督工作。

#### 1. 精心组织，认真完成资质认定评审计划

2012 年，国家认监委共下达了两批评审计划，其中交通行业共 12 家实验室（含 2 家“二合一”评审实验室）。目前 9 家实验室的现场评审工作已经全部完成，其余有 2 家实验室已提交现场评审申请材料，将在近期完成现场评审工作，有 1 家实验室已确定不再提交计量认证申请材料（原因是已不再开展检测工作）。推延现场评审的原因主要是实验室证书的到期时间在 2013 年的 3 月。

此外，2012 年交通评审组还完成了交通部环保检测中心、北京港口劳动安全卫生工程试验检测中心等 7 家实验室的计划外扩项现场评审工作。

全年共派评审员及专家 16 组。

#### 2. 注重资质，努力扩大获证实验室数量

通过计量认证是实验室开展检测工作、对外出具具有证明作用检测报告的前提条件。目前，部分省（市）提出的实验室计量认证申请条件，交通运输行业的实验室较难做到。

交通评审组为解决行业实验室的资质，加强了与国家计量认证办公室的沟通，为行业实验室申请计量认证资质提供了有效的支持与帮助。

#### 3. 积极发挥作用，做好获证实验室的监督工作

为了加强交通行业计量认证工作的管理，确保实验室质量体系的有效运行，提高行业实验室管理及计量认证评审水平，根据部科技司《关于开展 2012 年实验室专项检查的通知》（科技科发函[2012]130 号）”（以下简称“通知”）的要求，交通评审组积极行动，将通知的要求及时传达到行业内获得国家级计量认证的实验室，并督促实验室尽快完成实验室自查工作，共收到各实验室上报的自查表和自查报告 33 份，回收率为 97.06%。在实验室自查的基础上，交通评审组按“通知”中监督抽查的要求，对行业内获证的 8 家实验室进行了监督抽查，完成监督抽查报告 8 份。

### （六）工作建议

作为国民经济发展的基础性行业，交通运输行业中的管理体系认证、产品认证、节能减排审定核查等领域有着广阔的前景和拓展空间，交通运输部在国家认证环节中理应发挥更大的作用。为此，交通运输部提出以下建议：

#### 1. 将影响交通安全的重要产品纳入强制性认证制度

在交通运输行业，涉及人身及公共安全的产品和影响环境的产品较多。交通运输部建议国家认监委发挥影响力，加强可行性研究，对威胁公共安全的和危害公共环境的交通产品，分步骤、分批次开展强制认证工作。交通运输部将积极予以配合。

#### 2. 共同推动交通运输行业能源管理体系认证工作

交通行业的认证机构为能源管理体系认证已做了大量文件上、人力上、资源上的准备，除钢铁行业外，还完成造船、交通运输、机械制造、电力等行业的能源管理体系认证实施细则的制定，并已取得了国家认监委的交通运输业能源管理体系认证试点资格。建议应结合交通运输部节能减排工作在政策上支持和推动能源管理体系认证的开展。

### （七）下一步的工作设想

2013 年，交通运输部认证机构将继续坚持规范经营、抓好质量安全及认证有效性作为开展认证审核活动的主线，继续将加强能力建设和制度建设为基础，围绕服务国家经济发展大局，分析当前及未来一段时期的经济社会形势和行业市场发展趋势，确立自身发展目标和工作计划。

1. 根据交通运输行业发展的需要，研究制定“关于加强交通运输产品认证工作的指导意见”。

2. 加大交通运输行业各项管理体系业务的宣贯，围绕物流港和信息化建设，加强推广信息安全管理体系、环境管理体系认证及钢铁、交通运输类别的能源管理体系认证业务。

3. 进一步制定交通运输行业能源管理体系专用规则，制定能源管理体系审核能源指标审核的方法学指导文件。深入推进交通行业能源管理体系认证工作。

4. 根据国家认监委制定的《节能产品认证管理办法》的相关规定，按照《公路水路交通运输节能减排“十二五”规划》中对公路建设和运营节能减排技术

推广工程的要求，进一步研究并开展公路隧道照明、太阳能一体化航标灯等产品的节能认证技术规范和节能认证。

5. 继续开发新的认证产品，不断扩展业务领域。发挥认证机构社会责任感，结合节能减排及低碳经济的形势，顺应市场需求，确立市场发展方向，拓展新的认证业务类型，扩大认证产品种类。

## 水利部

### （一）2012 年认证认可工作情况

#### 1. 稳步推进实验室资质认定工作

（1）完成年度评审任务

2012 年国家计量认证水利评审组列入国家认监委评审计划的质检机构共 46 家，其中复查评审 45 家、扩项评审 1 家，目前已全部完成。此外，完成 2 家质检机构的预评审，完成 20 余家质检机构的标准变更审核及人员变更备案工作。

（2）强化评审员队伍建设

组织 77 名评审员参加国家认监委举办的实验室资质认定评审员继续教育培训。针对水环境类和水利工程类质检机构组织了 2 期计量认证现场评审观摩研讨会，观摩学习和交流好的经验和做法，分析工作中的不足，研讨评审工作中需要进一步规范和统一的问题，收到了很好的效果。

（3）加强从业人员培训

举办 3 期“实验室资质认定评审准则宣贯培训班”，共培训人数 497 人，通过培训，质检机构的负责人、管理人员和技术骨干、从事检测工作的一线人员素质得到较大提高。

（4）进一步规范水利计量认证有关工作

为统一计量认证评审尺度，提高评审有效性，经多方讨论和广泛征求意见后，水利部以“关于印发水利计量认证需规范和统一的有关问题的通知”（以下简称“通知”）下发各水利质检机构和评审员，进一步规范和指导水利计量认证评审及水利质检机构计量认证工作。“通知”共收录需规范和统一的有关问题 68 条，其中管理要求类 22 条，技术要求类 46 条。

（5）强化专项监督检查自查工作

水利部对 2012 年实验室资质认定专项监督检查工作高度重视，根据国家认监委的统一要求，对有关文件进行了转发，多次召开会议安排部署自查工作，要求质检机构高度重视，对照自查中发现的问题认真分析本单位实验室管理体系存在的问题并切实加以改进。目前，水利质检机构已按有关要求全面完成自查工作，并完成了对基本符合项和不符合项的整改。

（6）其他工作

根据国家认监委的统一要求，积极开展实验室能力验证活动，不断提高实验室检测能力和水平；组织水利质检机构开展了实验室资质认定网上审批系统信息填报工作；积极开展水利计量认证宣传工作。

#### 2. 大力开展节水产品认证工作

（1）强化政策推动

为配合财政部、水利部和农业部联合印发《关于支持黑龙江省、吉林省、内蒙古自治区、辽宁省实施“节水增粮行动”的意见》，水利部出台《东北四省区节水增粮项目水利科技推广管理办法》，明确把节水产品认证管理制度作为其中一项重要抓手。

（2）保障节水产品认证工作健康发展

水行政主管部门协同国家认监委，增强对认证机构指导力度。水利行业 2 家节水产品认证机构对 119 家生产企业开展了认证，核发有效认证证书 539 张。认证产品涉及节水灌溉器材、塑料管材、水处理设备、水泵和混凝土管等多类产品。这些企业通过认证获得了工程设备投标的优先采用资格，成为节水和饮水安全工程建设的可靠产品供应商。

#### 3. 积极推动行业管理体系认证

（1）推动安全生产标准化建设

认真贯彻国务院安委会“关于深入开展企业安全生产标准化建设的指导意见”和水利部“进一步加强水利安全生产工作的实施意见”精神，紧密结合行业实际推动安全生产管理体系建设，积极推动水利部安全生产标准化建设，为水利单位安全生产工作提供支撑。

（2）重点推动水管单位管理体系建设

水利行业 2 家管理体系认证机构按照《水利行业管理体系要求》，开展了水利建设施工、监理、检测、试验、科研等多专业综合认证服务；重点推进了水利工程管理单位的管理体系建设．召开了部分省市水管部门座谈会，贯彻行业指导标准；还完成了 2 个水管单位管理体系建设项目的试点工作；在此基础上，拓展了钢铁、化工、市政、信息化等跨行业认证服务。

### （二）2013 年认证认可工作重点

2013 年，水利部将深入贯彻落实党的十八大精神，围绕水利中心工作，不断完善各项规章制度，逐步建立比较完善的认证认可体系和科学合理的认证实施、监管机制，整体推进水利认证认可工作：

**1. 进一步规范实验室资质认定工作**

根据水利质检机构资质认定证书有效期的实际情况，制定2013年水利质检机构国家计量认证评审计划，并确保按时、保质完成；召开2013年水利计量认证工作研讨会，研讨水利计量认证工作；针对新取证资质认定评审员组织计量认证评审现场观摩研讨会，加强评审员队伍的梯队建设，重点关注边远落后地区质检机构计量认证评审员的发现和培养；继续开展《实验室资质认定评审准则》等的宣贯培训活动，计划举办3期培训，每期培训约120人；加强计量认证信息平台建设，实现计量认证信息资源共享。

**2. 进一步加强水利认证认可政策研究和基础工作**

进一步加强认证认可领域专题调研工作，进行政策与制度建设方面的研究；加大水利认证认可规章制度、评审准则、检测标准等方面的宣贯和培训力度；推动各质检机构积极参与市场竞争，培育和壮大质检机构和检测人员队伍。

**3. 进一步加强节水产品认证工作**

进一步完善节水产品认证体系，建立健全市场准入制度，开展农村饮水安全产品质量监督抽查活动，积极推进节水产品认证；加强对2家节水产品认证机构的指导，探索建立自愿性认证与强制性认证相结合的水利产品认证工作体系。

### （三）意见和建议

节水产品认证涉及的领域宽，部门多，影响面大。目前节水产品认证采信和推广宣传力度不够，不利于认证工作的有效开展。一方面，政府需要进一步加强正面引导和推动，尽快出台相关的激励政策。另一方面，相关认证机构也需要积极努力，在保证认证质量的同时，努力提高认证工作的影响。水利部希望与国家认监委积极合作，通过国家对认证工作的统一管理，将国家认监委推行的认证制度与节水政策有效衔接，提高政策执行效率。同时请认监委积极协调与节水相关的其他部委工作，加强沟通，发挥多方面的职能和作用，共同推进节水产品认证工作。

## 农业部

### （一）2012年认证认可工作情况

**1. 健全完善工作制度及规章**

为促进绿色食品事业稳步健康发展，进一步加强对绿色食品的规范管理，2012年农业部对《绿色食品标志管理办法》进行了修订，自2012年10月1日起实施。新《办法》进一步明确了各级农业行政管理部门的职责，严格了准入条件，强化了证后监管，完善了退出机制。

为进一步完善对无公害农产品认证的管理，修订了《无公害农产品认证现场检查规范》，出台了《无公害农产品认证审查有关问题的处理意见》，编制《无公害农产品评审工作手册》和《专家评审规范和要求》。通过以上工作制度的完善，使无公害农产品认证从现场检查到认证审查、专家评审，对整个工作流程进行全面调整和加强，规范了审核评审行为，提高了认证工作质量。2012年共制定了18类产品检测目录，到目前已制定55类无公害农产品检测目录。

此外,还组织制定了《绿色食品认证现场检查规范》。全年新发布绿色食品标准26项，指导地方制定生产技术操作规程10项，截至2012年底，有效使用绿色食品标准达126项。

**2. 扎实开展认证认可工作**

（1）进一步提高了认证工作质量

无公害农产品认证调整优化了现场检查评定项目，提高了评判标准:认证审查要求进一步严格，稍有不合，坚决不予受理。组织开展了认证工作质量督导工作，重点检查制度落实和工作质量情况；对部分认证产品实施现场核查，核查确认现场检查效果，指导帮助地方提高现场检查能力。

绿色食品认证开展了认证检查员重新确认登记工作，与确认登记的1 393名检查员签订了“绿色食品认证审核责任书》；组成5个督导组对10个省份的40家企业进行了认证工作质量现场督导检查。有机食品分别制定完善了认证现场检查、质量管理等认证制度。农业系统178名认证检查员签订了《有机食品认证审核责任书》。

有机农产品认证强化风险控制，按照风险评估办法严把受理关、材料审核关、现场检查关、颁证审核关，建立了以生态环境、生产品种、组织模式等因子的风险评价模型。一年来，拒绝新受理企业47家，占申报数量的12%，拒绝颁证12家，占应颁证数量的3%，组织全部获证企业签订了《有机产品认证承诺书》；组织全部检查员签订了《有机产品认证审核责任书》。

质检机构认可工作进一步加强，开展对国家级实验室资质认定评审员继续教育培训，组织对国家级、部级和无公害农产品定点检测机构等175个质检机构进行了农产品农药残留和重金属、兽药和违禁药物残留、水产品药物残留、牛奶中三聚氰胺和黄曲霉毒素、土壤中微量元素和重金属等5个方面能力验证考核。全年共完成128个质检中心的评审工作，其中127个中心复查评审，1个中心扩项评审。2012年还组织7 167家无公害农产品定点检测机构参加了农业部组织的能力验证，取消了22家无公害农产品检测机构定点检测资质，新增2家，开展了全国无公害农产品检测人员培训，检测机构布局进一步优化，能力进一步提升。

（2）“三品”认证稳步推进

2012年初农业部提出“三品”工作要实现“两个转变”，即由相对注重发展规模向更加注重发展质量转变，由打造和树立品牌向增强品牌信誉和提升品牌影响力转变，在工作重心上要做到“两个严格”，即严格审核和严格监管。

2012年全年无公害农产品发证置17 540个，同比减少12 389个，其中复查换证产品5 156个，复查换证率65%，同比下降15个百分点，但与前几年基本持平。截至2012年底，有效无公害农产品产地76 686个，比2011年增长13%，其中种植业产地47 246个，面积6 327万公顷，占全国耕地面积49%；有效无公害农产品74 529个，比2011年增长7%，产品总量2.8亿吨。

截至2012年12月10日，绿色食品新批准企业2 614家，产品6 196个；全国累计有效用标企业总数为6 862家，产品总数为17 125个，分别比2011年同期增长3.6%和1.8%。目前，有效使用标志的有机食品生产企业685家，产品2 762个。

### 3. 进一步强化证后监管

2012年农业部启动了“三品一标”品牌提升行动，全面加强了对无公害农严品，绿色食品及有机农产品的质量抽检与专项检查，抽检无公害农产品647个，绿色食品169个，抽检合格率达100%。组成5个无公害农产品督查组赴10个省对18个申报主体开展认证工作质量督导核查。对江苏、黑龙江、湖北等6个省份市8个省级绿办的年检工作和有机农产品监管工作进行了督导。

为加强证后监管，全年各地农业部门抽检无公害农产品近万个，合格率保持在98%以上。开展了针对市场的标志专项检查，主要检查标志使用的规范性，以及是针对获证主体的获证产品专项检查，主要检查产地环境、投入品使用、生产记录等。出台《关于加强无公害农产品认证监管工作的通知》，进一步完善监管制度，强化生产主体责任，指导督促各地陆续建立长效的综合检查制度和质量抽检制度。

在规范用标方面，2012年农业部配合国家认监委对抽捡的86个绿色食品产品进行了确认，并对不规范用标的9个产品进行了整改处理。各地绿色食品机构共对全国90个城市259个各类市场42 41个产品进行绿色食品用标检查。对北京等9个省市共46家有机获证企业进行了不通知检查，并对相关检查员现场检查情况进行了监督。

### 4. 加强培训与宣传

为完善无公害农产品培训注册管理制度，制定了《无公害农产品检查员及师资培训管理办法》，修订了《无公害农产品检查员管理办法》、《无公害农产品检查员注册准则》，并加大了检查员、内检员的培训力度，比上一年培训人数扩大了2~4倍。举办了全国和省级绿色食品检查员及标志监管员培训班17个，参加培训人数达2 000多人。为使有机检查员加强对“新规”的理解和把握，进一步提升形势下有机认证及现场检查的规范性和严格性，举办了检查员新规宣贯培训班及新检查员培训班。

在加快推进国际化战略方面，一是加强绿色食品国际注册的步伐，目前，绿色食品标志商标共在11个国家、地区和国际组织进行了注册。组织了对4个境外绿色申请企业和12家境外有机食品申请企业的现场检查。

## （二）2013年认证认可工作重点

2013年农业部将在国家认监委的支持和指导下，继续做好农产品的认证认可工作。重点抓好以下几方面工作：

一是加大监督检查力度，对生产基地环境、生产质量控制、终端产品质量等实行全程监控，对高风险产品企业进行重点监管，严格落实检打联动制度，对于发现问题的企业的产品坚决淘汰出局，对于存在质量安全隐患的产品坚决取消证书，并及时向杜会公告。

二是修订《无公害农产品管理办法》。

三是强化现场检查和审核把关。严把认证环节的各个关口，确保认证的规范性和有效性。

四是强化证后监管和品牌宣传。重点加强监督检查，完善检打联动和联合执法工作机制，探索推进获证主体诚信体系建设，围绕提高标志的市场认知认可度展开品牌宣传，通过开展公益宣传、市场推介等形式，进一步提高标志影响力。

# 海关总署

## （一）已开展认证认可工作

### 1. 积极参与认证认可工作

作为海关行政执法的技术支持和保障性政府实验室，通过国家认可，对全面提高实验室技术能力和管理水平，提高实验室知名度和信任度，具有重要的现实意义。海关化验中心申请国家认可既是树立海关执法权威的需要，也是与国际接轨的需要，可以更好地为海关商品归类、原产地确定、海关估价、贸易管制、知识产权保护、打击走私等海关业务工作提供科学依据和技术保障，是海关关税“科学征管、依法征管”的必要手段。

目前，海关运行中的4个化验中心已全部通过国家认可，新建成的重庆化验中心正在积极申请通过国家认可，在建的青岛化验中心也将在下步工作中积极申请通过国家讥可。2012年，四个海关化验中心全部通过国家认可单位的监督评审和复评审。2012年1月—11月，共完成16 000千多宗样品的检验任务，通过化验补征税费超过1亿元，同时还查获了大量涉嫌逃避许可证管理的货物。

2. 加强固体废物鉴定工作

随着我国对外贸易量的不断增长，特别是国内生产性原材料紧缺，近年来，进口可用作原料的固体废物数量大幅增长，而相关的废物检验检疫标准还尚未健全。为防止有害废物流入境内，海关化验室充分发挥已经获得国家认可的技术优势，积极参与有关标准的制订和修改工作，与相关部门共同研究固体废物的鉴定工作，为资源的再生利用，发展绿色循环经济做了大量工作。

### （二）下一步工作建议

下一步，建议结合中央经济工作会议，贯彻落实党的“十八大”精神，继续加强认证认可工作，提高化验机构建设的科学化水平。

一是建议国家认证认可监督管理委员会继续为广大化验机构组织一些针对认可工作、实验室管理和质量管理体系建设等方面的培训和交流，进一步提高海关化验中心开展认可工作水平和管理能力。

二是逐步开展进口固体废物鉴别工作。作为固体废物属性鉴别机构之一的海关化验宣将继续完善与各单位的沟通机制，优化具体工作模式。

## 国家工商总局

2012年，工商部门按照全国认证认可工作部际联席会议的部署，充分发挥职能作用，在依法对认证机构、认证咨询机构、认证培训机构进行登记，严格认证认可市场主体准入的同时，切实加强流通领域商品质量监督检查，配合相关部门强化认证认可监管，切实营造良好的市场环境，取得积极成效。

### （一）依法加强有机产品监管，严厉查处伪造冒用有机产品认证标志等违法行为

工商总局积极配合质检总局、国家认监委，联合下发《关于进一步加强有机产品监管工作的通知》（国质检认联[2012]214号）。各地工商部门按照职责分工，加强对批发市场、商场超市、有机产品销售门店等重点场所的监督检查，依法严厉查处伪造或者冒用有机产品认证标志，进行虚假宣传等违法行为。截至2012年10月底，工商部门共查处伪造或者冒用有机产品认证标志案件1 229件，案值947.25万元。

### （二）强化流通领域商品质量监管，切实维护商品市场秩序

各级工商部门认真贯彻国务院《质量发展纲要（2010—2020年）》和国务院办公厅《贯彻实施质量发展纲要2012年行动计划》的部署，突出家电、装饰装修材料、服装、儿童用品、手机等重点商品品种，扎实开展专项执法检查，有针对性地加强商品质量监测，强化监测结果的分析和利用，严厉打击销售假冒伪劣和不合格商品违法行为，有效地维护商品市场秩序。截至2012年11月底，工商部门共查处销售不合格和假冒伪劣商品案件9.2万件。

### （三）发挥12315消费者申诉举报网络作用，及时受理和依法处理消费者相关申诉举报

各级工商部门按照12315行政执法体系建设的总体要求，不断完善12315受理和处理工作程序，扎实推进农村和城市社区消费者协会分会、消费者投诉站、12315联络站以及12315进商场、进超市、进市场、进企业、进景区规范化建设，积极畅通消费者诉求渠道，及时受理和依法处理消费者相关申诉举报，妥善解决消费纠纷，积极维护消费者合法权益。

### （四）加强消费教育和引导，积极营造良好的消费环境

各级工商部门创新消费教育引导的载体和抓手，灵活采取媒体宣传、组织消费教育大讲堂、开展教育培训等有效形式，加强对认证认可相关法律法规政策和有机产品认证等认证认可知识的宣传教育，教育经营者进一步强化责任意识、法律意识和自律意识，引导消费者正确选购认证产品和增强节约意识、环保意识、生态意识，积极营造良好的消费环境。

2013年，工商部门将深入贯彻党的十八大精神，认真落实国务院《质量发展纲要》，按照全国认证认可工作部际联席会议的部署和安排，继续加强与认证认可监管等部门的协作配合，进一步强化认证认可市场主体监管和流通领域商品质量监管，强化消费维权，积极配合相关部门深入开展认证认可专项执法检查，教育引导经营者依法履行法定义务，依法严厉查处销售

假冒伪劣和不合格商品违法行为，切实维护市场秩序。

## 体育总局

### （一）2012年认证认可工作情况

2012年，国家体育总局群众体育司连续第六年委托北京国体世纪体育用品质量认证中心开展全民健身工程器材检查工作。涉及5个省（区、市），21个县区市、49个安装点的2 326件室外健身器材，涉及健身器材生产企业29家。

2012年，国家体育总局群众体育司对全国负责室外健身器材招标采购的群众体育工作人员开展的产品标准培训工作，涉及18个省，培训人员1 554人，培训时间50天。

据统计，2012年有22个省，2个直辖市，37个地级市在政府或单位的采购中，采信了北京国体认证中心的成果。

2012年，北京市体育局继续推动奥运场馆体育服务认证工作，首批通过认证的10家场馆，全部继续申请认证。

### （二）认证机构2012年工作开展情况

#### 1. 北京国体世纪体育用品质量认证中心

北京国体世纪体育用品质量认证中心，是由国家体育总局体育器材装备中心、体育科学研究所、华体集团、河北省质量监督检验协会共同出资，于2002年成立的从事体育产品认证的机构。到目前为止，国体认证中心有效期内认证共计24家企业806个产品。

2012年，完成首批6家室外健身器材产品认证；起草、修订了12个室外健身器材产品认证支持性技术文件；实施飞行检查14次、驻厂监督任务15个，暂停的获证组织2家。在业务开展中坚持人才引进策略，充分开发利用行业内设计、制造、第三方验货等的人才资源，采用理论考试与实践考核相结合的方式，不断提升工作人员的执业能力；坚持技术创新，采用视频摄像记录工厂的生产情况，网络摄像监控产品的形式试验，实施飞行检查，约束获证组织持续符合要求进行生产，有效保证了获证产品持续符合性、认证产品一致性，有效地保证了产品认证的有效性，为北京国体认证中心的健康发展提供了有力的保障。

#### 2. 北京华安联合认证中心

北京华安联合认证中心，是由华体集团金额出资，2006年成立的专门从事体育服务认证的机构。截至2012年底，华安认证中心有效期内认证共计43家。

2012年，新开发的体育服务认证合同10份。其中，申请初审场馆3家；申请继续复审场馆7家。除此之外，开展了以下几方面的工作：组织培训，提高了工作人员执业能力、强化了规范意识；组织认证技术规范评估，保证使用规范的科学性；组织审查人员资格的重新确认，做好人力资源保证工作；组织对获证体育场馆的调查回访，保证了认证的有效性；组织获证场馆高级管理人员研修班，延展了对获证企业的跟踪服务。

### （三）下一步推行认证工作措施

2010年国务院办公厅下发了《关于加快发展体育产业的指导意见》，明确指出要加强体育产品认证、推行体育服务认证。体育总局在编制《体育产业“十二五”规划》过程中也把发展体育认证工作作为主要工作任务和措施之一。拟采取措施如下：

#### 1. 加强对体育认证工作的宣传推广力度

结合《关于加快发展体育产业的指导意见》和《体育产业“十二五”规划》的宣传贯彻，组织各方力量加强对体育认证工作的宣传力度，推动认证机构与运动项目协会的合作，建立相应的工作机制，为体育认证工作开展营造良好环境氛围。

#### 2. 加大对体育认证工作的政策支持力度

进一步发挥认证工作对体育产业和体育市场发展的推动作用，在政府采购和市场监管等工作中继续采信认证结果，继续委托认证机构的专业技术队伍承担相关业务工作。探索在大型体育场馆运营综合评价等系列工作中引入体育认证工作机制，争取在政策方面给予支持。

#### 3. 加强体育认证基础建设

继续督促认证机构在机构建设、人员培训和标准化建设等方面开展自身基础建设。同时加强理论研究，为认证事业的发展提供政策建议，保证体育认证工作良性及可持续发展。

### （四）存在问题和建议

体育认证工作特别是体育服务认证工作市场认同度低，开发难度大；专业体育认证检查员人才不足，在一定程度上也制约着体育认证水平的提高。

建议联席会议一是能够系统梳理和总结各部门推行认证制度的成功经验，进行经验推广；二是更加重视服务认证工作，特别是在服务认证工作如何协助政府提供基本公共服务方面给予更多的指导和帮助。

## 国家食品药品监督管理总局

### （一）2012 年认证认可工作情况

#### 1. 继续推进餐饮服务食品安全检验机构认证认可工作

2012 年，国家食品药品监督管理总局继续根据餐饮服务食品安全监管工作的需要，要求各级食品药品监管部门加快推进餐饮服务食品安全检验机构资质认定步伐，大力推进餐饮服务食品检验机构资质认定工作。截至 2012 年 7 月底，全国已有包括中国食品药品检定研究院、天津市药品检验所等 204 家食品药品检验机构取得餐饮服务食品检验资质。同时，继续按照《餐饮服务食品安全检验机构技术装备基本标准》（国食药监食［2011］130 号）和《餐饮服务食品检验机构管理规范》（国食药监食［2011］372 号）要求，推动食品安全检验机构装备提升，进一步提高了食品安全检验能力。2012 年，我局还开展了餐饮服务食品安全检验机构技术装备和现场快速检测设备配备基本标准达标情况评价，有力地推动了食品安全检验工作的规范。

#### 2. 医疗器械检测机构资格认可工作进一步规范

国家食品药品监督管理总局依据《医疗器械监督管理条例》第三十条规定，对医疗器械检测机构实行资格认可制度，医疗器械检测机构资格认可条件要求检测机构需先获得计量认证证书。2012 年，国家食品药品监督管理总局再次对 20 家医疗器械检测机构医疗器械检验资质进行了认可。多家医疗器械检测机构同时通过了国家实验室认可评审或复评审。2012 年，根据《国家食品药品监督管理局办公室关于开展医疗器械检测机构资格认可监督评审的通知》（食药监办械［2012］111 号），国家食品药品监督管理总局组织开展了医疗器械检测机构资格认可项目监督评审工作，取消了 1 家医疗器械检验机构的 4 个承检项目，规范了医疗器械检验行为。

### （二）2013 年认证认可工作初步计划

2013 年，国家食品药品监督管理总局将认真贯彻落实十八大精神，站在保证人民群众健康的高度，积极推进食品药品监管安全体制机制改革。继续在食品、医疗器械检验等方面推动相关认证认可工作开展。初步计划如下：

一是按照《国务院办公厅关于印发国家食品安全监管体系“十二五”规划的通知》（国办发［2012］36 号），推动食品检验检测体系完善。

二是继续规范医疗器械检测机构资质认定工作，完善医疗器械检测机构监督管理法规，研究修订《医疗器械检测机构监督评审暂行规定》等规范性文件。进一步修改发布《关于加强和完善医疗器械检验监管体系的指导意见》，明确检测机构建设的总体目标、基本原则和职责定位等。

### （三）认证认可工作相关意见和建议

为了更好地分享认证认可工作经验，建议能够将各部委在认证认可方面值得推广的经验和做法，通过适当形式发放给各部委，以便各部委之间能够尽快了解相关信息，促进各部委认证认可工作开展。此外，应对现有认证认可工作，特别是部分工作职能交叉、重复等问题，进一步梳理，按照现实工作实际，协商解决。另外，希望认证认可工作能够结合各部委“十二五”工作规划，在今后工作中进一步突出重点发展方向，使认证认可与部委相关工作紧密结合，保证认证认可工作取得实效。

## 国家旅游局

### （一）2012 年认证认可工作

2012 年，在全国认证认可部际联席会议和国家认监委的指导下，国家旅游局的认证认可工作紧紧围绕国务院确定的把旅游业培育成国民经济的战略性支柱产业和人民群众更加满意的现代服务业两大战略任务，以全面提升旅游产业素质和旅游服务质量为核心目标，积极进行旅游认证认可工作机制探索和创新，着力加大标准宣贯和实施力度，拓展旅游行业管理领域，在重点宣贯实施旅游星级饭店、旅游景区质量等级标准的同时，在旅游餐饮、购物及旅游新业态领域的认证认可工作进行积极探索和实践，取得明显效果。

#### 1. 认证认可工作制度建设

2012 年，国家旅游局通过转变政府职能及在旅游行业开展旅游标准化试点工作，积极探索旅游标准认证认可工作的制度创新和机制创新。一是开展了《旅游标准化运行机制研究》课题的研究，重点围绕旅游标准的贯彻、实施，旅游标准认证认可工作的制度的建立、旅游标准化长效运行机制的确立等方面进行了深入的研究和探索；二是转移工作职能，将《旅游饭店星级的划分与评定》等国家标准的贯彻实施工作由中国旅游饭店协会组织实施，中国旅游饭店协会具体负责星级旅游饭店的评定工作，旅游行业主管部门负责星级旅游饭店的监督管理等工作；三是在广东、四川、桂林等省、市开展旅游业综合试点，探索在部分地区进行旅游认证认可的制度创新。

**2. 旅游星级饭店的认证工作**

2012 年，国家旅游局在对新版星级饭店标准进行宣贯培训工作的同时，重点加强了对星级饭店的暗访和复核工作。目前，我国已经评定星级饭店 12 100 家，其中，5 星级饭店 658 家，4 星级饭店 2 214 家，3 星级饭店 5 638 家，2 星级饭店 3 368 家，1 星级饭店 177 家。

**3. 开展旅游景区质量等级的认证工作**

2012 年，为了提升旅游景区服务质量，国家旅游局依据《旅游景区质量等级的划分与评定》国家标准重点加强了对旅游景区质量等级的暗访和复核工作。目前，全国及各省级旅游景区质量等级评定机构共评定各类 A 级旅游景区 5 000 多家，其中，5A 级旅游景区 140 多家，4 A 级旅游景区 1 700 多家。

**4. 通过旅游标准化试点推进旅游相关标准认证工作**

国家旅游局通过在旅游行业开展两年的旅游标准化试点工作，2012 年 3 月确定了全国首批 68 家旅游标准化示范单位，同时，在全国选择了旅游标准化工作基础较好的 30 个市（区、县）和 20 个旅游企业进行第二批旅游标准化试点工作。试点工作的主要任务就是在贯彻实施旅游业国家标准和行业标准的同时，探索出适合各地情况的旅游标准化运行机制。试点期间，各试点地区围绕近两年刚刚颁布实施的《旅游购物场所服务质量要求》、《旅游客车设施与服务规范》、《旅游餐馆设施与服务等级划分》、《旅游娱乐场所基础设施管理及服务规范》、《旅游汽车公司资质等级划分》等旅游业国家标准和行业标准，加大宣贯和培训力度，在本地区范围内先行先试，评定出 2 000 多家符合质量等级要求的旅游餐馆、旅游购物场所、旅游娱乐场所、旅游汽车公司等企业，极大地提升了旅游相关要素的服务质量。

**5. 各地旅游行业管理部门推动旅游企业认证工作**

在国家旅游局开展旅游认征认可工作的同时，国家旅游局积极支持推动各地旅游行业管理部门开展旅游认证工作。北京市旅游委、四川、山东、河南、云南等省旅游局制定了旅行社、旅游购物点、家庭旅馆、农家乐旅游等服务标准，在本省范围内开展旅游认证工作，对促进本地区旅游市场的规范发展和旅游服务质量的提升起到积极的促进作用。

### （二）2013 年认证认可工作重点

2013 年，国家旅游局将认真贯彻落实党的十八大精神，继续围绕国务院确定的把旅游业培育成国民经济的战略性支柱产业和人民群众更加满意的现代服务业两大战略任务，在做好现有星级饭店、A 级旅游景区等标准认证认可工作的同时，积极扩大对其他旅游相关要素标准的认证认可范围，通过在各地深入开展旅游业综合试点、旅游标准化试点等项工作，探索适合我国旅游业发展需要的认证认可工作机制。

由于我国服务业领域的认证认可工作开展时间较短，旅游业作为我国服务业的重要领域，在认证认可工作方面需要探索和创新的内容较多，建议国家认监委在政策倾斜、人员培训等方面继续支持旅游业的认证认可工作。

## 铁道部

### （一）转变发展方式，强化安全监管，铁路产品认证工作取得显著成绩

铁路产品认证起步于 2003 年。在国家认监委“统一管理，共同实施”的框架下，铁道部积极推动行业产品认证工作，到 2011 年，铁路认证工作稳步发展。2012 年是铁路产品认证工作发生重大变化的一年，铁道部为规范铁路产品准入管理，制定了一系列铁路产品认证的管理文件，大大增加了铁路认证产品的范围和种类，进一步加强对铁路产品认证的监督管理，加大试验检测能力的投入，重点培养铁路产品认证人才，工作成效显著。

**1. 规范铁路专用产品准入管理，发布产品认证管理文件**

2011 年 12 月 19 日，铁道部发布了《关于规范铁路专用设备产品准入管理的若干规定》（铁政法［2011］202 号），明确了除行政许可产品目录和认证产品目录之外，铁道部不对其他设备产品实行准入目录管理，也不进行厂家认证、上道审查等审批，除行政许可项目外，将重要产品均纳入认证管理。

2012 年 5 月 11 日，铁道部、国家认监委联合公布新版《铁路产品认证管理办法》（铁科技［2012］95 号），自 2012 年 7 月 1 日起施行。新的办法体现铁道部对产品认证工作的新要求，明确了国家对铁路产品认证采取强制性产品认证与自愿性产品认证相结合的方式，明确了认证机构的指定方式，明确了认证产品目录的确定方式。实行自愿性产品认证管理的铁路产品认证采信目录，由铁道部制定、调整并公布。纳入强制性产品认证管理和列入采信目录的铁路产品，依法取得认证后，方可在铁路领域使用。从事列入采信目录内

产品认证的认证机构，应当经国家认监委批准并经铁道部确认。办法还明确了认证证书与标志、证后监督、责任追究等内容。

为加强铁路专用产品在认证过渡期的监督管理，2012年8月18日，铁道部发布了《铁道部关于铁路专用产品认证管理过渡的实施意见》（铁科技［2012］182号），明确要严格按规定实施过渡，加强过渡期管理。铁道部将根据产品认证条件具备情况分批公布铁路产品认证采信目录，根据管理需要适时调整目录，目录公布后，开始实施铁路产品认证。

**2. 加快产品准入实施，发布铁路产品认证采信目录**

2012年6月28日，铁道部发布了《铁路产品认证采信目录（第一批）》（铁科技［2012］138号），共242种产品，自2012年7月1日起，开始实施铁路产品认证。其中，由原行政许管理转入的87种，原铁路产品认证纳入的50种，其他准入方式转入的105种。

2012年8月26日，铁道部发布《铁路产品认证采信目录（第二批）》（铁科技［2012］187号），共136种产品，自2013年7月1日起，开始实施铁路产品认证。其中，由原行政许管理转入的59种，其他准入方式转入的77种。

两批目录涵盖铁路工务工程、牵引供电、通信信号、机车车辆、运输、动车组等专业的主要产品及部件，其中工务37种，供电54种，通信30种，信号46种、运输6种、机车69种、动车组50种、客车31种、货车55种。

**3. 督促认证机构做好认证实施规则的制订与宣贯**

为了顺利开展铁路产品认证工作，根据《铁路产品认证管理办法》，铁道部积极开展相关工作，督促具有铁路产品认证资质的认证机构（目前只有中铁铁路产品认证中心，以下简称中铁认证中心），针对第一批采信目录，组织专业技术人员编制认证实施规则，按程序经专家及相关方会议审议后逐项进行发布与公告，确保按《铁道部关于铁路专用产品认证管理过渡的实施意见》的相关要求，产品认证结果在规定的过渡期以后能够满足铁路运用要求。同时，要求中铁认证中心组织开展各专业认证规则的宣贯会，截至2012年10月底，中铁认证中心分别组织了工务工程、牵引供电、通信信号、运输设备、机车车辆产品计5期认证实施规则宣贯会，约750余个企业1 650余名代表参加了宣贯。宣贯会对相关企业详细讲解了铁路产品认证的要求及相关政策、认证规则的通用要求和特定要求、申请书填写要求等内容。

经初步调查统计，第一批采信目录的242种产品将涉及生产企业约1 500家（部分企业生产多种产品时存在重复计算）。其中，50种产品为原行政许可项目且企业持有有效企业认定证书（有效期2013年6月后），45种产品为原中铁认证中心认证项目，还有部分产品为原主管部门上道审查、资质认证项目，中铁认证中心可依法合规地采取一定方式进行证书转换，满足认证过渡期的运用要求。截至2012日12月31日，新受理企业认证申请643项（其中65项为获证企业的复评申请），完成认证工厂检查608厂项（其中初次认证286、监督211厂项、扩项83厂项、变更15厂项、13厂项），完成认证评定465厂项（其中初次认证153、监督222厂项、扩项51厂项、变更25厂项、复查14厂项），新颁发证书414张，换发证书644张，暂停证书17张。目前，累计发证2 119张，涉及企业567家；其中有效证书数1 342张，涉及企业476家。

**4. 加强认证检验能力建设**

为提高认证检能力和水平，本着统筹规划、填平补齐、资源共享、有序推进、分步实施的原则，铁道部决定在十二五期间依托铁科院建设铁路产品认证检测试验基地和认证检测实验室。根据铁道部对铁路产品认证工作的要求，在充分利用中铁认证中心现有检测设备能力和社会资源的基础上，由铁科院编写并提出了《铁路产品认证检验能力建设专项规划》。铁道部对《专项规划》进行了研究，结合铁道部在十一五期间投资建设的“五室一中心”实验平台的建设，对《专项规划》进行了调整，并要求铁科院对的方案进行了进一步研究和优化。2012年8月铁道部计划司、科技司共同组织行业内、外共10位专家在北京对铁科院《专项规划》进行了评审。2012年12，铁道部印发了《铁道部关于铁路产品认证检验能力建设专项规划方案的批复》（铁计函［2012］1727号），原则同意了《铁路产品认证检验能力建设专项规划》。

**5. 发挥社会力量作用，扩大铁路产品认证机构数量**

目前，经国家认监委批准、国内注册开展铁路专用产品认证的机构只有中铁认证中心，难以满足铁路产品认证的需求。按照具备相应的资质与能力、综合与专业相结合、竞争适度、提升行业研究实验平台检测能力的原则，2012年铁道部与国家认监委密切配合，积极协商，选择我国现有的具有较强的专业审核、检验能力和良好的信誉产品认证机构能力，通过扩大机构的认证产品范围，承担铁路产品认证工作。目前，这项工作正按有关规定进行。

### （二）适应新形势下的新要求，做好2013年铁路产品认证工作

#### 1. 进一步加强部际联系与沟通

加快铁路专用产品认证以及扩大铁路认证机构数量是2013年的重点工作，这些工作的开展需要国家质检总局、国家认监委的大力支持。为进一步完善铁路产品认证的相关工作，铁道部将充分发挥部际联席会议平台作用，加强与国家质检总局及认监委的工作交流与沟通，积极配合国家认监委，及时审批中铁认证中心申请铁路专用产品认证扩项，新批准从事铁路产品认证的认证机构，以便更好地开展铁路专用产品认证工作。

#### 2. 加强对铁路专用产品认证工作的监督管理

积极围绕充分体现公平、公开、透明，强化责任落实，加强对从事铁路产品认证的机构进行监督检查，促进认证机构持续健全制度，完善自身管理，建立认证约束机制，提升服务水平，确保按《铁路产品认证管理办法》和《铁道部关于铁路专用产品认证管理过渡的实施意见》的相关要求，依法合规开展认证工作，满足铁路运用要求。积极配合国家认监委联合开展铁路产品专项监督检查，指导和协调中铁认证中心按规定要求做好获证产品获证后的监督抽查工作，铁道部和铁路各有关单位在结合日常运输安全和安全检查工作中，加强对获证产品在铁路运输生产中的监督检查，全面了解掌握获证产品使用情况，并及时通报采信铁路产品及认证机构相关信息。

#### 3. 加强认证检测能力建设

按照统筹规划、填平补齐、资源共享、有序推进、分步实施的原则，一方面积极推进《铁路产品认证检验能力建设专项规划》的实施，加强对规划实施的指导、支持和监督，认真做好规划建设项目前期工作，依法规范推进项目建设，全面提升铁路专用产品设备检测试验能力综合实力。另一方面要进一步挖掘社会检测试验资源，积极鼓励社会相关实验室开展铁路产品认证检验试验工作，充分利用已有实验室检测试验能力。

与此同时，将进一步深化研究建立中铁认证中心新的运行机制，实现市场化管理。

#### 4. 加快完善铁路技术标准体系

根据产品认证对技术标准的需要，进一步组织力量，加强对我国铁路近年来技术创新成果进行全面梳理和提练，研究制定和完善相关产品的铁道国家标准、铁道行业技术标准和标准性技术文件，积极做好行业标准向为国家标准的转化工作，为产品认证工作的开展提供有力的技术支撑。

#### 5. 做好第二批产品的认证实施工作

第二批铁路产品认证采信目录中共有136种产品，自2013年7月1日起，开始实施铁路产品认证。为保证产品认证的顺利实施，组织有关单位加快制定和完善认证所需的相关技术标准，包括行业标准和部门标准性技术文件；并要求认证机构根据相应技术标准编制产品认证实施规则，按程序审查发布后实施。

#### 6. 加强国外认证制度研究和国际合作与交流

为适应我国铁路技术发展的新局面，发挥中国铁路产业集成优势，铁道部将组织有关单位继续加强国外认证制度研究和与国外机构的合作与交流，借鉴国外产品准入制度和管理的先进经验，建立起符合国际惯例、适应行业需求的铁路产品认证的国际互认机制，更好地推出中国铁路的技术和标准。

## 中国民航局

### （一）2012年认证认可工作情况

定期以工作简报的形式向民航有关单位通报认证认可有关信息，包括国家认监委有关会议和文件精神、有关单位开展认证认可工作的经验等内容，使民航系统各单位及时获得有关信息，并在简报中突出开展企业认证认可工作有利于提高企业管理、服务质量和安全管理水平的思想，鼓励民航系统各单位积极开展认证认可工作，对推动民航认证认可工作起到达了很好的作用。

通过采信认证结果进行行业管理工作。在民航总局有关业务主管司局的行政许可项目中，已将认证结果和获证情况作为基础性工作。

### （二）2013年认证认可工作思路

第一，认真贯彻落实党的十八大会议精神，积极开展与认监委的合作，进行各种形式的交流和人员培训，在民航系统内普及认证认可知识，提高有关人员的业务水平，推进民航系统认证认可工作的健康发展。

第二，落实需要与国家认监委共同实施的有关工作项目，如认证机构、检测机构的建立，国家实验室认可项目等。要加强对行业检测机构和实验室（如飞行校验中心、民航局测试中心等单位）的监督管理，要求其管理体系和技术能力符合国际标准，申请国家实验室认可评定。

第三，对民航行业认证认可工作进行国内外调研，制定相关政策和措施，鼓励民航各企事业单位积极贯彻《认证认可条例》，推动民航认证认可工作的开展，以提高企业的管理水平，达到保障航空安全、改进服务、提高经济效益、实现持续发展的目的。

**部际联席会议各成员单位 供稿**

2013

Yearbook of Certification and Accreditation of China

# 第十六部分　地方认证监督管理

Part Sixteen　Regional Supervision Certification

# 固本强基　勇于创新　努力推进首都经济建设

## ——北京出入境检验检疫局2012年认证监管工作概况

2012年，北京出入境检验检疫局（以下简称“北京局”）认真贯彻落实“抓质量、保安全、促发展、强质检”的工作方针和“传递信任，服务发展”的工作要求，按照国家质检总局和国家认监委的总体工作部署，深入推进“精品工程”建设，较好地完成了认证认可各项工作。

### 一、认证监管工作基本情况

#### （一）出口食品生产企业备案管理工作

全年，北京地区共有出口食品备案企业136家，同比持平，其中，需验证危害分析与关键控制点（HACCP）体系的食品生产企业43家，占企业总数的32%；共受理出口食品企业备案申请和变更申请54份，其中新申请企业7家，受理企业变更申请15家，注销企业6家；对蒙古推荐注册企业2家。

#### （二）强制性产品认证管理工作

全年，北京局共受理进口强制性产品认证（CCC）产品报检70 844批次，同比增加11.09%；口岸查验16 611批次，占申报总批次的23.45%；口岸查验不合格的956批次，同比减少46.2%。受理CCC免办申请3 647批，同比减少7.76%；发放CCC免办证明3 333份，同比减少8.08%。

#### （三）出口商品质量许可工作

北京地区有出口商品质量许可企业25家，出口商品质量许可有效证书46份，新增出口商品质量许可企业2家，新发放出口商品质量许可证9份。

#### （四）外资认证机构驻京办事处监管工作

北京地区共有备案管理外资认证机构驻京办事处5家，实施监督检查3家，对1家办事处提出了整改要求。

### 二、各项认证监管工作开展情况

#### （一）进一步推进出口食品生产企业监管工作

**1. 建立和实施出口食品生产企业备案配套管理制度和工作机制**

为了贯彻落实国家质检总局《出口食品生产企业备案管理规定》（国家质检总局令第142号）要求，在充分调研的基础上，北京局完成了对《认证监管控制程序》和《出口食品生产企业备案作业指导书》的修订工作，建立和实施了分类管理制度、备案企业监管责任人制度、年度监管计划制度、工作档案管理和监管工作信息沟通制度、工作质量监督检查和定期巡查制度、工作质量分析报告制度等6个方面的管理制度和工作机制，进一步规范和加强了备案监管工作，提高了出口食品备案监管工作质量；全年共派出监管小组 476 个，626 人次，对全部 136 家企业完成监管 476 次（其中日常监管 314 次、定期监管 162 次），累计开出不符合项 597 项并监督企业实施整改，保证了企业管理体系的有效运行。

#### 2. 探索建立了“出口食品企业备案采信第三方认证监管模式”

作为国家认监委指定的首批试点单位之一，北京局开展了“出口食品企业备案采信第三方认证”试点工作，制定并发布实施了《北京检验检疫局出口食品企业备案采信第三方认证试点工作方案》，确定了 2 个工作目标、3 项工作原则，设立了 2 个条件，建立了 7 个程序，为试点工作打下了良好的基础。

北京局高度重视此次试点工作，将其作为全局认证认可工作的一号工程，第一时间组成了由分管局领导任组长，由 7 个相关部门主要负责人为成员的试点工作领导小组；分管局领导 3 次组织召开专题研讨会、多次听取工作进展汇报并及时给予明确的工作指示，实地到有关企业开展调研，保证了试点工作稳步、有序的推进。

为了做好这项试点工作，北京局开展了大量的前期调研与论证等基础工作，对 133 家出口食品备案企业获得食品安全管理体系和 HACCP 认证情况进行摸底调查，将出口食品备案相关法规要求与食品安全管理体系、HACCP 认证准则及其相关技术标准进行了多达 7 万字的对比研究，召开各种研讨会 8 次，修改方案稿 6 次。

为保证审核依据、审核内容、审核员能力与出口食品企业备案相关要求的等效性，规范认证行为，提高认证有效性，保证采信工作的质量，应认证机构的要求，北京局通过实施现场见证审核、模拟现场审核和理论培训等方式培训审核员 15 人次，并协助认证机构完善了管理制度。

北京局已经初步建立了“出口食品企业备案采信第三方认证监管模式”，现已经有 1 家认证机构认证的 10 家出口食品生产企业获得采信。

北京局的工作思路、采信方案、工作方法和工作成果得到了认可，先后在国家认监委“第三季度认证认可业务工作会”及“第十届全国 HACCP 应用与认证研讨会”上作了经验交流和发言。

#### 3. 建立约谈制度，进一步提高企业第一责任意识

为了提高企业第一责任意识和自控能力，解决同一个出口食品生产企业连续多次出现相同的一般不符合项或一次检查中发现多个不符合项的问题，北京局建立了约谈制度，即由企业所在辖区的分支机构约谈企业负责人，以此敦促企业有关领导引起重视，提醒企业应持续保持符合卫生要求；对约谈后无效果的，按有关规定的要求，由分支机构启动暂停、撤销《备案证明》的处理程序。此制度的建立引起了企业的高度重视，在保证体系运行有效，持续保持卫生要求方面起到了积极作用。

#### 4. 建立动态管理机制，提高认证监管效能

针对部分出口食品企业长期不出口，造成监管无的放矢、工作困难、监管资源浪费的问题，北京局建立了动态管理机制，即对超过 6 个月不出口产品的食品企业，经分支机构申请，认证监管处确认后，在 CIQ 2000 检验检疫综合业务管理系统中采取提示和限制报检措施，提示报检人员该企业需要实施全面评审后方可进行产品出口，同时告知企业相关管理要求；在此期间，可不对该企业实施监管，以节省监管资源，提高监管效能。

#### 5. 开展 HACCP 验证提升计划

按照国家认监委的要求，北京局积极开展了 HACCP 验证提升计划。北京局共派出检验检疫人员 106 人次，检查出口食品企业 48 家次，开具了 280 条不符合项；对检查中发现的问题，向企业逐一提出整改要求并督促整改；同时，还对企业人员进行了现场培训指导，讲解专业知识和相关法规要求，提升了企业的责任意识和管理水平。

### （二）进一步提高强制性产品认证监管水平

#### 1. 加强 CCC 目录外产品声明的规范管理

北京局编制并发布了《北京口岸强制性认证目录外产品声明》规范格式，以此来规范收货人申报进口 CCC 目录外产品时的声明格式及内容，进一步规范北京口岸强制性产品认证入境验证管理工作。

#### 2. 加强 CCC 免办后续监管工作

北京局加强了对 CCC 免办申请企业的管理，进一步要求企业建立并完善对进口产品的内部管理制度，建立 CCC 免办进口产品的入库、出库、发放、领用、回收制度，建立台账和标识管理体系，逐步建立产品追溯体系。

北京局进一步明确了各分支机构的工作职责，要求各分支机构结合日常检验检疫工作开展后续监管工作，加强了对 CCC 免办进口产品的后续监管力度，实现了对北京地区 CCC 免办申请企业和进口产品后续监管的

全面覆盖；先后对22家企业进口的产品实施监管销毁，涉及电信终端设备、信息技术设备、低压电器等共计43 691台。

#### 3. 进一步规范对进口成套设备配套所需CCC产品的管理

针对国家质检总局、国家认监委相关文件中对成套设备配套所需CCC产品不同侧重点的管理要求，编制了《成套设备配套强制性认证未获证产品进口管理规定》，对以成套设备名义进口的CCC产品的确认、入境验证和查验、后续监管等进行了明确，规范了成套设备配套所需CCC产品的有关工作。

#### 4. 进一步规范了进口CCC展览品监管工作

为了加强对进口CCC展览品认证监管工作，北京局对暂时进口CCC展览品的认证监管工作开展了广泛调研，梳理了有关法规和制度，形成了专题调研报告，目前正在制定相关的管理要求，进一步规范对进口CCC展览品认证监督工作。

### （三）进一步加强认证有效性检查工作

北京局结合出口商品质量许可工作对10家出口工业品企业开展了质量管理体系认证有效性检查；结合出口食品生产企业备案工作，对14家认证机构认证的25家企业开展了食品安全管理体系认证、HACCP体系认证有效性检查。在检查中发现了4个方面的问题：一是企业执行方面，存在企业执行体系文件不到位，设备维护欠缺，设施卫生不能持久保持，关键点记录不按制定计划执行，出现“两张皮”等问题。二是认证机构方面，危害分析没有严格按企业生产工艺流程进行，缺项、少项严重；关键点选点不准确，所选的控制点无法实施监控；部分监控频率不合理，HACCP计划表中描述纠偏计划不完整，验证措施不合理等问题。三是企业的体系管理人员能力不足，从事认证、食品生产人员流动性大，培训不到位，对食品安全知识和HACCP体系理解不足，出现体系运行不畅等现象。四是监管层面，部分监管人员存在重检验、轻监管的思想，对食品安全体系监管的认识不足，体系监管力度不够。

针对发现的问题，北京局专门召开通报会，向有关认证机构通报了发现的问题，进一步明确了监管要求，要求认证机构对存在的问题及时纠正，同时加强对评审人员和审核人员的培训，特别加强对出口食品有关法律法规的培训。目前，认证机构已及时对相关企业进行了回查和整改，此举提高了认证机构的守法意识和责任，对提高认证有效性和公信力起到了积极的促进作用。

### （四）进一步加强了进口有机产品的认证监管工作

#### 1. 建立进口有机产品认证监管情况通报制度

为了进一步加强和规范进口有机产品的认证监管工作，北京局专门印发通知，对进口有机产品报检验证、现场查验、违法处理等方面进行具体规定，建立了进口有机产品认证监管情况通报制度。

北京局先后开展了一系列调研工作，分管局领导主持召开了2次有关部门参加的研讨会，举办了1期有机产品认证相关法规和知识的专题培训。在CIQ 2000检验检疫综合业务管理系统中对进口有机产品的检务审单验证和查验工作进行了布控；对进口食品查验作业指导书进行了补充和修改。

对进口有机产品实施逐批验证的查验模式。北京局共受理和查验进口有机产品42批、1 486 922欧元、242 062.9公斤，包括有机卵磷脂、婴儿奶粉、全脂奶粉、有机米粉、有机麦粉等；查获不合格有机产品5批（包括2批从澳大利亚的进口有机牛奶，1批从美国进口的卵磷脂胶囊、2批从法国进口的葡萄籽萃取液），共20 376公斤、货值45 576.4欧元；不合格原因是产品包装上的名称与认证证书上名称不符，在未经认证的产品包装上印有误导性文字。北京局已要求进口商对标签进行整改。

#### 2. 开展了进口有机产品市场检查

5月和10月，北京局开展了2次针对进口有机产品认证情况的市场检查。重点检查了商场的索证情况和有机产品认证标识使用情况等。查获2种进口有机食品石榴原浆和桑果酱未获中国有机产品认证，但在原包装上标注有英文“有机”（organic）的字样，误导消费者，违反了中国进口有机食品认证的要求。对此，北京局监督进口商对相关产品进行了整改处理。

经过以上工作的开展，有效地规范了进口有机产品认证监管工作，保证了进口有机产品的质量。

## 三、不断加强基础建设，为打造认证监管精品提供保障

### （一）搭建平台，建立认证监管工作季会制度

在分管局领导的直接指导下，北京局建立了认证监管工作季会制度，会议包括总结部署、学习研究、沟

通交流、解决问题四大板块。工作季会为各级认证监管部门和人员建立了崭新的平台，为全面推进北京局认证监管工作迈上新台阶起到了积极的作用。北京局分别于7月和11月成功组织召开了第二、三季度认证监管工作季会，共收集和集中解决问题12项，布置工作13项，集体学习了有关法规，充分发挥了季会的作用。

### （二）开展岗位练兵，提升监管能力

在认真总结2011年出口食品企业备案监管岗位练兵活动经验的基础上，北京局形成了“三结合”的贴近实战的岗位练兵模式。结合“现场评审、认证有效性检查、定期监管工作”开展练兵活动，通过以老带新、主任评审员带见习评审员、资深人员带新上岗人员的培训方式开展实战练习，使监管人员在具体实践中得到真正的锻炼。此次备案监管岗位的练兵活动共有90多人次参加，达到了掌握评审不同出口食品企业的工作技巧和专业知识，使工作能力、政策法规把握能力得到锻炼和提升的目的。

北京局优化了CCC认证监管岗位的培训教材，收集了各类典型案例，并辅以大量的图片和文字内容进行剖析讲解，针对常见的证书、标志和目录判定等重点和难点内容都进行了深入浅出的讲解，先后组织CCC产品口岸入境验证案例培训和CCC免办产品后续监管业务培训，北京局共有110多人次参与培训练兵。

北京局编发了两个专业岗位的练兵达标笔试考核题库并组织实施笔试考核，两个专业共57人参加了考试并全部达标。

## 四、积极开展“两个专项行动”

按照有关部署，北京局迅速制定和发布了《北京检验检疫局认证认可质量安全风险排查整治和道德领域突出问题专项教育治理活动实施方案》，成立了以局长为组长、分管局领导为副组长、相关部门主要负责人为成员的领导小组；编制了《认证认可两个专项行动排查整治计划进度表》，要求有关部门按照计划排查的项目和进度开展工作；建立了内部执行情况的月报制度，制定了《认证认可两个专项行动工作进展情况表》，要求与认证监管工作相关的6个分支局、4个办事处及其他有关部门每月报送工作开展情况；明确了排查整治的内容、排查整治的对象、具体工作内容、时间安排等要求。

北京局就出口食品企业备案、进口有机产品认证、强制性产品认证、认证市场监管和道德领域等方面进行了重点排查，共排查出风险13项，对风险的形成原因进行了分析，提出了解决方案；同时，将各项整治任务逐一分解，整治责任落实到每个单位、每个科室和每个人；对排查和整改情况进行了督导检查，对存在的问题进行了跟踪整改。

在“两个专项行动”中，北京局还积极开展了“进企业”活动，共有60人次走访了29家企业，广泛收集企业的意见和建议，及时解决企业遇到的问题。

## 五、其他认证监管工作的开展情况

### （一）开展了认证行政执法专项监督检查自查工作

按照国家认监委《关于开展2012年认证行政执法专项监督检查的通知》要求，北京局制定了《北京检验检疫局2012年认证行政执法自查工作方案》，于2012年5月下旬至6月20日期间在全局范围内组织开展了自查工作。通过对四项重点内容进行对照检查，北京局认证执法监管体系建设较为健全，强制性产品认证执法监管有效，有机产品认证执法开展顺利，认证行政处罚案件程序得当、结果准确。

### （二）开展了对部分重点强制性认证产品质量安全专项整治行动

为贯彻落实国家认监委《关于开展部分重点强制性认证产品质量安全专项整治行动的通知》要求，北京局组织制定了实施方案并于2012年3月—8月期间共对1 010批次的重点获证产品实施了口岸布控查验。经现场查验发现有48个批次的产品不合格，其中包括26个批次的获证产品所标识信息与证书不符，9个批次的产品认证标志使用不符合要求，2个批次的产品存在一致性不符，1个批次的产品涉嫌伪造证书，有6个批次声明为目录外的产品涉嫌虚假声明，4个批次的产品涉嫌瞒报逃避验证。对不合格情况均严格按照有关规定进行了处理。

### （三）开展了强制性产品认证获证产品监督抽查工作

按照《关于开展2012年强制性产品认证获证产品监督抽查工作的通知》要求，北京局组织开展了2012年强制性产品认证获证产品监督抽查工作，制定了实施方案，在集中审单管理系统中统一布控，口岸分支机构实施现场抽样、施封和送检。共布控了机动车辆轮胎、机动车制动软管、装饰装修材料、玩具和照明电器等五类产品，实际抽查到机动车辆轮胎类、装饰装修类和照明电器三类共8批产品，未发现不合格情况，整体状况好于往年。

### （四）开展了流通领域玩具产品强制性产品认证检查

根据国家认监委《关于进一步加强玩具产品强制性产品认证监督管理的通知》要求，北京局开展了针对儿童玩具产品的强制性产品认证市场检查，重点检查了静态塑胶玩具、电动玩具、拼插玩具和童车产品的CCC认证获证情况，在检查中发现了部分获证产品未按照要求加贴CCC认证标志问题，要求商场当即对商品采取下架封存处理，并在北京局的监督下完成整改。通过检查进一步净化了北京地区进口玩具产品市场，保护了消费者健康安全，维护了强制性产品认证制度的权威性和有效性。

### （五）认真落实国家质检总局绩效考核工作

北京局积极落实国家质检总局绩效考核工作要求，利用季会进行了充分的组织动员和布置，对7项绩效管理工作提出具体的绩效考核要求，细化分解了各项考核指标；及时完成了绩效考核自评工作，各项工作都达到绩效管理的要求。

### （六）承担了国家认监委交办的进口CCC免办监督检查工作

按照《国家认监委关于开展强制性产品认证免办和汽车产品特殊检测处理程序监督检查工作的通知》要求，北京局作为组长单位，承担并组织完成了对浙江局、宁波局开展的强制性产品认证监督检查工作，按时完成《2012年强制性产品认证监督检查第一检查组工作总结》并报送国家认监委。

## 六、进一步加强实验室建设，不断提升技术基础保障作用

北京局坚持以提升检测工作质量为主线，以提高实验室数据准确性为根本，以确保实验室资质认定和认可有效性为立足点，在实验室管理模式上下功夫，在实验室质量监控上花力气，在实验室风险排查上用心思，努力为完成检验检疫执法把关工作提供强有力的技术支撑。

### （一）多措并举，积极开展实验室管理“两个专项行动”

在分析梳理实验室管理流程和开展活动的基础上，北京局及时制定了实验室管理质量安全风险排查方案，明确了排查的主要内容、进度安排和阶段重点；重点从实验室原始记录、资质认定有效期、检测报告和生物安全等方面进行了质量安全风险检查，对检查出的3个方面7个问题进行了集中整改，及时消除隐患；及时编写了“实验室风险防控手册”，建立实验室风险防控长效机制。

### （二）开展自查自纠，确保实验室资质认定工作质量

根据国家认监委《关于开展2012年实验室资质认定专项监督检查工作的通知》要求，北京局组织开展资质认定获证实验室监督检查工作，从遵守法律法规、诚信检测活动和完善管理体系建设、保障检测质量安全两个方面，在22个项目上开展了梳理和检查；在自查的基础上，成立了专项检查组，对自查工作进行了检查，确保资质认定检查工作有序的开展。2012年，北京局所有的资质认定和实验室认可证书都在有效范围内，并按时接受了二合一监督评审。

### （三）完善管理制度，夯实实验室工作基础

#### 1. 采取两项措施确保北京局实验室管理工作有据可依、程序规范、管理有序、服务到位

一是根据国家质检总局《实验室和检查机构资质认定管理办法》和《检验检疫实验室管理办法（试行）》有关规定，修订了北京局实验室管理办法，从实验室规划与发展、管理程序、认证认可、监督管理等方面提出具体要求，建立“科技处主管、业务处室指导、技术机构负责、全局共同关注”的实验室管理机制；二是修订完善北京局委托实验室管理办法，采取对委托实验室检测质量工作进行风险评估的模式，对其进行分类管理，建立“科技处监督管理，委托部门考核评价”的委托实验室管理机制。

#### 2. 完善管理体系，打造实验室检测监督管理精品工程

进一步健全实验室检测质量监督管理机制，完善“一点两环、三维管理”的立体式监督管理模式，采取盲样检测、能力验证、实验室间比对和绩效考核相结合的方式，以实验室新增检测项目和检测风险较高的项目为重点，扩大盲样考核专业覆盖范围，加大参加能力验证计划力度，提高实验室检测结果的准确性、有效性和权威性，打造实验室检测质量监督管理精品工程。

2012年，北京局组织参加了葡萄酒中苋莱红和亮蓝的检测、变压器油检测等国内外能力验证计划43项。结合实验室能力建设核查验收，北京局共组织完成了测量审核项目6项，进行留样再测4项：组织玩具实验室参加了“弹射玩具的动能测试”的测量审核项目；

植物实验室进行了“假高粱鉴定”和“桔小实蝇鉴定”两项测量审核和“转基因大豆检测”的能力验证一项；动物实验室进行了“马传染性贫血检测”和“猪呼吸和繁殖综合症”两项测量审核；纺织实验室进行“断裂强力和伸长率”测量审核和“纺织品成分检验”、“纺织品色牢度检验”两项留样再测；食品实验室进行了“化妆品中铅和砷”检测两项留样再测。

### （四）加强实验室能力建设，提高服务和保障能力

#### 1. 开发了“电子化、信息化、网络化”一站式的能力验证计划服务平台

这是质检系统第一家能力验证计划服务平台，实现了网站信息发布、后台数据分析、测量审核样品库信息查询、能力验证的申请和结果分析等的电子化、信息化和网络化，为检测机构提供一站式、方便快捷、稳定性强、网络化程度高的技术服务，提升服务的质量和信息化水平。该平台已基本开发完成，正在进行应用测试。

#### 2. 获得了实验室核查验收测量审核指定机构资格

在国家质检总局的检验检疫实验室能力建设达标验收中，北京局获得了动物检疫、植物检疫、卫生检疫、机电检测和纺织品检测等5个专业领域的测量审核指定机构资格，获准为检验检疫系统559家实验室在禽类、水生动物、植物及其产品、血液、电器产品、纺织品及制品等9个产品大类共计47个检测项目提供测量审核技术服务，北京局检验检疫技术中心和北京国际旅行卫生保健中心（以下简称“保健中心”）分别成为了入围9家技术机构之一。

#### 3. 建立能力验证样品库

为了推动能力验证工作持久发展，树立品牌，北京局在积极组织实施能力验证计划的同时，有计划地在动物实验室、纺织品实验室、植物实验室、保健中心实验室组织建立能力验证样品库，规范能力验证样品，提升能力验证和测量审核的质量，扩大服务范围和领域。

#### 4. 在组织能力验证方面迈出新步伐

2012年在全国范围组织了13项能力验证计划，北京局纺织实验室再次受中国合格评定国家认可委员会委托成功组织了纺织品检测领域的国际能力验证计划（境外主要是俄罗斯国家的实验室参加），继在动物检疫领域后，北京局获得在纺织品领域组织开展国际能力验证计划。

#### 5. 做好有证标准物质研制的准备工作

一是组织了标准物质研制、申报、定值和市场化途径等方面的培训，为北京局开发市场化的标准物质提供了具体思路；二是完善规范北京局测量审核样品库，通过对测量审核样品的监测和数据整理，为研制成功标准物质奠定基础；三是对具有较好基础的、适合做标准物质的专业领域和方向进行了调研和论证，确定了近期北京局开发市场化标准物质的重点。

#### 6. 认真总结，拓宽视野

一是在2012年全国合格评定机构认可工作会议上，北京局作为检验检疫系统的代表，作了题为“‘认可’提高管理水平，打造实验室精品工程”的大会典型经验交流；二是在积极拓展能力验证领域，参加了第三届中国能力验证与标准样品论坛，并在论坛上作了题为《我国实施动物检疫领域能力验证计划的现状分析和发展策略》的报告。

**撰稿人：王希平　刘来福　审稿人：董敬民**

# 转变思路 积极创新 不断加强认证监管

## ——北京市质量技术监督局2012年认证监管工作概况

按照国家认监委的工作部署和北京市质量技术监督局（以下简称“北京市质监局”）的工作规划，北京市质监局顺利完成2012年认证监管工作。

## 一、转变观念、创新方法，完善认证工作体系

### （一）试点开展认证有效性评价活动

为强化落实认证机构主体责任，辅助认证监管、引导行业自律，切实转变监管方式，北京市质监局2012年试点开展了认证评价活动。为做好此次评价工作：一是以辅助行政监管、引导行业诚信自律、促进行业健康发展为主要原则，优化了评价标准框架，细化了评价标准指标。二是建立了科技和认证监管处为组织统筹，以联合智业企业发展研究院为技术支撑，以中关村检科中心为综合协调，以质量检验认证协会为具体操作平台的工作机制。三是经与国家认监委、中国合格评定国家认可中心沟通，建立了纵向联系渠道，汇聚了多方信息，打开了工作思路。

认证评价工作是北京市质监局完善认证执法监管体系的创新举措，是全面推行风险管理理念在认证监管领域的具体探索和实践。开展认证评价活动有三个主要目的：一是转变监管方式。试图引入风险管理方法，促进监管方式由以微观直接监管为主向以宏观引导和调控为主转变，以缓解监管任务重与监管力量相对薄弱之间的矛盾。二是促进行业自律，强化落实认证机构主体责任，辅助认证监管，促进认证行业诚信自律。三是通过认证评价活动本身帮促认证机构发现自身不足，提前预警，及时纠正。

截至2012年底，试点工作已全部完成，形成了《认证有效性评价方法建立与应用实践》总结报告，为下一步在试点基础上扩大评价范围，推广评价结果的应用打下了理论和实践基础。

### （二）研究制定认证执法监管指导意见

认证执法监管指导意见紧密结合了北京市认证监管工作实际，进一步明确了市场主体责任、监管主体责任、监管内容和重点以及监管方法和要求，是对认证监管工作的一次全面梳理，是对认证监管行为的规范和指导。经过征求与吸纳市局相关业务处、稽查总队、各区县局和部分从业机构的意见，形成了《关于进一步加强认证执法监管工作指导意见》的会签稿，并于2012年底前下发执行。

### （三）加强横向协作，促进形成联动机制

落实北京市质监局与市经信委达成的《关于促进工业产品质量提升工作合作的意见》，联合市经信委，面向中小企业在有机产品、节能减排、环境保护等领域，开展认证培训和帮扶，深化在提升中小企业产品质量和管理水平上的工作联动，并争取到市经信委10万元的经费支持。截至2012年底，已完成了节能主题培训、环保主题培训和有机产品认证主题培训，180多名企业代表参加了培训。通过培训增强了企业对认证促进管理水平和产品质量提升的认知，增强了企业资源节约、环境保护和守法意识，取得了良好的社会效益。

按照北京市质监局赵局长“关于建立认证认可市级部门合作推进机制”的指示，经向国家认监委咨询部际联系会议制度、与市局标准化处了解首都标准化战略推进机制，提出了“关于建立市级联席会议制度，全面推进认证工作的初步意见”。并根据赵局长关于“此项工作的机制建立与北京市质监局正在起草的贯彻《质量发展纲要》一并研究安排”的进一步指示，将“加强部门协作，建立认证认可市级部门联席会议制度，制定并完善配套政策和实施机制，发挥认证认可传递信任、服务发展的作用。强化认证监管，建立适应本市经济社会发展的认证执法监管体系，规范认证市场，提高认证质量和公信力，培育第三方认证服务品牌，

提升本市认证认可国内国际影响力。加强认证宣传和政策引导，提高认证的社会认知度和采信度。开展认证援助，支持企业通过认证采用先进的标准和方法，提升管理水平和产品质量。”的工作意见写入《北京市关于贯彻〈质量发展纲要（2011—2020年）〉的实施意见》中。

为进一步提升华北地区认证工作格局及认证认可工作的有效性，按照《国家认证认可事业发展“十二五”规划》和“抓质量、保安全、促发展、强质检”的总体部署，服务华北地区经济结构调整和转型，促进华北地区经济社会又好又快发展，华北五省、市、自治区即北京、天津、河北、山西、内蒙古质量技术监督局经研究协商，就建立认证工作区域合作机制，进一步促进各方认证认可业务工作联合，实现优势互补和资源共享，于2012年6月20日共同签署了《华北五省、市、自治区质量技术监督认证工作合作备忘录》。合作备忘录达成全面建立认证认可工作合作机制的共识，主要包括共同推动认证发展工作机制、认证执法监管共建机制、认证信息资源共享机制、检测资源共享机制、监管经验交流机制、认证执法培训机制和认证联合宣传机制。各成员单位将定期召开联席会议，协调区域合作交流相关事宜。

### （四）摸清底数和情况，完善食品检验机构资质管理制度

开展食品检验机构调查，形成了《食品检验机构资质认定工作调研报告》。报告对获证食品检验机构的主体类型、资质情况、机构规模进行了统计；对食品检验机构资质管理存在的问题进行了分析，并提出了改进的建议和措施。

进一步完善工作制度，提升评审质量。为加强对评审员管理和对评审质量的控制，建立评审员准入、退出制度和评审质量评价机制，联合计量处、产品处，依托计量和检验机构资质认定评审中心，草拟了《检验机构资质认定评审员管理办法》，拟于2013年试行。

### （五）广泛调研、打开思路，推进认证工作深入开展

按照北京市质监局总体工作部署，结合科技和认证工作职能，采取多种形式，广泛开展调研活动。分别与中国合格评定国家认可委员会（CNAS）、国家认监委信息中心和认证认可研究所座谈，研究认证有效性评价方法、认证数据信息分析利用和认证对经济社会发展贡献率。加强与市科委、市经信委的沟通协调，增进业务和相关政策了解，寻找结合点。与延庆县政府相关领导座谈，推进有机产品示范区建设和“世葡大会”筹备。召集部分认证机构就重点工作座谈，听取意见。通过调研，为2013年的工作打开了思路，做好了铺垫。

## 二、 加强认证监管，规范认证市场

### （一）强制性产品认证（CCC）监管

一是开展专项监督抽查。按照国家认监委《关于开展2012年强制性产品认证获证产品监督抽查工作的通知》（国认证函［2012］44号）要求，组织北京市产品质量监督检验所对北京市市场上销售的电线电缆产品进行了市场调查，制定并落实了监督抽查实施方案。此次抽查涉及48个经销单位（柜台）、76个样品，检验结果为：4个经销单位销售的7个样品不合格，被抽查单位合格率为91.7%，产品合格率为90.8%。主要不合格检测项目为导体电阻、绝缘老化前抗张强度和绝缘老化后抗张强度、标志。

二是开展部分重点强制性认证产品质量安全专项整治行动。落实《关于开展部分重点强制性认证产品质量安全专项整治行动的通知》（国认证［2012］19号）和《关于贯彻落实〈国务院关于进一步做好打击侵犯知识产权和制售假冒伪劣商品工作的意见〉的通知》（国质检执［2012］115号）要求，下发了关于开展部分重点强制性认证产品质量安全专项整治行动的通知》（京质监科发［2012］94号），要求各区县局对实施强制性产品认证的部分重点产品开展质量安全专项整治行动，并在“六一”国际儿童节前后，集中对目录内玩具产品进行全面检查和排查，做好辖区内强制性产品认证监管工作。各区县局结合本辖区工作实际，对重点产品、重点企业、重点区域、重点问题加大执法查处、企业排查、证书清理工作力度。全市共检查企业435家，其中正常生产企业数407家，停产企业数17家，查出无证生产企业数11家。对无证生产的11家企业均已立案，共处罚金66.3万元。对检查中发现不符合CCC要求的23家企业，已按要求督促整改落实。检查中未发现假冒证书和标志的企业。

### （二）管理体系认证监督检查

按照国家认监委《关于2011年管理体系认证监管情况通报及2012年体系认证监管工作部署的通知》（国认可函［2012］18号）要求，制定并下发了《2012年管理体系认证行政监督检查工作实施方案》，要求各区县局对辖区内管理体系认证活动开展监督检查。本次监督检查共出动执法人员932人次，检查获得管理体系认证的企业399家，涉及认证证书613张，认证机

构 143 家。检查中未发现认证机构涉嫌违法违规问题。

### （三）食品农产品认证监督检查

根据《关于进一步加强有机产品监管工作的通知》（国质检认联［2012］214 号）和《关于开展有机产品认证标志专项整治活动的通知》（国认注［2012］53 号）要求，结合质量安全风险排查整治和道德领域专项教育治理活动安排（京质监质发［2012］201 号），先后下发了《2012 年食品农产品认证监管工作实施方案》（京质监科发［2012］90 号）和《关于开展有机产品认证标志专项整治活动的通知》（京质监科发［2012］238 号），要求各区县局统筹安排，做好辖区内有机产品认证监管工作。全系统在专项整治工作中共组织宣贯 37 场次，参加宣贯人数 2 116 人，检查销售场所 68 个，检查生产企业数 170 家，整改企业数 3 家。检查中未发现有伪造、冒用、超期、超范围、超量使用有机产品认证标志、有机码等行为。

### （四）认证机构、认证咨询机构监督检查

配合国家认监委完成北京地区 65 家管理体系认证机构数据信息采集工作和对 12 家食品农产品认证机构的监督检查工作。

组织稽查总队对 2 家认证机构超出批准范围从事非转基因产品身份保持（IP）认证活动进行了处罚，处罚金额分别为 65 580 元和 66 000 元。

根据投诉举报，组织市稽查大队查处了 1 家认证咨询机构未经批准擅自从事认证咨询活动的行为，处罚金额 3 万元。

落实国家认监委《关于开展认证认可质量安全风险排查整治和道德领域突出问题专项教育治理活动的通知》（国认法［2012］47 号）和《关于开展认证咨询市场和认证咨询机构专项整治的通知》（国认可函［2012］70 号），下发了《关于认证咨询机构开展质量安全风险排查整治工作的通知》（京质监科发［2012］199 号），要求各认证咨询机构做好相关工作。

### （五）开展实验室资质认定专项监督检查工作

按照国家认监委《关于开展 2012 年实验室资质认定专项监督检查工作的通知》（国认实函［2012］104 号）的工作要求，北京市质监局迅速召集计量监督处、产品质量监督处、科技和认证监管处对文件进行宣贯和学习，同时研究讨论制定出 2012 年资质认定专项监督检查工作方案。随后向各区县质量技术监督局和全市获证实验室下发了 2012 年资质认定专项监督检查工作通知、工作方案和相关监督检查表格，并对专项监督检查工作进行了动员和部署。此次专项监督检查采取实验室自查与市、区两级计量认证监管部门不定时抽查相结合的方式进行。

对于取得实验室资质认定的检验机构：490 家实验室除 1 家停止检测活动、2 家主动申请注销外，其余均提交了自查报告。各区县局分别派出检查组，按照依法经营、制度建设、管理体系运行的有效性等几方面内容，从仪器设备、人员、检测报告、原始记录等几点入手对全市 155 家获证实验室进行了认真细致地检查。北京市质监局在此基础上结合监督评审计划安排和监督检查重点，抽取了食品、建材、室内空气、家具、家用电器等相关领域 19 家实验室开展了专项监督检查。

对于取得食品检验机构资质认定的实验室：30 家取证实验室均上报自查和整改情况。各区县局、分局根据本单位工作计划自主安排监督抽查，共抽查 22 家单位，形成本区县专项监督检查工作总结上报市局。在自查的基础上，市局选派有资质认定工作经验的区县局工作人员和资深评审员组成专项监督检查组。对 5 家食品检验机构开展现场监督抽查，其中的 4 家机构共有 12 项基本符合和 1 项不符合，均在规定时间内整改完毕。

本次专项监督检查，绝大多数实验室在规范检测活动、杜绝违法违规行为、加强制度建设和保障管理体系有效运行等方面都能按照国家有关法律法规、评审准则的要求来管理实验室。自查中发现的问题都填写了不符合报告，采取了纠正、预防措施，整改措施得力，整改到位，整改效果良好，真正起到了改一步，进一步的效果。各区县质量技术监督局也分别对实验室的整改项进行了验证。

### （六）组织开展能力验证活动，提高实验室质量控制水平

为不断提升实验室的综合能力，更好地帮助实验室进行内部质量控制，北京市质监局对 63 家涉及生活饮用水检测能力的实验室组织开展了生活饮用水中镉、砷 2 个指标检测能力验证活动。参加能力验证的实验室中疾病预防控制中心 20 家，产品质量监督检验所 13 家，供水水质监测 12 家、环境监测 6 家，其他 12 家。本次能力验证建议实验室采用实验室日常检测方法，推荐采用《生活饮用水标准检验方法 无机非金属指标》（GB/T 5750.5—2006）中相应的检测方法。第一轮测试结果全部满意的实验室有 37 家，占 58.7%，其余 26 家实验室参加了第二轮的补测，补测结果一项指标不合格的实验室 5 家，占 7.9%，两项指标均不合格的 2 家，占 3.2%。对于能力验证合格的单位已经下发了合格证

书，对于能力验证不合格的单位按照相关规定进行处理。通过开展能力验证活动进一步提高了实验室的质量管理水平和质量控制能力，为数据的准确、可靠提供了外部的质量保证活动。

### （七）行政执法自查

按照国家认监委《关于开展2012年认证行政执法专项监督检查的通知》（国认法函［2012］67号）精神，完成了北京市质监局认证行政执法自查工作，并将《2012年认证行政执法专项监督检查自查表》上报国家认监委。

### （八）开展执法人员培训

为提高一线执法人员的业务能力，以宣贯《认证机构管理办法》、解读《有机产品认证实施》新规则、讲解《2012年获证组织体系运行情况调查表》和认证监管信息系统查询操作为主要内容，对北京市质监局系统认证监管人员开展了专题培训。市局相关处室负责人、市稽查总队、各区县局相关科室认证监管人员近100余人参加了培训。

同时为指导一线执法人员依法监管，聘请业内专家完成了《认证监管执法手册》初稿的编写工作。

## 三、依法行政许可，严格准入把关

### （一）实验室资质认定

食品检验机构资质认定：按照《食品安全法》、《食品检验机构资质认定管理办法》及《食品检验机构资质认定评审准则》相关要求，做好食品检验机构资质认定行政许可工作，共办理食品检验机构资质认定的行政许可46项次，其中首次40家次、扩项1家次、标准变更4家次、名称变更1家次。编写了《食品检验机构资质认定人员变更备案规定》，完善相关制度。

实验室资质认定：全年共办理产品质量检验机构计量认证行政许可497项次，其中首次49家次、扩项77家次、复评审209家次、变更162家次；社会公正计量行（站）计量认证行政许可3家次；撤销1家计量认证单位资质；注销计量认证单位8家。

### （二）认证咨询机构审批

完成6家新设立认证咨询机构审批，1家延期换证、4家扩项，5家变更的许可工作。撤消了4家认证咨询机构有机业务咨询范围。因批准证书到期未延期换证，注销了23家认证咨询机构批准证书。

## 四、开展宣传，提高科技和认证工作认知度和公信力

### （一）结合世界认可日主题“传递信任，服务发展”，推进认证认可，夯实质量基础

北京市质监局于6月8日联合中国合格评定国家认可中心做客北京电台《城市零距离》栏目，围绕“世界认可日”的来历、认证与认可相关知识，特别是市民关心的有机产品认证知识，与听众朋友进行沟通交流，并现场回答了热心听众和网友提问，普及了认证认可知识，提升消费者对有机认证产品的辨识能力。同时下发“世界认可日”宣传画200余份，并将国家认监委制作的“世界认可日”宣传专栏内容链接至北京市质监局官网，引导全社会关注和重视认证认可工作。

### （二）在“质量月”期间，与市商委联合开展有机产品认证宣贯活动

国家认监委、市商委、市质监局有关领导出席活动。有机产品生产企业、大中型商超等流通企业、有机产品认证机构的代表近100人参加。来自有机产品生产企业、销售企业及认证机构的代表分别介绍了经验和做法并签署诚信宣言，承诺共同规范有机产品认证、生产和销售，净化市场环境。

### （三）组织开展实验室开放活动

与科发中心、宣教中心协作，组织国家纺织及皮革产品质量监督检验中心实验室和国家家具及室内环境质量监督检验中心开展实验室开放活动，搭建起质监部门与普通百姓沟通的桥梁，为市民提供了一个走进实验室，亲身感受和直观了解质监工作的机会，受到了市民的欢迎。

**撰稿人：张淑敏　审稿人：周爱民**

# 突出区域特色 完善体制机制 不断提升认证监管工作效能

——天津出入境检验检疫局 2012 年认证监管工作概况

2012 年，天津出入境检验检疫局（以下简称“天津局”）认真贯彻落实国家质检总局“抓质量、保安全、促发展、强质检”工作方针和建设“法治质检、科技质检、和谐质检”的工作要求，着力破解认证认可“传递信任，服务发展”新课题，在“五个创新”上下功夫，紧密围绕天津局“四抓”工作部署，充分结合地区工作实际，认真履行职责，认证监管有效性不断提升，把关和服务能力不断增强，认证监管工作卓有成效。

## 一、以抓质量为核心，进一步提升认证监管质量水平

### （一）强制性产品认证（CCC）监管工作扎实开展

对天津口岸 319 种车型是否符合检测处理程序申请条件进行确认，审核并办理特殊用途进口机动车检测处理程序 3 819 批，6 073 台。完成免于办理 CCC 审批 1 603 批，货值 1.6 亿美元。累计验放 CCC 目录内商品 69 490 批，货值 158.16 亿美元。

### （二）出口食品生产企业备案 / 注册管理进一步强化

完成出口食品生产企业备案共计 124 家次，其中新备案企业 12 家。实施日常监管 1 928 厂次，派出监管人员 2 065 人次；定期监管 392 厂次，派出监管人员 794 人次，共开具不符合项 2 561 个，并全部进行整改。

### （三）出口商品注册登记基础作用继续深化

受理出口商品注册登记申请 81 家，其中新申请企业 18 家。截至 2012 年底，天津地区共 99 家企业获得 112 张出口商品注册登记证书，其中玩具类企业 26 家，出口商品注册登记在质量提升中的基础作用进一步发挥。

### （四）风险防范能力进一步加强

制定天津局认证监管风险管理指导意见，成立了 5 个风险管理小组对 5 个风险项目进行评估，确定 2 高 2 中 1 低风险等级，并提出 14 条防范措施和 12 条监控方法，有效化解了认证监管风险。出台《天津局认证监管突发事件舆情应对预案》，加强认证认可舆论的监测，做好突发事件的处理和舆论引导工作。努力做好绩效考核工作，将国家认监委的 7 个考核项目细化分解为 45 个考核因子，圆满完成 2012 年天津局认证认可领域的各项考核任务。

## 二、以保安全为重点，进一步强化认证监管把关能力

### （一）搭建区域合作平台，建立认证执法监管区域合作体系

作为牵头单位分别与天津市质监局签署《天津质检两局关于进一步开展认证监管合作的协议书》，与北京、河北、山西、内蒙古检验检疫局签署《华北五局检验检疫认证执法监管区域合作备忘录》，将合作内容、合作机制等以签署备忘录的形式予以固化，积极开展双边、多边等形式的交流与合作，共同推动天津及华北地区认证执法监管体系建设。在合作框架下，京津两局开展 CCC 工作的口岸内地衔接洽谈，津冀两局就人员培训师资共享开展有益探索，津晋、津蒙两局间就备案相关工作开展了人员和信息共享的尝试。

### （二）开展联合执法、培训，以工作合力强化把关能力

与天津市质监局联合开展了 CCC 专项执法检查。在重点流通领域，对 9 个品种，涉及 22 个生产厂家的

商品进行了检查，重点核查销售产品是否获得CCC证明并加贴标志。通过协作机制、检查内容和组织方式的创新，充分发挥两局信息互通、优势互补的业务特色，营造出“分工负责、通力合作、齐抓共管”的和谐质检工作格局。与天津市质监局共同举办“质检系统天津地方两局认证执法监管人员培训班”。组织两局近200名认证执法监管人员参加业务培训，培训内容涵盖了认证行政执法监管的各个领域，使基层监管人员全面、系统地了解认证执法监管工作，为监管工作有效开展夯实了基础。与天津市质监局、工商局联合举办有机产品认证培训班。对天津市有机产品生产企业、经销商、进口代理商负责人以及监管人员等120余人进行了培训，系统学习了有机产品的法律法规，有效提升了监管部门的监管能力和企业的主体责任意识，为进一步加强各部门联合监管，合力整治有机产品市场打下坚实基础。

### （三）有效落实“质量安全风险排查整治和道德领域突出问题专项教育治理活动”（以下简称“两个专项行动”）各项部署

制定天津局认证认可领域“两个专项行动”排查整治活动方案和集中整治阶段工作方案，对4个重点项目的11项内容进行全面排查、整治，并结合开展了认证监管工作质量检查。落实天津局道德领域突出问题专项教育治理相关要求，对认证监管职权进行全面梳理，共梳理出认证监管10项职权，绘制了12个权力运行流程图并确定了风险等级和防范措施，有效规范了认证监管权力运行，从制度层面防范了权力风险。

### （四）继续深化“双打”专项行动

组织开展2012年CCC专项执法检查，根据进口实际情况，抽取26个进口汽车样本进行检验一致性核查，发现问题31项涉及12款车型，均已整改完毕；组织实施了CCC产品质量安全专项整治行动，以入境验证、免办审批、后续监管等重点环节为切入点，建立检务验证与施检查验，免办审批与后续监管相互衔接工作机制，整治行动期间各分支机构严格把关，共实施入境验证货物2 811批、货值4 038万美元；在免办审批环节加大后续监管工作力度，对涉及29家企业的108批免办商品及时开展了后续跟踪核查，确保商品按规定用途使用。在对有机产品认证新制度认真宣贯的基础上，天津局联合天津市质监局、工商局共同开展有机产品认证专项监督检查，重点查处伪造、冒用、超期、超范围、超量使用有机产品认证标志、有机码等标识，伪造、变造、冒用、非法买卖、转让、涂改有机产品认证证书和认证机构自制证书编号出具证书等违法违规行为，针对发现的问题，执法人员已责令相关单位对涉嫌违法的产品立即下架处理并监督整改落实。通过严把、严查等一系列整治措施，有力维护了强制性产品和有机产品认证制度的严肃性及市场的公平公正。

### （五）圆满完成管理体系认证网格化监管新模式试点工作

天津局作为全国12家网格化监管试点单位之一，在对90余名基层监管人员进行了为期3天的管理体系认证监管知识培训的基础上，组织认证执法监管人员对天津市内六区82家获得质量、环境、职业健康安全管理体系认证的出口企业的体系认证及运行情况进行了行政监督检查，涉及证书109张，认证机构30家，共出动检查人员240余人次，对检查中发现的39家企业存在的67项不符合项，已全部要求整改并跟踪验证。

### （六）认证机构天津办事处备案管理工作稳步开展

严格落实国家认监委的相关工作要求，受理3家外资认证机构设立天津办事处的备案申请，通过严格审查，其中2家通过备案审核，目前共有3家外资认证机构天津办事处通过备案。

## 三、以促发展为目标，进一步增强认证监管服务水平

### （一）深入基层走访调研，落实“调惠上”政策

积极落实天津市委市政府“调结构、惠民生、上水平”工作方案，结合服务月、质量月活动，深入基层走访调研，特别是抓好对《质量发展纲要（2011—2020年）》的宣贯，帮助企业进一步树立质量意识。全年共走访企业32家，现场解决问题43个，接到咨询电话327个，均给予满意答复。

### （二）危害分析与关键控制点（HACCP）体系认证推广、验证提升及备案采信第三方认证工作深入推进

通过对不同类型的企业分类推进，提高企业对HACCP体系的理解，增强安全质量主体责任意识，建立并实施HACCP体系的备案企业171家，占备案企业总数的81%，较试点工作开展前新增32.7%。对30家出口食品企业开展HACCP验证提升工作，派出评审人员81人次，提出改进建议77项。对2家认证机构申请采信的申请材料进行评估审核，现场见证评审认证审核

活动 5 家获证企业，备案采信第三方认证结果 2 家次。

### （三）帮扶备案企业成功实现对欧注册

组成帮扶小组主动扶持辖区内 2 家出口备案食品企业对欧盟注册准备工作，通过现场调研、为企业讲解《出口食品生产企业备案卫生要求》、欧盟相关指令等政策法规要求，指导企业加强基础建设、调整管理思路、提高管理水平，2012 年顺利获得对欧盟注册资格。

## 四、以强质检为基础，进一步提高认证监管工作效能

### （一）工作规范化建设有进展

按照国家质检总局下发的《出口食品生产企业备案管理规定》新要求，天津局及时制定并下发了实施细则及配套文件，并组织专家修订了《出口食品生产企业备案作业指导书》，保证了作业指导书的好使管用。目前天津局共有认证监管领域作业指导书 8 个，能够满足当前工作需要。组织召开天津局出口食品生产企业备案工作视频交流会，全局 50 余名监管人员对《出口食品生产企业备案管理规定实施细则》等文件进行交流沟通，进一步统一了认识。

### （二）信息化水平有提高

经过一系列前期准备工作，进口机动车检测处理程序电子审批系统正式全面运行，实现了对检测处理业务流程、电子单证的全程控制，运行半年来共成功办理机动车检测处理程序申请 834 批、955 台，大大提高了审批效率。“出口食品企业备案信息化系统”在天津局有效运行，211 家获证企业全部纳入系统，备案工作管理水平大大提高。

### （三）检测能力有提升

组织实验室参加 56 项能力验证、14 项测量审核、1 项室间质评和 2 项比对试验，共涉及 228 个参数，其中参加国家认监委 A 类能力验证 12 项。组织 2 项实验室能力验证项目，其中动植食中心的“丁香疫霉菌检疫鉴定”被列为 A 类能力验证，化矿金中心的“铜精矿中铜含量及有害元素检测”被列为 B 类能力验证项目。2012 年全年各检测中心扩增检测项目 52 项，天津局能力测试参数共计达到 3 117 个。

### （四）宣传工作上台阶

在信息数量和质量上加力度，2012 年全年报送信息 25 篇，被国家认监委采用 24 篇，是 2011 年信息采用量的 3 倍；积极参加国家质检总局、国家认监委开展的各类征文活动，累计报送征文 20 余篇；利用“世界认可日”开展主题宣传活动，组织分支机构张贴宣传画，组织编印并发放认证认可知识宣传册近 1 000 册，营造了“人人关注认证认可．人人了解认证认可”的良好氛围，提高了认证认可社会影响力。参与认证认可年鉴的编写工作，获得优秀组织奖。

### （五）积极配合完成国家认监委交办的专项工作

完成对天津西凯质量认证有限公司的现场执法核查活动。派出骨干力量与国家认监委专家共同组成调查小组，根据现场调查情况，国家认监委发布了注销该公司资质的公告，这也是天津地区首家被认监委注销的认证公司。组织专家参与进口酒类注册技术小组相关工作，承办了进口酒类注册技术小组成立启动会，并承担了通关验证试点工作，翻译整理了南非的相关法律法规。天津局还承担了对美国食品安全现代化法案的跟踪研究工作。

撰稿人：殷 彪　审稿人：刘永胜

# 强化监管　服务基层　努力增强认证认可社会公信力

## ——天津市质量技术监督局2012年认证监管工作概况

2012年，天津市质量技术监督局（简称“天津市质监局”或“市局”）认证认可工作实现了年初制定的工作目标：“夯实基础、从严许可、强化监管、服务基层，扩大影响”。

### 一、强化认证认可行政监管工作，进一步提升工作有效性

截至2012年底，全市共有生产强制性产品认证企业819家，持有效强制性产品认证（CCC）证书5 300张。对803家的CCC获证企业进行了认证有效性的工厂巡查，共计1 261家次。查处认证违法案件55件，罚没金额175.2万元。

#### 1. 在全市范围深入开展“双打”、“利剑行动”及重点产品专项整治活动

对轮胎、装饰装修、汽车零部件、玩具和灯具等8大类重点产品进行质量安全专项整治。一是清理重点产品CCC认证获证企业和证书；二是加大重点产品获证企业工厂巡查频次和力度；三是加大对重点企业、重点产品违法违规行为的查处力度。截至2012年底，本次专项行动共检查企业202家，其中，正常企业164家，停产27家，查处无证企业4家。发现不符合CCC要求的企业数11家，已整改6家。

#### 2. 强化节日期间强制性产品认证执法检查

重大节日期间，深入超市、电器城等大型卖场，围绕儿童玩具、插头插座等热点产品进行专项检查。共出动执法人员245人次，检查玩具720种，插头插座10余种，20多个型号，规范了天津市认证市场。

#### 3. 开展溶剂型木器涂料产品专项监督抽查

出动执法人员50人次，实施抽查的经销商27家（实抽25家），发现无证生产销售行为并移交查处的2起，涉及20家企业。在流通领域抽取65批次产品，经检验62批次产品合格，合格率95%。不合格品涉及天津市1家名牌产品生产企业2批次产品，已立案处理，并对企业负责人进行了约谈。

### 二、加强协作，构建执法联动新格局

#### 1. 组织召开华北五省、市、自治区质监系统认证工作合作网第一届联席会议

签署了《华北五省、市、自治区质量技术监督认证工作合作备忘录》，建立了联动机制，明确了各地区下一步的重点工作，其中在北京地区要发挥认证机构聚集效应和龙头认证机构作用，重点加强信息技术安全、节能环保、新能源、服务认证等方面的认证服务力度；在天津地区要加强航空航天、汽车及新材料、现代服务业等方面认证服务发展；在河北地区，促进能源管理体系认证，加强新型能源和装备制造等行业的认证推动工作；山西及内蒙地区，要大力发展质量管理体系、能源冶金、农牧产品深加工等方面认证服务内容，进一步提升华北地区认证工作格局及认证认可工作的有效性。

#### 2. 与天津检验检疫局开展区域联动

一是签订了《天津质检两局关于进一步开展认证监管合作的协议书》。二是组织两局认证监管人员执法培训，200余人参加。三是开展联合执法，在大型商场、汽车4S店等流通领域，检查了国产进口家电、汽车及配件等重点强制性认证产品8大类20余种。四是两局与市工商局联合举办有机产品认证培训。天津市有机产品生产企业、经销商、进口代理商，区县认证监管人员等120余人参加，收到了良好反响。

### 三、稳步推进自愿性认证工作

截至2012年底，天津市共获得质量管理体系认证

证书 6 936 张，环境管理体系认证证书 1 776 张，职业健康安全管理体系认证证书 942 张，有机产品认证证书 26 张，食品安全管理体系认证证书 160 张，HACCP 认证证书 68 张。

开展食品农产品认证有效性专项监督检查。一是对辖区内获证企业持续符合认证要求进行专项检查。二是全面加强食品农产品认证活动的监督管理和执法查处。出动执法人员 229 人次，检查各类获证（有机、绿色、无公害）生产企业 77 家，检查获证产品 358 种。对涉嫌违法的，已立案处理。三是结合新版《有机产品认证规则》正式施行，对全市范围内有机产品生产企业和有机产品销售企业开展抽查。共抽查有机生产企业 20 余家，与稽查总队一起到有机产品专卖店和超市卖场 7 家（2 次）。共抽取 8 家企业四个大类 28 种产品，产品经检验全部合格。2012 年 7 月新版《有机产品认证实施规则》正式施行后，天津市质监局及时召开新闻发布会 1 次，接受电台采访 2 次，电视台报道 5 次，国家认监委发表天津局有机产品监管相关信息 3 条，报纸报道 10 篇。并多次向国家认监委反映市场监管中的问题、网上信息与实际不符等问题。

## 四、抓制度落实

由主管局长带队，分片进行座谈调研，广泛征求一线监管人员的意见；召开执法分析会，破解认证监管的难题。结合工作实际，对强制性产品获证企业工厂巡查报告内容进行改进。

## 五、做好实验室资质认定工作

截至 2012 年底，天津市获得资质认定的检测实验室 414 家，其中取得市级资质认定的 362 家，国家质检中心 23 家，获得 CNAS 认可的实验室 96 家，取得食品检验机构资质认定的实验室 46 家。服务涉及石油化工、电子信息、能源环保、轻工、食品、纺织、农业、卫生、公安、建筑等多个相关领域。2012 年 1 月—11 月，实验室总收入 29.16 亿元，比 2011 年同期增长 15.47%。

### 1. 编制了检测实验室发展三年指导目录

根据《天津市促进实验室发展办法》（2008 年市政府第 14 号令）及《天津市检测实验室发展规划（2010—2020）》的要求，参考《天津市工业经济发展“十二五”规划》的实际需求，多方征集意见，编制了《天津市检测实验室发展指导目录（2013—2015 年）》，现已发布。

### 2. 积极推进天津市食品检验机构资质认定

按照国家质检总局和国家认监委颁布的《食品检验机构资质认定管理办法》要求，组织对本市全部食品检验机构重新进行资质认定工作，发放统一的食品检验机构资质认定证书（CMAF）。截至 2012 年底，全市已有 46 家实验室获得了食品检验机构资质认定证书，5 家实验室已完成现场评审正在进行整改，为保障天津市食品安全提供了有力的技术支撑。

### 3. 严格证后监管，落实主体责任

以多种形式开展定期和不定期专项监督检查工作。对 29 家实验室进行了定期监督评审，对 91 家实验室进行了专项监督检查，检查的 91 家实验室中，综合评定结果为 I 类（综合评分 97 分及以上）的 5 家，占总数的 5.5%，Ⅱ类（综合评分 90~96 分）的 55 家，占总数的 60.4%，Ⅲ类（综合评分 80~89 分）的 27 家，占总数的 29.7%，Ⅴ类（综合评分 79 分以下）的 4 家，占总数的 4.4%。对检查中发现管理体系运行存在严重问题的 4 家实验室负责人进行了诫勉约谈。

### 4. 与市司法局密切配合，积极推动天津市司法鉴定机构认证认可工作

根据全国人大《关于司法鉴定管理问题的决定》精神及国家质检总局、国家认监委的工作要求，为全面提升司法鉴定质量、确保司法鉴定“行为公正、程序规范、方法科学、数据准确、结论可靠”，与市司法局联合印发了《天津市司法鉴定机构认证认可工作实施方案》，在试点基础上全面推进法医等“三大类”司法鉴定机构（共 23 家）的资质认定，截至 2012 年底，已有 1 家机构通过资质认定，2 家机构已完成资料的申报。

### 5. 开展产品质量检验机构工作质量分类监管考核评价

分类监管工作中突出“四个严格、一个促进”，即严格选派现场考核专业技术人员，严格对检验机构的现场考核，严格对检验机构的评价把关，严格检验机构整改措施的落实，以考核评价促进检验机构工作质量的提高。对包括抽样、样品管理、检验、检验结果确认、异议处理等共计五个方面的内容进行了考核。评价结果为：I 类 5 家，占总数的 11.63%；Ⅱ类 24 家，占总数的 55.81%；Ⅲ类 12 家，占总数的 27.90%；Ⅳ类 1 家，占总数的 2.33%；无检验任务 1 家，占总数的 2.33%。对考核评价为Ⅲ类检验机构负责人进行了约谈。

### 6. 继续做好乳制品及含乳食品“批批检”

按照党组工作安排，市局组织检验机构对乳制品和含乳食品生产企业的原料及成品开展“三聚氰胺”、“黄

曲霉毒素M1"项目的检验工作。截至2012年底，全市"三聚氰胺"项目累计检验样品11 396批次。8月，增加"黄曲霉毒素M1"检验项目，现累计检验样品2 252批次，全部检验合格。

#### 7. 配合食品处落实"放心奶"工作

为全面落实市委、市政府有关放心食品工程建设之"放心奶"工程，提高天津市乳制品生产企业实验室的整体检验水平，对全市17家乳制品生产企业实验室组织实施了比对。比对项目为蛋白质、三聚氰胺、黄曲霉毒素M1，通过全年4次比对，乳制品企业实验室检验能力得到逐步提高，原料进厂和产品出厂质量把关能力得到稳步增强，对于确保本市乳制品质量安全具有重要意义。

### 六、推动机动车安检机构资格许可工作，全面强化监督检查

#### 1. 推动安检机构的计量认证/资格许可评审工作

2012年，天津市机动车安检机构计量认证/资格许可工作取得突破性进展，最后3家安检机构达到评审要求，获得计量认证/资格许可证书，现全市30家安检机构全部持证开展检验工作。

#### 2. 开展专项检查，强化证后监管

落实国家质检总局《关于做好2012年全国机动车安全技术检验机构资格管理工作的通知》（质检监函［2012］16号）精神，对7家安检机构开展2012年机动车安检机构专项监督检查，重点检查安检机构获证能力保持情况，对于发现的不符合项当即要求安检机构立即整改，市局联合市车辆管理所对专项监督检查情况进行了督查。

#### 3. 开展安检机构检验人员上岗证考核

2012年初，天津市质监局组织开展了本市机动车安检机构检验人员上岗考核工作。全市30家安检机构450名检验人员通过了考核，合格人员名单通过市局网络向社会进行了公布。

#### 4. 加强审查员队伍建设

组织选拔新的机动车安检机构计量认证/资格许可评审员，进一步加强了机动车安检机构评审员队伍建设。共有多名来自大专院校和科研院所的专家学者经过严格考核，获得了评审员资格。为下一步安检机构的复评审、监督检查等工作的顺利开展提供了人员保障。

### 七、夯实基础，全面提高认证监管人员能力水平

结合认证执法监管工作的新形势和新任务，坚持狠抓区县局认证执法监管工作的能力建设。以不同的形式和专题开展了对一线执法人员系统全面的认证执法监管的业务技能和法制培训，重点就如何进行CCC认证工厂巡查、如何开展自愿性认证（有机、无公害、绿色食品）检查、实验室计量认证观察员如何履职尽责等方面内容进行了讲解，提升了认证执法能力。

### 八、加强认证认可队伍的作风建设，不断扩大认证认可工作的社会影响力

#### 1. 加强评审员队伍建设

一方面持之以恒地加大对认证监管队伍的廉政风险防控和教育；另一方面，加强实验室资质认定评审员队伍建设，提高评审员队伍的责任意识和评审水平，保证考核和评审工作的质量。从而树立公正严明的认证认可队伍形象。

#### 2. 加强宣传工作，营造良好的舆论氛围

充分利用各种新闻媒体，采取访谈、认证知识小贴士等形式广泛宣传认证认可工作对促进社会主义市场经济健康发展的重要作用。中央电视台、天津电视台、《每日新报》、《渤海早报》、《城市快报》等新闻媒体先后20余次报道市局认证监管工作，对全社会关注认证认可工作起到了极大的促进作用。

撰稿人：张 争 审稿人：王 静

# 加强认证监管 服务地方经济发展

## ——河北出入境检验检疫局2012年认证监管工作概况

2012年，河北出入境检验检疫局（以下简称“河北局”）认真贯彻落实全国质检会议精神和国家认监委认证认可工作会议精神，紧紧围绕“抓质量、保安全、促发展、强质检”的工作方针，积极倡导“传递信任，服务发展”理念，认真履行认证监管职责、扎实推进认证认可工作，齐心协力、真抓实干，全面完成了本年度认证监管工作目标和任务。

### 一、业务工作完成情况

截至2012年12月底，河北局辖区共有出口食品备案企业证书565份，其中对外注册企业76家，对外注册证书179份，其中，罐头类6家，水产品类22家，肉及肉制品类17家，肠衣类27家，饮料类4家。2012年新增65家，复查118家，增项、变更24家，失效31家。

河北局辖区共有出口质量许可企业193家，其中机电类企业71家，玩具类33家，陶瓷类48家，危险品包装类41家。2012年度新增企业28家，注销30家。

免于办理强制性产品认证（CCC）申请企业72家，累计申请379家次，2012年累计发放免办证明192份。

河北局辖区出口饲料企业共58家，2012年度增加5家，注销5家。

### 二、主要做法

#### （一）抓第三方认证结果采信，成功实现认证监管模式的新突破

按照国家认监委的部署，河北局勇于创新，率先在全国开展了采信第三方认证结果试点工作。通过采取一系列有力措施，试点工作取得明显突破。一是相继出台并下发了河北局采用第三方认证结果试点工作实施意见、方案和通知等，对试点工作加强了组织领导和管理、统一了思想认识和做法、规范了工作程序和行为。二是通过查询自愿性认证执法系统，准确掌握认证机构认证活动计划，及时开展对认证机构认证审核人员工作能力、认证审核依据、审核要素，以及是否满足出口食品企业备案要求等情况进行针对性见证评估和调查摸底工作。三是深入基层，就采信第三方认证结果试点工作进行具体的工作指导和业务培训，帮助分支机构解决试点工作中的实际问题。四是通过各单位经验交流、信息通报等方式推动试点工作的开展。采信第三方认证结果试点工作，是河北局认证认可工作的一项创新，成功实现了出口卫生注册备案工作和管理体系评审工作的深度融合，实现了注册评审员和体系审核员的人力资源共享，提高了认证监管工作质量，降低了行政执法成本，大大减轻了企业负担。

#### （二）抓自愿性认证有效性监督检查，全力提升企业质量管理水平

河北局认真贯彻落实支树平局长提出的“传递信任，服务发展”的要求，积极开展自愿性管理体系认证专项执法检查。对全省出口获证企业按照获证类别、出口商品种类、认证机构名称进行了认真调查摸底，截至2012年底，全省共有获证企业675家、768张证书，认证机构50余家。集中全省力量，按照三分之一的比例，对全省辖区225家企业进行了大规模的检查。同时，在国家认监委亲自参与下，在廊坊辖区开展了集中网格式检查。涉及获证企业80家，认证机构40家，各类证书126份。这次检查拉开了全国检验检疫系统网格化检查的序幕，获得了国家认监委的高度认可。通过扎实开展认证有效性监督检查工作，锻炼了认证监管执法队伍，规范了执法行为和程序，净化了认证市场，促进了获证企业的质量管理水平。

#### （三）抓前置性审核环节的监督抽查，确保出口产品质量安全

一是根据年初制定的督查计划，开展了16次对质

量许可、卫生备案评审过程和档案管理的现场见证、抽查、评定。通过督导，各有关单位对认证监管工作的重视程度明显提高，监管工作力度明显加大。

二是配合有关部门深入开展了出口蜜饯企业、出口肉食及出口水产品企业的全面排查和督查工作，帮助企业提升管理水平，促使企业落实食品安全主体责任。

三是重视问题企业的查处工作。在唐山某企业鸡肉出口韩国被预警事件调查中，积极配合有关部门，认真展开调查，赢得涉外工作的主动权。

四是为落实输美陶瓷谅解备忘录的有关承诺，组织开展了对输美日用陶瓷生产企业的认证有效性检查。对河北局辖区的27家输美陶瓷企业进行了现场检查。对6家不符合输美认证条件的工厂进行了自动暂停使用认证代号和认证标志处理，确保了我国输美陶瓷的信誉。

### （四）抓专项监督检查和整治，认证执法的有效性得到明显加强

河北局紧密结合质量安全风险排查整治和道德领域突出问题专项教育治理活动（两个“专项行动”），按照国家认监委的有关要求，开展了系列专项监督检查和整治，取得了明显的成效。

一是组织开展了有机产品认证标志专项整治活动，先后深入保定、承德、张家口等地区对认证标志的使用情况根据国家认监委要求从7个方面进行了专项监督检查，增强了消费者对有机产品的信心。

二是组织开展了儿童玩具强制性产品的专项监督。六一前夕，按照国家认监委要求，安排部署对河北省儿童玩具强制性产品进行了监督检查，重点检查了强制性产品认证标志的使用情况，确保了儿童用品安全。

三是组织开展了强制性产品国家抽查。在对河北各口岸入境验证商品进行深入调查摸底的基础上，采取市场抽样的方式，对电动工具类入境产品进行了抽查检测；同时，加强了对CCC免办入境商品的后续监管，先后对石家庄、保定、秦皇岛等辖区的申请CCC免办企业进行了检查，确保了入境强制性产品质量安全。

### （五）抓有效服务，促进外贸稳定增长

一是成功迎接了新西兰农业部副部长卡罗尔·巴尔奥率领的代表团对廊坊福喜食品有限公司的参观考察活动。新方代表团对企业的产品质量安全控制水平和河北局的检验检疫工作给予了充分肯定，并期待伴随着中国和新西兰自由贸易区的建设，中新双方政府、企业将来会有更深、更广的合作。

二是积极指导对美国出口食品企业完成重新注册工作。《美国FDA食品安全现代化法》规定，自2011年7月1日起，对美国出口的国外食品生产、加工、包装和储存企业在尾数为偶数年份的10月1日至12月31日，重新办理在美国注册手续，逾期未办理的，将暂停注册资格，企业产品将被美国拒绝进口。认监处迅速传达，认真开展调查摸底，积极进行帮扶指导，输美出口食品企业全部做到了重新注册；根据美国FDA水产品HACCP最新修订指南，帮助全省9家输美水产品企业HACCP体系顺利实现全部换版，确保了辖区企业的继续顺利出口。

三是组织开展了出口肉类和乳品等企业HACCP验证提升工作。组织系统内备案监管人员80余人次，对河北省23家肉及肉制品类和1家乳及乳制品类企业广泛进行了HACCP验证提升，使河北省出口重点敏感商品企业的诚信意识、食品安全质量责任人意识得到了进一步加强，减少了食品安全风险，达到了预期的目的。

四是加强了认证监管区域合作。10月，河北局与北京、天津、山西、内蒙等共同签署了《华北五局检验检疫认证执法监管工作区域合作备忘录》，并针对河北局认证监管工作实际，制定了具体的落实意见，为推动华北五局共同建立相互配合、密切合作、信息共享、区域执法联动的协作机制，共同提高认证执法监管效能迈出了坚实的第一步。

### （六）抓规范管理，基础工作得到明显加强

一是完善了认证监管工作的各项规章制度。《免办强制性产品认证实施细则》、《管理体系认证执法监督检查工作规范》等规范性文件相继出台。

二是对输美陶瓷认证企业进行了彻底地清理，对因停产、转产等原因不符合输美资格和条件的20家企业进行了注销。

三是对31家出口食品企业及时做出了注销备案资格处理，实现了对出口食品企业的动态管理。

四是对涉及认证认可的18部法律，17个行政法规、15个部门规章和30个规范性文件进行了系统梳理，并公布在河北局认证认可专栏供大家学习。

### （七）抓人员培训，业务素质得到明显提高

一是对全省系统卫生注册评审员在培训考试的基础上进行了重新资格评定，新推荐了16名主任评审员，使评审员队伍更加精炼、年龄结构更趋合理、评审监管能力更强。

二是组织开展了输美水产品相关法规暨出口食品企业备案评审员培训，提高了河北局水产企业评审员的业务素质和能力。

三是对全省系统70多人进行了《认证认可条例》、

认证有效性检查技巧培训，提高了监管人员的业务能力和执法水平。

四是成立了出口食品企业备案、出口产品质量许可、强制新产品认证、认证体系执法监管四个专业协作组，为做好认证监管工作提供了强有力的人才和技术支撑。

五是积极组织开展 HACCP 在食品、农产品生产领域的应用和推广，在国家认监委举办的“第十届全国 HACCP 应用与认证研讨会”上，河北局共有 13 篇论文入选研讨会论文集，论文入选数量在全国检验检疫系统中名列前茅，河北局荣获国家认监委颁发的“优秀组织奖”。

### （八）抓思想解放，牢固树立突破发展、跨越发展的理念

按照局党组的统一部署，河北局认真组织开展了解放思想大讨论，深入查找思想观念上、工作作风上存在的突出问题，全体同志的思想得到进一步解放，境界得到进一步提升，思路进一步开阔，想干事、能干事、干成事的良好风气初步形成。

撰稿人：吕红英　审稿人：高永丰

# 多措并举　服务大局　逐步推进认证监管工作开展

——河北省质量技术监督局 2012 年认证监管工作概况

2012 年，河北省质量技术监督局（以下简称“河北省质监局”或“省局”）认证认可工作，坚持贯彻落实国家认监委和省局的各项工作部署，按照“服务发展、保障安全、提升能力、促进和谐”的原则，以实验室资质认定工作和认证行政执法监管为主线，突出在推动认证创新，服务民生发展上下功夫，与时俱进地推动全省认证认可事业更好更快发展。通过全系统认证认可工作战线上的同志共同努力，服务社会经济发展初现成效，安全专项整治行动取得阶段性成果，实验室基础工作得到进一步夯实，认证监管水平进一步提升，自愿性认证监管工作受到国家认监委的充分肯定和表扬，圆满地完成了全年工作任务。

## 一、服务大局促发展，认证认可服务作用展现新亮点

### 1. 服务机关认证标准化建设取得新成效

为推动机关标准化管理工作扎实深入开展，根据省政府办公厅《关于开展机关标准化管理工作的通知》（办字［2012］28 号）精神，省局配合省政府办公厅就推动此项工作的开展做了一系列工作。一是组织了对认证机构的考察调研工作。按照省政府有关领导的指示精神，3 月底，省局牵头与省政府办公厅、省监察厅、省住房和城乡建设厅等 3 部门共同组成遴选考察组，对中国质量认证中心、方圆标志认证集团有限公司、华夏认证中心有限公司、深圳环通认证中心有限公司等 4 家认证机构进行了实地走访调研，对 4 家认证机构的认证资质、技术实力、认证业绩以及服务内容、收费标准等方面进行了重点考察，向省政府提交了考察报告，为推进河北省机关标准化管理奠定了基础。二是起草了认证服务合同文本。为确保认证机构能够按照认证认可法律法规及河北省开展机关管理标准化的具体要求认真履职尽责，省局起草了《管理体系认证合同书》及《〈管理体系认证合同书〉补充协议》的样本，并提交省政府督查室审定。经省政府督查室组织审定、提出修改意见后，最后拟定了正式文本，确保了认证工作的质量和权益。三是督导认证合同的签订情况。在 3 家认证机构与省直 18 个部门签订正式合同的初期，出现了 3 家认证机构在培训指导服务方面的服务内容与收费标准不一致的情况，为统一这 3 家认证机构的服务内容及收费标准，及时召集项目负责人就此事进行了商议，确保合同的顺利签订。四是督导认证机构的工作进程。按照省政府《关于做好机关标准化管理第二阶段工作的通知》要求，为确保 3 家认证机构严

格按照规定的时间节点完成各阶段的工作，以电话、短信、邮件等形式随时与3家认证机构保持联系和沟通，并要求认证机构提交阶段工作小结，以便随时掌握认证机构的工作进展情况、存在的问题并及时做出督导。截至2012年底，河北省机关标准化管理建设工作在省政府统一部署、领导下正在稳步推进，以省局为首的9家省直机关已顺利完成了认证现场审核，标志着这些单位的机关标准化管理建设工作已取得了阶段性进展。

#### 2. 服务地方社会经济发展实现新突破

按照省局《关于印发大力推进质量兴省战略 促进经济强省和谐河北建设具体措施的通知》（冀质监发［2012］8号）要求，为充分发挥认证在提升组织管理水平、推动经济可持续发展等方面的基础保障作用，2012年，省局有选择、有重点地开展了相关领域的认证推动工作，并以责任目标的形式落实到具体的市局，以得到有效推动，实现了在认证方面零的突破。一是组织开展了服务业的认证推动工作。重点引导现代物流、金融保险、文化旅游、信息服务、医疗康复等单位建立质量管理体系、开展质量管理体系认证，进而改进管理、提升服务质量，更好地树立品牌形象，提高竞争力。截至2012年底，全省共有29家服务业企事业单位通过了质量管理体系认证；有10家服务业企事业单位已与认证机构签订了正式的认证合同。二是组织开展了重点耗能企业的认证推动工作。结合省局《关于推动企业开展能源管理体系认证等认证活动的通知》（冀质监函［2012］684号）精神，引导重点耗能企业积极开展能源、环境、职业健康等管理体系认证，提高企业节能减排的能力和水平，促进河北经济全面、协调、可持续发展。2012年上半年举办了能源管理体系、节能产品认证知识培训班，对能源管理体系认证标准、节能节水产品认证知识以及认证流程，节能技改项目申报及节能量审核知识以及国家有关节能减排政策等进行了系统的宣讲，来自全省的重点耗能企业主管能源、认证的领导及部门负责人近50人参加了培训。随后各市局按照省局下达的目标任务，选择当地耗能大户为指导、帮助对象，积极引导和扶持这类企业建立管理体系、开展有关认证，目前已有14家耗能企业通过环境管理体系认证或职业健康安全管理体系认证，有1家耗能企业已与认证机构签订能源管理体系认证的合同。

#### 3. 服务检测机构发展增加新举措

一是组织开展了全省实验室最高管理者培训和确认考核，面向实验室最高管理者培训实验室相关法律法规和《实验室资质认定评审准则》对最高管理者的要求，促进实验室最高管理者提升法制意识和管理能力，并对实验室最高管理者进行了法律法规和实验室管理知识的理论考核，全省1 147名实验室最高管理者参加了培训和确认考核。二是组织各市局开展实验室基础数据大调查活动，调查全省各实验室的检验能力、人力资源、设备资产、检验检测工作等方面的情况，系统分析全省实验室的发展状况和存在的问题，已完成1 350家实验室的数据收集工作，各市局并按照工作目标责任要求提交了辖区内的《获证实验室质量分析报告》，其中承德市的分析报告得到了省局局长宋振华同志的肯定。三是组织开展实验室服务满意度大调查活动。在认证标准化开展期间，省局通过发放问卷调查的形式，调查了108家实验室对全省各级质监部门的服务水平、服务态度和服务成效等满意度情况，并根据调查情况改进资质认定工作。四是平稳推进食品检验机构资质认定工作，召开了2次食品检验机构资质认定评审工作座谈会，组织评审专家研讨了食品检验机构的检验能力描述等问题，确保评审尺度统一。截至2012年底，已受理97家实验室的食品检验机构资质认定申请，其中已颁发证书90家，安排现场评审93家，未进行现场评审1家，对不符合条件的3家给予了不予许可决定。五是顺利完成了实验室资质认定技术评审统一尺度工作。组织专家2次对现场评审的技术要求进行了论证，在建工、食品、环保、消防等六个领域首推现场评审“关键项”、“否决项”，切实把实验室资质认定的评审工作做细、做实。六是筹建“邯郸食品食用农产品安全检测中心”。借助邯郸市委、市政府对质监系统食品检测中心工作的重视，在邯郸市食品质量安全监督检验中心的基础上，筹建了“邯郸食品食用农产品安全检测中心”。11月5日，省政府、省局、市委、市人大、市政府、市政协领导、11个市局的质监局长和邯郸市的25个部门领导出席了“邯郸市食品食用农产品安全检测中心”揭牌仪式，提升了质监部门的良好形象和社会地位。

### 二、多措并举保安全，认证市场健康有序发展迈出新步伐

2012年以来，省局采取有力措施，做好认证认可的监督管理和执法查处工作。

#### 1. 强化强制性产品认证（CCC）监管

一是CCC企业档案建设有成效。坚持“以建档促运用，以运用促建档”，组织各市、县局对辖区内的CCC企业开展日常监督，加强档案的自动更新维护和信息后续跟踪维护。截至2012年底，河北省1 886家

CCC 认证企业获得 6 943 张证书。二是 CCC 产品的专项整治有成效。在 2011 年开展电线电缆、儿童玩具强制性产品认证专项整治基础上，从 2012 年 4 月下旬开始，全省质监系统积极行动，开展了以 CCC 认证目录内电线电缆、低压电器、装饰装修、汽车零部件、玩具、机动车零部件等强制性认证产品质量安全的专项整治行动。省局为此下发专项行动工作方案，局领导在认证工作会议上提出明确要求，各市局通过严把、严查、严办等一系列整治措施，规范市场秩序、强化企业主体责任，维护了强制性产品认证制度的严肃性和有效性。各市局在全面排查辖区内的 CCC 认证企业，补充完善企业资料，督促基层局普遍落实了“定人员、定责任、定区域、定企业、定任务”的五定制度，日常监管任务进一步明确，各项工作圆满完成。全省对 1706 家强制性产品认证企业开展了专项整治，发现了 68 家不符合 CCC 要求的企业，查处无证企业 21 家，假冒认证标志和证书企业 2 家，督促认证机构撤销 6 张证书，查办案件 102 起，罚款 155.7 万元金额。三是玩具市场的监督检查有成效。国家认监委《关于进一步加强玩具产品强制性产品认证监督管理的通知》下发后，省局行动迅速，积极协调，狠抓落实，全省上下坚持执法检查和跟踪服务并重，加强日常监管，合力推进工作，较好地完成了任务。6 月 1 日前后，省、市、县认证监管人员检查了辖区内的大型超市、集贸市场，共同召开了座谈会。各质监局采取多种形式，举办玩具产品强制性认证进社区、进商场、进广场、进幼儿园等宣传活动，正确引导消费，发动群众参与，收到了良好的社会效果。6 月 8 日，张庆黎书记在新华社《国内动态清样》（第 2433 期）《河北儿童玩具仍存隐患 基层建议充实监管职能》作出重要批示，按照批示要求，省局迅速部署了对全省获儿童玩具强制性产品认证企业进行排查，迅速摸清了儿童玩具生产经营情况，查清了主要销售流向。6 月 14 日，国家认监委、省局组成联合检查组对 CCC 认证 6 家企业进行现场核查，现场督促认证机构暂停了其中 3 家企业的证书。随后，省局组织北京中轻联认证机构对全省 53 家童车认证企业进行了飞行检查，发现问题 7 项，维持证书 3 家，暂停证书 24 家，撤销证书 23 家。同时，省局积极与平乡县委、县政府进行了沟通，对于暂停和撤销证书的企业，积极督促认真整改，严格把关，凡提出恢复证书申请的，必须先由县级局监管人员现场审查，对于符合要求的，经同意后，认证机构方可受理，做到了监管审查前置，解决了证后监管的被动问题。四是监督抽查工作有成效。2012 年，国家认监委赋予河北省在流通领域开展橡胶轮胎类产品监督抽查任务，为保证工作及时、高效、顺利的完成，自 6 月上旬开始，省局抽调专人调查市场、集中力量走访企业、联合机构制定计划，经过反复论证和征求意见后，制定出专项监督抽查方案，在石家庄市流通领域抽取了 40 个批次的橡胶轮胎产品，经检验，40 个批次全部合格，合格率 100%。

### 2. 强化管理体系认证监管

按照国家认监委的要求，2012 年河北省进一步强化管理体系认证监管职能、完善监管体系、转变监管方式、加大监管力度，努力实现依法监管、科学监管、高效监管。在加强日常监管的基础上，组织开展了管理体系认证有效性的监督检查。一是选择试点区域开展拉网式检查。即选择唐山市丰润区作为试点，由省局牵头组织对其辖区内的管理体系获证企业开展拉网式的检查。从省局、11 个市局及唐山市 6 个县（区）局抽调了 20 名多年从事认证监管工作、监管经验丰富的同志参与了检查，丰润区局各网格化监管区域的负责人全程配合，同时专门邀请国家认监委认可监管部陈悦副主任、付强副处长亲临现场予以指导。此次检查历时 3 天，按当地网格监管区域分了 6 个检查组，检查了 55 家获证企业，涉及 21 家认证机构。检查发现，16 家企业“体系运行一般”，占总数的 29%；32 家企业“体系运行较差”，占总数的 58%；7 家企业“体系运行无效”，占总数的 13%。二是侧重重点行业开展自主式检查。即选择制造业作为重点，由各市局按照省局规定数量，自主确定被检查企业名单、自行组织监督检查。截至 9 月底，全省共检查获证企业 994 家，涉及 1 327 张证书、82 家认证机构。其中体系运行良好的企业 311 家，占 31%；体系运行正常的企业 469 家，占 47%；体系运行一般的企业 206 家，占 21%；体系运行较差的企业 3 家及体系运行无效的企业 5 家，占近 1%。

对企业在体系运行方面存在的一般性问题，检查人员均现场予以指正，提出整改意见，限期整改；对企业或认证机构存在违法违规行为的，检查人员也按程序做了进一步的调查和取证，并依法对北京博天亚认证有限公司、北京航协认证中心有限责任公司、北京新世纪认证有限公司、凯新认证（北京）有限公司等 4 家认证机构和邢台白玉矿产品有限公司等 1 家获证企业进行了行政处罚，全省共计罚款 23 万元。

### 3. 强化食品农产品认证有效性的行政监管

近两年，媒体对有机产品认证的关注和报道情况以及社会方方面面的反应，都引起了省局领导的高度重视，为此，省局党组书记、局长宋振华就有机产品认证有效性的监管工作多次作出批示，要求务必做到底数清、情况明、监管好；同时，要按照国家质检总局、国家认监委的要求做好认证风险排查及有效性的检查，必要时进行获证产品抽查。按照宋局长的指示精神，结合本省实际情况，对全省食品农产品认证监管工作进行了认真谋划和部署，制定了监管方案和计划，并将有机产品认证有效性的监管列为了2012年的监管重点。一是选择试点区域，以三级联动的形式开展监督检查。为指导市、县（区）局进一步做好食品农产品认证监管工作，不断提高基层认证监管人员的业务能力和水平，7月30日—8月2日，省局以有机产品认证获证企业较多的承德丰宁县为试点区域，在该县组织开展了有机产品认证有效性的集中监督检查活动。本次检查由省、市、县三级认证监管人员共同实施，聘请了国家级认证监管专家现场予以指导，对5家有机产品获证企业逐一进行了检查。这种专家指导、三级联动的检查，在河北省食品农产品认证监管中尚属首次，基层监管人员在实践中加深了对认证标准、实施规则的理解，增加了感性认识，丰富了监管经验，提高了业务能力。二是发挥基层作用，组织开展认证有效性的监督检查。下发了《关于开展食品农产品认证有效性监督检查的通知》（冀质监函［2012］118号），明确了各市需检查的获证企业数量和要求，检查由各市自行组织、自主确定被检查的企业名单。截至9月底，在全省各级认证监管人员的共同努力下，全省共检查各类获证企业386家，检查获证产品453个，检查了27家认证机构的工作质量。其中324家企业的检查结论为“符合要求”，占总数的84%；36家企业的检查结论为“基本符合”，占总数的9%；26家企业的检查结论为“不符合要求”，占总数的7%。从检查的总体情况看，危害分析与关键控制点（HACCP）体系认证、食品质量安全管理体系的获证企业，体系运行记录完整、齐全，质量体系运行良好，能持续符合认证标准的要求。有机、绿色、无公害等获证企业的问题比较多，获得认证的单位不熟悉认证标准的要求，不能按照认证标准规范生产行为，质量体系运行有待规范。检查结论为“基本符合要求”的企业中，有机获证企业占了64%；检查结论为“不符合要求”的企业中，有机获证企业占了88%。由此可见，有机产品认证的有效性较差，对此类认证的监管仍将是我们今后一段时期内重中之重。三是组织开展了有机产品的监督抽查。为强化对有机产品认证的监督，规范有机产品认证获证企业的生产经营行为，提高有机产品认证的有效性，经局领导批准，9月—11月，省局组织开展了有机产品的监督抽查工作，抽查对象为全省范围内获得有机产品认证且证书在有效期内的植物类有机产品（水果、蔬菜、杂粮），共抽样71批次，抽检合格率为100%。四是组织开展有机产品认证标志的专项整治活动。2012年下半年，按照国家认监委《关于开展有机产品认证标志专项整治活动的通知》（国认注［2012］53号）要求，河北省结合已经开展的食品农产品认证有效性监督检查、认证风险排查等项工作，分阶段、有序地开展了有机产品认证标志的专项整治活动。期间，全省共举办130场次的培训班、座谈会，对2 751人培训了《有机产品》新标准和实施规则以及增加的新要求，检查销售场所559个、对18个提出了整改要求，检查生产企业239家、对9家提出了整改要求、对1家企业的违法行为予以立案调查。

**4. 强化实验室资质认定工作**

一是完善实验室资质认定制度。继续实行实验室资质认定现场评审观察员制度和现场评审复核确认制度。指导审查中心派遣有关人员对30家的评审现场进行了确认，强化资质认定评审组专家负责制。加强了对评审工作质量的跟踪问效，加大对评审组长的发掘和培养工作，并适时引入了一批技术能力强、综合素质高的专家充实到评审组长队伍。二是健全资质认定实验室日常监督制度。切实履行对资质认定实验室日常监督的职责，建立日常监督工作长效机制，强化资质认定实验室主体责任和区域监管责任，继续推进资质认定实验室监督评审区域交叉检查，在2011年工作基础上，2012年加大了交叉检查的力度，从辖区的实验室中选取了10%作为此次交叉检查的实验室。全年对404家资质认定实验室开展了监督评审，对长期未开展工作且已不满足实验室资质认定准则的7家实验室采取了撤销证书的措施，对存在严重问题的3家实验室采取了关停整改措施。三是加快形成部门合力。建立全省认证认可部门沟通协商制度，参照国家认证认可部际联席会议的工作模式，深化与相关省级部门的合作，合力推动技术机构资源整合。目前，已走访了发改委、环保厅、住建厅、运管局、交管局等部门就建立实验室行业主管部门合作达成了初步共识。同时，与省环保厅就尾气检测统一安置在检测站内等问题进行协商，满足和方便人民群众检车。四是加严了评审的力度。重点对实验室人员条件符合性、法律地位符合性进行了规范，在对实验室递交的材料进行审核中，发现了衡水和廊坊的两家实验室存在人员资质造假问题，经实验室所在地市局核查后，确认为虚假认证，对此，省局给予了这2家实验室不予许可的决定，并对这两家实验室给予了1年之内不得再次申报计量认证许可的决定。随后，组织开展了获证实验室技术人员资质清查整治月活动。各市局对全省资质认定获证实验室的技术人员符合性进行了检查，重点规范实验室授权签字人、技术负责人职称资格，并督促部分存在问题的实验室立即整改，促进实验室合法合规地开展检验检测工作。此次专项检查不仅收到了良好的成效，也给各实验室上了一堂生动的警示课，起到了强大的震慑作用。截至2012年11月15日，省局共办结实验室行政许可712家，其中首次评审51家、复查换证326家、复查加扩项284家、扩项51家，不予许可57家。五是开展了环保行业实验室集中检查。6月6日，省局下发了《关于印发〈河北省环保行业实验室集中检查活动方案〉的通知》，要求各市局对环保行业的实验室开展一次集中检查活动。各市接到通知后，分别召开了辖区内环保系统获证实验室检测质量动员会，对实验室的最高管理者、技术负责人、质量负责人做了动员。通过这些动员活动，提高了全省环保系统获证实验室管理人员的认识，明确了集中检查活动标准和内容，增强了环保系统获证实验室的自觉性，达到不断提高环保行业实验室规范化水平的目的。在整顿中，省局还要求各市局对辖区内环保实验室进行全面调研，并于12月底前形成辖区内《环保行业实验室情况分析报告》。六是开展了资质认定实验室飞行检查工作。在全省获证机构落实自查的基础上，对食品、室内空气、纺织等26家获证实验室开展了飞行检查，了解了实验室日常运行的真实情况，增强实验室向社会出具公正、客观、准确数据和结果的法制意识，提升管理和技术水平。七是开展实验室能力验证活动。组织了763家（次）实验室对葡萄酒、饮料、水、复混肥、电线电缆、防水卷材等6个项目开展能力验证活动，已完成了盲样考核工作，对水、复混肥、电线电缆、防水卷材4个项目不合格的153家（次）实验室进行了补测，经补测后仍有31家不合格。

#### 5. 强化认证认可风险排查整治活动

按照国家认监委工作部署，于7月初下发了《认证认可质量安全风险排查整治活动方案》，在整个认证认可质量安全风险排查整治活动中，各局逐企逐室（实验室）建立了风险排查档案，把专项整治、监督检查、监督评审有机地结合起来。一是着重在强制性产品认证、自愿性认证、实验室资质认定的重点区域、重点企业和重点产品的风险排查整治上下功夫。二是督导到边到角，风险排查步步深入，邯郸市局7月9日召开了全市认证认可质量安全风险排查整治工作动员部署会，各县（市、区）局负责认证认可的主管局长、主管人员共46人参加了会议。三是边检边纠促整改，不断实现新提升。四是开展质量安全风险分析评价工作。活动开展以来，全省共排查实验室1 261家、强制性产品认证企业1 585家、自愿性认证企业1 300家，针对发现的问题提出了整改措施，风险排查工作取得了明显成效。

## 三、夯实基础提能力，认证认可工作水平创添新业绩

#### 1. 加强认证监管工作制度建设，完善监管工作的规范性和有效性

一是积极推动河北省检验检测监管地方性法规立法调研工作。积极推动有关地方性法规的建设和落实，作为地方性法规调研项目，会同有关部门完成了《河北省实验室监督管理办法》（草案），已报送省政府法制办，并纳入了省政府法规调研项目，为进一步规范实验室监管工作打下基础。二是起草了《河北省认证认可监管应用指南》（草稿），使全省各级认证监管部门全面了解和掌握认证监管的流程和要求，提高了监管成效。三是指导各实验室审查部工作。通过一年多的指导，各实验室资质认定评审中心已能统一标准、统一尺度开展实验室技术评审工作，实验室资质认定的规范化工作向前迈出了实质性一步。

#### 2. 加强认证认可工作人员能力建设，促进认证认可工作的规范性和有效性

强化认证监管人员的能力建设。省局在强化对企业的监督和规范的同时，努力查找自身存在的问题，着力提高自身工作水平。2012年，省局统一组织对全省193名认证执法监管人员进行了业务培训，并组织考试，验收了培训成果。通过培训，使监管人员能够基本上熟悉国家法律法规的有关条款以及相关的政策规定，能够进一步明确监管工作中的有关重点环节，能够熟悉掌握实施监督检查的有关方法和技巧，促进了工作能力和水平的提高。

强化实验室人员能力建设。委托省局教育中心分别对实验室质量管理人员、技术人员进行了培训。组织了8期实验室内审员培训，新取证810人，换证225人。举办了1期“实验室资质认定评审员培训班”，培训评审员139人。开展了3期不同专业的实验室岗前培训，培训考核合格301人。实验室人员的管理能力和技术能力都有了新的提高。

## 四、传递信任促和谐，认证认可工作塑造新形象

#### 1. 着力营造浓厚宣传氛围

有效借助“世界认可日”平台，组织开展了认证认

可系列宣传活动，全力宣传《质量发展纲要》与认证认可的紧密联系，全力提升认证认可工作的社会认知度。一是组织开展了世界认可日系列宣传报道活动。在石家庄北国集团部分商场、超市悬挂横幅，发放认证认可知识宣传册，通过进社区、超市、企业进行认证认可知识宣传，在让社会各界了解认证认可“传递信任，服务发展——推进认证认可，夯实质量基础”的主题的同时，也让百姓知道了哪些是关系人身、财产安全的强制性认证产品和购买强制性认证产品首先看是否有CCC标识等常识。组织开展“实验室开放”集中展示月活动。选择了22家检测机构组织了实验室开放活动，各市局也开展了多种多样的咨询服务，向公众普及认证认可知识，提升了全社会对认证认可的认知度，为认证认可工作的深入开展创造了有利的外部环境。

**2. 着力推进认证认可行业组织建设**

一是依靠省认证认可协会的服务政府和社会的职能，委托协会开展了4项能力验证工作，提高了实验室的管理水平和检测能力，强化了对获证实验室的监督管理和服务；二是充分发挥认证认可协会的桥梁和纽带作用，对河北省获证实验室现状进行调查研究，摸清底数和实际情况，为搞好监管工作提供可靠的依据；三是指导认证认可协会不断增强能力和水平，帮助省认证认可协会召开了6次实验室能力验证专家论证会和3次实验室能力补测研讨会；四是不断强化协会的参谋和助手的作用，以和协会一起召开座谈会和研讨会等形式，听取协会会员对省局工作的意见和建议，并进一步强化协会的行业自律行为，进一步引导认证认可协会搞好全省认证认可和协会会员的各项服务工作。

**3. 着力推进信息化工作**

完善了实验室资质认定信息管理系统，补充了全省实验室的技术能力信息和相关基础信息。从7月开始，试运行了实验室资质认定网上许可流程，已有254家实验室进行了网上申报工作。通过网上对申请单位提交的相关材料进行有效性审核，审核通过则以短信通知申请人到窗口提交书面申请，如申请材料不全或有误，将告知补充相关材料等，提高了办证申请和审批的效率，使办证群众少走弯路。

**撰稿人：杨 金 审稿人：李凤泽**

# 贯彻“十二字”方针　传递信任　创新发展<br>努力推进山西认证认可工作上新台阶

——山西出入境检验检疫局2012年认证监管工作概况

2012年，山西出入境检验检疫局（以下简称“山西局”）认证认可工作严格按照国家认监委总体要求，以科学发展观为指导，全面落实全国质检工作会议精神，围绕“抓质量、保安全、促发展、强质检”方针，坚持创新发展，依法科学监管，加快制度创新、监管模式创新、服务创新、科技创新和体制机制创新，努力“传递信任，服务发展”，为山西转型跨越发展服务。

2012年，共完成行政许可83家，其中出口食品农产品注册备案55家，质量许可28家。累计出口食品农产品注册备案企业217家，质量许可企业96家。

山西局共办理强制性认证（CCC）免办产品155批，3 200万美元，涉及低压电器、低压开关、控制柜、放电管等CCC产品。

## 一、在抓质量方面有了新提高

一是强化准入制度管理，做到许可规范准确。2012年，无论在出口食品生产企业备案方面，还是质量许可证注册方面，坚持制度准入，措施准入和落实准入。山西局结合认证工作实际，坚持治本清源，清理了出口食品生产企业备案规则，特别针对出口食品生产企业备案新要求，制定了实施出口食品企业备案配套措施，下发《关于做好2011年—2012年出口食品生产企业备案工作的通知》和《关于做好2011年—2012年出口食品生产企业备案管理工作的通知》，要求所有出口食品生产企业实施备案管理，明确了备案工作的各项要求，强调实行企业《自我声明》和《自我评估》，并提出企业要进行诚信体系建设的新要求。同时对《出口食品卫生注册登记和监督管理作业指导书》、《出口日用陶瓷质量许可与输美认证作业指导书》等20个作业指导书，从内容的适宜性方面进行了全面修改，操作性更强，更有指导性。

二是强化备案审查，满足国家新要求。根据国家认监委《出口食品生产企业备案管理规定》和《关于使用新版出口食品生产企业备案证明的通知》要求，2012年对辖区的92家卫生注册企业进行了备案换证审核，全部按照《出口食品生产企业备案管理规定》要求，建立和实施了以危害分析和预防控制措施为核心的食品安全卫生控制体系，管理体系运行有效。

三是创新管理办法，提高CCC免办水平。借助约谈手段，强化CCC认证管理，成效显著。2012年，山西局就中煤集团平朔煤业有限公司进口的CCC产品免办工作，约谈了美国P&H采矿设备公司北京代表处，提出强化入境CCC产品管理的三项措施，规范CCC认证管理。即对美国P&H采矿设备公司供应商管理系统进行了调查，深入了解了该公司采购程序和供应商选择的控制要求，特别关注了P&H采矿设备公司年度或季度对供应商评估的要求，通过对CCC产品供应商有效审查，为CCC免办有效实施，提供真实的背景资料。针对免办过程中美国P&H采矿设备公司提供的“品质证明”和“符合性证明”内容，建议美国公司证明的安全项目要具体，依据要充分，试验数据要真实，为中煤集团平朔煤业有限公司提供了安全保障。强化山西检验检疫局、中煤集团平朔煤业有限公司、美国P&H采矿设备公司北京代表处三方建立长期的联系沟通机制，及时沟通和传递相关国家和地区法律法规信息，创新管理模式，解决办理过程中的难点，为CCC免办后续监管提供帮助。

## 二、在保安全方面有了新力度

一是强化专项行动，切实保障产品质量安全，维护消费者权益。根据国家认监委《关于开展部分重点强制性认证产品质量安全专项整治行动的通知》(国认证［2012］19号)要求，在山西省出口生产企业开展强制性认证产品质量安全专项检查。根据山西省的出口企业强制性产品认证的实际，经过调查，确定山西省专项整治的重点产品是载重汽车轮胎和汽车零部件，涉及的出口企业有中车双喜轮胎有限公司和山西汽车工业集团卓里克劳耐商用车厢制造有限公司等2个公司。为了完成该项工作，确定了本次检查的工作目标、工作重点、工作要求，策划和编制了涉及10个内容的《山西检验检疫局2012年重点强制性认证产品质量安全专项整治行动表》，检查组对中车双喜轮胎有限公司载重汽车轮胎和山西汽车工业集团卓里克劳耐商用车厢制造有限公司的挂车获证产品、CCC产品单元确定、证书有效性情况、CCC印制管理、强制性产品质量保证体系和生产检验的标准进行了现场核查，两个企业能够按照强制性产品认证规范实施管理，强制性产品控制有效。通过此项活动，有效保证获证企业强制性认证产品质量持续提高，维护消费者的合法权益。

二是围绕“五个创新”的工作要求，切实发挥强制性产品认证对产品质量安全的监督保障作用。山西局于2012年6月—10月开展强制性产品认证获证产品监督抽查工作。明确监督抽查工作职责，制定流通领域进口强制性产品认证获证产品抽查工作方案。调查摸底，选取抽查获证产品范围。经对山西辖区进口商品流通领域的认证目录内获证产品进行摸底调查，确定进口轿车轮胎为本年度抽查的产品。期间，山西局现场验证了的倍耐力轮胎的CCC产品认证证书、批次、标识与证书的符合性，抽样经过青岛致鉴检验有限公司检测，该轮胎外缘尺寸、磨耗标志高度、脱圈阻力、耐久性能、高速性能等检验项目，数值均通过实验，产品合格。

三是强化出口蜜饯备案企业的的排查工作。按照国家局《关于立即组织对出口蜜饯备案企业生产情况开展排查的通知》(质检食函［2012］150号)要求，对全省范围内4家出口蜜饯卫生备案企业进行了排查。重点检查企业有关资质证书情况，厂区、车间环境卫生条件控制情况，食品安全卫生控制体系建立并运行情况，原辅料、添加剂管理制度建立情况，添加剂管理及使用情况，有毒有害物质管理及使用情况等，4家企业管理基本满足备案要求，对发现的一些问题限期整改，有效净化了山西省蜜饯出口市场。

四是强化行风建设，保障认证质量。山西局将行风建设引入认证认可工作实际，紧紧围绕队伍安全做工作，邀请纪检监察部门人员深入认证认可工作环节，就认证考核组对出口食品生产企业备案考核工作进行了监督检查。按照质量管理体系工作的要求，针对行风建设方面向出口食品生产企业发放了《企业问卷调查表》。这是为进一步规范认证认可的评审考核工作，加强行政权力运行中的廉政风险防控工作所做的一次初步探索和尝试。通过这种机制，促使山西局行政许可空气更加净化，工作更加规范。

## 三、在促发展方面有了新作为

一是强化果园和果园包装厂注册，积极促进山西省水果大量出口。2012年根据晋南和晋中水果种植产业发展规划，年初认证监管部门协商侯马局、植检处研究发展果园和果园包装厂对策，采取一站式集中审核、缩短注册流程的方法，积极对果园及其包装厂注册，全年共有47家注册果园，17家果园包装厂通过注册。2012年实现水果出口1 270批次，3.8万t，货值3 479万美元。使得山西老百姓农产品收入进一步提高，极大推动了山西转型发展的进程。

二是强化认证认可工作，服务山西综改实验区发展。根据支树平局长对认证认可工作提出的“传递信任，服务发展”要求，认证认可如何服务山西综改实验区发展，出台了4项适合山西综改实验区发展的认证认可新措施。即加大对全省出口食品农产品企业基地建设，支持基地获得GAP、HACCP等农产品认证；加大行政许可和流程管理力度，提高办事效率；加快新的农产品企业注册，扩大基础农产品出口；加大中煤集团平朔公司和富士康有限公司强制性产品认证扶持力度，保证入境强制性产品质量，保障企业生产正常运行。

三是强化对大企业服务力度，夯实企业管理水平。2012年，山西局在我国规模最大、现代化程度最高的煤炭生产基地——中煤集团平朔煤业有限公司举办了“传递信任，服务发展——推进认证认可，夯实质量基础”主题活动。期间，特别邀请国家认监委领导和专家讲解和解读了包括强制性产品认证制度的沿革，强制性产品认证的基本程序和环节，强制性产品认证的证书和标志，行政监管职能和行政监管工作的基本方法在内的中国强制性产品认证制度和相关的法律法规等知识，讲课内容和方法充分与平朔公司进口CCC产品相结合，解难答疑，使得近80名公司管理人员和检验检疫人员深刻熟悉了我国现行的强制性产品认证法律体系，对今后做好CCC产品管理工作起到极大的推动作用。

四是借助“世界认可日”，宣传认证认可作用。根据国家认监委《关于积极开展“世界认可日”主题宣传活动的通知》（国认办函［2012］64号）要求，山西局从5月开始策划开展“世界认可日”活动，制订了《山西检验检疫局“世界认可日”宣传活动工作计划》，在太原、大同、阳泉、长治、侯马和太原机场等地积极开展一系列“传递信任，服务发展——推进认证认可，夯实质量基础”认可宣传日活动，共出动60多名检验检疫人员推动和宣传认证认可在山西省的广泛发展，向山西消费者发放认可日宣传资料30种10 000份，向当地新闻媒体介绍了我国和山西认证认可的发展，认证认可已经成为山西省质量基础设施的重要组成部分，成为广大人民群众生活密不可分的重要组成部分。通过近三年的宣传，山西省消费者开始熟悉认证认可与工农业生产的紧密关系，了解了认证认可的重要作用。

## 四、在强质检方面有了新形象

一是为了扩大山西局认证认可的影响，首次召开了山西检验检疫局2012年认证认可工作会议。旨在认真学习贯彻全国认证认可工作会议精神，明确认证认可创新发展目标和任务。通过此次会议的举办，全系统检验检疫人员更加清楚了认证认可面临的形式和任务，更加清楚了认证认可工作在检验检疫基础保障作用，更加明确了认证认可已经隐含到检验检疫工作的每个环节和监管工作的方方面面，只有加强认证认可的研究和应用，才能保证监管水平的更大提高。

二是夯实监管人员的基础。山西局对60多名出口食品卫生注册评审员进行了持续培训。培训了《出口食品生产企业备案管理规定》要求，学习了基于危害分析与关键控制点（HACCP）体系认证为核心的食品安全卫生控制体系的建立要点，进一步研究了HACCP原理在新的备案过程的新要求。要求检验检疫监管人员在依法检验监管的过程中，熟练掌握危害分析和关键控制7个原理，从危害分析、确定关键控制点、确定CCP相关的关键限值、确立CCP的监控程序、确立纠偏措施、验证程序和记录保持程序等7方面对出口食品生产企业全过程进行管理，以风险管理的思维，管控企业的管理体系，保证食品安全卫生控制体系有效实施。

三是积极开展认证认可信息宣传，树立山西局新形象。2012年，经过全系统人员的辛勤努力，山西局的认证认可工作信息质量大大提高，无论是在检验检疫工作中，还是监督监管过程中，处处都有闪光点。各分支局“世界认可日”宣传有声有色，动检、植检、食检的检验人员监管内容深度提高，机电轻纺检验人员把关水平逐年提高等。据统计，山西局在国家认监委网站等媒体发表各类新闻稿件共计21篇（包括5篇新闻图片），名列全国检验检疫系统前6名。

四是加强绩效管理，促进认证认可工作的提高。绩效管理是山西局一切工作的总抓手，认证认可作为基础性工作，坚持检查促发展的原则。依据年初绩效考核目标和考核规则，从2012年12月下旬开始，对大同局、阳泉局、长治局、侯马局、机场局以及食品处、动检处、植检处、化矿处、轻纺处、机电处认证认可绩效进行了全面考核，调用了大量的监管记录和档案，从获证企业监管计划有效性、监管内容的合理性、监管记录的真实性方面看，分支局和业务处认证认可监管工作实施基本有效。

五是开展CCC入境产品验证工作。《强制性产品认证管理规定》（第117号）第四十条作出的规定，即出入境检验检疫机构应当对列入CCC目录的进口产品实施入境验证管理，查验认证证书、认证标志等证明文件，核对货证是否相符。验证不合格的，依照相关法律法规予以处理，对列入目录的进口产品实施后续监管。10月，山西局对包括大同、阳泉、侯马、长治和局本部等CCC入境商品查验情况进行了检查，2011年11月1日—2012年10月31日，61批次的入境CCC产品验证皆符合国家的相关要求。

撰稿人：闫玉芳 审稿人：郑慧敏

# 全力做好认证认可工作 服务山西转型跨越发展

## ——山西省质量技术监督局2012年认证监管工作概况

2012年，山西省质量技术监督局（以下简称“山西省质监局”或“省局”）认证认可工作紧紧围绕贯彻落实国家质检总局“抓质量、保安全、促发展、强质检”十二字方针和国家认监委的各项具体部署要求，以认证行政执法监管和实验室资质认定工作为主线，加强认证认可队伍建设，发挥行政监管作用，提高了认证工作的有效性，推进全省认证认可工作科学规范发展。

### 一、深入推进“国家有机产品认证示范区”创建活动

国家认监委确定在“十二五”期间开展的“有机产品认证示范区”创建工作，是提升有机产品影响力，推动有机产业科学发展的重要措施。2011年，山西省成功推荐广灵县获得“国家有机产品认证示范县”称号后，2012年，省局结合山西省有机产业发展的实际，采取有效措施，着力加以推进。通过省、市、县三级质监局联动和有效服务，山西省沁县人民政府申报的“国家有机产品认证示范区”经过国家认监委必备程序和专家组的考评，最终获得了“国家有机产品认证示范区”称号。

### 二、扎实开展实验室资质认定工作

一是狠抓食品检验机构资质认定工作。为确保食品检验机构按规定时限完成资质认定证书的换发工作，根据国家认监委《关于实施食品检验机构资质认定有关问题的通知》精神，省局在2011年组织对全省食品检验机构基本情况调研的基础上，2012年先后两次下发了《关于进一步加快食品检验机构资质认定工作的紧急通知》，并按照全省食品检验机构的分布情况，确定重点推进计划，明确了食品检验机构在下一步资质认定工作中应注意把握的一些问题，同时，还将此项工作进行重点考核，为做好食品检验机构换发资质认定证书工作奠定了良好的基础。截至2012年底，全省有45家食品检验机构通过了资质认定评审，取得了食品检验机构资质认定证书。

二是加强了对机动车检验机构的管理。为进一步规范提高全省机动车检验机构的检测能力，确保安检机构及时、准确的运行GB 7258—2012《机动车运行安全技术条件》新标准，省局高度重视，做了大量扎实的工作。首先，对检测机构相关技术人员进行了新标准的宣贯培训，提高检测人员理解标准和运用标准的能力，促进安检机构加快标准实施。其次，省局组织专家和公安交警部门反复论证，研究制定了《机动车运行安全技术条件》标准变更后的工作指南，作为指导全省机动车标准变更的总纲，从而为迅速推进新标准的执行奠定了基础。第三，明确了机动车安检机构标准变更后的现场确认程序、方法和重点。全省GB 7258—2012

标准变更工作有序推进。

三是继续开展了能力验证工作。为充分发挥能力验证的作用，加强对获得资质认定实验室的监督管理，不断提升实验室的检测能力和管理水平。首先，制定下发了《关于征集2012年能力验证项目的通知》，印发了《2012年能力验证计划》，征集、筛选、审定了2012年重点产品能力验证项目，在组织专家技术审核的基础上，安排布置了食品（食醋中苯甲酸、山梨酸、糖精钠、甜蜜素、铅；食品中沙门氏菌）和环境空气中二氧化硫等7个参数的能力验证工作。其次，按能力验证工作程序组织能力验证。参加实验室达205家次，涉及质监系统、疾病预防、环境监测等行业检测实验室。第三，在审定和验收中，对2011年经补测结果仍不满意的7家实验室下发暂停该项目资质认定的通知。

四是开展了实验室年度监督检查工作。为了进一步为加强对获证实验室的后续监督管理，提高实验室持续符合《实验室资质认定评审准则》的要求，根据年初制定的《关于开展2012年资质认定获证实验室监督检查的通知》要求，从11月11日开始，省局对11个市的近百家实验室进行了监督抽查，涵盖了质监综合类、卫生医药、建设工程、公路交通、机动车、环境监测、职业健康安全等领域。检查重点为实验室组织机构、检测过程、检测报告、检验行为等方面内容。通过检查发现问题督促整改，较好地促进了实验室的内部管理，规范运行，提升了检验检测水平。

## 三、加大了对强制性产品认证（CCC）的监管力度

2012年，山西省的CCC工作以强化监管、深化服务为主线，以完成国家认监委安排的任务为重点，强化区域监管，监管服务同抓，按期完成了CCC重点产品的专项整治和监督抽查工作，强制性产品“十周年征文活动”和专项整治任务完成圆满，并在全国第二季度认证认可工作会上作了经验介绍。

一是继续强化CCC区域监管的机制建立。省局继续推广“五定四查三监管”的联合监管模式和“一网三联”执法监管系统，继续规范日常监督运行机制。4月，全省召开年度认证认可工作会，推广了太原、长治、临汾等市局的先行先试经验。8月，结合安全隐患排查，省局组织专题检查，督促基层局落实“定人员、定责任、定区域、定企业、定任务”的五定措施，证后监管任务进一步明确，各项工作进展较为顺利。

二是重点加强CCC产品的专项整治。为进一步深化“双打”行动成果，认真落实《关于开展部分重点强制性认证产品质量安全专项整治行动的通知》精神，全省质监系统全面排查摸底数，落实责任定目标，聘请专家解难题，多方协调抓落实。相继开展了以检查CCC认证目录内轮胎、农机、装饰装修、汽车零部件、玩具、电线电缆、电动工具等强制性认证产品质量安全的专项整治行动，各市局通过严把、严查、严办等一系列整治措施，规范市场秩序、强化企业主体责任，维护了强制性产品认证制度的严肃性和有效性。全省共计出动执法检查人员1 200多人次，检查CCC企业近300家，发现安全隐患30多起，督促整改企业20家，立案查处5件，专项整治工作成效明显。

三是主动加强流通领域的监督抽查。2012年，国家认监委赋予山西省在流通领域开展电风扇类产品监督抽查任务，为保证工作高效、顺利完成，省局分步组织了前期市场调研、中期抽样送检和后期协调处理等工作落实，会同中国家用电器研究院抽取涉及15个生产企业的33个批次的108件样品，严格执行封存、确认、运输、送检验等相关程序，为国家认监委开展监督抽查工作提供了较为客观、真实的数据。

## 四、加强对管理体系等自愿性认证工作的监管

一是大力推进管理体系的“网格化”监管模式。按照国家认监委2012年体系认证监管工作部署，制定了《2012年管理体系认证监督检查实施方案》，调查了解了全省管理体系获证企业所在地域、行业分布情况，并在获证企业相对集中的太原市作为山西省的先行试点单位，集中对40家规模不等、类型不同的企业进行了检查，推行网格化的监督检查模式。目前，以县级为主，基层一线认证行政监管人员参与、省局提供指导、专家全程参与的工作模式，对100余家企业进行了现场检查，在检查的同时完成监督检查工作与年度动态建档工作。按照国家认监委《关于开展认证咨询市场和认证咨询机构专项整治的通知》要求，各局结合日常监管，安排部署了辖区内管理体系获证组织的监督检查和认证咨询机构的专项检查，对个别未经批准开展认证咨询活动的机构进行严肃查处，进一步规范了认证市场秩序。

二是深入开展有机产品等农产品监督检查。为加强有机产品等农产品认证有效性的监管，增强有机产品消费信心，省局积极安排部署，并提出了明确的检查程序、步骤、时限等要求。各基层局积极行动，企业积极配合，在县局普查的基础上，重点开展了有机产品认证标志专项整治活动，对辖区内的获得有机产品认证、食品农产品认证的企业、产品和相关认证标志的使用情况进行了监督检查，对超期、超范围使用认证标志等行为，

依法进行了查处，并及时告知认证机构采取证后监督措施，有效地维护了消费者和获证企业的合法权益。2012年，强化了同工商、农业等部门的协调与配合，发挥了各职能部门的监管职责，创新了监管模式。

### 五、认证认可示范导向作用发挥明显

2012年6月9日是第五个世界认可日，围绕“传递信任，服务发展——夯实质量基础”宣传主题，加大认证认可服务经济社会发展作用的宣传力度。一是在《山西经济日报》专版刊发了“全力做好认证认可工作，服务山西转型跨越发展”为主题的答记者问和认证认可专题知识普及，提升了全社会对认证认可的认知度。二是在质量月期间，配合国家质检总局质量月活动，根据总局办公厅要求，迅速部署，各基层积极筹划安排，在全省范围内开展了声势浩大的“全国检测实验室开放日活动”。三是认真组织、主动参加了强制性产品认证制度成立十周年的征文活动和华北认证认可合作备忘联席会等大型活动，筛选、上报征文稿件32篇，有5篇获奖。

**撰稿人：李素文 审稿人：冉春生**

## 提升认证监管工作效能 服务地方经济社会发展

### ——内蒙古出入境检验检疫局2012年认证监管工作概况

2012年，内蒙古出入境检验检疫局（以下简称“内蒙古局”）在国家质检总局和国家认监委的正确领导下，紧紧围绕“抓质量、保安全、促发展、强质检”十二字方针和“传递信任，服务发展”的总要求，加快认证认可制度创新、监管模式创新和服务创新，全力提升认证监管工作效能，在服务地方经济发展、促进整体质量水平提高等方面取得良好成效。

### 一、强化内部管理，完善监管模式，提高认证监管工作水平

一是结合绩效管理，整理修订了各项管理规定，规范完善了各项工作程序，保证每项工作有标准，有安排，有落实，有督促，有检查。

二是积极推进认证监管执法体系建设，进一步完善落实“重心下移、统筹监管、严格辖区监管责任”的认证监管工作模式，分支机构具体履行对企业及认证从业机构的监管，内蒙古局着重履行检查与督导，并加强对全局系统认证监管联络员的指导和管理，落实层级工作责任制。

三是加强认证监管信息的收集、汇总，健全了企业认证信息档案，便于全面掌握企业认证及管理情况。

四是与北京、天津、河北、山西建立了华北五局检验检疫认证执法监管工作区域合作机制，共同签署了《华北五局检验检疫认证执法监管工作区域合作备忘录》，通过信息交流、资源共享、业务管理、风险管理、服务发展等方面的密切合作，共同提高认证执法监管效能，促进华北区域经济发展。

### 二、突出抓好重点区域、重点问题和重点产品的把关与监管

一是做好出口食品企业备案注册及监督管理。对出口食品企业备案注册严格执行准入审核制度，从源头把好质量安全关，组织安排了24家新申请出口食品备案注册企业、25家出口食品备案注册复查换证企业的评审、审批、发换证工作。将获证企业的后续管理与检验检疫工作有机结合，组织制定并实施了2012年度出口食品企业监督管理计划，在执行中加强了对各分支机构和相关部门监管工作的指导、督促和检查，共组织备案注册评审人员和检验检疫人员126人次进行了出口食品备案注册企业评审、HACCP官方验证和日常监管，对检查监管发现的问题督促企业及时整改，对不符合要求及申请备案注册要求的企业进行了清理整顿，撤销了45家不符合出口食品备案注册要求的企业，消除了潜在的食品安全隐患，提高了辖区出口食品企业的安全卫生管理水平和控制能力。

内蒙古地区现有备案注册企业283家，通过HACCP

官方验证的企业 69 家，对外注册企业 13 家，分别为欧盟、以色列、美国、日本、韩国及阿联酋、文莱等国家和地区。

二是做好网格化检查。对辖区内获得各类自愿性管理体系认证的重点出口食品企业进行网格化全覆盖监督检查，全面深入了解获证企业认证情况，检查其管理体系是否持续、有效运行，相关认证机构是否存在违法违规认证行为；对不符合要求的认证企业及不按照认证要求实施认证活动的认证组织做好证据收集工作。共检查认证出口企业 86 家，产品包括农产品、肉类、番茄制品、瓜果蔬菜、果蔬罐头、螺旋藻制品、葡萄酒、饮料、调味品、明胶、碘盐、纺织品、工业产品等，基本涵盖了辖区出口业务种类。企业认证类别以质量管理体系认证为大多数，部分企业同时通过职业健康安全管理体系认证、环境管理体系认证、HACCP 认证、绿色食品认证、有机产品认证等，均在认证有效期内。同时，按照要求组织获证企业认真填报《2012 年获证组织体系运行情况调查表》，并根据调查表反馈的情况梳理清楚认证企业存在的问题，认真查找问题根源，督促整改。涉及到认证机构有 28 家，个别认证机构未给企业提供不符合项材料，其他方面未发现违法违规问题。

## 三、积极开展专项整治，履行认证执法职能

国家认监委先后组织开展了强制性产品认证获证产品监督抽查、有机产品认证标志专项整治活动、食品农产品认证专项监督抽检、地理标志保护产品监督检查等工作。按照国家认监委对这些工作的安排部署，内蒙古局组织全局系统开展了 CCC 免办执法监督检查工作，对申请 CCC 免办的企业，由所属分支检验检疫局进行跟踪调查监管，核查所申请的所有 CCC 免办进口产品实际用途是否与申请单所述用途一致。在此基础上，内蒙古局认证处派员对重点企业进行抽查核验。共检查 6 个地区 20 个企业的 40 多份单据，没有违规现象。

对辖区 17 家获得地理标志认证的企业开展了涉及原料把关、组织生产出口、地理标志使用等情况的全面检查。2012 年，科尔沁肥牛肉出口中东国家 1 196.2 吨，货值 4 923 万元；通辽肥牛出口香港、澳门 8 801 头，货值 8 801 万元；鹿王牌羊绒纱、羊绒衫出口香港、日本、韩国、柬埔寨、马达加斯加等国家和地区，货值 4 495.6 万美元。没有违规使用地理标志现象。

完成进口强制性认证产品的市场抽查工作。从呼和浩特地区抽查进口小家电并委托国家认监委指定检测中心进行检测，显示质量安全指标合格。

## 四、进一步做好实验室认证认可工作，推动技术能力再上新台阶

内蒙古局基于辖区点多面广、分支机构分布分散的现状，在实验室建设方面采取重点实验室重点建设、区域中心实验室大力扶植并就近绑定中小实验室的模式，达到凝聚力量、整合资源、覆盖全区的目的，实验室能力建设和检测技术实力显著提高。现有三个国家级重点实验室，一个已建成并通过验收，两个正在筹建。在去年乌兰察布局实验室绑定内蒙古局技术中心实验室，额济纳局、乌海局、乌拉特局实验室绑定包头局技术中心实验室的基础上，继续做好实验室捆绑资质认定工作，东乌局实验室绑定二连浩特局技术中心实验室，并于 6 月份通过国家认监委实验室资质认定。2012 年，9 个区域性中心实验室一次性通过国家局实验室能力建设验收审核，全局系统实验室资质认定覆盖率 100%，参加国家认监委实验室能力验证计划满意项目达到 100%。

## 五、加强认证监管队伍建设

加强认证监管队伍建设是提升认证监管工作水平的保障，内蒙古局在人才培养方面给予了极大重视，将培训和实践作为提升能力的重要手段。2012 年协助国家认监委圆满完成了在呼和浩特举办的“国家认监委 2012 年认证行政监管专家培训班”，全国质检系统 70 多人参加了培训。组织了由内蒙古局系统 14 个分支机构、机关相关处室专兼职认证监管人员 20 多人参加的培训班，进行了有关法规、认证认可监督管理体系、各种管理体系标准、监管方法等内容的培训。派员参加了国家质检局组织的地理标志产品保护管理培训班，系统学习了地理标志产品保护方面的法律法规、制度、理论与申报实务、业务实践等内容，为更好地开展内蒙古地区地理标志产品保护工作奠定了基础。

**撰稿人：郅 莉 审稿人：于兴渤**

# 完善制度　加强监管　服务地方经济

## ——内蒙古自治区质量技术监督局2012年认证监管工作概况

2012年，内蒙古自治区质量技术监督局（以下简称“内蒙古质监局”或“自治区局”）认证评审工作按照国家认监委、自治区局的工作部署，认真贯彻落实《质量发展纲要》，围绕“抓质量、保安全、促发展、强质检”工作方针和“抓重点、抓难点、抓亮点、抓增长点”的总体要求，坚持创新发展、依法科学监管、规范评审程序、提振公信力的工作原则，全区认证认可工作扎实有力向前推进，切实发挥了认证认可“传递信任，服务发展”作用，为服务经济社会发展做出了新贡献。

### 一、2012年主要工作总结

2012年，以建立认证行政执法监管体系建设为重点，加强体系认证企业、认证产品的执法监管；开展实验室、检查机构的资质认定和监督检查，推进检验能力建设；加大执法力度，遏止认证企业及制售伪劣认证产品的违法行为；开展了风险排查整治和教育治理活动，加强源头治理，消除了问题隐患；加大培训、宣传工作，提升认证认可的公信力和社会形象。

#### （一）制定《内蒙古自治区认证执法监管体系建设实施意见》

根据国家《质量发展纲要》、《认证认可监督管理条例》的要求，自治区质监部门主要承担对体系认证企业、认证产品的后续监管工作，制定并下发了《内蒙古自治区认证执法监管体系建设实施意见》，规定了今后认证执法监管的目标任务、核心内容、工作重点及方式方法，明确了全区质监系统认证工作履行的法定职责，提出加大执法力度，用两年的时间彻底整治认证企业、产品的违法问题，规范企业自觉遵法、守法、护法的行为。下发了《内蒙古自治区2012年管理体系认证监管工作计划》的通知，重点查处伪造、冒用、买卖、转让、超范围使用和超有效期使用认证证书及认证标志等违法行为。

**1. 探索执法监管体系认证企业的路子**

帮扶企业采取现代化体系管理的手段，推行质量管理体系认证工作，截至2012年底，自治区有2 000余家企业取得3 493张各类自愿性认证有效证书，比2011年的3 256张证书，增加了237张有效证书；加强自愿性认证企业的监管，探索行政执法监管模式、方法，多数盟市局建立了自愿性认证企业管理档案，对当地获证企业开展了监督巡查。呼市、包头、乌兰察布市局并制定了认证执法监管的方案、措施和办法。

**2. 规范强制性认证产品（CCC）的企业行为，提高认证有效性**

截至2012年11月底，自治区共有183家企业664张CCC认证有效证书，同比2011年150家企业509证书，增加了33家、155张证书。根据《强制性产品认证管理规定》，对实施强制性产品认证的部分重点产品开展了质量安全专项检查活动。各地质监局广泛深入企业，开展强制性产品认证的监督检查，依法进入生产经营场所实施现场检查、查阅、复制有关合同、票据、账薄以及其他资料，查封、扣押未经认证的产品或者不符合认证要求的产品。

**3. 有效完成国家认监委强制性产品认证监督抽查工作**

按照国家认监委《关于开展2012年强制性产品认证获证产品监督抽查工作的通知》要求，对呼市、包头市、乌海市等地区市场上销售的电线电缆产品进行监督抽查，共抽查22个经销单位的34个产品，有7个经销单位的12个产品不合格，抽查经销单位合格率为69.9%、产品合格率64.7%。

**4. 加强有机、绿色、无公害等食品农产品认证的检查**

全区共有食品农产品认证有效证书2 334张，2012

年，对自治区 582 家食品农产品获证企业进行了监督检查。根据《有机产品认证管理办法》、《绿色市场认证管理办法》、《无公害农产品管理办法》，下发了《关于在全区范围内开展有机产品认证标志专项整治活动的通知》、《内蒙古自治区 2012 年食品农产品认证监管工作安排》，组织并联合有关部门查处违法企业行为，提高认证产品的有效性。

### （二）强化了实验室资质认定的评审工作

截至 2012 年底，自治区局在质监、农牧业、卫生、食药、环保、建筑、交通、公安消防等 20 多个领域共考核批准了 875 个实验室和检查机构，其中有效证书 827 张。按照《食品检验机构资质认定评审准则》要求共考核 86 家食品检验机构，发证 38 家。为全面落实国家《实验室资质认定管理办法》、制定并下发了《实验室资质认定工作细则》、《现场评审作业指导书》，部署了自治区实验室资质认定的复评审、扩项评审及监督评审等工作；加强了评审人员队伍建设；开展了实验室及检验机构的监督检查。推动了实验室严格依法，规范程序，提高了实验室资质认定工作的科学性和有效性。

#### 1. 严格评审程序、提高了工作质量

宣贯《实验室资质认定工作细则》和《现场评审作业指导书》，加强对实验室首次、复评审、发证工作的严肃性、科学性。全年受理实验室、检查机构的各类申请材料 289 份，含复评审 204 份、扩项评审 49 份、首次评审 36 份；共组织 175 个评审组 300 多人次进行了实验室资质认定现场评审，审批发证 188 张证书，退回重新申请 22 个。

#### 2. 加强监督检查，提升了实验室向社会出具报告数据和结果的准确性、可靠性

对 2011 年全区食品、建材产品能力验证工作中发现的突出问题及评审中存在多项不符合项的实验室作为重点，在全区组织开展实验室监督检查专项整治活动。暂停 59 家检验机构 87 个检验项目，注销、暂停实验室资质认定证书 17 张。

2012 年 8 月，按照国家认监委要求，接受了国家认监委组织的 2012 年度实验室监督检查，共检查 22 家实验室，检查组肯定了对内蒙古质监局的近年来的实验室资质认定监管工作，同时对满洲里建筑工程质量检测中心、呼伦贝尔市建筑工程质检中心的实验室管理工作提出了表扬。

#### 3. 加强评审队伍建设、提高评审员素质水平

制订《内蒙古自治区质量技术监督局实验室资质认定评审员管理办法》，组织培训自治区实验室资质认定评审员培训班 1 期 240 人次；加强评审人员的管理，举办骨干评审员、评审组长继续培训班一期 30 余人；各盟市共组织实验室、检查机构管理人员、内审员 380 余人次进行培训，进一步提高了实验室技术、质量管理人员的能力水平。

### （三）加大了执法监管力度，有效遏制了企业违法违规行为

2012 年，对全区体系认证企业、强制性认证产品、有机、无公害等认证的食品农产品，进行全面安排部署，在全区范围内组织开展了查处伪造、变造、冒用、买卖和转让认证证书和认证标志违法行为的企业、个人活动。在各地执法局的大力配合下，认证执法办案取得了较好的成绩。

全区各盟市局监督检查体系认证企业 578 家，发现违法违规问题的企业 21 家，发出整改通知书进行整改 17 家，依法处罚 4 家，收缴罚没款 16.4 万元。

监督检查强制性认证产品 101 家企业，发现违法违规问题的企业 35 家，发出整改通知书进行整改 14 家，依法处罚 21 家，收缴罚没款 243.14 万元，其中包头查处 3 家，收缴罚没款 211.24 万元。

监督检查食品农产品认证获证企业 449 家，发现违法违规问题的企业 22 家，依法处罚 8 家，收缴罚没款 5 万元。

监督检查资质认定的实验室 550 个，发现违规实验室 188 家，提出整改的 181 家，对有违法行为并依法处罚了 7 家，实现罚款 12.3 万元。

### （四）开展风险排查、专项教育整治活动

根据国家质检总局《关于开展认证认可质量安全风险排查整治和道德领域突出问题的专项治理活动实施方案的通知》和内蒙古质监局《关于印发质量安全风险排查整治和道德领域突出问题专项教育治理活动实施方案的通知》要求。结合自治区局认证认可工作特点，制订了《内蒙古自治区质量技术监督局认证认可质量安全风险排查整治和道德领域突出问题专项教育治理活动实施方案》、《内蒙古自治区实验室资质认定申诉和投诉处理暂行办法》。

为保障顺利实施，成立了以娜日莎总工程师组长的“认证认可风险排查和专项教育治理活动”领导小组。围绕近年来产品质量安全问题和重大质量安全事件，在强制性产品认证、有机产品认证、实验室资质认定等方面开展排查整治和教育治理活动。集中开展了 2012 年认证行政执法人员专项培训及内蒙古质监局认证行政执法排查工作。对发现的共性问题，领导小组集体协

商“会诊”，加强了源头治理，消除了问题隐患；对突出问题，特别是反复发生、长期未能根治的风险顽疾，制定专门措施，实施专门治理。

通过排查风险整治活动，捋清了法定职能范围、执法权限、行政许可项目、工作程序，岗位责任及存在的安全风险，制定了纠正、防范措施，建立了认证认可工作的长效机制，确保了自治区认证认可领域的工作安全。

### （五）加大宣传力度，提升认证认可的社会影响力和公信力

以宣传《质量发展纲要》和《认证认可事业发展“十二五”规划》为主题，制定并印发了《2012年全区质监新闻宣传工作要点》、《2012年认证认可新闻宣传工作计划》。

第一，围绕宣贯《质量发展纲要》，结合“自治区主席质量奖”、质量诚信体系建设宣传等工作，设立专版专栏，举办形式多样、内容丰富的宣传活动，宣传认证认可在推动质量提升、服务经济社会发展等方面的重要作用，推动《纲要》的全面实施。

第二，围绕世界认可日，组织了“向消费者传递信任”为主题的有机产品认证、强制性产品认证的宣传；召开了“有机产品认证获证组织座谈会”；围绕强制性产品认证制度实施10周年以来取得的成绩，组织系列宣传活动；积极参与国家认监委征文活动，扩大认证认可工作的影响力。

第三，开展了“全区检测实验室开放日”活动。根据《质检总局办公厅关于组织开展2012年“全国检测实验室开放日”活动的通知》精神。以“推进质量强国建设”的主题，以“科学检测，服务发展”为宣传要点，9月中旬，内蒙古质监局组织了35家检测实验室参加开放日活动。在活动中积极邀请当地各种媒体进行宣传报道。利用广播、电视、报纸杂志等媒体形式，广泛宣传了此次“全国检测实验室开放日”活动。其中5家地方电视台、6份地方报纸播出、刊登了相关活动内容的报道。

全年，组织向社会宣传认证认可活动55起、参加人员7 151人次；组织或参加认证认可学习班34起1 274人次；向社会组织开放检测实验室35个，参观实验室3 000多人次；推出宣传版面143幅，宣传报道46次，撰写宣传文章75篇。

2012年，内蒙古认证认可工作在国家认监委、自治区局的领导下，内蒙古质监局在认证认可法制体系建设、认证执法监管体系建设、实验室资质认定评审管理，风险排查及专项教育整治等工作中取得了一些成绩。但在“抓重点、抓难点、抓亮点、抓增长点”上，还绩不如人、需迎头努力。

## 二、存在的问题及建议

### （一）缺少认证监管专职机构、人员

现盟市质量科人手少，一科三用、分身无术。内蒙古质监局是国家认监委指定开展“认证执法监管体系建设”试点单位之一，全区认证监管工作刚刚起步，各地局认证监管力量水平不一，缺少认证监管机构、且人手少、监管能力亟待提高；需进一步强化认证现有人员法规政策的学习，行政执法办案能力的培训，尽快提升认证监管人员的素质能力。

### （二）认证信息纵向不畅、横向不通

目前，只有包头、呼市、阿拉善、满洲里市等少数局基本掌握当地认证企业、产品信息，其他地方局均不完全掌握，需建立国家认监委、内蒙古质监局、盟市、旗县四级的体系认证企业及认证产品的网络信息、认证查新机制；建立质监局与农牧业、商业等部门的认证信息查询平台，达成认证企业、产品动态信息共享。

### （三）检测实验室需进一步规范

自治区已建立了875个资质认定实验室，基层（旗县为主）、企业检测实验室占75%以上，普遍存在检验仪器设备不全、环境条件差、技术质量人员配备少、管理体系运行不良等现象，特别是质监部门的检验实验室以创收为主、超范围检验、超能力判定、不采用正确的标准方法、乱出报告的行为较为严重。需加强实验室法人、管理人、质量技术负责人的学习和培训。

### （四）评审员素质水平需提高、评审队伍不稳定

自治区现有评审员130余人，占80%的评审员是各行业、专业技术领域的负责人和业务骨干，由于各有工作岗位，并不能做到“招之即来、来之能用、用之从严”，实验室评审只能选其时间，评审任务不能有效安排。建立一支“有素质、高水平、能力强”的自治区评审员队伍已成为当务之急。

### （五）认证认可监管无力、费用严重不足

建议自治区局从2013年起，每年安排认证认可工作经费，用于体系认证企业、强制性认证产品、有机认证产品、无公害等食品农产品认证的监督执法检查、抽查，用于检验实验室的监督评审和监督检查，确保自治区实验室资质认定工作的公正性和廉洁的社会形象。

撰稿人：张 瑞 审稿人：刘燕波

# 强化监管　创新机制　传递信任　服务发展

## ——辽宁出入境检验检疫局2012年认证监管工作概况

2012年，辽宁出入境检验检疫局（以下简称“辽宁局”）紧密围绕“抓质量、保安全、促发展、强质检”的十二字方针，按照国家质检总局和国家认监委提出的“传递信任、服务发展”和“五个创新”的指示要求，以辽宁局“管理创新年”为突破口，认真履行认证监管职责，积极探索认证监管新模式，认证监管工作取得了新的成绩和突破。

### 一、体制机制创新，全面提升认证监管能力

高度重视认证执法监管体制创新，初步构建全省认证执法监管体系和区域合作机制，以认证执法监管体系建设为抓手，不断提高监管执法水平。

#### （一）构建全省认证执法监管体系

为加强组织领导，成立了以马军为组长的认证监管体系建设领导小组。马军纪检组长亲自带队多次深入一线调研情况，召开相关部门和企业的座谈会，推动落实认证行政执法责任制，保证执法监管体系建设，初步建立了“以辽宁局认证监管处为业务主导，以各分支局认证执法部门为主力，以辽宁局法制部门为执法监督”的认证执法监管体制，目前已形成认证监管机构、专职执法机构、法制工作机构之间各司其责、相互配合、相互协作、加强监督的内部运行机制。

#### （二）科学布局，充分发挥管理职能

为发挥认证执法监管体系作用，指导基层认证执法监管工作，辽宁局年初制定并下发了《辽宁检验检疫局2012年认证监管工作要点》，统一对认证执法监管工作进行规划和部署，并具体制定了《出口食品备案生产企业监管计划》和《出口商品注册登记企业监管计划》等，并按照国家认监委各专项活动的要求制定方案和计划，严格落实，认真组织开展。

#### （三）建立辽吉黑认证执法监管区域合作新机制

7月2日，在辽宁大连召开辽吉黑三局认证执法监管区域合作协调工作会议，10月30日，在长春签署《东北三省检验检疫机构认证执法监管区域合作备忘录》，东北三省检验检疫机构认证执法监管区域合作机制正式运行。根据《合作备忘录》要求，东北三局将进一步加强认证执法监管领域的合作，共同构建区域认证执法监管和“双打”工作长效机制、区域强制性产品认证和自愿性认证监管协作机制、区域出口食品企业备案及对外注册协作机制、区域认证行政执法队伍协作机制、区域信息宣传与信息共享机制等七大机制。通过加强区域协调协作，统一执法尺度，实现资源共享，提高执法监管水平。

### 二、监管模式创新，全面提升认证监管有效性

按照国家认监委的指导意见，辽宁局坚持从严监管，强化监管职能，完善监管体系，转变监管方式，加大监管力度，努力实现依法、科学、高效监管。

#### （一）强化强制性认证（CCC）产品入境验证管理，实现100%现场查验

辽宁局以部分强制性产品专项整治行动为契机，以“三强化、三提升”为主题，要求各分支局对CCC产品入境验证工作做到100%现场查验，截至2012年11月20日辽宁局共完成CCC产品入境验证37 018批次，执法效果凸显，共发现违法违规案例4起，其中沈阳局2起、大窑湾局2起，完成行政处罚2起，责令整改1批次，退运1批次，有效震慑了逃避CCC、伪造、冒用CCC标志等违法违规行为。

#### （二）强化CCC免办审批管理，实现100%后续监管

辽宁局结合国家认监委绩效考核指标要求，2012

年对辖区申请CCC免办企业进行了100%后续监管，扭转了以往重审批、轻监管的模式，正确认识到审批完成并不是工作的终点，而是后续监管工作的起点，保证以免办名义进口的产品全过程可控、可追溯。同时为解决免办第八项申请批次较多，占用执法力量多、牵扯企业精力多的问题，辽宁局先后赴大连局、东芝（大连）等相关部门和企业进行现场调研，在风险分析的前提下，初步提出了第八项审批改备案的模式，预期能够节约大量执法力量，减少企业投入，提高通关效率。

### （三）强化CCC产品专项抽查，保证抽查工作效果

辽宁局连续第三次承担进口汽车强制性产品认证一致性核查工作。2012年共抽查车辆25台，其中10台为原厂获证车辆，15台为改装获证车辆。经初步核查，10台原厂获证车辆中4台获证不符，15台改装获证车全部存在获证不符合问题，总体合格率仅为24%，改装获证车辆不符合率为100%，辽宁局在一致性比对工作完成后，已将相关问题汇总并报送国家认监委认证监管部。通过强制性产品监督抽查工作，为入境验证工作敲响了警钟，积累了经验，同时提高了一线检验人员验证执法能力，规范了认证执法行为，提高了入境验证工作的有效性。

### （四）运用小批量网上审批新模式，实现高效监管

按照国家认监委要求，辽宁局于6月15日正式上线运行小批量审批管理系统，并完全取消纸质单据的流转，进一步提高了审批工作效率。通过对车型的严格审查，避免了获证车型以小批量形式进口逃避CCC认证的情况发生，以系统校验VIN数据代替人工校验，保证了审核的准确性。截至2012年11月20日，共完成小批量审批3 444批次，4 393台次（含6月15日网上审批前数据）。

### （五）运用电子审单新模式，加大注册登记监管力度

4月16日起，辽宁系统全面实行了出口商品注册登记证书电子化审验。通过集中审单系统的“自动校验、自动审核、自动比对”功能，实现了对实施出口商品注册登记产品的自动识别，企业和产品资质的自动校验，企业证书信息的电子化显示，自动拦截无资质的出口货物，提高注册登记执法有效性和准确性。同时，针对市场采购、旧机电出口、进口复出口等情况，制定无需办理注册登记工作指南，指导和规范无需办理注册登记工作。截至2012年11月20日，共办理出口商品注册登记企业30家，临时注册登记企业36家，无需办理注册登记124批。目前，辽宁地区出口商品注册登记有效企业共124家。

### （六）运用绩效手段，实现“监管之监管”

按照国家认监委关于“各级认证监管部门务必高度重视‘监管之监管’，以认证执法监管体系建设为抓手，不断提高监管执法水平”的要求，辽宁局以绩效考核为抓手，积极开展对内监管和考核。认证部门开展绩效考核主要是以日常考核和现场检查方式进行，日常考核主要审核各分支局受理的行政许可档案材料是否齐全和受理时限是否符合要求，截至2012年11月1日，共审核备案/注册行政许可材料237份；出口商品注册行政许可材料29份，日常报送认证书面材料和数据19项，共发现29项问题。

## 三、整治活动创新，全面提高“两个专项行动”整治成效

按照国家认监委和辽宁局“两个专项行动”的统一部署，辽宁局全面开展了认证认可领域的质量安全风险排查和整治工作，以“六大战役”全面落实上级行动部署，取得很好的整治成效。

### （一）开展全省认证执法监管专项检查

按照国家质检总局和国家认监委“两个专项行动”部署，为进一步做好认证认可质量安全风险排查工作，9月—10月，对辽宁系统17个分支局和7个办事处的认证监管执法工作进行了全面检查。此次检查由辽宁局认证处牵头组织，抽调本系统业务骨干，分成4个检查小组。检查组采取听取汇报、调取检务数据、查阅证单、检查监管档案、走访企业等多种形式，共组织听取20次业务汇报，共调阅证单535份，检查企业监管档案110份，走访检查监管企业45家，发现问题35项，发现好的经验做法15项。

### （二）开展获证企业网格化专项监督检查

根据国家认监委的工作部署，辽宁局于2012年3月—10月间开展了管理体系认证监督检查工作，同时在国家认监委的指导和支持下，于2012年9月在大连市和葫芦岛市开展了出口企业认证有效性网格化专项监督检查。本次检查中，辽宁局共对辖区内150家出口企业实施管理体系认证监督检查，出动认证监管人员372人次，检查质量管理体系、环境管理体系、职业健康管理体系和ISO/TS 16949体系等认证证书共245张，

涉及认证机构 32 家，发现各类问题 114 个。

### （三）开展食品农产品认证监管检查

根据国家认监委的工作要求，辽宁局于 3 月—10 月，进行了食品农产品认证监督检查工作。检查以加强辽宁地区出口食品农产品安全质量，提高获证企业管理水平和规范认证活动为目标。辽宁局共抽查食品农产品出口企业 88 家，涉及 ISO 22000、危害分析与关键控制点（HACCP）体系认证、良好生产规范（GMP）认证、有机产品认证、无公害农产品认证、绿色食品认证和其他认证共 118 张证书，检查认证机构 12 家，共发现 7 个方面问题。

### （四）开展有机产品认证标志专项整治

根据国家认监委工作部署，为严厉打击假冒有机产品行为，增强消费者消费信心，结合“双打”、“质检利剑行动”、“质量月”等各项活动，辽宁局于 2012 年 7 月—12 月开展有机产品认证标志专项整治活动。深入生产、销售等场所和认证机构，重点查处伪造、冒用、超期、超范围、超量使用有机产品认证标志、有机证书等行为。整个行动共分为三个阶段，分别是宣传教育整改阶段、集中整治阶段和总结汇总阶段，本次整治活动处于集中整治阶段。

### （五）认证咨询市场和认证咨询机构专项整治

为进一步依法规范认证咨询行动，整顿认证咨询市场和打击非法认证咨询行为，根据国家认监委工作部署，辽宁局于 5 月 ~7 月开展了认证咨询市场和认证咨询机构专项整治活动。依据国家认监委咨询机构名录，辽宁局共对其中的 12 家进行了现场走访核查，与咨询机构相关人员进行交流，查阅开展咨询活动的相关资料，了解收费方面、跨范围开展咨询业务的情况。向辖区 120 家获证企业发放专项调查问卷，调查了解认证咨询相关活动情况，收集相关信息。将《辽宁省认证咨询机构名录》提供给辖区 200 多家企业，增强企业“自卫”能力和手段。

### （六）开展肉类企业和果蔬汁企业 HACCP 验证提升检查

按照国家认监委的工作部署，辽宁局集中开展了对辽宁地区肉类企业和果蔬汁类企业的 HACCP 能力验证提升检查工作。此次 HACCP 验证提升检查共涉及辽宁地区 10 个分支局辖区内的 43 家备案企业。历时近 3 个月，共派出 129 人次的评审员，组成 16 个检查组，采用异地交叉形式，分组开展检查。通过 HACCP 验证提升检查，共向 38 家企业提出了 73 项改进意见，同时对 2 家问题比较严重的企业暂停使用备案证明，注销了 3 家企业的备案证明，在促进辽宁地区备案企业管理水平的提高方面，取得了明显的成效。经过“两个专项行动”整治活动，全年注销备案企业 39 家，有效提高全省备案企业质量水平。

## 四、服务方式创新，全面提升服务经济发展水平

为落实《关于促进外贸稳定增长的若干意见》，辽宁局结合实际工作，采取多项措施，帮助企业打破国外壁垒，拓宽发展平台，全力服务促进外贸稳定增长大局。

### （一）全力帮扶企业申请国外注册，拓宽企业发展平台

2012 年上半年，在辽宁局党组的正确领导下，局领导亲自参与调研，多次深入企业现场指导，最终成功帮助大窑湾保税港区 2 家冷库成为欧盟注册水产品存储库。这是我国首次成功推荐水产冷库向欧盟注册，是辽宁局创先争优办实事，发挥认证认可作用，促进地方经济发展的又一个缩影。它将为大连港实现“三年超千万标箱”目标保驾护航，将有力推动大连港集装箱吞吐量的增长，也将为大连的水产加工和远洋捕捞等行业的发展提供诸多便利条件。《国门时报》和大连电视台等媒体纷纷报道了欧盟冷库注册这一零的突破。11 月，完成韩国官方对辽宁省 2 家禽肉出口企业的检查组织工作。全年辽宁局共组织 30 个考核组，评审员 70 人次参与审核企业。共向国外推荐注册企业 59 家次，截至 2012 年底，共有 27 家次企业已经获得国外注册资格。

### （二）积极宣贯美国食品药品管理局（FDA）注册要求，防止企业出口受阻

依照美国 2011 年颁布的《美国 FDA 食品安全现代化法》相关规定，美国 FDA 网站发出通知，2012 年 10 月 22 日—12 月 31 日，对美国出口的国外食品生产企业需重新办理在美国注册。逾期未注册的企业，产品将被拒绝入境。 共涉及辽宁地区约 220 家备案企业。为避免企业因为未能及时申请重新注册而影响产品向美国出口，辽宁局认证部门一方面组织人员翻译注册相关要求、注册流程、注册内容等信息，积极开展宣传工作。另一方面与检验检疫协会于 11 月 27 日共同开展对输美企业免费培训，并安排专人负责指导企业完成对美重新注册工作，以最大程度的降低美国的这一要求对辽宁地区出口食品生产企业的影响。这项工

作得到企业的好评。

## 五、教育培训创新，全面提升执法人员业务能力

辽宁局积极推进认证执法队伍建设，探索评审员培训和管理的创新模式，培养“业务精”又要“作风正”的认证执法人员。

为提高全省执法人员业务素质，辽宁局全面加强对认证监管人员的培训力度。根据辽宁局认证重点工作和《东北三省检验检疫机构认证执法监管区域合作备忘录》相关合作机制，全年共组织几次大规模的人员培训。一是三局142人商品注册登记和认证执法人员培训；二是三局42人参加认证网格化监管培训；三是辽宁局120人备案评审员持续培训；四是派员参加8月在黑龙江局举办的有机知识培训。7月还承办并参加国家认监委2012年二季度认证认可业务会议。通过一系列业务培训，提升了认证监管人员业务能力和水平，努力造就一支政治合格、业务精通、作风过硬、高效廉洁的认证执法监管队伍。

为保证新的备案规定有效实施，辽宁局全面开展对备案企业的宣贯工作。国家质检总局142号令正式发布后，国家认监委和辽宁局于2011年末出台了一系列出口食品生产企业备案管理方面的配套文件。为有效贯彻落实这些文件要求，顺利完成卫生注册登记制度向备案制度的转换，辽宁局专门下发通知，部署备案管理规范的宣贯工作，同时为分支局统一安排了培训内容，统一确定培训重点，统一提供培训课件和参考资料，以方便各分支局开展宣贯工作。各分支局结合“五进”活动，创新宣贯方式，灵活采用集中培训、基层宣讲、重点企业探访等多种形式，圆满完成了宣贯工作。各分支局已按要求开展对650余家备案企业约850位企业质量管理人员开展培训和指导。

## 六、宣传形式创新，全面提升认证认可影响力

按照国家认监委“传递信任、服务发展”的总要求，以“世界认可日”、“3·15消费者权益日”、“质量月”等宣传活动为契机，全面加强认证认可信息宣传工作，提升认证认可社会影响力。

### （一）组织编写知识宣传手册

为做好“世界认可日”主题宣传活动，宣传认证认可对于提升产品质量安全的积极作用。组织认证专家精心编写认证认可知识宣传手册6 500份，分发到各分支局，方便全省开展主题宣传活动。

### （二）围绕重点，搞好策划

辽宁局围绕认监委宣传重点，开展具有辽宁特色的“五进”活动。发动认证专家进入社会生活各个层面，深入机关、企业、商场、社区和学校，2012年重点深入企业、商场共700多家，宣传认证认可知识和行业应用的典型实例，提升了认证认可的社会影响力。

### （三）结合重大节庆，搞好重点宣传

6月9日“世界认可日”当天，全省检验检疫系统共举办17场“世界认可日”主题宣传活动，近300名工作人员参与活动，分发各类宣传材料15 000多份，接受认证认可宣传群众达4万余人。辽宁电视台、《辽宁日报》、《中国质量报》、《华商晨报》及大连电视台、《大连日报》等省、市级新闻媒体对宣传活动进行了集中采访报道，宣传活动产生了很大的社会影响力。

**撰稿人：姜剑锋 审稿人：孙凤和**

# 发挥认证认可作用　助推辽宁经济发展

## ——辽宁省质量技术监督局2012年认证监管工作概况

2012年，在国家认监委和省局党组的正确领导下，辽宁省质量技术监督局（以下简称“辽宁省质监局”或“省局”）认证监管工作紧紧围绕“抓质量、保安全、促发展、强质检”这一工作方针，以全面提升认证监管队伍素质为主线，以沈阳经济区、辽宁沿海经济带区间内的认证监管信息共享机制和认证监管网格化管理试点工作为纽带，以强制性产品认证执法监督、自愿性认证监督检查、实验室资质认定和机动车安检机构监管为重点，进一步提升了全省认证监管工作的有效性。一年来，经过全系统认证监管人员的共同努力，监管队伍素质不断加强，监管能力明显提升，认证监管长效机制建设初见成效，圆满完成了各项工作任务。

### 一、区域合作机制初见成效

通过“沈阳经济区”和“辽宁沿海经济带”两个区域内各市间认证监管合作，不断探索区域经济环境下认证监管的新模式，实现优势互补、资源共享，得到了相关市局积极响应。

### 二、进一步加强认证执法监管工作，规范认证市场秩序

一是加强了对强制性认证产品的检查力度；二是加强了自愿性认证的监管力度；三是加强了对食品农产品和有机产品认证监管；四是加强了对强制性产品的抽查工作。

### 三、实验室资质认定工作的有效性不断加强

一是严格实验室资质认定的受理、技术评审、证后监管等环节的责任和要求；二是加大资质认定监管力度，全省共有500多家检测机构进行了资质认定自查工作，并在检测机构自查的基础上，省局派出8个检查小组，对辽宁省90家检测机构进行了现场监督检查；三是完善了评审员数据库；四是召开了全省食品检验机构资质认定体系文件修订工作会议，共有200余家食品检验机构的270人参加了会议；五是为提升辽宁省食品检验机构的评审质量，提高食品评审员的理论水平和实际工作能力，辽宁省对156名食品评审员进行了培训与考试，有105人通过了考试，提高了在用食品评审员的能力。

### 四、强化机动车安检机构的监管，规范机动车安检机构检验资格许可工作

（1）转发了国家质检总局《关于做好2012年全国机动车安全技术检验机构资格管理工作的通知》（辽质监办认［2012］59号），对2012年机动车安检机构监管工作重点做出布置；

（2）按照国家质检总局布置，完成了2011年参加总局监督检查的安检机构的整改工作，对问题较多的凌海市、海城市的机构进行了现场抽查，向国家质检总局报送了整改工作总结；

（3）接待、处理了多起有关安检机构建设、安检工作的投诉；

（4）完成了对新建安检机构招标文件的修改；

（5）清理、更新政务网站的政务信息；

（6）处理、回复了政协委员、人大代表关于安检机构设立、管理方面的提案、建议；

（7)同省公安厅就安检机构管理进行了工作沟通，向其正式通报了全省安检机构检验资格许可情况；

（8）组织了280多人次安检人员的培训工作；

（9)编制了《2012年度辽宁省安检机构设置规划》。

2012年，通过大家的共同努力和卓有成效的工作，在认证监管工作各个方面都取得了较大成绩，但是也清醒地认识到全系统认证监管工作还存在着一些薄弱环节和突出的问题。

一是认证监管队伍与当前工作任务的要求不相适应。二是认证执法问题有待进一步规范和改进。三是上报材料不认真和不及时的现象时有发生。总体看认证认可的社会认知度还不高，法律法规体系、监管体系和信息服务体系还需进一步完善，认证监管方式、手段还没有完全适应经济发展的需要，监管模式还有待进一步创新和改进，市县（区）两级认证监管部门在机构、编制、经费上缺少保证。总之，需要认证监管人员进一步努力和完善。

**撰稿人：郭铁城 审稿人：任力**

# 加强监管 严格把关 切实提高认证有效性

## ——吉林出入境检验检疫局2012年认证监管工作概况

2012年，吉林出入境检验检疫局（以下简称“吉林局”）认真贯彻落实全国认证认可工作会议精神，按照“分级管理、深挖潜能、上下联动、破解难题”的工作思路，以“传递信任，服务发展”为主题，以“抓质量、保安全、促发展、强质检”工作方针为主线，深入推进认证执法监管体系建设，切实发挥认证监管的基础保障作用。

## 一、进一步规范出口食品生产企业备案工作

### （一）加强全省出口食品生产企业备案工作

2012年6月，吉林局召开吉林省出口食品生产企业备案工作会议，宣传贯彻《出口食品生产企业备案管理规定》及配套的文件规范，以提高吉林省出口食品企业的管理水平和监管人员履职把关能力。全年严格按照“备案审批、现场评审、发证工作、备案档案”的程序内容要求，完成日常监管659家/次，派出监管人员1 266人/次；完成定期监管432家/次，派出监管人员828人/次。对企业开具了104项不符合项报告，并按要求监督企业完成整改，不符合项整改完成率达100%。共注销出口食品备案生产企业58家，受理企业备案申请98家次，组成评审组98个，调动评审员260人次。批准备案企业98家，其中新增备案企业28家，延续备案企业70家。截至2012年底，全省获得出口食品生产企业备案管理的企业共有353家。

### （二）切实提升备案企业食品农产品认证的有效性

吉林局在年初制定了食品农产品认证监督管理计划，并出动80人次开展检查工作，检查任务细化分解到各有关分支机构和有关业务处，将检查触角融入到开展出口食品备案企业的日常监管、定期监管、专项检查，以及延续备案、新申请企业评审的工作中。选取30张证书开展检查，包括有机产品认证证书、食品安全管理体系认证证书、HACCP认证证书各10张。针对检查中发现的问题，提出了整改意见和建议。

### （三）完善备案制度和备案产品的管理和检测

在备案检测工作方面，吉林局以风险分析为基础，保障出口食品质量安全为原则，对重点产品、重点企业开展备案产品检测。全年共开展11家次新申请备案企业产品检测，发现产品检测不合格情况1例，企业在整改过程中已做产品工艺调整，备案产品检测工作取得初步成效。

### （四）出口食品对外推荐及注册取得新突破

2012年，吉林省有10家备案企业分别在日本、蒙古、加拿大、美国、俄罗斯、越南及韩国获得注册。其中，水产企业延边盛海工贸有限公司首次获得输美水产企业注册；吉林德大有限公司2家工厂首次获得蒙古熟制牛羊肉注册资格；水产企业图们旺达食品有限公司首次获得越南注册资格；吉林康大食品有限公司首次获得俄罗斯注册资格，使得吉林省兔肉十年来首次出口俄罗斯。

### （五）认真落实HACCP验证提升工作

根据国家认监委《关于组织开展出口肉类和乳品等企业HACCP验证提升计划的通知》（国认注［2012］

41号）要求，吉林局调动评审员40人次，组成验证小组21个，完成验证企业13家，开具30条不符合项并完成跟踪整改。注销白城天福粮油食品集团有限公司等3家出口肉类备案企业，进一步加强了对敏感产品企业的重点监管治理工作，提升了出口食品备案企业质量安全管理水平。

## 二、突出强制性产品认证监管工作

### （一）开展重点强制性认证产品质量安全专项整治行动

吉林局对重点产品、重点企业和重点口岸进行了集中清查整治，确定一汽大众公司、一汽轿车公司、一汽丰越公司等为重点核查企业，开展汽车零部件产品的一致性、证书有效性核查工作，先后出动执法人员50人/次，核查证书237份。核查范围以近两年来新车型（奥迪新A6L，GOLF GTI等）的CCC零件为主。同时，强化强制性认证产品的入境验证。对2 349批通过辖区内口岸入境的CCC目录内商品实施了现场查验，实现了入境查验率达100%。查处4批次涉及未获CCC证书或CCC免办证明擅自进口的案例。

### （二）规范CCC免办，加强进口后续监管

吉林局后续监管了CCC免办持证企业47家，覆盖率达到100%。审核申请1 330份，涉及企业47家。退回不合格申请50份。发放证明1 280份，货值90 343.8万元人民币，同比增加13.9%。主要是一汽集团和长客集团进口零部件产品。在监管中发现个别企业存在擅自改变产品用途、申报的产品型号与实际不相符等问题，均责令企业进行了整改，确保CCC免办产品严格按申办理由使用，消除了可能存在的质量安全风险隐患。

## 三、切实提高实验室技术检测能力

### （一）强化实验室资质工作

吉林局全年共组织13家实验室通过了资质认定评审、实验室认可评审和食品检验机构资质认定初次评审。截至2012年底，局资质认定实验室共13家，资质认定证书5张；食品检验实验室共5家，食品资质认定证书1张。

### （二）加强企业认定实验室管理

2012年8月，吉林局召开全省认定实验室工作会议，对认定实验室工作进行了总结，对下一步工作做了安排部署。会后，组织专家组帮助有关企业分析实验室管理方面存在的问题，指导企业实验室完善管理手册、检测方法、检验标准，指导建立检测体系，帮助企业完善实验室管理。

## 四、深入推进认证执法监管体系建设

### （一）构建认证执法监管区域合作框架体系

吉林局与辽宁、黑龙江局签署《合作备忘录》，在强制性产品认证监管、出口食品生产企业备案、出口食品对外注册、管理体系和食品农产品监管等方面进一步加强合作，推进东北三省检验检疫机构认证执法监管体系建设，在1~3年的时间内努力构建东北三省认证执法监管体系，全面提高东北地区认证认可工作水平。

### （二）加强认证监管队伍建设

为提高认证监管队伍水平，吉林局相继举办了认证监管人员视频培训班、ISO 9000质量管理体系评审员培训班、出口食品生产企业备案评审员视频培训班。

**撰稿人：周广仁 审稿人：李东春**

# 发挥基础作用 加快创新发展<br>努力开创认证认可工作新局面

## ——吉林省质量技术监督局2012年认证监管工作概况

2012年，在国家认监委的具体指导下，在吉林省质量技术监督局（以下简称“吉林省质监局”或“省局”）党组的正确领导下，吉林省认证认可工作以服务科学发展为主题，以贯彻落实《质量发展纲要》为主线，牢固树立“发展至上、质量为本、安全为天、铸强质监、创新争冠”思维理念，开拓创新，完善制度，健全机制，稳步提高认证的规范性和有效性，有效规范了全省认证市场秩序，全面提升实验室检验检测能力和管理水平，取得了显著的成效。截至2012年底，吉林省共有4 120家企业通过了自愿性认证，获得5 168张证书，其中，质量管理体系认证证书3 044张、环境管理体系认证证书669张、职业健康安全管理体系认证证书343张；382户企业通过了强制性产品认证，获得认证证书2 145张；751家实验室获得资质认定证书。

### 一、严格自愿性认证执法监管，规范认证行为，提高认证有效性

一是组织引导企业积极开展自愿性认证工作。在企业及相关组织中，积极推动质量管理体系、环境管理体系、职业健康安全管理体系认证工作；在食品企业推动食品安全管理体系、危害分析与关键控制点（HACCP）体系认证等工作，努力发挥认证认可在质量管理和安全保障方面的基础作用。

二是加强有机产品认证有效性监督检查，维护广大消费者合法权益。省局与各市州质监局签订了认证认可目标责任书，做为年度考核的重要依据。各市州质监局按要求全面检查了企业有机产品认证的符合性，检查了有无伪造、冒用、超期、超范围使用认证标志等情况，以及认证机构认证行为的规范性，重点打击有机认证产品的假冒行为，全省共检查有机产品认证企业50家。

三是强化管理体系认证的监督检查，规范管理体系认证的行为。省局组织开展管理体系认证专项监督检查，并对认证机构认证的规范性、有效性进行现场验证。各市州质监局按照通知要求和部署，对企业“申请认证的基本条件、内审及管理评审、人力资源、基础设施和工作环境、采购供应、生产过程、质量管理、认证证书使用及标志的使用”等管理体系运行情况进行了详细的检查，掌握全省管理体系认证的现状，找出存在的问题，全省共检查获证企业71家。

### 二、开展强制性产品认证监督检查，保护人民生命健康安全

一是加强儿童玩具产品监督检查。组织各市州质监局对超市、儿童玩具经营门店等销售的童车、儿童玩具类产品进行检查，重点检查了玩具生产商的资质、质量检验合格证明以及经销商的进货渠道和产品溯源情况，并对存在问题的产品进行了查处。同时发放有关宣传资料800余份，咨询人数350余人次，提高了消费者对玩具类产品的安全性认识。

二是组织开展汽车轮胎产品专项监督抽查。按照国家认监委的要求和部署，吉林省质监局抽查了15家生产企业生产的30个规格的汽车轮胎产品（共计60件），抽查产品合格率为93.3%；所抽查产品均是市场占有率高，销售量大的产品，具有较好的代表性，掌握了在全省流通领域销售的获得CCC认证的轮胎产品的质量情况，促进了行业健康发展。

三是组织开展了对省内强制性认证产品生产企业的建档工作，并对重点产品进行专项监督检查。省局组织各市州质监局对全省强制性认证产品生产企业进行重新建档，并发放了调查问卷，收集了企业的意见和建议。同时，对汽车零部件、电线电缆、低压成套开关设备等涉及人民生命财产安全的重点产品进行专项监督抽查，检查中全省共组织120人次，检查企业44家，检查产品549个，并对存在问题的企业进行了整改和

处罚，并对认证机构实施认证的规范性、有效性进行了现场验证。

## 三、推动食品检验机构资质认定工作，提高食品检验的能力和水平

吉林省质监局根据《食品安全法》和《食品检验机构资质认定管理办法》的有关规定，按照国家认监委的工作安排，组织开展了食品检验机构资质认定工作。首先下发通知，对工作进行了全面安排和部署，对食品检验机构的界定、资质认定的相关事项、检验人员的要求等做出了明确的规定，组织对《食品检验机构资质认定评审准则》进行了宣贯，同时对食品检验机构资质认定评审员和系统内质检机构微生物检验人员进行了理论和实际操作培训，共培训人员 245 人次；在工作中，省局坚持做到统一标准、严格审查、帮助整改、促进提高，全省食品检验机构资质认定有序开展。截至 2012 年底，全省共完成食品检验机构资质认定 147 家，并为机构颁发了食品检验机构资质认定证书。

## 四、加强实验室监督管理，提升检验检测能力

一是加强消防检测机构管理，开展消防检测人员培训。省局根据全省消防检测机构的实际情况，结合监督检查和复查评审，严格落实基本条件中对人员、设备、环境和体系运行等方面的要求，对存在问题的机构暂停资质进行整改，有效促进全省消防检测机构整体水平的提升。同时还组织了对全省消防检测机构的检测人员进行了培训，开办了 2 期培训班，共培训人员 400 余人次，提高了全省消防检测人员的检测能力和技术水平。

二是加强人参鉴定机构的监督管理。吉林省质监局在制定下发《人参鉴定机构基本条件》的基础上，组织对人参鉴定人员进行了相关的培训，按照人参鉴定机构确认细则，明确对全省人参鉴定机构进行确认的具体内容，并会同省农委组织有关专家对符合条件的人参鉴定机构进行确认，截至 2012 年底，全省共有 5 家人参鉴定机构获得了资质，并在省局网站对外进行公布。同时，省局组织对白山市质监局开发的人参鉴定管理系统软件的应用进行了前期的调研和论证，拟在全省人参鉴定机构中推广使用。该系统致力于打造人参鉴定的诚信体系，使人参鉴定的每一个环节实现可追溯，从根本上提高人参鉴定质量和诚信指数，进一步规范人参鉴定工作行为，净化检验市场，有效的提升全省人参的质量和信誉。

三是组织开展检测机构和机动车安检机构监督检查，提高检测机构公信力。吉林省质监局专门制定检查方案，规定每个市州质监局的检查任务和数量，并对检查记录作出了详细的要求。检查的重点：一是检测机构的检测行为，即有无超范围检测、出具虚假报告行为；二是检测机构的设备、人员、环境、管理等各方面能力能否持续保持。全省共检查检测机构 67 家，检查机动车安检机构 7 家。

四是开展实验室能力验证活动。省局组织对全省 152 家建材实验室、146 家食品实验室进行了水泥、食品和食品添加剂三个大项共 10 个参数的能力验证考核，通过能力验证考核了实验室的检验能力，促进了整体检验水平的提高。

五是做好实验室资质认定复查、扩项和监督评审工作。按照年初下达的 2012 年计量认证复查和定期监督评审计划，严格现场评审，保证评审质量。2012 年新增各类检测机构 46 家，全年共完成实验室资质认定首次、复查和扩项评审共 271 家，定期监督评审 198 家。

六是规范实验室资质认定评审工作，加强评审员培训，提高评审工作质量。吉林省质监局进一步完善了检测机构资质认定资格审查条件，下发了《关于进一步加强检测机构资质认定评审管理工作的通知》，加强了对评审员和评审组长的管理，使评审组能够公正、客观进行评审，提高了评审工作质量。2012 年 7 月，吉林省质监局组织对实验室资质认定评审员进行了相关法律法规和技术规范的培训，新增评审员 206 人，拓宽了专业领域，充实了评审员队伍，促进了评审员队伍整体素质提升。

**撰稿人：娄常利 审稿人：沈迪波**

# 贯彻质量发展纲要 落实十八大精神 全力提升龙江认证监管工作新局面

## ——黑龙江出入境检验检疫局2012年认证监管工作概况

2012年，黑龙江出入境检验检疫局（以下简称“黑龙江局”）按照“抓质量、保安全、促发展、强质检”十二字方针，认真贯彻质量发展纲要，圆满完成各项工作任务。2012年，国家质检总局领导多次来龙江视察，并充分肯定黑龙江局工作，支树平局长在视察龙江时指出，黑龙江检验检疫事业发展迅速，在进出口产品质量把关、打击假冒伪劣违法行为、推动中俄经贸合作、保障国家能源安全等方面，发挥了积极的作用，各方面工作取得了比较突出的成绩，创造了十分宝贵的经验。黑龙江省委、省政府主要领导批示达65次，吉炳轩书记表扬黑龙江局“工作积极主动，着眼经济发展和人民生命安全，出入境检验检疫工作做得很好，向同志们表示感谢和慰问。”王宪魁省长在会见魏传忠副局长时，肯定黑龙江局“积极为地方经济发展服务，主动作为，工作带有前瞻性、锲而不舍，爱岗敬业，与各厅局、各地市密切开展合作，大局观强，效率很高，在省里树立起想事、干事的良好工作作风。”孙尧副省长在黑龙江省食品安全风险评估及隐患排查现场经验交流会上指出“检验检疫是黑龙江省从事食品检验最高水平的单位，这些年为黑龙江省经济发展、社会发展，尤其是我们外向型经济的发展做出了很重要的贡献”。

2012年，黑龙江局按照国家认监委的部署和要求，全面推行各项认证监管工作，提升产品质量安全，促进贸易发展。认证认可是国际通行的桥梁，也是走向国际市场的通行证，同时也是落实国家产业政策、促进产业调整升级的有效手段，在政府职能转变、行政管理体制改革当中，认证认可发挥了巨大的作用。通过开展“质量提升”活动，提升学习能力、工作能力、监管能力、判断能力、自律能力、提升服务能力，充分发挥了认证认可的基础作用。

### 一、出口食品企业备案工作

#### （一）出口食品企业备案情况

2012年，新增出口食品备案企业41家（同比减少30.5%），换证复查44家（同比减少27.8%），取消备案企业88家（同比增加0.2%）。目前全省获得备案资格出口食品企业342家（同比减少8.1%），其中注册133家，登记209家，涉及21类注册产品中的17类，其中以肉及肉制品、乳及乳制品类、粮食类产品为多。全年共组成备案评审组75个，调配评审员211人次，对全省23家出口肉类企业和14家出口乳制品企业进行HACCP计划验证提升检查工作。

#### （二）对外注册工作情况

推荐黑龙江正大实业有限公司熟食品加工厂（2300/03063）、牡丹江正大实业有限公司熟食品加工厂（2300/03089）及讷河新恒阳肉类食品有限公司（2300/03091）3家熟制牛羊肉企业对蒙古国注册，并获得注册资格。

2012年全国共有11家熟制牛羊肉企业获得对蒙古国注册资格。经黑龙江局指导和审核，黑龙江省有3家企业获得资格，占全国总数的27%，为黑龙江省熟制牛羊肉出口蒙古国奠定了基础，也标志着黑龙江省熟制牛羊肉制品与世界接轨的脚步不断向前。

#### （三）企业质量管理人员队伍建设

举办全省出口食品备案企业质量管理人员培训班。为贯彻实施国家质检总局《出口食品生产企业备案管理规定》（总局第142号令），加强企业质量管理人员队伍建设，提高一线出口食品企业的自身管理水平，统一注册备案工作尺度，指导企业建立安全卫生防控体系，黑龙江局于2012年10月对全省出口食品生产企业卫生质量管理人员170多人分别在齐齐哈尔市、佳木斯市举办了2期安全卫生质量管理培训班，是近几年来规模最大的一次，取得了很好的培训效果，深受出口企业欢迎。

## 二、认证监管工作情况

### （一）质量许可管理情况

受理出口质量许可复查5家，新增3家，共有35家（四大类）。

强制性产品入境330批次，验证330批次。

### （二）强制性产品认证（CCC）免办工作及后续监管工作

办理CCC免办43份，有计划地进行了后续监管工作。

## 三、有机产品认证示范创建区培训工作

开展有机产品认证示范创建区培训工作，2012年8月3日，在黑龙江省农垦北安分局红星农场对来自辽宁局、吉林局、中绿华夏认证机构及三省企业120多人进行了培训。

农业部稻米检测中心金连登主任和中绿华夏认证机构人员对有机产品新标准进行了详细讲解。国家认监委陈海洋副主任对黑龙江局的有机认证示范创建工作给予充分肯定，对黑龙江局在有机产品认证示范创建方面所做的工作给予表扬。

## 四、认证认可监督管理工作

### （一）强化市场认证监管

通过近三年自愿性认证的监督检查和有机认证的抽查，规范了认证机构的认证行为，提高了认证企业认证的有效性，按工作计划实现了出口企业认证有效性监督检查的全覆盖，为保证提高出口企业产品质量起到了基础保障作用。

### （二）实施认证认可下基层，全面开展相关领域风险排查工作

在“质量月”中提升各项认证监管工作的质量。积极做到“质量月”活动与其他工作两不误、两促进，对免于办理强制性产品实施全数后续监管。

针对黑龙江出口木制品企业小而杂的特点，在全省范围内开展了出口木制品备案登记企业使用胶、漆专项监督检查，规范建立合格供方档案，建立胶漆使用台账和产品溯源制度，为减少出口木制品及木质家具卫生安全风险奠定基础。

### （三） 开展认证认可领域打击侵犯知识产权和制售假冒伪劣商品专项行动

对全省各口岸强制性入境产品进行统计排查。经查内陆港办事处进口的强制性产品包括钢化车窗玻璃747件、层压挡风玻璃783件，全部具有CCC标志和CCC证明；经黑河检验检疫局进口的X射线血管造影系统一台（德国）、X射线计算机断层摄影设备一台（日本），均有CCC标志。

### （四）采取多种手段向社会各界宣传认证认可

每年的世界认可日、“3·15”、食品安全宣传周、哈洽会等重大活动，都是开展认证认可活动有力的宣传平台。

### （五）开展认证认可领域打击侵犯知识产权和制售假冒伪劣商品专项行动

根据国家认监委《关于在打击侵犯知识产权和制售假冒伪劣商品行动中加强强制性产品认证行政监管工作的通知》（国认证［2010］73号）要求，黑龙江局高度重视认真布置，成立了“加强强制性产品认证行政监管工作”和“推进认证执法监管体系”组织机构，对全省16个分支机构、黑龙江局两个业务处室、5个派出机构的强制性产品入境情况进行了全面的梳理和排查。

## 五、实验室管理工作

### （一）开展2012年度检测技能大比武、用多种手段提高检测人员技术能力

检验技能比武活动是黑龙江局开展的一项全省实验室范围内的竞赛活动，自2009年以来，每年举办一次。2012年度检测技能大比武活动作为黑龙江局149项重要工作之一。2012年6月15日，来自黑龙江检验检疫系统全省系统17个实验室和5家备案的实验室共计27名选手参加了检测技能比武活动，黑龙江省科技厅领导亲临现场并给与高度评价。通过比武的方式不仅全面提高了检测人员的技术能力，更提高了黑龙江检验检疫系统检测机构的检测能力和实力，为执法提供可靠的基础和技术保障。本次获奖前五名选手被推荐“全省青年岗位能手”。

### （二）积极推进黑龙江省实验室资质

#### 1. 推进食品检测机构资质认定，为地方服务

按照国家认监委《关于实施食品检验机构资质认定

的通知》文件要求和总体安排部署，在2010年底开始筹划和准备相应工作，通过国家质检总局的培训和考核，黑龙江局获得“食品检验机构资质认定评审员”师资证书人员1名，获得“食品检验机构资质认定评审员（国家级）”人员3名。10月14日，黑龙江局最后1家食品检验机构——黑龙江局技术中心大庆技术分中心通过现场评审，至此黑龙江局所属的16家食品检验机构全部通过了“食品检验机构资质认定”现场评审，获得了我国法定要求的“食品检验机构资质认定（国家级）”和国际通行和国际互认的“实验室认可”双重资质。

#### 2. 黑龙江局珠宝玉石检测鉴定中心和卫生检疫区域实验室资质推进工作

东宁口岸是我国北方沿边唯一的金伯利进程国际证书制度业务口岸。为推动东宁金伯利口岸健康快速发展，黑龙江局在东宁口岸投资200多万元，建设了珠宝检验鉴定中心。5月4日，黑龙江局珠宝玉石检测鉴定中心揭牌仪式在东宁举行。为完善珠宝玉石检测技术体系，黑龙江局积极推进珠宝玉石检测鉴定中心的体系建设和资质认定工作。

#### 3. 实验室获得地方挂牌机构情况

为充分发挥全省实验室的作用、充分利用黑龙江局的检测资源，2012年5月下发了《关于鼓励我局实验室争取获得地方法人资格的指导意见》。截至2012年10月底，获得地方挂牌的机构有“齐齐哈尔市国家绿色食品检验检测中心”、“东宁县检验检疫服务中心”、“佳木斯市食品检验检测中心”、“绥芬河市食品检验检测中心”、“鹤岗市煤焦炭检测重点实验室”5家。

#### 4. 实验室开放工作

为了更好地宣传黑龙江局实验室的检测实验室以服务于地方经济的发展，黑龙江局把实验室开放活动作为常态化工作之一，每年都以不同的方式进行实验室开放。

2012年6月，在黑龙江省食品安全宣传周期间，黑龙江科技处安排全省7个食品实验室开放12次，参观人数510人次，包括科技厅副厅长、地方政府市长等领导参加该活动。

2012年9月7日—26日，在黑龙江局的实验室主题开放月活动中，全省的12家食品和医学实验室合计开放30余次，其中集中开放16次，参观人数超过近800人，开放活动取得了预期的效果，并以“以检测为友，与安全同行”面向高校师生进行了实验室主题开放。

#### 5. 开展检测实验室风险排查和防控工作

风险排查是国家质检总局布置的重点工作之一。2012年8月28日，召开了黑龙江省“实验室检测质量安全风险排查及防控研讨会”，来自全省系统17个检测实验室的30余名代表参加了本次会议。会议包括重要文件学习和经验交流。编制了65 000字的《黑龙江检验检疫局实验室质量安全风险排查及防控资料汇编》，材料内容丰富，涉及面广，是黑龙江局实验室风险控制重要的工具材料和依据。

#### 6. 积极组织参加能力验证活动

2012年黑龙江局组织全省有条件的实验室参加了CNAS和认监委2012年能力验证工作。截至2012年10月底，全省实验室参加的能力验证活动77次。同时黑龙江局技术中心再次承担了认监委“果蔬中硝酸盐和有机磷农药残留”的能力验证工作。

#### 7. 加大企业实验室帮扶力度，全力推进备案实验室

《黑龙江出入境检验检疫局实验室管理办法》实施以来，努力推进提高黑龙江省出口企业实验室的管理水平和技术能力，目前批准的备案实验室共有32家，截至2012年12月底，累计新批准完成英联（哈尔滨）食品添加剂有限公司实验室等备案实验室9家。首次将食品中的致病菌检测（初筛）授予三精制药质量检测中心和黑龙江农垦龙王食品有限公司检测中心，强化企业的质量主体责任、提高企业的质量管理水平，将进一步进行经验推广。

### （三）实验室设备管理工作

#### 1. 狠抓设备管理工作

一是建立沟通渠道。各实验室设备管理人员加入黑CIQ实验室交流园地QQ群。梳理全省2 000台套，约2亿元设备情况，进行抽查，发现问题，及时与管理员沟通解决；二是建立专职队伍。现已组建30余人实验室设备管理员队伍，责任到人，保证常态化管理；三是规范登记内容。并加强与本级财务部门沟通联系，保证设备价值一致性，保证50万元以上大型设备使用绩效；四是对《实验室仪器设备管理作业指导书》进行修订；五是强化对新增设备的验收和闲置设备的管理；六是与财务固定资产账目核对，摸清家底；七是组织设备管理系统视频培训。

#### 2. 扩大加盟“黑龙江省科技创新创业共享服务平台”情况

有16个检测和医学实验室加盟，其中7个食品检测实验室、7个医学实验室、1个化矿实验室、1个石油实验室，设备达176台套，价值1亿元；加盟认可

检测项目累计 2 300 项次。

编辑《黑龙江检验检疫系统实验室加盟省科技创新创业共享平台情况总结及典型案例汇编》。总结一年来加盟科技平台典型案例，上报省科技厅，在共享服务平台上实现的对外检测服务 4 019 项，汇集有引导作用的服务案例 27 项，提高大型设备利用率，扩大对外影响力。

**撰稿人：胡天阳 审稿人：韩晓辉**

# 严管善抓 认证认可能力得到全面提升

## ——黑龙江省质量技术监督局 2012 年认证监管工作概况

2012 年，黑龙江省质量技术监督局（以下称“黑龙江省质监局”或“省局”）以“抓质量、保安全、促发展、强质检”为指导，以“质量龙江”建设为主线，以全面提升认证认可能力为主题，紧紧围绕中心，周密部署，依法行政，真抓实干，认真履行工作职能，较好地完成了各项工作任务。

### 一、上下联动抓监管，认证市场秩序得到规范

黑龙江省是认证大省，有机食品认证证书位列全国第一。黑龙江省质监局把保安全作为底线，守住认证大省的荣誉作为责任，把实现认证强省作为目标，积极为黑龙江省经济社会大发展做贡献。省局依托国家认监委的坚强指导，联合工商局、农委等部门，调动市、县监管组织，形成了上下贯通、横向联合、齐抓共管的好局面，认证市场秩序也得到进一步的规范。

#### （一）扎实开展强制性产品认证（CCC）专项整治行动

省局高度重视，召开专题会议研究部署专项整治行动。此次专项整治工作历时四个月，出动执法人员 2 671 人次，执法车辆 458 台次，检查了 11 种重点产品，16 个重点区域，检查了 328 家生产企业（正常生产的 238 家，停产企业 75 家），不符合 CCC 认证要求的企业数 27 家，督促整改 27 家企业，查出了无证生产企业 5 家，检查了 263 家经销单位，假冒证书 2 张。处罚 51 家，整改 27 家，通过全省上下的共同努力，取得了较好的效果，使这项工作达到了预期目的。大庆市质监局、七台河市质监局坚持寓监管于服务之中的做法得到了企事业和当地政府的认可。大庆市质监局开展了“认证助企”活动，市局认评办与企业签订了认证助企框架协议，帮助企业研究在质量技术监督方面遇到的问题。通过一系列举措帮助大庆深博、华通、同创电气有限公司等企业完善体系，使其顺利通过 CCC 认证，受到企业的好评。七台河市质监局推荐的建筑系统产品、双叶等企业产品顺利参加“第五届中国家具节”，为其提供技术指导服务，彰显了质监部门服务地方经济的职能优势。

#### （二）高标准地完成国家认监委赋予黑龙江省强制性产品监督抽查工作任务

根据国家认监委《关于开展 2012 年强制性产品认证获证产品监督抽查工作的通知》（国认证［2012］44 号）的统一部署和要求，黑龙江省质监局会同国家汽车零部件产品质量监督检验中心（长春），在哈尔滨市质监局及道里、道外质监分局的积极配合下承担了 2012 年在黑龙江省流通领域抽查获得强制性产品认证证书的机动车制动软管（包括液压、气压和真空制动软管）的监督抽查工作。本次抽查产品数 37 批次，抽查涉及黑龙江省流通领域的 23 家机动车制动软管的销售企业。其中各项指标全部合格的有 36 批次，合格率为 97.3%。

#### （三）依托认证行政监管信息系统对认证机构和获证企业实施监管

按照国家、省两级的要求，各市（地、垦区）局制定了《2012 年度自愿性、食品农产品认证监管工作方

案》及检查计划，确定了检查范围及抽查比例。并依托国家认监委自愿性认证执法信息系统及日常监管信息，开展认证执法活动监管586家次，共检查管理体系认证证书366张。其中质量管理体系认证证书266张，环境管理体系认证证书63张，职业健康安全管理体系认证证书42张，食品安全管理体系36张，危害分析与关键控制点（HACCP）体系认证证书32张，食品农产品认证证书372张，涉及被检查企业431家。

### （四）完成自愿性认证网格化监督检查试点

按照国家认监委赋予的管理体系网格化监督检查试点工作任务，省局制定了实施计划，抽调全省认证监管骨干力量，在哈尔滨市平房区开展了一次自愿性管理体系认证网格化监督检查示范活动。检查共出动执法人员480人次，出动执法车辆204次，检查生产企业116家，其中获证组织116家，走访企业7家，涉及认证机构30家，各种体系证书150张（ISO 9000证书116张、ISO 14000证书19张、职业健康安全管理体系证书8张、其他7张）。通过对体系运行、体系管理、文件控制、文件与记录、运行结果五项综合评价，确定不合格企业14家，不合格比例为12.0%。另有3家企业体系认证证书到期后未持续保持认证资格，5家企业涉嫌伪造认证证书。获证组织较为普遍存在的问题共计11大类160个，主要集中在产品标识管理、生产或加工过程管理、生产或加工过程环境设备管理、体系文件受控及运行管理等方面。认证机构在审核人日不足、企业信息变更未及时进行有效跟踪审核确认、审核程序规定有效执行等方面存在缺陷问题3大类41个。齐齐哈尔市质量技术监督局、大庆市质量技术监督局也在省局试点的基础上结合辖区实际开展了网格化监管。通过开展管理体系网格化监督检查，不仅深入落实了“传递信任，服务发展”的方针，也对获证组织基本情况、认证机构审核活动实施情况、认证市场情况有了更进一步掌握，加强了对认证活动符合相关法律法规和认证基本规范方面的监督管理，对提高认证机构对获证企业的服务质量起了积极促进作用，也给全省下一步监督检查工作做出了模版，做出了示范。

### （五）加强有机产品认证监管，确保有机食品安全

一是积极开展食品农产品监督检查。依托自愿性认证活动执法监管信息系统、食品农产品认证信息系统，加强对认证机构和企业监管力度，对食品安全管理体系、HACCP体系、有机认证等食品农产品认证企业，进行100%跟踪检查，重点关注企业是否持续符合认证要求，重点关注认证机构信息上报的准确性，是否严格执行信息上报制度，有无系统外发证行为等。对不符合要求的认证机构和认证企业，按照相关法律法规予以处理，并及时上报。二是加强部门协作，提高监管效能。各市（地）局联合当地农委、工商局等部门对食品农产品获证单位及经销企业进行监督检查。检查由各地质监局牵头，各地农委、工商局等部门配合，组成联合检查组，对辖区内的食品农产品获证企业，蔬菜、肉类、粮油等农副食品专卖场，大型经销企业进行监督检查。大庆市质监局联合大庆市农委，县区局与同级绿办组成10个检查小组，对大庆市春雷农场、大同区农业合作社等30余家蔬菜、肉类、粮油生产基地、生产厂，沃尔玛、百货大楼、新东风、庆客隆等17家超市的专项联合检查，重点检查食品农产品认证标志、认证证书使用情况，加大对伪造、冒用、超期、超范围使用有机产品、绿色食品和无公害农产品认证标志、认证证书行为的查处力度，进一步净化了市场，保护了消费者的合法权益。三是加强食品农产品认证活动风险因素侦测、处置机制和结果汇报。按照国家认监委和省局要求，各地方局在日常的监管工作中，加强了对食品农产品认证活动风险因素主动侦测，并将侦测到的结果及时汇总上报，对媒体发布涉及本辖区食品农产品认证违规行为的线索，做到了第一时间进行核实，第一时间进行反应、处置，并及时将结果对外发布，并做好登记备查。

### （六）开展认证行政执法自查自纠，提高依法行政水平

为贯彻落实省局党组开展的“依法行政年”活动及国家认监委依法行政的要求，更好地规范全省认证行政执法工作，在全省范围内开展了认证行政执法专项监督检查自查自纠工作。重点是推动认证行政执法责任制的落实，加强认证执法队伍建设，提高依法行政水平。一是高度重视。为持续有效地做好全省认证监管工作，成立省、市（地）两级监督检查领导小组，由主管认证工作的局长任组长，认证认可处、科（办）牵头组织，相关部门配合，组成认证执法监管体系，以保证认证行政执法监管任务的有效完成。二是明晰认证执法监督管理职能。目前，黑龙江省已有10个市（地）成立了专门负责认证监管工作的处、科（办），4个市（地）抽调专门人员负责认证监管工作，各县、区将认证监管工作落实到岗，明确到人，并建立起“以认证监管处、科（办）为主导，以稽查支队专职执法机构为主力，以法规科为监督机构，联合政府相关部门联合执法”的认证行政执法监管工作机制。三是更加注重认证执

法监管队伍的教育培训。由认证认可处、科（办）及时掌握各类认证执法信息及国家认证工作的知识更新，每年都通过各种形式为认证行政执法监管人员提供定期培训与指导。四是健全行政执法监管的新机制。有计划地制定全省认证行政执法监管工作计划，按期督促落实，强化各认证行政执法部门联动机制、协作机制，以共同提高认证行政执法监管工作水平。五是建立认证行政执法责任制。将认证行政执法监管责任和权限分解到岗，明确到人。完善了辖区动态管理工作机制，将认证行政执法工作融入行政执法责任巡查制度中，为获证组织和获证产品建立认证行政执法动态监管档案，同时利用国家局自愿性认证活动执法监管信息系统随时动态开展各项认证活动的行政监督工作，取得良好的工作成效。

### （七）规范认证办事机构和咨询机构的认证行为

为进一步规范认证市场和认证行为，加强对认证机构的监督管理，依照《认证认可条例》的相关规定。2012 年 5 月，省局结合全省认证办事机构的备案工作实际，对认证办事机构进行了专项监督检查。通过检查规范了认证办事机构的经营行为，明确了认证办事机构在认证法律法规规定的范围内开展认证组织和宣传活动。目前全省已有 8 家认证办事机构准予备案。按照国家认监委的文件要求，省局积极行动，周密安排部署，在全省开展了一次有效的认证咨询市场和认证咨询机构专项整治活动。各地方局主管科（办、室）及所属县市局的认证监管人员对国家认监委及省局有关认证咨询市场和认证咨询机构专项整治工作开展的具体要求进行学习，并依据辖区实际具体划分职责，分工到人，确保整治工作不留死角。各市（地）局结合日常认证监管工作，注意发现和收集未经批准开展认证咨询活动的机构和个人信息，在整治过程中加大日常监管工作力度，在开展好日常认证工作的同时，着重排查是否存在未经批准开展认证咨询活动的机构和个人，是否存在非法开展认证咨询活动的行为等。组织全省大中型企业召开认证认可座谈会，加大对经批准的认证以及咨询、培训等机构的积极宣传、鼓励企业向合法认证机构、认证咨询机构提出认证申请，开展认证咨询，并在座谈会上向企业讲解认证认可法律法规、自愿性认证、强制性认证等认证认可知识，了解企业所需，帮助企业解决有关实际问题，真正提高企业质量管理的意识和能力，倡导企业合法开展认证，以达到净化认证市场的效果。通过认真排查、宣传、监管等一系列具体有效的工作，全省认证咨询市场和认证咨询机构专项整治取得了较好的效果。共发现 12 家未经批准的认证咨询机构，其中，有 7 家涉嫌在非法从事认证咨询活动，有 5 家在网上建立了宣传网页，非法从事认证咨询宣传活动。上述 12 家认证咨询机构，待进一步调查、取证查实后，将依法查处。

## 二、多措并举抓管理，实验室检测能力得到提升

全年受理资质认定实验室 329 家，发放证书 251 张。受理各类变更申请 146 家，对满足条件的 123 家给予了批复。截至 2012 年底，没有发生质量投诉的情况。

### （一）抓中心建设，提升服务区域经济发展能力

截至 2012 年底，全省已建立省级质检中心、省级质检院分院、省计量院分院 79 个，13 家通过了资质认定，其余在积极的筹建之中。省局还根据各地的不同需求，主动派专家到当地进行实地培训，实行一对一培训，手把手教学，使得条件成熟的检验机构很快获得资质认定证书，依法出具检验报告，胜任检测工作需求。这一举措，拓展了质监部门的职能，树立了形象，提高了服务意识，提升了服务区域经济发展的能力。

### （二）抓监督评审，提升实验室科学管理能力

加强获证实验室的监督管理，确保资质认定工作的有效性，保证其出具的检测数据公证、科学、准确，开展了对获得资质认定证书的检验检测机构的监督评审工作。监督评审覆盖了全省 13 个市（地）及农垦总局共计 268 家检验检测机构，内容函盖建筑、环境、交通、电力、质检、疾控中心等 6 个行业。

### （三）抓能力验证，提升实验室技术保障能力

为提高全省建筑工程质量检测机构的检测水平，保证建筑工程质量安全，促进全省“大项目”建设，在全省范围内开展建筑工程质量检测机构水泥检测能力验证活动。组织了 179 家建筑工程检测机构参加水泥标准稠度用水量、安定性（标准法）、凝结时间（初凝、终凝）、胶砂流动度、强度（3 天抗折强度、28 天抗折强度、3 天抗压强度、28 天抗压强度）等 5 个参数的能力验证活动。对未返回能力验证结果的检测机构统计结果的以及能力验证中有 2 个及 2 个以上不满意结果（离群值）的 27 家检测机构和其他有问题的机构，省局已经委托各地进行了处理。

### （四）抓自身建设，提升实验室自我管理能力

按照国家认监委统一安排，开展了全省资质认定获

证实验室自查自纠活动。自查以监督检查资质认定获证实验室是否存在违法违规行为、是否持续符合法定条件和管理体系是否能有效运行；食品检验机构遵守食品安全法律法规的情况，以及按照食品检验机构资质认定的要求运行管理的情况。在自查的基础上，各市地质量技术监督局按照大于30%的比例进行了抽查。在完成自查和市地抽查工作后，省局组成了4个检查组对部分检测机构进行了抽查。参与自查的实验室791家（其中41家实验室资质认定证书超期）。

### （五）抓人员培训，提升科学施检、施管能力

建立人员继续教育制度，开展系统内质检人员培训工作，加强检验人员队伍建设，切实提高检验能力和水平。开展大型分析仪器的培训和考核工作，通过理论考试及仪器对标样的检测方法，检查各地市县质检机构的检验检测能力和水平，促进检验人员素质的提高，适应经济发展和行政执法的需求。对300多名质检机构的内部质量体系审核员进行培训，使其能够对其机构建立健全质量体系，持续有效的运行提供保证。

### （六）抓证后监管，提升实验室持续改进的能力

为了贯彻落实国家质检总局“抓质量、保安全、促发展、强质检”十二字工作方针，国家认监委组织开展了2012年实验室资质认定专项监督检查。国家认监委选派有资质认定工作经验的管理专家和资深评审员，组成资质认定专项监督检查组，对全省的26家实验室进行现场监督检查，有4家实验室被检查组向国家质检总局推荐为表扬单位，取得了较好的效果。

## 三、形势多样搞宣传，认证认可社会认知度得到提高

黑龙江省质监系统充分利用“世界认可日”、“实验室开放日”、“3·15”、“质量月”、质监护农“春雷行动”等大型活动，调用一切宣传媒体，开展了多种形式的宣传活动。从广场宣传到深入乡镇村屯，从培训学习到送法到企业，从展示企业产品到赠送《认证认可条例》，到一线上讲台，全方位多角度地开展形式多样的活动，普及宣传认证认可知识，扩大认证认可的影响力和公信力，提高消费者识假、辨假的能力，营造了良好的社会氛围，也让社会公众了解和参与认证认可工作，努力提升社会认知度、普及度。

### （一）活化“世界认可日”宣传活动内容

黑龙江省各市（地）于2012年6月9日前后，在实验室、企业、大型商场等处发放宣传材料，在人流密集的地方印发《认证认可条例》和“认证小贴士”，温馨提示顾客优先购买认证产品理由；组织召开大型主题宣传活动，解答群众有关认证认可方面的提问，宣传大力开展认证认可对提升产品质量，维护群众利益的积极作用。活动中发放各类宣传资料10 000余份，现场接受群众咨询2 000人次。通过现场讲解等形式向群众宣传了认证认可相关知识。广泛宣传了有机、绿色、无公害、强制性产品认证、ISO 9000认证等相关的认证知识。在各类媒体的配合下，整个活动日自始至终有声有色，宣传面广，影响力大，营造了浓厚的“世界认可日”活动氛围。牡丹江市质监局把认证认可的宣传做为推动工作的重要抓手来抓，较好地促进了监管工作的全面深入。全年，共发信息42条，其中在国家认监委网站发图片信息5条，省局龙质网12条，新浪网1条，绿色建材网1条，《牡丹江日报》1条，《牡丹江晨报》4条，也开创了牡丹江市认证认可新闻报道的新局面。

### （二）搞活“全国检测实验室开放日活动”形势

按照国家质检总局的要求，黑龙江省质监局在全系统结合“质量月”活动开展“全国检测实验室开放日”活动。省局于2012年9月11日，邀请省政协和省人大的田继德、杜传国等委员代表到国家农业标准化监测与研究中心（哈尔滨）进行了“全国检测实验室开放日”活动。代表们参观了实验室，并同省局及实验室的领导进行了座谈，提出了很好的意见和建议。省局主管局长、省人大和政协的领导和实验室人员就如何发挥实验室的作用、如何开展质量安全风险排查整治、实验室如何保证检验人员待遇等问题进行了座谈。各市地局因地制宜开展了“全国检测实验室开放日”活动。齐齐哈尔市质监局与齐齐哈尔市政协科教文卫体委员会以“实验室开放日活动”为平台开展形式多样的联谊活动，互相交融，加深了解，提高认知度，收到了良好的社会效应。此次活动，全省共有140家实验室开展了“检测实验室开放日”活动，邀请人大、政协、企业及有关媒体的代表80多人参加，取得了较好的社会效果。

**撰稿人：姜玉龙　审稿人：薄晓红**

# 坚持创新发展　践行信任传递

## ——上海出入境检验检疫局 2012 年认证监管工作概况

2012 年，上海出入境检验检疫局（以下简称“上海局”）认真贯彻全国质检工作会议和全国认证认可工作会议精神，围绕“抓质量、保安全、促发展、强质检”工作方针，以“传递信任，服务发展”为使命要求，立足五大创新实践，依法科学监管，全面完成各项任务，促进上海检验检疫认证监管工作获得新发展、再上新水平。

### 一、立足把关，完善强制性产品认证工作

#### （一）创新认证监管模式

建立“日常监管 + 风险布控 + 专项监督抽查”的“三合一”布控网络，明确直属局、分支局、检测机构等各环节职责，实现强制性认证（CCC）产品入境验证的全过程监管。上海口岸共受理凭 CCC 证书报检 81 757 批次，货值约 266.7 亿美元，查获 160 批各类凭 CCC 证书进口的产品，涉及 CCC 证书 131 份，涉及金额 600 余万美元，责令退运或销毁 36 批货物，向认证机构通报 65 张涉嫌违规证书，并监督做出后续处理。

#### （二）强化入境验证把关

完善监管体系，制定并实施《部分重点强制性认证产品质量安全专项整治实施方案》。强化风险管理，组织 CCC 认证产品的风险评估，对进口家用电器、信息技术类产品、玩具等高风险产品进行专项监督抽查，及时调整为与“L 类入境验证商品”一致的监管办法。联合上海市机动车检测中心，集中排查和整治了 200 余批次改装车辆的 CCC 符合性问题，查处两台因车主私自改装，导致乘客门宽度、安全通道高度和宽度等 8 项安全指标不合格的问题车辆，责令车主销毁和退运。对强制性认证产品未及时申请认证证书变更的情况实施了 2 起处罚。其中一起，被评为本年度上海局行政处罚优秀案卷。

#### （三）推进执法监管信息化进程

依靠集中审单、检务综合辅助平台和 CCC 执法管理系统等平台建设，实现 CCC 口岸入境验证环节的全过程闭环管理。优化审单流程，实现“双百覆盖”，共集中维护审单规则 13 条，共对 543 份 CCC 证书实施了重点布控，100% 覆盖了各类上海口岸 CCC 入境验证商品，100% 覆盖了辖区所有海港、空港口岸，真正实现了电子申报、电子审核和电子放行。

#### （四）创新服务简化程序

共受理免办 CCC 证明申请 9 401 批，审批签发免办 CCC 证明 8 563 批，较 2011 年同期分别增长 9.47% 和 10.93%；共核查签发的 7 089 份《免办 CCC 证明》电子申请文件，涉及申请企业 571 家；共受理经上海口岸进口的免办 CCC 货物（除上海地区）13 166 批次，CCC 目录外确认货物 180 754 批次。

#### （五）分类管理便利企业

为上海地区 25 家推荐企业颁发免办 CCC 诚信企业资格，进一步简化 CCC 审批流程，加快通关流转。利用政策优势助推地方经济转型，率先将上海市政府推荐的新型企业纳入免办 CCC 诚信企业。在商务部主办的以贸易便利化和贸易促进为主题的“2012 年中国进口论坛”上，董超副局长应邀做了“上海口岸 CCC 认证与贸易便利化”的主题演讲，取得良好成效，商务部对外贸易司为此发来感谢信。

### 二、提升服务，加强出口商品注册登记管理

#### （一）规范出口商品注册登记

深化持证上岗制度，通过培训和岗位资质考试，增加 15 名注册执法人员。组织 24 人次的专家队伍，深入

生产一线，帮助5家中小企业找出质量薄弱环节。发放出口商品注册登记证书25份、不予许可决定书3份，完成对6家企业的现场审核。截至2012年底，上海地区获注册登记资质的生产企业已有98家。

### （二）提升行政许可工作质量

抽调7个分支局的10份行政许可档案，对发现问题及时反馈整改。以季刊形式发布《出口商品注册登记工作动态》，加强内部执法交流。对35家中小布绒玩具生产企业开展集中查、治、帮、扶、促活动，帮助企业突破国外技术壁垒，扩大产品出口。联合玩具检测中心，组织30名玩具监管人员参加出口玩具注册登记现场交流会，提升注册登记审核工作质量。

## 三、强化监管，保障进出口食品农产品安全

### （一）创新出口食品备案模式

探索形成了企业自查和检验检疫机构验证相结合的管理模式，要求企业对照法律法规和规范进行自我评价并递交相关证据，检验检疫机构对企业自我评价结果及证据进行有效性验证和评定。制定《出口食品生产企业备案工作实施方案》和《出口食品生产企业备案监管实施方案》体系程序文件，设计出口食品生产企业备案自我评估及CIQ验证标准化表格25套，食品生产企业备案工作记录表格19套。开展《出口食品备案模式研究》、《中小食品企业HACCP应用研究》、《中小食品企业HACCP体系实施指南》等课题研究，有效地促进国际标准转化进程。组织编写了业务培训教材4份，拍摄出口食品生产企业备案技术审核现场检查视频教材等。该管理模式被国家认监委采纳，成为新备案管理模式的一项重大变革。

### （二）开展采信三方认证试点

对出口备案采信第三方认证结果进行探索和试点，对认证机构的认可规则、认证认可协会的人员注册制度、认证机构的管理和运作及食品农产品认证规则等进行研究和分析，同时与出口食品生产企业备案相关要求和程序进行比对，以出口备案技术审核与第三方认证等效为突破口，从认证活动等效和认证结果等效两方面着手，提出认证依据、认证程序和认证人员三等效原则。结合自愿性认证执法管理系统，安排人员现场见证认证机构的审核活动。5月，邀请了中国认证认可协会、中国合格评定国家认证委员会、宁波检验检疫局及上海局部分分支机构，就采信等效的第三方认证结果进行研讨，就注册备案采信等效三方认证结果的原则达成了共识。

### （三）落实食品安全专项行动

紧密结合“双打”、“风险排查”、“HACCP能力提升计划”等专项行动，深入分析上海地区出口食品生产企业的特点和风险，突出风险管理，坚持问题导向，强化责任意识。共完成对218家企业的定期监管258厂次，合计出动监管人员758人次，对200家企业开具了1 016个不符合项，并要求限期整改，其中有1家企业因不能满足相关要求而被暂停出口。

### （四）加强有机产品入境验证把关

协办“中国—欧盟有机产品认证研讨会”，为增进中欧认证执法部门了解与互信，促进中欧有机贸易的可持续发展发挥了积极作用。配合有机产品认证新规，在入境有机产品验证过程中，增加了销售证和有机码查验，共截获未获中国有机产品认证但在产品包装和标签中标注“有机”或“ORGANIC”的进口商品126批，共计59 488千克，215 179美元，均按要求做标签整改或销毁处理。

### （五）助推大型企业实施“走出去”国家战略

上海局与光明食品（集团）有限公司签署了推进食品产业国际化合作框架协议，就在食品安全管理体系建设、管理体系认证、食品企业注册备案、食品安全人员培训、食品安全法律法规、检测技术与标准和检测资源共享等六个领域开展全面合作。发挥信息优势，帮助企业解决食品源头问题，组织专家队伍远赴河南为上海肉制品生产加工企业寻找优良、稳定的动物源性原料供应商，确保食品安全从源头上把控住安全阀门。

## 四、公信执法，强化对认证机构的监督管理

### （一）引导行业自律

制定《检验鉴定机构和认证机构监管控制程序》。承办上海地区认证机构座谈会和南方地区认证机构履行社会责任指导意见宣贯座谈会，督促认证从业机构加强诚信建设，提升社会责任感，自觉维护认证公信力。在“世界认可日”等主题活动上，倡导27家认证机构向社会公开服务承诺、聘用认证行业公信力特约督察员，促进政府引导、行业自律和社会监督的三方联动，向企业、社会和民众传递质量信任。

### （二）加强获证企业监管

开展认证机构和境外认证机构代表处现场专项检

查，共派出行政监管人员74人次，对上海地区25家认证机构和9家境外认证机构上海代表处进行了检查；开展管理体系认证日常监督检查，共派认证行政监管人员228人次，检查40家获证企业，涉及70张证书、23家认证机构，对54家企业的认证活动实施了现场抽查，圆满完成了对三大类管理体系、三大类企业类别、三种企业规模全覆盖的认证机构的检查，保障了上海地区认证市场的健康有序。

### （三）加大违法查处力度

开展对上海欧亚电气技术咨询服务有限公司GS认证涉嫌违规和美国水质协会（WQA）在上海设立代表处非法开展认证活动的调查，通过严密监视、跟踪追溯和现场取证，及时将违法情况报送国家认监委，取缔了认证市场的违法活动，获得国家认监委的好评。

## 五、提升水平，加强实验室能力建设

### （一）加强对实验室的监督管理

以“全国检测实验室开放日活动”为契机，举办多项以“检验检疫为公众，科学检测传信任”为主题的文化宣传活动，引导社会民众走进实验室，了解质量检测和实验室管理工作，全方位展示了检验检疫实验室的水平，拉近了与社会公众的距离，提升了质量工作的社会认知，强化了社会的有效监督，增强全社会的质量意识。

### （二）开展实验室能力验证工作

组织机电中心接受CNAS非金属材料扩项认可评审、接受“三合一”定期监督和扩项评审，保健中心接受CNAS监督评审，食品中心接受CNAS生物安全二级实验室监督评审，确保实验室管理体系运行有效。组织实验室参加国家认监委能力验证17项，国内外权威机构的能力验证项目40项。指导食品中心完成韩国食品医药安全厅对境外实验室检测能力的评估。

### （三）提高实验室的认证认可能力

举办了实验室能力验证交流会、实验室测量不确定度评定经验介绍及研讨会等活动，加强与各技术中心之间的交流与合作。组织3大技术检测中心与30家社会实验室进行了能力验证和比对试验活动。开展工作检查，促使食品中心“饲料中孔雀石绿的检测”和原材料中心的“纸巾纸定量、柔软度的检测”项目被确定作为国家认监委能力验证B类项目承担单位，食品中心“新菠萝灰粉蚧识别与鉴定”项目被确定作为C类项目承担单位。

## 六、创新驱动，推进认证执法监管区域联动

### （一）完善泛长区域联动机制夯基础

分别在上海和厦门召开了第七届泛长十局联席会议的预备会和联席会议。经过充分的酝酿和会议讨论，达成了“要在大合作机制框架下，更具创新型、有效性、服务性”的共识，确立了多层次联动机制、轮值局制度、联络员制度和信息通报制度，对进一步完善泛长三角认证执法监管区域联动机制起到了重要作用。

### （二）搭建统一执法监管口岸内陆平台促联动

深化长三角地区强制性产品认证（CCC）执法信息共享和目录外产品鉴定结果互认机制，与江苏局、浙江局、宁波局在CCC目录外产品界定信息互通、结果互认。2012年，通过该形式上海口岸已受理报检放行货物18 345批，货值5.062亿美元，分别占同期同类型货物进口的10.99%和8.56%。

### （三）检验鉴定机构“同一”监管提效能

泛长十局以“同一尺度、同一标准、同一做法”对检验鉴定机构进行监管。在宁波对泛长地区拥有多家子公司、分公司的检验鉴定机构开展了联合年审工作。通过联合年审，对检验鉴定机构提交的年审资料进行比对，对大型检验鉴定机构（集团）的从业行为进行全面了解和监管，促进了地区检验鉴定行业的健康发展。

## 七、以人为本，加强认证认可执法队伍建设

### （一）注重培训对象的全覆盖

做到全局专、兼职认证认可监管工作人员的全覆盖、新进人员认证认可普法的全覆盖和认证专家队伍可持续培训的全覆盖。2012年，共组织各类认证认可行政执法人员法制培训11次，学员达832人次，覆盖了上海局下属的全部12个分支机构、3个办事处和4个中心实验室。

### （二）注重培训内容的持续性

建立认证认可专业资料库，共组织撰写认证认可业务培训书面教材11份，字数达200多万，视频教材3份，时长达500多分钟。举办了《质量发展纲要》宣贯会暨认证执法监管人员培训班，谢军副主任率法律部、认证部、注册部同志为上海局分管认证工作的领导专兼职认证执法监管人员共计160余人进行了培训。

（三）注重培训形式的多样性

2012年，上海局以季刊形式发布“出口商品注册登记工作动态”。6月7日组织9个分支局的近30名玩具监管人员开展出口商品注册登记工作现场交流与现场观摩。10月23日，采取食品检验资质书面考核，对食品、原材料、机电等技术中心的54名相关人员进行培训效果验收。组织策划了2期“认证行政监督检查人员培训班”，对9个分支局共30余名认证行政监督检查人员进行培训。

撰稿人：张海峰 审稿人：张明霞

# 打造检验检测认证服务高地 助推上海创新驱动转型发展

——上海市质量技术监督局2012年认证监管工作概况

2012年，上海市质量技术监督局（以下简称“上海市质监局”）贯彻落实国家质检总局和国家认监委的工作部署，突出“传递信任，服务发展”的要求，以“抓质量、保安全、促发展、强质检”为工作方针，紧紧围绕上海“四个中心”建设目标，坚持落实“严监管、保安全、促转型、强基础”4项举措，各项工作稳步推进。

## 一、上海市认证监管工作开展总体情况

2012年，上海市通过计量认证的检测机构670家，机构数量继续稳步上升。食品检验机构67家，授权/验收产品质量监督检验机构66家，机动车安检机构83家。在沪国家质检中心41家，比2011年同期增加3家。各类认证机构及其分支机构74家，认证机构在沪办事处备案9家；认证咨询机构37家（取消行政审批前）。截至2012年底，上海市共有1 805家企业（生产厂）获得了13 824张有效的强制性产品认证证书。全市各类组织获得质量、环境、职业健康三大管理体系证书超过3.5万，比2011年同期增长10%，证书数量稳居全国第四。各类自愿性节能认证证书1 500余张，食品农产品认证证书4 300张，其中有机产品认证证书102张。市区两级检查三大管理体系获证企业902家次，涉及证书1 192张；检查认证咨询机构36家；机动车安检机构151家次；授权检验机构66家次，计量认证检测机构160家次，食品检验机构30家次。检查食品农产品认证获证企业涉及有机证书113张次，其他食品农产品认证证书180张次。有机产品认证标示专项检查企业178家；全年立案查处CCC认证违法案件65起，罚没款总计324余万元；立案查处涉及认证检测（除CCC外）违法相关案件14起，处罚金额超过30万元。

## 二、认证监管重点工作推进情况

### （一）制度建设进一步加强

#### 1. 开展检验机构监管立法工作

开展上海市政府规章《上海市检验机构管理办法》的立法研究，会同有关部门完成《上海市检验机构管理办法》（送审稿）。搜集相关案例并编制《〈上海市检验机构管理办法〉立法研究资料汇编》。

#### 2. 完善实验室资质认定审批

开展行政许可规范化和标准化工作，通过信息化手段降低审批风险，完成2个资质认定许可项目网上一办到底的流程改造，3个项目实施行政审批标准化。以质量体系建设工作为抓手加强评审制度建设，规范和完善评审过程管理，建立健全包括评审员管理制度等各类评审管理制度，提高评审质量。加强评审员队伍建设，近300人次参加了评审理论和实务培训，定期通报评审中出现的问题，落实评审员主体责任，就进一步完善资质认定评审工作广泛听取各方评审专家意见。

#### 3. 推动检测行为规范化和标准化建设

通过对GB 21861等国家机动车安全技术检验和环保检验标准的的细化，会同有关部门制定和发布上海市地方标准《机动车安全技术检验操作规范》（DB 31/619—2012），组织全市机动车安检机构进行标准的宣贯，全市车检机构239名技术和质量负责人参加。机动车安检机构的监管工作得到国家质检总局肯定，并在国家质检总局门户网站作经验交流。

### （二）监管工作进一步加严

#### 1. 健全机动车安检机构联合监管机制

作为牵头部门会同市公安交警等部门建立机动车安检机构监管沟通协调机制，建立健全工作联席会议制度和联合检查制度。首次开展质监、公安、物价和环保四部门联合检查，共出动市区两级监管人员和行业专家近1 000人次，对全市所有83家机动车安检机构进行联合检查，进一步规范机动车安检机构检验和收费行为。组织开展区县局监管人员、车检机构相关人员的培训考核工作，提升行政监管人员和机构相关人员业务能力。

#### 2. 落实食品检验机构各项监管工作

食品检验机构监管工作走在全国前列，建立了食品检验机构法人代表约谈制度，率先在国内完成食品检验机构换发证工作并启动食品检验机构证后监管，系列举措得到国家认监委的高度评价。提升机构主体责任意识，发文规范食品检验委托检验行为，提高检验风险防范意识，推动食品检验机构“施检必有据，施检必有序，施检必有责，施检必有果”。落实食品检验机构区县监管职责，组织区县监管人员开展专题培训和现场模拟检查训练，培训50人次。

#### 3. 开展质检机构分类监管

在国家质检总局要求的基础上，将分类监管机构范围进一步拓展到本市所有依法设置和授权的67家产品质量检验机构。在总局分类结果的公告中，上海市质监局45家考核评价质检机构中，共有9家机构被评为Ⅰ类，超过全国Ⅰ类机构比例水平近8个百分点。上海市质监局质检机构监管举措得到国家质检总局的充分肯定，并在全国质检机构分类监管工作会议上作经验交流。

#### 4. 开展计量认证获证机构证后监管

一是开展检测机构能力验证比对，围绕食品安全、健康环保等领域组织开展7项能力验证和实验室比对活动，涉及机构300余家次。其中室内环境检测机构技术比武暨能力验证在全国率先启动，全市87家室内环境检测机构全部参加，国家认监委副主任谢军出席并高度评价上海工作。比对结果出来后，对5家不合格机构通过上海主流媒体《新闻晨报》作了通报，4家机构被暂停资质。二是组织对家具、建材等关系民生项目检测的160余家实验室开展专项检查，对检查中发现的违法行为及时作出了责令改正及暂停资质的处理。三是邀请江苏、浙江资深实验室评审专家参与监督检查，让“长三角地区评审员合作互认互派机制”跨出实质性的第一步。

#### 5. 开展体系和产品认证专项检查

有机产品认证监管方面，落实有机产品认证标示专项检查，组织一线监管执法部门以互查形式开展全市有机产品认证标识专项检查，共出动执法人员80余人次，检查企业商场46家，对4家涉嫌违法企业立案调查，对17家部分违规企业限期整改。组织开展有机产品认证获证企业检查，检查有机产品认证证书113张次；对有机产品作质量监督检查，受检产品检查合格率100%。自愿性管理体系获证企业监管方面，会同江苏、浙江有关认证监管人员，在普陀区、嘉定区开展质量管理体系获证组织网格化专项检查，共出动行政监管人员168人次，检查获证组织70家，涉及认证机构50余家。检查共出具责令整改通知书36份，对涉嫌违法违规的1家企业和8家认证机构进一步立案调查。开展管理体系获证企业日常监管，出动监管人员2 000人次，对全市907家获证组织开展监督检查。认证咨询机构监管方面，组织区县局对辖区内的认证咨询机构开展了全覆盖的监督检查，推动37家认证咨询机构签署诚信承诺书，落实机构主体责任。

#### 6. 加大CCC产品监管力度

对上海生产的汽车零部件、玩具、电线电缆、电动工具、装饰装修和灯具等6类产品开展了执法检查与监督抽查，共检查企业886家，查处无证生产销售及假冒证书和标志的企业49家。受国家认监委委托对皮肤及毛发护理器产品进行监督抽查。关注热点，对儿童玩具的相关生产企业开展专项执法检查。对流通领域获得CCC认证证书的机动车零部件产品进行专项检查，立案查处案件3起，涉案金额9.26万元。查获一批无CCC认证三星手机，对10家涉案手机销售门店依法进行了立案调查。依托科技，立项开展移动监管系统建设。

#### 7. 妥善处理投诉举报和应急事件

通过局长信箱、行风信箱和来信来访处理投诉举报

18件次，依法对举报查实的的涉嫌违法违规机构作了严肃处理。妥善处理“酒鬼酒塑化剂检测超标”事件，下发《关于规范本市食品检验机构委托检验工作的有关事项的通知》，进一步规范委托检验行为。

## （三）助推经济发展成效显著

### 1. 推进行业品牌化建设

在全国率先将检测认证行业纳入到服务业地方名牌的申报范围，制定了《上海名牌（检测行业）评审规范（试行）》，规定了上海市检测机构申报上海名牌的基本要求及评分细则等要素，16家检测认证机构申报，6家机构通过了上海名牌的初审和专家评审。鼓励有条件的区县加强有机产品示范区的建设，组织部分区县对四川、浙江等地的有机示范区作调研，学习相关经验，推荐松江区叶榭镇参与全国“有机产品示范区”的评选。

### 2. 开展检测认证资源统计

会同市发改委、市经信委、市科委和市统计局五部门联合下发《关于开展本市2011年检测认证行业资源调查统计工作的通知》，连续3年开展全市检测资源统计，并首次将本市认证资源的统计也纳入其中。初步统计显示，全市检测行业已形成从业人员近4万人、产值超100亿元，形成了由国资、民营、外资等多元机构主体参与的市场化检测体系。

### 3. 积极推动国家质检中心筹建

继续加快推动与产业匹配的国家质检中心建设，打造与相关产业对接交流和服务平台，为重大产业发展提供高新技术支撑。国家新能源机动车产品质量监督检验中心通过国家质检总局验收，继续稳步推进日用消费品、微特电机、计算机软件和信息输线四个国家中心的筹建。国家质检总局副局长、国家认监委主任孙大伟和上海市副市长姜平联合为上海北斗导航及位置服务产品检测中心（筹）揭牌，启动卫星导航国家中心筹建。

### 4. 推动上海公共检测服务平台建设

加强与相关委办局、区县政府、高校科研院所的协作，构建上海检验检测服务高地。积极落实局区合作协议，支持闸北区市北高科技园区检测服务行业集聚，推动闸北检验检测总部型经济快速发展；联合市经信委和松江区政府，设立“上海市检验检测公共服务示范基地”，为高新技术企业、中小微企业提供更加便捷有效的一体化检验检测服务，提升区域先进制造业水平。

### 5. 服务节能减排工作大局

节能产品认证推广取得积极进展，全市节能产品认证证书量已达1 517张，比2011年增加50%。能源管理体系认证试点工作取得重大成效，上海质量体系审核中心获得国家认监委批准，试点开展公共建筑领域的楼宇能源管理体系认证工作，金茂（上海）物业服务有限公司有望获得全国首张“公共建筑”领域能源管理体系认证证书。继续加大节能认证宣传推广工作，召开相关认证机构座谈会，开展节能产品认证获证企业知识培训，组织专家对嘉定等区县开展能源管理体系培训。

### 6. 开展中小企业质量管理体系免费培训

落实《上海市促进中小企业发展条例》的要求，宣传了认证认可的基础作用，先后召开12届（13次）质量管理体系免费培训，培训对象涉及上海的食品农产品、旅游行业、节能等各种经营业态的中小企业1 200余家，培训质量管理人员1 400余人，发放各类教材和资料3 500余份，提升了企业的质量管理能力水平。

## （四）扩大认证宣传取得实效

### 1. 组织开展世界认可日主题宣传活动

以6月9日第五个“世界认可日”为契机开展系列宣传活动，涉及主办单位12家，协办单位20余家，参会单位上千家次，范围覆盖长三角地区，全面提升上海认证工作的社会知晓度。国家认监委相关领导，市质监局、市发改委、经信委、科委等多部门相关负责人参加活动，并就推动上海检测认证行业发展的相关政策、措施和行业发展规划进行了详细解读和专题研讨。国家认监委副主任谢军以“具有战略性思维和针对性实践”，充分肯定上海“打造检验检测认证服务高地”的做法。世界认可日期间，《解放日报》、《每日经济新闻》等主流媒体积极报道上海认证工作。《中国质量报》还在6月6日头版作了报道，并且以“打造检验检测认证服务高地，助推上海创新驱动转型发展”为主题，用4个版面的专题报道全面介绍了上海的检测认证行业。

### 2. 组织开展实验室开放日活动

在“质量月”期间，承办“全国检测实验室开放日”活动的启动仪式，组织‘上海市检验检测成果展”，鼓励在沪国家中心和各类质检机构、民营、外资检测机构等共60余家检测机构对社会开放并开展检测知识讲座和检验服务。国家质检总局副局长、国家认监委主任孙大伟，上海市政府副市长姜平出席启动仪式并致辞，全市100多名企业界代表、消费者代表、检验机构代表、政协委员和人大代表以及全国和上海的有关媒体，走进实验室参观检验检测过程，听取专家讲解检测技术知识。开放日活动期间，媒体积极报道，国家认监委充分肯定，发专函予以通报表扬。

#### 3. 建立健全认证信息报送机制

积极做好信息归纳和报送工作，全年共报送国家质检总局和国家认监委认证相关信息31条，部分简讯在《中国质量报》认证认可地方专线版发布，部分经验交流文章被国家质检总局和国家认监委门户网站全文发布。通过市局新闻中心报送并发布简讯67条。按照2012年认证监管工作要点的部署，成立和完善了由市局稽查总队、各区县局、行业协会组成的认证监管信息员队伍，改版《上海市认证简报》，增加"区县监管动态"一栏，全年共编制《上海市认证简报》10期，采编发布各级认证监管动态近200条次，进一步拓宽了全市认证监管工作的交流渠道。

**撰稿人：傅张杰　审稿人：刘春扬**

# 科学监管　严格执法<br>全面推进江苏认证监管工作创新发展

——江苏出入境检验检疫局2012年认证监管工作概况

2012年，在国家认监委的正确领导下和江苏出入境检验检疫局（以下简称"江苏局"）党组的关心和支持下，江苏检验检疫系统认证监管工作紧紧围绕国家认监委和江苏局的工作部署，以"十二字"方针为主导，以深化认证行政执法样板建设为牵引，以提高认证监管有效性为目标，以强化队伍建设为依托，以创新监管方式为手段，通过"四抓"，努力开创认证监管工作新局面，取得了明显成效。国家认监委于2012年7月、11月分别通报表扬江苏局的认证行政执法、卫生注册备案工作。

## 一、基本业务统计

### （一）出口食品企业备案工作

截至2012年底，江苏地区共有出口食品备案企业798家，国家质检总局142号令发布后，食品添加剂不再列入出口食品备案管理，企业数同比减少113家；有效证书数891份，证书总数同比减少82份。2012年共受理申请258份，对143家企业组织异地评审，异地评审率为55.4%；对12家企业作出不予备案的决定；办理证书注销12份、暂停证书使用13份，办理证书变更15份，证书扩项13份。

### （二）出口商品注册登记工作

截至2012年底，江苏地区共有出口商品注册企业1 355家，其中机电企业869家，玩具企业461家，日用陶瓷企业25家。2012年，共审批出口商品注册登记企业492家，其中机电企业317家，玩具企业175家；全年为115家企业办理临时注册登记；对8家企业作出不予许可的决定。全年组织获证企业年度监管，覆盖率100%；检查发现不符合项1 620个，注销企业5家，暂停1家企业出口资格。

### （三）强制性产品认证（CCC）监管工作

截至2012年底，江苏地区共受理免办申请5 293份，比2012年同期减少5%；发放免办证明4 650份，不予发证643份。完成CCC免办核查77批次，其中发现差异40批次，差异率51.9%。CCC获证产品入境验证7.3万批，其中现场查验1.1万批。

### （四）管理体系认证有效性监管工作

全省自愿性认证有效性监管共出动执法检查1 004人次，检查企业计515家，发现涉及企业问题数280个，涉及认证机构问题数158个，分别对企业发出整改通知单数61份，对认证机构发出整改通知单54份。共立案处罚认证违法案件27起，罚款金额92万元人民币。对5家认证机构办事处进行备案，完成国家认监委交办机构核查任务3件。

## 二、主要工作开展情况

### （一）抓创新，着力拓展认证监管工作思路

#### 1. 创建执法样板，建立有效的认证行政执法工作机制

为使样板创建工作持续深入开展，江苏局采用成熟度评价的方式制定“认证行政执法样板”评价办法。全年共有6个分支局顺利通过样板验收。在样板单位的示范下，各分支局相继建立了“以认证监管部门为主导，以检验检疫业务部门为主力，以法制工作部门为执法监督”的认证行政执法工作机制以及执法案例与数据的上报机制，推动了工作的有力开展。

#### 2. 编制核心能力建设方案，提升认证监管三大能力

根据ISO质量管理原理编制印发了《江苏检验检疫局认证监管业务核心能力建设指标体系》，努力提升认证监管工作的规划与机制建设、资源的配置与保障以及依法行政等三大能力。

#### 3. 勇于创新实践，探索认证监管工作新模式

2012年，江苏局在出口食品企业备案管理中开展了集中评审和集中审批工作，此举提高了评审质量和审批的科学性，全年评审企业不合格数由2011年的3家提高到2012年的20家，有效地把好了准入关。在备案管理领域，为合理利用社会资源积极开展采信第三方认证结果调研与试点工作。在出口商品注册管理中试行属地局换证复审，省局监督抽查和见证评审的模式。这些措施的实施，一方面减轻了企业负担，促进了企业发展；另一方面调动了分支局的积极性，有力促进了分支局认证监管工作的发展。

### （二）抓重点，着力提高认证监管工作实效

#### 1. 行政执法，凸显监管作用

深入开展自愿性认证有效性监管，严查违规认证。全年管理体系认证监督检查共出动1 004人次，检查企业515家，其中应用国家认监委“自愿性认证活动行政监管信息系统”中信息检查企业近200家，范围覆盖质量管理体系、环境管理体系、职业健康安全管理体系和食品管理体系等。对认证机构发出整改通知单54份，共立案处罚认证违法案件27起，罚款金额92万元人民币。立案数、罚款金额都位居全国系统首位。

#### 2. 严字当头，出口食品企业后续监管有效性进一步提升

通过实施食品企业监管手册制度、监管责任人制度、监管计划及进度上报制度，确保做到企业监管无遗漏，全年共完成出口食品企业定期监管1 279厂次，完成率100%。另外，通过一年两次的监管工作质量分析、内部督查以及专项检查等方式，强化监管有效性。全年共对现有798家食品企业中的749家开具3 898个不符合项，要求限期整改，对40家问题较多的企业做出了暂停报检的处理，对12家企业做出证书注销处理，对2家企业做出证书撤销处理，及时排除质量管理和产品安全隐患，优化了江苏省出口食品企业结构。

#### 3. 科学验证，商品注册登记产品监督抽查成效显著

2012年，在企业体系监管的基础上增加了出口商品抽查验证。全省共抽查17个主要出口地区的出口商品注册登记获证企业113家144批样品。抽查共发现各类问题28项，电动机检测不合格率17%，童车检测不合格率7%。“工厂检查+产品验证”的方式，弥补了原有监管方式的不足，有利于及时发现并找准企业在生产和质量管理过程中存在的问题。

#### 4. 真抓实干，认真组织开展自愿性认证网格化检查

为进一步推进“认证行政执法样板”建设，同时培养锻炼认证行政执法队伍，江苏局于7月24日~28日在苏州组织开展了管理体系认证网格化专项检查。以苏州市相城区出口企业集中的黄桥镇作为检查区域，由23名同志组成了10个检查小组，同时邀请苏州市质监局的2名同志参加，共检查获证组织74家，涉及相关认证机构27家，通过检查共发现各类问题185个，其中涉及获证组织问题124个，机构问题61个。监督检查的同时，通过实战锻炼了认证行政执法队伍。

### （三）抓队伍，着力提升认证监管工作能力

#### 1. 完善制度严格管理

建立与完善注册备案评审员评定、使用、考核、确认、激励、责任追究管理机制。通过见证评审、评审工作情况反馈、工作记录检查、评审材料审核、工作结果抽查等措施，加强对评审员日常考核，根据考核结果，进行评审工作的合理分配。

#### 2. 加强培训充实队伍

2012年，组织全省系统60名出口商品注册登记见习评审员的晋升考试，组织172名卫生注册评审员、

40名认证监管管理人员以及90名认证行政执法人员开展业务知识更新培训。2012年下发的《关于加强江苏检验检疫认证监管队伍建设的指导意见》，进一步明确认证监管相关岗位资质配备要求。在培训中尝试使用了案例教学、实际操练、互相点评等新方式，取得了良好的效果。

3. 企业考核培训常态化

2012年3月和11月，分别组织了2次出口食品企业质量管理人员考核培训，涉及企业人员480人；11月—12月，对2011年已经通过考核的1 987名企业人员组织发动了新一轮持续考核。企业质量管理人员队伍的形成为江苏省进出口食品安全管理工作的深入开展打下了坚实的基础。

4. 加强研究，锻炼队伍

2012年，江苏局在《中国检验检疫》、《中国认证认可》、《国门时报》、《东方国门》等报刊媒体上发表相关文章6篇；2篇论文被国家核心期刊收录；江苏局受邀在国家认监委第十届HACCP论坛上作专题发言，并获得与会专家的一致好评；3篇认证监管方面的论文被江苏局《十二个如何征文选编》收录。

### （四）抓服务，着力体现认证监管工作作为

1. 积极服务重点项目

靠前服务，开设CCC免办快速审批通道，确保2012年中国国际进口商品博览会如期举办。

2. 积极服务重点企业

走访雨润集团、美国泰森集团、德国欧特加食品集团的新建工厂，对其产品工艺及车间布局实施卫生审查。为江苏江山制药集团提供政策服务，助力企业调整战略，化危为机。企业专程送来“强农惠企，检地情无价；对外注册，天堑变通途”的锦旗以表感谢。

3. 深入开展政策宣贯

为做好国家质检总局142号令的宣贯，方便企业理解和掌握新规要求，专门编写《出口食品生产企业备案指南》并精心设计培训课件，指南和课件被国家认监委推荐给多个直属局采用。

4. 积极推荐优良企业获得国外注册

2012年，共评审推荐8家企业对国外注册。截至2012年底，全省现有对外注册企业98家185厂次。

5. 帮助建立区域性检测平台

帮助南京局电子电气产品实验室、江苏局轻工产品与儿童用品检测中心获得国家认监委、工业和信息化部首批电子信息产品污染控制自愿性认证实验室资质。扬州局光电检测中心、镇江局灯具实验室取得了灯具CCC指定实验室资质。扬州开发区成为国家认监委工作三个联系点之一。

**撰稿人：朱玉华　曹苏榕　审稿人：赵金伟**

# 凸显作用 服务发展

## ——江苏省质量技术监督局2012年认证监管工作概况

2012年，江苏省质量技术监督局（以下简称“江苏省质监局”或“省局”）认证认可工作深入贯彻落实科学发展观，围绕国家质检总局“十二字”方针，全面贯彻全国认证认可工作会议精神，按照省局党组提出的“四个彰显，一个确保”总体要求，以服务经济转型为主线，以安全为底线，以推进为抓手，以监管为手段，以紧贴经济建设、紧贴社会发展为落脚点，努力发挥认证认可作用，为江苏“两个率先”做出贡献，为质量强省尽责尽力，确保江苏省认证认可工作创“三甲”指标完美实现。

### 一、扎实推进认证工作，努力为经济发展方式转变和“两型”社会建设提供技术支撑

2012年，省局紧紧围绕全省质监系统“争先进位创三甲”的总体目标，大力推进体系认证、强制性产品认证等各项工作，充分发挥认证认可在质量管理和安全保障方面的基础作用，促进经济发展质量和产品质量安全水平的提高。

#### （一）大力推进体系认证等自愿性认证工作

2012年，江苏省质监局认证认可工作紧紧围绕提升质量水平，落实安全保障这一主题，充分发挥认证认可的基础作用，大力推进ISO 9001质量管理体系认证、ISO 14001环境管理体系认证、OHSAS 18001职业健康安全管理体系认证等自愿性认证，努力唱好质量提升、安全保障的后台戏。

围绕节能降耗这一目标，认证处突出推进环境管理体系认证，在2011年与省环保厅联合行文的基础上，要求各市局加强与当地环保部门的联系，了解掌握当地环保达标的具体企业名录，主动上门、热忱服务，推动环境管理体系认证，为生态省建设服务，为今后低碳认证奠定基础。截至2012年12月底，全省企业累计获得各类管理体系及自愿性产品认证证书87 175张，其中ISO 9001质量管理体系认证证书49 818张，ISO 14001环境管理体系认证证书12 067张，OHSAS 18001职业健康安全管理体系认证证书4 874张，证书总数继续位居全国第一。通过努力推进，积极帮扶，企业获得管理体系认证数有了大幅度提升，企业质量管理意识不断增强，质量管理体系不断完善，质量管理工作不断规范。

#### （二）加大强制性产品认证的实施推进力度

为进一步规范强制性产品认证依据用标准修订时的认证工作，省局及时跟进国家强制性认证产品目录变更，加强强制性认证产品新版认证实施规则的宣贯工作，及时在省局网站发布相关信息，督促相关企业及时改进管理方式，严格按照新修订的认证实施规则要求组织生产，落实产品质量管理与检验，让企业和消费者及时了解国家相关政策。在省局政务网站向全社会公告国家认监委《关于强制性产品认证依据用标准修订时有关要求的公告》（2012年第4号）、《国家质检总局国家认监委关于对部分产品不再实施强制性产品认证管理的公告》、《关于进一步明确安全玻璃类产品强制性认证标志加施要求的通知》等规范性文件，让企业和消费者及时了解国家相关政策，督促相关企业及时改进管理方式，严格按照新修订的认证实施规则要求组织生产，落实产品质量管理与检验，确保强制性产品认证制度的有效实施。截至2012年12月，全省共有9 944余家企业获得CCC证书72 022张，较2011年底净增686家企业、2 830张证书。

#### （三）积极推广能源管理体系认证

积极争取省政府政策支持，在《省政府关于加快推进质量强省建设的意见》（苏政发［2012］91号）中提出对首次通过能源管理体系认证的企业，给予5万元奖励。江苏省质监局在全省6家企业申报能源管理

体系认证取得成功经验的基础上，要求全省各市与当地发改、经信部门的联系，争取财政、税收等相关政策对能源管理体系认证工作的支持，形成合力，通过多种途径加强宣传，了解掌握当地耗能大户的具体情况，深入细致地做好沟通，帮助企业提高节能的重要性、紧迫性认识，充分发挥管理部门作为认证机构与企业之间的桥梁作用，致力于加强能源管理体系建立和开展能源管理体系认证工作。增强能源管理理念，提高能源管理水平，服务节能减排。

省局在苏州市试点召开能源管理体系建设推进会和节能降耗标准政策宣传贯彻会，来自苏州全市40家试点企业的分管领导及内审工作人员逾120人参加了会议。邀请技术专家对认证标准、企业建立能源管理体系的现实意义、能源管理体系认证实施等方面作了详细介绍，并对参会人员进行了为期2天的能源管理体系内审员培训，通过宣讲，参会企业负责人认识到节能减排的重要性和迫切性，认识到企业建立与实施能源管理体系的现实意义。

截至2012年12月底，全省已有7家企业通过认证，获得能源管理体系认证证书。

### （四）积极推进节能产品认证

为深入开展节能工作，促进江苏节能产品生产和消费，提升节能产业水平，2012年以来，省局采取有效措施，积极推进节能产品认证。一是继续拓展新的节能产品领域，在2011年推进产品节能认证的基础上，2012年根据江苏产业现状，积极配合认证机构开展产业调研，拓展新的节能产品认证品种；二是加强现场指导与服务，组织有关专家，赴变压器、线缆桥架2类产品集中区域，联合地方政府，通过召开宣贯会、座谈会、走访企业等形式，积极宣传开展节能产品认证的意义，现场解答企业的疑问；三是将推进节能产品认证与创建优质产品示范基地结合起来，加强与相关部门的协调与沟通，将节能产品认证纳入地方政府创建优质产品示范基地考核工作内容，努力为地方产业集聚与提升服务。

2012年，全省共新增节能节水环保认证获证企业60家，全年新发证书2 014张。其中节能认证新增工厂数48家，新增1 580张节能认证证书；节水认证新增工厂数5家，新增195张节水认证证书；环保认证新增企业7家，新增239张环保认证证书。通过广泛宣传、积极推动、全面协调、严格检查等多种措施，帮助辖区企业准确判断产品能耗水平和量产能力，并帮助企业及时取得节能、节水、环保证书，为企业在政府采购清单和节能惠民工程中及时中标助力。南京工业大学、华鹏集团有限公司、无锡江南电缆有限公司、江苏南亚电缆集团有限公司、江苏远方电缆厂有限公司等9家组织完成了碳排放报告核查工作，通过碳排放的盘查，帮助组织有效规避气候变化相关的国际和国内法规风险，通过积极应对气候变化的举措，以节能、低碳、环保的良好形象获得更多的市场机遇和更好的品牌影响力。

## 二、切实加强监管力度，认真开展质量安全风险排查整治和道德领域突出问题专项教育治理活动

根据国家认监委开展认证认可质量安全风险排查整治和道德领域突出问题专项教育治理活动的统一部署，省局围绕认证认可工作任务，结合重点产品质量提升行动等年度工作要求，对重点产品、重点企业、重点地区进行了重点整治，深挖细查、找准问题，切实履行监管职能，坚持强化监管力度，通过加强监管体系和能力建设、健全监管长效工作机制、转变监管方式，不断提高认证监管水平和监管效能，全省认证认可专项教育治理活动取得了良好成效。

### （一）深入开展强制性产品认证专项整治工作

#### 1. 开展电动工具产品整治工作

为进一步提升江苏南通地区电动工具产业竞争力，确保CCC产品质量安全，江苏省质监局积极行动，采取有效措施，认真排查电动工具产品质量安全风险，为电动工具产品质量提升打下了坚实的基础。一是加强调查研究。先后走访相关企业，了解企业生产工艺现状、察看生产现场管理情况，并与企业交谈影响产品质量安全的主要因素，并召开电动工具生产企业、行业协会、电动工具管理办公室、地方监管部门负责人座谈会，了解当地电动工具产业现状、生产企业需求，分析存在的质量安全风险；二是召开电动工具标准宣贯会。宣贯会邀请监管部门、CCC产品认证机构、检验机构的有关专家，详细讲解CCC产品国家相关政策、电动工具国家标准、产品认证实施规则、工厂检查要求和产品检验相关要求，有针对性地帮助电动工具生产企业准确领会国家标准和实施细则要求，来自南通地区的60多家电动工具生产企业技术人员参加了学习；三是开展技术服务。邀请国家认监委领导，组织相关认证机构和电动工具检测机构技术专家，深入企业现场，免费帮助企业攻克关键技术难题，取得良好的效果，深受企业好评；四是严格执法。对个别严重违反《强制性产品认证管理规定》的无证生产企业，依法予以立案查处。

2. 开展汽车灯具产品整治工作

省局带领认证机构专家到镇江市丹阳市调研汽摩配件产业发展状况，了解企业的生产情况和需求，鼓励企业加强技术研发，进一步做大做强。在当地灯具销售市场，还对经营户的销售情况进行了抽查，指出了存在的问题，宣传强制性认证的法律法规要求。要求地方质监部门对所有生产企业进行排查摸底，按照“查、治、管、扶、建”的原则，建立企业档案，开展重点检查，严厉打击无CCC认证和假冒的违法行为，净化CCC认证市场，努力确保整个产业的健康发展。

### （二）强化强制性产品认证日常监管

根据江苏省CCC企业发展现状，省局及时更新、完善全省CCC产品获证企业质量档案，并实施动态管理，按照分类管理的原则，加强对CCC认证获证企业的管理，针对全省现有CCC认证获证企业情况，结合产品监督抽查中省抽、国抽及与认证机构信息沟通情况，经分类筛选，确定了185家重点检查的企业，并将名单下发给市局，要求各市明确专人负责，实施任务分解，逐家落实现场检查，并切实做好检查记录，填写检查表格，督促存在问题的企业落实改进，促进产品质量稳定提高。对检查中发现存在严重问题的企业，立即与认证机构沟通，并督促认证机构现场检查。截至2012年12月底，全省各市已经全面对CCC认证企业进行了现场检查。通过检查，帮助企业查找原因，制订改进措施，督促企业落实整改。

### （三）开展CCC认证产品监督抽查

为掌握江苏省CCC企业产品质量状况，省局认证处继续与监督处协商合作，请监督处在安排产品监督检查时，把CCC认证获证产品一并列入监抽计划，单独实施统计、汇总、分析。2012年前三个季度共安排抽查CCC产品1 964批次，合格1 906批次，合格率97.05%。根据国家认监委《关于进一步加强玩具产品强制性产品认证监督管理的通知》（国认证函［2012］75号）统一部署，省局要求各市在“六一”儿童节前，对辖区内玩具产品生产厂家集中进行一次全面监督检查，重点检查需强制性认证而未获证的玩具产品出厂、销售行为。全省共出动人员367人次，检查了涉及CCC认证的玩具生产企业121家。

### （四）做好强制性认证获证产品插头插座产品监督抽查工作

按照国家认监委《关于开展2012年强制性产品认证获证产品监督抽查工作的通知》（国认证［2012］44号）要求，为切实做好2012年江苏境内强制性产品认证获证产品——插头插座市场专项监督抽查工作，江苏省质监局制定了《2012年江苏省强制性认证插头插座产品监督抽查实施方案》，对江苏境内市场销售的强制性产品认证且证书现行有效的插头插座产品进行了监督抽查，方案明确了此次专项监督抽查产品的种类、实施抽查的依据、抽查工作的组织实施、样品抽取的原则、抽样的实施程序等要求；同时还明确了以南京、徐州和常州地区的插头插座销售市场的仓库或店面柜台为重点抽样地点，委托了专门机构负责抽样与检测的实施。力求通过强制性认证插头插座产品专项监督抽查，提高涉及人身健康安全产品的质量，以及获证企业信用，督促生产企业增强守法经营意识和质量管理水平，提高CCC产品生产企业的质量安全主体意识，完善对企业及认证机构的行政监管，确保认证监管工作取得实效。

### （五）加强对体系认证获证企业监管

以关注认证最终结果为重点，省局筛选出历年信誉不良、有违规或被投诉记录的认证机构作为对象，在年初认证认可工作会上下发了全省管理体系认证获证企业名单，要求各市按照比例，组织实施全省质量管理体系获证企业现场检查，全省要求检查体系认证获证企业3 000家。通过检查，一方面帮助企业查找存在的问题，督促企业落实改进，达到体系正常有效运转的目的；另一方面掌握认证机构、认证人员在江苏省的认证质量情况，督促认证机构、认证人员强化自律。各市认证主管部门迅速有效开展现场检查。截至2012年12月底，各市已完成获证企业现场检查任务。

### （六）开展认证机构专项监督检查

为贯彻落实《认证机构管理办法》，规范机构认证行为，提升企业认证质量，提高全省系统认证监管有效性，省局制定了专项监督检查方案，组织全省认证监管人员，通过现场检查的方式，对驻江苏境内的21家认证机构（含分公司、子公司）进行监督检查，针对检查中发现的问题，认证处对相关认证机构进行了通报，要求其按照《认证机构管理办法》的要求，认真进行整改，建立长效工作机制，持续完善机构建设。通过此次检查全面了解了认证机构认证实施情况，为下一步加强对认证机构的监管打下扎实的基础。

### （七）扎实开展食品农产品认证监管工作

根据国家认监委关于加强食品农产品认证监管的工作要求，省局下发了《关于做好2012年食品农产品认证监管工作的通知》，结合国家认监委有机产品认证新制度贯彻会议要求，对全省的食品农产品认证监管工作提出具体实施意见：一是切实加强认证风险预警与舆情处置工作，要求各市局做好辖区内的食品农产品认证活动风险因素的主动侦察和及时处置工作，密切注意舆情社意，对媒体发布涉及本辖区涉嫌食品农产品认证违规行为的线索要早反应、早研判、早处置，并及时向社会公布处理结果，力求工作主动、有效；二是扎实开展食品农产品认证日常监管，要求各市局根据辖区内食品农产品获证企业现状和2012年全省认证认可工作要点，制定食品农产品认证日常监管计划，开展全面检查，重点检查获证企业持续符合认证要求的情况，对不符合要求的依法予以查处；三是组织开展有机产品、绿色食品专项监督抽查，根据全省有机产品、绿色食品企业分布情况，省局拨付30万元专项经费，对本省境内获得有机产品认证的部分有机产品生产企业开展专项监督抽查，重点抽查有机茶叶、有机大米和有机小麦粉。检查覆盖全省13个地区的85家企业共计85批次，实际抽样57批次，总抽到样品率为67%。覆盖全省11个地区，地区覆盖率为85%。所检57个批次的有机产品质量普遍较好，农药残留检出率、污染物含量等指标均符合国家标准要求。通过抽查，切实掌握本省有机产品获证企业产品质量状况，为下一步做好有机产品监管工作打下良好的基础。

### （八）认真组织管理体系获证组织网格式检查

根据国家认监委统一工作部署，10月16日~20日，江苏省质监局在金坛市组织开展了“2012年管理体系获证组织网格式检查”，检查组邀请了浙江省、上海市的认证监管专家以及来自全省认证认可工作一线的29名检查人员组成，检查人员分成七组，对金坛市90家获证企业进行了检查，重点核查企业基本条件、管理体系建设、内部审核开展、生产现场规范以及认证机构审核情况等多个方面，检查结果金坛市受检企业中的73%达到了合格水平。对本次检查中反映出的有关问题，江苏省质监局根据情节轻重以及违法违规性质，分别进行了处理，对存在问题的获证组织和认证机构开出了整改报告书，责令其限期整改到位，对涉嫌严重违规的认证机构移送执法部门查处。

## 三、规范实验室监管，促进江苏省检测机构综合能力水平

### （一）加强检测机构行政管理

2012年，受理检测机构计量认证申请812家，安排评审787家，807家检测机构取得（或扩项）资质认定证书，部署安排了全年361家检验机构监督评审工作。继续完善检测机构数据库建设，省局根据政府政务公开建设的统一部署，积极做好网上行政审批工作，要求所有新申请的检测机构必须经过网上行政审批系统报送申请材料，在此基础上，要求检测机构在申报资质认定时必须将有关信息录入数据库，经认证处审核后方可受理，同时将获证机构信息及时在省局网站上向社会发布。

### （二）积极开展食品检验机构资质认定工作

面向全省进行了多层面，多形式的宣传，形成全社会共同关注食品检验机构资质认定工作的氛围。在省局网站及时增挂了食品检验机构设立申报的宣传文件信息，以及相关法律法规，及时向食品检验机构通报了食品检验机构资质认定的信息。

认真组织，积极准备，切实规范食品检验机构资质认定评审工作要求，严格食品检验机构资质认定申请受理，确保审核工作有条不紊开展，截至2012年12月底，全省已有103家食品检验机构通过评审，并获得食品检验机构资质认定证书。

根据国家质检总局《关于进一步规范食品检验机构委托检验工作的通知》（国质检认［2012］244号）的要求，为进一步强化江苏省食品检验机构管理，规范全省食品检验机构委托检验工作，专门下发文件对全省食品检验机构提出要求，督促机构按照相关法律法规开展食品委托检验工作。

### （三）着力推进司法鉴定机构资质认定工作

省局联合江苏司法厅相关处室，在南京举办了司法鉴定机构资质认定内审员培训班，来自全省司法鉴定机构的150多名内审员参加了培训。培训主要内容包括《司法鉴定机构资质认定评审准则》、《实验室资质认定评审准则》及实验室资质认定相关基础知识。对通过考试合格的学员颁发内审员证书。江苏是全国开展司法鉴定机构资质认定6家试点地区之一，截至2012年底，全省已有9家通过中国合格评定国家认可委员会（CNAS）认可，65家获得省级资质认定证书，另有5家机构提出资质认定申请待评审，已基本完成司法鉴定机构资质认定试点工作。

### （四）组织资质认定获证实验室专项监督检查工作

加强对全省实验室资质认定的行政监管。根据国家认监委《关于开展2012年实验室资质认定专项监督检查工作的通知》要求，江苏省质监局认真制定检查工作方案，明确检查工作重点，对全省食品、家具、玩

具、油漆涂料、洗涤用品、纺织品、汽车配件、建材、家用电器、室内空气检测十大类723家获证实验室部署开展专项监督检查。省局与各市级局联合行动，重点检查了资质认定获证实验室是否存在违法违规行为、是否持续符合法定条件和管理体系是否能有效运行。通过检查，督促存在问题的实验室进行整改，进一步提升了实验室的法律意识和管理水平，确保检验工作质量。

组织开展能力验证活动。为进一步提升检验机构检测能力，省局在全省范围内组织开展获证检验机构金属材料和食品检测（重金属、致病菌）能力验证工作，参加单位相当重视，积极参与，认真准备，全省共有66家检验机构参与了金属材料能力验证，156家检验机构参与了食品中重金属检测能力验证，152家检验机构参与了食品中致病菌检测能力验证。

### （五）积极应对资质认定实验室突发性事件

上半年镇江市产品质量监督检验所被国家认监委暂停强制性产品认证授权检测机构资质，省局通过现场指导帮扶机构开展整改工作，并积极沟通国家认监委，经过努力，镇江所已恢复强制性产品认证授权检测机构资质。

## 四、寓监管于服务之中，提升认证认可工作能力水平

省局始终坚持贯彻“寓监管于服务”的方针，将认证监管与服务有机结合，做到边监管边指导，真心实意为企业服务，积极帮助企业解决存在的问题和困难；全心全意为消费者服务，严厉打击各类认证违法行为。

### （一）认真开展“三解三促”工作

根据省局党组统一部署，结合认证认可管理工作实际，省局赴高邮开展了主题为LED路灯节能产品认证的推进工作的“三解三促”活动。调研组切实下移工作重心，前移服务关口，深入生产企业和基层单位，力求掌握区域经济状况，了解企业发展需求，帮助解决实际问题，对当地节能认证工作情况进行了摸底调查，了解地区产业状况，特别是LED路灯生产企业集聚和产业规模现状等基本情况，确定调研主题，明确工作任务。工作组带领技术专家在高邮召开了灯具节能产品认证推进会议，向当地LED道路照明灯具生产企业代表宣传节能产品认证，进行节能产品认证相关知识的讲解培训，鼓励企业学习技术规范、认证规则、研究产品标准、掌握技术要求。提高企业认识，引导企业积极参与。此后，还多次联系专家前往高邮，对有关生产企业进行一对一的业务辅导。截至2012年底，高邮全市已有16家重点企业正式申报节能认证，其中4家企业检测样品已送到国家电光源、国家道路照明灯具质量监督检测中心。2家企业已获得钠灯产品节能认证。

### （二）开展宣传服务活动

结合“世界认可日”活动，联合浙江省、上海市质监局举办了“长三角两省一市认证机构诚信承诺活动”，部署2012年长三角认证机构监督检查工作，并组织苏浙沪所有认证机构签订了“传递信任，服务发展”承诺书，通过此次活动进一步宣贯了《认证机构管理办法》，落实认证机构主体责任，并向社会各届广泛宣传了认证认可工作对社会经济的促进作用。

根据国家质检总局要求，江苏省质监局认真开展“检测实验室开放日”活动，向辖区内获证实验室发出了书面通知，认真传达了总局文件精神，要求各实验室在活动期间组织一次以“科学检测，服务发展”、“关注质量，健康生活”为主题的“实验室开放日”活动，并在活动期间悬挂活动主题的宣传标语。各实验室纷纷响应，通过发放宣传册、开放实验室参观、示范实验操作、开展座谈会等形式，组织社会各界代表人士参与了活动，获得了广泛好评。此次活动很好地增强了实验室检测服务的透明度，加深了社会各界人士对检测工作的了解，提高了实验室检测结果的公信力，同时督促了实验室进一步保障检测质量，提升服务水平。

省局还参与“在线访谈”，访谈节目邀请了有机产品认证机构，有机生产企业，就有机产品认证的国家规章制度、认证程序以及行业现状等社会关心的问题与消费者进行在线交流，进一步加强了有机产品认证的社会影响力。

撰稿人：姚 迅 审稿人：谢亚东

# 传递信任　服务发展　努力为浙江经济发展做出贡献

## ——浙江出入境检验检疫局2012年认证监管工作概况

2012年，浙江出入境检验检疫局（以下简称“浙江局”）认真落实“抓质量、保安全、促发展、强质检”十二字方针和“五个创新”的总体要求，结合浙江实际，解放思想，敢于碰硬，努力创新，扎实推进，切实发挥“认证认可，服务发展”作用，为服务地方经济发展做出了贡献。截至2012年底，共发放出口质量许可（注册登记）证证书287家，暂停报检34家，注销37家，累计有效证书977家；发放出口食品备案（注册）证书213家，注销30家，撤消1家，暂停报检39家，累计有效证书611家；向国外推荐食品卫生注册企业60家次，新获国外注册38家次，累计获国外注册632家次；办理免办强制性产品认证（CCC）业务2 688批；备案社会实验室2家，累计备案9家；评定企业实验室10家，累计评定37家。

### 一、强化监管，提高认证有效性

#### （一）对千余家管理体系认证获证企业实施网格化检查

一是高度重视，加强领导。结合认证认可质量安全风险排查整治活动和浙江产业特色，专门制定检查方案，具体落实工作任务，强化对网格化检查工作的统一领导和管理，形成上下思想统一、责任明确、目标一致的工作局面。二是结合实际，突出重点。选取出口量大、获证企业多的纺织服装、竹木草制品、电光源、玩具等19类生产企业作为调查和评价的对象。重点对获证企业的质量、环境和职业健康安全管理体系运行情况实施全覆盖检查。共派出认证行政执法人员3 548人次，检查获证企业1 774家，涉及质量、环境和职业健康安全管理体系认证证书共2 258张，涉及发证机构82家。同时，通过认监委网站“自愿性认证活动执法监管信息系统”提供的信息，对27家认证机构现场评审活动实施飞行检查，提高了认证监管工作的威慑力和有效性。三是做好网格化检查结果的分析和评价工作。通过大规模的调查，收集信息2万多条，在梳理、归纳、分析的基础上，对浙江局辖区获证企业的管理体系基本状况进行全面评价，为检验检疫分类管理以及地方政府提升质量，促进经济发展提供有力依据，为认监委和地方两局进一步探索体系认证行政监管长效机制打下基础。

#### （二）深入开展强制性产品认证质量安全专项整治工作

一是加大CCC产品入境验证力度，通过集中审单系统对CCC认证目录内进口产品实施布控和拦截，严格凭证报检和货证核查，尤其是对2012年列入专项整治的轮胎、装饰装修、玩具和灯具等产品加大验证力度，查出不合格产品72批，主要不合格原因为产品型号与证书不相符、未加贴CCC标志等。二是强化免办CCC认证企业后续监管，对117家免办企业的282批次免办产品实施了后续监管，重点对科研测试、暂时进口、商业展示、一般贸易等免办条款，以及汽车、摩托车等高风险产品实施监督检查，处罚11批未经CCC认证擅自进口和擅自改变免办用途的违法案件，累计罚款17.5万元人民币，并列入灰名单企业管理。三是广泛宣传强制性产品认证制度，2012年是CCC制度实施十周年，浙江局结合“世界认可日”宣传活动，为100多家进口企业的140余人免费举办CCC免办业务知识培训班，极大地增强了从业人员对CCC制度的认识和对CCC免办工作的相关要求的理解，为进口企业顺利通关起到积极的帮助作用，受到了广大进口企业的高度赞扬。

#### （三）开展有机产品认证风险排查和认证标志专项整治活动

2012年，浙江局共派遣认证行政执法人员396人次，检查食品农产品认证获证企业193家次，认证机构31

家次，获证产品39种。针对有机产品认证市场不规范行为，重点强化对有机产品认证风险排查和认证标志专项检查。一是排查获证企业、获证产品存在的风险，严厉打击伪造或者冒用以及超期、超范围使用有机产品认证证书、认证标志等违法违规行为，排查发现违法违规企业6家，分别采取了罚款、警告、发出监管通知书、撤销认证证书等处罚措施。二是加强对进口有机产品的入境验证，核查货证符合性、认证证书的有效性以及认证标志使用的规范性，对不能提供有机产品相关证明材料的，经整改后作为一般产品入境，无法整改的作退货或销毁处理。三是开展流通领域进口有机产品认证执法检查，主动与当地工商、技监部门合作，形成监管合力，对流通市场销售的进口有机食品认证标识的合法性、认证证书的真实性等情况进行核查，对检查中发现的数十种不符合我国有机产品法规要求的进口食品做出了下架处理，有效净化了有机产品认证市场，维护消费者合法权益。

## 二、加强食品备案领域风险排查和整治，提升食品安全质量

2012年，浙江局继续加大对出口食品备案企业的监管力度，积极在食品备案领域开展风险大排查、大整治。一是对辖区内596家出口食品备案生产企业进行风险排查，主要涉及的产品有水产品、肉制品、茶叶、含明胶成分食品以及蜜饯产品等，出动执法监管人员1 300余人次，查出不符合项1 100余项，注销18家企业备案资格，暂停使用《备案证明》28家，立案查处20起违法案件。二是针对排查出的出口食品备案企业质量安全风险隐患，责成相关企业采取纠正和预防措施，认真落实整改，同时在各分支局实施跟踪检查的基础上，浙江局组织专家组选取较高风险的行业和企业进行现场验证检查，确保整治有成效、措施长效化。三是针对2012年发生的“工业明胶”和“问题蜜饯”突发事件，对辖区内出口蜜饯、明胶备案企业开展多轮大排查，累计派出执法人员200余人次，检查备案企业41家次，检测样品210余份，暂停2家梅制品和含明胶成分生产企业出口，注销4家出口明胶类或含明胶成分产品生产企业的备案证明。四是组织对肉类、乳品和水产品等高风险出口食品生产企业开展HACCP验证提升工作，共出动评审员131人次，提出整改建议123条，完成了对59家企业的HACCP验证提升检查工作，其中2家食品企业被注销《备案证明》，1家肉类企业被暂停出口；1家火腿生产企业存在严重的质量风险隐患，被撤销《备案证明》。五是开展出口食品备案企业飞行检查，抽取4个地区的10家企业进行监督检查，重点检查企业能否持续符合国内外卫生注册要求，跟踪调查其对国外通报和不合格产品后续处理情况等，同时也对当地分支局备案注册和后续监管工作情况进行了现场督查。

## 三、强化资质认定，提升实验室管理水平

2012年浙江局加强实验室基础管理，提升实验室管理水平和检测能力。一是召开浙江检验检疫系统实验室主任会议，深入贯彻《食品检验机构资质认定管理办法》，全面开展食品检验机构资质认定工作，浙江局12家食品检测实验室全部在规定期限内通过了食品检验机构资质认定评审。二是派出8个检查组、30名检查人员，对8个分支局的14个实验室进行了资质认定专项监督检查，受检实验室针对检查组提出的问题，认真分析原因，积极制定纠正措施并整改落实，持续提高实验室工作质量和管理水平。三是举办了实验室管理知识培训、企业实验室监管培训、测量不确定度培训和实验室内审员培训，邀请资深专家授课，为提升实验室内部管理、确保检测工作质量打实基础。四是浙江局系统内实验室积极参加能力验证活动，全年参加认监委、认可委、国内外权威机构组织的能力验证项目共计157项，均获得满意结果，有效促进了实验室检测能力的提升。

## 四、服务外贸，帮助企业在困境中求发展

浙江局积极发挥认证认可、服务发展的作用，帮助企业走出困境。一是在2012年全球经济低迷、外贸发展困难的形势下，更加注重准入与帮扶、监管与服务的有机结合。浙江局局领导亲自带队，下厂送政策、讲制度、解难题，特别是对新申请许可、备案和国外注册企业，老厂改造、新厂扩建企业，组织专家提前介入，指导企业软硬件建设规范设计，少走弯路，2012年新批准准入企业71家，新获国外注册食品企业38家次，新获评企业实验室10家。二是探索与实践出口食品企业备案采信第三方认证结果试点工作，浙江局作为全国七个试点局之一，迎难而上，敢于突破，勇于实践，紧密结合实际，研究制定了采信试点工作办法，在杭州局模拟实践的基础上，初步建立起浙江局的采信机制，为出口食品备案监管采信第三方认证做出了有益尝试。全省共有17家一类监管的出口食品企业被列入备案监管采信第三方认证结果企业名单，得到了企业的赞成。

## 五、创先争优，提升认证监管人员素质和能力

浙江局深入开展“互学互比 创先争优”系列活动，

努力打造一支素质高、业务精、能力强的认证监管队伍。一是积极开展“创先争优”群英谱的推荐、评选活动，开展体系认证监管岗位技能大比武，使优秀集体、标兵、能手脱颖而出，树立了认证认可工作岗位的先进标杆。二是举办了认证监管人员培训、评审员培训、认证认可知识培训等8个基础性、专业化的培训班，受训人员达650人次，为检验检疫机构、进出口企业和实验室人员掌握业务技能、提高履职水平发挥了重要作用。三是对97名质量许可（注册登记）、卫生注册评审员开展能力评价工作，促进评审能力的不断提高。注重评审梯队建设，以老带新，大力培养年轻评审员，充实审核力量。四是开展政研课题研究，以解放思想、实事求是的思维理念，探索顺应我国外贸发展形势和市场经济发展规律的认证监管模式，形成了题为《浙江辖区进出口商品检验鉴定机构发展现状及监管对策研究》和《出口食品企业备案采信第三方认证结果机制研究》政研报告，并分别获得浙江局政研论文一等奖和二等奖。

**撰稿人：金映红　审稿人：章晓氡**

# 认真履行职责　强化认证监管

## ——浙江省质量技术监督局2012年认证监管工作概况

2012年，浙江省质量技术监督局（以下简称“浙江省质监局”或“省局”）以科学发展观为指导，深入贯彻落实国家质检总局、国家认监委和省局工作会议精神，围绕省委省政府“稳中求进、转中求好”的总基调和省局“十五字”方针及推进“一强三大、三个质监”建设目标，以提升合格评定工作的公信力、执行力和影响力为目标，以推进制度建设、科学监管、保障安全、服务发展、提升能力为着力点，科学定位、求真务实、开拓创新、扎实工作，合格评定监管各项工作取得新发展。

### 一、加强制度建设，合格评定监管体系进一步完善

#### （一）明确职责，初步形成大监管合力

省市合格评定监管部门以质监新三定方案调整为契机，进一步明确三级质监部门监管职责，积极争取机构、人员、经费、政策等支持，落实监管责任。宁波市质监局专门设置了合格评定监管处，明确了所属县级局合格评定监管人员和职责。按照“联动式执法、网格化管理”的要求，对外强化与公安、农业、工商、出入境检验检疫等部门联动，积极借助长三角力量，联合开展机动车安检机构、有机产品认证、自愿性管理体系认证执法检查；对内联合监督稽查处、稽查总队、法规处加大对CCC产品、消防、食品等重点检验机构的监督检查和质量抽查；对上积极争取国家认监委的支持，在有机产品示范区创建、CCC指定检测实验室申报、认证费用减免等方面取得较大突破；对下注重发挥市县局积极性、会同杭州、宁波、绍兴、衢州、金华、舟山等市局，联动开展各项执法检查行动，取得良好效果，逐步形成了“上下联动、条块结合、综合监管”的大监管合力，营造了共同推进合格评定监管工作的良好格局和氛围。

#### （二）全面梳理，健全合格评定工作机制

一是编制了《合格评定处管理制度汇编》，全面加强会议管理、行政审批、信息宣传、应急处置、党风廉政、协会管理等工作制度。为熟练掌握合格评定监管知识实务方面的政策法规、标准规定、执法尺度及操作方法，编纂印发了5 000册《浙江省合格评定监管工作指导手册》，有力促进了全省合格评定行政监管人员业务能力的提高。二是全面加强信息宣传、档案保密、协会管理等工作。加强风险管理，建立舆情应急处置机制，正确引导舆论。三是全面开展全省合格评定监管基础数据调查统计工作，动态管理和更新检验机构的信息查询资源库，每月定期公布取得资质的检验机构名录、基本信息和能够承检的项目。四是完善政务信息报送制度，搭建信息员沟通平台。各市局每月报送政务信

息不少于3条，及时汇总、发布、上报各地各有关单位认证认可工作信息。

### （三）突出重点，加强资质认定评审工作

针对评审员在检验机构资质认定评审过程中存在的制度执行不严格、把握标准不统一、发现问题能力弱、纠正不到位等薄弱环节，一是完善修订相关制度。重点完善和制修订《检验机构资质认定评审程序》、《评审员管理办法实施细则》、《检验机构能力验证实施办法》等相关制度。二是制定推行五项评审制度。制定了评审员科学选择机制、评审质量反馈机制、评审责任追溯机制、评审过程监督机制、评审员约谈机制等5项评审制度，做到全过程无缝监管。三是编制《实验室资质认定评审工作规定》、《实验室资质认定审核程序规定》，《浙江省质量技术监督局计量认证/审查认可工作监督约谈办法》等规定，不断完善评审过程各环节监督力度，规范评审程序，确保评审质量。四是完善评审员资料库。在原计量认证评审员队伍的基础上，重点培养有责任心、组织协调能力强的评审员参加计量认证工作，覆盖了农业、建设、环保、卫生、交通等各领域，以便根据评审需要，及时进行选择，提高评审效率。

### （四）加强调研，落实与相关部门的合作机制

一是建立合格评定政策研究合作平台。联合中国计量学院等高校和省标准化院、省质检院等研究机构建立合格评定科研研究合作平台；二是开展合格评定科研立项。2012年会同相关单位申报的《分级管理下浙江省认证监管模式重构研究》、《浙江省CCC制度实施及制定检测实验室能力建设》列入省局科研项目。三是加强长三角地区的互认合作，签署长三角认证机构“传递信任、服务发展”承诺活动。浙江、江苏、上海质监局联合于6月5日召开江浙沪两省一市认证机构工作会议，共同研究、探讨长三角认证机构专项监督检查工作并开展“传递信任、服务发展”承诺签署活动。四是会同省局法规处制定工作方案，开展《浙江省检验机构管理条例》实施情况调研和评估检查。

## 二、加强认证市场监管，认证社会公信力进一步提高

### （一）认证执法监管体系建设持续推进

一是加强认证机构执法监管。以贯彻实施《认证机构管理办法》为契机，加强认证机构、认证咨询机构的执法监管并扩大认证执法监管试点范围，要求各市局围绕强制性认证执法监管、自愿性认证执法监管、食品农产品认证监管分别确定一个县作为重点县报省局评管处。二是严肃查处认证违法行为。会同稽查部门进一步强化挂牌督办等措施，严肃查处认证违法行为。积极妥善处理低压电器CCC国家专项抽查不合格后处理等相关工作。三是采取相关措施，推进认证监管规范化建设。通过编制认证执法指南、开展认证执法业务培训、完善合作机制、召开经验交流会等，积极推进认证执法监管规范化、标准化、信息化和科学化建设。

### （二）加大CCC认证产品整治力度

根据国家认监委《关于开展部分重点强制性认证产品质量安全专项整治行动的通知》要求，自2012年3月开始对与消费者身体健康和生命安全密切相关的电线电缆、电动工具、汽车零部件、家用电器、轮胎、农机、玩具、灯具和装饰装修材料等9类强制性重点产品开展质量安全专项整治行动。重点查处无证生产销售和假冒伪造强制性产品认证标志、证书的行为；全面排查、清理重点产品的强制性产品认证获证企业和证书。一是联合监督稽查处，加强CCC产品质量监督检查。专项整治期间，共抽查1 797家生产企业的57种2 109批次强制性认证产品，合格1 962批次，批次和综合合格率分别为93.0%和98.9%。二是联合稽查总队加强CCC产品的执法检查。专项整治期间，全省共出动执法人员2 678人次，共检查获证企业524家，发现不符合CCC认证要求的企业28家，立案查处98起。根据各地的工作需要，专项整治期间，省局合格评定处为市、县局联系CCC检查专家，在专业方面给予把关，协助配合检查工作的顺利开展。宁波、慈溪等地质监局还联合CQC杭州分中心联合开展专项整治工作，从执法监督、技术支撑、证书处理等多个层面形成了立体化的工作机制，优化了专项整治效果。

### （三）组织开展管理体系认证专项监督检查

根据国家认监委部署要求，6月—8月底，在全省范围内组织开展管理体系认证专项监督检查工作。主要对质量、环境、职业健康与安全管理三大体系认证从认证咨询、认证现场审核情况及获证组织体系运行、内部管理、证书使用宣传等方面进行监督检查。6月3日—7日，浙江省质监局抽调各市局合格评定监管人员和技术专家，组成12个检查组出动360人次对衢州市120家三大管理体系认证企业进行网格化检查，涉及认证机构36家，随后各市局对辖区内的获证组织按一定比例开展为期三个月的监督检查。通过管理体系认证监督检查，进一步强化认证机构责任和企业质量管理第一责任人的意识，促进企业诚信意识的提高，打击从业机构、从业人员的违法违规行为，有效防范认证监管工作风

险，全面提升认证有效性和公信力。全省共检查获证企业670家，认证机构92家，其中管理体系运行良好、正常及基本正常的企业654家，占总数98%，发出整改通知书21份，对5家认证机构实施了行政处罚。

### （四）加强有机产品为重点的食品农产品认证监管工作

一是领导重视抓部署。2012年，浙江省质监局提出了加强食品农产品认证监管工作六项措施，并下发了关于做好2012年食品农产品认证监管工作的通知。陈振华副局长先后三次带队或陪同国家认监委领导赴杭州、金华、衢州等地实地调研浙江省食品农产品认证监管和示范区创建等工作，组织当地质监局开展食品农产品认证监督检查活动，听取相关市县政府和质监部门的意见，走访认证机构和获证企业了解情况，指导工作。二是从严监管抓源头。坚持落实“谁发证、谁负责”的原则，对国家认监委“食品农产品认证监管系统”浙江企业进行了梳理，将企业对应分类在全省11个地区，同时掌握每个企业的发证机构，全面掌握获证企业的基本情况。牵头召开加强有机产品监管专题座谈会，得到了提案人省政协常委、省高级人民法院副院长高杰的充分肯定。杭州市局还从流通领域入手重点抓有机产品认证标志的监督检查给了质监系统很好的启示。三是执法检查抓覆盖。2012年共出动检查人员4 574人次，检查有机产品生产企业和销售企业2 923家，发现不符合项201项，提出整改措施209条，查处认证机构5起，罚款285万元。2012年，浙江省质监局与省出入境检验检疫局、工商局联合下发了《关于进一步加强有机产品监管工作的通知》，7月23日，浙江省及绍兴市质监、工商、出入境检验检疫三部门联合对绍兴市区大型超市在销的有机产品进行了现场检查。顾绍平主任亲自到场指导检查工作。四是示范推进抓创建。继续培育和发展有机产品认证示范区创建，服务有机农业产业发展。结合地方实际，推广建德经验，积极稳妥支持相关市县政府开展有机产品认证示范区建设。国家认监委大宁主任、杨志刚副巡对浙江创建工作十分重视，专程来浙江考察、调研、指导工作。2012年8月，国家认监委现场评审组对浙江省武义县申报有机产品认证示范创建区进行现场评审，11月，武义县成为了浙江省第二个国家有机产品认证示范创建区。五是宣传培训抓典型。浙江省质监局利用监督检查、世界认可日、“质量月”等主题活动，通过举办宣贯会、征文活动、广场咨询、开辟宣传专栏、印制宣传册、张贴宣传画等形式，大力宣传有机产品为重点的食品农产品认证法律法规。2012年“3·15”期间，浙江省质监局专门在《质量时刊》上开辟聚焦有机产品专栏，杭州等地媒体对有机产品监管和新标准及有机码实施等工作进行了密集报道。

## 三、严格检验机构监管，检验检测行为进一步规范

### （一）加大对重点领域检验机构的科学监管工作

为进一步加大对检验机构的监管工作，2012年，根据国家认监委关于《开展实验室资质认定专项监督检查工作》、《开展认证认可质量安全排查整治和道德突出问题专项教育活动》的有关通知要求，浙江省质监局在总结2011年“规范检测管理，提升检测质量”活动经验的基础上，下发了《关于加强检验机构科学监管工作的通知》，明确把消防、食品、建设工程和机动车等检验机构作为浙江省检验机构的重点监管领域，要求全系统对其实施全面监督检查，年底下发了《关于2012年浙江省检验机构证后监管工作开展情况的通报》。消防检验机构方面，针对全省消防设施检验机构技术能力比较落后、检验市场比较混乱，检验行为不规范的情况，采纳了有关职能部门和技术专家的建议，和消防协会共同出台了消防设施检验机构能力评审条件，采取人员条件提高、报告唯一编号、机构备案、提高准入门槛等方法，初步达到预期的效果。机动车检验机构方面，认真贯彻落实国家质检总局、公安部和认监委三部委《关于进一步加强机动车安全技术检验机构监管工作的通知》精神，完善了机动车检验机构管理系统，增强了检验检测工作的透明度，保证检验数据准确、可靠。食品检验机构方面，结合质量安全风险排查整治和道德领域突出问题专项教育治理活动，加强对食品检验机构的监管工作。将涉及食品安全检验检测机构作为重点监管对象并以飞行检查开展排查工作，重点检查食品检验机构有无违法违规检测行为，保证检测质量。对食品检验机构的到期复评、扩项评审等进行严格审核，通过现场检查的形式，从机构的软、硬件两方面进行考核，严格考核实验室检测人员和环境条件、仪器设备配备情况，实验室日常管理所形成的记录对实验室管理体系的有效运行情况等。加快食品检验实验室资质认定工作进度。针对食品领域的特殊性，加快了食品检验机构的评审进度，截至2012年12月底，完成对165家食品检验实验室的食品资质认定。

### （二）严把检验机构行政许可关

1月—12月份共受理检验机构1 240家，组织现场评审643家，书面确认597份，批准资质认定638家检验机构，其中司法鉴定机构4家，机动车安检机构38家，食品检验机构118家。下达了2012年度资质认定

643家获证检验机构监督评审计划，保证了检验机构能力和管理体系持续有效。深化开展“规范检测管理 提升检测质量”活动和机构科学监管工作。全年共出动执法人员以及专家3 128人次，检查检验机构774家，累计抽取了9 064余份检验报告和原始记录、5 441余份设备档案，查阅检验标准和各类制度7 572份。

### （三）加强检验机构的执法检查

积极与建设、环保、消防与公安部门联系，借助相关部门的管理职能，对检验机构检验检测行为加以规范。一是加强与消防部门合作，共同起草了消防检测机构资质认定的补充规定，并广泛征求相关部门意见，争取2013年正式出台。二是在对检验机构的检查中，与建设、环保、公安部门组成联合检查组，对其管辖的检验机构实施检查，充分发挥出各自的管理优势，有效地提升了监督检查的质量。三是加强与稽查部门的联系，要求各市局合格评定监管处加强与稽查部门的联系，主动配合稽查部门查处检验机构的违法行为，并将查处情况及时向省局报告，省局按照规定要求，对违法检验机构资质认定证书进行停证、撤证处理。对现场评审、日常检查、投诉举报等渠道发现的检验违法违规行为，严格按照有关法律法规进行查处。全年共立案查处检验机构违法案件34起，注销13家检验机构的资质。

### （四）大力开展能力验证活动

为使检测实验室能力验证工作更加规范、科学，确保检测实验室技术能力不断提高，省局委托浙江省质量合格评定协会、浙江省质量检测科学研究院、浙江省疾病预防控制中心、浙江省环境监测中心、浙江省冶金产品质量检验站有限公司、浙江省林产品质量检测站等6家单位，组织开展乳制品中三聚氰胺检测、食用植物油中黄曲霉毒素B1的测定、水中铅和空气中二氧化氮检测、建筑材料放射性核素（镭、钍、钾）测定、金属材料拉伸试验、中密度纤维板中的甲醛释放量等六类13项参数的能力验证活动。共有918家（次）的检验机构报名参加能力验证活动。为提升食品检验实验室的检测能力，省局在能力验证中加大了食品检测参数的数量。通过能力验证，促进了检验机构的证后监管，保证了检测数据的准确可靠，进一步提升了检验机构的技术能力。

## 四、创新服务手段方式，服务能力进一步增强

### （一）服务质量强省建设

在2011年将认证认可指标列入质量强省建设意见的基础上，2012年浙江省质监局会同强省办适时调整相关考核指标，进一步细化工作任务。2月16日，浙江省质监局与发改委联合下发的《关于推进服务质量建设的若干意见》（浙发改经贸［2012］54号）中，进一步把引导和推进服务业质量认证工作作为2012年服务质量强省建设工作的主攻方向，明确要求各级质监部门和服务业主管部门合力推进服务业质量认证工作，共同制定年度质量管理认证工作计划，逐步在县（市、区）级以上服务业重点企业中开展质量认证工作，并提出了具体的目标任务和量化指标。会同省发改委服务业处拟订了省级108家重点服务业企业质量管理体系认证培训方案。

### （二）推进服务企业服务基层

一是启动开展“6·9世界认可日”主题宣传系列活动。6月9日是中国的第五个“6·9世界认可日”，2012年的主题是“传递信任 服务发展——推进认证认可 夯实质量基础”。浙江省局下发通知在全系统启动了“6·9世界认可日”主题系列宣传活动。二是开展强制性认证产品和自愿性认证监督检查行动。要求各地积极开展认证执法检查，加大对群众反映强烈的认证违法违规行为的查处力度，重点做好以“向消费者传递信任”为主题的认证标准、新实施规则、认证标志识别等方面的舆论宣传。三是深入开展“提升认证质量，服务质量强省”活动。要求各地积极鼓励和引导企业开展质量、环境、能源、信息安全等管理体系认证和以节能、节水、可再生能源产品认证为重点的自愿性认证工作。联合发改部门合力推进服务业质量认证工作，积极推进认证认可高技术服务业，促进浙江省检测认证行业健康发展。

### （三）开展进企帮扶服务地方经济

积极派员参与赴绍兴“双服务”工作，3月2日，及时联系浙江省家具与五金研究所等单位，会同绍兴市政府召开了由浙江省质监局和喜临门公司承办的《木制宾馆家具》等16项宾馆家具国家、行业标准审定会，120余位专家到会审定，为浙江省家具企业占领行业标准话语权赢得了先机，得到了当地政府和家具企业的一致好评。此外，还启动了检测认证技术专家进企帮扶活动，组织多位专家现场帮扶解决绍兴检验机构计量认证许可筹备过程中遇到的实际问题。2012年共组织317位认证专家对122个主导产业1 134家认证企业开展质量认证帮扶，解决问题810个。

### （四）合力推进服务业企业质量认证工作

9月21日，由浙江省质监局和省发改委发起，省服务业联合会和省质量合格评定协会共同举办的浙江

省服务业企业认证培训班在杭举行。培训邀请了省发改委服务业发展处、省质量强省办有关负责人到会讲话和指导；邀请认证专家作了"质量管理体系（QMS）为组织构建腾飞发展的基础平台"、"推进生态文明建设，打造绿色现代服务业——ISO 14001 环境管理体系的建立"、"职业健康安全管理体系基础原理与企业实施的意义"、"服务行业管理体系建立的必要性和实施要点"等四个专题报告，受到了与会省服务业联合会的会员单位、部分省服务业重点企业、2011 年省服务业商业模式创新入围企业和 2012 年新申报企业的欢迎和好评。

## 五、加强队伍能力建设，监管水平进一步提升

2012 年，通过开展行政监管、CCC 产品认证执法和检验机构能力验证等业务培训班，有针对性地加强培训、考核和学习交流。开展认证评审专家的培训、聘任和考核，逐步建立一支适应行政许可需求的、权威的评审员队伍。

### （一）加强对评审员队伍的管理

继续加强对评审人员的政治素质、业务能力和廉洁自律的培训教育，提高评审员队伍的整体素质。2012 年，通过聘任、培训、不定时召开评审组长座谈会等方式方法，建立起一支高素质的评审员队伍。11 月 2 日召开评审大会，省局副局长陈振华出席会议并讲话，检验机构资质认定评审组长、省市两级质监局相关负责人共 120 余人参加会议。会议全面回顾总结近年来浙江省检验机构资质认定工作，分析了形势，部署了下一步工作；会议现场颁发了 106 位评审组长聘任证书、工作证件，并签署了承诺书；评审组长代表作了公正性、廉洁性承诺。会议提出要进一步加快网上审批步伐，提高评审工作质量，建立动态管理机制，强化证后监管，简化评审程序。同时，要求评审专家树立法制责任、团结协作、学习进取、廉洁自律意识，处理好原则性与灵活性、风险控制与风险预警、硬件考核与软件考核、纵向评审和横向评审关系，进一步增强责任心和使命感，确保评审工作的公正性和有效性。

### （二）切实加强"三员"业务培训

针对近几年人员工作变动快的情况，编制符合浙江省监管实际的包括食品农产品认证监管内容在内的《浙江省合格监管手册》并下发到各基层单位，定期组织开展认证监管人员、稽查执法人员、基层质监站所工作人员的业务培训。9 月 4 日，在建德组织开展了有机产品认证相关知识培训会，全省 9 个食品农产品认证重点县局负责人、14 家认证机构负责人、建德市各乡镇街道、相关部门负责人和有机生产组织企业负责人与质量负责人，共 100 余人参加了培训。11 月 14 日—16 日，浙江省质监局在舟山举办全省合格评定监管人员实务培训班。主要对各市及各市局所属 3 个重点监管县（市、区）合格评定监管人员开展《认证认可条例》、《实验室和检查机构资质认定管理办法》、《认证机构管理办法》等认证认可法律法规的培训，及以查代训现场开展 CCC、管理体系认证企业检查。本次培训特邀请国家认监委政策与法律事务部法制监督处马昆处长以及上海市质监局、江苏质监局相关专家授课。

### （三）加强检验人员持证上岗工作

加强对全省质监系统食品、电器、纺织品服装、建材产品和安检机构车辆检验人员的能力提升。1 月—12 月份完成了全省质监系统食品、电器、纺织品、建材四个专业 344 名检验员岗位资格考核工作，对 187 名机动车安全技术检验人员进行考核，对内审员、质量监督员、测量不确定度、评审员、消防检测人员等 5 519 人次进行了培训，有效提高了检验人员的业务技术水平和素质才干，确保了检验工作质量和检测人员持证上岗制度的有效落实。

**撰稿人：郦 东 徐静姿 审稿人：陈振华**

# 广东出入境检验检疫局

CCC免办后续监管现场核查001（广州局）

获证组织认证有效性网格化专项检查

获证组织认证有效性网格化专项检查

2012年，广东局紧紧围绕“抓质量，保安全，促发展，强质检”的工作方针，努力探索和实践认证认可主题功能——“传递信任，服务发展”，在国家质检总局、国家认监委和广东局党组的正确领导下，同心同德、脚踏实地、大胆创新，取得了可喜的成绩。

据统计：全年共受理组织评审企业、机构2208家次，向国外推荐企业68家次，审批发放各类证书6957份。目前广东局辖区出口食品备案企业共有1068家，对外注册企业499家次；出口商品质量许可证企业2052家，获输美陶瓷认证企业343家；系统内获得认可的实验室数量到57个，通过评审获得食品检验机构资质认定资格的实验室共计32个，全面完成广东局食品检验机构资质认定工作。

强制性认证免办后续监管现场核查

检验检疫工作人员在某灯具公司了解产品生产情况

## 强化监管、创新机制、传递信任、服务发展

# 辽宁出入境检验检疫局

辽宁出入境检验检疫局于1998年8月成立。由原辽宁进出口商品检验局、大连动植物检疫局、大连卫生检疫局（简称“三检”）合并组建的，由国家质量监督检验检疫总局垂直领导，主要负责辽宁地区的出入境卫生检疫、动植物检疫和进出口商品检验、鉴定、认证、认可和监督管理，是国家设在辽宁的口岸行政执法机构。

2012年，辽宁出入境检验检疫局紧密围绕 “抓质量、保安全、促发展、强质检”的十二字方针，按照总局和认监委提出的“传递信任、服务发展”和“五个创新”的指示要求，以辽宁局“管理创新年”为突破口，认真履行认证监管职责，积极探索认证监管新模式，认证监管工作取得了新的成绩和突破。

# 深圳出入境检验检疫局

深圳出入境检验检疫局是直属国家质量监督检验检疫总局的出入境检验检疫机构，正厅级建制。1999年8月，按照国务院及中编办有关口岸管理体制改革的精神，深圳检验检疫局由原深圳卫生检疫局、动植物检疫局和进出口商品检验局合并组建而成。

2012年，深圳出入境检验检疫局认证监管处牢牢把握国家认监委“传递信任，服务发展”的指导思想，紧密围绕深圳局“以质为本立方针，敢为人先破难题”的工作主题，深入开展“两个专项”及“为民服务、创先争优”活动，精细构建职能框架内质量管理体系，全面加强出口食品备案管理，扎实开展CCC查验及免办工作，继续加大认证监管执法力度，稳步推进能效标识查验及节能减排工作，不断完善对外委托检测审批程序，取得了显著成效。

# 福建出入境检验检疫局

2012年，福建出入境检验检疫局深入贯彻落实全国质检工作会议、全国认证认可工作会议精神，求真务实，开拓创新，充分应用认证认可手段推动福建检验检疫事业跨越发展。

一、创新形式，深入开展第三方认证监管。首次在第三方管理体系认证监管上采用网格化执法监管形式，以德化县为一个单元，覆盖县内所有出口企业，是一次改进第三方认证监管方式的有益尝试，成效比较明显，总共发现了6个认证机构存在问题，我们对其中5家发出了行政建议书，对另外1家实施了行政处罚。

二、重视监管，探索管理模式转变。充分利用第三方认证机构技术力量，整合出口食品企业备案和认证监管资源，印发出口食品生产企业备案采信第三方认证结果试点工作方案，辖区共有9家出口食品生产企业通过采信第三方认证结果获得《出口食品生产企业备案证明》。

三、多种手段，提高质量管理水平。一是对6家肉类、乳制品生产企业开展HACCP验证提升活动，共对企业提出书面改进建议35条。二是紧紧抓住企业主体责任和追溯体系这两个食品安全管理的核心，结合对国家认监委第23号公告的宣传，推广出口食品安全身份电子追溯系统，取得良好的示范和带动作用。

四、帮扶创建，建设有机产品认证示范区。在推荐安溪县茶业创建“有机产品认证示范区”之后，2012年又着力培养了建瓯市竹笋产业“有机产品认证示范区”，使辖区连续两年有两个“有机产品认证示范区”，而且福建局作为惟一的检验检疫机构代表在2012年度全国有机产品认证示范创建工作会议上做典型经验交流。

五、推动发展，对外注册凸显成效。2012年，福建局共推荐91家次企业对美、欧等国家和地区注册或复审，其中新推荐对外注册企业37家，积极帮扶企业开拓海外市场。对外注册企业出口额已达21.6亿美元，同比增长86.7%。帮扶13家出口企业顺利通过韩国农林水产检疫检查部、美国FDA、台湾“卫生署食品药物管理局”等3次境外官方机构现场检查。

六、积极探索，推动两岸采信互认。加强与台湾认证认可主管部门的沟通，开展2011年福建局辖区对台进出口产品情况及台湾对福建局辖区产品实施检测情况的调查活动，组织召开2场对台互认与采信工作研讨会，制定专门工作方案，完成《台湾对福建局辖区产品实施检测情况分析报告》、《关于推动海峡两岸认证认可和检验检测结果互认和采信的政策建议报告》，积极推动海峡两岸认证认可和检测结果采信试点工作。

七、简化程序，支持服务海西建设。进一步简化3C免办工作程序，加快3C免办行政审批速度，并对国家和福建省重点项目3C免办采取加急办理措施。2012年，共受理申请1092批次，发放3C免办证明997份，覆盖了20多类工业产品，涉及免办企业93家，在很大程度上方便了进口企业。

福建局开展HACCP体系认证网格化监管专项活动

国家认监委副主任王大宁视察茶叶种植基地

国家认监委副主任王大宁视察国家级茶叶检测重点实验室

# 新疆出入境检验检疫局

新疆检验检疫局局长库来西（前排左三）陪同国家质检总局副局长杨刚（前排左四）一行在吐尔尕特口岸联检大厅视察出入境检验检疫工作

新疆检验检疫局深入基层，为企业提供咨询服务

新疆检验检疫局对认证企业进行义务培训

新疆检验检疫局对亚欧博览会参展商品进行巡查监督

新疆检验检疫局抽取中亚进口管道天然气样品进行监督管理

2012年，新疆出入境检验检疫局在国家质检总局、国家认监委的指导下，深入贯彻落实“抓质量、保安全、促发展、强质检”十二字方针，在认真做好出入境检验检疫工作的同时，积极开展认证和监督管理工作。

根据国家质检总局和国家认监委关于开展认证认可质量安全风险排查整治专项治理活动通知的要求，制定了出口食品备案企业风险排查专项整治计划，重点从食品安全卫生控制体系、企业组织机构等七个重点方面进行排查，出动执法监管人员320人次，共对240家企业实施风险排查，向企业出具了书面不符合项207项，其中SSOP（加工卫生）方面的问题占28.5%，HACCP食品安全管理体系方面的问题占25.6%，硬件设施缺陷占1.5%，卫生质量体系占31.4%，取消10家企业出口备案资格，暂停报检1家企业，主动申请取消出口备案资格企业1家，注销9家企业出口备案资格（备案证明有效期届满后未申请延续或2年内未出口食品等情况），认真深入地开展了质量安全风险排查整治和道德领域突出问题专项教育治理活动，加强了认证监管工作和队伍建设，努力促进认证监管工作的科学和谐发展。

2012年，新疆检验检疫局制定了《新疆检验检疫局出口食品生产企业备案注册评审员与监管人员能力持续提升方案》，开展了内部及外部培训及对现有评审员的考核，努力加强评审员队伍建设。同时组织评审人员参加2012年国家认监委在上海举办的《第十届全国HACCP应用与认证研讨会》，新疆检验检疫系统共有三篇论文入选并全文发表在《食品安全质量检测学报》（2012年9月第三卷），同时被“中国学术期刊网络出版总库”、《中国核心期刊（遴选）数据库》、《万方数据—数字化期刊群》全文收录；认真开展强制性认证产品质量安全专项整治行动，对新疆6家汽车生产企业和新疆汽车产品质量监督检验站进行了现场检查；加强食品农产品认证行政监管工作，结合出口食品企业备案考核工作，制定和实施了2012年食品农产品认证监管检查计划，共对40家获证的出口食品企业进行了认证有效性的监督检查。同时，通过委派工作人员进行见证审核的形式，对认证机构的认证活动进行全过程监督检查。根据国家认监委《关于请协助调查认证过程情况的函》（认可函［2011］64号）的要求，组成两个检查组，分别对方圆标志认证集团新疆有限公司认证工作机构和新疆地质矿产开发局第二水文地质大队获得ISO9001:2008质量管理体系证书情况进行了检查。针对检查中发现的问题，及时与以上单位进行了沟通，按时完成了调查取证及汇总上报工作。同时，根据《关于2011年管理体系认证监管情况通报及2012年体系认证监管工作部署的通知》要求，新疆检验检疫局制定和实施了2012年管理体系监管工作计划，针对出口食品企业集中的石河子、奎屯、博乐地区54家企业实施全覆盖的监督检查，涉及产品14种，其中罐头生产企业32家，及时完成了认证监管计划。

2012年，新疆检验检疫局大力加强认证认可宣传力度，针对6月9日 “世界认可日”展开宣传工作，采取召集企业开座谈会，发放宣传张贴画和宣传册等宣传材料等活动形式，有效做到“传递信任 服务发展”的工作要求。

至2012年底，新疆内共有260家企业获得出口食品生产企业备案证明（备案前21类企业184家、备案其他类企业76家）。其中出口企业备案咨询106家，受理企业备案申请98家，发证企业102家，办理变更企业20家，上报国家认监委对日本注册企业变更地址1家，受理出口食品企业备案工作时限符合率100%。受理、审核、发放危包质量许可证6家，后续监管8家获证企业，共有14家企业获得危包许可证；为进口的“成套生产线配套所需的设备/零部件”类的设备和零部件，办理CCC免办证明12份。

# 重庆市质量技术监督局

2012年以来，重庆市质监局工作突出表现为三大特点：一是力求“高”，强化顶层设计和创新，建立21个市级部门参与的全市认证认可工作部门联席会议制度，共建认证认可工作联动机制，倡导建立云川渝两省一市质监部门认证执法监管区域联动机制，在构建“大认证”工作格局上实现新突破。二是力求“新”，首次举办“检验检测大讲坛”、首次在《重庆日报》上开设“世界认可日暨质量强市”宣传专栏、首次开展全市实验室最高管理者培训和确认考核、首次开展全市法定产品质检机构“质量提升四个一”活动、首次开展“认证服务周”活动、首次开展认证认可箴言社会征集活动、建立实验室资质认定评审员评审工作绩效考核新机制等一揽子工作新举措，在提升服务地方经济社会发展水平上实现新突破。三是力求“实”，推行资质认定实验室、强制性产品认证获证企业的分级评价和分类管理制度，重点监管目标等新制度，不断加强基层认证执法监管人员业务培训工作，推广运用自主研发的“全市强制性产品认证和自愿性认证监管信息系统”，在提升认证公信力上实现新突破。

# 中国检验认证集团天津有限公司

中国检验认证集团天津有限公司是在中国检验认证集团有限公司（英文缩写为CCIC）和中国质量认证中心（英文缩写为CQC）两大机构合并的基础上成立的一家经国家质量监督检验检疫总局和国家认证认可监督委员会批准，集“检验、鉴定、认证、测试”为一体的独立的第三方大型检验认证机构，也是一所国家认可监督管理委员会批准设立的专业认证机构，更是一家综合性的集海事鉴定、货物检验鉴定、装船前检验、认证及认证培训、商务代理以及技术咨询、技术服务的一家权威性检验认证公司。公司下设八个部门：办公室、综合部、矿产部、鉴定部、农食部、机电部、培训部、审核部。为广大进出口及机关贸易客户提供最优质的服务。在第三方检验、鉴定和认证的基础上，不断开拓检验认证市场。

公司在继续保持现有优势的基础上，不断加大对环渤海地区及天津滨海新区的支持力度，推动着天津经济的不断腾飞，并立志将天津CCIC打造成天津地区最专业、最具品牌影响力的综合性检验认证机构。

# 中国检验认证集团安徽有限公司

中国检验认证集团安徽有限公司（英文名称：China Certification & Inspection Group AnHui Co.,Ltd. 简称：CCIC ANHUI）是中国检验认证集团的一级子公司，是从事“检验、鉴定、认证、测试”为主的权威性机构。十余年来，公司始终坚持“公正诚信、准确可靠”的质量方针，赢得了广大客户的信任，在国内外贸易和检验认证界树立了良好的信誉。根据国家法律法规规定，CCIC 作为国家质量监督检验检疫总局许可的检验认证机构，还在一定范围内负责实施国家法律、法规规定的进出口商品检验、鉴定和认证业务。

CCIC 安徽业务范围包括：进出口商品委托检验、鉴定业务、矿产品装港及到货的检验检测、PSI、工程监造、价值鉴定、供应商评审；ISO9001 质量管理体系、ISO14001 环境管理体系、GB/T28001 职业健康安全管理体系、GB/T 23331 能源管理体系、HACCP 食品安全管理体系、TS16949、GMP、GAP、自愿性产品认证及培训；商务代理和咨询等。

矿产品及有色金属材料的检验鉴定、检测是我司的拳头项目，特别是在铜铅锌精矿、粗铜、阴极铜等检验方面具有行业内领先的优势，多次承担国家重要进出口物资的检验工作，依托与国内外大型工矿企业及贸易商的良好合作，公司的业绩稳定快速的增长。2001 年在南美智利设立办事处，现业务已覆盖智利 Punta Patache、Coloso、Punta Chungo、Las Ventanas 港口，秘鲁 Matarani、Punta Lobitos、Comquimbo 港口，为国内众多有色骨干企业和贸易商提供铜精矿、粗铜等装港服务。2008 年成功开辟东南亚市场，多次赴菲律宾、印尼等地为国内用户提供装运前检验服务。

CCIC 安徽置身于遍布世界各大港口和货物集散地的 CCIC 全球网络，公司优秀的团队将继续致力于服务贸易，勇于开拓、锐意创新，不断提升核心竞争力，持续提高服务质量和管理水平，为全球客户提供质量一致的服务。

欢迎社会各界前来参观指导，洽谈业务！

联系地址：中国 安徽 合肥市包河区芜湖路 367 号　邮编：230061

检验鉴定业务联系电话：086-551-2874500

认证业务联系电话：　086-551-5165757

传　　真：086-551-2879359

公司网址：www.ccicah.com.cn

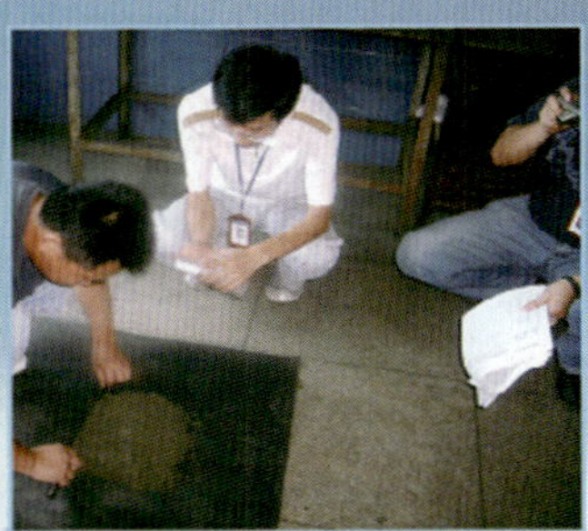

# 中国检验认证集团湖南有限公司

## CHINA CERTIFICATION & INSPECTION GROUP HUNAN CO., LTD

中国检验认证集团湖南有限公司（英文名称：CHINA CERTIFCATION& INSPECTION GROUP HUNAN CO., LTD.英文缩写 CCIC Hunan）是中国检验认证集团设在湖南的一级子公司，是在原中国进出口商品检验总公司湖南省分公司（成立于1980年）的基础上改制重组，经国家质量监督检验检疫总局、国家认证认可监督管理委员会批准认可的，以“检验、鉴定、认证、测试”为主业的湖南省规模最大、实力最强的第三方检验认证机构；是湖南省工商行政管理局认可指定的市场流通领域商品质量监测委托检验机构、长沙海关认可指定的非法定商品委托检验机构、最高人民法院认可指定的产品质量司法鉴定机构、中国保险监督管理委员会批准的保险公估机构。

中国检验认证集团湖南有限公司以创建CCIC品牌为主要目标、建立了一支专职从事检验、鉴定、认证和测试业务的人员队伍和较为完善的质量管理体系。我们的服务理念是公正诚信、准确可靠。二十余年来，凭借其雄厚的技术实力和广泛的服务网络，始终不遗余力地为客户提供便利和高效的服务，深受广大海内外客户的信赖及行政执法部门的高度认可，具有较高的知名度和良好的声誉，为促进社会经济的发展作出了积极的贡献。

# 中国检验认证集团云南有限公司

中国检验认证集团云南有限公司（英文名称China Certification & Inspection Group Yunnan Co., Ltd.，英文缩写CCICYN）成立于2004年，是经国家质量监督检验检疫总局和国家认证认可监督管理委员会批准，以检验、鉴定、认证、测试为主业，同时提供认证培训、工厂评估、办理/代理业务（法律文书公正、报检、报关等）、卫生除害（对商品及其运载工具的消杀灭、熏蒸等卫生除害处理）等业务的综合性检验认证机构。根据国家法律法规规定，公司作为国家质量监督检验检疫总局许可的检验认证机构，还在一定范围内负责实施国家法律、法规规定的进出口商品检验、鉴定和认证业务。

茶叶基地种植指导

哈萨克斯坦电解铝工程监造

公司目前内设行政管理部、财务部、检验鉴定部、审核部、市场部、客户服务部六个部门，机场、车站二个办事处，下设红河、河口、版纳、勐腊、普洱、瑞丽、德宏、腾冲、临沧、文山十个分公司，按照以经济效益为中心，结合云南经济发展战略和云南地域优势逐步向周边国家拓展业务，构筑检验、鉴定、认证和测试“四位一体”的系统业务平台，将云南CCIC打造成南亚检验认证行业的知名企业的发展战略规划，公司形成了面向越南、老挝、缅甸，逐步向泰国、柬埔寨发展的网络格局。

韩国沥青监视装载

中检集团云南公司始终坚持“为全球顾客提供公正、快捷、可靠、一致的本地化服务”的宗旨,赢得了广大客户的信任，在国内外贸易和检验认证界树立了良好的信誉。今后公司还将继续坚持以“公平公正、团结协作、坚韧不拔、不断创新、永争第一、报效国家”的体育精神作为企业文化，开拓创新，不断提升核心竞争力，规范工作流程和检验鉴定行为，进一步提升检验、鉴定、检测的一致性和认证的有效性，不断提高服务质量和管理水平。依托公司在全球的业务网络和与国际检验认证机构之间良好的合作关系，凭借高素质的员工队伍和中国检验认证集团、云南出入境检验检疫局强大的技术支持，竭诚为国内外客户提供公正、快捷、可靠的本地化服务。

首批YC认定企业颁证新闻发布会

地址：云南省昆明市滇池路正和小区路口中检楼

邮编：650238

联系电话/传真：0871-64604025

# 中国检验认证集团秦皇岛有限公司

中国检验认证集团秦皇岛有限公司（简称秦皇岛CCIC）是集团的一级子公司。从事以商品检验、鉴定、测试、认证业务为主的独立的第三方权威性检验认证机构。公司始终秉持公正诚信、准确可靠、快速及时的服务宗旨，以客户的需求为关注焦点，提供检验、鉴定、测试、认证一站式服务，为客户提供本地化解决方案和针对性帮助。

秦皇岛CCIC按照现代企业管理制度实行标准化管理，通过了CMA资质和CNAS认可，在质量管理方面，严格执行ISO/IEC 17020《检查机构能力认可准则》。

秦皇岛港是世界最大的煤炭输出港和散货港之一，船舶水尺计重业务和矿产品检验业务一直是公司的传统业务。多年来，秦皇岛CCIC与葫芦岛锌业股份有限公司、中煤集团、同煤集团、内蒙古伊泰集团、中海油集团等大型企业保持着长期紧密的合作。

自2010年以来，公司为食品安全监管部门提供了专业化技术服务，抽样检验区域涵盖秦皇岛及其以外的承德、唐山、邢台等地区。截至2012年底，共完成食品抽检5 204批次。先进的技术设备和专业检验队伍，为打造食品安全城市提供强有力的技术保障，有力地配合了工商部门对“瘦肉精、染色馒头、地沟油”等一系列专项整治行动，打击了制售假冒伪劣行为和商业欺诈行为。

公司不断加强实验室建设，进一步完善油品实验室的谋划、布局，力争将油品实验室建成系统内一流实验室，提升技术支撑能力。秦皇岛检验检疫局技术中心、煤检中心拥有国家级重点实验室，也为我们参与市场竞争提供了强大的技术保障。

公司与多家国际知名的检验鉴定机构建立了广泛相互认可和业务合作关系。与日本谷物检定协会在蜂产品检验业务上有着长期的合作，并定期开展技术交流。

展望未来，秦皇岛CCIC将继续开拓创新，不断提升公司核心竞争力，以打造CCIC和CQC两大民族品牌为目标，实现新发展、取得新跨越、创造新辉煌。

公司地址：秦皇岛市海港区海滨路51号　　邮编：066002
邮箱：ccicqhd@126.com　　电话：0335-3413388 0335-3416724　　传真：0335-3419697

# 方圆标志认证集团浙江有限公司

CHINA QUALITY MARK CERTIFICATION GROUP ZHEJIANG CO.,LTD

方圆标志认证集团浙江有限公司是隶属于浙江省质量技术监督局的专业审核和培训机构，是方圆标志认证集团在浙江地区的分支机构，于1998年成立以来，始终秉承“以质量求发展，靠诚信行天下”的经营理念，励精图治，创新发展，打造优秀品牌，提供至诚的认证。通过本公司现场审核的认证企业有1900多家，认证证书发放2800多张，拥有各领域国家注册专职审核员和各行业的技术专家250余人。

公司目前开展认证活动的专业范围覆盖了工业、农业、交通运输、商业、服务业、信息产业以及行政机关等众多领域。能够为具有认证需求或培训要求的组织提供质量管理体系认证、环境管理体系认证、能源管理体系，职业健康安全管理体系认证、食品安全管理体系认证（GB/T22000）认证、乳制品HACCP（危害分析与关键控制点控制）体系认证、乳制品GMP（良好生产规范）认证、强制性产品认证、自愿性产品认证、有机产品认证、防爆电气产品认证、GAP认证和其他合格评定活动等。获得方圆管理体系认证资格的组织，可同时获得IQNet证书，还可申请焕发一个或多个国外著名认证机构（如：日本JQA、韩国KFQ、德国DQS）的认证证书。

公司本着“科学管理、公正运作、客观评价、规范服务”的质量方针，严格遵守与认证有关的法律法规、认可规范及管理承诺，一如既往地为认证申请方和获得方圆认证的组织提供高效、优质的服务。

公司地址：浙江省杭州市学院路50号中国科学院杭州科技园916室

公司网址：http://www.cqmzj.com

联系电话：0571-85128952（认证业务）

0571-85121060（客户服务）

0571-85122750（培训业务）

## 院内下设机构

国家电器产品质量监督检验中心
国家智能电网中高压成套设备质量监督检验中心
工业（电器）产品质量控制和技术评价实验室
机械工业高低压电器及机床电器产品质量监督检测中心
机械工业汽车电子电气产品质量监督检测中心
机械工业第二十六计量测试中心站（苏州）
机械工业电器检测（苏州）重点试验室
电能（北京）产品认证中心试验室
江苏省电磁兼容专业测试中心
江苏省质量技术监督小容量电器产品质量检验站
江苏省苏州太阳能和风能发电设备检测公共技术服务中心
苏州高低压电器综合性能检测公共技术服务平台

## 主要检测领域

高压开关和控制设备；
电力变压器（油浸式变压器、干式变压器、特种变压器）；
低压电器及成套设备；
输配电设备（避雷器、电容器、电抗器、互感器、绝缘子、架空线、电力金具）；
机床电器、船用电器、核电电器、汽车电子电气、风力发电、太阳能光伏系统；
仪表检定／校准、RoHS、EMC、节能产品、产品安全认证检测

## 主要检测能力

直接试验——三相 40.5kV/50kA、24kV/80kA、12kV/250kA
AC 420V/450kA、DC 440V/320kA
合成试验——550kV/63kA
变压器突发短路试验——550kV/1000MVA
绝缘试验——550kV 及以下高压电器

中央数据采集控制中心

220kV变电站网络系统

冲击试验发电机系统

突发短路试验系统

# 国家汽车质量监督检验中心(襄阳)

NATIONAL AUTOMOBILE QUALITY SUPERVISION AND TEST CENTER (XIANGYANG)

国家汽车质量监督检验中心（襄阳）暨襄阳达安汽车检测中心，成立于1995年10月，是经中国合格评定国家认可委员会认可和授权的具有独立法律地位的第三方检测/校准实验室，是国家级汽车检测机构中唯一一家具备国家检查中心资质的检测中心，先后获得国家有关部委的以下认可和授权：

- 国家级汽车质量监督检验中心
- 国家级汽车试验场
- 国家授权的《公告》车辆产品检测机构
- 国家指定的强制性产品认证检测机构
- 国家指定的新生产机动车噪声和排放污染检测机构
- 国家指定的缺陷汽车产品检测和实验机构
- 国家指定的道路运输车辆燃料消耗量检测机构
- 汽车专用仪器和汽车检测线的校准实验室
- 国家认可的汽车产品检查中心
- 汽车产品认证检测机构和科研成果技术鉴定试验机构

本中心地处华中历史文化名城——湖北襄阳，拥有一个面积达1.67平方公里的综合性汽车试验场和14个国内一流的专业试验室，以其雄厚的技术力量和先进的检测设备，能够承担汽车整车、农用运输车、发动机、底盘、车身附件、机动车仪表、机动车灯光电器、非金属制品、摩托车等各种产品的检测和检查，以及汽车专用测试仪器的校准，并能够提供汽车、摩托车及其零部件产品工厂检查和汽车测试仪器设备的设计开发服务。

地址：湖北省襄阳市高新技术开发区汽车试验场　　邮编：441004
电话：0710-3393243　　传真：0710-3310965
http://www.nast.com.cn

ATC

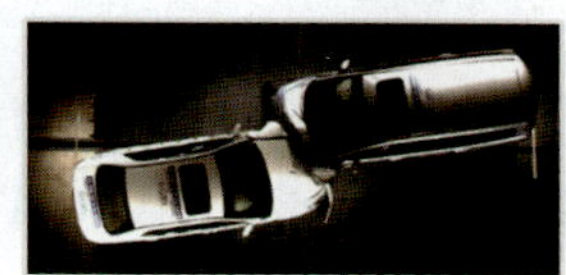

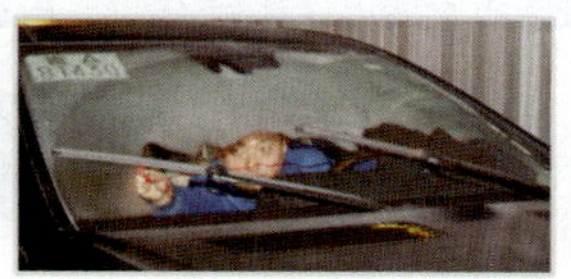

# 国家摩托车质量监督检验中心(天津)

国家摩托车质量监督检验中心(天津)是2001年11月由国家认证认可监督管理委员会批准，在天津摩托车质量监督检验所（始建于1988年）基础上成立的，是具有独立法人资格和第三方公正性地位，由中国合格评定国家认可委员会认可，国家工业和信息化部、国家认证认可监督管理委员会、国家环境保护部、国家质量监督检验检疫总局等部委授权指定的国家级摩托车检验机构。

中心自成立以来，始终以“方法科学先进，服务优质高效，结论公正准确”为质量方针，坚持公正性、独立性和诚实性，为政府部门和国内外广大客户提供值得信赖的检验服务和技术支持，现已发展成为国内摩托车行业的权威检验机构，是各部委进行摩托车行业管理的技术支撑单位及摩托车国家标准编制起草单位。中心检验业务领域涉及摩托车、电动摩托车、电动自行车、全地形车、摩托车发动机、非道路小型通用汽油机以及零部件等产品，是目前国内被美国环保署(EPA)认可排放测试数据的国家级实验室。近年来中心在提升传统检测能力的同时，在出口认证、标准法规、科研等领域不断开拓创新，向着国际一流水平实验室不断迈进。

中心现有员工70余人，检验试验室面积7000余$m^2$，各种主要仪器设备约500余台（套），拥有排放检测、燃油蒸发、电磁兼容、发动机性能、整车性能、零部件、电动自行车等20余个先进试验室，能够满足44大类296项授权检验项目要求，同时能为企业提供摩托车E（e）-mark、DOT、EPA、CT等出口认证检测服务。

中心拥有占地60万$m^2$的摩托车专用试验场，试验场建有全长5km的高速环路、性能试验跑道及符合国际标准要求的噪声测试场地，为进行各种摩托车道路性能试验、可靠性及耐久性试验提供了专业、安全的测试场地。2009年试验场建设完成国内摩托车专用可靠性试验场地，可靠性试验跑道全长约4km，包含比利时路、石板路、鹅卵石路、鱼鳞坑路、正弦波路等19种特殊路面，可组合进行摩托车及其部件的强化试验，准确高效地进行产品的性能评价。

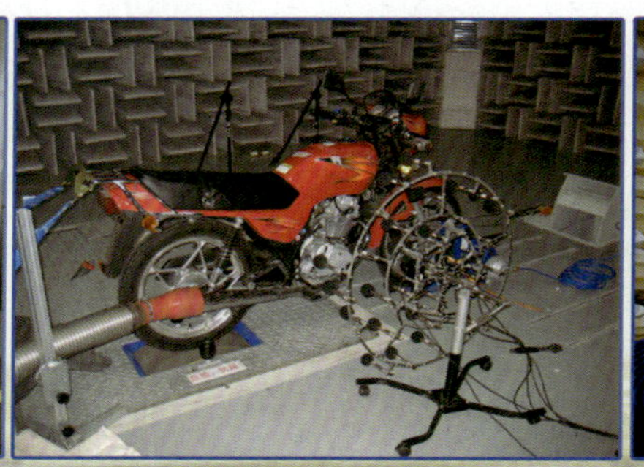

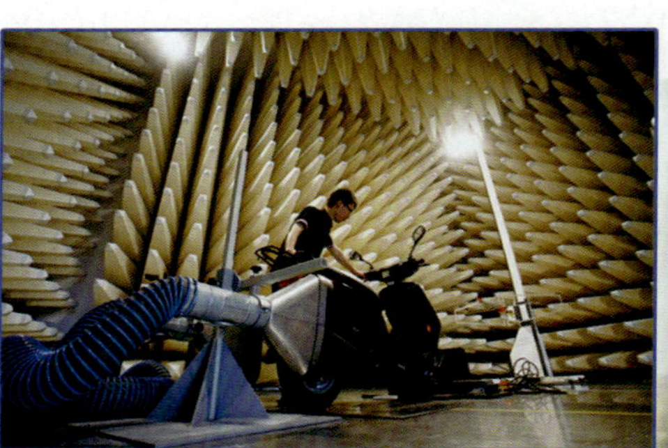

# 沈阳电气传动研究所(有限公司)

## 国家安全生产沈阳防爆电气检测检验中心
## 机械工业低压防爆电器产品质量监督检测中心

机械工业低压防爆电器产品质量监督检测中心地处东北三省的枢纽城市——沈阳，紧临张士经济技术开发区。其开展低压电器产品检测工作始于1955年，1974年国家投资扩建，1984建成并投入运行，是东北三省唯一一家覆盖了低压电器、低压成套开关设备和防爆电器产品检测的检测机构。经过多年来的发展，先后通过了中国实验室国家认可委员会认可、中国国家认证认可监督管理委员会计量认证和国家机械工业联合会机构认可，是国家质量检验检疫总局批准的生产许可证检测单位和国家认证认可监督管理委员会批准的CCC强制认证指定检测机构。是国家安全生产监督管理总局批准的国家安全生产检测检验甲级机构。检测中心下设主任室、质量部、业务部、电气检验室和防爆检验室，占地面积8000m²，建筑面积约5000m²，各种检测用设备和仪器仪表共489余台（套），现有工作人员56人，全部为工程技术人员，技术力量雄厚，检测手段先进，试验能力强（220V：1.2～80kA；380V：2～100kA；660V：3～60kA；1140V：4～35kA）。

### 业务范围

1.强制性产品认证（CCC）检验、矿用产品安全标志检测检验、产品质量监督抽查、生产许可证产品检验；

2.委托检验：包括新产品鉴定检验、型式试验、定期试验等；

3.产品质量纠纷的仲裁检验；

4.试验方法、试验技术和测试设备的研究和开发；

5.参与有关专业标准和试验导则等标准的制、修订。

### 检验能力

1.低压电器：低压开关和控制设备（包括断路器、接触器、继电器、电磁起动器、自动转换开关、控制电路电器和开关元件等）、家用及类似用途装置（包括过电流保护断路器、剩余电流动作断路器、机电式接触器、剩余电流动作保护继电器）、低压熔断器等；

2.低压成套开关设备：低压开关柜、起重机电控设备、动力配电箱、母线槽、配电板、无功功率补偿装置等；

3.防爆电器：爆炸性气体环境用电气设备（包括隔爆型电磁起动器、隔爆型断路器（空气开关）、隔爆型组合开关、防爆操作柱、防爆照明（动力）配电箱和各种隔爆型、增安型灯具、本质安全型电器等）、可燃性粉尘环境用电气设备等各类防爆电气设备。

4.箱式变电站。

检测中心从1988年至今，先后多次承担了全国防爆电器产品生产许可证产品检测和企业工厂条件审查验收工作、全国低压成套开关设备的检验工作、全国低压电器产品生产许可证的检验工作及全国防爆电器、配电板的国家监督抽查与统检工作。2003年，国家认证认可监督管理委员授权我检测中心为强制性产品认证（CCC）的指定检测机构及中国质量认证中心（CQC）委托检测实验室。经过中国认证人员与培训机构国家认可委员会的审定，现有9人具备强制性产品认证（CCC）的工厂检查资格，其中2人为高级检查员，7人为检查员，另外还有3人为专业技术评定人员。2007年国家安全生产监督管理总局授权我检测中心为安全生产检测检验甲级机构。经安标国家矿用产品安全标志中心(矿用产品安全标志办公室)审定现有安全标志评审员11名。

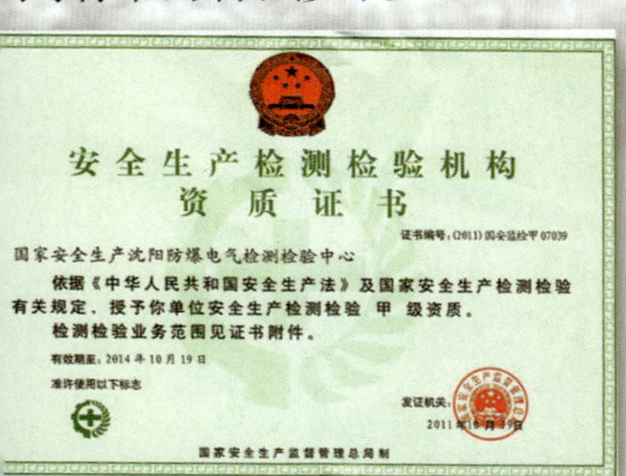

安全生产检测检验机构
资质证书

证书编号：(2011)国安监检甲07039

国家安全生产沈阳防爆电气检测检验中心

依据《中华人民共和国安全生产法》及国家安全生产检测检验有关规定，授予你单位安全生产检测检验 甲 级资质。

检测检验业务范围见证书附件。

有效期至：2014年10月19日

准许使用以下标志

发证机关：

2011年10月19日

国家安全生产监督管理总局制

中国合格评定国家认可委员会
实验室认可证书

（注册号：CNAS L1016）

沈阳电气传动研究所（有限公司）
低压防爆电器产品质量监督检测中心

中国合格评定国家认可委员会授权人

资质认定
计量认证证书

证书编号：2012000691A

准许使用标标

单位地址：沈阳市于洪区巢湖街10号　　联系人：易兰利　田杰

邮编：110141　　E-mail：sy_ex@sina.com

电话：024-25833213、25833649、25303261-8898

024-25833213、25303261-8123

传真：024-25833213、25303261-8004，024-25313368

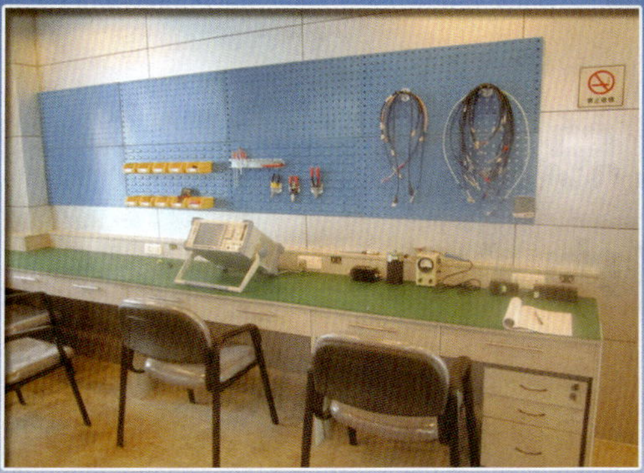

# 国家广播电影电视总局
# 广播电视计量检测中心

国家广播电影电视总局广播电视计量检测中心现设于广播电视规划院。广播电视计量检测中心成立于1986年，1996年获得中国合格评定国家认可委员会颁发的国家实验室认可证书，是广电行业历史悠久、检测能力领先的第三方权威检测机构。多年来广播电视计量检测中心承担了大量广播电视设备器材入网认定测试、标准符合性测试、系统工程验收测试、招标测试、性能检测、仲裁测试等工作。

广播电视计量检测中心秉承 ***“科学、准确、公正、规范”*** 的质量方针，不断提升检测能力，为广电行业、运营机构和广大用户提供准确可靠的数据。

## ❖ 通过CNAS认可检测能力

广播电视计量检测中心通过CNAS认可的检测能力涵盖3大类、128种广播电视产品。

| 通过CNAS认可检测能力 |
| --- |
| 广播电视设备与系统 |
| 广播电视软件产品 |
| 广播电视及信息类设备电磁兼容和电气安全 |

## ❖ 广电入网认定检测能力

广播电视计量检测中心的入网认定检测能力涵盖10大类、近200种广播电视设备器材，是总局入网认定检测的主力实验室。

| 广播电视设备器材入网认定检测能力 | |
| --- | --- |
| 有线电视系统前端设备器材 | 广播电视信号加解扰、加解密设备器材 |
| 有线电视干线传输设备器材 | 卫星广播设备器材 |
| 用户分配网络设备器材 | 广播电视系统专用电源产品 |
| 广播电视中心节目制作和播出设备器材 | 广播电视监测监控设备器材 |
| 广播电视信号无线发射与传输设备器材 | 其它必须进行入网认定的设备器材 |

检测中心办公室：010-86093725、86095645
传真：010-86092088
地址：北京市西城区真武庙二条真武家园4号楼东206室（100045）

有线实验室：010-86091825
无线实验室：010-86092576
广播电视中心实验室：010-86091652

# 华南国家计量测试中心
# 广东省计量科学研究院

华南国家计量测试中心（简称SCM）是全国七个大区级国家法定计量检定机构之一，其技术实体为广东省计量科学研究院，受国家质量监督检验检疫总局和广东省质量技术监督局领导，建有国家加油机质量监督检验中心、国家城市能源计量中心（广东）、国家眼镜产品质量监督检验中心（广东）、国家计量器具软件测评中心（广东）等4个国家中心,以及广东省大流量检测中心等一批达“国内一流，国际先进”水平的实验室。1997年，广东省计量院作为国内第一家通过国家实验室认可和香港HOKLAS认可的校准实验室，始终注重提高专业技术能力，不断拓展新项目，现已成为全国通过CNAS校准项目认可最多的校准实验室。截止至2012年年底，已通过CNAS认可的检测/校准项目达1288项（其中校准项目1113项、检测项目175项），经香港HOKLAS认可的校准项目达45项，保存有3项国家基准、100项大区级、178项省级社会公用计量标准。广东省计量院的量值传递范围已由华南地区延伸至泛珠三角、港澳以及东南亚地区，业务范围包括科学计量、法制计量三大部分，涉及电子、化工、农林牧业等各大行业，具备上万种计量器具的检测能力。与此同时，广东省计量院还高度重视科研工作，目前共承担了85项科研项目，达到国际领先2项，取得专利12项，获省部级以上科技奖励6项，22种标准物质被批准成为国家二级标准物质。2013年广东省计量院将全面贯彻落实党的十八大精神，继续坚持“团队、创新、精确”核心价值观，以“内强素质、外拓市场、抓好改革”为工作思路，夯实本院作为华南地区量值最高标准的地位，形成门类齐全、特色鲜明、并与广州和泛珠三角地区产业和科技创新同步提升的计量保障能力。

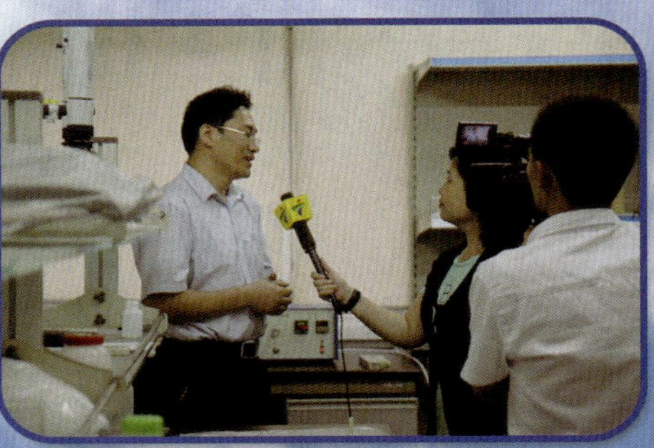
广东电视台就民生计量问题采访我院专业技术人员

广东省计量院开展“广东省节能标准体系专项规划与路线图”项目

国际法制计量组织（OIML）主席、英国国家计量办公室主任Peter Mason先生到访我院第二检测基地

我院干部职工踊跃参加无偿献血活动

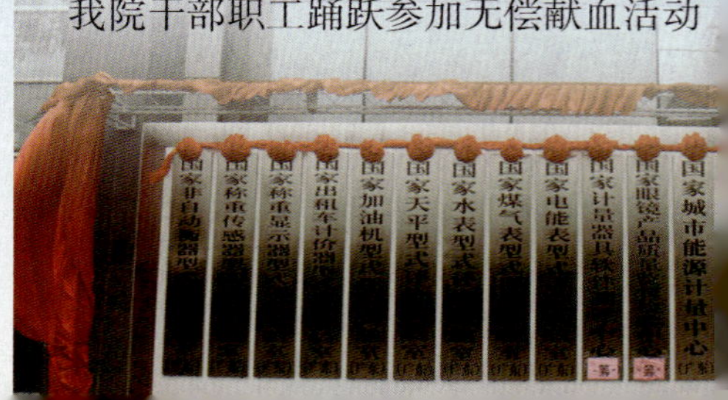

# 安徽省计量科学研究院

## ANHUI INSTITUTE OF METROLOGY

安徽省计量科学研究院是国家质检总局在安徽地区唯一授权的公益性、综合性的省级法定计量检定机构，成立至今已走过近60年的历程。

2012年1月，省委常委、副省长唐承沛、国家质检总局计量司副司长宋伟、省质监局局长朱琳共同为国家城市能源计量中心(安徽)揭牌

该院主要负责全省量值传递、溯源，承担计量检定、校准、计量器具和汽车、摩托车及零部件、气体流量仪表质量监督检验及合同能源管理节能量审核、固定资产投资项目节能评估、能源审计和能耗产品能效检测等工作。可开展计量检定、校准、商品量及商品包装检验项目783项，计量器具型式评价39项；获得中国合格评定国家认可委员会(CNAS)认可的检测、校准项目413项；经实验室资质认定，可开展计量器具产品质量检验项目104项，汽车、农用车、摩托车及其零部件质量检验项目81项；能源计量项目38项；电磁兼容项目13项；环境实验检测项目10项。经省发改委授权，可开展合同能源管理节能量审核、固定资产投资项目节能评估、能源审计等工作。经省科技厅认定，可进行6类81项计量器具新产品和7类61项汽车新产品的省级科技成果检测鉴定。

国家质检总局纪检组长王炜一行视察安徽省电磁兼容实验室

全院现有建筑面积33056㎡，其中科研基地14582㎡，恒温实验室面积5000m²，拥有仪器设备2000多台（套、件），固定资产近2亿元。

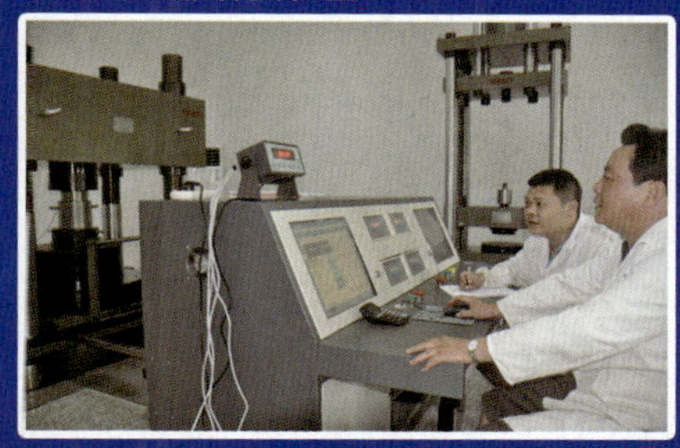
叠加式力标准装置，填补安徽空白

该院在服务美好安徽、质量安徽的建设中，始终坚持“精准计量、真诚服务、创先争优”的工作理念，秉承“科学、公正、准确、高效”的质量方针，积极服务安徽优势支柱产业和特色优势产业的发展需求，建设有两个国家级中心（国家气体流量仪表质量监督检验中心、国家城市能源计量中心（安徽）），四个省级检测中心（安徽省计量器具质量监督检验中心、安徽省汽车产品质量监督检验站、安徽省能源计量和能效测试评价中心、安徽省电磁兼容实验室），九个专业检测研究中心。该院在民生计量、能源计量、工程计量、科学计量等领域发挥着强有力的技术支撑作用，实现与安徽经济建设的同频共振。

国家气体流量仪表质检中心水流量检测项目

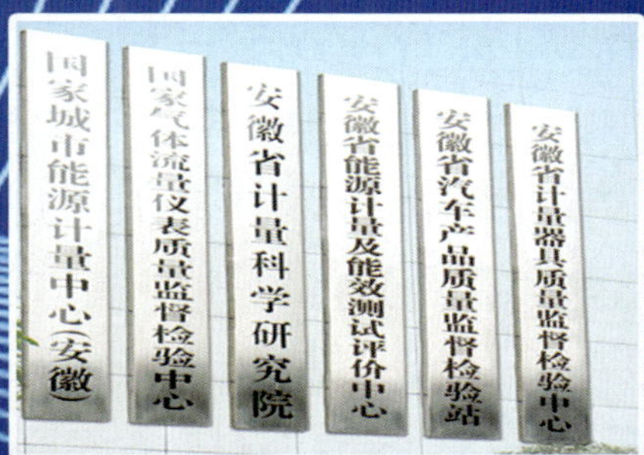


联系电话：0551-63356216，63356207

地址：安徽省合肥市包河工业园区延安路13号

邮编：230051

网址：WWW.AHJLY.COM

# 国家纺织及皮革产品质量监督检验中心

国家纺织及皮革产品质量监督检验中心坐落于北京，是国内唯一一家集纺织与皮革于一体的国家质检中心。中心坚持业务流程标准化、管理标准化和信息标准化三条工作主线，在科技研发、委托检验、社会影响等各方面取得了显著成效。

## 一、“质检报告”服务

“质检报告”是在总结客户报验情况的基础上，对客户产品结构的调整和质量控制的提升提供切实可行的数据支持和技术指导。通过不断提炼与升级，质检报告现已形成了检验数据统计分析、疑难问题分析建议、产品质量风险预警、抽查数据权威发布等几大类内容，得到了企业的广泛好评。

## 二、“品牌体检”服务

“品牌体检”是中心于2010年推出的重要服务措施。外派服务与技术人员深入企业自营店、专营店，协助企业排查产品质量问题，做好质量管理工作，降低企业经营风险。自“品牌体检”服务推出以来，共安排200余人（次），为各大服装品牌企业检查40余次，涉及品牌有白领、MOSCHINO等10余个，减少可能造成的经济损失100余万元。

## 三、搭建外贸平台、深化服务

2011年，中心与朝阳区商委共同搭建的“外贸公共服务平台”，是北京市朝阳区“十二五”期间打造的重点项目之一。自平台创建以来，中心一直服务于服装外贸出口企业，极大地减轻了出口外贸型纺织服装企业的检测成本压力，促进了产业企业的发展壮大，为纺织服装企业的质量提升提供了技术支持。

在工作中，我们逐渐认识到，作为技术机构，检验虽然是我们服务政府、服务社会的一项重要内容，但它远远不是全部。只有将检验服务与其它服务项目结合起来，才能得到社会的认可，取得经济和社会效益的双赢。

地址：北京市朝阳区朝阳北路60号　　受理咨询电话：010-59796990

# 苏州市产品质量监督检验所

苏州市产品质量监督检验所隶属江苏省苏州质量技术监督局，目前通过中国合格评定国家认可委员会（CNAS）的产品607项、参数343项，省计量认可产品1641项、参数824项，主要覆盖了机械、电子电器、冶金、化妆品、建材、家具、轻工、食品、化工等类产品。本所是中国质量认证中心（CQC）家具及人造板和中国环境认证中心装饰材料及家具签约实验室，2012年按国家质检总局《产品质量检验机构工作质量分类评价细则》的要求考核，被国家质检总局确认为A级实验室。近期，我所被国家认监委指定为家用和类似用途固定式电气装置的开关CCC认证实验室。

苏州质检所已经建成了江苏省电源产品质量监督检验中心、江苏省家居家装产品质量监督检验中心、江苏省质量技术监督苏州食品农产品检测中心，现与江苏省质检院联合筹建国家信息网络产品质量监督检验中心。

国家信息网络产品质量监督检验中心是国家质检总局2009年12月31日批复筹建的，主要建设项目包括产品安全性能试验、电磁兼容、无线通信产品性能、有毒有害物质分析、环境耐受性试验、噪声和声学评价等。

江苏省质量技术监督苏州食品农产品检测中心从事各种食品营养成分、食品添加剂、农药兽药残留、真菌毒素、重金属、常见病原微生物和基因分析检测。

江苏省家居家装产品质量监督检验中心拥有各类检测设备220多台（套）。获得授权的产品检验能力有木制家具、金属家具、软体家具、综合类家具、藤类家具、人造板、建筑门窗、家具用材料（皮革、海绵、纺织面料、铰链、导轨、锁具等）、油漆涂料、地毯等20类产品近194项参数。

江苏省电源产品质量监督检验中心检测能力覆盖了：一次电池（原电池）、镍氢电池、镍镉电池、锂电池、铅酸蓄电池、动力电池、交直流稳压稳流电源、变频电源、不间断电源、开关电源、逆变器等31种产品。投入大电流放电仪、动力电池性能测试装置、电池安全测试装置等设备搭建了新能源动力电池检测公共服务平台。

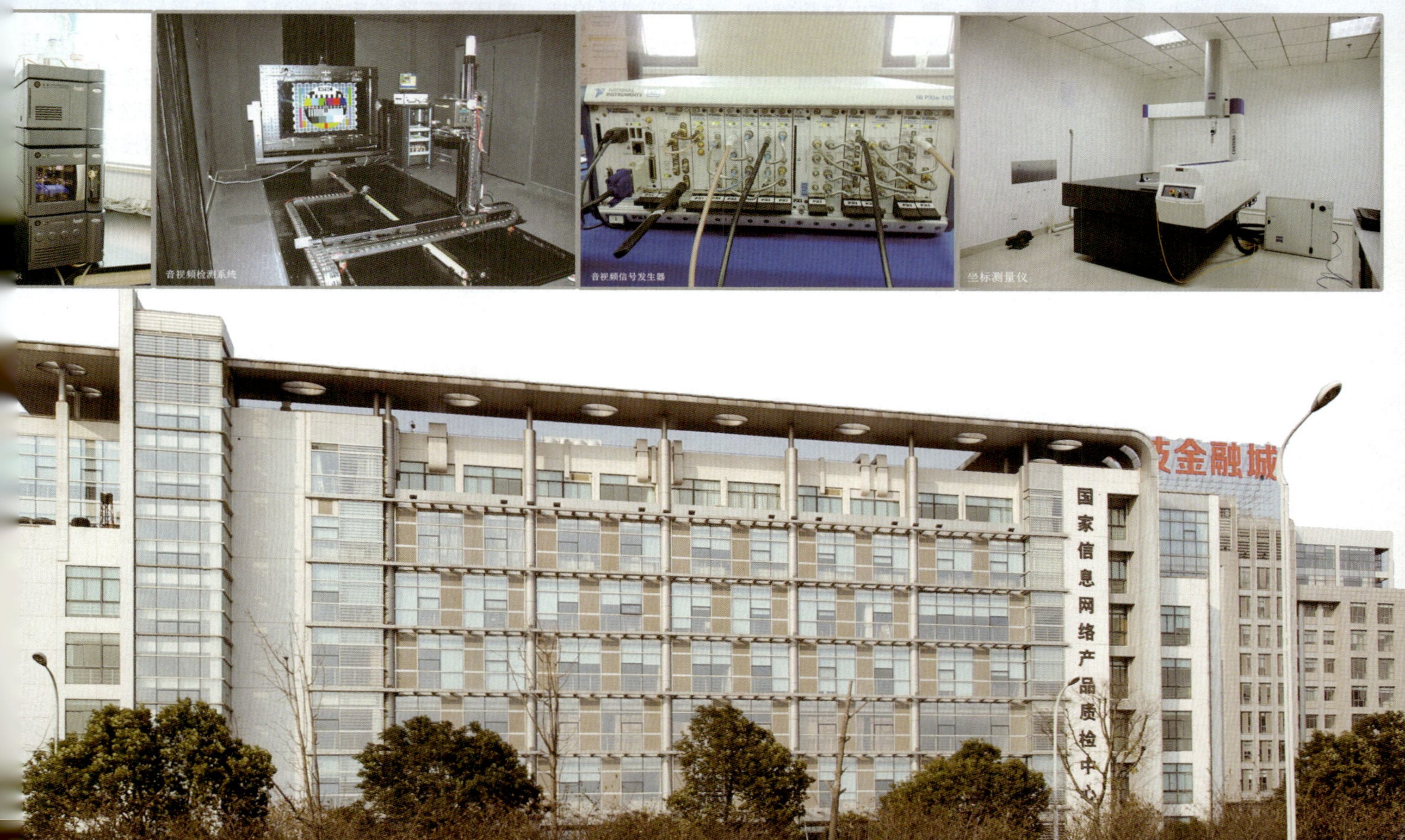

音视频检测系统

音视频信号发生器

坐标测量仪

# 遵义市产品质量检验检测院

遵义市产品质量检验检测院是按省编办发［2009］12号文由原遵义市质量技术监督检测所、遵义长征电器研究所合并组建的全额拨款事业单位，隶属于遵义市质量技术监督局，是计量器具强制检定/校准和产品质量检验/检测的综合性法定技术机构，是国家认证认可监督管理委员会（CNCA）指定的强制性产品认证检测机构；内设贵州省低压电器产品质量监督检验站、贵州省茶叶及茶产品质量监督检验中心、贵州省烟花爆竹产品质量监督站、贵州省危险化学产品质量监督检验站。

院内设有分析检验部、低压电器检验部、高中压检验部、产品物理性能检验部、综合检定部、衡器检定部、医疗卫生检定部、业务部、院办公室，在职人员123名，其中，食品工学硕士6名，其他工学硕士6名，高级工程师12名（其中1名享受国务院政府特殊津贴专家、1名电气工程博士后、1名博士生导师），工程师34名，专业技术人员42名；现有实验室、办公面积约21000m²，其中：低压电器检测实验室占6600m²，高中压检测实验室占2400㎡；食品实验室5000㎡；工业产品、计量检定实验、办公室7000㎡；在用设备资产8600万元，拥有检测设备、计量标准1305台（套）。有70个计量检定项目通过授权考核，食品、化肥、煤、眼镜、低压电器元件、低压成套开关设备、高压有载分接开关共137项产品通过国家实验室认可，低压电器获得CNCA授权，35类650种产品及参数检验项目取得省级实验室资质认定。

承担国家食品安全生产许可证发证检验产品18种，工业生产许可证发证检验产品1种。2006年荣获国家质量技术监督检验检疫总局“科技兴检先进集体”，荣获省质量技术监督局“精确检验、诚信社会”光荣称号；2008年荣获国家质量技术监督检验检疫总局“质量监督先进集体”；2011年荣获国家质量技术监督检验检疫总局“全国质量监督检验检疫工作先进单位”。

近年来，我院紧紧围绕地方经济发展，开发拓展检验检测项目，抓住机遇加大检验检测装备的投入，提高检验检测水平，建立了一批在全省乃至西南片区处领先水平或独有检测的项目，如茶叶及茶产品检测，包装材料（含食品包装材料）检测，低压电器产品检测，烟花爆竹、危险化学品检测，粉煤灰墙体材料碳化试验、墙体材料传热系数检测、耐火材料检测；电流互感器检定、电压互感器检定标准装置，矿用风速表检定、风速传感器检定、燃气加气枪检定项目等。现已建成西南独有的预装式变电站检验项目面向西南各省（市）开展监督检验和委托检验工作。2012年起遵义市产品质量检验检测院在原有载调压分接开关试验检测中心基础上，着手开展有载调容开关试验与检测技术的研究，筹建有载调容开关的试验检测站，将解决国内有载调容开关检测技术标准及检测设备问题。从而有效填补关键领域国内检测的空白。

2012年12月，我院获得国家质监总局批准，目前正在筹建 “国家茶及茶制品质量监督检验中心（贵州）”和“国家低压电器产品质量监督检验中心（贵州）”，“国家茶及茶制品质量监督检验中心（贵州）”将于2013年底通过验收，“国家低压电器产品质量监督检验中心（贵州）”将于明年底通过验收。

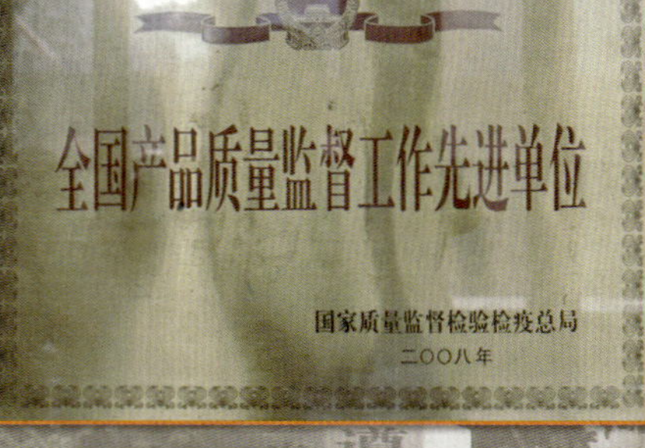

地址：贵州省遵义市北海路
邮编：563000
电话：0852-8684457
院网址：http://www.gzzyjc.cn

# 浙江省检验检疫科学技术研究院
# 台州分院

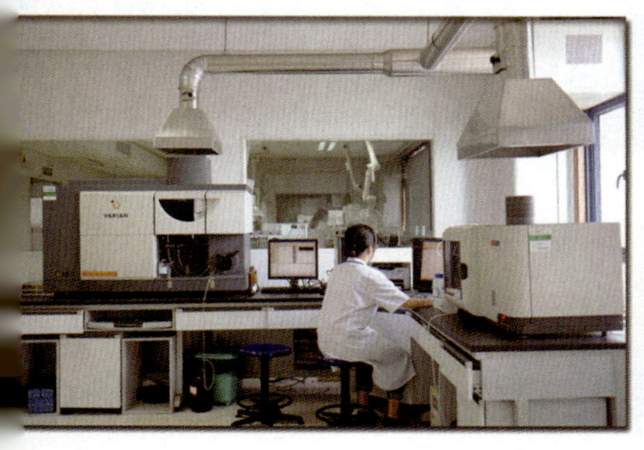

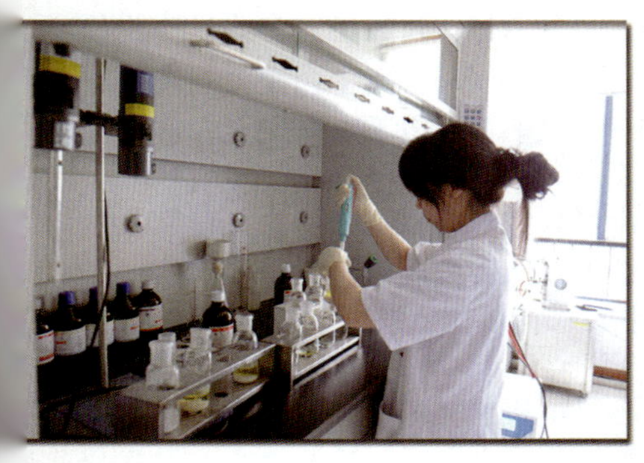

浙江省检验检疫科学技术研究院台州分院（简称台州检科分院）前身是台州出入境检验检疫局检验检疫技术检测中心，是台州出入境检验检疫局直属事业单位。其主要职能是：负责检验检疫科学技术研究、技术开发和标准制修订；负责风险评估相关工作；负责食品接触材料、食品、动植物产品、纺织品、鞋类、煤炭、阀门、机电轻工产品等产品的实验室检测；为进出口商品生产经营企业、消费者提供技术咨询、技术开发、技术培训和技术服务等。

台州检科分院下设综合业务部、食品接触材料检测实验室、综合实验室、煤炭实验室、阀门实验室和鞋类实验室。目前共有实验用房面积4500多平方米；拥有一批博士、硕士等高学历、高职称和多学科专业人才，工作团队经验丰富且具备较强科研检测能力；拥有3500多万元的高、精、尖检测设备；开展检测项目300多项，涉及化学、生物学、机械三个领域。其中食品接触材料检测实验室在2009年底被国家质检总局规划为国家食品接触材料检测重点实验室，检测范围涵盖所有与食品接触的产品类别，能按照国家标准、美国、欧盟、德国、意大利、日本和韩国等国家和地区的标准开展相关的检测项目，技术能力和检测能力走在全国前列。

台州检科分院各实验室均按ISO/IEC 17025标准建立了完善的质量管理体系，获得了中国国家认证认可监督管理委员会（CNCA）的资质认定和中国合格评定国家认可委员会（CNAS）的认可，其中食品接触材料检测实验室同时获得食品检验机构资质认定（CMAf）。台州检科分院与诸多国际著名的认证机构及大专院校建立了长期稳定的合作关系，力求服务质量、检测标准与国际水平的一致，以科学的工作态度和良好的职业规范及时为客户提供客观、公正、准确的检测服务。

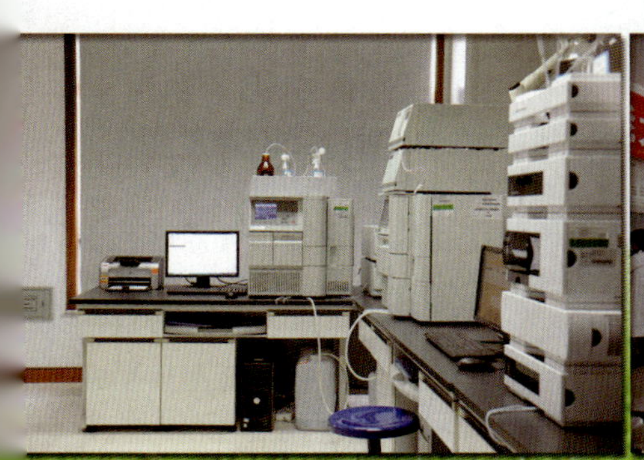

多年来，深圳市特检院通过建设特种设备试验室，为特种设备相关生产制造企业研发和创新服务，如今已建成了电梯部件型式试验室、安全阀型式试验室、金属材料检验与机械设备失效分析中心。

## 电梯部件型式试验室创下多个第一

一直以来，深圳特检人有一个理念：现代企业技术主要是试出来的，所以要深入理解特种设备安全性能，必须开展特种设备安全性能的试验研究，通过试验研究才能掌握现有和新研发的特种设备性能和关键特性，才能为特种设备安全提供有力技术保障。因此，1999年底，深圳检测站（深圳市特检院前身）成功创建了全国质检系统第一间电梯型式试验室，具备了电梯安全部件型式试验能力。多年来，这个试验室一直注重采用最新的检验技术，引进和自主开发先进的仪器设备进行电梯部件的试验工作。2009年3月，该院自主设计研制，建成了40多米双井道钢结构电梯试验塔，主要进行电梯整机与电梯安全部件和重要部件的型式试验，填补了我国国内高速电梯安全部件渐进式安全钳认证的空白。如今，该室试验能力已从电梯四大安全部件型式试验扩展到了电梯、自动扶梯和液压电梯所有安全部件和重要部件的型式试验和性能试验。

## 安全阀型式试验室填补国内多项空白

安全阀型式试验室是该院的又一重大成果。2007年，该院决定建设同时具有冷态介质（空气）和热态介质（蒸汽）安全阀型式试验室。期间，该院共投入资金1000多万元，并成立了安全阀型式试验工作小组，配备了博士一名，研究生六名为技术骨干的人才队伍，自主研究、设计和开发，采用了一系列国际尖端技术和先进材料设备在内的手段进行建设，其中包括非接触式的激光位移测量法、世界首创的单晶硅谐振式压力传感器建设压力数据采集系统、西门子PLC监控整个试验平台系统、定位器自动化控制、美国National Instruments高速数据采集卡、LabVIEW软件；Fishser的调节阀、CCI的调节阀等先进技术，历经四年，2011年初，经国家质检总局核准，建成了达到国内一流、国际先进水平的安全阀型式试验装置——蒸汽试验系统和空气试验系统，成为国内首个能同时开展蒸汽、空气、水三种介质的冷、热态安全阀型式试验测试装置，填补和完善了我国安全阀型式试验空白。

## 金属材料检验与机械设备失效分析中心前景广阔

特种设备材料是特种设备安全的关键因素，一旦失效，可能导致特种设备安全事故。多年来，深圳市特检院一直致力于于其材料性能的研究，积极开展金属材料的失效分析研究。2010年3月，通过审批，建成了“深圳市金属材料检验与机械设备失效分析中心”。它提供材料化学检测服务（金属材料），材料力学性能检测（金属材料），材料物理性能测试（金属材料），材料失效分析（金属材料断裂、疲劳、腐蚀、磨损等，电子及微电子产品的元器件失效、破坏性物理分析、PCB/PCBA失效等），特种设备的安全监督检查（锅炉、压力容器、压力管道、电梯、起重机等）等方面的服务。开展了“西气东输”等多项重大工程设备产品的金属材料性能测试，为企业提高特种设备产品质量、开展材料领域的研究提供了有力的支撑。

深圳市特检院依托机电、承压类特种设备型式试验平台，不断拓展特种设备质量、安全性能研究测试范围，探索特种设备安全性能的关键因素，为经济社会的发展提供优质的安全保障服务。

深圳市特检院科技试验室

# 杭州市质量技术监督检测院

杭州市质量技术监督检测院成立于1992年，隶属于杭州市质量技术监督局。是政府依法设置的产品质量检验和计量检定机构，是具有独立法人资格的第三方公正检测机构。拥有员工350人，其中博士6名，硕士24余人，教授级高工1人，高级技术职称41人（中高级技术职称占全院技术员工的67%）。设备固定资产原值达到1.55亿元，实验室面积达3.3万平方米，占地面积56亩。

本院内设院办公室（党办）、财务管理部、科技规划部、技术质保部、业务管理部、技术服务部、食品农产品质量检测中心、化工日化产品（黄金珠宝）质量检测中心、建材质量检测中心、轻纺服装质量检测中心、信息电器质量检测中心、民生计量检测中心、能源计量检测中心、医疗化学计量检测中心、计量检定校准中心(杭州计量检定检修站)等15个部门。

经国家质检总局批准，成立国家加工食品及食品添加剂质量监督检验中心（杭州）和国家建筑五金材料产品质量监督检验中心、国家日用化工产品及化妆品质量监督检验中心、浙江省半导体节能光源质量检验中心。设有全国食品工业标准化技术委员会食品通用检测技术分委会秘书处，全国服装标准化技术委员会秘书处浙江工作站，中国测试技术研究院浙江计量检测（校准）中心。是质监系统经浙江省进出口检验检疫局认可的首家五金工具及量具实验室。

本院依照ISO/IEC17025：2005和JJF1069－2012建立和实施质量管理体系。目前通过资质认定的质检项目（参数）共近4019项，通过建标考核的计量标准123项。通过中国实验室国家认可委（CNAL）实验室认可，可开展建材、室内装饰工程、食品、农产品、日化、电器、轻工、纺织、黄金珠宝饰品等方面的产品质量检验；可开展几何量、能源计量、热工、力学、化学、声学、光学、电磁、电离辐射、时间频率、无线电等291种计量器具的检定、校准。

本院本着“诚信立院、科学检测”的宗旨开展文化建设，建立质量保证机制，强化内部管理，开拓检测领域，竭诚为满足政府强化对产品质量的监管、企业对技术服务的需求、人民群众日益增长的技术服务需要提供坚强的技术支撑。

# 国家特种防护服装质量监督检验中心

## （中国人民解放军特种防护服装质量检测中心）

国家特种防护服装质量监督检验中心（中国人民解放军特种防护服装质量检测中心）是经中国合格评定国家认可委员会认可，并由国家认证认可监督管理委员会授权，具有承担相应产品执法检验资格的国家产品质量监督机构。

中心现有工作场地面积1350m²，设有服装防护性能检验室，纺织材料物理机械性能检验室，鞋帽、装具检验室，服装舒适性检验室，防弹装备弹击检验室等5大检验室，设有防水实验室、防静电实验室、阻燃实验室、光谱实验室、鞋帽和装具实验室、物理机械性能实验室、色牢度实验室、人工气候实验室、化学实验室、服装工效实验室、防弹装备弹击实验室等11个实验室。

中心检测业务范围包括特种纺织品及服装、普通纺织品与絮料及服装、鞋帽及皮革橡塑材料、个体防护装备及材料、绳带及辅件等五大类300余种产品，涉及600余个检测方法标准和产品规范。如迷彩织物、阻燃织物、抗油拒水织物、易去污织物、防静电织物、防水透湿织物、防弹头盔、防弹背心、防寒服、防护鞋靴、安全帽、雨衣、拉链、绳带等。

中心现有人员24人，其中高级职称5人，中级职称9人；博士3人，硕士2人，本科7人。

中心主要仪器设备有160余台（套），如暖体假人测试系统、V50防弹性能测试系统、紫外/可见光/近红外光谱仪、纺织品热阻和湿阻测试仪、全自动静水压测试仪及金属镀层X射线测试仪等。这些测试手段及相关检测项目在国内同行中处领先地位。

中心始终坚持“行为规范、数据客观、服务优良”的质量方针；坚持以技术标准为依据，以检测技术为基础，以质量管理体系为保证；坚持检测工作“公正、科学、准确、权威”的宗旨，树立标准意识、质量意识、服务意识，维护国家、军队和委托方的利益。

暖体假人服装保暖量测试

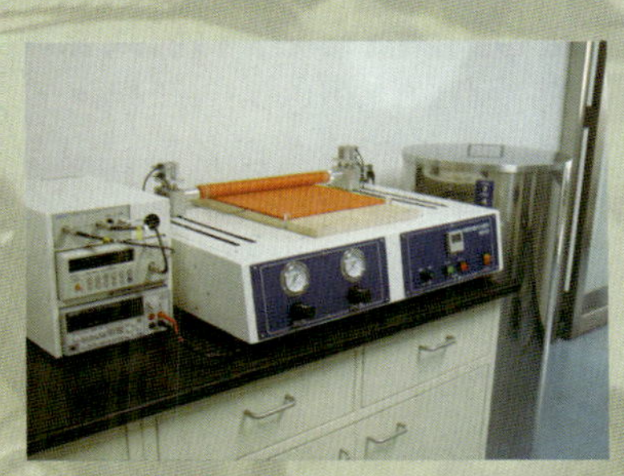
电荷面密度测试仪

V50防弹性能测试系统

检测人员进行化学性能测试

检测人员进行物理机械性能测试

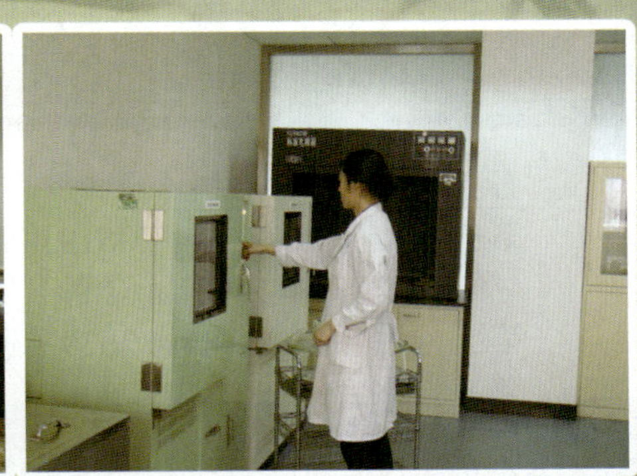
检测人员进行织物透湿性测试

地址：北京市海淀区西直门北大街28号　邮编：100082
电话：010-62258892　传真：010-62259083
邮箱：gtf8892@sina.com

# 中国石油天然气股份有限公司
# 大连石化分公司质量环保检测中心

中国石油天然气股份有限公司大连石化分公司质量环保检测中心，是集石油产品、化工产品、环保水质分析为一体的综合性检验机构，主要从事原油评价、石油产品、聚丙烯、废水废气等检测工作，实验室始建于 1984 年，现有工作人员 258名，其中管理人员46 名，检测人员 209名，具有高级工程师职称14人，工程师职称32人；高级技师1人，技师8人；地区公司级技术、技能专家2人。实验室占地面积2500平方米，其中试验场地 10000平方米。拥有原油常减压实沸点蒸馏装置、辛烷值机、十六烷值机、注塑机、注膜机、聚丙烯拉伸测试仪等大型仪器，拥有原油快速评价设备、色质联用仪、润滑性测定仪、紫外荧光测定仪、原子吸收仪、气相色谱仪、熔融指数仪、红外测油仪等技术先进仪器，设备设施固定资产超2亿元。

辽宁省石油产品质量监督检验第二中心、中国石油天然气股份有限公司大连石油产品质量监督检验中心作为第三方检验机构附设在质量环保检测中心。2013年初，中国石油天然气股份有限公司大连石化分公司质量环保检测中心通过了实验室认可，2001年中国石油天然气股份有限公司大连石油产品质量监督检验中心通过了资质认定，1988年辽宁省石油产品质量监督检验第二中心通过实验室资质认定并获得辽宁省质量技术监督局的授权，能对外出具具有法律效力的检测报告。

多年来，中国石油天然气股份有限公司大连石化分公司质量环保检测中心　秉承“行为公正、方法科学、数据准确、服务规范”的质量方针，为客户提供客观公正、准确可靠的检测数据和优质满意的服务。

# 司法部司法鉴定科学技术研究所

2013年是司法部司法鉴定科学技术研究所（以下简称“司鉴所”）恢复重建30周年。

司鉴所始建于1951年，其前身为1932年成立的司法行政部法医研究所，迄今已有80多年的历史。新中国成立后，曾分别隶属于华东军政委员会司法部、最高人民法院华东分院、司法部、公安部，1960年撤销合并，1983年经国家科委、司法部批准恢复重建，现为司法部直属公益性科研事业单位，国家级司法鉴定机构。

司鉴所承担国家科技部、司法部赋予的“研究司法鉴定科学技术；培养司法鉴定高端人才；承担全国重大疑难案件的司法鉴定；履行司法鉴定行业技术指导；提供行业科技信息服务”等职能。设有法医病理学、法医临床学、法医精神病学、法医毒物化学、法医物证学、文件鉴定学、微量物证学、声像鉴定学、痕迹鉴定学、电子数据鉴定、道路交通事故技术鉴定及司法鉴定制度与法规等专业。办有中文核心期刊《中国司法鉴定》和《法医学杂志》。仪器装备已达到国际先进水平。

司鉴所集科学研究、司法鉴定、教育培训、技术指导于一体，充分利用自身综合优势进行技术创新，制定标准规范，促进人才培养，实施能力验证，开展交流合作，现年承担两万余例全国各地委托的疑难、复杂、重大案的鉴定或重复鉴定，为维护社会稳定，保障司法公正发挥了重要作用。

司鉴所自2002年起踏上认证认可道路，率先于行业通过了国家级实验室/检查机构资质认定、实验室/检查机构认可、能力验证提供者认可，是行业内优先通过“五合一”认证认可的机构。司鉴所开创了符合国际标准和我国司法鉴定行业特点的质量管理体系，并承担实施行业能力验证活动，积极推动司法鉴定认证认可走向国际，为行业的健康持续发展作出了积极贡献。

国家认证认可颁证仪式现场

认证认可现场评审

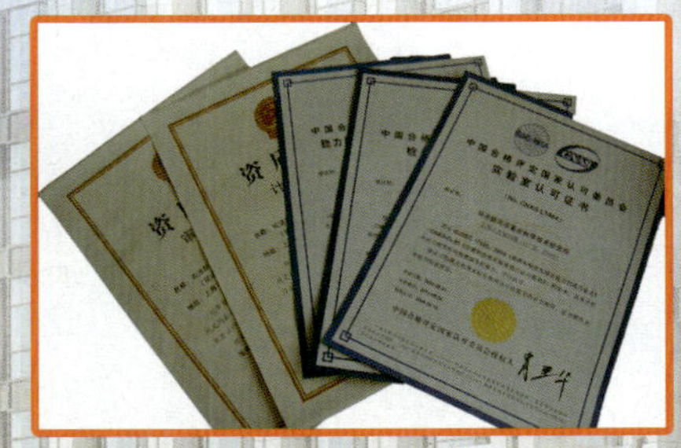
五项认证认可证书

地址：上海市光复西路1347号　邮编：200063　电话：021-52364930
传真：021-52361691　网址：http://www.ssfjd.com　邮箱：IFS1983@ssfjd.cn

# 环境保护部华南环境科学研究所
# 华南环境监测分析中心

## （国家环境二恶英监测中心华南分中心）

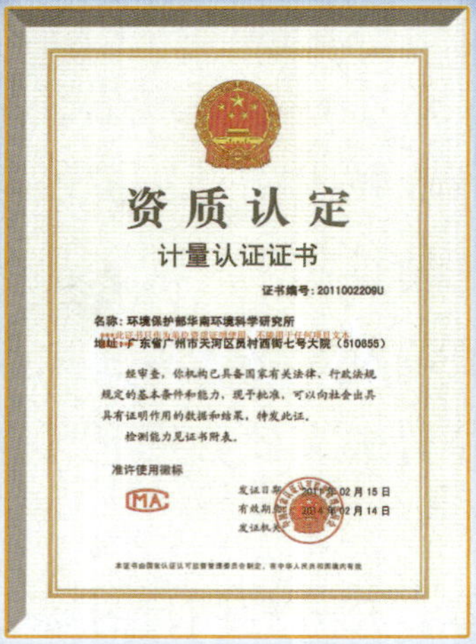


华南环境监测分析中心是通过国家实验室资质认定的单位，证书编号：2011002209U。认定的项目包括水（饮用水、大气降水、地下水）和废水，海水，环境空气和废气，土壤、底质、植物、生物体、固体废物、煤质，生物，室内空气，噪声、振动，电磁辐射，环保监测仪器产品等九大类301项。中心也是中国环保产业协会确认的第一批环保产品认证检测机构（中环协认检（2011）15号）,国家二噁英监测中心华南分中心和广东省农业环境综合治理重点实验室同时设置在该中心。设有五个科室：（1）水环境监测研究室；（2）大气环境监测研究室；（3）土壤与农村环境监测研究室；（4）痕量污染物监测研究室；（5）综合室（质管办）。中心现有经验丰富的科研与监测分析技术人员50人，其中有研究员6人、高工8人、中级职称人员30名。拥有近三千六百平方米的实验场所和近五千万元的仪器设备。

主要承担环保部及政府下达的环境质量监测、专项监测任务、港澳地区的国际履约项目以及华南地区的二噁英排放源监督性监测；面向社会企业提供室内空气检测、环评监测、污染源监测、竣工环保验收、施工期环境监测监理、环保监测仪器产品检定技术服务；开展环境痕量有机污染物监测分析、迁移输送规律、防控技术以及环境化学行为的前瞻性研究；开展农业环境污染综合监测、农村饮用水安全保障研究。

地址：广东省广州市天河区员村西街七号大院　　邮编：510655
电话：(020) 85577826、85541637
传真：(020) 85552427、85544025
Email:fangjiande@scies.org，chenxiaoyan@scies.org

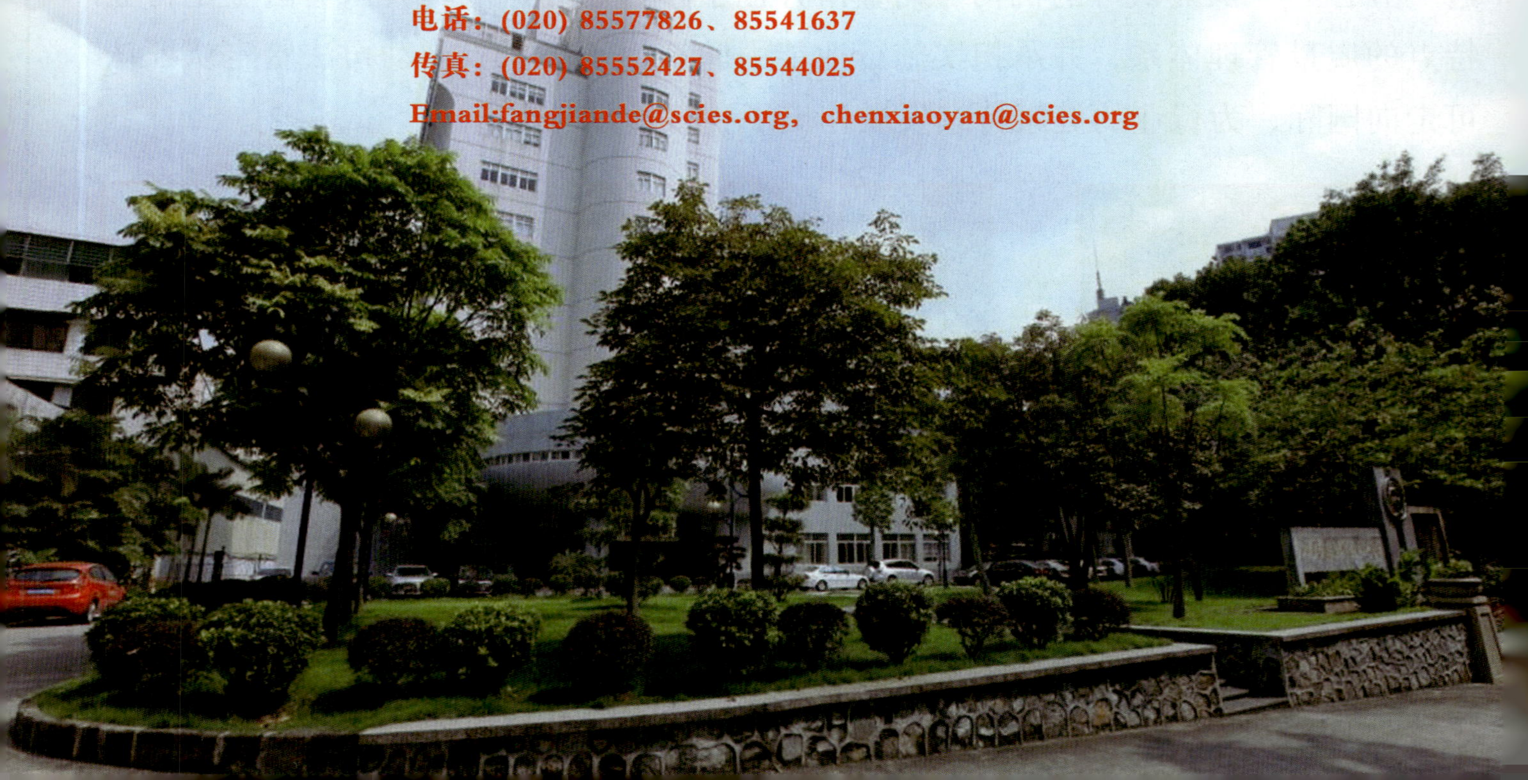

# 大亚科技丹阳新型包装材料分公司实验室

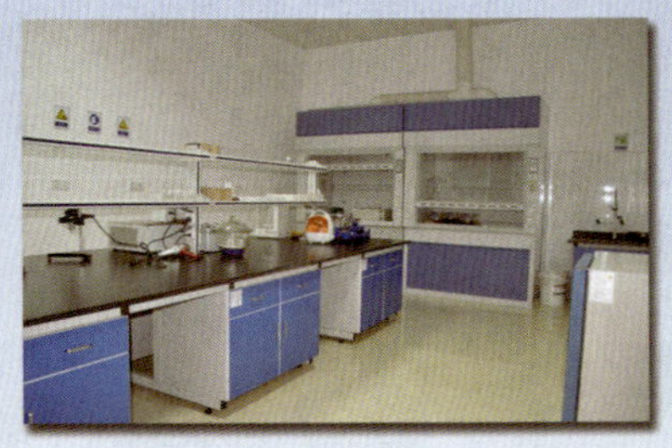

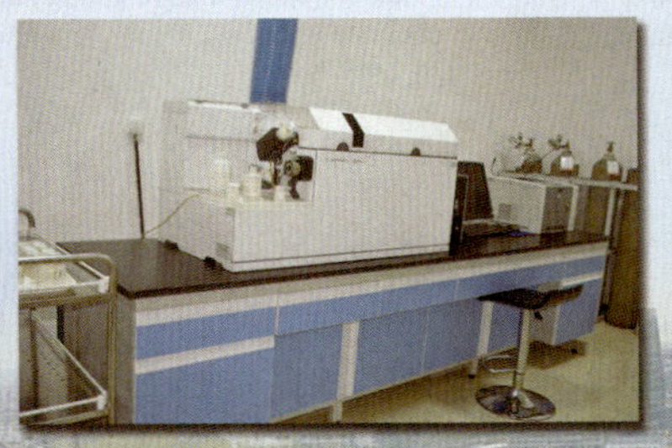

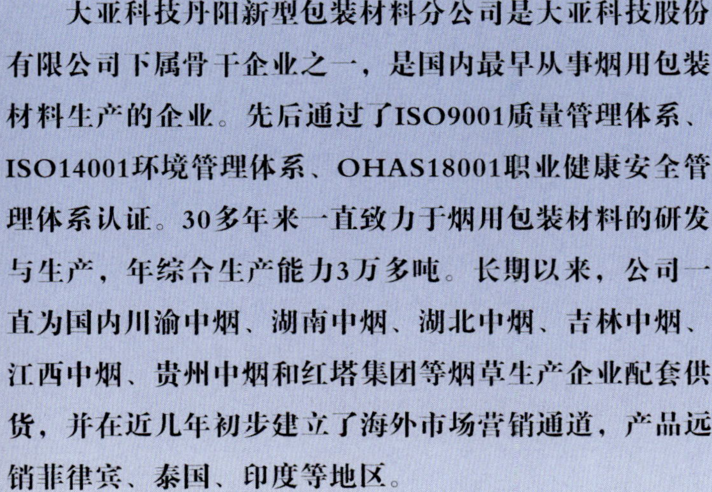

大亚科技丹阳新型包装材料分公司是大亚科技股份有限公司下属骨干企业之一，是国内最早从事烟用包装材料生产的企业。先后通过了ISO9001质量管理体系、ISO14001环境管理体系、OHAS18001职业健康安全管理体系认证。30多年来一直致力于烟用包装材料的研发与生产，年综合生产能力3万多吨。长期以来，公司一直为国内川渝中烟、湖南中烟、湖北中烟、吉林中烟、江西中烟、贵州中烟和红塔集团等烟草生产企业配套供货，并在近几年初步建立了海外市场营销通道，产品远销菲律宾、泰国、印度等地区。

中国合格评定国家认可委员会

实验室认可证书

（注册号：CNAS L6267）

大亚科技股份有限公司丹阳新型包装材料分公司实验室

中国合格评定国家认可委员会授权人

No.CNAS-AL 1

China National Accreditation Service for Conformity Assessment

LABORATORY ACCREDITATION CERTIFICATE

(Registration No. CNAS L6267 )

Dare Technology Co., Ltd.

Danyang Advanced Packing Material Branch Laboratory

is accredited to ISO/IEC 17025:2005 General Requirements for the Competence of Testing and Calibration Laboratories(CNAS-CL01 Accreditation Criteria for the Competence of Testing and Calibration Laboratories) for the competence of testing.

No.CNAS-AL 2

大亚科技丹阳新型包装材料分公司实验室始建于2005年，隶属于新包装分公司，位于江苏省丹阳市经济开发区大亚工业园，占地面积约800m²，拥有专业检测人员24人，拥有气相色谱仪、气质联用仪、等离子质谱仪、高效液相色谱仪、影像坐标仪、打孔透气度仪等多套国内外先进检测设备，更建立了恒温恒湿检测间，总投资超过1000万元。

从建立初期，实验室即秉承“公正、严谨、求实、精确”的质量方针，以精准的检测结果服务于客户。主要检测对象涵盖了烟用内衬纸、卡纸、烟用接装纸、薄膜、涂料等多个领域，检测项目包含了烟用材料物理及卫生安全的各项指标。 所有检测设备均由专业检测人员操作、维护，保证了各检测项目的及时、准确，是一个针对烟用包装材料的综合性专业检测实验室。

实验室现已通过中国合格评定国家认可委员会（CNAS）认可，成为国内烟用包装行业少数几家通过CNAS认可的企业实验室之一。同时，积极参加与国家烟草监督检验中心等行业权威机构的交流、培训活动，重视人才培养，规范实验室管理，不断提高测试水平和能力，提升服务水准，满足客户日益增长的质量和技术要求。

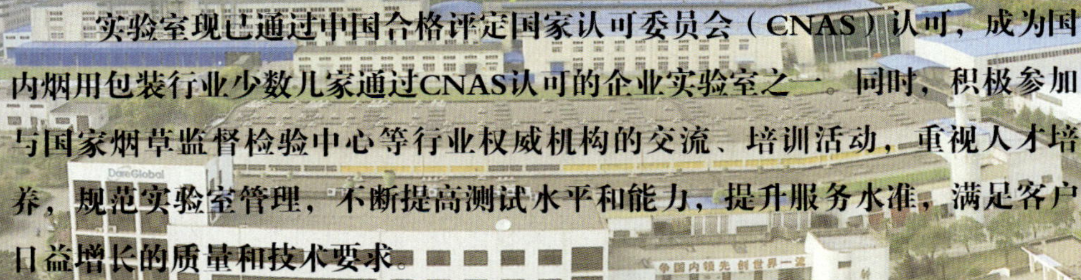

msi
军规
III

# 传递信任 服务发展

## ——宁波出入境检验检疫局2012年认证监管工作概况

2012年，宁波出入境检验检疫局（以下简称“宁波局”）面对复杂多变的国内外政治经济形势，按照“抓质量、保安全、促发展、强质检”十六字方针，充分发挥认证监管工作基础作用、充分发挥认证监管保障作用、把“传递信任”作为工作指南、把“服务发展”作为工作要求，以查找质量安全风险隐患为契机，扎实做好基础工作，为宁波地区出口产品质量安全工作保驾护航。

## 一、抓质量

### （一）做好日常工作

#### 1. 出口商品注册工作取得新成果

宁波局从提升工作质量和工作效率入手，持续做好出口商品注册登记管理工作，严把市场准入关，服务企业发展。全年共完成对86家出口许可证企业的工厂审核和证书发放、变更工作，其中包括39家玩具企业、23家危包企业、4家轻工企业和20家机电企业，截至2012年底，宁波地区共有正式出口许可证获证企业377家。另发放临时出口许可证13份。

#### 2. 出口食品备案工作有新发展

全年受理企业备案申请、对外注册申请、HACCP验证申请等64家次，换发备案证书41份，换发输美HACCP验证证书7份。本年度新增备案企业1家，因备案证书过期未申请延续等原因注销备案证书13家。截至2012年底，宁波地区共有出口食品备案企业136家。

本年度新推荐对外注册7家次，截至2012年底，宁波地区共推荐对外注册110家次。

#### 3. 强制性产品认证（CCC）免办工作有新提升

全年签发《免于办理强制性产品认证证明》509份，办理《进口CCC认证商品确认联系单》228份，为进出口企业发展提供便利。

### （二）理念创新，注重实效

#### 1. 加强CCC产品入境验证工作

出台《进口强制性产品入境验证有关工作的指导性意见》，首次提出建立进口CCC产品质量统计分析制度，为宁波口岸进口CCC产品质量分析奠定基础。

#### 2. 积极开展第三方采信工作

宁波局作为全国首批第三方采信工作试点单位，充分动员第三方认证机构等社会力量，督促食品企业落实主体责任，进一步促进贸易便利化，努力把第三方采信试点工作“落到实处，突出特色，做出亮点，走到前列”。在上半年政策宣贯、调查摸底的基础上，制定并发布了《宁波检验检疫局出口食品企业第三方认证采信备案规则》和《宁波检验检疫局第三方认证机构采信评估规则》，选取了10家产品质量稳定、诚实守信的企业作为开展第三方采信试点工作的候选企业，积极稳妥地推进试点。

根据企业和第三方认证机构申请，本着充分评估、风险可控、等效采用、动态管理的原则，选派经验丰富、熟悉业务的专家和业务骨干组成见证组对认证机构现场审核实施见证，考核认证行为是否充分结合备案工作考核要求，评价认证结果是否真实有效。截至2012年底，已完成对7家企业的出口食品备案采信第三方认证结果的工作，产品涉及蔬菜类、水产品类、保健食品类等。此外，宁波局积极探索创新采信模式，建立第三方认证数据库，在内网上公布，便于各部门采信；除在出口食品备案采信第三方认证结果外，尝试在定期监管中采信第三方认证机构的监督审核结果，将定期监管的要求结合到第三方认证过程，实现监管和认证的有机结合，增加了工作的深度。第三方采信工作简化了出口食品备案手续，缩短了备案周期，促进了第三方认证工作的规范有效开展，实现了监管方式的初步转变，得到了企业的好评，实现多方共赢，取得了良好的开局。

### （三）提高队伍素质

#### 1. 坚持做好培训工作

为持续加强认证监管队伍建设，培养和造就一支高素质的审核员队伍，不断提升监管能力和工作水平，保证出口商品注册登记工厂条件审核效果，宁波局把学习作为有效履职的基本前提，把培训作为提升能力的重要手段，在2011年已对全局83人完成岗位能力认定的基础上，2012年开展了第二批审核员现场考核能力认定工作，共有16人通过考试并获得审核员资格。进一步提高了宁波局认证监管工作人员的业务能力和执法水平，统一了具体审核的工作目光和尺度，规范了审核工作的具体做法，为今后做好出口商品注册登记管理工作打下了坚实的基础。

#### 2. 加强评审员管理

为适应当前出口食品企业备案评审及后续监管等工作需求，进一步规范对卫生注册评审员的管理，发展评审员队伍，强化评审员力量，根据《质量许可和卫生注册评审员管理办法》及《进出口卫生注册评审员注册管理细则》规定，宁波局对卫生注册评审员队伍进行调整并重新评定。原批准注册的评审员（含主任评审员）68人，因岗位变动等原因，取消11名评审员资格，其余57人继续保留评审员资格；新申请注册评审员28人，其中符合工作岗位、专业及培训、评审和工作经历等要求的19。经评定，共有符合条件的评审员（含主任评审员）76人。

经过评审员队伍的调整，使现有的评审员队伍结构更加优化，评审力量得到加强，进一步保障了出口食品企业备案工作质量。

## 二、保安全

### （一）严格准入门槛，做好注册登记管理工作

为了强化对已获证企业的管理工作，宁波局在年初即要求各业务执行机构等对辖区内已获证企业的监督管理，制定年度监督检查计划，结合日常检验开展日常监管，对生产地址变更、法人变更、工艺重大变化等各种情况及时掌握，监督企业及时办理变更手续，以此来提高对获证企业的“可控性”，以督促企业在证书3年有效期内能保持良好的质保体系运行，确保出口产品安全环保。通过年度监督检查，发现无法持续符合宁波局出口商品注册登记要求的企业共6家，要求2家企业进行限期整改，注销4家企业。

### （二）深入推进食品企业风险排查

根据国家质检总局、国家认监委工作要求，宁波局全面、细致部署开展了对辖区内出口肉类企业HACCP验证提升工作以及蜜饯类企业风险排查专项行动。检查重点包括企业是否获得食品生产许可证、企业生产加工环境是否满足备案要求、是否按照《食品安全法》规定建立健全各项质量安全管理制度、是否建立原材料验收标准并严格执行、加工过程中食品添加剂使用（防腐剂、甜味剂、色素及增白剂等）是否符合相关食品安全国家标准、是否存在添加非食用物质行为、HACCP体系运行有效性、符合GMP和SSOP等要求的情况、符合输日热加工肉类卫生要求的情况等。

本次风险排查工作，做到了“两个结合”：一是将食品安全的宣传工作与检查工作相结合；二是将与食品企业的座谈交流与检查工作相结合。在检查工作中，就当前的食品安全形势、国务院《质量发展纲要（2011—2020年）》、国外安全卫生要求等结合企业的质量管理现状与企业进行了交流，进一步增强企业的责任意识、风险意识和大局意识；同时详细了解了企业生产经营状况、产品出口情况、企业发展规划、存在的困难等，帮助企业解决难题，增进了解和信任，做到监管工作有的放矢。

### （三）组织强制性认证产品专项整治

为切实保障强制性认证产品质量安全，维护消费者权益，进一步深化“双打”成果，围绕“重点产品、重点企业、重点区域、重点问题”开展强制性产品质量安全专项整治，发现有1家单位以暂停的CCC证书申请进口；在进口玩具的抽查过程中发现部分进口玩具警告语使用不当、缺少必要中文标识、标识加贴不符合要求等情况。

### （四）发挥监管职能，推进风险排查专项工作

根据国家认监委开展“认证认可质量安全风险排查整治和道德领域突出问题专项教育治理活动”的总体部署，宁波局结合局“两个专项活动”的工作方案，迅速出台《宁波局认证监管质量安全风险排查整治和道德领域突出问题专项教育治理活动实施方案》，对任务进行了梳理和分解，分别从严格准入审查、强化获证企业管理、加强CCC入境验证、认证市场监管和突出敏感商品企业监管五个方面入手，制定出9个排查重点方向，每项任务都明确牵头部门，职责明确，并建立起查出问题上报机制和工作进展情况半月通报机制。通过两个专项活动，全局各业务执行机构对认证监管工作涉及的各方面进行全面排查，结合实际，有效整

治，着力提升管理水平和风险防范能力，对排查出的8个风险隐患点开展整治。

通过本次风险整治，共注销无经营资质蓄电池企业3家、无正常生产并持续保持出口的打火机企业1家。

### （五）开展认证有效性检查工作

#### 1. 推行"网格化"管理

按照国家认监委部署组织开展为期6个月认证行政执法专项监督检查，以"网格化"方式，抽查了200多家获证组织的管理体系运行情况，发现有20%左右获证组织管理体系运行较差或者基本无效，存在这个问题主要原因是企业不重视、认证机构不负责造成的。通过今年"网格化"检查，基本了解和掌握目前宁波地区企业质量管理体系运行现状，为2013年的深化检查和推出有针对性的措施奠定坚实基础。

#### 2. 开展有机产品认证监督检查

2012年初开始，宁波局积极部署开展有机认证宣传、市场调研、监督抽查等工作。为进一步提高消费者对有机产品的认识，规范有机认证市场，规范有机产品标识，促进公众对有机产品的舆情监督，宁波局积极拓展多种渠道，通过局外网发布、走访企业等方式对《有机产品认证管理办法》、《有机产品认证实施规则》以及有机产品相关标准等进行宣传。

此外，宁波局专门组织收集并整理有机认证相关法律法规、部门规章、规范性文件、国家标准等共计21项内容汇编成册，并印发了《有机产品认证资料汇编》500本，发放到各相关业务部门、分支机构以及相关企业。

上半年，组织开展对宁波地区有机认证情况开展调研，调研内容包括出口食品农产品企业获得有机认证情况、进口食品加贴有机认证标识情况、流通领域有机产品标识使用情况等。宁波地区获得有机产品认证的出口食品企业共10家，获证产品主要是毛笋，此外还有杨梅、果汁和蜂蜜。通过市场调研发现，流通领域加贴有机认证标识或在标签上标注"有机"字样的进口食品非常少见，且基本上能够按要求规范标注。在调查中发现1例进口红酒违规标注"有机"字样。

根据前期调研情况，宁波局制定了有机产品认证监督抽查工作方案，组织开展了宁波地区流通领域有机产品监督抽查工作。抽取获得有机产品认证的蔬菜、茶叶、葡萄酒三大类产品，按照相关标准分别对甲霜灵、氯氰菊酯等12个农残项目以及黄曲霉毒素等其他6个安全卫生项目进行检测。抽检主要在流通环节（如商场、超市、批发市场、专卖店等）进行。首批抽样选取宁波地区有机产品相对集中的两个大型超市进行，共抽取加贴有机认证标识红酒样品2个、茶叶样品2个，蔬菜样品4个。经检测，发现其中一个茶叶样品联苯菊酯超标，按照有关规定上报处理。

### （六）食品农产品认证监管全面开展

根据国家认监委《关于做好2012年食品农产品认证监管工作的通知》（国认注［2012］11号）要求，深入结合出口食品生产企业备案监管工作，对宁波地区食品农产品出口企业全面开展了认证有效性检查。此次检查主要覆盖宁波地区出口食品企业中获第三方认证的企业和认证机构。为减轻企业负担，避免重复检查，将认证有效性检查纳入年度备案监管工作中整体实施，共计组织派遣工作人员370余人次对企业获得第三方认证情况的出口食品企业，特别是获得有机产品认证的出口食品企业持续符合认证要求的情况进行监督检查。重点检查了产品和相关认证标志使用情况；获证企业、产品是否持续符合认证标准要求；有无买证、卖证，超期、超范围使用认证证书、认证标志；认证机构是否依法有效实施跟踪、是否存在违规收费等违法、违规行为。在检查开展的同时，宁波局结合《认证认可条例》等有关法律法规以及食品农产品认证知识的宣传，不断提高企业和社会对食品农产品认证的认知程度，努力营造良好的食品农产品认证的舆论氛围。

经检查汇总，截至2012年底，宁波地区出口食品企业中有效第三方认证证书175张，认证类型主要为HACCP认证以及食品安全管理体系认证，其中，HACCP体系认证证书44张，食品安全管理体系认证证书32张，分别占所有认证证书总数的25.1%和18.3%；其他类型认证，如有机产品认证、无公害农产品认证、绿色食品认证等共99张证书，占总数的56.6%。通过检查情况来看，绝大部分企业能够在通过第三方认证后继续按照认证要求实施管理，质量管理体系总体运行有效，出口产品质量稳定；且未发现买证、卖证、超范围使用认证证书、认证标志等违法违规行为。另外，综合企业反馈及现场调查显示，绝大多数认证机构具备相应资质的评审人员，能够在业务范围内认真履行认证合同，无违规收费等违法行为。

## 三、促发展

### （一）缩短CCC免办周期

2012年2月，宁波局对CCC免办工作进行重新梳理，出台"即申即审即领"做法，牢固树立服务意识，将服务大旗扛到底。办证时间从原来平均3个工作日缩短为平均 1.5 个工作日，极大地便利了申请企业。

### （二）推动出口食品农产品企业实验室分级管理

自 7 月份开始，出口食品农产品企业实验室分级及能力确认结果全面纳入出口食品农产品检验检疫风险管理系统并开始投入运行。首批获得分级资质并通过能力确认的 13 家出口食品农产品企业的相应检测项目在出口报检时免予抽检，并根据企业实验室的检测合格报告，通过风险管理系统自动放行，实现“管得住、放得快”以及企业自我提升的良性循环。

出口食品农产品生产企业实验室分级管理试运行以来，各业务执行机构共计认可放行 219 批出口食品农产品，认可检测项目 725 项次，企业节省检测费 17.3 万元，平均缩短通检周期 5 天左右，共计节省通检时间 1 069 个工作日。出口食品农产品生产企业实验室分级监管的试运行大大提高了货物通检速度，节省了企业检测费用，给企业减轻了负担，同时增强了企业主体责任意识，提高企业自检自控能力，提高了在国际贸易中的比较优势。从检验检疫的角度讲，节省了大量人力物力财力的投入，可以将比较有限的检验检疫资源放在关键、重要环节，实现检验检疫工作模式的转变，提高检验检疫工作效率。

### （三）积极推动检企座谈、质量约谈

为强化落实进出口企业质量主体责任意识，充分了解企业的需求，发动各业务执行机构的广泛参与，认真吸纳来自各方的意见和建议，为深入开展各项工作奠定良好的基础，2012 年，先后组织召开出口食品企业备案采信工作座谈会、进口酒类注册工作座谈会、出口食品农产品企业实验室分级工作研讨会共 3 次座谈会。会议分别邀请业务管理部门、业务执行机构、企业的相关负责人等参加，先后召集出口食品企业、酒类进口企业人员共 30 余人次。通过出口食品企业备案采信工作座谈会，部署并推动了本年度第三方采信试点工作，已取得显著成效；通过进口酒类注册工作座谈会传达了国家认监委关于进口酒类注册的工作要求，讨论并部署了进口酒类注册前期法律法规及标准收集工作；通过出口食品农产品企业实验室分级工作研讨会，及时总结了实验室分级工作开展一年多来取得的成绩及存在的问题，充分听取并采纳了一线检验人员及企业的意见和建议，对下阶段实验室分级工作进行了动员和部署。

## 四、强质检

在做好各项工作基础上，加大了对外宣贯力度，确保认证认可工作向纵深发展，进一步增加了认证认可工作的影响力及美誉度。

### （一）借助优势媒体宣传认证认可

通过投稿、荐稿、约谈和访谈等多种形式与电视台、电台、报社等媒体合作，广泛宣传认证认可在促进经济发展和对外交流中的重要作用。

### （二）组织开展第五个“世界认可日”宣传

策划相关专题宣传，突出认证监管工作的成效和作用，特别是在“国际认可日”运用时尚传播媒体“微博”宣传，使认证认可工作得以更广传播。

### （三）全面开展认证认可执法检查

针对“重点产品、重点企业、重点区域、重点问题”开展强制性产品质量安全专项整治，同时结合强制性产品认证制度实施十周年向全社会开展征文活动，本次活动共收集到征文约 20 篇。

**撰稿人：郭德淮 审稿人：童鲁波**

# 夯实基础　提升能力　扎实服务地方经济发展

## ——安徽出入境检验检疫局2012年认证认可工作概况

2012年，安徽出入境检验检疫局（以下简称“安徽局”）以科学发展观为指导，紧密围绕国家质检总局“抓质量、保安全、促发展、强质检”的工作方针和“传递信任、服务发展”的总体要求，按照“一条主线、两项改革、三大基础、四个平台、五个增强”的年度工作总体部署，扎实开展认证认可相关工作，取得了较好的成绩。

### 一、认证监管业务办理概况

2012年，安徽局共对74家次出口食品生产企业进行了备案，截至2012年12月底，辖区共有261家备案企业；共发放出口质量许可证65份，截至2012年12月共发放有效证书189份；民品入境验证164批（含CCC入境商品50批），货值930万美元；出具免办证明258份，货值16 912万美元。

2012年，安徽局共推荐7家低酸罐头及酸化食品企业对美注册，推荐了1家水产品企业对欧盟注册，1家水产企业对巴西注册，变更了4家（次）输美注册信息。安徽局辖区现有51家（次）对外注册企业。

截至2012年12月，安徽局共有实验室14家，其中：资质认定有效证书实验室9家，食品实验室2家；5家新建实验室运行不满12个月正在申请相关资质认定认可。全年参加国家认监委能力验证计划共计8项，A类5项，B类3项。参加国内外验证权威机构验证项目12项。

2012年上报SN制标需求共50项，获推荐制修订12项。

### 二、加强工作督查，提升认证监管工作有效性

#### （一）加大对出口食品企业备案工作的督查

一是根据年初制定的监督检查计划，对辖区内149家备案（注册）企业安排了194次定期监管任务。其中，按照20%的比例进行异地定期监管。二是组织辖区内各分支局及相关业务处室于5月至9月期间，对6家出口肉类加工企业和2家出口乳品生产企业进行了危害分析与关键控制点（HACCP）体系验证并提出23条改进建议。三是结合产品质量风险排查整治工作，组织各分支局及相关业务处室对辖区出口食品备案企业开展了风险排查整治工作。四是组织了四个督查组，分别由动检处、植检处、食检处、认证处牵头，于2012年9月对各分支局、办事处、有关检验处室的出口食品备案企业定期监管及日常监管工作质量进行了督查。

#### （二）重视出口质量许可证后续监管

安徽局将出口质量许可证获证后的持续符合作为一项重要监管内容，采用多种方式保证证书的有效性，全年共注销3家、暂停2家不能持续符合要求的证书。为了提高认证监管工作质量，加强处室之间的沟通合作，形成齐抓共管的工作机制，安徽局采取不定期通报出口产品质量许可证现场审核中发现的问题的形式，将各企业的不符合项汇总表，通过系统内网邮箱分别发给企业所在地的检验监管部门，以便检验监管部门在日常检验监管中督促企业改进质量管理，保证出口产品质量。

#### （三）加强强制性认证（CCC）获证产品监督抽查

制订了《安徽检验检疫局强制性产品认证获证产品监督抽查方案》，于6月至8月期间采取在流通领域进行抽查的方式，对电动工具、玩具两大类6批次产品实施了抽样检查，送指定检测机构实施型式试验。2012年，安徽局编制并发布了《民品入境验证工作手册》，有效地提高了各分支局、办事处对入境CCC产品查验业务的工作质量。

### （四）认真开展认证有效性监督检查

一是对安徽局辖区21家获证企业开展食品农产品认证有效性的检查，检查范围涵盖质量管理体系、食品安全管理体系、HACCP体系、良好农业规范（GAP）、有机产品等认证种类，112种获证产品，涉及8家认证机构，共派出检查人员155人次。二是对辖区内15家通过有机产品认证的生产企业进行了认证标志专项检查。各分支局、办事处严格按照新版《有机产品认证实施规则》有关要求，结合“质量月”等活动，加强对生产企业有机产品认证法规、标准和有机产品/有机产品认证标志追溯系统的宣传，帮助获证企业建立和完善有机产品认证标志管理制度，有效地规范了认证市场秩序，提高了第三方认证的有效性。

### （五）加强标准项目管理

在标准化管理工作中，安徽局认真执行检验检疫标准化工作管理办法及相关规定，解决实际存在的问题，有效地加强了标准项目管理。大力推广检验检疫标准化查询系统的应用，方便了标准的查询及使用，使检验检疫标准有效性使用得到进一步规范。

为管理好检验检疫标准，安徽局从自身实际出发，明确各分支机构指定专人负责标准管理，负责检验检疫行业标准收集、整理、发放。分派、督促专业标准制（修）订人按要求做好检验检疫标准的评审，积极申报年度检验检疫标准的制修订，并及时公布最新发布的标准信息。

### （六）积极推动实验室资质认定和实验室能力验证工作

一是科学规划，狠抓新建项目落实。安徽局严格新建实验室的立项审查，通过专家论证、现场考察等手段，确保新建实验室从项目申报到规划落实的科学性。整合业务资源，调整实验室布局，对皖北、皖中、皖西和皖南地区农产品，铜精矿、金属材料和化工品检测实验室进行升级改造；加强对获批筹建实验室建设进度的监督，组织相关单位抓紧落实国家电器检测重点实验室、医学媒介生物检测区域中心实验室、滁州局玩具检测常规实验室等项目建设。二是周密部署，狠抓规划实验室验收。根据国家质检总局区域中心和常规实验验收时间表的要求，积极开展实验室验收工作。安徽局先是组织骨干人员培训，广泛征求各有关实验室意见，然后布置测量审核，联络验收专家，制定验收方案，并创新出一套新的验收方法，即采取实验室预审、实验室互审，将单纯的验收工作变为系统内各实验室相互交流、相互学习、共同提高的平台。三是加强系统内实验室间技术交流，提升各实验室检测技术能力。安徽局积极邀请国内外知名设备制造企业技术人员来皖交流分享工作经验，先后举办了微波消解和光谱分析在检验检疫中应用等2期技术交流活动，参加活动的人员达到50余人次。

## 三、加强认证监管制度建设，提升认证监管人员业务水平

一是制定《2012年度认证监管监督审核工作方案》，将管理体系、食品农产品认证行政执法检查与出口食品生产企业备案、出口质量许可证和出口食品原料基地的年度监管相结合，尽可能的减少工厂审查次数，为检验监管模式改革做出探索。二是清理执法依据，完善工作规范，根据《出口食品生产企业备案管理规定》（国家质检总局2011年第142号令）等文件制定并实施《认证监管控制程序》、《出口食品生产企业备案申请受理作业指导书》、《出口食品生产企业备案现场审核作业指导书》等6个规范性文件，进一步规范了全省系统认证监管人员的业务工作。三是通过异地评审、外出培训、局内培训和见习评审等多种形式，不断提高安徽局评审员的理论水平和业务素质，以适应新形势下认证监管工作需要。四是举办了卫生注册初任评审员培训班，对安徽局26名从事食品农产品监管及企业备案工作人员进行了培训。截至2012年底，安徽局已有评审员72名，主任评审员13名。

## 四、发挥认证监管工作优势，推动地方经济发展

### （一）促进大别山革命老区经济发展

改革开放以来，大别山革命老区人民艰苦奋斗、顽强拼搏，经济社会发展取得了显著成就，山区面貌发生了很大变化。但与其他地区相比，大别山革命老区仍是集山区、库区、贫困区、传统农业区为一体的欠发达地区，区域生产总值的平均增速低于全省、全国平均水平。安徽局积极响应安徽省委、省政府关于进一步促进安徽大别山革命老区又好又快发展的重大工作部署，将进一步促进大别山革命老区外向型经济发展作为工作的重要内容，摆在突出位置，加大支持力度。

一是因地制宜、全力以赴推进霍山出口食品农产品质量安全区域化管理体系建设。安徽局围绕促进和扩大当地水产养殖加工、畜禽养殖加工以及茶叶、板栗等重点食品农产品产业的发展和产品出口，谋划思路，制订措施，全力推进霍山出口农产品质量安全区域化管理体系建设。二是全力帮扶，优先服务支持革命老

区进出口食品企业发展。为老区的进出口食品企业开辟快速通道，优先受理申请，优先组织考核评审，优先报批发证，全年共办理了老区的2家出口食品企业备案，4家出口食品备案企业复查换证和1家出口食品备案企业增加品种。霍山县新鑫食品有限公司是老区一家从事水产品加工企业，主要产品为冻煮龙虾仁、冻煮整肢虾等水产品。根据该企业申请，安徽局派员多次深入企业指导工厂硬件改造，帮助企业完善安全卫生质量管理体系，直至成功推荐欧盟水产品注册。

### （二）加强对口帮扶，促进企业发展

指导企业改进软硬件设施。2012年安徽局辖区共有2家对美注册食品企业接受了FDA的官方检查，为帮助企业合理应对检查，顺利通过对美注册，安徽局组织专家评审组对企业进行现场指导，对企业的质量管理体系、生产关键环节的控制和记录、硬件设施、生产布局等多个方面提出改进意见。经整改后，2家企业顺利通过FDA的官方检查。

帮助企业加强人员培训。为帮助出口企业加强质量安全意识，提高质量管理水品，安徽局先后举办了标准化培训班、危险化学品及其包装标准培训班、家用电器、汽车、机械产品、羽绒等相关检验标准培训班，对系统内外人员开展标准培训，对新开检的产品和新增加的检验项目，积极开展检验检疫标准宣贯。开展了进出口食品（水产品）有关法律法规、出口植物产品检验检疫相关内容、韩国进口食品有关法律法规（食品及植物产品）等专业培训，帮助出口企业全面了解进口国相关法规要求，保证出口产品质量。

### （三）加强宣传，扩大认证认可社会影响

2012年6月9日是第5个世界认可日，根据国家认监委统一部署，安徽局由分管局长带队，在合肥市区开展了丰富多彩的宣传活动，积极宣传“传递信任，服务发展——推进认证认可，夯实质量基础”的主题。活动现场，工作人员向过往群众发放宣传单、海报，向群众讲解宣传认证认可政策，并详细回答了群众咨询的问题。为顺利开展好此次活动，安徽局制定了“世界认可日”宣传活动方案，向分支机构、认证机构、有关企业发放了“世界认可日”宣传画，要求各单位、部门结合目前正在开展的认证监管行政监督检查、出口食品生产备案企业定期监督检查等工作，加强认证认可法规的宣传，及时纠正违法违规行为。同时，安徽局各分支机构也在各自辖区内举办了相应的宣传活动。

## 五、加强认证监管区域合作

### （一）参与认证监管区域合作活动

2012年，安徽局积极派员参加了在上海召开的华东地区认证监管联动研讨会和在厦门召开的泛长三角地区检验检疫系统第七次认证监管工作联席会议。巩固和深化了区域合作，促进认证执法监管磋商机制不断完善，信息资源高度共享，形成联动执法、协作共赢的局面。

### （二）召开“出口食品农产品认证行政监管体系建设座谈会”

安徽局于11月初在黄山召开了“安徽出口食品农产品认证行政监管体系建设座谈会”，邀请了上海检验检疫局的专家参会。会上，与会代表们就食品农产品认证的发展现状、认证市场及日常监管、专项检查中出现的问题进行了探讨，对食品农产品认证法律法规和规章制度、食品安全管理体系认证和无公害农产品、有机产品、绿色食品认证的行政监管进行了探讨和交流。通过交流，巩固加强了区域食品农产品认证执法的合作，促进了安徽局食品农产品认证监管水平的提高。

**撰稿人：尹阳阳　审稿人：吴忠仁**

# 夯实工作基础　提高工作水平　服务地方发展

## ——安徽省质量技术监督局 2012 年认证监管工作概况

2012 年是实施“十二五”规划承上启下重要的一年。2012 年，安徽省质量技术监督局（以下简称“安徽省质监局”或“省局”）认证认可工作的总体思路是：以科学发展观为指导，围绕“抓质量、保安全、促发展、强质检”方针，结合安徽实际，坚持创新发展，依法科学监管，全面提升认证认可工作水平。

2012 年，安徽省质监局按照省局党组和国家认监委的工作部署，结合安徽省认证认可工作实际，扎扎实实地开展了各项工作，并取得预期成效。

### 一、实验室资质认定管理工作

#### 1. 首次开展名牌实验室创建工作

根据省局有关文件精神，2012 年检验检测机构首次开展创省名牌工作。结合本省获证实验室实际，省局设定了检验检测机构创造名牌的具体申报条件。并对省质检院和合肥通用机电产品检测院开展重点帮扶指导。积极鼓励铜陵市建设工程质量监督检测有限公司等 7 家检测单位申报 2012 年卓越绩效奖。2012 年，检测检验机构名牌创建已纳入全省名牌创建工作体系中。名牌创建现正按计划有序推进，结果将在 2013 年公布。

#### 2. 持续加强对获证实验室监管

为加强对全省获证实验室的监管，省局下发了《关于下达2012年度资质认定获证实验室监督计划的通知》（皖质函［2012］3 号）。在通知中进一步理顺了省局与各市局关于监督评审工作的程序。对由市局组织开展的监督评审，省局从人员组织、评审重点、材料申报和结果处理等方面都做出具体的规定。根据监督评审结果，按季度下达《对部分实验室检验能力进行调整的通知》。

9 月 3 日— 12 日，国家认监委实验室资质认定专项监督检查组一行 9 人，分成 3 组，随机抽查了安徽省 26 家实验室。检查结束后，检查组一致认为安徽省质监局实验室资质认定制度完整齐全、资质认定工作管理规范、资质认定证后监管有效。

#### 3. 扎实开展实验室能力验证工作

为持续提高实验室检验检测能力水平，下发了《关于开展 2012 年实验室能力验证工作的通知》（皖质函［2012］127 号）。2012 年的实验室能力验证项目为电线检测、白酒、乳制品、室内空气和水泥检测等 9 个项目、20 个参数。验证范围覆盖了食品安全、质量监督、疾病预防、建筑建材等重点行业和领域。确定了由安徽省产品质量监督检验研究院等省内 7 家具有相关资质的检验机构承办上述能力验证项目。

本次能力活动全省共有 628 家（次）的实验室报名参加，超过已获证实验室的 50%。其中有 481 家（次）实验室结果为满意。能力验证结果表明，全省获证实验室的总体检验能力得到了保持，相关项目参数的技术人员能力和检测设备的性能继续符合标准要求。对在本次能力验证中项目参数、技术能力和工作质量不能满足的检测机构，省局将及时督促其做好分析和纠正工作，保证获证实验室能力水平的持续保证。

#### 4. 积极推进食品检验机构资质认定工作

为推进食品检验机构资质认定工作的规范进行，2012 年初，省局制定了《安徽省食品检验机构资质认定评审要点（试行）》和《安徽省实验室资质认定评审材料编制指南（试行）》。对食品检验机构资质认定的各项工作做出统一规定。

为推进食品检验机构资质认定工作在全省的开展，省局在 2011 年调研基础上，对不同行业的不同食品检验机构资质认定工作采取相应对策。并对一些重点实验室，如庐江县技术所等单位积极开展对口帮扶工作。针对相关食品检验机构在人员、环境、申报类别等方面的共性问题，主动向国家认监委领导汇报、请教，寻求解决对策。有效促进食品检测机构资质认定工作在全省的开展。截至 2012 年底，全省获得资质认定的食品检验机构已达 86 家。

5. 周密安排实验室资质认定专项监督检查

2012 年 7 月—10 月，省局组织开展了全省实验室资质认定专项监督检查工作。检查内容主要是检查资质认定获证实验室是否存在违法违规行为、是否持续符合法定条件和管理体系是否能有效运行。监督检查具体分为组织部署、自查自纠、现场检查和材料上报等工作步骤。在各获证实验室自查自纠的基础上，8 月，省局组成 8 个检查组对实验室开展现场检查。现场检查共计抽查了全省 16 个地市的 69 家实验室、6 个市级质监局。

为确保本次监督检查取得实效，省局在方案制定、活动落实、现场抽查等三个环节周密安排，并编制了检查要点和检查程序。组织人员集中培训、统一检查尺度。在现场检查结束后，召开了专题会议，全面掌握相关情况，研究解决措施。对存在问题的实验室已按规定严格处理。开展专项监督检查，现已成为安徽省认证认可监管部门加强实验室管理的重要手段。

6. 加强现场评审的组织管理

2012 年，省局进一步加强了对全省 490 名获证评审员管理，建立评审员准确的信息档案，并采用动态管理，确保了其信息数据的翔实准确。在现场评审中，省局采用《实验室对资质认定评审组的工作评价反馈表》、《实验室资质认定现场评审观察员信息反馈表》和电话调查等方式对现场评审情况进行全面掌握。对派往现场的评审组长和评审员都根据其专业和审查经历，精心组织、严格把关。

为解决现场评审中的热点及难点问题，省局定期组织召开评审组长和骨干评审员会议。会议讨论研究资质认定评审工作中发现的各类问题，并统一评审尺度。同时请专家进行评审准则要素的讲解与培训，不断提高评审人员的职业道德和评审水平。

## 二、机动车技术检验机构监管工作

1. 组织开展机动车技术检验机构监督评审

省局下发了《关于 2012 年度安徽省机动车技术检验机构监督评审工作有关事项的通知》（皖质函［2012］15 号）。省局对 22 家检验机构开展了监督评审。这 22 家机动车检验机构主要为市级检验机构以及“2011 年度能力验证活动”中未取得“满意”结果的机构，另外 27 家检验机构委托所在市局组织监督评审。

2. 组织开展能力验证和安检行业职工技术比武活动

根据《关于开展机动车技术检验机构能力验证活动的通知》（皖质函［2012］120 号）、《关于组织开展机动车安全技术检验机构能力验证活动的通知》（皖质函［2012］134 号）文件要求，省局分别组织开展了安检机构路试项目、安检及综检机构线内部分检验项目的能力验证。其中，安检机构路试项目的能力验证同时按照省质监局、公安厅等五部门《关于开展第三届全省质量技术监督技术比武活动的通知》（皖质发［2012］45 号）执行，并将此作为安检行业职工技术比武的预赛（实际操作部分）成绩。

全省参加路试项目能力验证的安检机构共 87 家，参加线内检验项目能力验证的机构共 153 家，有效检验结果数据合计 1 215 个（其中：安检机构共报告数据 704 个、综检机构共报告数据 511 个），其中满意结果数据为 1 117 个，结果满意率 91.9%。

3. 完成机动车技术检验机构的问题督查整改工作

按照国家质检总局《关于 2011 年机动车安全技术检验机构资格管理工作监督检查情况的通报》的要求，省局下发了《关于报送整改完成情况的通知》（皖质函［2012］35 号），各有关安检机构于 3 月 5 日前上报了 2011 年国家质检总局现场检查整改完成情况。省局除按规定督促安检机构完成整改外，还以此次检查为契机，针对检查中发现的普遍问题采取了解决措施，督查整改取得了实效。

针对新闻媒体曝光合肥环新机动车排气污染检测有限公司检测违规行为，省局下发了《关于对违规出具检测报告行为责令整改的通知》（皖质函［2011］393 号），责成合肥市局跟踪监督。在合肥市局督促其完成整改并报送《关于合肥环新机动车排气污染检测有限公司违规出具检测报告整改情况的报告》后，及时发出《关于确认整改完成情况的通知》（皖质函［2012］40 号）。

4. 启用新版机动车安全技术检验报告

为加强机动车安全技术检验工作的规范性、科学性和准确性，便于各级公安交管部门统一把关，安徽省质监局、公安厅联合发出《关于征求机动车安全技术检验报告格式意见的通知》（皖质发［2011］69 号）。在经历网上公示、专家论证及修改确认后，于 3 月份正式定稿。随后联合发出《关于启用新版机动车安全技术检验报告的通知》（皖质发［2012］18 号）。全省安检机构于 2012 年 10 月 8 日前启用新报告单格式。

5. 多措并举开展规范管理年活动

为落实国家质检总局有关文件要求，省局会同省公安厅联合组织安检机构开展“规范管理年”活动。安徽省质监局与省交警总队车管处联合召开了 2012 年度机动车安检机构监管工作座谈会，讨论通过《关于组织开展规范管理年活动的通知》及相关制度。省局会同省公安厅联合下发《关于在全省机动车安全技术检验机构中组织开展规范管理年活动的通知》（皖质发［2012］32 号），组织开展以“行正道、讲正气、树新风”为主题的规范管理年活动。

为从源头推动规范管理年活动的展开，省局印发了《关于组织开展机动车安全技术检验机构自我承诺活动的通知》（皖质函［2012］178 号），统一设计了全省机动车安全技术检验机构自我承诺书。各安检机构已于 2012 年 7 月底前全部签署承诺书，并在业务大厅进行公示，主动接受社会监督。

2012 年，省局组织专家深入分析安检行业的现状，结合国家质检总局工作部署，制订了安检机构分类监管工作规范。在省交警总队的大力支持下，两部门联合行文公布实施了《安徽省机动车安全技术检验机构分类监管工作规范》（皖质发［2012］32 号）。省质监局、公安厅交管局联合组成 6 个检查组，对 92 家机构进行了现场检查。评定结果为：A 类安检机构共 8 家、B 类安检机构共 65 家、C 类安检机构共 8 家，另有 11 家安检机构未纳入本年度评价范围。国家质检总局对此项工作给予了充分肯定，并召集有关专家在此基础上制定《全国安检机构分类监管办法》。

#### 6. 加强机动车技术检验人员队伍建设

省局已分别建立了以职业技能鉴定为手段的行业准入制度、以考核注册为手段的岗位资格管理制度和以质量技术监督专业技术职称评定为手段的技术人员队伍管理制度，对机动车检验机构从业人员实施全方位管理。

2012 年，继续组织了 2 期安检人员考核。截至 2012 年 6 月，全省安检人员考核工作已全部结束，有 1 500 余人通过考核，完成注册 985 人。安检机构实现了全员持证上岗。为进一步提高培训考核工作水平，省局还组织有关专家编写了专用教材，并已于 2012 年 12 月组织试用。

另外，应国家质检总局监督司要求，省局荀浩、计量院李伟克同志参加了全国机动车技术检验人员培训教材的编写工作。

#### 7. 召开机动车尾气环保检验工作座谈会和标准宣贯会

针对媒体反映各检测机构之间尾气排放污染物检测数据不一致的情况，省局于 3 月 19 日召开机动车尾气环保检验工作座谈会。对 DB34/1444 标准规定的稳态工况法试验方法进行误差理论分析并开展检测技术研讨，并初步建立了与环保部门的对话机制，并联合组织开展有关科研工作。

新标准《机动车运行安全技术条件》（GB 7258—2012）现已颁布。省局印发了《关于贯彻〈机动车运行安全技术条件〉（GB 7258—2012）实施的通知》（皖质函［2012］266 号），并于 10 月和 11 月分别在黄山、淮北举办了新标准宣贯班，对安检机构的管理人员统一组织了培训和考核。

## 三、加强认证监管工作

#### 1. 组织开展电线电缆强制性产品认证（CCC）获证企业专项检查

根据国家质检总局《关于开展建筑防水卷材等 6 种产品联动监督抽查、企业生产条件检查和无证生产清查的通知》（质检监函［2012］24 号）要求，省局下发了《关于开展电线电缆 CCC 认证产品获证企业生产条件专项检查的通知》（皖质办函［2012］157 号），对全省电线电缆CCC认证产品获证企业开展生产条件专项检查。

#### 2. 开展有机产品联合监管

按照国家质检总局、国家工商总局、国家认监委《关于进一步加强有机产品监管工作的通知》（国质检认联［2012］214 号）要求，省局、省工商局联合下发《关于进一步加强有机产品监管工作的通知》（皖质发［2012］33 号），联合开展有机产品监管工作。

#### 3. 落实国家认监委相关工作要求

按照《关于开展 2012 年认证行政执法专项监督检查的通知》（国认法函［2012］67 号）等有关文件及国家认监委二季度业务工作会议精神，省局下发《关于落实国家认监委有关认证监管工作要求的通知》（皖质办函［2012］175 号），就开展认证执法专项监督检查、加强玩具产品强制性产品认证监管、开展认证咨询市场和认证咨询机构专项整治、开展强制性产品认证获证产品监督抽查工作分别进行了部署。

省局还组织开展了有机产品生产企业专项检查，印发了《关于开展有机产品认证标志专项监督检查的通知》。针对获证企业和有机产品销售场所，重点检查使用有机产品认证证书及标志的合法性、有机产品认证标志换版情况。

#### 4. 承办电动工具流通领域强制性认证产品国家监督抽查工作

按照《关于开展 2012 年强制性产品认证获证产品监督抽查工作的通知》（国认证［2012］44 号）要求，省局承担电动工具产品流通领域国家监督抽查工作。

在承检机构“上海电气器具检验测试所”配合下，省局制订了工作方案，并以（皖质函［2012］145号）上报了监督抽查实施方案。本次监督抽查工作于7月31日完成，共抽取15家经销商销售的17家生产企业计25组样品。承检单位于9月17日完成全部样品检测，并总结形成检测报告。

## 四、工作中存在的问题

### 1. 市县认证认可监管队伍亟待进一步加强

由于专业和人员等的限制，市、县认证认可监管队伍建设亟待进一步加强。省、市、县质监部门都面临着工作难度大、工作任务重的现状。在工作部署上，省局虽已尽量做到统筹安排、区分轻重缓急。但在具体落实过程中，受目前行政资源严重不足的制约，认证认可工作难以进一步深入。

### 2. 部分获证实验室质量管理体系运行有效性降低

部分已获证实验室在获证后，出现了质量管理体系运行有效性下降现象。实验室内部的质量负责人尤其是内审人员的内审工作不到位。管理体系运行有效性和检验人员检验能力都有待提高。

**撰稿人：荀　浩　审稿人：王　麟**

# 围绕十二字方针　多措并举抓监管

## ——福建出入境检验检疫局2012年认证监管工作概况

2012年，福建出入境检验检疫局（以下简称“福建局”）深入贯彻落实全国质检工作会议、全国认证认可工作会议精神，求真务实，开拓创新，充分应用认证认可手段推动福建检验检疫事业跨越发展。

## 一、“抓质量”有新突破

### （一）规范程序，强化出口企业准入把关

修订《出口食品生产企业注册备案作业指导书》、《福建检验检疫局无需/免于办理强制性产品认证工作实施细则》，印发《进一步加强进口强制性认证（CCC）产品入境验证和免办监管工作的通知》，发布注册备案和质量许可办理程序和流程图，组织26次异地评审活动，进一步提高准入把关有效性。全年共完成出口食品企业备案注册审批280家次、质量许可235家次。

### （二）创新形式，深入开展第三方认证监管

组织开展认证咨询市场和认证咨询机构专项整治、重点强制性产品认证专项整治、强制性产品认证获证产品监督抽查、管理体系认证监管、食品农产品认证监管活动。尤其在管理体系认证监管上首次采用网格化认证执法监管形式，对德化县18家获证出口陶瓷、竹木制品生产企业进行了专项检查，共涉及10家认证机构31份认证证书，最后向5家认证机构发出行政建议书，并对1家涉嫌认证违法行为的认证机构进行立案调查。

### （三）强化措施，加强CCC免办产品管理

修订实施细则，进一步明确工作职责和工作程序。强化网上审批核查，提高CCC免办产品后续监管比例，同时将CCC免办产品后续监管覆盖面列为2012年福建局绩效考评指标之一，全面加大对该项工作的管理力度。截至2012年底，福建局辖区共有CCC免办持证企业93家，持有CCC免办证明997份，实施后续监管覆盖率达100%。通过辖区口岸入境的CCC目录内商品1 226批，实施现场查验比例达83.7%；查处10批次未获CCC证书或CCC免办证明而擅自进口的案例。

### （四）督查整治，消除业务工作质量隐患

结合“两个专项行动”、“质量月”、国外通报调查、驻点督查等活动，对所有分支机构进行业务工作质量督查，推动分支机构及时消除评审与监管工作质量问题和隐患，不断提升业务工作质量水平。开展实验室

留样情况突击检查，对不符合样品管理相关要求的，严格要求进行整改，并将有关情况在系统内进行通报，规范了样品标签的管理。

### （五）突出重点，规范水质检测管理

针对近年来出口食品生产企业对水质检测标准的理解不一、掌握宽严不一等现象，印发《进一步规范出口食品注册备案企业和种植养殖场注册登记备案水质检测管理的通知》，明确检测依据、项目及检测频率，要求水质样品的取样应由水质检测单位进行或在检验检疫机构的监督下进行，进一步规范水质检测的管理。

## 二、“保安全”有新举措

### （一）深入排查，抓好“两个专项行动”

根据国家质检总局、国家认监委统一部署，深入开展认证认可质量安全风险排查整治和道德领域突出问题专项教育治理活动。通过风险评估、风险分析，制定实施方案，全面排查认证认可领域的质量安全风险和道德领域的突出问题，共梳理出7大类、23项工作风险，清理和确认对外行政职权5项，制定权力运行流程图和廉政风险防控工作表5份。

### （二）重视监管，探索管理模式转变

充分利用第三方认证机构技术力量，整合出口食品企业备案和认证监管资源，印发《出口食品生产企业备案采信第三方认证结果试点工作方案》，辖区共有9家出口食品生产企业通过采信第三方认证结果获得《出口食品生产企业备案证明》。通过对分支机构监管情况和认证机构认证质量监督，强化了对出口食品企业的监管。

### （三）多种手段，提高质量管理水平

一是对6家肉类、乳制品生产企业开展危害分析与关键控制点（HACCP）体系认证验证提升活动，共对企业提出书面改进建议35条。二是紧紧抓住企业主体责任和追溯体系这两个食品安全管理的核心，结合对国家认监委第23号公告的宣传，推广出口食品安全身份电子追溯系统，取得良好的示范和带动作用。

## 三、“促发展”有新作为

### （一）推动发展，对外注册凸显成效

2012年，福建局共推荐91家次企业对美、欧等国家和地区注册或复审，其中新推荐对外注册企业37家，积极帮扶企业开拓海外市场。对外注册企业出口额已达21.6亿美元，同比增长86.7%。帮扶企业顺利通过韩国农林水产检疫检查部、美国食品药品管理局（FDA）、中国台湾“卫生署食品药物管理局”等3次官方机构现场检查。

### （二）简化程序，支持服务海西建设

进一步简化CCC免办工作程序，加快CCC免办行政审批速度，审批时间从5天调整到最快的2天，并对国家和福建省重点项目CCC免办采取加急办理措施。共受理申请1 092批次，发放CCC免办证明997份，覆盖了20多类工业产品，涉及免办企业93家，在很大程度上方便了进口企业。

### （三）稳步推进，充分发挥良好农业规范（GAP）认证示范作用

本着“稳步推行，务求实效”的原则开展示范创建工作，积极向地方政府、企业、行业和社会各界宣传示范创建工作重要意义，发放各种宣传材料230多份；对养殖企业管理人员开展GAP培训，受训人数达815人次；带动辖区100多家水产养殖场实行GAP管理，20家水产养殖场通过GAP认证（其中GAP认证示范创建区内16家养殖场通过了认证），通过示范区的带动作用，实现了质量提升、出口增长。在2012年韩国官方对养殖企业的检查中，实施GAP管理的2家养殖场以“零不符合项”顺利通过韩国官方检查。示范龙头企业长乐聚泉食品有限公司连续保持同行业鳗鱼制品出口创汇全国第一，2010年以来出口烤鳗逾1.06亿美元，年均增长率达20%以上。

### （四）帮扶创建，建设有机产品认证示范区

以获得我国首批“有机产品认证示范区”之一的安溪县为典型，在安溪县组织开展“有机产品认证及生产技术培训”，安溪县政府相关职能部门、茶叶企业、茶叶专业合作社负责人和基地管理人员共300多人参加了培训和互动，推动安溪县在全球确立乌龙茶产业发展优势。培育并推荐建瓯市竹笋产业创建“有机产品认证示范区”，帮扶其获得2012年国家“有机产品认证示范创建区”称号。

### （五）主动应对，指导企业完成对美注册

福建局辖区共有输美食品生产企业127家，2012年，输美食品共4.45万吨、3.73亿美元，主要为出口水产品、罐头和糖果等产品。为帮助输美出口企业完成重新注册工作，保证输美产品在美国的正常通关，2012年11月23日，在福州举办输美食品企业FDA重新注册免费讲座，为重新注册工作打下坚实基础。

## 四、“强质检”有新成效

### （一）积极探索，推动两岸采信互认

加强与台湾认证认可主管部门的沟通，开展2011年福建局辖区对台进出口产品情况及台湾对福建局辖区产品实施检测情况的调查活动，组织召开2场对台互认与采信工作研讨会，制定专门工作方案，完成《台湾对福建局辖区产品实施检测情况分析报告》、《关于推动海峡两岸认证认可和检验检测结果互认和采信的政策建议报告》，积极推动海峡两岸认证认可和检测结果采信试点工作。

### （二）务求实效，促进人员能力提升

一方面，通过分级培训、技术交流、异地交流评审、督查验证等活动，促进一线技术监管人员深入掌握和熟练应用认证认可技术方法，提升一线监管能力和水平，大大提升监管有效性。2012年近300位一线监管人员参加各类培训，增补23名出口质量许可评审员，截至2012年底，有出口质量许可评审员队伍已达146人。另一方面，通过组织对外注册企业管理人员能力考试，对输美、输欧、输韩、输印尼等国家或地区的企业管理人员500多人次进行能力考核，并组织企业人员参加各类培训446人次，提高了企业管理人员能力。

### （三）规范运作，加强实验室管理

围绕“制度健全、能力适应、行为规范、监管到位”中心目标，规范实验室资质管理和能力验证工作。今年9家食品检验机构在规定期限内获得资质认定证书或完成现场评审，资质认定覆盖率达100%。对3家实验室实施临时资质认定，满足了进口汽车、LNG的检测工作需要。各实验室共参加国家认监委和国家认可委（CNAS）组织的100多项能力验证活动，均取得满意结果。

### （四）提升意识，确保审核员队伍廉政安全

组织传达学习福建局2012年党风廉政建设暨纪检监察工作会议精神，加强思想教育，通过《总局纪检组2009—2011年系统内渎职案件通报》等文件的学习，提升审核员队伍廉政意识，保证队伍安全。强化廉政监督，通过《福建局认证认可廉政申明反馈单》，进一步发挥行政相对人的监督作用，加强对技术审核过程的廉政监督。2012年，未发现审核员队伍存在廉政安全问题。

### （五）加强宣传，营造良好外部环境

以“世界认可日”系列宣传活动为契机，结合“2012年食品安全宣传月”活动，组织在各地以悬挂横幅，发放、张贴“世界认可日”宣传招贴画，检务大厅电子触摸屏或显示屏滚动播发“世界认可日”知识，开展“认证认可与食品安全”宣传教育等形式，广泛进行宣传，营造氛围。通过协会QQ群开展“世界认可日”专题互动，回答企业50多个认证认可相关问题，近300家企业参与活动。组织开展在线访谈活动，现场解答认证认可有关问题。制作1期企业信息专刊，专题介绍认证认可基础知识。

福建局将继续认真贯彻落实《质量发展纲要》，围绕“抓质量、保安全、促发展、强质检”工作方针和“五个创新”的总体要求，切实发挥认证认可“传递信任，服务发展”作用，深入思考，创新举措，努力为服务经济社会发展作出新贡献。

**撰稿人：黄振坤　审稿人：连文钦**

# 创新思路　认真履职　提升认证监管工作效能

## ——福建省质量技术监督局2012年认证监管工作概况

2012年，福建省质量技术监督局(以下简称“福建省质监局”或“省局”)贯彻落实国家质检总局、国家认监委认证工作会议精神，深入贯彻落实《质量发展纲要》和“抓质量，保安全，促发展，强质检”工作方针，创新工作理念，完善工作机制，结合福建本省实际，扎实工作，狠抓落实，认证监管工作取得了成效。

### 一、创新工作思路和方法，加强认证监管工作

#### （一）开展强制性认证（CCC）产品质量安全专项整治行动

4月—8月，福建省局对实施强制性产品认证的部分重点产品（装饰装修、汽车零部件、玩具、电线电缆、电源适配器、电动工具和灯具等）、重点企业（近3年内有质量违法违规行为记录的企业，在各级监督抽查中被检出不合格的企业）和重点问题（出厂、销售未通过强制性产品认证的产品；强制性产品认证证书暂停\撤销\注销后仍继续出厂、销售的产品；假冒、伪造强制性产品认证证书及标志的企业）加大执法查处和监督检验工作力度。严厉查处无证生产销售和假冒伪造强制性产品认证标志、证书的行为；全面排查、清理重点产品的强制性产品认证获证企业和证书；进一步强化生产企业质量主体责任意识，建立健全强制性产品认证质量安全长效监管机制。

#### （二）举办“世界认可日”主题宣传活动

6月9日是第五个世界认可日，以“传递信任，服务发展——推进认证认可 夯实质量基础”为主题，省市县三级联动，通过现场宣传咨询、张贴发放宣传画、网上访谈介绍、群众参观座谈、监督检查服务、企业QQ群和公益短信等多种形式，深入宣传认证认可工作成效，引导全社会广泛关注和重视认证认可工作。

#### （三）进行认证行政执法专项监督检查自查工作

5月—6月，对全省认证执法监管体系建设、强制性产品认证执法、有机产品认证执法和认证行政处罚案卷情况，进行认证行政执法专项监督检查自查工作，规范认证行政执法行为，推动落实认证行政执法责任制，进一步完善和加强内部层级监督机制和过错责任追究制度，强化行政机关程序意识，规范自由裁量权，推动执法队伍建设，提高依法行政水平。

#### （四）开展食品农产品认证监管工作

4月—10月，督促企业开展自查工作，明确自查内容和期限，上报自查材料，通过实践，多数企业能够在自查自纠阶段发现问题、解决问题，在企业自查的基础上，结合名牌材料审查和现场检查，对企业按一定比例进行抽查，其中对风险性高的行业（如食品）和暂停、注销、撤销证书企业100%进行现场调查和核查。一是开展全面检查，重点查处获证企业在生产、加工、销售活动中伪造、冒用、超期超范围使用认证证书、认证标志等违法违规行为。二是检查辖区内获证企业持续符合认证要求的情况。三是加强对认证机构发证信息和相关组织持有证书与“食品农产品认证信息系统（food.cnca.cn）是否一致的检查”。本次食品农产品认证监督工作共出动执法人员1 242人次，现场监督检查认证机构7个，检查获证企业数576家（其中良好农业规范认证18家，危害分析与关键控制点体系认证111家，食品安全管理体系认证108家，有机产品认证115家，无公害农产品认证118家，绿色食品认证65家，其他认证41家），检查获证产品数量610种（其中有机产品186种，无公害农产品242种，绿色食品158种，其他认证产品24种）。

#### （五）开展“实验室开放日”活动

质量月开展“实验室开放日”展示活动，以“履职

把关，服务社会”为主旨，邀请人大代表、政协委员、相关行业协会负责人、新闻媒体和消费者代表等走进本系统检测实验室，参观检测工作流程、实验室建设、仪器装备及功能等情况，通过视频展示、技术人员现场答疑、观摩检测人员实验过程等形式，搭建起近距离互动平台，开办讲座指导代表们如何查看检测检验报告，提升实验室的知名度和影响力。“实验室开放日”既强化了检测技术机构对企业和全社会的服务和技术辐射能力，又加强了与企业之间的联系与合作，为更加深入细致地了解企业的需求，更好地听取社会各界特别是消费者的建议和意见，更有效地发挥科技服务经济、提升和保障产品质量安全起到了积极的作用。

### （六）开展有机产品认证标志专项整治活动

7月—12月，深入生产、销售场所，加强对生产企业、销售单位和消费者有机产品认证法规、标准和有机产品/有机产品认证标志追溯系统的宣传。组织有机产品获证企业、销售单位对照有机产品法规、标准要求进行自查自纠，帮助获证企业建立和完善有机产品认证标志管理制度，督促销售者严格按照有机产品国家标准的要求采购、储运和销售有机产品，增强消费者辨假识假能力，为进一步加强有机产品认证监管打下基础。

### （七）开展管理体系有效性检查

4月—12月，福建省质监局积极开展管理体系有效性监督检查工作。一是领导重视、组织周密。制定总体检查方案和检查计划，结合产品风险、企业诚信度及监管模式等情况对获证企业进行分类筛选检查。二是加强宣传，营造氛围。加强对《认证认可条例》及相关规定的宣贯；选择在质量管理方面比较突出的企业分享管理经验，为企业树立学习标杆；借助“质量奖”、“质量兴园”等宣传活动，不断提高企业管理意识，提升企业素质；在巡查检查中，发放宣传材料，提高企业的法律意识和责任意识。三是突出重点，以检查获证企业管理体系运行情况为切入点，以证后监督为手段，重点关注认证过程是否符合相关法律法规要求，主要对其产品能否持续符合认证标准要求，有无买证、卖证，超期、超范围使用认证证书、认证标志等违法违规行为进行检查。四是加强对认证机构认证过程的监督，充分利用“自愿性认证活动执法监管信息系统”提供的信息，参与认证机构工作现场，查看认证机构的现场活动与认证基本规则、规范的符合性。五是加强协作，形成合力。加强与地方政府部门、行业协会的合作，努力建立执法联动机制，开展认证行政监管工作经验交流，联合对获证企业进行执法检查，有效地推动了认证有效性检查工作的深入进行。

### （八）组织认证监管人员培训班

5月15日—16日，在福建省质量监督干部学校举办全省质监部门认证监管人员培训班，市县局共87人参加培训，培训课程涉及认证认可基础知识、认证监管法律法规体系以及实验室资质认定法规等，培训内容紧密结合工作实际，指导性强，深受学员好评，培训取得良好的效果。

### （九）推进国家认监委电子信息系统使用

认证行政执法信息报送系统市局报送案件数不低于认证行政处罚案件总数的50%，县局不低于30%；每个季度通过自愿性认证活动执法监管信息系统对辖区内的自愿性认证活动进行一次检查。推进电子信息系统的使用，及时掌握认证执法活动开展情况，实现认证执法活动数据及时上报、汇总、分析。

## 二、抓重点重实效，有序开展实验室资质认定许可工作

### （一）以行政许可工作各个环节的道德建设为工作重点，降低许可过程的人员风险

省局落实评审员评审经费发放。为保证实验室资质认定工作的公正性和规范性，福建省质监局出台了《关于明确实验室资质认定行政许可经费的通知》（闽质监科［2011］665号），实验室资质认定工作的评审经费每季度采用银行代发形式，通过工商网上银行划转至领取人申报的银行账户。每季度末整理任务书，分成常规、食品、地市监督三大类，根据标准，对每位评审员按评审职责、次数进行统计，发放本季度评审经费。

省局多次强调行政许可人员的道德建设问题，既明确了各级行政办理审批人员的效能履职要求，又强调了人员廉洁自律，保证了整个行政许可工作的有效实施。

### （二）全面开展食品检验机构资质认定行政许可工作

按照国家认监委的要求，全面落实福建省食品检验机构资质认定工作。省局完成了全省涉及食品检验的实验室的总体调研，为了全面完成食品检验机构资质认定工作，针对每一家实验室列出了详细的工作进度和完成期限，并要求各市局督促落实。

为了满足2012年11月1日前完成首轮食品检验机构资质认定许可工作，已对57家食品检验机构进行现场评审。

### （三）完善许可制度，严把资质认定许可关

省局制定了2012年监督和复评审实验室的名单，对实验室采取以市级为单位的划片管理，使设区市局更好了解和掌握辖区内实验室运作情况，强化设区市局的监督责任。为了提高市县局工作人员的监管能力，组织了专门培训，覆盖了各级实验室监管人员。

与福建省局信息中心配合，推进已获证实验室项目能力表挂网工作，使社会更好更便捷地了解实验室具备的检测能力，做到透明公开，同时也有利于社会监督。

严格执行资质认定工作程序中各项规定。2012年，资质认定工作收件总数472件（其中安检机构36件），发出认定证书271件（其中安检机构33件），完成变更扩项201件。

**撰稿人：邹　愚　吴　涛　刘美官　陈志海　黄　蓁**
**审稿人：程建军　张跃萍**

# 加强制度建设　夯实管理基础<br>全面提升认证监管工作水平

——厦门出入境检验检疫局2012年认证监管工作概况

2012年，厦门出入境检验检疫局（以下简称“厦门局”）贯彻落实国家质检总局“抓质量，保安全，促发展，强质检”工作方针，以“两个专项行动”的开展为契机，以提升质量安全水平、服务海西建设与外贸大局、加强基础建设为工作主线，全方位开展认证监管工作，取得较大进展。

## 一、认证监管工作总体情况

2012年，厦门检区出口包装注册企业新增38家，失效25家，换证10家；机械注册企业新增7家次，失效10家次；玩具注册企业新增4家，失效5家，换证5家；陶瓷注册企业新增2家，失效1家，换证1家；食品备案企业新增39家，失效30家，换证104家。

截至2012年12月31日，厦门检区有效出口商品注册登记企业共240家（包装企业169家，玩具企业32家，机械企业30家次，陶瓷企业9家，其中输美日用陶瓷认证企业8家）；备案出口食品生产企业404家，其中对外注册155家次，分别为输美水产企业23家、对加拿大注册16家，对欧盟注册11家，对越南注册24家，对韩国注册30家，对俄罗斯注册8家，对印尼注册38家，对日本注册1家，对新加坡注册3家，对南非注册1家。另有输美低酸罐头及酸化食品企业14家。

2012年，厦门检区共受理并签发886份强制性产品认证（CCC）免办证明，受理入境验证的CCC产品报检32 540批次，货值9.49亿美元，其中检出不合格批次11批，货值14.07万美元。

## 二、履行认证监管执法职能，排查整改质量安全风险

### （一）不断强化强制性认证监管

2012年，厦门局通过规范管理，加强监督，不断强化强制性认证监管。一是重新修订《厦门检验检疫局免于办理中国强制性产品认证工作细则》，编撰发布相应的作业手册，进一步完善CCC免办工作。二是利用电子监管系统、集中审单系统、电子监察系统和强制性产品认证设限数据库加强CCC产品入境验证工作；全年检出11批不符合要求的产品。三是加强对分支机构CCC认证工作监督检查，通过检查抓绩效，通过检查促提高，CCC免办后续监管覆盖率逐年提高，监管有效性不断增强。四是开展CCC获证产品专项抽查，通过CIQ 2000系统进行布控，对轮胎、农机、装饰装修、汽车零部件、玩具、橡胶避孕套、电线电缆、电动工具和灯具等产品进行重点布控抽样检测。五是提出“免办证明的签发不是工作的终点，而是监管的起点”的工作思路，将CCC免办产品的监管自始至终贯穿检

验检疫全过程。厦门局建立的“明确企业责任、分级归口管理、层层监督把关”的工作新格局，建立的“起点介入、过程监管、重点突出”原则，得到国家认监委派出检查组的高度肯定，认为厦门局“为全国检验检疫系统CCC免办工作的开展提供了宝贵的经验。”

### （二）继续开展自愿性认证执法检查

2012年，厦门局结合日常检验检疫工作，派出36个检查组，投入90人日对36家企业开展管理体系认证行政监管，涉及12家认证机构发出的54张管理体系认证证书；组建22个检查组，投入88人日对22家企业开展食品农产品认证监管，涉及14家认证机构发出的32张食品农产品认证证书。

### （三）开展出口食品备案企业质量安全风险排查

2012年，厦门局先后完成了出口蜜饯、肉类、罐头以及输美水产品企业风险排查整治工作。通过梳理和分析排查中发现的风险，对系统性的、普遍性的问题进行整治，措施主要包括：实施备案企业实验室能力建设促进计划，提高企业实验室的自检自控能力；启用电子监察系统，实时监控出口食品报检批备案验证电子监管执法情况；建立实施出口食品备案企业约谈制度，强化备案企业主体责任意识等。

### （四）整治与预防并举，建立实施出口食品备案企业约谈制度

2012年，厦门局首次对初次获得备案的出口食品企业及涉及五大类风险的问题企业开展约谈，强化备案企业主体责任意识，加强检企间的沟通与交流，提高预警应对能力，切实提高食品安全保障水平。

### （五）加强认证监管业务分级管理工作质量督查

2012年，厦门局按计划开展了14个认证监管年度专项检查，通过对分支机构工作档案和相关企业运行情况开展检查，及时掌握相关工作进展和执行情况，发现监管工作中存在的问题，一方面督促分支机构加以改进，另一方面对普遍性、系统性的问题加以总结梳理，适时调整出台规定，进一步规范相关工作。

## 三、服务外贸发展大局，帮扶企业顺利出口

### （一）完成出口食品生产企业实验室能力建设促进计划，遴选合格实验室，采信检测结果

通过规范指导、培训人员、验证能力、现场检查、分析点评等举措，帮促出口食品生产企业提高实验室自检自控能力。在出口通关环节采信合格企业实验室的检测结果，降低出口检验抽检比例，缩短检验周期，便捷产品通关，节约企业成本。该项工作受到福建省领导的充分肯定，将厦门局相关工作总结批转省口岸办阅研。

### （二）服务龙头企业，量身打造CCC免办工作新模式

主动向国家认监委争取政策支持，解决企业实际困难，促进地方经济发展，针对检区龙头企业林德（中国）叉车有限公司和冠捷显示科技（厦门）有限公司分别实施“提前备案、集中签证、逐批核销、全程监管”和“内外兼修，二元监督”的特殊监管模式。

## 四、抓住先行先试机遇，开展认证涉台工作

### （一）积极参与国家质检总局对台交流合作工作

2012年，厦门局在国家认监委的支持下，加入《海峡两岸标准计量检验认证合作协议》认证认可合作工作组，完成两岸强制认证制度比对研究报告，承办该协议下设两岸认证认可合作工作组第四次会议，努力推动两岸检验检疫实质合作。

### （二）在“社会认证、官方采信”工作模式下，实现对台认证“双扩大”

继2011年成功推动金门酒厂股份有限公司获得大陆食品安全管理体系认证并采信认证结果后，2012年，厦门局积极推动4家台湾本岛食品生产企业获得大陆自愿性认证，实现对台认证由金门岛扩大到台湾本岛，由酒类企业扩大到其他食品生产企业的对台认证“双扩大”。

## 五、推进认证监管信息化，夯实认证监管基础工作

2012年，厦门局将出口玩具、陶瓷注册登记验证及CCC认证范围的入境产品纳入电子监管系统管理。继2011年实施出口食品生产企业备案验证电子监管后，将出口玩具、陶瓷注册登记（质量许可）信息全部纳入中国检验检疫进出口电子监管系统，实施出口玩具、陶瓷注册验证电子监管；对列入中国强制性产品认证范围的入境产品，依一定的抽批率进入电子监管系统。

在使用出口电子监管系统的基础上，启用电子监察系统。布控风险点，从直属局层面全面实时监控各分支机构的电子验证执法情况，逐一排查触发验证警示

风险信息处置的报检批次，从根本上杜绝人工操作无证报检和超有效期、超范围出口的现象，真正做到“凭证报检”。

2012 年 11 月，厦门局正式出版《海峡两岸强制性产品认证制度研究》一书，国家质检总局副局长、国家认监委主任孙大伟亲自作序。这是继 2009 年出版《海峡两岸检验检疫制度研究》之后的又一重要成果，是质检系统涉台政策研究工作的新突破，不仅填补了涉台强制性产品认证制度研究的空白，同时也彰显了认证认可“传递信任、服务发展”的核心理念，对于促进两岸贸易便利化、深化两岸交流合作具有积极意义。

2012 年，厦门局率先全国开展进口酒注册研究工作。汇集进出口卫生注册、进口酒检验监管、原产地及地理标识管理、通关与信息化，以及翻译等多学科专业人才，成立进口酒类境外生产企业注册管理技术工作小组，创办《厦门检验检疫局进口酒注册工作学报》。牵头开展进口葡萄酒境外生产企业注册研究，收集和梳理分析我国葡萄酒相关法律法规及标准，翻译整理主要葡萄酒生产国进口注册相关法规近 20 万字，深入考察国内外葡萄酒生产企业和管理机构，完成国家认监委“短平快”项目《进口葡萄酒类境外生产企业注册工作实施方案》的验收。

梳理认证监管相关工作，制定适合“三定”方案的质量体系文件。2012 年，厦门局参照 ISO 9001:2008 标准，对认证监管相关质量管理体系文件进行了升级改版，进一步明确认证监管分级管理后的岗位职责、工作程序和工作要求。

开展世界认可日大型宣传活动。一是结合 2012 年世界认可日主题，首次开展“出口食品生产企业备案明星评审员”评选活动，评选出表现突出的 7 位明星评审员予以表彰，并进一步加强评审员队伍建设管理，健全动态管理、科学评定、持续教育和激励机制，有效提高了评审员参与评审工作的主动性和积极性。二是在厦门局公众信息网进行“在线访谈”，向社会公众和网友介绍厦门局认证监管工作新举措，回答相关提问。三是在系统各报检窗口展播宣传口号，在厦门主流媒体定制专版，营造良好宣传氛围，提升认证认可社会影响度和认知度。

推动建立认证执法区域联动机制。2012 年，厦门局作为轮值单位举办了泛长三角地区认证监管联席会议，建立多层次联动机制，成立专业组，建立联络员制度和信息通报制度，为国家认监委建立认证执法区域联动机制先行先试。

## 六、把握发展良机，继续提升认证监管工作水平

2013 年，厦门局将以十八大精神为指导，继续践行科学发展观，坚持学以致用；始终围绕总局“十二字”方针，认真履职；结合当前经济形势，发挥厦门检区区位优势，主动作为。着力开展六个方面的工作：一是夯实基础，完善认证监管制度建设。全面梳理当前备案注册工作存在的问题和困难，制定符合厦门局实际的、具有可操作性的实施细则。二是认真履职，抓好认证监管工作质量。加强绩效管理，通过电子监管系统调整入境强制性认证产品现场查验比率，探索实施 CCC 免办工作分类管理模式和免办申请无纸化。强化认证市场秩序监督管理，加强对认证机构及其办事机构和人员的监管。加强认证监管执法情况督查，及时发现存在问题，监督整改到位。加强服务意识，深入监管一线，主动了解分支机构的需求，开展业务指导。三是服务外贸，促进企业扩大出口。努力贯彻落实国务院和总局关于促外贸稳增长的要求，为企业送政策、送技术、送服务，帮助其提高管理水平和竞争力。重点扶持评估合格的企业实验室，争取政府专项经费支持。探索在出口食品生产企业备案技术审核中采信第三方认证结果，简化工作程序，提高工作效率。四是发挥优势，推进对台合作交流。继续配合认监委做好对台认证认可合作，开展海峡两岸强制性产品认证合作；开展自愿性认证合作，跟踪 LED 灯两岸能力验证进展，力争厦门局技术中心成为两岸自愿性认证互认实验室；提出两岸强制性产品认证合作的可行性建议，促进两岸强制认证领域实质合作。扩大“社会认证 官方采信”成果，推动更多的台湾本岛企业申请大陆自愿性认证。开展厦门局对台认证认可工作回顾与总结，总结提炼厦门局的特色、经验。五是深入研究，提升认证监管能力和理论水平，继续深入开展进口葡萄酒境外生产企业注册管理工作的研究探索和实践。组织翻译出版《美国 FDA 官方检查指南》。六是建设队伍，提高认证监管有效性。加强评审员和认证监管人员队伍的建设与管理，健全动态管理、科学评定、持续教育和激励机制。建立评审员动态信息登记制度，完善评审员年度工作量和专业能力审查制度，开展评审员清理、资格认定、发证和建档工作，组织开展评审员和认证监管人员能力提升培训和其他各类专项培训，提高认证监管有效性。

**撰稿人：李盛杰 审稿人：徐 辉**

# 强化监管 服务发展 促进认证工作再上新台阶

## ——厦门市质量技术监督局2012年认证监管工作概况

2012年，按照全国认证认可工作会议精神，根据国家质检总局及认监委的相关要求，厦门市质量技术监督局（以下简称“厦门市质监局”或“市局”）主要从强化监管、服务发展两方面加强认证工作，取得了一定成效。

### 一、不断完善认证监管体系

监管制度和执法监管体系进一步完善。一是加强组织部署。召开全市认证工作会议，印发《2012年全市质监系统认证工作意见》，明确2012年检验认证监管工作要求和工作重点。印发《关于实施2012年实验室资质认定监督评审工作的通知》（厦质监[2012]39号），对实验室资质认定监督评审进行组织部署。二是建立健全执法体系。制订《2012年全市质监系统认证工作任务分解表》，明确质量管理与认证处、监督处、法规处、稽查队及各分局职责分工，进一步完善“事前预防、事中监督、事后监管”的联动监管机制和“以认证监管机构为主导，以专职执法机构为主力，以法制工作机构为执法监督、以认证专家为技术支撑”的认证执法工作体系。扩充实验室评审专家库，目前包括涉及建筑、食品、化学、机械、环境监测等行业专家351名。三是加强认证宣传。结合6月9日“世界认可日”、“质量月”、“节能宣传周”等活动，开展丰富多彩的宣传活动，尤其突出强制性产品认证、有机产品等食品农产品认证、节能环保认证的宣传。

### 二、持续强化认证监管力度

进一步加强发证机构和获证企业监管力度。一是加强监管，打击违法。先后组织开展强制性认证产品质量安全专项整治、玩具产品强制性产品认证监督检查、食品农产品认证专项检查、有机产品认证标志专项整治、管理体系认证有效性监督检查、认证咨询市场和认证咨询机构专项整治等近10次专项认证监督检查工作，随机从国家认监委《自愿性认证活动执法监管信息系统中》抽取认证机构，在认证活动现场对认证有效性进行监督检查。累计出动检查人员1 200多人次，检查企业460多家次，立案查处涉嫌无证生产、冒用认证标志、违法开展认证咨询活动企业3家，极大震慑了认证违法行为，确保认证有效性的进一步提高。二是确保监督评审有效性。安排评审专家对14家实验室进行了监督评审，累计为实验室提出整改建议60余条，并协助国家认监委、省局科技与认证处开展重点领域实验室飞行检查、消防检测机构专项检查等工作，对全市实验室管理、检测水平的提高起到了积极促进作用。三是建立认证监管联动机制。针对舆情重点关注的有机产品认证，厦门市质监局与市工商局建立联合监管机制，共同印发《关于进一步加强有机产品监管工作的通知》，加强有机产品认证监管。

### 三、加快认证检测诚信体系建设

推进认证检测行业信用信息管理工作。一是明确机构主体责任。出台管理办法加强检测中介信用信息管理，加强相关法律法规宣传，组织在厦认证检测中介组织签署《在厦认证中介组织自律承诺书》30多份，明确认证检测中介组织主体责任，增加中介组织自律意识。二是及时更新机构信用信息。建立局网站与“厦门市企业和中介机构（社会组织）信用网”联合对接查询，截至2012年底，认证、检验中介机构备案63家，发布信用信息53条，建立认证获证企业及检测机构质量档案252份。三是强化强制性产品认证（CCC）信用管理。印发《进一步加快质量诚信体系建设三年行动方案的通知》，以强制性认证管理的产品生产（制造）企业为重点，搭建企业质量信用档案和质量信用信息平台，开展企业质量信用分级分类监管工作，推动建立质量诚信体系长效机制。

## 四、提升认证检测机构能力水平

扩大行业影响，服务行业发展。一是发挥政策导向作用。在优质品牌评价工作中加强认证政策引导，在《厦门经济特区中小企业促进条例》等政策文件征求意见中均特别建议增加认证检测扶持力度；通过宣贯走访推广各种认证，截至2012年底，全市共有强制性产品认证有效证书253家3 108张，同比2011年增加35.4%，占全省总数39%。获得管理体系及自愿性产品认证有效证书近4 000张。二是打造认证检测机构品牌。通过引导检测机构参与机构间交流、比对验证等措施提升服务水平，组织14家实验室开展实验室间交流，组织检测机构参加8期实验室内审员培训。组织环境监测、建筑、食品等行业检验机构15家参与国家各级部门开展的能力验证、比对活动。厦门建科院、厦门宏业工程检测等机构已成为省内知名品牌，建立覆盖全省的服务网络。三是服务行业发展。与中国信安中心签署战略合作协议。围绕厦门软件和信息行业发展、信息安全认证发展、信息安全能力建设进行深度合作。联合市信息化局、软件园管委会开展《质监服务进软件园》活动，宣传推广信息安全管理体系认证。海峡两岸质量论坛期间，组织厦门方圆认证质量管理专家与台湾质量管理专家成立国内首支“厦台质量管理专家义工团”，为厦门企业提供质量管理服务。

撰稿人：万 石　撰稿人：钟向阳

# 举全局之力　走强局之路 大力推进江西认证认可事业科学发展

——江西出入境检验检疫局2012年认证认可工作概况

2012年，江西出入境检验检疫局（以下简称“江西局”）认证认可工作，紧紧围绕全国认证认可工作会议精神，继续坚持“抓质量、保安全、促发展、强质检”的工作方针，以“传递信任、服务发展”为主题，以促进江西经济发展方式转变为主线，大力服务鄱阳湖生态经济区建设和赣南原中央苏区振兴，努力以建设江西局成为中部强局为目标，全过程开展工作质量“集中整治”和“创先争优”活动，全年各项工作按计划有序推进，取得初步成效，为江西检验检疫事业塑造了新形象，做出了新贡献。

## 一、2012年江西局认证认可工作主要成效

### （一）备案注册行政监管工作

全局系统认证认可行政监管履职得到加强，服务发展态势良好。2012年，审批发证出口主要商品注册登记、食品企业备案共141家；不予受理、不予批准9家，比2011年增长125%；推荐3家企业对国外注册，其中2家陶瓷企业获得美国注册，1家水产企业对巴西注册。对出口食品企业备案领域工作进行了全面安全风险排查整治，强化对备案企业的动态管理，结合年审对备案企业进行清理，2012年对18家企业作出了注销备案资质处理，对17家食品添加剂企业按新规定取消了备案管理，注销和取消备案的企业数占备案企业总数的23%。动态管理疏通了“出口”，有效提升了出口注册企业的整体水平。截至11月1日，全省各类出口企业、种养殖基地等备案、注册、登记有效证书901份，新进企业42家，取消或自动失效证书企业共88家，净减46家（减少4.9%），从侧面反映了严峻的国际经济形势对江西省出口企业的负面影响。

### （二）强制性产品认证（CCC）监管工作

一是共办理CCC免办证明66批，其中九江局办理50批，江西局办理16批，实施了100%后续跟踪监管。通过CCC免办工作下放到九江局，实现了就地申请，

就地获证，为九江相关进出口企业节约了人力、物力、财力和时间成本，实现了为企业减负增效的目的。二是CCC产品入境验证共63批（九江入境13批，高新办入境42批，机场办入境8批，流向外省5批），验证监管率达到了100%，依法把好了入境验证关。三是7月—9月在全省市场上开展了进口玩具、小厨具强制性认证产品的专项监督抽查，出动监管人员约45人次，检查商场30多家，发现了一批进口玩具不合格，并及时上报国家认监委。

### （三）管理体系认证监管工作

一是全年共对103家企业的129张质量管理体系证书实施行政执法检查，出动认证执法检查人员300余人次，实现年初制定计划的完成率为106.2%，现场检查发现了148个不符合项，向认证机构发出处理意见书4份，启动立案调查程序2家。二是对61家出口食品、农产品企业实施了认证有效性监督检查，包括35家出口罐头、水产品加工企业危害分析与关键控制点（HACCP）体系认证、10家供港猪场和出境注册果园良好农业规范（GAP）认证、16家茶叶、蔬菜、柑橘企业有机认证；对辖区内1家认证机构进行了HACCP认证开展情况的有效性监督检查；结合日常监管和有效性监督检查工作，对26家企业开展了认证标志、证书使用情况的专项监督检查；发现问题293条。三是根据国家质检总局部署，对辖区内进出口商品检验鉴定机构实施了监督审核。上饶局通过认证执法监管，查处了必维毕法克检验（上海）有限公司派未取得检验鉴定资质的人员从事出口商品检验鉴定业务的案件，取得了良好的认证执法监管效果。

## 二、主要工作创新与特色

### （一）强化认证认可职能，促进检验检疫创新发展

7月，江西局召开了一次全省检验检疫系统认证认可工作重要会议，理顺了认证认可监管工作职能，以认证认可为抓手，充分发挥“传递信任，服务发展”的作用，促进江西检验检疫事业大繁荣、大进步、大发展。局党组确立了江西局“统一管理、分工合作、转变观念、理顺关系、盯住市场、提高效益” 的认证认可工作方针，出台了《江西检验检疫局关于改进认证认可工作，大力促进检验检疫事业发展的实施意见》，制定了江西局近两年明确的认证认可工作目标，分解了各部门的目标任务。完善和创新工作制度规范，全面提升认证认可内部工作质量。完成了出口柑橘蔬菜种植基地、供港澳养猪场等注册备案职能承接工作，完善规范了评审程序，做到顺利过渡。制修订并发布内部工作规范11项，基本建立了江西局完备的认证监管行政执法监管体系和内部质量管理体系。

### （二）行政许可四级关，强化认证监管被监管

江西局在系统内首创实施了见证评审员制度，形成了一套较为完整的认证监管行政审批管理体系，有效保障了行政许可和认证监管有效性；在申请受理、现场评审、审核批准等多个环节，注重行政许可材料的法律符合性、逻辑关联性、内容完整性和备案有效性，形成评审组、主办人、处领导、局领导“四级把关”，档案材料统一目录、统一格式、统一要求，较好地发挥了认证监管工作链中“监管之监管”作用。

### （三）制度建设全覆盖，依法依规行政抓质量

江西局认证监管部门对全局认证监管、注册登记、CCC免办等各项工作进行梳理和研究，制修订并发布内部工作规范11项，基本建立了江西局完备的认证监管行政执法监管体系和内部质量管理体系，使江西局的认证监管各项工作走上了制度化、规范化的轨道，为认证监管工作的创新发展打下良好的基础。在国家质检总局在江西检验检疫局开展的“一审双查”专项检查中，检查组抽查了认证监管、注册登记、分类管理档案材料共30余份，全部符合要求，未发现任何不符合项。

### （四）探索风险管理机制，强化监管保安全

结合国家质检总局“质量安全风险排查整治和道德领域突出问题专项教育治理”活动，针对首次申请备案的出口食品生产企业及其高风险产品（HACCP验证的七类产品），探索建立了风险评估审定会议制度。从企业风险、产品风险和法律法规符合性风险等方面进行风险评估审定，得出风险评估结论，为备案决定提供重要参考依据。通过风险评估，不仅有效识别了备案管理工作风险，更重要的是明确了企业风险管理的后续应对措施，也进一步防控了评审员履职和廉政风险，强化了备案监管的法律符合性、工作有效性和后续监管针对性。

### （五）找寻服务切入点，推进示范区建设促发展

在促进地方经济发展过程中，江西局不断找寻服务切入点。一是在2011年扶持万载县获得“国家有机产品认证示范区建设”的基础上，2012年启动了婺源县“国家有机产品认证示范区建设”申报和推荐工作，着力打造鄱阳湖生态经济区建设。积极推荐婺源县申报国

家“有机产品认证示范区”创建单位。二是积极做好全国有机产品认证示范区创建工作培训。分别组织了万载县、婺源县240余人参加了培训，培训活动收到良好效果，在地方政府和有机生产加工企业中引起热烈反响。

但是，江西局认证认可工作离党组的要求还有差距，还存在认识不到位、宣传不够、能力不足、资源不充分、配合不协调等诸多问题，具体存在以下不足和困难：一是出口食品农产品认证监管工作的执行力还有待提高；出口食品备案管理制度宣贯略显滞后，还存在一些制度和要求落实不到位的情况。二是认证示范区创建工作推动存在困难，没有配套监管经费，特别是地方政府取得荣誉后监管力度不够。三是随着认证认可行政监管影响面的扩大，要求越来越高，任务越来越重、时间越来越紧，这些要求与人手不足的矛盾日益突现。究其原因，一是认识深度不够，对认证认可知识和技术的理解学习质量不高；二是利用手段不够，认证认可作为行政监管手段没有充分发挥出全部作用；三是能力提高不够，自觉增强认证认可作为管理能力的主观愿望不迫切。

## 三、认证认可工作发展前瞻

近期认证认可工作主要任务是：深入学习党的十八大精神，以质量和效益为中心，贯彻落实全国质检工作会议和全国认证认可会议精神和部署，按照“抓质量，保安全，促发展，强质检”工作方针，以“统一管理、分工合作、转变观念、理顺关系、盯住市场、提高效益”为原则，紧紧抓住《鄱阳湖生态经济区规划》、《关于支持赣南等原中央苏区振兴发展的若干意见》两个国家战略在江西实施为机遇，坚持创新与发展并举，推动认证认可服务业发展，为建设秀美江西、中部强局做出新贡献。着重做好以下五方面的工作：

第一，落实好国家质检总局、国家认监委的各项工作部署，完成认监委各项绩效考核指标；大力推进有江西局特色的认证认可业务信息化改革，规范认证行政执法行为，提高认证行政执法工作效能；加强进口CCC免办审批、CCC产品入境验证工作的规范性和后续监管工作，组织开展进口CCC目录内产品监督抽查、进出口获证食品农产品监督抽查；组织开展对辖区内认证机构及其分支机构、实验室资质认定专项监督检查。加快推进赣州局、九江局综合实验室资质认定工作，有效整改国家质检总局在江西局绩效管理考核中发现的不符合项，关闭绩效考核评价的扣分项，强化实验室资质认定制度在检验检测机构管理中的法律性、权威性和支撑性地位。

第二，加强与地方政府及其部门的沟通协作，认真落实省部际《合作协议》涉及认证认可的工作内容，推广开展认证认可工作的典型经验。强化万载县、婺源县国家有机产品认证示范区创建工作的督导，建立“创建体系化、监管常态化”的创建模式。根据实际需要，制定有针对性的政策措施，使认证认可更好地融入地方经济发展。加强与相关部门的协调配合，推进能源管理体系认证、低碳产品认证等新兴认证，重点是推进列入国家“万家企业名单”的能源管理体系建设工作。开展《能源管理体系　要求》（GB/T 23331）标准、认证基本规范、认证依据、认证规则和认可要求的培训宣贯活动，协助指导江西省重点进出口企业开展能源管理体系认证。

第三，建立质量安全约谈机制，制定江西局进出口注册备案企业质量约谈制度，强化企业质量安全主体责任和第一责任人意识，强化出口产品生产和质量安全标准符合进口国（地区）的法规强制要求。对不能保证质量安全的企业负责人进行约请谈话。对恶意违法、造成重大质量事故的企业和法人代表，列入“黑名单”，直至吊销进出口备案注册资质。进一步完善出口农产品，特别是水果、供港生猪、食品原料种植养殖基地等注册备案的评审监管程序，探索基地分类管理模式；大力推动出口农产品和食品原料生产基地良好农业规范（GAP）认证管理。着力抓好质检总局《出口食品原料种植场备案管理规定》（2012年第56号公告）、《实施备案管理出口食品原料品种目录》（2012年第149号公告）的落实，建立出口食品农产品原料基地标准化、规范化的现代农业管理模式。

第四，继续推进进出口企业的自愿性体系认证和产品认证，在注册备案工作中积极引用第三方认证结果，加大提升食品安全管理体系、HACCP体系、有机产品认证的有效性。积极推进江西省出口食品企业的对外注册；大力促进增加一类企业数量，帮扶一类生产企业的发展壮大。继续开展认证有效性网格化监管检查，增强监督检查的针对性，重点是跟踪不符合项的有效整改，解决监管“不痛不痒”问题。继续开展风险排查，强化对出口生产企业质量安全的定期监管和日常巡查。为了掌握真实的质量管理状况，探索建立不打招呼的“飞行检查”制度，最大限度降低质量安全风险隐患。

第五，加强评审员队伍建设和履职能力建设，进一步强化责任心、事业心和质量意识。组织好江西局评审员参加“第十一届全国HACCP应用与认证研讨会”论文征集活动。加强评审员政策理论学习和业务综合指导，重点做好《质量发展纲要》和节能减排、低碳环保等战略性新兴产业认证认可知识的学习，更好地适应和服务江西社会经济发展要求。加强认证认可宣传。组织好《认证认可条例》颁布10周年、世界认可日和突出典型经验等重点宣传活动，结合江西局实际加大宣传力度，把成果经验及时提炼好、宣传好，形成江西局认证认可工作“系统有位、省里有名、市县尊重”的良好氛围和强劲推力。

随着我国《质量发展纲要（2011—2020年）》颁布，以及《鄱阳湖生态经济区规划》、《关于支持赣南等原中央苏区振兴发展的若干意见》两个国家战略在江西实施，客观上为江西局的认证认可工作提供了广阔的舞台。江西局新一届党组按照总局领导将江西局建设成中部强局的要求为目标，以“团结、协作、勤奋、高效”为工作作风，以“系统有位、省里有名、市县尊重”量化定性了江西局认证认可工作的强局发展之路。江西局要以特色为突破，以强局为目标，为努力开创江西局认证认可工作的新局面而奋斗！

**撰稿人：兰祥光 审稿人：易克钦**

# 深入贯彻十二字方针<br>扎实推进江西认证认可事业创新发展

## ——江西省质量技术监督局2012年认证监管工作概况

2012年，江西省质量技术监督局（以下简称“江西省质监局”或“省局”）紧密结合江西省认证认可工作实际，围绕“抓质量、保安全、促发展、强质检”工作方针和“五个创新”的总体要求，认真贯彻落实《质量发展纲要》，严格履行“维护经济秩序，服务经济发展”质监工作第一要义，扎实推进认证认可工作创新发展，有效发挥了认证认可“传递信任，服务发展”的作用，为江西鄱阳湖生态经济区建设和赣南等原中央苏区振兴发展做出了新的贡献。

### 一、围绕质量兴省战略实施抓质量

#### （一）加强对涉及人身健康和安全的强制性产品认证（CCC）的监管，保障CCC产品质量安全

一是按照国家认监委部署，组织开展流通领域的电线电缆产品国家监督抽查工作。共抽查了广东、江苏、上海、江西等七个省份的90家生产企业生产的90批次获CCC认证的电线电缆产品，合格产品78批次，企业合格率为86.7%，产品批次抽样合格率为86.7%。需要特别指出的是承担此次国家监督抽查的检验机构是江西省产品质量监督检测院，这是江西省质检机构首次受国家认监委委派承担监督抽查检验任务。二是在“六一”国际儿童节期间，组织开展了对CCC产品认证目录内玩具产品监督检查工作。严肃查处了目录内玩具产品认证违法行为，净化了玩具产品认证市场，确保了玩具产品的质量安全，切实保护了儿童的身体健康。三是完善强制性产品认证获证企业档案，实施分类监管。各设区市局积极建立健全获证企业档案，根据企业内部管理、产品质量、企业遵纪守法及诚实守信和用户投诉等情况，将辖区内强制性认证产品的生产企业分为A、B、C三类，开展日常巡查和监管。南昌市质监局针对辖区内CCC获证企业多，涉及行业广的特点，积极组织力量对本辖区内的获证企业和认证产品情况进行摸底、调查，建立完善了150家强制性产品认证获证企业的电子信息档案，为下一步长效管理、分类监管打下了扎实的基础。四是组织对电线电缆、轮胎、装饰装修等部分重点强制性认证产品开展质量安全集中整治。加大对重点产品、重点企业和重点问题执法查处工作力度，严厉查处无证生产销售和假冒伪造CCC认证标志、证书行为；全面排查、清理重点产品的CCC认证获证企业和证书。在此次集中整治工作中，吉安市质监局对违法违规行为动真格、出重拳，查处无证生产、超范围使用认证证书等违法行为11起，下达责令改正通知书9张，查处违法货值63万元，达到了查处一案、

震慑一片、规范一方的良好效果。通过集中整治，有效地维护了消费者和获证企业的合法权益，有效地保障了强制性产品质量安全。

**（二）积极规范自愿性认证活动，大力推动认证有效性提升**

一是有效运行自愿性认证活动执法监管信息系统。全年共计抽查15家认证机构，19家企业的28项自愿性认证活动，并及时将自愿性认证活动现场见证结果向国家认监委报送。此举有效地规范了自愿性认证活动，确保了认证活动的质量。二是试点开展管理体系认证有效性网格化检查。省局作为国家认监委开展网格化认证有效性检查活动的12个地区之一，9月，在赣州市质监局的配合下对章贡区和南康市辖区内96家管理体系认证获证企业开展了认证有效性网格化检查，试点工作任务圆满完成。三是组织开展了食品农产品认证专项监督检查。出动检查人员228人次，检查食品农产品获证企业101家，涉及获证产品140个。通过专项检查，提高了认证监管的有效性，促进了认证市场的规范运行。

## 二、围绕维护经济秩序保安全

**（一）高度重视信息宣传工作，正确引导舆情**

一是围绕质量兴省战略，加强对认证认可工作的宣传。2012年，国家认监委网站刊登9篇江西开展认证监管工作的动态信息，省局网站刊登14篇认证监管工作动态信息，每日质监信息刊登26篇相关信息，及时报道了全省认证监管工作开展情况。5月，召开的《中国认证认可年鉴》工作会议上，省局还荣获了《中国认证认可年鉴》“优秀组织单位”，受到国家认监委的通报表彰。二是组织各设区市局和从业机构大力宣贯《质量发展纲要》，成功举办一系列宣传活动。举办全省质监系统食品质检机构检验人员业务培训班，组织宣贯《质量发展纲要》，为《质量发展纲要》在食品检验和监管领域的贯彻落实奠定了良好的基础。以“传递信任，服务发展——推进认证认可，夯实质量基础”为主题，组织举办2012年度“世界认可日”主题活动，省局分管领导出席“世界认可日”座谈会，各地市局通过发放宣传资料、张贴宣传海报，组织新闻媒体采访报道等形式，取得了良好效果。有序组织“全国检测实验室开放日”活动，地市局积极响应，组织涉及民生的检测实验室面向社会开放。南昌市质监局组织南昌市食品质量卫生安全监督检验中心开展“科学检测，服务发展”主题宣传活动，邀请了社会各界人士参与活动。鹰潭市质监局组织的实验室开放日活动声势浩大，不仅赢得了鹰潭电视台、《鹰潭日报》等当地主流媒体对活动的报道，江西卫视等省级新闻媒体对该活动也予以了关注。这些活动的开展，较好地向社会传递了检测服务发展，保障质量安全的重要作用，使广大消费者和社会各界更好地了解质量检测和实验室管理工作，提升了全社会的质量意识，增强了消费者对全省质量安全保障能力的信心。

**（二）积极组织开展认证认可领域风险排查，服务和保障民生**

按照国家认监委《关于开展认证认可质量安全风险排查整治和道德领域突出问题专项教育治理活动的通知》（国认法［2012］47号）要求，在认证市场、强制性产品认证、有机产品认证、实验室资质认定等方面开展排查整治和专项教育治理活动，并对诚信缺失、公德失范等道德领域突出问题进行教育治理。据统计，在排查整治强制性产品认证质量安全风险工作中，全省质监部门出动执法人员1 400余人次，检查获证企业及经销商600余家，立案查处案件17起。在实验室监督检查中，对存在违法检验行为、管理体系严重缺失，不能满足资质认定要求的9家实验室，已暂停实验室的资质认定资格。

## 三、围绕经济发展方式转变促发展

**（一）积极推进江西省节能产品认定工作，服务鄱阳湖生态经济区建设**

江西省质监局联合江西省工信委、省财政厅，大力推进江西省节能产品认定工作。3月，组织江西省计量院等技术机构和相关技术专家对江西联创光电科技股份有限公司、江西三川水表股份有限公司、江西阿拉丁光电有限公司等3家企业所生产的LED路灯、LED隧道灯、LED灯泡、LED灯管及旋翼湿式节能冷水水表等6个系列产品进行了江西省工业节能产品评审认定，并正式为该3家获证企业核发了“江西省节能产品”证书，全省获得认定的“江西省节能产品”数量达到22个，比2011年增长37.5%。

**（二）积极规范实验室资质认定工作，促进全省实验室检测能力提升**

一是严格评审尺度，规范评审行为。为严格规范实验室资质认定现场评审工作，省局组织全省各行业评审组的资深评审专家进行实验室资质认定座谈，研究部署规范实验室资质认定现场评审，在广泛征求意见和建议的基础上，出台了《实验室资质认定座谈会会议纪要》，较好地统一了评审尺度，规范了评审行为。二是精心组织能力验证活动。对社会重点关注的食品和建材检测领域实验室开展能力验证，共有350家具备相关资质的实验室参加了此次能力验证活动，结果合格的有332家，结果合格率为94.9%。特别是食品类实验室，2012年合格率为91.4%，较往年有了大幅提高。反映出全省获证实验室的检测技术能力水平在不断提升。三是积极帮助企业实验室搞好质量体系建设。组织召开了全省重点检测实验室负责人座谈会，60多家实验室参加了会议，会议围绕如何提高检验检测能力进行了交流。另外，还围绕如何加强对重点企业所属实验室的业务指导，开展了一对一座谈，如和昌河飞机工业集团有限责任公司理化检测中心就如何提高质量体系建设进行了专题座谈。会上明确要积极试点良好实验室创建活动，推广全省良好实验室质量管理经验。四是创新开展“江西省良好实验室”创建活动。按照认证认可工作坚持“五个”创新的要求，省局在充分调研和广纳良言的基础上出台了《良好实验室评价细则》（试行），下发了开展创建江西省良好实验室活动的通知，大力支持全省重点实验室做优做强。

## 四、围绕履职能力提升强质监

### （一）加强认证监管培训，着力提升地方认证执法监管能力

按照国家认监委“加强地方认证监管部门建设”的工作要点要求，省局积极加强与中国质量认证中心上海分中心的合作，2012年，在南昌成功举办了有110余名学员参加的全省强制性产品认证行政监管培训班，CQC上海分中心的专家，结合CCC认证监管工作中常见的问题和事例，对强制性认证产品的判定、标识的真伪等基本知识进行了详细讲解。这是省局联合CCC发证机构第一次面对面地直接培训县（区）质监局认证监管人员的有益尝试，提高了学员认证监管与行政执法的技能，加强了基层质监部门与中国质量认证中心的沟通，为下一步更好地开展监管建立了有效的信息交流平台。

### （二）深入开展委托检验行为专项整治，严格规范委托检验行为

根据《全省质监系统检测机构委托检验行为专项整治工作实施方案》要求，2012年，省局组织检查组在全省质监部门和所属各级检测机构全面开展了为期3个月的委托检验行为专项整治。对承担委托检验业务的11家市级检测机构、2家国检中心和2家直属检测机构进行了检查验收，重点检查了实验室在遵守法律法规、规范委托检验行为，完善管理体系建设、保障委托检验质量，夯实检验基础、提升检验能力等方面的内容。对在专项整治中发现的未严格履行委托检验合同，检验报告减少检验频次和缺项漏项等问题，检查组及时向有关受检单位进行了反馈并责令整改。据不完全统计，在专项整治期间，检测机构共修改完善各种制度11项，新制定管理和操作制度20余项，为检验工作规范化、科学化提供了制度保障。通过专项整治工作的开展，各检测机构加强了检测基础设施建设和作风建设，进一步改善了检测的环境条件，完善了责任追究制度，检验检测人员风险和危机意识进一步增强。

2012年，江西省质监局通过深入贯彻落实“抓质量、保安全、促发展、强质检”十二字方针，强制性产品认证和自愿性认证监管工作取得新成效，以检验检测为手段的质量技术保障能力得到进一步夯实，各类认证证书数量得到了稳步增长。截至2012年底，全省认证证书总数达到10 371张，比2011年增长24.8%。全年首次获证实验室58家，全省实验室资质认定有效证书达到929张，在全国排名前10。

## 五、基本经验

2012年，江西省质监局在不懈努力和探索过程中，总结出做好认证认可工作必须始终坚持的三条基本经验：一是必须始终坚持“维护经济秩序，服务经济发展”质监工作第一要义。认证认可必须主动作为，积极融入地方政府中心工作，全面凸显质量管理先进手段、市场经济运行信用工具、政府监管技术支撑的作用，积极赢得社会认可。二是必须始终坚持科学监管，执政为民的理念。要在立足保障民生的基础上，统筹处理好监管与服务的关系，做到寓监管于服务，在服务中体现监管，达到边规范、边发展，不断提升认证认可有效性和公信力。三是必须始终坚持以人为本，加强干部队伍工作作风转变和思想作风与能力建设。实践证明，只有造就一支素质过硬、作风优良、纪律严明的认证认可工作队伍，才能不断推进认证认可事业创新发展。

**撰稿人：赖振胜 审稿人：周元根**

# 锐意进取　率先试点　不断提高认证监管有效性

——山东出入境检验检疫局2012年认证监管工作概况

2012年，山东出入境检验检疫局(以下简称“山东局”）在国家质检总局和国家认监委的正确领导下，积极贯彻落实“抓质量、保安全、促发展、强质检”的工作部署，深入开展质量安全风险排查整治和道德领域突出问题专项教育治理活动（以下简称“两个专项行动”），全面推进综合管理体系建设，积极实施应用电子监管系统，不断强化监督管理，提高认证监管工作有效性，圆满完成国家认监委下达的各项绩效考核指标和工作任务。

## 一、内查外排，做好“两个专项行动”

按照国家认监委的要求，在认证认可领域深入开展“两个专项行动”，坚持内查外排，不断提高认证监管工作有效性。

### （一）坚持后续督查与内查外排相结合，切实提高监管有效性

加强对已获证的出口质量许可（注册登记）和出口食品备案企业的监督检查，采取不打招呼、分期分批、飞行检查、深度解剖、随机抽查等检查方式，在分支局全面排查基础上，山东局共派出545人次进行风险排查，抽查329家出口食品备案企业和27家出口质量许可企业，共发现各类问题843个，切实提高“两证”企业监管工作有效性。

### （二）贯彻落实质量发展纲要2012年行动计划，积极开展轮胎生产企业专项督查

根据国务院和国家质检总局要求，结合山东实际，山东局联合中国质量认证中心（CQC）青岛分中心对出口轮胎企业的强制性产品认证（CCC）情况开展飞行检查，提高认证有效性，以此促进出口轮胎质量。对山东7个地区的30家轮胎生产企业进行了专项检查，一次性通过的企业17家，书面整改的企业9家，现场验证的企业2家，判定不通过1家，一次通过率为58.6%，不通过率为3.45%。

### （三）加强监督，强制性产品认证行政执法工作再上新台阶

#### 1. 加强监督，加大对违法违规行为的查处力度

开展系列活动，严厉打击CCC认证违法违规行为。一是加强入境验证，强化口岸监管。二是CCC免办证明工作规范化，后续监管制度化。三是大力开展部分重点CCC产品专项整治活动。对23个分支局和岚山办事处进行了督查，共抽取1 319批有代表性单证，对59家企业进行现场核查，共查处涉及CCC行政执法案例22起，扩大了检验检疫的社会影响，树立了强制性产品认证制度的权威性和公信力。

#### 2. 大力开展入境CCC产品监督抽查工作，提高把关有效性

山东局成立了强制性产品认证专项监督检查工作领导小组，确定了轮胎作为抽查重点，抽取2个品牌多个国家的10个样品，并将方案及时上报国家认监委，得到认可后下发相关分支局全面开展工作。样品经指定的实验室检测合格，抽查的报告已上报国家认监委。

### （四）加强认证市场监管力度，开展第三方认证获证企业专项监督检查工作

在烟台开展了第三方认证获证企业全覆盖的网格化监督检查工作，这是首次在省内组织类似活动。此次检查范围涉及烟台辖区内“两证”和出口法检企业共39家，共涉及认证机构32家，进一步加强对认证机构和获证组织体系运行情况的监督管理，认真履行认证监管职责，确保认证市场有序发展。

### （五）坚持内查外排，严把两证企业“入门”关，做好认证监管基础工作

截至2012年12月31日，山东局共新办理出口食

品备案企业211家，办理注销182家，延续备案814家，累计有2 985家企业获得备案证书，占全国备案企业总数的23.16%；推荐国外注册食品企业98家，新获国外注册88家，吊销不符合国外要求企业5家，累计共有1 508厂次食品加工企业获国外卫生注册。新颁发出口商品质量许可（注册登记）证企业142家，自动失效71家，复查换证228家，累计持有有效出口质量许可（注册登记）证的生产企业1 015家；新获美国食品药品管理局（FDA）输美陶瓷注册8家，累计44家；共颁发了110个临时质量许可证。共签发CCC免办证明2 236份，实施后续监管2 236份，后续监管覆盖率100%。CCC入境验证63 578批，现场查验25 334批，查验率39.85%。

## 二、不断规范认证监管基础工作，综合管理体系建设取得成果

山东局积极推进以依法行政为主线，以ISO 9001质量管理体系为基础，以绩效考核为导向的综合管理体系建设。在2011年完成体系建设第一阶段“创建期”工作的基础上，2012年积极推进综合管理体系建设在第二阶段向纵深发展，攻坚克难，全员参与，以文件评查工作和体系改进管理平台运行为抓手，将体系运行和认证监管日常工作紧密结合，按照PDCA（戴明环循环）的工作原理持续改进，修订完善了8个作业指导书，完善了58个质量记录，不断规范认证监管基础工作。

## 三、主动作为，率先试点电子监管，力争开创“两证”管理新局面

大力推广应用电子监管系统，在全国系统中率先实现集中审单“两证”数据库设限功能，实现了“两证”信息审核由“人审”向“机审”的转变。针对电子监管系统中“两证”（出口产品质量许可证、出口食品生产企业备案证）信息拦截作用有限、只能辅助查询等问题，山东局组织有关业务和技术专家进行了研讨，修改集中审单程序接口，通过将“两证”数据库前移至集中审单系统，实现了“两证”数据库的设限功能。期间，共编写10条“两证”审单规则，导入1 315个HS编码、3 918条企业基本资质信息和11 828条产品国别信息。

## 四、迅速反应，积极应对各项突发事件

针对发生的“进口有机橄榄油申投诉案件”、“潍坊乐港食品股份有限公司鸭产品出口问题”、“出口草莓‘引起德国上万学生集体腹泻事件’”、“媒体曝光国内蜜饯生产企业脏乱差、随意使用添加剂事件”和“国内明胶生产企业使用蓝湿皮”等突发事件，山东局高度重视，第一时间召开会议专题研究，分析问题发生原因及可能产生的影响，部署安排调查摸底，采取飞行检查、专项督查等方式，对突发事件进行了细致调查，并将有关情况及时上报。

## 五、大力加强机构队伍建设，强化内外培训，努力提升质量管理人员素质

### （一）强化机构建设

青岛、烟台检验检疫局先后成立了认证处，人数分别为14人和8人，强化了口岸分支机构的认证监管队伍建设。

### （二）强化人员培训

对内注重优化评审员队伍建设，举办了出口食品备案注册评审员、强制性产品认证行政执法、出口机电产品质量许可证评审员、认证行政执法监管人员培训班和主任评审员研讨会，进行了强制性产品认证行政执法岗位技能比武；对外充分利用中检集团、检验检疫协会等第三方机构的培训平台，对出口食品企业集中的地区进行进出口食品国内外法规和备案注册知识等培训，组织备案企业收看全国第10届HACCP研讨会的网络视频。

## 六、成功打破国外技术壁垒，不断扩大国外注册质量规模

在国家认监委的正确指导和大力支持下，年初接待了日本农林水产省对山东辖区输日偶蹄动物肉和禽肉企业进行现场检查，17家迎检企业均顺利通过检查；青岛九联集团股份有限公司获得马来西亚注册，这是我国冷冻禽肉企业时隔五年后首次获得马来西亚注册；山东省5家热加工禽肉企业和5家禽肉屠宰企业首次获得加拿大食品检验署（CFIA）注册，这是山东省禽肉行业继打开欧盟市场以来，首次打开美洲市场，加拿大也是北美第一个批准以我国本地产禽肉原料热加工后可以出口的国家。

## 七、充分利用三级联动工作机制，继续开展创先争优系列活动

在国家认监委注册部、山东局认证处、青岛局认证处三级联动平台上，开展了一系列活动提高出口食品备案有效性，创先争优活动取得良好效果。一是帮助出口美国食品企业及时在FDA网站注册；二是持续追踪“美国FDA食品安全现代化法”法规要求，国家认监委还将在青岛举办“美国FDA食品安全现代化法”

研讨会；三是按国家认监委要求，在出口备案工作中积极开展采信第三方认证结果试点。

## 八、山东省首个有机产品认证示范区的创建工作取得良好效果

根据国家认监委部署要求，积极开展有机产品认证示范区创建工作。潍坊市峡山区成为2012年全国12个有机产品认证示范创建区之一，也是山东省首个有机产品认证示范创建区。

## 九、精心安排，做好2012年度食品农产品（蔬菜）认证有效性专项监督抽检工作

按照国家认监委开展2012年认证专项监督抽检工作的统一安排，山东局承担山东地区有机、绿色蔬菜的抽检任务。在山东局总体调度下，相关单位积极配合，克服重重困难，深入田间地头，组织完成了59批次有机、绿色认证蔬菜的取样检验任务，涉及58家认证生产企业，圆满完成此次抽检工作。

## 十、充分发挥科研人才优势，不断提供备案注册技术支撑

借助科研平台，积极参加认证认可方面的科研课题研究。牵头完成的国家质检总局课题《中国食品企业食品防护计划建立与实施》，并顺利通过鉴定；承担了国家质检总局课题《初级农产品安全区域化管理体系推广与实践的探索研究》和《出口食品企业备案管理转型升级发展战略研究》的研究工作。通过科研工作，使科研理论与实际业务工作有效结合，不断推动认证认可研究在实践中应用和探索。

## 十一、扎实推进，努力做好实验室认可工作

在全省建设了21个技术中心和9个保健中心实验室，均已通过国家认监委计量认证和中国合格评定国家认可委员会（CNAS）国家认可，共获得资质认定证书29份，食品检验机构资质认定证书19份，CNAS认可证书29份。其中，5个保健中心实验室于2012年首次通过认可，2个实验室获得能力验证提供者资质认可，6个实验室获得韩国食药厅“国外公认检测机构”认可，2012年又有4个实验室新申请韩国食药厅“国外公认检测机构”认可。

山东局主要采取了单个实验室独立认可和区域捆绑认可两种模式。充分借鉴技术中心实验室捆绑认可的成功经验，积极推动保健中心实验室捆绑认可进程，切实提升被捆绑实验室的体系管理和应用水平，有效促进了被捆绑的实验室按照国际国家有关标准实施质量管理，工作质量得到显著提高，达到了通过认可工作加强实验室的能力建设、提高检测技术水平的目的。

山东局认证认可工作取得一定成绩的同时，也存在着一些不足。例如，分支机构认证认可队伍建设尚待进一步加强。虽然山东局辖属青岛、烟台检验检疫局成立了认证处，但是有些分支机构还存在认证监管机构设置和人员配置方面的不足。对认证机构和认证市场监管工作有待进一步加强，对第三方认证有效性的执法检查、推动第三方认证采信工作需投入更大资源。山东局在借鉴兄弟局及以往工作的基础上，需要对以上问题加以改进，不断提高认证监管的有效性。

**撰稿人：李雨亭　审稿人：田富森**

# 坚持服务与监管并重　努力提高认证工作有效性

## ——山东省质量技术监督局2012年认证监管工作情况

2012年，在国家认监委和山东省质量技术监督局（以下简称“山东省质监局”或“省局”）的正确领导下，山东省认证认可工作紧紧围绕以建设质量强省为目标，以促进经济发展方式转变为主线，坚持“抓质量、保安全、促发展、强质检”工作方针，大力开展认证认可工作，认真履行职能，全面提升质监工作水平，为全省经济平稳较快发展作出了新贡献。

截至2012年底，山东省企业组织共获得自愿性认证证书36 184张，其中，质量管理体系认证证书19 293张，环境管理体系认证证书5 910张，职业健康安全管理体系认证证书3 438张，自愿性产品认证证书4 208张，食品安全管理体系认证证书998张；有3 098个企业取得15 369张强制性产品认证证书；全省取得资质认定的检测机构达到1 735家。

## 一、积极开展重点产业领域认证推广工作

2012年，山东省人民政府出台了《用产品质量标准化和认证推动产业优化升级意见》（鲁政发［2012］7号），提出了加大认证推广力度，鼓励更多的企业按照国际标准规范管理，不断提高企业管理水平，推动全省产业优化升级的要求，并设立了省级认证专项资金。山东省质监局围绕全省产业集群发展以及节能产品推广，第一次印发了《关于做好2012年认证推广项目工作的通知》，确定了4大项11个子项的认证推广项目，涉及重点产业集群、龙头企业管理体系的完善、铝合金建筑隔热型材、电机、变压器等节能产品认证的推动、开展低碳产品认证研究等内容，确定中国质量认证中心青岛分中心、方圆标志认证集团山东有限公司、山东质量认证中心、山东鲁源节能认证中心四家名牌认证机构作为项目实施单位，开展各类认证示范活动，推动了全省重点产业优化升级。全省各类认证数量较2011年增加11.2％，其中，节能产品证书增加54.4%，有56家企业的4 072个型号的产品，因节能产品认证获得国家节能产品推广财政补贴。

## 二、组织开展“一整治三检查”，努力提高认证工作有效性

一是组织开展强制性认证产品专项整治活动。围绕全省CCC认证重点产品、重点企业、重点区域和重点问题，开展强制性认证产品生产企业的排查，对未经CCC认证出厂、销售或假冒、伪造3C认证证书及标志等行为，严格依法查处。各市局依据国家认监委“强制性产品认证证书执法单位查询系统”提供的信息，开展了风险排查和专项整治行动，检查企业1 674家，督促整改落实的企业72家，查出无证企业114家，查出假冒证书和标志企业数45家；“六一”儿童节前夕，全省开展了玩具强制性认证产品的监督检查，对5家违法违规生产企业进行了查处；组织省质检院开展了对流通领域的强制性认证产品断路器的监督抽查，抽查了50个批次样品、涉及生产企业27家、经销商26家、认证证书50张。抽查结果：合格批次为39批次，产品合格率78%，不合格批次为11批次，产品不合格率22%；合格企业20家，占74.1%；不合格企业7家，占25.9%；合格产品涉及39张证书，合格率78%，不合格证书涉及11张，不合格率22%。

二是组织开展食品农产品认证监督检查工作。各市局重点检查原材料、食品添加剂的质量控制情况，针对“工业明胶”事件，泰安、临沂等市局对辖区内明胶使用企业开展了拉网式突击检查，对违规企业严格依法查处；并对辖区内有机产品认证获证企业、有机产品专卖店、超市等区域开展了有机标志使用情况的专项检查，检查销售场所518个，要求整改52家，检查生产企业108家，要求整改37家。

三是组织开展管理体系认证企业监督检查。以本辖区内近两年新认证的、企业规模在50人以下的获证企业作为检查的重点，开展了管理体系获证企业监督抽

查，东营市河口区局对辖区内获证企业进行了100%网格式检查。全省检查各类企业2 126家，涉及认证证书3 000余张，对2家超范围使用认证标志企业予以查处，对21家管理体系运行不够规范的企业限期整改。

四是组织各市局开展了认证行政执法自查工作，检查认证执法监管体系建设情况，强制性产品认证、自愿性管理体系认证、有机产品等食品农产品认证执法情况，认证行政处罚案卷的管理。在各市局认真自查的基础上，省局组成两个督导检查组，对德州、莱芜、泰安、临沂、济宁、聊城等部分市局进行了专项监督检查抽查，进一步提高了认证行政执法工作的规范性。组织各市局加大认证执法力度，潍坊、青岛市局对“潍坊仁政咨询机构”、“青岛福禾康公司”涉嫌违法违规行为进行了调查、核实并依法处理；枣庄、淄博市局就2011年国抽涉及山东省2家强制性产品认证未获证企业情况进行调查；潍坊、济南、青岛、烟台、滨州等市局针对国家认监委的有机产品认证舆情通知单，开展了专项检查、整治；济南、菏泽市局针对企业、认证机构的投诉进行相应的调查、处理；泰安市局对咨询机构的检查中发现的问题依法依规进行查处。

## 三、加强实验室资质认定监管，提升检验检测能力和水平

一是整理和分析了有关实验室管理的3000多个数据和120余份资料，认真细致开展资质认定实验室监管的风险排查，并针对风险因素提出了监管思路和应对措施。

二是组织开展了蔬菜、酱油、乳制品、复混肥料、普通柴油、畜肉、三元乙丙橡胶、纺织品等8个产品32个项目的16次能力验证活动，全省共有1054家实验室参加，根据能力验证的结果，撤销了79家实验室的7个产品的124个参数的检验资质。进一步规范了实验室检测行为，提高了检验检测质量水平。

三是组织对全省718家资质认定实验室进行了监督评审，通过监督评审，撤销了133家资质认定实验室认定的57家企业923种产品的3 846个参数的检测资质。

四是组织全省1 600余家资质认定获证实验室进行了自查并提交了自查报告；组织市局对381家实验室进行了重点监督检查，省局对60家实验室进行了随机抽查和监督评审。通过检查，8家实验室被责令整改，2家实验室被暂停资质。

五是配合检测服务平台建设做好服务工作，积极向国家认监委推荐“国家陶瓷质检中心”为CCC认证产品指定检测实验室；向省环保厅推荐省质检院为“建设项目竣工环境保护验收监测社会化机构”与“省社会化环境检测单位”。先后组织40余人次深入基层和有关实验室进行工作督导和帮扶，截至2012年底，全省22个国家检测中心的3 664个检测项目已通过国家认监委的资质认定，54个省级检测中心的2 597个参数通过了省级资质认定。

## 四、组织“世界认可日”纪念活动和全省百家检测实验室承诺活动

围绕“传递信任，服务发展——推进认证认可 夯实质量基础”的主题，开展多种形式的宣传，组织160余次各种类型的宣贯活动，有5 000余人参加宣贯，发放宣传材料60 000余份；组织山东省百家质检中心以“科学检测 服务发展”为主题，发出倡议并郑重做出7条承诺，接受全社会监督，山东主要媒体予以报道。

## 五、加强认证监管和执法人员培训，提升队伍专业能力

省局分别于2012年6月、11月，举办了全省认证执法人员培训班和全省实验室资质认定监管人员培训班，针对认证执法监管工作要求、认证执法检查重点及典型案例进行了专业培训，并进一步明确实验室资质认定监管的工作要求、监管重点，全省认证执法人员和基层实验室资质认定监管人员360余人参加了培训，为今后加强认证监管和实验室资质认定的监管工作奠定了基础。

**撰稿人：展 红 审稿人：李子安**

# 积极作为 持续求进

## ——河南出入境检验检疫局2012年认证监管工作概况

2012年是积极作为、持续求进的一年，河南出入境检验检疫局（以下简称“河南局”）高度重视认证认可工作，认真贯彻全国认证认可会议精神，紧紧围绕“抓质量、保安全、促发展、强质检”工作方针，以“传递信任、服务发展”为主线，认真践行河南局核心价值观，夯实基础，积极创新，服务中原经济区建设，推动河南外贸发展，在抓好出口食品安全、出口商品质量认可、管理体系认证监管等工作方面，认证履行法律职责，圆满完成了各项任务。

### 一、业务完成的基本情况

全年新增出口食品备案企业30家。全省出口食品备案企业累计达339家；全年新增国外注册企业10家（次），国外注册企业累计达76家（次）。其中肉及肉制品39家（次），肠衣类20家（次），果蔬汁7家（次），水产品类和罐头类5家（次）。产品包括肉及肉制品、肠衣类、果蔬汁、水产品和罐头类。出口目标市场包括：日本、韩国、美国、俄罗斯、新加坡、欧盟、加拿大等共12个国家和地区。

强制性产品认证（CCC）免办持证企业数为39家，持有的免办证明总数为101张，实施后续监管数为101批，后续监管率为100%。未发现CCC免办持证企业不按原免办用途的情况。

全年共申报50项检验检疫行业标准制（修）订计划项目，获准负责承担制（修）订项目9项，参加起草项目14项，共计23项，是近年来获准项目最多的一年。

### 二、保障出口食品安全，积极推动国外注册

河南局在出口食品备案监管工作中突出了食品安全卫生控制体系建设、风险分析工具的运用、监管人员培训和多部门配合等重点，千方百计帮助企业破解国外技术壁垒，促进河南食品快出口、多出口。

#### （一）严把准入关，确保出口企业的整体素质

一是全面做好企业备案前的技术指导工作。帮扶企业建立和完善食品安全卫生控制体系，特别是对出口肉类、罐头和果蔬汁等7大类高风险产品全面建立了危害分析与关键控制点（HACCP）体系认证，进一步提高了食品安全的控制能力。二是严格评审，保证质量。由专家组成的评审组对申请企业进行认真、系统的评审，坚持标准，严格准入，一年共完成评审新备案和延续备案企业114家，其中不予注册企业7家。

#### （二）加强备案企业监管，确保持续符合出口要求

对备案企业采取日常监管和定期监管的同时，2012年还开展了“对出口蜜饯和明胶企业的专项排查活动”，对河南省40家肉及肉制品和乳制品企业实施了“HACCP验证提升活动”，对全部出口酒类备案企业开展了“塑化剂”专项检查等工作。共派出监管人员2 329人次，开具不符合项714个（SSOP方面308个，占据总数的43.14%；HACCP方面62个，占据总数的8.60%；卫生质量体系方面174个，占据总数的24.00%；设备设施方面146个，占据总数的20.00%；产品方面24个，占据总数的3.36%；），并监督企业进行了全面有效整改。

#### （三）创新机制，推行风险分析和逐级督查工作模式

相关分支局、业务处根据辖区内备案企业的风险分析情况确定监管重点和频次，河南局认证处根据不同辖区食品安全风险情况确定对相关分支局、业务处的督查重点和频次。一年来，河南局把监管和督查重点放在有出口禽肉、猪肉、果汁业务的信阳、漯河和三门峡等地，确保了原料安全、过程可控、产品合格、监管有效。实施此项工作模式，既保证了工作有效落实，又保证了监管质量。

**（四）严格执法，加强诚信体系建设**

河南局积极实行出口食品安全质量承诺制度，强化企业是食品安全和产品质量第一责任人的意识。积极推行诚信管理体系，对出现重大质量问题的企业，列入“黑名单”甚至清理出出口队伍，建立了诚信受益和失信受损的机制。8 月 27 日，河南局对擅自改造注册车间而又未向检验检疫机关报告的某蜂产品有限责任公司进行了“限期三个月内完成整改，整改期间暂停使用备案证明”行政处罚。

**（五）积极推动国外注册，帮扶企业获得国际“通行证”**

一是已经完成了 1 家企业对日本出口禽肉、3 家企业对巴西出口肠衣的对外注册推荐工作，同时还有 1 家企业对韩国出口禽肉、1 家企业对新加坡出口禽肉的对外注册推荐工作也即将完成。二是积极应对《美国 FDA 食品安全现代化法》，按该法案内容，所有输美食品企业在尾数为偶数年份的 10 月 1 日至 12 月 31 日，重新办理在美国注册手续。为此，河南局召开了专题会议，下发了文件，并指定专人负责对企业进行指导。三是 2012 年 11 月 7 日—15 日，派员赴英国、德国进行肉类食品安全法规和技术交流。参观了屠宰加工厂、熟食加工厂、饲养场等多个企业，与政府食品安全监管人员进行了座谈交流，了解了欧盟官方禽肉质量安全监管体系和禽肉企业生产等情况，为进一步推动河南省出口禽肉对欧盟注册奠定了基础。

**（六）加强培训，逐步建立高素质出口食品人才队伍**

1 月 1 日—10 月 31 日，河南局共派出 26 人次参加了美国禽肉法规培训班（青岛）、水产品法规培训班（南京）、FDA 评审员培训班（南宁）和第十届全国 HACCP 应用与认证研讨会。9 月 10 日—9 月 22 日，河南局派出 1 人赴美对美国农业部的禽肉检验检疫监管体系进行了观摩学习和交流。7 月 25 日—26 日，对全省 67 名评审员进行国内外法律法规培训。全省备案企业约 4 700 人在网上同步收看了第十届全国 HACCP 应用与认证研讨会实况。通过以上培训，进一步提高了食品安全控制及监管人员的素质和业务能力。为破解国外技术壁垒和促进出口奠定了良好的人才队伍基础。

## 三、强化质量许可，加强 CCC 监管

**（一）对入境 CCC 产品开展质量安全专项整治行动**

按照国家认监委的统一部署，3 月—8 月，开展了对部分重点强制性认证产品质量安全专项整治行动，严厉查处无证销售进口 CCC 目录内产品的行为。严格核查入境产品是否获证、证书真伪和是否有效，重点查处进口未通过强制性产品认证的产品行为。对于通过免办途径入境的产品，做好后续验证监管，重点查处获得《免于办理强制性产品认证证明》后不按原申请目的使用的行为。通过专项检查，未发现企业违法行为。

**（二）开展 2012 年强制性产品认证获证产品监督抽查**

组织开展 2012 年强制性产品认证获证产品监督抽查，认真制定详尽的方案，规定各相关部门的职责和工作程序，确定将进口汽车零配件作为本次产品监督抽查的对象。在布控时间段（2012 年 6 月 25 日—9 月 30 日），认证处配合业务部门实施抽检、封样和送样。抽检到获证汽车零部件两批，一批为汽车门铰链，一批为汽车高位刹车灯。抽检的汽车高位刹车灯于 9 月 6 日封样送国家汽车质量监督检验中心（襄樊）检测，经检测合格率为 100%。

**（三）做好 CCC 入境产品验证和监督管理**

河南局共受理强制性产品认证入境需验证的产品报检 18 626 批，实施验证 18 626 批，其中汽车 18 345 批，医疗设备 128 批，其他产品 153 批，验证率为 100%。验证发现不符合案例 12 起，其中医疗设备不符合案例一起，汽车不符合案例 11 起。均依法进行了处理。

**（四）加强免于办理强制性认证证明的管理和获证企业的后续监管**

在免于办理强制性认证证明业务方面，严把材料关，对于不符合的资料，要求企业予以补正，对于不符合免办要求的，坚决不予办理。对于辖区内持有免办证明的企业监管，采取了三种监管方式，一是要求持有免办证明的企业自我承诺，提供免办证明使用的有关资料，以及产品进境后按规定使用的证据；二是由分支局、业务处结合进口检验，现场监管企业免办证明使用情况；三是由口岸验证，不需要到内地局报检的产品，由认证处协同业务部门现场监管免办证明使用情况。在上述三种方式的基础上，要求申请 CCC 免办企业，提供上次免办证明报检、通关情况，做到每证监管。一年来，未发现 CCC 免办证明持有企业违法违规情况。

**（五）对进口医疗器械开展“国门蓝盾”**

在为期半年的专项行动中，河南局系统共巡查了逾百家河南辖区三甲及二甲医疗机构，检查了千余台（套）进口医疗器械，其中涵盖 CCC 认证产品。本次专项行动，

共查出质量和逃漏检问题，对违法违规的进行了立案，有效预防了风险的发生。河南省卫生部门、各大医院和社会对本次专项活动都给予肯定，河南局、河南省卫生厅就加强进口医疗器械的质量安全监管联合发布文件，对进口医疗器械实行“全申报，全监管”的检验监管模式。

### （六）加强进口汽车入境后市场监管

在进口汽车登检工作中，坚持每车必检，实物查验，在换证查验中发现汽车产品质量问题11起，其中，原装进口车不符合国家汽车安全标准的7起，改装后车辆与认证标准不一致的问题4起。进口汽车主要存在的质量问题：一是无中文使用说明书及中文警示标示，二是车速表、后转向指示灯颜色、转向灯警示灯等不符合我国强制性标准等。

## 四、搞好认证监管，实现增值服务

### （一）建立健全认证监管体系

2012年，国家认监委将河南局纳入认证监管体系建设试点单位。河南局梳理了近三年来认证监管体系的建设情况，查漏补缺，进一步完善了有关工作要求和工作程序。与认证监管有关的规定都明确了各项认证监管的实施程序、监督和稽查内容及程序、工作质量控制、责任追究办法等。特别是制定了对评审人员、认证监管人员的管理内容，包括培训、评价和考核、能力的持续提升以及退出机制等内容。

通过近三年的努力，河南局的认证执法监管系统已经建成并较为完善，初步建立了“以认证监管机构（省局认证监管处）为业务指导，以专职执法机构（各分支局、办事处和省局各业务处）为执法主力，以法制机构（省局法制与综合业务处、各分支局的法律事务部门）为执法监督”的认证行政执法监督体系。

### （二）有机产品认证

制定了《河南检验检疫局关于进一步加强有机产品认证监管工作的通知》（豫检认函［2012］488号），进一步摸清了河南省进出口企业的有机产品生产、认证和销售情况。截至2012年底，河南省有2家进出口企业：河南天和农业发展有限公司（万泰认证有限公司，菜心、芥菜、雪斗白）和洛阳奥吉特食用菌开发有限公司（北京中合金诺认证中心有限公司，大褐菇）。河南局对上述企业进行了现场认证监管，未发现伪造、冒用、超期、超范围、超量使用有机产品认证标志、有机码等行为。在监管的同时，河南局对企业开展了有机产品宣贯，企业共计20人次参加了学习。

### （三）自愿性管理体系认证监管

制定了《河南出入境检验检疫局2012年管理体系认证监管计划》，规定了对自愿性认证管理体系进行监管的获证企业、认证机构，明确了认证监管工作进度、工作内容。全年共出动320余人次，对160余家获证企业进行了认证监管。发现的主要问题：获证组织的体系文件，如质量手册和程序文件照抄照搬、体系文件不健全、体系文件与组织实际运行不一致、没有记录或记录不全、编造记录；有个别的获证企业还涉嫌认证咨询“一条龙”的现象。有的获证企业不能提供认证的经费票据。机构对获证企业的监督力度不够，不能持续跟踪获证企业的体系保持情况。审核机构现场审核人员安排方面的问题，如审核员安排不合理、专业不对口、不按照审核计划派出审核员、没有能力识别“文件”之外的问题。

## 五、开展质量安全风险排查整治和道德领域突出问题专项教育治理活动所取得的成效

### （一）认证监管方面

制定了《认证执法监管质量安全排查方案》，将河南局系统认证认可的质量安全风险排查范围确定为检验检疫内部工作风险、行政相对人的生产控制风险两部分，涵盖了认证监管、CCC管理、出口质量许可企业和出口食品企业备案注册、评审员队伍建设等7个方面的工作。规定了排查的工作原则是：始终应用风险管理理论，对检验检疫内部、行政相对人可能产生的系统性、危害性大、影响面广的风险进行控制。按照高、中、低档风险等级，建立应对处置预案。自活动开展以来，共制修订与认证认可有关的36个文件或程序，重新确定161个有效记录。理顺了内部工作流程，规范了行政相对人的行为。

对出口食品企业的监管情况：总计完成日常监管1 262厂次，派出监管人员1 607人次；定期监管340厂次，派出监管人员722人次，共开具不符合项814个，并都已监督企业进行了有效整改。

按照河南局HACCP验证提升计划，结合日常监管、定期监管、换证复查，推荐国外注册评审和认证有效性检查等项工作，对河南省40家出口肉类及制品、乳制品企业的HACCP管理体系进行了验证。全年验证企业数量40家，派出评审员112人次，提出改进建议115个。

### （二）制度建设方面

对认证处现用文件进行评估，梳理与认证行政执法监管有关的法律法规和规范性文件154个，修订与认证

行政执法监管有关的内部规范性文件15个、记录43个，进一步完善和优化了认证执法监管体系。特别是根据近年来我国经济社会的发展情况，制定了《河南出入境检验检疫局自愿性认证监督管理办法（试行）》、《河南出入境检验检疫局CCC目录内产品入境验证管理办法（试行）》、《河南出口食品生产企业备案实施细则（试行）》、《河南出口食品生产企业监督管理实施细则（试行）》等规范性文件。

#### （三）队伍建设方面

开展对出口商品质量许可评审员的培训。2012年10月认证处组织开展了一期对出口商品质量许可评审员的培训。新增评审员参加了培训考核，参与答题的人员为34人，90分以上12人，最高分95分。80~89分21人，80分以下1人。根据此次培训考核结果，对评审员名录进行了调整，河南局评审员调整后，评审员人数为108名。

做好欧盟法规和有关出口食品备案知识培训，对全省67名相关人员进行了培训。培训班集中讲解了欧盟、美国的法规以及我国《出口食品生产企业备案管理规定》、《出口食品生产企业安全卫生要求》及评审要求、评审内容、评审注册事项等内容。并成立了欧盟法规技术小组，有计划开展对欧盟有关法规的系统研究。

### 六、积极推进标准化，打造科技质检

#### （一）标准化工作纳入战略管理

2009年底发布了《河南出入境检验检疫局科技工作发展规划》，明确了河南检验检疫近期（2010—2012）、中期（2013—2014）和远期（2015—2017）科技发展目标，将标准化工作首次纳入战略管理中。为提高战略管理的科学性，使战略目标能高效、充分落实，2012年又发布了《河南出入境检验检疫局"十二五"科研人才和实验室建设实施方案》，该方案在原科技工作发展规划的基础上，细化了目标、指标，将标准化工作的目标指标分解到各部门的各年度，并作为每年制定部门绩效目标的指南。

#### （二）营造良好氛围，制标积极性大幅提升

河南局2011年和2012年连续两年都举办了科技周活动，使标准化工作氛围变得更加浓厚。在2012年科技周活动中，通过举办"科技工作成果及规划展示"、"赴省农业科学院参观与科技交流"、"专家讲座"等十多项大家喜闻乐见的活动，使干部职工在亲身体验中提高了参与标准化工作的积极性。2012年是河南局申报标准项目数最多的一年。

#### （三）健全组织机构，发挥专业委作用

2012年成立了第三届河南出入境检验检疫局科学技术委员会12个专业委员会，并在标准化工作中充分发挥各专业委的职能作用。河南局植物检疫专业委代表河南局协助国家认监委植物检疫标准化专业委承办了于9月24日—27日在郑州召开的植物检疫行业标准审定会。来自27个直属检验检疫局和中国检科院等单位的50位代表参加了会议，共审定了《斑皮蠹属（Trogoderma）检疫鉴定方法》等37项植物检疫行业标准。河南局纺织专业委在积极推动河南局建成"国家棉花和纺织品检测重点实验室"的同时，还推动河南局近几年获得检验检疫行业标准制（修）订项目17项，在全国各直属局中排名第九，居中部前列。

#### （四）用标准化助推中原经济区建设

一是积极参与制定食品安全地方标准。广泛动员食品相关技术人员积极申报项目，共申报项目28个，其中《复合调味料》等获准立项。二是将检验检疫标准化工作与中原经济区建设相结合，如获准负责承担的《进出口荧光棒产品检验规程》项目就是根据荧光棒生产基地转移到河南而提出的。

### 七、提高实验室检测能力，提供权威技术支撑

#### （一）重视质量控制，保证检测准确性

一是加强河南局技术中心人员的培训和考核，不断提升人员素质。举办了第四届检测技能大比武，组织参加了内、外部各类培训23次，参加培训人员162人次，进一步提高了中心的技术、管理和质量控制水平。二是参加能力验证和比对试验34项，已反馈的18项结果均为满意。在技术中心领导大力支持和综合部门积极配合下，经过近10个月紧张工作，河南局纺织实验室圆满完成中国合格评定国家认可委员会（CNAS）T0589"纺织品拉伸断裂强力检测"能力验证项目。包括香港地区在内全国共有213家实验室参加了本次能力验证计划，是CNAS在我国纺织领域开展的最大规模的能力验证活动，也是国内首例纺织品破坏性物理性能能力验证活动。

#### （二）扩大检测范围，满足业务需要

针对残留监控新涉及项目、伊利牛奶风险监控项目、饮用水新国标106项检测项目、郑州市大宗食品定点委托检测等四个大型业务，新开验项目包括动物源食品中苯并芘、多氯联苯等数十个项目，饮用水中十多

种有机物和农药检测，植物病毒检测项目3项，小麦转基因检测和产气荚膜梭菌、饲料酵母中酵母活细胞数测定。新开验的商品有木糖、山梨醇酐单硬脂酸酯、饲料级L-赖氨酸、硬脂酰乳酸钙。动检、植检和化矿区域实验室也顺利通过了质检总局的验收。

### 八、搞好认证认可宣传，提高公众认知程度

河南局将对认证认可的宣传活动纳入主要工作目标绩效考核内容，对稿件的数量和质量进行动态监督。共在认监委网站上发表信息30余条。以世界认可日为契机，大力宣传认证认可、强制性产品认证和有机产品认证，向机关、学校、工厂等公共场合派出36人次。

### 九、落实和检查并重，圆满完成绩效目标

全面完成国家质检总局下达的认证认可方面的绩效目标，包括CCC入境商品查验、出口食品备案企业监管等多项内容，河南局对这些目标认真研究，并分解转换为各分支局、业务处的重点工作目标，并定期对完成情况进行监督检查。截至2012年底，上述目标已全部100%完成。

## 十、学习贯彻“十八大”精神、推进中国特色认证认可事业发展的思考与探索

“十八大”指出要全面提高开放型经济水平，要加快转变对外经济发展方式，创新开放模式，坚持出口与进口并重等重要决策，认证认可作为国家质量发展的重要基础，作为跨学科、跨行业、跨部门的基础性工作，作为证实能力和传递信任的国际通行手段和方式，将继续承担重要独特的作用。要进一步健全完善与社会主义市场经济体制相适应、与国际通行规则相适应的国家认证认可制度和监管服务体系。以全面保障认证有效性为核心，建立健全法律规范、行政监管、认可约束、行业自律、社会监督相结合的认证认可管理模式。围绕转变经济发展方式和调整产业结构需要，借鉴国内外产品准入制度先进经验，优化和完善强制性产品认证制度。

## 十一、当前存在的主要问题

一是社会面动物疫情防控状况仍然影响着肉类对外注册工作，高层次的食品安全监管专家队伍尚没有建立。二是专职认证监管机构和人员不足，认证监管工作系统性和连续性不够。三是标准制修订项目申报质量不高，河南局2012年申报成功率还需要提高。

撰稿人：高志宏 审稿人：徐敬杰

# 把握机遇 加强监管 努力开创认证认可工作新局面

——河南省质量技术监督局2012年认证监管工作概况

2012年，河南省质量技术监督局（以下简称“河南省质监局”或“省局”）认证认可监管工作贯彻落实国家质检总局、国家认监委和省局党组工作部署，紧紧围绕以服务中原经济区建设为中心，以“抓质量、保安全、促发展、强质检”为工作方针，以深入开展提质增效为抓手，认真履职尽责，积极推进认证认可监管工作，做到创新发展，打牢基础，立足高起点，发挥认证认可服务经济社会的积极作用，在圆满完成2012年各项工作任务的基础上再谱新篇，努力开创认证认可监管工作新局面。

## 一、认证认可监管工作实施新举措

### 1. 整合资源，统一管理，加强河南省认证认可监管工作

面对新形势，适应新要求，省局党组审时度势，为强化质量发展的基础工作，在充分调研的基础上，研究确立成立认证认可监管处，统一负责组织实施全省认证认可相关工作。从根本上解决了多头管理，职责

不明，业务交叉，关系不顺，资源分散的问题，为加强河南省认证认可工作奠定了组织保障。

2. 理清思路，明确定位，建立认证认可监管工作新格局

《质量发展纲要》和《服务发展“十二五”规划》对认证认可提出了新的定位和要求。认证认可是国际通行的规范市场和促进经济发展的主要手段，是企业和组织提高管理和服务水平，保障产品质量、提高市场竞争力的可靠方式之一，是国家从源头上确保产品质量安全、规范市场行为、指导消费、保护环境、保障人民生命健康、保护国家经济利益和安全、促进对外贸易的重要保障。认证认可工作着力点要培养和规范认证、检查市场发展，促进检验检测认证机构市场化运营，加大检验检测认证基础能力建设，加强战略性新兴产业等重点行业产品质量检验检测体系建设，鼓励检验检测认证服务机构由提供单一类型合格评定服务向复合型合格评定服务延伸，向规模化、品牌化、专业化发展。

3. 外出调研，找准标杆，建立认证认可工作新机制

为学习借鉴先进省局的成功经验，实现河南省认证认可工作创新发展，认证认可监管处先后到山东、湖北、河北省质监局进行考察学习，通过考察学习看到了差距，开阔了视野，拓宽了思路，结合河南省实际，提出了建立全省认证认可监管工作机制的建议。

## 二、认证认可工作取得新进展

1. 引导企业和检测机构按照国际惯例实施认证认可制度

建立供应链全过程管理体系，从源头确保质量安全，落实市场主体责任。截至2012年底，全省5 500家企业获得各类管理体系认证证书144 68张，比2011年增长了12.3%，其中质量管理体系认证证书8 291张，环境管理体系认证 证书2 234张，职业健康管理体系认证证书1 623张，其他2 320张；1 200余家企业通过强制性产品认证（CCC），并获得CCC证书5 626张；食品农产品认证3 074张，有机产品认证113张；认证总数位居全国第7位；全省有2个经国家认可的认证审核分支机构，有8个经国家认可备案的认证机构驻河南办事处。在实验室资质认定和监管方面，河南省有131家实验室和检测机构获得国家认监委颁发的资质认定证书，有183家国家认可委认可的实验室和检测机构；经过省级实验室资质认定发证的检测机构1891家（其中已经颁发食品检验资质检验机构269家）。

2. 提高认证有效性，开展认证监管专项检查活动

一是开展了强制性产品认证监督检查。全年开展了强制性产品认证获证电线电缆产品监督抽查工作，出动抽查监管人员86人次，共检查142家单位，完成抽样90家，发现无证生产销售行为并移交查处的案件11起，较好地净化了认证认可市场环境。

二是开展了管理体系认证有效性网格化专项监督检查。探索了获证组织有效性网格化专项监督检查试点工作。出动检查执法人员300余人次，检查获证企业100家，检查涉及认证机构30家，体系运行正常的有58家，占58%，体系运行较差有31家，占31%，地址不详和停产的有11家，占11%，检查结果发现认证有效性呈两级分化态势，对全省认证认可监管工作提供了较好的借鉴作用。

三是加强了食品农产品认证监管工作。全年组织开展食品农产品专项监督检查223次，出动执法人员100余次，出动执法车辆40余辆，检查企业86家。通过加强有机产品认证监管工作，严厉打击了假冒认证标志、证书等违法行为。

四是开展了产品质量安全大检查活动。把强制性认证产品列入河南省质监局产品质量安全大检查范围，统一部署，统一实施，检查出认证认可问题24项，限期进行了整改。开展了认证认可质量安全风险排查整治和道德领域突出问题专项教育治理活动。重点排查和专项整治认证市场监管、强制性产品认证、有机产品认证监管和实验室资质认定等方面，通过排查取得了实效。

3. 加强检测机构管理，提升检测能力水平

一是认真开展了质检机构实验室资质认定和分类监管工作。对107家质检机构25 000余个产品和参数检验能力开展了复查和食品检验机构首次评审。二是组织受理实验室资质认定计量认证工作。申请314份，其中复查申请279份，首次认证申请22份，扩项申请13份，为实验室持续保持能力提供了有效保障。三是加强实验室资质认定证后监管，确保能力持续提升。

## 三、认证认可监管工作取得新成效

1. 加大宣传力度，营造认证认可工作良好氛围

通过省局网站页面，政务信息等平台及时发布认证认可工作动态，重视对外宣传。借助大讲堂平台，邀请高层次专家领导亲临省局讲座，在全省质监系统普及认证认可基础知识，提升认证认可工作的认知度。

2. 打好基础，加强认证认可工作制度建设

省局认证认可监管处按照省局领导的要求，根据新形势下认证认可工作的特点，制定了各项认证认可监

管工作制度。重新修订河南省实验室和检测机构资质认定工作管理规范、实验室资质认定审批工作制度、认证认可监管工作岗位标准、岗位工作 A、B 角制度、廉政建设和风险点防控制度、网上行政许可审批公开制度和建立行政许可定期集体审批制度，为更好的开展全省认证认可监管工作打下了良好的基础。

#### 3. 起好步，开好局，扎实推进各项工作

按照张庆义局长“一个月建立到位，两个月正常运行”、姜慧忠副局长提出的强化四个意识和加强基础建设的要求，认监处成立后，全处同志凝心聚力，协作进取，克难攻坚，实现了工作职能的平稳顺利交接，各项工作有条不紊，整体推进。每周召开处务会，统一思想，研究工作，各项工作按照规范、高效、科学、公正的目标，稳步推进。

撰稿人：杨红振 审稿人：毛 选

# 夯实基础 多措并举 提升认证认可贡献率

## ——湖北出入境检验检疫局 2012 年认证监管工作概况

2012 年，湖北出入境检验检疫局（以下简称“湖北局”）依照国家质检总局“抓质量、保安全、促发展、强质检”方针和全国认证认可工作会议的部署，结合湖北局认证监管工作实际，严格依法监管，积极创新发展，狠抓工作落实；不断提升质量安全，服务地方经济，促进湖北对外经贸发展；转变工作作风，提升服务效能，有效创新工作机制；严格监管湖北地区出口食品企业质量安全体系，热情服务，保障湖北多项农产品出口连续多年全国第一。

### 一、认证监管工作基本情况

湖北地区出口商品注册登记基本情况：2012 年，湖北地区共有 41 家出口企业获得出口商品有效注册登记证书 97 份，涉及产品种类有机电、玩具、陶瓷等三大类。其中机电企业 21 家，证书 45 份；玩具企业 19 家，证书 51 份；陶瓷企业 1 家，证书 1 份。

获证企业地域分布为省局 25 家，鄂州局 1 家，黄石局 8 家，荆州局 4 家，仙桃局 1 家，襄阳局 2 家

新增注册登记企业 10 家，证书数 21 张（含换证数量）。

湖北地区出口食品生产企业备案注册基本情况：2012 年，湖北地区备案企业有效总数 253 家，其中第 22 类 109 家。按湖北局行政管辖区域分布备案企业数量为：黄石局 7 家，宜昌局 47 家；荆州局 27 家；仙桃局 22 家；襄阳局 23 家；随州办 27 家；鄂州局 17 家；恩施局 32 家，咸宁办 4 家，孝感办 4 家，湖北局动检处 6 家、食检处 29 家、植检处 4 家、化矿处 4 家。

本年度新批准备案企业数量 27 家，办理注销或自动失效 76 家，其中，出口食品添加剂生产企业 40 家。备案工作按时限完成情况：2012 年，湖北局共受理新申请企业 29 家，其中 27 家已完成审批发证，还有 2 家已移交评审组，全部按时限完成评审发证工作；受理 42 家换证复查（延续备案）申请，已完成发证 39 家，还有 3 家企业正在评审过程中。

本年度收到 4 家企业对外注册企业申请，申请国家和地区为美国、欧盟和新加坡，申请注册产品种类为水产品、罐头、蛋制品。向国家认监委推荐对外注册企业数量为 2 家，推荐国别为新加坡。

### 二、认证认可主要工作和成效

#### （一）突出重点工作，认证监管增新亮点

##### 1. 创新认证监管工作机制

应用风险分析原理，对湖北地区出口食品生产企业体系保障能力、出口食品安全卫生质量水平、湖北局系统各个相关部门的监管能力进行危害分析，创新认证监管工作机制，实施湖北局新的出口食品生产企业备案管理制度，将 22 个类别中 12 个类别食品的企业（约占总数 60%）备案受理和评审工作委托局有关处室和

分支机构办理，简化了部分风险较低出口食品的备案评审程序，提高了工作效率。并且，在此基础上规范和完善了湖北局出口食品生产企业备案和监管两个作业指导书。

2. 积极推荐湖北省企业对国外注册

为了有效应对美国对酸化食品生产企业生产设施注册和产品关键因子备案的法规要求，组织湖北局的卫生注册评审员，对10个输美酸化食品生产企业开展了HACCP验证评审和监督检查，并指导企业完成对美酸化产品登记注册工作，促进湖北省罐头食品对美贸易顺利发展。截至2012年底，已有6个企业15个品种的酸化罐头获得美国FDA酸化食品注册，4个企业正在申请办理中。

3. 有效全面开展湖北地区各项认证监管

全年在组织开展全省食品农产品认证监管的同时，有效开展出口食品备案企业风险排查整治工作；在开展CCC免办和强制性产品认证检查的同时，在全省范围有效开展了对进口领域的机动车零部件和玩具为重点的专项监督抽查；在开展湖北地区2012年管理体系认证监督检查的同时，有效开展强制性产品认证获证产品的监督抽查。

4. 帮助湖北省食用盐企业进行出口备案

2012年，多次组织专业人员会同相关部门赴湖北省食用盐生产企业，就出口食用盐加工工艺、设备设施、人员素质、质量管理等方面进行了深入调研，并通过对食用盐原料、加工过程等进行了危害分析和评估，确定了出口食用盐备案评审的基本原则和方案，指导有关处室在受理食用盐企业备案申请、评审工作中予以实施，使出口食用盐生产企业备案工作得以顺利进行。截至2012年底，已组织湖北局化矿处共同完成了4家出口食用盐企业的备案，向企业颁发了《出口食品生产企业备案证明》。

5. 首次组织开展全省认证监管工作督查

结合风险排查活动，首次组织开展全省认证监管工作督查。通过对有关部门认证监管制度建设、队伍建设和实际工作质量进行督查，了解了全局系统认证监管工作的实际状况，查找出存在的问题，同时，指导全局评审员严格工作程序，严格按照标准要求，统一评审目光，按照备案注册和注册登记、CCC免办等相关规定，严格准入条件，从源头上确保产品质量安全，确保湖北局认证监管工作的有效性。本年度开展了对分支机构出口食品生产企业备案和CCC免办工作的两项督查。

6. 承办国家认监委认证监管工作会议

2012年三季度在刚接受完国家认监委的CCC免办有关工作专项督查后，紧接承办国家认监委的检验检疫系统认证监管工作会议。通过开展专项大型活动，不仅锻炼了湖北局监管队伍，而且交流了工作经验，做到了相互促进，共同发展，还进一步提升了湖北局的形象。

7. 积极开展风险排查等专项工作

湖北局在开展今年各专项工作时，力求整治实效。将企业质量安全风险排查与提高认证监管内部工作质量相结合，将立足当前与着眼长远相结合，将认证监管日常工作与专项活动相结合，将重点工作与一般工作相结合，将排查工作与整治工作相结合，对相关企业出口产品和质量体系风险进行排查，对企业诚信风险进行排查，对检验检疫认证监管内部工作风险进行排查，边排查，边整治，从点到面、从上到下、从内到外，做到横向到边，纵向到底，不留死角。

（二）强化制度落实 质量安全有新举措

按照湖北局《出口食品生产企业备案管理规定》，结合实施过程中发现存在的问题，对备案及其监管两个作业指导书进行了修订，特别是对相关表格进行合并和简化。同时，着力抓好制度落实的督促和检查，指导全局评审员和联络员严格按照标准要求和流程规定，规范备案注册企业的准入，确保湖北局备案注册工作的有效性。

结合风险排查等活动，加强对湖北省的出口食品备案注册企业的后续监管工作，落实企业主体责任意识，变被迫为自觉遵守规范和标准。年初，通过征求有关处室和分支机构的意见，制定了年度监管计划，明确了人员和时间。同时，不断提醒评审组长和联络员按计划、结合日常监管开展定期监管工作。全年共派出定期监管小组108个，230人次。2012年，组织了全局系统的评审员，对全省的备案注册企业至少实施了一次定期监管。本阶段定期监管发现存在不符合项目数量为480个，要求整改企业数量为65家，本阶段定期监管中未发现严重不符合项。

在完成好定期监管任务过程中，结合湖北局实际，对重点企业、重点商品，特别进行了专项检查活动。包括5家出口肉类生产加工企业HACCP验证提升检查、18家对外注册水产品生产企业HACCP验证检查和对4家新加坡注册蛋品加工企业专项检查，较好地把握了重点，控制了风险。

通过日常监管、定期监管和专项检查等手段，落实企业主体责任意识，切实落实《食品安全法》和国家质检总局142号令要求。对不符合备案要求的企业，实施注销/暂停/撤销，进一步完善备案注册企业退出机制。2012年，全省共注销出口食品生产企业72家，注销原因主要为：因备案目录的变更而不在备案范围内的食品添加剂企业、到期未申请延续备案的企业、2年未出口备案产品的企业、擅自改变加工条件的企业。

按照国家认监委统一部署，制定了《湖北检验检疫局2012年强制性产品认证获证产品监督抽查方案》，方案明确了组织分工，规定了时间步骤，明确了抽查对象、检测依据、抽查的原则、程序及费用开支，使监督抽查工作科学有序，有的放矢。按照抽查方案。认监处和检务处、机电处、港口办等部门密切合作，抽取了进口机动车零部件和小家电等样品，送指定实验室检测，验证了产品的安全性能（全部合格）。

通过组织对湖北地区进口领域机动车零部件和小家电获证产品的监督抽查，了解全省进口领域部分获证产品的质量状况，提高CCC认证的权威性和有效性，积累了对获证产品监督抽查工作经验，为今后全面开展监督抽查工作奠定了基础。

为配合国家质检总局行政执法案卷检查，结合国家认监委对CCC免办工作督查，湖北局分别在6月和9月，组织对湖北局出口商品注册登记相关行政执法案卷进行了自查自纠，对有关处室和分支机构的CCC免办工作组织开展自查自纠，通过自查自纠，发现工作中存在的问题，通过整改，提高了CCC免办工作质量。

根据《食品安全法》的要求，严格界定食品生产企业，开展了对全省出口食品添加剂的甄别清理工作，共清理了40家出口食品添加剂生产企业，对其获得的《出口食品生产企业备案证明》予以了注销。

加强有关企业档案、评审员档案管理，逐步建立并完善湖北局认证监管工作档案电子化、全局评审员人员电子档案和培训档案分类管理。

按照国家认监委的要求，继续开展湖北境内外资认证机构办事机构备案工作。截至2012年底，已经完成3家机构的备案工作。通过备案及后续监管，全面贯彻落实《认证机构管理办法》，确保认证机构符合法定条件，进一步规范其行为。

### （三）服务出口企业 促进对外贸易见新成效

为了强化出口食品生产企业主体责任意识，提升出口食品安全质量自我管理、控制的能力，湖北局举办了全省出口食品生产企业卫生质量管理人员培训班，对100多位出口食品企业人员进行了培训，并对企业管理人员进行了卫生质量管理能力的考核。

5月，湖北局还组织全省出口水产品企业管理人员10余人参加了国家认监委在海南举办的美国食品药品管理局（FDA）水产品危害分析与关键控制点（HACCP）体系认证法规培训，通过培训，企业对美国FDA水产品HACCP最新法规有了更新更全面的认识和了解。

为了使出口水产企业的食品安全管理体系不断符合科学发展及进口国要求，采取一对一的方式，指导全省所有出口水产企业，按照美国有关水产品危害分析的新方法、新要求，完成了全部HACCP文件的修改。

提前介入，对出口食品企业新建、扩建、改建厂房设计图纸进行卫生审查。2012年，已对13家新建厂、1家扩建厂房设计图纸进行了卫生审查，并赴其中部分企业厂房施工现场进行实地指导。在图纸审查及实地指导中，不仅对厂房、车间、仓库、设备、设施的布局，清洁区域、准清洁区域的划分，人流、物流、气流、水流的方向，卫生设施的配备等提出意见和建议，还根据企业各自的发展规划，结合行业发展前景，为企业生产品种结构设计、设备选型、工艺设计及配套设施的选用等出谋划策。通过提前的图纸卫生审查，不仅为企业产品安全卫生质量的保证及企业的发展奠定了良好基础，而且也避免了厂房建成后因布局不合理进行改造时的人力、物力、时间的投入。

为落实中央关于促进外贸稳定增长的决策部署，积极指导帮助湖北省100多家输美食品农产品生产企业向美国FDA进行企业注册登记工作，保证出口企业产品顺利出口，促进湖北省食品农产品对美贸易顺利进行。

持续开展对十堰、恩施、孝感和咸宁新检验检疫机构认证监管工作的指导，做到随叫随到，帮助四个辖区企业建立健全质量安全体系，向企业介绍食品企业备案和工业品企业注册登记程序和要求，帮助企业查找存在的问题，并提出整改意见，使他们尽快获得出口资格。

对2012年度美国FDA来华检查湖北省出口食品备案企业开展有关咨询指导，帮助有关企业积极应对FDA检查。2012年5月，在黄石局和企业的要求下，认监处派员帮助指导湖北广济药业公司完善质量管理体系，提高产品质量及质量保证能力，提出20个不符合项，企业进行了有效整改后，顺利通过了美国FDA的检查，且美FDA未开出不符合项。

10月，组织人员到江苏、上海玩具检测机构，联系协调出口童车检测工作，帮助出口企业尽可能的缩短了检测周期，提高了出口企业注册登记工作效率。

### （四）加强队伍建设 业务素质有新提升

开展全局系统认证监管人员岗位技能培训，进一步规范认证监管程序，提高认证监管人员素质。2012年，对全省认证监管联络员、卫生注册评审员、商品注册评审员、CCC免办人员和新轮岗交流人员组织培训，通过一系列培训，明确了相应岗位职责，强调了重点工作流程，对工作中存在的问题进行了沟通。有效提高了湖北局认证监管业务素质和工作质量。

加强与兄弟局联系和区域协作与联合行动，有效开展湖北地区的认证监管工作。2012年，湖北局派员参加了在厦门局举办的泛长三角地区检验检疫认证监管第八次协作会议，组织人员到江苏局和上海局学习，请江苏局专家来湖北局授课，参加了认监委组织的会议和HACCP培训，通过一系列活动，学习其他局的先进经验，也交流了思想，增进了感情，增长了才干。

继续开展湖北局2012年度评审员年度认定工作，为认证监管工作补充新生力量。

建立湖北局评审员激励机制，对全局在认证监管工作中表现突出的优秀评审员予以表彰。

组织相关评审人员外出学习交流，优先组织基层一线人员参加国家认监委组织的培训。2012年，共组织12人次外出学习交流。

**（五）加强文明建设 政治素养有新进步**

按照湖北局党组、监察室和政工处的部署，深入开展"创先争优"活动，各部门注重加强对评审员、联络员和认证监管人员的党风廉政教育，严格遵守国家质检总局和湖北局廉洁自律有关规定，按时上报相关材料，积极开展文明建设活动，增强全体评审员、联络员和认证监管人员的责任心和使命感，促进认了湖北局认证监管工作全面、健康发展。

**撰稿人：李庚如 审核人：游仙洪**

# 发挥认证认可作用　促进地方经济发展

## ——湖北省质量技术监督局2012年认证监管工作概况

2012年，湖北省质量技术监督局（以下简称"湖北省质监局"或"省局"）认证认可工作，紧紧围绕全国认证认可工作会议精神，按照"传递信任，服务发展"的要求，牢牢抓住新时期认证认可工作促进经济发展这一主题，强化监管、突出服务、保证安全、很抓落实，较好地完成了各项工作任务。

截至2012年11月10日，全省有效期内质量管理体系认证证书8 633张，列全国第11位；环境管理体系认证证书1 982张，列全国第9位；职业健康安全管理体系认证职业证证书1 480张，列全国第10位；强制性产品认证证书7 915张，列第6位；自愿性产品认证证书13 645张，列第13位；食品安全管理体系认证证书198张，列第12位；危害分析与关键控制点（HACCP）体系认证、有机产品等其他认证数与2011年相比稳中有升。特别是无公害农产品认证证书2 567张，位全国第8位，绿色食品认证证书1 241张，位列全国第3位，提升幅度较大。

通过湖北省"二合一"资质认定的产品质量监督检验机构134家，其中依法设置的89家、依法授权的45家。

### 一、认证有效性监管工作

**1. 加大对三体系认证的监管力度**

深入开展了三体系认证监管工作，围绕认证有效性，加大了对三体系经常性的监督管理工作。通过"自愿性认证执法活动监管系统"，确保了认证活动的人员、内容、时间的落实，做到了从源头上抓好认证监管工作。通过检查，荆门、黄冈、黄石和襄阳等局在日常监管中能持续加大监管力度，效果明显。

**2. 组织召开了全省《认证机构管理办法》宣贯暨认证监管执法工作研讨会**

总结了认证监管工作情况、传达学习了新的认证机构管理办法、交流了近几年在认证监管和执法中好的经验及典型案例研讨。全省17个市（州）及在鄂认证机构（办事机构）、咨询机构共90余人参加了会议。会议的召开得到了认监委领导的支持和肯定，认监委法律部领导亲临会议宣贯《认证机构管理办法》，上报的信息被认监委网站转发。

### 3. 组织开展了对部分强制性产品质量安全专项整治活动

按照认监委［2012］19号文的通知要求，下发了《关于做好对部分强制性产品质量安全专项整治活动》（鄂质监办科认［2012］14号）的通知。5月1日—7月30日，各市（州）局按国家认监委和省局文件要求和统一部署，围绕湖北“四位一体”认证监管机制，成立了由职能处（科）室牵头组织、稽查机构密切配合的专班，认真组织开展了专项检查整治活动，全面检查了全省范围内实施强制性产品认证的重点产品、重点企业、重点区域和重点问题。本次检查整治活动共出动执法检查人员1 200多人次，共检查涉及电线电缆、汽车零部件及内饰、装饰装修、安全玻璃、电动工具和玩具产品等强制性产品认证（CCC）的企业450家。其中392家企业正常生产，54家企业停产，20家生产企业不符合CCC要求，已按要求督促整改落实。查出无证企业45家，假冒证书和标志企业7家。对发现问题的违法企业，已按照《认证认可条例》等法律法规的要求进行严肃处罚，提高了本次专项整治活动的声势和影响。

### 4. 完成了对全省生产领域获得强制性产品认证的汽车内饰件产品的监督抽查任务

根据国家质检总局《关于开展2012年强制性认证产品获证产品监督抽查工作的通知》（国认证函［2012］44号）通知精神，依据有关要求，先后召开了任务协调会和工作总结汇报会，及时上报了《2012年强制性产品认证获证产品监督抽查方案（汽车内饰件）》，下发了《关于开展2012年强制性产品认证获证产品监督抽查工作的通知》。自7月20日开始，对全省生产领域获得强制性产品认证的汽车内饰件产品进行了监督抽查，共出动20名执法检测人员共计35人次，对31家生产企业进行了抽查，完成抽样的企业数为29家计63批次。本次抽查完成计划要求的63批次的抽查任务，合格60批次，批次合格率为95.2%；涉及29家生产企业，合格企业数为27家，企业合格率为93.1%，不合格企业数为2家，企业不合格率为6.9%；本次抽查涉及强制性产品认证证书的发证机构分别为中国质量认证中心和中汽认证中心，中国质量认证中心获证产品的批次合格率为97.7%，中汽认证中心获证产品的批次合格率为90.0%。要求对不合格的2家企业、3个产品所在地十堰市局，做好后处理工作。

### 5. 开展行业诚信建设活动

按照认监委《关于做好2012年食品农产品认证监管工作的通知》（国认注［2012］11号）要求，以有机产品认证监管为突破口，以“传递信任，服务发展”为主题，在全省深入开展有机产品认证行业诚信建设活动，制定下发了《有机产品认证行业诚信建设活动实施方案》。通过活动的开展，规范了有机产品认证市场秩序，维护了广大消费者的利益，促进了湖北省有机产业健康持续发展。

### 6. 组织举办有机产品认证新制度宣贯培训班

结合有机产品认证新制度的颁布及诚信建设活动的深入开展，组织举办了有机产品认证新制度宣贯培训班。邀请国家认监委领导和有机方面的认证专家，对全省认证监管人员、在鄂开展有机产品认证的认证机构及有机产品认证获证企业代表共180余人进行了培训。同时，针对不同培训人员编制下发了《有机产品认证新制度宣贯培训班资料汇编》。10月底，对全省食品农产品认证监管工作情况进行了收集、整理，撰写了《2012年食品农产品认证监管工作总结》（鄂质监科认函［2012］611号）并上报给国家认监委。

### 7. 开展专项整治活动

及时转发了国家认监委《关于开展有机产品认证标志专项整治活动的通知》（国认注［2012］53号），按要求组织各市（州）局进行了专项整治活动并进行了跟踪、检查、指导。同时按时限要求，及时收集、总结并上报了活动的开展情况。

### 8. 组织指导恩施州宣恩县完成了国家有机产品认证示范创建区的申报及专家评审工作

12月3日，宣恩县被授予“国家有机产品认证示范区”称号并授牌，使宣恩县成为湖北省第一家国家有机产品认证示范县，实现了零的突破。

### 9. 认真做好年鉴组稿工作

认真组织撰写2011年认证认可年鉴工作，并按时上报认监委，参加了全国认证认可年鉴工作会议。会上，湖北省质监局组织开展年鉴工作受到了通报表扬，并进行了经验典型发言。

### 10. 开展了对认证机构办事机构及咨询机构的备案工作

按新的机构管理办法，对在鄂的11家办事机构进行了备案，对7家咨询机构进行了备案。及时将备案情况登省局网站，供公众查询。

11. 完成了其他相关性工作

一是完成了对全省有机产品认证情况的调查和摸底工作；二是参与完成了省局组织的明胶生产及使用企业的督查工作；三是开展了认证认可日的宣传活动，张贴了相关图册。

## 二、质检机构建设管理工作

1. 组织开展了全省食品检验机构能力验证活动

5 月—8 月，组织全省 70 家质检机构参加了能力验证活动，验证项目为饮料总甜蜜素和小麦粉中的过氧化苯甲酰。针对能力验证活动情况，下发了《关于 2012 年部分食品检验机构能力验证情况的通知》，促进了湖北省食品检验机构的整体素质和检测水平的提升。

2. 组织开展了全省系统质检机构岗位技能培训

为提升湖北省系统食品检测机构技术人员检测水平、提高质检机构大型仪器设备使用效率，针对能力验证活动中暴露的问题，组织开展了全省系统食品检验机构检测人员岗位培训活动。截至 2012 年底，省局布点的 4 家培训机构正在有条不紊地开展气相色谱仪检测人员的岗位操作培训。

3. “二合一”食品检验机构资质认定换证工作进展顺利

2012 年实验室资质认定工作时间紧、任务重、要求高。工作主要涉及食品检测机构的资质认定和非食品检测机构的扩项和复评审工作。全省系统和行业授权食品检测机构共计 82 家，其中省市级机构 24 家，县级机构 58 家。为规范完善行政许可工作，省局制作完成并下发了《湖北省食品检测机构“二合一”资质认定申请书》等相关工作表格和各表格填写说明；与省局许可中心协商确定了全省食品检测机构资质认定现场评审专家人选及工作规范；督促各食品检测机构规范并完善了资质认证授权确认环节的资料内容。截至 2012 年底，共下达食品检验机构授权确认 62 家，已有 43 家机构取得食品检验资质；下达非食品检验机构授权确认 66 份，已有 45 家机构通过审批并取得资质。

4. 进一步规范了行政许可行为

组织开展了全省“二合一”机构监督检查自查清理工作。公示了获得食品检验资质的机构名单；配合省局法规处完成了行政审批绩效考评和 2011 年行政许可案卷检查等工作。各项工作效果明显，成绩突出，全年电子监查无红黄牌。

5. 进一步推进经国家质检总局批准筹建的 5 个国家中心的建设工作

湖北省正在筹建的国家质检中心有：国家节能建材质检中心、国家纺织服装质检中心、国家家用电器效能质检中心、国家特殊钢质检中心、国家动力电池质检中心，筹建工作正在有序的实施。国家节能建材质检中心已初步形成检测能力，检测大楼已经封顶。国家纺织服装质检中心、国家家用电器效能质检中心已通过武汉市政府立项建设。国家特殊钢质检中心已开工建设。国家动力电池质检中心的建设方案已经初步拟定，省政府已批复，待省发改委立项。

6. 2012 年新争取国家质检总局批筹建设 3 个国家质检中心

国家金刚石工具产品质量监督检验中心、国家富硒产品质量监督检验中心、国家纸制品产品质量监督检验中心通过国家专家评审，取得筹建资质。截至 2012 年底，国家富硒产品质检中心已经开工建设。

7. 加快了省级质检中心建设步伐

为了配套地方产业集群的发展，依照地方政府的要求，进一步推进省瓦楞纸包装机械质检中心、省丹江口水库水产品质检中心、省汽车零部件质检中心、省食用油质检中心、省燃气具质检中心、省无损检测新技术评价中心、省家具产品质检中心的建设。

8. 组织开展了以学术（技术）带头人命名实验室活动

为加强湖北省系统“二合一”资质认定实验室能力建设，实现全省系统检测技术机构能力水平进一步提升。在全省系统获“计量认证 / 审查认可”的检测技术机构中，组织开展了以学术（技术）带头人命名实验室活动。旨在选拔、培养湖北省质监系统高水平有影响力的质监学术(技术)带头人，并以学术（技术）带头人为核心，打造技术机构检测、科研团队，借此提升全省质监系统“二合一”检测技术机构服务产业、企业发展的能力和水平。经过初审筛选和确认，已确定了 13 家候选学术（技术）带头人命名实验室。

2012 年，认证认可工作虽然取得了较大成绩，但离认监委的要求还有一定差距，主要是对新形式下认证认可工作研究不够，围绕“质量兴省”战略目标实现的作用发挥上仍有不足；其次是认证认可工作信息报送和及时宣传方面还有待进一步加强。

撰稿人：马堂富 审稿人：柳文平

# 完善制度　防范风险　推动湖南认证认可事业创新发展

——湖南出入境检验检疫局2012年认证监管工作概况

2012年，湖南出入境检验检疫局（以下简称“湖南局”）认证认可工作在国家质检总局、国家认监委以及湖南局党组的正确领导下，认真贯彻全国认证认可工作会议精神，落实《质量发展纲要》，围绕“抓质量、保安全、促发展、强质检”工作方针和“五个创新”，严格履行监管职责，发挥认证认可制度的优势，强化风险防范，不断完善各项工作程序，开拓创新，扎实推进认证监管工作，为服务地方经济发展取得了新的成绩。

## 一、认证认可工作基本情况

2012年，湖南局受理企业认证（注册、登记、备案和质量许可）申请652家，其中新申请企业278家，复查换证企业251家，基地备案123家。现场评审合格获证企业547家，不合格企业20家。获国外注册食品企业3家，获输美日用陶瓷认证企业2家。注销、取消认证企业资格50家，失效企业283家。截至2012年底，累计认证企业1 532家，其中食品备案企业122家，质量许可163家，检疫登记143家，国境口岸卫生许可56家，其他类1 048家；在国外注册食品企业16家，28厂次，输美日用陶瓷认证企业53家。2012年，网上审批签发免于强制性产品认证证明（CCC免办证明）194份；受理特殊检测程序审批2批；开展有机认证产品专项检查6家；抽查入境CCC获证产品2种（1家）。

## 二、完善管理，规范程序，认证监管工作取得成效

### （一）实施绩效考核，完善管理，规范程序

根据国家质检总局、认监委及湖南局、湖南省评估委员会的要求，湖南局认证监管处结合质量管理体系建设和工作实际，制定了《认证监管处绩效管理与考核实施方案》和绩效考核指标及责任分工表，建立了日常考核台账，定期通报考核结果。2012年完成国家质检总局、认监委设定的6个指标绩效考核自查，对涉及6个指标的20多个被考核单位（部门）进行了考核评分，自查和考核结果均已向总局绩效办报送。通过创新考核机制，全面启动岗位绩效考核，调动了职工的工作热情，增大认证工作督查力度，认证办理速度加快，许可工作更加规范，CCC认证监管得到加强，创新认证机构监管方式，有效推动检验检疫认证工作的顺利开展。

### （二）强化认证管理，保证认证监管工作有效

湖南局认证监管处严格按照认证工作要求进行评审，组织各单位申报企业年审和日常监管计划，督促各单位按计划落实监管工作，将认证监管处许可、备案、注册登记信息与通关处集中审单系统对接，逐步实现计算机系统自动拦截不符合要求的报检申请，全年共拦截认证过期、超过认证范围和未取得资质等违规报检8批。对现场评审发现未有动态生产或不符合要求的20家出口企业做出不予许可决定，对未申请换证复审的283家认证企业按规定公布自动失效，对连续一年或二年没有出口业绩或不能持续保持认证有效性的50家企业取消认证资质，强化了认证工作的有效性。

### （三）发挥现场评审督查作用

2012年，认证监管处以督查员身份参加各类现场评审，督查评审组是否按规定的程序和标准开展工作、被评审企业是否有动态生产。2012年现场督查发现有20家企业因现场不符合要求和工厂处于非正常生产状态，没有准予注册或登记备案许可。

### （四）加大认证督查和指导

结合2012年绩效考核和管理工作，湖南局加大对各部门认证受理、认证工作程序等工作的指导和督查，发现问题点8个，对发现的问题及时反馈，限期整改，定期公布督查情况。

### （五）实行认证工作定期通报制度

利用湖南局门户网，以公告的形式发布《湖南出入境检验检疫局行政许可登记公告》，及时回复公众有关认证工作方面的留言5条，回复率100%。

### （六）清理认证工作流程

为进一步规范认证工作流程，认证监管处对2012年已受理认证申请的284家企业的办理流程进行抽查和清理，全部按规定的程序办结。

### （七）稳步推进认证监管队伍建设

湖南局认证监管处对内强基础，对外树形象，以“责任、务实、创优”为工作理念，从四个方面夯实队伍建设基础。一是定期对评审员进行培训和再继续培训。2012年先后组织认证监管人员、认证受理人员、CCC免办工作人员、认证联络员、评审员的业务培训，参加培训97人次。组织向国家认监委推荐备案主任评审员8名。组织实习评审员在线考试47人次，通过率100%。二是通过召开民主生活会、支部工作会议，达到了沟通思想、统一认识、增进团结、谋划发展的目的，同时领导亲自带头，勇担重担，积极引导干部职工转变思想观念，积极进取，克服人手少任务重的困难，顺利完成全年各项工作任务。三是局领导主动与干部职工进行沟通交流，把握职工思想动态，及时疏通职工情绪，使全局呈现出思想稳定、风清气正、和谐和睦的良好局面。四是全面推进规范化管理，进一步增强了干部队伍的积极性、主动性和团结协作意识，营造出讲实干、重实绩、求实效的氛围，形成了勤政廉政、务实高效的思想作风和工作作风，有力地推动了工作质量与效率的整体提高。

## 三、强化风险防范，提升认证监管工作的有效性

### （一）建立以预防为主的工作机制，提高认证监管风险防控能力

按照国家质检总局、国家认监委和湖南局质量安全风险排查整治的要求，以科学发展为指导，认真落实《质量发展纲要（2011—2020年）》及2012年行动计划，坚定不移抓质量、保安全、促发展、强质检，全面定期监管排查认证工作质量安全风险，结合工作实际，制定《认证认可质量安全风险排查整治和道德领域突出问题专项教育治理活动实施方案》、《出口食品备案企业安全风险排查整治工作实施方案》，编写质量安全风险分析报告，确定认证监管风险排查重点，重点排查出口企业是否按规定注册、备案、许可；是否超许可范围按受报检出口；出口注册备案企业是否持续符合相关规定要求；注册备案后两年或一年以上无出口业绩是否按规定注销资质；需要强制性认证而未认证等。通过风险排查，集中整治，提高了工作质量，提升了认证工作的有效性。

### （二）重点加强对出口食品生产企业的监管和安全风险排查

一是召开工作会议进行安排部署，特别将备案食品企业的风险排查整治工作与出口食品检验检疫、日常监管和定期监管、农产品食品认证执法监管工作有机结合，统筹安排，节省监管人力资源，减轻企业负担。二是各部门单位对辖区的备案食品企业持续符合《出口食品生产企业安全卫生要求》和相关专项卫生规范及进口国有关卫生要求的情况进行检查，对获得HACCP、食品安全体系认证的出口食品企业开展的认证有效性监督检查，对出口肉类产品生产企业开展HACCP验证提升活动，对湖南辖区出口蜜饯和明胶企业进行风险排查，上报酒类备案企业信息等。据统计，湖南局共对107家企业实施风险排查，出动执法监管人员341人次，查找出食品安全风险238个。对2家备案企业因二年未出口注册范围的产品，予以注销；对1家不能持续符合备案要求的，撤销其备案资格，并报请国家认监委注销其对美国注册资格。三是向国家认监委报送2012年《认证认可质量安全风险排查整治和道德领域突出问题专项教育治理活动总结》、《出口食品备案企业安全风险排查整治工作总结》、《湖南出口食品生产企业备案监管工作情况及质量分析报告》、湖南辖区肉及肉制品出口备案企业HACCP体系验证提升工作总结、湖南检验检疫局2012年备案企业监管计划及上半年监管计划执行情况等。

## 四、开展专项检查，确保认证工作有效

### （一）开展有机产品认证标志专项整治

根据国家认监委《开展有机产品认证标志专项整治活动的通知》（国认注［2012］53号）文件要求，湖南局对辖区监管的有机产品获证企业开展了认证标志整治活动，共召开宣贯会3次，80人参加，组织相关单位和部门对6家生产企业进行现场检查，对2家发现问题的企业要求依据有机产品认证法规、标准和认证标志的有关规定进行整改，同时，要求加强监管、现场督查，力促企业整改有效。

### （二）开展对认证机构、获证组织、获证产品监督检查

湖南局创新认证监管方式，通过对同一区域同一行

业认证有效性全面检查的方式，对浏阳区域内烟花爆竹行业所有认证情况进行检查，突出检查认证机构资质、认证程序、审核时间、认证效果和进出口企业反响等重点内容。经核查发现，17家认证机构在对222家出口企业的认证中，有7家已被取消资格、2家不按规定出示审核报告、4家7次擅自减少了现场审核人天数等问题。

### （三）开展入境强制性产品认证（CCC）获证产品监督抽查

按照国家认监委《关于开展2012年强制性产品认证获证产品监督抽查工作的通知》（国认证［2012］45号）要求，湖南局结合工作实际，制定了《2012年强制性产品认证获证产品监督抽查方案》，在入境产品加工/销售现场抽查入境CCC获证产品1家2种（汽车用喇叭、液压制动软管），按规定进行检测，结果合格，上报国家认监委。

### （四）继续深化“双打”行动成果

围绕扩大内需、保障和改善民生的要求，按照国家认监委的统一部署，组织对重点获证产品专项整治，严厉查处无证生产销售和假冒伪造认证标志、证书的行为，提升获证产品质量安全水平。制定了湖南局2012年管理体系认证监管方案、食品农产品认证监管计划、强制性产品认证获证产品监督抽查方案，报国家认监委备案，组织开展认证执法监管体系建设等。

## 五、加强对认证机构管理

### （一）着力强化对认证机构的监管

严格落实《认证机构管理办法》，严厉打击认证、咨询服务“一条龙”行为和未经审批从事认证咨询活动的行为，整顿行业风气，取缔虚假宣传。对1家未获批准的认证机构收集相关材料提交国家认监委处理。

### （二）开展外资认证机构办事机构的备案

按照国家认监委《关天做好认证机构办事机构备案工作的通知》（国认可［2011］54号）要求，湖南局于2011年10月开始受理外商投资认证机构设立在湖南省的办事机构的备案工作。截至2012年底，共办理认证机构办事机构备案5家。

## 六、服务地方经济社会发展，做好对外推荐注册工作

### （一）支持地方开放性经济发展

2012年，湖南局继续支持“湖南省湘南承接产业转移示范区”发展，对其申请质量许可、注册、登记和备案、CCC免办的企业，特事特办，一厂一策。从2012年12月始，湖南局委托衡阳、郴州检验检疫局试行办理各自辖区企业的CCC免办工作，方便符合条件的产品快速通关。预计，2013年湖南局也将委托新增机构永州办事处开展此项工作。

### （二）减免收费

2012年，湖南局按国家质检总局的要求，减免认证考核费5 5650元，惠及企业150家。

### （三）做好对外推荐注册工作

2012年，湖南局为促进湖南出口食品农产品产业的发展，帮扶企业对外注册成功3家，分别为获加拿大注册低酸蔬菜罐头企业1家，获欧盟注册肠衣企业1家，获日本注册肠衣企业1家。截至2012年底，湖南辖区累计获国外卫生注册共16家（28厂次），主要是水产品、罐头、肠衣、肉类生产加工企业，注册的国家和地区包括美国、加拿大、欧盟、俄罗斯、新加坡、马来西亚、韩国。

### （四）重新办理企业对美注册手续

2012年，湖南局落实中央关于促进外贸稳定增长的决策部署，加强对出口食品企业获得在国外注册情况的备案管理，指导帮助辖区内对美国出口食品企业重新办理在美国注册手续，切实保证湖南企业顺利出口。

### （五）方便企业，国境卫生许可业务下放

为方便国境口岸企业申请，湖南局按照国家质检总局《进一步规范口岸卫生检疫行政许可工作》文件要求及部门工作会议精神，从2012年3月1日起，国境卫生许可申请受理权限下放至机场办事处和霞凝港办事处。截至11月底，共办理受理业务27家。

## 七、加大进口食品安全监督力度

### （一）加强对进口食品进口商备案管理，切实落实企业主体责任

11月初，湖南局按照国家质检总局2012年第55号公告及148号公告的要求，切实落实进口商对进口食品质量安全的主体责任，确保进口食品可追溯，保障进口食品质量安全，制定有关规定，明确责任分工，保证工作的有序开展。

### （二）加大进口食品安全监督力度

湖南局在试点基础上探索全面推行进口食品企业注

册工作，通过对食品企业源头监管，降低进口食品安全风险。上半年，组织对国家质检总局发布的《进口食品境外生产企业注册管理规定》（国质检［2012］第145号局令）进行了认真的学习和解读，并及时向企业进行宣传指导，2012年，已有2家拟注册的境外食品企业对此进行了前期咨询。

## 八、加强强制性产品认证工作管理

### （一）签发免于办理强制性产品认证证明（CCC免办证明）

在开展免于办理强制性产品认证证明工作过程中，湖南局严格按照国家认监委《强制性产品认证管理规定》、《关于无需办理强制性产品认证及免于办理强制性产品认证工作有关部门问题的通知》的要求，认真审核企业申请免办材料，严格把关服务，2012年共签发免办证明194份。

### （二）开展免办CCC特殊检测程序

根据国家认监委2008年第38号公告规定，2012年5月和8月，分别对1台进口自用“多媒体影音系统”和1台用于考古研究的“红外影像扫描系统”设备，按照《免于强制性产品认证的特殊用途进口产品检测处理程序》接受了相关申请，并联系和安排送到指定实验室进行检测。

### （三）CCC认证监管得到加强

组织各相关处室和分支机构加强CCC入境商品查验，重视CCC后续监管，联合机电处对衡阳、郴州局CCC免办工作进行现场检查和指导。2012年CCC入境商品查验357批，查验率达91%，同比提高6%，后续监管覆盖率提高到100%，同比增加了5%。

## 九、加强实验室资质认证工作，全面提高实验室检测技术能力

### （一）实验室资质认定工作

湖南局认真执行实验室资质认定这一基本法定制度，较早实现了对现有10家实验室的资质认定全覆盖，单一计量认证的实验室有烟花爆竹检测中心、保健中心和醴陵办事处实验室，计量认证加食品检验机构资质认定（“二合一”）的有技术中心和岳阳局、株洲局、衡阳局、郴州局、怀化局实验室，单一食品检验机构资质认定的有常德局实验室。2012年，湖南局技术中心和岳阳局、株洲局、怀化局实验室通过了计量认证换证复评审和食品检验机构资质认定初评；醴陵办事处实验室、烟花爆竹检测中心通过计量认证监督评审；郴州局、常德局实验室通过计量认证和食品检验机构资质认定监督评审。通过评审，各实验室检测技术能力均有大幅度提高。其中技术中心认定的检测技术能力范围由原来的1 988个检测项增至5 700个检测项（检测项增加2.8倍），由原来的133类产品增至214类产品（产品类增加1.6倍），在为湖南局检验检疫业务技术支撑与保障方面，又迈上了新的台阶。

### （二）实验室能力验证工作

2012年，湖南局系统实验室能力验证工作取得较大成绩，共参加了44项各类能力验证项目，活动规模创历年之最，绝大部分获得满意结果，有效保证了湖南局系统实验室检测技术能力的巩固与提高，主要表现为以下三个方面：一是技术中心圆满完成国家认监委强制性项目的能力验证工作，参加了国家认监委规定的12项A类强制性项目（即其资质认定范围中属于A类的全部项目）和其他1项强制性项目的能力验证活动，还自愿参加了4项B类项目能力验证活动。二是分支机构实验室参加能力验证活动较之以往有较大起色，常德局、衡阳局、株洲局实验室自愿参加了国家认监委规定的2项A类强制性项目和4项B类项目的能力验证活动。三是通过国家质检总局实验室能力建设达标验收工作，积极开展测量审核，通过多渠道方式开展能力验证活动，技术中心4家区域性中心实验室和岳阳局、郴州局、醴陵办事处实验室共参加了14项测量审核活动，均获得满意结果。

### （三）实验室质量安全风险排查活动

湖南局实验室管理部门积极响应国家质检总局和国家认监委组织开展的质量安全风险排查整治活动，专门制定了实验室质量安全风险排查整治活动实施方案（湘检科［2012］112号）并下发。该方案不但包括了国家质检总局要求开展的实验室生物安全排查整治和国家认监委对获证实验室要求开展的2012年资质认定专项监督检查的两项“规定动作”，而且还增加了实验室其他安全问题的“自选动作”内容，主动出击找风险，全面排查重实效。各实验室按照湘检科［2012］112号的要求开展了自查工作，并报送了自查材料。同时，结合常规实验室验收工作，对岳阳局、醴陵办、郴州局3家实验室开展抽查工作，并汇总各实验室自查和抽查情况，进行了工作总结。活动收到了提高实验室风险意识、制定并采取有效防范措施的良好效果。

**撰稿人：毛 捷 杨 越 审稿人：王利兵**

# 围绕十二字方针 不断加强认证监管

## ——湖南省质量技术监督局2012年认证监管工作概况

2012年，湖南省质量技术监督局（以下简称“湖南省质监局”或“省局”）认证认可工作按照全国认证认可工作会议精神，紧紧围绕“抓质量、保安全、促发展、强质检”十二字方针和湖南社会经济发展，进一步健全和完善与市场经济体制相适应、服务经济发展转变的认证认可工作体系和监管工作制度，创新认证认可方式方法，提高实验室检测能力水平，加大信息化建设力度，强化认证监管手段，取得了较好的成效。

### 一、抓质量，确保重点工作有序开展

一是抓评审质量，规范评审行为。为统一实验室资质认定评审标准，省局制定并下发了《湖南省实验室计量认证和审查认可行政许可工作指导书》和《湖南省实验室资质认定技术评审工作指导书》等相关文件。同时，还组织相关专家讨论审定了《实验室资质认定评审准则在机动车检测领域的应用评审表》等相关评审工作表格；召开省局评审组长座谈会，就评审过程中相关事项提出了具体要求。在省局评审组的技术评审活动中，严格坚持条件，实施派遣观察员制度，对达不到条件要求特别是缺乏相应检验检测手段和能力的实验室，坚决不予认定，有效确保了评审质量。

二是抓质量分析，确保工作有序。为适时掌握实验室资质认定的基本情况，省局对全省实验室资质认定的情况、各类实验室的能力状况以及存在的主要问题进行了比较全面的梳理分析，提出了改进工作的措施和建议，形成了情况分析报告。用其有效指导实验室监管工作的开展，确保了相关工作的针对性。

三是抓工作推进，满足检测需求。2012年是实验室资质认定复查换证工作量最大的年度，全年共下达评审计划1 079家，实际完成901家现场技术评审工作。截至12月31日，已审批发证929家（包括标准变更和地址变更）。保质保量地实施食品检验机构资质认定是全年工作的重点和亮点。依据《食品安全法》，开展食品检验机构资质认定工作，是党中央、国务院交给质监部门的重大政治任务，省局在全省食品检验机构资质认定工作中严格按照《食品检验机构资质认定管理办法》及《食品检验机构资质认定评审准则》等办法、规范、标准的要求，严格评审，坚持条件，对达不到标准要求特别是缺乏相应检验检测手段和能力的实验室，坚决不予认定。截至12月31日，全省共有117家食品检验机构获得了《食品检验机构资质认定证书》，并以省局公告的形式向社会进行了公示。

四是抓“认可”宣传，提高思想认识。为加强认证认可正面宣传，推动认证认可工作深入开展，进一步扩大认证认可工作的社会影响力，在“世界认可日”期间，全省各市州局开展了多种形式的宣传活动，张贴、发送宣传招贴画及相关资料千余套。为配合“世界认可日”宣传活动的开展，省局于6月8日召开了“世界认可日宣传暨认证咨询机构座谈会”，省内所有认证咨询机构都派代表参加了会议和相关活动，取得了良好的效果。

### 二、保安全，切实履行监管职能

一是加强风险排查整治。按照国家质检总局《关于开展质量安全风险排查整治活动的通知》和国家认监委《关于开展认证认可质量安全风险排查整治和道德领域突出问题专项教育治理活动的通知》的要求，省局制定了《质量安全风险排查整治和道德领域突出问题专项教育治理活动实施方案》，各地结合认证监管工作的实际，重点加强了实验室资质认定技术评审、食检机构管理、强制性产品认证等关键控制点的风险监控，着重排查了影响认证有效性和认证认可公信力的重点问题，以及涉及国计民生、人民群众健康安全或曾被举报、曝光的重点产品。在风险排查整治活动过程中，全省认证监管战线累计派出150余人次对400余家相关企业及相关产品实施了监督检查，共注销或撤销实验室

资质证书 71 张，一大批隐患得到排查和整改。

二是加大认证执法力度。全省以落实认监委《关于开展部分重点强制性认证产品质量安全专项整治行动的通知》和《关于开展 2012 年认证行政执法专项监督检查的通知》为契机，切实开展了部分重点强制性产品质量安全专项整治行动，对部分重点强制性认证产品的获证企业开展全面检查和巡查，并在流通和销售环节开展 CCC 认证执法检查。严厉查处了一批强制性产品认证证书暂停、撤销、注销后仍继续出厂、销售，无证生产、无证销售和假冒伪造强制性产品认证标志、证书等违法违规行为，并取得了显著成效。全省共出动执法人员 900 余人次，检查企业 383 家，发现不符合强制性产品认证（CCC）要求的企业 32 家，查出无证企业数 33 家，查出假冒证书标志企业 28 家。加大对投诉举报的查处力度，根据认监委有关信息，组织省局稽查总队联合市局对常德大汉汽车集团有限公司涉嫌生产销售未经 CCC 认证的机动车辆等违法行为开展执法检查并采取了相应处理措施。

三是开展产品监督抽查。按照认监委《关于开展 2012 年强制性产品认证获证产品监督抽查工作的通知》，我省承担了流通领域 CCC 认证电玩具产品监督抽查任务，并按要求制定了《2012 年湖南省强制性认证获证产品（电玩具）监督抽查实施方案》。省局稽查总队在长沙市抽取了 60 批次样品，送指定实验室福建省产品质量检验研究院进行检验，承检单位确认本次抽查有效批次为 49 批次，最后判定合格 30 个批次，合格率为 61.2%。49 批次产品一共涉及 42 家生产企业，其中 19 个不合格批次产品共涉及 18 家生产企业。企业合格率仅为 57.1%。涉及 CCC 证书 47 张，分属 2 家认证机构，2 家认证机构的证书合格率分别为 66.7% 和 61.4%。总结分析报告上报国家认监委，并就相关问题作了相应的后续处理。

四是强化实验室证后监管。按照国家认监委《关于开展 2012 年度实验室资质认定专项监督检查的通知》要求，省局下发了《关于开展 2012 年度实验室资质认定专项监督检查工作的通知》，对专项监督检查工作作了统一的安排布署，配合国家认监委检查组完成了 25 家实验室的监督检查。为做好年度的监督评审工作，省局年初下发了《关于做好 2012 年度资质认定获证实验室定期监督评审工作的通知》，对评审内容和评审方式提出了具体要求。在实施监督评审的同时，省局还加大对投诉、举报工作的查处力度。根据“局长信箱”的举报，省局派出专家组对湘西州正源水电工程材料检测有限公司进行了监督检查，核定情况属实后，暂停了该实验室资质 6 个月，并责令其进行严肃认真的整改。7 月，媒体披露湖南农大营养与食品安全检验中心超范围检验“香兰素”并出具不实的检测报告，引发社会广泛关注，省局和长沙市局迅速介入调查，随即组织专家对其进行专项监督检查。根据核查情况，省局及时作出了撤销其资质认定证书的行政决定。

## 三、促发展，为社会经济发展服务

一是积极推进重点行业重点地区认证工作。结合我省实际，各级质监部门积极督促企业参与资源节约型、环境友好型社会建设，以中国质量认证中心武汉分中心为技术支撑，强化节能、节水、节电、节油和可再生能源产品认证，加强对获证产品节能效果的监督与评估，目前，省内已认证节能 企业 20 家，发放 61 张证书；节水企业 3 家，发放 8 张证书；环保企业 4 家，发放 16 张证书。认证重点地区长沙市 2012 年就有 60 家单位新申办了 131 张强制性产品认证证书；540 家单位取得了质量管理体系认证证书；138 家单位取得了环境管理体系认证证书；101 家单位取得了职业健康安全管理体系认证证书。

二是积极推进食品企业的自愿性认证。为从源头保障食品安全和食品质量，结合农业标准化示范基地建设，开展食品农产品认证工作，有效提高全省食品农产品的品质。在食品生产企业中大力推广危害分析与关键控制点（HACCP）体系认证和食品安全管理体系认证，建立乳制品生产企业良好生产规范（GMP）和 HACCP 体系，积极推动食品安全管理体系认证工作深入开展。2012 年全年，全省共有 202 家食品农产品企业获得 HACCP 认证和食品农产品安全管理体系认证，增强了企业的安全责任感，进一步提升了全省食品和农产品生产能力，保障食品农产品企业平稳健康发展。

三是多层次开展相关人员资格培训。全年共举办了 1 期车检机构授权签字人、技术负责人培训班，考核合格人员 145 人；举办 4 期车检机构检验人员培训班，考核合格人员 186 人；举办 4 期实验室内审人员培训班，考核合格人员 594 人，并应企业要求及时到检测机构开办 3 期现场培训班。

四是加快认证认可行政许可网上平台建设。积极推进《湖南省实验室资质认定行政监督管理系统》的完善和推广使用，组织专家完成了对该系统的验收。全面实现了省内所有实验室资质认定工作网上申报和审批，进一步提高了全省资质认定行政许可工作的规范性和透明度，极大地方便了被许可人和社会各界对许可工作进程、相关信息的查询及许可工作的了解。

## 四、强质检，提升自身能力建设水平

一是推进局机关质量管理体系建设。积极推进省局重点工作之一——在省局机关建立并运行质量管理体系。召开了省局机关质量管理体系建立与运行动员大会，下发了推进质量管理体系建设工作方案和体系建设实施方案；组织开展了质量管理体系全员培训；在局机关各处室开展了质量管理体系现状调研活动；完成了质量管理体系外部调研学习活动，组织各处室进行了职责和岗位梳理。在总局体系办的具体指导下，省局机关质量管理体系建设工作全面完成，并开始初步运转。

二是培训认证监管人员。为增强履职能力、提高监督水平，省局于9月举办了强制性产品认证监管人员主题培训班。为保证培训效果，周笑春副局长亲自带队到湖北中国质量认证中心（CQC）武汉分中心寻求支援、协调师资并就培训的重点内容和方式方法进行探讨。武汉分中心对此高度重视、大力支持，在开班之前积极组织人员精心编写了内容丰富、实用性强的培训教材，培训期间分别派出6位认证专家进行了授课和讨论交流。系统内110余人参加了培训，夯实了认证行政监管工作的基础。

三是进一步加强认证执法监管体系建设。全省各级质监部门强化监管职能，努力健全工作制度，继续实施“以认证监管机构为主导，以专职执法机构为主力，以法制工作机构为监督”的认证执法监管工作机制，积极推行“属地管理，分级负责”的工作格局，强化了各级质监部门的执法权威，充分发挥了工作属地管理的积极性和有效性。

撰稿人：刘社爱 审稿人：彭利锋

# 完善制度　推动创新<br>全面推动广东局认证认可事业创新发展

——广东出入境检验检疫局2012年认证监管工作概况

2012年，广东出入境检验检疫局（以下简称“广东局”）紧紧围绕“抓质量、保安全、促发展、强质检”的工作方针，努力探索和实践认证认可主题功能——“传递信任，服务发展”，在国家质检总局、国家认监委和广东局党组的正确领导下，同心同德、脚踏实地、大胆创新，取得了可喜的成绩。

据统计，全年共受理组织评审企业、机构2 208家次，向国外推荐企业68家次，审批发放各类证书6 957份。截至2012年底，广东局辖区出口食品备案企业共有1 068家，对外注册企业499家次；出口商品质量许可证企业2 052家，获输美陶瓷认证企业343家；系统内获得认可的实验室数量达57个，通过评审获得食品检验机构资质认定资格的实验室共计32个，全面完成广东局食品检验机构资质认定工作。

## 一、完善制度，着力提升认证认可监管水平

一是完善制度，强化认证监管工作程序化、规范化、科学化管理。制定了《广东局出口食品生产企业备案工作程序规定》、《广东检验检疫局食品农产品认证监督检查工作规范》等规范性文件，规范广东局备案工作。

二是完成对《广东检验检疫局免于强制性产品认证的特殊用途进口产品检测处理程序工作规范》修订工作，强化强制性产品认证工作流程管理。

三是以宣贯和落实《质量发展纲要（2011—2020年）》为契机，进一步建立和健全质量监管工作机制，组织编写了ISO 9000质量管理体系作业指导书，进一步完善和规范了认证认可工作流程和程序。

四是建立定期监管与专项检查相结合的监督检查机制，加大对出口食品备案注册企业的监督检查力度；采取定期监管与专项检查相结合的监督检查机制，提高工作效率，实现“一次下厂，多种体系结合监管评审”的监管方式。

## 二、开展专项整治活动，提升认证认可质量安全水平

一是组织对出口蜜饯、蛋制品生产企业进行专项抽

查，结合排查工作向企业宣传国内外政策法规，把食品添加剂使用的规定和标准传递给企业，进一步强化出口食品生产企业的质量安全主体意识，自觉树立诚信守法经营理念。

二是开展出口肉类和乳品等企业监督检查及危害分析与关键控制点（HACCP）体系认证验证工作，重点检查企业 HACCP 体系的建立及运行情况，促使企业持续符合出口食品生产企业安全卫生要求和进口国注册要求。

三是开展强制性认证（CCC）产品专项整治行动，在辖区内组织开展针对轮胎、汽车零部件、玩具、电线电缆、电动工具等 9 类强制性认证产品的专项整治。共查验 4 683 批次入境重点产品，检查免办企业 721 家，查处认证违法案件 57 例。这是强制性产品认证制度实施十年来广东局开展的覆盖面最广、时间跨度最大、检查企业最多的一次整治行动，取得较好的效果。

四是开展 CCC 认证获证产品监督抽查活动，对轮胎、汽车零部件、玩具、电线电缆和灯具等重点获证产品实施监督抽查，有力维护了广大消费者的合法权益，切实发挥了强制性产品认证对产品质量安全的监督保障作用。

五是开展认证行政执法专项监督检查，强化目录内 CCC 产品入境验证和 CCC 免办产品后续监管工作。全年共组织分支局开展 CCC 产品入境查验 25 648 批次，查验率为 28.6%；对申请免办证明的企业实施后续监管，后续监管率为 100%。

六是开展出口质量许可证获证企业及产品监督抽查活动，开展出口金属切削机床、铅酸蓄电池质量许可证监督检查活动，抽查了 105 家企业的两大类产品，注销了 7 家证书。

七是开展了实验室资质认定监督检查，重点检查涉及食品、玩具检测业务的 20 家实验室，确保了获证实验室管理体系持续有效运行。

## 三、积极探索创新，强化认证监管风险管控能力

一是持续推进监管重心下移，创新监管手段。下放出口食品备案企业日常和定期监管工作，明确分支局监管工作内容，健全监管责任人制度，保证监管工作有效落实。

二是有计划、有步骤地开展了多项质量安全风险排查和专项整治活动，全面排查质量安全风险隐患，有力推动广东局出口质量许可证和强制性产品认证执法监管工作质量的提高。加大对出口玩具的风险分析、评估力度，在准确把握产品风险的基础上，及时调整监管方式，探索出口玩具质量许可检验监管的新措施和方法。

三是加强舆情风险管理，强化风险意识。利用 CCC 免办网上审批系统，对申请与审批实行在线跟踪和监督检查，发现问题及时启动窗口指导，督促落实整改，确保免办审批下放分支局后，审批质量得到保障，把风险因素消除在过程前端。

## 四、强化认证市场监管工作，提高认证监管的影响力

一是开展对外资认证机构、办事机构的核查，对已备案的 12 家办事机构开展实地走访核查，对与备案信息不一致的 5 家办事机构，取消备案，完善相关资料后重新申请备案。

二是开展管理体系认证有效性监督检查。组织各分支局开展认证有效性监督检查，共派出行政监管人员 748 人次，检查获证企业 325 家，涉及证书 465 张，涵盖 ISO 9001、ISO 14001、OHSMS 18000 等多种管理体系。

三是开展网格化检查，组织 11 个分支局共 20 名监督检查人员，对东莞地区 120 家出口企业实施全覆盖监督检查，检查共涉及 36 家认证机构、9 家咨询机构、182 张认证证书；重点对认证从业机构和从业人员执业行为实施监督管理，严厉打击获证企业伪造、冒用认证证书、认证标志的行为，对虚假认证、非法认证等认证违法行为进行查处。

## 五、完成系统内资质认定和认可工作

一是持续推进实验室国家资质认定和认可工作。全年组织了广东局技术中心等多家实验室接受实验室国家认可委员会的“二合一”现场评审，维持各检测技术机构的实验室认可与计量认证的资质。

二是积极推进保健中心医学实验室的认证认可工作，组织汕头局、江门局保健中心实验室接受了国家认监委和国家认可委的现场评审。

三是重点开展广东局食品检验机构资质认定工作，安排 27 家技术中心 / 综合实验室进行了食品检验机构资质认定现场评审，目前广东局通过评审获得食品检验机构资质认定资格的实验室共 32 个，全面完成了广东局食品检验机构资质认定工作。

四是积极稳妥推进系统内熏蒸消毒单位的考核、评审、发证工作，目前获得检疫处理管理证书的机构有 21 家。

## 六、落实帮扶政策，大力促进地方经济转型发展

一是帮扶企业完成对外注册推荐，与分支局紧密配合，成立帮扶工作小组，制定具体帮扶措施并检查整

改情况，指导企业做好迎检工作；先后帮助多家企业顺利通过韩国、新加坡、美国食品药品管理局（FDA）官方实地检查。

二是继续加大对企业管理人员培训力度，不断提升企业管理和生产人员的法律法规和卫生质量意识，提升企业质量管理水平；全年先后分片举办多个培训班，培训企业管理人员500多人。

三是努力推动出口企业转型升级，促进地方经济发展。根据广东地区企业特点，找好、找准工作切入点和着力点，通过开展系列培训、强化帮扶工作机制、监管帮扶并重等多种手段，大力支持“加工贸易转型升级示范区”等地方经济平台建设。

四是组织技术力量到多个企业进行调研，了解企业经营状况，向企业宣传认证认可有关政策，提供产品标准更新和技术管理指导。东莞局出台扶持措施，对获证的来料加工企业提供“不停产转型”服务；推进实施出口玩具生产企业综合监督管理记录册；为获证企业编译最新版美国、欧盟玩具标准，使企业及时了解欧美玩具市场的变化，突破国外技术性贸易壁垒。

五是利用世界认可日宣传活动，举办主题为“传递信任，服务发展——推进认证检测，共建服务平台”的世界认可日系列活动；促使认证监管机构、认证机构、地方经贸部门及生产企业形成合力，推动企业管理体系认证和产品认证的发展。

## 七、加强认证监管科研信息化建设，提高科学监管水平

一是根据国家认监委下达的“短平快”研究项目，组织进口燕窝业务口岸有关专家撰写《进口燕窝境外加工企业卫生注册管理研究》和《国外燕窝生产企业卫生管理规范汇编与评估报告》，编写进口燕窝企业注册申请指南、注册程序、检查要点等文件，探索建立了现阶段适合我国国情、符合国际现行贸易规则、具有可操作性的进口燕窝境外加工企业卫生注册管理模式。

二是成立出口食品生产企业备案监管工作工业食品、肉类食品和水产品专业备案监管工作协作组，发挥专业技能作用，增强协作能力，提升备案审核规范性、指导性。

三是组织开展出口质量许可信息管理系统的研发工作，完成了前期开发工作，进入软件测试阶段；管理系统的应用必将大大提升出口许可证信息管理的科学监管水平。

四是利用自愿性认证活动执法监管系统，将管理体系认证行政监管工作与系统的使用相结合，参与对认证机构认证活动的现场监督检查。

## 八、加强队伍建设，为认证执法监管提供根本保障

广东局采取加大培训力度、扩大评审队伍，抓好评审员的管理和强化廉政意识等措施，逐步建立了一支政治过硬、业务精干、公正廉明的认证认可队伍，为广东局认证认可事业的持续有序的发展提供根本保障。

一是持续加大培训力度，提高基层一线认证监管人员的素质。先后举办了备案注册见习评审员培训班、强制性产品认证监管培训班、《认证机构管理办法》宣贯暨认证监管人员培训、GB/T 28001—2011国家注册审核员培训班，对全系统500多人进行了培训。

二是建立和完善评审员管理制度，落实评审责任制。一方面明确分支局评审员归口管理部门，建立和完善评审员考核机制；另一方面加大对评审员考核的力度，建立评审员奖惩机制，落实不合格评审员退出机制，落实“谁评审，谁负责”责任制，保证备案评审工作质量。目前广东局共有备案评审员331人（主任评审员28人、评审员207人）、出口质量许可审核员190人。

三是建立CCC业务管理专家库，强化了CCC业务管理人才队伍的建设。

## 九、坚持廉政建设常抓不懈，做好队伍廉政建设

一是全系统认证认可战线同志们认真落实党风廉政建设责任制，严格执行各项廉政规章制度；在各项工作开展过程中，把廉政问题放在重要地位。

二是发扬艰苦奋斗的作风，牢固树立为人们服务的思想，警钟长鸣，从思想上筑起反腐倡廉的防线。

三是通过跟踪监督，规范认证认可工作，加强认证监管活动的监督管理。全年，全系统认证监管工作人员严格执行各项廉政规定，在各项认证监管工作中体现清正廉明，受到地方政府部门和企业的好评。

**撰稿人：林 仪 审稿人：李建华**

# 紧紧围绕十二字方针 稳步推进认证监管

## ——广东省质量技术监督局2012年认证监管工作概况

2012年，广东省质量技术监督局（以下简称“广东省质监局”或“省局”）认证认可工作，在国家质检总局和国家认监委以及在省局新一届领导班子的正确领导下，按照“抓质量、保安全、促发展、强质检”工作方针以及建设“质量强省”工作目标，认真贯彻国家质检总局和国家认监委的各项工作部署，较好地完成了各项工作任务。

## 一、抓质量，着力服务地方经济发展

### 1. 积极推动产品和体系认证，落实质量强省目标有成效

截至2012年底，全省共有10 945家企业取得了81 658张有效强制性产品认证（CCC）证书，CCC获证企业和获证数量居全国第一，单项指标完成质量强省目标的90.7%；45 228家企业取得了质量管理体系认证证书，12 945家企业取得了环境管理体系认证证书，3 954家企业取得了职业健康安全管理体系认证证书，管理体系认证数量居全国第二，落实质量强省目标取得新进展。

### 2. 严抓实验室资质认定，为经济发展质量提供技术支撑

一是建章立制，严把实验室资质认定关。为提升广东省实验室资质认定的整体评审水平及检测能力，省局严格按照相关法律法规及制度要求，建立健全统一规范的资质认定工作体系，做到统一要求、统一标准、统一程序、统一评价。截至2012年底，全省获得审查认可（CAL）的实验室有191家，比2012年增加了14家；获省级计量认证（CMA）实验室有1 883家，比2012年增加了109家。目前广东省检测实验室数量已经位居全国第一，其中机动车检测实验室485家，建筑工程及材料质量安全检测实验室399家，食品检测实验室126家，环境检测实验室197家，疾病卫生检测实验室197家等。资质认定范围涉及国民经济各个领域，对推动本省经济转型升级和维护产品质量安全起到技术支撑的保障作用。二是创新监管模式。省局把初次申请评审的实验室作为重点监管对象，对首次申请评审的实验室的基本条件及评审结果真实性实行现场监督核查，对发现问题的，整改后如果符合要求，准予许可；问题严重且不可整改的，不予许可，并追究相关评审人员的责任。通过现场监督核查，不仅约束了相关申请单位和评审人员履行责任，也树立了监管部门的权威性，确保检测市场的公正和规范，维护资质认定工作的良好秩序，保证检测工作服务经济发展提供技术支撑的有效性。

## 二、保安全，不断加强认证监管力度

### 1. 加强对认证机构、认证产品的监管

一是提高对认证机构监管的有效性。2012年，省局根据历年检查发现的问题，组织专家会同部分地市局对广东省7家认证机构，70家驻粤认证机构子公司、分公司、办事处，100多家获证企业进行专项检查。在检查中发现有10家认证机构及办事处有违法违规行为，并及时移交有关地市局处理，其中3宗已处理，7宗正在处理。通过专项检查有力遏制了认证行业恶性竞争与不规范行为的蔓延，维护认证市场的良好秩序。二是加强对重点强制性认证产品质量安全的监管。根据国家认监委的有关要求，结合广东省“三打两建”专项行动，各地市组织对部分重点产品、重点企业、重点区域进行检查。2012年认证执法检查全省共出动1 866人次，检查企业986家，责令78家企业进行整改，立案查处38宗，共罚款金额86万元，没收违法所得23万元。三是发挥行政和行业联动监管的模式，确保获证产品质量。根据国家认监委的要求，2012年6月，省局与广东质检院、中国质量认证中心广州分中心组成联合检查组，采取专项监督抽查和获证企业证后监督抽查的方式对广东省灯具产品进行联动抽查，共抽查了58家生产企业74批次CCC认证有效状态的灯具产品，经检验，其中68批次产品合格，合格率为91.9%；6批次产品不合格，产品不合格发现率为8.1%。

### 2.. 加强对全省获证实验室的证后监管

一是突出风险监控，针对民生健康的检测实验室开展监督检查。根据国家认监委《关于开展2012年实验室资质认定专项监督检查工作的通知》要求，广东省开展以食品、玩具、纺织品、建材、家用电器、室内空气检测等关系民生健康的检测领域的资质认定获证实验室为重点，采取各获证实验室自查自纠、各地市局监督检查，省局抽查等方式开展专项监督检查。检查中发现部分食品检测机构存在检验场所和设备有交叉污染等问题，省局及时发文予以纠正并提出具体要求。二是开展对全省机动车检测机构计量认证飞行检查。2012年省局组织专家会同有关地市局共对18家机动车检测机构进行了飞行检查，发现部分检测机构存在涉嫌检测数据造假，检验人员行为不规范，检测设备存在故障等违法违规问题。及时对存在问题的机动车检测机构责令其严肃整改并移交当地质监部门查处，省局对检查结果也进行了通报。

### 3. 加强对管理体系获证企业的监管

为全面提高质量管理体系认证有效性，引导认证市场健康发展，根据国家认监委的部署，省局组织广州市局对全市120家管理体系获证企业进行有效性专项监督检查。这次检查共出动监管、执法人员453人次，检查企业120家，检查证书203张，涉及认证机构29家，发现获证组织和认证机构问题共111项，责令整改111项。专项检查的开展对认证机构把好发证关，自觉加强内部管理，提高认证质量起到一定震慑作用。

## 三、促发展，助推经济结构转型升级

### 1. 积极推进粤港澳认证认可的交流合作

截至2012年底，取得广东省实验室资质认定的港资实验室有4家。为落实中央、广东省政府扶持港澳政策，省局有关领导和业务部门多次赴香港，与香港有关部门协调、沟通，为香港认证机构和检测机构在广东省开展认证检测业务创造条件，促进合作共赢。

### 2. 继续为广东出口转内销企业提供便利

根据国家质检总局和国家认监委的有关要求，省局积极会同检验检疫部门，牵头组织相关认证机构为广东企业出口转内销产品提供认证便利措施，简化出口转内销企业进行强制性产品认证的程序，节约认证成本，缩短认证时间，真正为企业排忧解难，为广东省扩大内需创造良好的环境。

### 3. 大力发挥认证认可工作在转变经济发展方式中的作用

积极推进资源节约型产品认证，服务广东省低碳经济，进一步在广东省生产企业推广低碳产品认证、节能节水产品认证和能源管理体系认证。截至2012年底，全省共有376家企业取得了7 354张节能节水产品认证证书，比2011年增长了27%。深圳市局积极开展碳排放核查试点，运用市场化手段推动深圳市节能减排、低碳发展取得明显成效。

### 4. 积极协调认证检测机构实现规模化、品牌化、专业化

2012年，在国家认监委的大力支持下，广东省的强制性产品认证机构和检测机构在资格方面取得了重大进展。一是广东质检中诚认证有限公司被国家认监委指定为CCC认证机构；二是国家灯具质量监督检验中心（中山）、广东省通讯终端产品质量监督检验中心（河源）、国家摩托车及配件质量监督检验中心（江门）、国家玩具质量监督检验中心（汕头）取得了CCC认证的检测资格；三是广东产品质量监督检验研究院、深圳市计量质量检测科学研究院新增了部分CCC产品的检测资格。这些机构相关资格的取得，对提升质监系统服务地方经济发展提供了强有力的技术支撑。

### 5. 开展能力验证，提高实验室检测能力和水平

2012年，省局部署开展了对广东省通过实验室资质认定且具备矿泉水中铜、锰检测能力实验室的能力验证和具备废水中氨氮、总磷、铅检测能力实验室的能力验证，全省共有380家获证实验室参加比对。通过能力验证，有力促进了广东省实验室检测能力和水平的提高。

## 四、强质检，提升认证认可监管水平

### 1. 建章立制，规范资质认定评审工作

为规范广东省实验室资质认定评审工作，确保评审结果准确、统一和公正，结合广东省工作实际，省局组织全省有关部门和专家编制了《广东省建筑工程与材料检测机构资质认定评审》和《广东省机动车检测机构资质认定评审》的工作指南，为实现有效监管、规范监管、统一监管提供依据。

### 2. 完善数据平台，为科学监管提供信息支撑

为提高实验室资质认定审批效率，完善建立“食品检验机构资质认定信息数据库”、“实验室评审专家信息库”和筹建“广东省实验室监督管理信息系统”，畅通认证监管的信息渠道，为全省各级认证监管人员

实行科学监管提供信息支撑。

**3. 加强人员培训，提升监管和评审水平**

为提高实验室资质认定评审人员的能力水平，2012年省局组织有关专家对相关评审员进行培训考核，目前取得省级资质认定评审员资格有798名，实习评审员94名。2012年，省局举办1期全省认证监管人员培训班，聘请专家讲解认证知识和执法案例，有效提高全省认证监管人员的整体水平。

2012年，全省认证监管工作虽然取得了较好的成绩，但也存在一些问题和不足。一是部分机动车检验机构检测行为不规范，出具虚假报告情况仍有发生；二是少数认证机构存在不规范行为，如人员管理较混乱，认证过程不完整；三是相关法律法规和制度不完善，导致对部分规模小、层次低、不守法的实验室监管难度大；四是全省认证监管人力严重不足，监管人员的整体水平有待提高。

**撰稿人：汪宣穗 审稿人：胡鉴锋**

# 严格监管　传递信任　提升认证认可贡献率

## ——深圳出入境检验检疫局2012年认证监管工作概况

2012年，深圳出入境检验检疫局（以下简称“深圳局”）牢牢把握国家认监委“传递信任，服务发展”的指导思想，紧密围绕深圳局“以质为本立方针，敢为人先破难题”的工作主题，深入开展“两个专项”及“为民服务，创先争优”活动，精细构建职能框架内质量管理体系，全面加强出口食品备案管理，扎实开展强制性产品认证（CCC）查验及免办工作，继续加大认证监管执法力度，稳步推进能效标识查验及节能减排工作，不断完善对外委托检测审批程序，取得了一定成绩。

截至2012年12月31日，认证处共实施出口食品企业备案审核128厂次，深圳地区在册出口食品生产企业128家（136张证书），出口远洋捕捞渔船9艘，活禽养殖场5家，活猪养殖场2家，供港蔬菜生产企业17家，供港蔬菜种植基地6家，出境水果包装厂15家，出境水果果园1家，出口食用动物饲用饲料备案企业13家，出口饲料生产企业11家，出口非食用动物产品注册企业6家；受理CCC免办2 609批次，CCC免办监管手册保有量1 896份，签发CCC免办证明590份；小批量汽车免于强制性认证申请方面，同意入境检测115批/313台，出具入境批准书235批/540台。审批对外委托检测194批，涉及光纤、水泥等6种法检商品，货值1.09亿美元；办理外资认证机构备案1家，注销1家，深圳地区在册外资认证机构在深办事处3家。

### 一、严格监管保质量，向消费者传递信任

#### （一）抓重点

扎实完成CCC重点产品专项整治和获证产品监督抽查。2012年3月—8月，深圳局组织有关分支机构对CCC部分重点产品开展了质量安全专项整治行动。在重点产品、重点企业、重点区域和重点问题方面加大执法查处、企业排查、证书清理和监督检验的工作力度。对包括轮胎、农机、装饰装修、汽车零部件、玩具、橡胶避孕套、电线电缆、电动工具和灯具在内的九大重点产品，制定了专项监督抽查预算及实施方案。“六一”儿童节期间，细化国家认监委玩具产品整治行动计划，重点关注童车、电玩具、塑胶玩具、金属玩具、弹射玩具、玩具娃娃六类产品。2012年，深圳局共对专项整治活动在内的45 079批、货值68.00亿美元的产品进行了CCC行政执法，发现CCC认证监管不合格案例37批，问题企业33家，其中假冒CCC证书1批、产品与CCC证书不符3起、CCC标志使用不规范32批、持CCC证书又办理了CCC免办手册1批。这是深圳局近年来CCC专项整治活动首次发现不合格。10月25日，国家认监委在江西召开了CCC产品获证后监督检查工作会议，深圳检验检疫局因工作成效突出，受邀以“认证为民，品

质共享”为题，在会上作经验介绍，取得良好反响。

### （二）控风险

开展出口蜜饯、凉果、果冻及明胶使用企业专项排查。针对媒体报道的安全隐患，组织有关分支机构对辖区企业进行逐一排查。检查共出动57人次，对15家出口食品生产企业进行了监督检查。对蜜饯企业，重点检查原料验收控制、保质期管理、晾晒过程卫生控制等环节；对果冻、糖果企业，重点检查明胶来源、供应商资质及原料验收记录，并抽取样品进行了检测。检查结果表明深圳出口食品生产企业不存在媒体报道的使用工业明胶以及凉果蜜饯加工环境卫生差的情况。

### （三）促提升

组织出口肉类、乳制品企业HACCP验证提升活动。按照国家认监委工作要求，组成10个验证评审组，结合延续备案工作对深圳地区25家出口乳品、肉类企业开展HACCP验证提升活动。此次验证提升以国家认监委出口食品安全卫生新要求为依据，增加了对食品过敏原等危害的分析，是对高风险产品企业HACCP体系的全面提升。通过对企业HACCP体系的运行情况实施官方验证，督促企业提升持续符合出口食品生产企业安全卫生要求和进口国注册要求的能力和水平。

### （四）建机制

进一步规范入境商品CCC口岸查验。按照国家认监委要求，深圳局加强了对分支机构CCC口岸查验监管工作的督查，及时发布《关于规范深圳局CCC口岸查验监管工作的通知》，对CCC口岸查验监管工作执法依据，目录内外判别原则，一般贸易与加工贸易方式进口CCC认证产品在口岸查验和监管、核销要求，异常情况请示汇报制度，不合格案例及涉嫌违法行为报告制度等方面作了进一步明确和规范，为各分支机构提供了全面、完整的操作指引，深受基层检验检疫人员好评。

### （五）定方案

深入开展落实风险排查工作。按深圳局要求编写认证认可质量风险排查活动实施细则，明确风险排查的方法、步骤、工作内容，指导分支机构开展所属区域的认证认可质量风险排查活动，确保落实各项排查内容。在开展风险排查专项整治中，针对CCC免办手册管理系统存在核销难度大、企业信息不完整、统计功能不完善等漏洞，深圳局通过召开座谈会、现场调研等方式向相关分支局、办事处收集意见和建议，并及时与信息中心沟通系统升级完善事宜，确定CCC免办系统升级方案，不仅有利于CCC免办手册监管人员减少工作量、提高工作效率，也可进一步提高把关水平、强化CCC认证监管工作，管理系统有望2012年底前完成功能升级改造并投入使用。

## 二、管扶结合助发展，向企业传递信任

### （一）“深”挖深圳市远洋渔业发展潜能，实现深圳地区远洋捕捞渔船欧美注册零的突破

远洋渔业是具有国家战略意义的重要产业，是我国“十二五”期间重点规划内容。为帮助深圳企业成功注册，一是针对申请渔船质量卫生体系与欧美官方要求存在的差距，多次为企业讲解欧美水产品卫生法规，帮助企业建立HACCP计划书；二是针对企业渔船停靠地为外省港口的情况，主动派员赴外省对在港渔船实施现场评审，有效帮助企业节约了时间和成本。2012年认证处共评审推荐远洋捕捞渔船7艘，全部获准列入输美远洋捕捞渔船名单及欧盟第三国渔船名单。

### （二）“广”拓辖区食品生产企业出口市场，帮扶企业应对国外壁垒，实现出口食品企业对外注册新突破

2012年2月，加拿大官方公布了中国首批11家对加拿大注册的热加工禽肉企业名单，深圳铭基食品有限公司名列其中，该企业的成功注册意味着深圳禽肉产品成功叩开了北美市场大门。7月，该公司又获蒙古国批准，成为我国首批对蒙注册的熟制牛羊肉生产企业，进一步拓宽了国际市场。为保证企业顺利完成对蒙注册，认证处工作人员在注册前多次深入企业指导，严格对照中蒙两国议定的产品兽医卫生条件进行排查，帮助公司修订完善HACCP计划，根据蒙方要求增设了生产过程中的关键控制点。

### （三）“强”化辖区出口企业认证行政监管，提升获证企业体系认证有效性

截至2012年10月31日，认证处共组织辖区分支局、办事处出动92人次对深圳地区50家出口企业开展管理体系认证监管工作。排查中发现12家获证企业存在体系运行风险，占所有检查企业的24%；还发现1家获证企业体系运行失效，还有1家境外认证机构涉嫌在国内非法开展认证活动。通过上述举措，使得获证企业的体系得到了有效的提升，行政监管成效初显。

### （四）“快”推辖区企业产品委托检测速度，为企业产品通关减负提速

2012年，与深圳市建设工程质量检测中心等四家

检测机构继续签订委托检测协议，确保深圳局主要对外委托产品能够得到快速检测，提高货物通关速度、节约企业物流成本。本着扶持深圳外贸发展、服务企业的原则，深圳局在了解到辖区某企业想申请电冰箱检测处理程序后，积极组织相关分支局、技术中心，研究政策的可行性及可操作性，并迅速组织编写相关管理规定。此举有望在便利企业送检、提升通关速度的同时，为深圳局工业品中心拓展业务，并积极协助工业品中心向国家认监委争取电冰箱检测程序的检测资格，如果得到批准，该项业务每年将可为该中心带来几十万元的委托检测收费。

## 三、创新载体抓宣传，向社会公众传递信任

### （一）“国际认可日”主题活动形式多样

在深圳局门户网站开通以“认证认可 传递信任 服务发展”为主题的在线访谈。谢月华副局长作为嘉宾，就认证认可的基础知识、认证认可促进企业产品质量提升、帮助消费者理性消费等方面的内容与广大网友进行两个小时的在线交流，共回答网友关于出口食品、CCC认证、机构设立、有机产品等方面的问题20余个，网友反馈良好。同时向各分支机构发放“世界认可日”主题宣传招贴画，张贴在深圳各个口岸现场以及检验检疫查货场所、对外办公场所，积极对外宣传“世界认可日”。

### （二）“中国碳排放认证认可技术国际论坛”引领潮流

与中国电子技术标准化研究院合作，连续两年在深举办“中国碳排放认证认可技术国际论坛”。2011年、2012年深圳局都作为“中国碳排放认证认可技术国际论坛”的技术支持单位，积极参与该论坛的组织、研讨工作，国内外企业对该论坛反响很好，有利于更多的机构和国际知名企业了解深圳，引领“低碳经济”、“绿色发展”新潮流。

### （三）“国检邀您看企业”活动反响良好

中秋国庆双节前夕，认证处组织了名为“传递信任、见证安全”的主题活动，深圳局工作人员携深圳市20多名消费者走进月饼企业生产车间，详细了解月饼生产流程及质量控制环节，增进消费者对食品安全的信任感。《南方都市报》、《深圳商报》、《深圳特区报》、《羊城晚报》等知名媒体对这一活动进行了报道。活动期间，中央电视台也对深圳地区出口月饼加工企业进行了正面报道，有力增强了社会公众对应节食品安全的信任，营造了社会公众关心食品安全、了解食品安全知识的良好氛围。

## 四、外引内联提效能，向各级单位传递信任

### （一）平稳过渡，完成辖区出口食品企业《备案证明》换版工作

2011年10月1日《出口食品生产企业备案管理规定》施行后，国家认监委印制了新版《备案证明》并要求按期转换。为确保辖区备案企业顺利换证，实现分支机构凭证报检工作平稳过渡，深圳局统筹计划，结合延续备案工作及企业备案变更工作，按顺序、分批次开展新旧版《备案证明》换发工作。每家企业换发新证后认证处都第一时间将新证传真至分支机构。截至2012年6月底，深圳局为辖区全部130家出口食品企业换发了新版《备案证明》，同时下发通知停止使用旧版证书，顺利完成新旧证书换版工作。

### （二）广开言路，圆满举办低碳认证专题讲座

2012年5月29日，认证处组织举办了“推进碳排放认证认可，助力低碳经济发展”的专题讲座，特别邀请来自中国电子技术标准化研究院、深圳排放权交易所的专家，就“低碳经济”及国内外的发展状况、碳交易及其对经济社会发展的影响等主题进行了广泛而深入的探讨。谢月华副局长出席讲座，全局“十二五”节能减排综合性工作小组成员及相关人员80余人参加了讲座。谢月华副局长在讲座中回顾总结了近年来深圳检验检疫局在工业产品能效标识、节能减排、环境保护、资源回收利用以及循环经济等方面做出的大量卓有成效的工作，并向与会单位提出三点要求，推进低碳工作开展。

### （三）紧密合作，联手业务处室组织深圳局岗位技能竞赛

积极响应深圳局专业技能竞赛，发挥专业优势，全程参与技能竞赛命题、组织、及仲裁工作。在食检专业岗位竞赛筹备阶段，认证处联合食检处进入企业车间拍摄实景短片，通过展示出口食品企业车间常见不符合项目，为竞赛抢答环节提供了丰富、真实、实用的素材，通过竞赛切实提升一线人员监管水平。

### （四）固旧扶新，加强认证认可技术专家推荐工作及评审员梯队建设

2012年，深圳局向国家认监委推荐认证行政监管技术专家2名，进出口食品企业注册备案主任评审员2

名，进口酒类注册专家2名，出口保鲜蔬菜技术专家2名。7月19日—21日，举办了2012年度主任评审员培训班，在册主任评审员及评审员等30余人参加了此次培训。培训专程邀请到国家认监委法律部专家详细介绍了出口食品备案制度制定背景、工作性质，条款释义等，同时邀请到山东局资深专家，对美国FDA《水产品危害分析与控制指南》第四版进行了全面系统的培训，着重讲解了新版本在危害分析等方面的变化，并重点学习了美国《水产品危害分析和关键控制点（HACCP）培训教程》（第五版）相关内容，为评审员开展HACCP验证提升活动提供了技术支撑。

**（五）精心筹备，保障特殊检测程序管理系统顺利上线运行**

1月—4月，积极组织相关审批部门、检测机构对国家认监委开发的“免于强制性产品认证的特殊用途进口产品检测处理管理系统”（以下简称“检测程序管理系统”）进行全面测试，并将发现的10多个问题及时向系统开发部门反馈，为系统的正式上线发挥了积极作用。系统正式上线后，深圳局从三方面开展推广应用工作：一是通知主要申请企业尽快熟悉系统使用，二是在深圳局门户网站公告系统上线运行通知，三是正式行文告知两家汽车检测机构相关上线运行通知。同时，采取多项措施保证审批工作有序开展，最大程度减少了新系统上线对正常工作的影响。

**（六）深入调研，解决进口产品CCC目录内外界定难题**

2012年，深圳局先后两次派员前往上海局寻求解决之策。调研结束后，深圳局与部分口岸分支局、中检深圳公司探讨解决方案，最终形成引入第三方专业中介机构协助判定的初步方案，已上报局领导审批。该方案已获局领导初步肯定，正按照局领导批示加紧编制实施细则。届时将彻底解决困扰深圳口岸一线查货人员多年的难题。该方案的实施也将有利于进一步推动CCC入境查验的风险管理模式，降低查验比率，减轻一线工作压力，同时可在一定程度上加快通关速度，也是深圳局行政管理体制上的一个新突破。

## 五、建言献策谋合作，向世界传递信任

**（一）着眼新兴认证领域，积极参与国际认证认可交流合作**

6月中旬，谢月华副局长出席太平洋认可合作组织2012年年会开幕典礼暨研讨会，研讨会期间与香港认可处、香港检测和认证局就认可服务和认证行业的发展等进行了积极磋商和深入交流，分析研究了国际认证认可新趋势，对绿色认证、温室气体确认验证、能源管理体系等新兴认证活动的发展和应用进行了研讨。

**（二）推动有机产品互认，派员参加国家认监委考察团赴美学习交流**

深圳局工作人员与国家认监委、直属局及认证机构人员一同考察美国有机产品农场、加工厂、认证机构、研究院所、超市及政府主管部门，协助国家认监委完成对美国有机产品认证制度及主管部门架构的初步调查，形成详细的调查报告，为中美有机认证体系合作做好前期准备。

**（三）探索进口注册制度，大力协助上级部门开展进口食品境外生产企业注册工作**

2012年，深圳局多次派员协助国家质检总局及国家认监委，参与进口水产品、乳制品、酒类生产企业注册制度及检验检疫监管办法的研究和制定，为进口食品监管工作建言献策。

撰稿人：吴菁云 审稿人：孙 霓

# 强化职能　提升水平　服务地方经济大发展

## ——珠海出入境检验检疫局2012年认证监管工作概况

2012年，珠海出入境检验检疫局（以下简称“珠海局”）按照国家质检总局和国家认监委的工作部署，紧紧围绕“抓质量、保安全、促发展、强质检”工作方针和“五个创新”的总体要求，严格履行监管职责，扎实推进认证认可工作，切实发挥认证认可“传递信任，服务发展”作用，为服务珠海地方经济发展做出了应有的贡献。

### 一、忠实履行职责，职能业务顺利完成

2012年共受理28家出口食品企业备案申请并组织完成评审工作，新批备案出口食品企业6家，变更11家次，注销6家，现有备案注册企业59家，获国外注册16家次；共受理9家出口商品质量许可申请并组织完成评审工作，新批出口玩具/机电商品注册企业4家，注销2家，现有注册企业31家；完成117家企业的认证有效性行政监管，涉及165张证书；共收到《免办证明》申请911份，出具《免办证明》754份，不予受理157份不符合免办要求申请；涉及CCC产品入境验证23 943批次，查验不合格14批。

### 二、优化监管体系，提升认证监管成效

#### （一）在抓质量上水平上下功夫，推动认证监管工作创新发展

一是突出宣贯，强化“以质取胜”导向。将学习宣贯《质量发展纲要》作为全年工作突出要点，制定实施学习宣贯方案和2012年度质量工作计划。组织全员学习培训，开办网上学习专栏，开展《纲要》知识竞赛及征文活动。在地方主流媒体和本局网站开设宣贯《纲要》专栏，共刊登宣传稿件42篇。举办《出口食品生产企业备案管理规定》（总局142号令）和《质量发展纲要（2011—2020年）》宣贯会，举办“质量月”、“3·15”国际消费者权益日、“世界认可日”，“食品安全宣传周”和中小学质量教育等活动。通过一系列宣贯活动，进一步增强了企业法律意识、质量发展意识和主体责任意识以及消费者质量意识，进一步强化“以质取胜”导向。

二是落实制度，强化企业质量主体责任。建立并落实质量分析制度、质量报告制度、质量奖惩制度、质量约谈制度等四项质量工作机制；建立违法违规企业“黑名单”制度，加大失信惩戒力度；组织辖区备案出口食品企业集中签订《备案承诺书》，签订率达100%；推行出口食品企业自我声明、自查报告和年度报告制度，进一步强化企业质量主体责任。

三是完善机制，提升工作有效性。严格落实行政执法责任制、行政执法过错责任追究制、内部执法稽查制和投诉举报处理制；完善备案许可准入和退出制度；完善落实“重心下移、统筹监管、落实辖区监管责任”的认证监管工作模式，形成“分支局履行对企业及认证从业机构监管、珠海局履行检查与督导”的认证监管工作格局，突出强化行政监管，落实层级责任制。

#### （二）在保安全加力度上下功夫，着力提升认证监管执法把关水平

一是严格实施准入和监管。严格按照相关作业指导书落实出口食品备案注册评审、出口商品质量许可评审及CCC产品的验证、免办审批等要求，严格审查生产企业资质，切实发挥准入制度对产品质量安全的基础保障作用。针对国内外市场“毒胶囊”、“蜜饯污染”、“问题酱油”等食品安全事件开展专项检查，共派出82人次，对辖区58家出口食品生产企业全面排查，迅速摸清了珠海辖区明胶和蜜饯类企业情况，对2家企业启动了“质量约谈”。2012年，共派出845人次对60家出口食品企业进行监管，发现不符合项目231项，暂停1家企业出口报检，注销6家；共派出70人次对31家出口商品质量许可企业进行监管，发现不符合项目50项，注销2家。

二是严格开展认证监管质量安全风险管理工作。成立认证监管专项工作组，制定认证监管质量安全风险排查整治工作方案，对认证监管质量安全风险开展全面排查整治。组织全局学习风险管理理论知识，系统建立风险信息收集渠道，规范风险管理操作程序，突出“质量风险分析报告”、“质量风险识别文件”、“质量风险工作计划”、“质量风险整治报告”四大成果，为实施风险管理长效机制打牢基础。成立认证认可监管质量风险管理研究组和认证监管风险管理工作组，研究确立认证监管质量安全风险管理工作机制、风险等级判定方法等。制定涵盖认证监管业务工作的《认证监管风险一览表》。针对媒体曝光明胶和蜜饯企业存在的问题，及时发布风险预警信息。

三是积极探索监管模式创新，加大对获证组织和认证机构的监管力度，向社会、公众和消费者传递信任。选取分支局开展管理体系认证网格化监督检查试点工作，并以此为抓手，以点带面，全面开展管理体系和食品农产品认证行政监管。组织开展有机产品获证企业专项检查及有机产品认证标志专项整治活动。同时探索将专项监督检查与日常监管深度融合，提高监管效率。本年度共检查117家管理体系和食品农产品获证企业，涉及165张证书，派出认证监管人员450人次，发现239个问题，查出2家认证机构、1家认证咨询机构违法违规线索，并及时开展后续调查处理，全面整顿规范认证市场。

四是加强强制性认证产品行政监管，促进认证监管和检验监管工作有机结合。制定《珠海局2012年强制性认证产品质量安全专项整治行动方案》，组织开展强制性产品认证获证产品专项检查，严把入境验证关，严格核查入境产品是否获证及证书的真伪和有效性。组织开展免办产品后续监管工作，实现后续监管工作常态化、规范化，确保免办工作闭环管理。组织开展CCC产品监督抽查，加大工作力度，提前布控，共抽取5个样品检验，检出产品在一致性、安全性能以及认证证书、认证标志有效性等方面存在不合格，对于未获证进口的产品严格实施退运处理，涉嫌认证标志未备案和冒用认证标志的开展立案调查，并及时发布风险预警信息严密监控此类产品再进口。

### （三）在促发展有作为上下功夫，进一步提升认证认可工作服务发展的水平

一是主动服务地方外贸发展。落实《国家质检总局关于进一步促进对外贸易发展的若干意见》和《国家质检总局关于贯彻执行国务院部署 切实做好促进外贸稳定增长的意见》，落实部省共建全国加工贸易转型升级示范区合作备忘录和《国家质检总局关于支持广东国际会展业发展的意见》，共出台涉及认证认可业务工作措施14项。开展地方外贸形势分析研判，创新“一企一策”帮扶企业措施。大力支持服务格力电器、伟创力等珠海龙头企业，主动下企业开展政策法规免费培训，特事特办、急事急办，为企业CCC免办开通绿色通道；大力推进企业品牌建设，帮助珠海阳光儿童用品有限公司荣获广东省名牌称号；大力支持珠海国际航展和珠海国际赛车节活动发展；主动联合地方招商部门为新投资的供澳门食品企业提供优质服务，帮助企业针对性整改达到备案要求；积极指导输美食品企业重新办理对美注册手续，避免企业因未及时重新注册造成无法出口美国的困境；建立CCC产品交流Q群、增设快递方式传送资料，拓展渠道便利服务企业。

二是主动服务横琴开发和区域合作。贯彻落实广东省《关于加快横琴开发建设的若干意见》，积极参加总局《横琴出入境检验检疫监管实施方案》和《横琴新区检验检疫管理办法》的起草制定。贯彻落实国家“十二五”规划纲要涉粤事项总体衔接方案，出台实施检验检疫38项52条工作措施，其中涉及认证认可工作措施8项，受到中央政治局委员、广东省委书记汪洋重要批示：“随着横琴开发，珠海崛起，珠海局的任务将愈加繁重，希再接再厉，为珠海腾飞助力加油”。全面深化珠澳在检验检疫政策、科技、质量、公共安全四大领域的交流合作，发挥“促进珠澳合作检验检疫政策咨询委员会”的平台作用，加强与澳门民政总署在食品安全监管、认证认可等方面的专题合作。全面落实好《国家质检总局 广东省人民政府实施珠江三角洲地区改革发展规划纲要促进广东质检事业科学发展备忘录》，支持珠海提升珠江口西岸核心城市水平。

三是建立机制推动企业提高认证覆盖率。制定体系认证推进工作支持措施，建立体系认证推进联系人制度、信息通报机制、认证质量跟进机制等，指导支持认证机构在进出口企业开展ISO 9001、HACCP等体系认证，企业认证覆盖率提高2.78%。开展出口食品企业HACCP体系应用免费培训，培训质量管理人员50多人。

四是规范实验室检验检测工作，提高检测数据的权威性。组织实施技术中心、保健中心实验室质量控制活动，确保相关能力验证活动达到预期控制目标，切实提高检测执行力。结合质量月、实验室开放日及实验室资质认定专项监督检查等工作要求，完善质量管理体系，规范检验检测行为，提高检测数据权威性，保障检测的公信力。

### （四）在强质检练内功上下功夫，进一步夯实认证监管工作基础

一是加强制度建设，建立健全认证监管执法监督体

系。强化法制制度体系建设，全面完成三级质量体系文件的编写，正式发布运行质量手册和程序文件。充分发挥认证监管部门优势，在质量管理体系建设中率先垂范，对照ISO 9000标准的要求，结合工作实际，及时制修订15个作业指导书。加强党风廉政建设责任制、过错责任追究制、自身工作质量检查制、专业岗位准入制等制度建设。进一步落实“八公开”要求，畅通查询、咨询和投诉渠道。

二是加强队伍建设，大力提升认证执法人员执法能力。开展认证认可监管专业岗位准入，规范管理，有效挖掘人才资源，盘活人才存量，较好地解决了以往长期存在的“专业人员不在岗，岗位人员不专业”问题，大力增强了认证执法人员执法能力。大力开展各类培训，全年共培训认证监管人员近200人次。聘请认监委领导及国培培训中心专家开展认证监管培训；组织开展《出口食品生产企业备案管理规定》（总局142号令）宣贯；组织开展出口食品企业备案业务培训；结合ISO 9000质量管理体系要求，组织开展认证监管作业指导书培训考核；大力选派基层人员参加总局、认监委组织召开的各类业务培训和交流，拓宽视野、增强技能。

三是加强信息化建设，提升认证执法和内部管理水平。开发运行综合行政管理体系信息化管理平台和教育培训平台。积极探索认证监管信息化平台建设，组织开发《管理体系认证行政监管工作管理系统》，建立获证企业动态数据库，实现动态管理及资源共享，提高监管效率及监管质量，切实构建认证监管长效机制。充分利用食品农产品认证信息系统、有机产品认证查询溯源系统、认证执法信息报送系统进行信息查询，并借助查询结果提高认证监管有效性。

**撰稿人：陈 健 审稿人：汪先富**

# 深入贯彻“十二字”方针 努力提升服务地方经济发展能力

## ——海南出入境检验检疫局2012年认证监管工作概况

2012年，在国家质检总局和国家认监委的正确领导下，海南出入境检验检疫局（以下简称“海南局”）紧紧围绕“抓质量、保安全、促发展、强质检”十二字方针，按照“抓质量要上新水平，保安全要加新力度，促发展要有新作为，强质检要树新形象”的要求，坚持制度创新、监管模式创新、服务创新、科技和机制创新，努力增强认证认可公信力，全力保障海南进出口商品质量安全，不断提升服务地方经济发展能力。

## 一、强化职能抓质量，充分发挥认证监管工作的基础作用

### （一）认真抓好出口食品备案工作，较好地完成本年度的出口食品企业备案和HACCP验证工作任务

2012年，海南局采取多种措施，督促相关企业落实质量安全主体责任，不断完善制度化的质量管理措施，不断提升企业质量管理水平。一是加强对出口食品生产企业备案评审工作，规范企业备案工作管理，严格备案制度和备案评审程序，努力提高企业备案工作质量，促进备案企业切实提高管理水平。二是加强内部监督协调，优化行政许可审批工作模式，千方百计提高行政许可审批效能。全年共完成78家次出口食品生产企业备案评审/HACCP验证审批工作和33家水生动物等注册登记企业年审工作。其中新增备案企业5家，延续备案企业23家，变更和重新办理企业21家次，输美HACCP验证企业28家，出口食品企业备案/HACCP验证办理时限符合率达100%。

### （二）严格准入和退出机制，确保注册/备案企业持续符合相关要求

一是严把准入关，严把备案/注册登记申请材料审核关、评审组评审关和评审材料审查关，达不到准入

条件和规定要求的，一律不予许可。二是完善退出机制，通过“两个专项活动”和“HACCP提升活动”、定期监管、延续备案、注册年审和专项整治等手段强化备案/注册企业的监管，对不能持续满足准入条件、不能保证产品质量安全和整改后仍然达不到要求的企业，一律严格按照规定采取注销及撤销等处理措施，确保获证企业持续符合备案/注册要求。2012年依法注销了13家生产企业出口备案资格，撤销了1家生产企业出口备案证明，注销了5家出口食用动物饲用饲料登记备案企业。

### （三）组织开展食品农产品认证和质量管理体系认证监管及有机产品认证标志专项整治工作

按照国家认监委2012年食品农产品认证监管、质量管理体系认证监管的工作要求，结合海南局辖区管理体系认证和食品农产品认证的实际，组织开展了2012年食品农产品认证监管和质量管理体系认证监管工作。共出动认证执法监管人员56人次，检查了辖区内14家各类出口食品农产品获证企业和13家获质量管理体系认证出口企业，同时对相应的认证机构进行了监督检查。对监管中发现的问题，及时督促获证企业和认证机构进行有效整改。

### （四）结合“双打”专项行动，突出强制性认证产品质量安全专项整治行动

突出认证监管工作重点，开展了辖区内相关重点强制性认证产品质量安全专项整治行动。一是成立专项行动工作领导小组，制定专项整治行动方案，对强制性认证产品的进口情况进行全面排查，以列入强制性产品认证目录范围的汽车配件、玩具、橡胶避孕套、电线电缆、电动工具和灯具等产品为重点进行监管。二是督促分支机构和相关部门强化对进口强制性认证产品的口岸验证工作，严格核查产品是否获证、认证证书是否有效、产品是否按规定施加强制性产品认证标识、是否存在未获强制性产品认证证书进口强制性产品目录内产品等。三是加强进口强制性认证产品免办的审批工作，严格按照国家认监委相关规定办理审批，不符合免办条件的一律不予出具免办证明，全年共办理进口强制性认证产品免办证明95批次。四是加强免办进口强制性认证产品的后续监管工作，对凭免办证明进口的强制性认证产品，认真核对货证是否相符，其用途是否与申请条件一致。除进口用于省外老款马自达汽车维修的汽车配件外，其余凭免办证明进口的强制性产品后续监管覆盖率达100%。五是结合2012年强制性认证产品监督抽查工作，将进口汽车轮胎列入海南局2012年强制性认证产品监督抽查的主要产品，在流通领域中购买同一品牌四种型号进口米其林泰国有限公司轿车轮胎产品共4批次，并按要求送指定实验室进行检测。经检测产品全部符合GB 9743—2007《轿车轮胎》标准要求。六是加强各部门间的沟通协作，形成以认证监管部门牵头，相关业务处和分支机构相互联动，齐抓共管的强制性认证产品监管工作局面。

## 二、加强监管保安全，重点加强出口食品生产企业的监督检查

### （一）扎实开展“质量安全风险排查整治和道德领域突出问题专项教育治理”（以下简称“两个专项”）工作

按照国家质检总局、国家认监委的工作部署和要求，海南局精心组织，制定方案，分解任务，注重实效，扎实开展“两个专项”活动。共对海南辖区56家出口食品备案企业、HACCP验证、养殖场等企业开展质量安全风险排查整治活动，发现排查企业存在风险问题165个。对企业存在的风险问题，及时督促企业制定纠正措施，并跟踪检查整改工作全部落实到位。通过半年多的“两个专项”活动，进一步强化了企业落实质量安全主体责任，促进了出口食品生产备案企业不断完善食品安全卫生控制体系，食品安全风险得到有效防范，食品农产品认证监管等工作不断得到规范。

### （二）扎实开展出口肉类和水产品等企业HACCP验证提升工作

按照国家认监委《关于组织开展出口肉类和乳品等企业HACCP验证提升计划的通知》的工作要求，海南局以提高准入门槛，确保重点及敏感产品出口安全为原则，对出口肉类、罐头产品、果蔬汁产品和水产品等16家重点敏感出口食品企业，深入开展了HACCP验证提升活动。在检查中，监督企业对52项不符合项进行了整改，注销了不符合要求的2家企业HACCP验证证书。通过HACCP提升活动，强化了企业主体责任，提升了企业HACCP体系执行能力。

### （三）扎实开展出口明胶备案企业质量安全风险排查

为排查出口蜜饯、明胶企业可能存在的隐患，对海南出口蜜饯、明胶相关备案企业开展质量安全风险专项排查。通过检查，没有发现海南辖区出口生产保健食品企业乱用工业明胶的情况。

### （四）扎实开展对出口椰果食品生产企业质量安全风险排查

针对有关媒体报道“海南椰果加工厂被曝卫生环

境恶劣 滥用食品添加剂”的情况，海南局领导高度重视，组织开展对海南辖区内已获备案的出口椰果生产企业进行质量安全风险排查工作。经检查海南辖区内3家出口椰果生产企业，未发现有相关报导中提及的“生产条件简陋、生产人员个人卫生状况差、无健康证明、未采取任何防护措施”等情况。

## 三、主动服务促发展，支持海南国际旅游岛建设

### （一）促外贸保增长，主动服务促发展

一是全力做好新出口食品生产企业的备案工作。全年受理初次出口食品企业备案申请6家，新批准备案企业5家，1家企业因现场评审不合格未予批准备案。二是及时组织、指导海南辖区出口食品生产、加工、包装和储存企业重新办理在美国注册工作。督促企业在年底前完成对美国重新注册工作，避免逾期未办理被暂停注册资格，产品不能出口美国。三是结合开展日常评审/验证和执法监管工作，寓服务于把关中，在把关中体现服务。四是将评审验证工作与定期监管工作和专项检查工作紧密结合，将扶优扶强和打假打劣紧密结合，督促企业落实整改措施，保证出口产品质量，帮助企业做大做强，扩大出口保增长。

### （二）运用抓质量的基础措施，促外贸保增长

一是以落实新省部《备忘录》为契机，积极推荐出口食品企业国外注册，大力扶持特色优势产品企业突破国外注册瓶颈，推动海南特色产品开辟新的国际市场，促进海南食品农产品持续扩大出口。先后帮扶谭牛热制文昌鸡、达川菠萝罐头、奥世利水产品等分别获得新加坡、美国、韩国出口“通行证”。二是主动服务助企业管理水平提升。积极为出口备案企业开展法律法规培训，与中国出入境检验检疫协会在海口举办“美国FDA水产品HACCP最新要求培训班”，指导水产品HACCP验证企业按照FDA的最新要求对危害进行重新识别，对HACCP体系进行重新修订。热情帮助企业分析解决生产过程中存在的技术问题，强化企业质量安全主体责任意识，提升产品质量安全水平，提高国际市场竞争力。三是发挥自身技术优势，指导输欧水产企业欧盟迎检整改工作，帮助辖区获欧盟注册水产企业改善硬件设施，提高质量管理水平，提升欧盟迎检能力。

## 四、提升能力强质检，抓好队伍树形象

### （一）六项工作促进业务建设，管理工作进一步完善

一是开展认证执法监管体系建设和认证行政执法工作的自查，认真自查了认证执法监管体系建设、强制性产品认证执法等情况，进一步规范了认证行政执法行为，推动了认证行政执法责任制的落实。二是加强备案管理工作的制度建设，重新制订了《海南检验检疫局出口食品生产企业备案工作程序规定（试行）》和《海南检验检疫局出口食品生产企业备案监督检查规定（试行）》，为出口食品生产企业备案工作的规范实施提供制度保障。三是对认证认可、出口食品企业备案所涉及的法律法规、部门规章、规范性文件和技术标准规范进行了全面梳理，进一步规范了认证认可和备案管理的工作依据。四是对出口食品生产企业备案作业指导书等重新进行修订，使其更加符合《出口食品生产企业备案管理规定》要求。五是按照国家认监委要求，6月前完成了海南辖区新版备案证书的换版工作，统一了全省出口食品生产企业备案证书格式。六是结合质检总局督查组的检查反馈，对出口食品生产企业备案工作的记录、工作流程表、审核计划、备案工作文件清单等重新进行了修订。通过以上工作，进一步完善和规范了备案管理工作，防范了备案工作中的风险。

### （二）加强备案/注册评审员和认证认可队伍的建设

一是不断完善评审员队伍的管理，举办海南局2012年认证认可和卫生注册评审员的岗位准入和持续能力培训班，接受培训人员70人，进一步提升了认证认可和卫生注册岗位人员专业水平。二是有计划地安排评审员和检查人员参加现场评审、定期监管、认证执法监管检查和专项整治检查工作，促使评审员和认证监管人员尽快适应评审和监管工作需要。三是组织各分支局、相关业务处评审人员共26人参加“美国FDA水产品HACCP最新要求培训班”，使评审人员及时了解美国FDA对水产品管理的最新要求。

### （三）加强实验室资质认定管理，努力为行政执法提供技术保障

一是技术中心完成了管理体系监督评审、扩项评审及食品检验机构资质认定首次评审工作。共扩项145项，扩标59个。目前共有48类检测产品，662个检测项目，564个检测标准获得认可检测资质，检测产品、检测项目和检测标准与2011年相比，分别增长14%、24%和28%，为检测业务开拓发展增添了强有力的技术储备。二是“国家石油化工产品检测重点实验室（洋浦）”通过了核查验收，为洋浦经济开发区“一港三基地”建设发挥强有力技术保障作用。三是积极做好新检测项目的研发和检测技术的提升工作。研发食品、化妆品、纺织品等新检测项目以及国家残留监控计划中的新项

目，成功开发出242项新检测项目。四是组织开展能力验证工作。参加由国家认监委、国家认可委等组织的能力验证、测量审核活动54项次，129个检测项目。其中，19项次48个检测项目反馈结果，除1项次3个检测项目结果不满意外，其余结果均为满意。

撰稿人：何贤干 吴淑良 审稿人：贝景波

# 夯实基础　加强监管

## ——海南省质量技术监督局2012年认证监管工作概况

2012年，海南省质量技术监督局（以下简称“海南省质监局”或“省局”）严格按照国家认监委、认证认可协会和方圆总部的规定要求，开展认证认可工作，始终把规范认证行为，提高认证工作的有效性放在首位，确保认证认可工作顺利开展。

### 一、全年认证工作概况

2012年认证企业监督评审126家，复评企业41家，获得ISO 9000认证证书47张，累计各类有效证书达到834张。全省认证353个无公害农产品、25个绿色食品、138个有机食品、7个地理标志产品，抽检无公害农产品72个，合格率100%，开展绿色食品生产企业年检工作，已完成率100%，做到认证与监管相结合，取得了较好的认证工作成绩。

### 二、实验室认可工作

按照《计量认证/审查认可（验收）评审准则（试行）》和《实验室资质认定评审准则》的要求，完成了对23家质检机构开展专项监督检查，7家15项计量标准的考核（复查）工作。机动车安全检测机构认证情况：全省6家安检机构新通过资格许可，累计资格许可的安检机构34家。汽车检测线43条，摩托车检测线19条。其中，海口市新增3家，其他市县没有变化。海口作为省会城市，有机动车安检机构8家，其中，1家既有汽车检测线又有摩托车检测线，其余7家共计有8条汽车检测线；三亚2家，有4条大车检测线，其中，11家还有摩托车安检线1条；文昌1家，有大车和摩托车安检线各1条；琼海3家，有2条大车线，1条摩托车安检线；万宁、儋州、五指山各2家，分别有大车线1条，摩托车安检线1条；临高、澄迈各1家，有大车和摩托车线安检线各1条；其他如昌江、东方、洋浦、乐东、陵水、保亭、琼中、定安、屯昌各有1条摩托车安检线。现除了昌江、东方、屯昌未获计量认证和资格许可证外，其他30家均已获得双证。

### 三、强化监管宣传

6月20日，海南省质监局下发了《海南省质量技术监督局关于召开全省认证认可工作会议的通知》，全省18个直属局分管认证认可工作的领导及监管人员、全省机动车安检机构、强制性认证企业、部分自愿性认证企业的负责人及技术人员，共计150人参加了会议。会议采取“大会集中开、小会分行业开”的模式，收到了很好的效果。会议重点部署了5项工作：一是宣传贯彻国务院《质量发展纲要（2011—2020年）》；二是部署2012年海南省机动车安检机构监管工作；三是部署全省部分重点强制性产品的质量安全专项整治工作；四是部署2012年管理体系认证监管工作；五是现场签署质量诚信公开承诺书活动。在开展认证企业监管过程中，紧密结合《强制性产品认证标志管理办法》、《强制性产品认证管理规定》，摸清了底数，编制了符合海南省实际、便于操作的《海南省强制性认证产品生产企业工厂监督检查表》，从企业遵纪守法检查、产品一致性检查、证书管理检查、标志管理检查、过程控制、产品检验控制等6个大方面15个项目进行检查和指导，收到了较好的宣传监管效果。

### 四、强制性产品认证监管

根据国家认监委《关于开展2012年强制性产品认

证获证产品监督抽查工作的通知》（国认证［2012］44号）要求，海南省质监局与广州威凯检测技术研究院共同制定了《海南省电磁灶产品强制性认证监督抽查工作方案》，并在海口、三亚和琼海开展了监督抽查工作，出动抽查监管人员38人次，实施抽查的经销商10家，电磁灶抽样检测共35台，合格产品32台，合格率91.4%。抽查生产企业数20家，合格企业17家，合格率85%。涉及认证证书数35份，合格证书34份，有1份证书不合格，发证机构为中国质量认证中心（CQC），合格率97%。

抽查结论：抽查20家企业生产的35种型号电磁灶产品，产品合格率91.4%，基本反映了目前海南市场上获得CCC认证的电磁灶产品品质。一是中高端品质的产品合格率达到100%；二是大品牌和市场占有率高的产品合格率较高。

电磁灶产品质量主要问题分析及建议：目前，海南市场上电磁灶品种繁多、鱼龙混杂；在抽样过程中只能选定规模较大的店面或者专营专卖店才能确保抽到的样品获得了CCC认证。另外有个别生产企业证书处于暂停或撤销状态，但产品生产销售仍如常进行。

从检验结果来看，产品出现不合格的企业相对知名度低，但存在的问题比较突出，主要问题有：（1）企业在获证后，批量生产的产品在品质上与认证样机有较大的差距。部分企业在认证时选用较好的零配件，使产品符合标准要求，获取认证证书，但是在实际生产时，盲目降低生产成本，使用了质量低劣的廉价零部件，不能达到设计或获证时的安全和性能要求。（2）企业缺少专业能力，对标准不掌握，导致如标志和说明、对触及带电部件的防护、机械强度等项目不符合标准要求。（3）企业为了节约成本，采购一些质量较差的部件替代原来认证时的部件，比如使用普通玻璃替代原微晶玻璃以降低成本。

## 五、机动车安检机构资格管理工作

2012年4月6日，海南省质监局以琼质技监质［2012］4号文件，及时转发了国家质检总局《关于做好2012年全国机动车安全技术检验机构资格管理工作的通知》，要求全省机动车安检机构按照国家质检总局的要求并结合机动车资格许可技术条件，做好自查自纠工作。并召开全省机动车安检机构、强制性认证企业、部分自愿性认证企业的负责人及技术人员会议。会议全面宣贯国家质检总局《关于做好2012年全国机动车安全技术检验机构资格管理工作的通知》，同时对《机动车安全技术检验机构监督管理办法》（质检总局121号令）、《机动车安全技术检验机构资格许可技术条件》、《机动车安全技术检验机构资格许可办理程序》中和机动车安检机构、市县质监局日常监管工作相关的条款进行了重点的讲解，部署了2012年海南省机动车安检机构监管工作，以确保2012年海南省机动车安全技术检验机构资格管理工作落到实处。

一是突出重点、严格检查。为了既减少检查次数，减轻工作量，又切实能达到监管的目的，海南省质监局特意将监督检查工作安排在国家标准GB 7258—2012实施后进行。在安检机构自查自纠工作的基础上，该局认真按照总局的要求组织开展了重点抽查，经查，各安检机构基本保持了取证时的条件，线内检测设备均已按时进行了检定或校准，规章制度基本健全。但也存在一些问题，表现比较突出：其一，GB 7258—2012标准于2012年9月1日开始实施，但很多安检机构使用的检测软件还未升级；其二，人工检验部分的检测记录和报告内容欠缺，大部分安检机构人工检测部分（车辆外观检查、底盘动态检验和车辆底盘检查），根本没有按照GB 21861—2008《机动车安全技术检验项目和方法》开展工作，检验工作和检验记录流于形式，有些否决项也未引起安检机构的足够重视，存在着严重的安全隐患；其三，不少安检机构线外检测设备存在漏检或不检的现象；其四，由于人员变动，很多安检机构新聘用的人员还没取得资格证就上岗；其五，检验报告内容不齐全，填写不规范，没有使用标准用语。有些该填写的内容没有填写，如里程表栏没有填、检测类别栏没按标准要求填写、检测项目栏填写不全面、检验结论只有合格或不合格2种结论等。

二是现场指导、帮扶整改。对抽查中发现的问题，经检查人员当场指导，能及时整改的要求安检机构当场改正；不能及时改正的，要求安检机构举一反三进行整改，向海南省质监局提交整改报告；对安检机构未持证先上岗的人员，责令其停止检验工作。参加该局举办的安检机构技术人员培训班，经考核合格后再上岗；对未上线或者上线检验不合格的机动车出具合格报告的安检机构，通报公安交通部门进行处理。

三是签订承诺书、落实主体责任。全省34家安检机构的法人或其代表签署了质量诚信公开承诺书。

四是对发现问题的查处。对检查中发现的问题，海南省质监局要求安检机构举一反三进行整改，向该局提交整改报告。责令海南通安机动车安全检测有限公司的移动线停止检验工作，琼海市机动车辆检测中心尽快对地沟进行清理和修缮。对检测数据严重失真的安检机构责令其查找原因，向该局提交整改到位的证实性材料。对安检机构未持证先上岗的人员，责令其停止检验工作。参加该局举办的安检机构技术人员培训班，考核合格后持证上岗。最后召开安检机构检查工作通报会，将检查中发现的问题在会上一一进行通报。同时也将检查结果通报到省公安交通部门，大家齐抓共管，共同做好监管工作。

五是审查员队伍建设和检验人员考核等情况。自海南省质监局从公安交通部门接管机动车安检机构资格许可工作以来，已培养了32名安检机构专业审查员，他们主要分布在海南省计量测试所、较大型的安检机构、环境检测站等部门。针对目前工作进展需要，海南省质监局将开设汽车专业或相关专业的海南高等院校或职业院校的专业人才吸纳进来，充实审查员队伍，提高审查工作的质量。截至2012年11月，海南共计有333人获得机动车安检机构技术人员资格证，这些人员分布在全省32家汽车和（或）摩托车安检机构。

## 六、存在问题及建议

### （一）需要注意的几个问题

第一，认证技术人员素质相对较低、能力不足仍然是影响认证业务发展的主要因素，表现在专业覆盖面不够宽，存在认证企业数量多但相应的专业审核人员少的情况；审核人员特别是多体系审核人员数量不足，难以满足日益发展的认证业务的需要。第二，认证后的监管工作有待于进一步加强，特别是对CCC产品类企业要加强现场监督，避免CCC认证产品企业因管理不到位而造成CCC认证产品发生安全事故。第三，省级监管的人员少，仅有一个人负责全省认证产品企业的监管是远远跟不上认证事业的发展速度的，需要增加监管人员并对监管人员进行相关知识培训，提高监管业务能力。

### （二）几点建议

由于强制性认证产品与公众工作生活密切相关，为加强强制性产品认证工作的有效性，有以下几点建议。第一，加强对强制性产品认证工厂检查员的专业知识考核和职业道德培训，建议工厂条件现场检查时把握的尺度要基本一致。第二，开展强制性产品认证工厂检查时，审查中心应提前通知省局分管该项工作的人员参加，以达到熟悉工作和现场监督的目的，确保工厂现场检查工作如实开展。第三，加强对监管人员和年鉴材料编撰人员相关知识的培训，提高监管和年鉴材料编撰水平。第四．坚决打击认证咨询一条龙的做法，严格执行认证和咨询分开的工作机制，提高认证的有效性。第五，做好强制性认证企业的建档工作，及时将新增强制认证企业和产品纳入监管，做好相应建档修改和统计修改工作。

**撰稿人：杨 振　审稿人：林诗光**

# 进一步完善监管体系　不断提升认证监管有效性

——广西出入境检验检疫局2012年认证监管工作概况

2012年，广西出入境检验检疫局（以下简称“广西局”）按照国家质检总局“抓质量、保安全、促发展、强质检”的工作方针，遵照国家质检总局支树平局长在2012年全国认证认可工作会议上“传递信任，服务发展”的要求，认真贯彻落实《质量发展纲要（2011—2020年）》，围绕“完善认证监管体系建设，规范认证监管行政行为；推进认证执法监督检查，提高认证监管把关能力；加强认证监管队伍建设，有效服务地方经济发展”的工作目标，全力落实各项工作，取得了明显成效。

## 一、加强监管，规范出口食品生产企业备案

发布《广西出口食品生产企业备案工作规范》和《广西出口食品生产企业备案监督管理工作指南》等规范性文件。要求各有关分支机构建立健全出口食品备案企业监管责任制度，把监管工作任务和责任落实到人，进一步明确了分支机构对辖区备案企业的监管要求。并在实际工作中不断完善备案监管工作流程和相关工作表单，评审工作质量和办结效率得到明显提升。全年共完成105家企业的现场评审工作，出口食品备案按时办结率、对辖区出口食品企业日常监管覆盖率均达100%。注销了33家不符合要求的企业出口食品备案资格。广西现有出口食品备案企业174家，其中102家（次）企业取得欧盟、美国、韩国、俄罗斯、越南、新西兰、加拿大、印度尼西亚等国家和地区注册资格。

## 二、推进监管体系建设，不断提升认证监管有效性

### （一）明确认证执法监管体系建设工作目标

2012年下发了《广西检验检疫局加强认证执法监管体系建设实施方案》，明确了组织领导机构、工作目标和重点建设内容，要求从准确定位职能，强化分支机构职责权限；明确监管内容，确保监管职责落实到位；创新管理手段，健全认证执法监管工作机制；突出监管重点，建立认证执法长效机制；加大执法力度，进一步规范执法行为五个方面加强认证监管工作。

### （二）制定强制性产品认证（CCC）监管配套规范

结合国家质检总局绩效考核的要求，在充分调研的基础上，完成了《广西检验检疫局强制性认证产品入境验证管理工作规范》和《广西检验检疫局免于办理强制性产品认证管理工作规范》的制定发布，明确了内部职责分工和分支机构监管要求，对受理审批、验放以及监督管理各个环节都做了详细规定，为确保强制性认证产品入境监管的规范性提供了制度保证。全年强制性认证产品入境验证282批，入境验证率达到100%；CCC免办进口审批金额达4.66亿元，同比增长13倍。CCC免办入境产品后续监管率也首次达到100%。

### （三）加强出口质量许可获证企业监管

在实行“谁评审，谁负责”、“谁监管，谁负责”、“谁推荐，谁负责”责任制度的基础上，细化出口质量许可证受理和现场审核要求，对出口玩具、输美陶瓷等敏感商品实行日常监管和年度监督检查制度相结合，全面开展出口玩具企业、输美陶瓷认证企业监督检查，确保出口商品质量安全。全年共对23家出口商品企业进行现场评审，对22家企业进行监督检查。新增出口商品质量许可证企业9家，对不符合要求的企业，注消质量许可证10家（包括2家玩具企业），取消输美陶瓷认证资格2家。广西现有79家出口商品质量许可证企业（其中陶瓷45家，机电27家，玩具7家）和10家输美陶瓷认证企业。

### （四）完善管理体系认证有效性监督检查

制定了管理体系认证监管工作方案，共检查获得各类管理体系认证的企业65家，涉及15家认证机构和

107张认证证书。并结合质量安全风险排查整治行动，以玉林出入境检验检疫局为试点、以50人以下的小型企业为重点，首次开展辖区广西局指导，企业全覆盖的拉网式检查。检查中发现有20家企业（涉及9家发证机构）存在缺乏质量管理培训、企业体系文件与实际运作不符、内审和管理评审流于形式以及获证是出于市场竞争的压力、应付检查而非提升管理水平需要等问题，并进行了分析汇总。对部分获得输美日用陶瓷认证的企业还同时结合质量安全风险排查整治进行了实验室盲样测试和输美认证复审。这样的“三合一”监督检查在广西出口企业监管历史上尚属首次。

### （五）开展认证监管风险分析排查，明确监管重点

按照质量安全风险排查整治的要求，对认证监管工作存在的风险进行了排查，找出风险点，分析风险产生的原因并制定了防控措施。一是不定期对出口食品企业开展飞行检查，对存在问题的企业限期整改，确保企业持续符合备案注册要求；二是对获得出口食品备案的企业进行全面清理，对备案证明到期、超过规定时限无出口的企业立即注销备案证明，不再受理报检；三是对不按规范要求标注生产日期、批次或无法识别其产品真实来源的企业，一经发现即暂停受理出口报检，确保产品追溯的有效性；四是加强对分支机构的督查，要求严格按计划实施食品企业日常监管，并列入绩效考核；五是加强行政许可流程管理，督促分支机构按规定时限完成受理工作，监督评审组按时完成审核报批；六是加强评审员队伍建设，提高监管人员综合素质，防止监管缺失。这些措施均已取得阶段性成效，出口食品批次管理混乱的情况已经明显改观。

### （六）加大对食品备案企业的突击检查力度

组织力量对新获得备案证明的企业和出口水产品、腐竹、明胶、蜜饯生产企业开展突击检查，对原料来源、加工过程卫生控制以及原料和供应商等重点环节进行了全面检查，并抽取样品进行风险排查，对存在的问题提出整改意见，要求限时整改。开展出口肉类企业HACCP计划验证提升活动，提出5条不符合项并要求企业限期整改到位，有效地提升了企业持续符合出口食品生产企业安全卫生要求的能力和水平，同时也对分支机构履行日常监管职责情况进行督查，取得了良好效果。

### （七）开展部分重点强制性产品质量安全专项整治

按照国家认监委加强对轮胎、农机、汽车零部件、玩具等重点产品强制性认证情况排查整治力度的要求，从全面加强强制性认证产品入境验证管理、切实加大CCC免办后续监管力度、认真做好进口强制性认证产品市场抽查三个方面做好专项整治工作。对进口玩具、小家电、灯具、电动工具等产品进行CCC证书有效性、CCC标志加贴情况和产品一致性检查，对部分产品抽样进行安全性测试和一致性比对，对在流通领域检查中发现的强制性产品认证证书撤销后仍在继续销售的9种进口玩具产品实行下架处理，确保消费者安全。

### （八）对免办CCC进口企业进行后续监管和整顿

按照国家质检总局绩效考核和国家认监委相关监督检查计划的要求，针对以科研测试方式进口CCC认证产品和电子零部件来料加工企业为重点，对现有的20多家以免办CCC方式进口产品的企业开展全面后续监管。要求企业完善内部管理，对免办进口产品实行专门制度、专门管理、专人负责、专门台账、专门存放地点的“五专”管理，保证厂内可追溯，出口即核销、销毁有监督。对存在问题的企业加强整顿，确保以CCC免办方式入境产品的合规使用。

## 三、提升认证服务水平，促进地方经济发展

### （一）积极指导帮助出口食品企业获得国外注册

一是在国家卫生注册规范、国外食品安全法规和食品防护技术等方面加强对企业的指导和监督，确保企业随时能接受国外官方机构的检查。二是组织企业质量管理人员免费参加了FDA官员关于食品登记备案和热力杀菌方面的知识讲座，创造机会让企业与美国官员进行面对面交流，提高企业对国外注册条件的认识。三是及时组织对12家输美水产品企业进行HACCP官员验证并签发验证证书，在保证质量的前提下维护企业出口的稳定性。四是采取多项措施支持企业重新对美国注册，将企业获国外注册情况作为出口食品生产企业备案管理的重要内容。五是成功推荐了1家企业取得美国低酸罐头食品注册资格，2家企业对美国水产品卫生注册资格和2家企业对韩国和越南注册资格。

### （二）提高对大型企业和重点建设项目的服务水平

指定人员专门负责CCC免办工作。一是主动上门。走访广西区内各工业园、高新区、经济开发区，了解企业生产和进口安排，帮助企业充分了解掌握免办法规和监管要求。二是高效办理。实行24小时受理申请，申请人提交材料后1个工作日签发《免办证明》。三是解决实际困难。对实行进口电子账册的企业，做好与海关等监管部门的衔接，根据实际产能需求合理审批进口数量，保证企业生产需要；对企业反映的HS编

码与监管目录不一致造成通关不便的问题，积极联系国家认监委调整对应关系，便利了企业。四是实行分类监管。针对电子产品部件繁多、出口量大的特点，根据企业报关情况和产品单耗，实行定期申报核销，为企业节省时间成本和人力成本。全年对大型企业的CCC免办审批金额超过3亿元。

### （三）搞好2012年“质量月”、“食品安全宣传周”等活动

结合开展质量安全专项整治行动一起部署，向有关进出口企业宣传贯彻进出口食品检验检疫规定和食品安全知识，传授食品安全管理体系要求和食品防护技术。向人大代表、政协委员、新闻媒体和消费者介绍检验检疫监管知识。

## 四、抓好认证认可基础建设，增强质检监管能力

### （一）加强培训

一是积极联系中国检验检疫协会与美国食品药品管理局（FDA）和应用营养联合研究所在广西举办1期FDA食品企业注册评审员培训班。选派了系统全体评审员全程参加为期10天的培训并取得相应资格证书，部分食品监管人员参加旁听和生产现场教学检查培训。通过直接和FDA专家交流学习，有效提高了广西检验检疫系统食品卫生注册评审员的整体素质，取得良好效果。二是派员参加了认监委认证监管专家培训，并举办系统管理体系认证监管培训班。邀请体系认证专家对各分支局和有关业务处室进行了包括ISO 9001质量管理体系、ISO 14001环境管理体系、OHSAS 18001职业健康安全管理体系标准要求、管理体系认证行政监管法规、检查要点与方法等课程培训，为开展管理体系有效性拉网式检查打下了基础，从人员队伍上保证认证执法工作的有效开展。

### （二）推进重点实验室建设

国家农产品安全检测重点实验室（南宁）通过总局验收，国家热带亚热带水果重点实验室（凭祥）、国家进出口汽车检测重点实验室（柳州）获总局批复筹建。

### （三）抓好实验室资质认定工作

一是举办广西局食品实验室资质认定培训班，二是做好全局系统18个实验室资质认定工作。按要求组织开展能力验证活动，开展2012年实验室资质认定专项监督检查。全局系统18个实验室均通过了实验室资质认定/计量认证现场评审，14个食品检测实验室全部按要求通过“三合一”现场评审工作，为检验检疫执法把关提供基础保障。

### （四）科技创新能力建设取得新进展

在国家质检总局下达的2012年度国家质检总局科研项目计划（检验检疫领域）中，作为牵头承担4个项目，参加5个项目。获4个认监委下达的2012年度出入境检验检疫行业标准制（修）订计划项目。向国家质检总局推荐的2013年度国家质检总局科研项目计划（检验检疫领域）项目数量由文件规定的4个提高到8个；向国家认监委推荐2个2012年第二批出入境检验检疫行业标准制（修）订计划项目。发布了2个SN标准，3个SN标准正在审定。

**撰稿人：黄晓京　审稿人：余　敏**

# 持续加强行政监管　切实提升认证有效性

## ——广西壮族自治区质量技术监督局2012年认证监管工作概况

2012年，广西壮族自治区质量技术监督局（以下简称“广西质监局”）认真贯彻落实《质量发展纲要（2011—2020年）》和全国认证认可工作会议精神，围绕支树平局长提出的认证认可工作要“传递信任，服务发展”的总要求，按照广西质监局党组“拓展平台抓质量，突出主体保安全，提升能力促发展，创建文化强质检”的总体思路，开拓创新，狠抓落实，扎实履行监管职责，推动广西认证认可工作深入开展。

截至2012年底，广西企业共获得13种自愿性认证证书6 194张，其中质量管理体系证书3 072张，环境管理体系证书703张，职业健康管理体系证书542张，有机产品认证证书171张。有318家企业获得强制性产品认证（CCC）证书2 017张。获得省级资质认定的实验室和食品检验机构共747家，其中，实验室705家，食品检验机构42家。已通过验收的国家产品质检中心8个，在建和已建成的各1个，承担强制性产品认证检测实验室1家。通过国家实验室认可的实验室75家，其中质监系统15家。

### 一、开展管理体系认证专项监督检查，提高认证有效性

4月—10月，广西质监局组织14个地市对全区获得管理体系（质量、环境、职业健康等）认证的企业开展管理体系运行有效性以及认证情况专项监督抽查，主要检查企业基本情况、认证咨询情况、认证情况及管理体系运行情况，同时各市在本地区选择一到两个县或城区实施全覆盖的监督检查，以深入了解县级区域的获证企业体系认证实施的情况和有效性。本次检查共计派出行政监管人员400多人次，检查获得管理体系（质量、环境、职业健康等）认证的各类企业（不包括暂停和撤销证书）143家，占全区获证企业总数的5.3%。

### 二、扎实开展部分重点强制性认证产品质量安全专项整治行动

4月～8月，广西质监局按照打击与整治、扶优与治劣、治标与治本相结合的原则，加大重点强制性认证产品质量安全监管力度，部署开展了专项整治工作，重点检查获证企业认证证书的真伪和有效性，产品基本信息与证书的一致性，证书标志真伪等方面情况，并对企业的检验机构和生产组织机构配置、人员资质、质量管理体系运行情况、进出厂检验、操作规程等内容进行全面排查。整治期间，广西质监系统累计出动执法监管人员300多人次，检查企业70家，占辖区获证企业总数23.6%，其中正常生产的获证企业64家，停产企业6家，发现不符合强制性产品认证要求的企业2家，督促整改落实的企业6家，查出无证企业4家并已立案查处。

### 三、积极开展有机产品认证专项整治和监督检查工作

5月—11月，广西质监局按照国家认监委的要求，加强领导，加大监管力度，组织各市对全区所有的有机产品获证企业进行了检查，有效消除了一批有机产品认证安全隐患，确保了全区有机产品未出现区域性、系统性质量安全问题，取得了较好的效果。一是联合自治区环保厅对区内获国内（外）有机（含转换）认证的生产基地及重点产品（蔬菜、深加工、养殖、茶叶及水稻）开展专项监督检查，检查获证机构（基地）14家，查处了1家违规企业。二是组织各市局开展了全区有机产品认证标志专项整治活动，对广西区内有机产品认证机构、获证企业、销售场所的有机产品认证标志、认证证书的发放、使用情况进行整治，严厉打击假冒有机产品行为，增强有机产品消费信心。三是根据国家认监委舆情监测处理通知，组织南宁等5个市局对有机蔬菜类获证企业进行专项监督检查，共检查企业9家。四是为排查有机产品认证存在风险，组织开展食品农产品有机认证专项监督检查工作，对全区有机产品获证企业进行拉网式排查，检查企业数量96家。

## 四、做好实验室资质认定行政许可和证后监管工作

在行政许可工作中严格执行行政审批“受理、审查、批准”三分离制度和机关效能建设三项制度，严把审批关，截至12月底，完成资质认定行政许可业务538项，及时率为100%，差错率为0。同时加强证后监管，组织各市局开展实验室专项检查，主要检查资质认定获证实验室是否存在违法违规行为、管理体系是否能有效运行、能否保证检测质量等方面的情况。2012年共检查实验室185家。另外，组织开展了全区机动车安检机构和产品质量检验机构监督检查，共检查机构62家，其中机动车安检机构15家，质检（含授权）57家。

## 五、采取得力措施，加快推进食品检验机构资质认定工作

广西质监局坚决贯彻落实国家认监委部署，通过采取多项有力措施，加快推进广西食品检验机构资质认定工作。一是帮扶指导食品检验机构按照《食品检验机构资质认定评审准则》的要求修订体系文件；二是在监督检查、机构复查换证和扩项时明确要求食品检验机构及时申报食品检验机构资质认定，对不按要求执行的机构取消食品检验项目；三是将所有的食品检验机构纳入2012年国家和省级实验室资质认定专项监督检查范围，对存在违法违规行为、不能持续符合资质认定条件的机构坚决依法予以查处；四是及时公告获得食品检验机构资质认定的机构名单。截至12月底，全区有42家机构获食品检验机构资质认定证书，其中，质监系统19家，占全质监系统应获证机构总数的55.9%，此外有12家已完成现场评审。

## 六、完成年度国家强制性认证获证产品监督抽查工作

8月～12月，广西质监局联合广东质检院在广西区内流通领域对已经获得强制性产品认证的室内加热器产品开展了监督抽查工作，在9家经销商抽取了14家生产企业生产的30批次室内加热器产品，出动监管（抽样）人员60人次。经检验，其中有3批次产品不合格，27批次产品合格，产品合格率为90.0%。抽查的14家生产企业中，合格11家，合格率为78.6%，不合格3家，不合格率为21.4%。涉及的证书总数为30张，合格数为27张，合格率90.0%，不合格数为3张，不合格率为10.0%。监督抽查共涉及检验项目16个，其中有2个检验项目出现不合格，出现的不合格项目为：“电源连接和外部软线”和“接地措施”。对不合格产品，按照相关法律法规的要求，责令经销商下架停止销售，同时通报认证机构对生产企业进行处理，抽查结果汇总后上报国家认监委。

**撰稿人：农贵林 审稿人：廖文军**

# 强化认证监管　助推内陆开放高地建设

## ——重庆出入境检验检疫局2012年认证监管工作概况

2012年，重庆出入境检验检疫局（以下简称“重庆局”）全面贯彻落实全国认证认可工作会议精神和重庆检验检疫工作会议要求，以支树平局长“三个提升”的总体工作要求为统领，围绕“抓质量、保安全、促发展、强质检”中心任务，继续落实国家质检总局（AQSIQ）与重庆市人民政府《关于加快建设内陆开放高地推进质量强市战略合作备忘录》（以下简称“《局、市合作备忘录》”），认真开展“打击侵犯知识产权和制售假冒伪劣商品专项行动”（以下简称“双打”行动）和“质量安全风险排查整治和道德领域突出问题专项教育治理活动”（以下简称“两个专项活动”），以把重庆局建设成为具有鲜明特色的内陆一流检验检疫局为目标，坚持创新发展，依法科学监管，发挥“传递信任，服务发展”作用，以宣传、贯彻、落实《质量发展纲要（2011—2020年）》为抓手，求真务实，开拓进取，扎实开展出口食品生产企业备案、出口商品质量许可（注册登记）、强制性产品认证（以下简称“CCC”）行政监管和管理体系认证行政监管工作并取得实效。　在认证行政监管工作中，积极开展“为民服务，创先争优”活动，切实提高履职能力和服务水平，提高认证监管工作有效性，在服务重庆经济发展、助推重庆打造内陆开放高地等方面发挥了重要作用。

### 一、以综合行政管理体系和绩效管理为平台，加强制度建设，强化目标管理，确保认证监管工作质量

以重庆局综合行政管理体系改版和实施绩效管理为契机，梳理认证监管职责，完善管理制度，确保体系文件适宜、充分并有效运行。通过加强制度建设，进一步规范认证监管各项工作。年内，结合认证监管工作要求和重庆口岸实际情况，对重庆局体系文件中与认证监管有关的4个程序文件和12个作业指导书进行了部分修改，新编制《外商投资认证机构办事机构备案作业指导书》。通过完善与认证监管工作有关的体系文件，明确了认证监管各项工作的工作依据、工作流程、工作要求和工作内容，强化了体系文件的指导性和可操作性，提高了认证监管工作的透明度和执行力，提升了认证监管工作质量。同时，通过工作质量督查、内部审核和第三方审核，实现了认证监管工作的持续改进。

根据重庆局行政管理目标和AQSIQ绩效指标，制定重庆局认证监管工作年度目标和绩效指标。以认证处为牵头部门，组织开展了出口食品生产企业备案、出口商品质量许可（注册登记）、强制性产品认证行政监管、管理体系认证行政监管、食品农产品认证行政监管工作。在实际工作中，严格有关行政许可办理时限，建立完善获证企业档案，按年度计划开展获证企业监督管理工作和认证行政监管工作。年内，出口食品生产企业备案实现了对外发证差错为0、工作时限符合率100%、获证企业档案符合率100%，认证行政监管计划完成率100%，与认证监管有关的各项绩效指标均达标。

### 二、出口食品生产企业备案工作

按照《出口食品生产企业备案管理规定》（AQSIQ令第142号）以及有关配套文件开展出口食品生产企业备案管理工作。强化备案评审、获证企业监督管理、对外注册推荐、评审人员/监管人员管理工作，利用“出口食品生产企业卫生注册登记（备案）信息化管理系统”，开展备案工作的网上受理、网上评审、网上审批。开展了每半年一次的备案工作质量分析、总结，开展了获证企业年度报告审查工作。至2012年底，获备案的出口食品生产企业有79家（比2011年减少6家），获备案的主要是罐头、调味品、肉类、榨菜、肠衣等12类产品的生产企业（详见表1）。按照年度监管计划，对58家出口食品生产企业开展了定期监督管理工作。按照认证行政监管工作计划，对12家通过第三方认证的出口食品生产企业开展了食品农产品认证行政监管工作。

表 1　2012 年出口食品生产企业备案基本情况

| 备案类别 | 01 | 03 | 04 | 05 | 06 | 08 | 11 | 12 | 15 | 17 | 21 | D | 合计 |
|---|---|---|---|---|---|---|---|---|---|---|---|---|---|
| 企业数量（家） | 15 | 13 | 6 | 6 | 1 | 1 | 5 | 3 | 2 | 14 | 8 | 5 | 79 |

**（一）加强初级农产品监督管理工作，大力推进出口食品农产品质量安全示范区建设，强化出口种植（养殖）基地备案管理工作**

年内，认真落实《局、市合作备忘录》，联合重庆市对外贸易经济委员会、重庆市农业委员会、重庆市科学技术委员会制定出台《重庆市出口食品农产品质量安全示范区管理办法》（渝检联［2012］1 号），积极开展示范区建设推进工作。已建成涪陵出口榨菜、万州出口榨菜、丰都出口牛肉、开县出口兔肉、武隆出口高山蔬菜和潼南出口蔬菜等 6 个重庆市市级出口食品农产品质量安全示范区，其中，涪陵出口榨菜、丰都出口牛肉、武隆出口高山蔬菜 3 个示范区获国家级出口食品农产品质量安全示范区称号。重庆出口食品农产品质量安全示范区建设不仅实现了零的突破，已建成数量已位列我国西部第二。同时，加强出口种植（养殖）基地备案管理工作，对直接或间接为生产加工出口食品提供原料的种植（养殖）基地实施备案管理。通过有效控制出口食品生产用原料、辅料，确保出口食品安全。

**（二）严把出口食品生产企业准入关，加大出口食品生产企业对外注册推荐力度，促进重庆特色优势农产品出口**

在出口食品生产企业备案管理工作中严格执行《行政许可法》、《出口食品生产企业备案管理规定》和有关配套文件要求，宣传贯彻《质量发展纲要》，落实企业食品安全主体责任。在出口食品生产企业中全面推行以 HACCP 管理体系为核心的食品安全卫生控制体系，从硬件配置和企业管理两方面敦促企业持续提升管理能力和管理水平，提高出口食品生产企业整体水平。对备案后不能持续保持安全卫生要求的企业按规定予以注销，全年共注销 4 家企业的备案资质。

加大对出口食品生产企业扶优扶强力度，继续做好对外注册推荐工作。指导企业突破国外技术性贸易壁垒，切实提高出口食品国际竞争力。5 家出口肠衣加工企业继续保持对欧盟注册资格，新推荐 3 家出口肠衣加工企业对巴西注册、2 家出口肠衣加工企业对欧盟注册；推荐重庆恒都食品有限公司生产的冻牛肉对以色列注册；及时向重庆输美食品企业通报 FDA 关于输美食品企业重新注册的要求，向有关企业发放 FDA 企业注册相关的资料 / 指南，帮助、指导 20 多家输美食品生产企业开展对美再注册。

**（三）继续在出口食品生产企业中开展“双打”行动和两个专项活动**

按照年度监管计划开展备案企业监督管理工作和出口食品农产品认证行政监管工作，对 12 家肉类备案企业的食品安全管理体系和 / 或 HACCP 管理体系开展 HACCP 验证提升计划，敦促企业实施自我改进和自我完善，推动企业管理上台阶、上水平。

## 三、认证行政监管工作

### （一）强制性产品认证行政监管工作

#### 1. CCC 免办工作

通过“CCC 免办电子审批系统”开展 CCC 免办工作，全年为 60 多家企业办理《CCC 免办证明》285 份，CCC 免办产品货值达 10 亿美元。CCC 免办工作的开展，支持了重庆汽车、摩托车企业开展科研、测试，开发新品，开拓国际市场；支持了以笔记本电脑为代表的高新技术产品开展进出口加工贸易。加强 CCC 免办产品后续监管力度，开展 CCC 免办产品使用情况的监督管理工作，对 67 家企业申办的 291 份《CCC 免办证明》涉及的产品实施了后续监管。为满足重庆对外贸易需求，按照《免于强制性产品认证的特殊用途进口产品检测处理程序》开展小批量进口摩托车审批工作，对进口的 5 批摩托车共计 48 辆办理了审批手续。高度重视国家认监委 CCC 免办工作检查组提出的问题和建议，结合重庆局管理实际，加强 CCC 免办过程管理，积极探索更加有效的 CCC 免办产品后续监管办法。11 月，开展 CCC 免办有关企业 / 单位人员培训工作，敦促 CCC 免办有关企业 / 单位建立、完善 CCC 免办产品的管理制度，在按申请目的使用 CCC 免办产品的同时，强化 CCC 免办产品的可追溯管理。

#### 2. CCC 目录内产品入境验证工作

收集强制性产品认证有关法规要求和管理制度，编制《入境验证工作手册》，开展认证监管人员培训工作和入境验证指导工作，开展每半年一次的入境验证工作质量大检查。年内，在重庆口岸入境的 CCC 目录内产品单证核查率 100%，货证核查覆盖率为 50% 以上。

#### 3. CCC 产品“双打”行动

3 月—8 月，按照国家认监委《关于开展部分重点强制性认证产品质量安全专项整治行动的通知》（国认证［2012］19 号）的要求，制定行动方案，组织开展了辖区内大型商场销售的属于 CCC 目录内的童车、玩具等的专项检查。在入境验证工作中，对 CCC 目录内轮胎、汽车零部件、玩具、电线电缆、电动工具等重点进口产品实行 100% 货证核查。对 CCC 免办产品后续使用情况进行全面跟踪核实。

#### 4. CCC 获证产品监督抽查工作

5 月—10 月，按照国家认监委《关于开展 2012 年强制性产品认证获证产品监督抽查工作的通知》（国认证［2012］45 号）的要求，重庆局高度重视，制定工作方案，精心组织实施。在对重庆口岸入境 CCC 获证产品进行摸底调查后，确定抽查的产品为在重庆两路寸滩保税区生产的用于国内销售的笔记本电脑和重庆西永综合保税区生产的打印机。产品抽查严格按照重庆局《2012 年强制性认证获证产品监督抽查工作经费预算方案和实施方案》（渝检认函［2012］201 号）执行。通过现场抽样、封样和送检，按照《电气电子产品类强制性认证实施规则 信息技术设备》（CNCA-01C-020：2010）中 GB 4943—2001、GB 9254—2008 标准检测，16 个抽检项目全部合格。

#### 5. 入境验证工作研讨和认证监管人员培训

1 月，召开重庆局入境验证暨认证执法监管工作培训研讨会，对 2011 年认证监管工作进行了全面总结，对入境验证工作要求进行了详细讲解，对入境验证工作的难点、问题进行了深入研讨，对 2012 年入境验证工作进行了部署安排。来自重庆局分支局、办事处、有关业务部门的认证监管人员 40 多人参加了培训。

### （二）管理体系认证行政监管工作

3 月—12 月，以“网格化”认证监管模式，在出口食品生产企业、出口机电制造企业、出口危包生产企业以及重庆西永综合保税区笔记本电脑生产企业中开展管理体系认证行政监管工作。年内检查涉及中国质量认证中心等 7 家认证机构认证的质量管理体系企业 16 家、环境管理体系企业 4 家、职业健康安全管理体系企业 2 家。在检查过程中，充分发挥检查人员的法规、标准、信息、技术优势，宣贯《认证认可条例》、《认证机构管理办法》，解读有关管理体系标准要求，加强与企业的沟通互动，强化企业产品质量安全主体责任意识和诚信意识，指导、帮助企业进行问题整改，指导企业应用管理体系标准要求实施自我改进、自我完善，鼓励企业通过优化管理体系架构，提高企业管理标准化、科学化、规范化的能力和水平。

### （三）食品农产品认证行政监管工作

4 月—10 月，按照国家认监委《关于做好 2012 年食品农产品认证监管工作的通知》（国认注［2012］12 号）的要求，制定工作方案，对辖区内通过食品安全管理体系认证的企业、HACCP 管理体系认证的企业开展认证监管工作。实施出口肉类备案企业 HACCP 体系验证提升计划，对 12 家通过 HACCP 管理体系认证企业的有效性进行了专项检查，对检查发现的问题要求企业及时整改，并验证整改实效，促企业管理能力提升。

### （四）认证机构办事机构备案工作

年内，杭州汉德质量认证服务有限公司、通标标准技术服务有限公司、法立德国际质量认证（北京）有限公司、江苏添福产品服务有限公司 4 家认证机构在重庆设立的办事处获准备案。截至 12 月底，获准备案的认证机构办事机构有 6 家。同时，对认证机构办事机构按照“两个专项活动”要求开展专项检查工作，要求认证机构办事机构严格按照《认证机构管理办法》规范自身行为，合规开展认证机构认证业务的宣传和推广活动。

## 四、政务信息公开和认证认可宣传工作

重庆局高度重视政务信息公开和认证认可宣传工作，在重庆局门户网站公开与出口食品生产企业备案、出口商品质量许可（注册登记）等行政许可有关的管理规定和办理流程、申请要求、办理时限等，公开并每季度更新获证企业名录；公开与 CCC 有关的管理规定和《CCC 免办证明》的申办要求、办理流程、免办产品监督管理要求等；公开认证机构办事机构备案的工作流程、管理要求以及已获备案的认证机构办事机构有关信息。利用重庆局门户网站开展认证认可宣传工作，紧扣“传递信任，服务发展——推进认证认可，夯实质量基础”主题，开展“世界认可日”宣传活动，在“3·15”、“质量月”活动、“两个专项活动”中宣传与认证认可有关的法律法规，借助现场活动，发放宣传资料，答疑解难，并深入企业进行宣讲、指导，确保认证认可服务基层实效。

**撰稿人：孔凡义 审稿人：陈开茂**

# 锐意进取 开拓创新 认证认可事业实现新突破

## ——重庆市质量技术监督局2012年认证监管工作概况

2012年，在国家质检总局、国家认监委的大力支持和重庆市委、市政府的正确领导下，重庆市质量技术监督局（以下简称“重庆市质监局”或“市局”）紧密围绕“十二字”工作方针和“传递信任，服务发展”的总体要求，着力践行“五个创新”，找准定位凝心聚力，主动占位、积极作为，积极争取国家认监委支持，获批节能认证机构，获批笔记本电脑、中空玻璃强制性产品认证（CCC）指定资质，构建西南地区认证协作网，建立市级部门合力推进机制，实施实验室和CCC企业分级评价和监管，实施重点机构、问题单位和评审员约谈制度，不断巩固和深化“认证促发展、认证促和谐”行动成果，有力提升认证认可在建设质量强市，服务民生，服务地方经济建设和社会发展等方面的贡献率，认证认可事业实现了“三个突破”。

### 一、坚持以强化顶层设计和创新为着力点，在构建“大认证”工作格局上实现新突破

2012年，重庆市局以凝聚更多部门和社会各界的力量，合心合力推进全市认证认可工作发展为目标，更加突出“大质量”工作机制建设，以机制制度创新推动“大认证”工作格局的形成。

#### （一）探索建立市级部门认证认可工作联动机制迈出新步伐

在推进质量强市的工作框架下，筹建省级的认证认可部门联席会议制度，草拟了《重庆市实施质量强市战略工作领导小组关于合力推进认证认可工作夯实质量强市基础的指导意见》，市发改委、市经信委、市质监局、检验检疫局等21个市级部门和单位共建“政府主导，部门共抓，企业主体，社会联动”的认证认可工作部门联合联动机制，明确了市级各行业主管部门在推进全市认证认可工作中的应尽之责，在更高层面上形成“大认证、大合力、大发展”的工作格局。

#### （二）探索建立区域认证执法监管联动机制迈出新步伐

在国家认监委的关心和指导下，在渝召开了“西南地区质监部门认证执法监管区域合作机制启动仪式暨第一次联席会议”，云川渝两省一市质监局签署了《西南地区质监部门认证执法监管区域合作备忘录》，在增进工作信息交流，加强同步执法检查，加大有机产品监管力度，推行CCC认证区域联动监管，共同开展实验室能力验证，搭建实验室评审人才资源共享平台，建立检测资源共享机制，开展实地交流学习等九个方面形成合作共识，构建了西南地区质监部门认证执法监管工作合作机制。

### 二、坚持以传递信任，服务发展为关键点，在提升服务经济社会发展水平上实现新突破

#### （一）服务地方经济社会发展更加有为

一是围绕重庆低碳经济发展，倡导筹建节能产品认证机构，为质监部门服务经济转型、节能减耗搭建新“舞台”。二是围绕“三农”和“农民万元增收工程”，积极指导和支持城口县人民政府申报国家有机产品认证示范创新区，促进地方特色有机产业健康有序发展。三是围绕认证认可事业发展，以庆祝“世界认可日”为平台，首次在《重庆日报》上开设了“世界认可日暨质量强市”宣传专栏，连续四天刊登了8家实验室工作的系列宣传报道，首次开展认证认可箴言社会征集活动，并向社会公众发送了1万条认证认可知识信息和优秀箴言，倡导全社会共同关心、支持认证认可工作和监督认证认可中不法活动。全市管理体系认证有效证书数量为7 076张，位居西部地区第二位；强制

性产品认证有效证书数量为 6 854 张，同比增长 8.46%，位居西部地区首位；自愿性产品认证（含食品农产品认证）有效证书数量为 1 862 张，同比增长 15.68%，位居西部地区第二位。

### （二）服务检测高地建设更加有力

围绕市政府确定的建设检测高地的目标任务，进一步加大全市实验室资质认定和监督管理力度，通过召开“全市第三次实验室资质认定工作会议”，首次举办“检验检测大讲坛”，开展全市实验室最高管理者培训和确认考核等活动，在全市检验检测行业宣传贯彻《质量发展纲要（2011—2020 年）》，《重庆市人民政府关于实施质量强市战略构筑西部质量高地的若干意见》等重要政策文件中涉及检验检测行业发展的新要求和新举措，有效促进了实验室提升法制意识、风险意识和管理能力。组织开展了实验室基础数据大调查和实验室服务满意度大调查两项专项活动，摸清全市实验室的发展状况以及实验室资质认定工作实效。顺利完成实验室资质认定评审组织工作职能向市质量技术评审和认证中心的移交，平稳推进食品检验机构和司法鉴定机构资质认定工作，开展 5 个项目 469 家（次）实验室参与的能力验证活动，组织全市 45 家法定产品质检机构开展了“质量提升四个一”活动，改进实验室资质认定评审材料专家复查机制，探索建立实验室资质认定评审员评审工作绩效考核机制，切实把实验室资质认定工作做实做深做细。2012 年，全市完成实验室资质认定评审 203 家（次），其中首次认证实验室 60 家（次），复评审 143 家（次），扩项评审 44 家（次），全市资质认定实验室累计达到 426 家，同比增长 10.36%；全市国家认可实验室累计达到 64 家。

### （三）服务基层和服务民生更加有效

组织开展了“认证服务周”活动，深入南川、开县等 10 余个区县开展认证认可知识宣传和认证执法监管指导工作；开展“情系民生、免费检测”公益检测活动，联合相关实验室面向社会公众开展免费检测活动；支持市级检测技术机构积极申请国家强制性产品认证指定检验资质，扩展服务企业、服务经济发展的抓手。

## 三、坚持以提升认证有效性，促进认证市场繁杂有序为关注点，在提升社会公信力上实现新突破

### （一）强化认证组织证后管理出新招

以资质认定获证实验室和强制性产品认证获证企业为重点，加强对认证获证组织的监管风险研判，制订了《实验室分级评价和分类管理的指导意见》和《强制性产品认证获证企业的分级评价和分类管理的指导意见》，推行资质认定实验室、强制性产品认证获证企业的分级评价和分类管理制度，对全市 422 家资质认定获证实验室和 468 家强制性产品认证获证企业实行 ABCD 四级分级评价，并结合评价结论，按照“帮、扶、限、打”的工作方针，对获证组织实施分类差异化管理，有的放矢地加大监管工作力度。

### （二）强化认证市场整治出新招

组织开展了实验室检验标准和场地变更专项整治月、管理体系认证集中检查月、强制性产品认证集中检查月、食品农产品认证集中检查月、认证机构在渝认证活动集中审查和管理体系认证网格化监督检查“五大专项监督检查活动”，分别对全市 311 家实验室，377 家管理体系认证获证组织、480 家强制性产品认证获证企业、256 家食品农产品获证组织、5 家市场声誉度差的认证机构进行了证后监管和专项检查，立案查处认证违法违规案件 250 件，查处存在违法行为的认证机构 5 家。

### （三）强化认证获证产品风险监测出新招

以强制性产品认证和有机产品认证为重点，探索建立获证产品质量风险监测机制，划拨专项经费，首次开展了有机产品质量抽查工作，加严监控有机产品的质量安全状况，防范区域质量安全风险发生，累计下达有机产品质量监测任务 36 个批次；加大强制性产品认证获证产品质量监测力度，开展 CCC 认证产品质量监督抽查 805 个批次，整体合格率为 98.51%。同时，在流通领域抽检获得 CCC 认证证书的室内加热器 21 个批次，圆满完成国家认监委下达的室内加热器强制性产品认证监督抽查任务。

### （四）强化认证执法监管基础保障出新招

举办了“全市认证认可监管人员培训班”，通过理论学习、实作培训等形式，加大基层执法监管人员培训工作，努力打造一支素质高、业务强、人员稳定的执法监管队伍。积极运用“国家认监委自愿性认证活动执法监管信息系统”和“国家认监委认证行政执法信息报送系统”，提高监管针对性和工作效率，做好各项数据上报工作。改进完善“实验室资质认定行政许可申报系统”，推广运用自主研发的“全市强制性产品认证和自愿性认证监管信息系统”。

**撰稿人：何 鹏 审稿人：周 雪**

# 夯实基础　防范风险　不断提升认证有效性

## ——四川出入境检验检疫局2012年认证监管工作概况

2012年，四川出入境检验检疫局（以下简称“四川局”）在国家质检总局的领导下，按照国家认监委工作部署，紧扣“传递信任，服务发展”这一主题，找准定位、主动融入、创新机制、扎实工作，较好完成了各项工作任务，认证认可工作取得了明显成效。

### 一、以宣贯《质量发展纲要》为契机，努力夯实质量基础

按照国家认监委的统一部署，四川局以宣贯《质量发展纲要》为契机，加强认证认可政策法规的宣传，强化认证机构和企业质量安全意识，加强备案注册管理，推动企业落实质量安全主体责任，充分发挥认证认可对质量安全的基础保障作用。

#### （一）抓《质量发展纲要（2011—2020年）》宣贯，推动全社会重视质量工作

通过举办培训班、开展“3·15国际消费者权益保护日”、“世界认可日”、“四川省2012年食品安全宣传周暨万户食品生产经营企业公开承诺食品安全”、“质量月”等活动，向认证机构、消费者和企业广泛宣传《质量发展纲要》、宣讲认证认可工作。2012年6月，在成都大型家电销售场所和超市，开展了“抓质量、保安全、惠民生”为主题强制性产品认证（CCC）十周年宣传活动，向消费者发放CCC认证宣传资料和有机产品认证知识手册500余份，接受了四川电视台新闻资讯频道的宣传采访。通过一系列宣传活动，增进了社会各界对认证认可工作的了解和对质量工作的重视，促进了社会有关方面共同参与质量工作的积极性。

#### （二）抓“检测实验室开放日”活动，争取政府和企业对食品检测工作的支持

2012年9月，四川局邀请了四川省政府食品安全办公室领导、出口食品生产企业负责人以及《四川日报》记者共139人参加技术中心食品检测实验室开放日活动。通过座谈、参观、讲解、观摩演示、发放《质量发展纲要》和进出口食品安全宣传手册、交流互动等方式向参加开放日活动的领导和代表展示了四川局在食品安全检测方面的实力。省政府食安办与四川局还就今后在食品安全检测、人员培训、发挥出口食品企业的标杆作用、加强信息交流等方面开展合作达成了共识。通过“检测实验室开放日”活动，达到了增进了解、传递信任、争取支持的目的。

#### （三）抓出口食品企业人员培训，推动企业落实主体责任

2012年8月和9月，四川局在成都举办了2期出口食品企业卫生质量管理负责人培训班，来自全省出口备案食品企业的234名质量管理人员接受了为期3天的培训。培训班组织学员系统学习了《质量发展纲要》、出口食品企业备案注册规章和规范性文件、食品安全危害分析和预防控制措施的基础知识以及企业如何建立和实施食品安全管理体系等内容。通过培训，强化了出口食品企业质量管理人员的质量意识和责任意识，提高了质量管理人员业务素质，为进一步提高企业质量管理水平，推动企业落实质量安全主体责任奠定了基础。

#### （四）抓备案注册管理，充分发挥准入对质量安全的基础保障作用

一是强化出口食品企业的自我举证，要求企业在申请备案前，对照《出口食品企业安全卫生要求》，开展质量安全自检自查工作，并提交符合性声明，促进企业自觉提高自检自控能力。二是严把备案注册受理关、评审关和审查关，对重点敏感产品坚持异地评审制度。三是为出口食品企业卫生注册评审员配备温度、光线等检测设施，加强对重要参数的监测和对关键环节的审核，强化不符合项整改的跟踪检查力度，确保100%

的完成不符合项整改后方能推荐备案注册。四是加强出口备案食品企业的后续监管，建立能进能出的备案注册动态管理机制。全年办理出口食品备案企业69家，其中新增备案企业或新厂区21家，变更备案企业10家，延续备案企业38家，撤销、注销11家企业备案资格，注销2家企业国外注册资格。

## 二、以认证认可“两个专项行动”为抓手，有效防范质量安全风险

按照国家质检总局和国家认监委关于开展“两个专项行动”的部署，四川局制定了《四川检验检疫局认证认可质量安全风险排查整治和道德领域突出问题专项教育治理活动实施方案》，明确职责，细化措施，周密安排，扎实开展出口备案食品企业风险排查整治、认证机构和认证市场专项整治等工作。

### （一）开展出口食品企业质量安全风险排查整治

一是对备案食品企业开展从辅料收购、食品添加剂使用管理、生产加工、产品检验到产品储藏发运等全过程的安全质量风险排查，开展涉明胶出口食品企业专项检查，对发现的质量安全风险问题，开具不符合项或书面清单，并督促企业整改，确保企业持续符合备案注册条件。全年实施日常监管591厂次，定期监管273厂次，出动检验检疫监管人员1 322人次，监管覆盖率100%。撤销1家企业备案资格，注销10家企业备案资格和2家企业国外注册资格，对502厂次提出1037个不符合项，并责令企业限期整改完成，及时消除了食品安全隐患。二是对25家出口肉类企业开展了HACCP官方验证提升计划，强化了肉类企业和乳制品企业的危害分析，促进企业加强HACCP食品管理体系的内审和管理评审，完善食品安全危害的预防控制措施，不断提升HACCP体系运行有效性。

### （二）开展入境CCC产品风险排查整治

一是强化CCC入境验证监管。全年共对4 936批、货值26.29亿美元的入境CCC产品实施验证管理，对查验中发现的5批货证不一致的激光打印机、挡风玻璃等产品做出退运或销毁处理。二是强化CCC免办和后续监管工作。全年共办理《免办证明》337份，货值3 174万美元，CCC免办后续监管率达到91.82%。三是开展进口领域CCC获证产品监督抽查。抽查了流通领域进口的2个品牌3个型号的灯具样品，检出3类安全指标不合格，及时将检测结果通知认证机构和经销商按规定进行处理。

### （三）开展自愿性认证行政监管和专项整治

一是加强对认证机构的管理。对相关认证从业机构开展《认证机构管理办法》、《认证机构履行社会责任指导意见》等相关规定的宣传，增强机构“诚信”和“责任”意识。对4家外资认证机构的办事机构开展了突击现场检查，对发现的办事机构挂牌不规范、网站信息不规范、涉嫌参与审核活动等问题责成整改并要求按期提供验证资料；二是加强获证企业的监督抽查。利用“自愿性认证活动执法监管信息系统”和“食品农产品认证信息系统”，开展获证企业的监督抽查。全年对70家出口获证工业产品生产企业和26家食品生产企业开展了管理体系认证行政监管，查出假冒英国全球认证服务有限公司非法认证等问题证书3份，对存在的问题及时通报了相关认证机构整改；三是开展有机产品认证的专项检查。对流通领域进口有机产品认证证书、认证标志使用进行了专项检查，抽查乳制品、茶叶、五谷类等4家获有机产品认证的出口食品企业，对发现的认证资料不齐全、有机码查询信息有误、标志不规范等问题通知有关方面进行了整改。

### （四）开展认证行政执法监管工作风险自查

四川局在认证执法监管体系建设、队伍建设、制度建设以及认证市场监管、出口食品企业备案管理、强制性产品认证执法监管及认证行政处罚等方面的工作进行了自查和梳理，查找薄弱环节和风险点，对排查中发现的部分人员业务能力不强、个别环节资料档案管理不规范、信息沟通渠道不畅、认证监管有效性需进一步提高的问题，进行了积极整改完善。

## 三、以服务地方经济社会发展为宗旨，不断提升认证认可工作的有效性

四川局认证认可工作紧紧围绕四川经济结构调整、承接重大产业转移和发展现代生态农业，主动融入四川经济社会发展大局，找准定位，积极作为，取得明显成效。

### （一）积极推动认证新技术的应用，服务四川经济结构调整

一是不断加强与地方政府及有关部门的沟通，努力促进地方政府积极运用认证技术服务经济社会发展，支持中检四川公司按成都市政府要求牵头起草了《运用认证手段推进“世界生态田园城市”建设工作管理办法（暂行）》（草案），并积极参与将成都市高新区建成“认证认可示范区”的工作。二是全力支持认证机构开拓节能、环保和新能源领域认证新业务，推动认证从业机构品牌化建设。支持中检四川公司大力推广应用《能源管理体系 要求》（GB/T 23331）国家标准、

能源管理技术研究，使该公司在全国率先帮助眉山启明星铝业有限公司等3家企业通过能源管理体系认证的基础上，又陆续为川化股份公司、泸天化股份公司、东风汽车发动机提供“能源管理体系”技术服务工作。三是积极支持中检四川公司开展良好农业规范和有机产品认证，截至2012年底，该公司已颁发GAP和有机产品认证证书32张，有效支持了四川生态农业发展。

### （二）积极应对国外技术贸易壁垒，服务企业拓展出口产品市场

一是前移服务关口，支持四川特色农产品出口。四川局加强了对拟申请备案的食品企业的技术咨询服务，指导肉制品、酒类、野生松茸、高原奶制品、浓缩果汁、苦荞制品等特色和精深加工食品企业获得出口备案资格。二是加强对外注册工作，支持企业拓展国际市场。针对四川省出口肠衣被巴西官方扣留的问题，积极向国家认监委汇报并提交注册资料，促进四川3家肠衣企业在短时间内获得对巴西注册资格，成功解决了肠衣出口巴西受阻的问题。此外还向国家认监委推荐了1家肠衣企业对欧盟注册，向新加坡和欧盟申请变更2家企业信息。

### （三）服务四川承接重大项目转移和会展经济

一是提前介入西博会服务工作，开展CCC认证的前期宣传培训，做好涉及CCC认证目录内参展商品的摸底调查，并在展会现场办公，加快入境CCC产品迅速通关。二是支持重点企业，对沃尔沃等汽车制造企业开发试制产品所需进口零部件提供免CCC证明办理绿色通道。

## 四、以提升认证监管履职能力为目标，着力加强认证执法监管体系建设和内部管理

四川局作为全国第二批认证执法监管体系建设试点单位，努力加强认证监管队伍建设，不断健全认证执法监管体制、机制和方式，积极探索并推行“两级监管、重心下移”和“区域实施、齐抓共管”的工作格局，认证执法监管体系建设取得明显成效。

### （一）创新工作机制

一是将认证行政执法工作与其他检验检疫监管工作有机结合，统筹安排。将自愿性认证执法监管、CCC入境产品货证一致性检查、备案企业后续监管等工作分解到有关部门和分支机构，与日常检验检疫监管工作统一安排、一并部署、一并检查。二是积极推行分类管理。在实施风险分析的基础上，对出口备案食品企业后续监管、认证从业机构监管、CCC免办后续监管实施差异化动态监管工作机制，支持守信企业做大做强。

### （二）加强制度建设

一是制定并下发了《四川检验检疫局出口食品生产企业备案工作规范》、《四川检验检疫局出口食品备案企业监督管理方案》和《四川检验检疫局社会指定实验室管理办法》。二是修订了备案注册、CCC免办等工作的作业指导书，积极推行“三位一体”综合行政管理体系，不断提升认证监管工作制度化、规范化水平。

### （三）加强人员培训

一是充分利用四川局内网教育平台、举办培训班、专家现场指导、交流执法检查等方式对认证监管人员、认证联络员进行分类指导和培训，培训人员95人次。二是注意培养业务骨干，积极向国家认监委推荐4名同志进入国家认监委专家库，推荐4名同志为卫生注册主任评审员。

### （四）加强工作宣传

一是加大信息报送力度，向国家认监委报送信息26条，大部分被采用。二是加大政务公开，及时在四川局网站更新和公布备案注册企业名单，以及备案注册、CCC免办等相关法律法规、技术标准规范、办事指南。

**撰稿人：张映彤　审稿人：雷 燕**

# 传递信任 服务发展<br>努力为"质量兴川"战略作贡献

## ——四川省质量技术监督局2012年认证监管工作概况

2012年，在四川省质量技术监督局（以下简称"四川省质监局"或"省局"）党组的正确领导下，全省认证认可工作认真贯彻落实全国质检工作会议、全国认证认可工作会议和全省质监工作会议精神，按照"十二字"方针和"传递信任，服务发展"的总要求，找准定位，创新发展，切实有效地发挥了认证认可作用，取得了明显成效。抓质量方面，完善了认证监管体系，对904家企业开展了管理体系认证有效性监督检查，对1 140家强制性产品认证（CCC）获证企业开展了巡查，对327家食品农产品获证企业开展了监督检查，认证的基础作用更加明显。保安全方面，开展了以CCC认证为重点的"双打"行动，对玩具产品、机动车制动软管产品开展了专项检查。促发展方面，积极推进能源管理体系认证和节能环保、新能源新产业等领域的认证工作，积极开展有机产品认证示范县建设，又有宝兴县争创成功，四川省达到了3个。强质检方面，全省21个市州系统内培训人员500余人次，提高了基层认证监管人员的能力，加强认证认可信息资源整合，深化行政监管业务的信息化，推动了认证认可事业的发展。

2012年，四川省认证认可工作在国家认监委和省局的领导下，以国家质检总局"十二字方针"为中心，按照"传递信任，服务发展"的总要求，全面推进"四转四加强"，奋力拼搏，务实创新，较好地完成了全年工作任务。全省检查强制认证生产企业1 140家；加强认证有效性的行政监管，全省累计抽查自愿性认证企业904家，涉及质量管理、环境管理和职业健康安全管理体系认证证书1 356张，全省共计对327家食品农产品生产企业、1 144种产品进行了有效性监督检查；加强流通领域认证产品质量核查和执法检查，组织开展了有机产品、玩具产品、机动车制动软管等专项检查3次；按计划完成检测机构资质认定评审和监督评审工作，共完成资质认定评审524家、监督检查360家。

### 一、抓巡查，强化对强制性产品认证行政监管

一是强化对强制性产品认证生产企业行政监管，全年共对1 140家强制认证企业开展了分类巡查。二是以民生产品为重点加强流通领域认证执法监管。开展强制性认证产品专项监督抽查工作，共抽查机动车制动软管产品29个批次，合格26批次，总体合格率为89.7%；共抽查生产企业9家，合格率为77.8%。集中对目录内玩具产品进行全面检查和排查，重点查处流通领域假冒、伪造强制性产品认证证书及标志的行为。

### 二、抓检查，强化对自愿性管理体系认证监管

对全省获证企业中抽取10%作为检查对象，重点对食品、CCC认证产品、建材产品企业中持有QMS、EMS、OHSAS 18000具有代表性的904家获证企业开展监督检查。着重对企业是否获取过ISO 9001认证、认证后的保持情况及资质续展情况、持续改进情况、证书使用情况等方面进行监督检查。

### 三、抓监督，强化对食品农产品认证有效性监管

在全省范围内进行了食品农产品认证行政监督检查。四川省食品农产品认证有效证书为4 265张，其中，有机产品认证证书414张、良好农业规范认证证书36张、HACCP认证证书193张、食品安全管理体系认证证书237张、绿色食品认证证书726张。举办《有机产品》标准宣贯129场次，对327家食品农产品生产企业、1 144种产品进行了有效性监督检查，抽查比例达到了全

省获证总数的15%。

## 四、抓有机，争创国家有机产品认证示范区

在国家认监委开展的国家有机产品认证示范区创建工作中，充分发挥认证认可“传递信任、服务发展”的重要作用，服务于“绿色发展、建设资源节约型、环境友好型社会”，积极推动国家有机产品认证示范区争创工作。在2011年西充、旺苍两县成功创建的基础上，再接再厉，加强指导和帮扶，制定了有机产业发展规划、拨出了专门的保障经费、出台了激励政策措施、各部门齐抓共管，有力地促进了有机产业的发展。2012年，四川省宝兴县又争创成功，在全国23个有机产品认证示范区中，四川省独占三席，居全国第一。有机产品认证示范区创建，提高了地方的知名度，提高了产品附加值，促进了农民增收，服务了地方经济发展。

## 五、抓排查，风险排查整治和专项教育治理活动成效明显

按照省局统一安排，制定了《质量安全风险排查整治和道德领域突出问题专项治理活动实施方案》，明确目标任务和排查重点，强化相关工作措施，全面排查认证认可领域的质量安全风险和道德领域的突出问题，针对各领域的不同特点，采取多种方式，扎实抓好认证领域的排查整治和教育治理活动。加强对各市县涉及认证监管方面的质量安全风险排查整治活动指导，及时发现和解决各类质量安全风险，推动质量安全风险管理长效机制的建立。

## 六、抓规范，把好检测市场准入关

严格行政审批程序，加强实验室资质认定评审及监管工作，全年共受理资质认定申请560家，完成524家实验室的评审和换发证工作，其中，颁发新的食品检测机构资质认定证书106张，并及时在省局网站上向社会公布。组织省内食品专家召开了专题研讨会，为推动全省食品检验机构资质认定工作顺利开展提供了指导。此外，专题召开了其他检测类别的评审组长会，规范了项目参数，签定了评审员承诺书，设计制定了评审意见反馈表。

加强日常监管，全年共监督抽查实验室360家，审批标准变更190批次，考核授权签字人40家，办理各类变更96家。暂停资质认定证书2家，注销资质认定证书6家，有效规范了获证实验室检测行为。

## 七、抓试点，扎实推进两项认证示范试点工作

在成都、德阳质监局开展的“认证促质量提升、认证促产业倍增”、“加强行业自律，服务地方经济发展”获证实验室示范试点活动顺利实施。组织在全省范围内开展了以“传递信任，服务发展，推进认证认可，夯实质量基础”为主题的“世界认可日”宣传活动。省质监局的主会场设在德阳，结合“资质认定获证实验室示范试点”活动一并举行了隆重的宣传活动。与成都市质监局联合，在高新区开展了“世界认可日”暨“认证促质量提升、认证促产业倍增”示范工作动员仪式。全省共有300多家实验室参加了当地举行的“世界认可日”宣传活动、座谈会，约2 000多人参加了活动，发放宣传资料近10 000份。

通过两项试点活动的开展，进一步增加了检测实验室和认证机构的法制意识和服务意识，认证及检测工作进一步规范，服务地方经济意识进一步深化，达到了典型示范的目的。

## 八、抓活动，扩大认证认可工作影响力

四川省质监局在达州组织召开了全省认证认可实验室开放日活动大会，组织学习了《达州质监局关于规范资质认定获证实验室检验行为“十举措”和规范我市资质认定获证实验室检验检测工作行为“十不准”的通知》，实验室代表进行了公开承诺，资质认定实验代表与达州质监局签订了目标责任书。

全省质监系统紧密结合“贯彻落实《质量发展纲要》，推进质量强国建设”的主题，以“科学检测，服务发展”为宣传要点，在全省范围内，重点选择涉及民生的重点领域及战略新兴产业的产品检测机构作为开放对象，开展了形式多样、内容丰富的检测实验室开放日活动。通过活动的开展，进一步加深了全社会对检测工作的认识和理解，进一步强化了检测实验室的责任意识和风险意识，形成人人关注检测工作质量的良好氛围。

撰稿人：韩 军 审稿人：冯 勇

# 强化监管　创新发展

## ——贵州出入境检验检疫局2012年认证监管工作概况

2012年，贵州出入境检验检疫局(以下简称“贵州局”)按照国家质检总局和国家认监委的“传递信任，服务发展”的要求，紧紧围绕“抓质量，保安全，促发展，强质检”的工作方针，认真贯彻落实科学发展观，“以质取胜，创先争优”，结合贵州局实际，以改革创新为目标，强化认证认可监管职责和推行“三位一体”综合行政管理体系为目标，进一步加快了贵州局认证认可监管工作进展，取得了较为明显的成效。

### 一、强化理论学习，提高综合素质

在贵州局党组统一部署下，坚持以科学发展观为指导，学习了全国创先争优、优秀共产党员先进事迹，观看了《忠诚与背叛》等反腐倡廉警示教育纪录片，认真学习《质量发展纲要（2011—2020年）》及《2012年政府工作报告》等重要文献，提倡理论联系实际，做到学习有计划、有目的。结合业务工作需要和实际，认真学习法律法规和相关业务知识。通过认真学习，增强了为人民服务的宗旨意识，明确了加快认证认可制度进程、履行监管职责是对党和国家负责，是服务于人民和社会、促进地方经济发展的工作思想意识，结合贵州检验检疫工作的特点，在不断提高理论水平和业务能力的同时，努力探索认证认可监管服务创新的新思路，进一步强化质量监管的力度和提高认证服务的工作效率。在认证认可监管服务工作中求信任，在认证认可监管服务工作中促发展。

### 二、强化监管职责，提升工作水平

#### 1. 探索认证认可监管服务新思路

贵州局为贯彻落实国家质检总局2012年认证监管工作会议精神，2012年10月中上旬组织了由局相关处室、分支机构、办事处等参加的认证监管工作会议，会议组织学习了《出口食品生产企业备案管理规定》、《认证机构管理办法》、《认证认可行风建设实施办法》等文件，并就认证监管工作进行交流，统一思想，为做好今后一个时期的认证监管工作打下了坚实的基础。

贵州局领导高度重视认证监管工作，将创先争优、四帮四促与认证监管日常业务工作紧密结合，采取走出去、请进来的认证认可监管服务工作新思路，积极开展“下基层、访民情、强质检”活动。亲自带领工作人员深入企业开展调研，倾听企业呼声，了解企业需求，帮助企业解决实际困难，通过与出口食品生产企业对话、沟通等方式，并实施请进来监督、交流等新举措，确保了认证认可监管服务工作的顺利开展，也得到企业的欢迎并得到了企业的好评。

#### 2. 积极推进认证执法监管体系建设

按照国家认监委《关于深入推进认证执法监管体系建设的通知》（认办法函［2012］87号）的要求，结合贵州局实际，制定了《贵州检验检疫局推进认证执法监管体系建设工作实施方案》，将认证监管体系建设纳入贵州局整体工作部署之中，通过建立和完善各项制度及对认证监管执法队伍的建设，使履职能力得到整体提升。

#### 3. 强化备案管理工作

2012年，根据贵州辖区内企业申请，贵州局共组织开展出口食品企业备案评审18家(含换证复查)。

组织开展全省2012年出口食品生产备案企业定期监督检查。对全省36家备案的出口食品生产企业开展了企业基本情况、质量管理体系运行情况、生产车间、实验室检测、原辅料供给等多方面的监督检查，并组织检查工作组，分期分批下到分支机构和生产企业，共出动134人次，向企业反馈信息47条，提出整改意见56条。

根据《出口食品生产企业备案管理规定》，取消6家到期未申请换证、二年以上未出口食品企业的备案资格。

截至2012年底，全省共有56家出口食品企业注册备案。

4. 强化强制性产品认证（CCC）免办及抽查工作

2012年，贵州局共受理CCC免办并发放证明18份，不符合免办条件退回未办理0份。

加强CCC获证产品抽查工作，制定了进口CCC产品监督抽查实施方案。按照规范要求在流通领域抽取电饭煲、电水壶两种产品送指定实验室检验，并按要求及时上报抽查结果。

在服务中求发展，在实际工作中为企业所想，不断优化审批流程，简化审批手续，改变工作作风，在政策许可条件下优化审批流程，进一步缩短了CCC免办工作日期限，将CCC免办证明从五个工作日缩减为三个工作日，提高了办事效率，更好地为企业服务，提升了检验检疫部门的新形象。

5. 强化出口危险货物包装许可及商品质量许可管理工作

继续落实贵州局“三位一体”考核要求，不断修订完善了出口危险品包装容器和出口商品质量许可工作的程序，截至2012年12月31日，完成辖区内出口危险品包装容器生产企业换证复查1家，贵州辖区内危险品包装许可证有效期内共5家。完成出口商品质量许可企业换证复查1家，贵州辖区内出口商品质量许可证有效期内共6家，确保企业持续有效符合出口要求。

6. 强化“质量管理体系、食品农产品、有机产品”认证有效性监督检查工作

贵州局年初制定质量管理体系、食品农产品、有机认证有效性监督检查计划，全年实施监督检查计划方案、组织开展了2012年度质量管理体系、食品农产品、有机产品认证有效性监督检查工作。成立检查工作组，分期分批下到各地开展监督检查工作，通过抽查档案、实地检查等形式对辖区内获得ISO 9000认证、有机产品认证、HACCP认证的企业及认证机构进行了认证有效性和规范性监督检查工作，检查中未发现买证、卖证、伪造、冒用、超期、超范围使用认证证书的情况。

7. 深入开展出口产品质量安全风险排查整治工作

贵州局为深入贯彻落实全国质量安全风险排查整治工作座谈会精神，推动全系统质量安全风险排查整治和道德领域突出问题专项教育治理活动向纵深开展，有效防范和处置各类质量安全风险，根据国家质检总局《关于开展质量安全风险排查整治活动的通知》（国质检办［2012］248号）、中央文明办《开展道德领域突出问题专项教育和治理活动的方案》和认监委排查整治方案（国认法［2012］47号）统一部署要求，坚持全面排查与集中整治、治标与治本相结合，着眼于长效机制建设和工作改进，全面排查监管企业和产品存在的风险和隐患。

结合贵州认证监管点多分散的特点，重点将出口食品生产企业备案管理与出口产品质量安全风险排查整治相结合，结合企业进行现场评审和监督检查的过程，也是进行安全风险排查的过程，对企业现场评审和监督检查中发现的不符合项和问题点的整改过程，也是对企业和产品存在的风险和隐患进行整治的过程。经排查，出口食品生产企业均能按照食品安全卫生要求进行生产，在整治中及时纠正偏差，提升质量。出口食品企业无重大食品安全事故发生。

8. 强化质量管理体系

5月，贵州局对质量管理体系运行进行审核，针对存在的问题，认真进行原因分析，采取有效的纠正措施。7月20日，组织召开了2012年质量管理体系管理评审会议，实事求是地评价贵州局质量管理体系的适宜性、充分性和有效性和质量管理体系运行情况，为确保认证认可工作制度规范化创造坚实的基础。

9. 强化信息宣传

加强认证认可信息宣传，完善认证认可信息的收集与上报，组织编纂了《认证认可年鉴稿件（2012）》和标题为《开拓进取　扎实工作　全面提升履职能力》的认证认可年鉴稿件，截至2012年11月底，共向国家质检总局、国家认监委和有关部门报送各类文稿信息20余篇。

2012年6月9日是第五个“世界认可日”，贵州局紧紧围绕“传递信任，服务发展——推进认证认可，夯实质量基础”为主题，在辖区内积极开展宣传活动，向社会和企业发放宣传材料，积极与政府相关部门沟通交流，扩大了社会和政府对认证认可监管工作的重视和关注。有力地推进了贵州省认证认可监管工作的开展，服务地方经济发展。

**撰稿人：陶晓薇　审稿人：田　虹**

# 抓项目 促发展 努力推进认证监管工作

## ——贵州省质量技术监督局2012年认证监管工作概况

2012年，贵州省质量技术监督局（以下简称“贵州省质监局”或“省局”）按照国家认监委的工作部署，认真贯彻落实《质量发展纲要》，坚持认证认可“传递信任，服务发展”的工作原则，在抓好贵州省内认证认可日常监管工作的同时，结合实际，以项目为抓手，组织开展了一系列的重点工作，努力推进贵州省认证认可工作迈上新台阶。

### 一、加强有机产品证后监管，帮助有机产品示范创建区建设

#### （一）以项目为抓手，组织有机产品认证示范创建区申报工作

2012年初，按照国家认监委关于组织开展国家有机产品认证示范创建区的工作要求，贵州省质监局在全省范围内进行了动员和部署，组织各市（州）局对全省113家有机种植、有机养殖、有机生产加工企业进行了详细的调查摸底，确定省内有机产业发展较集中的遵义市、黔东南州为国家级有机产品认证示范创建区的重点培育区域。省局党组高度重视有机示范区的创建工作，首先抓好初审推荐工作，专门组织了由省农委、省科学院、贵州大学、省质检院等单位的专家组成的专家评审组，对贵州省麻江县、凤冈县等5个申报地区进行初评，听取了5个县政府关于组织申报工作的陈述，根据各县的自然生态环境、所申报的有机产业种植基地和生产加工企业的生产管理情况、当地县政府对促进本地有机产业发展的支持和扶持力度、相关机制的建立等情况，确定麻江县、凤冈县作为初步推荐单位，并由省局领导带队组织专家组对两个县进一步进行了实地核查后向国家认监委推荐麻江县为贵州省2012年国家有机产品认证示范创建区申报单位。

为加强对麻江县的有机产品认证示范创建区申报工作的指导和帮扶，贵州省质监局与黔东南州委、州政府联合成立了由省局局长张伟力担任组长的贵州省有机产品认证示范创建区工作指导组，负责全面统筹协调、组织指挥申报有机产品认证示范创建区的各项前期准备工作，并指导帮助麻江县在原有的基础上，按照《国家有机产品认证示范区申报条件》进一步规范提高。由省局分管领导带队，一行8人奔赴麻江县开展了全方位的现场指导帮扶。指导组从麻江县的生态环境、产业结构和经济结构、有机蓝莓产业发展规划、当地政府对发展有机产业的组织管理机构、相关的鼓励扶持政策的完善、加强有机生产控制管理等方面进行了全方位的架构梳理和设计。指导组在麻江县工作的半个月时间里，共组织、协调州、县政府，州县两级相关部门，有机企业负责人召开工作联席会议和专题工作会议8次，修改完善相关资料412份，补充调整了麻江县有机产业发展、管理组织框架，进一步完善了覆盖全县有机产业发展各环节的风险评估、风险控制、监督管理措施，进一步健全了有机产品生产监控、追溯、诚信体系；对全县相关部门、有机产品生产企业进行了多次有机产品认证专业知识培训，印发了《有机产品认证知识问答》宣传册500份，并深入田间地头、销售市场进行现场检查，对生产，销售企业贯彻有机产品新要求、实施新标准、规范生产、销售行为进行现场指导。2012年12月，黔东南州麻江县荣获了国家有机产品认证示范创建区的称号。

省局指导和帮扶麻江县申报国家有机产品认证示范创建区的工作得到了省委省政府的充分肯定，谢庆生副省长指出：“省质监局积极服务发展、以项目作为质量兴省活动的抓手，这个做法值得总结和推广”。

#### （二）加强对有机产品获证企业及销售场所的监督检查

按照国家认监委《关于做好2012年食品农产品监管工作的通知》的要求和部署，组织开展了贵州省有机产品获证企业的调查工作及有机认证产品和有机认

证标志的专项监督检查。印发《有机产品认证知识问答》小册子，全省共组织有机产品生产企业、销售企业宣贯会84次，参加宣贯人数642人次，重点宣传2012年3月1日实施的《有机产品》国家标准和《有机产品认证实施规则》。检查了276个销售场所和156个生产企业，对未按照有机产品标准生产的1家生产企业提出了整改，已整改合格。

## 二、加强实验室资质认定证后监管工作

### （一）以煤炭、建工建材行业为切入口，对通过实验室资质认定的相关机构组织开展专项监督检查

2012年4月，省局组织召开了全省建材建工检验和煤质检验的资质认定实验室专项监督检查专题工作会议，对专项监督检查工作进行了动员部署，成立了由省建材产品质量监督检验院、省建筑科学研究检测中心、省煤炭产品质量监督检验院、省煤田地质局实验室等单位专家技术人员组成的现场评审专家组，印发了《关于对全省建材建工检验和煤质检验的资质认定实验室监督检查实施方案》，并结合国家认监委《关于开展2012年实验室资质认定专项监督检查工作通知》的要求制定了统一的《实验室监督评审 评审报告》和《整改落实情况核查和处理意见表》。5月10日—6月15日，各市（州）质监局组织辖区内各实验室按照专项监督检查工作要求进行了自查；6月1日，前各市（州）局制定并上报了辖区的监督评审工作计划。6月20日—9月30日各市（州）质监局组织专家组对辖区内的所有相关实验室开展了现场评审。10月1日—10月31日各市（州）质监局对检查中存在问题的实验室组织了整改并提出了处理意见。

截至2012年9月底，贵州省持有有效资质认定证书、涉及建材建工、煤质检验的实验室共163个组织了监督评审。

截至2012年10月31日，各市（州）质监局严格按照省局的统一部署和工作要求对辖区内的相关实验室组织了现场监督评审，对152个存在问题的实验室提出了整改意见，对整改情况进行了核查，146家实验室已完成落实了整改，通过了此次监督评审。

根据《实验室和检查机构资质认定管理办法》的规定，省局对存在问题的实验室进行了风险分析，对存在问题的机构依法采取了相应的处理措施：对不具备实验室资质认定要求的法律地位的实验室由省局核准后，依法撤销其实验室资质认定资质；对超范围出具虚假报告、资质证书超期仍对外出具报告的实验室由所在地市（州）质监局依法查处；对检测环境达不到要求、管理混乱，质量保证体系不能有效运行，严重影响检验检测工作质量的实验室由所在地市（州）质监局责令其暂停工作，严格按照要求完善、整改，重新进行现场审核；对配备的检测仪器、设备达不到通过资质认定的监测能力要求的实验室，由所在地市（州）质监局责令其向省局提出检测能力（项目）调整申请。

### （二）组织开展重点行业实验室能力验证活动

#### 1. 煤质检测实验室能力验证

2012年5月，贵州省质监局制发了《关于开展通过资质认定实验室煤质类检验项目检测能力验证的通知》（黔质技监认函［2012］277号），组织对实验室就有关煤质参数进行了能力验证，全省计划对31家实验室开展能力验证，实际参与能力验证为30家实验室。

根据能力考核结果，此次能力验证“灰分”检测能力考核结果满意率为86.7%；3家实验室结果不满意，1家实验室结果有问题。“挥发分”检测能力考核结果满意率为90%；2家实验室结果不满意，1家实验室结果有问题。“全硫”检测能力考核结果满意率为96.7%；1家实验室结果不满意，1家实验室结果有问题。“发热量”检测能力考核结果满意率为96%；只有1家实验室结果有问题，没有不满意结果。

#### 2. 建材检测实验室能力验证

根据贵州省建材实验室数量较多，省、市、县三级实验室的检验能力、实验室规模、管理水平差别较大的实际情况，在对全省相关实验室进行充分调查摸底的基础上，从2011年起，组织开展了2011年—2012年跨年度的全省建材检测实验室能力验证活动。

全省通过资质认定、具有水泥物理性能检测项目的实验室237家。参加此次能力验证的实验室159家，占应参加实验室的67.1%。结果满意的68家，满意率为45.3%。结果可疑的37家，可疑率为24.7%。结果不满意的45家，不满意率为30.0%。

全省通过资质认定、具有钢筋力学性能检测项目的实验室204家。参加此次能力验证的实验室140家，占应参加实验室的64.0%。结果满意的115家，满意率为83.3%。结果可疑的10家，可疑率为7.3%。结果不满意的13家，不满意率为9.4%。

通过开展能力验证活动，全面掌握了获证机构检测能力和管理水平的实际情况，为行政监管提供了科学、客观信息，为规范获证机构的检验活动，有效监控获证机构的持续保证能力提供了依据。下一步省局将组织技术机构和各基层局对比对结果达不到满意的机构进行指导整改，对不参加能力验证的机构组织重点检查。

## 三、进一步规范实验室资质认定工作，提高工作质量

根据《实验室和检查机构资质认定管理办法》的要求，严格按照《实验室和检查机构资质认定准则》组织开展贵州省实验室资质认定受理、审核、审批工作，为贯彻落实好《实验室和检查机构资质认定管理办法》，2012 年 9 月，省局结合以往资质认定存在的问题，对实验室资质认定受理、审核、审批工作中准确把握和界定资质认定对象、申请单位的法律地位、独立性、公正性以及其他相关问题下发了《关于进一步规范全省实验室资质认定工作的通知》。要求新申请的实验室资质认定和到期复审的受理、审核、审批工作严格按照通知的要求组织实施，各级质监部门要及时将通知精神传达到辖区内的实验室，对照通知要求进行整改。

## 四、加强强制性认证产品监管

贵州省质监局为加强强制性认证产品的监管，把贵州省相对集中的电线电缆、低压电器等通过 CCC 认证的产品列入全省监督抽查计划，切实掌握省内重点强制性认证产品的质量状况。明确各级局的监管职责，建立了基层监管部门的巡查制度，组织开展监督检查，进一步完善管理档案。2012 年全省共检查 149 家生产企业，其中正常生产企业 141 家，停产企业 8 家，督促整改落实企业 8 家，查出假冒证书和标志 2 家。

**撰稿人：左渊洁 审稿人：卢 涛**

# 践行“传递信任，服务发展” 提高认证监管工作有效性

——云南出入境检验检疫局 2012 年认证监管工作概况

云南出入境检验检疫局（以下简称“云南局”）围绕落实“十二字”方针和“传递信任，服务发展”的工作方针，团结一致，真抓实干，努力在提高六个方面有效性上下功夫见实效，切实推动国家质检总局、国家认监委部署的专项工作，为云南面向西南开放“桥头堡”建设服务。

## 一、出口食品生产企业卫生注册登记工作概况

2012 年，云南局共收到出口食品生产企业备案申请 156 件（其中变更 15 件、扩项 24 件），办毕发证 141 份；截至 10 月 31 日，有效监管的出口食品备案企业共 323 家。全局系统共派出监管人员 672 人次，完成定期监管 364 厂次；派出监管人员 747 人次，完成日常监管 485 厂次；共发现 186 个企业存在不符合项目 485 个，未发现严重不符合的情况。对 14 家食品添加剂生产企业的备案证明予以注销、不再纳入备案管理；对 4 家长期没有出口的备案企业资质予以注销。

## 二、认证监管及相关工作概况

2012 年，云南局受理机电出口商品质量许可申请 15 份，考核发证 9 份，延期换证 20 份，当年有效监管的出口机电生产企业共 20 家。受理危包许可申请 2 件，办毕发证 5 份（包括上年受理当年办毕的），当年有效监管的危包企业共 29 家。对属于 CCC 目录的 67 批进口产品实行 100% 的入境验证；共办理强制性产品认证（CCC）免办证明 2 份。开展了管理体系和食品农产品认证行政监督管理，对 14 家获得体系认证和 13 家获得有机产品认证的企业（共涉及 11 家认证机构）实施了行政监督检查。对获 CCC 认证的进口橡胶产品进行了监督抽查。

## 三、认证监管重点工作情况

### （一）对出口肉类和乳制品企业实施 HACCP 验证提升

根据国家认监委的统一部署，云南局结合“两个专

项行动”，针对高风险的出口肉类备案和乳制品备案企业开展HACCP验证提升。云南省备案的出口乳品企业共4家，云南局共派出评审员11人次，对其中3家实施了验证，提出14个不符合项，经企业整改后符合要求；出口肉及肉制品企业共5家，派出评审员12人次，对其中4家企业开展了验证提升，提出10个不符合项，经企业整改后符合要求；对因暂无出口产品生产而要求推迟验证的2家企业，已将其备案号暂时冻结，待验证通过后再重新予以激活。

**（二）加强出口食品生产企业管理人员培训，强化企业主体责任**

5月，云南局在昆举办了“云南省《出口食品生产企业备案管理规定》宣贯大会暨出口食品生产企业管理人员培训班”，对来自云南省320多家出口食品生产企业的管理人员，开展了备案管理相关法律法规、食品安全专业知识、安全卫生控制体系的建立和实施、备案申办实务及获证后的监督管理等内容的培训。参训学员通过考试，提高了依法、依规、依科学管理生产的意识和能力，培训了一批出口食品安全卫生控制人员，强化了企业主体责任。

**（三）换发新版《备案证明》，启用备案专用章**

云南局根据国家认监委《关于使用新版出口食品生产企业备案证明的通知》要求，启用了“备案受理专用章”和“备案专用章”；为200余家持原证书的企业换发了新版《备案证明》；注销了14家食品添加剂生产企业的备案证明，不再纳入备案管理。

**（四）开展管理体系认证行政监督检查**

云南局选取出口生产企业较多的大理州作为2012年管理体系认证检查的区域，共出动执法人员37人次，对该区域内获得各类认证的14家企业（涉及4家认证机构）开展了全覆盖的认证行政监督检查。经检查，体系运行良好的4家，体系运行正常的3家，体系运行一般的7家。其中，体系运行一般的1家企业，因未开展内审和管理评审，经云南局约谈，认证机构对其实施了暂停证书、限期整改的处理。

**（五）开展有机茶叶认证行政监督检查**

云南省获有机认证的出口茶叶生产企业共13家（涉及7家认证机构），云南局共出动执法人员48人次，对获证企业实施了全覆盖的认证行政监督检查。经检查，各企业体系运行正常，能持续符合认证的要求，认证产品的可追溯性好，认证证书、认证标志使用规范，没有发现违法违规行为。但有超过三分之一的企业在取得有机认证后并未使用有机标志、销售有机产品。

**（六）开展进口CCC获证产品抽样检测**

云南局对市场出售的马来西亚生产的3个品牌的橡胶制品（安全套）进行抽样，送云南省医疗器械检验所进行检测。除“欧逸尔”品牌产品外包装信息标注不全外，3个样品均符合标准要求。“欧逸尔”品牌产品外包装信息标注不全的问题，虽不涉及产品本身质量安全，毕竟不符合相关标准要求。云南局向总经销商大连盛日华医疗保健品有限公司发出整改函，要求对未售出的该型号产品（包括在售及库存）进行统计，作下架或加贴补充标识处理；对同品牌的其他型号产品进行自查，不符合要求的也须进行整改。

**（七）对一起超范围使用CCC标志案件行为进行处罚**

云南局在对昆明明超电缆有限公司报检出口的一批电缆线检验中，发现该公司在未依法获得强制性产品认证的产品（其实该产品不属于CCC目录）上使用CCC认证标志，共涉及三种型号4种规格近2千米电缆线，货值金额合计人民币1.9万余元，属于伪造质量认证标志的违法行为。云南局根据《商检法》的规定，责令其停止相关产品出口，监督进行了销毁，并处以人民币1.5万元的罚款。

**（八）做好雨林联盟的可持续农业网络（SAN）认证试点工作**

为帮助云南茶叶生产企业适应国际市场高端采购要求，促进云南特优产品对外贸易转型升级，受国家认监委的委托，对雨林联盟的SAN认证试点活动进行实时监督管理。为期1年的认证试点取得了较大成功，碧丽源（云南）茶业公司获得国内首张SAN认证证书，提升了管理水平、降低了安全风险、提高了国际知名度。

**撰稿人：张壮耘　审稿人：钱亚林**

# 科学谋划 开拓创新 全面推进认证认可事业发展

——云南省质量技术监督局2012年认证监管工作概况

2012年，云南省质量技术监督局（以下简称“云南省质监局”或“省局”）在省局党组的正确领导下，在各单位的关心支持下，牢牢把握科学发展观这一主题，紧紧围绕“传递信任，服务发展”这一主线，学习贯彻党的十八大会议精神，深入落实“十二字”方针，坚持“巩固、拓展、深化、提高”工作要求，充分发挥认证认可质量基础作用，取得了良好的工作成效和社会影响。

## 一、开拓创新，亮点工作有声有色

### （一）实验室能力验证工作形成长效机制

2012年重点在食品检测机构开展能力验证工作，选取了食品中微生物和食品添加剂、饮用水中重金属、水泥物理性能等检测项目开展，共计196家实验室参加。同时，召开了2012年度实验室能力验证技术分析会，重点分析了2012年实验室能力验证工作，并研究了云南省实验室能力验证工作体系，经过连续几年的工作探索，云南省实验室能力验证长效机制初步形成。

### （二）开展食品检测技能大比武，着力提升自身技术能力

2012年，云南省首次组织了食品检测技能大比武活动，经过各州、市质监局层层选拔，来自全系统16家检测机构48名参赛队员参加了比武活动，为鼓舞士气，省局领导亲自参与动员大会，给大家打气加油，并宣布比武活动开幕。通过理论知识竞赛、现场技能比武和赛后技术交流等丰富多样的形式比武，在全省掀起了学技术、用技术、重技术的热潮，为各检测机构之间交流和探讨检验检测技术搭建了平台，有效提高了检测机构的业务水平。

### （三）创建有机产品认证示范区，服务县域经济发展

一是加强有机产品认证新制度宣贯，组织全系统相关人员123人参加认监委组织的有机产品认证新制度视频宣贯会。开展有机产品“进校园”“进社区”活动。组织在昆明理工大学、怡景社区等开展有机产品宣传活动，制作发放《有机产品认证知识问答》宣传册1 500余份。二是有机产品认证示范创建区取得突破，2012年云南局推荐的昭通彝良县得到了国家认监委评审专家组的高度评价，并成为第二批“全国有机产品认证示范创建区”，取得了云南省有机产品认证示范区创建工作的实质性突破，有效增强了当地产品竞争力和附加值，带动地方经济跨越发展。

### （四）认证认可送服务，帮助园区企业答疑解惑

为积极贯彻省委省政府大力发展园区经济相关精神，联合云南出入境检验检疫局等单位，在昆明市经济技术开发区新兴产业孵化区和海归创业园组织开展了“认证认可进园区”主题活动，来自园区的22家企业代表以及8家省内权威检测机构共60余人参加了座谈会，此次活动得到园区和企业的高度赞扬和评价，为企业送来了实实在在的服务，为企业的发展带来了新的理念，提供了很好的技术支持，目前已有部分园区主动联系，希望多开展类似活动。

### （五）着眼区域发展战略，加强认证认可区域合作

党的十八大报告全文共十三处提到“区域”的概念，其中六个地方谈区域发展，加强认证认可区域合作是结合工作实际领会十八大精神实质的体现，是贯彻十八大精神的一个重要举措。积极推进认证认可工作参与区域合作，将更好服务于区域发展战略，促使区域经济健康稳健发展。10月15日，川、滇、渝等西南三省在重庆召开了西南地区认证执法监管区域合作机制启动会议，签订了合作备忘录，力求建立“三个机制”：互认机制，实现区域无缝对接；共享机制，实现资源共享；协同机制，实现“全方位”联动；畅通“三条渠道”：

进一步畅通决策层面、技术机构层面、监管业务层面等三条沟通渠道，实现合力效应；争取“三个方面的支持”：争取国家质检总局及认监委、党委政府、行业及企业等三个方面的支持，真正实现区域合作共赢。

#### （六）开展认证产品省级监督抽查，提升认证有效性

在省局党组的高度重视下，2012年争取了100万元的监督抽查经费，一是开展强制性认证产品监督抽查，选取了强制性认证产品电线电缆、家用饮水机进行了监督抽查，共抽检电线电缆123个批次，合格率79.67%、家用饮水机20个批次，合格率30%；二是开展食品农产品监督抽查，选取了食品农产品大米开展监督抽查，针对有机产品、绿色食品、无公害产品开展抽查工作，共抽检62个批次，已知结果合格率为58.06%。

### 二、全面推进，常规动作有板有眼

#### （一）审批与监管并重，有效规范行政许可

认证认可目前有两项行政许可工作，分别是实验室资质认定、机动车安全技术检验机构资格许可（原有的认证咨询机构已于2012年9月取消审批）。省局坚持做到审批与监管“两手抓、两不误”，一是坚持受理、审查、批准三分离，全年工作办理实验室资质认定278件，食品检验机构资质认定84件，机动车安全技术检验机构计量认证40件，资格许可40件，其中网上办理21件；二是开展监督检查工作，2012年实验室专项监督检查工作采取各实验室自查、州（市）质监局监督检查、省局抽查及国家认监委现场检查等步骤，抽查了食品、室内空气质量、建筑材料和装饰装修材料、纺织服装、家用电器等检验领域的实验室26家。

#### （二）强化监督检查和培训，全面规范机动车安检机构管理

在安检机构专项整治工作基础上，各州、市质监局对整改情况进行了监督检查确认后上报省局，省局又选派专家对全省各安检机构提交的70多份整改报告逐一进行审核，对有疑义的整改材料又进行了电话追踪、人员回访、明查暗访、约谈告诫、继续监督抽查等方式进行落实，有效规范了云南省安检机构的运行。3月，与交警总队召开安检机构监管联席会议，开展了安检机构检验员和主任检验员培训各一期，完成了云南省安检机构约谈制度的调研工作，组织了全省安检机构负责人、站长会议，及时宣贯GB 7258—2012新标准，建立了云南省安检机构省、州（市）、县（区）三级监管的长效机制。

#### （三）切实履职，全面推进认证监管

一是开展强制性认证产品专项整治，完成了家用电磁灶的国家监督抽查，共抽查产品32批次，有6个型号的产品存在部分项目不满足相关标准要求，合格率为81.25%，开展了部分强制性认证产品专项整治行动，全省质监系统共出动执法人员1 748人次，检查生产企业214家，流通及使用单位364家；二是加强食品农产品认证监管，重点是加大对有机产品的监管力度，2012年先后3次发文部署食品农产品监管工作，开展了有机产品标志专项整治工作，同时还联合工商、检验检疫等部门联合开展有机产品监管，确保了有机产品的全范围、全过程监管，省市联合开展了认证机构办事机构监督检查，清理了3家已撤销的认证机构办事机构，了解了3家认证机构分公司的认证活动开展情况，摸清了7家认证机构办事机构的基本情况，进一步规范了辖区认证市场；三是推进管理体系认证监管，在全系统部署了管理体系认证监管工作，全省质监系统共对402家质量管理体系获证企业进行了抽查，有效提高了云南省认证工作的有效性。

### 三、科学谋划，总结经验，推动认证认可工作更好地发展

一是检测技能大比武活动要拓展，2012年首次在云南省质监系统检测机构开展了食品检测技能大比武活动，取得了良好的效果及反响，要在总结经验及成效的基础上，拓展检验检测技能大比武活动的范围和内容；二是实验室能力验证不能放，要通过近年开展实验室能力验证工作的有效方法和成效，继续深入开展此项工作，进一步规范全省检测实验室检验行为，明确检验责任，提高检验质量；三是认证产品监督抽查要加强，在抓好强制性认证产品国家监督抽查的基础上，2013年继续开展认证产品省级监督抽查，努力形成长效工作机制；四是认证认可宣传力度要加大，要着力加强认证认可质量基础的宣传，提高全社会对认证认可工作的认知度，全面提升认证认可的权威性和公信力。

**撰稿人：赵红梅　审稿人：符亚杰**

# 真抓实干 开创工作 将西藏认证认可事业引向深入

## ——西藏出入境检验检疫局2012年认证监管工作概况

2012年，西藏出入境检验检疫局（以下简称“西藏局”）在国家质检总局的领导下，按照国家认监委及西藏局工作的总体要求，落实全国质检会议和全区经济工作会议精神，紧紧围绕“十二字”方针，传递信任，服务发展，从维护社会稳定，促进对外贸易发展的大局出发，扎实工作，认真履行把关服务职能，加强西藏自治区认证企业和认证产品的监督管理工作，进一步做好西藏认证认可事业。

### 一、抓质量，传递信任

抓质量是检验检疫部门的重要职责，也是西藏局工作的主攻方向。对社会、对大众传递信任，提高政府部门、企事业单位的信任度是认证认可工作人员的责任。按照自治区经济工作会议和全国质检工作会议的要求，西藏局把工作重心放在进出口商品质量安全、口岸边贸产品的质量提升上，严格质量监管，狠抓质量水平的提升，服务大众。

#### （一）加大宣传，传递信任

大力宣贯《质量发展纲要》，以宣贯为抓手，用质量振兴战略凝聚人心、扩大共识，动员社会力量抓质量，推进形成质量体现国家文明程度、质量问题事关法治和诚信道德的氛围；认真完成国家质检总局与自治区政府合作备忘录中涉及到西藏局工作的各项任务，认真落实西藏自治区“质量振兴”指导意见；积极吁请地方政府将产品质量纳入各级政府工作考核目标；强化质量统计分析，定期不定期向有关部门提供高质量的进出口产品质量分析报告。

#### （二）加大查验力度，提高质量水平

以“守住安全底线，促进整体提升”为目标，开展西藏进出口产品质量提升活动。突出重点区域、重点产品，运用强制认证、监督抽查、注册备案、检验检疫等手段，把好进出口商品质量安全关。下大力气提高检验检疫监管覆盖率，严格落实边境贸易进出口产品实施全申报制度，防止问题产品流入流出国门；严格落实行政处罚措施，对违法违规企业，特别是食品安全违法行为做到查处从快、处罚从重、打击从严；抓好产品质量抽查合格率、不合格产品检出率、认证抽查合格率、从业人员持证率等一系列指标，用数据来体现工作实绩。

#### （三）加大监管力度，服务大众

落实企业质量主体责任，督查建立健全企业质量管理体系，实现质量安全可追溯。要逐步建立分类管理制度，根据信用级别采取不同的监管措施。建立报检企业主要负责人约谈制度，通报发现的问题，落实整改措施。

### 二、保安全，技术领先

保安全始终是社会关注的热点和焦点，“保安全就是保民生”。出口企业的食品安全卫生始终是监管工作的重点。西藏局不仅做好监管，还以抽查产品的质量作为备案的先决条件，保证备案工作的有效性。

#### （一）突出抓好风险管理

全面加强产品风险、工作风险和审核风险及企业风险等级管理，做到事事有依据，产品质量有检测数据为依托，备案档案资料齐备。

#### （二）突出抓好口岸监督及产品源头管理

一是加强西藏自治区出口食饮品生产企业、重要动植物源性食品种养殖、采摘等环节的源头监管，维护高原特色食品的对外信誉。二是进一步加强口岸食品卫生监督。在各口岸落实食品安全承诺、食品经营单位建档等制度。开展口岸饮用水质监测、公共场所的环境监测、微小空气质量监测、垃圾处理、病媒昆虫

及啮齿动物的监测等工作，切实履行法律赋予的口岸卫生监督职责。三是加强出口备案企业原辅料的检测与管理，使备案产品工作进一步深入细化。

#### （三）为落实企业质量主体责任，督查建立健全企业质量管理体系，实现质量安全可追溯

逐步建立分类管理制度，根据信用级别采取不同的监管措施。8月，对备案企业进行高、中、低三种分等管理，每等又分三级进行管理，即“U型”风险管理等级法。加大宣传力度，强化质量分析，公开质量失信企业“黑名单”，营造重质量、重信誉，失信惩戒、违法必究的执法环境。突出抓好风险管理，严守进出口商品的安全底线。综合利用“CCC”标志、抽样检测等措施严格实施检验检疫合格评定程序，坚决守住出口商品，特别是重点敏感商品的安全、卫生底线，维护“中国制造”的声誉。

### 三、促发展，不拘一格

服务地方经济发展是西藏局认证认可工作的宗旨。2012年召开的自治区第八次党代会上，陈全国书记的报告有24项工作与检验检疫工作有直接或间接关系。这就要求认证认可系统工作人员增强紧迫感和责任感，主动作为，服务为先，为西藏“十二五”实现稳中求快的发展总目标作贡献。

#### （一）在服务地方经济发展大局中主动作为

切实用好特殊政策。牢牢抓住并用足用好全国质检系统对口援助的各项特殊政策，积极主动地加强与国家质检总局和各对口援助局的汇报沟通，确保优惠政策全部到位、尽快落实。着力推动特色优势产业发展。充分利用检验检疫技术优势，在标准制定、质量控制、产品检测等环节为企业提供有力支持。大力实施品牌战略，促进高原特色自产产品扩大出口。推进科技进步创新。主动开展特色产品的检验检疫技术服务，切实发挥食品安全定点实验室、强制性产品认证评审机构等技术优势，促进维护消费者放心消费。加强重点实验室建设步伐，为企业产品检测服务，认真落实各项费用减免政策，切实为企业减负增效。

#### （二）在服务社会中主动作为

充分发挥检验检疫技术优势，主动走向社会，为各类企业产品质量把关，为市场商品质量把关，为食品安全把关，为人民身体健康把关。充分发挥西藏局认证认可工作的独特优势，为西藏节能减排、新兴产业、良好农业规范、绿色有机产品的发展做贡献。大力扶持非公经济发展，认真落实西藏局出台的支持非公经济发展的措施。

#### （三）出口备案等方面工作卓有实效

2012年接受9家企业的咨询，通过审核7家，在以往备案仅3家的基础上增加到了10家，并在局外网上进行了公告。

企业备案审核中共发现不符合项58项，检测报告共16份，并对重点企业多次座谈企业整改项有关事宜，进一步做好整改；探索工艺存在的不足，对不符合要求的提出整改，直至整改合格。对不符合要求的坚决不予备案，以“守住安全底线，促进整体提升”为目标。

### 四、强认证，重在监管

加强认证工作，重在监管。切实将国家质检总局和国家认监委的大政方针贯彻在西藏局的日常工作之中，做好认证监管工作，关键在于抓好落实，就是单证审核的落实（文件审核）、专家队伍的落实，工作的规范化的落实，审核工作的每个环节都有把关与监督的落实，以及到最后的出证的审核，重要部门的审核与把关等等，也就是将日常工作与质量管理体系紧紧联系在一起，将PDCA贯彻于每项工作当中。

**撰稿人：唐 利 审稿人：傅金波**

# 不断提升认证监管有效性 推动西藏经济跨越式发展

## ——西藏自治区质量技术监督局2012年认证监管工作概况

2012年，西藏自治区质量技术监督局（以下简称“西藏质监局”）认真贯彻落实全国质检工作会议和全国认证认可工作会议部署，深入贯彻落实《质量发展纲要》和“抓质量、保安全、促发展、强质检”工作方针，按照“传递信任、服务发展”的总要求，积极有效地开展认证认可各项工作，努力提升认证认可工作的有效性、服务性、科学性和权威性，为促进西藏经济跨越式发展做出了贡献。

## 一、严格审批，资质认定工作稳步推进

### 1. 严格评审，把好发证关

按照《实验室和检查机构资质认定管理办法》和《西藏自治区质量技术监督局实验室资质认定工作暂行办法》的要求，认真开展实验室资质认定的各项工作，在受理阶段仔细审核材料，在现场评审阶段严格评审。全年完成12家实验室资质认定审查工作，其中新申请实验室3家，复审换证9家。同时，根据国家质检总局《食品检验机构资质认定管理办法》和《关于实施食品检验机构资质认定有关问题的通知》（国认实［2011］612号）精神和要求，全面启动食品检验机构资质认定工作，工作中既结合西藏实际又严格按照相关规定的要求评审发证。截至2012年底，全区认证实验室资质认定有效证书45张（省级），食品检验机构资质认定有效证书4张（省级）。

### 2. 强化监管，开展专项监督检查

为贯彻落实《质量发展纲要》和“抓质量，保安全，促发展，强质检”的十二字工作方针，按照认证认可质量安全风险排查整治和道德领域突出问题专项教育治理活动的部署要求，进一步加强全区资质认定获证实验室的监督管理，规范获证实验室的行为，促进获证实验室检测能力和管理水平的提升，制定了《2012全区资质认定获证实验室专项监督检查实施方案》（藏质监［2012］82号），对全区资质认定获证实验室开展专项监督检查。此次检查了自治区获证实验室49家，总体情况良好，无超范围检测、出具虚假报告等严重违法违规行为，针对个别存在问题的实验室，各地（市）质监局监管人员按照有关规定进行了相应的处理。

### 3. 突出重点，开展实验室比对工作

为加强全区食品检验机构的监督管理，提高食品检验机构检验结果的可靠性，开展了食品检验机构实验室比对工作。截至2012年底，全区有7家食品检验机构，此次比对有6家实验室参加了比对。从比对结果来看，全区大部分实验室能按照国家规定的检验方法进行检验，检验误差在允许的范围之内，个别实验室部分指标离群，误差较大，检验存在问题。针对存在问题的实验室，进行了专家指导分析，查找问题原因，并进行了有效整改。通过对实验室开展比对，初步掌握了全区食品实验室的检验水平，促进了实验室检验能力的提升。

## 二、措施有力，管理体系认证监管工作有序开展

### 1. 积极主动，参加全国网格化认证监管试点工作

根据全区管理体系监管水平和监管力量薄弱的实际，为提高监管整体水平，按照国家认监委《关于2011年管理体系认证监管情况通报及2012年体系认证监管工作部署的通知》（国认可函［2012］8号）要求，积极主动参加国家认监委组织的全国网格化认证监管试点工作。作为全国网格化认证监管试点单位，国家认监委派专家对全区认证监管人员进行了培训、指导，在此基础上，按照2012年全区管理体系认证监管方案，各地市局全面开展了管理体系监督检查工作。检查共出动行政监管人员68人次，检查质量管理体系获证组织47家，涉及认证机构2家。检查结果表明，在自治

区备案的2家认证机构基本能按照规范的程序进行审核，无认证乱收费的现象，但也存在个别审核员责任心不强，减少审核内容，对获证组织服务不够，获证组织的管理体系文件与实际工作不符，甚至还存在认证证书覆盖范围超出营业执照经营范围的现象。

**2. 加强检查，对认证机构重新登记备案**

在全区备案的只有1家认证公司即中国质量认证公司西藏分公司，原新世纪认证有限公司西藏办事处已注销，业务工作仍继续开展。经检查中国质量认证公司西藏分公司手续齐全、认证各项程序符合相关要求。按照特色产业发展和经济结构调整重点，2012年进一步推进了重点工业产品、食品、节能环保领域的认证工作，全年新增认证企业22家。

**3. 制定计划，开展食品农产品认证监管工作**

根据《关于做好2012年食品农产品认证监管工作的通知》（国认注［2012］11号）精神，按照西藏质监局2012年的工作部署，制定了2012年全区食品农产品认证监管工作计划，对全区食品农产品企业进行了监督检查，切实加强了对食品农产品认证活动的监管，维护消费者和获证企业合法权益。按照国家认监委的统一部署，开展了有机产品认证标志专项整治，检查了认证机构、获证企业、销售场所有机产品认证标志、认证证书的发放、使用情况，整体情况良好。截至2012年底，全区共有食品安全管理体系认证企业11家，无公害农产品获证企业2家、有机产品获证企业2家。

## 三、突出重点，强制性认证（CCC）产品监管工作进一步深入

**1. 严厉查处，加大获证企业监管力度**

为切实保障产品质量安全，维护消费者合法权益，按照西藏实际，制定了《强制性认证产品质量安全专项整治行动方案》，工作重点是集中力量对全区强制性认证产品获证企业进行专项检查，并严厉查处无证生产销售强制性认证产品、假冒伪造超期、超范围使用认证标志、认证证书违法违规行为，同时进一步建立健全强制性认证产品企业质量建档工作。对全区强制性认证产品获证企业进行了2次专项监督检查，企业总体运行良好；个别企业存在程序指导书遵循不严、计量器具检定不及时等问题，在检查现场督促企业立即整改落实。目前，全区通过强制性认证产品获证企业3家，对3家企业均建档。

**2. 全面排查，开展玩具产品专项检查**

为贯彻落实国家认监委《关于进一步加强玩具产品监督管理》的通知精神，保证强制性产品认证目录内玩具产品质量，切实保护儿童的安全健康，在“六一”前夕对区内流通市场的强制性产品认证目录内的玩具产品开展了专项检查。七地市质监局高度重视，先后出动60余人次，对辖区内的超市、商场、学校周边商店进行了全面排查。检查中发现，玩具市场主要存在的问题有：一是进货渠道复杂，“三无”产品较多；二是销售商家对玩具的安全性认识不足，进货把关不严；三是消费者自我保护意识不强，图便宜，使“三无”产品有了销售的空间。针对玩具市场存在的问题，认证监管系统执法人员按相关规定责令销售商家按期整改，情节较为严重的按相关规定做了严肃处理。

**3. 按照部署，实施溶剂型涂料专项监督抽查**

为贯彻落实2012年全国认证认可工作会议精神，切实发挥强制性产品认证对产品质量安全的监督保障作用，按照国家认监委的部署，对自治区流通领域的溶剂型涂料进行专项监督抽查，结合西藏实际制定了《西藏自治区强制性认证产品溶剂型木器涂料专项监督检查实施方案》，重点对拉萨、日喀则、山南流通领域的溶剂型木器涂料监督抽查，共抽查样品29批次，经检验，25批次产品合格，4批次不合格，合格率为86.2%，产品不合格的原因主要是原材料质量不稳定、挥发性有机化合物超标。对问题产品，相关地市局责令商家进行了下架处理，严禁销售。通过本次专项监督抽查，规范了全区木器漆的销售市场，对提高生产企业的产品质量起到促进作用。

## 四、形式多样，加大认证认可工作宣传力度

为更好地展示、宣传自治区认证认可工作，认真开展《中国认证认可年鉴》编撰工作。结合西藏认证认可工作的发展历程，从实验室资质认定、体系认证、强制性产品认证三方面认真归纳总结了2011年西藏质监局认证认可工作，同时在年鉴彩色宣传版面宣传了西藏质监局认证认可整体工作，圆满完成了2011年中国认证认可年鉴西藏部分的编撰工作进而使西藏质监局认证认可工作得到了更好的宣传。

6月9日是第五届“世界认可日”，组织开展了形式多样的宣传活动。在《西藏日报》上刊登宣传西藏质监局认证认可工作的宣传版面，进一步引导全社会广泛关注和重视认证认可工作；印制了以体系认证、

强制性产品认证、实验室资质认定相关知识及办事程序为主要内容的宣传服务手册，发放给企业；6月9日当天，区局、地市局在大门上悬挂了宣传横幅；各地市局联合相关部门深入企业进行了认证认可宣传，使更多企业了解认证认可对提高企业的管理水平、节能降耗、增强企业经济效益具有十分重要的作用。“世界认可日”前后，各地市局还组织执法人员对商场、超市、批发市场、专卖店等流通领域及生产企业的认证产品进行了专项检查，重点检查了CCC认证产品、有机产品、绿色食品、无公害农产品的获证情况和认证标志的使用情况，以“世界认可日”宣传活动为抓手，进一步加强自治区认证认可宣传工作。

**撰稿人：滕蕴娴　审稿人：王滢红**

# 创新监管理念　提高认证监管水平

## ——陕西出入境检验检疫局2012年认证监管工作概况

2012年，陕西出入境检验检疫局（以下简称“陕西局”）进一步转变观念，强化认证行政监管职能，全面贯彻落实全国认证认可工作会议精神，紧扣“抓质量、保安全、促发展、强质检”工作方针和“五个创新”的要求，围绕“传递信任，服务发展”的主题，强化风险管理，创新监管模式，加强队伍建设，提升监管能力，服务地方经济发展。2012年，共有出口食品生产卫生注册(备案)企业82家，通过危害分析与关键控制点（HACCP）体系认证企业43家，注销备案企业15家；办理《免于办理强制性产品认证证明》338份，进口CCC目录外商品认定511批。

### 一、强化对出口食品生产企业备案评审和监督管理

#### （一）加强制度建设，进一步规范工作流程

对照新实施的《出口食品生产企业备案管理规定》，修订了陕西局“出口食品生产企业备案和监督管理作业指导书”，为规范企业评审和后续监管打下坚实基础。

#### （二）加强调查研究，探索企业备案和后续监管新路

年初，制定了《2012年陕西地区出口食品备案企业检查计划》，落实了监管人员和检查时间，根据不同的出口企业完善统一了监管记录，进一步明确了定期监管和日常监管的含义。2012年，共派出定期监管小组65厂次，派出监管人员360人次，对65家企业开具不符合项141个，并针对发现的问题对企业进行了监督整改。

#### （三）开展了对出口食品备案企业的风险排查

根据《国家认监委关于进一步做好出口食品备案企业安全风险排查整治工作的通知》（认办注函［2012］194号），安排有关业务处、各分支局加强对出口食品、农产品注册备案企业开展排查，从企业建立的质量体系文件运行的有效性、原料控制、生产加工、添加剂的使用清单、辅助材料、有毒有害物品、实验室、食品防护等各个环节进行了检查。共对15家存在问题或《备案证明》到期未申请的企业分别进行了查处或注销了其《备案证明》。

#### （四）开展了对出口蜜饯企业的专项检查

根据国家质检总局《关于立即组织对出口蜜饯备案企业生产情况开展排查的通知》（质检食函［2012］150号）要求，抽调专人组成专项检查组对备案的蜜饯生产企业开展了专项检查。检查组对企业辅料添加剂库房、出入库台账、生产添加记录和合格供方的资质进行了进一步核查和落实，未发现违规行为。检查组还抽取了部分样品送陕西局检验检疫技术中心进行了检测，并将检查结果和报告及时报送了国家认监委。

#### （五）开展了出口肉类和乳品等企业HACCP验证提升活动

在2012年的“出口肉类和乳品企业HACCP验证提升”活动中，除了对仅有的一家乳品备案企业进行

验证以外，还选择了对一家罐头企业和两家果汁企业HACCP体系运行进行了验证。通过验证，发现了诸如HACCP计划中对产品预期用途描述不清、CCP监控对象描述不准确、关键控制点设置不科学等问题。从现场检查发现问题 、纠偏、对相关人员进行培训辅导、督促整改、再次验证，完成了一个大的循环，真正提高了企业HACCP整体意识和管理水平，验证工作受到了企业的好评。

在罐头生产企业的验证中，发现该企业存在CCP1关键控制点形同虚设，CCP4热杀菌控制点监控方法不科学、监控记录不完整以及其他安全卫生隐患，陕西局监管人员就发现的问题及时反馈企业，对该企业做出了限期整改、暂停使用《备案证明》的决定。

### （六）开展了出口酒类备案企业紧急检查

接到国家认监委《关于开展出口酒类备案企业紧急检查和塑化剂风险源排查》的通知后，陕西局立即组织宝鸡局和汉中局对两家酒类出口备案企业进行了检查。

### （七）帮助输美食品出口企业做好重新注册工作

针对美国食品药品管理局（FDA）对输美食品企业更新注册的要求，为确保陕西地区输美食品稳定出口，陕西局在第一时间将认监委相关文件转发给相关企业，并在局网站和食品企业QQ群内发布公告，提醒企业登录FDA网站了解美国新法案具体要求及其进展，严格按照美国注册要求加强自查并组织生产及出口管理，在美国规定期限及时申请对美再注册，同时要求企业及时上报获得美国注册情况。

## 二、强化强制性产品认证的行政监管，做好进口强制性产品的入境验证和进口强制性产品认证的免办工作

### （一）制定《2012年强制性产品认证获证产品监督抽查工作实施方案》

为了贯彻落实认监委《关于开展2012年强制性产品认证获证产品监督抽查工作的通知》（国认证函［2012］45号）要求，结合陕西地区实际，制定了《2012年强制性产品认证获证产品监督抽查工作实施方案》上报国家认监委确认，最终将抽查产品确定为咖啡机，于8月下旬顺利完成了抽样、送样工作，10月份形成工作总结，上报国家认监委。

### （二）加强对入境CCC产品及CCC免办产品的监管

为了加强对CCC入境货物查验和CCC免办货物的后续监管，陕西局在相关业务处、办事处、分支局自查的基础上，对业务量较大的部门进行了工作质量稽查。2012年，陕西局的入境验证货物查验率和CCC免办货物后续监管率均达到了100%。

## 三、强化实验室管理，积极组织做好实验室资质认定及能力验证工作

2012年，陕西检验检疫系统的7个实验室全部依法获得了资质认定（其中宝鸡局食品实验室及检测中心食品实验室单独计算）。陕西检验检疫系统实验室资质认定覆盖率100%。

2012年，陕西检验检疫系统应参加国家认监委能力验证A类项目5项，实际参加了A类8项，B类2项，均获得满意结果。另外，参加国内外权威机构组织的能力验证19项，均获满意结果。

## 四、加强出口危险货物包装容器质量许可企业的监督管理工作

组织审核组对陕西地区3家初次申请和7家证书到期的出口危险货物包装容器的企业进行了评审工作，并定期对其他企业进行了检查和监督。

## 五、强化对认证活动的监管，开展认证有效性监督检查工作

结合2012年陕西局认证认可工作要点，编制了管理体系认证监管工作方案，2012年对辖区内出口食品生产企业、出口危险货物包装容器生产企业开展管理体系认证行政监管工作，组织对60家获得质量体系认证的企业进行了专项监督检查。

## 六、加强人员培训，提高认证监管队伍素质

为加强备案评审员队伍建设，提高出口食品生产企业评审和监管水平，召开了《出口食品生产企业备案评审员培训会》，对食品、植检、动检等相关业务处室以及4个分支局、两个办事处的出口食品生产企业备案评审员进行了系统培训。

为提高出口食品备案企业管理水平，针对2012年HACCP验证提升活动中存在的问题，邀请专家对食品备案企业质量管理人员进行了HACCP知识专项培训。

为提高陕西检验检疫系统实验室管理水平，邀请实验室主任评审员对陕西局系统实验室内审员进行了培训。

## 七、加强与地方质监部门协作，提升认证监管工作合力

与省质监局认证处联合开展工作，一是共同下发了

《关于部分重点强制性认证产品质量安全专项整治行动的通知》，并开展部分工作；二是抽调专人参加了共同开展的质量体系获证企业网格化检查。

## 八、加强认证认可工作宣传，服务地方经济发展

### （一）采取多种形式，大力宣传认证认可工作

印制宣传册、张贴宣传画、在门户网站开展专题“在线访谈”，还与省质监局联合举办了“认证认可知识大讲堂”活动。通过以上活动，普及了认证认可知识，扩大了认证认可的社会影响力

### （二）配合认监委创先争优活动，赴汉中洋县进行调研

与洋县人民政府及生产企业就运用认证认可技术手段，发展区域经济、提升区域质量管理水平，加快有机产业发展等内容进行了交流。

### （三）为韩国“三星”项目落户陕西服务

在陕西局领导的带领下，多次向三星企业驻陕的管理人员就强制性认证和CCC免办的相关政策和业务流程进行了专题培训，并对企业的相关业务提供了优质服务。

撰稿人：戴素霞 审稿人：阎随午

# 重监管　抓实效　推动认证认可工作健康发展

——陕西省质量技术监督局2012年认证监管工作概况

2012年，陕西省质量技术监督局（以下简称“陕西省质监局”或“省局”）认证认可工作在国家质检总局、国家认监委的关心支持下，在陕西省省委、陕西省省政府的正确领导下，紧密围绕年初制定的各项目标任务，按照“抓质量、保安全、促发展、强质检”十二字方针，深入贯彻落实全国认证认可工作会议和陕西省质监工作“1238”总体思路确定的主要任务和重点工作，以“传递信任，服务发展”为要求，突出“五个创新”，在有效履行认证监管职责，着力提升认证认可公信力的同时，积极拓宽认证工作覆盖面，完善监管制度，创新监管手段，规范监管行为，切实发挥认证认可在促进地方经济发展方式转变和提升区域质量安全中的基础性保障作用，各项工作扎实推进。

截至2012年底，陕西省各类组织共获得认证证书10 133张，实验室资质认定证书784张。其中质量管理体系认证（QMS）证书4 926张，环境管理体系认证（EMS）证书1 016张，职业健康安全管理体系认证（OHSMS）证书809张，强制性产品认证（CCC）证书2 871张，有机产品认证证书194张，其他（如：GMP认证、GAP认证、信息安全认证、HACCP认证等）317张，证书数量位居西部地区前列。

## 一、科学筹划，组织引导全省认证认可工作做到重点突出、全面推进

精心编制《2012年全省认证认可工作要点》，在要点中对2012年各项重点工作进行了部署和安排，清晰划分了省、市、县三级的工作任务，设定了所需达到的目标和时限，理清了全年工作脉络。

印发《关于进一步加强认证认可监管管理工作的通知》，强化质监系统体制改革形势下的认证认可监管工作。从5个方面阐述当前形势下陕西省认证认可工作所面临主要问题，并就当前乃至今后一段时间的主要工作进行了安排部署，划清了省、市、县三级质监部门在认证认可监管工作中的职责和具体分工。

## 二、广泛宣传，不断提升陕西省认证认可工作的影响力

### 1. 组织开展认证认可知识普及宣传活动

一是“3·15”期间，结合陕西省质监局开展的“质量连着你我他，质监走进千万家”为主题的“3·15国际消费者权益保护日”宣传活动，组织专家深入社区、学校、超市等地，围绕与群众日常生活息息相关的强

制性产品认证、食品农产品认证等方面的知识进行了普及和宣传。二是在“质量月”期间，组织省质检所、省计量院、省能源所举办了“检测实验室开放日”活动，邀请在陕的全国认证认可义务监督员、企业代表和消费者代表80余人参观了陕西省产品质量监督检验所、陕西省能源质量监督检验所及陕西省计量科学研究院等检测实验室。

#### 2. 组织开展“世界认可日”系列宣传活动

一是组织27家在陕认证从业机构召开工作座谈会。以“传递信任 服务发展——推进认证认可 夯实质量基础”为主题，宣传普及世界认可日及认证认可相关知识。二是联合陕西省出入境检验检疫局以及西电集团，组织开展主题为“关注认证认可 共创品质生活”的“认证认可知识大讲堂”活动。

### 三、创新发展，积极探索认证认可监督管理工作新模式

#### 1. 组织开展管理体系认证网格化监管试点工作

从陕西省基层认证监管人员以及各陕认证从业机构中遴选出15人组成专家组，对户县50家认证获证企业开展了管理体系网格化检查。在掌握了认证获证企业管理体系运行状况的同时，也帮助地方局摸清了监管底数。

#### 2. 建立西北五省区认证认可工作联动机制

11月初，联合甘肃、宁夏、青海、新疆等省质监局在西安联合签署《西北五省（自治区）质量技术监督系统认证认可合作备忘录》。强化了西北五省在认证认可工作中的横向联系。

#### 3. 制定并印发了《陕西省实验室资质认定评审员管理办法》

在对国家认监委《实验室资质认定评审员管理办法》进行补充和完善的基础上，结合陕西省实际，组织制定了《陕西省实验室资质认定评审员管理办法》，对评审员管理进行了全方位的规定，为强化省级评审员管理提供了制度保障。

#### 4. 完成了国家认监委委托的“认证认可工作风险分析评价机制”课题研究

共梳理认证行政监管风险37个，检测机构风险点47个，认证机构风险点51个，形成了《认证认可风险管理手册》。

### 四、固本强基，着力加强基层监管队伍建设和检验机构人员素质提升

#### 1. 组织安排了省级实验室资质认定评审员验证培训考核及新申请评审员培训考核

在2012年4月、6月，分别组织了省级实验室资质认定评审员验证培训考核以及新申请评审员的取证培训考核。使陕西省级评审员增长至507人，尤其是增补了目前陕西省短缺专业的评审员，为实验室资质认定工作提供了强有力的人力资源保障。

#### 2. 全力推动陕西省食品检验机构资质认定工作

组织全省质监系统质检机构在咸阳市质检所和兴平市质检所召开了食品检验机构资质认定现场观摩交流会。并召开了系统外的食品检验机构的座谈会，邀请食品检验资质认定资深专家，进行现场观摩讲解、答疑和技术指导，强化各机构对相关规定的理解。截至2012年底，陕西省80余家食品检验机构中，已有73家按照新要求取得了新的食品检验机构资质认定证书，取证数量已占到应取证数量的90%，远远高出全国取证率。

#### 3. 组织召开陕西省质监行业质检机构负责人培训座谈会

邀请专家为行业内质检机构负责人进行了检验检测风险防范的专题讲座，通报了检验机构所发生的各种事件及存在的重大问题，进一步提高了各机构负责人的风险防范意识和责任意识。

#### 4. 组织召开多期评审员评审技术交流研讨活动

组织了两次骨干评审员的评审技术交流研讨会，研讨存在的共性和个性问题，统一了评审要求。

### 五、融入大局，全面落实《合作备忘录》的各项要求，有效推动地方经济快速发展

#### 1. 加大洋县有机产品认证示范创建县的宣传和推广工作力度

协调国家认监委将洋县确定为“认证认可工作联系点”，促成国家认监委同洋县人民政府联合签署《国家认监委 洋县人民政府认证认可工作联系点合作备忘录》，对洋县有机产业监管工作给予了工作经费的支持。并积极联系国家认监委宣传处，协调中央电视台、《人民日报》、《中国质量报》、《国门时报》等媒体对洋县有机产业发展进行了全方位报道。

#### 2. 加强对富平县乳制品质量安全区域化建设的工作指导

帮助制定了“富平县乳制品质量安全区域化建设培

训方案”，邀请国家认监委相关专家对富平县乳制品企业经理、质量主管及相关工作负责人进行了企业诚信体系建设、HACCP 体系认证培训等。协调富平县相关负责同志赴黑龙江安达市就乳制品质量安全区域化建设进行参观学习。

### 3. 推动全省乳品生产企业认证工作

采取试点带动、全面推进的方法，努力推动全省乳制品企业开展相关认证工作。目前全省乳制品企业中已有 22 家通过危害分析与关键控制点（HACCP）体系认证，证书数量比 2011 年增长了一倍。有 14 家通过乳制品良好生产规范（GMP）认证，比 2011 年增长了 6 家。使全省乳制品质量安全水平进一步得到了保证。

## 六、突出重点，结合全系统质量安全风险排查整治工作，扎实开展认证认可监管工作

### 1. 组织开展认证与检验机构评审管理工作风险排查整治活动

制定印发了《全省质监系统认证与检验机构评审管理工作风险排查整治方案》，从目标任务、排查重点、工作措施三个方面分析了当前陕西省认证监管工作存在的主要风险，明确了风险排查的重点工作，提出相关工作要求，对各项工作落实情况进行了督查和验收。

### 2. 重点抓好强制性产品认证行政监管工作

一是与陕西出入境检验检疫局联合下发《关于开展部分重点强制性认证产品质量安全专项整治行动的通知》，共同组织对辖区 CCC 目录内的轮胎、农机、装饰装修等产品获证企业开展监督检查。二是组织开展 2012 年陕西省强制性产品认证获证产品监督抽查工作，对陕西省流通领域内强制性产品认证电风扇类产品和生产领域内的安全玻璃产品进行了专项监督抽查。三是结合“六一”儿童节，组织各市局对各超市、商场及批发市场上销售的《目录》内童车类产品、电玩具类产品、塑胶玩具类产品、金属玩具类产品、弹射玩具类产品、娃娃玩具类产品进行了监督检查。

### 3. 组织开展管理体系认证及食农产品认证行政监管

制定了《2012 年获证组织体系运行情况调查表》，结合网格化监管工作对户县获得管理体系认证的企业进行了调查。组织开展全省范围内的有机产品认证流通领域专项执法检查，对有机产品认证标志、证书使用情况进行了检查。组织省质检所对全省有机食品（茶叶）进行了专项监督抽查。

### 4. 组织对陕西省认证咨询机构进行了专项检查

对已审批的陕西省 7 家认证咨询机构进行了突击检查，进一步掌握并了解了当前陕西省认证咨询市场存在的突出矛盾和主要问题，形成了专项报告报送国家认监委。

### 5. 组织开展了获证质检机构监督检查工作

对陕西省 122 家检测机构（实验室）进行监督检查，取消了 4 家实验室部分检测项目，暂停了 4 家实验室的检测资质。

## 七、履职尽责，认真做好各项日常业务工作

### 1. 组织完成实验室资质认定日常工作

2012 年，共受理 296 家全省各类型实验室资质认定申请，组织对已受理的 289 家实验室进行了现场评审；共发放资质认定证书 284 张。

### 2. 组织完成 2011 年度能力验证后续工作

印发了《关于发布 2011 年度能力验证结果的通报》，对该次能力验证情况进行了总结和通报。

### 3. 组织实施陕西省机动车检测机构标准变更工作

组织制定了《陕西省机动车安全技术检验检测软件技术规范》，对全省 109 家机动车检测机构进行了新标准的培训工作，对全省机动车检测机构进行了标准验收，确保新标准在陕西省的全面实施。

### 4. 安排做好陕认证从业机构备案工作

对中国质量认证中心西安分中心等 6 家在陕认证从业机构依法进行了备案。截至 2012 年底，年全省共有 21 家认证从业机构备案，其中认证分支机构 5 家，认证办事机构 16 家。

撰稿人：李 文 审稿人：刘蓬勃

# 服务为先　加强监管　转变思路　多措并举 促进认证认可事业发展

——甘肃出入境检验检疫局 2012 年认证监管工作概况

2012 年，甘肃出入境检验检疫局（以下简称“甘肃局”）按照国家质检总局和国家认监委的工作部署，认真贯彻全国认证认可工作会议精神，紧紧围绕“抓质量、保安全、促发展、强质检”十二字工作方针和国家认监委“服务社会，传递信任”的要求，严格履行监管职责，扎实推进认证认可工作开展，按计划高质量的完成了全年各项工作任务，充分发挥认证认可工作在质量安全工作中的基础性作用，为实现甘肃外贸跨越式发展做出了积极贡献。

## 一、扎实推进认证认可工作开展，确保产品质量安全

### （一）出口食品生产企业备案与监管工作

2012 年，甘肃局共组织完成卫生备案换证复查 21 家，发放备案证书 18 家，不予备案企业 3 家；辖区内 4 家企业因未开工生产，证书到期自动失效，4 家企业因连续 2 年未出口产品，依据《出口食品生产企业备案管理规定》（总局 142 号令）予以注销，暂停 2 家存在质量安全隐患企业备案证书，撤销 2 家存在严重质量安全隐患企业的备案证书。全年审批已备案企业变更 / 扩项申请 17 家次。截至 11 月 20 日，甘肃局辖区内备案企业共 76 家，较 2011 年年底企业数（84 家）减少 8 家。从数量上看，备案企业较为集中的食品类别依次为脱水果蔬、罐头和果蔬汁三大类，分别有备案企业 18 家、14 家、7 家，在企业总数中所占比例依次为 24%、19%、9%，其余 37 家备案企业产品主要是乳制品（干酪素）、功能食品（菊粉）、肠衣、酒类、肉类、籽仁、食用油脂、马铃薯全粉、方便面、果脯、百合等。从地域上看，备案企业较为集中的三大地区依次为张掖市、酒泉市、庆阳市，分别有备案企业 19 家、13 家、10 家，在企业总数中所占比例依次为 25%、17%、13%，其余 34 家企业分布在武威、兰州、平凉、临夏、白银、天水、定西、甘南等各地州市。

按照国家质检总局 142 号令的要求和国家认监委相关工作安排，甘肃局在上半年专门组织开展了新版《出口食品生产企业备案证明》审查换发工作，将目前在册备案企业持有的原卫生注册登记证书和临时备案证明换发为新版备案证明，保证了备案证书的统一性和权威性。

为有效落实备案监管职责，提升监管工作效能，甘肃局于 2012 年初制定了《2012 年度出口食品生产企业监督管理计划》，并于 6 月和 9 月专门发文督促各分支局和业务处对照各自年度监管计划落实企业监管和风险排查工作，在 10 月初和 11 月初两次对各部门监管、排查工作完成情况进行专项督查，确保对出口食品备案企业 100% 监督检查。全年结合日常和定期监管工作，共排查企业 115 家次，派出检查组 115 组、276 人次，发现存在不符合项目 576 项，责令 68 家次企业限期整改。通过企业监管与风险排查，及时发现了生产企业存在的质量安全隐患；通过监督整改，促进了备案企业质量安全水平的提升，初步达到了深入企业排查、治理风险、消除安全隐患的目的，保证了出口食品的质量安全。

### （二）进口强制性认证（CCC）产品免办工作及获证产品专项监督抽查工作

截至 11 月 20 日，甘肃局累计办结 CCC 免办证书 4 份，货值约 902.8 万元人民币。

甘肃局在 2011 年运行全过程监管起到良好效果的基础上，2012 年将 CCC 免办产品后续监管覆盖率纳入绩效考核中，全年实现 CCC 免办产品后续监管覆盖率 100%。通过全过程监管，有效地防止逃检、漏检、擅自改变使用用途等情况发生，从而使 CCC 免办工作的

管理更科学规范和透明，维护了强制性产品认证制度的严肃性和完整性。

按照国家认监委《关于开展2012年强制性产品认证获证产品监督抽查工作的通知》要求，甘肃局在认真研究结合甘肃省境内无进出口贸易口岸的实际情况下，经请示国家认监委意见，将监督抽查的范围确定为流通领域的进口CCC获证产品，并及时向国家认监委报送了抽查计划。6月—9月，按期完成了本次监督抽查的抽样、送检、汇总分析和总结上报等各项工作。

### （三）认证市场监管工作

按照国家认监委要求，以支树平局长提出的认证认可工作要“传递信任、服务发展”作为工作方针，甘肃局进一步创新认证监管模式。从加大监管力度，强化监管职能、转变监管方式、完善监管体系入手，努力实现依法、科学、高效监管，全面提升管理体系认证的社会公信力。

甘肃局于年初制订了《2012年认证监管计划》，并于4月—9月开展了对管理体系认证有效性的专项检查。在检查中，甘肃局以QMS、EMS、OHSMS三大管理体系为行政监管的重点目标，结合甘肃局出口食品企业备案、出口危包许可、有机产品认证检查等工作，在甘肃省获得管理体系认证企业名单中选取获得三类管理体系认证证书的企业12家（共20张认证证书，涉及5家认证机构），其中QMS证书12张，EMS和OHS证书各4张。通过检查，发现个别企业体系运行有效性较差。对于检查中发现的问题，检查组均已向企业进行行政告诫，并责令其汇同认证机构共同进行整改，至11月20日，所有发现问题企业均已向甘肃局提交了整改报告。此次检查全面落实了国家认监委对认证市场监督管理要求，对规范甘肃省认证市场运行起到了良好的促进作用。

## 二、认证认可重点工作目标落实情况

### （一）转变认证认可工作思路，服务为先，多措并举，促进地方外向型经济发展

#### 1. 重点帮扶企业突破贸易壁垒，大力推荐备案企业获得国外注册

2012年，甘肃局着力加强了出口食品备案企业的对外注册与推荐工作。全年共收到备案企业对外注册申请7家，截至11月20日，2家申请对美国注册果汁企业已成功通过美国FDA验证注册，产品成功出口美国市场；3家申请对马来西亚注册乳制品类（食用干酪素）企业，已由国家认监委向马来西亚官方正式推荐，待马方批准；1家申请对欧盟注册肠衣企业已由国家认监委向欧盟官方正式推荐，待欧方批准；1家申请对美国注册果汁企业已完成现场审核，待企业整改完毕后向国家认监委推荐。同时，为提高对外注册工作质量，督促企业持续满足国外官方注册要求，甘肃局加大对外注册企业监管力度，撤销了1家无法连续正常生产肠衣企业对日本注册资格；完成了1家对日注册肠衣企业相关注册信息的变更。

截至2012年底，甘肃局辖区对外注册企业共13家次，产品种类主要为果汁类、肠衣类，注册国别为美国、日本、欧盟、巴西、阿根廷。

#### 2. 主动向企业提供技术帮扶，促进地方经济发展

甘肃局于3月底向全省14个地州市的商务部门、招商部门和相关食品生产企业发出了《关于为甘肃省招商引资项目企业提供技术服务的通知》，旨在通过提供无偿技术服务，为有出口需要的食品生产企业提供出口备案/注册、进口国标准等方面的技术帮扶，帮助企业提升安全卫生控制水平，促进产品质量提高。该通知得到甘肃省内相关部门和企业的广泛响应：应武威市商务局专门致函请求，甘肃局派出专家组对武威市天祝藏族自治县、古浪县、民勤县的4家已建成或在建食品企业进行技术指导；应临夏州商务局邀请，甘肃局先后两次派专家赴临夏州开展出口食品企业备案知识宣贯；应白银市招商局、崇信县招商局电话申请，甘肃局组织专家对部分企业的设计方案和图纸进行了评审，为项目后续建设提供技术服务。此次帮扶活动受到地方商务部门和企业一致肯定和高度赞扬，帮助企业提高了生产管理水平、避免了因厂房建设不合理而造成的改建资金浪费，直接促进了地方外向型经济发展。

### （二）加大培训力度，提高出口食品企业质量安全保障能力和监管人员业务水平

为落实食品生产企业主体责任，提升企业质量安全管理人员管理水平，保障出口食品安全。甘肃局于4月12日—13日举办了“甘肃省出口食品企业管理人员资质备案培训班”。期间，共有来自全省97家食品企业的196位质量安全管理人员参加了业务培训及资质考核。培训班通过宣贯《出口食品生产企业备案管理规定》和《出口食品生产企业安全卫生要求》等相关法规的新要求，强调落实企业主体责任，推动企业不断提升自检自控能力和自查自纠水平，引导企业加强实验室和检验检测能力建设，督促企业全面建立并有效运行以危害分析和预防控制措施为核心的食品安全卫生控制体系，确保出口食品质量安全。同时，按照《出

口食品生产企业安全卫生要求》中对企业卫生质量管理人员提出的资质和能力要求，培训班专门组织了统一的管理人员资质备案考试，以书面考核的方式全方位测试企业管理人员理论水平、验证企业食品质量安全控制能力。通过考核，最终确认157名管理者为合格的出口食品生产企业管理人员，并予以备案。

甘肃局于11月1日—2日，举办了“2012年出口食品企业卫生注册评审员培训班”。共有各分支局、食检处、动植检处、卫检处、法综处23位卫生注册评审员和食品检验监管一线的工作人员参加了此次培训。培训从宏观到微观、从理论到实际、从法规条款到具体作业要求，更新了评审员和监管人员的系统知识，在学习和交流中，对出口食品备案企业监管中存在的工作困难和具体问题进行了深入探讨。通过此次培训，全面提升了卫生注册评审员和一线检验监管责任人的岗位技能水平。培训班还特邀中检甘肃公司质量认证中心的HACCP食品安全管理体系审核员参加，培训交流认证依据和审核要求，为积极探索在出口食品生产企业备案工作中采信有效的第三方认证等符合性评定结果奠定了良好的基础。

**（三）探索在出口食品企业备案工作中采信第三方认证结果**

甘肃局积极创新体系认证监管模式，按照国家认监委《出口食品企业备案采信第三方认证试点指导意见》，探索在出口食品企业备案工作中开展采信第三方认证结果的试点工作。为确保采信工作顺利开展，甘肃局制订了详细的第三方认证结果检查与评估实施方案和《甘肃检验检疫局出口食品企业备案采信第三方认证结果试点工作办法》，初步确定了“采信原则”、“采信条件”、“申请、评估、批准程序”、“认证结果的采用”、“备案-认证企业信息交流”等方面的工作依据和具体做法，积极开展试点工作。依照国家认监委积极试点、稳步推进的工作部署要求，根据现场检查情况，经综合评估，初步确定2家出口食品企业作为备案工作中采信相关第三方认证结果的候选。

通过2012年对试点工作的尝试，甘肃局认证监管人员一致认为，该项工作能使出口食品生产企业、第三方认证机构和行政监管机构，这三方肩负不同质量安全职责单位有机地结合在一起，既可通过行政监管与第三方认证机构双管齐下督促出口食品生产企业提升质量安全管理水平，又可以全面验证第三方认证机构的认证有效性，规范认证机构的认证工作，在提高出口食品生产企业备案工作效率的同时，又能充分利用认证有效性的行政监管结果，达到促进出口食品生产企业全面监管与创新认证有效性行政监管模式的双重目标。因此，有必要在时机成熟时广泛推广这一做法。

**（四）开展有机产品认证联合检查，促进认证市场规范运行**

甘肃局与甘肃省质量技术监督局联合对甘肃省有机产品认证领域进行了全面而深入的风险排查与整治工作。本次检查工作，涵盖了以往各自监管范围外的监管盲点，实现了优化监管过程，共享监管结果的双重效果；同时，地方两局充分利用了双方的优势和特点，整合检验检疫部门认证监管专业技术较强和质监部门辖区广、监管力度大、人员充足的优势，实现了资源互补。本次检查中，检查组先后在甘肃省50家有机产品获证企业的68张证书中，抽取了15家获证企业的23张获证证书进行检查。检查范围涵盖了有机葡萄酒、有机橄榄油、有机茶叶等三大类甘肃当地特色产业。通过此次联合检查，促进了甘肃地方两局在认证认可领域的交流和学习，既提高了两局认证行政监管人员监管业务水平，培养了业务骨干，也学习了双方监管过程组织、监管方式等方面的经验；通过对发现的有机认证市场中存在问题的监督整改，对规范甘肃省认证市场运行起到了良好的促进效果。

**撰稿人：许志恒　刘　筱　审稿人：王　强**

# 不断创新认证监管模式　有效服务甘肃经济社会发展

## ——甘肃省质量技术监督局2012年认证监管工作概况

2012年，甘肃省质量技术监督局（以下简称“甘肃省质监局”或“省局”）按照国家认监委和省局的工作部署，按照“传递信任，服务发展”的理念，坚持以科学发展观为统领，坚持“监管、服务”齐抓，通过制度创新、监管模式创新、服务理念创新和体制机制创新，着力履行认证监管职能，为推进全省经济社会转型跨跃发展，提供了强有力的技术支撑。

截至2012年底，全省共有502家实验室获得了由省局颁发的实验室资质认定证书，其中48家实验室获得了食品检验机构资质认定证书；全省获得自愿性管理体系认证证书2 883张，其中，质量管理体系认证证书1 626张，环境管理体系认证证书448张，职业健康安全管理体系认证证书362张，产品认证证书173张，测量管理体系认证证书5张；有229户企业取得988张强制性产品认证（CCC）证书；各类食品农产品证书1 232张；仍在有效期内的证书共计1 003张，其中，有机产品认证证书44张，无公害农产品认证证书488张，危害分析与关键控制点（HACCP）体系认证证书96张，食品质量认证证书2张，绿色食品认证证书318张，乳制品HACCP认证证书3张，食品安全管理体系认证证书52张。

### 一、狠抓实验室资质管理，检测能力和水平明显提升

#### （一）高度重视，重点帮扶，有序开展食品检验机构资质认定

为有效保证食品检验机构出具科学、准确、公正的检验数据和结果，在对食品检验机构资质认定特殊要求进行广泛宣贯和扎实培训的基础上，还采取邀请专家和技术骨干实行重点帮扶等措施，指导各食品检验机构，认真编写和修订《质量手册》、《程序文件》、《作业指导书》等质量体系文件，并按新的体系运行，配备和完善了包括生物安全柜等必备的相关设备和环境条件，强化了对食品检验相关人员业务技能培训，全省共有48家实验室获得了食品检验机构资质认定证书。

#### （二）找出差距，提升水平，认真组织实验室能力验证工作

2012年4月，在全省食品、环境、疾控、药检、农产品等检测实验室开展了总砷、氯化物参数的检验能力验证工作。共有130家实验室报名参加，在规定时间内有129家实验室上报了比对结果，其中81家实验室结果为满意，占总数的62.31%；15家实验室结果为可疑，占总数的11.54%；33家实验室结果为不满意，占总数的25.38%。在比对结果出现可疑或离群的实验室，开展了边查原因边整改活动，及时发现和整改了一批因仪器设备、环境条件、执行标准、检验方法、人员素质等影响检测质量的问题，直至取得满意结果，参加能力验证实验室检测工作质量得到有效提升。

#### （三）加强管理，规范行为，以监督评审持续保持获证实验室水平

对资质认定获证实验室证书满18个月前后的实验室开展了监督评审工作，全省共安排监督评审任务169家，其中由省局组织评审91家，占评审总数的53.8%，由各市州质监局组织评审78家，占评审总数的46.2 %。从监督评审结果来看，基本通过的有19家，经整改后通过的有135家，因申请食品检验资质及申请扩项需按取证重新考核的5家，因人员、设备和环境条件不能满足取证时能力和水平，对原批准检验项目予以调整的有6家，因实验室迁出甘肃省，注销资质的1家，因搬迁后未经发证部门核查确认，责令暂停对外出具检验报告的2家，因不能正常开展检验，责令整改的1家。实验室的检验管理和工作行为进一步规范。

#### （四）建立制度，防控风险，落实实验室检验工作主体责任

在全省获得资质认定计量认证实验室开展了落实主

体责任，风险排查、风险防控工作。建立了实验室年度总结报告制度。报告内容包括实验室基本情况，管理体系文件运行情况，内审、管理评审开展情况，检验检测法律法规、技术标准执行情况，检测设备检定校准情况，检验报告质量自查情况，人员开展业务培训情况，用户申诉、投诉处理情况和工作打算等，进一步落实了实验室检验工作主体责任。通过各级认证监管部门实地检查核查，大部分实验室都能根据《实验室资质认定评审准则》、《食品检验机构资质认定评审准则》的要求开展检验检测活动，开展工作符合法定条件，管理体系运行有效，在推进实验室诚信建设、管理水平和服务质量等方面取得了实质性的效果。

## 二、严格机动车安检机构监管，保证了检验质量安全

### （一）严格准入，突出检验许可资质管理

一是加强许可各环节的管理。对资格许可管理从资料受理、组织考核、审核发证和证后监管四个工作环节进行调整和岗位分离，加强各环节工作的相互监督制约。二是严格现场审查考核。对《机动车安全技术检验机构现场审查表》作了补充和完善，统一了相关工作表格，规范审查员的派遣。全年甘肃省共新增安检机构 4 家，检测线 7 条，对 4 家证书到期、2 家申请扩线的安检机构进行了考核换证。

### （二）强化措施，加大证后监管力度

一是全面开展自查自纠。采用省局统一部署，规定自查内容，各安检机构自行组织实施，市州跟踪检查指导的方式，共安排了 18 个方面 67 条的自查内容。通过自查，对 5 家安检机构存在的管理制度执行不严、检验工作标准不高、服务意识不强等问题及时督促进行了纠正和完善。二是加强对日常监管的检查指导。分别组织对兰州、甘南、临夏、金昌、平凉、天水六个市州局安检机构日常巡查实施情况进行了检查督导，对市、县两级质监部门在日常监管工作中存在的问题给予纠正和规范。三是加大日常执法检查力度。9 月上旬，酒泉市局对 1 家违规出具检验报告的安检机构做出责令暂停 1 个月检验工作，限期整改的处理，维护了检验资质的严肃性。

### （三）统一要求，全面推进检验服务承诺

一是规定承诺内容。组织了相关市州的监管人员和技术专家，就全省范围内推进安检机构检验服务承诺的内容、范围、实施形式进行了统一，所有安检机构均已实施了检验服务承诺，自觉接受社会监督。二是实行承诺内容备案。省局对各机构公开承诺内容逐一进行备案，市、县两级质监部门重点对辖区内安检机构承诺的事项进行跟踪检查，对不按承诺内容、检验标准实施的机构进行通报。

### （四）及时部署，全面贯彻实施新的检验标准

省局就贯彻实施新标准专门向各市州局、各安检机构下发了《甘肃质量技术监督局关于贯彻实施“机动车运行安全技术条件”的通知》，重点从人员的教育培训、检测软件升级改造、贯彻执行时间三个方面进行了安排部署，提出了具体要求。截至 2012 年底，全省机动车安检机构均已按新的标准开展检验。

## 三、强化认证执法检查，助推经济健康发展

一是组织了管理体系认证执法检查。对 23 家获证单位和 7 家认证机构检查中发现的问题，要求获证单位和认证机构按照体系文件的有关要求，在规定时限内予以整改，完成问题纠正。

二是与甘肃出入境检验检检疫局联合开展了有机产品认证检查，重在规范认证活动，采取现场抽样调查的方式进行。共检查获证企业 15 家，占甘肃省有机产品认证企业总数 30%；产品认证证书 23 张，涉及 6 大类有机产品，占甘肃省有机产品认证证书总量 34%；认证机构 8 家，有效提升了甘肃葡萄酒、橄榄油、茶叶等有机产品的竞争力。同时，还开展了有机产品认证标志专项整治活动。涉及有机产品认证机构、获证企业、销售场所的有机产品认证标志、认证证书的发放、使用的检查。通过认真组织，全面整治，甘肃省有机产品标志使用情况得到进一步规范。

三是开展了食品农产品认证有效性监督检查。采取“区域划分，分级检查，重点抽查”的方式，除部分有机产品监督检查由省质检两局联合开展外，其他市州由质监系统组织，并邀请农业、商务等部门共同参与。检查获证企业 271 家，检查证书 343 张，规范了食品农产品认证工作。

四是组织对兰州市流通领域 13 家企业销售的 25 批次的低压开关进行了监督抽查，共抽查了 13 家经销商经销的 25 组样品，涉及生产企业 16 家，合格率为 84%。通过本次监督抽查，基本掌握了低压开关产品的基本情况，完善了 CCC 认证实施规则，监控了 CCC 认证各个环节，也引起了企业对质量工作的高度重视。

五是开展了强制性认证风险排查活动。省局与各市州局签订了保证辖区内列入强制性认证产品生产大型企业 100%、中小型企业 95% 建立质量档案，并实施动

态监管的目标责任，通过定期组织对强制性产品认证获证企业进行监督检查和日常巡查，及时发现和处置质量安全的隐患。

## 四、采取多种措施，打牢工作基础

一是突出重点，服务发展。全年工作中既强调认证监管的职能履行，又突出了服务地方经济发展的基础定位，保证了作用的有效发挥。

二是周密部署，强化考核。年初将全年认证监管目标任务进行分解，把工作任务、工作目标、工作重点、工作措施、工作质量、时间进度和考核办法一次部署下去，期间重点做好督促检查和工作指导，保证了目标任务的全面完成。

三是创新工作模式，调动全系统的积极性。通过把强制性认证监管纳入目标责任考核，将一半左右监督评审任务下放市州局组织，建立现场审核市州派员参加等制度，既锻炼了队伍，也调动了基层局的工作积极性。

四是推进联合联动，提高工作效能。部门间加强了与公安交警、交通、教育、检验检疫和西北5省间联合，局内加强了与法宣、稽查等部门的协调配合，细化了工作分工、角色互补和工作联动，纵向强化了与市州和县区局的整体推动，实现了部门联动，工作互动，整体推动。

五是强化了实验室管理和能力建设。通过开展能力验证、检验服务承诺、实验室自查、报送检验管理总结和监督检查等形式，实验室取证后放松管理的状况有了明显进步，检测能力得到有效提升。

六是注重宣传培训。组织了监管人员信息化培训、机动车检验人员培训、内审员培训和实验室开放日等活动，打牢了工作基础，进一步提升了认证认可工作的影响力和知名度，有效发挥了服务地方经济发展的作用。

**撰稿人：陈思琪　审稿人：刘爱国**

# 强化认证监管　严把质量安全

## ——青海出入境检验检疫局2012年认证监管工作概况

2012年，青海出入境检验检疫局（以下简称“青海局”）在国家质检总局和国家认监委的正确领导下，认真贯彻党的十八大和国家认监委认证认可会议精神，牢牢把握“抓质量、保安全、促发展、强质检”的工作方针，切实加强组织领导，积极创新工作思路，较好地完成了全年各项工作任务。

## 一、全年认证认可完成基本情况

### （一）抓质量，成效更加显著

加强业务学习，提高工作水平。一是按照国家认监委的工作部署，认真学习认证认可工作要求，及时掌握认证认可工作最新动态；二是认真学习2012年度全国质检工作会议、全国认证认可工作会议和青海检验检疫系统工作会议精神，全面领会上级部门和领导的工作要求，认真落实“十二字”工作方针和“五个创新”的总体要求，努力提高执法水平，保证青海局认证认可工作质量上台阶、有提高。

认真履行职责，狠抓工作质量。一是按照《出口食品企业卫生备案管理办法》，认真做好出口食品企业卫生备案工作。截至2012年12月，青海局辖区有效卫生备案企业共24家，与2011年同期相比减少3家，有效证书数为24份。全年出口食品没有发生质量事件，没有出口退货及被国外主管部门通报的情况；二是做好管理体系认证市场行政监管工作，按照国家认监委的要求和安排，拟定《青海检验检疫局管理体系行政监管方案》和抽查计划，对辖区内的出口生产企业进行了行政监管。同时开展认证有效性稽查、监督检查和认证认可监管模式创新，主动联合青海省质量技术监督局对青海地区认证市场进行了联合监管，检查结果及时以书面形式上报国家认监委；三是认真做好进口强制性产品认证（CCC）认证免办和监管工作。根据国家认监委的部署，制定《青海检验检疫局强制性产品认证行政监管工作方案》，按时完成青海地区进口强制性产品认证市场监管工作，全面开展网上快速免办系统的实行，并做好后续监管工作，保障了青海地区进口 CCC 产品的使用安全；四是认真做好青海地区出口危险品包装企业和出口机电产品质量许可及监管工作，严格按照国家质检总局、国家认监委和青海局有关规定，对相关企业进行监管和换证复核，对监管过程中发现的问题及时要求企业限期整改，全年没有发生因出口危险品包装和出口机电类产品发生质量和退货问题。

### （二）保安全，体系更加完善

先后编制了《2012 年青海检验检疫局认证工作监管计划》、《2012 年青海地区出口食品企业定期监管计划》、《2012年青海检验检疫局食品农产品监管计划》、《2012 年青海检验检疫局管理体系认证行政监管方案》、《青海局 2012 年强制性产品认证获证监督抽查经费预算方案和实施方案》、《青海局 2012 年认证行政执法专项监督检查方案》等认证监管文件和计划，并上报国家认监委。并在年终前将总结及时上报国家认监委，做到年初有计划方案，年终有回顾总结。

精心组织编写青海局认证监管部门的质量管理体系作业指导书，对有关注册备案作业指导书进行了重新编写，确保与现行的国家质检总局、国家认监委文件相一致，确保认证监管工作按照 ISO 9000 管理体系正常运行。

### （三）促发展，行动更加主动

针对青海地区出口食品企业生产特点，在生产前主动到企业进行安全卫生质量风险评估。并在企业投入生产后认真做好出口食品农产品生产企业的注册备案和监督管理工作，截至 12 月底，共对青海地区 24 家出口食品农产品注册登记（备案）企业进行约 100 多人次现场监管（包括日常监管、定期监管）、帮扶和咨询。发现出口食品生产企业问题 8 大类，共开出 100 余项不符合项。企业对所开出的不符合项基本能及时整改完成，某些硬件不符合的项目也在逐步的整改之中。对出口备案企业多次进行现场指导、帮扶，宣讲国家质检总局和国家认监委相关文件要求，始终做到严格把关，热情服务。

在 2012 年的食品企业备案工作中，主动作为。远赴一千多公里外的昆仑山对加多宝集团下属的昆仑山矿泉水公司进行帮扶指导，为企业顺利出口打下了良好基础。在青海地区首次申请出口水产品和水产基地备案的工作中，为保证工作质量，特邀青岛局和浙江局相关专家来青指导工作，对水产养殖基地和水产加工厂提出了很多针对性的意见，确保青海出口水产品达到安全卫生要求。

### （四）强质检，措施更加务实

一是根据国家认监委有关部署，制定了《青海局 2012 年强制性产品认证获证监督抽查经费预算方案和实施方案》。对进口强制性产品进行了市场抽查，共抽取了 2 个批次的进口 CCC 获证产品，通过调取认证原始资料和指定实验室检测，及时向认监委和指定认证机构反馈和沟通，充分发挥了市场监管的作用，保护了消费者安全；二是进一步完善出口生产企业备案档案管理工作，建立和完善青海地区所有出口产品生产企业档案，对企业的出口产品质量进行跟踪和监管，防止不合格产品出口事件的发生，对出口食品生产企业进行风险评估，把问题扼杀在萌芽阶段；三是加强与地方质量技术监督局的业务联系，在实际工作中多次对青海省认证市场进行联合执法监管，取得了良好的效果；四是积极落实总局有关规定，在 2012 年的注册备案等过程中免除了相关证书费用，向企业积极宣传该项减免费措施。全年的出口食品企业备案工作中，企业咨询和申请的数量比往年均有显著增加。

## 二、存在的主要问题和风险

在对管理体系获证企业的检查中发现，获证组织对认证的认识有待加强，对获证后的体系日常运行关注不够。部分认证机构仅仅对注册审核和监督审核时获证组织的状况进行关注，对获证组织体系的日常运行关注不够或很少关注，审核相对简单，审核人、审核天数不能满足要求，部分机构存在审核人员不到现场的现象。

在定期监管工作中发现有部分企业的定期监管工作不能按照计划执行。主要原因有：一是有些企业属于季节性生产；二是部分企业出口任务较少；三是由于人员少，计划的时间或人员变动，有时要推迟监管时间。监管的有效性、权威性有待提高。

在实际备案审核和监管工作中，由于青海地区出口产品生产企业整体素质较低，企业的硬件和软件都相对较差，在初次审核和监管工作中提出的不符合项尤其是软件部分不知道如何整改或整改流于应付。主要原因有：一是部分企业卫生体系文件不符合该企业的实际状况，对这类企业，青海局严格准入并对其加强宣讲和培训；二是企业的管理者素质不高，对食品安全、管理体系等概念淡薄，这需要青海局在以后的工作中加大对出口食品企业管理者的相关培训和帮扶指导。

**撰稿人：逯仲甫　审稿人：朱雪迎**

# 依法科学监管 全面提升认证认可工作水平

## ——青海省质量技术监督局2012年认证监管工作概况

2012年，青海省质量技术监督局（以下简称“青海省质监局”或“省局”）以科学发展观为指导，深入贯彻落实全省经济工作会议精神，围绕“抓质量、保安全、促发展、强质检”方针，坚持创新发展，依法科学监管，努力增强认证认可公信力，全面提升认证认可工作水平，积极推进认证认可在青海经济发展和社会各领域的应用，以确保人民群众的切身利益和维护正常的社会经济秩序为出发点，高度重视认证认可行政监管工作，按照突出实效、强化监管、帮助扶持、重点治理、着眼长远的工作思路，坚持整治与规范、扶优与治劣、治标与治本相结合的原则开展认证认可工作。

## 一、认证认可工作开展情况

截至2012年底，青海省共有资质认定（计量认证）获证实验室89家。其中，食品检验机构5家，机动车安检机构11家，建材类实验室23家，环境监测类实验室7家，无取得实验室资质认定证书的外资和司法鉴定检测机构。有380家企业通过并获得511张证书（有效）。其中ISO 9000证书343张，ISO 14000证书42张，OHSAS 18000证书37张，强制性产品认证（CCC）证书78张。

### （一）实验室资质认定工作的管理

为进一步增强资质认定行政许可水平和对获证实验室的监管能力，不断提升检验机构依法检测、文明服务的社会形象，青海省质监局通过加强评审员队伍建设、完善许可工作制度、规范许可工作流程等方式，切实提高了资质认定工作有效性和科学性。

#### 1. 资质认定评审员队伍建设

截至2012年底，青海省共有资质认定评审员49名，评审员的技术领域基本能满足资质认定工作的需要。针对青海省评审员队伍的总体水平，委托上海实验室认可技术交流中心对青海省评审员及监管人员进行持续培训。在此基础上，进一步规范了评审员评审资格要求，制定《评审人员的聘用、管理制度》、《评审工作人员职责》、《评审人员年度考核制度》，切实做到了“三不准”：即为被评审实验室提供过咨询服务或技术指导的评审人员不准参加现场评审；评审人员所在检测机构与被评审实验室有分包关系或业务往来的，不准参加现场评审；评审员在三个月内有被投诉记录且未经查证落实的，不准参加现场评审。同时，通过下发评审意见反馈表、问卷调查、不定期回访等方式，及时掌握了评审员工作态度和职业道德，有效避免了评审工作中违规违纪行为的发生，确保资质认定工作的科学性和有效性。

#### 2. 资质认定的行政审批和运行机制

近年来，青海省通过逐步完善《资质认定工作程序办理程序》、《评审申诉处理程序》、《评审资料管理制度》等工作制度，规范了资质认定受理、考核、审批等工作程序。对资质认定行政许可工作实行统一受理，统一发证，即申请资质认定行政许可的检测机构必须向省局政务大厅提交相应的申请材料，经初审合格后，下达受理通知书；行政许可工作完成后，由省局政务大厅向检测机构颁发资质认定证书。同时，通过政务大厅电子信息屏及时发布资质认定许可工作的实时信息，实现了资质认定工作的公开透明。通过实行资质认定许可工作“两统一”，确保了资质认定工作的规范性、及时性。同时，省局按照《行政许可法》相关规定，在资质认定受理、审批环节制定、启用了《实验室资质认定申请材料审核通知单》、《实验室资质认定申请材料审核交接表》、《实验室资质认定申请材料审核意见表》、《行政许可申请材料补正告知书》等资质认定审批表格，使青海省资质认定（计量认证）行政许可事项的受理、审批工作程序进一步规范。

#### 3. 获证实验室的证后监管

为规范获证实验室的检测行为，确保获证实验室管理体系和检测能力持续得到维持和提高，省局从四个方面着手，强化对获证实验室的证后监管。一是严格按《实验室和检验机构资质认定管理办法》的规定，切实做好对获证实验室的监督评审工作，确保获证实验室管理体系持续有效运行和检测能力持续维持；二是有计划地组织开展获证实验室试验比对工作，不断提升实验室检测水平；三是结合青海省实验室的情况，有计划地不定期组织开展对获证实验室的监督检查工作，及时查处获证实验室违法违规行为；四是组织开展对获证实验室新标准、相关规定的宣贯、培训工作，不断提升实验室管理水平。

#### 4. 认真落实国家认监委各项工作部署

一是加快食品检验机构资质认定工作进程。《食品检验机构资质认定评审准则》颁布实施以来，青海局及时采取有力措施，积极推进食品检验机构资质认定工作。组织全省食品药检检验系统、省卫生检验检测系统的19家检验机构的45名管理、技术人员参加《食品检验机构资质认定评审准则》宣贯会，并对食品检验机构资质认定工作进行了安排和部署。督促、指导相关食品检验机构落实国家认监委食品检验机构资质认定制度。二是做好开展司法鉴定机构资质认定的准备工作。我局与省司法厅相关部门紧密协调，积极与认证认可技术研究所联系《司法鉴定机构资质认定评审准则》宣贯、培训工作。同时，会同省司法厅联合制定《青海省司法鉴定机构资质认定工作方案》，为司法鉴定资质认定工作的开展奠定了基础。

### （二）认证行政监管与执法工作

#### 1. 认证咨询机构行政审批工作

按照《认证咨询机构管理办法》要求，认真开展认证咨询机构行政审批工作，截至2012年底，共完成了3家认证咨询机构的审批工作。并依据年度报告，组织执法人员对3家认证咨询机构进行了现场检查。

#### 2. CCC 产品认证监管工作

由于省局辖区内强制性认证产品的生产企业较少，集中在电灶、中空玻璃、清洁用车、混凝土外加剂等少数品种，因此此次行动的重点就放在了对流通领域的监管。结合青海省实际，各州地市局重点检查强制性产品认证目录内的轮胎、农机、装饰装修、汽车零部件、玩具、电线电缆、电动工具和灯具等产品，重点查处生产和销售未通过强制性认证产品的行为。

（1）抓住中心区域、兼顾全面。在认证执法检查工作中，省局始终坚持突出重点、兼顾全面的工作方法。西宁市是青海省省会城市，其流通比较发达，各类企业、商场多，涉及认证的产品门类较多。在开展认证执法检查中，紧扣三个重点：一是要抓住重点产品，集中力量开展电线电缆、电灶、玩具、插头插座等关系百姓生活的产品；二是抓住重点区域，针对西宁市CCC生产企业进行重点检查，并辐射其他市场和领域，带动整体工作的推进；三是对一些群众投诉多、反映强烈、质量问题多发的产品集中力量进行重点整治，狠抓大案要案查处。并按照国家认监委要求，于2012年7月组织执法人员和检测机构对市场上销售的塑胶玩具进行监督抽查，抽查36家企业的52种型号产品。

（2）协调联动，统一研究处理。一是全面完善辖区CCC产品生产企业档案，建立CCC认证企业分类监管制度。二是开展了认证监督检查，对相关商场进行调查摸底，基本摸清辖区内各商场经销强制性产品认证的情况，共检查各商场电器类产品13家300余批次，玩具类产品12家80余批次，手机产品4家；检查生产企业20家；共要求5家无证生产企业限期办理CCC证书，有效推动了产品认证工作的有序开展。

（3）推动质量信用监管，建立强制性产品认证日常监管的长效机制。青海局结合自身实际情况，首先加大监督执法工作力度，惩戒失信行为。加强对认证产品的质量监管，深入实施产品质量监督抽查制度，推进执法打假工作，及时处理质量失信行为，建立违法企业黑名单制度。其次，依法保护消费者合法权益，省局积极开通便捷的产品质量投诉和维权通道（12365投诉电话），建立健全维护消费者合法权益的相关制度，为消费者解决质量纠纷，保障消费者因出现质量问题时，依法获得赔偿。第三，强化企业质量第一责任人的意识，促进企业诚信经营。要求企业牢固树立质量第一的思想，建立质量责任制度，切实落实质量安全责任人。积极推进并落实企业产品质量主题责任。与相关企业签订质量诚信承诺书。第四，加强质量诚信宣传，充分发挥新闻媒体的舆论导向作用。利用电视、广播、报刊、信息网络等，广泛开展内容丰富、形式多样的宣传教育，推进广大企业和全社会不断增强诚信意识。第五，在强制性认证产品生产企业进行质量信用等级评价试点工作，进一步加强对企业的教育和宣传，宣传质量法律法规，增强法制观念和社会责任感，形成诚实守信的自律机制，使诚信经营成为企业的自觉行为。

#### 3. 认证有效性执法工作

为进一步加强认证认可行政监管工作，构建青海省认证认可行政监管的长效机制，根据国家认证认可监督管理委员会有关文件精神及对2012年的工作部署，结合实际，省局于年初制定下发了《关于下发 2012 年认证执法监管工作实施方案的通知》。认证认可监督检查在全省范围内开展，重点地区为西宁、海西、海东、格尔木。监督检查涉及组织 80 余家。检查中发现个别企业以获得证书为目的，建立的管理体系未正常运行或未持续运行，甚至在两年内未开展内审和管理评审工作；一些认证公司认证不规范，存在未开展年审等后续服务及监督不到位等问题。省局针对以上问题，将依法查处认证违法行为，并加快建立和形成认证执法监管长效机制，促进认证市场规范化，提高认证工作有效性。

#### 4. 执法人员自身素质提高工作

由省局组织，各州、地、市质量技术监督局配合，大力推进学习型组织、效能型组织、服务型组织建设，全面提升各级认证监管部门的履职能力。做好自身培训，配合国家认监委抓好对辖区从业人员的培训，围绕重大监管执法活动的开展组织针对性培训。

## 二、存在的问题

通过开展以上工作，使青海省认证认可工作进一步得到了规范，但也存在一些问题，主要表现在以下几个方面：一是由于青海省无专门的评审员管理机构，受评审员管理模式的制约，不能及时发现评审员是否为被评审实验室提供过咨询服务或技术指导；二是受青海省地理环境、经济水平的限制，全省获证实验室总体水平较发达地区尚有一定的差距，获证实验室整体管理水平有待进一步提高；三是个别获证检测机构诚信守法意识不强，检测行为不规范的现象时有发生，加大了资质认定行政许可的风险；四是执法人员的专业素质有待加强；五是认证执法领域应进一步拓展，加大抽检范围和力度。

**撰稿人：严 丹 审稿人：马占海**

# 全面履行认证监管职责 整体推进认证认可事业的健康发展

——宁夏出入境检验检疫局 2012 年认证监管工作概况

2012 年，宁夏出入境检验检疫局 ( 以下简称“宁夏局” ) 按照国家质检总局和国家认监委的工作部署，认真贯彻落实《质量发展纲要》，围绕“抓质量，保安全，促发展，强质检”工作方针和“五个创新”的总体要求，严格履行监管职责，扎实推进认证认可工作，为服务宁夏地方经济社会发展做出了贡献。

## 一、积极开展“两个专项治理活动”

按照国家质检总局和国家认监委关于开展认证认可质量安全风险排查整治和道德领域突出问题专项教育治理活动的统一部署，宁夏局结合本地区实际情况，分三个阶段认真开展了认证认可质量安全风险排查整治和道德领域突出问题专项教育治理。

### ( 一 ) 迅速行动，周密部署

根据认证认可各项工作的内容和性质，宁夏局积极行动，制定工作方案，共确立了 13 项风险点，分别是农兽药使用情况、生产过程使用食品添加剂情况、出口国相关检验检疫标准、生产环节相关记录真实性、企业原料（活牛、羊）来源情况、企业 HACCP 全面验证情况、认证行政执法行为规范性、自由裁量权规范、认证机构审核行为规范情况、企业获证后持续有效性情况、认证咨询机构非法咨询活动情况、认证咨询机构工作规范情况、CCC 证书有效性。排查人员以此为重点，有效开展了各项认证认可排查工作。

### ( 二 ) 完善制度，强化队伍

#### 1. 完善制度建设

自《出口食品生产企业备案管理规定》（国家质检总局 2011 年 142 号令）实施以来，宁夏局结合宁夏地区的工作实际，制定了《宁夏检验检疫局出口食品生产企业备案工作实施细则》（宁检认［2012］第13号）、《宁夏检验检疫局出口食品生产企业备案监督管理工作规范》（宁检认［2012］第15号）。

2. 完善评审队伍

在主任评审员、评审员队伍建设的基础上，开展见习员评审队伍建设，加强培训，增强见习员评审能力，充实了评审队伍，解决了一线评审人员不足的问题。同时，加强认证评审人员与业务评审人员的相互配合，满足出口食品生产企业备案评审的全面需求。

### （三）严格检查，确保安全

从出口食品备案企业安全风险排查情况看，宁夏地区出口食品备案企业基本能够持续符合《出口食品生产企业安全卫生要求》和相关专项卫生规范，获得HACCP、食品安全管理体系认证的出口食品企业认证有效性基本稳定。但个别出口食品备案企业也存在一些问题，共性问题有：缺少足够的自备种植和养殖基地、原料收购农兽药检测把关不严、缺少出口国相关检验检疫标准、生产环节相关记录缺乏真实性、企业HACCP验证情况不全面、企业质量管理体系运行不到位、未按期开展内审和管理评审、认证企业不能提供认证机构的认证审核文件和记录，无法证实认证机构认证审核的真实性和符合性、超期使用认证证书和认证标志、认证机构不按期进行监督审核、未及时暂停认证证书。通过整改，出口食品备案企业的主体责任意识、安全风险管理意识和产品质量有了显著提高。

通过出口食品备案、换证复审、定期监督、日常监管、管理体系认证有效性检查、专项整治活动等手段，多渠道分重点开展对出口食品生产企业的监督管理，围绕重点企业、敏感产品，依法督导企业保持和改善生产条件，提高质量监管有效性，持续提高企业安全卫生质量体系的管理水平。

## 二、2012年开展的重点工作

### （一）加强宣传，营造氛围

在日常工作中注重把法制宣传与检验检疫工作实际相结合。通过宣传，使群众、进出口企业对认证认可法律法规有了深层次的了解。2012年6月9日是第五个世界认可日。宁夏局围绕“传递信任，服务发展——推进认证认可，夯实质量基础”这个主题，组织开展了认证认可宣传活动。通过在宁夏局办公大厅显著位置张贴“世界认可日”宣传画，向企业发放宣传手册，使广大干部职工和企业人员进一步提高了对认证认可工作的认识。在开展业务工作时，检验检疫人员既是检验员，又是宣传员，积极向企业宣传相关认证认可法律法规，提升认证认可的社会认知度。

依据国家认监委统一部署，宁夏局积极组织人员为《中国认证认可年鉴》提供素材，从出口食品生产企业备案及监管、开展各类专项检查、服务中阿经贸论坛、完善制度建设及评审员队伍建设四方面入手，认真撰写稿件，提供新闻图片，全面、详实地展现了宁夏局认证认可工作开展情况及特色。

### （二）加强学习，提升能力

为加强卫生注册评审员的队伍建设，进一步提升评审员的评审能力，保证评审工作质量，更好地对辖区出口食品企业进行有效监管，2012年11月27日，宁夏局举办了一年一度的卫生注册评审员研讨会。全局13名获得卫生注册资质的评审员参加了此次研讨会。研讨会上，评审员学习了国家质检总局2012年第145号令《出口食品境外生产企业注册管理规定》、国家认监委2012年第20号公告《认证认可行风建设实施办法》（试行）。通过对最新法律法规的学习，强化了理论知识，提升了政治和业务素质。评审员结合一年来出口食品生产企业备案工作中遇到的新情况新问题展开了讨论。对无菌罐装工序是否设为关键控制点、肉类加工企业排酸是否设为关键控制点、关键控制点标识内容、认证咨询机构的检查范围、成套设备温度装置如何校准、枸杞干果生产原料是否来自备案基地、严重不符合项和一般不符合项怎样界定、备案与不予备案的界限等达成了共识。此次研讨会评审员交流了经验，启发了思路，统一了思想，为今后有效开展出口食品生产企业备案工作奠定了良好的基础。

### （三）突出重点，狠抓落实

1. 出口食品生产备案企业定期监管及换证复审

依据宁夏地区出口食品生产企业实际情况，宁夏局制定了《宁夏检验检疫局2012年出口食品生产备案企业定期监管及换证复审计划》。对33家出口食品生产企业进行定期监督检查，对19家出口食品生产备案企业开展换证复审。重点检查了企业卫生质量体系文件、厂区设计和环境卫生、车间更衣室、卫生间及人员洗手、鞋靴消毒、生产车间、包装、储存库与运输工具、原、辅料控制、水和冰、有毒有害物品控制、实验室和质量管理。此项工作出动排查人员137人次，发现企业存在的不符合项142个，涉及出口食品生产企业52家。通过企业的有效整改，规范了农兽药和添加剂的使用，收集完善了进口国标准，健全了生产管理过程记录，促进了企业卫生质量的提高。

### 2. 出口肉类企业HACCP验证

年初制定了《宁夏检验检疫局2012年开展出口肉类企业HACCP验证提升计划》，按照《出口食品生产备案企业HACCP体系验证记录》，重点验证了企业符合GMP、SSOP要求的情况、HACCP小组工作情况、危害分析和预防性措施、关键控制点的设置和监控、验证与记录、HACCP实施的有效性、产品可追溯性和不合格召回演练情况。此项工作出动排查人员21人次，提出企业存在的问题17个，涉及7家冷冻牛羊肉出口食品生产企业。对出口肉类企业的HACCP体系的运行情况实施官方验证清查，督促了企业持续符合出口食品生产企业安全卫生要求，满足了进口国卫生安全水平，提高了出口食品生产企业源头兽药残留把关、宰前宰后检验规范、科学危害分析的水平。

### 3. 认证行政执法专项监督

为不断规范认证行政执法工作，依据国家认监委《关于开展2012年认证行政执法专项监督检查的通知》要求，宁夏局重点排查了认证执法监管体系建设情况、强制性产品认证执法情况和认证行政处罚案卷执法工作情况，严格填写了《2012年认证行政执法专项监督检查自查表》的相关内容。此项工作出动排查人员12人次，对自查发现的2个问题进行了及时有效整改。

### 4. 管理体系认证监管

为全面提升管理体系认证的社会公信力，宁夏局制定了《宁夏检验检疫局2012年管理体系认证监管工作计划》，根据《2012年获证组织体系运行情况调查表》，分别选择宁夏地区中宁县枸杞出口企业和石嘴山市所有企业进行管理体系认证网格化监督检查，排查内容包括获证组织基本信息、组织获证认证情况、认证审核实施情况、认证时不符合项整改情况、获证组织对认证市场建议、检查组对体系运行情况评价和描述。此项工作出动排查人员62人次，提出获证企业存在的问题17个，涉及31家管理体系获证企业。通过排查，严格了依法行政监管，提高了认证监管工作的有效性，强化了认证风险防范，提升了企业管理水平，同时也提升了认证监管工作的整体水平。

### 5. 食品农产品认证监管

为持续做好食品农产品认证有效性监管，依据国家认监委《关于做好2012年食品农产品认证监管工作的通知》要求，宁夏局制定了《宁夏检验检疫局2012年食品农产品认证监管工作实施方案》，根据《认证食品农产品认证监督计划表》，排查了全区食品农产品认证出口企业。此项工作出动排查人员34人次，提出获证企业存在的问题7个，涉及17家管理体系获证企业。

通过食品农产品认证监管，对收集到的宁夏地区认证监管的相关数据，建立了宁夏认证监管工作信息库，为开展食品农产品认证监管工作方法性研究工作，破解辖区内认证监管工作的难点问题，创新认证监管模式，提升认证监管工作的有效性奠定了基础。

### 6. 认证咨询市场和认证咨询机构专项整治

为进一步依法规范认证咨询活动，整顿认证咨询市场和打击非法认证咨询行为，依据国家认监委《关于开展认证咨询市场和认证咨询机构专项整治的通知》要求，宁夏局组织了认证咨询机构对《认证咨询机构管理办法》的学习，为企业提供切实的把关和服务。此项工作出动排查人员4人次，提出获证企业存在的问题7个，涉及2家认证咨询机构。通过监管，进一步净化了认证咨询市场。

### 7. 玩具强制性产品认证监督

为切实保护儿童身心健康安全，维护国家强制性认证的有效性和权威性，宁夏局对银川地区销售进口儿童玩具的大型商场进行了强制性产品认证监督。监督人员依据《强制性产品认证玩具目录》，对目录内的进口玩具产品进行了检查。检查范围涉及3大类8个种类产品。玩具产品主要有玩具娃娃及服饰、电驱动玩具车及配件和塑胶玩具。产地主要为印尼、美国、丹麦、泰国、捷克和香港地区。此项工作出动排查人员18人次，提出销售企业存在的问题2个，涉及6家大型商场儿童玩具销售专柜。

通过玩具强制性产品认证监督，检查人员向消费者介绍了玩具选购知识，向商场了解了进口玩具的质量安全状况和消费者投诉方面的信息，切实保护了儿童身心健康安全，维护国家强制性认证的有效性和权威性。

### 8. 强制性产品认证获证产品监督抽查

为切实发挥强制性产品认证对产品质量安全的监督保障作用，按照《强制性产品认证目录内获证产品监督抽查工作规范》，宁夏局制定了《宁夏局2012年强制性产品认证获证产品监督抽查工作方案》。工作组在宁夏银川市、石嘴山市、吴忠市、中卫市、固原市5市进口流通市场，对5种电线电缆、16种电动工具、2种照明设备、17种机动车辆安全附件、3种轮胎产品、2种农机产品、1种乳胶制品、3种装饰装修材料、6种玩具共9大类产品进行了强制性产品认证获证产品监督专项检查。抽取了马来西亚松下系统网络科技株式会社制造的KX-FLM668CN传真机和印度尼西亚美泰有限公司制造的T7912经典芭比，经检测传真机三个项目（标记和说明、接地和连接保护措施、电气要求和模拟异常条件）

符合标准要求，经典芭比检测的四个项目（机械和物理性能、燃烧性能、特定元素的迁移、玩具标志和使用说明）符合标准要求。此项工作出动排查人员30人次，提出销售企业存在的问题5个，涉及8家大型商场销售专柜。

这次抽查活动中通过摸排调查较好地了解了宁夏地区进口流通领域的情况，宁夏地区进口流通领域抽查没有发现不合格产品，由于进口产品绝大多数属于间接进口，检查中发现机动车辆安全附件、装饰装修材料2类产品市场上均有进口产品的销售，但销售商以各种理由推辞不提供有效的中国国家强制性产品认证证书，给认证证书协查增加了难度。

9. 有机产品认证标志专项整治

宁夏局制定了《宁夏检验检疫局2012年开展有机产品认证标志专项整治活动方案》，依据有机产品认证标志相关要求，对宁夏地区5家企业进行了风险排查工作，此项工作出动排查人员10人次，提出企业存在的不符合项1个。

通过开展有机产品认证标志专项整治，摸清了宁夏地区有机产品生产、认证和销售分布情况，加强了对有机产品认证法规、标准、有机产品和有机产品认证标志追溯系统的宣传，帮助企业完善了有机产品认证标志管理制度，排查了有机产品认证标志、有机码管理和有机产品认证过程中的质量安全风险。

撰稿人：徐勤伟　审稿人：乔惠同

# 传递信任　服务发展　积极做好认证监管工作

## ——新疆出入境检验检疫局2012年认证监管工作概况

2012年，新疆出入境检验检疫局（以下简称“新疆局”）按照国家质检总局、国家认监委的工作安排和部署，围绕“抓质量、保安全、促发展、强质检”十二字工作方针，全面贯彻《质量发展纲要（2011—2020年）》工作要求，认真学习和贯彻第十七届中央纪委第七次全会精神和国家质检总局、新疆自治区党风廉政建设工作相关要求，深入开展质量安全风险排查整治和道德领域突出问题专项教育治理活动，加强认证监管工作和队伍建设，促进检验检疫事业科学和谐发展。

2012年，新疆检验检疫系统辖区内共有260家企业获得出口食品生产企业备案证明（备案前21类企业184家、备案其他类企业76家）。其中，出口企业备案咨询106家，受理企业备案申请98家，发证企业102家，办理变更企业20家，上报国家认监委对日本注册企业变更地址1家，受理出口食品企业备案工作时限符合率100%。其中，罐头类企业总数居首位，共计122家，占全部备案企业数的46.92%，较2011年同期下降1.88%。

### 一、开展出口食品备案企业风险排查专项整治工作

根据国家质检总局《关于开展质量安全风险排查整治活动的通知》和国家认监委《关于开展认证认可质量安全风险排查整治和道德领域突出问题专项教育治理活动的通知》的要求，新疆局制定了出口食品备案企业风险排查专项整治计划，重点从食品安全卫生控制体系、企业组织机构等七个重点方面进行排查，出动执法监管人员320人次，共对240家企业实施风险排查，向企业出具了书面不符合项207项，其中SSOP（加工卫生）方面的问题占28.5%，HACCP食品安全管理体系方面的问题占25.6%，硬件设施缺陷占1.5%，卫生质量体系占31.4%，取消10家企业出口备案资格，暂停报检1家企业，主动申请取消出口备案资格企业1家，注销9家企业出口备案资格（备案证明有效期届满后未申请延续或2年内未出口食品等情况）。

### 二、加强出口食品生产企业备案注册评审员队伍建设

2012年，新疆局为加强评审员队伍建设，制定了《新疆检验检疫局出口食品生产企业备案注册评审员与监管人员能力持续提升方案》，开展了内部及外部培训。同时，加强了新疆检验检疫系统现有主任评审员13人，

评审员38人的考核。一是加强内部培训。2012年6月5日—6日在乌鲁木齐市举办了HACCP体系专项培训班，来自分支局及各业务处室的37人参加了培训。培训邀请了广东检验检疫局的专家进行了有关内容的讲解，并对学员进行了考核。二是组织外出学习。2012年4月10日—4月23日，组织新疆检验检疫系统评审员共计6人，赴江苏、福建、浙江、山东等地进行调研，学习基地示范区建设。三是加强专业文章发表。组织人员参加2012年国家认监委在上海举办的《第十届全国HACCP应用与认证研讨会》，新疆检验检疫系统共有三篇论文入选并全文发表在《食品安全质量检测学报》（2012年9月第三卷），同时被“中国学术期刊网络出版总库”、《中国核心期刊（遴选）数据库》、《万方数据——数字化期刊群》全文收录。

## 三、认真开展出口危险货物包装容器质量许可工作

2012年，新疆局受理、审核、发放危包质量许可证6家，后续监管8家获证企业。截至2012年底，新疆共有14家企业获得危包许可证，其中塑料编织袋企业8家、钢桶企业4家、纸箱企业1家、钢罐企业1家。

同时，为加强企业人员培训，9月10日—14日，在乌鲁木齐市举办“出口危险货物包装生产企业质量管理培训班”,17家危包生产企业的30余人参加了培训，参训人员均通过考试取得质量管理体系内审员证书。

## 四、强制性产品认证监管工作及免于办理强制性产品认证工作

2012年，新疆局共办理CCC免办证明12份，主要是“成套生产线配套所需的设备/零部件”类的设备和零部件。按国家认监委相关文件要求，对CCC免办入境商品制定了年度监管工作计划，并依据监管计划完成2011年入境的9批CCC免办商品现场监管任务，后续监管覆盖率100%。

一是认真查处玩具“CCC”认证证书。组织工作组对新疆西域二类口岸区域玩具经营场所进行了排查，针对部分玩具未通过“CCC”认证、部分玩具无“CCC”认证证书、经营人员对“CCC”认证知之甚少等现象，检查人员现场对商户宣传讲解了CCC认证的规定和相关知识，同时也提出了改进意见。二是加强监督抽查工作。依据国家认监委统一部署的2012年强制性产品认证获证产品监督抽查工作要求，对新疆市场销售的入境雪地轮胎随机选购4个批次的雪地轮胎样品，经检测4个批次样品全部合格。并及时将其检测结果以书面形式反馈给经营单位，促使企业加强质量管理。三是组织开展了强制性认证产品质量安全专项整治行动，会同政府有关部门组成检查组，对6家汽车生产企业和新疆汽车产品质量监督检验站进行了现场检查。检查组重点检查了企业生产资质、生产条件、管理情况和产品认证情况。经检查，未发现产品认证不符合规定的情况。对企业存在的质量安全风险，在检查座谈会上给企业予以提醒，并要求企业按相关法律法规的要求组织生产，降低质量安全风险。

## 五、对卫生处理单位实施监管工作及熏蒸消毒考核

根据国家总局进出境动植物检疫处理专项整治活动方案的要求，新疆检验检疫系统结合专项整治工作，2012年制定和实施了《新疆检验检疫局2012年卫生处理单位及职能监管单位监督检查实施方案》，分别对新疆九州熏蒸消毒有限责任公司霍尔果斯分公司、吐尔尕特分公司以及机场营业部等检疫处理从业单位实施了监督检查。专项检查中发现存在危险化学品库房安全检查频次不符合要求、缺乏操作规程等文件、入库药品登记以及培训等记录填写不完善等7个不符合项。经核查，以上不符合项在规定期限已得到整改。

检疫处理人员资质考核审查工作。2012年，经过个人申请、笔试、新疆九州熏蒸消毒有限公司推荐等综合考评后共计37人获得熏蒸消毒从业人员资格证。同时，对离开熏蒸消毒岗位的人员一律收回其从业资质证书，并在监管过程中对人员操作能力进行考核，以保证卫生处理工作有效开展。

## 六、强化食品农产品认证行政监管工作

2012年，新疆局结合出口食品企业备案考核工作，制定和实施了新疆局2012年食品农产品认证监管检查计划，共对40家获证出口食品企业进行了认证有效性的监督检查。检查中未发现超范围认证、买卖证书行为，认证行为基本规范，无伪造、冒用、超范围、超期使用认证证书行为，获证企业产品能够持续符合认证要求。同时，通过委派工作人员进行见证审核的形式，对认证机构的认证活动进行全过程监督检查。

## 七、开展管理体系认证监管工作

根据国家认监委《关于请协助调查认证过程情况的函》（认可函［2011］64号）的要求，2012年1月，新疆局组成2个检查组，分别对方圆标志认证集团新疆有限公司认证工作机构和新疆地质矿产开发局第二水文地质大队获得ISO 9001:2008质量管理体系证书情况进行了检查。针对检查中发现的问题，与上述单位及

时进行了沟通，按时完成了调查取证及汇总上报工作。同时，根据《关于2011年管理体系认证监管情况通报及2012年体系认证监管工作部署的通知》要求，新疆局制定和实施了2012年管理体系监管工作计划，针对出口食品企业集中的石河子、奎屯、博乐地区54家企业实施全覆盖的监督检查，涉及产品14种，其中罐头生产企业32家，及时完成了认证监管计划和上报认监委工作。

## 八、严格把关，热情服务

为做好中国－亚欧博览会参展展品"CCC"免办证明的监管工作，新疆局编写了《强制性产品认证目录内入境参展品认证监管工作程序》，完善了《新疆检验检疫局服务中国－亚欧博览会操作手册》的内容。

2012年8月，"嘉里大通物流有限公司新疆分公司"代理土耳其公司办理了参展"中国－亚欧博览会"入境展品1批。展会期间，对展品进行了有效的现场监管。展会结束后，该批参展品已按相关规定退运出境。

同时，加大出口食品企业备案工作提前介入和后续监管力度，分别采取出口食品企业备案审核前提前进行现场指导，共提供图纸咨询服务12次，提出合理化建议近百条；定期监管中，针对企业对其安全卫生质量体系运行不到位的，不能持续满足出口食品生产企业安全卫生要求的、通过现场监管对不符合项不能及时整改的等情况，新疆检验检验局以警示告知书的形式给予警示，2012年共发出1张警示告知书；同时，考核组在企业监管中及时向企业人员宣贯和培训出口食品企业安全卫生要求，7月18日—20日，在乌鲁木齐举办出口食品生产企业备案管理规定及配套文件培训班，邀请国家HACCP应用中心专家授课，来自全疆出口企业有100余人参加，发放相关宣传材料1 500余份。

## 九、加强认证认可宣传，扩大影响

2012年，新疆局为加大认证认可宣传力度，编制了4期"认证监管工作信息"及时宣贯认证监管工作动态。同时，针对6月9日"世界认可日"展开宣传工作，采取召集企业开座谈会，发放宣传张贴画和宣传册等宣传材料等活动形式，有效做到"传递信任，服务发展"的工作要求。

## 十、积极参加实验室的各类能力验证活动，不断提高实验室的检测能力与水平

2012年，根据国家认监委《关于下达国家认监委2012年实验室能力验证计划的通知》（国认实函［2012］27号）要求，新疆局组织各相关实验室报名参加了国家认监委2012年A类和B类能力验证项目22项，其中A类项目13项，B类项目9项，项目涉及食品、动植卫检疫、轻工、纺织、建材等领域。此外，还鼓励各实验室积极参加国内外权威机构组织的能力验证，截至2012年11月，各实验室参加国内外权威机构组织的能力验证15项，其他社会实验室组织的能力验证49项，全都获得了满意结果。

## 十一、组织做好实验室的资质认定工作，确保各类实验室资质合法、检测结论准确，确保从事食品检测的实验室通过食品检验机构资质认定

根据国家认监委《关于实施食品检验机构资质认定的通知》（国认实［2010］6号）文件要求，所有从事食品检测的实验室需在2012年11月1日前通过食品检验机构资质认定。截至11月1日，新疆检验检疫系统从事食品检测的8家检测机构均顺利通过了国家认监委的实验室认可、计量认证、食品检验机构资质认定"三合一"评审（8家单位分别为：新疆阿勒泰出入境检验检疫局综合实验室、新疆塔城出入境检验检疫局综合实验室、新疆阿克苏出入境检验检疫局综合实验室、新疆库尔勒出入境检验检疫局综合实验室、新疆伊犁出入境检验检疫局综合技术服务中心、新疆阿拉山口出入境检验检疫局综合技术服务中心、新疆喀什出入境检验检疫局综合技术服务中心、新疆出入境检验检疫局检验检疫技术中心）；同时，7月—8月，新疆局组织专家组对全疆9家获证检测机构进行了实验室资质认定专项检查，所有获证实验室均能向社会出具公正、客观、准确的数据和结果，法制意识、管理水平和技术水平均有较大的提高。

**撰稿人：郭伟杰 王文广 审稿人：库来西 许继业**

# 创新机制　夯实基础　典型带动
# 推进认证认可工作迈上新台阶

## ——新疆维吾尔自治区质量技术监督局2012年认证监管工作概况

2012年，新疆维吾尔自治区质量技术监督局（以下简称"新疆质监局"）在自治区党委、政府、质检总局和国家认监委的正确领导下，贯彻落实科学发展观和全国质检工作会议和认证认可工作会议精神，坚持"抓质量、保安全、促发展、强质检"的方针，以"一个龙头"、"两个安全"、"三个关键"为重点，大力推进质量兴新战略，在发展思路、能力建设、服务大局、服务社会等方面实现了新突破，为新疆科学跨越、后发赶超提供了有力的质量保障，质监工作在服务经济社会发展中发挥了重要作用。在全面加强认证认可工作方面，新疆质监局按照国家质检总局和国家认监委的工作部署，认真贯彻落实《质量发展纲要（2011—2020年）》，紧紧围绕"抓质量、保安全、促发展、强质检"工作方针和"五个创新"的总体要求，严格履行监管职责，扎实推进认证认可工作，切实发挥了认证认可"传递信任，服务发展"作用。总结一年来的工作成效、经验和做法，狠抓认证认可制度创新、监管模式创新、检测机构能力提升、强制性产品安全监管，自加压力、主动作为，突出重点、落实有效，圆满完成了全年确定的各项目标任务，认证认可事业发展取得明显成效。

## 一、新疆质监局认证认可工作基本情况

新疆维吾尔自治区党委、人民政府重视认证认可工作，《新疆维吾尔自治区质量兴新战略发展纲要（2011—2020年）》明确提出："加强认证认可工作，建立健全以行政监管、认可约束、行业自律、社会监督相结合的认证认可管理模式，构建新疆特色的实验室评审体系和质量认证监督管理体系。提升认证认可服务能力，推动自愿性产品认证健康有序发展。进一步培育和规范认证、检测市场，强化认证认可证后监管，推进食品生产企业良好行为规范、危害分析与关键点控制以及节能减排等认可工作，充分发挥认证认可在促进经济社会发展中的作用"。截至2012年底，全区（含生产建设兵团）共有各种认证证书6 551张。其中，强制性产品认证证书774张；管理体系认证证书3 727张；食品农产品认证证书2 050张（有机产品认证证书301张，绿色食品认证证书214张，无公害农产品认证证书1 234张，危害分析与关键控制点体系认证证书191张，食品安全管理体系认证证书72张，其他38张）。获得资质认定证书的实验室569家，获得资质认定的食品检验机构53家。有4个县（兵团团场）被国家认监委授予"国家有机产品认证示范创建县"称号。

## 二、2012年认证认可工作的主要做法和特点

### （一）创新认证认可制度机制，提升工作有效性

#### 1. 出台《关于进一步加强自治区认证认可工作的意见》

紧贴新疆维吾尔自治区党委和人民政府中心工作，围绕自治区"三化"建设，围绕贯彻落实好国务院《质量发展纲要（2011—2020年）》、国家认监委《国家认证认可事业发展十二五规划》和《新疆维吾尔自治区质量兴新战略发展纲要（2011—2020年）》，新疆质监局在收集大量基础资料、广泛征求政府、部门和局内部意见的基础上，出台了《关于进一步加强自治区认证认可工作的意见》，推动自治区认证认可事业全面协调可持续发展。《意见》结合新疆认证认可工作实际，明确了今后四年自治区认证认可工作的目标、任务和工作要求，使认证认可工作能够更好地融入质监整体工作之中，融入地方经济建设主战场和"质量兴新（地、州、市、县）"战略之中，全面推进认证认可工作创新发展，提升认证认可工作服务地方经济发展的能力。

是未来四年自治区认证认可工作发展的纲领性文件。

2. 完善了实验室资质认定监督管理制度

为提高实验室资质认定评审质量，加强实验室资质认定现场评审监管。新疆质监局制定下发了《自治区实验室资质认定现场评审观察员管理规定》，建立了观察员的申请、考核、培训和使用制度，对首批自治区质监系统62名实验室资质认定现场评审观察员建档、备案，并予以公布。明确了实验室资质认定现场评审观察员的工作职责、权力和义务，充分调动基层认证监管人员的工作积极性和主观能动性，加强对实验室资质认定现场评审工作的监督管理，全年共组织对65家实验室资质认定评审全过程进行现场监督，有效地提高了实验室资质认定评审工作质量。

3. 推进了认证执法监管体系制度建设

为明确自治区质监系统认证认可行政执法职责，新疆质监局制定下发了《关于推进认证认可执法监管体系建设加强认证认可执法工作的通知》，建立以认证认可监管机构为主导，质监专职执法机构执法稽查局（队）为主力，质监法制工作机构为监督的认证认可行政执法监管工作机制。强化基层质监部门认证认可执法履职能力。通过部门联动，上下联动，切实增强认证认可行政执法监管工作的有效性。

（二）夯实认证认可工作基础，确保质量安全

1. 严格实验室和食品检验机构资质认定及监管

（1）加快推进食品检验机构资质认定工作。一是贯彻落实国家认监委对全国食品检验机构资质认定工作的期限要求，下发通知，部署安排，通过实地调研、现场指导、人员培训等方式，加快新疆自治区食品检验机构资质认定工作，尤其是质监系统地、县两级质检机构加快食品检验机构资质认定步伐。截至2012年底，全区已有53家食品检测机构取得食品检验机构资质认定证书。组织为食品企业培训食品检验机构资质认定内审员145名，基本满足企业和当地发展的需要。二是组织开展对自治区质监系统地、县两级质检机构基本情况进行调查摸底，重点摸清底数、了解地、县两级质检机构检验能力现状及存在的主要问题，形成了调研报告，为区局决策质检机构能力提升提供参考。目前全区有17个地市级产品质量检验机构，52个建设了实验室的县级质检机构。从源头建立了检验检测工作体系，为当地经济发展保驾护航。

（2）认真做好实验室资质认定审批、发证工作。不断强化对行政许可工作的管理。下发《关于在实验室资质认定工作中严格执行行政许可程序规定》，对实验室资质认定审批、发证工作不断进行规范。严格对评审的计划批准、评审时限、评审的终止等规定的落实，提高了行政许可工作效能，优化服务，指导和帮助实验室不断提升能力，满足地方经济发展需要。全年共为342家实验室颁发资质认定证书。

（3）进一步强化证后监督检查，改变重发证、轻监管的现象。一是有效运用能力验证结果，从严处理能力验证结果不满意实验室。围绕涉及人身健康安全和建筑工程质量安全的食品、建筑材料产品，在全疆范围内组织具备验证项目资质能力的食品及建材实验室开展了乳制品中三聚氰胺、水泥、高分子防水材料等三个项目的能力验证活动，共计180家（次）实验室参加，检测结果满意实验室83家，占总数的46.1%；检测结果有可疑项目实验室69家，占总数的38.3%；检测结果有离群不满意项目实验室53家，占总数的29.4%。暂停53家实验室能力验证结果不满意项目的检验检测工作。撤销了11家实验室能力验证结果不满意检验项目，并向社会公布。为帮助检测结果不满意的53家实验室查找分析存在的问题原因，组织召开了建材实验室能力验证结果通报及技术分析会，对水泥、高分子防水材料等项目能力验证结果进行了详细的技术分析和能力评价，并组织了第二次能力验证，对二次能力验证结果不满意检验项目予以撤销。二是加大实验室执法监管力度，规范实验室行为。组织对全疆获证实验室及各地资质认定监管工作进行专项监督检查，监督抽查182家涉及食品、家具、化工（油漆涂料、洗涤用品）、纺织品、建材（工程）、室内空气质量检测等六类实验室。协助国家认监委组织的检查组对新疆自治区25家实验室进行了现场监督检查。通过检查，检查组对自治区实验室资质认定工作给予了充分肯定。在全疆范围内组织开展了建材（工程）获证实验室专项监督执法检查。在被检查的127家获证实验室中，行为规范实验室64家，在管理体系运行和检验工作过程方面存在一定问题需要整改的实验室30家，在行为规范方面存在比较严重问题的实验室33家，各地局认证监管部门已立案调查实验室14家。区局依法暂停28家存在违规行为的实验室，并责令整改。注销23家实验室资质证书。

2. 严格强制性认证产品安全监管，排查质量安全风险

（1）组织各地对本地区CCC认证产品及生产企业进行了全面排查、建档，对重点产品、重点企业、重点区域和重点问题（四重点）进行专项整治，认真排查产品质量安全风险，确保产品质量安全。经排查，自治区有278家企业12类产品通过国家强制性产品认

证，有效获证证书总数774张，其中低压电器类产品证书568张，机动车及附件类产品证书66张，安全玻璃产品证书66张，电线电缆产品证书26张，其他类产品证书48张。处于正常生产的企业224家，暂停43家，停产11家，发现不符合CCC要求的企业61家，查处无证企业1家。已下发通报要求有关认证机构对产品抽查不合格的企业、超认证范围生产的企业、搬迁后未申请变更的企业，根据相应情形做出予以暂停或者撤销认证证书的处理。

（2）在全疆范围内开展了低压配电设备和电线电缆两类CCC认证产品及生产企业的监督检查。共监督抽查低压配电板生产企业102家105个批次产品，批次合格率为65.7%，有17家企业超认证范围组织生产。抽查正常生产电线电缆生产企业16家18个批次的产品，批次合格率为77.7%。已下发通报责令37家不合格产品生产企业立即停止生产和销售不合格产品，已出厂销售的责令企业立即查明流向、通告用户并全部追回。要求认证机构按相关法律法规进行处理。

（3）在全疆开展了流通领域CCC认证产品执法检查。对销售领域直接关系人身、财产安全的汽车、儿童玩具、拖拉机、家用电器等六大类30种产品进行了监督检查。共检查经销单位135家，立案查处销售未经CCC认证违法案件27起，结案10起，涉案货值约350万元，罚没款42万元。阿克苏地区查获无CCC认证及假冒CCC认证的三星打印机10台，查封涉嫌无CCC认证打印机36台。

（4）委托福建省质检院对自治区流通领域的CCC认证塑胶玩具产品抽样检验。共抽查样品60批次，涉及生产企业51家。本次监督抽查合格52批次，不合格8批次，综合质量合格率为86.7%，其中机动塑胶玩具综合合格率为75%，静态塑胶玩具综合合格率为89.6%，涉及的8家不合格产品生产企业主要集中在广东省的澄海地区。已责令经销商将抽查不合格产品下架，并停止销售。通报广东省质监局、中国质量认证中心等认证机构按相关法律法规进行处理。有效净化了自治区CCC认证塑胶玩具产品的销售环境，保障儿童健康和安全。

#### 3. 严格管理体系认证食品农产品认证等自愿性认证监管

（1）创新模式，开展自治区管理体系获证组织认证有效性网格化（全覆盖）专项监督检查。确定昌吉市、阜康市为网格化检查试点，由国家认监委组织专家现场指导，通过理论联系实际，切实帮助基层认证监管和执法人员较快的掌握检查程序、内容、方法、技巧，重点查处认证及认证咨询机构违法违规行为，规范其执业行为。

（2）组织全疆开展管理体系认证有效性监督抽查，对新疆本地的认证及认证咨询机构进行全覆盖检查。管理体系认证监管共检查企业208家，涉及有效证书295张，其中质量管理体系证书205张、环境管理体系证书49张、职业健康安全管理体系证书41张；检查涉及54家认证机构，有9家认证机构存在不同程度的问题，立案查处2起，发出整改通知书32份。在被检查的208家获证企业中，体系运行良好企业有35家，体系运行正常企业有82家，体系运行基本正常企业有50家，体系运行较差企业有22家，体系运行基本无效企业有19家。在体系运行良好的企业中，大中型企业所占比例较高。

（3）组织全疆开展食品农产品认证有效性监督抽查。监管检查食品农产品认证及获证产品企业101家，检查获证产品种类98种，涉及有效证书145张。其中有机产品认证证书34张、无公害农产品认证证书27张、绿色食品认证证书23张、HACCP体系认证证书36张、食品安全管理体系认证证书24张、GMP认证证书1张。无违法违规行为。

（4）重点加强对有机认证产品的监管。一是联合自治区工商局对有机认证产品从生产、加工、认证、销售各环节开展监督检查，加强有机产品质量安全风险排查和防范，切实维护消费者合法权益。二是组织35人参加新版《有机产品认证实施规则》宣贯。三是在新规则实施之际，对新标志的使用提出要求，开展有机认证标志专项执法检查，严查7类有机产品认证标志违法违规行为。

（5）积极推行资源节约产品认证制度的实施。截至2012年底，全区共有483家企业取得环境管理体系认证证书，29种产品取得节水产品认证证书，6种产品取得环境标志产品证书，21种产品取得节能产品认证证书。

### （三）树立典型，开拓创新促发展

#### 1. 积极推进开展有机产品认证示范县创建活动

新疆得天独厚的地理资源和自然资源使得新疆具备发展有机产业的优势。从2011年起，新疆质监局领导高度重视有机产品认证示范县创建工作，建立完善制度，推动创建工作。一是组织开展了创建活动调研工作，摸清了全疆有机产品认证基本情况；二是鼓励有机产品生产规模大、数量多的县（区、市）积极创建或者做好示范县创建的培育工作；三是指导有争创实力的阿克苏地区温宿县制定了有机产业规划，发布了相应配套扶持政策；四是阿克苏地区局派专人驻县政府按照创建工作的具体标准和要求，帮助指导申报单位严格按《有机产品认证实施规则》组织生产，并指导帮助准备申报材料；五是温宿县政府创建积极性高，扶持政策到位。2012年，国家认监委对新疆维吾尔自治区有机产品认证示范区创建工作给予了高度重视、特别关心和大力支持。新疆阿克苏地区温宿县被授予有机产品认证示范创建区称号。目前，连同2011年首批创建成功的喀什地区泽普县，新疆一共有4个“国家有机产品认证示范创建县”，这极大鼓舞了新疆积极开展示范区创建工作的积极性，当地政府通过大力发展有机产业，促进农民增收，农业增效，有效地推动了新疆维吾尔自治区农牧业现代化建设的发展。

#### 2. 下基层、深入调研，解决基层困难

自2012年11月1日起，国家卫生部和认监委关于未取得食品检验资质的食品检验机构将不得从事食品检验工作的禁令实施后，为解决基层县级食品检验机构能够取得资质认定和继续开展工作的问题，新疆质监局党组成员、副局长专门带领有关人员赴阿勒泰地区，就如何加强基层食品安全检验检测能力建设，统筹检验检测力量建设，开展检验检测资源整合试点，促进资源共享，严格检验检测机构资质认定和管理的要求等工作展开调研。阿勒泰地区质监局积极想办法解决问题，对县级质检机构能力建设中普遍存在的问题及问题产生的原因进行认真的分析研究，并有针对性地提出了解决的思路。该地区青河县局先行先试，推进食品检验资源整合、实现检测资源共享、提升县级质检机构食品检验能力的做法得到县委、县政府有关领导和县农业、卫生等有关部门的支持和新疆质监局领导的肯定，为将来区局推动全自治区县级质检机构加强能力建设方面提供决策的依据。

#### 3. 全面推动司法鉴定资质认定工作

新疆质监局积极与自治区司法厅沟通联系，两个部门联合转发了司法部、国家认监委《关于全面推进司法鉴定机构认证认可工作的通知》。两部门加强合作，共同加强司法鉴定机构的质量建设和质量管理，不断提高司法鉴定机构社会公信力，尽快建立起新疆维吾尔自治区司法鉴定行业的质量管控体系。

### （四）提升能力素质，建设认证认可队伍

#### 1. 加强资质认定评审组长和评审员培训

开展实验室资质认定评审员、评审组长、观察员和内审员培训，不断提高人员业务素质，提升评审工作质量，强化实验室自查自纠、不断持续改进的能力。共培训各类人员145人。

#### 2. 编印工作手册，培训认证监管人员

根据自治区质监工作和认证认可工作实际，新疆质监局编印了自治区质监系统认证认可工作《手册》，发到各地州市和各县局认证监管人员手中，加强培训和业务指导，方便专、兼职认证监管人员开展监管工作。

开展全系统认证行政执法监督检查自查，加强认证行政执法风险防控。采取预防为主，防控结合的方法，全面排查，对可能存在的质量安全隐患能及早发现，有效防范质量安全风险；重点整治，有效控制质量安全风险；综合施策，提高认证监管部门加强风险监测、研判、预警和处置的能力。国家认监委将巴州作为2012年全国5个中心城市重点推动认证执法监管体系建设单位之一，探索认证执法监管工作新思路、新举措。

### （五）宣传“传递信任，服务发展”，扩大社会影响力

#### 1. 充分利用“6·9”世界认可日，积极开展认证认可宣传活动，扩大认证认可的社会知名度

2012年6月9日是第5个“世界认可日”，全区质监系统上下联动，积极开展形式多样，载体丰富的系列主题宣传活动。共张贴700余张宣传画，悬挂40余条横幅，利用电子大屏幕等宣传世界认可日主题，在广场集中开展认证认可、节能等知识宣传咨询活动，现场接受群众咨询1 330余人次，制作宣传板报5个，发放宣传资料3 000余份。五家渠质监局在“质量杯——我心中的质量”宣传教育活动中，向中小学生普及认证认可知识，传达认证与生活息息相关的理念。伊犁州、昌吉州、塔城地区局向社会开放直属技术机构及部分外系统实验室，开展免费检测服务，让社会了解实验室。各地通过设立咨询台，扩大群众参与面，便民服务等形式，提高公众对认证认可工作重要性的认识。

#### 2. “质量月”组织开展“自治区检测实验室开放日”活动

以“科学检测，服务发展”为主题，重点选择食品农副所、石油石化所、纺织品及棉花检验中心等涉及民生的重点领域及战略新兴产业的产品检测实验室作为开放对象。由乌鲁木齐市质监局邀请乌鲁木齐市人大代表、政协委员、政风行风义务监督员、企业、消费者代表等60余人现场参观。加大质量舆论宣传，提升全社会的质量意识，推进质量兴新战略。

#### 3. 加强政务信息宣传

全年国家认监委采用了新疆质监局11条认证认可

信息。

## 三、做好认证认可工作的几点体会

### （一）要继续深入开展好认证认可工作，必须清楚的认识认证认可工作面临的形势和任务要求

新疆维吾尔自治区的认证认可工作取得了一些成绩，但距离国家的要求以及与其他省市相比仍存在一定差距。一是基础工作薄弱，基础信息不完善、法律法规和制度不健全，制约认证执法和监管工作的深入开展。二是认证认可监管力量薄弱，存在认证认可工作履职不到位的现象。自治区、地州市和县局都存在这样的问题，影响了进一步深入开展认证执法和监管工作。三是认证机构缺乏行业自律，认证机构良莠不齐，不规范行为甚至违法违规行为时有发生。采用价格恶性竞争、只收钱、不服务、买证卖证等行为，导致认证市场混乱。建议认监委与地方质监局上下联动开展对认证机构的监管，对认证机构开展认证活动要求必须在当地质监局备案，由当地质监局派人员参加。四是对认证认可工作的宣传和推动较以往有很大进步，但是仍显得力度不足。尤其在经济建设和发展“主战场”中的“主力军”作用没有得到应有的重视，服务经济社会发展的有效性没有得到充分体现，在宏观质量管理中的基础地位不够突出。五是当前认证认可在社会公众生活中处于更加贴近和敏感的位置，在社会公众对认证认可的关注程度日趋提高的大环境下，缺乏有效抵御认证认可工作风险的手段。

### （二）深入学习贯彻十八大、自治区和全国认证认可工作会议精神，增强做好认证认可工作的责任感和使命感

十八大高举中国特色社会主义伟大旗帜，确立了科学发展观的历史地位，提出了“五位一体”的总布局和总任务，对新的时代条件下推进中国特色社会主义事业做出了全面部署。这也为质量工作和认证认可工作指明了前进方向，认证认可工作进入了稳定加强的新时期，面临前所未有的发展机遇。全国认证认可工作会议，明确提出以质量和效益为中心，大力发展认证认可服务业，提升认证认可公信力，进一步完善中国特色认证认可工作体系，坚定沿着中国特色质检工作之路，全面推进认证认可事业创新发展。学习党的十八大精神，重要的是将十八大报告精神贯穿于认证认可工作始终。当前我国正处在全面夺取中国特色社会主义新胜利阶段，法制社会和市场经济逐步完善。市场经济的核心是信用经济，政府、企业、消费者需要一个权威的信用工具促进相互间的信任，向社会传递质量安全的信心。认证认可的本质就是传递信任，是质监部门权威的信用工具。国家“十二五规划”中将认证认可定位为“大力发展的现代高技术生产性服务业”。因此找准定位、创新发展，明确认证认可的服务功能，提高认证认可的公信力，发挥认证认可传递质量信任、服务科学发展的作用，这是今后质量技术监督认证认可工作的宗旨和方向。我们要深入研究思考和探索树立向消费者传递信任，为老百姓安全消费、放心消费提供服务的意识。充分认识到让人民群众建立信心和信任是我们工作的宗旨。通过严格监管、打假治劣，宣传引导、信息公开，让“CCC 认证、有机产品、绿色食品、节能环保产品”这些认证标志成为老百姓心中的放心品牌。让老百姓消费得放心、用得舒心。通过树立向企业传递信任的意识来增强企业素质，降低市场风险，提高已获得产品认证、体系认证企业的社会信任程度。通过树立向社会公众传递信任的意识开拓认证认可工作，探索产品认证、管理体系认证、实验室资质认定和认可等合格评定结果在生产许可、监督检查、分类管理、实验室监管等工作中的应用，为质量安全监管提供科学权威的依据，提高质监部门的权威性和公信力，树立公正廉明、科学权威、可亲可信的质监形象，提高广大群众的信任度。通过向各级政府传递信任，服务政府职能转变。创新认证认可服务政府监管，围绕政府监管调控的目标，建立政府采信机制，为政府决策和管理服务，提高政府公信力。

### （三）以“十二字”方针为指引，扎实做好 2013 年工作

党的十八大胜利召开后，做好质监认证认可工作意义重大。新疆质监局坚持以科学发展观为指引，深入学习贯彻党的十八大精神，紧紧围绕自治区经济工作总基调和“三化”建设要求，以质量和效益为中心，更加扎实有效地抓质量，保安全，促发展，强质监，抓住一项关键工作，有效提升两个能力，建立三级监管体系，建好四类基础档案，夯实基础，创新发展。

认证认可工作任务艰巨，责任重大，使命光荣。蓝图已绘就，成功靠奋斗！新疆质监局决心在自治区党委、政府、国家质检总局和国家认监委的正确领导下，深入学习贯彻党的十八大精神，敢于担当，努力奋斗，扎实工作，创新发展，务求实效，努力开创认证监管工作新局面，推动新疆维吾尔自治区认证认可事业再上新台阶，为新疆科学跨越、后发赶超做出新的更大的贡献！

**撰稿人：王 龙 审稿人：丁鹤云**

2013

Yearbook of Certification and Accreditation of China

# 第十七部分　认证及相关机构

## Part Seventeen　Certification and Certification-related Bodies

中国检验认证（集团）有限公司

# 树形象　练内功　促发展

2012年，国际国内经济形势复杂多变，面对一系列发展的新情况、新问题、新挑战，中国检验认证集团（以下简称中检集团）根据总局“十二字”方针和支树平局长“做精做细，做大做强中检集团和建设一支优秀企业家队伍”的指示精神，按照“树形象、练内功、促发展”工作部署，团结一致、开拓创新，较好地完成了中检集团年初确定的各项任务目标，更好地服务了经济社会、质检事业和认证认可事业的发展。中检集团全年完成装船前检验废物原料28万批、172万箱、近5 000万吨，装船前检验旧机电4 140批次、27万台套，发现不合格废料4 530批28万吨；颁发各类认证证书25万多张，注销、撤销、暂停各类认证证书10万张。

## 一、树形象初见成效

“十个一工程”进展顺利。一是引入国际客服理论体系，编制完成了《客户服务手册》，统一规范了客户服务用语。二是印发了中检集团《置装管理办法》及《统一制定工装指导手册》，明确了工装及其辅助装备制作的原则、标准、款式等要求，选定了供应商。三是制定了中检集团《统一检验工具名录》、《检验鉴定工具管理规范》和《测试报告管理办法》，统一了四大类17种检验工具、六大类封识、4个系列的测试报告格式和46种认证证书及所属报告、通知书等支撑性文件。四是编印了中检集团《楼宇标识使用指南》，对户外室内16项元素统一规范，设计海内外公司样例458项。10余家公司按新要求对办公楼进行了设计装修，广西、珠海、天津、青海等公司还竖立大型户外广告牌、投放车身广告。五是印发了进一步做好客户交流活动有关事项的通知，对系统各单位开展相关工作进行部署。据不完全统计，中检集团系统举办各类客户交流活动40余场次，加强了客户沟通。六是改版增印了中检集团宣传册，平台及各公司编制了各类宣传资料，浙江、江苏等公司还编印内部刊物，免费发放广大客户。七是集中开展对外宣传，中检集团在国门时报、经济日报、国际商报等媒体开辟专栏、专版，进行全方位宣传报道。全年，各单位参加各类论坛、展会、发布会和举办研讨会、颁证会等100多场次，在媒体刊发软文宣传、形象广告360多篇（次），进一步扩大了中检集团影响力和品牌知名度。

## 二、练内功推进有力

### 1. 实验室建设取得新进展

一是积极推进安徽国家级重点汽车实验室项目，与安徽局、奇瑞汽车、芜湖市政府签订了四方合作意向书，目前已完成了对奇瑞汽车工程中心的尽职调查。二是测试公司被中国钢研科技集团选定作为战略投资者，去年底签订了投资“钢研纳克检测有限公司”的意向协议。三是由测试公司联合西班牙公司和认证中心三方共同出资筹建西班牙实验室项目已立项，得到了巴塞罗那市政府的支持。四是在意向收购上海玩具检验中心的基础上，中检集团与上海市金山区政府签订了建立中检集团华东检测基地合作意向书。五是中原农食产品检测有限公司已完成注册，正式运营后将服务国家中原经济区建设。六是参股、控股实验室运营良好，电科院营业收入和净利润增长都超过50%，中检集团股份市值比初始投资增值约14倍；深圳电检中心全年可实现营业收入增长20%以上。去年国内外公司通过收购、合作、自建等方式，建成实验室国内13家、海外2家。

### 2. 人力资源管理工作稳步推进

一是加强薪酬和奖励机制建设。组织制订平台负责人薪酬考核暂行办法；启动人力资源管理咨询项目，完成内部调研、组织及职位体系研究、职位价值评估和职级体系设计等工作。二是加强绩效考核与评价体系建设。印发《海外公司负责人任期考核评价暂行办法》、各海内外公司“经营指标责任书”和业务平台“经营指标指导性意见”，并对指标落实情况进行监督检查、适时调整。三是加强队伍建设。出台海外公司内派人员选派、职务晋升等管理办法，完成中检集团干部选拔、交流与调配80余人次。组织15名海内外公司负责人参加海外培训，选派3名人员赴美EMBA课程学习。

### 3. 内部规范管理得到强化

一是完善规章制度建设。制修订了《运营统计分析管理办法》、《外事管理办法》、《业务开拓及奖励管理办法》、《实验室投资项目评估管理办法》和《信息化项目建设管理办法》等。二是加强战略规划管理、信息搜集和运营监控。发布了中检集团《战略规划管理办法》，组织对中检集团总体发展战略规划和五个子规划的修订，同时加强了行业信息搜集和运营监控，建立了中检集团舆情监测平台。三是加强财务管理。财务NC系统实现了新增核算单位的全面覆盖；完善了中检集团财务内控与财务监督体系，推进国内公司内部自查内审工作，出台了《海外公司内部审计工作规定》并完成了6家海外公司总经理离任审计，试点设立海外公司离岸账户，加强海外资金监管；以“营改增”知识培训为重点，完善财务培训工作体系，试点范围内的系统各分子公司已完成税制转换工作。四是加强督办督查。印发重点工作任务分解表，明确主要措施、办理时限，不定期进行督查情况通报，确保各项工作按时完成。五是国际商标注册进展顺利。目前中检集团已在新西兰、柬埔寨、印度尼西亚等23个国家、地区、国际组织成功注册，46个国家及地区的知识产权组织已部分核准了中检集团公司的注册申请。六是质量管理体系建设进展顺利，发布了《中检集团质量管理手册》，开展了首次内部审核及问题落实整改工作。七是信息化建设不断推进。中检集团OA系统已上线试运行，完成中检集团机房建设、设备搬迁并实现对接，统一了域名电子邮箱和各公司网站域名工作。

### 4. 党建廉洁建设进一步加强

深入开展“十八大”学习、创先争优、基层组织建设年活动，完善中检集团领导班子中心组学习制度，着力抓好党组织建设和党员队伍建设，组织第二届羽毛球比赛，参观红旗渠革命传统教育活动。开展廉洁从业承诺，编制警示通报和廉政制度汇编；积极开展信访举报核查、廉洁风险排查和廉洁从业工作检查有关工作，与广东、深圳、北京、黑龙江四家直属局纪检组签订纪检监察互动工作备忘录。

## 三、促发展亮点突出

### 1. 工作服务质量持续提升

深入学习《质量发展纲要》，认真开展“两个专项”及质量月活动，确定12项重点排查业务领域和6个专项教育治理重点，进行全面业务质量安全风险排查分析，共计梳理出88项风险因素，提出6大防控措施。出台了《业务质量事故处理办法》，加强日常工作监管，实施分类管理，强化人员资质建设，同时改进创新服务方式，工作质量及服务水平进一步提升。

### 2. 服务合作对象不断扩大

与总局有关司局及广东、湖北、天津、安徽、河南、上海等检验检疫局领导座谈并商议合作。中标获得神华集团商品煤检测合格机构，成功签署第二期肯尼亚PVoC政府合约，与UL签署新的委托工厂检查跟踪检验协议，与中粮、物美、喀土穆炼油、五矿、红星美凯龙、焦点科技及北京国际矿业权交易所、深圳石油化工交易所等签署合作协议。中检集团成为上期所黄金、白银品牌注册检验的指定检验机构，成为首批国家统一推行的电子信息产品污染控制认证的认证机构，再次获得联合国CDM指定经营实体资质及日本政府批准开展“特定电气用品”强制性安全认证，成为北京市碳排放权交易试点活动指定的中介咨询及核查机构，合作成立“中认新能源技术学院”。国内外各公司积极与各级质检、海关、工商、法院、发改委、经信委和高校等合作，培育业务增长点。

### 3. 业务领域实现新拓展

成功开发了中纺粮油公司巴西大豆装船前检验、进口罗汉松预检疫、汽车整车检测、食品标签和口岸媒介生物本底、电子商务和艺术品鉴定等业务，启动了红酒原产地溯源及检验。积极推动品牌示范区建设，在全国率先开展节能灯环保认证、电线电缆行业产品碳足迹认证和信息安全管理体系认证，为15家电子信息行业知名企业颁发首批国推 RoHS 认证证书。总局正式批准中检集团为生态原产地产品保护授权评定机构，必将给中检集团带来新的业务增长点。同时通过设立新业务开发专项资金、挖掘整理新业务信息、开展业务交流与互动等多种方式，推动新业务在中检集团系统内的推广和移植。

#### 4. 互动共享合作模式获得新突破

建立了西北及中西亚区域业务协作中心并形成了六个专项业务协作和资源共享工作机制，研究推进海外区域化管理和陆路口管理。同时平台、国内外公司、分中心的合作也逐步深入，北京公司开发的电子商务质检，各公司通力合作，很好地实现了资源共享、互惠共赢。

#### 5. 分支机构建设速度加快

为落实好资本扩展和业务扩展两大战略，中检集团去年年初明确提出要积极推进分支机构建设。去年，中检集团新设立了东欧、南亚、南非和俄罗斯乌苏里斯克公司，四川、江西、宁波、韩国等 20 家国内外公司共设立了 12 家子公司、31 家分公司、14 个办事处，产生的效果很好。

**撰稿人：李胜武 审稿人：张利强**

中国信息安全认证中心

# 不断提高产品认证、管理体系认证及服务认证的有效性

2012 年，中国信息安全认证中心（以下简称“中心”）以科学发展观为指导，以“抓质量、保安全、促发展、强质检”工作方针为指引，认真贯彻落实全国质检会议和认证认可会议精神，紧密围绕国家信息安全保障工作大局及总局、认监委的总体工作部署，全面推进信息安全认证工作。年内，中心各项工作稳中有进，并在多方面实现了突破创新。中心业务保持持续、稳定、快速发展的良好势头，业务格局取得新突破；基础能力建设稳步推进，科研创新能力不断增强；品牌和社会影响力得到提升，政策环境进一步改善；内部管理科学化、规范化和信息化程度不断提高。为实现长远科学发展奠定了重要基础，坚定了中心发展的道路自信。

## 一、政策机遇

2012 年 2 月 6 日，国务院发布的《质量发展纲要（2011—2020 年）》强调要“完善信息安全认证认可体系”，明确提出“加强信息安全认证认可制度和能力建设，健全信息安全认证认可工作体系，促进信息安全认证认可结果的社会采信”；6 月 28 日，国务院发布的《关于大力推进信息化发展和切实保障信息安全的若干意见》，明确提出要“完善信息安全认证认可体系，加强信息安全产品认证工作”；国发 [2012]23 号文明确规定“培训和发展地理信息产业，大力发展信息系统集成、互联网增值业务和信息安全服务”。这些政策文件给信息安全认证工作提出了更高的要求，也为中心业务发展提供了良好的发展机遇和有力的政策支持。中心紧跟国家政策要求，通过政协提案、参事调研等渠道向国家层面反映中心的建议和需求，并制定了短期工作目标和长期发展规划，有序推进相关工作，在政府、行业和企业等各个层面发挥了积极作用和影响。

## 二、信息安全产品认证

12 月 28 日，国家认监委发布《国家认监委关于强制性产品认证实施机构指定 / 调整决定的公告》（2012 年第 35 号），正式明确中心承担信息技术设备类产品（09 类，CNCA-01C-020）的强制性认证工作。中心首次获得强制性认证资质，对于进一步拓展认证业务、树立中心在产品认证领域的重要地位、提升品牌形象意义重大。同时，相关资质申请、质量体系文件的起草、实验室遴选、检查员培训、信息化配套筹备工作取得重要进展。

2012 年，中心 IT 信息安全认证范围实现扩展，新增入侵防御产品（IPS）、内容分发网络（CDN）等 9 类获证产品类型，制定并发布了 7 项技术要求和认证实施规则。

2012年，中心新颁发产品认证证书159张。其中，国家信息安全产品认证证书73张，无线局域网产品认证证书36张，IT产品信息安全认证证书37张，非金支付系统认证证书13张。中心各类产品认证证书累计颁证量达到645张，比去年增长32.7%。国家信息安全产品认证颁证量占公安部《计算机信息系统安全专用产品销售许可证》相同产品类型颁证量的76.4%。

## 三、信息安全管理体系认证

2月21日，中心获得中国合格评定国家认可中心（CNAS）信息安全管理体系电力行业认可资格，成为国内首家通过CNAS电力行业认可的信息安全管理体系认证机构。这是中心继在金融、电子商务、通信领域信息安全管理体系认可扩项后的又一次突破，成为国内获得CNAS认可领域最广的信息安全管理体系认证机构。

10月11日，国家认监委召开主任办公会议，支持中心在信息技术领域开展质量管理体系、环境管理体系认证。中心体系认证范围突破了信息安全领域的局限，赢得了更加广阔的发展空间。

2012年，中心加大信息安全管理体系认证市场开拓力度，认证覆盖面进一步拓宽，市场份额进一步扩大，在银行业形成了包括中、农、工、建四大行的营销圈，在电力、通信、能源、民航等行业实现了稳步推进。全年新签约客户57家，新颁发证书78张。其中，信息安全管理体系认证证书38张、信息技术服务管理认证证书40张，累计颁发信息安全管理体系有效证书220张。中心体系认证证书已在国家基础网络和重要信息系统中占据优势地位，在金融和电力行业占比85%以上。

## 四、信息安全服务资质认证

2012年，中心认真研究分析国内外相关标准，结合国内信息安全服务现状，制定了《信息系统安全集成服务能力评价要求》，首次推出了安全集成服务资质认证项目。该项目的推出顺应了社会需求，受到了企业和地方政府的欢迎。3月31日，中心颁发了中国首批信息系统安全集成服务资质认证证书。

12月21日，中心信息系统灾难备份与恢复服务资质认证受理工作正式启动。

年内，中心新颁发服务资质认证证书57张，其中，信息系统安全集成服务资质认证证书36张、风险评估服务资质认证证书14张、应急处理服务资质认证证书7张。证书数量增长63%。累计颁发服务资质认证证书147张，有效证书135张。中心服务资质认证影响力不断扩大。

## 五、培训与人员认证

4月27日，“信息安全保障中的领导职责”培训课程列入中央国家机关党校培训科目，并在工业和信息化部处级干部培训班上试讲，这是信息安全培训课程第一次进入党校领域，中心培训业务影响力进一步提升。

5月30日，中心正式启动网上公益培训工作，上线公益课程达20小时。

2012年，中心信息安全保障从业人员认证扩展到风险管理、安全集成、安全管理和安全运维4个方向，新颁发证书200余张。中心CISAW认证影响力逐步扩大，社会认可度逐步提升。

## 六、科研与技术创新

在标准制定方面，完成了《信息安全技术 信息安全管理体系审核指南》国家标准发布和《网站数据恢复产品技术要求与测评方法》等3项国家标准报批；完成《信息安全服务管理规范》等4项国家标准起草的工作；积极参与国家认监委组织部署的第一批认证认可行业标准制修订工作，完成了4项认证认可行业标准的送审。

在科研工作方面，完成2009年国家发改委专项、电子发展基金项目等4个项目的全部研究任务；研制完成了信息安全产品检测基准样机3套，开发专用软硬件检测设备7台/套，成功申请了1项软件著作权登记和1项专利；组织发表论文10篇，其中4篇被EI检索，组织出版了《信息安全管理体系认证审核指南》，被列为国家“十二五”规划重点出版书目。中心的科研能力在参与国家、部门的重点科研任务中稳步提升，支撑引领作用日益显现。

## 七、机构建设

2月6日，国家质检总局下达批复，同意由中国信息安全认证中心筹建国家信息安全产品质量监督检验中心。这是中心基础建设中极具开创性的工作，为中心下一步工作的开展创造了有利条件；6月28日，江苏中心取得业务资质，相关工作随即开展；信安公司的工作取得了实质性进展，实现了较好的经济效益，对中心各项业务发展的支撑作用进一步增强。

## 八、党建工作和党风廉政建设

2012年，中心以“强组织、增活力，创先争优迎十八大”为主题，积极开展“三亮”、“三创”、“三比”、“三评”活动，深入推进基层组织建设年和创先争优工作；建立实施了学雷锋志愿服务机制，开展针对社会福利机构和相关企业的扶助活动；组织党员群众赴浙江革命老区考察，编辑出版了《浙江印象——信安人感与思》一书。

2012年，中心探索建立了廉政防控综合管理体系，成为质检总局直属单位推行廉政风险防控工作样板；制定并发布了《风险管理程序》及指南，进一步深化了廉政风险防控工作。

## 九、国际合作

2012年，中心与CCRA组织及其主要成员国之间建立了有效沟通机制，实现了与英国CESG、德国BSI等机构的定期互访和卓有成效的交流，在增进彼此了解的基础上，逐步争取到有关问题话语权，打破了国外的技术封锁。中心正全方位融入国际信息安全交流与合作框架中，国际影响力逐步扩大。

## 十、认证结果采信

5月14日，中国人民银行发布公告，指定中心开展非金融机构支付业务设施技术认证工作。非金融机构支付业务设施技术认证，是中国人民银行对非金融机构进行支付服务业务行政审批、颁发《支付业务许可证》必要技术条件。8月27日，中心作为央行指定认证机构，正式开展非金融机构支付业务设施技术认证工作。

2012年，中心取得国家下一代互联网信息安全专项产品采信，开展了产品测试认证工作。此前，中心参与了工作流程和实施方案的编制，9月1日正式开始受理入围企业认证申请，年内已完成相关认证工作。

2012年，中心促成电监会将信息安全管理体系认证相关内容写入国家标准，使取得信息安全管理体系认证证书成为电力企业信息安全水平评价的重要指标之一，这对于推动信息安全管理体系认证在电力行业的发展提供了有力条件。

2012年，四川省部分政府部门规定将获得安全集成服务资质认证作为政府采购安全服务的必要条件之一；山西太原高新管委会规定“获取安全集成服务一级资质的企业，一次性给予30万元的资助”。地方政府采信和政策鼓励，推动了信息系统安全集成服务资质认证工作。

## 十一、履行社会责任

2012年，中心大力推动履行社会责任工作，10月29日，中心与中国质量认证中心、方圆认证集团联合向全国认证机构发出全面履行社会责任倡议。

2012年，中心组织开展了义务植树、赴松堂关怀医院看望老人、与企业结对子、向“幸福工程·救助贫困母亲行动”捐款等诸多活动，进一步彰显了社会责任。

**中国信息安全认证中心 供稿**

北京五洲天宇认证中心

# 服务认证

今年“3·15”期间，洋品牌恶劣的售后服务遭到媒体和公众的讨伐。那么，国产品牌的售后服务又是怎样的呢？一段时期以来，国家工商总局、商务部、国家质检总局、国家认监委、工业和信息化部、中国商业联合会、中国认证认可协会等权威部门，抓紧进行国产品牌的售后服务体系建设，颁布了售后服务国家标准。这在国际上开创了先例，标志着国产品牌的售后服务体系建设正在步入国际先进行列。

## 一位企业家的善举

经国家工商总局和中消协推荐，《人民日报》记者专程到山东昌乐县采访了国内最大黄金首饰生产加工企业的负责人王忠善。一见面，他搬出了一个纸箱，里面装的是两年中提取出来的近30公斤铱废料。专家介绍，铱是同黄金比重相当的物质，价格很便宜，不法分子掺在黄金首饰中，可以鱼目混珠，牟取暴利。

王忠善痛恨这种坑害消费者的行为。从事20多年黄金首饰加工的他，从2009年开始，同中国商业联合会零售供货商专业委员会等数十家专业机构一起，起草《珠宝饰品经营服务规范》、《商品售后服务评价体系》等行业标准和国家标准。

2012年2月1日，王忠善参与起草的《商品售后服务评价体系》国家标准，由国家质量监督检验检疫总局、国家标准化管理委员会正式发布实施。

## 售后服务有了国标

国家工商总局消费者权益保护局副局长黄建华在接受《人民日报》记者采访时指出，现在生产销售企业越来越认识到，在产品同质化日渐突出的今天，仅凭技术、质量、价格因素很难再造出竞争优势，更多的要靠拓展技术维护、维修保养、客户培训、服务咨询、送货安装等一系列售后服务。

"谁的服务做得好，谁就赢得了消费者，谁的商品市场占有率就高，谁就具备了竞争优势，谁就有了广阔的发展空间。"黄建华强调。

中国商业联合会零售供货商专业委员会执行主任谭新政在接受《人民日报》记者采访时介绍，2009 年，国家标准委立项制定《商品售后服务评价体系》国家标准；2012 年 2 月 1 日正式实施。当年 3 月 1 日，国家批准"售后服务认证"开始推广，执行标准由行业标准转为国家标准，在国际上开创了先例。

在商务部、国家认监委的指导和监督下，专业从事"售后服务认证"的机构——北京五洲天宇认证中心，相继完成了家电、汽车、珠宝、家具、电气、电缆、家装、电动自行车、商场、IT、航空等 20 多个行业的认证试点工作，形成了 200 多万字的售后服务报告。

## "海尔"等企业通过认证

从 2012 年 3 月起，五洲天宇认证中心依据《商品售后服务评价体系》国家标准（GB/T 27922—2011）开展认证工作，分别有"海尔集团"、"厦门航空"、"美的日用家电"、"长沙中联重科"、"江铃汽车"等企业通过了国标服务认证。

据五洲天宇认证中心副主任杨谨蕾介绍，"海尔集团"是中国家电行业领军企业，"美的日用家电"在小家电行业综合排名第一位，"长沙中联重科"是世界排名第六的工程机械企业，"江铃汽车"是中国 500 强、乘用车行业排名第一的企业。

这些企业的售后服务先后创造了国内外的许多先例，获得了消费者广泛好评。如海尔的全程管家服务、无尘安装服务，厦航的"厦航式"特色服务被全面推广等。

即将发布的首份中国售后服务报告透露，国家认监委认证认可技术研究所近日开展的"认证认可对国民经济和社会发展贡献的测算"调查显示，商品售后服务认证对企业效益增长影响很大，尤其是对企业文化、诚信经营、发展战略、市场开发、顾客满意、基础设施方面起到了重要的影响。企业在获证后，从服务水平和销售额方面都有显著的提升，对企业参与项目投标也起到了重要的作用。

——摘自（《人民日报（海外版）》2013-05-10 一版头条）

## 国家标准《商品售后服务评价体系》认证问题解答

**1. 问：商品售后服务认证，是哪一个类别的认证？**

答：《中华人民共和国认证认可条例》规定：我国的认证分"产品、服务、管理体系"三类认证。其中如"CCC"、"绿色食品"等，属于产品认证类别；"ISO 9001 质量管理体系"、"ISO 14001 环境管理体系"等，属于管理体系认证类别。还有一类就是服务认证，商品售后服务认证属于服务认证类别，是运用《商品售后服务评价体系》标准（GB/T 27922—2011），对企业的服务能力进行审核，对服务水平做出评价。

**2. 问：商品售后服务认证，可以对什么类型的企业认证？是否只对有形"商品"的企业认证？**

答：只要是在中华人民共和国内合法经营的企业都可以申请认证，包括制造有形商品的企业、销售有形商品的企业、提供无形商品（服务）的企业。

商品是进入消费领域的产品。商品除了有形的产品外，还包括无形的服务。工业品和民用消费品都属于商品。

有形商品具有外观形式和内在质量以及促销成分，如品质、包装、品牌、造型、款式、色调、文化等。

无形商品包括劳务和技术服务，如金融服务、会计服务、营销策划、创意设计、管理咨询、法律咨询、程序设计等。无形商品一般随着有形商品而发生，也随着有形的基础设施而发生，如航空服务、旅店服务、美容服务等。

所以，凡有独立法人地位的生产、贸易、服务企业都可申请认证。

**3. 问：《商品售后服务评价体系》（GB/T 27922—2011）标准中"售后服务评价"的范围是什么？**

答：标准提出的"售后服务评价"是广义概念，"评价"是结合规划、体系、资源、特性、数量、时间和活动、过程、效果等进行的判断，所以对"售后服务"的评价必然涵盖对整体服务系统的的要求（包括售前需要准备的工作）。如商品知识和文化宣传，售前对顾客的告知和承诺，在商场、景区、机场、服务网点等建立的设施，以及组织为实现服务而进行的人员和资源配置方面。而不是仅是“商品售出以后的维护服务”。

标准原文：“售后服务包括但不局限于以下方面：

（1）随合同签订而提供的活动，例如测量、规划、咨询、策划、设计等；

（2）在商品售出到投入正常使用期间所涉及的活动，例如送货、安装、技术咨询与培训等；

（3）商品质量涉及的活动，例如退换、召回、维修、保养、检测、配件供应等；

（4）为获得顾客反馈或维系顾客关系而开展的活动，例如满意度调查、顾客联谊、商品使用情况跟踪等；

（5）以商品为基础，为顾客提供相关信息的活动，例如商品使用知识宣传、商品或服务文化宣传、网站或短信传递服务、新品推荐等；

（6）在有形产品或设施基础上提供文化理念或相关服务的活动，例如景区、餐饮、酒店、商场的服务。”

**4. 问：如何获得商品售后服务认证证书？**

答：企业如想要获得售后服务认证证书，首先需要按照《商品售后服务评价体系》标准（GB/T 27922—2011）建立起服务体系（必要时可寻求咨询机构的帮助），在体系运行3个月之后，向北京五洲天宇认证中心提出申请认证，认证中心收到企业提供的资料后，与企业签订认证合同，按照公正、合理、规范的原则，对企业建立起的服务体系进行评审和评分，评审合格，按照最终的评分结果颁发相应的星级证书。

**5. 问：获得商品售后服务认证有什么好处？**

答：（1）权威认证，通过认证的企业，证明其在全国全行业范围的服务领先性。

（2）大型企事业单位招投标、政府采购等活动的重要参考和资质要求。

（3）消费者认可，通过认证企业在产品及包装上可标识“售后服务认证”星级标志，具有说服力和证实性，供消费者放心选购。

（4）企业服务达标，通过认证的企业服务能力达到国家标准，能强化服务管理水平及服务能力。

（5）持续改进服务，完善服务体系，建立良好售后服务口碑，持续改进服务质量，增强服务利润链持续收益。

**6. 问：其他认证一般要求建立企业的体系文件，那么商品售后服务认证是否要求企业建立服务体系文件呢？**

答：是的。标准5.1.4.1条款有明确要求：“针对售后服务中的各项活动和流程，制定相应的制度和规范，明确产品/服务范围、职能设计、组织分工、运转机制，并以企业文件形式体现，形成完整的售后服务手册。”

认证是一个发现证据的过程，只有先有了文件和手册，才能按制度管理和实施服务。如果连文件都没有，那么实施是无从谈起的。

相关制度文件归纳在一起，一个整体的系统，就是体系文件。叫做“服务手册”，或者“服务体系文件”都是可以的。

**7. 问：管理体系认证和商品售后服务认证有什么区别？**

答：有以下三方面不同。

（1）名称含义的不同

“商品售后服务评价体系”标准，“评价体系”指该标准是对“商品售后服务”进行评价的一个系统，该系统包括了评价方法、评价指标等。商品售后服务认证，是指运用该系统对企业进行外部审核和认证。

“管理体系”是一个专有名词，也可称为“管理方法的集合”，指企业在质量控制上采取的管理措施。管理体系认证的关键词是在“管理体系”四个字上，意思就是对“管理体系”进行认证。比如质量管理体系ISO 9001，认证的结果是证明企业按照ISO 9001标准的要求进行了管理。

两者一个是对企业服务能力的认证，一个是对企业管理措施的认证。

（2）认证类别的不同

《中华人民共和国认证认可条例》第十七条规定：“国家根据经济和社会发展的需要，推行产品、服务、管理体系认证”。

我国目前共有下述三类认证。

商品售后服务认证是服务认证类别，颁发“服务认证证书”。而管理体系认证是管理体系认证类别，颁发“管理体系认证证书”。还有一类认证是产品认证，是对产品的理化特性等进行认证（是否达到了某项技术指标，如电气特性、农药残留量等），如3C认证、绿色食品认证等，颁发“产品认证证书”。

三类认证是并列的、平行的，其性质不同，认证结果也不同，不能混淆。

《中华人民共和国认证认可条例》第二十五条规定：“获得认证证书的，应当在认证范围内使用认证证书和认证标志，不得利用产品、服务认证证书、认证标志和相关文字、符号，误导公众认为其管理体系已通过认证，也不得利用管理体系认证证书、认证标志和相关文字、符号，误导公众认为其产品、服务已通过认证”。

（3）评价要求和结果的不同

《商品售后服务评价体系》（GB/T 27922—2011）标准是一个评价性质的标准，认证目的是评出优秀。认证的结果是证明企业按照标准实施了售后服务，并达到了某一个高度（星级）。它是评分制的认证，是按评价的分值来衡量服务能力的高低，达到70分（含70分）以上，达标级售后服务；达到80分（含80分）以上，三星级售后服务；达到90分（含90分）以上，四星级售后服务；达到95分（含95分）以上，五星级售后服务。

而管理体系认证是审核企业的管理方法和活动是否全部符合其标准规定（有不符合则不能通过认证），也没有分值要求。

**8. 问：各种类别的认证都需要通过审核来证明企业是否能通过认证。那么商品售后服务认证的审核有什么特点？**

答：审核，在商品售后服务认证里称为评审。

特点1：认证标准是评分制，评审员到企业现场按标准要求进行检查，还要进行评分。评审不要求全部条款符合（95分以上即为最高星级）。

特点2：认证时要对企业总部和下属服务网点进行评审。一般情况下评审组除了在企业总部现场，还会分散到企业在各地的服务网点去检查，最后得出综合的评价结论。所以企业在提交商品售后服务认证申请表时，需要提交服务网点的明细和清单，评审时会对网点进行抽样。

**9. 问：企业的售后服务认证工作由哪个部门牵头为好？**

答：一般国外企业的情况，是分生产、销售、服务三架马车并驾齐驱，服务部门是极为重要的部门，掌握大量资源，甚至成立独立的服务公司。

售后服务体系的建立、执行以及改进，并不是售后服务部门一个部门的事，而是关系到企业全局，与质量、品牌、生产各环节密不可分。

有些企业在实施ISO 9001认证时，会设立权限极高的质控部（体系部）。

在进行售后服务认证时，应由企业最高管理人或授权人任命一名专职负责人（可以是体系部或质控部的负责人）为售后服务体系的负责人（管理者代表），有极高的权限来建设、整合、修订企业的服务体系，并由售后服务部门牵头，其他部门（如人力资源、生产、产品改进等部门）协助完成认证工作。

GB/T 27922—2011标准5.1.1.1提出：“设立或指定专门从事售后服务工作的部门，并有合理的职能划分和岗位设置。”

执行售后服务工作的部门，及相关的管理和支持部门（标准条款中提到的部门）都与认证相关，如：

生产管理部门、服务文化的宣贯部门、服务策略的制定部门、服务网点管理部门、人员培训部门、工具和资源保障部门、监督部门、研究和改进部门、商品信息管理部门、配送和维修执行部门、商品质量保证（采购）部门、废弃品处置部门、客户关系维系部门、投诉接听和反馈部门、销售部门、设计部门等。

**10. 问：商品售后服务认证，要求“按服务管理人员总数的10%配置售后服务管理师”，该项的具体规定是怎么样的？如何计算人数？**

答：售后服务管理师数量在标准总分中有5分。

GB/T 27922—2011标准5.1.2.2提出：“按服务管理人员总数的10%配置售后服务管理师，负责对售后服务工作的管理和对售后服务活动的指导。”

服务管理人员有两个层面，一是在组织总部，在服务有关部门、服务有关环节和岗位的负责人，包括基层管理人员和中、高层管理人员，二是在下属分公司、服务网点的管理人员。

根据有关部门的权威调查，企业相关管理人员的数量一般占企业总人数的15%左右。但有一些企业的管理人员较多，有一些较少，统计上可能存在差异性，一般情况下管理师的配置数量基本在企业总人数的1%左右，详见www.bscc.org.cn。

一般来说企业至少要配备1名售后服务管理师。

**11. 问：如何培训售后服务管理师？**

答：中国商业联合会在全国范围内开展的“售后服务管理师职业资质认证”培训工作，到2013年4月已培训41期。售后服务管理师的资质培训是对学员进行系统专业的岗位培训，从法律和实践的角度剖析点评典型案例，采用专家教学、专业理论和实物操作相结合的教学手段，为学员提供一整套便于理解、易于掌握、操作性强的售后服务方法与技巧，培训结束后参加全国统一试卷考试，由权威专家进行评价审核及成绩认定。目前由中国商业联合会对考培合格者颁发资质证书。报名通知和公告可上中国商品售后服务网www.ccass.org.cn查询。

**12. 问：认证的流程是什么样的？**

答：（1）企业向北京五洲天宇认证中心提出申请，提交申请表和相应资料。

（2）中心市场信息部审查材料，通过申请则与企业签订认证合同。

（3）评审部审查企业的服务体系文件。

（4）派遣评审员到企业现场评审和评分。

（5）经评审委员会最后审查通过，颁发相应星级的服务认证证书。

**13. 问：从申请认证到获证的时间大概需要多久？**

答：视企业准备的情况和评审情况，一般来说 1~3 个月。

**14. 问：商品售后服务认证的费用如何计算？**

答：认证的收费是按有关规定，以人 / 日数来执行的，人 / 日数按照企业总人数计算，具体的可以参考《商品售后服务认证收费标准及人数对照表》（www.bscc.org.cn）。

**15. 问：认证证书有效期是多久？监督评审的周期是多久？**

答：（1）认证证书有效期从颁发之日起为 3 年有效，3 年内每年至少要进行一次现场监督评审。

（2）监督评审大约 9~10 个月一周期。可有 1~2 个月的提前、推后。

**16. 问：我单位需要认证，评审前期的工作准备步骤是什么样的？**

答：（1）培训一定数量的售后服务管理师。

（2）对企业目前的服务体系文件、制度文件进行梳理，编制成册（需要时可寻求咨询单位的咨询）。

（3）提交认证申请表。

（4）与认证中心签订合同，初步约定评审时间；同时可进一步修订服务手册和制度等。

（5）准备好现场评审安排（人员、交通、办公场地等），与评审组进行充分沟通，确定评审时间。

**17. 问：认证申请时申报的企业人数怎么核定？**

答：首先，企业在提交申请表的时候中心会进行一次审查。人数需要达到一个合理的水平。比如某企业提交的资料上有全国 300 个服务网点，上报人数只有 300 人，明显不合理。评审时会根据不同行业的情况，产品和服务的情况，初步做一个人数核定。

在现场评审的时候，评审组也会再核定一下企业人数，看评审的人日数是否足够，确定是否增加评审日，或缩小认证证书范围。

企业应该填写真实的人数。

**18. 问：如何查询商品售后服务认证机构北京五洲天宇的资质？**

答：国家认监委网站上有明确的认证类别。

国家认监委网站—机构查询—认证机构名录。

所有获得认证的企业名录也可在国家认监委网站上清楚查询。

也可向国家商务部和国家认监委电话查询。

**19. 问：如何查有关专业知识？**

答：www.bscc.org.cn 和 www.ccass.org.cn。

**20. 问：企业如何按国家标准建立服务体系？审核时，会涉及企业的哪些职能部门？应该怎样识别？**

答：GB/T 27922 服务体系应按全员参与的原则来建立。

企业的最高管理者应任命一个服务体系负责人，做为管理者代表，直接对总经理负责，管控服务体系的运行和实施。该负责人的权限应高于有关部门，能建立完善的服务体系运行流程，能对各有关岗位提出执行目标和监督（不一定直接管理），使服务体系运行整体可控。

GB/T 27922 中提出的“售后服务”是广义范围，“评价”是根据所发现的情况得出判断结果的过程，要获得评价的结论，必须要对条件（人员、资源、组织架构、制度）和过程（时间、活动）以及结果（社会和顾客反馈的信息等）进行调查，所以 GB/T 27922 对“售后服务”的评价必然涵盖对整体服务系统的的要求，包括企业在售前需要准备的工作，如：售前、售中对商品知识和文化的宣传，对顾客的告知和承诺；商品包装和附属文档提供的有关信息；在商场、景区、机场、服务网点等建立的为售后服务提供的设施；企业为实现服务而培训的人员和资金配置等。

企业建立服务体系的第一步，是需要识别服务体系运行有关的，与 GB/T 27922 中的指标有关的部门（详见图 1）。在图 1 中可以看到，“销售和服务系统”是服务体系建设的主要责任部门，灰色框中的部门是生产系统和支持部门中与服务体系建设密切相关的模块。

研发改进模块，对应标准“5.1.6.1 生产、销售、服务等部门之间有良好的市场信息反馈机制，并在商品质量或服务质量方面不断改进”、“5.1.6.2 对售后服务中发现的难以解决的问题，设立有关的服务研究部门或委托专业机构进行研究和咨询”、“5.1.6.4 重视服务标准化工作，鼓励参与国家、行业有关标准的制定工作”等条款。

人力资源和培训模块，对应标准“5.1.3.2 售后服务组织应提供内部保障，具体包括：

（a）长期保持服务专业技术培训和业务人员的业务技能培训，使其有良好的素质和能力；

（b）定期或不定期的服务文化的培训；

（c）有效的评优、奖励、晋升和员工关怀机制。”

商品物料设计模块，对应标准 5.2.1“商品信息”的有关要求，包括商品包装，附属文档的设置，安全信息明示等要求。

品牌和文化宣贯模块，对应标准 5.1.7“服务文化”的要求，包括对内和对外的服务文化宣贯，获得社会认知等方面。

标准 5.1.4“规范要求”提出的售后服务手册，也应是企业文件形式，由最高管理者签发。

根据 GB/T 27922 的评价指标来看，提出的是全员参与原则，要求各级人员，尤其是业务和服务人员（与顾客直接接触的人员），都获得培训并有良好素质，并接受考核和监督，使企业形象和服务品牌得以彰显，追求更高的顾客满意。

按 GB/T 27922 的评价要求，销售部门也是属于服务评价的一环，因其涉及到前期的服务承诺，顾客体验等方面，尤其是珠宝、汽车、家居家装等行业，按标准进行评价时必然会有关注，所以企业在建设服务体系时，还要注意识别自身的产品和服务特性。

当然，企业的组织架构也有与图 1 不同的情况，如有的企业建立了独立的服务公司，服务部门权限较高。但不管是哪一种架构模式，都需要识别与标准有关的部门，这是建立服务体系的第一步。

个别组织存在一定的误区，认为售后服务认证即是对“售后服务部门”的认证，这是不妥当的，结果往往导致服务体系的建设不完善，在审核时被大量扣分。

GB/T 27922 服务认证，包括对组织整体服务能力的综合评价。在建立体系或准备审核时，需要将有关的涉及部门全面贯标到位。

以上主要是以一个制造型企业为例，当企业的行业不同时，有关的涉及部门可能会有不同，如物流、采购、质控等部门也有可能涉及，应按具体情况进行识别。

**北京五洲天宇认证中心 供稿**

中国船级社质量认证公司

# 加强建设　提升能力　全心服务

中国船级社质量认证公司（CCSC）是中国船级社（CCS）开展陆上检验与认证业务的专门机构。服务范围包括管理体系认证、产品认证、工业产品检验、集装箱检验、节能减排审定核查、培训、风险管理和技术服务、安全生产标准化考评等。

作为国家认监委（CNCA）首批批准的认证机构，CCSC开展质量、环境、职业健康安全、信息安全、能源（钢铁和交通运输行业试点）等管理体系及党的基层组织、建筑施工企业质量管理体系认证。同时，承担CCS获准开展的25大类的产品认证工作，大力开展交通和能源类产品的认证业务。管理体系认证及产品认证均获得了CNAS的认可，质量管理体系认证还获得了UKAS认可。其中，质量管理体系认证获34大类的认可，环境管理体系认证获32大类的认可，职业健康安全管理体系认证获35大类认可。

## 一、坚持守法经营，确保认证有效性

CCSC以高度社会责任感，严格遵守《认可条例》、《认证机构管理办法》及国家相关法律法规的要求；坚持“独立、公正、诚信”的质量方针，走“质量求生存、质量求发展、质量求信誉”的品牌道路，注重党风廉政建设和行风职业道德建设，不断改进完善管理，防范廉洁从业风险。

一是优化内审和管理评审模式，对管理体系审核策划及再认证过程中的时间节点进行控制，确保审核生产有序进行并满足认可规范要求；通过对审核计划分级审查，从源头有效地控制审核的有效性。

二是加强认证决定过程控制。严格按《审核案卷考核办法》实施认证决定，对认证决定过程发现问题，定期组织召开专项管理评审会，决定并组织实施相应的改进要求；同时将认证决定发现的问题，实施分类管理，对责任人实施绩效考核及必要的交流培训，确保了认证审核的有效性。

三是按规定进行了风险及公正性风险的识别评价，覆盖了体系认证、产品认证等业务板块。根据全年各业务系统的认证情况，制定了《中国船级社质量认证公司风险分析报告》。并进一步完善了风险控制措施，改进效果良好。

四是组织了客户满意度调查。分别制定不同抽样方案，对部分重点认证、检验行业，重点客户100%进行了调查。调查反馈表明，CCSC最吸引客户之处主要体现在信誉、品牌和服务三个方面。

五是开展了廉洁从业风险防控体系建设工作，并纳入党风廉政和行风职业道德建设工作考核指标（KPI），以控制和防范认证过程的公正性风险。

## 二、加强能力建设，提升服务质量

能力是认证机构确保认证审核有效性的基础。CCSC通过加强管理能力、技术能力及人员能力建设，保证认证审核活动的有效性，为可持续健康发展提供保证。

一是制定人力资源发展规划，加快引进和培养审核人员，加大人才培训力度。截至2012年底，专职员工达365人。2012年，累计举办各种培训班197个，参训员工2400余人次。包括认证人员继续教育培训、产品认证审核员培训、ISO 18000审核员转换培训等。在技术能力建设方面，组建技术专业组。开展专业领域技术研讨，为确保认证审核有效性提供技术支持。

二是完善制度建设，提高管理质量。2012年，共完成管理体系文件发布约95份；技术文件发布约24份，通过加强检验认证业务过程控制、强化认证决定控制及监督监控、实施绩效考核等途径，确保认证审核质量。

三是加强新认证产品研究，提升服务能力。在体系认证方面，修订完善了交通运输行业能源管理体系认证实施规则，取得了认监委交通运输行业能源管理体系认证的试点资质，并且积极开展了拆船管理体系等方面的研发。密切关注了行业规则变化和认可要求的变化，及时根据新版ISO 17021标准要求及分公司作为关键场所运作的情况，策划修订了公司体系认证业务的管理体系文件，组织实施了人员能力评价系统的改进完善，顺利通过CNAS、UKAS根据ISO 17021实施的转换认可评审。产品认证方面，重点拓展以风电产品为代表的新能源领域和以汽保设备、桥梁钢为主的交通产品认证业务。新开发了汽车清洗剂、偏航变桨驱动器、燃油增效剂、风塔基础用锚杆组件等产品的认证业务，编制了相应认证规则并完成了认证工作。

## 三、加强活动建设，服务相关行业

在体系认证领域，积极拓展集团型客户，获得中石化认证机构准入资格并拓展了中国石化集团上海海洋石油局、中国石化洛阳石油化工工程公司等5家客户，在保持中国国际工程咨询公司、中国远洋运输（集团）总公司、中国交通建设股份有限公司、中国机械工业集团有限公司、中国铁路通信信号股份有限公司、中铁物资股份有限公司等央企客户基础上，开发了中国国机重工集团有限公司、中材装备集团有限公司等集团型客户，还与正大集团签订了合作协议。

在产品认证领域，重点拓展以风电产品为代表的新能源领域和以汽保设备、桥梁钢结构为主的交通产品认证业务。新开发了汽车清洗剂、偏航变桨驱动器、燃油增效剂、风塔基础用锚杆组件等产品的认证业务，编制了相应认证规则并完成了认证工作；认证业务向安装调试的督导业务延伸，组织实施吉林大安、云南赶马路、新疆托克逊和满洲里四个风电场安装、调试及验收试验督导项目，其中吉林大安、云南赶马路项目已完成调试，顺利并网发电。完成风电检测现状调研，积极探讨建立风电检测能力方案，完成“风电检测能力建设调研报告”，为今后逐步建立风电检测能力工作打下了基础。

CCSC将继续以服务国家相关大局为已任，充分运用认证认可这个市场经济的信用工具，大力弘扬诚信为本、以质取胜的核心价值观，力争创造一个先进的、具备持久核心竞争力的认证机构的民族品牌，为继续构建和谐社会而倾尽自己绵薄之力！

**中国船级社质量认证公司 供稿**

中联认证中心

# 规范运作 规避风险 完善制度 提升服务

中联认证中心隶属于中央直属大型科技企业——机械科学研究总院，具备独立法人资格，目前开展的认证业务有：质量管理体系认证、环境管理体系认证、职业健康安全管理体系认证、机械产品安全认证等。

2012年中联认证中心坚持客观、公正、科学的原则，依法开展认证工作，深入学习、贯彻国家认监委、认可委和认可协会对认证认可的有关要求，结合实际在细节上使各项工作符合国家有关规定，统一思想，提高了认识，对认证工作加强了管理，进一步规范了认证工作，规避了风险。

## 一、遵守法律法规，认真执行国家有关认证方面的规定，规避认证风险

认真执行认证认可条例、认证机构管理办法等法律法规和机构认可、人员注册、最低限价等各项认证认可规定。特别是贯彻执行《认证机构管理办法》，且对照《办法》修改中心目前的有关规定并执行。如针对不同区域、板块项目的情况，组织人力及时、有效地实施了自查纠偏措施，对所有50人以下规模企业，中心于2012年4月15日发文《关于开展管理体系有效性自查的通知》，通知中还包括附件《获证组织管理体系认证有效性自查重点》；在要求不同区域自查的基础上，分别对黑龙江、秦皇岛、福建区域的项目进行了系统的排查，暂停、撤销了体系有效性存在问题的获证企业证书，有效地控制了项目管理风险。2012年累计暂停证书372项，恢复证书239项，撤销证书176项，其撤销证书项目比2011年增加83张证书，可见中心2012年在降低风险方面的措施力度较大。

严格执行CNCA“认证活动执法监管信息动态上报制度”，中心于2012年8月在CNCA组织的认证机构大会上介绍实施执法监管信息动态上报制度的运行经验。

中心严格遵守法律法规的要求，未出现违规和受处

罚的情况。2012 年，经中国合格评定国家认可委员会综合评审，评价中联认证中心为 A 级机构，为提升中联品牌打下了坚实的基础。

## 二、　完善规章制度和认证技术文件，提高为企业服务的水平

（1）对照《认证机构管理办法》，修改中心目前的有关规定，对中心手册和程序文件进行了修订；

（2）按 CNAS-CC01：2011 的要求对中心手册进行了修改和换版，对中心程序文件进行了修改，部分程序文件换版；

（3）修改和完善了与指导审核有关的作业文件；

（4）重新修改了岗位职责和考核要求，并使考核要求更具可操作性，成立了考核组，每季度进行工作质量考核；

（5）按照中联手册和程序文件的规定，实施了内审、管理评审并召开了管委会会议；顺利通过认可委的年度认可评审和见证评审。

## 三、CNAS—CC01 转换完成情况

CNAS- CC01 转换工作是 2012 年中心最重要的工作之一，中心项目工作组付出了艰辛的劳动，累计完成了技术领域分析、能力分析各 86 份；新编作业指导书 30 份；整理修订作业指导书 156 份；编制专业考试、面试试卷 106 份；完成人员专业评价 216 人次；考试、面试确认记录 216 人次。2012 年 9 月顺利通过了认可委的转换评审并获得较高的评价。

## 四、保密备案完成情况

完成保密备案是 2012 年中心重点工作之一，该项工作能否完成涉及中联近 100 家企业、200 个项目能否得到保持，否则中联核心业务会受到巨大损失。在各级领导的关心和支持下，经过中心全体员工的共同努力，中心于 2012 年 4 月 6 日顺利通过现场审查，成为第一家通过保密备案的认证机构。

## 五、开展认证技术研究，进一步提高认证服务质量

2012 年 6 月中心召开了年度技术研讨会，111 名级别审核员、22 名实习审核员参加了 2012 年度的继续教育课程。本次审核技术研讨会以贯彻国家和中联认证中心有关认证认可要求、审核技术研讨以及提高审核一致性和培训为主。特别是对全体审核人员进行了《认证机构管理办法》培训和深入的研讨，明确了新形势下的认证工作要求。

还有 59 人参加并通过了 OHSAS 2011 版标准的换版培训和考试，通过率 100%。

为了形成技术研究气氛，本中心在每期的内部刊物——《中联认证通讯》上都发表有关认证技术研究的文章。

## 六、人员培养

2012 年是中心在人员培养方面投入最大的一年，针对中心当前的人员现状，分别从审核员培养、内部员工培养等方面确定了长效培养机制，从中心未来发展及项目布局系统地考虑了相关人员的培养。2012 年第一批重点培养的 10 名三体系审核员已完成，三体系审核员由原来 38 名增加到目前的 48 名，实现了 26.3% 的增长，一定程度缓解了审核资源紧缺的问题；第二批重点培养的 10 名三体系审核员目前正在实施过程中，要求在规定的期限内完成。

中心年轻员工培养也一直得到中心领导层的高度重视，2012 年每月 2 次的利用节假日的培训累计完成各类理论知识培训 7 项，共 17 次。与此同时还在十堰建立了实习基地，创造机会让青年员工到企业进行实践学习，通过上述措施的实施，中心青年员工得到了长足的进步，在各自的岗位上为中心的发展做出了应有的贡献。

## 七、客户服务

2012 年中心提出项目分类管理的要求，在大客户服务方面进行了创新探索，历时近 8 个月为东风汽车公司商用车有限公司构建绿色供应链实施了卓有成效的诊断工作， 得到了商用车公司高度认可，被确认为商用车公司构建绿色供应链的战略合作伙伴，也为明、后年的市场开发工作培育出了良好的市场开发平台。

按期完成《中联认证通讯》（季刊）并及时发给客户。

## 八、继续进行顾客满意度调查

为了加强对认证后企业的服务工作，改进中心工作水平，中心继续对所认证企业进行《顾客满意调查表》，调查内容分别从企业对中心的整体印象、审核计划安排合理性、审核员的现场审核能力、认证后服务等多方面进行调查问答。

通过调查，了解到企业希望中心加强对认证后企业的增值服务，及时给企业发送行业相关资料，保持企业体系的先进性。这需要中心不断增进与企业的联系、沟通，力争为企业提供更加有效的服务。

## 九、发布首份社会责任报告

依据国家认监委的整体部署，中心已完成社会责任报告的初稿，结合2012年12月认监委组织的《社会责任报告专题研讨会》的精神要求，中心在2013年一季度向社会发布《中联认证中心社会责任报告》，向所有利益相关方发布社会责任的落实、执行情况。

**撰稿人：周育清　审稿人：陈京**

中铁铁路产品认证中心

# 加强规范管理　服务绿色铁路

2012年，按照国家认证认可监督管理委员会、铁道部的部署和要求，适应铁路产品认证采信制度的实施，中铁铁路产品认证中心（CRCC）积极有序推进认证工作，始终以“努力促进产品质量提高，确保运输安全，服务于绿色铁路”为宗旨，加强规范管理，全面推行风险管理，强化内部控制，严格工作流程，严守路用产品准入关口。按照“传递信任，服务发展”的要求，切实履行社会责任，提升认证质量、保证认证的有效性，为规范铁路产品市场秩序发挥积极作用。

## 一、适应铁路产品认证采信制度的要求，稳步推进认证工作的有序开展

为贯彻国务院推进行政审批改革，进一步规范铁路产品准入管理，2012年5月，铁道部、国家认监委联合发布新版《铁路产品认证管理办法》（铁科技［2012］95号），进一步明确了铁路产品认证采信制度的管理要求，产品认证成为铁路专用产品准入管理的主要方式之一。截至2012年9月，铁道部发布第一、二批铁路产品认证采信目录，共计378种产品。2012年7月认证实施规则由原铁路产品认证管理委员会批准改为由CRCC机构批准，形式改为铁路产品认证通用要求+（产品）特定要求。

为适应新版《铁路产品认证管理办法》、城市轨道交通装备认证制度实施，充分考虑轨道交通领域产品专业特点，CRCC重组认证内部管理机构，明确职责分工与协作，优化工作程序，增加市场竞争力。CRCC建立符合实际运作的组织机构，按认证业务分别设立铁路产品认证公正性管理委员会（取代原铁路产品认证管理委员会）、城市轨道交通装备认证工作委员会及其技术委员会和专业分委会。在充分考虑轨道交通领域产品专业特点、优化工作程序的基础上，自2012年7月1日起，将原认证各部门调整为综合业务部、机车车辆事业部、基础设施事业部、城轨认证事业部和申诉监理部5个部门，另设有各专业认证评定专家组，由综合业务部归口。

2012年，CRCC认证业务范围变化较大。2012年6月28日，铁道部发布《铁路产品认证采信目录（第一批）》（铁科技［2012］138号），共242种产品，自2012年7月1日起，开始实施铁路产品认证。其中，由原行政许可管理转入的52种，原铁路产品认证转入47种，其他准入方式转入的143种。按专业分为工务31种、供电25种、通信21种、信号28种、运输5种、机车56种、客车28种、货车48种。2012年08月26日，铁道部发布《铁路产品认证采信目录（第二批）》（铁科技［2012］187号），共136种产品，自2013年7月1日起，开始实施铁路产品认证。其中，由原行政许可转入的51种，原产品认证转入2种，其他准入转入的83种。按专业分工务6种、供电29种、通信9种、信号18种、运输1种、机车13种、动车组50种、客车3种、货车7种。

针对《铁路产品认证采信目录（第一批）》，CRCC组织编制、审查和发布铁路产品实施规则198个，并组织多期认证规则的宣贯会。通过宣贯培训使认证企业对CRCC认证机构、国家和铁道部认证的有关政策、认证的流程、申报材料的要求和填写、认证质量体系的要求、认证检验的要求等方面有了更加深刻的理解和认识，取得非常好的效果。

2012年，CRCC受理初次认证申请企业547家、复

评企业113家，受理扩大产品认证222厂项、受理获证后变更117厂项。全年发布产品认证公告14期，颁布新获证证书1119张，原获证企业扩项、变更证书261张。2012年1月至12月31日CRCC完成获证后监督评审265厂次，复查检查和检验26厂次，暂停证书16张，撤销证书6张，注销证书11张。截至2012年12月底，CRCC颁发的有效证书1551张，已获证企业555个，其中颁布标识CNAS注册编号的认证证书277张，涉及132家企业。

2012年11月根据现组织结构和相应职责对体系文件进行换版（由B版换为C版）。2012年10月29日进行内审，提出一般不合格项3项，这些不合格项大多为实施性的不符合，已完成整改。2012年11月30日进行年度的管理评审，总体评价为质量体系运行有效，质量方针、目标与机构适宜，2012年度认证业务发展平稳。评审提出1项整改要求，已安排整改措施计划。

CRCC在2012年12月完成CNAS第二次复评审+变更的办公室评审，提出一般不合格2项，CRCC对不合格项及时进行认真整改，同时对所有关注项制订纠正措施计划，逐项整改、举一反三，进一步提高认证的有效性。

## 二、城市轨道交通装备认证有序推进

2012年，城轨装备认证工作按照“扎实做好基础工作，为全面开展城轨装备认证工作奠定基础，在城市轨道交通装备认证领域打响CRCC品牌”为重点，搭建城轨认证组织架构、建立认证程序。组织开展城轨认证工作的调研、分析和研讨，提出第一批认证目录35类产品，编制认证规则通用部分1份，安全评估认证规则1份，装备认证规则35份，其中车辆规则13份、供电规则7份、工务工程规则9份、信号规则6份，各项认证技术准备有序进行中。

## 三、加强监督检查，规范人员管理，建设人才队伍

CRCC制定年度监督检查计划和实施方案，采取抽样现场走访方式进行客户回访和顾客满意度调查，监督检查审核员的行为规范、审核能力、工作纪律、行业作风，调查CRCC机构的服务意识、工作效率，了解客户对CRCC机构的意见建议等。按照国家认监委的部署，提出中铁铁路产品认证中心履行社会责任报告。

2012年，CRCC共发出检查/审核员/技术专家现场质量体系审核调查表483份，收回468份，反馈率96.89%，未发现问题，普遍反映良好。继续委托上海市质协用户评价中心作为第三方中介开展顾客满意度测评工作，总体满意度为87.66%，较上一年略有提升。通过测评工作，深入挖掘顾客需求、了解服务短板、提供改进依据、促进满意度提升。

2012年，CRCC组织培训班28次，完成培训课程896小时，培训1661人次；完成CCAA自愿性产品认证检查员注册35人，CRCC实习检查员注册635人；完成CCAA-QMS审核员见证评价人注册7人，CCAA-QMS审核员注册及再注册19人；完成72人的专业8位码重新赋码、专业能力评定工作；完成CCAA审核员43人、检查员621人年度确认工作；重新评定、聘任CRCC技术专家20人，并完成备案建档。

**撰稿人：周凯**

2013

Yearbook of Certification and Accreditation of China

# 第十八部分　认证实效

# Part Eighteen　Effectiveness of Certification

上海恩坦华汽车门系统有限公司

# 创新驱动促发展

以科技创新为源动力，以精诚的产品为保证，以完善的服务为依托，与客户携手共增值。

上海恩坦华汽车门系统有限公司(以下简称“公司”)位于大都市上海，建于1999年，现占地面积1万平方米，厂房建筑面积5千平方米。公司主要从事汽车门锁总成的开发、生产和销售，门锁总成年生产能力达到1700万套，现有员工485人，其中工程技术管理人员84名。公司具有完善的技术开发、生产管理、市场营销、仓储物流体系，随着公司的发展壮大，将不断扩大生产规模。

公司具有完善的技术开发体系，技术来源于墨西哥的Mexico技术中心和美国的Troy技术中心，与整车厂能进行联合同步开发，可以高效率、高质量的实现汽车行业零部件产品开发。完全能够按照整车厂要求进行设计和图纸转换工作，并使用本公司自有实验设备进行开发阶段的性能匹配试验，输出满足整车厂要求的产品。产品质量的先期策划按照整车厂汽车零部件的要求，限定计划目标和内容，做好产品设计开发和过程设计开发的优化组合。目前合作的有一汽－大众、上海大众、上海通用、上海汽车、武汉神龙、沈阳华晨、奇瑞汽车、北京汽车等国内客户；印度大众、俄罗斯大众与北美通用等国外客户，并得到了客户的一致认可。

公司采用了一流的生产、检测、试验设备。主要生产设备：超声波焊机、激光焊接机、门锁生产线、门锁终检台。主要检测和试验设备：力和行程测试台、拉力机、扭力测试仪、镀层厚度仪、三坐标、投影仪、三元测量机、测力计、弹簧扭力测试仪、金属硬度测试仪、橡胶硬度测试仪、电器耐久测试台、机械耐久测试台、高低温环境箱、盐雾箱、示波记录仪、声音测试仪、高温箱、淋雨实验箱、沙尘试验箱、绝缘电阻测试仪、耐压测试仪、步入式温湿度环境箱，目前公司内部实验室已经通过了CNAS的初次评审，预计2013年12月通过CNAS的正式评审。

公司在创业、发展的过程中坚持以人为本，吸纳人才，挖掘人才，培养人才，运用完善的人力资源体系，不断增强企业的核心竞争力，构建一支具有创新精神、责任意识、团结、敬业的优秀队伍。

公司本着“超越客户的期望”的质量方针，于2003年9月首次通过ISO/TS 16949：2002认证，2009年9月ISO/TS 16949：2009升级审核通过，2005年1月ISO 14001复审通过。本着“成为客户心目中最满意的供应商”多次获得客户和政府的表彰，如：上海通用A级供应商、上海汽车优秀供应商、上海大众A级供应商、奇瑞优秀供应商、高新技术企业称号、优秀外商投资企业、上海大众物流A级供应商、上海汽车商用车最佳服务贡献奖、上海通用绿色供应链绿色供应商等。

自建厂以来，先后开发并生产了18种汽车锁体总成，相继通过了国家强制性产品认证（CCC），并顺利通过了历年的CCC认证工厂监督审查，在认证过程中公司对各种认证的标准有了进一步的认识，同时在产品的设计开发、生产过程控制及产品性能测试等方面严格按照各项产品质量认证的标准来组织产品的设计和制造，并不断提高。

**上海恩坦华汽车门系统有限公司　供稿**

马瑞利汽车零部件（芜湖）有限公司

## 引领技术　照亮您的未来

引领技术创新，不断探索未来汽车照明新领域；追求卓越的质量管理体系，不断打造世界级制造的工厂；培养优秀的技术研发人才，不断壮大研发与生产力量。一直以来，马瑞利集团正是坚持这样的可持续发展方针，才使得这家世界排名前列的汽车零部件公司能始终立于市场的不败之地，在不断创造自身价值的同时也推动着汽车零部件市场的向前发展。

马瑞利汽车零部件（芜湖）有限公司这家由马瑞利集团于 2005 年进入中国市场后建立的专门生产汽车前大灯、尾灯的分公司，坐落于风景秀丽的中部城市——安徽芜湖，由意大利知名汽车零部件制造商玛涅蒂玛瑞利集团全额投资，公司主要从事机动车前大灯、尾灯等汽车照明产品的设计、开发、生产和销售，年生产能力达 280 万套，随着公司的不断发展壮大，正不断调整生产规模，在未来两到三年，公司规划年生产能力将达到 400 万套。公司厂房面积 29 000 平方米，其中生产面积为 24 000 平方米，注册资本 1750 万美元。公司在上海外高桥保税区建有 100 多人的研发技术中心，同时工厂具备完善的生产管理、质量控制、采购管理、市场营销、仓储物流体系、完全具备高效率、高质量的实现汽车行业零部件自主研发生产及国产化。同时，为了满足不同地域整车厂配套要求，公司已在广州佛山建立了分公司，未来生产规模将达到年 200 万套，可以看到在不远的将来，随着马瑞利集团在中国市场的迅猛发展，更多的子公司将布局在中国的各个地方，满足更多的市场需求。

公司技术主要来源于位于欧洲的马瑞利集团车灯公司分部，位于德国 Reutlingen 以及意大利 Tolmezzo 的研发中心致力于前、后灯的不断创新开发，同时也拥有一些分部在三大洲的当地的研发中心。客户导向和全球化经营是马瑞利车灯公司取得成功的关键，他们始终与当地客户保持着密切的联系，例如宝马、奥迪、奔驰等世界领先的汽车制造公司。正是在与客户的密切合作下，公司不断研发出多个引领车灯行业的产品，如马瑞利集团车灯公司于 1991 年率先发明氙气灯，引领前灯技术进入一个新境界。 2003 年，车灯公司首次在汽车上安装了动态调节灯，向自适应前照系统（AFS）跨进了一大步。2005 年，全球第一次出现了装有红外线模块的车前灯。2006 年，首次投放了可根据道路及天气情况调节的带有完整自适应前照系统（AFS）的前灯。接下来一项发明就是发光二极管（LED）技术在前、后灯中的应用，这也给造型设计师们提供了更广阔的设计空间，同时也节省了能源消耗。2005 年车灯公司开始首次大批量生产采用发光二极管（LED）技术的后灯。

公司采用了一流的生产、检测、试验设备，所采用设备全部从国外引进，同时将马瑞利国外分公司对中国分公司相应的技术、生产、质量体系管理、质量检测方法进行全方位的培训，并每年派出相应岗位负责人赴意大利、德国研发生产中心进行相关培训学习，确保公司生产的产品达到国际一流水平。

马瑞利汽车零部件（芜湖）有限公司于 2007 年通过 ISO/TS 16949 首次认证，并与 2009 年顺利通过 2009 版 ISO/TS 16949 换证审查，同时在 2006 年生产的尾灯产品相继通过了国家强制性产品认证（CCC），并顺利通过了历年的 CCC 认证工厂监督审查，在认证过程中不断对国标法规有新的认识，并贯穿于实际生产管理之中，不断积累了相关经验。另外，公司多次获得整车厂颁发的供应商奖项，特别是于 2011 年获得大众汽车 A 级供应商资格。

**马瑞利汽车零部件（芜湖）有限公司　供稿**

中国印钞造币总公司

# 认证认可上水平　技术创新出成果

中国印钞造币总公司是直属中国人民银行总行领导的、国家唯一的法定货币生产企业，下属二十余家大中型企业和一个国家级企业技术中心，主要从事印钞、造币、钞票纸、银行信用卡的研制生产、印钞造币专用机械和银行机具的设计制造、高纯度金银精炼和印制增值税专用发票、有价证券、银行专用票据、高级防伪证书等方面的生产经营活动。集团员工2万多人，净资产总额220亿元，是世界上整体规模最大的货币生产企业。

中国印钞造币总公司秉承"为央行履行职责服务"的行业使命、"优质安全保发行、科学管理增效益"的行业宗旨以及"忠诚印制、追求第一"的行业理念，致力于提高自主创新能力，提升人民币的综合防伪水平，满足人民币发行和流通的需要。为增强整体技术实力和国际竞争能力，中国印钞造币总公司大力加强硬件基础设施建设，积极开展国家认可实验室认定工作，鼓励企业加大对国家认可实验室的支持。截至2012年底，中国印钞造币总公司共建立了5个国家认可实验室：成都长城金银精炼厂分析检测中心、上海印钞有限公司技术中心检测实验室、上海造币有限公司理化实验室、沈阳造币技术研究所金银制品检验中心、银行卡检测中心/北京银联金卡科技有限公司。在中国印钞造币总公司的支持下，5个国家认可实验室在分析、检测和科技项目研究方面都取得了长足的进步。

成都长城金银精炼厂分析检测中心2002年3月通过中国合格评定国家认可委员会认证，配备了德国Spectro M10光电直读光谱仪、Spectro Lab S光电直读光谱仪、Spectro CIROS VISION电感耦合等离子体发射光谱仪、Spectro能量色散型X荧光光谱仪、赛默飞世尔电感耦合等离子体发射光谱仪、Lambda 2型紫外/可见分光光谱仪等世界顶级分析设备，检测范围包括纯金、纯银中杂质分析，原料金、原料银中主成分及杂质分析，高纯金、高纯银中杂质分析，金合金、银合金中主成分及杂质分析和金银提炼、金银深加工过程控制分析，在研发新型检测分析方法、国际金、银技术交流等方面取得了长足进步。2012年累计共分析试样20 000余件，其中纯银成品生产试样9 000余件，纯金成品生产试样3 000余件，工业金银材成品生产试样2 000余件，金验收料3 000余件，其他试样3 000余件；严格把关，及时准确地报出40 000余个分析数据；参与键合金丝、键合银基丝、载银抗菌剂研究；研制了《萃取剂中金含量检测》、《萃取废液中金含量检测》、《废液中氯含量检测》等检测方法。

上海印钞有限公司技术中心检测实验室2008年7月取得CNAS的认可资格，配备了印刷适性试验仪、耐折度仪、HAAKE锥板粘度计、TACK粘性测试仪、Atlas老化试验仪等国际一流先进仪器，检测范围主要包括安全防伪纸（证券、证件用纸）检测、印钞油墨检测和印品物化耐性检测。除了在管理上严格遵循CNAS-CL01认可准则的要求之外，特别注重对检测人员技术能力方面的培养，组织开展各种技术交流活动。借助国家实验室认可提供的组织平台，积极参加纸张白度、不透明度等参数的能力验证，定期开展体系内部审核和管理评审，针对发现的问题，从根源上寻找产生问题的原因，杜绝问题的重复出现。通过不断的总结和改进，实验室管理体系的运行效率有了明显提高。

上海造币有限公司理化实验室2006年11月获得国家认可委的实验室资格认定，实验室建筑面积800平方米，拥有波谱型X荧光光谱仪、全谱直读ICP等离子发射光谱仪等先进的检测设备，在造币原料、造币成品、金银纪念币、章及金银合金等原材料及品质方面的检测工作有着丰富的经验。2012年度，实验室参加CNAS组织的测量审核、能力验证1次，涉及金属洛氏硬度检测的1个项目，结果满意；开展实验室间比对4次，覆盖贵金属和金属制品的化学分析检测领域申请的4种检测方法，结果全部满意；参加中实国金国际实验室能力验证研究中心组织的测量审核，内容为 GB/T 230.1—2004《金属洛氏硬度试验　第 1 部分：试验方法 A、B、C、D、E、F、G、H、K、N、T 标尺》HRC 项目的检测，结果满意；与长城金银精炼厂分析测试中心进行实验室间火试金分析方法、纯金发射光谱分析方法、纯银发射光谱分析方法，银盐水法比对。

沈阳造币技术研究所金银制品检验中心 1997 年 12 月取得 CNAS 的认可资格，配备了 ICP 发射光谱仪，ICP-MS 等大型分析设备，主要承担金银及其制品的监督检验工作，承检范围包括五个产品种类，即：金锭、银、合质金锭、金银首饰和铂金首饰。在对黄金精炼企业的监督抽检、金银样品检验、数据比对、分析方法研究等方面开展了多项工作，成绩显著。2012 年完成金样品对外检测业务 465 件，银样品对外检测业务 170 件。受上海黄金交易所委托，开展了对国内部分商业银行进口金锭的质量检验工作，对 25 家可提供标准金锭企业和 22 家可提供标准银锭精炼企业的产品及检测报告开展了质量监督工作。

银行卡检测中心经中国人民银行总行批准成立于 1998 年 4 月，作为一个独立的第三方专业技术检测机构，其主要职责是按照国际、国家和金融行业有关技术质量标准，根据中国人民银行的授权承担我国银行卡及其受理终端机具等产品的检测，为我国银行卡“联网通用”和“交易安全”提供专业技术检测服务，积极推动我国银行卡产业健康有序快速发展。并获得了中国人民银行银行卡及终端机具产品专业检测机构、中国银联银行卡及终端机具产品专业检测机构、国家质检总局金融税控收款机专业检测机构、银行卡国际组织 EMV 检测实验室、中国石化石油行业加油 IC 卡、PSAM 卡和卡机联动加油机专业检测机构、中国电信业 USIM 卡、SIM 卡和 PIM 卡专业检测机构等多项资质，在金融 IC 卡应用、芯片安全、系统安全性检测等方面开展了多项工作，取得了良好成效。

国家认可试验室的建立促进了资源优化，有利于提高管理水平和技术水平。在新的历史时期，中国印钞造币总公司将继续以“高起点、高质量、高效率、出精品”为目标，以公正的行为、科学的手段、准确的结果，更好地为企业和社会服务，为企业发展提供技术支持。

**中国印钞造币总公司　供稿**

宁波永发集团有限公司

## 为财产保驾　为经济护航

宁波永发集团有限公司（以下简称“永发”）始创于 1988 年，总部位于浙江宁波，是目前国内最大的集研发、生产、服务于一体的专业化生产实体安防和金融产品的企业。拥有首批中国名牌、中国驰名商标、行业唯一一家中国保险箱行业标志性品牌的荣誉。

永发下设有 60 多家分公司及办事处，在宁波、南宁、钦州建有 8 大生产基地。在全国 30 多个省、市、自治区铺设了强大的营销网络，为广大消费者提供一站式的便捷服务。产品畅销于美国、德国、英国、法国、澳大利亚等 110 多个国家和地区，先后进入了美国中情局、德意志银行、荷兰 ING 保险公司、皇冠假日、喜来登国际顶级连锁酒店；国内政府、银行、部队、中石油、中国移动等等。

作为一家专注于安防产品的杰出民营企业，20 年来在实践中稳健成长，成为中国改革开放成功推进的标杆性企业。至今已开发出包括防盗保险箱、防火保险柜、枪械柜、金库门、ATM 自动取款机等安防、金融产品在内的 5 大类（防火、防盗、防磁、防盗防火、多功能媒体柜）、9 个系列［酒店保（险）管箱、商务保（管）险箱、文件柜、枪柜、车载保险箱、金库门、ATM 机、投币柜、智能点钞机等］300 多个品种规格的产品，拥有全球最齐全最专业的产品群，以满足社会各阶层的需求。1996 年永发保险柜被评为“宁波市名牌产品”，1998 年“永发”商标获得“浙江省著名商标”称号，同年公司又通过 ISO 9001 国际质量体系认证。2000 年 7 月，中国进出口商品检验协会授予永发保险柜“知名出口品牌”称号。2001 年公司获得中国质量检验协会颁发的“质量合格好产品”证书；2002 年被评为“浙江省高新技术企业”，并承担了国家火炬计划项目；2003 年获得国家级“重点高新技术企业”证书，成为目前国内保险柜行业唯一一家国家级高新技术企业。2003年，永发防火柜通过美国UL认证。2004年永发保险柜被评为“中国名牌”。2005年首次通过CCC认证，迄今已有9大单元的产品通过CCC认证。2007年永发又荣膺“中国驰名商标”，蝉联“中国名牌”。2008年6月永发荣获中国保险柜行业标志性品牌。

永发拥有省级研发中心，是国家高新技术企业。拥有技术专利近200项，参与了《防盗保险箱》行业标准修改与制定；多项产品获得了欧洲CE、SP等国际上质量权威检测机构认证；是行业首家通过美国UL质量检验检测和ISO 14001环保体系认证的企业。永发自主研发出C级保险箱、防盗防火保险柜、国际主流的防磁保险柜等一系列高端产品填补了国内科研的空白，其智能枪械柜还服务于奥运射击场馆和60周年国庆阅兵仪式，成为从“中国制造”走向“中国智造”的优秀代表，在国际舞台上赢得了广泛的知名度和影响力。在保持高速增长的同时，永发集团也致力于社会公益事件，截至2009年底，永发集团已为社会福利、教育事业等累计捐赠超过800万元。

从1988年到今天，永发用20余年的时间缔造出中国保险箱行业的引领者，造就了一张遍及中国大江南北的优质服务网络；未来20年，永发将继续保持保险箱行业的龙头地位，并力争成为世界保险箱行业的领航者和世界金融设备制造业的知名供应商，坚持走创新、和谐之道，不断地为社会创造更大的价值。

**宁波永发集团有限公司 供稿**

中国人民银行清算总中心

## 软件过程改进感想

2013年开发中心继续按计划推进过程改进工作，开始实施CMMIL5的过程改进，并在2013年7月顺利通过SEI CMMIL5认证。

在CMMIL5级项目实施过程中，整个组织特别关注软件过程改进的持续性，防止缺陷及问题的发生。在开发过程中采用统计的技术，用定量的数据及图表监控需求、设计、实现、测试各个环节。对编码、单元测试、代码评审进行子过程统计，对异常点的数据，结合鱼骨图技术、因果矩阵、过程能力指数等使用“原因分析与解决方案”进行过程分析。根据问题的原因对缺陷做分类，发现并排除根本原因。

通过CMMIL5的认证过程，参与人员对项目管理知识有了一定的掌握，在项目实施过程中使用了过程能力指数监督项目过程能力，并且对发现的过程能力问题进行了根本原因分析，有效提升了项目绩效；引进自动化产品集成工具，并在项目中广泛部署使用，提升了产品集成效率和质量；大多数项目对产品进行了同行评审、单元测试、集成测试、系统测试以及业务测试，确保了上线产品的质量；项目使用了统一的配置管理工具，有效管理了配置项；PPQA人员制定并执行了项目级质量计划，报告和跟踪了不符合问题直至关闭。同时组织使用了过程性能基线、过程性能模型和基于蒙特卡洛模拟的预测模型，从而对项目中出现的偏差及时预警采取及时的纠正行动；EPG使用“原因分析与解决方案”进行战略研究，实现可持续的、可操作的改进和发扬优点，项目使用“原因分析与解决方案”来及时的解决难题。高层经理很好地支持了标准过程的改进，参与了多种评审以确保标准过程的有效使用。EPG通过会议和建立DMAIC改进项目的方式，不断优化标准过程，有效提升了过程能力和产品质量

目前组织根据软件过程改进的效果，从成功的软件过程实践中吸取经验，加以总结。把最好的创新成绩迅速向全组织转移；对失败的案例，由软件过程小组进行分析以找出原因，能找出过程的不足并预先改进，把失败的教训告知全体组织以防止重复以前的错误。从而实现不断地系统地改进软件过程。

**中国人民银行清算总中心支付系统开发中心 供稿**

# 上海出入境检验检疫协会

Shanghai Entry–Exit Inspection and Quaratine Association

上海出入境检验检疫协会成立于2001年，是经上海市社团管理局批准的，实行行业管理的非营利性社会团体，具有法人资格，业务上接受上海出入境检验检疫局的指导。

上海出入境检验检疫协会会员单位涉及外贸、物流、生产企业、检验鉴定、检验检疫代理报检等多个行业，秘书处作为协会常设机构，下设办公室、会员事务部。

作为会员单位与上海口岸检验检疫机构交流和沟通的平台，协会为会员单位提供检验检疫政策宣传、检验检疫政策咨询、会员单位交流等服务；组织开展报检员、检验鉴定从业人员、原产地证申领、食品从业人员等技术培训；协会承办上海出入境检验检疫局委托的自理报检单位注册登记、报检员受理登记、代理报检单位注册登记、进境动植物检疫审批受理等一系列非执法性工作。

2009年起，协会积极推动行业自律和会员单位诚信建设，在上海出入境检验检疫局认证处的指导下，率先在检验鉴定会员单位中开展了以《上海进出口商品检验鉴定从业人员违反行业道德、纪律通报制度的公约》为中心的行业自律工作，规范第三方检验鉴定市场，减轻进出口企业负担，将上海检验鉴定从业人员队伍由企业各自监管，上升到行业共管的一个新台阶，有效抵制检验鉴定市场中从业人员索要或接受商业贿赂行为。2011年9月作为国家质量监督检验检疫总局2011年全国“质量月”系列活动之一，协会协助举办了“上海地区进出口商品检验鉴定机构质量诚信承诺签署仪式”，弘扬“遵纪守法，依法经营；诚实守信，杜绝虚假；公正独立，保证质量；建章立制，规范执业；接受监督，树立诚信”的进出口商品检验鉴定诚信意识。

协会积极鼓励会员单位以质量为本，创建企业诚信文化，经过多年努力，协会先后有近80多家会员单位获得“中国质量诚信企业”称号。

协会以“沟通、交流、服务、创新”为理念，依法办会、公开办会，不断提高为会员单位、为政府机关、为社会服务水平。在上海市筹备世博会期间，协会应上海世博会运营有限公司的邀请，参与了上海世博会物流类服务供应商标准起草和评审工作；协会被上海市口岸服务办公室聘为上海口岸巡访评议团成员单位之一，参与上海口岸同创共建“文明口岸”活动的巡访评议。自2009年起，协会连续被评为全国检验检疫协会先进单位，获得上海市市级机关文明单位称号。

联系地址：上海市斜土路2669号英雄大厦1604室　　邮编：200030

联系电话：021-64878634　传真：021-64398191　　网站：www.siqa.org

# 中国商业联合会珠宝首饰质量监督检验中心

中国商业联合会珠宝首饰质量监督检测中心（北京中商宏业珠宝鉴定服务中心）是中国商业联合会(原商业部)批准的珠宝玉石首饰质量监督检测单位。本中心珠宝检测实验室是通过《北京市质量技术监督局》计量认证，同时通过《中国合格评定国家实验室认可委员会》国家实验室认可的第三方检测机构。

本实验室有多名从事本领域专业技术工作数十年的资深教授专家。实验室珠宝检测人员均毕业于国内珠宝专业院校，且均具有珠宝鉴定师资格。本实验室有国家注册珠宝玉石质检师（CGC）三名、国际钻石分级师(DGA)及多名中国宝玉石协会珠宝鉴定师(GAC）等专业技术人员。本实验室有先进完备的珠宝玉石检测仪器设备，严格按照国家颁布的珠宝玉石检测标准开展对珠宝玉石的检测工作。本实验室工作范围包括对各类宝石、玉石、合成宝石、人造宝石饰品的检测及对各类宝玉石原石的检测。

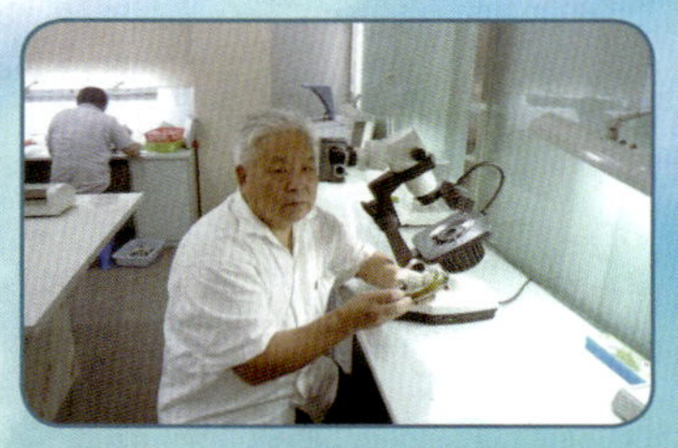

北京中商宏业珠宝鉴定服务中心经中国商业联合会珠宝首饰质量监督检验中心授权，热诚为国内珠宝企业和广大的消费者提供珠宝玉石首饰的检测鉴定和咨询服务，并可出具合格的鉴定证书和检测报告。

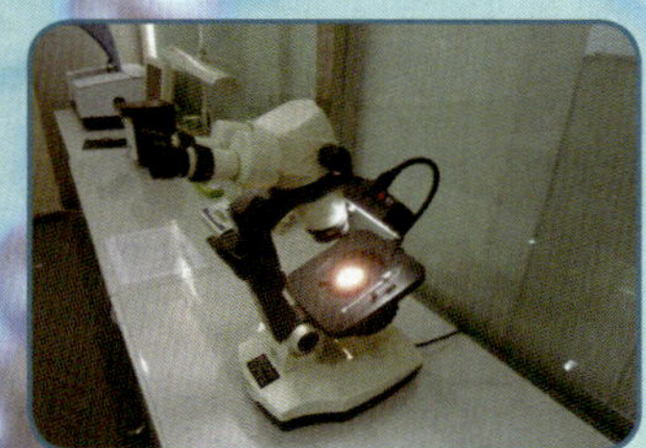

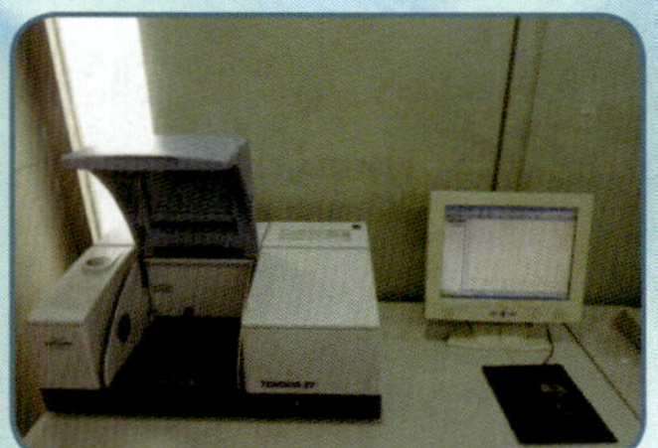

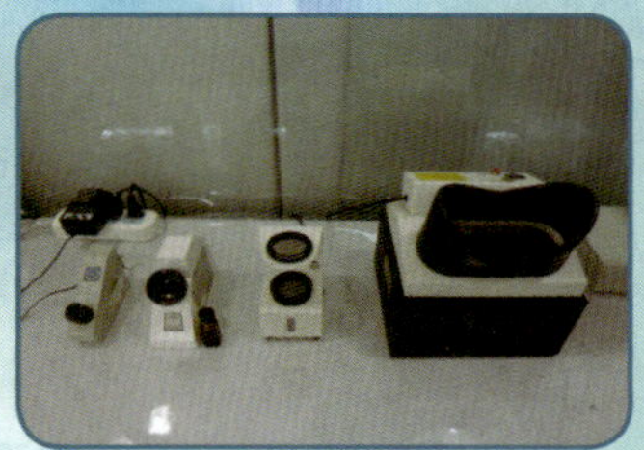

检测中心地址：北京市西城区新街口北大街57号，万特珠宝城六层635室。
电话：010-66157579　010-82200700　网址：www.cgjc.org.cn

# 国家建筑卫生陶瓷质量监督检验中心

国家建筑卫生陶瓷质量监督检验中心是通过国家实验室认可、国家级计量认证，并由国家质量监督检验疫总局授权的唯一一家专业从事建筑陶瓷、卫生陶瓷和卫生洁具配件检验的国家级实验室。1985年至，本实验室一直承担着全国建筑卫生陶瓷行业的国家质量监督抽查任务以及新产品鉴定、产品质量认证、品质量仲裁和各类委托检验业务；同时还负责本行业有关技术标准的制、修订和标准以及检测技术的宣实施、培训工作。

本实验室现有专职人员30名，其中教授级高工3名，高级工程师7名，工程师6名，助理工程师5名，研生3名。技术人员占中心总人数的80％。

本实验室自组建以来，共承担过26次国家监督抽查、12次全国统检、22次全国行检，已为社会出具检报告50000多份；同时承担了80项国家标准和行业标准项目，其中GB6952-2005《卫生陶瓷》荣获中国准创新贡献二等奖GB/T4100-2006《陶瓷砖》荣获中国标准创新贡献三等奖；承担了国家科技支撑计划陶瓷砖绿色制造关键技术与装备”中《薄型陶瓷砖标准制订及检测设备开发》子项目，参加了国家科技撑计划“建筑材料绿色制造与共性技术研究”课题。

本中心专业领域为建筑陶瓷、卫生陶瓷、卫生洁具及配件，产品覆盖建筑陶瓷类（干压陶瓷砖、挤压瓷砖、陶瓷马赛克、微晶玻璃陶瓷复合砖、陶瓷板、防静电瓷质地板、轻质陶瓷砖、干挂空心陶瓷板、建琉璃制品、烧结瓦等），卫生陶瓷类（坐便器、蹲便器、洗面器、小便器、妇洗器、洗涤槽、盥洗池），生洁具配件类（便器水箱配件、坐便器塑料坐圈和盖、冲洗阀、花洒、软管、排水配件等），水嘴类陶瓷片密封水嘴、机械式水嘴、非接触式水嘴等），浴缸类（玻璃纤维增强塑料浴缸、人造玛瑙及人造理石卫生洁具、搪瓷浴缸等）。

近十年来，本实验室密切跟踪并研究各国标准及相关检测方法，造就了一支颇具技术实力的标准化技人伍。在国内与中国质量认证中心、国建联信认证中心、方圆标志认证中心、新华节水认证中心和中国认证检验中心建立了稳定的合作关系，承担着相关产品的节水认证和瓷质砖CCC认证检验，在国外与国IAPMO、加拿大CSA、意大利IG、澳大利亚SAI也建立了稳固的协作关系，承担着相关产品出口美国C/CUPC认证、加拿大CSA认证、欧洲CE认证和澳大利亚AS认证的认证检验。

陶瓷砖吸水率试验

座便器冲洗功能试验

机构名称：国家建筑卫生陶瓷质量监督检验中心
地址：中国 陕西省咸阳市渭阳西路35号
联系人：苑克兴
邮编：712000
电话：0910-33575728
0910-38136392
传真：0910-33575203
http://www.ceramictest.com

# 天津国际旅行卫生保健中心

天津国际旅行卫生保健中心是隶属于天津出入境检验检疫局的独立法人事业单位，以维护口岸卫生安全和“严把国门，热情服务”为最高职责，以健康体检网络信息化管理和自动化检验诊断仪器设备为平台，开展健康体检、预防保健、健康咨询和口岸传染病检测。

天津保健中心设内外、眼耳鼻喉、妇科以及心电图、B超、数字化X光影像等门类齐全的临床检查科室以及免疫、生化、微生物和HIV初筛等实验室。配备有功能先进、配套齐全的临床诊断设备和实验室常规检测设备，拥有全自动荧光定量PCR系统、核酸分离纯化系统、细菌鉴定仪和电化学发光分析仪等科研设备。

中心具有完善的管理系统，获得ISO9001：2008质量管理体系认证和ISO/IEC17025:2005实验室认可。为中国国际旅行卫生保健协会（ITHA）、国际旅行者救助协会（IAMAT）和挪威船级社定点体检机构。

中心在开展对出入境人员健康体检的同时，注重科研队伍建设，扎实推进实验室建设，积极筹建国家级重点实验室，形成了与科研发展相适应的技术队伍，检测实力不断增强。

近几年，与中国检验检疫科学研究院、南开大学和天津市疾病预防控制中心等科研院所合作，积极开展传染病快速检测关键技术研究、应用等分子生物学方面的科研，主持、参与省部级科研项目和行业标准的制修订，科研工作取得了快速增长。

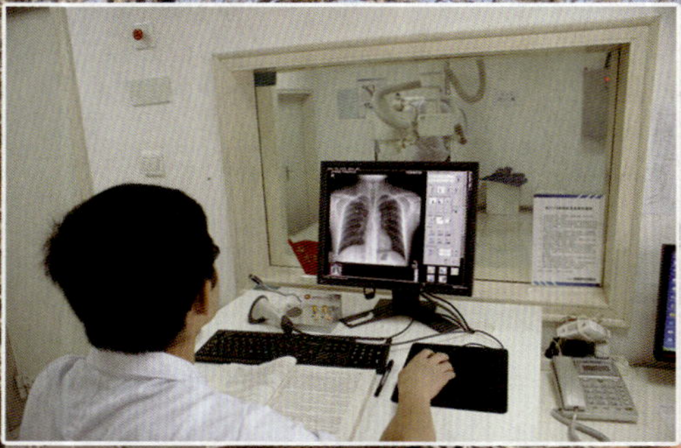

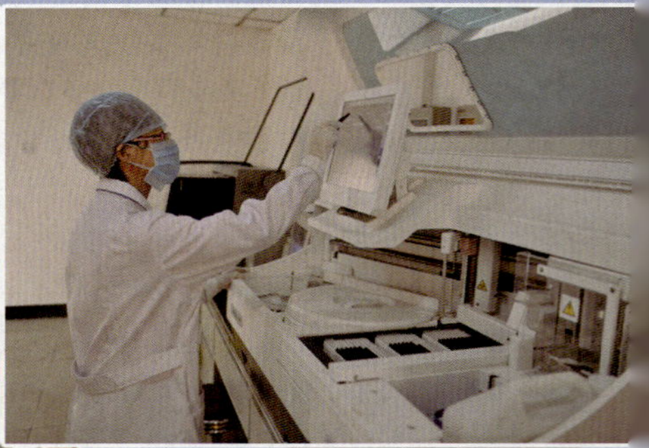

天津国际旅行卫生保健中心　海港门诊部：天津塘沽区新港六米　邮编：300456

电话：022-66706315　022-66706317

天津国际旅行卫生保健中心　空港门诊部：天津河西区浦口道六号　邮编：300042

电话：022-83326942　022-83326936

# 中国科学院微生物研究所生物安全三级实验室

中国科学院微生物研究所生物安全三级实验室是中国科学院在北京地区唯一的生物安全三级实验室。该实验室总面积为736.55平米，有3个BSL-3实验室和2个ABSL-3实验室。2012年4月20日获得中国合格评定国家认可委员会的认可证书（CNAS BL0034）；2012年11月2日获得卫生部高致病性病原微生物实验室资格证书（卫ABSL3-022）；2012年12月12日获得北京市卫生局从事高致病性病原微生物实验活动许可（京卫科教字[2012]24号）。实验室装备有生物安全柜、小动物负压隔离笼、生物安全型高速、超速离心机、可自动灭菌型CO2培养箱、荧光显微镜、核酸提取仪、酶标仪、超低温冰箱等实验仪器设备。可在细胞和小动物水平上安全操作包括经气溶胶传播的、危害等级为三级的病原微生物，从事病原体的分离纯化、检测分析和体内、体外感染的实验研究。作为中国科学院在北京地区的共享研究平台，该实验室将为中科院京区各研究单位和协作单位实施国家重大传染病研究计划提供研究设施和技术服务，同时也为应对重大传染病突发事件的国家需求作好应急准备。

BSL-3 facility of the Institute of Microbiology, Chinese Academy of Sciences (CAS) is the only BSL-3 facility of CAS in Beijing. With a total area of 736.55 square meters, it has 3 BSL-3 and 2 ABSL-3 laboratories. The facility has been conferred the accreditation certificate by China National Accreditation Service for Conformity Assessment (CNAS) in 20th April 2012, the highly pathogenic microorganisms laboratory approval by Ministry of Health in 2nd Nov. 2012 and the permission of engaging highly pathogenic microorganisms research activities by Beijing Municipal Health Bureau in 12th Dec. 2012. It was well equipped with biosafty cabinet, small animal IVC isocage, biosafe-type high-speed and ultra-speed centrifuge, auto-sterilization CO2 incubator, fluorescence microscope, nucleic acid extraction system, microplate reader, ultra deep freezer and so on. It can provide the biosafty and biosecurity when manipulating risk group 3 pathogens, like isolation, purification, detection and characterization of the pathogens, and in vitro or in vivo infection studies. It will soon start running as a shared scientific research platform to support scientists in CAS and collaborative institutions with research facilities and technical services for them to implement the major projects in severe infectious diseases research area, and will also be prepared for the national needs in responding to public health emergencies.

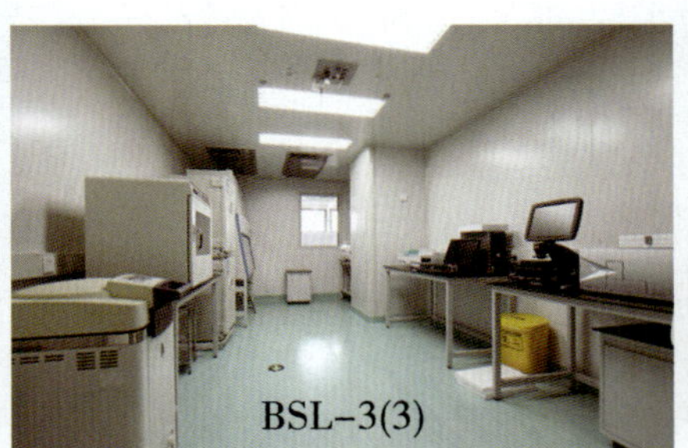


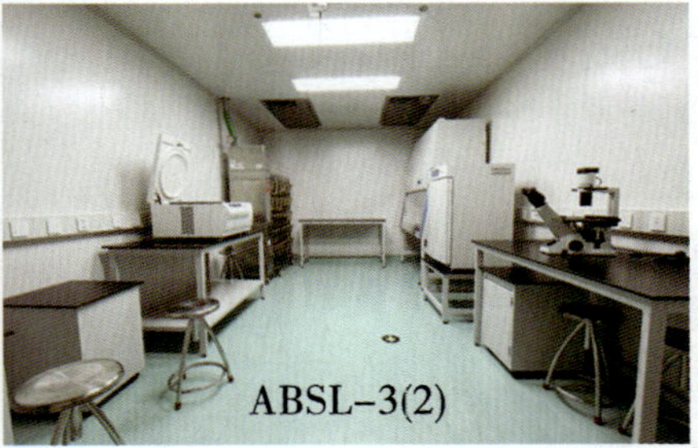


中国合格评定国家认可委员会
实验室认可证书

China National Accreditation Service for Conformity Assessment
LABORATORY ACCREDITATION CERTIFICATE

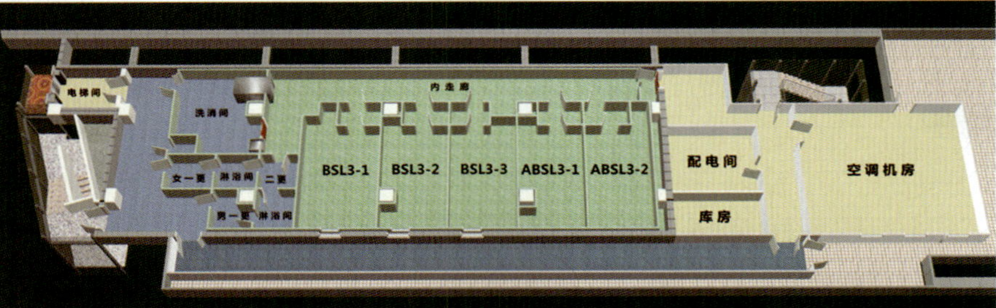


生物安全三级实验室平面布局The plane layout of BSL-3 labs

高致病性病原微生物实验室
资格证书

北京市卫生局文件

北京市卫生局关于批准中科院微生物所动物生物安全三级实验室从事高致病性病原微生物实验活动的批复

地址：北京市朝阳区北辰西路1号院3号
邮编：100101
电话：010-64806013
传真：010-64806247
网址：http://www.im.cas.cn/

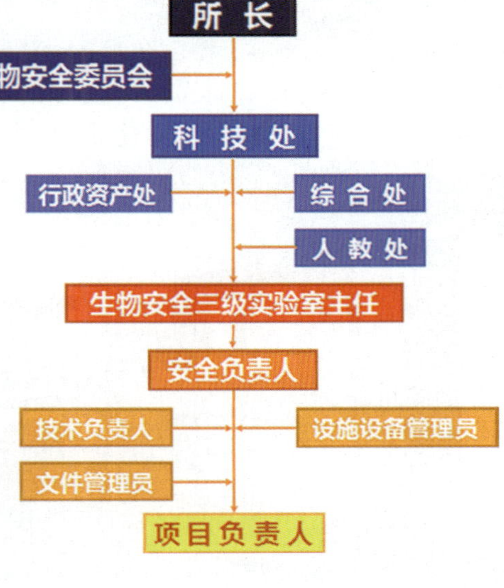


组织机构图
Organization chart

# 江苏省人民医院

江苏省人民医院亦名南京医科大学第一附属医院，其检验学部包括临床检验中心、医学检验系和研发中心三个部门。学部现有实验场地2000平方米，仪器设备价值近5000万元，年检测标本数达240万份，2012年总产值为1.7亿。学部共有正式工作人员92人，其中正高级职称9人，副高级职称25人。学科带头人和骨干在国内具有较高的学术影响力。

检验学部民主管理小组

检验学部现为首批国家临床检验重点专科建设单位、江苏省实验诊断学重点实验室、江苏省医学检验学实验教学示范中心、中央与地方共建特色优势学科和江苏省抗病毒药物临床试验服务中心。近五年，主持国家自然科学基金7项、科技部“十二五”重大专项子课题2项、省级课题10余项，发表SCI论文30余篇，获国家授权发明专利2项，申请国家发明专利5项。医学检验系为临床检验诊断学硕士和博士学位授予点，承担检验专业本、硕、博以及临床专业留学生的教学工作。

检验学部主任潘世扬教授

临床检验中心现有临床基础检验、临床血液学、临床生物化学、临床免疫学、临床微生物学和分子生物学等共8个专业组，开展检验项目400余项。主要创新技术有：①自建的双重荧光定量PCR血浆DNA定量检测技术，用于肿瘤、感染和创伤等临床重大疾病的诊疗；②本学科带头人潘世扬教授研究发现了非小细胞肺癌靶标SP70，基于SP70的免疫学检测技术为肺癌的诊断和治疗提供新的可能；③自建的RASSF1A　和APC抑癌基因甲基化DNA定量检测技术，可用于肿瘤早期诊断和肿瘤患者化疗过程中的疗效监测，为临床个体化治疗提供可靠的实验室诊断指标。

检验学部整洁的实验场所
图示为生化专业组

检验学部现拥有包括全自动生化分析仪、化学发光免疫分析仪、荧光定量PCR仪在内的多种临床检测常用设备，近年还引进了包括Roche超敏PCR仪和Luminex液态芯片仪在内的一批先进的仪器设备。

检验学部坚持“以人为本，优质高效”的质量方针，全面提升检验质量和服务质量，于2012年底高水平通过ISO　15189医学实验室质量和能力的认可，申请的126项检验项目均通过现场评审，覆盖临床检验所有亚专业。

检验学部先进的仪器设备
图示为Luminex液态芯片仪

通过此次实验室认可，本学部建立了完善的质量管理体系，学部的质量管理达到程序化、规范化和制度化。通过持续的员工培训考核和质量监督等多种举措，全面提高了各级工作人员的质量意识，形成了以文件为基础的规范化运行机制。同时，实验室认可工作还加强了与临床各科室的沟通和联系，使临床医生进一步理解和支持检验学部的日常工作，促进了检验学部质量的持续改进。

# 湖北省中医院 湖北中医药大学附属医院 检验科

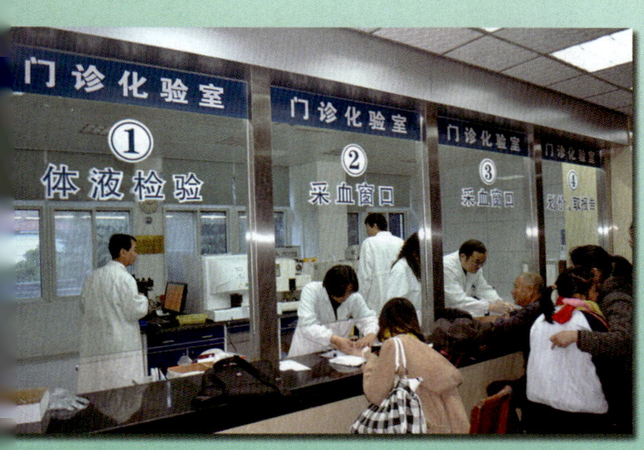


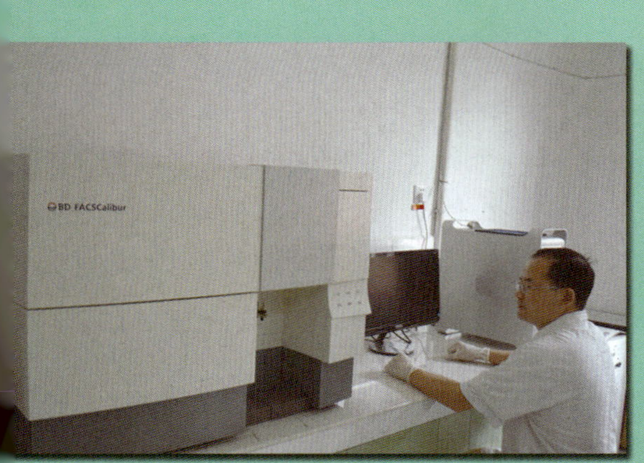

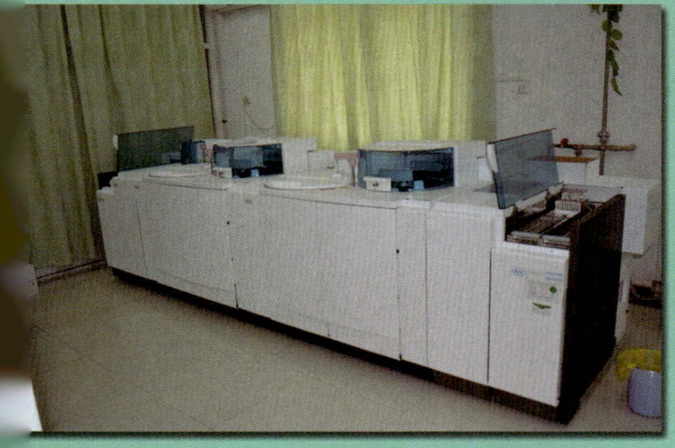

湖北省中医院始建于1868年(清同治七年)，前身是美国传教士开办的圣约瑟教会医院。经过140余年建设与发展，成为学科齐全、技术力量雄厚、诊疗设备先进、中医特色突出的集医疗、教学、科研为一体的大型综合性教学医院。1994年被国家中医药管理局命名为首批全国示范中医院、三级甲等中医院，2008年，经国家发展和改革委员会、国家中医药管理局确定为国家中医临床研究基地建设单位。医院主持或参加了国家“六五”至“十二五”重大科技攻关项目、“973”及国家自然科学基金项目等部省级科研课题400余项。

湖北省中医院检验科始建于1951年，经过几代人的努力，现已发展成为拥有临床血液学、临床体液学、临床生化、临床免疫学、临床微生物学、临床分子生物学和临床细胞学等亚学科综合性医学实验室。其中 “临床基因扩增检验实验室”和“HIV初筛实验室”为湖北省卫生厅质量考核验收合格实验室。科室拥有罗氏生化及电化学发光分析仪，贝克曼血液分析仪、希森美康尿液工作站、ABI ViiX Dx PCR仪、BD流式细胞仪等国际品牌的检测设备，开展检验项目465项，及时为临床提供准确诊断。

检验科现有工作人员39人，其中高级职称14人、中级职称15人，占70.7%；博士研究生1人、硕士研究生7人、本科25人，占80.5%；硕士生导师2人、兼职教师14人，占39%，是一支组织机构健全、人才结构合理的高素质团队。近年来检验科参与国家级和省级科研课题11项，发表SCI论文5篇、国家级核心期刊论文31篇，获得国家技术发明专利4项，国内领先的科研成果5项。

检验科以“诚信、精准、创新、满意”为质量方针，以服务临床、服务患者为宗旨，以检验质量为根本，注重实验室规范化管理。每年参加国家卫生部临检中心和湖北省临检中心组织的室间质评共298项次，历年均取得优秀成绩，连续多年获得“湖北省临床检验中心质量控制先进单位”。2009年以来检验科以ISO15189国际标准建立了规范化质量管理体系，并严格按照该体系运行，其管理能力处于湖北省一流水平，2013年7月23日获得中国合格评定国家认可委员会正式颁发的ISO15189认可证书（NO. CNAS MT0134）。

湖北省中医院检验科顺利通过ISO15189认可总结大会
2013年8月7日

# 第三军医大学西南医院检验科

西南医院
SOUTHWEST HOSPITAL

第三军医大学西南医院检验科是集医、教、研于一体的临床实验诊断科室，现为临床检验诊断学博士授予学科、中国人民解放军检验医学专科中心、第三军医大学检验医学中心及基因诊断与治疗中心、卫生部临床检验中心临床基因扩增检验合格实验室、军事检验医学教研室。科室人才梯队合理，形成了以中青年为骨干的优秀科技干部队伍，主系列人员全部具有博士以上学位，科室现有博士后1名，博士10名，正高专业技术职务者3名，副高专业技术职务者7名，博士生导师2名，硕士生导师5名。

我科现有工作场地2200m²，拥有与国外同步的先进检验仪器，设备总值5000余万元。科室下设临检室、生化室、免疫室、微生物室、生物芯片室、微量元素室、产前分子诊断室等专业组室。开展的检验项目不仅涵盖所有的常规检验，同时将化学发光、时间分辨荧光、DNA测序、生物芯片、流式细胞分析等技术应用于临床检验工作，形成了以肿瘤分子诊断、遗传病产前基因诊断、感染病原微生物分子监控为特色的临床实验诊断新技术。

科室以生物传感器芯片研发和分子诊断技术研究为主要科研方向，先后承担科技部“九五”实验仪器攻关课题1项、国家863课题4项、国家传染病重大专项分题2项、国家国际合作项目1项、国家自然科学基金22项、重庆市科研基金11项以及军队“九五”“十五”“十一五”“十二五”科研基金20余项，总研究经费3000余万元。获得“十一五”军队医学科技重大成果奖1项、中华预防医学会科学技术奖一等奖1项、军队科技进步一等奖2项、重庆市科学技术发明一等奖1项、国家科技进步二等奖1项、军队科技进步二等奖4项、军队医疗成果二等奖1项、中华医学科技二等奖1项、军队科技进步及医疗成果三等奖4项、军队教学成果三等奖1项、第三军医大学教学成果三等奖1项。从“十五”以来共发表论文400余篇，其中在国外SCI杂志发表论文36篇。主编专著7部，参编专著36部，主编及参编国家级统编教材6部。

为全面提高临床检验质量和服务水平，检验科以ISO 15189质量管理体系为平台，将“顾客至上、客观公正、精准高效、持续改进”作为科室质量方针，制定了科学、全面的质量目标。科室将室内质控管理、TAT管理、危急值管理作为三大管理重点，注重人员自身素质的培养与提高，将“尽一切努力为临床做好服务工作”的理念贯彻到每一名工作人员的思想和行动中，坚持与临床沟通，通过不断持续改进来提高检验的工作质量，使客户得到满意的服务。

联系人：府伟灵　　电话：023-68754449
科室地址：重庆市沙坪坝区高滩岩正街29号

# 第三军医大学新桥医院检验科

检验科是集全院实验诊断、临床教学、检验科研为一体的公共技术平台，除开展临床常规检测外，检验科还负责全院所有检验项目的技术指导和质量监控。随着新技术新业务的开展、硬件设备的不断完善、人员结构的调整，技术水平和服务能力有显著提高。全科现有工作人员70余人，其中博士5人，硕士10人，高级职称人员5人，中级职称人员15人。

目前科室拥有大型全自动生化流水线、大型全自动化学发光仪16台、大型全自动血细胞分析仪9台、全自动血液凝固分析仪5台、全自动血细菌培养仪、全自动细菌生化鉴定仪、细菌药敏分析仪、全自动尿化学分析仪、全自动沉渣分析仪、全自动酶免分析仪、特种蛋白分析仪、毛细管电泳仪、荧光定量PCR分析仪、核酸扩增仪、精子质量图文分析系统、气相色谱仪、高效液相分析仪、测序仪、流式细胞仪等一大批高精密度的检测设备，价值4000余万元，检验科的实验场所达4000余平米。开展检测项目400余项，充分满足了临床和患者的需要，95%的项目当日出报告，在历年的卫生部、重庆市的检验项目室间质量考评中成绩优异。

在我院门诊大楼的一楼设有急诊检验，三楼和五楼均设有门诊检验和抽血窗口，六楼为检验大本营设有：临床生化、微生物检验、免疫学检验、分子生物学检验。LIS系统为病人提供自助取单、实时报告检验结果、手机接收检验结果等服务，也为工作人员提供TAT警告、危急值报告提示等内容。

科室以“医学现场快速检验的理论与关键技术研究”和“临床重大疾病的实验室早期诊断基础研究”为科研方向。全科获得国家自然科学基金2项，省部级及校管课题20余项，获得军队科技进步二等奖2项、军队科技进步三等奖3项，第三军医大学“教学成果”三等奖2项。发表论文300余篇，其中SCI论文20余篇，教学论文20余篇，获得专利5项，出版专著8部，参编专著10余部，获得教学课题6项。

科室以ISO 15189质量管理体系为平台，重视全员素质的提高，将团队的人员培训、服务和室内质量管理作为持续改进的重点，将“服务热情、报告及时、结果准确”作为科室的质量方针。

联系人：蒲晓允　　电话：023-68755637

地址：重庆市沙坪坝区新桥正街183号

中国合格评定国家认可委员会
实验室认可证书
（注册号：CNAS MT0136）
第三军医大学新桥医院检验科

China National Accreditation Service for Conformity Assessment
LABORATORY ACCREDITATION CERTIFICATE
(Registration No. CNAS MT0136)

实验室认可证书

医院全景

医学实验室

科室全家福

# 福建省立医院检验科

ilac-MRA CNAS

中国合格评定国家认可委员会
实验室认可证书
（注册号：CNAS MT0132）

兹证明：

福建省立医院检验科
福建省福州市东街134号，350001

符合ISO 15189：2007《医学实验室-质量和能力专用要求》（CNAS-CL02《医学实验室质量和能力认可准则》）的要求，具备承担本证书附件所列检测服务的能力，予以认可。

获认可的能力范围见标有相同认可注册号的证书附件，证书附件是本证书组成部分。

签发日期：2013-07-08
有效期至：2016-07-07
初次认可：2013-07-08
更新日期：2013-07-08

中国合格评定国家认可委员会授权人

ilac-MRA CNAS

China National Accreditation Service for Conformity Assessment

LABORATORY ACCREDITATION CERTIFICATE

(Registration No. CNAS MT0132 )

Department of Clinical Laboratory of
Fujian Provincial Hospital
No.134, Dongjie, Fuzhou, Fujian, China

is accredited to ISO 15189:2007 Medical Laboratories-Particular Requirements for Quality and Competence (CNAS-CL02 Accreditation Criteria for the Quality and Competence of Medical Laboratories) for the competence of testing.

The scope of accreditation is detailed in the attached appendices bearing the same registration number as above. The appendices form an integral part of this certificate.

Date of Issue: 2013-07-08
Date of Expiry: 2016-07-07
Date of Initial Accreditation: 2013-07-08
Date of Update: 2013-07-08

Signed on behalf of China National Accreditation Service for Conformity Assessment

福建省立医院隶属于福建省卫生厅，是目前福建省最大的三级甲等综合性医院。检验科始创于1947年，经过60多年的不断建设，如今已发展成为拥有雄厚技术力量与先进仪器设备，集医疗、教学、科研为一体的临床实验诊断科室。科室致力于检验质量管理水平的全面提升，经过近两年的认真准备，于2013年7月8日获得中国合格评定国家认可委员会颁发的ISO15189认可证书（NO.CNAS MT0132）。

检验科组织机构健全、布局合理，下设病房检验科、抽血室、门诊化验室、临床血液室、急诊化验室、微生物室、PCR室、遗传室、输血检验室等多个实验室，占地2117平方米。目前科室拥有各类大型先进检验设备40余台，开展的检验项目达400余项，范围覆盖了临床基础检验、临床生化检验、临床免疫检验、临床微生物检验、血液学检验、分子生物学检验、细胞遗传学检验、输血检验等领域。

检验科历来重视员工素质的培养与提高，已建立一支人才梯度分明、结构合理的高素质团队。科室现有工作人员 64名,其中正高职称2名，副高职称11名，中级职称29名；博士3名，硕士6名，本科22名；硕士生导师3名。作为福建医科大学临床检验诊断学专业硕士培养点，科室重视以科研带动学科的全面发展，近年来在各级学术期刊发表论文近100篇，其中SCI和CSCD核心期刊收录20余篇；先后承担卫生部医学科研专项课题、福建省自然科学基金项目、卫生厅科研基金课题、卫生厅创新课题、卫生厅青年科研基金等多项研究课题。

秉承“准确及时，服务至上”的质量方针，检验科以为临床、患者提供高效优质的检验服务为己任，注重检验质量的全程控制与管理，切实保障ISO15189质量管理体系在科室的有效运行，使质量意识深入人心，有力推动了检验质量的持续改进。检验科参加历年来卫生部临床检验中心、福建省临床检验中心组织的室间质评，均取得优异成绩，并连续获得“福建省临床检验质量控制工作先进单位”的荣誉称号。

联系人：伍严安　　　　联系电话：0591-88217897
地址：福建省福州市东街134号

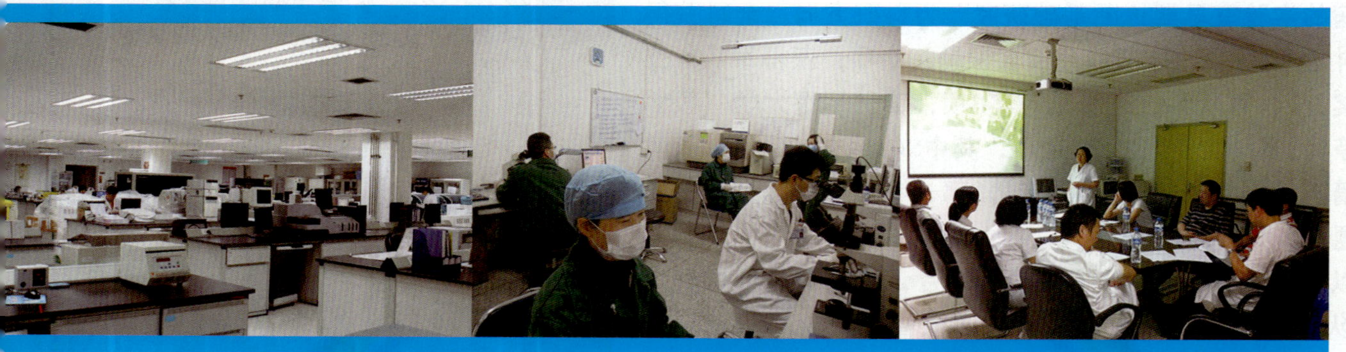

# 长春中医药大学附属医院检验科

Affiliated Hospital of Changchun University of Traditional Chinese Medicine

长春中医药大学附属医院（吉林省中医院）创建于1958年，是吉林省唯一一所集医疗、教学、科研、保健、康复于一体的综合性三级甲等中医医院，2008年被确定为国家中医临床研究基地建设单位，是国家药品临床研究基地、国家中医师资格认证基地、国家中医药国际合作基地，全国中医中风急症医疗中心。曾获得“全国百佳医院”、“全国杏林示范中医院”、“全国卫生系统先进集体”、“全国中医药应急工作先进集体”、省市职工职业道德建设“十佳”单位等多项殊荣。

医院概貌

长春中医药大学附属医院检验科成立于1958年，伴随着长春中医药大学附属医院的迅猛发展，经过检验科几代人的不断的更新与努力，目前的长春中医药大学附属医院检验科已经发展成为具备专业化学科分组与人员梯队、自动化仪器设备、规范化操作与质量管理的集医疗、教学、科研为一体的综合性临床检验诊断实验室。现有检验人员34人，主任1名，副主任1名，主任检验师1人，副主任检验师9人，博士1人，硕士8人，护士6名，本科室肩负着学校各学院的课堂授课及临床带教，常年接受来自省内外各学校的实习学生，具有较高的理论水平和实践技能。近年来，科室按照IS015189《医学实验室质量和能力认可准则》规范实验室的工作，本着“以病人为中心，持续的质量改进”为理念建立质量与技术管理体系，经过两年的不断努力和改善，于2013年3月顺利通过中国合格评定国家认可委员会专家组的现场评审，并且在7月取得证书。为吉林省检验事业贡献出自己的一份力量。

实验室一角

认可证书

现场评审

**长春中医药大学附属医院检验科**

**联系人：孟庆和　朱光泽**

**咨询服务电话：0431-86178393**

**科室地址：长春市工农大路1478号**

# 广州市妇女儿童医疗中心临床检验部

广州市妇女儿童医疗中心由原广州市儿童医院和广州市妇幼保健院（广州市妇婴医院）2006年整合而成，固定资产值3.46亿元。现有开放床位1358张，年门诊量341万人次，住院人次7.17万。中心是集预防、医疗、保健、科研、教学为一体的三级甲等医院，是广东省博士后创新实践基地，美国儿科学会在华南地区的教育基地。于2012年以9.94的高分通过JCI的认证评审。

中心临床检验部由珠江新城院区检验科、儿童院区检验科、妇婴院区检验科和病理科组成，占地面积2850平方米。设有生化、免疫、临检、微生物、血库、病理6个专业组，拥有价值2千多万的先进仪器，开展检测项目445项，日均检测量超过5000人次。实现了三院区检验科的自动化、同质化和网络化管理。为我医疗中心临床科室提供孕产妇、各年龄段儿童和妇女人群的常规和特殊检验，并逐步发展了以儿科疾病、妇科疾病、产科疾病、性病监测、妇儿保健为核心的专科特色技术，能充分满足广大妇女儿童医疗、预防和保健的需求。

临床检验部现有专业技术人员88人，人员结构合理，梯队层次清晰。现有主任医师1人、主任技师5人、副主任技师17人、主管技师24人、检验医师5人、技师及以下36人。其中博士6人，硕士19人，本科及以上者达78%，形成了以高精尖为方向、中青年为主力的人才团队。

临床检验部始终坚持"以质量求生存，以管理促发展"的理念，注重分析前、分析中、分析后的管理，以实现其质量管理体系的有效运行。从组织结构上建立质量管理网络，设立质量负责人、技术负责人和安全负责人，实行专业组责任制。通过实验室内审、管理评审、合同评审和技术评审，不断改进质量管理机制，提高发现问题、解决问题和持续改进的能力，确保检验结果的准确性、及时性和有效性。各专业组参加卫生部及广东省临检中心室间质评成绩优秀；强化管理室内质量控制和三院区检验科之间及院区内检测体系的比对，有效地保证了检验体系的质量和同质化服务。建立了有效的内部沟通机制，促进医-技、医-患及实验室内部的有效沟通，不断提高医疗质量和服务满意度。

经过不断努力，临床检验部发展成为以质量体系管理为核心，集医、教、研为一体，具有一定学术地位的临床实验室。是广州市医学会检验分会副组委单位和中国免疫学会临床免疫分会委员单位，近3年承担国家自然基金及广东省、广州市科研课题20余项；发表有影响的SCI学术论文多篇；有3位研究生导师，培养硕士研究生10名；长期接收省内外院校检验专业实习生及省内外进修生。

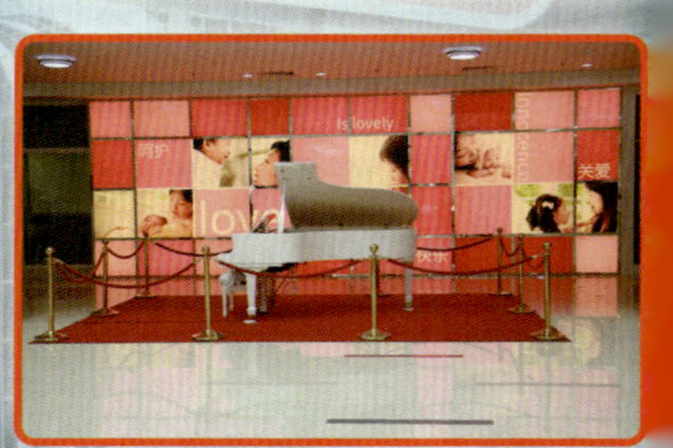

临床检验部始终遵循“及时准确、服务优质、管理科学、持续改进”的质量管理方针，以ISO15189与JCI的标准为指南，不断优化检验流程及服务，持续改进质量管理体系，为广大妇女儿童提供安全、有效、同质、温馨的实验室服务。

# 湖南省肿瘤医院检验科

湖南省肿瘤医院检验科是湖南省卫生厅批准的湖南省检验医学继续教育培训基地,具备专
:化学科分组与高学历人员梯队、自动化仪器设备、规范化质量与生物安全管理、优质检验
务水平与检验科信息系统，是集科研、教学、临床检验为一体的多功能临床实验室。长期
来，科室坚持“客观准确、服务优质、科学管理、持续改进”的质量方针，有效推进了科
工作的顺利开展，在医院临床和科研教学工作中发挥着重要作用。

检验科建筑面积1150平方米，现有工作人员32人，其中高级职称14人、博士1人、硕士
人。专业设置涵盖临床急诊及体液检验、临床血液学检验、临床生化检验、临床免疫学检验、
床微生物学检验、临床分子生物学检验，目前向临床开设各类临床检验项目260余项，为
床疾病的诊断与鉴别诊断、治疗与疗效观察、普查与预后判定提供了客观的数据，为生命
救治赢得了宝贵的时间。

检验科拥有先进和足够的检验仪器设备，如Sysmex XE-5000/ABBOTT CD-Sapphire全自动
液分析仪、SYSMEX CS-2000i/STAGO Evolution全自动血凝分析仪、Beckman SYNCHRON
XC-800全自动生化分析仪、ABBOTT I2000SR全自动免疫分析仪、Sysmex UF 1000i全自动尿沉
分析仪、BD BACTEC9050血培养仪、bioMerieux ATB1525微生物鉴定和药敏分析仪等。足够的
动化仪器设备保障了日常大量医疗检验工作的优质完成及教学科研工作的顺畅开展。

分子生物学实验室作为医院重点建设科室，拥有ABI 3130基因分析仪、Luminex多功能
式点阵仪、WAVE核苷酸片段分析系统、Vii7定量PCR仪、Beckman FC500流式细胞仪、
ellSearch循环肿瘤细胞检测系统等一系列先进的检测设备，建立了以基因测序为基础的基
突变检测技术，是省内第一家开展肿瘤个体化用药基因检测的临床实验室，未来五年拟建
湖南省肿瘤医院“肿瘤个体化用药分子诊断中心”、“肿瘤分子细胞学检测中心”，并最
建成“湖南省肿瘤分子诊断公共平台”，为全省及中南地区提供高质量高水平的分子诊断
务。

检验科依照《医疗机构临床实验室管理办法》、ISO 15189及相关的国家法律法规进行质量
安全管理。多年来，陆续建立质量管理体系，不断完善各项规章制度，持续改进检验工作。检
科不间断地参加了卫生部临检中心的室间质量评价，同时参加湖南省临检中心的实验室间比对
动，连年获得合格证书。科室通过室内质量控制、仪器校准、项目比对、性能验证、网络数据
证、报告审核、教育培训、考试考核等多种措施来保证检验质量。

检验科管理层重视人才梯队培养，建立了完善的人才培养制度和培训计划。近5年来科内
出国内相关技术培训、学术会议、学习班80人次。5年以来省部级科研立项6项，发表统计
/核心期刊论文150篇。通过继续教育和交流，开阔了眼界，更新了观念，优化了管理，有
地推动了学科发展和学术水平的提高。

验科是一个爱岗敬业、团结进取、积极向上、和蔼严谨，具有凝聚力的检验团队，“以病
为中心，持续的质量改进和能力建设”是科室的管理理念，导入ISO15189临床实验室管
体系，将会进一步推进实验室管理水平的提高和全面进步。

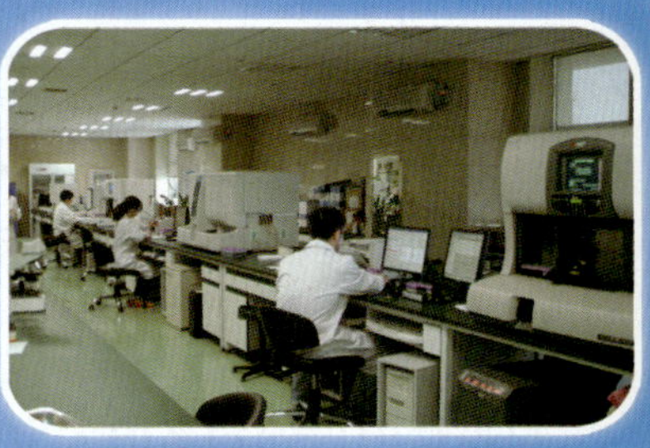

全自动血液分析仪

全自动免疫分析仪

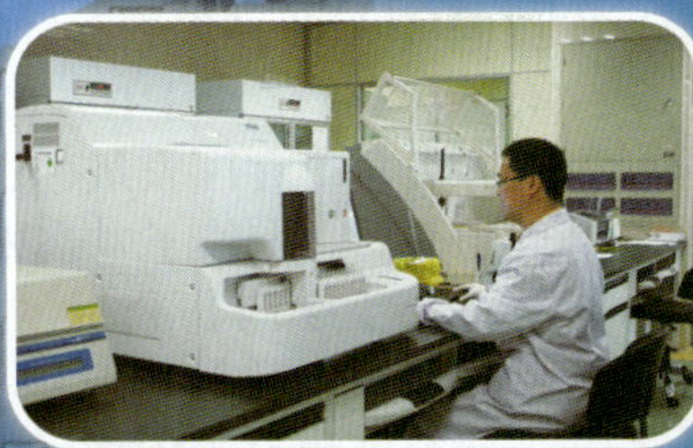

全自动血凝分析仪

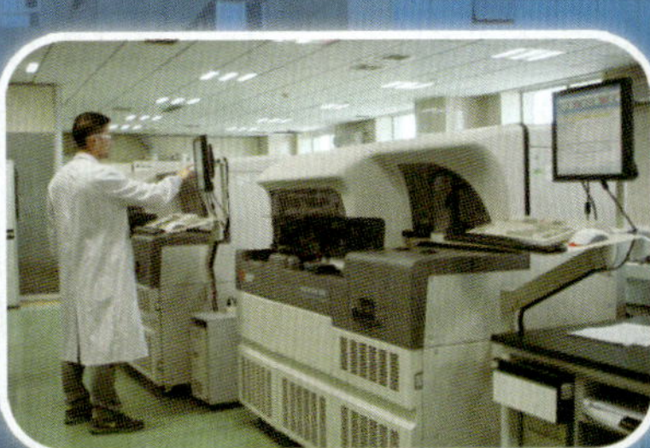

全自动生化分析仪

实验室环境

CKMAN流式细胞仪

ABI 基因分析仪

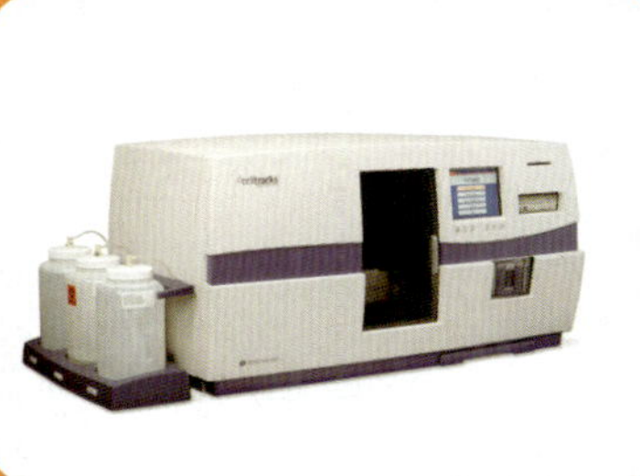

CELLSEARCH循环肿瘤细胞检测系统

科室地址：湖南省长沙市岳麓区咸嘉湖路582号

服务电话：0731-89762688

# 成都中医药大学附属医院

Teaching Hospital of Chengdu University of T.C.M

# 四川省中医医院

Sichuan Province Traditional Chinese Medicine spital

成都中医药大学附属医院/四川省中医医院创建于1957年，是中国最早成立的四所中医药高等院校附属医院之一。经过几代人的奋斗，现已建设成为集医疗、教学、科研、预防、保健、养生康复为一体的三级甲等中医院。是西南地区临床学科门类最齐全、综合服务水平最高的区域中医医疗中心、科教中心和治未病中心。医院占地面积8万余平方米，建筑面积20万余平方米，编制病床2000张，现有临床科室30个，医技科室9个，中医特色病区8个。2008年，医院被国家发改委与国家中医药管理局确定为国家中医临床研究基地建设单位，主要承担糖尿病的研究。

医院检验科经过五十多年的发展，现已发展成为拥有临床基础检验、临床生化检验、临床微生物检验、临床免疫检验、临床分子生物检验的综合性医学实验室。全科共有各类专业技术人员50人，其中四川省有突出贡献的优秀专家、四川省卫生厅学术技术带头人、教授、硕士生导师1人；主任技师5人；副主任技师7人；主管技师11人。是一个组织机构健全，人才结构趋于合理的高素质服务团队。

检验科实验场地2216m²，是一个拥有国际先进检验设备的现代化实验室。实验室始终坚持以“规范、准确、安全、高效”的质量方针为宗旨，以服务于临床、服务于患者为中心，以实验室的质量为根本，规范管理，开展全过程的质量控制，室内质控规范，室间质评成绩优秀。检验科根据自身建设和发展的需要，依据“CNAS-CL02 医学实验室质量和能力认可准则” 建立质量管理体系，于2011年5月发布体系文件并进行有效运行，2013年5月通过中国合格评定认可委员会专家组的现场评审，同年8月取得认可证书。

检验科具有较强的科研、教学能力。近年来，已承担或参加省部级、自然科学基金等各类科研课题10余项。获国家中医局科技进步二等奖一项；四川省政府科技进步二、三等奖各一项；四川省中医局科技进步一、三等奖各一项；四川省卫生厅科技进步二等奖一项。在专业杂志发表学术论文100余篇，参编专著3部。同时承担临床医学院的本科、专科教学任务。

都中医药大学附属医院·四川省中医院

系人：张朝明

系电话：028-87766347

址：四川省成都市十二桥路39号

# 四川华西法医学鉴定中心

四川华西法医学鉴定中心是四川大学法医学国家重点学科的司法鉴定机构。四川大学法医学科源于华西医科大学的法医学科，始建于上世纪50年代，是国家在我国西南地区设立的法医学专业人才培养与科学研究基地和鉴定机构。2010年8月获准中国合格评定国家认可委员会认可并获CNAS实验室认可证书和检查机构认可证书。

**科学研究**

作为法医学国家重点学科，本学科点承担了国家自然科学基金项目，“863”和“973”科技攻关项目，教育部博士点基金，美国纽约中华医学基金等71项科研课题。拥有科研经费1430万。发表学术论文367篇，其中被SCI收录141篇。获国家及省部级科技进步奖14项。10项研究获得了国家授权发明专利。基础研究成果被我国司法机关作为技术标准应用于司法实践，促进了技术进步。

**人才培养**

本学科点在培养博士后、博士生、硕士生、本科生方面力量雄厚。为我国公、检、法、司和高等院校培养了数以千计法医人才。法医学专业为教育部特色专业，拥有法医学国家教学名师，国家教学团队。《法医物证学》和《法医毒物分析》为国家精品课程。

**鉴定机构**

华西法医大楼落成于1988年，位于成都市武侯区人民南路三段16号四川大学华西校区，建筑面积8781平方米。根据司法部及四川省司法厅对司法鉴定的管理要求，我们以法医学国家重点学科为平台，于2001年在四川省司法厅注册成立四川华西法医学鉴定中心（司法鉴定许可证：510006003），本中心目前开展的业务有：法医病理鉴定、法医临床鉴定、法医精神病鉴定、法医物证鉴定、法医亲子鉴定、法医毒物鉴定。有法医学专业鉴定人员27名，其中高级职称21人，中级职称6人。本中心鉴定人员长期从事法医学教学、科研与检案工作，在全国同行业中具有广泛的知名度。本中心来自公、检、法机关的法医鉴定案件占总量的52.5%，重新鉴定案件约占总量的31.25%。参与了大量疑难案件及重大案件的鉴定，为维护司法公正做出了贡献。获得了司法部“全国司法鉴定先进集体”荣誉称号。

法医鉴定实验室包括法医尸体解剖室、法医组织病理实验室、法医DNA实验室、法医临床实验室、毒物分析实验室等。本中心的仪器设备配置参照了美国法医实验室和德国、法国大学法医研究所的规模，具备与这些国家法医研究所大体相当的仪器设备及实验技术条件，符合司法部规定的鉴定机构仪器配置标准。主要大型仪器还有：基质辅助激光解析电离/飞行时间质谱（MALDI-TOF），扫描电镜，自动激光荧光DNA测序仪，气相色谱/质谱联用仪(GC/MS)，神经诱发电位/肌电图检测系统等。获得认可以来，中心又添置了约200万元的鉴定仪器设备，如3130基因分析仪、双光束紫外可见分光光度计UV-2550等。

本中心的质量管理体系经过两年的运行，得到了不断的完善，经过CNAS专家组到本中心的初次评审以及监督评审的两次评审工作，也使中心全体人员增强了意识，逐步接受了先进的管理理念和科学的管理模式。中心每年均参加了司法部司法鉴定科学技术研究所主办的能力验证计划，获得“满意”的结果。在中心全体人员的共同努力下，2011年本中心获得了“四川省司法鉴定认证认可工作示范机构”称号。

丹麦哥本哈根大学法医研究所所长 Niels Morling 教授来访

本中心2011年度认证认可工作成果

法定代表人：侯一平
地　址：成都市人民南路三段16号
联系电话：028-85503923
传　真：028-85501549
网　址：http//www.legalmed.org

# 马鞍山市临床检验中心

马鞍山市临床检验中心坐落于马鞍山市人民医院内，是马鞍山市市立医疗集团根据相关政策，结合马鞍山市卫生资源的现状，将集团下属的市人民医院（三级甲等）、市妇幼保健院（二级甲等）、市中医院（二级甲等）、市传染病医院的检验科整合而成立的，承担全市医疗单位临床检验质量督察及检验新技术的推广等工作，推进全市临床检验结果的互认。

临床检验中心现有专业技术人员86人，高级职称5名，硕士6人，本科以上学历占50%。中心实验室面积2400平方米，现配有包括电化学发光免疫分析仪和芯片点样仪在内的总价值超过两千万元的大型设备。

临床检验中心是人、财、物统一管理的独立事业法人单位，通过资源整合，使检验人员的技术水平得到加强，设备利用率大幅提高，检验质量得到保证，结果互认得以实现；借助于信息化建设成果，中心的检验报告实现了网上查询，患者在家可以直接上网查询，极大地方便了患者。目前中心承担着市科技项目2项，获得市科学技术进步二等奖一项。为了进一步提高服务质量和服务范围，临床检验中心除了承担马鞍山市市立医疗集团各分支机构的临床检验和科研带教工作外，还与我市近30家社区服务中心、乡镇卫生院和民营医院等基层医疗单位进行合作，为其提供检验服务和技术支持。

马鞍山市作为全国医改的试点城市，临床检验资源整合成为了医改试点的亮点，受到了卫生部、省、市各级领导的关注，卫生部党组书记张茅、安徽省省委书记张宝顺亲临视察指导。

我们始终遵循“方法科学、行为公正、结果准确、服务满意”的质量方针，把ISO15189：2007《医学实验室–质量和能力的专业要求》准则作为管理依据，并于2013年4月20日通过CNAS专家委员会现场评审，9月获得证书。

着眼未来，我们必须坚持实施全程实验室质量管理体系，加强与临床的沟通与交流，促进学科建设和人才培养，充分发挥中心独特的作用和地位，与国内众多医疗机构临床实验室建立密切联系和合作，为进一步拓宽我们的事业创造条件。

地址：马鞍山市湖北路45号人民医院内6号楼4层　　邮编：243000

电话：0555–8222503　　传真：0555–8222503

民 政 總 署
INSTITUTO PARA OS
ASSUNTOS CÍVICOS
E MUNICIPAIS

# 化验所

民政总署化验所一直致力提供国际标准要求之化验分析服务，认真贯彻执行ISO/IEC 17025标准所订定之要求，根据『廉洁、专业、优质、高效』之策略方针，全面提高检测能力、效率及水平，持续采取措施以保证公正、准确、及时地提供检测服务：

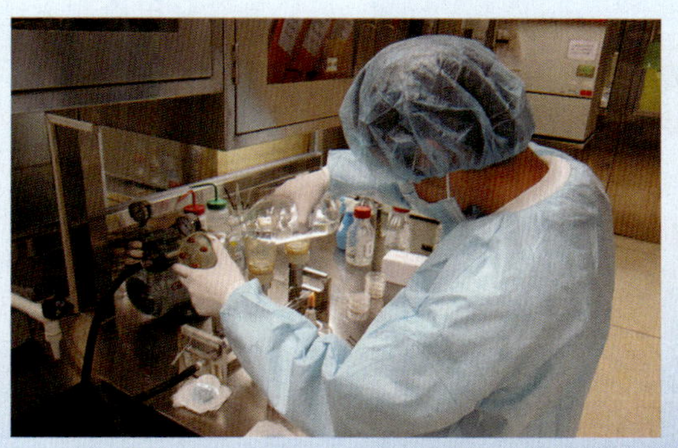

1.提高监控水平、确保检测质量：落实进行质量保证及质量控制的监督工作，继续有系统地执行质量监控计划，包括持续参加国内外的能力验证活动（实验室间比对），以证明检测技术水平符合国际要求。

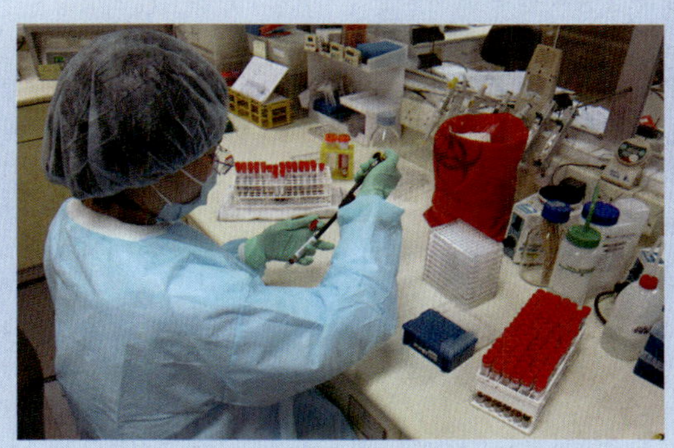

2.加强人员培训、提升检测水平：落实人员专业化，确保人员得到合适及足够的培训，不断完善培训计划；定期派员到外地进行技术交流，吸收经验；鼓励举办内部分享会，互相促进，提高学术气氛。

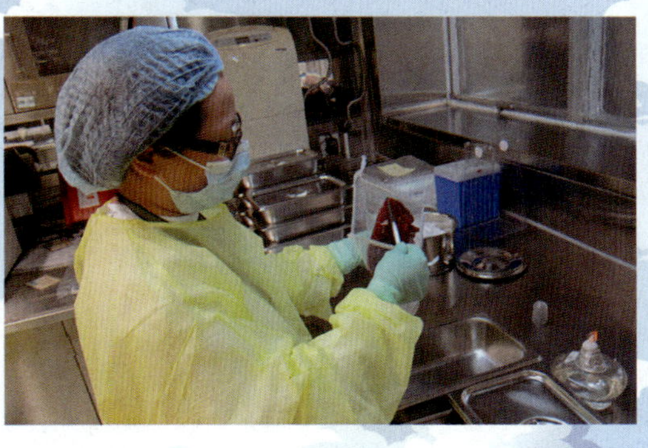

3.优化服务质素、扩大检测范围：确立以民为本，以服务对象为本的服务宗旨。主动适应环境变化，调整思维，开发拓展检测项目，并确保检测范围适用性，为未来发展及检验需求作准备。

4.巩固质量系统、加强自身建设：持续改进实验室管理体系，并保持其适用性和有效性。完善现有文件及电子化系统，定期进行全面的系统审核，致力提高价效比。加强实验室硬件、软件建设，以满足日渐增多的检测需求。

ilac-MRA CNAS

中国合格评定国家认可委员会
实验室认可证书
（注册号：CNAS L0728）

兹证明：

澳门民政总署化验所
澳门何贤绅士大马路

符合 ISO/IEC 17025：2005《检测和校准实验室能力的通用要求》（CNAS-CL01《检测和校准实验室能力认可准则》）的要求，具备承担本证书附件所列检测服务的能力，予以认可。

获认可的能力范围见标有相同认可注册号的证书附件，证书附件是本证书组成部分。

颁发日期：2011-12-21
有效期至：2014-12-20
初次认可：2003-10-28
更新日期：2011-12-21

中国合格评定国家认可委员会授权人

No.CNAS AL 1　0002613

ilac-MRA CNAS

China National Accreditation Service for Conformity Assessment

LABORATORY ACCREDITATION CERTIFICATE
(Registration No. CNAS L0728 )

Laboratory, Civic and Municipal Affairs Bureau, Macau
Av. Do Comendador Ho Yin, s/n, Macau S.A.R., China

*is accredited to ISO/IEC 17025:2005 General Requirements for the Competence of Testing and Calibration Laboratories(CNAS-CL01 Accreditation Criteria for the Competence of Testing and Calibration Laboratories) for the competence of testing.*

*The scope of accreditation is detailed in the attached appendices bearing the same registration number as above. The appendices form an integral part of this certificate.*

Date of Issue: 2011-12-21
Date of Expiry: 2014-12-20
Date of Initial Accreditation: 2003-10-28
Date of Update: 2011-12-21

Signed on behalf of China National Accreditation Service for Conformity Assessment

No.CNAS AL 2　0002879

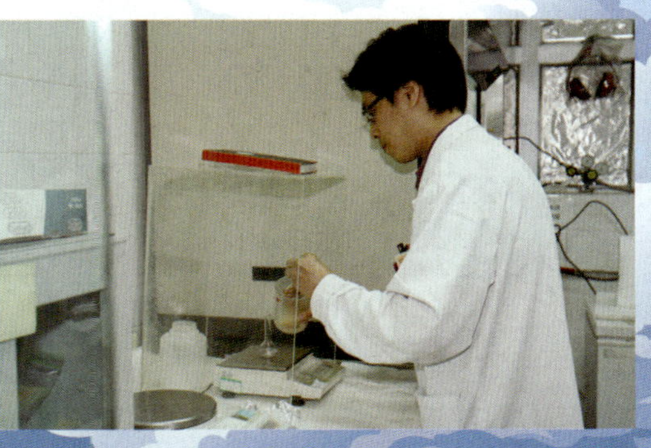

地址：澳门何贤绅士大马路
电话：(853)2823 0229
传真：(853)2823 0434
网址：http://www.iacm.gov.mo/lab

# 中国石油集团川庆钻探工程有限公司
# 地质勘探开发研究院实验研究中心

**Lab Research Center, Geological Exploration and Development Research Institute, Chuanqing Drilling Engineering Company Ltd,CNPC**

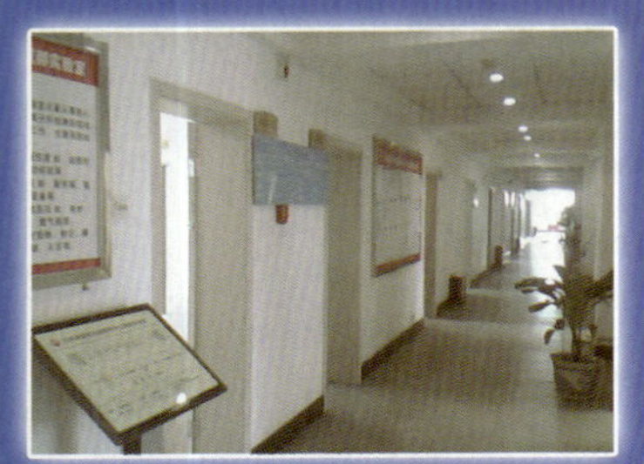

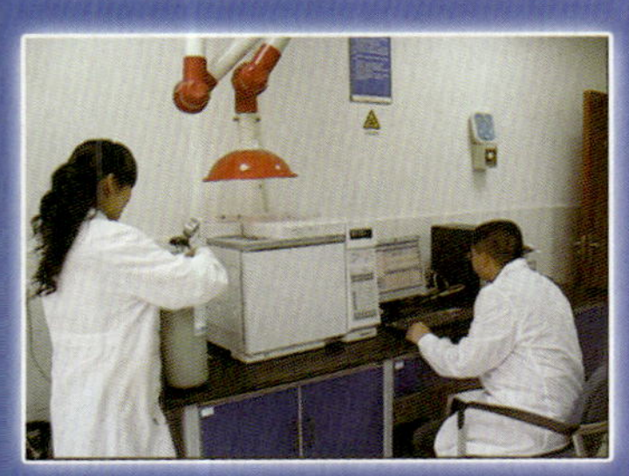

中国石油集团川庆钻探工程有限公司地质勘探开发研究院实验研究中心由原四川石油管理局隶属的地质勘探开发研究院实验研究中心和川东钻探公司地质服务公司地质检测中心重组合并而成，其历史可追溯至1953年，2008年因企业重组，原四川石油管理局和长庆石油勘探局重新组建“中国石油集团川庆钻探工程有限公司”而形成现行政隶属关系。六十年来，在样品分析检测、分析检测方法攻关和综合研究方面做了大量工作，为发展四川天然气工业做出了重要贡献。到目前为止，本中心已经建立了一套完善的岩心、岩屑、天然气、地层水样品分析检测方法和实验技术体系，有配套的检测仪器和分析检测技术。主要分析项目有岩石物性分析、岩石化学分析、油田水全分析、天然气全分析、岩石特殊分析（包括岩石敏感性评价、岩石电阻率参数、粒度分析等）。有一支经验丰富、理论水平较高的专业检测技术队伍。中心现有职工91人，其中有高级工程师6人，工程师13人，助理工程师5人，技师4人。拥有面积约1100m2的分析检测场地，拥有各类主要检测仪器设备62台（套），包括美国岩心公司氦孔隙度仪、HP气相色谱仪、戴安离子色谱仪、梅特勒自动电位滴定仪、赫兹共振仪、卡尔蔡司研究级数字透射偏光显微镜、全自动岩心流动实验仪、岩石电阻率测量系统、高压孔隙度测定仪、各类渗透率测定仪、梅特勒电子天平、岩心快速洗油仪、离心机沉降式粒度仪、台式切片机、自动磨片机等，固定资产原值770余万元。主要服务于西南油气田、长庆油田、塔里木油田、华北油田、中原普光气田、苏里格气田、中海油、壳牌、雪佛龙及土库曼斯坦、哈萨克斯坦、伊拉克等地区。

2012年4月通过了中国合格评定委员会的国家实验室认可资质，获得认可的范围包括岩石、油田水、天然气三大领域40个项目。

一直以来，中心本着“公正严明、科学准确、敬业自律、优质服务”的方针，始终以客户为关注焦点，确保客户的需求和期望得到确定和满足，并转化为本中心的检测工作和服务要求，为社会各界提供优质的检测服务和公正的检测数据和检测结果。

# 南京金陵司法鉴定所

南京金陵司法鉴定所由江苏省司法厅批准成立，是面向社会服务的独立的综合性司法鉴定机构，是中国人民解放军总参谋维护部队和军人家属合法权益南京协调中心唯一指定司法鉴定所。目前已设常规鉴定业务有：法医临床鉴定、法医病理鉴定、书鉴定、痕迹鉴定等。我所上述四个鉴定领域通过了中国合格评定国家认可委员会（CNAS）的认可和中国国家认证认可监督理委员会的资质认定，被授予CNAS认可资格证书和资质认定审查认可证书。本所是南京地区第一家取得国家级资质认定证书鉴定机构。目前，我所拥有各类技术工作人员50余人，其中享有司法鉴定权的主任法医师、文检高级工程师等各类专家40余人同时聘请有丰富经验的各科医学临床专家组成顾问团直接参与工作，及时解决司法鉴定中的疑难问题，以确保鉴定工作的科学和权威性。

本所现拥有法医临床实验室、法医病理实验室、化学实验室、文检实验室、痕迹实验室、神经诱发电位室，办公面积达70多平方米，拥有现代化的鉴定仪器设备，为鉴定工作提供了质量保证。鉴定所坐落于南京市河西大街65号瑞泰大厦5楼（南京基医院东侧），交通十分方便，周边有169、186、153、129、96、305、161、170路等公交车和地铁1号线、地铁2号线到达。

我所始终把诚信放在第一位，以“笃行致知、明法诚鉴”为践行方针，始终坚持科学严谨的工作作风和公平、公正、公开服务准则。办所至今已受理来自全国各地的二万余件司法鉴定业务，为司法机关、仲裁机构、行政执法部门、法人、社会团体公民处理刑事、民事、经济纠纷等案件提供了科学的依据，赢得广大群众的信任和支持，受到社会各界一致好评。全国人大常会委员、中国工程院院士丛斌视察本所予以肯定。

**远东电缆有限公司**

远东电缆有限公司（简称“远东电缆”）是远东控股集团旗下子公司，创建于1990年，地处长三角经济圈中心的千年陶都宜兴市。远东控股集团——中国500强企业，是以电线电缆、医药、房地产、投资为核心业务的民营股份制企业集团。2010年，远东电缆资产成功注入集团控股的“三普药业”（代码：600869）上市子公司，在沪市A股实现整体上市。

公司主要从事架空导线、电力电缆、电气装备用电线电缆、特种电缆四大类、160多个品种、18000多个规格线缆产品的系统设计研发、制造、营销与服务。销售收入连续十五年居全国电线电缆行业第一。产品广泛应用于电网、发电、制造、建筑、交通服务、民用等几乎所有发、输、用电系统，并远销50多个国家和地区，深受广大用户的信赖。

远东电缆是国家重点高新技术企业、全国用户满意企业。荣获江苏省质量奖、全国机械工业质量奖、第十一届全国质量奖，中华慈善奖。拥有国家级企业技术中心、国家级博士后工作站和院士专家工作站。“远东”牌电缆荣获“中国驰名商标”、“中国名牌产品”、2011年CCTV年度品牌称号，品牌价值100.28亿元。

远东电缆坚持“永不满足，追求卓越”的企业精神，在业内率先推进卓越绩效管理模式，形成了顾客、员工、股东、供方合作伙伴、政府和社会相互协调发展的和谐环境。

20余年来，远东电缆已成长为中国电线电缆行业规模最大、综合实力最强的生产基地，成为我国线缆行业的领跑者。

地址：中国宜兴高塍远东大道8号　　邮编：214257

电话：0510-87249755 87243666 87242500　　传真：0510-87243002 87241518

网址：http://www.fe-cable.com　　E-mail:wxyddl@163.com areastglobal@163.com

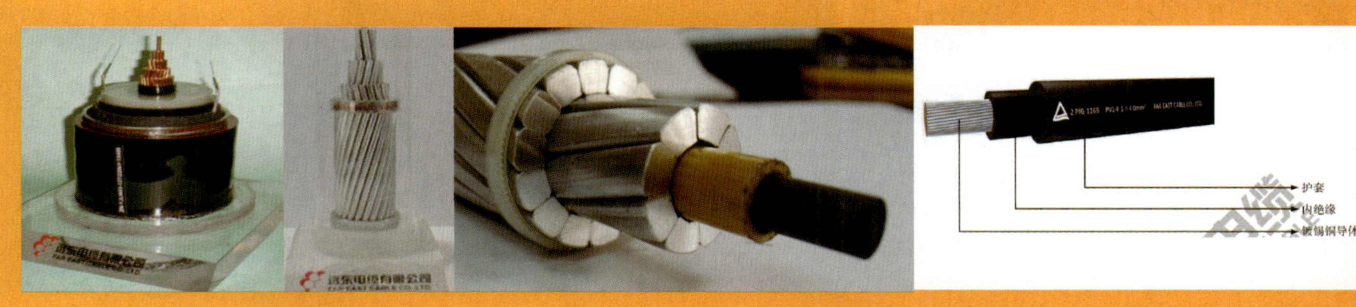


**国家核电 SNPTC　国核电站运行服务技术公司**

**STATE NUCLEAR POWER PLANT SERVICE COMPANY**

国核电站运行服务技术公司（简称“国核运行”）于2008年3月正式成立，是国家核电技术公司的二级单位、全资子公司，承担着实现我国核电运行服务技术自主化的使命，是坚持专业化发展方向的创新型科技企业。

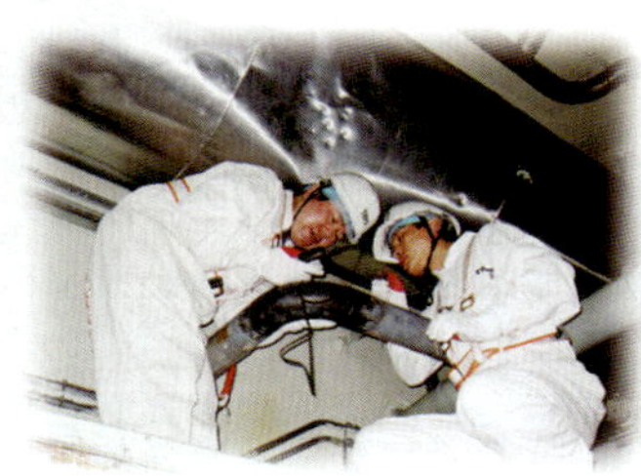

国核运行以久负盛誉的核工业无损检测中心为平台和载体组建而成，拥有二十年核电运行服务经历和经验，主要从事无损检验技术研发和工程服务，培养造就了一支经验丰富、能打硬仗的研发和工程技术服务团队。国核运行作为国内首批通过的民用核安全设备无损检验人员考试中心，多年来为核电行业培养了大量合格的无损检验资质人员，为我国无损检验专业技术领域作出了巨大的贡献。

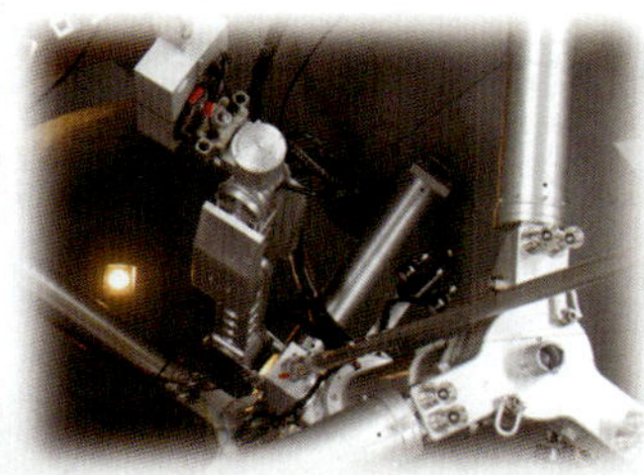

国核运行可承担国内所有现役核电站的制造、安装、役前和在役等各阶段的检验工作，拥有诸多核电站核岛关键设备的检查和维护技术，尤其擅长处理特殊检验问题和专业工具的开发，自主设计开发了许多自动检测和维修维护装置，并配备一系列国际先进的检验检测设备、仪器，积累了大量的工程实践经验和相关技术开发手段。国核运行还积极开拓民品市场，先后为石化、石油、火电、特种设备等行业提供了优质的现场技术服务。

国核运行将通过三代核电技术引进、消化、吸收和再创新和国家重大专项的研发，掌握运行服务的核心技术和关键技术，在无损检测、寿命评估及老化管理、换料服务、特种维修、性能试验及设备监测、行业培训等方面形成强有力的核心竞争力，形成较为完整的核电运行服务技术体系，为中国核电运行服务技术的自主化发展作出贡献。

**经营范围：**

无损检测、核电站运行、核电站燃料管理、电站维修、理化检测、性能测试、在线监测专业领域内的技术服务、技术开发、技术咨询、技术转让、技术培训、技术承包、技术入股、技术中介、无损检测设备、电站设备、电站维修设备的销售。

2013

Yearbook of Certification and Accreditation of China

# 第十九部分　国家认监委机关综合管理工作

Part Nineteen　Administrative Management of CNCA

## 一、以建设学习型党组织为目标，不断提高党建科学化水平

国家认监委把推进学习型党组织建设作为落实十七届六中、七中全会精神和十八大、十八届一中全会精神，提高理论武装和思想建设成效的重要抓手，按照"坚持以人为本、注重务实创新、形成共同愿景、促进能效提升"的原则，推进学习型党组织建设。

### （一）制定学习计划，提升能力，增强活力，建设学习型领导班子

#### 1. 党组带头，建设学习型领导班子

国家认监委党组以执政能力建设和先进性建设为主线，不断提高驾驭全局领导认证认可科学发展的能力。2012 年初，党组制定了《关于 2012 年认监委党组中心组学习计划》。按照学习计划，党组围绕学习十七届六中全会精神、"胡锦涛同志 7 月 23 日在省部级主要领导干部专题研讨班开班式上的重要讲话精神"、习近平同志在中央党校春季学期第二批入学学员开学典礼上的讲话以及6月28日在全国创先争优表彰大会上的讲话、《质量发展纲要（2011—2020 年）》、中央关于"下基层"活动的有关部署、十七届中央纪委第七次全会精神、认证认可廉政风险防控等内容，以及围绕党的十八大和十八届一中全会精神，进行了六次集中学习。在学习中注重理论联系实际，注重研究讨论科学发展观的重大战略思想，注重把握认证认可工作发展规律，不断提高中心组学习质量，为党组自身思想政治建设水平不断提高，为党组科学执政、依法执政、民主执政奠定了扎实的思想基础，为各级基层党组织和全体干部职工树立了榜样。

#### 2. 提升能力，培育学习型党支部

为加强学习型党支部建设的指导，2012 年初召了开国家认监委党的建设工作会议，召集各单位党组织负责同志，重点就建设学习型党支部的方式和途径进行了研讨和交流。围绕"两会"精神、《质量发展纲要（2011—2020 年）》和学习雷锋精神等三方面内容开展了形式多样的思想理论教育活动。一是开展好"强素质、促发展"读书活动，向机关全体党员推荐学习书目、下发必读书籍，为广大党员干部提供更多的学习机会和平台。二是学先进树典型，积极开展学雷锋精神的主题实践活动。三是积极组织党员干部参加"质检大讲堂"和"认证认可大讲堂"活动。四是下发《关于进一步加强认监委学习型党组织建设的通知》，明确学习型党组织建设的内容、任务、措施以及基层党组织负责人的职责。五是组织开展了 2012 年度认监委党建和思想政治工作论文征集评选工作，共收集 108 篇论文，评出优秀奖 26 篇，特别奖 9 篇，并有 8 篇论文分获质检系统思想政治工作论文评选 1~3 等奖，认监委直属机关党委获 2012 年度质检系统思想政治工作论文评选优秀组织奖。论文质量的提升和数量的增加，反映了干部职工对思想政治工作的思考和认识进一步加深，反映了基层党员干部对思想政治建设和党建工作的愿望和关注进一步加强。六是切实组织好党的十八大精神的学习。十八大召开后，委机关和下属单位各级党组织和全体党员积极响应，迅速行动，踊跃收听收看了大会开幕式和闭幕式，紧密结合工作实际，各单位开展了多层次的讨论和研究，大家纷纷撰写学习心得。委机关按照总局及认监委的部署，组织机关部门负责人 35 人、机关党员干部 415 人参加了总局的十八大精神学习培训班和"质检大讲堂——十八大精神"学习班。通过学习，推动认监委系统学习贯彻十八大精神的工作，把各级党组织和广大党员干部的思想和行动统一到十八大精神和十八大提出的目标任务上来，为更加扎实地落实好"抓质量、保安全、促发展、强质检"与"传递信任，服务发展"的各项工作打下理论基础。

#### 3. 增强活力，不断提升创先争优水平

一是 4 月底召开 2012 年度认监委直属机关党建和

纪检监察工作会，按照党建质量管理体系要求，对党建工作质量方针、目标、任务、责任主体、工作要求和检查考核依据等逐项做了说明，细化质量要求，明确工作时限，落实工作责任；11月，按照委机关质量管理体系内审要求，抽查了有关工作开展和落实情况，并就完善党委办事机构自身质量管理，制定了党建工作目标管理程序，为加强党委办事机构进行内部质量管理和系统质量控制、加强直属机关党委和各基层支部（总支、党委）质量管理和目标考核，进一步实现党建工作系统化、标准化、科学化，完善了制度和运行机制。二是更新公开承诺内容。2012年初，党委组织机关和下属单位各级党组织和全体党员按照2012年的工作任务，更新了公开承诺的内容。在公开承诺中，各党支部重点在如何服务中心工作、提高履职效能、积极服务群众等方面作出承诺，党员重点在推动发展、履职尽责、服务群众、勤政廉政等方面作出承诺。党支部和党员的承诺分别在认监委网站和各支部的学习园地中进行了张贴和展示，公开接受群众监督。三是紧紧围绕"强组织、增活力，创先争优迎十八大"这一主题，抓基层党建、强质检基础，紧密结合国家认监委的党建工作职责和委中心工作，围绕解决基层党组织存在的主要问题，制定计划，分步推进、有序开展基层组织建设年活动。四是加大培训，提高基层党组织负责人的履职能力。委机关和下属单位支部（党委、党总支）的负责人，参加了总局组织的支部书记培训，提高党务工作者能力素质和责任意识。五是以总结支部工作法为抓手，广泛开展党建制度建设活动。鼓励和指导各支部（总支、党委）探索、创新、总结务实管用的支部党建制度，推进创先争优常态化、长效化。其中，在总局直属机关党委关心下，国家认监委认可监管部党支部依托认监委党建工作质量管理体系，践行质量管理方法，总结实践经验，提出的"五服务工作法"被选为中央国家机关12个"优秀党支部工作法典型"之一，树立了认监委的党建品牌。六是及时召开党委会，对增补委员、发展党员、支部改选、党费收缴等工作进行研究和审议。及时上报有关文件和统计数据，积极推进党内基层民主建设，加强党务公开的领导，提高党务公开的针对性和有效性。七是加强宣传推动力度。继续充分利用网络、报刊、专栏、墙报、橱窗、标语等平台，加大创先争优活动的宣传力度。党委统一组织，规范了机关各部室的创先争优园地建设，统一制作、统一风格。创先争优活动开展以来，共编发简报333期，官方网站上刊发创先争优新闻500多条，组织"党旗下的质检人"稿件，向《国门时报》、《中国质量报》、《紫光阁》网站投稿。2012年还编发了"党委简报"13期，"学习贯彻十八大精神简报"12期，编发党委工作动态及经验做法等文章被中央机关工委紫金阁网站采用70多篇，总局官方网站采用80篇，被《中国质量报》、《国门时报》采用8篇，广泛宣传认监委各级党组织开展创先争优活动的情况，及时发现、大力宣传创先争优活动中涌现出来的先进典型和好的经验做法，努力营造浓厚的活动氛围。

### （二）以下基层活动为契机，提高基层党组织和党员的协同服务能力

为贯彻落实总局党组书记、局长支树平同志在全国认证认可会议上提出的"传递信任，服务发展"总要求和总局副局长、委党组书记、主任孙大伟同志部署的"五个创新"主要工作任务，党委将"俯下身子，深入基层"作为深化创先争优活动的主题，组织开展"下基层活动"。一是在陕西省洋县和江苏省扬中市、扬州市经济技术开发区等三个县市区建立"认证认可工作联系点"，对联系点开展对口帮扶、直接服务。联系点分别围绕社会关注、百姓关心的节能减排环保和有机产品认证等热点，明确服务基层、开展帮扶的具体措施。3个联系点明确帮扶措施26项，完成了20多项。二是组织委机关干部开展"认证认可调研实践活动"，组织"三门"干部赴认证认可一线参与实地认证认可评审和检查活动，共有10多人次参加调研实践活动，并提交调研报告。三是组建认证认可志愿者队伍，到联系点开展义务服务，传播认证认可文化，宣讲认证认可政策，围绕社会关注和百姓关心的热点问题开展培训咨询，推动地方区域经济发展和质量提升。

## 二、以建设廉政风险防控体系为契机，努力提高反腐倡廉成效

### （一）明确责任抓机制，推动工作落实

一是落实反腐倡廉任务分工责任到位。根据总局2012年反腐倡廉工作任务分工，国家认监委及时确定了6个方面共55项具体工作措施，明确了牵头单位和责任单位。召开了党建和纪检监察工作专题会，对本年度全委反腐倡廉工作进行了专题部署。组织开展了反腐倡廉任务分工落实情况检查，对委机关和总局委托国家认监委管理的四个单位的2008—2012年惩防体系制度建设情况进行自查，对总局惩防体系2008—2012年"五年工作规划"落实情况进行全面总结。

二是组织落实质检国有企业领导人员廉洁从业若干规定。根据中央和总局有关国有企业领导人员廉洁从业情况的规定要求，国家认监委制定专项检查要求文件，

组织国家认监委管理的国有企业落实《国有企业领导人员廉洁从业若干规定》开展自查，基本摸清了委管单位出资办企业情况，建立企业目录，明确了企业人事、财务等重大事项的管理制度和报告制度。

### （二）注重效果抓教育，促进廉洁从政

一是积极开展针对性党纪政纪教育。委党组从严律己带头开展廉洁自律教育。委党组共进行了5次中心组学习，其中3次专题学习中央及总局反腐倡廉工作有关要求，重点学习十七届中纪委七次全会精神，学习保持党的纯洁性的要求，学习十八大对反腐倡廉工作提出的新要求。召开委机关处以上干部廉政教育大会2次，传递上级精神、通报信访举报和廉洁自律情况，清醒认识认监委各级领导干部廉洁从政中存在的问题和差距，保持警钟长鸣的“高压”。组织深入学习反腐倡廉最新要求，组织党员干部职工围绕十七届中纪委七次全会精神、十八大报告、十七届中纪委向十八大所做报告等内容开展学习和教育活动。

二是积极开展“纪律教育月”活动。以“保持党的纯洁性，加强道德建设，迎接党的十八大”为主题开展“纪律教育月”活动。组织干部职工学习反腐倡廉最新要求；编发专题学习资料；组织参加总局“质检大讲堂”党课活动；传达了中央关于对刘志军等人处理的重要精神；组织收看影片《忠诚与背叛》和总局《党旗下的质检人》创先争优展；直属机关党委纪检联合走访委机关有行政审批（许可）职权部室和下属单位，督促排查队伍建设和道德领域风险问题；对全年信访举报逐个梳理和落实，以此推动自我教育；在委机关全体干部职工中开展了第二次廉洁从政自查，填写了自查表，作出廉洁承诺。

三是认真落实个人事项报告和谈话制度。2012年度有65名处以上干部对个人有关事项进行了申报，其中，司局级干部35人、处级干部30人。直属机关党委和纪委负责同志对委机关38名新提拔的处级以上干部进行了任前廉政谈话（集体）。结合信访情况，有针对性地与有关下属单位班子成员进行廉政谈话，对信访举报和道德风险排查中反映的主要问题进行了针对性提醒。

### （三）构筑网络抓防控，规范权力运行

一是做好组织推动工作。廉政风险防控工作是2012年国家认监委纪检监察工作的重中之重，立足于早抓早建早实施，开展创建工作，成立领导小组及办公室，制定了《实施方案》，召开全委廉政风险防控工作动员会1次、廉政风险防控领导小组会议2次、联络员会议3次和联络员培训班1次，确保廉政风险防控工作稳步推进。

二是做好网络构建。组织机关各部室按照岗位梳理职权，按照职权查找廉政风险点，按照风险表现制定防控措施，按照职级确定防控责任人，制定并发布《国家认监委廉政风险防控手册》，建立起权力清晰、配置科学、风险明确、监控有力、预警及时、处置有效、责任落实的廉政风险防控网络。实现了“三覆盖”：一是覆盖全员，以“五定”方案、《岗位职责说明书》规定的岗位职责和工作事项为依据，明确风险防控的职权名称、职权类别和行使依据；二是覆盖全权，围绕职权进行风险描述和等级确定，制定廉政风险防控措施；

三是覆盖全程，根据不同环节在职权运行中的重要性标注不同的风险等级，实现了贯穿职权运行全流程的风险监控。三是做好分类指导。统一部署和组织实施廉政风险防控，经过“四上四下”修改，全委廉政风险防控网络涵盖了161个岗位、382项职权，其中：一级风险职权113项，二级风险职权99项，三级风险职权170项；绘制廉政风险防控流程图92幅，制定防控措施千余项。认可中心、信安中心、认证认可协会、中检集团公司也紧密结合实际推动廉政风险防控工作，初步建立风险防控体系；委服务中心、信息中心、研究所也将廉政风险防控覆盖到所办企业，建立了比较完整的防控网络。

### （四）完善制度抓行风，树立行业形象

一是发布《认证认可行风建设实施办法》。在多年开展认证认可行风检查与调研的基础上，国家认监委于2012年7月以公告形式发布了《认证认可行风建设实施办法》。该办法是认证认可行风建设的第一个制度性规范，明确了行风建设的责任分工、目标任务、工作制度等基本内容。国家认监委先后两次在全国认证认可业务工作会上向地方两局认证监管部门、认证机构、资质认定实验室就该办法进行宣贯，引导监管机构、认证认可机构及其工作人员承担起行风建设职责，倡导“公正、科学、诚信、责任”的行业风气。

二是开展认证认可行风测评和行风监督。国家认监委把行风测评和行风监督作为重要抓手，于12月发布了《国家认监委行风测评监督工作方案》，明确了委机关行风测评与监督的具体范围、评价内容、操作方法和实施步骤。召开委机关和下属单位行风测评技术研讨会，指导有关认可机构、人员注册机构、强制性产品认证机构带头建立行风测评制度；配合委党组民主生活会的召开，组织了4次问卷调查；在认监委官方网站开设“行风监督”窗口，设立常年或定期调

查栏目，保持行风监督的社会联系通道。

三是实施认证认可行风检查。直属机关党委纪委组织了第九次认证认可行风检查。重点对认证认可队伍建设风险、道德领域突出问题及落实《廉政准则》情况进行检查和调研。通过座谈会和问卷调查等方式，听取和了解地方认监部门、获证企业等单位对认证认可行风的意见建议。2012年底，直属机关党委纪委在委机关干部中开展了委机关干部廉洁从政自查和委机关政风测评等两次问卷调查。经调查发现，机关廉洁从政状况总体较好；地方两局认证监管部门对认监委机关及其工作人员在依法行政、工作规范、政务公开、服务态度、社会责任、遵纪守法等方面的总体满意度在85%以上，有90%的被访者认为认监委机关在党风廉政方面没有明显问题。

### （五）着眼队伍建设，开展突出问题整治

总局部署的质量安全风险排查整治和道德领域突出问题专项教育治理活动启动以来，直属机关纪委作为认监委“队伍建设组”的牵头单位，认真组织开展队伍建设、内部管理、党风政风建设等领域的风险排查和整治工作，制定了《工作方案》，围绕思想作风、党风廉政、政风行风、干部选拔、财务管理、内部管理等确定了排查内容和工作要求，组织开展排查工作交流和督促指导。从加强廉洁自律教育、加强廉政风险防控、提高选人用人公信力、规范财务管理、加强从业人员教育和惩治、建设廉洁性机关等方面进行了综合治理，取得了明显效果。

### （六）重视信访抓办案，强化警示作用

一是坚持信访件批转。2012年，委纪检监察部门收到信访举报信件15件，与2011年同期基本持平，主要是反映下属单位的问题，没有反映委机关干部职工的信件。机关党委根据信访举报反映内容的重要程度，及时进行批转，要求各有关单位一定要逐个进行调查核实。15件信访举报大部分是反映强制性产品认证、行业自律、认可评审及下属单位干部选拔任用工作中存在的问题或矛盾。其中，由委纪检监察部门直接办理的1件、与下属单位联合办理的3件、转下属单位处理的10件，转本委业务部门处理的1件。15件举报信均在规定时间内办结。

二是坚持信访督办。以信访举报调查核实为由进行针对性警示教育，以使被信访单位引以为戒和改进工作。委纪检监察部门对信访举报较多的单位，采取了联合办案或召开案件办理协调会等形式进行督办和催办；与有关单位主要负责同志一起分析信访举报信中反映的苗头性、倾向性和潜规则问题；结合有关会议通报突出问题；向有关单位提出开展谈话、完善监督制度、加强重点岗位轮岗做好防微杜渐的建议，使信访举报查办工作起到既要搞清问题，又要教育群众“一石两鸟”的综合效应。

2012年，国家认监委廉洁从政状况总体较好。但也存在一定的问题：一是委机关工作效率有待提高。根据测评结果，各界对国家认监委工作效率的满意度“一般”，主要是对地方两局请示的答复不及时、办事找不到人等；二是信息公开还不够全面、更新不及时，给地方执法工作带来困难；三是委机关部分人员责任感不强，工作有头无尾等。

## 三、以推进文化建设为抓手，促进形成合心合力合作的良好格局

#### 1. 加快文化建设步伐

自2010年启动了国家认监委文化建设工作，先后进行了文化访谈、文化评估、理念识别、行为规范和核心价值的征集整理，并对文化创建工作的实施作了初步规划，形成了文化建设的阶段性成果，主要包括：《认监委组织文化评估报告》、《认监委组织文化讨论资料汇编》、《认监委员工行为规范》、《认监委文化建设理念体系》和《认监委组织文化建设规划》五部分，目前已编辑好《国家认监委文化建设手册》，用以指导国家认监委文化建设活动。

#### 2. 制定文化建设分工方案

为贯彻落实《总局党组关于加强质检文化建设的意见》，国家认监委对认证认可文化建设重点工作进行了分工，围绕“大力弘扬认证认可文化理念”、“大力构建认证认可文化体系”、“大力实施认证认可文化工程”、“大力创建认证认可文明单位”、“大力建设认证认可文化队伍”、“大力宣传认证认可文化成就”等五个方面对认证认可的文化建设进行梳理，并明确了责任单位，着力推进认证认可文化建设。

#### 3. 开展群众文体活动

直属机关工会、团委开展丰富多彩的文体活动。开展了认监委职工太极拳和游泳活动；参加了总局乒乓球比赛，获得团体总分第一名；组织了委机关与总局机关、铁道部羽毛球爱好者交流比赛活动；组织了三八妇女节有机农业基地调研活动；举办了纪念建军85周年“传承军旅文化，建功认证认可”军转干部主题座谈会；举办了“方寸天地铭刻辉煌——国家认监委迎接党的

十八大邮票展览；举行了委机关第九套广播体操比赛并组队参加总局比赛；组队参加了总局“喜迎十八大，欢度国庆节”诗歌演唱会；积极组织开展“争创佳作喜庆十八大”摄影展。

#### 4. 推动青年干部队伍建设

机关和下属单位4名青年职工获得总局“五四青年奖章”称号；参加中央国家机关团工委“根在基层，走进一线”活动，带队参加总局喀什检验检疫局红其拉甫办事处调研实践活动，取得良好效果。不断推动青年文明号建设，所属团组织2012年获得总局直属团委青年文明号4个、推荐团中央青年文明号1个、中央国家机关青年文明号1个。

## 四、多措并举，全力提高机关各项工作效率

### （一）锐意创新，不断提升工作效率

#### 1. 全面加强会议管理，成效显著

国家认监委严格执行“分类管理、总量控制、事前审批、事后追溯”的会议管理原则，涉及地方两局的会议从2011年的26个下降为2012年的5个，极大地减轻了地方两局的参会压力，初步实现了会议调控的目的。

#### 2. 建立季度督查与专项督查相结合的工作模式

根据大伟主任的指示，在工作任务分解落实指标表中明确标出了认监委牵头的总局工作任务，并将总局工作任务的完成进度列为重点督查对象，近两年委主要工作任务完成情况已趋近100%。为了验证各项工作开展的有效性，建立了专项督查工作机制，选取了与认证认可中心工作密切相关的2个工作项目开展专项督查，实时跟踪了解工作任务的完成情况。

#### 3. 制定统一的政府信息公开申请回复格式

为应对日益增加的政府信息公开申请，充分体现认监委的权威性和规范性，起草制定了统一的政府信息公开申请回复格式。

#### 4. 建立网络化的保密工作领导体系和责任体系

调整了委保密领导小组成员和保密联络员，明确了委保密委员会成员是各单位的保密第一责任人，建立了网络化的领导体系和责任体系。

#### 5. 初步建立舆情监测机制

编发舆情摘要75期，为有效应对负面报道、配合“两个专项”活动发挥了积极作用。

#### 6. 建立了干部选拔任用工作全过程纪实制度

印发了《国家认监委干部选拔任用工作全过程纪实制度实施办法（试行）》，为进一步规范机关选人用人工作，为提高选人用人公信度提供了制度保障。

#### 7. 推动认证认可职业资格建设工作

拟定了《关于加快推进认证认可职业资格制度建设有关工作事项的请示》，成立了工作领导小组，召开了3次工作会议，起草了《关于建立我国认证认可职业资格制度的分析报告》并报至总局人事司和人社部。

#### 8. 建成质量管理体系基础评价指标体系

指标体系记录了2009年—2011年3年间全委核心业务工作的变化情况，通过2009年、2010年和2011年各项定量数据的对比，可以看出机关的16项工作的办理时限缩短、9项工作的完成率或覆盖率等呈现增长趋势、16项工作的办理数量发生变化。在2012年的全国质检系统质量管理体系推进工作会上，国家认监委的基础评价指标体系获得了总局领导的表扬和地方两局的认可。

#### 9. 在质量管理体系中引入风险管理和应急管理的理念

在管理评审会议上，此项建议获得了委领导层的一致通过，组织了“行政机关的风险管理”专题培训，撰写了《国家行政机关质量管理体系中的风险管理与应急管理》。

### （二）加强研究，提升工作能力

#### 1. 加强人事政策研究，为上级单位和领导决策提供相关支持

做好各种基础数据的统计分析，为系统机构改革提供详细、准确的第一手资料，形成了《国家认监委机构职能建设基础材料》，向总局上报了《国家认监委关于增加人员编制及增设内设机构的请示》，为委机关机构改革奠定了基础。

#### 2. 及时开展机构职能调查研究，适时提出机构职能调整建议

形成了《实验室部内设机构及职能调整建议方案》，为机关重点业务部室的发展提供组织保障。报请委党组批准《关于在认证认可技术研究所开展非在编人员转编试点工作的请示》并草拟了《认证认可技术研究

所2012年度非在编人员转编试点工作方案》，积极探索直属单位编制使用新渠道。

### 3. 全力支持认证认可基础理论建设

对中认新能源技术学院从建立、揭牌到认证认可专业课程设置等给予全力支持，协调各方面师资力量，在该学院设置了“认证认可概论”系列讲座，被学院列为专业必修课。该学院的成立和认证认可专业课程的设置弥补了认证认可作为一个独立行业存在的理论和学科空白，为认证认可专业技术职务及职业资格制度的建立奠定了理论基础。

### 4.“国家行政机关质量管理体系理论与实践研究”课题顺利通过验收

经过为期两年多的调查研究，通过对1 060家获得质量管理体系认证的政府行政机关、59家从事相关认证活动的认证机构、751名专业审核员以及133名认证机构的市场和客户服务人员调研，并走访11家政府机关和32家从业机构，以翔实的数据和丰富的实例分析了国家行政机关质量管理体系建设中的成功经验、困难和常见问题。课题鉴定专家组一致同意通过验收，并指出研究成果具有国际先进水平。

### 5. 全面梳理绩效考核体系

对从2006年起所有涉及的绩效考核文件、档案资料等进行了全面整理、归类、编号和存档，涉及委机关绩效考核、总局机关绩效考核、对直属局的绩效考核以及对在京直属事业单位等四类考核，梳理出总局为此发出的文件28份。通过对文档资料的整理，摸清家底，为继承已有成果和将来创新发展打下了基础。

## 五、运用信息化手段，提升办公效率

### 1. 推动办公自动化系统使用

办公自动化系统使用率从2009年的不到60%上升到2012年的98%以上，高于委质量目标中规定的办公自动化使用率不低于95%的目标。开通了下属单位访问机关办公自动化系统的权限，增加了办公自动化系统发布内容。

### 2. 积极开展档案电子化工作

2012年通过办公自动化系统归档1 327件（比例：67%），通过档案管理系统浏览档案目录2 353人次，查询档案原文431次，一次性提供注册部进口食品国外生产企业注册相关文件电子版103件。协调办公自动化系统设计公司、信息中心、档案管理系统开发公司三方，保证OA接口的顺利迁移。

### 3. 运用舆情监测软件及时跟踪舆情动态

2012年，通过购买舆情监测软件的形式，及时了解媒体关于认证认可工作的信息，通过舆情监测软件的运用，极大地提升了认监委对社会热点问题的反应速度。

### 4. 正式启用绩效考核管理系统

在完成绩效考核“短平快”项目验收及开展绩效考核信息化平台一期研发工作的基础上，正式启用“认监委绩效管理系统”，并完成了2011年度绩效数据的汇总。

### 5. 建设质量管理体系信息化管理系统

作为国家质检总局立项“国家行政机关质量管理体系理论与实践研究”课题的成果之一，我们建设了质量管理体系信息化管理系统，并顺利通过专家验收。

## 六、综合采信各种内部管理措施，提高办文办事质量

### 1. 将办公基础指标纳入质量管理体系，提升办事效率

通过将公文电子化率、公文差错率、公文运转时效和工作任务完成率等基础指标纳入质量管理体系和绩效考核范畴的方式，推动办文办事质量的不断提升。公文差错率从2009年3.9%下降到0.3%，公文运转时效从平均6天左右下降到4天左右。

### 2. 扎实做好人大建议、政协提案办理工作

按照“谁办理、谁负责”的原则和“统一受理、归类办结、限时反馈、跟踪回访”的工作制度，坚持做到“办理前联络沟通，办理中征求意见，办理后跟踪回访”，对所有建议提案做到“件件有答复，事事有回音”。2012年认监委被总局评为“2012年度建议提案办理工作先进承办单位”。

### 3. 加强重点宣传，突出正面宣传

成功组织了迎接十八大、“世界认可日”、“全国检测实验室开放日”、“有机产品认证”等专题宣传活动，宣传方式方法和效果有新的改进。针对有机产品认证、CCC进口汽车等舆情热点，协同注册部、认证部等部门，组织开展了正面宣传，传递了权威声音，使一段时间以来针对有机认证负面报道集中的局面得以扭转，媒体报道趋于正面。

## 七、财务管理工作

2012年，国家认监委财务管理工作在规范内部管理、完善工作制度、建立工作流程、抓好经费管理、做好内审工作、监管好下属企事业单位等方面，做了大量基础性工作，取得了初步成效，提高了当家理财的能力，起到了服务保障作用，发挥了应有的职责。

### 1. 抓规章制度建设，规范财务管理流程

相继出台对委机关和下属单位管理的13个制度；编写了财务工作手册，将财务工作的每个流程、每个环节细化到每个处室、每个岗位，细化到每天的工作任务，并上墙提示，推动工作规范化、科学化管理。

### 2. 抓项目经费管理，完善绩效考核办法

制定了《新增项目经费使用情况汇总统计》、《项目经费具体执行单位分类统计》、《项目经费支出科目统计》、《分项目支出情况统计》、《委托业务费支出情况统计》、《委机关“三公经费”执行统计》等，按照月度、季度、半年对项目经费进行统计分析；制定《国家认监委预算项目绩效评价管理办法》，推进绩效考评制度，对23个项目进行测评并出具了绩效评价报告；建立了24个项目的财务档案，包括近几年各项目的申报文本、项目执行和绩效考评等相关内容，并加强对下拨款项的跟踪管理，对认可中心、认证认可技术研究所承担的部分专项经费使用情况进行了检查。

### 3. 抓落实审计意见，增强风险防控能力

严格执行《经济责任审计联席会议制度》，定期召开经济责任审计联席会议，规范开展领导经济责任审计工作，相继对认监委服务中心和中检集团有关负责人进行了离任审计；为各下属单位购买并推广使用审计软件，进一步规范审计资料的内容和审计程序的实施，组织了对下属单位财政专项和重点资金专项审计，以及对委机关的专项资金审计。

### 4. 抓企业事业监管，履行监督管理职责

建立下属单位对外投资、重大项目电子台账，对每个项目从立项、运作全过程的所有资料进行详细登记，详细分类、定性，进行精细化管理。严格重大财务事项审批，完成对各下属单位9个重大财务项目的审批工作，涉及金额约5.4亿元。同时，开展重大财务事项前期调研和后续跟踪，对中检集团深圳电检中心项目、中检公司三亚培训中心项目和台湾购房项目等进行了实地调研或检查；积极开展系统财务报表汇总编报和统计分析，完成基建投资报表、资产年报、固定资产管理系统统计报表、政府采购季度和月度统计报表、企业决算、企业月度快报等30多项财务报表的汇总、编报工作，并在企业决算工作中，使认监委连续7年获得“质检系统企业决算先进单位”；加强对下属单位的财务指导和服务，组织下属单位财务和审计人员30多人次参加了业务培训，并开展了中央财政票据使用情况自查和“小金库”治理评价验收等工作。

### 5. 抓三公经费管理，落实监察纪检规定

制定《国家认监委机关“三公”经费、会议费管理规定》、《认监委机关公务接待登记表》、《认监委部门公务接待费支出控制表》，严格控制“三公经费”支出；开展公务用车专项治理，成立公务用车专项治理工作领导小组，对委机关、服务中心、信息中心和研究所公车使用基本情况进行摸底，并对有关问题按要求进行了纠正处理。

### 6. 抓收费监督管理，维护认证市场平稳

落实国家有关认证认可收费政策，对部分强制性产品认证机构、检测机构的强制性产品认证收费情况进行了实地检查，并派人对3家收费单位进行了重点抽查；推动认可收费、认证人员收费监督检查和标准重新核定工作，使两个收费标准于2012年底正式出台，维护了认证认可市场的平稳。

## 八、委机关后勤服务保障工作

### （一）夯实后勤保障，打造精品化服务、科学化管理

#### 1. 政府采购，严格执行审批计划

政府采购，严格执行中央政府采购规定和质检总局及委机关的审批计划，2012年政府采购预算共计149.1万元，实际执行采购经费109.13万元，占预算的73.2%，节约经费约40万元。

#### 2. 固定资产等资产管理严格执行固定资产管理“实名责任制”

固定资产、办公用品、办公设备管理，严格执行固定资产管理“实名责任制”，实时更新资产管理数据库，确保账实相符、责任到人，2012年购置固定资产159件，价值约74.08万元，发放设备资产235件；办公用品发放窗口深入开展服务满意度评价和问卷调查活动，加强与服务对象的联系沟通，持续改进服务质量，年内共发放办公用品250多类，共计32万余件；办公设备维修本着“优质高效”的理念，及时登记备案设备故障，积极联系维修单位，年内支付维修费用约3.77万元，

节约经费约10余万元。

3. 科学制定办公用房调整方案

办公用房管理，科学制定办公用房调整方案，合理配备用房使用，共涉及人员24人、办公室31间；腾清1908、1911库房改作办公用房，对1610、1611、1710、1711房间进行结构改造，解决了办公用房紧缺问题。

4. 积极组织协调住房管理

住房管理，在房屋配售工作中积极发挥组织协调作用，及时传达会议及文件精神，做好住房信息收集、整理、确认、上报及反馈等工作，委机关参加房屋配售排队的职工有45人，其中11人有选房资格，2人参加了实际选房；规范单身公寓管理，对职工周转房进行整顿和清理，取得了10个周转房床位的自由调配权；做好2011年度住房补贴决算工作，涉及补贴费用约73.71万元，其中发放级差补贴和住房未达标补贴约14.93万元。

5. 会务承办，做好会务信息沟通和对接

年内圆满完成了四次大中型会议的服务保障工作，共接待参会人员810人，同时为委机关各类会议提供服务24次。

6. 公务用车管理

公务用车管理，加强对驾驶员交通安全法规培训、警示教育和恶劣天气安全提醒，提高安全行车意识；做好车辆日常维护和保养，定期进行安全检查，保证行车安全。年内完成公务出车1 726次，行驶里程达15.28万公里。

### （二）创新标志服务，健全服务机制、深化服务层次

CCC认证标志发放业务始终秉承“高效准确、热情服务”的宗旨，客户综合满意度达到99.79%。

1. CCC认证标志办理情况

2012年，共受理标准标志新增证书1.27万张，同比下降8.1%，受理获证企业1.23万家，同比下降0.7%；受理印模标志证书16.53万张，同比增长12.3%，颁发印模批准书8.39万份，同比增长8.7%，受理获证企业2.39家，同比增长8.9%；拥有VIP企业300余家，同比增长87.5%，E-mail企业3 500余家，同比增长118.7%。

2. 创新服务模式

加强与认证机构合作，委托认证机构指导并推荐获证企业纳入VIP管理体系，年内通过推荐进入VIP管理的获证企业有50多家；设立汕头标志发放点，解决广东地区玩具企业购买标志不便问题，推动标志发放窗口前移，2012年11月汕头标志发放点正式对外营业；开放认监委网站标志业务二级域名cccmark.cnca.gov.cn，为企业提供双语服务平台，解决国外企业的语言障碍，提升服务“软”环境。

3. 增强服务主动性

认真落实2012年第117号《关于对部分产品不再实施强制性产品认证管理的联合公告》要求，针对不再实行强制性产品认证管理的8类产品，建立标志退换机制和网络服务平台，切实做好标志退换工作；遏制标志不法代理行为，通过邮寄宣传册、电话回访、严格审核标准等措施，帮助企业了解标志业务工作流程、收费标准及相关规定，从源头上预防并遏制不法代理行为，有效维护企业利益。

4. 加强服务调研

积极践行“俯下身子、深入基层”创先争优主旨，先后赴西安、青岛、宁波、广东等地开展标志发放业务调研，走访地方两局、认证机构、获证企业及标志发放分中心，学习先进管理模式，征集服务改进意见，促进交流和沟通，为进一步创新和提升服务质量明确了方向、积累了经验。

### （三）规范物业管理，推进安全建设和节能减排

2012年，中认大厦、认证中心、认可中心物业管理项目部的服务综合满意度分别达到98.1%、97.3%、98.2%。

1. 保证消防安全

开展消防知识培训和“119”消防演习，从理论上、实践中查找工作的薄弱环节，提升防灾、减灾、灭灾综合能力；加强消防安全检查，开展“安全用电进处室”活动，对存在问题的设备设施进行维修改造，及时消除安全隐患。

2. 保证食品安全

严格执行农药残留快速检测和食品留样制度，加强对环境卫生、设备安全、菜品质量、营养搭配等情况监督检查，积极治理不达标项目，杜绝食品安全事故。

3. 保证设备设施安全

重点加强对老旧设备设施检修保养，对中认大厦约410平方米楼宇外墙和楼顶平台进行防水处理，完成了

对15座避雷针塔的设计安装，多项举措齐抓并举，保障了所辖楼宇安全有序运行。

#### 4. 保证安保安全

为打造安全办公环境，对中认大厦门禁系统进行了升级改造，驻楼工作人员须凭“一卡通”方能出入办公区域；同时严格出入登记制度，做到来访人员“三清”，即“清楚来访人基本情况、清楚来访原因、清楚被访部门和人员”，提升了大厦安保系数。

#### 5. 落实节能减排

以“降低能耗、节约成本”为目标，通过适当调整室内温度和制冷（制热）系统启闭时间，减少设备运行数量，减少公共照明，更新改造冷却（冻）泵等一系列措施，取得了良好的节能效果，年内共节约经费约41.3万元。

**国家认监委办公室　供稿**

2013

Yearbook of Certification and Accreditation of China

# 第二十部分　法　　规

Part Twenty　　Regulations

# 进口食品境外生产企业注册管理规定

## 第一章 总则

**第一条** 为加强进口食品境外食品生产企业的监督管理，根据《中华人民共和国食品安全法》及其实施条例、《中华人民共和国进出口商品检验法》及其实施条例等法律、行政法规的规定，制定本规定。

**第二条** 向中国输出食品的境外生产、加工、储存企业（以下统称进口食品境外生产企业）的注册及其监督管理适用本规定。

**第三条** 国家质量监督检验检疫总局（以下简称国家质检总局）统一管理进口食品境外生产企业注册工作。

国家认证认可监督管理委员会（以下简称国家认监委）组织实施进口食品境外生产企业的注册及其监督管理工作。

**第四条** 《进口食品境外生产企业注册实施目录》（以下简称《目录》）由国家认监委负责制定、调整，国家质检总局公布。

《目录》内不同产品类别的注册评审程序和技术要求，由国家认监委另行制定、发布。

**第五条** 《目录》内食品的境外生产企业，应当获得注册后，其产品方可进口。

## 第二章 注册条件与程序

**第六条** 进口食品境外生产企业注册条件：

（一）企业所在国家（地区）的与注册相关的兽医服务体系、植物保护体系、公共卫生管理体系等经评估合格；

（二）向我国出口的食品所用动植物原料应当来自非疫区；向我国出口的食品可能存在动植物疫病传播风险的，企业所在国家（地区）主管当局应当提供风险消除或者可控的证明文件和相关科学材料。

（三）企业应当经所在国家（地区）相关主管当局批准并在其有效监管下，其卫生条件应当符合中国法律法规和标准规范的有关规定。

**第七条** 进口食品境外生产企业申请注册，应通过其所在国家（地区）主管当局或其他规定的方式向国家认监委推荐，并提交符合本办法第六条规定条件的证明性文件以及下列材料，提交的有关材料应当为中文或者英文文本：

（一）所在国（地区）相关的动植物疫情、兽医卫生、公共卫生、植物保护、农药兽药残留、食品生产企业注册管理和卫生要求等方面的法律法规，所在国（地区）主管当局机构设置和人员情况及法律法规执行等方面的书面资料；

（二）申请注册的境外食品生产企业名单；

（三）所在国家（地区）主管当局对其推荐企业的检疫、卫生控制实际情况的评估答卷；

（四）所在国家（地区）主管当局对其推荐的企业符合中国法律、法规要求的声明；

（五）企业注册申请书，必要时提供厂区、车间、冷库的平面图，工艺流程图等。

**第八条** 国家认监委应当组织相关专家或指定机构对境外食品生产企业所在国家（地区）主管当局或其他规定方式提交的资料进行审查，并根据工作需要，组成评审组进行实地评审，评审组成员应当2人以上。

从事评审的人员，应当经国家认监委考核合格。

**第九条** 评审组应当按照《目录》中不同产品类别的评审程序和要求完成评审工作，并向国家认监委提交评审报告。

国家认监委应当按照工作程序对评审报告进行审查，做出是否注册的决定。符合注册要求的，予以注册，并书面通告境外食品生产企业所在国家（地区）的主管当局；不予注册的，应当书面通告境外食品生产企业所在国家（地区）的主管当局，并说明理由。

国家认监委应当定期统一公布获得注册的境外食品生产企业名单，并报国家质检总局。

**第十条** 注册有效期为4年。

境外食品生产企业需要延续注册的，应当在注册有效期届满前一年，通过其所在国家（地区）主管当局或其他规定的方式向国家认监委提出延续注册申请。

逾期未提出延续注册申请的，国家认监委注销对其注册，并予以公告。

**第十一条** 已获得注册的境外食品生产企业的注册事项发生变更时，应当通过其所在国家（地区）主管当局或其他规定的方式及时通报国家认监委，国家认监委根据具体变更情况做出相应处理，并报国家质检总局。

**第十二条** 已获得注册的境外食品生产企业应当在其向我国境内出口的食品外包装上如实标注注册编号。

禁止冒用或者转让注册编号。

## 第三章　注册管理

**第十三条** 国家认监委依法对《目录》内食品的境外生产企业进行监督管理，必要时组织相关专家或指定机构进行复查。

**第十四条** 经复查发现已获得注册的境外食品生产企业不能持续符合注册要求的，国家认监委应当暂停其注册资格并报国家质检总局暂停进口相关产品，同时向其所在国家（地区）主管当局通报，并予以公告。

境外食品生产企业所在国家（地区）主管当局应当监督需要整改的企业在规定期限内完成整改，并向国家认监委提交书面整改报告和符合中国法律法规要求的书面声明。经国家认监委审查合格后，方可继续向我国出口食品。

**第十五条** 已获得注册的境外食品生产企业有下列情形之一的，国家认监委应当撤销其注册并报国家质检总局，同时向其所在国家（地区）主管当局通报，予以公告：

（一）因境外食品生产企业的原因造成相关进口食品发生重大食品安全事故的；

（二）其产品进境检验检疫中发现不合格情况，情节严重的；

（三）经查发现食品安全卫生管理存在重大问题，不能保证其产品安全卫生的；

（四）整改后仍不符合注册要求的；

（五）提供虚假材料或者隐瞒有关情况的；

（六）出租、出借、转让、倒卖、涂改注册编号的。

**第十六条** 列入《目录》内的进口食品入境时，出入境检验检疫机构应当查验其是否由获得注册的企业生产，注册编号是否真实、准确，经查发现不符合法定要求的，依照《中华人民共和国进出口商品检验法》等相关法律、行政法规予以处理。

**第十七条** 进口国家实行注册管理而未获得注册的境外食品生产企业生产的食品的，依据《中华人民共和国进出口商品检验法实施条例》第五十二条，由出入境检验检疫机构责令其停止进口，没收违法所得，并处商品货值金额10%以上、50%以下的罚款。

## 第四章　附则

**第十八条** 国际组织或者向我国境内出口食品的国家（地区）主管当局发布疫情通告，或者产品在进境检验检疫中发现疫情、公共卫生失控等严重问题的，国家质检总局公告暂停进口该国家（地区）相关食品期间，国家认监委不予接受该国家（地区）主管当局推荐其相关食品生产企业注册。

**第十九条** 境外食品生产企业所在国家（地区）主管当局应当协助国家认监委委派的评审组完成实地评审和复查工作。

**第二十条** 香港特别行政区、澳门特别行政区和台湾地区向中国大陆出口《目录》内食品的生产、加工、储存企业的注册管理，参照本规定执行。

**第二十一条** 本规定中所在国家（地区）主管当局包括境外食品生产企业所在国家（地区）负责相关食品安全卫生的官方部门、官方授权机构及行业组织等。

**第二十二条** 本规定由国家质量监督检验检疫总局负责解释。

**第二十三条** 本规定自2012年5月1日起施行。原国家质量监督检验检疫总局2002年3月14日公布的《进口食品国外生产企业注册管理规定》同时废止。

# 铁路产品认证管理办法

## 第一章 总则

**第一条** 为维护铁路运输安全，加强铁路产品认证工作管理，根据《铁路运输安全保护条例》、《中华人民共和国认证认可条例》等有关法律法规，制定本办法。

**第二条** 本办法中所称的铁路产品是指直接关系铁路运输安全的铁路专用产品。

**第三条** 国家对未设定行政许可事项的有关铁路产品实行产品认证管理，由具备法定资质的认证机构对相关铁路产品是否符合标准和技术规范要求实施合格评定活动。

**第四条** 国家认证认可监督管理委员会（以下简称国家认监委）负责铁路产品认证工作的监督管理和综合协调工作。

铁道部负责铁路产品认证采信工作和认证产品在铁路使用领域的监督管理工作。

**第五条** 国家对铁路产品认证采取强制性产品认证与自愿性产品认证相结合的方式。

实行强制性产品认证管理的，依照国家有关强制性产品认证法律法规的规定执行。

实行自愿性产品认证管理的，依照本办法的规定具体实施。实行自愿性产品认证管理的铁路产品认证采信目录（以下简称采信目录），由铁道部制定、调整并公布。

纳入强制性产品认证管理和列入采信目录的铁路产品，依法取得认证后，方可在铁路领域使用。

**第六条** 从事铁路产品认证活动的机构及其人员，对其从业活动中所知悉的商业秘密和技术秘密负有保密义务。

## 第二章 机构资质与管理

**第七条** 从事铁路产品认证的认证机构（以下简称认证机构）应当依法设立，符合《中华人民共和国认证认可条例》规定的基本条件，具备从事铁路产品认证活动的相关技术能力要求，并符合产品认证机构通用要求的规定。

从事强制性产品认证的，还应当经国家认监委指定。

从事列入采信目录内产品认证的，还应当经铁道部确认。

**第八条** 从事铁路产品认证相关检测活动的检测机构应当依法经过实验室资质认定，具备铁路产品认证检测相关技术能力，并符合检测和校准实验室能力的通用要求。

从事强制性产品认证检测活动的，还应当经国家认监委指定。

**第九条** 从事铁路产品认证检查活动的人员应当经国家认证人员注册机构注册后，方可从事认证现场检查工作，并应当熟悉相关认证产品的生产过程、技术标准和认证方案。

**第十条** 认证机构应当依法公开铁路产品认证基本规范、认证规则、收费标准、获证产品及其生产企业等相关信息。

## 第三章 认证实施

**第十一条** 铁路产品强制性认证活动依照《强制性产品认证管理规定》以及相关认证规则具体实施。

**第十二条** 从事列入采信目录内产品认证的相关认证机构，应当制定统一的铁路产品认证规则，组织专家评审后发布实施，并报国家认监委和铁道部备案。

认证模式采用初始工厂检查 + 产品抽样检测 + 获证后监督，特殊性质的产品可以根据铁道部的具体要求采用与其相适应的认证模式。

**第十三条** 申请列入采信目录内铁路产品认证的生

产者（以下简称认证委托人），应当按照认证规则的相关规定向认证机构提交申请书及所需资料，经认证机构审查符合条件的，应当予以受理。

**第十四条** 认证机构应当组织审查组对认证委托人的质量体系和产品生产过程进行现场审查，现场审查组成员的专业能力应当覆盖申请认证的产品，并至少有一名专职检查人员。

**第十五条** 认证机构应当对申请认证的产品进行随机抽样和封样，并由认证委托人将封存的产品样品寄（送）检测机构进行检测；需要现场检测的，由检测机构组织检测人员实施现场检测。

**第十六条** 检测机构对样品进行检测，应当确保检测结果真实、准确，并对检测全过程做出完整记录，归档留存，保证检测过程和结果具有可追溯性，并配合认证机构对获证产品进行有效的跟踪。

检测机构及其有关人员应当对其作出的检测报告内容以及检测结论负责，对样品真实性有疑义的，应当向认证机构说明，并作出相应处理。

**第十七条** 认证机构完成现场审查和产品检测后，应当组织专家对认证评价资料进行评定，对符合认证要求的，向认证委托人颁发认证证书；对不符合认证要求的，应当书面通知认证委托人，并说明理由。

认证机构及其有关人员应当对其作出的认证结论负责。

**第十八条** 认证机构应当按照认证规则的规定，每年至少对获证产品及其生产企业进行一次监督，并根据产品特性增加监督检查频次，控制并验证获证产品持续符合认证要求。

对于不能持续符合认证要求的，认证机构应当根据相应情形作出暂停或者撤销认证证书的处理，并予公布。

**第十九条** 认证机构应当自作出注销、暂停或者撤销认证证书决定之日起3个工作日内，将相关处理信息报送铁道部。

## 第四章 认证证书与标志管理

**第二十条** 铁路产品强制性产品认证证书和认证标志管理依照《强制性产品认证管理规定》等相关规定执行。

**第二十一条** 自愿性产品认证证书应当包括以下基本内容：

（一）认证委托人名称、地址；

（二）产品生产者（制造商）以及生产场所名称、地址；

（三）产品名称和产品系列、规格/型号；

（四）认证依据；

（五）认证模式；

（六）发证日期和有效期限；

（七）发证机构；

（八）证书编号；

（九）其他需要标注的内容。

**第二十二条** 自愿性产品认证证书的有效期为4年。

认证机构应当根据其对获证产品及其生产企业的跟踪检查情况，在认证证书上注明年度检查有效状态及查询网址和电话。

**第二十三条** 认证机构应当按照认证规则的规定，针对不同情形，及时作出认证证书的变更、扩展、注销、暂停或者撤销的处理决定。

**第二十四条** 认证机构自行制定的认证标志，应当符合相关法律法规规定，并报国家认监委和铁道部备案。

**第二十五条** 获证产品生产企业，应当在获证产品本体上标识认证标志。

获证产品生产企业的分厂、联营厂和附属厂等，未在认证证书标明的生产场所范围内的，其生产的产品不得使用获证产品的认证证书以及认证标志。

**第二十六条** 获证产品被注销、暂停或者撤销认证证书的，获证产品生产企业应当自认证机构作出处理决定之日起，不得继续使用认证证书和认证标志，不得就其产品做出误导性声明；铁路产品使用单位不得继续采购该产品。

**第二十七条** 任何单位和个人不得伪造、变造、冒用、买卖和转让认证证书和认证标志。

## 第五章 监督管理

**第二十八条** 国家认监委对开展铁路产品认证活动的认证机构和检测机构开展定期或者不定期的监督检查，发现违法违规行为的，依法查处，并通报铁道部；根据监管工作需要，与铁道部联合开展认证产品专项监督检查。

**第二十九条** 铁道部依法对获证产品在使用领域进行监督，对不符合要求的认证结果不予采信，并定期通报所采信的铁路产品及认证机构相关信息。

铁道部各相关职能部门和铁路各有关单位在运输设备检查中，应当加强认证产品使用情况的监督检查。

**第三十条** 认证机构应当加强认证相关人员和检测机构的管理，监督检查、考核评价和继续教育，对违反有关规定的组织或个人及时进行处理。

**第三十一条** 认证机构应当对其作出的认证结论

承担法律责任。认证机构未按有关规定规范开展产品认证业务，以及未对其认证的产品实施有效的跟踪调查，或者发现其认证的产品不能持续符合认证要求，不及时暂停或者撤销认证证书和要求其停止使用认证标志给消费者造成损失的，与生产者、销售者承担连带责任。

**第三十二条** 铁路产品生产者应当对其生产的铁路产品质量负责，建立有效的质量管理体系，保证其获证产品持续符合认证要求。

被暂停或者撤销认证证书的，其认证产品属于缺陷产品的，铁路产品生产者应当按照国家有关规定予以召回。

**第三十三条** 认证委托人对铁路产品认证机构的认证工作有异议的，可以向认证机构提出申诉，对认证机构处理结果仍有异议的，可以向国家认监委申诉。

**第三十四条** 任何组织和个人对铁路产品认证活动中的违法违规行为，有权向国家认监委举报，国家认监委应当及时调查处理，并为举报人保密。

**第三十五条** 伪造、变造、冒用、买卖和转让认证证书和认证标志以及铁路产品认证活动中的其他违法行为，依照相关法律法规的规定予以处罚。

## 第六章 附则

**第三十六条** 铁路产品认证依照国家有关规定收取费用。

**第三十七条** 本办法由铁道部、国家认监委负责解释。

**第三十八条** 本办法自 2012 年 7 月 1 日起施行。铁道部 2003 年发布的《铁路产品认证管理办法》（铁科技［2003］104 号）同时废止。

2013

Yearbook of Certification and Accreditation of China

# 第二十一部分　大事记

## Part Twenty-one　Major Events

## 1 月

1 月 4 日　(一) 车文毅副主任出席办公室 2011 年度考核工作会议。(二) 车文毅副主任会见德国 BCS 有机保证公司总经理彼得·格罗什一行，双方就有机认证工作及在华外资认证机构资质问题进行了沟通交流。认可部、注册部、国际部相关人员陪同参加了会见。(三) 程方副主任分别出席机关党委、认可部的 2011 年度考核工作会议。(四) 刘卫军总工程师分别出席认证部、国际部的 2011 年度考核工作会议。

1 月 5 日—6 日　国家质检总局在京召开全国质量监督检验检疫工作会议，孙大伟主任和车文毅副主任出席会议，程方、王大宁、谢军、顾基平副主任，刘卫军总工程师、委各部室主任和直属单位负责人列席了大会开幕式。

1 月 6 日　刘卫军总工程师出席中国质量认证中心 2011 年工作总结会议。

1 月 7 日　孙大伟主任出席认可中心 2011 年度总结表彰大会并讲话。

1 月 7 日—8 日　孙大伟主任在湖南会见美国消费品安全委员会主席伊内兹·特南鲍姆一行，双方共同考察了出口烟花企业和国家烟花爆竹检测重点实验室（浏阳），实地了解烟花生产、检验和监管等情况，就进一步加强输美烟花检验监管、检测技术合作等进行了探讨。

1 月 9 日　(一) 国家认监委召开传达国家质检总局全国质检工作会议精神专题工作会议，车文毅副主任传达了王岐山副总理讲话及支树平局长《坚定不移抓质量 保安全 促发展 强质检》报告精神，会议由程方副主任主持。王大宁、谢军、顾基平副主任，刘卫军总工程师，委机关副处级以上干部和下属单位班子成员参加了会议。(二) 孙大伟主任出席认证认可协会 2011 年度工作总结会并讲话。(三) 车文毅副主任出席信安中心 2011 年度总结暨表彰大会并讲话。(四) 王大宁副主任分别出席注册部、科标部、研究所 2011 年度考核工作会议。(五) 谢军副主任分别出席法律部 实验室部 2011 年度考核工作会议。(六) 顾基平副主任分别出席财务部、服务中心 2011 年度考核工作会议。

1 月 10 日　(一) 国家认监委召开领导班子及其成员 2011 年度考核述职述廉会，孙大伟主任代表认监委党组做了年度工作总结报告，车文毅、王大宁、谢军、顾基平副主任，刘卫军总工程师分别在会上进行了述职述廉，国家质检总局人事司按照《党政领导班子和领导干部年度考核办法（试行）》和“一报告两评议”工作要求，进行了有关测评。委机关副处级以上干部及直属单位领导班子参加了会议。(二) 程方副主任出席全国质检系统食品安全监管工作视频会议。(三) 孙大伟主任会见东方海外物流有限公司首席执行官王德成。(四) 王大宁副主任出席中组部组织的专家研讨会议。(五) 谢军副主任到认可中心进行工作调研。(六) 刘卫军会见由美国、加拿大、欧盟驻华使团、法国、荷兰、爱尔兰、澳大利亚、新西兰、阿根廷、日本和比利时等 11 个国家、地区驻华使馆、使团农业事务参赞组成的联合代表团，就新修订的《进口食品境外生产企业注册管理规定》相关议题进行了交流。国家质检总局法规司、食品局、国际司和法律部、注册部、国际部有关人员参加了会谈。

1 月 11 日　(一) 孙大伟主任出席国家质检总局传达国务院常务会议精神干部大会。(二) 党组书记孙大伟同志主持召开 2012 年认监委第一次党组会议，党组成员车文毅、程方、王大宁、谢军、顾基平出席会议。会议传达学习了国务院 1 月 11 日专题审议《质量发展纲要（2011—2020 年）》的常务会议精神；会议审议并原则通过了 2011 年全国认证认可工作会议主题报告。(三) 车文毅、王大宁副主任出席“1208”领导小组工作会议。(四) 谢军副主任会见上海市经信委副主任、上海市国防科工办主任尚玉英一行，双方就加强合作，促进实验室建设发展问题进行了会谈。总参测绘导航局、上海市质监局有关领导参加了会见，法律部、认证部、实验室部有关人员陪同会见。(五) 刘卫军总工程师陪同国家质检总局支树平局长出席日本大使馆晚宴。

1月12日—13日 认监委在京召开全国认证认可工作会议，国家质检总局支树平局长出席会议并讲话，孙大伟主任作工作报告，工业和信息化部杨学山副部长出席会议，会议由车文毅副主任主持。程方、王大宁、谢军、顾基平副主任和刘卫军总工程师各部室下属单位负责人，各直属检验检疫局，各省、自治区、直辖市和副省级城市质量技术监督局的有关代表共约250参加了会议。国家质检总局各司局、标准委、信息中心、标法中心、标研院、检科院有关负责同志和委机关副处级以上干部列席了大会开幕式。

1月13日 （一）孙大伟主任出席全国检验检疫信用AA级企业暨行业质量诚信企业经验交流会。（二）刘卫军总工程师会见德国莱茵TUV集团全球总裁曼弗雷德白莱恩（Manfred Bayerlein），双方就新领域认证、新能源应用等议题进行了交流。认可部、认证部、注册部、实验室部和国际部有关人员陪同会见。

1月16日 （一）认监委在京召开2011年工作总结会，孙大伟主任出席会议并做总结报告，会议由车文毅副主任主持。程方、王大宁、谢军、顾基平副主任，刘卫军总工程师，委机关、直属单位全体干部，委管单位领导班子共约200人参加了会议。会议期间还举行了老干部团拜会和新春联欢会。（二）车文毅副主任到中检集团宣布余师孟为中检集团监事会主席建议人选。（三）王大宁副主任出席2012年全国进出境动植物检验检疫工作会议。

1月17日 （一）孙大伟出席国家质检总局研究高技术服务业（检验检测）发展形势分析报告专题工作会议。（二）孙大伟主任走访看望老同志魏峰。（三）程方副主任出席国家质检总局各直属、挂靠单位负责人座谈会。（四）谢军副主任出席国家质检总局《质量发展纲要（2011—2020年）》贯彻落实工作汇报会议。（五）国家认监委在京召开2011年资质认定行业评审组工作总结座谈会，谢军副主任出席并讲话。来自国务院有关部委、行业协会、中国合格评定国家认可中心、认证认可技术研究所等单位的68名代表参加了座谈会。（六）顾基平到认可中心、中认大厦检查安全工作。（七）刘卫军总工程师出席认证部工作总结会议。

1月19日 （一）国家质检总局举行春节团拜会，孙大伟主任，车文毅、程方、王大宁、谢军、顾基平副主任，刘卫军总工程师和机关全体干部参加了团拜会。（二）程方副主任出席总局直属机关党委会议。

1月20日 孙大伟主任出席国家质检总局党组会。

1月21日 （一）孙大伟主任出席中办、国办在人民大会堂举行的春节团拜会。（二）车文毅副主任赴安徽芜湖与奇瑞集团董事长座谈。

1月31日 （一）程方副主任主持召开直属机关党委办公会议。（二）王大宁副主任出席国家质检总局健全检验、鉴定标准部门协调会议。（三）谢军副主任会见挪威Nemko认证机构总裁陶达轲（Dag Torvold）一行，介绍了我国认证机构管理的相关法律、法规和制度，并就国家认监委与Nemko谅解备忘录项下的合作事宜进行了交流。认可部、认证部、实验室部、国际部相关人员陪同参加了会见。（四）刘卫军总工程师出席全国信息安全标准化技术委员会主任办公会议。

1月31日—2月6日 车文毅副主任赴中检集团北美公司考核领导干部。

## 2月

2月1日 （一）谢军副主任出席国家质检总局“双打”领导小组办公室会议。（二）谢军副主任出席国家质检总局《质量发展纲要（2011—2020年）》宣贯部署专题工作会议。

2月3日 （一）孙大伟主任，程方、王大宁、谢军、顾基平副主任，刘卫军工程师和各部室领导出席国家质检总局全国质检系统党风廉政建设工作视频会议。（二）孙大伟主任出席中检集团干部大会并讲话，程方副主任宣布了集团领导班子成员调整通知。认监委办公室、国家质检总局人事司有关负责人和集团公司本部主管以上干部、各平台班子成员参加了会议。（三）刘卫军总工程师出席国家质检总局质检工作研讨会。

2月6日 （一）孙大伟主任出席国家质检总局党组会议，谢军副主任列席会议。（二）孙大伟主任、刘卫军总工程师陪同国家质检总局支树平局长会见国台办主任王毅。

2月7日 （一）孙大伟主任主持召开认监委2012年第1次委务会，车文毅、程方、王大宁、谢军、顾基平副主任，刘卫军总工程师出席会议。会议审议并原则通过了《认监委会议管理办法》审议并原则批准了2012年委会议计划、培训计划、外事计划；听取了认证部关于自愿性产品认证管理思路的汇报，讨论了自愿性产品认证的领域确定、培育发展和管理模式的相关问题，以及创新监管方式方法的可行性。各部室和下属单位负责人参加了会议。（二）孙大伟主任、车文毅副主任出席国家质检总局承担的国家软科学研究计划项目《基于质量管理体系的政府部门执行力建设研究》课题鉴定验收会议。（三）王大宁副主任出席“十五”国家科技攻关计划及“十一五”国家科技支撑计划项目成果“高级别生物安全实验室国家认可评价技术体系与应用”成果评估会议并讲话，中国科学院曾毅院士、田波院士，中国工程院徐建国院士以及来自科技部、卫生部、住建部、农业部、环保部、国家质检总局、国家标准委、中科院及北京国际医药促进会的专家共20余人参加了会议。

2月8日 (一)孙大伟主任，车文毅、程方、谢军、顾基平副主任和刘卫军总工程师出席中检集团2012年全球总经理会议。(二)王大宁副主任出席认证认可专业委及非专业委秘书处第一次会议。

2月9日 (一)孙大伟主任出席国家质检总局局长办公会议，程方副主任列席会议。(二)车文毅副主任到中检集团考核领导干部。(三)程方副主任出席国家质检总局《质量发展纲要(2011—2020年)》宣贯工作专题会议。(四)王大宁副主任会见农业部农产品安全局副局长金发钟，双方就加强认证机构管理交换了意见。(五)王大宁副主任会见商务部市场运行司副司长王斌，双方就加强认证机构管理交换了意见。(六)刘卫军总工程师赴天津出席公安部消防局消防产品强制性认证现场会议。

2月10日 (一)车文毅副主任出席信息中心2011年度总结表彰会并讲话。(二)王大宁副主任出席国家质检总局食品安全整顿工作例会。(三)刘卫军总工程师主持召开赴港CEPA补充协议宣讲暨强制性产品认证制度宣讲交流代表团预备会议。

2月13日 (一)程方副主任出席国家质检总局《产品质量检验机构工作质量分类监管办法》专题工作会议。(二)程方副主任主持召开委直属机关党委办公会议。(三)顾基平副主任出席国家质检总局督察内审司调研座谈会议。

2月13日—17日 刘卫军总工程师率团赴香港参加《CEPA补充协议八》宣讲会暨强制性产品认证制度宣讲交流工作会议。

2月14日 顾基平副主任出席国家质检总局经济责任审计工作联席会议第一次全体会议。

2月15日 车文毅、王大宁副主任到信息中心调研有机产品认证标志备案管理系统建设工作情况。

2月17日 (一)孙大伟主任出席中关村国家自主创新示范区部际协调小组第二次会议。(二)谢军副主任出席国家质检总局食品安全责任追究规定专题工作会议。

2月17日—18日 车文毅副主任赴江苏镇江出席LED照明产品质量与认证管理研讨会议并讲话。

2月17日—20日 王大宁副主任赴合肥主持召开国家质检总局科技项目《中国食品企业食品防护计划建立与实施研究》专家鉴定会。

2月18日—19日 王大宁副主任赴安徽省新安源茶叶公司有机生产基地开展调研，并就创建有机认证示范区等工作进行座谈讨论。

2月19日—25日 谢军副主任作为国际电工委员会电工产品检测认证体系(IECEE)副主席，赴瑞士日内瓦出席IECEE主席顾问委员会(CAG)和同行评审委员会(PAC)会议。

2月20日 (一)认监委召开党组理论学习中心组(扩大)会议，集中学习《质量发展纲要(2011—2020年)》。党组书记孙大伟同志作了动员讲话，国家质检总局质量司司长田世宏作了辅导报告。党组成员车文毅、程方、顾基平、刘卫军和各部室负责人、下属单位领导班子成员共60余人参加了会议。(二)孙大伟主任出席中国国际核聚变能源计划执行中心(ITER)质量管理体系认证证书授予仪式并致辞。科技部部长万钢和国际核聚变能源计划组织总干事本岛修教授出席授予仪式。(三)车文毅副主任出席国家认可委员会第二届专门委员会第二次会议并讲话。

2月21日—22日 王大宁副主任赴福建出席全国计量工作会议暨节能减排工作现场会议。

2月22日 孙大伟主任出席质检系统第二届教育培训专家学术指导委员会会议。

2月23日 王大宁副主任出席全国标准化工作会议。

2月23日—24日 程方副主任赴广东湛江出席商务部第四届亚太批发市场会议。

2月24日 (一)孙大伟主任出席国家知识产权战略实施工作部际联席会议第三次全体会议。(二)王大宁副主任出席有机产品认证行业自律座谈会议并讲话。(三)刘卫军总工程师会见国际电工委员会(IEC)副主席及IEC合格评定局(IEC/CAB)主席Hiromichi Fujisawa先生以及国际电工委员会电子元器件质量评定体系(IECQ)和国际电工委员会防爆电气安全认证体系(IECEx)体系执行秘书Chris Agius先生一行，双方就IEC合格评定体系的未来发展以及中国广泛参与交换了意见。国际部、认证部有关人员陪同会见。

2月26日 谢军副主任出席中国电子科技集团成立十周年暨总结大会。

2月27日 (一)孙大伟主任出席2012年全国打击走私综合治理部际联席会议。(二)车文毅副主任出席全国质检系统执法打假工作会议。(三)车文毅副主任出席国家质检总局保密委员会工作会议。

2月27日—28日 王大宁副主任赴上海出席上海检验检疫局与光明食品集团举行"传递信任，服务发展，推进食品产业国际化战略合作"签约仪式并致辞。

2月27日—29日 刘卫军总工程师赴湖北武汉出席全国产品质量监督工作会议。

2月28日 (一)孙大伟主任出席中俄旅游年中方组委会第一次会议。(二)孙大伟主任，车文毅、谢军副主任出席全国质量监督检验检疫法制工作视频会议。(三)顾基平副主任出席国家质检总局审计工作通报会议。

2月29日　(一)车文毅副主任出席国家行政机关质量管理体系理论与实践研究课题统稿会议。(二)车文毅副主任出席认证认可职业资格建设工作会议。(三)车文毅、王大宁副主任出席有机产品认证工作应急领导小组会议。(四)王大宁副主任主持召开碳排放认证认可制度建设总体工作组会议,委相关部门及下属单位工作组成员共20人参加会议。(五)谢军副主任出席国家质检总局中国工业经济行业企业社会责任报告专题工作会议。

2月29日—3月1日　谢军副主任赴太原出席山西省认证认可协会成立大会并讲话。

## 3月

3月1日　(一)孙大伟主任会见中国船级社总裁孙立成,车文毅副主任和认可部有关负责人陪同会见。(二)孙大伟主任出席援外部际协调机制第二次全体会议。

3月2日　(一)程方副主任主持召开机关党委办公会议。(二)谢军副主任赴杭州出席浙江省质检院(浙江方圆检测集团)举办的"2012检测机构发展论坛"并发表了主题演讲。

3月5日　(一)党组书记孙大伟同志主持召开认监委2012年第2次党组会议,党组副书记车文毅同志和党组成员程方、王大宁、谢军、刘卫军同志出席会议。会议听取了机关党委关于深化创先争优活动、开展"下基层"活动实施方案的汇报,并原则同意按方案执行;听取了法律部关于认证认可与相关法律法规立法协调工作的汇报。办公室、机关党委、法律部负责人列席会议。(二)孙大伟主任会见江西省副省长朱虹,双方就江西质监检测基地、食品安全监管能力建设等事宜交换了意见。(三)王大宁副主任会见美国全球食品安全与信任认证机构(SQFI)副主席罗伯特先生,双方就食品安全相关议题进行了交流。

3月5日—9日　车文毅副主任赴扬州出席江苏省认证监管工作会议并讲话。会后,车文毅副主任赴扬州、无锡等地调研实验室建设工作。

3月6日　谢军副主任赴总参测绘导航局出席业务交流活动,交流期间谢军副主任参观了中国人民解放军测绘史馆,听取了总参测绘导航局导航定位办关于我国北斗卫星导航定位工程的有关工作介绍,并就双方下一步如何在我国北斗卫星导航定位检测认证工作方面实现"军民融合、军管民用"的发展合作模式进行了探讨。总参测绘导航局薛贵江局长出席了交流会。

3月6日—8日　刘卫军总工程师赴广州出席强制性产品认证工作专项研讨会议并讲话。在粤期间,刘卫军总工程师还就强制性产品认证工作进行了调研,认证部有关人员陪同参加了调研。

3月7日　(一)王大宁副主任出席国家质检总局科技委专业委主任委员会议。(二)谢军副主任出席实验室检测资源共享平台专题会议。(三)谢军副主任出席国家质检总局争创"全国质量强市示范城市"活动方案讨论会议。

3月7日—8日　王大宁副主任赴贵阳出席检验检疫标准化专业委年度工作会议并讲话。

3月8日　程方副主任到认可中心、信安中心商谈认监委开展"深入创先争优开展下基层活动"工作安排。

3月9日　(一)孙大伟主任出席国家质检总局党组会议。(二)程方副主任到中检集团中国质量认证中心商谈认监委"深入创先争优开展下基层活动"工作安排。(三)刘卫军总工程师出席2011年度全国信息安全标准化技术委员会全体委员会议。(四)刘卫军总工程师主持召开赴台人员工作预备会议。

3月12日　(一)孙大伟主任陪同国家质检总局支树平局长会见山东省常委、青岛市委书记李群,谢军副主任陪同会见。(二)孙大伟主任会见甘肃省副省长虞海燕,双方就进一步支持甘肃藏区、少数民族贫困地区质监系统建设等问题进行了交流。

3月13日　(一)王大宁副主任陪同国家质检总局蒲长城副局长会见陕西省副省长李金柱。(二)刘卫军总工程师出席国家质检总局综合业务专题工作会议。(三)刘卫军总工程师陪同国家质检总局魏传忠副局长会见阿盟工矿组织总干事穆罕默德·本·优素福。

3月13日—14日　谢军副主任赴上海出席国家信息传输线质检中心论证会议并讲话。在沪期间,谢军副主任还赴上海计量测试院进行调研。

3月14日　程方副主任出席总局部署中央国家机关党代表会议代表推荐工作会议。

3月15日　(一)孙大伟主任出席国家质检总局局长办公会议,程方副主任列席会议。(二)孙大伟主任出席国家质检总局党组会议。(三)车文毅副主任、刘卫军总工程师出席南京信息职业技术学院与中检集团中国质量认证中心联合办学座谈会议。(四)谢军副主任赴成都对食品检验机构资质认定进行督导。在蓉期间,谢军副主任还出席了公安部四川消防研究所暨国家防火建筑材料质量监督检验中心迁址庆典并致辞。(五)刘卫军总工程师出席强制性产品认证指定机构专项监督会议并讲话。

3月15—16日　王大宁副主任赴珠海出席进口食品境外企业注册研讨会并讲话。

3月16日　(一)程方副主任主持召开委机关各部室落实全国认证认可工作部际联席会议有关会议事项专题

工作会议。(二)程方副主任出席国家质检总局节能减排工作组成员单位工作会议。(三)谢军副主任主持召开技术检测服务业统计调查专题会议。

3月19日　(一)党组书记孙大伟同志主持召开认监委2012年第3次党组会议。党组副书记车文毅同志和党组成员程方、王大宁、谢军、刘卫军同志出席会议。会议传达了国家质检总局关于认真学习"两会"精神的要求;研究并原则同意了实验室部内设处的调整问题,明确了国家质检总局绩效管理有关工作由办公室(人事部)牵头办理,督查内审有关工作由财务部牵头办理;听取了人事部关于委机关2011年绩效考核工作情况的汇报;听取了办公室(人事部)关于2011年度委机关和直属单位干部考核工作的汇报;研究了有关干部人事工作。办公室、机关党委、机关纪委负责人列席了会议。(二)王大宁副主任出席国家质检总局与欧盟委员会消保总司第七次高层会议筹备会议。

3月20日　王大宁副主任出席国家质检总局与欧委会消保总司第七次高层会议。

3月20日—21日　谢军副主任赴深圳出席全国质检系统质量管理工作会议。

3月20日—23日　车文毅副主任赴云南出席特种设备理事会议。

3月21日—23日　孙大伟主任赴安徽出席全国进出口商品检验监管工作会议,安徽省副省长花建慧出席会议并讲话。在皖期间,孙大伟主任一行赴芜湖奇瑞汽车股份有限公司,实地考察了奇瑞公司第二发动机厂、技术工程院碰撞实验室、第三总装厂、汽研院造型室,并认真听取了有关情况汇报。

3月22日　(一)认监委在京举办"专家公开课",中国工程院院士、清华大学公共安全研究院院长范维澄教授以"公共安全和应急管理"为主题作了讲座。王大宁副主任、刘卫军总工程师和来自国家质检总局机关、委机关和下属单位的近150人参加了讲座。(二)谢军副主任出席2012年全国特种设备安全监察工作会议。(三)谢军副主任出席食品复检机构领导小组会议。

3月22日—23日　程方副主任赴武汉出席中检集团中国质量认证中心2011年模范及优秀工厂检查员表彰会议并讲话。在武汉期间,程方副主任还视察了中国质量认证中心武汉分中心,与武汉大学质量发展战略研究院负责人进行了座谈。

3月23日　(一)王大宁副主任参加国家质检总局党组中心组学习。(二)谢军副主任出席检测机构专题工作会议。

3月26日　(一)孙大伟主任出席国家质检总局党组民主生活会议。(二)程方副主任主持召开机关党委办公会议。(三)谢军副主任出席IEC中国国家委员会秘书处工作会议。(四)刘卫军总工程师陪同国家质检总局副局长蒲长城会见瑞士经济事务秘书总局局长、国务秘书玛丽·加布里埃尔·茵艾辛。

3月27日　(一)孙大伟主任出席国家质检总局局务会议,车文毅副主任列席会议。(二)孙大伟主任、车文毅副主任出席国家质检总局党风廉政建设领导小组会议。(三)程方副主任出席国家质检总局节能减排工作组成员单位会议。(四)认监委在京召开"质检系统有机产品认证新制度宣贯视频会",王大宁副主任出席会议并讲话。认可中心、认证认可协会、信息中心、研究所和有机产品认证机构的代表在主会场参加了会议。(五)王大宁副主任会见全球食品安全倡议(GFSI)董事会主席奕傅睿,双方就进一步加强合作交换了意见。注册部、国际部和研究所有关负责人陪同会见。(六)谢军副主任出席政府质量工作绩效考核专题工作会议。(七)谢军副主任陪同国家质检总局支树平局长会见海南省李国梁副省长。

3月28日　(一)孙大伟主任主持召开认监委2012年第2次委务会议,车文毅、程方、王大宁、谢军副主任和刘卫军总工程师出席会议。会议传达了国务院第五次廉政工作会议和国家质检总局党风廉政建设领导小组会议精神。各部室和直属单位负责人参加了会议。(二)孙大伟主任主持召开认监委2012年第1次主任办公会议,车文毅、程方、王大宁、谢军副主任和刘卫军总工程师出席会议。会议研究了北京中轻联认证中心与香港通用公证行有限公司、中检集团中国质量认证中心与香港标准及检定中心开展合作的有关问题;审议并原则通过了《铁路产品认证管理办法(送审稿)》。法律部、认可部、认证部、国际部和科标部负责人参加了会议。(三)程方副主任出席国家质检总局直属机关党委扩大会议。(四)王大宁副主任出席《国家认监委认证认可技术研究所(CCAI)和全球食品安全行动倡议(GFSI)合作谅解备忘录》签署仪式。(五)谢军副主任陪同支树平局长会见国家海洋局局长刘赐贵。

3月28日—30日　国家认监委在广西召开出入境检验检疫标准化管理工作会议,王大宁副主任出席会议并讲话。在桂期间,王大宁副主任还出席了全国农业系统"三品一标"工作会议并讲话。

3月29日　(一)孙大伟主任出席2012年中国合格评定国家认可委员会(CNAS)第二届全体委员会第三次会议并讲话,程方副主任出席会议。(二)IEC中国国家委员会秘书长、IEC理事局(IEC/CB)成员谢军副主任与来访的IEC副主席兼IEC标准局(IEC/SMB)主席吉姆·马修斯(JIM MATTHEWS)进行会谈,双方就IEC扩常政策及IEC发展纲要等议题交换了意见。(三)刘卫军总工程师出席中国建材2012“低碳安全与环保责任”宣言发布会。

3月30日　(一)孙大伟主任出席认监委管理评审会议并讲话,车文毅副主任主持会议,程方、谢军副主任和刘卫军总工程师出席会议。各部室负责人参加了会议。(二)程方副主任出席国家质检总局研究我国项目审批中涉及质检工作专题会议。(三)谢军副主任参加司局级领导干部自主选学。

3月30日—3月31日　王大宁副主任赴安徽合肥出席良好农业规范审定会议。

## 4月

4月5日—8日　程方副主任赴云南出席中国合格评定国家认可委员会第二届执行委员会战略研讨会。

4月6日　车文毅副主任出席国家质检总局召开的金质工程一期竣工验收大会。

4月6日—7日　孙大伟主任赴上海出席张江国家自主创新示范区部际协调小组第二次会议。

4月8日—10日　国家认监委在上海召开2012年能力验证工作布置和技术培训会,谢军副主任出席会议并讲话,来自能力验证承担单位、地方两局和有关行业主管部门的120名代表参加了会议。在沪期间,谢军副主任到上海市质监局就检测资源平台建设工作进行了调研,视察了上海检验检疫局保健中心。

4月9日　(一)孙大伟主任出席国家质检总局局务会议,车文毅副主任列席会议。(二)车文毅副主任会见西藏出入境检验检疫局副局长卓玛。

4月9日—10日　认监委在京召开强制性产品认证工作会议,孙大伟主任、刘卫军总工程师和公安部消防局杜兰萍总工程师出席会议并讲话。来自公安部、农业部、国家食品药品监督管理局、中国石油和化学工业联合会、中国电器工业协会、中国家用电器协会、中国照明电器协会等行业主管部门和协会应邀出席会议,各强制性产品认证指定认证机构和指定实验室、各强制性产品认证技术专家组、信息中心、研究所、认可中心、认证认可协会的代表共约300人参加会议。

4月10日　(一)车文毅、程方、王大宁副主任,刘卫军总工程师和机关副处级以上干部出席国家质检总局传达贯彻中央文件精神领导干部大会。国家质检总局干部大会后,党组副书记车文毅立即主持召开委党组会议,进一步领会中央精神,统一思想。(二)程方副主任会见德国TUV NORD集团主席盖多·莱提格一行,双方就新认证领域的合作问题交换了意见。(三)程方副主任在国家质检总局政务大厅向北京国体世纪体育用品质量认证中心有限公司换发新版《认证机构批准书》。

4月10日—6月13日　孙大伟主任参加国防大学省部级干部培训班学习。

4月11日　(一)孙大伟主任,车文毅、程方、王大宁、谢军、顾基平副主任和刘卫军总工程师出席国家质检总局党员领导干部大会。(二)车文毅副主任出席2012年委保密委员会第一次全体会议。

4月12日—13日　(一)车文毅副主任赴江苏出席江浙沪长三角地区认证认可研讨会议并讲话。(二)国家认监委在京召开2012年全国认证机构管理工作会议,程方副主任出席会议并讲话,来自认可中心、认证认可协会和174家认证机构的324名中外代表参加了会议。

4月16日　(一)车文毅副主任主持召开国际认可日主题活动专题工作会议,办公室、认可部、认证部、国际部有关负责人参加会议。(二)程方副主任主持召开研究落实国务院有关领导批示专题会议,各部室有关负责人参加会议。(三)王大宁副主任陪同国家质检总局支树平局长会见爱尔兰农业食品和海事部部长西蒙·科文尼。

4月17日　(一)孙大伟主任出席国家质检总局科技委全体会议暨科技表彰大会并讲话,王大宁副主任出席会议。(二)程方副主任走访部际联席会议成员单位农业部及农业部农产品质量安全中心。(三)王大宁副主任出席国家质检总局科技委认证认可专业技术委员会2012年首次会议并讲话。(四)谢军副主任出席国家质检中心白皮书审定会并讲话。(五)谢军副主任出席国家质检总局工业明胶专题工作会议。

4月18日　(一)车文毅副主任赴安徽合肥出席质检系统教育培训专家指导委员会工作会议。(二)谢军副主任赴天津为国家质检总局《质量发展纲要》宣贯培训班学员授课。(三)刘卫军总工程师主持召开赴台出访预备会议,办公室、认证部、实验室部、国际部有关负责人参加会议。

4月19日　(一)谢军副主任陪同国家质检总局刘平均副局长会见宁夏副主席李锐。(二)谢军副主任出席国家质检总局工业明胶专题工作会议。(三)刘卫军总工程师出席国家质检总局中美贸易专题工作会议。

4月19日—20日　(一)车文毅副主任赴江苏苏州出席中检集团与UL跟踪检验委托协议签字仪式。(二)认监委在京召开2012年党建和纪检监察工作会议,程方副主任和国家质检总局直属机关党委常务副书记朱光沛出席会议并讲话。认监委直属机关党委委员、直属机关纪委委员,各部室、服务中心、信息中心、研究所(总支)书记,委管单位党委(总支)书记、纪委书记和党办、监察室负责同志共40多人参加了会议。

4月19日—27日　王大宁副主任赴江苏出席国家质检总局2012年度高级专业技术职务任职资格评审会议,在江苏期间,王大宁副主任还到认监委下基层联系点江苏扬州玩具检测中心调研。

4月20日　谢军副主任陪同国家质检总局刘平均副局长会见安徽省副省长花建慧。

4月23日　（一）车文毅副主任陪同国家质检总局支树平局长会见匈牙利地方发展部部长法泽考什·山道尔。（二）车文毅副主任主持召开认监委2012年第3次委务会议，程方、谢军副主任出席会议。会议对《有机产品认证管理办法（修订送审稿）》进行了讨论审议；通报了近期有关媒体报道北京市室内空气质量检测市场的相关情况及问题检测机构的调查情况。各部室和服务中心、信息中心、研究所的负责人参加会议。

4月23日—29日　孙大伟主任率领大陆质检代表团出席在台湾花莲召开的“海峡两岸第三届标准检验认证认可消费品安全研讨会”并在开幕式上致辞，刘卫军总工程师参加赴台交流活动。在台期间，孙大伟主任还会见了台湾海基会董事长江丙坤。

4月24日　车文毅副主任陪同国家质检总局支树平局长会见印尼农业部长苏斯沃诺。

4月26日　（一）认监委召开干部警示教育会议，程方副主任出席会议，认监委全体干部参加会议。（二）谢军副主任出席上海市政府与总参就北斗星卫星导航系统合作框架协议签字仪式。

4月27日　（一）谢军副主任主持召开委工业明胶专题工作会议。（二）谢军副主任出席国家质检总局食品安全工作例会。

4月28日—5月1日　谢军副主任赴四川西昌出席北斗星卫星导航系统建设相关活动，并在西昌卫星发射基地现场观摩了第十二、第十三颗北斗导航卫星“一箭双星”发射。

## 5月

5月4日　（一）车文毅、程方副主任出席认监委直属机关党委2012年第2次党委会议。（二）程方副主任召集各部室负责同志商谈认监委廉政风险防控体系建立有关工作。（三）程方副主任出席国家质检总局直属机关青年五四奖章表彰会议。（四）王大宁、谢军副主任和刘卫军总工程师出席全国认证认可标准化技术委员会第九次全体委员会议。

5月7日　（一）程方副主任与国家林业局商谈联合开展森林认证项目实施效果评估评价工作的有关事宜。（二）谢军、顾基平副主任和刘卫军总工程师率领委乒乓球队参加国家质检总局京区系统乒乓球比赛。

5月8日　（一）程方副主任主持召开认监委廉政风险防控体系工作推进会议。（二）程方、王大宁、顾基平副主任，刘卫军总工程师和机关副处级以上干部参加国家质检总局党组中心组学习（扩大）暨第一次质检大讲堂。（三）谢军副主任参加中央国家机关司局级领导干部自主选学。（四）顾基平副主任参加国家质检总局京区系统乒乓球比赛颁奖活动，认监委获团体总分第一名。

5月8日—9日　国家认监委在四川成都召开认证认可年鉴工作会议，车文毅副主任出席会议并讲话。来自认监委下属单位，各直属检验检疫局，各省、自治区、直辖市质监局，部分认证机构以及《中国认证认可年鉴》编辑部的代表共80余人参加会议。

5月9日　（一）程方副主任主持召开委主任专题会议，学习《<质量发展纲要>行动计划》和贯彻落实国家质检总局支树平局长关于组织开展质检领域质量安全风险排查专项整治的重要讲话精神，谢军副主任出席会议。（二）谢军副主任参加中央国家机关司局级领导干部自主选学。（三）刘卫军总工程师会见广州市质监局局长梁建清，双方就采用认证认可手段支持广州南沙新区发展的政策措施交换了意见。

5月10日　（一）车文毅副主任与昆山市政府商谈服务外包认证示范区建设相关事宜。（二）车文毅副主任、刘卫军总工程师与无锡检验检疫局商谈强制性产品认证相关事宜。

5月11日　（一）孙大伟主任、车文毅副主任出席认证认可协会二届三次理事会暨第三次常务理事会会议。（二）谢军副主任赴天津出席国家电子功能及辅助材料质检中心筹建论证会议。（三）刘卫军总工程师主持召开中韩合格评定分委会筹备会议，认证部、实验室部、国际部有关负责人参加会议。（四）刘卫军总工程师主持召开赴美团组预备会议，认可部、国际部有关负责人参加会议。

5月14日　（一）程方副主任赴上海出席上海市经济团体联合会和上海市工业经济联合会共同举行的2012年上海企业社会责任报告发布会并致辞。（二）王大宁副主任陪同总局支树平局长会见智利农业部长路易斯·马维尔。（三）王大宁副主任出席碳排放认证认可制度建设工作组会议。

5月14日—18日　刘卫军总工程师参加中央国家机关司局级领导干部自主选学。

5月15日　（一）王大宁副主任陪同国家质检总局支树平局长会见马来西亚农业部长拿督斯里诺·宾·诺奥玛。（二）谢军副主任列席国家质检总局局长办公会议。

5月16日　程方副主任出席认证认可协会承办的GB/T 19004宣贯材料审定会议。

5月16日—17日　（一）车文毅副主任赴浙江嘉兴商谈海水淡化相关事宜。（二）谢军副主任赴上海出席食品添加剂督查动员会议。

5月17日 （一）孙大伟主任会见蒙古国技术监督总局局长索德克呼并签署《在检验检疫领域的技术合作协议》。（二）孙大伟主任出席发展中国家进出口商品质量检验官员研讨班结业仪式。（三）程方副主任会见江苏检验检疫局、扬州市经济技术开发区领导商谈"认证认可工作联系点"事宜。（四）顾基平副主任出席2012年中国国际体育用品博览会开幕式。

5月18日 （一）车文毅副主任出席质检系统国务院特聘专家评审会议。（二）程方副主任会见瑞士通标标准技术服务有限公司（SGS）执行副总裁弗朗西斯·马蒂（Francois Marti）一行，双方就新认证领域拓展以及SGS在华业务开展等情况进行了交流。认可部、注册部和国际部有关负责人陪同会见。（三）谢军副主任赴上海参加泛长三角检验检疫认证执法监管区域联动机制座谈会及上海检验检疫《质量发展纲要》暨认证执法监管培训会议。

5月20日 孙大伟主任和谢军副主任赴天津出席联合国教科文组织政府间海洋学委员会和世界气象组织亚太区域海洋仪器检测评价中心揭牌仪式。

5月21日 （一）王大宁副主任出席国家质检总局酒类监管与执法打假工作专题会议。（二）刘卫军总工程师出席国家质检总局研究部署质量安全风险排查整治和道德领域突出问题专项教育治理活动四个工作组细化方案专题会议。（三）刘卫军总工程师到信安中心调研信息安全产品认证工作开展情况。

5月21日—25日 谢军副主任参加中央国家机关司局级领导干部自主选学。

5月22日 （一）车文毅副主任赴江苏南京出席信息中心南京子公司筹建论证会。（二）程方副主任出席国家质检总局第31次食品安全整顿工作例会。（三）王大宁副主任出席2012年度国家质检总局申报国家科学技术奖励项目汇报会议。（四）谢军副主任出席国家质检总局《贯彻实施质量发展纲要2012年行动计划》工作座谈会议。

5月23日 （一）程方副主任到机关党委宣布机关党委专职副书记和机关纪委书记人事任免决定。（二）王大宁副主任陪同支树平局长会见阿根廷农牧渔业部部长诺贝尔托·亚乌哈尔。（三）顾基平副主任到财务部宣布主要负责人人事任免决定。（四）刘卫军总工程师到公安部消防局商谈交流工作。

5月23日—25日 车文毅副主任赴江苏昆山出席花桥国际商务城服务外包认证国家示范区建设推进会，并见证了"服务外包认证国家示范区建设方案"签字仪式。

5月24日 孙大伟主任陪同支树平局长赴广东出席广州海关、广东检验检疫局"三个一"通关模式试点启动仪式。海关总署署长于广洲、广东省副省长招玉芳、海关总署副署长吕滨出席启动仪式。在粤期间，中央政治局委员、广东省委书记汪洋会见了支树平一行。

5月24日—25日 王大宁副主任赴上海出席第六届有机产品博览会和中欧有机产品论坛，在沪期间，王大宁副主任还出席出口食品生产企业备案的技术审核中采信等效的第三方认证结果研讨会并讲话。

5月25日 刘卫军总工程师出席国家质检总局查处汽油机助力自行车专题工作会议。

5月26日 程方副主任出席中国工业经济联合会举办的2012年工业企业社会责任报告发布会。

5月28日 （一）车文毅副主任主持召开认监委副处以上干部会议，程方、王大宁、谢军、顾基平副主任和刘卫军总工程师出席会议。（二）车文毅副主任出席国家质检总局直属机关工会和认监委工会联合举办的太极拳知识普及讲座。（三）王大宁副主任会见国际分析与测试材料协会（ASTM）副总裁特丽莎一行，双方就国家认监委组织检验检疫标准化专家参与ASTM工作进展进行了交流，并就深化双方合作交换了意见并初步达成一致。（四）顾基平副主任出席认监委信息化工作领导小组第八次会议。

5月29日 （一）孙大伟主任出席国家发展改革委研究落实国务院常务会议精神会议。（二）车文毅副主任出席认监委信息化工作领导小组第八次会议。（三）程方副主任出席认监委廉政风险防控体系建设联络员工作会议。

5月29日—30日 孙大伟主任出席中央国家机关党代表会议。

5月29日—31日 国家认监委在陕西西安召开质监系统2012年第二季度认证认可业务工作会议，谢军副主任出席会议并讲话。来自司法部，委机关，各省、自治区、直辖市和沈阳、西安、成都、南京市质监局，深圳市市场监督管理局，食品等5个计量认证行业评审组以及24个承担2012年强制性产品认证监督抽查任务的指定实验室共计约120名代表参加了会议。在陕西期间，谢军副主任还走访了陕西检验检疫局，视察了中检集团陕西公司、中国质量认证中心西安分中心、陕西检验检疫局检测中心和第四军医大学司法鉴定中心。

5月29日—6月1日 （一）王大宁副主任赴浙江省武义县调研有机产品认证示范创建区申报工作，并听取武义县人民政府相关工作汇报。浙江省质监局，武义县农业、环保、工商等多部门代表参加了汇报会。（二）中韩合格评定分委会第九次会议在成都举行，刘卫军总工程师带队出席会议并讲话，韩方由韩国技术标准院（KATS）技术标准政策局崔炯基局长率团参会。

5月30日 （一）车文毅副主任主持召开第五届世界认可日中国论坛筹备会议，程方副主任出席会议。（二）车文毅副主任出席国家质检总局人事司有关会议。(三)车文毅副主任陪同国家质检总局支树平局长会见以色列工业贸易和劳动部部长沙洛姆·西蒙。(四)程方副主任会见英国标准协会(BSI)首席执行官霍华德·克尔(Howard Kerr)一行，双方就认证认可领域的新发展以及加强合作等内容进行了交流。

5月31日　车文毅、程方、顾基平副主任和机关全体干部参加国家质检总局党组中心组第三次学习(扩大)暨第二次质检大讲堂。

## 6月

6月1日　(一)孙大伟主任陪同国家质检总局支树平局长会见中编办主任王东明。(二)车文毅副主任出席国家质检总局部署排查自身工作和队伍建设安全风险专题工作会议。(三)刘卫军总工程师会见美国国家标准学会(ANSI)副主席加里·库什尼尔(Gary Kushnier)一行，双方就合格评定信息平台的启动等情况进行了交流，并就深化双方合作交换了意见。

6月4日　车文毅副主任主持召开2012年认监委第4次委务会议，程方、王大宁、谢军、顾基平副主任和刘卫军总工程师出席会议。会议审议并原则通过了《认监委关于认证机构履行社会责任的指导意见(送审稿)》；讨论了《认证认可行风建设指导意见(送审稿)》；审议并原则通过了《关于组建认证认可志愿者队伍的通知(送审稿)》；传达了国家质检总局关于开展质量安全风险排查整治和道德领域突出问题专项教育治理活动的有关要求；会议要求各部门着手梳理上半年工作。各部室和下属单位负责人参加了会议。

6月5日　(一)车文毅副主任主持召开传达国家质检总局有关会议精神专题会议，程方、王大宁、谢军、顾基平副主任和刘卫军总工程师出席会议。(二)王大宁副主任会见全球良好农业规范(GLOBAL G.A.P)主席奈杰尔(Nigel)一行，双方就良好农业规范在中国推广应用等议题交换了意见。注册部、国际部和研究所有关负责人陪同会见。(三)刘卫军总工程师主持召开参加国际电工委员会IEC/CAB代表团出访前准备会。

6月6日　(一)车文毅、顾基平副主任出席国家质检总局食品安全整顿工作例会。(二)谢军副主任出席国家建筑防火产品安全质量监督检验中心筹建论证会议并调研。(三)刘卫军总工程师出席国家质检总局研究“挺港”政策措施专题工作会议。

6月6日—8日　认监委在辽宁大连召开检验检疫系统2012年第二季度认证认可工作会议，王大宁副主任出席会议并讲话。来自各直属检验检疫局、部分强制性产品认证指定实验室的约120名代表参加了会议。

6月7日　(一)孙大伟主任，车文毅、程方副主任和刘卫军总工程师陪同国家质检总局支树平局长到认可中心调研。(二)程方副主任出席国家质检总局“洋品牌”整治专题工作会议。(三)顾基平副主任出席国家质检总局职业分类大典编纂专题工作会议。(四)谢军副主任出席由上海市质监局和上海市闸北区人民政府联合举办的“传递信任、服务发展”——打造检验检测认证服务高地，助推上海创新驱动转型发展，“国际认可日”上海主题活动并讲话。

6月8日　(一)程方副主任出席国家质检总局风险排查工作会议。(二)谢军副主任在沪出席由上海检验检疫局举办的“传递信任，服务发展——推进认证认可，夯实质量基础”“国际认可日”上海主题系列活动，并为进口免办CCC诚信企业和认证行业公信力特约督察员颁证。(三)刘卫军总工程师出席中国质量协会常务理事会议。

6月8日—9日　顾基平副主任赴西安对强制性产品标志中心陕西分中心进行调研。

6月9日　国家质检总局、国家认监委在京举办世界认可日主题活动，全国人大常委会副委员长华建敏、国家质检总局支树平局长、认监委孙大伟主任、标准委陈钢主任、中国合格评定国家认可委员会王凤清主任出席活动并讲话，大会由车文毅副主任主持。程方、谢军副主任参加了活动。中国科学院院士、中国合格评定国家认可委员会资深顾问曾毅，来自住建部、环保部以及合格评定机构的代表，围绕“传递信任，服务发展——推进认证认可，夯实质量基础”主题，分别从各自的角度进行了演讲。来自国家质检总局有关司局、认监委、标准委及全国认证认可工作部际联席会议成员单位、认证认可从业机构、企业和社会各界的代表300余人参加了本次活动。

6月9日—16日　刘卫军总工程师率团赴美国访问美国商务部，与美国商务部副部长助理克雷格·艾伦共同主持了中美认证认可工作组成立会议，并出席中美认证认可及市场准入研讨会以及房车、摩托车认证制度说明会。在美期间，刘卫军总工程师与美国标准学会(ANSI)共同开通了中美认证认可信息平台，并出席了国际电工委员会合格评定局(IEC/CAB)会议。

6月10日　谢军副主任出席2012中国北京国际节能环保展览会暨2012年全国节能宣传周启动仪式，并参观了节能环保展。

6月11日　(一)车文毅副主任赴杭州市上城区考察调研政府管理创新与公共服务标准化工作并讲话。(二)程方副主任主持召开委基层组织建设年整改工作推进会议。(三)王大宁副主任出席国家质检总局全国质检系统千家食品企业质量安全共承诺视频会议。(四)谢军副主任出席国家质检总局政府质量工作绩效考核专题会议。（五）顾基平副主任出席国家质检总局2012年公共机构节能宣传周活动启动仪式。

6月12日　（一）王大宁副主任陪同国家质检总局支树平局长会见欧委会农业与乡村发展委员乔罗什。（二）王大宁副主任出席“十二五”国家科技支撑计划“支撑认证认可的评价分析、检测验证与有效性保障技术研究与示范”项目启动会并讲话。

6月12日—16日　谢军副主任赴美国波士顿出席国际电工委员会理事局会议（IEC/CB）会议。

6月14日　（一）车文毅副主任赴河北廊坊调研玩具强制性产品认证监管工作。（二）程方副主任主持召开认监委干部会议传达中纪委有关精神，王大宁、顾基平副主任出席会议。（三）程方副主任会见中办机要局领导商谈《电子文件管理“十二五”规划》有关工作。

6月14日—15日　孙大伟主任赴海南宣布海南检验检疫局主要领导任免决定。期间，会见了海南省委常委、组织部长李秀领，海南省副省长李国梁。

6月16日—17日　孙大伟主任赴厦门出席第四届海峡论坛。期间，会见了福建省委书记孙春兰、省长苏树林。

6月18日　刘卫军总工程师出席国家质检总局汽车“三包”专题工作会议。

6月18日—20日　孙大伟主任赴南京出席新能源认证检测人才培养战略研讨会、南京经济技术开发区科技创新与现代服务业重大项目签约仪式，与江苏省人民政府副省长史和平一同为中国质量认证中心与南京信息职业技术学院合作建立的“中认新能源技术学院”和“中认南信实验室”揭牌。车文毅副主任陪同出席活动。在江苏期间，孙大伟主任会见了江苏省省长李学勇，省委常委、南京市委书记杨卫泽，并赴江苏检验检疫局轻工产品与儿童用品检测中心、江苏检验检疫光电产品检测中心进行调研。

6月19日—20日　谢军副主任赴天津出席华北五省市区质监系统认证执法监管区域联动机制启动仪式暨第一次联席会议并讲话。来自北京、天津、河北、山西、内蒙古质监系统的代表出席了会议。

6月20日　程方副主任赴信安中心调研队伍建设风险排查整治与道德领域突出问题专项教育治理和基层组织建设年开展情况，机关党委、机关纪委负责同志陪同调研。

6月21日　（一）程方副主任与陕西洋县人民政府领导就在洋县建立“认证认可工作联系点”进行会谈。（二）王大宁副主任出席中国国际贸易促进委员会举办的“可持续发展、服务业的发展机遇”2012中外服务贸易企业洽谈会。

6月24日—30日　IECEE副主席，谢军副主任率团赴英国伦敦出席IECEE管理委员会（IECEE/CMC）2012年年会。

6月25日　顾基平副主任到服务中心宣布服务中心主要领导任免决定。

6月26日　（一）孙大伟主任出席国务院听取中新双边合作联委会第九次会议、苏州工业园区中新联合协调理事会第十四次会议及中新天津生态城联合协调理事会第五次会议筹备工作情况汇报会议。（二）车文毅副主任主持召开2012年认监委第2次主任办公会议，程方、王大宁、顾基平副主任和刘卫军总工程师出席会议。会议听取了财务部关于委2013年预算“一上”项目编制情况的报告，并对项目内容进行了研究讨论。办公室、机关纪委、财务部负责人参加了会议。（三）车文毅副主任出席总局“两个专项行动”领导小组会议。（四）程方副主任到认可中心进行队伍建设“两个专项行动”座谈调研。

6月27日　（一）孙大伟主任出席国家质检总局局务会议，车文毅副主任列席会议。（二）车文毅副主任会见中粮集团副总裁万早田一行，双方就“GFSI（全球食品安全倡议）中国日活动”筹备工作进行了研讨。注册部相关人员参加了会谈。（三）刘卫军总工程师出席首届“认可杯”篮球邀请赛颁奖仪式并讲话。

6月27日—7月2日　孙大伟主任率团赴美国出席国家质检总局、美国消费品安全委员会、欧洲委员会健康与消费者保护总司及欧洲委员会企业与工业总司共同在美国马里兰州贝赛斯达市举行的第三届中美欧三方消费品安全峰会。

6月28日　党组副书记车文毅主持认监委党组中心组学习，党组成员程方、王大宁、顾基平和刘卫军同志参加学习。

6月28日—30日　程方副主任带队赴江苏，分别与扬中市人民政府和扬州经济开发区管理委员会签署“认证认可工作联系点合作备忘录”。在江苏期间，程方副主任还到江苏检验检疫局轻工产品与儿童用品检测中心（扬州）、国家中低压配电设备质量监督检验中心（镇江）、扬中市质监局、扬州检验检疫局扬州经开区办事处等进行调研。

6月29日　（一）车文毅副主任赴湖北武汉参加信息中心党总支“弘扬首义精神，重温入党誓词”基层学习活动。（二）认监委在京举办国家行政机关风险管理专题培训，王大宁副主任出席会议并讲话，上海质量科学研究院王金德副院长作为专家为培训班授课。来自各部室和下属单位的40余名代表参加了培训。（三）王大宁副主任出席国家质检总局“党旗下的质检人——十七大以来质检系统党建成果展”开幕式。

## 7月

7月2日—3日　刘卫军总工程师赴福建出席认证认可协会宣传工作座谈会暨通讯员网络会议并讲话。

7月2日—6日　王大宁副主任参加中央国家机关司局级领导干部自主选学。

7月3日　孙大伟主任会见英国标准协会（BSI）新任主席大卫·布朗爵士（Sir David Brown）一行，双方就认证认可领域的相关议题进行了广泛深入的交流。程方副主任陪同会见。

7月4日　（一）孙大伟主任赴信息安全认证中心宣布主要负责人任免决定。（二）车文毅副主任陪同国家质检总局支树平局长会见保加利亚新任驻华大使舒邱尔利埃夫。（三）程方副主任主持召开队伍建设风险分析座谈会议。（四）顾基平副主任出席机关服务中心中认物业公司举办的“厨房开放日”活动。

7月5日　（一）孙大伟主任出席国家质检总局局长办公会议，车文毅副主任列席会议。（二）孙大伟主任出席国家质检总局党组会。（三）孙大伟主任会见台塑集团南亚公司资深副总经理林丰钦。

7月5日—6日　谢军副主任赴济南出席国家重型汽车质检中心筹建专家论证会议。

7月6日　车文毅副主任主持召开职业大典工作专题会议。

7月6日—7日　孙大伟主任出席全国科技创新大会。

7月9日　（一）孙大伟主任，车文毅、王大宁、谢军、顾基平副主任参加国家质检总局党组中心组学习（扩大）暨第三次质检大讲堂活动。（二）孙大伟主任会见朝鲜质量管理委员会委员长崔光来一行，刘卫军总工程师陪同会见。会见后，刘卫军总工程师陪同朝鲜代表团参观北京第一机床厂。

7月9日—10日　程方副主任率队赴陕西与洋县人民政府签署认证认可工作联系点合作备忘录。

7月10日　（一）认监委召开传达贯彻《国务院关于加强食品安全工作的决定》精神专题会议，车文毅、王大宁、谢军副主任出席会议。（二）车文毅副主任主持召开《国家行政机关质量管理体系实践丛书》审定会议 。（三）王大宁副主任宣布科标部领导人事任免决定。（四）刘卫军总工程师与认证认可协会商谈有关工作。

7月11日　（一）孙大伟主任会见美国卡特比勒全国再制造和零部件事业部总裁格雷格·弗雷。（二）谢军副主任出席国家质检总局两个专项整治工作专题会议。

7月12日—13日　认监委在京召开2012年上半年工作总结会议，孙大伟主任出席会议并作总结讲话，会议由车文毅副主任主持。程方、王大宁、谢军、顾基平副主任和刘卫军总工程师和各部室、下属单位负责人出席会议。

7月15日　顾基平副主任参加财务部党支部与中检集团财务部党支部开展的支部共建主题教育活动，赴河南洛阳八路军办事处参观学习。

7月15日—18日　中俄总理定期会晤委员会经贸分委会中俄标准计量认证和检验监管常设工作组第十次会议在海南三亚举行。常设工作组中方主席、国家质检总局副局长、国家认监委主任孙大伟率中国代表团参会，与工作组俄方主席、俄罗斯技术调节和计量署副署长扎日高尔金共同主持了会议。海南省委常委、副省长、三亚市委书记姜斯宪出席会议相关活动。

7月16日　刘卫军总工程师陪同国家质检总局支树平局长会见澳门特别行政区行政长官崔世安。

7月17日　（一）车文毅副主任主持召开认监委干部会议，程方、王大宁、谢军、顾基平副主任出席会议。（二）谢军副主任出席国家质检总局“质量月”活动领导小组办公室会议。（三）谢军副主任主持召开认监委“质量月”活动专题会议。

7月17日—19日　王大宁副主任赴山西广灵出席山西省质监局召开的山西省有机产品认证示范县创建工作动员大会并讲话。会后，王大宁副主任还考察了有机食品生产企业。

7月17日—21日　刘卫军总工程师率队赴浙江、广东督导调研玩具产品强制性认证工作。

7月18日　（一）车文毅副主任出席国家质检总局质检业务工作涉及领域相关材料起草工作会议。（二）认监委在京召开《认证机构履行社会责任指导意见》宣贯座谈会，程方副主任出席会议并讲话，来自认证机构的近200位代表参加了会议。（三）谢军副主任出席国家质检总局“双打”领导小组成员单位会议。（四）谢军副主任主持召开认监委“双打”工作专题会议。

7月19日　（一）认监委在京召开认监委系统2012年财务暨内审工作会议。孙大伟主任和顾基平副主任出席会议并讲话。国家质检总局计划财务司、督查内审司主要领导和认监委系统各单位财务和内审主管领导、财务部门负责人、相关财务和内审人员共50余人参加会议。（二）车文毅副主任出席“全球食品安全倡议”（GFSI）中国日主题活动并做大会主题演讲。

7月20日　（一）党组书记孙大伟同志主持召开认监委2012年第4次党组会议，党组成员车文毅、程方、王大宁、谢军、顾基平同志出席会议。会议审议了《认证认可行风建设指导意见》（送审稿）；听取了机关党委关于认监委廉政风险防控工作情况的汇报；听取了人事部关于拟选派干部参加中组部、团中央组织的“博士服务团”赴西部地区工作一年的情况汇报；研究了有关干部人事工作。办公室和机关党委负责人列席会议。(二)王大宁副主任出席认证认可技术研究所牵头承担的质检公益行业科研专项"中国检测机构科学发展战略研究"课题验收会议。(三)谢军副主任出席2012年度实验室资质认定专项监督检查工作启动会并讲话。

7月22日 孙大伟主任出席国家质检总局局长办公会议,车文毅副主任列席会议。

7月23日 (一)孙大伟主任出席省部级主要领导干部专题研讨班开班式。(二)车文毅副主任出席国家质检总局"两个专项整治、四个工作组"专题会议。

7月23日—25日 车文毅副主任赴四川西昌出席《国家行政机关质量管理体系理论与实践研究》课题试点工作座谈会。

7月24日 (一)孙大伟主任会见美国标准学会(ANSI)主席乔·巴提亚(Mr.S.Joe Bhatia)一行,双方就中美合格评定圆桌会议和中美认证认可信息平台建设等议题进行了交流。(二)刘卫军总工程师会见美国商务部副部长助理克雷格·艾伦一行,双方就举办中美合格评定圆桌会议等议题进行了交流。

7月24日—27日 王大宁副主任赴新疆出席认监委机电专业检验检疫工作会议并讲话。

7月25日 孙大伟主任出席国家质检总局党组会议,谢军副主任列席会议。

7月26日—28日 谢军副主任赴黑龙江哈尔滨出席良好实验室规范(GLP)符合性监控体系培训教材首期宣贯班暨GLP检查员培训会议并讲话。

7月26日—29日 孙大伟主任、车文毅副主任赴山西出席全国质量安全风险排查整治工作座谈会。

7月29日—30日 (一)王大宁副主任赴吉林长春出席化学与生物学国际研讨会议。(二)谢军副主任赴云南昆明出席国家高原电器质检中心筹建论证会议。

7月30日 (一)孙大伟主任出席国家科技体制改革和创新体系建设领导小组第一次全体会议。(二)孙大伟主任出席认可中心上半年工作总结暨质量安全风险分析会议并讲话。

7月31日 (一)认监委召开党组会和委务会,专题传达学习全国质量安全风险排查整治工作座谈会精神,孙大伟主任出席会议并讲话,车文毅副主任传达了国家质检总局支树平局长、杨刚副局长、蒲长城副局长在全国质量安全风险排查整治工作座谈会上的讲话精神。程方、王大宁、谢军、顾基平副主任,刘卫军总工程师出席会议。各部室和直属单位负责人参加会议。(二)谢军副主任赴天津出席天津市质检两局认证执法监管合作备忘录签字仪式。

## 8月

8月1日 (一)车文毅、程方、顾基平副主任出席认监委军转干部座谈会。(二)谢军副主任到航天院514所调研。(三)刘卫军总工程师出席国家质检总局报废汽车专项整治专题工作会议。

8月2日 (一)孙大伟主任陪同国家质检总局支树平局长会见国务院国资委副主任姜志刚。(二)车文毅副主任陪同国家质检总局支树平局长会见国家安监总局局长杨栋梁。

8月3日 (一)认监委与解放军总参谋部测绘导航局联合在京举办共同开展北斗导航检测认证体系建设战略框架协议签约仪式,认监委与测绘导航局在仪式上签署了《共同开展北斗导航检测认证体系建设的战略合作协议》,孙大伟主任和中国人民解放军总参谋长助理戚建国中将见证了签约仪式。谢军副主任、总参谋部作战部部长白建军、总参测绘导航局局长薛贵江等出席了活动。(二)孙大伟主任出席认证认可协会贯彻落实全国质量安全风险排查整治工作座谈会精神及两个作风转变活动阶段性总结会并讲话。

8月6日 孙大伟主任主持召开认监委2012年第3次主任办公会议,车文毅、王大宁副主任出席会议。会议听取了认证认可技术研究所自2005年成立以来在机构建设、队伍发展、业务工作等方面的工作汇报,讨论了研究所的发展定位、体制机制、经费和业务工作等相关问题。

8月7日 谢军副主任督促检查认可中心开展质量安全风险排查整治和道德领域突出问题专项教育治理工作情况。

8月8日 顾基平副主任出席委机关服务中心半年工作总结会议。

8月9日 王大宁副主任到科标部宣布主要领导任免决定。

8月13日 王大宁副主任赴山东青岛出席"十二五"国家科技支撑计划"适宜我国农业生产条件的良好农业规范质量保证关键技术研究与示范"课题启动会并讲话。

8月14日 孙大伟主任听取中检集团工作汇报。

8月15日—16日 认监委在河北黄骅市召开思想政治工作优秀论文评审会议,程方副主任主持会议。

8月16日 (一)孙大伟主任出席国务院研究应对欧盟对华光伏电池和无线通信设备发起"双反"调查工作会议。(二)刘卫军总工程师陪同国家质检总局刘平均副局长会见哥斯达黎加外贸部部长。

8月17日 (一)党组书记孙大伟主持召开认监委2012年第6次党组会议,党组成员车文毅、程方、王大宁、谢军、顾基平、刘卫军出席。会议研究了有关人事问题。

办公室和机关党委负责人列席会议。(二)孙大伟主任会见南京信息职业技术学院党委书记孔德海，车文毅副主任陪同会见。(三)刘卫军总工程师出席国家质检总局“两个专项行动”工作专题会议。

8月20日 孙大伟主任主持召开国家认监委2012年第4次主任办公会议，程方、王大宁、顾基平副主任和刘卫军总工程师出席会议。会议听取并讨论了注册部关于宁夏清真食品认证试点项目实施情况的调研汇报；听取了认可部关于拟组织开展推举品牌认证机构和优秀认证认可人员表彰活动的情况汇报。办公室、机关党委、认可部、注册部、认可中心、认证认可协会的有关负责人参加会议。

8月20日—29日 车文毅副主任带领评审专家组赴哥斯达黎加开展进口水产品境外生产企业注册检查，这是我首次对境外水产企业实施正式的注册检查。

8月21日 (一)孙大伟主任出席国家质检总局研究促进对外贸易稳定增长专题会议。(二)程方副主任出席国家质检总局研究向国务院上报检验检疫监管工作有关情况专题会议。(三)谢军副主任出席国家质检总局有关工作专题会议。

8月21日—22日 谢军副主任赴云南昆明出席司法部召开的司法鉴定机构认证认可工作座谈会议并讲话。

8月22日 国家质检总局在京举行今年第5次党组中心组(扩大)学习暨第四期质检大讲堂活动。国家质检总局局长、党组书记支树平出席，孙大伟主任主持。认可中心肖建华主任以“传递信任，服务发展——国际化和中国化相结合的中国认证认可”为题作了报告。顾基平副主任、刘卫军总工程师和机关全体干部参加大讲堂学习。

8月22日—24日 (一)国家认监委在山东淄博市召开2012年度全国认证认可工作部际联席会议联络员会议，程方副主任主持会议。来自16个部际联席会议成员单位和总参测绘局的代表参加了会议。会议期间，与会代表赴国家陶瓷和耐火材料检测中心以及获证企业进行了实地考察。(二)王大宁副主任赴吉林长春出席世界银行贷款农产品质量安全培训会议并调研。

8月23日 (一)孙大伟主任在辽宁出席国家质检总局与辽宁省政府合作备忘录联席会议。辽宁省副省长邴志刚出席会议。(二)谢军副主任主持召开贯彻落实国家质检总局领导关于加强食品检验机构监督管理批示的专题工作会议。

8月24日 (一)孙大伟主任出席国家质检总局党组会议。(二)谢军副主任出席委法律部工作会议。

8月27日 (一)孙大伟主任出席国家质检总局与国家旅游局合作备忘录签字仪式。(二)认监委在京召开副处以上干部会议，程方、王大宁、谢军、顾基平副主任，刘卫军总工程师出席会议。

8月28日 (一)孙大伟主任出席财政部预算资产财务检查组进点见面会。(二)孙大伟主任主持召开认监委2012年第5次主任办公会议，程方、王大宁、谢军、顾基平副主任和刘卫军总工程师出席会议。会议通报了国务院食安办报送国务院有关领导《部分洋奶粉违规添加香兰素或致婴儿肝肾受损有关情况的报告》，传达了国务院和国家质检总局有关领导的批示精神，并就进一步加强食品检验机构监督管理进行了专题研究。办公室、法律部、注册部、实验室部有关负责人参加了会议。(三)谢军副主任出席国家质检总局研究中国品牌促进会有关工作专题会议。(四)刘卫军总工程师出席全国电线电缆质量提升联合工作组第1次会议。

8月29日 (一)王大宁副主任陪同国家质检总局支树平局长会见德国国务秘书米勒。(二)谢军副主任在浙江宁波出席国家农食产品检测实验室联盟成立大会暨首届理事会议并讲话。(三)顾基平副主任到中认物业公司检查工作。

8月30日 (一)谢军副主任在浙江宁波出席第三方检测实验室论坛并讲话。(二)刘卫军总工程师会见韩国技术标准局产品安全政策局局长金毕九，双方就开展互信互认联合研究等议题进行了讨论。

8月30日—31日 谢军副主任赴安徽合肥出席质量月启动仪式及相关活动。

8月31日 (一)孙大伟主任赴天津出席第100架空中客车(天津)总装线A320飞机下线仪式。(二)王大宁副主任出席中韩建交20周年招待会议。(三)刘卫军总工程师赴吉林长春出席强制性产品认证免办和特殊检测处理程序研讨会。

## 9月

9月1日 车文毅副主任出席国家质检总局促进外贸增长工作专题会议。

9月2日 孙大伟主任出席国务院研究促进对外贸易稳定增长专题会议。

9月3日 (一)党组书记孙大伟主持召开认监委2012年第7次党组会议，党组成员车文毅、程方、王大宁、谢军、顾基平和刘卫军出席会议。会议研究了有关人事问题。办公室和机关党委负责人列席会议。(二)车文毅副主任到中检集团宣布人事任免决定。

9月4日 王大宁副主任会见丹麦食品兽医局局长。

9月4日—6日 车文毅副主任赴贵阳出席环境保护部有机食品发展中心第19期全国有机食品开发和信息交流培训会议并讲话。

9月5日 (一)党组书记孙大伟主持召开认监委2012年第8次党组会议，党组成员程方、王大宁、谢军、顾基平和刘卫军出席会议。会议研究了有关人事问题。办公室和机关党委负责人列席会议。(二)程方副主任到国家质检总局督查内审司商谈工作。(三)谢军副主任主持召开认监委促进外贸稳定增长专题会议。

9月5日—6日　孙大伟主任赴长春出席第8届东北亚博览会。

9月5日—7日　认监委在兰州召开检验检疫标准化技术研讨会。王大宁副主任出席会议并讲话，各直属检验检疫局30多名专家、代表参加了会议。

9月6日　程方副主任参加国家质检总局向中央国家机关工委常务副书记王永清汇报国家质检总局机关党建工作座谈会。

9月7日　孙大伟主任、程方副主任出席委机关“支部工作法”汇报交流会及认监委文化手册审稿会。

9月10日　(一)孙大伟主任会见意大利议会废品贸易委员会主席贝克雷拉。(二)刘卫军总工程师陪同国家质检总局支树平局长会见阿根廷农牧渔业部部长诺尔贝托·亚乌哈尔。

9月10日—14日　车文毅、程方副主任参加北京大学的中央国家机关司局级领导干部自主选学。

9月11日　(一)国家质检总局、认监委和上海市政府在上海共同举办2012年“全国检测实验室开放日”活动启动仪式，孙大伟主任、上海市政府副市长姜平出席活动并致辞，谢军副主任参加活动。启动仪式后，孙大伟主任、谢军副主任考察了国家重点实验室——上海检验检疫局酒类和化妆品检测中心。(二)孙大伟主任对上海质检两局“两个专项行动”进行督查。(三)孙大伟主任出席上海北斗导航及位置服务产品检测中心(筹)揭牌仪式并与上海市常务副市长杨雄一同为中心揭牌。谢军副主任出席活动。

9月12日　(一)孙大伟主任出席国家质检总局局长办公会、总局党组会。(二)顾基平副主任列席国家质检总局局长办公会议。(三)刘卫军到全国市(地)领导干部质量发展与质量安全专题研究班授课。

9月12日—13日　谢军副主任赴上海出席上海检验检疫局党建体系现场审核及座谈会活动。

9月13日　(一)孙大伟主任出席2012中关村论坛开幕式。(二)认监委在西宁召开国际电工委员会(IEC)三大认证体系国内运作机制技术支持工作组第2次会议，刘卫军总工程师出席会议并讲话，来自技术支持工作组的30名代表参加了会议。会议期间，刘卫军总工程师就认证认可工作赴青海质检两局进行了调研。

9月13日—22日　王大宁副主任率团赴芬兰、瑞士开展认证认可科研和标准化技术交流活动。王大宁主任访问了芬兰普兰梅卡集团、瑞典电器标准化协会和挪威船级社赫尔辛基及斯德哥尔摩办事处，就气候变化、企业社会责任、高新技术产品等领域的认证认可科技与标准化工作进行调研。

9月14日　孙大伟主任出席台商权益保障工作联席会议第四次全体会议。

9月14日—15日　国家认监委在山西晋中召开强制性认证目录产品对应2012年海关HS编码暨TC25技术专家组工作会议，刘卫军总工程师出席会议并讲话。刘卫军总工程师在山西期间，还赴山西检验检疫局、晋中市质监局就强制性产品认证工作进行调研。总局通关司、TC25技术专家组全体成员参加了会议。

9月15日—16日　孙大伟主任赴广东东莞出席2012年中国加工贸易产品博览会开幕式。

9月16日—17日　(一)孙大伟主任赴贵阳出席国家质检总局2012年度高级专家咨询服务团西部行(贵州)活动启动仪式。(二)车文毅副主任赴江苏出席中认新能源技术学院2012级新生开学典礼及客座教授聘请仪式，并以“传递信任，创新发展”为题，给学生们专题介绍了中国认证认可在国际上的地位和认证认可未来的发展趋势，车文毅副主任还看望和慰问了还在军训的新生同学。(三)谢军副主任主持召开案审会议。

9月17日—18日　认监委在大连召开辽宁地区出口获证企业认证有效性网格化监督检查启动会议，程方副主任出席会议并讲话。在大连期间，程方副主任还到东芝大连有限公司进行现场监督检查调研。

9月18日　(一)孙大伟主任，车文毅、谢军、顾基平副主任，刘卫军总工程师和机关副处级以上干部参加国家质检总局全国质检系统创先争优总结大会。(二)党组书记孙大伟主持召开认监委2012年第9次党组会议，党组成员车文毅、谢军、顾基平、刘卫军出席会议。会议研究了有关人事问题。办公室和机关党委负责人列席会议。(三)车文毅副主任主持召开认监委副处以上干部会议，谢军、顾基平副主任和刘卫军总工程师出席会议。(四)谢军副主任出席质量工作部际联席会议第1次联络员会议。(五)刘卫军总工程师出席对美贸易领导小组办公室工作会议。

9月19日　(一)孙大伟主任，车文毅、谢军副主任出席第1届全国合格评定机构认可工作会议。(二)顾基平副主任到服务中心宣布人事任免决定。

9月19日—21日　谢军副主任率队赴黑龙江调研。调研期间，谢军副主任听取了黑龙江质检两局关于开展认证认可领域两个专项行动及“质量月”活动的工作汇报，实地查看了黑河出入境检验检疫局强制性产品入境验证现场，考察了黑龙江省红旗农场有机产品生产基地管理情况。

9月19日—22日　刘卫军总工程师赴南宁出席第3届中国东盟质检部长会议和第9届中国－东盟博览会。

9月20日—21日　国家认监委在武汉召开2012年3季度认证认可业务工作会议,程方副主任出席会议并讲话。来自认监委有关部室和下属单位、各直属出入境检验检疫局、相关认证机构的80多名代表出席会议。会议期间,程方副主任还赴湖北检验检疫局技术中心调研。

9月21日　孙大伟主任赴南戴河出席中央党校2012年秋季学期国家质检总局干部理论进修班开学典礼。

9月24日　(一)孙大伟主任礼节性会见荷兰卫生、福利和体育大臣席佩斯女士。(二)党组书记孙大伟主持召开认监委2012年第10次党组会议,党组成员车文毅、程方、王大宁、谢军、顾基平、刘卫军出席会议。会议研究了有关人事问题。办公室和机关党委负责人列席会议。(三)程方副主任出席全国林业科学技术大会。

9月25日　(一)孙大伟主任出席中国质量发展论坛,谢军副主任陪同参加。(二)程方、王大宁、顾基平副主任出席国家质检总局"喜迎十八大欢度国庆节诗歌演唱会",谢军副主任和刘卫军总工程师参加演出,机关全体干部观看了演唱会。(三)谢军副主任出席国家质检总局促进外贸稳定增长座谈会。

9月25日—26日　孙大伟主任赴成都出席第13届西部国际博览会。

9月26日　(一)谢军副主任到实验室部宣布人事任免决定。(二)谢军副主任主持召开落实国务院领导批示工作专题会议。(三)刘卫军总工程师到认证部宣布人事任免决定。(四)认监委与联合国工业发展组织(UNIDO)在京联合召开"ISO 9001管理体系认证在中国企业和服务业实施情况调查"项目启动会,刘卫军总工程师、UNIDO驻华首席代表出席会议并见证了双方代表正式签署了合作文件。

9月26日—27日　中国检验有限公司发展战略座谈会在海南三亚召开。国家质检总局支树平局长出席会议并讲话。国家质检总局老领导李长江、葛志荣、王凤清,孙大伟主任,中央政府驻香港联络办公室副主任王志民出席座谈会讲话。国家质检总局党组成员、人事司司长张沁荣出席会议,车文毅、程方、顾基平副主任和总局有关司局、部分直属检验检疫局有关负责同志参加了会议。

9月27日　谢军副主任到中检集团进行工作调研。

9月28日　孙大伟主任参加国务院清理整顿利用互联网销售滥用"特供""专供"等标识商品工作会议。

9月29日　孙大伟主任,车文毅、程方、王大宁、谢军、顾基平副主任,刘卫军总工程师和机关副处级以上干部出席国家质检总局干部大会。

## 10月

10月8日　车文毅副主任到办公室宣布有关领导任免决定。

10月8日—15日　顾基平副主任赴台湾考察中检公司台湾分公司购置办公用房项目,并赴香港对中检公司财务工作进行检查。

10月9日　(一)孙大伟主任出席国家质检总局党组会议。(二)孙大伟主任出席国家质检总局局长办公会议,车文毅副主任列席会议。(三)孙大伟主任出席北京检验检疫局科技周开幕式暨2012年科技工作会议。

10月10日　谢军副主任听取北京市质监局工作汇报。

10月11日　(一)孙大伟主任主持召开认监委2012年第6次主任办公会议,车文毅、程方、王大宁、谢军副主任和刘卫军总工程师出席会议。会议听取了信安中心有关工作汇报。相关部室和信安中心负责人参加了会议。(二)认监委在京召开认证认可科技座谈会议,王大宁副主任出席会议并讲话。来自科技部发展计划司、军事医学科学院、国家质检总局科技司、认证认可技术研究所、认可中心、中国质量认证中心等单位20余名代表出席了座谈会。

10月12日　程方副主任主持召开研究"认证认可贡献奖"表彰活动准备工作专题会议,各部室有关负责人参加会议。

10月12日—13日　孙大伟主任赴天津出席促进外贸稳定增长进出口商品检验监管专题会议。

10月15日　车文毅副主任主持召开传达国务院有关文件精神专题工作会议,各部室负责人参加会议。

10月15日—16日　王大宁副主任赴重庆出席西南地区质监部门认证执法监管区域合作会议。

10月15日—17日　程方副主任赴广州进行2012年管理体系认证网格化检查督导调研。

10月16日　(一)认监委在京召开《国家行政机关质量管理体系理论与实践研究》课题验收暨鉴定会,孙大伟主任出席会议并讲话,车文毅副主任代表课题组作了专题汇报。国务院参事葛志荣、前参事郎志正代表专家组宣读了鉴定意见。来自专家组、课题组等单位共40多名代表出席了会议。(二)谢军副主任出席国家质检总局两个专项行动工作领导小组专题会议。

10月16日—18日　顾基平副主任赴厦门参加中央国家机关高级会计人员继续教育培训班。

10月17日　(一)孙大伟主任出席中国逐步淘汰白炽灯主题宣传活动。(二)认监委在京举办认证认可行业标准研讨会,王大宁副主任出席会议并讲话。来自有关部室和下属单位、相关认证机构的40余名代表参加会议。

（三）谢军副主任出席国家质检总局双打领导小组会议。（四）谢军副主任会见德国机械设备制造业协会（VDMA）标准化部主席格哈德·施泰格博士一行，双方就机械设备认证等议题进行了交流。

10月17日—18日 （一）认监委在上海举行第10届全国HACCP应用与认证研讨会，王大宁副主任出席会议并讲话。在沪期间，王大宁副主任听取了上海检验检疫局外高桥保税区办事处和食品检测中心加强口岸进口酒类认证认可把关服务情况的汇报，并赴上海检验检疫局酒类与化妆品检测中心进行了实地调研。（二） 谢军副主任赴天津出席华北五省检验检疫局认证监管区域联动启动会议。

10月18日 （一）孙大伟主任、程方副主任、刘卫军总工程师和机关全体干部参加国家质检总局党组中心组学习（扩大）暨第五次质检大讲堂。（二）车文毅副主任主持召开研究南京中认新能源技术学院认证认可课程设置专题会议。（三）车文毅副主任看望老干部。（四）刘卫军总工程师出席公安部消防产品技术鉴定工作规范审查会议并讲话。

10月19日 （一）党组书记孙大伟主持召开认监委2012年第11次党组会议，党组成员车文毅、程方、王大宁、谢军、顾基平、刘卫军出席会议。会议研究了有关人事问题。办公室和机关党委负责人列席会议。（二）党组书记孙大伟主持第4次认监委党组中心组学习，党组成员车文毅、程方、王大宁、谢军、顾基平、刘卫军参加学习。学习围绕胡锦涛同志在省部级主要领导干部专题研讨班开班式上的重要讲话精神以及相关评论员文章、习近平同志在全国创先争优表彰大会上关于《始终坚持和充分发挥党的独特优势》的讲话、中央创先争优活动领导小组《关于党支部建立创先争优制度的指导意见》和李源潮同志在窗口单位和服务行业为民服务创先争优经验交流会上的讲话等内容展开，并结合认证认可创先争优工作和认证认可事业发展进行了讨论。办公室和机关党委负责人列席会议。（三）孙大伟主任主持专题会议研究“黄鸣质疑企业联手江苏质检机构骗取惠民补贴”有关问题。（四）谢军副主任主持召开认监委两个专项行动领导小组工作会议，各部室和下属单位有关负责人参加会议。

10月19日 程方、王大宁、谢军副主任和刘卫军总工程师参加认监委老干部“九九重阳节”活动。

10月22日 刘卫军总工程师会见加拿大电气工程师金（Rou King）。

10月23日 （一）孙大伟主任出席2012年度质检系统司局级领导干部任职培训班开班式。（二）车文毅副主任出席中国质检出版社九九重阳节活动。（三）王大宁副主任出席认证认可理论研讨会并讲话。

10月24日 （一）孙大伟主任、谢军副主任听取江苏质监局工作汇报。（二）孙大伟主任会见新疆建设兵团副司令哈尼巴提·沙布。（三）车文毅副主任主持召开认监委直属机关党委会议，程方副主任出席会议。（四）车文毅副主任到方圆标志认证集团调研。（五）程方副主任主持召开“认证认可贡献奖”表彰工作领导小组预备会议。（六）谢军副主任听取国家青少年食品质检中心工作汇报。

10月25日 （一）孙大伟主任、刘卫军总工程师陪同支树平局长会见欧盟委员会企业与工业总司加列哈总司长，并与荷兰食品与消费品安全监管局局长范·祖仑签署合作文件。（二）孙大伟主任出席国家质检总局党组会议。（三）孙大伟主任出席国家质检总局与欧盟企业与工业总司工业产品和WTO/TBT磋商机制第10次年度会议。（四）车文毅副主任出席2012年委机关质量管理体系内审首次会议。

10月25日—26日 顾基平副主任赴深圳中检南方电子产品测试（深圳）有限公司考察，对批复中检集团测试公司收购控股投资项目的执行情况进行检查、调研。

10月27日 孙大伟主任、支树平局长陪同中共中央政治局委员、全国政协副主席贾庆林考察北京汽车自主创新研发中心和国家汽车质量监督检验中心（北京）碰撞实验室。

10月27日—28日 刘卫军总工程师赴广州出席认证创造价值高端战略研讨会议。

10月29日 （一）孙大伟主任主持召开“黄鸣质疑江苏质检院部分太阳能热水器产品检测报告”事件专题会议。（二）程方副主任出席中国质量认证中心发布首份社会责任报告及研讨会。（三）王大宁副主任陪同国家质检总局支树平局长会见墨西哥农牧业农村发展渔业和食品部部长弗朗西斯科·马约尔加。

10月30日 （一）王大宁副主任出席“十二五”国家科技支撑计划“碳排放和碳减排认证认可关键技术研究与示范”项目中期汇报会议并讲话。（二）王大宁副主任会见美国材料与试验协会（ASTM）总裁托马斯（James Thomas）一行，双方就如何进一步扩大国际交流合作等事宜进行了会谈。（三）谢军副主任主持召开专题业务工作会议。（四）刘卫军总工程师出席国家质检总局加强儿童用品安全监管工作座谈会议。

10月31日 党组书记孙大伟主持召开认监委2012年第12次党组会议，党组成员车文毅、程方、王大宁、谢军、顾基平和刘卫军出席会议。会议研究了有关人事问题。办公室和机关党委负责人列席会议。

## 11 月

11月1日—11月2日 认监委在武汉举办国家质检中心负责人培训班，谢军副主任出席开幕式并讲话。来自国家质检中心的306名代表参加了此次培训。

11月2日 （一）认监委在京举办“喜迎党的十八大”机关广播体操比赛，孙大伟主任，程方、王大宁、顾基平副主任和刘卫军总工程师出席活动。机关各部室组队参赛。（二）孙大伟主任会见国际电工委员会（IEC）前任秘书长阿米特（Mr.A.Amit），双方就中国充分参与IEC合作机制和IEC在中国的发展等议题交换了意见。谢军副主任陪同会见。

11月5日 （一）程方副主任出席国家质检总局“认清形势，把握大局，全面提升我国应对技术性贸易措施的能力和水平”视频讲座。（二）谢军副主任出席国家质检总局“双打”和质量安全工作督查部署会议。

11月5日—6日 车文毅副主任赴南京与南京开发区管委会沟通土地和办公场所等事宜。

11月5日—18日 王大宁副主任带队赴西班牙出席全球良好农业规范组织（GLOBAL G.A.P.）年会并就中国良好农业规范（China GAP）认证制度做主题发言。会后，王大宁副主任与GLOBAL G.A.P.主席加巴特（Nigel Garbutt）先生就双方合作进行了会谈，并续签了《中国国家认证认可监督管理委员会与GLOBAL G.A.P./Food PLUS技术合作备忘录》。王大宁副主任还率团访问了肯尼亚和赞比亚。在肯尼亚期间，王大宁副主任一行访问了鲜活产品出口商协会（FPEAK），双方就中肯良好农业规范（GAP）认证制度合作进行会谈，并就相关议题达成了共识。在赞比亚期间，王大宁副主任一行会见了赞比亚有机产品协会（OPPAZ）主席齐塔鲁（Munshimbwe Chitalu），并就中赞有机认证技术、产品法规、标准和生产、认证情况等进行了交流。

11月6日 （一）孙大伟主任、谢军副主任听取江苏省质监局工作汇报。（二）车文毅副主任会见美国食品药品管理局（FDA）副局长麦克·泰勒先生，双方就输美食品企业重新注册、进出口食品企业注册和认证等议题交换了意见。注册部和国际部有关人员参加了会见。（三）谢军副主任赴西安出席陕西、甘肃、宁夏、青海、新疆五省区质监局共同举行的《西北五省（自治区）质量技术监督系统认证认可合作备忘录》签署仪式并讲话。

11月7日 （一）车文毅、程方、谢军、顾基平副主任和机关全体干部参加国家质检总局第六次“质检大讲堂”活动。（二）刘卫军总工程师应厦门检验检疫局邀请，赴厦门举行“认证认可与经济建设和社会发展”讲座。

11月8日 （一）车文毅、程方、谢军副主任和机关全体干部观看十八大开幕式。（二）顾基平副主任到中检集团调研。（三）认监委在江苏无锡举办第五届国际电工委员会（IEC）三大认证体系国内运作机制年会暨战略发展研讨会，刘卫军总工程师出席会议并讲话。来自委相关部室、江苏省经济和信息化委员会、IEC三大认证体系的认证机构、标准机构、检测实验室代表近90人参加了会议。

11月8日—14日 孙大伟主任出席党的第十八次全国代表大会。

11月9日—11日 顾基平副主任与财政部行政执法司、国家质检总局计划财务司有关负责人一同赴海南对中检公司三亚建设项目进行考察调研。

11月12日 （一）车文毅、谢军副主任听取江苏省质监局工作汇报。（二）刘卫军总工程师与安徽省质监局商谈工作。（三）刘卫军总工程师出席工信部信息安全标准技术委员会主任办公会议。

11月12日—16日 程方副主任带领国家质检总局“双打”和质量安全工作第十四督查组，对甘肃、青海省质检两局的“双打”和口岸卫生防控工作开展督查。来自认监委法律部和国家质检总局食品局、监察局、卫生司的督查组成员一同参加督查。

11月13日—25日 车文毅副主任率团访问阿根廷、巴西、墨西哥，开展认证认可国际合作与交流。访问期间，代表团与阿根廷标准认证学会（IRAM）、巴西国家计量、标准化和工业质量学会（INMETRO）、巴西认可协调办公室（Cgcre）、墨西哥国家认可机构（EMA）、拉丁美洲质量保证学会（INLAC）、推动可信赖政府国际基金会等机构进行了会谈，就推动拉美地区新兴经济体与中国在认证认可领域内的合作进行了交流。

11月15日 刘卫军总工程师出席工信部信息安全产品工作座谈会议。

11月16日 （一）孙大伟主任出席国家质检总局党组（扩大）会议，谢军、顾基平副主任和刘卫军总工程师列席会议。（二）孙大伟主任，谢军、顾基平副主任，刘卫军总工程师和机关副处级以上干部出席国家质检总局传达学习党的十八大会议精神大会。

11月19日—20日 应河南省质监局邀请，谢军副主任赴郑州出席河南省质监局《质量大讲堂》并做《质量发展纲要与认证认可》专题讲座。河南省质监局党组成员、机关处级以上干部及业务处室全体人员，直属二级机构班子成员、全省系统有关人员共3 000余人通过现场和视频的形式参加了讲座。

11月20日 刘卫军总工程师出席国家质检总局缺陷汽车召回条例宣贯会议。

11月21日 党组书记孙大伟主持认监委党组中心组第五次学习（扩大）会议，传达学习党的十八大精神。党组书记孙大伟对委机关和下属单位学习贯彻落实十八大精神做出部署，党组成员谢军传达了国家质检总局党组扩大会议和总局干部大会精神。党组成员程方、王大宁、谢军、顾基平、刘卫军出席会议并结合实际，畅谈了学习十八大精神的体会。

11月22日　(一)孙大伟主任出席国家质检总局局长办公会议，谢军副主任列席会议。(二)谢军副主任出席国家质检总局“两个专项行动”专题会议。(三)认监委在北京召开自愿性产品认证工作座谈会，刘卫军总工程师出席会议并对自愿性产品认证的未来发展提出指导意见。60余家产品认证机构的代表参加了本次会议。

11月23日　程方副主任到信安中心宣布有关领导任免决定。

11月26日　(一)中国合格评定国家认可委员会在京举行(CNAS)第二届执行委员会第三次会议，孙大伟主任、CNAS王凤清主任委员出席会议并讲话，程方、谢军副主任出席会议。(二)王大宁副主任陪同国家质检总局支树平局长会见丹麦食品农业渔业部大臣基尔斯科夫(Mette Gjerskov)。

11月27日　(一)孙大伟主任、谢军副主任听取山西省质监局工作汇报。(二)孙大伟主任出席国家质检总局党组会。(三)孙大伟主任，车文毅、程方、王大宁、谢军、顾基平副主任，刘卫军总工程师和机关全体干部出席国家质检总局第七次质检大讲堂暨党组中心(扩大)学习。(四)王大宁副主任会见丹麦农业渔业部大臣基尔斯科夫(Mette Gjerskov)，双方共同出席了中丹乳制品企业注册和HACCP应用研讨会并讲话。中丹双方专家就乳制品企业HACCP应用及开展丹麦乳制品企业在华注册合作等事宜进行了研讨。(五)刘卫军总工程师出席交通产品认证工作会议。

## 12月

12月1日　谢军副主任赴上海出席上海检验检疫局质量文化年活动。

12月3日—5日　国家认监委在贵阳召开2012年4季度认证认可业务工作会议。王大宁副主任、贵州省人民政府副秘书长张玉广出席会议并讲话。来自各直属检验检疫局，各省、自治区、直辖市质监局和12个第二批有机产品认证示范创建区市县的代表共约140人参加了会议。在贵州期间，贵州省人民政府副省长谢庆生与王大宁副主任进行了会谈。王大宁还到贵州检验检疫局综合检测中心进行了调研，并赴黔东南州麻江县调研有机示范区创建工作，详细了解有机蓝莓的育种和种植情况。

12月4日　(一)孙大伟主任，程方、顾基平副主任出席国家质检总局京区系统广播操比赛。(二)车文毅副主任出席检验检疫标本征集工作会议。

12月4日—5日　刘卫军总工程师赴福州出席新兴国家认证认可研讨会开幕式并讲话。

12月4日—7日　车文毅副主任赴三亚出席中联办举办的驻港企业人事干部考察交流活动。

12月5日　孙大伟主任出席国家质检总局局长办公会议，王大宁副主任列席会议。

12月5日—6日　程方副主任赴海口出席认证机构社会责任报告研讨会。

12月7日　(一)孙大伟主任出席国家质检总局党组会议。(二)谢军副主任陪同国家质检总局刘平均副局长到联想公司调研。

12月10日　(一)党组书记孙大伟主持召开认监委2012年第13次党组会议，党组成员车文毅、程方、王大宁、谢军、顾基平和刘卫军出席会议。会议研究了人事问题。办公室和机关党委负责人列席会议。(二)党组书记孙大伟主持认监委党组中心组第6次学习，党组成员车文毅、程方、王大宁、谢军、顾基平、刘卫军参加学习。会议集中学习了“中央政治局关于‘改进工作作风 密切联系群众’的八项规定”，并就贯彻落实措施进行了研究。办公室和机关党委负责人列席学习活动。(三)孙大伟主任出席国务院反假币工作联席会议第5次会议。(四)车文毅副主任主持召开认监委干部大会，程方、王大宁、谢军、顾基平副主任，刘卫军总工程师和机关副处级以上干部参加会议。(五)车文毅副主任出席国家质检总局质检工作报告征求意见专题会议。(六)王大宁副主任主持召开认监委科技项目工作会议。(七)刘卫军总工程师出席国务院有关工作专题会议。

12月10日—14日　程方、谢军副主任和刘卫军总工程师参加国家质检总局司局级领导干部党的十八大学习班。

12月11日　(一)孙大伟主任会见伊朗标准组织副主席哈多尔·卡泽米。(二)孙大伟主任出席甘肃质监局挂职人员座谈会。(三)王大宁副主任出席认可中心2012年专项监督工作总结会议并讲话。

12月12日　(一)车文毅、顾基平副主任和机关全体干部参加国家质检总局质检大讲堂暨学习党的十八大精神专题培训班学习活动。(二)车文毅副主任主持召开专题工作会议，王大宁副主任出席会议。

12月13日　王大宁副主任出席国家质检总局科技项目计划项目成果鉴定会。

12月13日—14日　车文毅副主任赴南京出席电监会电力信息安全管理体系建设研讨会。

12月14日　(一)孙大伟主任出席国家质检总局党组会议。(二)谢军副主任出席国家质检总局“塑化剂”专题工作会议。(三)顾基平副主任出席认证认可信息化专题培训(第三期)暨统计工作会议并讲话。(四)刘卫军总工程师到信息产业部第四研究所进行调研。

12月15日—16日 谢军副主任出席国家质检总局白酒塑化剂专题工作会、专家论证会及有关部门协调会。

12月17日 (一)孙大伟主任,车文毅、程方、王大宁、谢军、顾基平副主任,刘卫军总工程师和各部室负责人参加国家质检总局学习贯彻中央经济工作会议精神会议。(二)孙大伟主任,车文毅、程方、谢军副主任,刘卫军总工程师和机关全体干部参加国家质检总局质检大讲堂。(三)国家质检总局科学技术委员会认证认可专业技术委员会在京召开认证认可科技与标准化工作座谈会,专业委主任委员王大宁副主任出席会议并讲话。认证认可专业委各分专业技术委员会主任委员、秘书处人员、部分委管单位及认监委科技标准部有关人员参加了会议。

12月17日—21日 王大宁、顾基平副主任参加国家质检总局司局级领导干部十八大学习班。

12月18日 (一)孙大伟主任,车文毅、谢军副主任出席认证认可政策理论研讨会。(二)孙大伟主任,车文毅、程方副主任和机关全体干部参加国家质检总局质检大讲堂。

12月19日 (一)孙大伟主任、车文毅副主任出席认监委2012年新提拔干部任职培训。(二)孙大伟主任、程方副主任、刘卫军总工程师和机关全体干部参加国家质检总局质检大讲堂。(三)车文毅、谢军副主任到信息中心调研。

12月20日 车文毅副主任与上海海洋大学老师进行工作会谈。

12月20日—23日 谢军副主任赴西安出席2012年机械工业质检机构联络网网员大会暨CNAS机械专业委员会会议。

12月21日 (一)车文毅副主任出席中国认证认可信息网建设研讨会议。(二)程方副主任出席信息安全认证中心履行社会责任和风险管理研讨会。(三)刘卫军总工程师赴上海出席上海检验检疫局《分类管理在CCC入境验证监管工作中的应用研究》课题鉴定并调研。

12月24日 (一)孙大伟主任出席国务院研究进出口银行关于中国－乌克兰农业合作项目有关问题专题会议。(二)王大宁副主任出席认监委科技项目验收工作会议。(三)刘卫军总工程师赴深圳出席国家质检总局手机打假现场会议。

12月25日 (一)孙大伟主任出席国家科技体制改革和创新体系建设领导小组第二次会议。(二)孙大伟主任出席北京市贯彻落实《国务院关于同意调整中关村国家自主创新示范区空间规模和布局的批复》工作大会。(三)认监委在京召开认证认可工作座谈会,车文毅副主任出席会议并讲话。部分认证检测机构、中国认证认可协会、有关部室的代表共计40余人参加了会议。(四)王大宁副主任出席《强制性产品认证制度实施评估及发展研究》课题验收(鉴定)会并讲话。

12月26日 程方副主任主持召开听取委机关各部室对国家质检总局党组民主生活会征求意见座谈会。

12月26日—27日 车文毅副主任赴上海出席业务视频培训系列教材的建立与应用课题成果推介咨询会。在沪期间,车文毅副主任专题调研了进口有机产品和强制性产品认证入境验证和监管工作,听取了上海检验检疫局专题汇报,并赴洋山局进行了实地调研。

12月27日 (一)程方副主任出席国家质检总局直属机关党委召集的对总局党组民主生活会议征求意见座谈会。(二)认监委召开机关处及处以下干部廉政教育大会,程方副主任出席会议并讲话。认监委机关全体处及处以下干部参加了会议。

12月28日 (一)孙大伟主任出席国务院《“十二五”国家自主创新能力建设规划》审议会议。(二)孙大伟主任,车文毅、程方、王大宁、谢军、顾基平副主任和刘卫军总工程师出席认监委下属单位工作座谈会议,下属单位主要负责人参加会议。(三)程方副主任到认证认可协会出席民政部社团组织专家评估活动。(四)王大宁副主任出席认证认可行业标准审定会议。(五)谢军副主任列席国家质检总局局长办公会议。(六)谢军副主任出席认监委“短平快”项目《公共检测服务平台基础研究》验收会议。

12月31日 (一)车文毅副主任会见江苏省张家港市有关领导。(二)委领导召开全国认证认可会议材料征求意见座谈会,车文毅、程方、王大宁、谢军、顾基平副主任和刘卫军总工程师出席会议,各部室和下属单位主要负责人参加会议。

2013

Yearbook of Certification and Accreditation of China

# 第二十二部分　统计资料

## Part Twenty-two Statistics

截至2012年12月31日，全国共批准认证机构173家，其中通过中国合格评定国家认可中心（CNAS）认可的有131家；批准培训机构40家；批准咨询机构247家。

截至2012年12月31日，各认证领域共颁发有效认证证书1 072 332份，其中强制性产品认证证书333 158份，自愿性产品（不包含食品农产品）认证证书157 543份；颁发体系认证证书490 220份，其中质量管理体系认证证书337 821份，环境管理体系认证证书83 452份；食品农产品认证证书103 229份；出口食品生产企业备案13 725份；颁发的服务认证有效证书327份。

截至2012年12月31日，现行有效的涉及认证认可的法律、行政法规、部门规章共51部，其中法律18部，行政法规17部、部门规章16部；国家产品质检中心授权509家，国家级计量认证实验室2 496家；2012年全年，共发布检验检疫行业标准341项；国家标准委正式发布认证认可国家标准4项，现行有效的认证认可国家标准81项；2012年度备案认证技术规范19项，科研项目验收21项。

## 一、机构信息

| 机构 | 当前有效 | 获得认可 |
| --- | --- | --- |
| 认证机构 | 173 | 131 |
| 培训机构 | 40 | — |
| 咨询机构 | 247 | — |
| 总　计 | 460 | 131 |

## 二、强制性产品认证信息

按产品大类统计证书数及企业数（统计截至2012年12月31日的当前有效）

| 大类名称 | 当前有效 | |
| --- | --- | --- |
| | 证书数 | 企业数 |
| 电线电缆 | 15 102 | 5 313 |
| 电路开关 | 11 468 | 2 352 |
| 低压电器 | 81 603 | 12 675 |
| 小功率电动机 | 5 588 | 2 319 |
| 电动工具 | 2 034 | 207 |
| 电焊机 | 3 308 | 674 |
| 家用设备 | 54 937 | 5 511 |
| 音视频设备 | 12 926 | 1 568 |
| 信息技术 | 22 547 | 2 401 |
| 照明电器 | 9 133 | 2 159 |
| 机动车辆 | 64 565 | 5 834 |
| 机动轮胎 | 3 263 | 475 |
| 安全玻璃 | 13 002 | 2 846 |
| 农机产品 | 766 | 382 |
| 乳胶制品 | 202 | 67 |
| 电信终端 | 13 827 | 1 052 |
| 医疗器械 | 1 144 | 353 |

续表

| 大类名称 | 当前有效 | |
|---|---|---|
| | 证书数 | 企业数 |
| 消防 | 3 701 | 505 |
| 安全技术防范 | 1 218 | 344 |
| 无线局域 | — | — |
| 装饰装修 | 4 052 | 1 880 |
| 玩具 | 8 772 | 1 824 |
| 合计 | 333 158 | 48 596 |

## 三、体系及自愿性产品认证信息

### （一）按认证标准统计体系认证证书情况

| 主要体系 | 证书情况 | | CNAS 标志数 | 其他标志数 |
|---|---|---|---|---|
| | 证书数 | 比率 /% | | |
| 质量管理 | 33 7821 | 69 | 229 838 | 100 984 |
| 环境管理 | 83 452 | 17 | 61 204 | 20 201 |
| 其他 | 68 947 | 14 | 48 202 | 9 263 |
| 合计 | 490 220 | 100 | 339 244 | 130 448 |

### （二）按认证标准统计自愿性认证证书情况

| 主要产品 | 证书情况 | | CNAS 标志数 |
|---|---|---|---|
| | 证书数 | 比率 /% | |
| 良好农业规范 | 492 | 0.2 | 428 |
| 其他 | 248 135 | 99.8 | 30 673 |
| 合计 | 248 627 | 100 | 31 101 |

## 四、出口食品生产企业卫生备案信息

按产品类别情况统计

| 分类名称 | 有效数 | 注销数 | 撤销数 |
|---|---|---|---|
| 备案 | 13 725 | 1 946 | 257 |
| 罐头类 | 1 003 | 173 | 15 |
| 水产品类（不包括活品和晾晒品） | 1 527 | 187 | 17 |
| 肉及肉制品 | 581 | 108 | 12 |
| 茶类 | 306 | 67 | 5 |
| 肠衣类 | 125 | 40 | 5 |
| 蜂产品类（不包括蜂蜡） | 120 | 28 | 3 |
| 蛋制品类（不包括鲜蛋） | 33 | 7 | 1 |
| 速冻果蔬类、脱水果蔬类（不包括晾晒品） | 1 192 | 158 | 20 |
| 糖类（指蔗糖、甜菜糖） | 110 | 10 | 1 |
| 乳及乳制品类 | 125 | 26 | 10 |
| 饮料类（包括固体饮料） | 512 | 75 | 8 |
| 酒类 | 318 | 69 | 3 |
| 花生、干果、坚果制品类（不包括炒制品） | 203 | 11 | 1 |
| 果脯类 | 156 | 29 | 8 |
| 粮食制品及面、糖制品类 | 1 163 | 130 | 18 |
| 食用油脂类 | 208 | 24 | 4 |
| 调味品类（不包括天然的香辛干料及粉料） | 431 | 56 | 5 |
| 速冻方便食品类 | 222 | 22 | 3 |
| 功能食品类 | 355 | 45 | 3 |
| 食品添加剂类（专指食用明胶） | 63 | 15 | 0 |
| 腌渍菜类 | 514 | 64 | 5 |
| 其他类 | 4 458 | 602 | 110 |

## 五、CNAS 机构认可机构年报

截至2012年12月31日，CNAS认可各类认证机构、实验室及检查机构三大门类共计十四个领域的5 840家机构。其中，累计认可各类认证机构131家，认证机构领域总计431个，涉及业务范围类型8 698个；累计认可实验室5 352家，其中检测实验室4 550家、校准实验室634家、医学实验室105、生物安全实验室33家、标准物质生产者6家、能力验证提供者24家；累计认可检查机构357家。

截至2012年12月31日，获得认可的认证机构颁发的当前有效认证证书共682 245份，其中质量管理体系认证证书216 034份；环境管理体系认证证书57 512份；职业健康安全管理体系认证证书27 978份；食品安全管理体系认证证书5 769份；软件过程及能力成熟度评估证书21份；自愿性产品认证证书21 830份；强制性产品认证证书334 161份；有机产品认证证书7 387份；良好农业规范认证证书380份，信息安全认证证书977份。

### （一）认可的认证机构统计信息（截至2012年12月31日）

<table>
<tr><th colspan="4">领域</th><th>数量</th><th>业务范围类型</th><th>分支机构</th></tr>
<tr><td rowspan="15">认证机构</td><td rowspan="4">1</td><td colspan="2">质量管理体系（QMS）认证</td><td>87</td><td>2 094</td><td>94</td></tr>
<tr><td colspan="2">通讯业质量管理体系（TL9000）认证</td><td>5</td><td>19</td><td></td></tr>
<tr><td colspan="2">工程建设施工企业质量管理体系认证</td><td>50</td><td>728</td><td></td></tr>
<tr><td colspan="2">中国共产党基层组织质量管理体系认证</td><td>10</td><td>10</td><td>1</td></tr>
<tr><td>2</td><td colspan="2">环境管理体系（EMS）认证</td><td>81</td><td>1 850</td><td>45</td></tr>
<tr><td>3</td><td colspan="2">职业健康安全管理体系（OHSMS）认证</td><td>79</td><td>1 975</td><td>35</td></tr>
<tr><td>4</td><td colspan="2">食品安全管理体系（FSMS）认证</td><td>30</td><td>120</td><td>14</td></tr>
<tr><td>5</td><td colspan="2">信息安全管理体系（ISMS）认证</td><td>6</td><td>21</td><td></td></tr>
<tr><td rowspan="5">6</td><td colspan="2">产品认证</td><td>59</td><td></td><td></td></tr>
<tr><td rowspan="4">其中</td><td>常规产品认证</td><td>35</td><td>1 760</td><td>12</td></tr>
<tr><td>服务认证</td><td>2</td><td>2</td><td></td></tr>
<tr><td>良好农业规范（GAP）认证</td><td>14</td><td>49</td><td></td></tr>
<tr><td>有机产品认证</td><td>21</td><td>56</td><td></td></tr>
<tr><td>7</td><td colspan="2">软件过程及能力成熟度评估（SPCA）</td><td>3</td><td>5</td><td></td></tr>
<tr><td>8</td><td colspan="2">人员认证</td><td>1</td><td>2</td><td></td></tr>
<tr><td colspan="4">认证机构总计：131<br>其中产品认证机构总计：55</td><td>合计：431</td><td>认证机构业务范围类型合计：8 698<br>其中管理体系认证机构业务范围类型合计：6 823</td><td>合计：201</td></tr>
</table>

### （二）认可的实验室等机构统计信息

| 项目 | 数量 |
|---|---|
| 检测实验室 | 4 550 |
| 校准实验室 | 634 |
| 医学实验室 | 105 |
| 生物安全实验室 | 33 |
| 标准物质生产者 | 6 |
| 能力验证提供者 | 24 |
| 合计 | 5 352 |

（三）认可的检查机构统计信息

| 项目 | 数量 |
|---|---|
| 检查机构 | 357 |

（四）对认证证书的分类统计

| 认证领域 | 标准类型 / 认证规范 | 证书数 | 比率 /% |
|---|---|---|---|
| 质量管理体系认证 | GB/T 19001—2008/ISO 9001:2008 | 215 477 | 30.66 |
| | TL 9000 4.0 | 61 | 0.01 |
| | 中国共产党基层组织质量管理体系 | 28 | 0.004 |
| | 工程建筑施工企业质量管理体系 | 13 928 | 1.98 |
| 环境管理体系认证 | GB/T 24001—2004/ISO 14001:2004 | 61 204 | 8.71 |
| 职业健康安全管理体系认证 | GB/T 28001—2001 | 41 161 | 5.86 |
| 食品安全管理体系认证 | GB/T 22000—2006/ISO 22000—2005 | 5 933 | 0.84 |
| 软件过程及能力成熟度评估 | SJ/T 11234 或 SJ/T 11235 | 20 | 0.00 |
| 产品认证 | 自愿性产品认证 | 22 915 | 3.26 |
| | 强制性产品认证 | 333 158 | 47.40 |
| 有机产品认证 | GB/T 19630—2005 | 7 644 | 1.09 |
| 良好农业规范 | GB/T 20014.1~11—2005 | 428 | 0.06 |
| 信息安全认证 | GB/T 22080—2008/ISO/IEC 27001—2005 | 902 | 0.13 |
| 总　　计 | | 702 859 | 100 |

## 六、CCAA 年报

（一）工厂检察员注册情况统计

| 分类 | 人项数 | 比率 /% |
|---|---|---|
| 强制性产品 | 3 184 | 34 |
| 自愿性产品 | 6 164（有机产品 897） | 66 |
| 合计 | 9 348 | 100 |

（二）咨询师注册情况统计

| 分类 | 人项数 | 比率 /% |
|---|---|---|
| 质量管理 | 1518 | 52 |
| 职业健康安全 | 776 | 26 |
| 其他 | 648 | 22 |
| 合计 | 2942 | 100 |

## （三）审核员注册情况统计

| 注册类别 | 质量管理 | | 环境管理 | | 职业健康安全 | | 食品安全 | | 合计 | |
|---|---|---|---|---|---|---|---|---|---|---|
| | 人项数 | 比率/% | 人项数 | 比率/% | 人项数 | 比率/% | 人项数 | 比率/% | 人项数 | 比率/% |
| 实习审核员 | 11 583 | 32 | 7 365 | 43 | 4 834 | 40 | 1 008 | 45 | 24 850 | 36 |
| 审核员 | 14 432 | 40 | 5 485 | 32 | 4 063 | 33 | 777 | 34 | 25 035 | 37 |
| 高级审核员 | 10 128 | 28 | 4 445 | 25 | 3 366 | 27 | 474 | 21 | 18 632 | 27 |
| 合计 | 36 143 | 100 | 17 295 | 100 | 12 263 | 100 | 2 259 | 100 | 68 517 | 100 |

2013

Yearbook of Certification and Accreditation of China

# 第二十三部分　附　录

Part Twenty-three Appendixes

# 一、2012年国家认监委发布的公告（选登）

## 关于印度泛太平洋认证有限公司非法开展认证活动的公告

2012年第1号

经查证，印度泛太平洋认证有限公司（Transpacific Certifications Limited）未经批准，擅自在中国境内从事认证活动，其行为违反了《中华人民共和国认证认可条例》的规定，属非法认证。根据《中华人民共和国认证认可条例》的规定，国家认监委经依法审理，决定撤销印度泛太平洋认证有限公司长沙代表处的备案资质。

根据《中华人民共和国认证认可条例》及相关法律法规的规定，境外认证机构在华设立的常驻代表机构可从事与所从属机构的业务范围相关的推广活动，但不得从事认证活动。在此提醒广大企事业单位选择经国家认监委批准的合法认证机构提供认证服务。合法证机构名录可从国家认监委官方网站查询。

特此公告。

二〇一二年一月十八日

# 关于发布《有机产品认证目录》的公告

2012年第2号

根据《有机产品认证管理办法》（国家质检总局令[2004]第67号）、《有机产品认证实施规则》（国家认监委公告[2011]第34号）规定，国家认证认可监督管理委员会在各认证机构已认证产品的基础上，按照风险评估的原则，组织相关专家制定了《有机产品认证目录》，现予公布，自2012年3月1日起施行。

本公告发布前已获得认证，但不在《有机产品认证目录》范围内的认证证书，证书有效期满自动失效。

附件：有机产品认证目录

二〇一二年一月十三日

**附件：**

## 有机产品认证目录

| 序号 | 产品名称 | 产品范围 |
|---|---|---|
| 生产 | | |
| 植物类（含野生植物采集） | | |
| 谷物 | | |
| 1 | 小麦 | 小麦 |
| 2 | 玉米 | 玉米；鲜食玉米；糯玉米 |
| 3 | 水稻 | 稻谷 |
| 4 | 谷子 | 谷子 |
| 5 | 高粱 | 高粱 |
| 6 | 大麦 | 大麦；酿酒大麦；饲料大麦 |
| 7 | 燕麦 | 莜麦；燕麦 |
| 8 | 杂粮 | 黍；粟；苡仁；荞麦<br>花豆；泥豆；鹰嘴豆；饭豆；小扁豆；羽扇豆；瓜尔豆；利马豆；木豆；红豆；绿豆；青豆；黑豆；褐红豆；油莎豆；芸豆 |
| 蔬菜 | | |
| 9 | 薯芋类 | 马铃薯；木薯；甘薯；山药；葛类；芋 |
| 10 | 豆类蔬菜 | 蚕豆；菜用大豆；豌豆；菜豆；刀豆；扁豆；长豇豆；黎豆；四棱豆 |
| 11 | 瓜类蔬菜 | 黄瓜；冬瓜；丝瓜；西葫芦；节瓜；菜瓜；笋瓜；越瓜；瓠瓜；苦瓜；中国南瓜；佛手瓜；蛇瓜 |

续表

| 序号 | 产品名称 | 产品范围 |
| --- | --- | --- |
| 12 | 白菜类蔬菜 | 白菜；菜薹 |
| 13 | 绿叶蔬菜 | 散叶莴苣；莴笋；苋菜；茼蒿；菠菜；芹菜；苦菜；菊苣；苦苣；芦蒿；蕹菜；苜蓿；紫背天葵<br>罗勒；荆芥；乌塌菜；菊花菜；荠菜；茴香；芸薹；叶恭菜；猪毛菜；寒菜；番杏；蕺儿菜；灰灰菜；榆钱菠菜；木耳菜；落葵；紫苏；莳萝；芫荽；水晶菜 |
| 14 | 新鲜根菜类蔬菜 | 芜菁；萝卜；牛蒡；芦笋；甜菜；胡萝卜 |
| 15 | 新鲜甘蓝类蔬菜 | 芥蓝；甘蓝；花菜 |
| 16 | 新鲜芥菜类蔬菜 | 芥菜 |
| 17 | 新鲜茄果类蔬菜 | 辣椒；西红柿<br>茄子；人参果 |
| 18 | 新鲜葱蒜类蔬菜 | 葱；韭菜；蒜；姜 |
| 19 | 新鲜多年生蔬菜 | 笋；鲜百合；金针菜；黄花菜；朝鲜蓟 |
| 20 | 新鲜水生类蔬菜 | 莲藕；茭白；荸荠；菱角；水芹；慈菇；豆瓣菜；莼菜；芡实；蒲菜；水芋；水雍菜；莲子 |
| 21 | 新鲜芽苗类蔬菜 | 苗菜；芽菜 |
| 22 | 食用菌类 | 菇类；木耳；银耳；块菌类 |
| 水果与坚果 | | |
| 23 | 柑桔类 | 桔；橘；柑类 |
| 24 | 甜橙类 | 橙 |
| 25 | 柚类 | 柚 |
| 26 | 柠檬类 | 柠檬 |
| 27 | 葡萄类 | 鲜食葡萄；酿酒葡萄 |
| 28 | 瓜类 | 西瓜；甜瓜；厚皮甜瓜；木瓜 |
| 29 | 苹果 | 苹果；沙果；海棠果 |
| 30 | 梨 | 梨 |
| 31 | 桃 | 桃 |
| 32 | 枣 | 枣 |
| 33 | 杏 | 杏 |
| 34 | 其他水果 | 梅；杨梅；草莓；黑豆果；橄榄；樱桃；李子；猕猴桃；香蕉；椰子；菠萝；芒果；番石榴；荔枝；龙眼；杨桃；波萝蜜；火龙果；红毛丹；西番莲；莲雾；面包果；榴莲；山竹；海枣；柿；枇杷；石榴；桑椹；酸浆；沙棘；山楂；无花果；蓝莓 |
| 35 | 核桃 | 核桃 |
| 36 | 板栗 | 板栗 |
| 37 | 其他坚果 | 榛子；瓜籽；杏仁；咖啡；椰子；银杏果；芡实（米）；腰果；槟榔；开心果；巴旦木果 |

续表

| 序号 | 产品名称 | 产品范围 |
|---|---|---|
| 豆类与其他油料作物 | | |
| 38 | 大豆 | 大豆 |
| 39 | 其他油料作物 | 油菜籽；芝麻；花生；茶籽；葵花籽；红花籽；油棕果；亚麻籽；南瓜籽；月见草籽；大麻籽；玫瑰果；琉璃苣籽 |
| 花卉 | | |
| 40 | 花卉 | 菊花；木槿花；芙蓉花；海棠花；百合花；茶花；茉莉花；玉兰花；白兰花；桅子花；桂花；丁香花；玫瑰花；月季花；桃花；米兰花；珠兰花；芦荟；牡丹；芍药；牵牛；麦冬；鸡冠花；凤仙花；百合；贝母；金银花；荷花；藿香蓟；水仙花；腊梅 |
| 香辛料作物产品 | | |
| 41 | 香辛料作物产品 | 花椒；青花椒；胡椒；月桂；肉桂；丁香；众香子；香荚兰豆；肉豆蔻；陈皮；百里香；迷迭香；八角茴香；球茎茴香；孜然；小茴香；甘草；百里香；枯茗；薄荷；姜黄；红椒；藏红花 |
| 制糖植物 | | |
| 42 | 制糖植物 | 甘蔗；甜菜；甜叶菊 |
| 其他类植物 | | |
| 43 | 青饲料植物 | 苜蓿；黑麦草；芜菁；青贮玉米；绿萍；红萍；羊草 |
| 44 | 纺织用的植物原料 | 棉；麻 |
| 45 | 调香的植物 | 香水莲；薰衣草；迷迭香；柠檬香茅；柠檬马鞭草；藿香；鼠尾草；小地榆；天竺葵；紫丁香；艾草；佛手柑 |
| 46 | 野生采集的植物 | 蕨菜；刺嫩芽；猫瓜子；猴腿；广东菜；叶芹菜；山核桃；松子等；沙棘；蓝莓等；羊肚菌；松茸；牛肝菌；鸡油菌等；板蓝根；月见草；蒲公英；红花；贝母；灰树花；当归；葛根；石耳等 |
| 47 | 茶 | 茶 |
| 种子与繁殖材料 | | |
| 48 | 种子与繁殖材料 | 种子；繁殖材料。（仅限本目录列出的植物类种子及繁殖材料） |
| 植物类中药 | | |
| 49 | 植物类中药 | 三七；大黄；婆罗门参；人参；西洋参；土贝母；黄连；板蓝根；黄芩；菟丝子；牛蒡根；地黄；桔梗；槲寄生；钩藤；通草；桔梗；土荆皮；白鲜皮；地骨皮；肉桂；杜仲；牡丹皮；五加皮；银杏叶；石韦；石南叶；枇杷叶；苦丁茶；柿子叶；罗布麻；枸骨叶；合欢花；红花；辛夷；鸡冠花；洋金花；藏红花；金银花；大草寇；山楂；女贞子；山茱萸；五味子；巴豆；牛蒡子；红豆蔻；川楝子；沙棘；大蓟；广藿香；小蓟；马鞭草；龙葵；长春花；仙鹤草；白英；补骨脂；羊栖菜；海蒿子；冬虫夏草；茯苓；灵芝；石斛 |
| 畜禽类 | | |
| 活体动物 | | |
| 50 | 肉牛（头） | 肉牛 |
| 51 | 奶牛（头） | 奶牛 |
| 52 | 乳肉兼用牛（头） | 乳肉兼用牛 |
| 53 | 绵羊（头） | 绵羊 |

**续表**

| 序号 | 产品名称 | 产品范围 |
|---|---|---|
| 54 | 山羊（头） | 山羊 |
| 55 | 马（头） | 马 |
| 56 | 驴（头） | 驴 |
| 57 | 猪（头） | 猪 |
| 58 | 鸡（只） | 鸡 |
| 59 | 鸭（只） | 鸭 |
| 60 | 鹅（只） | 鹅 |
| 61 | 其他动物（头/只） | 兔；羊驼；鹌鹑；火鸡；鹿；蚕；鹧鸪；骆驼；鸵鸟 |
| 动物产品或副产品 | | |
| 62 | 牛乳 | 牛乳 |
| 63 | 羊乳 | 羊乳 |
| 64 | 马乳 | 马乳 |
| 65 | 其他动物产品 | 驴奶；骆驼奶 |
| 66 | 鸡蛋（枚） | 鸡蛋 |
| 67 | 鸭蛋（枚） | 鸭蛋 |
| 68 | 其他禽蛋（枚） | 鹌鹑蛋；鸵鸟蛋；鹅蛋 |
| 69 | 动物副产品 | 毛；绒 |
| 水产类 | | |
| 鲜活鱼 | | |
| 70 | 海水鱼（尾） | 文昌鱼；鳗；鲱鱼；鲇鱼；鲑；鳕鱼；鲉；鲈；黄鱼；鳎；鳗鲡；鲷；鲀；鲈鱼；鲆；鲽鱼；鳟 |
| 71 | 淡水鱼（尾） | 青鱼；草鱼；鲢鱼；鳙鱼；鲤鱼；鳜鱼；鲟鱼；鲫鱼；鲶鱼；鲌鱼；黄鳝；鳊鱼；罗非鱼；鲂鱼；鲴鱼；乌鳢；鲳鱼；鳗鲡；鳡鱼；鲮；鮰鱼；鮠；鲇；梭鱼 |
| 甲壳与无脊椎动物 | | |
| 72 | 虾类（吨） | 虾 |
| 73 | 蟹类（只） | 绒螯蟹；三疣梭子蟹；红螯相手蟹；锯缘青蟹 |
| 74 | 无脊椎动物 | 牡蛎；鲍；螺；蛤类；蚶；河蚬；蛏；西施舌；蛤蜊；河蚌；海蜇；海参；卤虫；环刺螠 |
| 水生脊椎动物 | | |
| 75 | 鳖（只） | 鳖 |

续表

| 序号 | 产品名称 | 产品范围 |
|---|---|---|
| | 水生植物 | |
| 76 | 海藻和海草类 | 海带；紫菜；裙带菜；麒麟菜；江蓠；羊栖菜；海苔；螺旋藻 |
| 加工 | | |
| | 肉制品及副产品加工 | |
| 77 | 冷鲜肉 | 猪；牛；羊；鸭；鸡；鹅；鹿；驴；兔；鸵鸟 |
| 78 | 加工肉制品 | 牛肉制品；猪肉制品；羊肉制品；鸭肉制品；鸡肉制品；鹅肉制品；鹿肉制品；鸵鸟肉制品 |
| | 水产品加工 | |
| 79 | 冷鲜鱼 | 文昌鱼；鳗；鲱鱼；鲇鱼；鲑；鳕鱼；鲉；鲈；黄鱼；鳎；鳗鲡；鲷；鲀；鲈鱼；鲆；鲽鱼；鳟）；淡水鱼（青鱼；草鱼；鲢鱼；鳙鱼；鲤鱼；鳜鱼；鲟鱼；鲫鱼；鲶鱼；鲌鱼；黄鳝；鳊鱼；罗非鱼；鲂鱼；鲴鱼；乌鳢；鲳鱼；鳗鲡；鳡鱼；鲮；鮰鱼；鮠；鲇；梭鱼；鲍鱼；虾 |
| 80 | 加工鱼制品 | 加工鱼制品 |
| 81 | 其他水产加工制品（包括海草类） | 海参；海胆；扇贝；小龙虾；海带；紫菜；裙带菜；麒麟菜；江蓠；羊栖菜；海苔 |
| | 加工或保藏的蔬菜 | |
| 82 | 冷冻蔬菜 | 速冻蔬菜 |
| 83 | 保藏蔬菜 | 保藏蔬菜 |
| 84 | 腌渍蔬菜 | 盐渍菜；糖渍菜；醋渍菜；酱渍菜 |
| 85 | 脱水蔬菜 | 蔬菜干制品 |
| 86 | 蔬菜罐头 | 蔬菜罐头 |
| | 果汁和蔬菜汁 | |
| 87 | 果汁（浆） | 果汁；果浆 |
| 88 | 蔬菜汁 | 蔬菜汁 |
| | 加工和保藏的水果和坚果 | |
| 89 | 保藏的水果和坚果 | 枣 |
| 90 | 冷冻水果 | 冷冻水果 |
| 91 | 冷冻坚果 | 冷冻板栗 |
| 92 | 果酱 | 果酱 |
| 93 | 烘焙或炒的坚果 | 松籽；核桃（仁）；杏（仁）；葵花籽（仁）；五香瓜子；榛子（仁）；花生 |
| 94 | 其他方法加工及保藏的水果和坚果 | 坚果粉（粒；片） |
| | 植物油加工 | |
| 95 | 食用植物油 | 豆油；茶籽油；核桃油；麻籽油；葵花籽油；菜籽油；芝麻油；玉米油；橄榄油；花生油；月见草油；琉璃苣油；亚麻油；沙棘果油；沙棘籽油；苦荞籽油；红花籽油；南瓜子油；葡萄籽油；小麦胚芽油；紫苏籽油；杏仁油；石榴籽油；芥子油 |

续表

| 序号 | 产品名称 | 产品范围 |
| --- | --- | --- |
| 植物油加工副产品 | | |
| 96 | 植物油加工副产品 | 植物油加工副产品 |
| 经处理的液体奶或奶油 | | |
| 97 | 经处理的液体乳 | 牛奶 |
| 其他乳制品 | | |
| 98 | 乳粉类 | 奶粉 |
| 99 | 发酵乳 | 酸奶 |
| 谷物磨制 | | |
| 100 | 小麦（粉） | 小麦；小麦粉 |
| 101 | 玉米（粉） | 玉米；玉米粉 |
| 102 | 大米（粉） | 大米；米粉 |
| 103 | 小米（粉） | 小米；小米粉 |
| 104 | 其他谷物碾磨加工品 | 豆粉；苦荞米（粉）；麦片（粉）；苏子粉；芝麻粉；麦麸；糁；薏米；青稞粉；大麦苗粉；糊；燕麦粉 |
| 淀粉与淀粉制品 | | |
| 105 | 淀粉 | 淀粉 |
| 106 | 淀粉制品 | 粉丝 |
| 107 | 豆制品 | 豆制品 |
| 加工饲料 | | |
| 108 | 加工的植物性饲料 | 植物性饲料 |
| 109 | 加工的动物性饲料 | 动物性饲料 |
| 烘焙食品 | | |
| 110 | 饼干及面包 | 饼干；面包 |
| 面条等谷物粉制品 | | |
| 111 | 米面制品 | 面制品；米制品 |
| 112 | 方便食品 | 粮食制品 |
| 不另分类的食品 | | |
| 113 | 茶 | 红茶；黑茶；绿茶；花茶；乌龙茶；白茶；黄茶 |
| 114 | 代用茶 | 苦丁茶；杜仲茶；柿叶茶；桑叶茶；银杏叶茶；野菊花茶；野藤茶；菊花茶；薄荷；大麦茶 |
| 115 | 咖啡 | 咖啡 |

续表

| 序号 | 产品名称 | 产品范围 |
|---|---|---|
| 116 | 保藏的去壳禽蛋及其制品 | 禽蛋及其制品 |
| 117 | 调味品 | 芝麻盐；麻汁；五香粉；胡椒粉；酱油；豆瓣酱；醋 |
| 118 | 植物类中草药加工制品（颗粒/饮片） | 三七；大黄；婆罗门参；人参；西洋参；土贝母；黄连；板蓝根；黄芩；菟丝子；牛蒡根；地黄；桔梗；槲寄生；钩藤；通草；土荆皮；白鲜皮；地骨皮；肉桂；杜仲；牡丹皮；五加皮；银杏叶；石韦；石南叶；枇杷叶；苦丁茶；柿子叶；罗布麻；枸骨叶；合欢花；红花；辛夷；鸡冠花；洋金花；藏红花；金银花；大草寇；山楂；女贞子；山茱萸；五味子；巴豆；牛蒡子；红豆蔻；川楝子；沙棘；大蓟；广藿香；小蓟；马鞭草；龙葵；长春花；仙鹤草；白英；补骨脂；羊栖菜；海蒿子；冬虫夏草；茯苓；灵芝 |
| 白酒 | | |
| 119 | 白酒 | 白酒 |
| 葡萄酒和果酒等发酵酒 | | |
| 120 | 葡萄酒 | 红葡萄酒；白葡萄酒 |
| 121 | 果酒 | 果酒；水果红酒/冰酒/干酒 |
| 122 | 黄酒 | 黄酒 |
| 123 | 米酒 | 米酒 |
| 124 | 其他发酵酒 | 红曲酒 |
| 啤酒 | | |
| 125 | 啤酒 | 啤酒 |
| 纺纱用其他天然纤维 | | |
| 126 | 纺纱用其他天然纤维 | 竹纤维；蚕丝 |
| 服装 | | |
| 127 | 纺织制成品 | 纱；线；丝及其制品 |

# 关于部分强制性产品认证指定实验室名称等信息变更的公告

2012年第3号

经对部分强制性产品认证指定实验室提交的信息变更申请审核后，现将符合国家认监委《关于规范强制性产品认证指定实验室名称的公告》（2009年第21号公告）相关要求的实验室变更信息予以公告（见附件）。未经我委确认的名称等信息变更的指定实验室，在开展强制性产品认证检测业务时，应按我委在指定时的相关信息出具检测报告并收取检测费用。

附件：强制性产品认证指定实验室名称等信息变更确认表

二○一二年一月二十日

**附件：**

| 指定号 | 变更前信息 | | | 变更后信息 | | |
|---|---|---|---|---|---|---|
| | 名称 | 通讯地址 | 联系方式 | 名称 | 通讯地址 | 联系方式 |
| 3 | 上海市质量监督检验技术研究院 | 上海市徐汇区永嘉路627号，200031<br>上海市徐汇区苍梧路381号，200233 | 联系人（电线组件、家用及类似用途插头插座、家用及类似用途器具耦合器、热熔断体、小型熔断器的管状熔断体）：翟佳斌，林蔚<br>联系电话：021-64728525<br>联系人（音视频设备）：钱巍，林蔚<br>联系电话：021-64336605<br>联系人（信息技术设备、电信终端设备）：钱景凌，林蔚<br>联系电话：021-64336605<br>联系传真：021-64317195<br>网址：www.sqi.org.cn<br>www.sgidz.org.cn<br>联系人（家用及类似用途插头插座）：翟佳斌，林蔚<br>联系电话：021-64728525<br>联系传真：021-64317195<br>网址：www.sqi.org.cn<br>www.sgidz.org.cn<br>联系人（照明电器）：陆荣树<br>联系电话：021-54264312<br>联系传真：021-54264342-3011<br>网址：www.sqi.org.cn<br>www.saltnet.com.cn<br>联系人（溶剂型木器涂料）：章若红，施慧娟<br>联系电话：021-64851450<br>021-54265921<br>联系传真：021-64851450<br>021-54265921<br>网址：www.sqi.org.cn<br>联系人（童车玩具）：<br>章若红，秦紫明<br>联系电话：021-64851450<br>021-54263253<br>联系传真：021-64851450<br>021-54263253<br>联系人（汽车安全玻璃）：<br>章若红，张红<br>联系电话：021-64851450<br>021-54264038<br>联系传真：021-64851450<br>021-54264038<br>网址：www.sqi.org.cn | 上海市质量监督检验技术研究院 | 上海市徐汇区永嘉路627号，200031<br>上海市徐汇区苍梧路381号，200233<br>上海市闵行区江月路900号，201114 | 联系人（电线组件、家用及类似用途插头插座、家用及类似用途器具耦合器、热熔断体、小型熔断器的管状熔断体）：翟佳斌，林蔚<br>联系电话：021-54336322<br>联系传真：021-54336146<br>联系人（音视频设备）：钱巍，林蔚<br>联系电话：021-64336605<br>联系人（信息技术设备、电信终端设备）：钱景凌，林蔚<br>联系电话：021-64336605<br>联系传真：021-64317195<br>网址：www.sqi.org.cn<br>www.sqidz.org.cn<br>联系人（家用及类似用途插头插座）：翟佳斌，林蔚<br>联系电话：021-54336322<br>联系传真：021-54336146<br>网址：www.sqi.org.cn<br>www.sqidz.org.cn<br>联系人（照明电器）：陆荣树<br>联系电话：021-54337206<br>联系传真：021-54337200<br>网址：www.sqi.org.cn<br>联系人（溶剂型木器涂料）：章若红，施慧娟<br>联系电话：021-54336268<br>021-54336256<br>联系传真：021-54336263<br>021-54336256<br>网址：www.sqi.org.cn<br>联系人（童车玩具）：<br>章若红，秦紫明<br>联系电话：021-54336268<br>021-54336253<br>联系传真：021-54336263<br>021-54336253<br>联系人（汽车安全玻璃）：<br>章若红，张红<br>联系电话：021-54336268<br>021-54336371<br>联系传真：021-54336263<br>021-54336371<br>网址：www.sqi.org.cn |
| 5 | 广州威凯检测技术研究院 | 广州市科学城开泰大道天泰一路3号，510663 | 联系人：陈伟升<br>联系电话：020-32293888<br>020-32293683<br>联系传真：020-32293889<br>网址：www.cvc.org.cn | 广州威凯检测技术有限公司 | 广州市科学城开泰大道天泰一路3号，510663 | 联系人：陈伟升<br>联系电话：020-32293888<br>020-32293683<br>联系传真：020-32293889<br>网址：www.cvc.org.cn |

续表

| 指定号 | 变更前信息 | | | 变更后信息 | | |
|---|---|---|---|---|---|---|
| | 名称 | 通讯地址 | 联系方式 | 名称 | 通讯地址 | 联系方式 |
| 33 | 山东省产品质量监督检验研究院 | 山东省济南市经十东路8168号，250103 | 联系人：董强，王锋<br>联系电话：0531-89701991<br>联系传真：0531-89701996<br>网址：www.sdzjy.com.cn | 山东省产品质量监督检验研究院 | 山东省济南市经十东路8168号，250103 | 联系人：董强，王锋<br>联系电话：0531-89701913<br>0531-89701918<br>联系传真：0531-89701996<br>网址：www.sdzjy.com.cn |
| 69/70 | 辽宁省产品质量监督检验院/沈阳市产品质量监督检验所 | 沈阳市和平区文化路3巷9号，110001<br>沈阳市铁西区滑翔路26号，110022 | 联系人：李柏秋<br>联系电话：024-23891774<br>联系人：刘强<br>联系电话：024-25898958<br>联系人：赵丽秀<br>联系电话：024-25933077<br>联系传真：024-25898718 | 辽宁省产品质量监督检验院/沈阳产品质量监督检验院 | 沈阳市和平区文化路3巷9号，110001<br>沈阳市铁西区滑翔路26号，110022 | 联系人：李柏秋<br>联系电话：024-23891774<br>联系人：丁婉婷<br>联系电话：024-25893230<br>联系传真：024-25898718<br>E-mail：delia8292@163.com |
| 92 | 宁波市产品质量监督检验所 | 宁波市王隘路2号，315040 | 联系人：邝湘宁<br>联系电话：0574-87871869 | 宁波市产品质量监督检验研究院 | 宁波市江东区王隘路28号，315041 | 联系人：鲍俊<br>联系电话：0574-87871869<br>联系传真：0574-87889216<br>网址：www.nbzjy.gov.cn |

# 关于强制性产品认证依据用标准修订时有关要求的公告

2012年第4号

为进一步完善强制性产品认证依据用标准修订时的认证工作，确保强制性产品认证制度的有效实施，现就有关要求公告如下：

一、各指定认证机构负责跟踪强制性产品认证依据用标准的制修订情况，并依据《关于标准修订时强制性产品认证有关问题的通知》（国认科联[2005]18号）的有关规定，按照相应产品的强制性产品认证技术专家组确定的相关技术决议，自行制订标准制修订转换期的认证实施方案，并向社会公布。

公布实施之前，各指定认证机构应将自行制订的标准制修订转换期的强制性认证工作方案报我委认证监管部备案。

二、各指定认证机构应向认证委托人提供详细、准确的关于标准主要变化情况的相关信息。

三、对于新修订的认证依据用标准将引起强制性产品认证的有关政策、目录范围改变的情况，由我委统一发布相关要求的公告。

四、标准修订后的认证收费须执行国家发改委规定的现行有效的收费标准。

五、各申请强制性产品认证的组织或已获强制性产品认证的组织，应按照受理认证或发证的指定认证机构发布的实施方案进行认证申请或换版申请。

六、各相关指定实验室应在执行新版标准前，向我委认证监管部上报依据新版标准检测能力情况，以及获得实验室资质认定和认可的情况。

七、本公告自发布之日起实施。

二〇一二年一月二十日

# 关于上海化工研究院检测中心良好实验室规范（GLP）复评价合格的公告

2012 年第 5 号

根据国家认监委 2008 年第 17 号公告《良好实验室规范（GLP）原则》（试行）和《良好实验室规范（GLP）符合性评价程序》（试行）的有关要求和程序，经国家认监委组织中国合格评定国家认可中心进行复评价，现继续批准上海化工研究院检测中心为国家认监委承认的符合良好实验室规范（GLP）的实验室，该实验室可以在化学品“理化性质测试”、“毒性研究”、“致突变研究”、“水生和陆生生物的环境毒性研究”、“水、土壤和空气中行为学研究”以及“生物富集试验”等方面开展 GLP 测试研究，并出具 GLP 测试研究报告。

上海化工研究院检测中心的 GLP 实验室资格有效期至 2015 年 01 月 12 日。

特此公告。

二〇一二年一月三十一日

# 关于 2011 年国家认监委能力验证结果满意实验室名单的公告

2012 年第 6 号

2011 年国家认监委下达的所有能力验证项目均已按要求完成，并通过了专家验收。现将取得能力验证结果满意的实验室名单予以公布（见附件）。

根据有关规定，对取得能力验证结果满意的实验室，计入实验室参加能力验证活动的记录，在 2012 至 2013 年度进行资质认定或实验室认可评审时，可以根据情况免除该项目的现场试验。

附件：2011 年国家认监委能力验证结果满意实验室名单

二〇一二年二月二日

附件：

# 2011年国家认监委能力验证结果满意实验室名单

## 一、猪瘟抗体酶联免疫吸附试验检测能力验证项目（45家）

| 编号 | 机构名称 | 备注 |
|---|---|---|
| 1 | 上海市松江区食用农产品安全监督检测中心 | |
| 2 | 广东出入境检验检疫局检验检疫技术中心动物检疫实验室 | |
| 3 | 江西出入境检验检疫局检验检疫综合技术中心 | |
| 4 | 江苏出入境检验检疫局动植物与食品检测中心动物检疫实验室 | |
| 5 | 四川出入境检验检疫局检验检疫技术中心 | |
| 6 | 山东省畜牧兽医检验技术中心 | |
| 7 | 吉林出入境检验检疫局检验检疫技术中心 | |
| 8 | 重庆出入境检验检疫局检验检疫技术中心 | |
| 9 | 浙江出入境检验检疫局检验检疫技术中心 | |
| 10 | 上海出入境检验检疫局动植物与食品检验检疫技术中心 | |
| 11 | 湖北出入境检验检疫局检验检疫技术中心 | |
| 12 | 天津出入境检验检疫局动植物与食品检测中心 | |
| 13 | 上海市嘉定区农产品检测中心 | |
| 14 | 上海市动物疫病预防控制中心 | |
| 15 | 深圳出入境检验检疫局动植物检验检疫技术中心 | |
| 16 | 佛山市农产品质量安全监督检测中心 | |
| 17 | 东莞市动物疫病预防控制中心 | |
| 18 | 中国商业联合会肉禽蛋食品质量监督检测中心（北京） | |
| 19 | 山东出入境检验检疫局检验检疫技术中心 | |
| 20 | 伊犁出入境检验检疫局综合技术服务中心 | |
| 21 | 上海市奉贤区动物疫病预防控制中心 | |
| 22 | 河北出入境检验检疫局检验检疫技术中心 | |
| 23 | 湖南出入境检验检疫局检验检疫技术中心 | |
| 24 | 北京出入境检验检疫局检验检疫技术中心 | |
| 25 | 广东省农业科学院兽医研究所动物疫病诊断中心 | |
| 26 | 宁波出入境检验检疫局检验检疫技术中心 | |
| 27 | 廊坊出入境检验检疫局燕郊办事处动检实验室 | |
| 28 | 天津市动物疫病预防控制中心 | |
| 29 | 上海市实验动物质量监督检验站 | |
| 30 | 广西出入境检验检疫局检验检疫技术中心 | |
| 31 | 海南出入境检验检疫局检验检疫技术中心 | |
| 32 | 惠州出入境检验检疫局检验检疫综合技术中心 | |
| 33 | 农业部兽医诊断中心 | |
| 34 | 青岛市动物疫病预防与控制中心 | |
| 35 | 唐山出入境检验检疫局综合实验室 | |

续表

| 编号 | 机构名称 | 备注 |
|---|---|---|
| 36 | 烟台出入境检验检疫局检验检疫技术中心 | |
| 37 | 河南出入境检验检疫局检验检疫技术中心 | |
| 38 | 云南出入境检验检疫局检验检疫技术中心动物检疫实验室 | |
| 39 | 西藏出入境检验检疫局检验检疫技术中心 | |
| 40 | 辽宁出入境检验检疫局检验检疫技术中心 | |
| 41 | 天津市动物卫生监督所 | |
| 42 | 厦门出入境检验检疫局检验检疫技术中心 | |
| 43 | 安徽出入境检验检疫局生物技术分中心 | |
| 44 | 珠海出入境检验检疫局检验检疫技术中心 | |
| 45 | 新疆出入境检验检疫局检验检疫技术中心 | 补测满意 |

## 二、转基因水稻、玉米定性检测能力验证项目（75 家）

| 编号 | 机构名称 | 满意参数 | 备注 |
|---|---|---|---|
| 1 | 福建出入境检验检疫局检验检疫技术中心 | 转基因水稻、玉米 | |
| 2 | 农业部转基因生物食用安全监督检验测试中心（北京） | 转基因水稻、玉米 | |
| 3 | 北京出入境检验检疫局技术中心植物实验室 | 转基因水稻、玉米 | |
| 4 | 上海出入境检验检疫局动植物与食品检验检疫技术中心 | 转基因水稻、玉米 | |
| 5 | 农业部转基因植物环境安全监督检验测试中心（上海） | 转基因水稻、玉米 | |
| 6 | 上海市质量监督检验技术研究院 | 转基因水稻、玉米 | |
| 7 | 农业部转基因生物产品成分监督检验测试中心（天津） | 转基因水稻、玉米 | |
| 8 | 农业部转基因生物产品成分监督检验测试中心（合肥） | 转基因水稻、玉米 | |
| 9 | 国家农副加工食品质量监督检验中心 | 转基因水稻、玉米 | |
| 10 | 厦门出入境检验检疫局检验检疫技术中心 | 转基因水稻、玉米 | |
| 11 | 农业部甘蔗及制品质量监督检验测试中心转基因检测室 | 转基因水稻、玉米 | |
| 12 | 农业部转基因植物及植物用微生物环境安全监督检验测试中心（广州） | 转基因水稻、玉米 | |
| 13 | 珠海出入境检验检疫局检验检疫技术中心 | 转基因水稻、玉米 | |
| 14 | 汕头出入境检验检疫局检验检疫技术中心动物疫病检疫实验室 | 转基因水稻、玉米 | |
| 15 | 广州市质量监督检测研究院 | 转基因水稻、玉米 | |
| 16 | 深圳出入境检验检疫局动植物检验检疫技术中心 | 转基因水稻、玉米 | |
| 17 | 深圳市计量质量检测研究院 | 转基因水稻、玉米 | |
| 18 | 农业部转基因动物及饲料安全监督检验测试中心（北京） | 转基因水稻、玉米 | |
| 19 | 农业部农作物种子质量监督检验测试中心（深圳） | 转基因水稻、玉米 | |
| 20 | 北京市食品安全监控中心 | 转基因水稻、玉米 | |
| 21 | 贵州出入境检验检疫局检验检疫综合技术中心 | 转基因水稻、玉米 | |
| 22 | 农业部转基因植物及植物用微生物环境安全监督检验测试中心（海口） | 转基因水稻、玉米 | |
| 23 | 河北出入境检验检疫局检验检疫技术中心 | 转基因水稻、玉米 | |
| 24 | 河北省食品质量监督检验研究院 | 转基因水稻、玉米 | |
| 25 | 河南出入境检验检疫局检验检疫技术中心 | 转基因水稻、玉米 | |

续表

| 编号 | 机构名称 | 满意参数 | 备注 |
| --- | --- | --- | --- |
| 26 | 农业部小麦玉米种子质量监督检验测试中心 | 转基因水稻、玉米 | |
| 27 | 黑龙江出入境检验检疫局检验检疫技术中心 | 转基因水稻、玉米 | |
| 28 | 农业部转基因植物环境安全监督检验测试中心（武汉） | 转基因水稻、玉米 | |
| 29 | 湖南出入境检验检疫局检验检疫技术中心 | 转基因水稻、玉米 | |
| 30 | 农业部农产品质量安全监督检验测试中心（长沙） | 转基因水稻、玉米 | |
| 31 | 中国商业联合会农副商（产）品质量监督检验测试中心（长沙） | 转基因水稻、玉米 | |
| 32 | 农业部转基因植物环境安全监督检验测试中心（长春） | 转基因水稻、玉米 | |
| 33 | 农业部农产品质量安全监督检验测试中心（南京） | 转基因水稻、玉米 | |
| 34 | 江西出入境检验检疫局检验检疫综合技术中心 | 转基因水稻、玉米 | |
| 35 | 沈阳产品质量监督检验院 | 转基因水稻、玉米 | |
| 36 | 农业部农产品质量监督检验测试中心（沈阳） | 转基因水稻、玉米 | |
| 37 | 山东出入境检验检疫局检验检疫技术中心 | 转基因水稻、玉米 | |
| 38 | 四川出入境检验检疫局检验检疫技术中心 | 转基因水稻、玉米 | |
| 39 | 农业部转基因植物环境安全监督检验测试中心（成都） | 转基因水稻、玉米 | |
| 40 | 新疆出入境检验检疫局检验检疫技术中心 | 转基因水稻、玉米 | |
| 41 | 农业部农产品及转基因产品质量安全监督检验测试中心（杭州） | 转基因水稻、玉米 | |
| 42 | 农业部转基因植物环境安全监督检验测试中心（杭州） | 转基因水稻、玉米 | |
| 43 | 舟山出入境检验检疫局动植物检疫实验室 | 转基因水稻、玉米 | |
| 44 | 浙江出入境检验检疫局检验检疫技术中心植物检验检疫实验室 | 转基因水稻、玉米 | |
| 45 | 浙江省质量技术监督检测研究院 | 转基因水稻、玉米 | |
| 46 | 农业部转基因植物环境安全监督检验测试中心（北京） | 转基因水稻、玉米 | |
| 47 | 广东产品质量监督检验研究院 | 转基因水稻、玉米 | |
| 48 | 北京出入境检验检疫局检验检疫技术中心 | 转基因水稻、玉米 | |
| 49 | 湖北出入境检验检疫局检验检疫技术中心 | 转基因水稻、玉米 | |
| 50 | 吉林出入境检验检疫局检验检疫技术中心 | 转基因水稻、玉米 | |
| 51 | 广东出入境检验检疫技术中心植物检疫实验室 | 转基因水稻、玉米 | |
| 52 | 吉林省产品质量监督检验院 | 转基因水稻、玉米 | |
| 53 | 秦皇岛出入境检验检疫局技术中心 | 转基因水稻、玉米 | |
| 54 | 农业部转基因生物生态环境安全监督检验测试中心（天津） | 转基因水稻、玉米 | |
| 55 | 宁波出入境检验检疫局检验检疫技术中心 | 转基因水稻、玉米 | |
| 56 | 农业部转基因生物食用安全监督检验测试中心（天津） | 转基因水稻、玉米 | |
| 57 | 中山出入境检验检疫局检验检疫技术中心 | 转基因水稻、玉米 | |
| 58 | 农业部转基因植物环境安全监督检验测试中心（安阳） | 转基因水稻、玉米 | |
| 59 | 沈阳出入境检验检疫局检验检疫综合技术中心 | 转基因水稻、玉米 | |
| 60 | 天津出入境检验检疫局动植物与食品检测中心 | 转基因水稻、玉米 | |
| 61 | 通标标准技术服务（上海）有限公司农产部 | 转基因水稻、玉米 | |
| 62 | 漳州出入境检验检疫局综合技术服务中心实验室 | 转基因水稻 | |

续表

| 编号 | 机构名称 | 满意参数 | 备注 |
|---|---|---|---|
| 63 | 山东省产品质量监督检验研究院 | 转基因玉米 | |
| 64 | 山西出入境检验检疫局技术中心植检室 | 转基因玉米 | |
| 65 | 黄埔检验检疫局农化矿检测中心 | 转基因玉米 | 补测满意 |
| 66 | 农业部转基因植物用微生物环境安全监督检验测试中心（北京） | 转基因水稻、玉米 | 补测满意 |
| 67 | 辽宁出入境检验检疫局检验检疫技术中心 | 转基因水稻、玉米 | 补测满意 |
| 68 | 农业部转基因烟草环境安全监督检验测试中心（青岛） | 转基因水稻、玉米 | 补测满意 |
| 69 | 农业部种子及转基因生物产品成分监督检验测试中心（北京） | 转基因水稻、玉米 | 补测满意 |
| 70 | 农业部农作物种子质量监督检验测试中心（西安） | 转基因水稻、玉米 | 补测满意 |
| 71 | 农业部转基因兽用微生物环境安全监督检验测试中心（北京） | 转基因水稻、玉米 | 补测满意 |
| 72 | 农业部转基因植物环境安全监督检验测试中心（济南） | 转基因水稻、玉米 | 补测满意 |
| 73 | 农业部农产品质量安全监督检验测试中心（石家庄） | 转基因水稻、玉米 | 补测满意 |
| 74 | 重庆出入境检验检疫局检验检疫技术中心 | 转基因水稻、玉米 | 补测满意 |
| 75 | 广西出入境检验检疫局技术中心食品动植物实验室 | 转基因水稻、玉米 | 补测满意 |

## 三、马铃薯甲虫成虫的识别与鉴定能力验证项目（57 家）

| 编号 | 机构名称 | 鉴定人 |
|---|---|---|
| 1 | 贵州出入境检验检疫局检验检疫综合技术中心 | 焦彦朝 / 刘宁 |
| 2 | 吉林出入境检验检疫局检验检疫技术中心 | 李爱军 |
| 3 | 顺德出入境检验检疫局综合技术服务中心 | 沈阳 |
| 4 | 阿拉山口出入境检验检疫局综合技术服务中心动植物实验室 | 莫善明 |
| 5 | 二连浩特出入境检验检疫局检验检疫技术中心 | 张永宏 |
| 6 | 舟山出入境检验检疫局动植物检疫实验室 | 杨赛军 |
| 7 | 浙江出入境检验检疫局技术中心植物检验检疫实验室 | 林晓佳 |
| 8 | 天津出入境检验检疫局动植物与食品检测中心 | 霍蕾 |
| 9 | 广东出入境检验检疫局检验检疫技术中心植检室 | 林莉 |
| 10 | 深圳出入境检验检疫局动植物检验检疫技术中心 | 徐浪 |
| 11 | 江西出入境检验检疫局检验检疫综合技术中心 | 李毛英 |
| 12 | 黑河出入境检验检疫局检验检疫综合技术中心 | 孟玉芹 |
| 13 | 黑龙江出入境检验检疫局技术中心植检室 | 刘洪义 |
| 14 | 重庆出入境检验检疫局检验检疫技术中心 | 孔德英 |
| 15 | 珠海出入境检验检疫局检验检疫技术中心 | 许彩芸 |
| 16 | 库尔勒出入境检验检疫局 | 华鹏 |
| 17 | 湛江出入境检验检疫局检验检疫技术中心 | 马新华 |
| 18 | 汕头出入境检验检疫局检验检疫技术中心植检实验室 | 陈和仁 |
| 19 | 阿克苏出入境检验检疫局综合实验室 | 魏凯 |
| 20 | 厦门出入境检验检疫局检验检疫技术中心 | 黄蓬英 |
| 21 | 上海出入境检验检疫局动植物与食品检验检疫技术中心 | 叶军 |
| 22 | 烟台出入境检验检疫局 | 王颖 |

续表

| 编号 | 机构名称 | 鉴定人 |
|---|---|---|
| 23 | 中山出入境检验检疫局检验检疫技术中心 | 邱德义 |
| 24 | 湖北出入境检验检疫局检验检疫技术中心 | 王振华 |
| 25 | 番禺出入境检验检疫局综合技术服务中心实验室植物检疫实验室 | 钟卫华 |
| 26 | 佛山出入境检验检疫局动植物与食品实验室 | 曹娟、李新芳 |
| 27 | 满洲里出入境检验检疫局检验检疫技术中心 | 董奇飚 |
| 28 | 连云港出入境检验检疫局植物检疫实验室 | 谌运清 |
| 29 | 伊犁出入境检验检疫局综合技术服务中心综合实验室 | 乾义柯 |
| 30 | 伊犁出入境检验检疫局综合技术服务中心综合实验室霍尔果斯分室 | 克尤木 |
| 31 | 安徽出入境检验检疫局检验检疫技术中心生物分中心 | 李云飞 |
| 32 | 江苏出入境检验检疫局动植食中心植物检疫实验室 | 钱路 |
| 33 | 泉州出入境检验检疫局综合检测中心 | 曾思海 |
| 34 | 云南出入境检验检疫局技术中心植物检疫实验室 | 刘忠善 |
| 35 | 北京出入境检验检疫局技术中心植物检疫实验室 | 江丽辉 |
| 36 | 河南出入境检验检疫局技术中心植物检疫实验室 | 宋南 |
| 37 | 内蒙古出入境检验检疫局检验检疫技术中心 | 杨永生 |
| 38 | 张家港出入境检验检疫局检验检疫综合技术中心国家材种鉴定与木材检疫重点实验室 | 周培 |
| 39 | 山西出入境检验检疫局技术中心国家蚧虫检疫重点实验室 | 李惠萍 |
| 40 | 南沙出入境检验检疫局综合技术服务中心实验室 | 陶杰 |
| 41 | 龙邦出入境检验检疫局检验检疫综合实验室 | 甘国栋 |
| 42 | 山东出入境检验检疫局检验检疫技术中心山东检验检疫局食品农产品中心 | 魏晓棠 |
| 43 | 湖南出入境检验检疫局检验检疫技术中心 | 姜金林 |
| 44 | 开平出入境检验检疫局综合技术服务中心综合实验室 | 黎运维 |
| 45 | 黄埔出入境检验检疫局农化矿检测中心植检实验室 | 王新国 |
| 46 | 温州出入境检验检疫局动植检实验室 | 董晓慧 |
| 47 | 阿勒泰出入境检验检疫局综合实验室 | 李飞 |
| 48 | 广州机场出入境检验检疫局综合技术服务中心综合实验室 | 孙薇 |
| 49 | 嘉兴出入境检验检疫局综合实验室 | 张建成 |
| 50 | 喀什出入境检验检疫局综合技术服务中心综合实验室 | 尹梦亭 |
| 51 | 绥芬河出入境检验检疫局检验检疫综合服务中心 | 郑超 |
| 52 | 宁波出入境检验检疫局检验检疫技术中心 | 柯敏 |
| 53 | 新疆农业厅哈密植物检疫工作站实验室 | 潘俊鹏 |
| 54 | 塔城出入境检验检疫局综合实验室 | 魏争鸣 |
| 55 | 新疆林业有害生物鉴定中心 | 阿地力·沙塔尔 |
| 56 | 福建出入境检验检疫局检验检疫技术中心 | 李耀平 |
| 57 | 新疆维吾尔自治区植物保护站 | 马德成 |

## 四、建筑门窗保温性能检测能力验证项目（57家）

| 编号 | 机构名称 | 备注 |
|---|---|---|
| 1 | 湖南中大建设工程检测技术有限公司 | |
| 2 | 安徽省产品质量监督检验研究院 | |
| 3 | 阜阳市建苑工程质量检测有限公司 | |
| 4 | 深圳市计量质量检测研究院 | |
| 5 | 河北省建筑机械材料设备产品质量监督检验站 | |
| 6 | 吉林省建筑工程质量检测中心 | |
| 7 | 沈阳产品质量监督检验院 | |
| 8 | 四川省建筑工程质量检测中心 | |
| 9 | 山东省建筑工程质量监督检验测试中心 | |
| 10 | 镇江市建科工程质量检测中心有限公司 | |
| 11 | 淮安市建筑工程检测中心有限公司 | |
| 12 | 天津建科建筑节能环境检测有限公司 | |
| 13 | 新疆建设工程质量安全检测中心 | |
| 14 | 上海众合检测应用技术研究所有限公司 | |
| 15 | 天津市津泰建设工程检测有限公司 | |
| 16 | 四川省同城建设工程质量检测有限公司 | |
| 17 | 青岛市建筑材料质量监督检验站 | |
| 18 | 天津市建筑工程质量检测中心 | |
| 19 | 湖南省建设新技术推广中心建筑环境检测中心 | |
| 20 | 天津津贝尔建筑工程试验检测技术有限公司 | |
| 21 | 福建省产品质量检验研究院 | |
| 22 | 河南省产品质量监督检验院 | |
| 23 | 陕西省产品质量监督检验所 | |
| 24 | 湖南省产商品质量监督检验院 | |
| 25 | 徐州市宏达土木工程试验室有限责任公司 | |
| 26 | 广西壮族自治区建筑工程质量检测中心 | |
| 27 | 广东建科建筑工程质量检测中心 | |
| 28 | 长沙杰安建设工程质量检测有限公司 | |
| 29 | 国家建筑材料质量监督检验中心 / 国家建筑材料测试中心 | |
| 30 | 宁夏银泰建设工程检测中心（有限公司） | |
| 31 | 宁夏回族自治区建筑科学研究院建筑工程质量监督检验站 | |
| 32 | 国家建筑材料工业建筑五金水暖产品质量监督检验测试中心 | 补测满意 |
| 33 | 北京市产品质量监督检验所 | 补测满意 |
| 34 | 北京市建设工程质量第一检测所 | 补测满意 |
| 35 | 上海市质量监督检验技术研究院 | 补测满意 |
| 36 | 江苏省产品质量监督检验研究院 | 补测满意 |
| 37 | 河北省产品质量监督检验院 | 补测满意 |

续表

| 编号 | 机构名称 | 备注 |
|---|---|---|
| 38 | 天津市建筑材料产品质量监督检测中心 | 补测满意 |
| 39 | 山东省产品质量监督检验研究院 | 补测满意 |
| 40 | 长沙市城科建设工程质量检测有限公司 | 补测满意 |
| 41 | 深圳市铁科检测工程有限公司 | 补测满意 |
| 42 | 南通市产品质量监督检验所 | 补测满意 |
| 43 | 南京市产品质量监督检验院 | 补测满意 |
| 44 | 国家高分子材料与制品质量监督检验中心 | 补测满意 |
| 45 | 甘肃省建筑科学研究院工程质量检测中心 | 补测满意 |
| 46 | 常熟市产品质量监督检验所 | 补测满意 |
| 47 | 吉林省产品质量监督检验院 | 补测满意 |
| 48 | 浙江省质量技术监督检测研究院 / 国家化学建材质量监督检验中心 | 补测满意 |
| 49 | 武汉产品质量监督检验所 | 补测满意 |
| 50 | 常德宏信工程检测有限公司 | 补测满意 |
| 51 | 株洲市建设工程质量检测中心 | 补测满意 |
| 52 | 四川省产品质量监督检验检测院 | 补测满意 |
| 53 | 上海国研工程检测有限公司 | 补测满意 |
| 54 | 宁波市产品质量监督检验研究院 | 补测满意 |
| 55 | 株洲恒源建筑节能检测有限责任公司 | 补测满意 |
| 56 | 青海省产品质量监督检验所 | 补测满意 |
| 57 | 天津市产品质量监督检测技术研究院 | 补测满意 |

## 五、铝合金中化学成分（Si、Mg、Fe）分析能力验证项目（60 家）

| 编号 | 机构名称 | 备注 |
|---|---|---|
| 1 | 广州市质量监督检测研究院 | |
| 2 | 国家轻金属质量监督检验中心 | |
| 3 | 中钢集团郑州金属制品研究院有限公司材料实验室 | |
| 4 | 沈阳产品质量监督检验院 | |
| 5 | 天津出入境检验检疫局化矿金属材料检测中心 | |
| 6 | 湖南出入境检验检疫局检验检疫技术中心 | |
| 7 | 无锡市产品质量监督检验所 | |
| 8 | 焦作万方铝业股份有限公司质量检验中心检验室 | |
| 9 | 新疆维吾尔自治区产品质量监督检验研究院 | |
| 10 | 必维申美商品检测（上海）有限公司 | |
| 11 | 福建省产品质量检验研究院 | |
| 12 | 国家有色金属质量监督检验中心 | |
| 13 | 福建出入境检验检疫局检验检疫技术中心 | |
| 14 | 天津市产品质量监督检测技术研究院 | |

续表

| 编号 | 机构名称 | 备注 |
|---|---|---|
| 15 | 四川省产品质量监督检验检测院 | |
| 16 | 安徽省产品质量监督检验研究院 | |
| 17 | 江西省产品质量监督检测院 | |
| 18 | 上海出入境检验检疫局工业品与原材料检测技术中心 | |
| 19 | 深圳市计量质量检测研究院 | |
| 20 | 广东新合铝业有限公司检测中心 | |
| 21 | 西安产品质量监督检验院 | |
| 22 | 国家建筑五金材料产品质量监督检验中心 / 杭州市质量技术监督检测院 | |
| 23 | 贵州出入境检验检疫局检验检疫综合技术中心 | |
| 24 | 湖南省产商品质量监督检验院 | |
| 25 | 广西壮族自治区产品质量监督检验院 | |
| 26 | 宁波市产品质量监督检验研究院 | |
| 27 | 山东省产品质量监督检验研究院 | |
| 28 | 青岛市产品质量监督检验所 | |
| 29 | 广亚铝业有限公司检测中心 | |
| 30 | 中国兵器工业华北金属材料检测与失效分析中心 | |
| 31 | 珠海出入境检验检疫局检验检疫技术中心 | |
| 32 | 常州市产品质量监督检验所 | |
| 33 | 广州威凯检测技术研究院 | |
| 34 | 武汉产品质量监督检验所 | |
| 35 | 上海市建筑科学研究院实验室 | |
| 36 | 国家铜铅锌及制品质量监督检验中心 | |
| 37 | 机械工业气体分离与液化设备产品质量监督检测中心 | |
| 38 | 国家金属材料质量监督检验中心 / 上海材料研究所检测中心 | |
| 39 | 福建省闽发铝业股份有限公司中心实验室 | |
| 40 | 佛山市质量计量监督检测中心 | 补测满意 |
| 41 | 广东出入境检验检疫局检验检疫技术中心化矿金属材料实验室 | 补测满意 |
| 42 | 山东伟业铝材有限中心 | 补测满意 |
| 43 | 机械科学研究院哈尔滨焊接研究所焊接材料检验实验室 | 补测满意 |
| 44 | 云南省有色金属及制品质量监督检验站 | 补测满意 |
| 45 | 国家钢铁产品质量监督检验中心 | 补测满意 |
| 46 | 江苏省产品质量监督检验研究院 | 补测满意 |
| 47 | 浙江省质量技术监督检测研究院 / 浙江方圆检测集团股份有限公司 | 补测满意 |
| 48 | 海南省产品质量监督检验所 | 补测满意 |
| 49 | 汕头出入境检验检疫局检验检疫技术中心化矿金属产品检测实验室 | 补测满意 |
| 50 | 广东产品质量监督检验研究院 | 补测满意 |
| 51 | 成都市产品质量监督检验院 | 补测满意 |

续表

| 编号 | 机构名称 | 备注 |
| --- | --- | --- |
| 52 | 钦州出入境检验检疫局检验检疫综合实验室 | 补测满意 |
| 53 | 南京市产品质量监督检验院 | 补测满意 |
| 54 | 顺德出入境检验检疫局综合技术服务中心 | 补测满意 |
| 55 | 湖北省产品质量监督检验研究院 | 补测满意 |
| 56 | 重庆市计量质量检测研究院 | 补测满意 |
| 57 | 湖北出入境检验检疫局检验检疫技术中心 | 补测满意 |
| 58 | 吉林出入境检验检疫局检验检疫技术中心 | 补测满意 |
| 59 | 深圳市虹彩检测技术有限公司 | 补测满意 |
| 60 | 三门峡市质量技术监督检验测试中心 | 补测满意 |

## 六、塑料玩具中铅总量的测定能力验证项目（69 家）

| 编号 | 机构名称 | 备注 |
| --- | --- | --- |
| 1 | 谱尼测试科技股份有限公司 | |
| 2 | 誉标检测（深圳）有限公司 | |
| 3 | 中龙检验认证（香港）有限公司 | |
| 4 | 天祥（天津）质量技术服务有限公司青岛分公司 | |
| 5 | 浙江中鼎检测技术有限公司 | |
| 6 | 东莞兴利五金塑胶有限公司 | |
| 7 | 深圳天祥质量技术服务有限公司 | |
| 8 | 天祥（天津）质量技术服务有限公司 | |
| 9 | 上海天祥质量技术服务有限公司玩具及轻工产品部 | |
| 10 | 东莞标检产品检测有限公司 | |
| 11 | 东莞出入境检验检疫局检验检疫综合技术中心 / 消费品安全检测实验室 | |
| 12 | 广东出入境检验检疫局粤东玩具检测中心 | |
| 13 | 丽水检验检疫局综合技术服务中心实验室 | |
| 14 | 广州市纤维产品检测院 | |
| 15 | 韶关出入境检验检疫局综合技术中心 | |
| 16 | 湖北出入境检验检疫局检验检疫技术中心 | |
| 17 | 珠海出入境检验检疫局检验检疫技术中心 | |
| 18 | 东莞启汇技术服务有限公司 | |
| 19 | 青岛谱尼测试有限公司 | |
| 20 | 上海谱尼测试技术有限公司 | |
| 21 | 深圳出入境检验检疫局玩具检测技术中心 | |
| 22 | 江苏出入境检验检疫局轻工产品与儿童用品检测中心玩具实验室 | |
| 23 | 中认英泰（苏州）检测技术有限公司 | |
| 24 | 宁波出入境检验检疫局轻工产品检测中心 / 慈溪出入境检验检疫局综合技术服务中心 | |
| 25 | 慈溪市天瑞消费品检测技术有限公司 | |
| 26 | 南京市产品质量监督检验院 | |

续表

| 编号 | 机构名称 | 备注 |
|---|---|---|
| 27 | 江苏出入境检验检疫局纺织工业产品检测中心 | |
| 28 | 深圳市计量质量检测研究院 | |
| 29 | 顺德出入境检验检疫局 | |
| 30 | 昆山出入境检验检疫局木制品与家具产品检测实验室 | |
| 31 | 香港标准及检定中心 | |
| 32 | 北京市轻工产品质量监督检验一站 | |
| 33 | 广东检验检疫技术中心玩具实验室 | |
| 34 | 东莞龙昌数码科技有限公司 QA 实验室 | |
| 35 | 广东杰信检验技术服务有限公司 | |
| 36 | 中国广州分析测试中心 | |
| 37 | 深圳市龙岗区布吉南岭华泰玩具厂化学实验室 | |
| 38 | 云南省产品质量监督检验研究院 | |
| 39 | 重庆市计量质量检测研究院 | |
| 40 | 厦门出入境检验检疫局检验检疫技术中心 | |
| 41 | 浙江出入境检验检疫局检验检疫技术中心 | |
| 42 | 深圳市虹彩检测技术有限公司 | |
| 43 | 大连市产品质量监督检验所 | |
| 44 | 浙江省质量技术监督检测研究院 / 浙江方圆检测集团股份有限公司 | |
| 45 | 天祥（广州）技术服务有限公司科学城分公司 | |
| 46 | 深圳天祥质量技术服务有限公司 | |
| 47 | 吉林出入境检验检疫局检验检疫技术中心 | |
| 48 | 广州威凯检测技术研究院 | |
| 49 | 广东省汕头市质量计量监督检验所 | |
| 50 | 珠海中美和平食品检测中心有限公司 | |
| 51 | 惠州检验检疫局综合技术中心 | |
| 52 | 东莞市优越检测技术服务有限公司 | |
| 53 | 测势界（宁波）检测产品技术有限公司 | |
| 54 | 东莞市隽思产品检测有限公司 | |
| 55 | 无锡天祥质量技术服务有限公司 | |
| 56 | 广西出入境检验检疫局技术中心 | |
| 57 | 北京彤程创展科技有限公司 | |
| 58 | 南海出入境检验检疫局综合技术服务中心检测中心 | |
| 59 | 宁波市产品质量监督检验研究院 | |
| 60 | 上海出入境检验检疫局机电产品检测技术中心 | |
| 61 | 北京出入境检验检疫局技术中心玩具实验室 | |
| 62 | 通标标准技术服务有限公司深圳分公司检测中心南山实验室 | 补测满意 |
| 63 | 黑龙江出入境检验检疫局检验检疫技术中心 | 补测满意 |

续表

| 编号 | 机构名称 | 备注 |
|---|---|---|
| 64 | 上海胜邦质量检测有限公司深圳分公司 | 补测满意 |
| 65 | 长荣玩具（东莞）有限公司化学实验室 | 补测满意 |
| 66 | 上海天祥质量技术服务有限公司杭州分公司 | 补测满意 |
| 67 | 东莞市贝特利新材料有限公司测试中心 | 补测满意 |
| 68 | 吉林省产品质量监督检验院 | 补测满意 |
| 69 | 广州环宇标准及检测技术有限公司 | 补测满意 |

## 七、纺织品耐汗渍色牢度的测定能力验证项目（205 家）

| 编号 | 机构名称 | 备注 |
|---|---|---|
| 1 | 天津市产品质量监督检测技术研究院 | |
| 2 | 北京市服装质量监督检验一站 | |
| 3 | 福建省纤维检验局 | |
| 4 | 江苏出入境检验检疫局纺织工业产品检测中心 | |
| 5 | 上海天祥质量技术服务有限公司宁波分公司 | |
| 6 | 海南出入境检验检疫局检验检疫技术中心 | |
| 7 | 番禺出入境检验检疫局综合技术服务中心实验室 | |
| 8 | 嘉兴出入境检验检疫局综合实验室 | |
| 9 | 上海启恒户外用品检测服务有限公司 | |
| 10 | 重庆市纤维检验局 | |
| 11 | 天祥公证行（香港）有限公司 | |
| 12 | 广东溢达纺织有限公司实验室 | |
| 13 | 汕头出入境检验检疫局检验检疫技术中心纺织品检测实验室 | |
| 14 | 宁波市纤维检验所 | |
| 15 | 通标标准技术服务有限公司宁波分公司纺织品实验室 | |
| 16 | 江西出入境检验检疫局检验检疫综合技术中心 | |
| 17 | 佛山市南方纺织质量技术服务有限公司 / 纺织工业（南方）面料检测中心 | |
| 18 | 江苏联发纺织股份有限公司物测中心 | |
| 19 | 江阴市纤维检验所 | |
| 20 | 北京市纺织产品及染料助剂质量监督检验站 | |
| 21 | 天祥（天津）质量技术服务有限公司 | |
| 22 | 广东省中山市质量计量监督检测所 | |
| 23 | 浙江省检验检疫科学技术研究院纺织品实验室 | |
| 24 | 上海古岛莎保得检测技术有限公司 | |
| 25 | 上海天祥质量技术服务有限公司杭州分公司 | |
| 26 | 青岛市纺织纤维检验所 / 国家生态纺织品质量监督检验中心 | |
| 27 | 鲁泰纺织股份有限公司面料检测中心 | |
| 28 | 深圳天祥质量技术服务有限公司 / 纺织鞋类测试部 | |

续表

| 编号 | 机构名称 | 备注 |
|---|---|---|
| 29 | 广州市纤维产品检测院 | |
| 30 | 海南省产品质量监督检验所 | |
| 31 | 邢台出入境检验检疫局综合实验室 | |
| 32 | 湖南出入境检验检疫局检验检疫技术中心 | |
| 33 | 欧陆检测技术服务（上海）有限公司 | |
| 34 | 杭州中纺城纺织质量技术服务有限公司 | |
| 35 | 上海中纺伊纺织技术检验服务有限公司 | |
| 36 | 宁夏回族自治区纺织纤维检验局 | |
| 37 | 上海出入境检验检疫局工业品与原材料检测技术中心 | |
| 38 | 国家服装质量监督检验中心（上海） | |
| 39 | 金华出入境检验检疫局技术中心 | |
| 40 | 上海天伟纺织质量技术服务有限公司 | |
| 41 | 聊城出入境检验检疫局综合实验室 | |
| 42 | 黑龙江省纤维检验局 | |
| 43 | 无锡天祥质量技术服务有限公司 | |
| 44 | 北京市理化分析测试中心 | |
| 45 | 辽宁科诺纺织服装检测有限公司 | |
| 46 | 武汉产品质量监督检验所 | |
| 47 | 宜家中国测试及培训中心 | |
| 48 | 宁波出入境检验检疫局纺织品检测中心 | |
| 49 | 天津出入境检验检疫局工业产品安全技术中心 / 消费品安全实验室 | |
| 50 | 四川出入境检验检疫局检验检疫技术中心 / 轻工纺织品实验室 | |
| 51 | 南通出入境检验检疫局检验检疫综合技术中心 | |
| 52 | 上海市纤维检验所 | |
| 53 | 河南省纺织产品质量监督检验测试中心 | |
| 54 | 浙江中天纺检测有限公司 | |
| 55 | 佛山市质量计量监督检测中心 | |
| 56 | 绍兴市质量技术监督检测院 | |
| 57 | 湖州出入境检验检疫局综合技术服务中心综合实验室 | |
| 58 | 佛山出入境检验检疫局检验检疫综合技术中心 | |
| 59 | 苏州市纤维检验所 / 国家丝绸及服装产品质量监督检验中心 | |
| 60 | 广东省惠州市质量计量监督检测所 | |
| 61 | 东莞市优越检测技术服务有限公司 | |
| 62 | 上海市纺织科学研究院纺织工业南方科技测试中心 | |
| 63 | 国家针织产品质量监督检验中心 | |
| 64 | 江门出入境检验检疫局检验检疫技术中心 / 化矿纺织实验室 | |
| 65 | 内蒙古东科纺织品检测服务有限责任公司 | |

续表

| 编号 | 机构名称 | 备注 |
|---|---|---|
| 66 | 北京市毛麻丝织品质量监督检验站 | |
| 67 | 沈阳产品质量监督检验院 | |
| 68 | 江苏省纺织产品质量监督检验研究院 | |
| 69 | 新会出入境检验检疫局综合技术服务中心综合检验检疫实验室 | |
| 70 | 广州纺织服装研究院纺织品检验中心 | |
| 71 | 纺织工业（苏州）检测中心 | |
| 72 | 中山出入境检验检疫局检验检疫技术中心 | |
| 73 | 绍兴出入境检验检疫局综合技术服务中心 | |
| 74 | 广东出入境检验检疫局检验检疫技术中心纺织实验室 | |
| 75 | 沧州市纤维检验所 | |
| 76 | 泰州市纤维检验所 | |
| 77 | 国家棉印染产品质量监督检验中心（上海市纺织工业技术监督所检测 / 校准实验室） | |
| 78 | 吉林省纤维检验处 | |
| 79 | 绍兴中纺标纺织品检验有限公司 | |
| 80 | 河南出入境检验检疫局检验检疫技术中心纺织实验室 | |
| 81 | 黑龙江省纺织产品质量监督检验测试中心 | |
| 82 | 深圳市中纺标纺织品检验有限公司 | |
| 83 | 上海科恳检验服务有限公司 | |
| 84 | 总后军需材料供应站被装材料监督检验中心 | |
| 85 | 东莞出入境检验检疫局检验检疫综合技术中心消费品实验室 | |
| 86 | 广西壮族自治区产品质量监督检验院 | |
| 87 | 北京市纺织纤维检验所 / 国家纺织及皮革产品质量监督检验中心 | |
| 88 | 新疆出入境检验检疫局检验检疫技术中心 / 轻纺包装实验室 | |
| 89 | 国家鞋类检测中心 | |
| 90 | 福建鸿星尔克体育用品有限公司鞋服检测中心 | |
| 91 | 珠海出入境检验检疫局检验检疫技术中心 | |
| 92 | 浙江传化股份有限公司检测中心 | |
| 93 | 国家纺织服装产品质量监督检验中心（浙江） | |
| 94 | 深圳市华测检测技术股份有限公司上海分公司 | |
| 95 | 张家港出入境检验检疫局检验检疫综合技术中心纺织实验室 | |
| 96 | 河北出入境检验检疫局清河办事处羊绒羊毛实验室 | |
| 97 | 四川省纤维检验局 | |
| 98 | 国家劳动保护用品质量监督检验中心（武汉） | |
| 99 | 福建出入境检验检疫局检验检疫技术中心 | |
| 100 | 灏泓（上海）测试技术服务有限公司 | |
| 101 | 浙江生态纺织品禁用染化料检测中心有限公司 | |
| 102 | 盐城市纤维检验所 | |
| 103 | 湖州金騄印染实业有限公司纺织品检测实验室 | |
| 104 | 西安纤维纺织品监督检验所 | |

续表

| 编号 | 机构名称 | 备注 |
|---|---|---|
| 105 | 上海市质量监督检验技术研究院 | |
| 106 | 烟台莱特轻纺产品检测中心 | |
| 107 | 安徽省纤维检验局 | |
| 108 | 湖南省纤维检验局 | |
| 109 | 天祥（天津）质量技术服务有限公司青岛分公司 | |
| 110 | 国家服装质量监督检验中心（天津） | |
| 111 | 中国石化股份胜利油田分公司技术检测中心 | |
| 112 | 大连市产品质量监督检验所 | |
| 113 | 九牧王股份有限公司检测中心 | |
| 114 | 江阴出入境检验检疫局综合技术服务中心 | |
| 115 | 必维申美商品检测（上海）有限公司 | |
| 116 | 湖南省纺织产品质量监督检验授权站 | |
| 117 | 包头出入境检验检疫局综合技术服务中心绒毛纺织品实验室 | |
| 118 | 北京市劳动保护科学研究所劳动保护用品检验实验室 / 国家劳动保护用品质量监督检验中心（北京） | |
| 119 | 顺德出入境检验检疫局综合技术服务中心 | |
| 120 | 北京出入境检验检疫局检验检疫技术中心 | |
| 121 | 宁夏检验检疫局检验检疫综合技术中心 | |
| 122 | 上海胜邦质量检测有限公司 | |
| 123 | 新兴职业装备生产技术研究所军需产品检测中心 | |
| 124 | 通标标准技术服务（上海）有限公司 | |
| 125 | 江苏出入境检验检疫局工业产品检测中心纺织实验室 | |
| 126 | 华纺股份有限公司检测中心 | |
| 127 | 国家特种防护服装质量监督检验中心 | |
| 128 | 济宁市纤维检验所 | |
| 129 | 劲霸男装股份有限公司茄克实验室 | |
| 130 | 天津市纺织纤维检验所 / 国家絮用纤维制品质量监督检验中心 | |
| 131 | 江苏盛虹纺织品检测中心有限公司 | |
| 132 | 长春市产品质量监督检验所 | |
| 133 | 卓尚服饰（杭州）有限公司纺织品检测实验室 | |
| 134 | 杭州市质量技术监督检测院 | |
| 135 | 深圳市安姆特检测技术有限公司 | |
| 136 | 上海天祥质量技术服务有限公司 | |
| 137 | 华懋（厦门）织造染整有限公司检测中心 | |
| 138 | 广东产品质量监督检验研究院 | |
| 139 | 国家茧丝绸产品质量监督检验中心（柳州） | |
| 140 | 湖北省纤维检验局 | |
| 141 | 苏州出入境检验检疫局综合技术中心丝绸（纺织）实验室 | |

续表

| 编号 | 机构名称 | 备注 |
|---|---|---|
| 142 | 波司登股份有限公司测试中心 | |
| 143 | 浙江省质量技术监督检测研究院 / 国家皮革质量监督检验中心（浙江） | |
| 144 | 沈阳化工研究院有限公司染料检验实验室 | |
| 145 | 李宁（中国）体育用品有限公司中心实验室 | |
| 146 | 中纺协检验（泉州）技术服务有限公司 | |
| 147 | 潜江市纤维检验局 | |
| 148 | 沧州出入境检验检疫局综合实验室 | |
| 149 | 绍兴县产品质量监督检验所 | |
| 150 | 温州市质量技术监督检测院 | |
| 151 | 苏州世标检测技术有限公司 | |
| 152 | 上海市毛麻纺织科学技术研究所检测实验室 | |
| 153 | 广东省质量监督服装检验站（揭阳） | |
| 154 | 山东出入境检验检疫局检验检疫技术中心工业品检测中心 | |
| 155 | 安徽出入境检验检疫局纺织技术分中心 | |
| 156 | 深圳市计量质量检测研究院 | |
| 157 | 宁波和祥质量技术服务有限公司 | |
| 158 | 成都市产品质量监督检验院 | |
| 159 | 香港标准及检定中心 | |
| 160 | 山东省纤维检验局 | |
| 161 | 上海市劳动防护用品监督检验站 | |
| 162 | 云南省纤维检验所 | |
| 163 | 甘肃省纤维检验局 | |
| 164 | 新疆维吾尔自治区纤维检验局 | |
| 165 | 必维申美商品检测（上海）有限公司青岛分公司 | |
| 166 | 江西省纤维检验局 | |
| 167 | 河北出入境检验检疫局检验检疫技术中心 | |
| 168 | 淄博市纤维纺织产品监督检验所 | |
| 169 | 北京远东正大商品检验有限公司 | |
| 170 | 辽宁省纤维检验局 | |
| 171 | 中国商业联合会针棉织商品质量监督检验测试中心（天津） | |
| 172 | 上海远东正大商品检验有限公司 | |
| 173 | 国家纺织品检测重点实验室（石狮） | |
| 174 | 常熟出入境检验检疫局综合技术服务中心纺织实验室 | |
| 175 | 南京市产品质量监督检验院 | |
| 176 | 通标标准技术服务有限公司杭州分公司 | |
| 177 | 广东省湛江市质量计量监督检测所 | |
| 178 | 宁波出入境检验检疫局技术中心象山分中心 | |

续表

| 编号 | 机构名称 | 备注 |
|---|---|---|
| 179 | 马鞍山市纤维检验所 | |
| 180 | 深圳出入境检验检疫局工业品检测技术中心 | |
| 181 | 山东滨州亚光毛巾有限公司纺织品检测中心 | |
| 182 | 内蒙古自治区纤维检验局 | |
| 183 | 国家纤维质量监督检验中心 | |
| 184 | 浙江省质量技术监督检测研究院 / 浙江方圆检测集团股份有限公司 | |
| 185 | 辽宁出入境检验检疫局检验检疫技术中心轻纺产品检测实验室 | |
| 186 | 中纺标（北京）检验认证中心有限公司 | |
| 187 | 山西省纤维检验局 | |
| 188 | 中国纺织信息中心流行面料检测中心 / 中国纺织工业协会检测中心（慈云寺实验室） | |
| 189 | 中国纺织信息中心流行面料检测中心 / 中国纺织工业协会检测中心（大红门实验室） | |
| 190 | 泉州永固科技发展有限公司 | |
| 191 | 湖北出入境检验检疫局检验检疫技术中心轻纺实验室 | 补测满意 |
| 192 | 四川省产品质量监督检验检测院 | 补测满意 |
| 193 | 义乌出入境检验检疫局综合技术服务中心 | 补测满意 |
| 194 | 瑞安市李尔汽车面料有限公司上海分公司 | 补测满意 |
| 195 | 国家日用小商品质量监督检验中心 | 补测满意 |
| 196 | 莱茵技术监护（深圳）有限公司 | 补测满意 |
| 197 | 惠州出入境检验检疫局检验检疫综合技术中心 | 补测满意 |
| 198 | 福建凤竹纺织科技股份有限公司检测中心 | 补测满意 |
| 199 | 南海出入境检验检疫局综合技术服务中心检测中心 | 补测满意 |
| 200 | 高明出入境检验检疫局检测中心 | 补测满意 |
| 201 | 昆山市产品质量监督检验所 | 补测满意 |
| 202 | 保定市纤维检验所 | 补测满意 |
| 203 | 陕西省纤维检验局 | 补测满意 |
| 204 | 深圳市虹彩检测技术有限公司 | 补测满意 |
| 205 | 长沙市产商品质量监督检验所 | 补测满意 |

## 八、泄漏电流测试能力验证项目（93 家）

| 编号 | 机构名称 | 备注 |
|---|---|---|
| 1 | 安徽省产品质量监督检验研究院 | |
| 2 | 上海市质量监督检验技术研究院 | |
| 3 | 工业和信息化部电信传输研究所（中国泰尔实验室） | |
| 4 | 四川省产品质量监督检验检测院电工电气中心 | |
| 5 | 国家家用电器质量监督检验中心（中国家用电器检测所）/ 中国家用电器研究院 | |
| 6 | 浙江省质量技术监督检测研究院 / 浙江方圆检测集团股份有限公司 | |
| 7 | 北京出入境检验检疫局机电产品检测中心 | |
| 8 | 四川省电子产品监督检验所 / 中国赛宝（四川）实验室 / 四川省信息系统工程测评中心 | |

续表

| 编号 | 机构名称 | 备注 |
|---|---|---|
| 9 | 天津市产品质量监督检测技术研究院 | |
| 10 | 福建省产品质量检验研究院 | |
| 11 | 深圳出入境检验检疫局工业品检测技术中心 | |
| 12 | 珠海出入境检验检疫局检验检疫技术中心 | |
| 13 | 北京尊冠科技有限公司（国家电子计算机质量监督检验中心） | |
| 14 | 宁波市产品质量监督检验研究院 | |
| 15 | 湖北出入境检验检疫局检验检疫技术中心 | |
| 16 | 湖南省产商品质量监督检验院 | |
| 17 | 山东省产品质量监督检验研究院 | |
| 18 | 机械工业测量控制设备及网络质量检测中心 | |
| 19 | 苏州电器科学研究院股份有限公司 | |
| 20 | 苏州信息产品检测中心 | |
| 21 | 辽宁省产品质量监督检验院 | |
| 22 | 机械工业办公自动化设备检验所（国家办公设备及耗材质量监督检验中心） | |
| 23 | 青岛市产品质量监督检验所 | |
| 24 | 重庆市计量质量检测研究院 | |
| 25 | 北京市服务机械研究所商用饮食加工设备检测实验室 | |
| 26 | 广州威凯检测技术研究院 | |
| 27 | 国家建筑装修材料质量监督检验中心 | |
| 28 | 云南省产品质量监督检验研究院 | |
| 29 | 北京市产品质量监督检验所 | |
| 30 | 厦门市产品质量监督检验院 / 国家半导体发光器件（LED）应用产品质量监督检验中心 | |
| 31 | 深圳电气科学研究所（深圳电气科学研究所中心实验室 / 深圳电气产品质量检测中心） | |
| 32 | 信息产业部通用电子产品质量监督检验中心（工业和信息化部电子第五研究所 / 中国赛宝实验室） | |
| 33 | 江苏出入境检验检疫局能效检测中心 | |
| 34 | 山西省电子产品检验所 | |
| 35 | 国家质量监督检验检疫总局危险品中心实验室 / 天津出入境检验检疫局工业产品安全技术中心 | |
| 36 | 河南省产品质量监督检验院 | |
| 37 | 吉林省产品质量监督检验院 | |
| 38 | 温岭市产品质量监督检验所 | |
| 39 | 高明出入境检验检疫局检测中心 | |
| 40 | 佛山出入境检验检疫局检验检疫综合技术中心 | |
| 41 | 江门出入境检验检疫局技术中心 | |
| 42 | 清远出入境检验检疫局综合技术服务中心 | |
| 43 | 南海出入境检验检疫局综合技术服务中心检测中心 | |
| 44 | 湛江出入境检验检疫局检验检疫技术中心 | |
| 45 | 义乌出入境检验检疫局综合技术服务中心 | |

续表

| 编号 | 机构名称 | 备注 |
|---|---|---|
| 46 | 番禺出入境检验检疫局综合技术服务中心实验室 | |
| 47 | 淄博市产品质量监督检验中心 | |
| 48 | 青岛海尔质量检测有限公司 | |
| 49 | 深圳市计量质量检测研究院 | |
| 50 | 成都市产品质量监督检验院 | |
| 51 | 开平出入境检验检疫局综合技术服务中心电气实验室 | |
| 52 | 大连市产品质量监督检验所 | |
| 53 | 松下万宝（广州）压缩机有限公司 | |
| 54 | 厦门出入境检验检疫局检验检疫技术中心 | |
| 55 | 莱茵技术（上海）有限公司 | |
| 56 | 通标标准技术服务有限公司广州分公司检测中心 | |
| 57 | 南通市产品质量监督检验所 | |
| 58 | 江苏添福产品服务有限公司 | |
| 59 | 河源出入境检验检疫局技术服务中心综合实验室 | |
| 60 | 汕头出入境检验检疫局工业品检测综合实验室 | |
| 61 | 惠州出入境检验检疫局检验检疫综合技术中心 | |
| 62 | 杭州汗德质量认证服务有限公司 | |
| 63 | 广东省湛江市质量计量监督检测所 | |
| 64 | 佛山市集美检测技术有限公司 | |
| 65 | 合肥荣事达三洋电器股份有限公司 | |
| 66 | 韶关出入境检验检疫局综合技术服务中心综合实验室 | |
| 67 | 潮州出入境检验检疫局综合技术服务中心（检测中心） | |
| 68 | 长沙市产商品质量监督检验所 | |
| 69 | 福建出入境检验检疫局检验检疫技术中心 | |
| 70 | 宁波中普检测技术服务有限公司 | |
| 71 | 广东出入境检验检疫局检验检疫技术中心电气安全实验室 | |
| 72 | 深圳电子产品质量检测中心 | 补测满意 |
| 73 | 南京市产品质量监督检验院 | 补测满意 |
| 74 | 山东省电子产品监督检验所 / 中国赛宝（山东）实验室 | 补测满意 |
| 75 | 海南省产品质量监督检验所 | 补测满意 |
| 76 | 湖北省产品质量监督检验研究院 | 补测满意 |
| 77 | 广东产品质量监督检验研究院 / 国家质量技术监督局广州电气安全检验所（古镇分部） | 补测满意 |
| 78 | 山东出入境检验检疫技术中心 | 补测满意 |
| 79 | 国家无线电监测中心检测中心 | 补测满意 |
| 80 | 广州市质量监督检测研究院 | 补测满意 |
| 81 | 上海电气器具检验测试所（国家电动工具质量监督检验中心） | 补测满意 |
| 82 | 上海电器设备检测所 | 补测满意 |

续表

| 编号 | 机构名称 | 备注 |
| --- | --- | --- |
| 83 | 广东省电子电器产品监督检验所 | 补测满意 |
| 84 | 中国电子技术标准化研究所赛西实验室 | 补测满意 |
| 85 | 武汉产品质量监督检验所 | 补测满意 |
| 86 | 中华人民共和国廊坊出入境检验检疫局综合实验室 | 补测满意 |
| 87 | 杭州市质量技术监督检测院 | 补测满意 |
| 88 | 通标标准技术服务有限公司深圳分公司检测中心电子电气实验室 | 补测满意 |
| 89 | 中山市欧普照明股份有限公司 | 补测满意 |
| 90 | 广东美的微波电器制造有限公司 | 补测满意 |
| 91 | 肇庆出入境检验检疫局检验检疫综合技术中心 | 补测满意 |
| 92 | 顺德出入境检验检疫局综合技术服务中心 | 补测满意 |
| 93 | 东莞出入境检验检疫局检验检疫综合技术中心 | 补测满意 |

## 九、葡萄酒中干浸出物和铁、铜含量的测定能力验证项目

### 1. 干浸出物参数满意实验室（80 家）

| 编号 | 机构名称 | 备注 |
| --- | --- | --- |
| 1 | 山东省产品质量监督检验研究院 | |
| 2 | 佛山出入境检验检疫局检验检疫综合技术中心 | |
| 3 | 国家农副加工食品质量监督检验中心（安徽国家农业标准化与监测中心） | |
| 4 | 江苏省产品质量监督检验研究院 | |
| 5 | 海南省产品质量监督检验所 | |
| 6 | 国家食品质量安全监督检验中心（北京市海淀区产品质量监督检验所） | |
| 7 | 广东省梅州市质量计量监督检验所 | |
| 8 | 江西省产品质量监督检测院 | |
| 9 | 黑龙江省质量监督检测研究院 | |
| 10 | 温州市质量技术监督检测院 | |
| 11 | 浙江省检验检疫科学技术研究院食品安全实验室 / 浙江出入境检验检疫局检验检疫技术中心 | |
| 12 | ［国家葡萄、葡萄酒质量监督检验中心（秦皇岛）］秦皇岛市产品质量监督检验所 | |
| 13 | 广东出入境检验检疫局检验检疫技术中心食品实验室 | |
| 14 | 青岛市产品质量监督检验所 | |
| 15 | 重庆市计量质量检测研究院 | |
| 16 | 南平出入境检验检疫局食品检测综合实验室 | |
| 17 | 湖北省产品质量监督检验研究院 | |
| 18 | 上海市质量监督检验技术研究院 | |
| 19 | 天津市产品质量监督检测技术研究院 | |
| 20 | 河北省食品质量监督检验研究院（国家果类及农副加工产品质量监督检验中心） | |
| 21 | 吉林省产品质量监督检验院（国家农业深加工产品质量监督检验中心） | |
| 22 | 湖南省产商品质量监督检验院 | |
| 23 | 辽宁省产品质量监督检验院 | |

续表

| 编号 | 机构名称 | 备注 |
|---|---|---|
| 24 | 广西出入境检验检疫局技术中心 | |
| 25 | 宁夏回族自治区食品检测中心（国家农副加工产品质量监督检验中心） | |
| 26 | 山西省食品质量监督检验中心（国家农副加工产品及白酒质量监督检验中心） | |
| 27 | 云南省产品质量监督检验研究院（国家热带农副产品质量监督检验中心） | |
| 28 | 福建省产品质量监督检验研究院（国家加工食品质量监督检验中心） | |
| 29 | 宣城市产品质量监督检验所 | |
| 30 | 深圳市计量质量检测研究院 | |
| 31 | 自贡市产品商品质量监督检验所 | |
| 32 | 广东省药品检验所 | |
| 33 | 四川出入境检验检疫局技术中心四川酒类检测实验室 | |
| 34 | 内蒙古自治区产品质量检验研究院 | |
| 35 | 秦皇岛出入境检验检疫局检验检疫技术中心 | |
| 36 | 国家果酒及果蔬饮品质量监督检验中心（通化市产品质量检验所） | |
| 37 | 广西壮族自治区食品药品检验所（广西壮族自治区医疗器械检测中心、广西壮族自治区药品包装材料容器产品检测中心） | |
| 38 | 哈尔滨市产品质量监督检验院（国家农林副产品质量监督检验中心） | |
| 39 | 南京市产品质量监督检验院［国家农副产品质量监督检验中心（南京）］ | |
| 40 | 成都市产品质量监督检验院 | |
| 41 | 国家黄酒产品质量监督检验中心（绍兴市质量技术监督检测院） | |
| 42 | 北京市产品质量监督检验所 | |
| 43 | 湖南出入境检验检疫局检验检疫技术中心 / 湖南中检检测有限公司 | |
| 44 | 云南出入境检验检疫局检验检疫技术中心（食品实验室） | |
| 45 | 浙江省质量技术监督检测研究院 / 浙江方圆检测集团股份有限公司 | |
| 46 | 河南出入境检验检疫局技术中心安阳分中心 | |
| 47 | 宁波出入境检验检疫局检验检疫技术中心 | |
| 48 | 武汉产品质量监督检验所 | |
| 49 | 长沙市食品质量安全监督检测中心 | |
| 50 | 四川省产品质量监督检验检测院（国家酒类及加工食品质量监督检验中心） | |
| 51 | 山西出入境检验检疫局检验检疫技术中心 | |
| 52 | 吉林出入境检验检疫局检验检疫技术中心 | |
| 53 | 山东出入境检验检疫局检验检疫技术中心 / 山东出入境检验检疫局食品农产品检测中心 | |
| 54 | 宁海县食品检测中心 | |
| 55 | 河南出入境检验检疫局检验检疫技术中心理化实验室 | |
| 56 | 上海出入境检验检疫局动植物与食品检验检疫技术中心 | |
| 57 | 新疆出入境检验检疫局检验检疫技术中心 | |
| 58 | 四川出入境检验检疫局检验检疫技术中心 | |
| 59 | 宁波市产品质量监督检验研究院 | |
| 60 | 天津出入境检验检疫局动植物与食品检测中心 | |

续表

| 编号 | 机构名称 | 备注 |
|---|---|---|
| 61 | 鼎城区质量监督检验及计量检定所 | |
| 62 | 河南省产品质量监督检验院 | |
| 63 | 烟台市产品质量监督检验所 | |
| 64 | 湖北出入境检验检疫局检验检疫技术中心 | |
| 65 | 北京出入境检验检疫局检验检疫技术中心 | |
| 66 | 国家食品质量监督检验中心 / 中国食品发酵工业研究院 | |
| 67 | 西安市产品质量监督检验所 | 补测满意 |
| 68 | 中国广州分析测试中心 | 补测满意 |
| 69 | 广东产品质量监督检验研究院 | 补测满意 |
| 70 | 海南出入境检验检疫局检验检疫技术中心 | 补测满意 |
| 71 | 大连市产品质量监督检验所（国家粮食质量监督检验中心） | 补测满意 |
| 72 | 黄埔出入境检验检疫局综合技术服务中心农化矿检测中心 | 补测满意 |
| 73 | 绥芬河出入境检验检疫局检验检疫综合技术中心 | 补测满意 |
| 74 | 江西出入境检验检疫局检验检疫综合技术中心 | 补测满意 |
| 75 | 沈阳产品质量监督检验院（国家加工食品及添加剂质量监督检验中心） | 补测满意 |
| 76 | 新疆昌吉回族自治州产品质量检验所 | 补测满意 |
| 77 | 辽宁出入境检验检疫局检验检疫技术中心 | 补测满意 |
| 78 | 杭州市质量技术监督检测院（国家水产品及加工食品质量监督检验中心） | 补测满意 |
| 79 | 陕西出入境检验检疫局检验检疫技术中心食品实验室 | 补测满意 |
| 80 | 国贸食品科学研究所实验室 / 国家副食品质量监督检验中心 | 补测满意 |

## 2. 铁参数满意实验室（107 家）

| 编号 | 机构名称 | 备注 |
|---|---|---|
| 1 | 山东省产品质量监督检验研究院 | |
| 2 | 佛山出入境检验检疫局检验检疫综合技术中心 | |
| 3 | 国家农副加工食品质量监督检验中心（安徽国家农业标准化与监测中心） | |
| 4 | 江苏省产品质量监督检验研究院 | |
| 5 | 黑龙江出入境检验检疫局检验检疫技术中心 | |
| 6 | 东莞出入境检验检疫局检验检疫综合技术中心 | |
| 7 | 安徽出入境检验检疫局化学技术分中心 | |
| 8 | 海南省产品质量监督检验所 | |
| 9 | 国家食品质量安全监督检验中心（北京市海淀区产品质量监督检验所） | |
| 10 | 北京市疾病预防控制中心 | |
| 11 | 广东省梅州市质量计量监督检验所 | |
| 12 | 黑龙江省质量监督检测研究院 | |
| 13 | 河北出入境检验检疫局检验检疫技术中心 | |
| 14 | 浙江省检验检疫科学技术研究院食品安全实验室 / 浙江出入境检验检疫局检验检疫技术中心 | |
| 15 | 广东出入境检验检疫局检验检疫技术中心食品实验室 | |

续表

| 编号 | 机构名称 | 备注 |
|---|---|---|
| 16 | 青岛市产品质量监督检验所 | |
| 17 | 重庆市计量质量检测研究院 | |
| 18 | 南平出入境检验检疫局食品检测综合实验室 | |
| 19 | 湖北省产品质量监督检验研究院 | |
| 20 | 上海市质量监督检验技术研究院 | |
| 21 | 天津市产品质量监督检测技术研究院 | |
| 22 | 河北省食品质量监督检验研究院（国家果类及农副加工产品质量监督检验中心） | |
| 23 | 吉林省产品质量监督检验院（国家农业深加工产品质量监督检验中心） | |
| 24 | 湖南省产商品质量监督检验院 | |
| 25 | 芜湖出入境检验检疫局综合实验室 | |
| 26 | 广东产品质量监督检验研究院 | |
| 27 | 广西出入境检验检疫局技术中心 | |
| 28 | 大连市产品质量监督检验所（国家粮食质量监督检验中心） | |
| 29 | 宁夏回族自治区食品检测中心（国家农副加工产品质量监督检验中心） | |
| 30 | 山西省食品质量监督检验中心（国家农副加工产品及白酒质量监督检验中心） | |
| 31 | 云南省产品质量监督检验研究院（国家热带农副产品质量监督检验中心） | |
| 32 | 深圳出入境检验检疫局食品检验检疫技术中心 | |
| 33 | 重庆出入境检验检疫局检验检疫技术中心 | |
| 34 | 珠海出入境检验检疫局检验检疫技术中心 | |
| 35 | 深圳市计量质量检测研究院 | |
| 36 | 自贡市产品商品质量监督检验所 | |
| 37 | 广东省药品检验所 | |
| 38 | 福建华日食品安全检测有限公司 | |
| 39 | 四川出入境检验检疫局技术中心四川酒类检测实验室 | |
| 40 | 秦皇岛出入境检验检疫局检验检疫技术中心 | |
| 41 | 新疆昌吉回族自治州产品质量检验所 | |
| 42 | 哈尔滨市产品质量监督检验院（国家农林副产品质量监督检验中心） | |
| 43 | 南京市产品质量监督检验院［国家农副产品质量监督检验中心（南京）］ | |
| 44 | 成都市产品质量监督检验院 | |
| 45 | 国家黄酒产品质量监督检验中心（绍兴市质量技术监督检测院） | |
| 46 | 福清出入境检验检疫局检验检疫技术中心 | |
| 47 | 湖南出入境检验检疫局检验检疫技术中心 / 湖南中检检测有限公司 | |
| 48 | 云南出入境检验检疫局检验检疫技术中心（食品实验室） | |
| 49 | 浙江省质量技术监督检测研究院 / 浙江方圆检测集团股份有限公司 | |
| 50 | 湛江出入境检验检疫局检验检疫技术中心 | |
| 51 | 中南大学现代分析测试中心 | |
| 52 | 河南出入境检验检疫局技术中心安阳分中心 | |

续表

| 编号 | 机构名称 | 备注 |
| --- | --- | --- |
| 53 | 宁波出入境检验检疫局检验检疫技术中心 | |
| 54 | 武汉产品质量监督检验所 | |
| 55 | 国家林业局经济林产品质量检验检测中心（杭州）/ 中国林业科学研究院亚热带林业研究所 | |
| 56 | 长沙市食品质量安全监督检测中心 | |
| 57 | 四川省产品质量监督检验检测院（国家酒类及加工食品质量监督检验中心） | |
| 58 | 南海出入境检验检疫局综合技术服务中心检测中心 | |
| 59 | 阿克苏出入境检验检疫局综合实验室 | |
| 60 | 烟台出入境检验检疫局技术中心 | |
| 61 | 山西出入境检验检疫局检验检疫技术中心 | |
| 62 | 山东出入境检验检疫局检验检疫技术中心 / 山东出入境检验检疫局食品农产品检测中心 | |
| 63 | 宁海县食品检测中心 | |
| 64 | 陕西出入境检验检疫局检验检疫技术中心化矿实验室 | |
| 65 | 贵州出入境检验检疫局检验检疫综合技术中心食品实验室 | |
| 66 | 上海出入境检验检疫局动植物与食品检验检疫技术中心 | |
| 67 | 中国检验检疫科学研究院综合检测中心 | |
| 68 | 新疆出入境检验检疫局检验检疫技术中心 | |
| 69 | 福建出入境检验检疫局检验检疫技术中心 | |
| 70 | 四川出入境检验检疫局检验检疫技术中心 | |
| 71 | 国贸食品科学研究所实验室 / 国家副食品质量监督检验中心 | |
| 72 | 宁波市产品质量监督检验研究院 | |
| 73 | 天津出入境检验检疫局动植物与食品检测中心 | |
| 74 | 河南省产品质量监督检验院 | |
| 75 | 青海出入境检验检疫局综合技术中心 | |
| 76 | 济南市质量技术监督局 | |
| 77 | 江苏出入境检验检疫局动植物与食品检测中心食品实验室 | |
| 78 | 江苏中测检测服务有限公司 | |
| 79 | 烟台市产品质量监督检验所 | |
| 80 | 湖北出入境检验检疫局检验检疫技术中心 | |
| 81 | 北京出入境检验检疫局检验检疫技术中心 | |
| 82 | 国家食品质量监督检验中心 / 中国食品发酵工业研究院 | |
| 83 | 浙江舟山技术监督检测研究院 | |
| 84 | 温州市质量技术监督检测院 | 补测满意 |
| 85 | ［国家葡萄、葡萄酒质量监督检验中心（秦皇岛）］秦皇岛市产品质量监督检验所 | 补测满意 |
| 86 | 乌鲁木齐市疾病预防控制中心 | 补测满意 |
| 87 | 西安市产品质量监督检验所 | 补测满意 |
| 88 | 中国广州分析测试中心 | 补测满意 |
| 89 | 伊犁出入境检验检疫局综合技术服务中心综合实验室 | 补测满意 |

续表

| 编号 | 机构名称 | 备注 |
| --- | --- | --- |
| 90 | 辽宁省产品质量监督检验院 | 补测满意 |
| 91 | 海南出入境检验检疫局检验检疫技术中心 | 补测满意 |
| 92 | 黄埔出入境检验检疫局综合技术服务中心农化矿检测中心 | 补测满意 |
| 93 | 福建省产品质量监督检验研究院（国家加工食品质量监督检验中心） | 补测满意 |
| 94 | 江西出入境检验检疫局检验检疫综合技术中心 | 补测满意 |
| 95 | 沈阳产品质量监督检验院（国家加工食品及添加剂质量监督检验中心） | 补测满意 |
| 96 | 顺德出入境检验检疫局综合技术服务中心 | 补测满意 |
| 97 | 内蒙古自治区产品质量检验研究院 | 补测满意 |
| 98 | 国家果酒及果蔬饮品质量监督检验中心（通化市产品质量检验所） | 补测满意 |
| 99 | 广西壮族自治区食品药品检验所（广西壮族自治区医疗器械检测中心、广西壮族自治区药品包装材料容器产品检测中心） | 补测满意 |
| 100 | 辽宁出入境检验检疫局检验检疫技术中心 | 补测满意 |
| 101 | 北京市产品质量监督检验所 | 补测满意 |
| 102 | 河南省疾病预防控制中心 | 补测满意 |
| 103 | 吉林出入境检验检疫局检验检疫技术中心 | 补测满意 |
| 104 | 河南出入境检验检疫局检验检疫技术中心理化实验室 | 补测满意 |
| 105 | 鼎城区质量监督检验及计量检定所 | 补测满意 |
| 106 | 甘肃出入境检验检疫局检验检疫综合技术中心中心实验室 | 补测满意 |
| 107 | 江西省产品质量监督检测院 | 补测满意 |

### 3. 铜参数满意实验室（116 家）

| 编号 | 机构名称 | 备注 |
| --- | --- | --- |
| 1 | 山东省产品质量监督检验研究院 | |
| 2 | 佛山出入境检验检疫局检验检疫综合技术中心 | |
| 3 | 国家农副加工食品质量监督检验中心（安徽国家农业标准化与监测中心） | |
| 4 | 江苏省产品质量监督检验研究院 | |
| 5 | 黑龙江出入境检验检疫局检验检疫技术中心 | |
| 6 | 东莞出入境检验检疫局检验检疫综合技术中心 | |
| 7 | 湖南省邵阳市产商品质量监督检验所 | |
| 8 | 安徽出入境检验检疫局化学技术分中心 | |
| 9 | 海南省产品质量监督检验所 | |
| 10 | 国家食品质量安全监督检验中心（北京市海淀区产品质量监督检验所） | |
| 11 | 北京市疾病预防控制中心 | |
| 12 | 广东省梅州市质量计量监督检验所 | |
| 13 | 江西省产品质量监督检测院 | |
| 14 | 黑龙江省质量监督检测研究院 | |
| 15 | 河北出入境检验检疫局检验检疫技术中心 | |
| 16 | 温州市质量技术监督检测院 | |

续表

| 编号 | 机构名称 | 备注 |
| --- | --- | --- |
| 17 | 浙江省检验检疫科学技术研究院食品安全实验室 / 浙江出入境检验检疫局检验检疫技术中心 | |
| 18 | 番禺出入境检验检疫局综合技术服务中心实验室 | |
| 19 | 广东出入境检验检疫局检验检疫技术中心食品实验室 | |
| 20 | 青岛市产品质量监督检验所 | |
| 21 | 乌鲁木齐市疾病预防控制中心 | |
| 22 | 重庆市计量质量检测研究院 | |
| 23 | 南平出入境检验检疫局食品检测综合实验室 | |
| 24 | 湖北省产品质量监督检验研究院 | |
| 25 | 上海市质量监督检验技术研究院 | |
| 26 | 天津市产品质量监督检测技术研究院 | |
| 27 | 西安市产品质量监督检验所 | |
| 28 | 河北省食品质量监督检验研究院（国家果类及农副加工产品质量监督检验中心） | |
| 29 | 湖南省安乡县疾病预防控制中心 | |
| 30 | 伊犁出入境检验检疫局综合技术服务中心综合实验室 | |
| 31 | 吉林省产品质量监督检验院（国家农业深加工产品质量监督检验中心） | |
| 32 | 湖南省产商品质量监督检验院 | |
| 33 | 辽宁省产品质量监督检验院 | |
| 34 | 芜湖出入境检验检疫局综合实验室 | |
| 35 | 广东产品质量监督检验研究院 | |
| 36 | 广西出入境检验检疫局技术中心 | |
| 37 | 海南出入境检验检疫局检验检疫技术中心 | |
| 38 | 大连市产品质量监督检验所（国家粮食质量监督检验中心） | |
| 39 | 黄埔出入境检验检疫局综合技术服务中心农化矿检测中心 | |
| 40 | 宁夏回族自治区食品检测中心（国家农副加工产品质量监督检验中心） | |
| 41 | 山西省食品质量监督检验中心（国家农副加工产品及白酒质量监督检验中心） | |
| 42 | 云南省产品质量监督检验研究院（国家热带农副产品质量监督检验中心） | |
| 43 | 福建省产品质量监督检验研究院（国家加工食品质量监督检验中心） | |
| 44 | 深圳出入境检验检疫局食品检验检疫技术中心 | |
| 45 | 宣城市产品质量监督检验所 | |
| 46 | 重庆出入境检验检疫局检验检疫技术中心 | |
| 47 | 江西出入境检验检疫局检验检疫综合技术中心 | |
| 48 | 沈阳产品质量监督检验院（国家加工食品及添加剂质量监督检验中心） | |
| 49 | 珠海出入境检验检疫局检验检疫技术中心 | |
| 50 | 深圳市计量质量检测研究院 | |
| 51 | 自贡市产品商品质量监督检验所 | |
| 52 | 广东省药品检验所 | |
| 53 | 福建华日食品安全检测有限公司 | |

续表

| 编号 | 机构名称 | 备注 |
| --- | --- | --- |
| 54 | 四川出入境检验检疫局技术中心四川酒类检测实验室 | |
| 55 | 国家果酒及果蔬饮品质量监督检验中心（通化市产品质量检验所） | |
| 56 | 广西壮族自治区食品药品检验所（广西壮族自治区医疗器械检测中心、广西壮族自治区药品包装材料容器产品检测中心） | |
| 57 | 新疆昌吉回族自治州产品质量检验所 | |
| 58 | 哈尔滨市产品质量监督检验院（国家农林副产品质量监督检验中心） | |
| 59 | 辽宁出入境检验检疫局检验检疫技术中心 | |
| 60 | 南京市产品质量监督检验院［国家农副产品质量监督检验中心（南京）］ | |
| 61 | 成都市产品质量监督检验院 | |
| 62 | 国家黄酒产品质量监督检验中心（绍兴市质量技术监督检测院） | |
| 63 | 福清出入境检验检疫局检验检疫技术中心 | |
| 64 | 北京市产品质量监督检验所 | |
| 65 | 湖南省邵阳市药品检验所 | |
| 66 | 湖南出入境检验检疫局检验检疫技术中心 / 湖南中检检测有限公司 | |
| 67 | 云南出入境检验检疫局检验检疫技术中心（食品实验室） | |
| 68 | 浙江省质量技术监督检测研究院 / 浙江方圆检测集团股份有限公司 | |
| 69 | 湛江出入境检验检疫局检验检疫技术中心 | |
| 70 | 中南大学现代分析测试中心 | |
| 71 | 河南出入境检验检疫局技术中心安阳分中心 | |
| 72 | 湖南省津市市疾病预防控制中心 | |
| 73 | 宁波出入境检验检疫局检验检疫技术中心 | |
| 74 | 武汉产品质量监督检验所 | |
| 75 | 长沙市食品质量安全监督检测中心 | |
| 76 | 南海出入境检验检疫局综合技术服务中心检测中心 | |
| 77 | 烟台出入境检验检疫局技术中心 | |
| 78 | 山西出入境检验检疫局检验检疫技术中心 | |
| 79 | 吉林出入境检验检疫局检验检疫技术中心 | |
| 80 | 山东出入境检验检疫局检验检疫技术中心 / 山东出入境检验检疫局食品农产品检测中心 | |
| 81 | 宁海县食品检测中心 | |
| 82 | 陕西出入境检验检疫局检验检疫技术中心化矿实验室 | |
| 83 | 河南出入境检验检疫局检验检疫技术中心理化实验室 | |
| 84 | 贵州出入境检验检疫局检验检疫综合技术中心食品实验室 | |
| 85 | 中国检验检疫科学研究院综合检测中心 | |
| 86 | 新疆出入境检验检疫局检验检疫技术中心 | |
| 87 | 福建出入境检验检疫局检验检疫技术中心 | |
| 88 | 四川出入境检验检疫局检验检疫技术中心 | |
| 89 | 国贸食品科学研究所实验室 / 国家副食品质量监督检验中心 | |
| 90 | 宁波市产品质量监督检验研究院 | |

续表

| 编号 | 机构名称 | 备注 |
|---|---|---|
| 91 | 天津出入境检验检疫局动植物与食品检测中心 | |
| 92 | 鼎城区质量监督检验及计量检定所 | |
| 93 | 河南省产品质量监督检验院 | |
| 94 | 青海出入境检验检疫局综合技术中心 | |
| 95 | 济南市质量技术监督局 | |
| 96 | 江苏出入境检验检疫局动植物与食品检测中心食品实验室 | |
| 97 | 江苏中测检测服务有限公司 | |
| 98 | 烟台市产品质量监督检验所 | |
| 99 | 湖北出入境检验检疫局检验检疫技术中心 | |
| 100 | 北京出入境检验检疫局检验检疫技术中心 | |
| 101 | 国家食品质量监督检验中心 / 中国食品发酵工业研究院 | |
| 102 | 湖南澧县疾病预防控制中心 | |
| 103 | 浙江舟山技术监督检测研究院 | |
| 104 | 中国广州分析测试中心 | 补测满意 |
| 105 | 绥芬河出入境检验检疫局检验检疫综合技术中心 | 补测满意 |
| 106 | 顺德出入境检验检疫局综合技术服务中心 | 补测满意 |
| 107 | 内蒙古自治区产品质量检验研究院 | 补测满意 |
| 108 | 秦皇岛出入境检验检疫局检验检疫技术中心 | 补测满意 |
| 109 | 湖南省汉寿县疾病预防控制中心 | 补测满意 |
| 110 | 河南省疾病预防控制中心 | 补测满意 |
| 111 | 杭州市质量技术监督检测院（国家水产品及加工食品质量监督检验中心） | 补测满意 |
| 112 | 四川省产品质量监督检验检测院（国家酒类及加工食品质量监督检验中心） | 补测满意 |
| 113 | 阿克苏出入境检验检疫局综合实验室 | 补测满意 |
| 114 | 湖南省常德市石门县疾控中心 | 补测满意 |
| 115 | 甘肃出入境检验检疫局检验检疫综合技术中心中心实验室 | 补测满意 |
| 116 | 国家葡萄、葡萄酒质量监督检验中心（秦皇岛）/ 秦皇岛市产品质量监督检验所 | 补测满意 |

## 十、猪肉中克伦特罗（瘦肉精）的检测能力验证项目（117 家）

| 编号 | 机构名称 | 备注 |
|---|---|---|
| 1 | 黑龙江省质量监督检测研究院 | |
| 2 | 新疆维吾尔自治区分析测试研究院 | |
| 3 | 农业部食品质量监督检验测试中心（成都） | |
| 4 | 河北省食品质量监督检验研究院（国家果类及农副加工产品质量监督检验中心） | |
| 5 | 国家副食品质量监督检验中心 | |
| 6 | 海南出入境检验检疫局检验检疫技术中心 | |
| 7 | 农业部畜禽产品质量安全监督检验测试中心（济南） | |
| 8 | 上海市质量监督检验技术研究院 | |
| 9 | 国家运动营养测试研究中心 | |

续表

| 编号 | 机构名称 | 备注 |
| --- | --- | --- |
| 10 | 宁夏回族自治区食品检测中心 | |
| 11 | 中国商业联合会农副商（产）品质量监督检验测试中心（长沙） | |
| 12 | 黑龙江出入境检验检疫局技术中心 | |
| 13 | 保定出入境检验检疫局综合实验室 | |
| 14 | 沈阳产品质量监督检验院 | |
| 15 | 江苏省产品质量监督检验研究院 | |
| 16 | 珠海出入境检验检疫局检验检疫技术中心 | |
| 17 | 青岛市华测检测技术有限公司 | |
| 18 | 扬州大学测试中心 | |
| 19 | 广东省药品检验所 | |
| 20 | 天津市产品质量监督检测技术研究院 | |
| 21 | 内蒙古出入境检验检疫局技术中心理化实验室 | |
| 22 | 江西出入境检验检疫局检验检疫综合技术中心 | |
| 23 | 番禺出入境检验检疫局综合技术服务中心实验室 | |
| 24 | 福建中检华日食品安全检测有限公司 | |
| 25 | 上海市食品研究所 | |
| 26 | 国家海洋食品质量监督检验中心 | |
| 27 | 福建省产品质量检验研究院 | |
| 28 | 国家热带农副产品质量监督检验中心 / 云南省产品质量监督检验研究院 | |
| 29 | 绥芬河出入境检验检疫局检验检疫综合技术中心食品理化室 | |
| 30 | 大连市产品质量监督检验所 | |
| 31 | 国家农副加工食品质量监督检验中心 | |
| 32 | 山西省食品质量监督检验中心 | |
| 33 | 中国肉类食品综合研究中心检验实验室 | |
| 34 | 广东产品质量监督检验研究院 | |
| 35 | 广西壮族自治区食品药品检验所（广西壮族自治区医疗器械检测中心、广西壮族自治区药品包装材料容器产品检测中心） | |
| 36 | 江苏中谱检测有限公司 | |
| 37 | 农业部畜禽产品质量安全监督检验测试中心（成都）/ 四川省畜产品安全监测中心 | |
| 38 | 吉林省食品药品检验所 | |
| 39 | 重庆出入境检验检疫局技术中心 | |
| 40 | 南京市产品质量监督检验院 | |
| 41 | 青岛城誉食品检测有限公司 | |
| 42 | 吉林出入境检验检疫局检验检疫技术中心 | |
| 43 | 江西省产品质量监督检测院 | |
| 44 | 海南省产品质量监督检验所 | |
| 45 | 深圳市计量质量检测研究院 | |
| 46 | 广东省东莞市疾病预防控制中心 / 广东省东莞市卫生检验中心 | |

续表

| 编号 | 机构名称 | 备注 |
|---|---|---|
| 47 | 威海时进食品检测服务有限公司 | |
| 48 | 浙江出入境检验检疫局检验检疫技术中心（浙江省检验检疫科学技术研究院、浙江立德产品技术有限公司） | |
| 49 | 河南省疾病预防控制中心 | |
| 50 | 内蒙古自治区产品质量检验研究院 | |
| 51 | 江苏出入境检验检疫局动植食中心食品实验室 | |
| 52 | 江苏中测检测服务有限公司 | |
| 53 | 北海出入境检验检疫局综合实验室 | |
| 54 | 浙江省质量技术监督检测研究院 / 浙江方圆检测集团股份有限公司 | |
| 55 | 广东检验检疫技术中心动检实验室 | |
| 56 | 吉林省产品质量监督检验院 | |
| 57 | 农业部畜禽产品质量安全监督检验测试中心（青岛） | |
| 58 | 广西壮族自治区桂林食品药品检验所 | |
| 59 | 宁波出入境检验检疫局检验检疫技术中心 | |
| 60 | 成都市产品质量监督检验院 | |
| 61 | 漳州出入境检验检疫局综合技术服务中心实验室 | |
| 62 | 佛山市南海区农产品质量安全检测中心 | |
| 63 | 广州市质量监督检测研究院 | |
| 64 | 威海海都食品集团有限公司中心实验室 | |
| 65 | 农业部畜禽产品质量安全监督检验测试中心（南京） | |
| 66 | 蒙牛乳业（集团）股份有限公司分析中心实验室 | |
| 67 | 青岛加藤吉食品有限公司　中国品质管理中心检测室 | |
| 68 | 山东省产品质量监督检验研究院 | |
| 69 | 天津海世达检测技术有限公司 / 天津市农产品质量监督检验测试中心 | |
| 70 | 沈阳出入境检验检疫局检验检疫综合技术中心 | |
| 71 | 山东六和集团有限公司质量安全检测中心 | |
| 72 | 江苏省理化测试中心 | |
| 73 | 国家食品质量安全监督检验中心 | |
| 74 | 烟台杰科检测服务有限公司 | |
| 75 | 诸城绿安检测有限公司 | |
| 76 | 河南出入境检验检疫局检验检疫技术中心 | |
| 77 | 重庆市计量质量检测研究院 | |
| 78 | 山东华食佳食品有限公司检测中心 | |
| 79 | 莱阳安诺食品检测技术服务有限公司 | |
| 80 | 青岛康大分析检测有限公司 | |
| 81 | 烟台市喜旺食品有限公司食品检测中心 | |
| 82 | 湖南省产商品质量监督检验院 | |
| 83 | 河南省兽药监察所 | |
| 84 | 山东新冷大食品集团有限公司检测中心 | |

续表

| 编号 | 机构名称 | 备注 |
|---|---|---|
| 85 | 农业部畜禽产品质量监督检验测试中心 | |
| 86 | 泰州市产品质量监督检验所 | |
| 87 | 广西出入境检验检疫局检验检疫技术中心 | |
| 88 | 武汉产品质量监督检验所 | |
| 89 | 广州正孚检测技术有限公司 | |
| 90 | 北京安为天检测技术有限公司 | |
| 91 | 四川省产品质量监督检验检测院 | |
| 92 | 湖北省产品质量监督检验研究院 | |
| 93 | 荣成出入境检验检疫局综合实验室 | |
| 94 | 宁波市产品质量监督检验研究院 | |
| 95 | 威海出入境检验检疫局检验检疫技术中心（威海市农副产品检测中心） | |
| 96 | 烟台出入境检验检疫局技术中心 | |
| 97 | 临沂出入境检验检疫局检验检疫技术中心 | |
| 98 | 河南省产品质量监督检验院 | |
| 99 | 天津出入境检验检疫局动植物与食品检测中心 | |
| 100 | 莆田出入境检验检疫局检验检疫技术中心 | |
| 101 | 广东出入境检验检疫局检验检疫技术中心食品实验室 | |
| 102 | 福建出入境检验检疫局检验检疫技术中心 | |
| 103 | 湖南出入境检验检疫局检验检疫技术中心食品安全实验室 | |
| 104 | 青岛市菜篮子商品质量监督检测中心 | |
| 105 | 中国检验认证集团山东检测有限公司 | |
| 106 | 新疆出入境检验检疫局技术中心食品检验实验室 | |
| 107 | 广东省微生物分析检测中心 | |
| 108 | 国家水产品及加工食品质量监督检验中心 / 杭州市质量技术监督检测院 | 补测满意 |
| 109 | 贵州出入境检验检疫局检验检疫综合技术中心 | 补测满意 |
| 110 | 云南出入境检验检疫局技术中心食品实验室 | 补测满意 |
| 111 | 北京市产品质量监督检验所 | 补测满意 |
| 112 | 深圳出入境检验检疫局食品检验检疫技术中心 | 补测满意 |
| 113 | 中国商业联合会肉禽蛋食品质量监督检测中心（北京） | 补测满意 |
| 114 | 北京市食品安全监控中心 | 补测满意 |
| 115 | 农业部兽药安全监督检验测试中心（北京） | 补测满意 |
| 116 | 辽宁省产品质量监督检验院 | 补测满意 |
| 117 | 湖北出入境检验检疫局检验检疫技术中心 | 补测满意 |

## 十一、小麦粉中过氧化苯甲酰的检测能力验证项目（126家）

| 编号 | 机构名称 | 备注 |
|---|---|---|
| 1 | 北京市东城区疾病预防控制中心 | |
| 2 | 大连市甘井子疾病预防控制中心 | |
| 3 | 德阳市产品质量监督检验所 | |
| 4 | 东莞出入境检验检疫局检验检疫综合技术中心 | |
| 5 | 国家黄酒产品质量监督检验中心 | |
| 6 | 国家粮食局成都粮油食品饲料质量监督检验测试中心 | |
| 7 | 国家粮食局武汉粮油食品质量监督检验测试中心 | |
| 8 | 国家葡萄、葡萄酒质量监督检验中心（秦皇岛） | |
| 9 | 国家热带农副产品质量监督检验中心（云南省产品质量监督检验研究院） | |
| 10 | 黄骅市食品质量安全监督检验中心 | |
| 11 | 江西出入境检验检疫局检验检疫综合技术中心 | |
| 12 | 江西省产品质量监督检测院 | |
| 13 | 谱尼测试科技股份有限公司 | |
| 14 | 青海省产品质量监督检验所 | |
| 15 | 山西省食品质量监督检验中心 | |
| 16 | 陕西省产品质量监督检验所 | |
| 17 | 沈阳产品质量监督检验院 | |
| 18 | 四川省产品质量监督检验检测院 | |
| 19 | 天津市产品质量监督检测技术研究院 | |
| 20 | 威海时进食品检测服务有限公司 | |
| 21 | 西藏出入境检验检疫局检验检疫技术中心 | |
| 22 | 中国食品发酵工业研究院检验实验室 | |
| 23 | 重庆出入境检验检疫局技术中心 | |
| 24 | 重庆市计量质量检测研究院 | |
| 25 | 国家粮油质量监督检验中心 | |
| 26 | 新疆维吾尔自治区产品质量监督检验研究院 | |
| 27 | 大连市产品质量监督检验所 | |
| 28 | 成都市产品质量监督检验院 | |
| 29 | 张家口市药品检验所 | |
| 30 | 南平市产品质量检验所 | |
| 31 | 涿州市食品质量安全监督检验中心 | |
| 32 | 国家食品质量安全监督检验中心（北京市海淀区产品质量监督检验所） | |
| 33 | 秦皇岛出入境检验检疫局检验检疫技术中心 | |
| 34 | 中国商业联合会肉禽蛋食品质量监督检验中心（北京） | |
| 35 | 广东省微生物分析检测中心 | |
| 36 | 江苏省产品质量检验监督研究院 | |
| 37 | 吉林省产品质量监督检验院 | |
| 38 | 珠海出入境检验检疫局检验检疫技术中心 | |

续表

| 编号 | 机构名称 | 备注 |
|---|---|---|
| 39 | 国家农副加工食品质量监督检验中心 | |
| 40 | 古田县质量计量检测所 | |
| 41 | 河南省粮油饲料产品质量监督检验站 | |
| 42 | 长春市产品质量监督检验院 | |
| 43 | 广西壮族自治区食品药品检验所 | |
| 44 | 广东产品质量监督检验研究院 | |
| 45 | 四川省眉山市质量技术监督检测中心 | |
| 46 | 承德市食品质量安全监督检验中心 | |
| 47 | 株洲市食品药品检验所 | |
| 48 | 湖南省常德市疾病预防控制中心 | |
| 49 | 河南出入境检验检疫局检验检疫技术中心理化实验室 | |
| 50 | 天津出入境检验检疫局动植物与食品检测中心 | |
| 51 | 河南检验检疫技术中心商丘分中心 | |
| 52 | 铜陵市工业产品质量监督检验所 | |
| 53 | 中储粮北京分公司质量检测中心 | |
| 54 | 济南市产品质量监督检验所（济南市质监局食品质量监督检验中心） | |
| 55 | 北京市食品安全监控中心 | |
| 56 | 安徽省疾病预防控制中心 | |
| 57 | 北京出入境检验检疫局检验检疫技术中心食品实验室 | |
| 58 | 北京市茶叶质量监督检验站 | |
| 59 | 北京市产品质量监督检验所 | |
| 60 | 北京市昌平区疾病预防控制中心 | |
| 61 | 二连浩特出入境检验检疫局检验检疫技术中心 | |
| 62 | 广东省质量监督食品检验站 | |
| 63 | 广州市质量监督检测研究院 | |
| 64 | 国贸食品科学研究所实验室（国家副食品质量监督检验中心） | |
| 65 | 国家果酒及果蔬饮品质量监督检验中心 | |
| 66 | 海南省产品质量监督检验所 | |
| 67 | 河南省产品质量监督检验院 | |
| 68 | 黑龙江省质量监督检测研究院 | |
| 69 | 临海市产品质量监督检验所 | |
| 70 | 宁夏回族自治区食品检测中心 | |
| 71 | 湖北出入境检验检疫局技术中心 | |
| 72 | 汕头出入境检验检疫局检验检疫技术中心食品检验实验室 | |
| 73 | 上海市质量监督检验技术研究院 | |
| 74 | 深圳出入境检验检疫局食品检验检疫技术中心 | |
| 75 | 深圳市计量质量检测研究院 | |
| 76 | 云南省疾病预防控制中心 | |

续表

| 编号 | 机构名称 | 备注 |
|---|---|---|
| 77 | 中国肉类食品综合研究中心检验实验室 | |
| 78 | 中国商业联合会农副商（产）品质量监督检验测试中心（长沙市食品质量安全监督检测中心） | |
| 79 | 山东省产品质量监督检验研究院 | |
| 80 | 新疆出入境检验检疫局技术中心食品实验室 | |
| 81 | 新疆维吾尔自治区分析测试研究院 | |
| 82 | 哈尔滨市产品质量监督检验院 | |
| 83 | 国家水产品及加工食品质量监督检验中心（杭州市质量技术监督检测院） | |
| 84 | 湖南省产商品质量监督检验院 | |
| 85 | 广西壮族自治区产品质量监督检验院 | |
| 86 | 温州市质量技术监督检测院 | |
| 87 | 湖南出入境检验检疫局检验检疫技术中心 | |
| 88 | 佛山出入境检验检疫局检验检疫综合技术中心 | |
| 89 | 山西省食品药品检验所 | |
| 90 | 福建省宁德市产品质量检验所 | |
| 91 | 福建省产品质量检验研究院 | |
| 92 | 河北出入境检验检疫局检验检疫技术中心 | |
| 93 | 北海市产品质量监督检验所 | |
| 94 | 广西出入境检验检疫局检验检疫技术中心 | |
| 95 | 南京市产品质量监督检验院 | |
| 96 | 浙江省质量技术监督检测研究院 / 浙江方圆检测集团股份有限公司 | |
| 97 | 湖北省产品质量监督检验研究院 | |
| 98 | 伊犁出入境检验检疫局综合技术服务中心综合实验室 | |
| 99 | 武汉产品质量监督检验所 | |
| 100 | 西藏自治区食品药品检验所 | |
| 101 | 河北省药品检验所 | |
| 102 | 宁波市产品质量监督检验研究院 | |
| 103 | 山东出入境检验检疫局食品农产品检测中心 | |
| 104 | 鼎城区质量监督检验及计量检定所 | |
| 105 | 广州市食品工业卫生检测所（广州绿色食品监督检测中心） | |
| 106 | 青海省疾病预防控制中心 | 补测满意 |
| 107 | 上海市金山区计量质量检测所 | 补测满意 |
| 108 | 江苏省产品质量检验监督研究院溧阳检测中心 | 补测满意 |
| 109 | 湖南省益阳市食品质量安全监督检验中心 | 补测满意 |
| 110 | 绥芬河出入境检验检疫局检验检疫综合技术中心食品理化室 | 补测满意 |
| 111 | 中国广州分析测试中心 | 补测满意 |
| 112 | 广东省药品检验所 | 补测满意 |
| 113 | 国家食品添加剂及调味品检测重点实验室 | 补测满意 |
| 114 | 农业部谷物及制品质量监督检验测试中心（哈尔滨） | 补测满意 |

续表

| 编号 | 机构名称 | 备注 |
|---|---|---|
| 115 | 上海出入境检验检疫局动植物与食品检验检疫技术中心 | 补测满意 |
| 116 | 西藏自治区产品质量监督检验所 | 补测满意 |
| 117 | 陕西出入境检验检疫局检验检疫技术中心（食品实验室） | 补测满意 |
| 118 | 农业部食品质量监督检验测试中心（成都） | 补测满意 |
| 119 | 内蒙古出入境检验检疫局技术中心理化实验室 | 补测满意 |
| 120 | 乌鲁木齐市疾病预防控制中心 | 补测满意 |
| 121 | 通标标准技术服务（上海）有限公司检测中心 | 补测满意 |
| 122 | 河南出入境检验检疫局技术中心安阳分中心 | 补测满意 |
| 123 | 广东出入境检验检疫局检验检疫技术中心食品实验室 | 补测满意 |
| 124 | 上海标检产品检测有限公司化学食品部 | 补测满意 |
| 125 | 江苏出入境检验检疫局动植食中心食品实验室 | 补测满意 |
| 126 | 黑龙江出入境检验检疫局技术中心 | 补测满意 |

## 十二、花生油中黄曲霉毒素 $B_1$ 的测定能力验证项目（88 家）

| 编号 | 机构名称 | 备注 |
|---|---|---|
| 1 | 深圳出入境检验检疫局食品检验检疫技术中心 | |
| 2 | 宁夏回族自治区食品检测中心 | |
| 3 | 湖北出入境检验检疫技术中心 | |
| 4 | 成都市产品质量监督检验院 | |
| 5 | 河北省食品质量监督检验研究院 | |
| 6 | 海南省产品质量监督检验所 | |
| 7 | 云南疾病预防控制中心 | |
| 8 | 农业部食品质量监督检验测试中心（成都） | |
| 9 | 北京朝阳区产品质量监督检验所 | |
| 10 | 通标标准技术服务（上海）有限公司检测中心 | |
| 11 | 秦皇岛市产品质量监督检验所 | |
| 12 | 重庆市计量质量检测研究院 | |
| 13 | 遵义市产品质量检验检测院 | |
| 14 | 杭州市质量技术监督检测院 | |
| 15 | 黑龙江省质量监督检测研究院 | |
| 16 | 湖南出入境检验检疫局检验检疫技术中心 | |
| 17 | 深圳市计量质量检测研究院 | |
| 18 | 云南出入境检验检疫局检验检疫技术中心 | |
| 19 | 广东省微生物研究院 | |
| 20 | 南京市产品质量监督检验院 | |
| 21 | 福建省产品质量检验研究院 | |
| 22 | 汕头出入境检验检疫局检验检疫技术中心 | |

续表

| 编号 | 机构名称 | 备注 |
|---|---|---|
| 23 | 江苏省产品质量监督检验研究院 | |
| 24 | 重庆出入境检验检疫局检验检疫技术中心 | |
| 25 | 安徽国家农业标准化与质量监督检验中心 | |
| 26 | 广东海大集团股份有限公司检测中心 | |
| 27 | 贵州出入境检验检疫局检验检疫技术中心 | |
| 28 | 山东省产品质量监督检验研究院 | |
| 29 | 湖北省产品质量监督检验研究院 | |
| 30 | 广西出入境检验检疫局检验检疫技术中心 | |
| 31 | 农业部农产品质量监督检验测试中心（郑州） | |
| 32 | 镇江出入境检验检疫局检验检疫技术中心 | |
| 33 | 河南省粮油饲料产品质量监督检验站 | |
| 34 | 天津出入境检验检疫局动植物与食品检测中心 | |
| 35 | 北京市疾病预防控制中心 | |
| 36 | 吉林出入境检验检疫局检验检疫技术中心 | |
| 37 | 江苏省产品质量监督检验研究院（溧阳检测中心） | |
| 38 | 深圳市华测检测技术股份有限公司上海分公司 | |
| 39 | 深圳市华测检测技术股份有限公司 | |
| 40 | 青岛市华测检测技术股份有限公司 | |
| 41 | 天津海世达检测技术有限公司 | |
| 42 | 佛山市质量计量监督检测中心 | |
| 43 | 河南出入境检验检疫局技术中心安阳分中心 | |
| 44 | 江苏出入境检验检疫动植食中心食品实验室 | |
| 45 | 北京市海淀区产品质量监督检验所 | |
| 46 | 陕西出入境检验检疫检验检疫技术中心食品实验室 | |
| 47 | 上海市质量监督检验技术研究院 | |
| 48 | 国家林业局经济林产品质量检验检测中心（杭州） | |
| 49 | 大连市产品质量监督检验所 | |
| 50 | 江苏中谱检测有限公司 | |
| 51 | 威海时进食品检测服务有限公司 | |
| 52 | 上海天祥质量技术服务有限公司食品部 | |
| 53 | 武汉产品质量监督检验所 | |
| 54 | 宁波市产品质量监督检验研究院 | |
| 55 | 四川省产品质量监督检验研究院 | |
| 56 | 山东出入境检验检疫局食品农产品检测中心 | |
| 57 | 河南省产品质量监督检验院 | |
| 58 | 常德市产商品质量监督检验所 | |
| 59 | 鼎城区质量监督检验及计量检定所 | |
| 60 | 福建出入境检验检疫检验检疫技术中心 | |

续表

| 编号 | 机构名称 | 备注 |
| --- | --- | --- |
| 61 | 河南出入境检验检疫检验检疫技术中心 | |
| 62 | 北京出入境检验检疫检验检疫技术中心 | |
| 63 | 黑龙江出入境检验检疫检验检疫技术中心 | |
| 64 | 上海出入境检验检疫检验检疫技术中心 | |
| 65 | 河北出入境检验检疫检验检疫技术中心 | |
| 66 | 国家粮油质量监督检验中心 | |
| 67 | 秦皇岛出入境检验检疫检验检疫技术中心 | |
| 68 | 唐山出入境检验检疫局 | |
| 69 | 茂名出入境检验检疫检验检疫技术中心 | |
| 70 | 肇庆出入境检验检疫检验检疫技术中心 | |
| 71 | 东莞出入境检验检疫局检验检疫综合技术中心 | |
| 72 | 甘肃出入境检验检疫局检验检疫综合技术中心中心实验室 | |
| 73 | 佛山出入境检验检疫局检验检疫综合技术中心 | |
| 74 | 江苏中测检测服务有限公司 | |
| 75 | 湛江出入境检验检疫局检验检疫技术中心 | |
| 76 | 柳州市产品质量监督检验所 | |
| 77 | 广东省药品检验所 | 补测满意 |
| 78 | 赤峰出入境检验检疫局农食畜化矿实验室 | 补测满意 |
| 79 | 湖南省产商品质量监督检验院 | 补测满意 |
| 80 | 广州市番禺质量技术监督检测所 | 补测满意 |
| 81 | 西安市产品质量监督检验所 | 补测满意 |
| 82 | 广州市食品工业卫生所 | 补测满意 |
| 83 | 广东产品质量监督检验研究院 | 补测满意 |
| 84 | 浙江省质量技术监督检测研究院 | 补测满意 |
| 85 | 番禺出入境检验检疫检验检疫技术中心 | 补测满意 |
| 86 | 云南省产品质量监督检验研究院 | 补测满意 |
| 87 | 清远市疾病预防控制中心 | 补测满意 |
| 88 | 珠海出入境检验检疫局检验检疫技术中心 | 补测满意 |

## 十三、饲料中牛羊源成分的鉴定能力验证项目（31 家）

| 编号 | 机构名称 | 备注 |
| --- | --- | --- |
| 1 | 珠海出入境检验检疫局检验检疫技术中心 | |
| 2 | 天津出入境检验检疫局动植物与食品检测中心 | |
| 3 | 新疆出入境检验检疫局检验检疫技术中心 | |
| 4 | 宁波出入境检验检疫局检验检疫技术中心分子生物实验室 | |
| 5 | 广东出入境检验检疫技术中心植物检疫实验室 | |
| 6 | 江苏出入境检验检疫局动植物与食品检测中心 | |
| 7 | 河北出入境检验检疫局技术中心 | |

续表

| 编号 | 机构名称 | 备注 |
|---|---|---|
| 8 | 湖北出入境检验检疫局检验检疫技术中心 | |
| 9 | 宁夏出入境检验检疫局综合技术中心 | |
| 10 | 广西出入境检验检疫局检验检疫技术中心食品动植物实验室 | |
| 11 | 重庆出入境检验检疫局技术中心动物检疫实验室 | |
| 12 | 四川出入境检验检疫局检验检疫技术中心 | |
| 13 | 福建出入境检验检疫局检验检疫技术中心分子生物学实验室 | |
| 14 | 国家农副加工食品质量监督检验中心 | |
| 15 | 通标标准技术服务（上海）有限公司检测中心食品部 | |
| 16 | 吉林出入境检验检疫局检验检疫技术中心 | |
| 17 | 舟山出入境检验检疫局动植物检验检疫实验室 | |
| 18 | 汕头出入境检验检疫局检验检疫技术中心动物疫病检疫实验室 | |
| 19 | 上海出入境检验检疫局动植物与食品检验检疫技术中心 | |
| 20 | 深圳出入境检验检疫局动植物检验检疫技术中心动物检验检疫实验室 | |
| 21 | 广东出入境检验检疫局检验检疫技术中心动物检疫实验室 | |
| 22 | 厦门出入境检验检疫局检验检疫技术中心 | |
| 23 | 北京出入境检验检疫局检验检疫技术中心疯牛病检测实验室 | |
| 24 | 湖南出入境检验检疫局检验检疫技术中心 | |
| 25 | 国家饲料质量监督检验中心 | |
| 26 | 吉林省产品质量监督检验院 | |
| 27 | 杭州迪恩科技有限公司 | |
| 28 | 山东出入境检验检疫局检验检疫技术中心 | 补测后满意 |
| 29 | 云南出入境检验检疫局技术中心动检实验室 | 补测后满意 |
| 30 | 国家质检总局进出口动物检疫重点实验室 | 补测后满意 |
| 31 | 通标标准技术服务（上海）有限公司农产部 | 补测后满意 |

## 十四、小反刍兽疫竞争酶联免疫吸附试验能力验证项目（30家）

| 编号 | 机构名称 |
|---|---|
| 1 | 深圳出入境检验检疫局动植物检验检疫技术中心动物检验检疫实验室 |
| 2 | 云南省热带亚热带动物病毒病重点实验室 |
| 3 | 天津出入境检验检疫局动植物与食品检测中心 |
| 4 | 上海出入境检验检疫局动植物与食品检验检疫技术中心动物与毒理实验室 |
| 5 | 广西出入境检验检疫局检验检疫技术中心食品动植物实验室 |
| 6 | 烟台出入境检验检疫局动植检实验室 |
| 7 | 北京出入境检验检疫局检验检疫技术中心 |
| 8 | 宁波出入境检验检疫局检验检疫技术中心 |
| 9 | 宁夏出入境检验检疫局综合技术中心 |
| 10 | 瑞丽出入境检验检疫局检验检疫综合技术中心动检实验室 |
| 11 | 唐山出入境检验检疫局综合实验室 |

续表

| 编号 | 机构名称 |
|---|---|
| 12 | 广西兽医研究所生物技术实验室 |
| 13 | 吉林出入境检验检疫局检验检疫技术中心 |
| 14 | 广东出入境检验检疫局检验检疫技术中心动物检疫实验室 |
| 15 | 山东出入境检验检疫局检验检疫技术中心 |
| 16 | 成都军区疾病预防控制中心 |
| 17 | 山西出入境检验检疫局检验检疫技术中心 |
| 18 | 新疆出入境检验检疫局检验检疫技术中心动植检室 |
| 19 | 重庆出入境检验检疫局检验检疫技术中心动物检疫实验室 |
| 20 | 陕西出入境检验检疫局检验检疫技术中心 |
| 21 | 四川出入境检验检疫局技术中心 |
| 22 | 廊坊出入境检验检疫局燕郊办动检实验室 |
| 23 | 湖北出入境检验检疫局检验检疫技术中心 |
| 24 | 厦门出入境检验检疫局检验检疫技术中心 |
| 25 | 内蒙古出入境检验检疫局检验检疫技术中心 |
| 26 | 国家质检总局进出口动物检疫重点实验室 |
| 27 | 珠海出入境检验检疫局检验检疫技术中心动物检疫室 |
| 28 | 河口出入境检验检疫局综合实验室 |
| 29 | 西藏出入境检验检疫局检验检疫技术中心动物检疫实验室 |
| 30 | 浙江出入境检验检疫局技术中心动检实验室 |

## 十五、传染性造血器官坏死病毒（IHNV）核酸定性检测能力验证项目（39家）

| 编号 | 机构名称 | 检测人 |
|---|---|---|
| 1 | 东北农业大学病原微生物快速检测实验室 | 赵丽丽<br>刘立明 |
| 2 | 吉林省水产科学研究院水生动物分子生物学实验室 | 闫春梅 |
| 3 | 吉林出入境检验检疫局检验检疫技术中心 | 宋钱昀 |
| 4 | 辽宁出入境检验检疫局技术中心庄河分中心 | 闫平平 |
| 5 | 辽宁出入境检验检疫局动物检疫实验室 | 李叶 |
| 6 | 东港出入境检验检疫局国家级农兽药残留及海洋生物毒素检测重点实验室 | 丁健 |
| 7 | 大连海洋大学水产动物疾病预防实验室 | 叶仕根 |
| 8 | 天津市水产养殖病害防治中心 | 韩进刚 |
| 9 | 天津出入境检验检疫局动植物与食品检测中心 | 陈本龙 |
| 10 | 河北省水产品质量检验检测站 | 侯金良 |
| 11 | 唐山出入境检验检疫局综合实验室 | 赵优 |
| 12 | 山东出入境检验检疫局技术中心 | 赵玉然 |
| 13 | 黄海水产研究所海水养殖动物疾病控制与分子病理学实验室 | 杨冰 |
| 14 | 烟台出入境检验检疫局动物检疫实验室 | 尹伟力 |
| 15 | 济南出入境检验检疫局检验检疫技术中心 | 曹丙蕾 |

续表

| 编号 | 机构名称 | 检测人 |
| --- | --- | --- |
| 16 | 山东省海洋水产研究所农业部渔业产品质量监督检验测试中心（烟台） | 姜向阳 |
| 17 | 山东省海水养殖研究所病害防治实验室 | 许拉<br>刁菁 |
| 18 | 新疆生产建设兵团渔业病害防治、环境监测、质量安全检测中心 | 艾涛 |
| 19 | 新疆出入境检验检疫局检验检疫技术中心 | 张玲 |
| 20 | 青海省渔业环境监测站青海省高原水生生物及生态环境重点实验室 | 杨成 |
| 21 | 宁夏出入境检验检疫局综合技术中心 | 纳秀萍 |
| 22 | 连云港出入境检验检疫局动植物实验室 | 徐晔 |
| 23 | 浙江出入境检验检疫局技术中心动物检疫实验室 | 帅江冰 |
| 24 | 浙江省水产质量检测中心 | 朱凝瑜 |
| 25 | 舟山出入境检验检疫局动植物检验检疫实验室 | 李孝军 |
| 26 | 上海出入境检验检疫局动植物与食品检验检疫技术中心动物与毒理实验室 | 王艳 |
| 27 | 湖北出入境检验检疫局检验检疫技术中心 | 郑剑<br>曾宪东 |
| 28 | 重庆出入境检验检疫局技术中心动物检疫实验室 | 王昱 |
| 29 | 广东省水生动物疫病预防控制中心 | 方伟<br>孙秀秀<br>颜远义 |
| 30 | 珠海出入境检验检疫局检验检疫技术中心 | 沙才华 |
| 31 | 珠江水产研究所广东省水产动物免疫技术重点实验室 | 王芳 |
| 32 | 广东出入境检验检疫局检验检疫技术中心动物检疫实验室 | 朱道中 |
| 33 | 广东省农业科学院兽医研究所水产病害研究室 | 刘振兴 |
| 34 | 湛江出入境检验检疫局检验检疫技术中心 | 张娜 |
| 35 | 广西水产研究所广西渔业病害防治环境监测和质量检验中心 | 韦信贤 |
| 36 | 福建出入境检验检疫局检验检疫技术中心 | 张志灯 |
| 37 | 厦门出入境检验检疫局检验检疫技术中心 | 郭书林 |
| 38 | 海南出入境检验检疫局技术中心动物检疫实验室 | 吴山楠 |
| 39 | 西藏出入境检验检疫局检验检疫技术中心动物检疫实验室 | 文艺 |

## 十六、云杉八齿小蠹（成虫）检疫鉴定能力验证项目（45家）

| 编号 | 机构名称 | 鉴定人 |
| --- | --- | --- |
| 1 | 黑龙江出入境检验检疫局检验检疫技术中心植物检疫室 | 刘忠梅　刘洪义 |
| 2 | 北京出入境检验检疫局检验检疫技术中心植物实验室 | 江丽辉 |
| 3 | 莆田出入境检验检疫局林木检验检疫实验室 | 叶剑雄 |
| 4 | 临沂出入境检验检疫局检验检疫技术中心 | 伦才智 |
| 5 | 江西出入境检验检疫局综合技术中心 | 李毛英 |
| 6 | 泉州出入境检验检疫局综合检测中心 | 曾思海 |
| 7 | 新会出入境检验检疫局综合技术服务中心综合实验室 | 伍长春　陈达新 |
| 8 | 黑河出入境检验检疫局检验检疫综合技术中心 | 孟玉芹 |
| 9 | 韶关出入境检验检疫局综合实验室植检实验室 | 郭弘伟　王静波 |

续表

| 编号 | 机构名称 | 鉴定人 |
|---|---|---|
| 10 | 云南出入境检验检疫局技术中心植物检疫实验室 | 寸东义 |
| 11 | 天津出入境检验检疫局动植物与食品检测中心 | 霍蕾 |
| 12 | 宁波出入境检验检疫局检验检疫技术中心植检实验室 | 柯敏 |
| 13 | 嘉兴出入境检验检疫局综合实验室 | 张建成 |
| 14 | 浙江出入境检验检疫局检验检技术中心植物检验检疫实验室 | 林晓佳 |
| 15 | 湖州出入境检验检疫局植物检疫实验室 | 刘鹏程 |
| 16 | 黄埔出入境检验检疫局农化矿检测中心植检实验室 | 王新国　蒋湘　江志海 |
| 17 | 南沙出入境检验检疫局综合技术服务中心实验室 | 陶杰 |
| 18 | 阿勒泰出入境检验检疫局综合实验室 | 余永杰 |
| 19 | 二连浩特检验检疫局检验检疫技术中心 | 袁淑珍　张永宏 |
| 20 | 增城出入境检验检疫局技术服务中心综合实验室植检实验室 | 韦昌华 |
| 21 | 重庆出入境检验检疫局检验检疫技术中心 | 孔德英 |
| 22 | 无锡出入境检验检疫局外来有害生物检疫实验室 | 李艳华 |
| 23 | 温州出入境检验检疫局动植检实验室 | 董晓慧 |
| 24 | 汕头出入境检验检疫局检验检疫技术中心植物检疫实验室 | 陈和仁　林俊龙 |
| 25 | 阿克苏出入境检验检疫局综合实验室 | 魏凯 |
| 26 | 西双版纳出入境检验检疫局检验检疫综合技术中心 | 邓裕亮 |
| 27 | 南通出入境检验检疫局有害生物检疫实验室 | 孙民琴 |
| 28 | 江苏出入境检验检疫局动植物与食品检测中心植检实验室 | 钱路 |
| 29 | 张家港出入境检验检疫局国家材种鉴定与木材检疫重点实验室 | 周培 |
| 30 | 满洲里出入境检验检疫局检验检疫技术中心 | 董奇彪　刘玮琦 |
| 31 | 舟山出入境检验检疫局动植物检疫实验室 | 陈宇 |
| 32 | 连云港出入境检验检疫局植物检疫实验室 | 谌运清 |
| 33 | 伊犁出入境检验检疫局综合技术服务中心综合实验室 | 乾义柯 |
| 34 | 上海出入境检验检疫局动植物与食品检验检疫技术中心 | 叶军　朱雅君 |
| 35 | 安徽检验检疫技术中心生物实验室 | 李云飞 |
| 36 | 防城港出入境检验检疫局生物检测实验室 | 龙顺富 |
| 37 | 江苏出入境检验检疫局动植食中心太仓检疫检测点 | 吕飞 |
| 38 | 伊犁出入境检验检疫局综合技术服务中心综合实验室霍尔果斯分室 | 克衣木 |
| 39 | 新疆出入境检验检疫局检验检疫技术中心 | 张伟 |
| 40 | 中山出入境检验检疫局检验检疫技术中心 | 邱德义 |
| 41 | 广东出入境检验检疫局检验检疫技术中心植物检疫实验室 | 梁凡　林莉 |
| 42 | 番禺出入境检验检疫局综合技术服务中心实验室植物检疫实验室 | 钟卫华　张洪玲 |
| 43 | 阿拉山口出入境检验检疫局综合技术动植食品纺织实验室 | 莫善明 |
| 44 | 湛江出入境检验检疫局技术中心 | 马新华 |
| 45 | 东莞出入境检验检疫局检验检疫综合技术中心 | 杨红霞 |

## 十七、建筑材料放射性检测能力验证项目（71 家）

| 编号 | 机构名称 | 备注 |
| --- | --- | --- |
| 1 | 天津开发区建设工程试验中心 | |
| 2 | 苏州市建设工程质量检测中心有限公司 | |
| 3 | 福建省产品质量检验研究院 | |
| 4 | 佛山出入境检验检疫局检验检疫综合技术中心 | |
| 5 | 佛山市建筑工程质量检测站 | |
| 6 | 甘肃土木工程科学研究院 / 中国有色金属工业建设工程质量检测中心 | |
| 7 | 海南省产品质量监督检验所 | |
| 8 | 深圳市龙岗区工程质量检测中心 | |
| 9 | 国家建筑工程室内环境检测中心 / 河南省建筑科学研究院有限公司 | |
| 10 | 广西壮族自治区辐射环境监督管理站 | |
| 11 | 天津津贝尔建筑工程试验检测技术有限公司 | |
| 12 | 龙岩市产品质量检验所 / 福建省水泥产品质量监督检验中心（龙岩） | |
| 13 | 徐州市宏达土木试验有限责任公司 | |
| 14 | 华夏陶瓷测试中心 | |
| 15 | 厦门市工程检测中心有限公司 | |
| 16 | 江苏省疾病预防控制中心 | |
| 17 | 广东省清远市质量计量监督检测所 | |
| 18 | 国家化学建筑材料测试中心（材料测试部）/ 中国石油化工股份有限公司北京化工研究院 | |
| 19 | 南海出入境检验检疫局综合技术服务中心检测中心 | |
| 20 | 福建省水泥产品质量监督检验中心（三明） | |
| 21 | 东营市建筑工程质量检测站 | |
| 22 | 金华市质量技术监督检测院 | |
| 23 | 长春市产品质量监督检验院 | |
| 24 | 汕头出入境检验检疫局检验检疫技术中心化矿金属产品检测实验室 | |
| 25 | 珠海市建设工程质量监督检测站 | |
| 26 | 广东省云浮市质量计量监督检测所 | |
| 27 | 北京东方建宇混凝土科学技术研究院有限公司 | |
| 28 | 重庆市建设工程质量检验测试中心 | |
| 29 | 国家陶瓷及水暖卫浴产品质量监督检验中心 / 佛山市质量计量监督检测中心 | |
| 30 | 国家石材质量监督检验中心 / 中材人工晶体研究院 | |
| 31 | 北京市水泥质量监督检验站 | |
| 32 | 肇庆出入境检验检疫局检验检疫综合技术中心 | |
| 33 | 三河市质量技术监督检验所 | |
| 34 | 郑州市建设工程质量检测有限公司 | |
| 35 | 甘肃省建筑材料产品质量监督检验站 | |
| 36 | 云南省建筑材料产品质量监督检验站 | |
| 37 | 贵州省建筑材料产品质量监督检验站 | |
| 38 | 湖北省产品质量监督检验研究院 | |

续表

| 编号 | 机构名称 | 备注 |
|---|---|---|
| 39 | 北京市建设工程质量第六检测所 | |
| 40 | 池州市产品质量监督检验所 | |
| 41 | 上海出入境检验检疫局动植物与食品检验检疫技术中心 | |
| 42 | 曲靖市质量技术监督综合技术检测中心 | |
| 43 | 苏州混凝土水泥制品研究院检测中心 | |
| 44 | 浙江省水泥质量检测站 | |
| 45 | 天津市建筑工程质量检测中心 | |
| 46 | 武汉市计量测试检定（研究）所 | |
| 47 | 广西壮族自治区建材产品质量监督检验站 | |
| 48 | 大连市建材产品质量监督检验站 | |
| 49 | 上海市建筑科学研究院实验室 | |
| 50 | 安徽省芜湖产品质量监督检验所 | |
| 51 | 四川省建材产品质量监督检验中心 | |
| 52 | 山西省产品质量监督检验所 | |
| 53 | 江苏省建工建材质量检测中心 | |
| 54 | 徐州奥华建筑工程质量检测有限公司 | |
| 55 | 云浮出入境检验检疫局综合技术服务中心 | 补测满意 |
| 56 | 河南建院建筑材料检测有限公司 | 补测满意 |
| 57 | 贵州省建筑科学研究检测中心 | 补测满意 |
| 58 | 国家陶瓷与耐火材料产品质量监督检验中心 / 淄博市产品质量监督检验所 | 补测满意 |
| 59 | 中国广州分析测试中心 | 补测满意 |
| 60 | 徐州市建设工程检测中心 | 补测满意 |
| 61 | 遵义市产品质量检验检测院 | 补测满意 |
| 62 | 南京玻璃纤维研究设计院质检中心 | 补测满意 |
| 63 | 广州建设工程质量安全检测中心有限公司 | 补测满意 |
| 64 | 自贡市产品质量监督检验所 | 补测满意 |
| 65 | 西安天誉建材检验有限公司 / 国家建筑材料工业墙体屋面材料质量监督检验中心 | 补测满意 |
| 66 | 天津市建筑材料质量监督检测中心 | 补测满意 |
| 67 | 潮州出入境检验检疫局综合技术服务中心（检测中心） | 补测满意 |
| 68 | 西安市建设工程质量检测中心 | 补测满意 |
| 69 | 洛阳市金鉴工程质量检测中心 | 补测满意 |
| 70 | 河北省建筑工程质量检测中心 | 补测满意 |
| 71 | 陕西中盛建设科技服务有限公司 | 补测满意 |

## 十八、建筑用热轧带肋钢筋化学成分分析能力验证项目（23家）

| 编号 | 机构名称 | 满意参数 | 备注 |
|---|---|---|---|
| 1 | 河南济源钢铁（集团）有限公司检测中心 | 碳、硅、锰、磷、硫、碳当量 | |
| 2 | 天津津贝尔建筑工程试验检测技术有限公司 | 碳、硅、锰、磷、硫、碳当量 | |
| 3 | 河北敬业集体有限责任公司理化检测中心 | 碳、硅、锰、磷、硫、碳当量 | |
| 4 | 吉林省产品质量监督检验院 | 碳、硅、锰、磷、硫、碳当量 | |
| 5 | 淮河流域水工程质量检测中心 | 碳、硅、锰、磷、硫、碳当量 | |
| 6 | 天津市质量监督检验站第十六站（天津钢铁集团有限公司理化检测中心） | 碳、硅、锰、磷、硫、碳当量 | |
| 7 | 日照钢铁控股集团有限公司中心实验室 | 碳、硅、锰、磷、硫、碳当量 | |
| 8 | 云南省红河钢铁有限公司理化检验中心 | 碳、硅、锰、磷、硫、碳当量 | |
| 9 | 有色金属华北地质矿产测试中心 | 碳、硅、锰、磷、硫、碳当量 | |
| 10 | 西宁特殊钢股份有限公司技术质量中心实验室 | 碳、硅、锰、磷、硫、碳当量 | |
| 11 | 江苏省汉哲金属材料产品质量检验有限公司 | 碳、硅、锰、磷、硫 | |
| 12 | 国家钢铁材料测试中心 | 碳、硅、锰、磷、硫、碳当量 | |
| 13 | 攀钢集团江油长城特殊钢有限公司计量检测中心 | 碳、硅、锰、磷、硫、碳当量 | |
| 14 | 江苏省沙钢钢铁研究院有限公司分析测试中心 | 碳、硅、锰、磷、硫、碳当量 | |
| 15 | 东南大学分析测试中心 | 碳、硅、锰、磷、硫、碳当量 | |
| 16 | 浙江华电器材料研究所 | 碳、硅、锰、磷、硫、碳当量 | |
| 17 | 江苏永钢集团有限公司理化测试中心 | 碳、硅、锰、磷、硫、碳当量 | |
| 18 | 宣化钢铁集团有限责任公司技术中心/宣化钢铁集团有限责任公司 | 碳、硅、锰、磷、硫、碳当量 | |
| 19 | 江苏沙钢集团有限公司理化检测中心 | 碳、硅、锰、磷、硫、碳当量 | |
| 20 | 宣城市产品质量监督检验所 | 碳、硅、锰、磷、硫、碳当量 | 补测满意 |
| 21 | 广州铁诚工程质量检测有限公司 | 碳、硅、锰、磷、硫、碳当量 | 补测满意 |
| 22 | 南通市产品质量监督检验所 | 碳、硅、锰、磷、硫、碳当量 | 补测满意 |
| 23 | 内蒙古自治区产品质量检验研究院 | 碳、硅、锰、磷、硫、碳当量 | 补测满意 |

## 十九、塑料制品中丙烯腈单体检测能力验证项目（27家）

| 编号 | 机构名称 | 备注 |
|---|---|---|
| 1 | 辽宁出入境检验检疫局检验检疫技术中心 | |
| 2 | 深圳市谱尼测试科技有限公司 | |
| 3 | 必维申美商品检测（上海）有限公司 | |
| 4 | 宁波出入境检验检疫局检验检疫技术中心 | |
| 5 | 深圳出入境检验检疫局工业品检测技术中心 | |
| 6 | 珠海出入境检验检疫局检验检疫技术中心 | |
| 7 | 广东省东莞市质量监督检测中心 | |
| 8 | 深圳市天鉴检测技术服务有限公司 | |
| 9 | 上海市疾病预防控制中心 | |
| 10 | 谱尼测试科技股份有限公司 | |
| 11 | 台州市质量技术监督检测研究院 | |

续表

| 编号 | 机构名称 | 备注 |
|---|---|---|
| 12 | 浙江出入境检验检疫局检验检疫技术中心轻工产品化学检测实验室 | |
| 13 | 深圳市华测检测技术股份有限公司上海分公司 | |
| 14 | 安徽国家农业标准化与监测中心 | |
| 15 | 浙江省疾病预防控制中心 | |
| 16 | 浙江省检验检疫科学技术研究院台州分院 | |
| 17 | 慈溪出入境检验检疫局食化实验室 | |
| 18 | 深圳市华测检测技术股份有限公司 | |
| 19 | 上海天祥质量技术服务有限公司玩具及轻工产品部 | |
| 20 | 上海市质量监督检验技术研究院 | |
| 21 | 广东出入境检验检疫局检验检疫技术中心化矿金属材料实验室 | |
| 22 | 广州市质量监督检测研究院 | |
| 23 | 上海出入境检验检疫局原材料中心化工科 | |
| 24 | 深圳天祥质量技术服务有限公司 | |
| 25 | 常州进出口工业及消费品安全检测中心 | 补测满意 |
| 26 | 中国广州分析测试中心 | 补测满意 |
| 27 | 天津市产品质量监督检测技术研究院 | 补测满意 |

## 二十、纺织品五氯苯酚含量的测试能力验证项目（50家）

| 编号 | 机构名称 | 备注 |
|---|---|---|
| 1 | 江西出入境检验检疫局检验检疫综合技术中心 | |
| 2 | 番禺出入境检验检疫局综合技术服务中心实验室 | |
| 3 | 湖北出入境检验检疫局技术中心 | |
| 4 | 广州出入境检验检疫局综合技术服务中心综合检测实验室 | |
| 5 | 上海出入境检验检疫局工业品与原材料检测技术中心 | |
| 6 | 嘉兴检验检疫局综合实验室 | |
| 7 | 昆山安泰检验技术服务有限公司 | |
| 8 | 广西出入境检验检疫局检验检疫技术中心化矿实验室 | |
| 9 | 新疆出入境检验检疫局检验检疫技术中心化矿金实验室 | |
| 10 | 汕头出入境检验检疫局检验检疫技术中心纺织品检测实验室 | |
| 11 | 重庆出入境检验检疫局检验检疫技术中心 | |
| 12 | 国家鞋类检测中心（晋江实验室） | |
| 13 | 江苏出入境检验检疫局工业产品检测中心纺织品实验室 | |
| 14 | 沧州出入境检验检疫局综合实验室 | |
| 15 | 海南出入境检验检疫局技术中心工业品实验室 | |
| 16 | 广东检验检疫技术中心纺织实验室 | |
| 17 | 福建省纤维检验局 | |
| 18 | 东莞出入境检验检疫局综合技术中心消费品实验室 | |

续表

| 编号 | 机构名称 | 备注 |
|---|---|---|
| 19 | 广州市纤维产品检测院 | |
| 20 | 江苏省纺织产品质量监督检验研究院 | |
| 21 | 温州市质量技术监督检测院 | |
| 22 | 山东省纤维检验局 | |
| 23 | 浙江省现代纺织工业研究院 纺织品检测中心 | |
| 24 | 青岛市纺织品纤维检验所 | |
| 25 | 国家纺织服装产品质量监督检验中心（浙江） | |
| 26 | 上海市纤维检验所 | |
| 27 | 必维申美商品检测（上海）有限公司温州分公司 | |
| 28 | 上海天伟纺织质量技术服务有限公司 | |
| 29 | 深圳市安姆特检测技术有限公司 | |
| 30 | 国家鞋类检测中心（莆田实验室） | |
| 31 | 上海胜邦质量检测有限公司深圳分公司 | |
| 32 | 浙江传化股份有限公司检测中心 | |
| 33 | 无锡天祥质量技术服务有限公司 | |
| 34 | 上海天祥质量技术服务有限公司玩具及轻工产品部 | |
| 35 | 天津出入境检验检疫局工业品产品安全技术中心 | |
| 36 | 佛山出入境检验检疫局检验检疫综合技术中心 | |
| 37 | 新会出入境检验检疫局综合技术服务中心综合检验检疫实验室 | |
| 38 | 珠海出入境检验检疫局检验检疫技术中心 | |
| 39 | 宁波出入境检验检疫局纺织品检测中心 | |
| 40 | 河北出入境检验检疫局检验检疫技术中心 | |
| 41 | 浙江省检验检疫科学技术研究院 纺织品实验室 | |
| 42 | 深圳出入境检验检疫局工业品检测技术中心 | |
| 43 | 湖南出入境检验检疫局检验检疫技术中心 | |
| 44 | 佛山市质量计量监督检测中心 | |
| 45 | 莱茵技术监护（深圳）有限公司 | |
| 46 | 天祥（天津）质量技术服务有限公司 | |
| 47 | 深圳天祥质量技术服务有限公司（纺织鞋类测试部） | |
| 48 | 义乌出入境检验检疫局综合技术服务中心 | 补测满意 |
| 49 | 深圳市虹彩检测技术有限公司 | 补测满意 |
| 50 | 北京市纺织纤维检验所 | 补测满意 |

## 二十一、电器产品插头放电能力验证项目（39家）

| 编号 | 机构名称 | 备注 |
|---|---|---|
| 1 | 经续检验技术（东莞）有限公司检测实验室 | |
| 2 | 通标标准技术服务（上海）有限公司检测中心 | |

续表

| 编号 | 机构名称 | 备注 |
|---|---|---|
| 3 | 通标标准技术服务有限公司深圳分公司检测中心 | |
| 4 | 通标标准技术服务有限公司广州分公司检测中心 | |
| 5 | 佛山出入境检验检疫局检验检疫综合技术中心 | |
| 6 | 东莞勤上光电股份有限公司实验室 | |
| 7 | 东莞标检产品检测有限公司 | |
| 8 | 浙江豪中豪健康产品有限公司 | |
| 9 | 深圳市信特斯电子技术服务有限公司 | |
| 10 | 深圳出入境检验检疫局工业品检测技术中心 | |
| 11 | TCL 集团股份有限公司产品认证实验室 | |
| 12 | 江苏出入境检验检疫局能效检测中心 | |
| 13 | 海尔集团公司质量监测中心 | |
| 14 | 东莞市信测科技有限公司 | |
| 15 | 莱克电气股份有限公司计量检测中心 | |
| 16 | 惠州天祥电子有限公司检测中心 | |
| 17 | 深圳市冠测技术服务有限公司 | |
| 18 | 江苏添福产品服务有限公司 | |
| 19 | 信华科技（深圳）有限公司 | |
| 20 | 中国检验检疫科学研究院综合检测中心 | |
| 21 | 三菱重工金羚空调器有限公司实验室测试科 | |
| 22 | 深圳市倍通科技有限公司认证检测中心 | |
| 23 | 上海贝尔股份有限公司可靠性实验室 | |
| 24 | 苏州市产品质量监督检验所 | |
| 25 | 青岛市产品质量监督检验所 | |
| 26 | 江苏白雪电器股份有限公司产品检测中心 | |
| 27 | 深圳电子产品质量检测中心 | |
| 28 | 合肥荣事达三洋电器股份有限公司检测中心 | 补测满意 |
| 29 | 德凯质量认证（上海）有限公司 | 补测满意 |
| 30 | 中认（沈阳）北方实验室有限公司 / 辽宁出入境检验检疫局机电产品检测中心 | 补测满意 |
| 31 | 深圳市立讯产品技术服务有限公司认证检测中心 | 补测满意 |
| 32 | 广东新宝电器股份有限公司认证测试中心 | 补测满意 |
| 33 | 莱茵技术（上海）有限公司 | 补测满意 |
| 34 | 深圳市摩尔环宇通信技术有限公司摩尔实验室 | 补测满意 |
| 35 | 中山市立创检测技术服务有限公司 | 补测满意 |
| 36 | 深圳市安姆特检测技术有限公司 | 补测满意 |
| 37 | 东莞市倍通检测技术有限公司 | 补测满意 |
| 38 | 深圳市信测科技有限公司 | 补测满意 |
| 39 | 广州广电计量测试技术有限公司 | 补测满意 |

## 二十二、电磁兼容传导骚扰电压测定能力验证项目（30家）

| 编号 | 机构名称 | 备注 |
|---|---|---|
| 1 | 工业和信息化部电子工业标准化研究所赛西实验室 | |
| 2 | 北京交通大学电磁兼容实验室 | |
| 3 | 天津市无线电监测站 | |
| 4 | 天津市计量监督检测科学研究院 | |
| 5 | 海尔集团公司质量监测中心 | |
| 6 | 青岛市产品质量监督检验所 | |
| 7 | 泉峰（中国）贸易有限公司泉峰测试中心 | |
| 8 | 佛山市质量计量监督检测中心 | |
| 9 | 佛山市集美检测技术有限公司 | |
| 10 | 莱茵技术监督服务（广东）有限公司 | |
| 11 | 通标标准技术服务有限公司广州分公司 | |
| 12 | 华为技术有限公司全球认证检测中心 | |
| 13 | 深圳市计量质量检测研究院 | |
| 14 | 深圳电子产品质量检测中心 | |
| 15 | 通标标准技术服务有限公司深圳分公司 | |
| 16 | 深圳出入境检验检疫局工业品检测技术中心 | |
| 17 | 江苏添福产品服务有限公司 | |
| 18 | 快特电波科技（苏州）有限公司 | |
| 19 | 信华电子科技（吴江）有限公司 | |
| 20 | 英顺达科技有限公司 | |
| 21 | 莱茵技术（上海）有限公司 | |
| 22 | 敦吉电子（上海）有限公司 | |
| 23 | 福建省产品质量检验研究院 | |
| 24 | 香港德国莱茵技术监护顾问股份有限公司 | |
| 25 | 中认英泰（苏州）检测技术有限公司 | |
| 26 | 莱茵检测认证服务（中国）有限公司 | 补测满意 |
| 27 | 联想（北京）有限公司可靠性实验室 | 补测满意 |
| 28 | 北京市产品质量监督检验所 | 补测满意 |
| 29 | 通标标准技术服务（上海）有限公司 | 补测满意 |
| 30 | 信息产业部无线通信产品质量监督检验中心 | 补测满意 |

## 二十三、化妆品中邻苯二甲酸酯类的检测能力验证项目（33家）

| 编号 | 机构名称 | 备注 |
|---|---|---|
| 1 | 绥芬河出入境检验检疫局检验检疫综合技术中心 | |
| 2 | 苏州世标检测技术有限公司 | |
| 3 | 国家日用小商品质量监督检验中心 | |
| 4 | 河南出入境检验检疫局检验检疫技术中心 | |
| 5 | 上海香料研究所香料香精化妆品实验室 | |

续表

| 编号 | 机构名称 | 备注 |
|---|---|---|
| 6 | 苏州出入境检验检疫局检验检疫综合技术中心化妆品（食品）实验室 | |
| 7 | 浙江省食品药品检验所 | |
| 8 | 广东省药品检验所 | |
| 9 | 福清出入境检验检疫局检验检疫技术中心 | |
| 10 | 大连市产品质量监督检验院 | |
| 11 | 深圳市计量质量检测研究院 | |
| 12 | 上海市疾病预防控制中心 | |
| 13 | 江苏省产品质量监督检验研究院 / 国家化妆品质量监督检验中心 | |
| 14 | 杭州市质量技术监督检测院 | |
| 15 | 广州市质量监督检测研究院 | |
| 16 | 新疆出入境检验检疫局检验检疫技术中心 | |
| 17 | 上海市食品研究所 | |
| 18 | 北京市海淀区产品质量监督检验所 / 国家化妆品质量监督检验中心（北京） | |
| 19 | 东莞市优越检测技术服务有限公司 | |
| 20 | 国家轻工业香料化妆品洗涤用品质量监督检测广州站 | |
| 21 | 东莞市贝特利新材料有限公司测试中心 | |
| 22 | 福建省产品质量检验研究院 | |
| 23 | 湖南省产商品质量监督检验院 | |
| 24 | 北京市产品质量监督检验所 | |
| 25 | 湖北省产品质量监督检验研究院 | |
| 26 | 上海市质量监督检验技术研究院 / 国家保洁产品质量监督检验中心 | |
| 27 | 泉州出入境检验检疫局综合检测中心 | 补测满意 |
| 28 | 义乌出入境检验检疫局综合技术服务中心 | 补测满意 |
| 29 | 深圳市安姆特检测技术有限公司 | 补测满意 |
| 30 | 北京宝洁技术有限公司分析部实验室 | 补测满意 |
| 31 | 兰州大学分析测试中心 | 补测满意 |
| 32 | 北京市疾病预防控制中心 | 补测满意 |
| 33 | 东莞标检产品检测有限公司 | 补测满意 |

## 二十四、酱油中三氯丙醇、总酸和氨基酸态氮的检测能力验证项目（50 家）

| 编号 | 机构名称 | 满意参数 | 备注 |
|---|---|---|---|
| 1 | 四川省眉山市质量技术监督检测中心 | 三氯丙醇、总酸、氨基酸态氮 | |
| 2 | 珠海出入境检验检疫局检验检疫技术中心 | 三氯丙醇、总酸、氨基酸态氮 | |
| 3 | 番禺出入境检验检疫局综合技术服务中心实验室 | 三氯丙醇、总酸、氨基酸态氮 | |
| 4 | 农业部食品质量监督检验测试中心（成都） | 三氯丙醇、总酸、氨基酸态氮 | |
| 5 | 中国广州分析测试中心 | 三氯丙醇、总酸、氨基酸态氮 | |

续表

| 编号 | 机构名称 | 满意参数 | 备注 |
|---|---|---|---|
| 6 | 江苏省产品质量监督检验研究院 | 三氯丙醇、总酸、氨基酸态氮 | |
| 7 | 广东珠江桥生物科技股份有限公司“珠江桥”食品工程研发检测中心 | 三氯丙醇、总酸、氨基酸态氮 | |
| 8 | 佛山市质量计量监督检测中心 | 三氯丙醇、总酸、氨基酸态氮 | |
| 9 | 山西出入境检验检疫局技术中心 | 三氯丙醇、总酸、氨基酸态氮 | |
| 10 | 侯马检验检疫局技术中心 | 三氯丙醇、总酸、氨基酸态氮 | |
| 11 | 陕西出入境检验检疫局检验检疫技术中心食品实验室 | 三氯丙醇、总酸、氨基酸态氮 | |
| 12 | 汕头出入境检验检疫局检验检疫技术中心食品检测实验室 | 总酸、氨基酸态氮 | |
| 13 | 汕尾出入境检验检疫局综合技术服务中心综合实验室 | 总酸、氨基酸态氮 | |
| 14 | 广东出入境检验检疫局检验检疫技术中心食品实验室 | 总酸、氨基酸态氮 | |
| 15 | 东莞出入境检验检疫局综合技术中心食品实验室 | 总酸、氨基酸态氮 | |
| 16 | 杭州市余杭区农产品监测中心 | 总酸、氨基酸态氮 | |
| 17 | 玉林市产品质量监督检验所 | 总酸、氨基酸态氮 | |
| 18 | 龙口市产品质量监督检验所 | 总酸、氨基酸态氮 | |
| 19 | 福建省宁德市产品质量检验所 | 总酸、氨基酸态氮 | |
| 20 | 高明出入境检验检疫局检测中心 | 总酸、氨基酸态氮 | |
| 21 | 广东清远市疾病预防控制中心（清远市卫生检验中心） | 总酸、氨基酸态氮 | |
| 22 | 北京出入境检验检疫局检验检疫技术中心 | 总酸、氨基酸态氮 | |
| 23 | 河南出入境检验检疫局技术中心安阳分中心 | 总酸、氨基酸态氮 | |
| 24 | 通标标准技术服务（上海）有限公司检测中心 | 总酸、氨基酸态氮 | |
| 25 | 广东开平出入境检验检疫局综合技术服务中心综合实验室 | 总酸、氨基酸态氮 | |
| 26 | 中国商业联合会食品质量监督酱油测试中心（兰州） | 总酸、氨基酸态氮 | |
| 27 | 沈阳出入境检验检疫局检验检疫综合技术中心 | 总酸、氨基酸态氮 | |
| 28 | 安顺市质量技术监督检测所 | 总酸、氨基酸态氮 | |
| 29 | 上海天祥质量技术服务有限公司食品部 | 总酸、氨基酸态氮 | |
| 30 | 上海市疾病预防控制中心/上海市预防医学研究院/上海疾控安全健康保健评价中心 | 总酸、氨基酸态氮 | |
| 31 | 福清出入境检验检疫局检验检疫技术中心 | 总酸、氨基酸态氮 | |
| 32 | 烟台欣和味达美食品有限公司实验室 | 总酸、氨基酸态氮 | |
| 33 | 古田县质量计量检测所 | 总酸、氨基酸态氮 | |
| 34 | 长治检验检疫局技术中心 | 总酸、氨基酸态氮 | |
| 35 | 阳泉检验检疫局技术中心 | 总酸、氨基酸态氮 | |
| 36 | 大同检验检疫局技术中心 | 总酸、氨基酸态氮 | |
| 37 | 广东省质量监督食品检验站 | 氨基酸态氮 | |
| 38 | 江苏出入境检验检疫局 | 三氯丙醇 | |
| 39 | 江苏中测检测服务有限公司 | 三氯丙醇 | |
| 40 | 湖南出入境检验检疫局技术中心 | 三氯丙醇、总酸、氨基酸态氮 | 补测满意 |

续表

| 编号 | 机构名称 | 满意参数 | 备注 |
|---|---|---|---|
| 41 | 泉州出入境检验检疫局综合检测中心 | 三氯丙醇、总酸、氨基酸态氮 | 三氯丙醇补测满意 |
| 42 | 重庆出入境检验检疫局技术中心 | 三氯丙醇、总酸、氨基酸态氮 | 三氯丙醇补测满意 |
| 43 | 黑龙江省质量监督检测研究院 | 三氯丙醇、总酸、氨基酸态氮 | 总酸补测满意 |
| 44 | 河南省疾病预防控制中心 | 三氯丙醇、总酸、氨基酸态氮 | 三氯丙醇补测满意 |
| 45 | 广州金域医学检验中心有限公司 | 总酸、氨基酸态氮 | 氨基酸态氮补测满意 |
| 46 | 广州市食品工业卫生检测所（广州绿色食品监督检测中心） | 总酸、氨基酸态氮 | 总酸补测满意 |
| 47 | 柳州市产品质量监督检验所 | 总酸、氨基酸态氮 | 氨基酸态氮补测满意 |
| 48 | 太仓市市疾病预防控制中心 | 总酸、氨基酸态氮 | 总酸补测满意 |
| 49 | 通标标准技术服务（上海）有限公司农产部 | 总酸、氨基酸态氮 | 总酸补测满意、氨基酸态氮补测满意 |
| 50 | 长春市产品质量监督检验院 | 总酸、氨基酸态氮 | 氨基酸态氮补测满意 |

## 二十五、大米中砷、镉的检测能力验证项目（101 家）

| 编号 | 机构名称 | 满意参数 | 备注 |
|---|---|---|---|
| 1 | 温州市质量技术监督检测院 | 总砷和镉 | |
| 2 | 江苏省产品质量监督检验院（宝应分中心） | 总砷和镉 | |
| 3 | 新疆维吾尔自治区分析测试研究院 | 总砷和镉 | |
| 4 | 阿克苏出入境检验检疫局 / 阿克苏出入境检验检疫局综合实验室 | 总砷和镉 | |
| 5 | 贵州出入境检验检疫局检验检疫综合技术中心 | 总砷和镉 | |
| 6 | 黑龙江省质量监督检测研究院 | 总砷和镉 | |
| 7 | 丽水出入境检验检疫局综合技术服务中心实验室 | 总砷和镉 | |
| 8 | 伊犁出入境检验检疫局综合技术服务中心综合实验室 | 总砷和镉 | |
| 9 | 大闽食品（漳州）有限公司检测中心 / 大闽（漳州）有限公司 | 总砷和镉 | |
| 10 | 北京农产品质量检测与农田环境检测技术研究中心 | 总砷和镉 | |
| 11 | 国家粮油质量监督检验中心 / 北京市粮油食品检验所 | 总砷和镉 | |
| 12 | 番禺出入境检验检疫局综合技术服务中心实验室 | 总砷和镉 | |
| 13 | 广东省质量监督食品检验站 | 总砷和镉 | |
| 14 | 海南省产品质量监督检验所 | 总砷和镉 | |
| 15 | 广州市质量监督检测研究院 | 总砷和镉 | |
| 16 | 中国广州分析测试中心 | 总砷和镉 | |
| 17 | 浙江省检验检疫科学技术研究院台州分院 | 总砷和镉 | |
| 18 | 温州市药品检验所 | 总砷和镉 | |
| 19 | 天津出入境检验检疫局动植物与食品检测中心 | 总砷和镉 | |
| 20 | 承德出入境检验检疫局综合实验室 / 中华人民共和国承德出入境检验检疫局 | 总砷和镉 | |
| 21 | 南平市产品质量检验所 | 总砷和镉 | |
| 22 | 辽宁检验检疫局技术中心庄河分中心 | 总砷和镉 | |
| 23 | 北京市昌平区疾病预防控制中心 | 总砷和镉 | |

续表

| 编号 | 机构名称 | 满意参数 | 备注 |
|---|---|---|---|
| 24 | 三明出入境检验检疫局综合技术服务中心理化微生物实验室 | 总砷和镉 | |
| 25 | 宣城市产品质量监督检验所 | 总砷和镉 | |
| 26 | 东莞市农产品质量安全监督检测所 | 总砷和镉 | |
| 27 | 桂林市疾病预防控制中心 | 总砷和镉 | |
| 28 | 贵港市产品质量监督检验所 | 总砷和镉 | |
| 29 | 浙江省食品药品检验所 | 总砷和镉 | |
| 30 | 福建省宁德市产品质量检验所 | 总砷和镉 | |
| 31 | 湖南省邵阳市产商品质量监督检验所 | 总砷和镉 | |
| 32 | 威海时进食品检测服务有限公司 | 总砷和镉 | |
| 33 | 龙岩市产品质量检验所 | 总砷和镉 | |
| 34 | 吉林省疾病预防控制中心 / 吉林省卫生监测检验中心 | 总砷和镉 | |
| 35 | 古田县质量计量检测所 | 总砷和镉 | |
| 36 | 昆山市产品质量监督检验所 | 总砷和镉 | |
| 37 | 广东省微生物分析检测中心 | 总砷和镉 | |
| 38 | 青岛经济技术开发区产品质量监督检验所 | 总砷和镉 | |
| 39 | 大连市粮食局粮油检验监测站 | 总砷和镉 | |
| 40 | 北京市朝阳区产品质量监督检验所 | 总砷和镉 | |
| 41 | 廊坊出入境检验检疫局综合实验室 | 总砷和镉 | |
| 42 | 北京市食品安全监控中心 | 总砷和镉 | |
| 43 | 江苏省产品质量监督检验研究院 | 总砷和镉 | |
| 44 | 长春市食品药品检验所 | 总砷和镉 | |
| 45 | 辽宁出入境检验检疫局技术中心食品理化 | 总砷和镉 | |
| 46 | 广东海洋大学海洋资源与环境监测中心 | 总砷和镉 | |
| 47 | 吉林省粮油卫生检验监测站 | 总砷和镉 | |
| 48 | 吉林省产品质量监督检验院 | 总砷和镉 | |
| 49 | 天津海世达检测技术有限公司 / 天津市农产品质量监督检验测试中心 | 总砷和镉 | |
| 50 | 广西出入境检验检疫局贺州办事处检验检疫综合实验室 / 广西出入境检验检疫局贺州办事处 | 总砷和镉 | |
| 51 | 安顺市质量技术监督检测所 | 总砷和镉 | |
| 52 | 无锡市粮食局粮油质量监测所 | 总砷和镉 | |
| 53 | 大连市产品质量监督检验所 | 总砷和镉 | |
| 54 | 茂名出入境检验检疫局综合实验室 | 总砷和镉 | |
| 55 | 遵义市产品质量监督检测院 | 总砷和镉 | |
| 56 | 常德市产商品质量监督检验所 | 总砷和镉 | |
| 57 | 菏泽出入境检验检疫局综合实验室 | 总砷和镉 | |
| 58 | 莆田出入境检验检疫局检验检疫技术中心 | 总砷和镉 | |
| 59 | 上海标检产品检测有限公司 | 总砷和镉 | |
| 60 | 湘潭市食品质量安全监督检验中心 / 湘潭市产品质量监督检验所 | 总砷和镉 | |

续表

| 编号 | 机构名称 | 满意参数 | 备注 |
|---|---|---|---|
| 61 | 河南省疾病预防控制中心 | 总砷和镉 | |
| 62 | 中国商业联合会食品质量监督检验测试中心（兰州） | 总砷 | |
| 63 | 佛山出入境检验检疫局检验检疫综合技术中心 | 总砷 | |
| 64 | 大厂回族自治县食品质量安全监督检验中心 | 总砷 | |
| 65 | 广西壮族自治区粮油质量监督检验站 | 总砷 | |
| 66 | 赤峰出入境检验检疫局农食禽、化矿实验室 | 总砷 | |
| 67 | 中国科学院西北高原生物研究所分析测试中心（中国科学院兰州分院分析测试中心生物化学分析测试部） | 总砷 | |
| 68 | 四川省眉山市质量技术监督检测中心 | 总砷 | |
| 69 | 涿州市食品质量安全监督检验中心 | 总砷 | |
| 70 | 国家食品添加剂及调味品检测重点实验室 / 镇江出入境检验检疫局综合技术中心 | 镉 | |
| 71 | 广东珠江桥生物科技股份有限公司“珠江桥”食品工程研发检测中心 | 镉 | |
| 72 | 韶关出入境检验检疫局综合技术服务中心综合实验室 | 镉 | |
| 73 | 中储粮北京分公司质量检测中心 | 镉 | |
| 74 | 常德出入境检验检疫局综合实验室 / 常德出入境检验检疫局 | 镉 | |
| 75 | 江西省食品质量监督检验站 / 江西省商业科学技术研究所 | 总砷和镉 | 补测满意 |
| 76 | 广州市食品工业卫生检测所（广州绿色食品监督检测中心） | 总砷和镉 | 补测满意 |
| 77 | 湖南省紧压茶产品质量监督检验中心 / 湖南省益阳市产商品质量监督检验所 | 总砷和镉 | 补测满意 |
| 78 | 国家粮食储备局武汉科学研究设计院中心实验室 | 总砷和镉 | 补测满意 |
| 79 | 国家果酒及果蔬饮品质量监督检验中心 / 通化市产品质量检验所 | 总砷和镉 | 补测满意 |
| 80 | 青海省粮油检测防治所 | 总砷和镉 | 补测满意 |
| 81 | 惠州出入境检验检疫局检验检疫综合技术中心 | 总砷和镉 | 补测满意 |
| 82 | 东莞标检产品检测有限公司 | 总砷和镉 | 补测满意 |
| 83 | 如皋市粮油检测中心 | 总砷和镉 | 补测满意 |
| 84 | 二连浩特出入境检验检疫局检验检疫技术中心 | 总砷和镉 | 补测满意 |
| 85 | 玉溪市综合技术检测中心 | 总砷和镉 | 补测满意 |
| 86 | 新会出入境检验检疫局综合技术服务中心综合检验检疫实验室 / 新会出入境检验检疫局 | 总砷和镉 | 补测满意 |
| 87 | 崇明县食用农产品监测中心 | 总砷和镉 | 补测满意 |
| 88 | 四川大学华西公共卫生学院分析测试中心 | 总砷和镉 | 补测满意 |
| 89 | 上海江崎格力高食品有限公司品质管理部分析中心 / 海江崎格力高食品有限公司 | 总砷和镉 | 补测满意 |
| 90 | 泰州市产品质量监督检验所 | 总砷和镉 | 补测满意 |
| 91 | 福清出入境检验检疫局检验检疫技术中心 / 福清出入境检验检疫局综合技术服务中心 | 总砷和镉 | 补测满意 |
| 92 | 厦门市食品科技研发检测中心 | 总砷和镉 | 补测满意 |
| 93 | 淮安市疾病预防控制中心 | 总砷和镉 | 补测满意 |
| 94 | 柳州出入境检验检疫局检验检疫综合实验室 | 总砷和镉 | 补测满意 |
| 95 | 莱芜市产品质量监督检验所 | 总砷和镉 | 补测满意 |
| 96 | 广西壮族自治区食品药品检验所（广西壮族自治区医疗器械检测中心、广西壮族自治区药品包装材料容器产品检测中心） | 总砷和镉 | 补测满意 |

续表

| 编号 | 机构名称 | 满意参数 | 备注 |
|---|---|---|---|
| 97 | 广西壮族自治区梧州食品药品检验所 | 总砷 | 补测满意 |
| 98 | 肇庆出入境检验检疫局综合技术中心 | 镉 | 镉补测满意 |
| 99 | 西安市粮油质量监督检验站 / 西安市粮油质量检验中心 | 镉 | 镉补测满意 |
| 100 | 黑河出入境检验检疫局综合技术中心 | 镉 | 镉补测满意 |
| 101 | 广东省梅州市质量计量监督检验所 | 镉 | 镉补测满意 |

## 二十六、乳粉中铅、钠的测定能力验证项目（87 家）

| 编号 | 机构名称 | 满意参数 | 备注 |
|---|---|---|---|
| 1 | 镇江出入境检验检疫局综合技术中心 | 铅、钠 | |
| 2 | 东莞标检产品检测有限公司 | 铅、钠 | |
| 3 | 农业部食品质量监督检验测试中心（成都） | 铅、钠 | |
| 4 | 国家乳制品质量监督检验中心 | 铅、钠 | |
| 5 | 伊利集团检测及校准实验室 | 铅、钠 | |
| 6 | 深圳市药品检验所 | 铅、钠 | |
| 7 | 多美滋婴幼儿食品有限公司实验室 | 铅、钠 | |
| 8 | 内蒙古蒙牛乳业（集团）股份有限公司分析中心实验室 | 铅、钠 | |
| 9 | 农业部奶及奶制品质量监督检验测试中心（北京） | 铅、钠 | |
| 10 | 黑龙江省农垦乳品检测中心 | 铅、钠 | |
| 11 | 黑龙江省质量监督检测研究院 | 铅、钠 | |
| 12 | 光明乳业股份有限公司乳品八厂 | 铅、钠 | |
| 13 | 惠氏营养品（中国）有限公司 | 铅、钠 | |
| 14 | 上海市纽贝滋营养乳品有限公司中心实验室 | 铅、钠 | |
| 15 | 吉林出入境检验检疫局检验检疫技术中心 | 铅、钠 | |
| 16 | 上海市松江食品药品检验所 | 铅、钠 | |
| 17 | 苏州大学分析测试中心 | 铅、钠 | |
| 18 | 上海市浦东新区计量质量检测所 | 铅、钠 | |
| 19 | 河南出入境检验检疫局技术中心安阳分中心 | 铅、钠 | |
| 20 | 上海市粮油制品质量监督检验站 | 铅、钠 | |
| 21 | 上海市浦东新区疾病预防控制中心 | 铅、钠 | |
| 22 | 上海欧萨环境资源管理咨询有限公司 | 铅、钠 | |
| 23 | 上海市杨浦区疾病预防控制中心 | 铅、钠 | |
| 24 | 上海市奉贤区计量质量检测所 | 铅、钠 | |
| 25 | 上海市工业微生物研究所检测中心 | 铅、钠 | |
| 26 | 上海市嘉定区计量质量检测所 | 铅、钠 | |
| 27 | 深圳市华测检测技术股份有限公司上海分公司 | 铅、钠 | |
| 28 | 上海市普陀区疾病预防控制中心 | 铅、钠 | |
| 29 | 上海市营养食品质量监督检验站<br>国家轻工业食品质量监督检测上海站 | 铅、钠 | |

续表

| 编号 | 机构名称 | 满意参数 | 备注 |
|---|---|---|---|
| 30 | 上海市食品药品检验所 | 铅、钠 | |
| 31 | 上海市副食品质量监督检验站 | 铅、钠 | |
| 32 | 上海市闸北区疾病预防控制中心 | 铅、钠 | |
| 33 | 上海市虹口区疾病预防控制中心 | 铅、钠 | |
| 34 | 上海市浦东食品药品检验所 | 铅、钠 | |
| 35 | 中国水产科学研究院黄海水产研究所检测实验室<br>国家水产品质量监督检验中心 | 铅、钠 | |
| 36 | 光明乳业股份有限公司永安分公司 | 铅、钠 | |
| 37 | 光明乳业股份有限公司乳品二厂 | 铅、钠 | |
| 38 | 上海市质量监督检验技术研究院 | 铅、钠 | |
| 39 | 通标标准技术服务（上海）有限公司 | 铅、钠 | |
| 40 | 上海市崇明县计量质量检测所 | 铅、钠 | |
| 41 | 新会出入境检验检疫局综合技术服务中心综合检验检疫实验室 | 铅 | |
| 42 | 品升商品检测（上海）有限公司 | 铅 | |
| 43 | 湖南省邵阳市产商品质量监督检验所 | 铅 | |
| 44 | 上海市长宁区卫生检验所 | 铅 | |
| 45 | 上海市闵行区疾病预防控制中心 | 铅 | |
| 46 | 上海市静安区疾病预防控制中心 | 铅 | |
| 47 | 上海市嘉定区疾病预防控制中心 | 铅 | |
| 48 | 上海市卢湾区疾病预防控制中心 | 铅 | |
| 49 | 上海市松江区疾病预防控制中心 | 铅 | |
| 50 | 上海市金山区疾病预防控制中心 | 铅 | |
| 51 | 上海市青浦区疾病预防控制中心 | 铅 | |
| 52 | 上海市徐汇区疾病预防控制中心 | 铅 | |
| 53 | 上海市水产品质量监督检验站 | 铅 | |
| 54 | 崇明县食用农产品监测中心 | 铅 | |
| 55 | 上海市宝山区疾病预防控制中心 | 铅 | |
| 56 | 上海奉贤区疾病预防控制中心 | 铅 | |
| 57 | 上海市农业科学院农产品质量标准与检测技术研究所 | 铅 | |
| 58 | 光明乳业（泾阳）有限公司 | 铅 | |
| 59 | 上海花冠营养乳品有限公司 | 铅 | |
| 60 | 北京光明健能乳业有限公司 | 铅 | |
| 61 | 中国广州分析测试中心 | 钠 | |
| 62 | 施恩（广州）婴幼儿营养品有限公司中心实验室 | 钠 | |
| 63 | 广东雅士利集团有限公司中心实验室 | 钠 | |
| 64 | 上海市疾病预防控制中心 / 上海市预防医学研究院 | 钠 | |
| 65 | 上海疾控生物工程检测评价中心有限公司 | 钠 | |
| 66 | 上海晨冠乳业有限公司检测中心 | 钠 | |

续表

| 编号 | 机构名称 | 满意参数 | 备注 |
|---|---|---|---|
| 67 | 上海出入境检验检疫局动植物与食品检验检疫技术中心 | 铅、钠 | 钠补测满意 |
| 68 | 上海市金山区计量质量检测所 | 铅、钠 | 钠补测满意 |
| 69 | 新疆昌吉回族自治州产品质量检验所 | 铅、钠 | 钠补测满意 |
| 70 | 南京光明乳品有限公司 | 铅、钠 | 铅补测满意 |
| 71 | 光明乳业（德州）有限公司 | 铅、钠 | 钠补测满意 |
| 72 | 圣元营养食品有限公司中心实验室 | 铅、钠 | 铅补测满意 |
| 73 | 上海乳品四厂有限公司 | 铅、钠 | 钠补测满意 |
| 74 | 上海市徐汇食品药品检验所 | 铅、钠 | 铅补测满意 |
| 75 | 广东出入境检验检疫局技术中心 | 铅、钠 | 钠补测满意 |
| 76 | 上海市金山食品药品检验所 | 铅、钠 | 钠补测满意 |
| 77 | 上海天祥质量技术服务有限公司玩具及轻工产品部食品实验室 | 铅、钠 | 补测满意 |
| 78 | 上海实力可商品检验有限公司 | 铅、钠 | 补测满意 |
| 79 | 上海市青浦食品药品检验所 | 铅、钠 | 补测满意 |
| 80 | 赤峰出入境检验检疫局综合技术服务中心 | 铅 | 补测满意 |
| 81 | 上海市崇明食品药品检验所 | 铅 | 补测满意 |
| 82 | 上海市黄浦区疾病预防控制中心 | 铅 | 补测满意 |
| 83 | 上海市闸北食品药品检验所 | 铅 | 补测满意 |
| 84 | 河北三元食品有限公司质量检测中心 | 铅 | 补测满意 |
| 85 | 中国商业联合会食品质量监督检验测试中心（兰州） | 钠 | 补测满意 |
| 86 | 大理州质量技术监督综合检测中心 | 钠 | 补测满意 |
| 87 | 湖南亚华乳业有限公司中心实验室 | 钠 | 补测满意 |

## 二十七、蜂蜜中氯霉素残留量测定能力验证项目（45 家）

| 编号 | 机构名称 | 备注 |
|---|---|---|
| 1 | 广东省药品检验所 | |
| 2 | 保定出入境检验检疫局综合实验室 | |
| 3 | 黑龙江省质量监督检测研究院 | |
| 4 | 沈阳产品质量监督检验院 | |
| 5 | 内蒙古出入境检验检疫局技术中心理化实验室 | |
| 6 | 南京市产品质量监督检验院 | |
| 7 | 国家农副加工食品质量监督检验中心 / 安徽国家农业标准化与监测中心 | |
| 8 | 湖北出入境检验检疫局技术中心 | |
| 9 | 江苏出入境检验检疫局动植食中心食品实验室 | |
| 10 | 江苏中测检测服务有限公司 | |
| 11 | 佛山市质量计量监督检测中心 | |
| 12 | 陕西出入境检验检疫局技术中心 | |
| 13 | 绥芬河出入境检验检疫局检验检疫综合技术中心食品理化室 | |

续表

| 编号 | 机构名称 | 备注 |
|---|---|---|
| 14 | 杭州蜂之语蜂业股份有限公司检测中心 | |
| 15 | 吉林出入境检验检疫局检验检疫技术中心 | |
| 16 | 上海谱尼测试技术有限公司 | |
| 17 | 茂名出入境检验检疫局综合实验室 | |
| 18 | 四川出入境检验检疫局技术中心 | |
| 19 | 上海天祥质量技术服务有限公司食品部 | |
| 20 | 甘肃出入境检验检疫局检验检疫综合技术中心中心实验室 | |
| 21 | 衢州出入境检验检疫局综合实验室 | |
| 22 | 安徽省百合食品有限公司检测中心 | |
| 23 | 河北出入境检验检疫局检验检疫技术中心 | |
| 24 | 北京出入境检验检疫局检验检疫技术中心 | |
| 25 | 宁波出入境检验检疫局检验检疫技术中心 | |
| 26 | 湖北华杰润检测咨询有限公司 | |
| 27 | 北京安为天检测技术有限公司 | |
| 28 | 宁夏出入境检验检疫局检验检疫综合技术中心 | |
| 29 | 广西出入境检验检疫局检验检疫技术中心 | |
| 30 | 莆田出入境检验检疫局检验检疫技术中心 | |
| 31 | 深圳出入境检验检疫局食品检验检疫技术中心 | |
| 32 | 浙江出入境检验检疫局检验检疫技术中心食品安全实验室 | |
| 33 | 广东出入境检验检疫局检验检疫技术中心食品实验室 | |
| 34 | 山西出入境检验检疫局检验检疫技术中心 | |
| 35 | 安徽安粮蜂业有限责任公司品管部 | |
| 36 | 济南市产品质量监督检验所 | |
| 37 | 湖南出入境检验检疫局检验检疫技术中心 | |
| 38 | 南京工业大学食品学院 | |
| 39 | 江苏省昆山市流通领域食品质量检测中心 | |
| 40 | 茂名新洲海产有限公司 | 补测满意 |
| 41 | 广西壮族自治区食品药品检验所 | 补测满意 |
| 42 | 东莞出入境检验检疫局检验检疫技术中心动检实验室 | 补测满意 |
| 43 | 广西壮族自治区桂林食品药品检验所 | 补测满意 |
| 44 | 山东华康蜂业有限公司 | 补测满意 |
| 45 | 安徽天新蜂产品有限公司蜂产品检测实验室 | 补测满意 |

## 二十八、植物油中苯并（*a*）芘含量检测能力验证项目（32 家）

| 编号 | 机构名称 | 备注 |
|---|---|---|
| 1 | 黑龙江省质量监督检测研究院 | |
| 2 | 四川省农畜产品质量监督检验站 | |
| 3 | 湖南省邵阳市产商品质量监督检验所 | |

续表

| 编号 | 机构名称 | 备注 |
| --- | --- | --- |
| 4 | 珠海出入境检验检疫局检验检疫技术中心 | |
| 5 | 泰州市产品质量监督检验所 | |
| 6 | 广东省梅州市质量计量监督检测所 | |
| 7 | 中国广州分析测试中心 | |
| 8 | 江苏出入境检验检疫局动植物与食品检测中心食品实验室 | |
| 9 | 江苏中测检测服务有限公司 | |
| 10 | 吉林出入境检验检疫局检验检疫技术中心 | |
| 11 | 湖南出入境检验检疫局检验检疫技术中心 | |
| 12 | 国家林业局林产品质量检验检测中心（杭州） | |
| 13 | 福建省产品质量检验研究院 | |
| 14 | 国家粮油质量监督检验中心 | |
| 15 | 广西出入境检验检疫局检验检疫技术中心食品动植物实验室 | |
| 16 | 广东省东莞市质量监督检测中心 | |
| 17 | 国家林业局经济林产品质量检验检测中心（杭州） | |
| 18 | 宣城市产品质量监督检验所 | |
| 19 | 常德市产商品质量监督检验所 | |
| 20 | 汉川市产品质量监督检验所 | |
| 21 | 荆州市产品质量监督检验所 | |
| 22 | 襄阳市产品质量监督检验所 | |
| 23 | 湘潭市食品质量安全监督检验中心 | |
| 24 | 通标标准技术服务（上海）有限公司农广部 | |
| 25 | 宜昌市产品质量监督检验所 | |
| 26 | 丽水市质量技术监督检测院 | 补测满意 |
| 27 | 宁夏检验检疫局检验检疫综合技术中心 | 补测满意 |
| 28 | 安顺市质量技术监督检测所 | 补测满意 |
| 29 | 天津粮油质量检测中心 | 补测满意 |
| 30 | 恩施土家话苗族自治州产品质量监督检验所 | 补测满意 |
| 31 | 荆门市产品质量监督检验所 | 补测满意 |
| 32 | 黄冈市产品质量监督检验所 | 补测满意 |

## 二十九、水产品中呋喃唑酮代谢物 AOZ 的检测能力验证项目（48 家）

| 编号 | 机构名称 | 备注 |
| --- | --- | --- |
| 1 | 河南省兽药监察所 | |
| 2 | 福清出入境检验检疫局检验检疫技术中心 | |
| 3 | 福建益丰鳗业食品有限公司 | |
| 4 | 莆田出入境检验检疫局检验检疫技术中心 | |
| 5 | 国家水产品及加工食品质量监督检验中心 / 杭州市质量技术监督检测院 | |
| 6 | 福清弘晟食品有限公司 | |

续表

| 编号 | 机构名称 | 备注 |
|---|---|---|
| 7 | 江苏出入境检验检疫局动植食中心食品实验室 | |
| 8 | 盐城出入境检验检疫局综合检测中心 | |
| 9 | 阳江出入境检验检疫局综合技术服务中心综合实验室 | |
| 10 | 湛江出入境检验检疫局检验检疫技术中心 | |
| 11 | 江苏中测检测服务有限公司 | |
| 12 | 中山出入境检验检疫局检验检疫技术中心 | |
| 13 | 肇庆出入境检验检疫局检验检疫技术中心 | |
| 14 | 上海市水产品质量监督检验站 | |
| 15 | 福建省海洋环境与渔业资源监测中心 | |
| 16 | 宁波市海洋与渔业研究院分析测试中心 | |
| 17 | 山东凤祥集团有限责任公司检测中心 | |
| 18 | 东山出入境检验检疫局农食水产品实验室 | |
| 19 | 三明出入境检验检疫局综合技术服务中心理化微生物实验室 | |
| 20 | 汕头出入境检验检疫局检验检疫技术中心食品检测实验室 | |
| 21 | 长乐聚泉食品有限公司实验室 | |
| 22 | 威海时进食品检测服务有限公司 | |
| 23 | 青岛亚是加食品有限公司实验室 | |
| 24 | 青岛加藤吉食品有限公司中国品质管理中心检测室 | |
| 25 | 保定出入境检验检疫局综合实验室 | |
| 26 | 中国广州分析测试中心 | |
| 27 | 厦门出入境检验检疫局检验检疫技术中心 | |
| 28 | 宁德出入境检验检疫局检验检疫技术中心 | |
| 29 | 江苏中谱检测有限公司 | |
| 30 | 四川出入境检验检疫局检验检疫技术中心 | |
| 31 | 中国检验认证集团广西有限公司综合实验室 | |
| 32 | 北海北联食品工业有限公司 | |
| 33 | 广西出入境检验检疫局检验检疫技术中心 | |
| 34 | 广东湛江国联水产股份有限公司检验中心 | |
| 35 | 江门出入境检验检疫局检验检疫技术中心动植检实验室 | |
| 36 | 浙江省水产质量检测中心 | |
| 37 | 福建出入境检验检疫局检验检疫技术中心 | |
| 38 | 北京市疾病预防控制中心 | |
| 39 | 茂名新洲海产有限公司 | |
| 40 | 海南高远食品有限公司检测中心 | 补测满意 |
| 41 | 南通出入境检验检疫局检验检疫综合技术中心 | 补测满意 |
| 42 | 广州市农业标准与监测中心 | 补测满意 |
| 43 | 福建隆翔冷冻水产食品有限公司实验室 | 补测满意 |
| 44 | 广东珠江桥生物科技股份有限公司珠江桥食品工程研发检测中心 | 补测满意 |

续表

| 编号 | 机构名称 | 备注 |
| --- | --- | --- |
| 45 | 辽宁省海洋环境监测总站 | 补测满意 |
| 46 | 海南出入境检验检疫局检验检疫技术中心 | 补测满意 |
| 47 | 吉林出入境检验检疫局检验检疫技术中心 | 补测满意 |
| 48 | 海南远生渔业有限公司实验室 | 补测满意 |

## 三十、食用油中反式脂肪酸的测定能力验证项目（26 家）

| 编号 | 机构名称 |
| --- | --- |
| 1 | 国家农副加工食品质量监督检验中心 / 安徽国家农业标准化与监测中心 |
| 2 | 湖南省产商品质量监督检验院 |
| 3 | 大连市产品质量监督检验所 |
| 4 | 吉林省产品质量监督检验院 |
| 5 | 国家水产品及加工食品质量监督检验中心 / 杭州市质量技术监督检测院 |
| 6 | 上海市质量监督检验技术研究院 |
| 7 | 福建省产品质量检验研究院 |
| 8 | 海南省产品质量监督检验所 |
| 9 | 国家食品质量安全监督检验中心 / 北京市海淀区产品质量监督检验所 |
| 10 | 四川省产品质量监督检验检测院 |
| 11 | 成都市产品质量监督检验院 |
| 12 | 黑龙江省质量监督检测研究院 |
| 13 | 南京市产品质量监督检验院 |
| 14 | 山东出入境检验检疫局食品农产品检测中心 / 山东出入境检验检疫局检验检疫技术中心 |
| 15 | 江苏省理化测试中心 |
| 16 | 北京市疾病预防控制中心营养与食品卫生所 / 北京市疾病预防控制中心 |
| 17 | 重庆出入境检验检疫局技术中心 / 重庆出入境检验检疫局技术中心 |
| 18 | 东莞出入境检验检疫局检验检疫综合技术中心 |
| 19 | 国家林业局经济林产品质量检验检测中心（杭州）/ 中国林业科学研究院亚热带林业研究所 |
| 20 | 河南出入境检验检疫局检验检疫技术中心理化实验室 |
| 21 | 沈阳产品质量监督检验研究院 |
| 22 | 武汉产品质量监督检验所 |
| 23 | 通辽市产品质量计量检测所 |
| 24 | 广州市质量监督检测研究院 |
| 25 | 江苏省产品质量监督检验研究院 |
| 26 | 广州市食品工业卫生检测所（广州绿色食品监督检测中心） |

## 三十一、光学经纬仪一测回水平方向标准偏差能力验证项目（38 家）

| 编号 | 机构名称 | 备注 |
| --- | --- | --- |
| 1 | 北京市计量检测科学研究院 | |
| 2 | 天津市计量监督检测科学研究院 | |

续表

| 编号 | 机构名称 | 备注 |
| --- | --- | --- |
| 3 | 长春市计量检定测试技术研究院 | |
| 4 | 辽宁省计量科学研究院 | |
| 5 | 沈阳计量测试院 | |
| 6 | 河南省计量科学研究院 | |
| 7 | 上海市计量测试技术研究院（华东国家计量测试中心） | |
| 8 | 镇江市计量所 | |
| 9 | 无锡市计量测试中心 | |
| 10 | 宁波市计量测试研究院 | |
| 11 | 武汉市计量测试检定（研究）所 | |
| 12 | 沧州市计量测试所 | |
| 13 | 陕西省计量科学研究院 | |
| 14 | 西安北方光电科技防务有限公司计量检测中心 | |
| 15 | 山东省日照市计量测试所 | |
| 16 | 潍坊市计量测试所 | |
| 17 | 湖南省计量检测研究院 | |
| 18 | 自贡市计量测试研究所 | |
| 19 | 重庆市计量质量检测研究院 | |
| 20 | 贵州省计量测试院 | |
| 21 | 广州计量检测技术研究院 | |
| 22 | 深圳市计量质量检测研究院 | |
| 23 | 佛山市顺德区质量技术监督检测所 | |
| 24 | 福建省计量科学研究院 | |
| 25 | 安徽省计量科学研究院 | |
| 26 | 江阴市计量测试检定所 | |
| 27 | 江苏省计量科学研究院 | |
| 28 | 江西省计量测试研究院 | |
| 29 | 湖北省计量测试技术研究院 | |
| 30 | 甘肃省计量研究院 | |
| 31 | 山西省计量监督检定测试所 | |
| 32 | 新疆维吾尔自治区计量测试研究院 | |
| 33 | 青海省计量检定测试所 | |
| 34 | 常州市计量测试技术研究所 | 补测满意 |
| 35 | 成都市计量监督检定测试院 | 补测满意 |
| 36 | 四川重大技术装备几何量计量站 | 补测满意 |
| 37 | 攀枝花市计量测试研究所 | 补测满意 |
| 38 | 广西壮族自治区计量检测研究院 | 补测满意 |

# 关于公布 2011 年国家认监委资质认定获证机构名单的公告

2012 年第 7 号

根据《中华人民共和国计量法》、《中华人民共和国标准化法》、《中华人民共和国认证认可条例》、《中华人民共和国食品安全法》和《实验室和检查机构资质认定管理办法》、《食品检验机构资质认定管理办法》的有关规定，凡是向社会出具具有证明作用的数据和结果的实验室、检查机构和食品检验机构，必须依法经资质认定。

2011 年取得国家认监委资质认定的实验室、检查机构和食品检验机构共 698 家次（包括首次认证、复查换证和证书变更三种类型），其中，实验室 652 家，检查机构 19 家，食品检验机构 27 家，现予以公布。上述实验室、检查机构和食品检验机构资质认定的具体业务范围和依据标准以其资质认定证书和证书附表为准。

特此公告。

附件：1.2011 年通过国家认监委资质认定的实验室名单

2.2011 年通过国家认监委资质认定的检查机构名单

3.2011 年通过国家认监委资质认定的食品检验机构名单

二〇一二年二月十七日

**附件 1:**

## 2011 年通过国家认监委资质认定的实验室名单

| 序号 | 资质认定获证名称 | 证书编号 | 有效日期 | 评审类型 |
|---|---|---|---|---|
| 1 | 福建省疾病预防控制中心 | 2011003198S | 2014-2-14 | 首次认证 |
| 2 | 宝鸡出入境检验检疫局综合实验室 | 2011002618Z | 2014-2-17 | 复查换证 |
| 3 | 黑龙江出入境检验检疫局检验检疫技术中心佳木斯分中心 | 2011008125Z | 2014-2-25 | 复查换证 |
| 4 | 嘉兴出入境检验检疫局综合实验室 | 2011008009Z | 2014-2-15 | 复查换证 |
| 5 | 江西省疾病预防控制中心 | 2011002895S | 2014-1-9 | 复查换证 |
| 6 | 工业和信息化部电子计量中心 | 2010002117H | 2013-4-21 | 证书变更 |
| 7 | 工业和信息化部数字电视标准符合性检测中心 | 2009002696H | 2012-11-15 | 证书变更 |
| 8 | 上海市计量测试技术研究院 | 2008002289Y | 2012-11-30 | 复查换证 |
| 9 | 华东国家计量测试中心 | 2008002295Y | 2012-11-30 | 复查换证 |
| 10 | 湛江出入境检验检疫局检验检疫技术中心 | 2010008113Z | 2013-1-13 | 证书变更 |
| 11 | 滨州出入境检验检疫局检测中心 | 2011003217Z | 2014-4-27 | 首次认证 |
| 12 | 福建国际旅行卫生保健中心莆田分中心医学综合检测实验室 | 2011002833Z | 2014-2-11 | 复查换证 |
| 13 | 新会出入境检验检疫局综合技术服务中心综合检验检疫实验室 | 2011002613Z | 2014-2-11 | 复查换证 |
| 14 | 邢台出入境检验检疫局自行车检测中心 | 2011003193Z | 2014-2-11 | 首次认证 |
| 15 | 漳州出入境检验检疫局综合技术服务中心实验室 | 2010008054Z | 2013-3-30 | 证书变更 |
| 16 | 核工业工程研究设计有限公司检测中心 | 2009001254W | 2012-11-25 | 证书变更 |
| 17 | 机械工业节能监测中心（长春） | 2011000660A | 2014-2-11 | 复查换证 |
| 18 | 机械工业测量控制设备及网络质量检测中心 | 2011002915A | 2014-2-11 | 复查换证 |

续表

| 序号 | 资质认定获证名称 | 证书编号 | 有效日期 | 评审类型 |
|---|---|---|---|---|
| 19 | 中国检验认证集团广东有限公司 | 2011003227Z | 2014-7-4 | 首次认证 |
| 20 | 浙江出入境检验检疫局矿石检验中心（嵊泗出入境检验检疫局综合技术服务中心） | 2011003194Z | 2014-2-11 | 首次认证 |
| 21 | 阳江出入境检验检疫局综合技术服务中心综合实验室 | 2011008183Z | 2014-2-11 | 复查换证 |
| 22 | 河源出入境检验检疫局综合技术服务中心综合实验室 | 2011008288Z | 2014-3-1 | 复查换证 |
| 23 | 深圳国际旅行卫生保健中心医学实验室 | 2011008106Z | 2014-2-15 | 复查换证 |
| 24 | 龙口出入境检验检疫局综合技术服务中心 | 2011008162Z | 2014-2-21 | 复查换证 |
| 25 | 中国人民解放军防化指挥工程学院特种化学品实验室 | 2011002887Z | 2014-3-17 | 复查换证 |
| 26 | 石油工业机械产品质量监督检验中心 | 2011000104J | 2014-3-3 | 复查换证 |
| 27 | 中冶建筑研究总院有限公司建筑工程检测中心 / 冶金工业工程质量监督总站检测中心 / 中冶交通工程检测中心 | 2011000156E | 2014-3-24 | 复查换证 |
| 28 | 国家邮政局信函处理设备质量监督检验中心 | 2011001521Z | 2014-3-14 | 复查换证 |
| 29 | 云南出入境检验检疫局检验检疫技术中心 | 2011008186Z | 2014-3-27 | 复查换证 |
| 30 | 海南汽车试验研究所 | 2011001438A | 2014-3-22 | 复查换证 |
| 31 | 福清出入境检验检疫局综合技术服务中心医学检测实验室 | 2011002934Z | 2014-3-14 | 复查换证 |
| 32 | 湖北国际旅行卫生保健中心实验室 | 2011008139Z | 2014-3-14 | 复查换证 |
| 33 | 卫生部心血管药物临床研究重点实验室 | 2011002943S | 2014-3-30 | 复查换证 |
| 34 | 建设部城市供水水质监测中心 | 2011002162F | 2014-3-17 | 复查换证 |
| 35 | 青海出入境检验检疫局检验检疫综合技术中心 | 2011008111Z | 2014-4-20 | 复查换证 |
| 36 | 中国船舶工业电工电子设备环境与可靠性试验检测中心 | 2011001591W | 2014-2-24 | 复查换证 |
| 37 | 中国食品药品检定研究院（中国药品检验总所） | 2010000599S | 2013-5-4 | 证书变更 |
| 38 | 中国石油化工股份有限公司润滑油研发（上海）中心分析评定中心 | 2011001994J | 2014-3-14 | 复查换证 |
| 39 | 国家食品药品监督管理局上海医疗器械质量监督检验中心 | 2011002647S | 2014-4-19 | 复查换证 |
| 40 | 中国船舶工业软件测试中心 | 2011002155W | 2014-3-20 | 复查换证 |
| 41 | 山西国际旅行卫生保健中心综合实验室 | 2011002758Z | 2014-3-30 | 复查换证 |
| 42 | 浙江国际旅行卫生保健中心台州分中心医学检测实验室 | 2011003211S | 2014-4-14 | 首次认证 |
| 43 | 深圳出入境检验检疫局工业品检测技术中心 | 2011002335Z | 2014-5-23 | 复查换证 |
| 44 | 中国检验认证集团上海有限公司 | 2011003197Z | 2014-2-14 | 首次认证 |
| 45 | 南京汽车质量监督检验鉴定试验所 | 2011000671A | 2014-4-27 | 复查换证 |
| 46 | 常熟出入境检验检疫局综合技术服务中心纺织实验室 | 2011002968Z | 2014-3-30 | 复查换证 |
| 47 | 中国航空工业华东电磁兼容监督检测中心 | 2011001723W | 2014-4-7 | 复查换证 |
| 48 | 兵器工业非金属材料理化检测中心 | 2011001701W | 2014-5-29 | 复查换证 |
| 49 | 广东省职业病防治院 / 广东省职业卫生检测中心 | 2011000304S | 2014-5-11 | 复查换证 |
| 50 | 机械工业造型材料重要铸件产品质量监督检测中心 | 2011000567A | 2014-3-30 | 复查换证 |
| 51 | 大港油田集团钻采工艺研究院中心实验室 | 2011001799J | 2014-3-30 | 复查换证 |
| 52 | 辽宁省医疗器械检验所 / 国家食品药品监督管理局沈阳医疗器械质量监督检验中心 | 2011002186S | 2014-4-23 | 复查换证 |
| 53 | 广东出入境检验检疫局检验检疫技术中心玩具实验室 | 2011008165Z | 2014-4-15 | 复查换证 |
| 54 | 机械工业材料质量检测中心 | 2011001612A | 2014-4-9 | 复查换证 |
| 55 | 广东出入境检验检疫局检验检疫技术中心植物检疫实验室 | 2011008046Z | 2014-4-15 | 复查换证 |

续表

| 序号 | 资质认定获证名称 | 证书编号 | 有效日期 | 评审类型 |
|---|---|---|---|---|
| 56 | 丹东客车质量监督检验鉴定试验所 | 2011001433A | 2014-4-9 | 复查换证 |
| 57 | 深圳出入境检验检疫局医学媒介生物实验室 | 2011002926Z | 2014-4-15 | 复查换证 |
| 58 | 中国船舶工业电工产品试验检测中心 | 2011002671W | 2014-6-19 | 复查换证 |
| 59 | 武汉港口机械质量监督检验测试中心 | 2011000641P | 2014-4-20 | 复查换证 |
| 60 | 厦门出入境检验检疫局检验检疫技术中心 | 2011008004Z | 2014-4-27 | 复查换证 |
| 61 | 中国船舶工业武汉材料与结构试验检测中心 | 2011001560W | 2014-9-27 | 复查换证 |
| 62 | 黑龙江出入境检验检疫局检验检疫技术中心东宁分中心 | 2011003218Z | 2014-5-10 | 首次认证 |
| 63 | 岳阳出入境检验检疫局农畜食品综合实验室 | 2011008002Z | 2014-5-11 | 复查换证 |
| 64 | 珠海国际旅行卫生保健中心 | 2011008240Z | 2014-5-11 | 复查换证 |
| 65 | 库尔勒出入境检验检疫局综合实验室 | 2011008336Z | 2014-5-11 | 复查换证 |
| 66 | 中国有色金属工业粉末冶金产品质量监督检验中心 | 2011000869E | 2014-5-3 | 复查换证 |
| 67 | 中国工程物理研究院环境试验中心 | 2011002014W | 2014-5-10 | 复查换证 |
| 68 | 中国航空工业集团公司西北电磁兼容性监督检测中心 | 2011001399W | 2014-5-23 | 复查换证 |
| 69 | 饶平出入境检验检疫局综合技术服务中心食品与陶瓷检验实验室 | 2011008315Z | 2014-5-11 | 复查换证 |
| 70 | 中国农业科学院农业环境与可持续发展研究所分析测试中心 | 2011002914V | 2014-5-31 | 复查换证 |
| 71 | 广州机场出入境检验检疫局综合技术服务中心综合实验室 | 2011002936Z | 2014-4-20 | 复查换证 |
| 72 | 广东出入境检验检疫局检验检疫技术中心动物检疫实验室 | 2011002628Z | 2014-4-20 | 复查换证 |
| 73 | 绥芬河出入境检验检疫局检验检疫综合技术中心 | 2011008121Z | 2014-6-2 | 复查换证 |
| 74 | 中国检验认证集团深圳有限公司煤炭实验室 | 2011003219Z | 2014-5-12 | 首次认证 |
| 75 | 机械工业内燃机产品质量检测中心（济南） | 2011002420A | 2014-5-26 | 复查换证 |
| 76 | 机械工业防爆电气设备质量监督检测中心 | 2011000782A | 2014-5-2 | 复查换证 |
| 77 | 宁波出入境检验检疫局国际旅行卫生保健中心综合实验室 | 2011008225Z | 2014-5-21 | 复查换证 |
| 78 | 秦皇岛出入境检验检疫局煤炭检测技术中心 | 2011008219Z | 2014-5-25 | 复查换证 |
| 79 | 信息产业通信产品防护性能质量监督检验中心 | 2011001004H | 2014-7-31 | 复查换证 |
| 80 | 信息产业广州电话交换设备质量监督检验中心 | 2011001520H | 2014-7-31 | 复查换证 |
| 81 | 怀化出入境检验检疫局综合实验室 | 2011008044Z | 2014-5-26 | 复查换证 |
| 82 | 中华全国工商联珠宝业商会珠宝检测研究中心 | 2011002193G | 2014-6-2 | 复查换证 |
| 83 | 中国人民解放军防化研究院分析测试中心 | 2011001645Z | 2014-6-2 | 复查换证 |
| 84 | 太仓出入境检验检疫局综合技术服务中心 | 2009002254Z | 2012-3-3 | 证书变更 |
| 85 | 湖南出入境检验检疫局（醴陵）综合检测中心 | 2011002921Z | 2014-5-25 | 复查换证 |
| 86 | 国家环境分析测试中心 | 2011000796E | 2014-6-14 | 复查换证 |
| 87 | 空军装备环境与可靠性试验中心 | 2011001599W | 2014-6-2 | 复查换证 |
| 88 | 中国赛宝实验室 / 工业和信息化部电子第五研究所 / 中国电子产品可靠性与环境试验研究所 | 2011002246H | 2014-6-9 | 复查换证 |
| 89 | 工业和信息化部电子第五研究所华东分所［中国赛宝（华东）实验室］ | 2011003223H | 2014-6-7 | 首次认证 |
| 90 | 伊犁出入境检验检疫局综合技术服务中心综合实验室 | 2011008342Z | 2014-6-9 | 复查换证 |
| 91 | 机械工业表面覆盖层产品质量监督检测中心 | 2011000862A | 2014-6-14 | 复查换证 |
| 92 | 化学工业危险化学品分类鉴定中心（上海化工研究院检测中心） | 2011002694B | 2014-6-9 | 复查换证 |

续表

| 序号 | 资质认定获证名称 | 证书编号 | 有效日期 | 评审类型 |
|---|---|---|---|---|
| 93 | 唐山出入境检验检疫局综合实验室 | 2011002844Z | 2014-6-9 | 复查换证 |
| 94 | 慈溪出入境检验检疫局食化实验室 | 2011008318Z | 2014-6-9 | 复查换证 |
| 95 | 北京科大分析检验中心有限公司 | 2011003002K | 2014-6-9 | 复查换证 |
| 96 | 机械工业仪用互感器及低压电器产品质量检测中心 | 2011000347A | 2014-6-16 | 复查换证 |
| 97 | 山西出入境检验检疫局检验检疫技术中心 | 2011008010Z | 2014-6-26 | 复查换证 |
| 98 | 宁德出入境检验检疫局检验检疫技术中心 | 2011008323Z | 2014-6-19 | 复查换证 |
| 99 | 广东国际旅行卫生保健中心实验室 | 2011008355Z | 2014-6-9 | 复查换证 |
| 100 | 福建出入境检验检疫局检验检疫技术中心 | 2011002233Z | 2014-6-29 | 复查换证 |
| 101 | 天津出入境检验检疫局工业产品安全技术中心消费品安全实验室 | 2011008081Z | 2014-6-19 | 复查换证 |
| 102 | 河北出入境检验检疫局京唐港办事处化矿实验室 | 2011002933Z | 2014-6-19 | 复查换证 |
| 103 | 机械工业仪表材料产品质量监督检测中心 | 2011000413A | 2014-6-19 | 复查换证 |
| 104 | 天津市疾病预防控制中心 | 2011002385S | 2014-7-19 | 复查换证 |
| 105 | 机械工业中小型水力发电设备产品质量监督检测中心 | 2011000866A | 2014-7-19 | 复查换证 |
| 106 | 信息产业邮电工业产品质量监督检验中心 | 2011000911H | 2014-7-13 | 复查换证 |
| 107 | 信息产业广播电视产品质量监督检验中心 | 2011002149H | 2014-6-13 | 复查换证 |
| 108 | 华北电力科学研究院有限责任公司 | 2011002234D | 2014-7-13 | 复查换证 |
| 109 | 江苏检验检疫车辆灯具检测实验室 | 2011003226Z | 2014-6-28 | 首次认证 |
| 110 | 航天科工防御技术研究试验中心 | 2011002598W | 2014-6-9 | 复查换证 |
| 111 | 北京国际旅行卫生保健中心实验室 | 2011008330Z | 2014-6-28 | 复查换证 |
| 112 | 航天软件评测中心 | 2011002916W | 2014-8-16 | 复查换证 |
| 113 | 海南出入境检验检疫局检验检疫技术中心 | 2011008322Z | 2014-6-28 | 复查换证 |
| 114 | 信息产业北京移动通信设备质量监督检验中心 | 2011001289H | 2014-6-28 | 复查换证 |
| 115 | 信息产业图文通信设备质量监督检验中心 | 2011001068H | 2014-6-28 | 复查换证 |
| 116 | 国家食品药品监督管理局北京医疗器械质量监督检验中心 | 2011000915S | 2014-6-20 | 复查换证 |
| 117 | 浙江出入境检验检疫局丝类检测中心 | 2011008325Z | 2014-6-28 | 复查换证 |
| 118 | 机械工业农业机械产品质量检测中心 | 2011001990A | 2014-6-28 | 复查换证 |
| 119 | 宁波出入境检验检疫局轻工产品检测中心 | 2011008161Z | 2014-6-28 | 复查换证 |
| 120 | 南京出入境检验检疫局化工实验室（江苏出入境检验检疫局工业产品检测中心南京化工品实验室） | 2011002944Z | 2014-6-28 | 复查换证 |
| 121 | 中国石油化工股份有限公司中原油田分公司环保监测总站 | 2011002937J | 2014-6-28 | 复查换证 |
| 122 | 石油和化学工业电气产品防爆质量监督检验中心 | 2011000629B | 2014-6-28 | 复查换证 |
| 123 | 宁波出入境检验检疫局铁矿检测中心 | 2011008230Z | 2014-7-12 | 复查换证 |
| 124 | 机械工业工业过程控制系统产品质量监督检测中心 | 2011000264A | 2014-7-19 | 复查换证 |
| 125 | 杭州市城市排水监测站 | 2011001454F | 2014-7-21 | 复查换证 |
| 126 | 北京微量化学研究所分析测试中心 | 2011001456Z | 2014-8-10 | 复查换证 |
| 127 | 中国检验检疫科学研究院综合检测中心 | 2011002241Z | 2014-7-13 | 复查换证 |
| 128 | 深圳出入境检验检疫局动植物检验检疫技术中心 | 2011008317Z | 2014-7-19 | 复查换证 |
| 129 | 信息产业专用材料质量监督检验中心 | 2011000613H | 2014-7-19 | 复查换证 |
| 130 | 中国有色金属工业机电产品质量监督检验中心 | 2011000270E | 2014-7-19 | 复查换证 |
| 131 | 江苏出入境检验检疫局工业产品检测中心纺织实验室 | 2011008365Z | 2014-7-19 | 复查换证 |

续表

| 序号 | 资质认定获证名称 | 证书编号 | 有效日期 | 评审类型 |
|---|---|---|---|---|
| 132 | 张家港出入境检验检疫局检验检疫综合技术中心 | 2011008020Z | 2014-7-19 | 复查换证 |
| 133 | 中国船级社实业公司上海无损检测中心 | 2011002725P | 2014-7-19 | 复查换证 |
| 134 | 中国电力科学研究院风电并网研究和评价中心 | 2011003235K | 2014-7-31 | 首次认证 |
| 135 | 浙江省检验检疫科学技术研究院舟山分院 | 2011002714Z | 2012-11-1 | 复查换证 |
| 136 | 芜湖汽车仪表质量监督检验站 | 2011001747A | 2014-7-31 | 复查换证 |
| 137 | 中国石化集团北京燕山石油化工有限公司树脂应用研究所树脂检测实验室 | 2011002222J | 2014-7-19 | 复查换证 |
| 138 | 国家人口计生委药具质量监测中心 | 2011001764Z | 2014-8-4 | 复查换证 |
| 139 | 广东出入境检验检疫局检验检疫技术中心食品实验室 | 2011008164Z | 2014-7-13 | 复查换证 |
| 140 | 浙江出入境检验检疫局羽毛绒检测实验室 | 2011002252Z | 2014-8-7 | 复查换证 |
| 141 | 东山出入境检验检疫局综合技术服务中心 | 2011008350Z | 2014-9-27 | 复查换证 |
| 142 | 阿拉山口出入境检验检疫局综合技术服务中心 | 2011002931Z | 2014-8-10 | 复查换证 |
| 143 | 国家钢铁材料测试中心 / 钢铁研究总院分析测试研究所 | 2011000584E | 2014-8-24 | 复查换证 |
| 144 | 广东省计量科学研究院 | 2011002938Z | 2014-11-20 | 复查换证 |
| 145 | 南京出入境检验检疫局电子电气产品实验室（江苏出入境检验检疫局机电产品检测中心南京电子电气产品实验室） | 2011002591Z | 2014-8-11 | 复查换证 |
| 146 | 广西国际旅行卫生保健中心 | 2011002662Z | 2014-8-15 | 复查换证 |
| 147 | 西藏出入境检验检疫局检验检疫技术中心 | 2011002920Z | 2012-11-1 | 复查换证 |
| 148 | 玉林出入境检验检疫局检验检疫综合实验室 | 2011002959Z | 2012-11-1 | 复查换证 |
| 149 | 宁波出入境检验检疫局检验检疫技术中心 | 2011008222Z | 2012-11-1 | 复查换证 |
| 150 | 盐城出入境检验检疫局综合检测中心 | 2011008109Z | 2012-11-1 | 复查换证 |
| 151 | 株洲出入境检验检疫局综合实验室 | 2011008043Z | 2014-7-12 | 复查换证 |
| 152 | 机械工业排灌机械产品质量检测中心（镇江） | 2011000619A | 2014-8-15 | 复查换证 |
| 153 | 腾冲出入境检验检疫局综合技术服务中心综合实验室 | 2011008250Z | 2014-8-17 | 复查换证 |
| 154 | 二连浩特出入境检验检疫局国际旅行卫生保健中心 | 2011008260Z | 2014-8-15 | 复查换证 |
| 155 | 中国船舶重工集团公司北京机电、电子产品环境与可靠性试验检测中心 | 2011002924W | 2014-8-31 | 复查换证 |
| 156 | 中国航空工业集团公司北京长城计量测试技术研究所 | 2011000216W | 2014-8-31 | 复查换证 |
| 157 | 中国航天科工集团第三研究院第三〇三研究所 | 2011002053W | 2014-11-3 | 复查换证 |
| 158 | 中航工业环境与可靠性试验与研究中心 | 2011001819W | 2014-9-25 | 复查换证 |
| 159 | 中国电子科技集团公司第二十四研究所质检中心 | 2011002235H | 2014-9-15 | 复查换证 |
| 160 | 中国石油化工股份有限公司河南油田分公司石油勘探开发研究院实验中心 | 2011001673J | 2014-10-17 | 复查换证 |
| 161 | 化学工业石油橡胶配件质量监督检验中心 | 2011000410B | 2014-11-3 | 复查换证 |
| 162 | 山东省汽车综合性能检测中心站 | 2011002962A | 2014-9-29 | 复查换证 |
| 163 | 湖南省疾病预防控制中心 | 2011002754S | 2014-8-23 | 复查换证 |
| 164 | 中国石油勘探局钻井工程技术研究院钻井液及处理剂检测站 | 2011002965J | 2014-12-1 | 复查换证 |
| 165 | 国家信息技术安全研究中心信息安全特种技术检测实验室 | 2011003258H | 2014-11-10 | 首次认证 |
| 166 | 江苏出入境检验检疫局纺织工业产品检测中心 | 2011008363Z | 2014-9-27 | 复查换证 |
| 167 | 信息产业无线通信产品质量监督检验中心 | 2011001080H | 2014-8-31 | 复查换证 |
| 168 | 苏州信息产品检测中心 | 2011003262Z | 2014-11-3 | 首次认证 |
| 169 | 青海国际旅行卫生保健中心实验室 | 2011002734Z | 2014-9-27 | 复查换证 |

续表

| 序号 | 资质认定获证名称 | 证书编号 | 有效日期 | 评审类型 |
|---|---|---|---|---|
| 170 | 黑龙江出入境检验检疫局检验检疫技术中心漠河石油检测实验室 | 2011003244Z | 2014-9-25 | 首次认证 |
| 171 | 辽宁出入境检验检疫局检验检疫处理实验室 | 2011002929Z | 2014-10-17 | 复查换证 |
| 172 | 上海国际旅行卫生保健中心实验室 | 2011002264Z | 2014-10-17 | 复查换证 |
| 173 | 化学工业农药安全评价质量监督检验中心 | 2011001686B | 2014-10-17 | 复查换证 |
| 174 | 中国疾病预防控制中心地方病控制中心氟砷检测中心 | 2011003251S | 2014-10-17 | 首次认证 |
| 175 | 机械工业通用零部件产品质量监督检测中心 | 2011001753A | 2014-10-12 | 复查换证 |
| 176 | 国家质量监督检验检疫总局危险品中心实验室 | 2011002219Z | 2014-11-3 | 复查换证 |
| 177 | 中国农业科学院农业资源与农业区划研究所土壤肥料测试中心 | 2011002142V | 2014-11-27 | 复查换证 |
| 178 | 湖北省疾病预防控制中心 | 2011002984S | 2014-11-16 | 复查换证 |
| 179 | 莱州出入境检验检疫局综合实验室 | 2011002986Z | 2014-11-3 | 复查换证 |
| 180 | 连云港出入境检验检疫局动植物实验室 | 2011008202Z | 2014-11-3 | 复查换证 |
| 181 | 内蒙古出入境检验检疫局检验检疫技术中心 | 2011008193Z | 2014-11-16 | 复查换证 |
| 182 | 国家安全生产检测技术中心 /<br>中国安全生产科学研究院安全生产检测技术中心 | 2011001613L | 2014-11-27 | 复查换证 |
| 183 | 浙江省检验检疫科学技术研究院（浙江出入境检验检疫局检验检疫技术中心、浙江立德产品技术有限公司） | 2011002411Z | 2014-11-8 | 复查换证 |
| 184 | 宁波出入境检验检疫局电气安全检测中心 / 浙江中认检测技术服务有限公司 | 2011008333Z | 2014-11-8 | 复查换证 |
| 185 | 石油和化学工业橡胶及再生产品质量监督检验中心 | 2011000237B | 2014-12-21 | 复查换证 |
| 186 | 中国定远汽车试验场 | 2011001470A | 2014-10-30 | 复查换证 |
| 187 | 青海省疾病预防控制中心 | 2011002985S | 2014-11-27 | 复查换证 |
| 188 | 广东出入境检验检疫局检验检疫技术中心卫生检疫实验室 | 2011002970Z | 2014-11-16 | 复查换证 |
| 189 | 湖州出入境检验检疫局综合技术服务中心<br>（浙江省检验检疫科学技术研究院湖州分院） | 2011002272Z | 2014-11-16 | 复查换证 |
| 190 | 中国商业联合会产（商）品质量监督检测中心（重庆） | 2011001614Z | 2014-11-3 | 复查换证 |
| 191 | 国家轻工业电光源产品质量监督检测宝鸡站 | 2011000883C | 2014-11-27 | 复查换证 |
| 192 | 西藏国际旅行卫生保健中心 | 2011008187Z | 2014-11-13 | 复查换证 |
| 193 | 南通出入境检验检疫局检验检疫综合技术中心 | 2011008243Z | 2014-12-7 | 复查换证 |
| 194 | 首都医科大学食品药品安全评价中心 | 2011002558S | 2014-11-16 | 复查换证 |
| 195 | 秦皇岛国际旅行卫生保健中心综合实验室 | 2011003267S | 2014-11-27 | 首次认证 |
| 196 | 汕头出入境检验检疫局检验检疫技术中心植物检疫实验室 | 2011003265Z | 2014-11-27 | 首次认证 |
| 197 | 辽宁出入境检验检疫局机电产品检测中心 | 2011002490Z | 2014-11-27 | 复查换证 |
| 198 | 中国石油集团安全环保技术研究院 HSE 检测中心 /<br>中国石油天然气集团公司环境监测总站 | 2011001049J | 2014-10-17 | 复查换证 |
| 199 | 中国有色金属工业重金属加工材质检站 | 2011000177E | 2014-12-1 | 复查换证 |
| 200 | 航空标准件检测中心 | 2011002840W | 2014-11-3 | 复查换证 |
| 201 | 中国有色金属工业硬质合金质检站 | 2011000282E | 2014-12-1 | 复查换证 |
| 202 | 丽水国际旅行卫生保健中心综合实验室 | 2011002993Z | 2014-12-18 | 复查换证 |
| 203 | 中国地质科学院矿产综合利用研究所分析测试中心 | 2011000841F | 2014-12-7 | 复查换证 |
| 204 | 浙江省检验检疫科学技术研究院绍兴分院 / 绍兴纺织品检测中心 | 2011002251Z | 2014-12-18 | 复查换证 |
| 205 | 江苏出入境检验检疫局机动车辆及零部件检测实验室 | 2011003275Z | 2014-12-18 | 首次认证 |
| 206 | 天津市环境监测中心 | 2011001117U | 2014-11-30 | 复查换证 |

续表

| 序号 | 资质认定获证名称 | 证书编号 | 有效日期 | 评审类型 |
|---|---|---|---|---|
| 207 | 陕西国际旅行卫生保健中心医学实验室 | 2011002818Z | 2014-12-18 | 复查换证 |
| 208 | 国家广播电影电视总局广播电视信息安全测评中心 | 2011002268Z | 2014-12-19 | 复查换证 |
| 209 | 中国家用电器检测所 | 2011002656Z | 2014-12-1 | 复查换证 |
| 210 | 国家轻工业家用电器质量监督检测中心 | 2011003004C | 2014-12-1 | 复查换证 |
| 211 | 中国民用航空局民用航空医学中心 | 2011003276S | 2014-12-30 | 首次认证 |
| 212 | 国家药物及代谢产物分析研究中心 | 2011001667E | 2014-12-21 | 复查换证 |
| 213 | 惠州出入境检验检疫局检验检疫综合技术中心 | 2011008077Z | 2014-12-21 | 复查换证 |
| 214 | 湖南出入境检验检疫局烟花爆竹检测中心 | 2011008212Z | 2014-12-25 | 复查换证 |
| 215 | 机械工业耕作机械质量检测中心 | 2011000748A | 2014-12-29 | 复查换证 |
| 216 | 四川中检技术检测有限责任公司 | 2011003269Z | 2013-12-14 | 首次认证 |
| 217 | 北京中认检测技术服务有限公司 | 2011003270Z | 2013-12-14 | 首次认证 |
| 218 | 海南省产品质量监督检验所 | （2011）国认监验字（31）号 | 2014-1-25 | 复查换证 |
| 219 | 新疆维吾尔自治区产品质量监督检验研究院 | （2011）国认监验字（14）号 | 2014-5-9 | 复查换证 |
| 220 | 广州市质量监督检测研究院 | （2011）国认监验字（02）号 | 2014-7-3 | 复查换证 |
| 221 | 哈尔滨市产品质量监督检验院 | （2011）国认监验字（23）号 | 2014-8-21 | 复查换证 |
| 222 | 山西省产品质量监督检验所 | （2011）国认监验字（32）号 | 2014-7-20 | 复查换证 |
| 223 | 湖北省产品质量监督检验研究院 | （2011）国认监验字（39）号 | 2014-11-21 | 复查换证 |
| 224 | 吉林省纤维检验处 | （2011）国认监纤验字（25）号<br>2011002232Z | 2014-3-14 | 复查换证 |
| 225 | 四川省纤维检验局 | （2011）国认监纤验字（24）号<br>2011002177Z | 2014-7-3 | 复查换证 |
| 226 | 江西省纤维检验局 | （2011）国认监纤验字（26）号<br>2011002240Z | 2014-8-1 | 复查换证 |
| 227 | 国家镁质耐火材料质量监督检验中心 | （2010）国认监认字（450）号<br>2011003184Z | 2014-1-3 | 首次认证 |
| 228 | 国家不锈钢制品质量监督检验中心 | （2011）国认监认字（451）号<br>2011003204Z | 2014-3-6 | 首次认证 |
| 229 | 国家纳米产品质量监督检验中心 | （2011）国认监认字（358）号<br>2011002902Z | 2014-3-6 | 复查换证 |
| 230 | 国家稀土产品质量监督检验中心 | （2011）国认监认字（359）号<br>2011002900Z | 2014-3-6 | 复查换证 |
| 231 | 国家热带农产品质量监督检验中心 | （2011）国认监认字（258）号<br>2011002382Z | 2014-1-25 | 复查换证 |
| 232 | 国家油气田井口设备质量监督检验中心 | （2011）国认监认字（117）号<br>2011000507Z | 2014-3-6 | 复查换证 |
| 233 | 国家工业建构筑物质量安全监督检验中心 | （2011）国认监认字（452）号<br>2011003205Z | 2014-3-14 | 首次认证 |
| 234 | 国家消防电子产品质量监督检验中心 | （2011）国认监认字（001）号<br>2011000170Z | 2014-4-5 | 复查换证 |
| 235 | 国家钢丝绳产品质量监督检验中心 | （2011）国认监认字（458）号<br>2011003215Z | 2014-4-21 | 首次认证 |
| 236 | 国家海洋仪器设备产品质量监督检验中心 | （2011）国认监认字（360）号<br>2011002910Z | 2014-4-5 | 复查换证 |
| 237 | 国家燃气表质量监督检验中心 | （2011）国认监认字（355）号<br>2011002891Z | 2014-3-14 | 复查换证 |
| 238 | 国家医疗器械质量监督检验中心 | （2011）国认监认字（094）号<br>2011000255Z | 2014-4-24 | 复查换证 |
| 239 | 国家通讯终端产品质量监督检验中心 | （2011）国认监认字（453）号<br>2011003206Z | 2014-3-13 | 首次认证 |
| 240 | 国家家具质量监督检验中心（沈阳） | （2011）国认监认字（457）号<br>2011003214Z | 2014-4-21 | 首次认证 |

续表

| 序号 | 资质认定获证名称 | 证书编号 | 有效日期 | 评审类型 |
|---|---|---|---|---|
| 241 | 国家石油石化产品质量监督检验中心（新疆） | （2011）国认监认字（241）号 2011002174Z | 2014-5-9 | 复查换证 |
| 242 | 国家农副产品质量监督检验中心（新疆） | （2011）国认监认字（248）号 2011002310Z | 2014-5-9 | 复查换证 |
| 243 | 国家医用X射线机质量监督检验中心 | （2011）国认监认字（034）号 2011000124Z | 2014-4-24 | 复查换证 |
| 244 | 国家机动车配件产品质量监督检验中心 | （2011）国认监认字（456）号 2011003209Z | 2014-4-6 | 首次认证 |
| 245 | 国家气动产品质量监督检验中心 | （2011）国认监认字（459）号 2011003213Z | 2014-5-3 | 首次认证 |
| 246 | 国家压力管道元件质量监督检验中心 | （2011）国认监认字（455）号 2011003210Z | 2014-3-27 | 首次认证 |
| 247 | 国家桥门式起重机械产品质量监督检验中心 | （2011）国认监认字（454）号 2011003207Z | 2014-3-17 | 首次认证 |
| 248 | 国家建筑城建机械质量监督检验中心 | （2011）国认监认字（105）号 2011000461Z | 2014-4-24 | 复查换证 |
| 249 | 国家量仪产品质量监督检验中心 | （2011）国认监认字（371）号 2011002972Z | 2014-4-24 | 复查换证 |
| 250 | 国家消防装备质量监督检验中心 | （2011）国认监认字（022）号 2011000372Z | 2014-5-31 | 复查换证 |
| 251 | 国家起重冶金及防爆电机质量监督检验中心 | （2011）国认监认字（148）号 2011000788Z | 2014-5-9 | 复查换证 |
| 252 | 国家气体产品质量监督检验中心 | （2011）国认监认字（191）号 2011001060Z | 2014-7-6 | 复查换证 |
| 253 | 国家计量器具产品质量监督检验中心 | （2011）国认监认字（362）号 2011002919Z | 2014-7-6 | 复查换证 |
| 254 | 国家加工食品质量监督检验中心（广州） | （2011）国认监认字（270）号 2011002462Z | 2014-5-31 | 复查换证 |
| 255 | 国家包装产品质量监督检验中心（广州） | （2011）国认监认字（147）号 2011000752Z | 2014-5-31 | 复查换证 |
| 256 | 国家化妆品质量监督检验中心（广州） | （2011）国认监认字（403）号 2011003065Z | 2014-5-31 | 复查换证 |
| 257 | 国家皮革制品质量监督检验中心（广州） | （2011）国认监认字（462）号 2011003232Z | 2011-4-8 | 首次认证 |
| 258 | 国家仪器仪表元器件质量监督检验中心 | （2011）国认监认字（086）号 2011000359Z | 2014-5-9 | 复查换证 |
| 259 | 国家电线电缆质量监督检验中心（江苏） | （2011）国认监认字（460）号 2011003212Z | 2014-5-9 | 首次认证 |
| 260 | 国家矿山机械质量监督检验中心 | （2011）国认监认字（157）号 2011000821Z | 2014-5-31 | 复查换证 |
| 261 | 国家橡胶轮胎质量监督检验中心 | （2011）国认监认字（005）号 2011000181Z | 2014-7-3 | 复查换证 |
| 262 | 国家焊接材料质量监督检验中心 | （2011）国认监认字（149）号 2011000794Z | 2014-6-6 | 复查换证 |
| 263 | 国家环境试验设备质量监督检验中心 | （2011）国认监认字（003）号 2011000266Z | 2014-6-19 | 复查换证 |
| 264 | 国家通用电子元器件质量监督检验中心 | （2011）国认监认字（004）号 2011000103Z | 2014-6-19 | 复查换证 |
| 265 | 国家建筑节能产品质量监督检验中心 | （2011）国认监认字（463）号 2011003229Z | 2014-7-3 | 首次认证 |
| 266 | 国家微电机质量监督检验中心 | （2011）国认监认字（092）号 2011000385Z | 2014-7-3 | 复查换证 |
| 267 | 国家化肥质量监督检验中心（上海） | （2011）国认监认字（028）号 2011000250Z | 2014-6-19 | 复查换证 |
| 268 | 国家化学品及制品安全质量监督检验中心 | （2011）国认监认字（429）号 2011003136Z | 2014-6-19 | 复查换证 |

续表

| 序号 | 资质认定获证名称 | 证书编号 | 有效日期 | 评审类型 |
|---|---|---|---|---|
| 269 | 国家水泥质量监督检验中心 | （2011）国认监认字（013）号<br>2011000106Z | 2014-6-19 | 复查换证 |
| 270 | 国家电梯质量监督检验中心 | （2011）国认监认字（134）号<br>2011000708Z | 2014-6-19 | 复查换证 |
| 271 | 国家建筑装修材料质量安全监督检验中心 | （2011）国认监认字（300）号<br>2011002691Z | 2014-10-30 | 复查换证 |
| 272 | 国家羽绒制品质量监督检验中心（成都） | （2011）国认监认字（384）号<br>2011003025Z | 2014-7-3 | 复查换证 |
| 273 | 国家黄酒产品质量监督检验中心 | （2011）国认监认字（294）号<br>2011002612Z | 2014-8-22 | 复查换证 |
| 274 | 国家肉类食品质量监督检验中心 | （2010）国认监认字（082）号<br>2010001297Z | 2013-5-4 | 复查换证 |
| 275 | 国家电控配电设备质量监督检验中心 | （2011）国认监认字（089）号<br>2011000361Z | 2014-7-20 | 复查换证 |
| 276 | 国家广播电视产品质量监督检测中心 | （2011）国认监认字（007）号<br>2011000178Z | 2014-6-6 | 复查换证 |
| 277 | 国家普洱茶产品质量监督检验中心 | （2011）国认监认字（464）号<br>2011003228Z | 2014-7-3 | 首次认证 |
| 278 | 国家拖拉机质量监督检验中心（北京） | （2011）国认监认字（017）号<br>2011001711Z | 2014-7-3 | 复查换证 |
| 279 | 国家农林副产品质量监督检验中心 | （2011）国认监认字（249）号<br>2011002301Z | 2014-7-20 | 复查换证 |
| 280 | 国家节能保温材料产品质量监督检验中心 | （2011）国认监认字（368）号<br>2011002952Z | 2014-7-20 | 复查换证 |
| 281 | 国家自行车电动自行车质量监督检验中心 | （2009）国认监认字（031）号<br>2009003027Z | 2012-3-30 | 证书变更 |
| 282 | 国家安全防范报警系统产品质量监督检验中心（上海） | （2011）国认监认字（275）号<br>2011002464Z | 2014-7-14 | 复查换证 |
| 283 | 国家电话机质量监督检验中心 | （2011）国认监认字（155）号<br>2011000819Z | 2014-7-6 | 复查换证 |
| 284 | 国家非金属矿制品质量监督检验中心 | （2011）国认监认字（159）号<br>2011000118Z | 2014-8-21 | 复查换证 |
| 285 | 国家海洋食品质量监督检验中心 | （2011）国认监认字（364）号<br>2011002918Z | 2014-7-3 | 复查换证 |
| 286 | 国家海水及苦咸水利用产品质量监督检验中心 | （2011）国认监认字（365）号<br>2011002947Z | 2014-7-20 | 复查换证 |
| 287 | 国家热工流量仪表质量监督检验中心（重庆） | （2011）国认监认字（353）号<br>2011002904Z | 2014-7-6 | 复查换证 |
| 288 | 国家陶瓷与耐火材料产品质量监督检验中心 | （2011）国认监认字（370）号<br>2011002957Z | 2014-7-14 | 复查换证 |
| 289 | 国家有色冶金机电产品质量监督检验中心 | （2011）国认监认字（141）号<br>2011001787Z | 2014-7-20 | 复查换证 |
| 290 | 国家机械产品安全质量监督检验中心 | （2011）国认监认字（465）号<br>2011003233Z | 2014-8-1 | 首次认证 |
| 291 | 国家食品安全风险评估与质量监督检验中心 | （2011）国认监认字（466）号<br>2011003234Z | 2014-8-1 | 首次认证 |
| 292 | 国家果酒及果蔬饮品质量监督检验中心 | （2011）国认监认字（317）号<br>2011002772Z | 2014-8-1 | 复查换证 |
| 293 | 国家石油机械产品质量监督检验中心 | （2011）国认监认字（467）号<br>2011003236Z | 2014-8-1 | 首次认证 |
| 294 | 国家矿用支护产品质量监督检验中心 | （2011）国认监认字（380）号<br>2011002995Z | 2014-8-22 | 复查换证 |
| 295 | 国家信息技术设备质量监督检验中心 | （2011）国认监认字（396）号<br>2011003051Z | 2014-8-21 | 复查换证 |
| 296 | 国家半导体光源产品质量监督检验中心（广东） | （2011）国认监认字（468）号<br>2011003239Z | 2014-8-21 | 首次认证 |

续表

| 序号 | 资质认定获证名称 | 证书编号 | 有效日期 | 评审类型 |
|---|---|---|---|---|
| 297 | 国家纸制品质量监督检验中心 | （2011）国认监认字（397）号 2011003048Z | 2014-8-21 | 复查换证 |
| 298 | 国家烟花爆竹产品质量监督检验中心 | （2011）国认监认字（461）号 2011003230Z | 2014-5-22 | 首次认证 |
| 299 | 国家煤及煤化工产品质量监督检验中心 | （2011）国认监认字（242）号 2011002188Z | 2014-8-22 | 复查换证 |
| 300 | 国家钢铁产品质量监督检验中心 | （2011）国认监认字（102）号 2011000418Z | 2014-8-22 | 复查换证 |
| 301 | 国家石油化工产品质量监督检验中心（大庆） | （2011）国认监认字（474）号 2011003254Z | 2014-10-30 | 首次认证 |
| 302 | 国家不锈钢制品质量监督检验中心（广东） | （2011）国认监认字（477）号 2011003256Z | 2014-11-7 | 首次认证 |
| 303 | 国家气瓶阀门质量监督检验中心 | （2011）国认监认字（341）号 2011002852Z | 2014-9-29 | 复查换证 |
| 304 | 国家室内环境与室内环保产品质量监督检验中心 | （2011）国认监认字（367）号 2011002953Z | 2014-9-29 | 复查换证 |
| 305 | 国家无线电产品质量监督检验中心 | （2009）国认监认字（228）号 2009001855Z | 2012-6-29 | 证书变更 |
| 306 | 国家松脂林化产品质量监督检验中心（广西） | （2011）国认监认字（470）号 2011003246Z | 2014-9-29 | 首次认证 |
| 307 | 国家机械电子产品环境与可靠性质量监督检验中心 | （2011）国认监认字（469）号 2011003245Z | 2014-9-29 | 首次认证 |
| 308 | 国家金融设备及零配件质量监督检验中心 | （2011）国认监认字（471）号 2011003247Z | 2014-9-29 | 首次认证 |
| 309 | 国家新能源机动车产品质量监督检验中心 | （2011）国认监认字（472）号 2011003248Z | 2014-9-29 | 首次认证 |
| 310 | 国家农业灌排设备质量监督检验中心 | （2011）国认监认字（315）号 2011002745Z | 2014-9-29 | 复查换证 |
| 311 | 国家饲料质量监督检验中心（北京） | （2011）国认监认字（046）号 2011000999Z | 2014-9-29 | 复查换证 |
| 312 | 国家日用小商品质量监督检验中心 | （2011）国认监认字（373）号 2011002975Z | 2014-9-29 | 复查换证 |
| 313 | 国家眼镜产品质量监督检验中心 | （2011）国认监认字（302）号 2011002660Z | 2014-10-12 | 复查换证 |
| 314 | 国家标准件产品质量监督检验中心（北京） | （2011）国认监认字（475）号 2011003259Z | 2014-11-3 | 首次认证 |
| 315 | 国家康复器械质量监督检验中心 | （2011）国认监认字（226）号 2011001843Z | 2014-10-30 | 复查换证 |
| 316 | 国家涂料质量监督检验中心 | （2011）国认监认字（054）号 2011000442Z | 2014-10-30 | 复查换证 |
| 317 | 国家石材产品质量监督检验中心（广东） | （2011）国认监认字（473）号 2011003242Z | 2014-9-29 | 首次认证 |
| 318 | 国家防火建筑材料质量监督检验中心 | （2011）国认监认字（043）号 2011000425Z | 2014-10-30 | 复查换证 |
| 319 | 国家洗漱用品质量监督检验中心 | （2011）国认监认字（383）号 2011003011Z | 2014-11-21 | 复查换证 |
| 320 | 国家化肥质量监督检验中心（北京） | （2011）国认监认字（011）号 2011000280Z | 2014-12-4 | 复查换证 |
| 321 | 国家煤炭质量监督检验中心 | （2011）国认监认字（010）号 2011000120Z | 2014-10-30 | 复查换证 |
| 322 | 国家橡胶及橡胶制品质量监督检验中心（广西） | （2011）国认监认字（480）号 2011003268Z | 2014-12-4 | 首次认证 |
| 323 | 国家电力器材产品安全性能质量监督检验中心 | （2011）国认监认字（476）号 2011003255Z | 2014-11-2 | 首次认证 |
| 324 | 国家石材质量监督检验中心 | （2011）国认监认字（377）号 2011002983Z | 2014-12-26 | 复查换证 |

续表

| 序号 | 资质认定获证名称 | 证书编号 | 有效日期 | 评审类型 |
|---|---|---|---|---|
| 325 | 国家工程机械质量监督检验中心 | (2011)国认监认字(020)号 2011000971Z | 2014-11-21 | 复查换证 |
| 326 | 国家节能建筑材料质量监督检验中心(湖北) | (2011)国认监认字(479)号 2011003264Z | 2014-11-21 | 首次认证 |
| 327 | 国家太阳能热水器产品质量监督检验中心(武汉) | (2011)国认监认字(245)号 2011002239Z | 2014-11-21 | 复查换证 |
| 328 | 国家硅材料深加工产品质量监督检验中心 | (2011)国认监认字(481)号 2011003266Z | 2014-12-7 | 首次认证 |
| 329 | 国家炭黑质量监督检验中心 | (2011)国认监认字(158)号 2011000220Z | 2014-12-4 | 复查换证 |
| 330 | 国家固定灭火系统和耐火构件质量监督检验中心 | (2011)国认监认字(062)号 2011000465Z | 2014-12-7 | 复查换证 |
| 331 | 国家金属制品质量监督检验中心 | (2011)国认监认字(152)号 2011000335Z | 2014-12-7 | 复查换证 |
| 332 | 国家眼镜玻璃搪瓷制品质量监督检验中心 | (2011)国认监认字(019)号 2011000267Z | 2014-12-15 | 复查换证 |
| 333 | 国家茧丝质量监督检验中心 | (2011)国认监认字(376)号 2011002981Z | 2014-12-7 | 复查换证 |
| 334 | 国家条码质量监督检验中心 | (2011)国认监认字(225)号 2011001759Z | 2014-12-26 | 复查换证 |
| 335 | 国家射频识别产品质量监督检验中心 | (2011)国认监认字(375)号 2011002980Z | 2014-12-26 | 复查换证 |
| 336 | 国家玻璃纤维产品质量监督检验中心 | (2011)国认监认字(047)号 2011000188Z | 2014-12-7 | 复查换证 |
| 337 | 国家灯具质量监督检验中心(中山) | (2011)国认监认字(374)号 2011002979Z | 2014-12-15 | 复查换证 |
| 338 | 国家应用软件产品质量监督检验中心 | (2011)国认监认字(263)号 2011002416Z | 2014-12-8 | 复查换证 |
| 339 | 国家家用电器质量监督检验中心 | (2011)国认监认字(027)号 2011000145Z | 2014-12-7 | 复查换证 |
| 340 | 国家建筑钢材质量监督检验中心 | (2011)国认监认字(057)号 2011000172Z | 2014-12-26 | 复查换证 |
| 341 | 国家玻璃钢制品质量监督检验中心 | (2011)国认监认字(116)号 2011000116Z | 2014-11-21 | 复查换证 |
| 342 | 国家加油机质量监督检验中心 | (2011)国认监认字(478)号 2011003263Z | 2014-11-21 | 首次认证 |
| 343 | 国家纺织制品质量监督检验中心 | (2011)国认监认字(016)号 2011000366Z | 2014-12-26 | 复查换证 |
| 344 | 国家有机食品质量监督检验中心 | (2011)国认监认字(482)号 2011003273Z | 2014-12-26 | 首次认证 |
| 345 | 国家植保机械质量监督检验中心 | (2011)国认监认字(105)号 2011000138Z | 2014-12-30 | 复查换证 |
| 346 | 国家气体流量仪表质量监督检验中心 | (2011)国认监认字(484)号 2011003277Z | 2014-12-27 | 首次认证 |
| 347 | 内蒙古自治区水环境监测中心 | 2010001465F | 2013-12-21 | 复查换证 |
| 348 | 湖北省水环境监测中心 | 2010001637F | 2013-12-9 | 复查换证 |
| 349 | 石油工业油气田射孔器材质量监督检验中心 | 2011000884J | 2014-1-3 | 复查换证 |
| 350 | 机械工业火电设备产品质量监督检测中心 | 2011000639A | 2014-1-3 | 复查换证 |
| 351 | 有色金属西北矿产地质测试中心 | 2011000723E | 2014-1-3 | 复查换证 |
| 352 | 国家兴奋剂检测研究中心/国家体育总局反兴奋剂中心 | 2010001664E | 2013-3-24 | 证书变更 |
| 353 | 中铁十二局集团建筑安装工程有限公司测试中心 | 2011001910N | 2014-1-24 | 复查换证 |
| 354 | 中国二十冶集团有限公司试验检测中心/上海鑫鼎建设工程技术有限公司 | 2011001340E | 2014-1-25 | 复查换证 |
| 355 | 农业部种猪质量监督检验测试中心(武汉) | 2011001123V | 2014-1-9 | 复查换证 |

续表

| 序号 | 资质认定获证名称 | 证书编号 | 有效日期 | 评审类型 |
|---|---|---|---|---|
| 356 | 农业部肥料质量监督检验测试中心（杭州） | 2011001669V | 2014-1-24 | 复查换证 |
| 357 | 农业部剑麻及制品质量监督检验测试中心 | 2011001546V | 2014-1-10 | 复查换证 |
| 358 | 上海宝冶集团有限公司试验检测中心 | 2011001342E | 2014-1-26 | 复查换证 |
| 359 | 宝钢工程质量监督站检测中心 | 2011001338E | 2014-1-26 | 复查换证 |
| 360 | 兰州军区联勤部药品仪器检验所 | 2011002556S | 2014-1-17 | 复查换证 |
| 361 | 新疆油田公司采油工艺研究院化学实验中心 | 2010001974J | 2013-2-10 | 证书变更 |
| 362 | 北京军区锅炉节能监测站 | 2010002896J | 2013-12-26 | 复查换证 |
| 363 | 中国石油大港油田分公司检测监督评价中心 | 2009002419J | 2012-10-22 | 证书变更 |
| 364 | 国家轻工业食品质量监督检测天津站 | 2011000488C | 2014-1-24 | 复查换证 |
| 365 | 电力工业阻滤波器及变电设备质量检验测试中心 | 2011000783D | 2014-1-25 | 复查换证 |
| 366 | 国家轻工业包装制品质量监督检测中心 | 2011000789C | 2014-2-25 | 复查换证 |
| 367 | 农业部水产种质监督检验测试中心（广州） | 2011002118V | 2014-1-25 | 复查换证 |
| 368 | 国家轻工业鞋类皮革质量监督检测青岛站 | 2011002092C | 2014-1-25 | 复查换证 |
| 369 | 农业部节水机械设备质量监督检验测试中心 | 2011002888V | 2014-1-25 | 复查换证 |
| 370 | 中铁隧道股份有限公司工程试验中心 | 2011001724N | 2014-1-25 | 复查换证 |
| 371 | 中铁八局 CA 砂浆试验室 | 2011002906N | 2014-1-24 | 复查换证 |
| 372 | 天津市辐射环境管理所 | 2011002208U | 2014-2-10 | 复查换证 |
| 373 | 大庆油田有限责任公司勘探开发研究院流体力学实验室 | 2011001684J | 2014-1-30 | 复查换证 |
| 374 | 中国石油化工集团公司沥青产品质量监督检验中心 | 2011002013J | 2014-1-30 | 复查换证 |
| 375 | 全国民用爆破器材产品长沙质量监督检测站 | 2011000271E | 2014-1-24 | 复查换证 |
| 376 | 中国石油天然气集团公司石油化工节能技术监测中心/中国石油天然气股份有限公司石化节能监测中心 | 2011000737J | 2014-2-10 | 复查换证 |
| 377 | 机械工业电加工机床产品质量监督检测中心 | 2011000432A | 2014-1-30 | 复查换证 |
| 378 | 辽宁省环境监测实验中心 | 2009001215U | 2012-2-4 | 证书变更 |
| 379 | 甘肃省疾病预防控制中心 | 2011002816S | 2014-2-21 | 复查换证 |
| 380 | 环境保护部华南环境科学研究所 | 2011002209U | 2014-2-14 | 复查换证 |
| 381 | 国家轻工业香料化妆品洗涤用品质量监督检测广州站 | 2011000759C | 2014-2-15 | 复查换证 |
| 382 | 江汉油田分公司勘探开发研究院石油地质测试中心 | 2011001737J | 2014-2-21 | 复查换证 |
| 383 | 国家轻工业食品酿酒质量监督检测天津站 | 2011001606C | 2014-1-24 | 复查换证 |
| 384 | 国家建筑材料工业建材机械产品质量监督检验测试中心 | 2011001005M | 2014-1-18 | 复查换证 |
| 385 | 中铁二十局集团第四工程有限公司检测实验中心/青岛铁信力源工程检测有限公司 | 2011002191N | 2014-2-16 | 复查换证 |
| 386 | 大庆油田有限责任公司勘探开发研究院中心化验室 | 2011001685J | 2014-2-21 | 复查换证 |
| 387 | 中铁一局集团有限公司工程检测试验中心 | 2011000753N | 2014-2-23 | 复查换证 |
| 388 | 中国商业联合会金属材料质量监督检验测试中心（天津） | 2011001539C | 2014-2-27 | 复查换证 |
| 389 | 国家轻工业自来水笔圆珠笔质量监督检测中心 | 2011000457C | 2014-2-22 | 复查换证 |
| 390 | 江汉油田特种设备检验检测站 | 2011002958J | 2014-2-22 | 复查换证 |
| 391 | 中国石油天然气股份有限公司吐哈油田分公司勘探开发研究院试验中心 | 2011001729J | 2014-2-22 | 复查换证 |
| 392 | 中国商业联合会纺织服装质量监督检验测试中心（天津） | 2011001266C | 2014-2-24 | 复查换证 |
| 393 | 中国商业联合会针棉织商品质量监督检验测试中心（天津） | 2011000903C | 2014-2-24 | 复查换证 |
| 394 | 农业部植物抗病虫性及农药质量监督检验测试中心（北京） | 2010002857V | 2013-10-25 | 证书变更 |

续表

| 序号 | 资质认定获证名称 | 证书编号 | 有效日期 | 评审类型 |
|---|---|---|---|---|
| 395 | 国土资源部长沙矿产资源监督检测中心（湖南省矿产测试利用研究所） | 2010000466G | 2013-12-27 | 复查换证 |
| 396 | 广播通信铁塔及桅杆产品检测中心 | 2011002167Z | 2014-3-1 | 复查换证 |
| 397 | 中国灌溉排水发展中心水机现场检测站 / 山西泵站现场测试中心 | 2011001623F | 2014-2-24 | 复查换证 |
| 398 | 沈阳军区联勤部药品仪器检验所 | 2011002557S | 2014-3-2 | 复查换证 |
| 399 | 中铁丰桥桥梁有限公司工程试验检测中心 | 2011002923N | 2014-3-1 | 复查换证 |
| 400 | 中国物流与采购联合会翻修轮胎及橡胶制品质量监督检验测试中心（桂林） | 2011000232C | 2014-2-21 | 复查换证 |
| 401 | 国家城市供水水质监测网成都监测站 | 2011000989F | 2014-3-2 | 复查换证 |
| 402 | 电力系统电磁兼容和电磁环境研究与监测中心 | 2011002039D | 2014-3-10 | 复查换证 |
| 403 | 电力工业贵州发电用煤质量监督检验中心 | 2011001395D | 2014-3-7 | 复查换证 |
| 404 | 国家建筑材料工业放射性及有害物质监督检验测试中心 | 2011000733M | 2014-3-29 | 复查换证 |
| 405 | 国家冶金工业钢材无损检测中心 | 2011000514E | 2014-3-13 | 复查换证 |
| 406 | 国家城市供水水质监测网长沙监测站 | 2011001713F | 2014-3-13 | 复查换证 |
| 407 | 厦门市城市排水监测站 | 2011001696F | 2014-3-22 | 复查换证 |
| 408 | 国家城市供水水质监测网珠海监测站 | 2011002227F | 2014-4-9 | 复查换证 |
| 409 | 中国石油天然气集团公司管道节能监测中心 | 2011000428J | 2014-3-15 | 复查换证 |
| 410 | 上海市辐射环境监督站 | 2011001779U | 2014-3-24 | 复查换证 |
| 411 | 农业部蔬菜种子质量监督检验测试中心 | 2011001659V | 2014-3-22 | 复查换证 |
| 412 | 农业部渔业环境及水产品质量监督检验测试中心 | 2011002253V | 2014-3-22 | 复查换证 |
| 413 | 农业部农药残留质量监督检验测试中心（广州） | 2011002173V | 2014-3-22 | 复查换证 |
| 414 | 吉林大学测试科学实验中心 | 2011001464K | 2014-3-21 | 复查换证 |
| 415 | 东华大学纺织检测中心 | 2011002106K | 2014-2-22 | 复查换证 |
| 416 | 陕西省环境监测中心站 | 2011001278U | 2014-3-24 | 复查换证 |
| 417 | 国家轻工业乐器质量监督检测中心 | 2011000225C | 2014-3-21 | 复查换证 |
| 418 | 中国水利水电第十六工程局有限公司中心实验室 | 2011001469D | 2014-3-23 | 复查换证 |
| 419 | 国家轻工业鞋类皮革毛皮制品质量监督检测成都站 | 2011001869C | 2014-3-30 | 复查换证 |
| 420 | 国家环境保护农药环境评价与污染控制重点实验室 | 2011001937U | 2014-3-23 | 复查换证 |
| 421 | 中铁港航局集团第三工程有限公司工程试验检测公司 | 2009000167N | 2012-12-27 | 证书变更 |
| 422 | 中国电力工程顾问集团华北电力设计院工程有限公司检测中心 / 北京国岩华北技术检测有限公司 | 2009002044D | 2012-6-15 | 证书变更 |
| 423 | 中铁港航局集团有限公司工程检测中心 / 中铁港航局集团（广州）工程检测中心有限公司 | 2009001172N | 2012-10-18 | 证书变更 |
| 424 | 中国科学院沈阳应用生态研究所农产品安全与环境质量检测中心 | 2011000875K | 2014-4-13 | 复查换证 |
| 425 | 松辽流域水资源保护局松辽流域水环境监测中心 | 2009001088F | 2012-4-15 | 证书变更 |
| 426 | 中铁三局集团有限公司工程检测中心 | 2011000080N | 2014-3-30 | 复查换证 |
| 427 | 电力工业电力设备及仪表质量检验测试中心 | 2011000674D | 2014-3-30 | 复查换证 |
| 428 | 机械工业电影机械与电化教育设备产品质量监督检测中心 | 2011000786A | 2014-4-14 | 复查换证 |
| 429 | 农业部转基因植物环境安全监督检验测试中心（武汉） | 2011002941V | 2014-4-17 | 复查换证 |
| 430 | 农业部农产品质量监督检验测试中心（沈阳） | 2011001731V | 2014-4-17 | 复查换证 |
| 431 | 农业部茶叶质量监督检验测试中心 | 2011000550V | 2014-4-17 | 复查换证 |
| 432 | 国家运动营养测试研究中心 | 2010003166S | 2013-9-15 | 证书变更 |

续表

| 序号 | 资质认定获证名称 | 证书编号 | 有效日期 | 评审类型 |
|---|---|---|---|---|
| 433 | 农业部渔业环境及水产品质量监督检验测试中心（武汉） | 2011002135V | 2014-4-21 | 复查换证 |
| 434 | 农业部转基因植物环境安全监督检验测试中心（上海） | 2011002927V | 2014-4-21 | 复查换证 |
| 435 | 电力工业热力发电设备及材料质量检验测试中心 | 2011000676D | 2014-4-21 | 复查换证 |
| 436 | 电力工业通信设备质量检验测试中心 | 2011002345D | 2014-4-1 | 复查换证 |
| 437 | 国家电网公司自动化设备电磁兼容实验室 | 2011002116D | 2014-4-1 | 复查换证 |
| 438 | 国网电力科学研究院实验验证中心 | 2011002130D | 2014-4-1 | 复查换证 |
| 439 | 电力工业电力系统自动化设备质量检验测试中心 | 2011000672D | 2014-4-1 | 复查换证 |
| 440 | 广东省环境辐射监测中心 | 2011001778U | 2014-4-27 | 复查换证 |
| 441 | 中铁二十二局集团第四工程有限公司中心试验室 | 2011000293N | 2014-4-27 | 复查换证 |
| 442 | 水利部牧区水利科学研究所实验中心 | 2011001488F | 2014-4-23 | 复查换证 |
| 443 | 电力工业电气设备质量检验测试中心 | 2011000711D | 2014-4-23 | 复查换证 |
| 444 | 农业部转基因生物产品成分监督检验测试中心（重庆） | 2011002911V | 2014-4-23 | 复查换证 |
| 445 | 农业部谷物品质监督检验测试中心 | 2011001191V | 2014-4-23 | 复查换证 |
| 446 | 电力工业电力及通信混凝土电杆质量检验测试中心 | 2011000843D | 2014-4-24 | 复查换证 |
| 447 | 国家海洋局北海环境监测中心（中国海监北海区检验鉴定中心） | 2011000927F | 2014-5-11 | 复查换证 |
| 448 | 国家海洋局南海环境监测中心（中国海监南海区检验鉴定中心） | 2011000928F | 2014-5-16 | 复查换证 |
| 449 | 东华大学分析测试中心 | 2011002925K | 2014-4-21 | 复查换证 |
| 450 | 南海西部石油职业卫生技术服务中心 /<br>湛江市南海西部石油职业卫生技术服务中心 | 2011002928J | 2014-5-12 | 复查换证 |
| 451 | 国家海洋局南海工程勘察中心 | 2011002205F | 2014-5-20 | 复查换证 |
| 452 | 中铁十六局集团第四工程有限公司计量测试中心 | 2011000162N | 2014-5-20 | 复查换证 |
| 453 | 国家海洋局天津海洋环境监测中心站 | 2011002204F | 2014-5-22 | 复查换证 |
| 454 | 国家海洋环境监测中心 | 2011000925F | 2014-5-22 | 复查换证 |
| 455 | 哈尔滨铁路局哈尔滨电力试验所 | 2011000611N | 2014-5-12 | 复查换证 |
| 456 | 中国铁路机车车辆工业总公司大连理化检测中心 | 2011000325N | 2014-5-12 | 复查换证 |
| 457 | 中铁九局集团工程检测试验有限公司 | 2011002942N | 2014-5-20 | 复查换证 |
| 458 | 铁路工业节能监测中心 | 2011000736N | 2014-5-23 | 复查换证 |
| 459 | 江南大学分析测试中心 | 2011002129K | 2014-5-5 | 复查换证 |
| 460 | 国土资源部岩溶地质资源环境监督检测中心（中国地质科学院岩溶地质研究所） | 2011003220G | 2014-5-11 | 首次认证 |
| 461 | 农业部农产品质量监督检验测试中心（乌鲁木齐） | 2011001709V | 2014-5-29 | 复查换证 |
| 462 | 农业部牛冷冻精液质量监督检验测试中心（南京） | 2011001188V | 2014-5-5 | 复查换证 |
| 463 | 农业部棉花质量监督检验测试中心（乌鲁木齐） | 2011002960V | 2014-5-29 | 复查换证 |
| 464 | 农业部肉及肉制品质量监督检验测试中心 | 2011001710V | 2014-5-25 | 复查换证 |
| 465 | 中国铁路通信信号股份有限公司沈阳通信信号试验站 | 2011000324N | 2014-5-22 | 复查换证 |
| 466 | 华中科技大学分析测试中心 | 2011002939K | 2014-5-9 | 复查换证 |
| 467 | 农业部烟草产业产品质量监督检验测试中心 | 2011002157V | 2014-5-23 | 复查换证 |
| 468 | 大庆油田化学剂及水处理质量检验中心 | 2011002213J | 2014-5-19 | 复查换证 |
| 469 | 农业部食品质量监督检验测试中心（上海） | 2011001213V | 2014-5-25 | 复查换证 |
| 470 | 农业部农业机械质量监督检验测试中心 / 农业部农业机械试验鉴定总站 | 2011001811V | 2014-5-25 | 复查换证 |
| 471 | 农业部肥料质量监督检验测试中心（广州） | 2011002224V | 2014-5-25 | 复查换证 |

续表

| 序号 | 资质认定获证名称 | 证书编号 | 有效日期 | 评审类型 |
|---|---|---|---|---|
| 472 | 国土资源部银川矿产资源监督检测中心 | 2011003221G | 2014-5-24 | 复查换证 |
| 473 | 国土资源部武汉资源环境监督检测中心 | 2011002798G | 2014-5-30 | 复查换证 |
| 474 | 中国商业联合会钟表眼镜商品质量监督检验测试中心（北京） | 2011000912C | 2014-6-2 | 复查换证 |
| 475 | 新闻出版总署出版产品质量监督检测中心 | 2011002912Z | 2014-6-2 | 复查换证 |
| 476 | 中铁二十三局集团第六工程有限公司中心试验室 | 2011002950N | 2014-6-13 | 复查换证 |
| 477 | 国家轻工业纸张质量监督检测广州站 | 2011000407C | 2014-6-9 | 复查换证 |
| 478 | 太湖流域水环境监测中心 | 2011001648F | 2014-6-9 | 复查换证 |
| 479 | 石油工业油田化学剂质量监督检验中心 | 2011001768J | 2014-6-6 | 复查换证 |
| 480 | 中铁十六局集团第一工程有限公司计量测试中心 | 2011001783N | 2014-6-14 | 复查换证 |
| 481 | 云浮出入境检验检疫局综合技术服务中心 | 2011003275Z | 2014-6-17 | 首次认证 |
| 482 | 国家海洋局闽东海洋环境监测中心站（福建省闽东海洋环境监测中心） | 2011002195F | 2014-6-9 | 复查换证 |
| 483 | 国家海洋局大连海洋环境监测中心站 | 2011002203F | 2014-6-19 | 复查换证 |
| 484 | 国家海洋局秦皇岛海洋环境监测中心站（河北省海洋环境监测中心） | 2011002199F | 2014-6-16 | 复查换证 |
| 485 | 国家轻工业烟花爆竹安全质量监督检测中心 | 2011000281C | 2014-6-21 | 复查换证 |
| 486 | 中国有色金属工业建设工程质量检测中心 | 2011000800E | 2014-6-9 | 复查换证 |
| 487 | 机械工业高原电器产品质量监督检测中心 | 2011002192A | 2014-6-25 | 复查换证 |
| 488 | 农业部转基因植物环境安全监督检验测试中心（杭州） | 2011002955V | 2014-6-25 | 复查换证 |
| 489 | 农业部绳索网具产品质量监督检验测试中心 | 2011001182V | 2014-6-25 | 复查换证 |
| 490 | 中国中铁航空港建设集团有限公司试验检测中心 | 2009000326N | 2012-7-13 | 证书变更 |
| 491 | 机械工业高低压电器产品质量检测中心（天水） | 2009002368A | 2012-12-21 | 证书变更 |
| 492 | 宁波市海洋环境监测中心 | 2011002216F | 2014-6-25 | 复查换证 |
| 493 | 国家海洋局寿光海洋环境监测站（寿光市海洋环境监测站） | 2011002954F | 2014-6-25 | 复查换证 |
| 494 | 国家海洋局宁波海洋环境监测中心站 | 2011002217F | 2014-6-25 | 复查换证 |
| 495 | 国家海洋局东海环境监测中心 | 2011000926F | 2014-7-6 | 复查换证 |
| 496 | 青海省水环境监测中心 | 2011001650F | 2014-7-6 | 复查换证 |
| 497 | 辽宁远东船用产品质量检验中心 | 2011001691P | 2014-7-8 | 复查换证 |
| 498 | 国家海洋局厦门海洋环境监测中心站 | 2011002196F | 2014-7-6 | 复查换证 |
| 499 | 中国铁建重工集团有限公司中心实验室 | 2009000234N | 2012-11-13 | 证书变更 |
| 500 | 湖北省环境监测中心站 | 2011002231U | 2014-7-6 | 复查换证 |
| 501 | 宁夏回族自治区水环境监测中心 | 2011001649F | 2014-7-6 | 复查换证 |
| 502 | 国家城市供水水质监测网宁波监测站 | 2011001714F | 2014-7-6 | 复查换证 |
| 503 | 西部钻探钻井流体分析化验中心 | 2011002226J | 2014-7-6 | 复查换证 |
| 504 | 东北石油大学声发射检测与结构完整性评价实验室 | 2011001792J | 2014-7-7 | 复查换证 |
| 505 | 中航工业西北地区环境实验中心 | 2010001260W | 2013-3-30 | 证书变更 |
| 506 | 中航工业导弹院环境与可靠性实验室 | 2008002976W | 2011-9-12 | 证书变更 |
| 507 | 交通运输通信信息工程质量检测中心 | 2009002701P | 2012-7-26 | 证书变更 |
| 508 | 中国人民解放军疾病预防控制所 | 2011002913S | 2014-7-20 | 复查换证 |
| 509 | 国家海洋局海口海洋环境监测中心站 | 2011002200F | 2014-7-19 | 复查换证 |
| 510 | 华南理工大学建筑节能研究中心 | 2011002969K | 2014-8-17 | 复查换证 |

续表

| 序号 | 资质认定获证名称 | 证书编号 | 有效日期 | 评审类型 |
|---|---|---|---|---|
| 511 | 国家海洋局汕尾海洋环境监测中心站 | 2011002198F | 2014-7-14 | 复查换证 |
| 512 | 南开大学中心实验室 | 2011001358K | 2014-7-19 | 复查换证 |
| 513 | 机械工业流量仪表产品质量检测中心 | 2011000369A | 2014-7-31 | 复查换证 |
| 514 | 信息产业有线通信产品质量监督检验中心 | 2009001073H | 2012-9-24 | 证书变更 |
| 515 | 信息产业通信产品防雷性能质量监督检验中心 | 2009001946H | 2012-8-26 | 证书变更 |
| 516 | 信息产业通信电源产品质量监督检验中心 | 2009001721H | 2012-11-5 | 证书变更 |
| 517 | 信息产业通信设备抗震性能质量监督检验中心 | 2009002010H | 2012-10-15 | 证书变更 |
| 518 | 信息产业通信软件测评中心 | 2009002615H | 2012-9-7 | 证书变更 |
| 519 | 信息产业计算机产品质量监督检验中心 | 2009002762H | 2012-6-8 | 证书变更 |
| 520 | 信息产业 IC 卡质量监督检验中心 | 2009002739H | 2012-6-8 | 证书变更 |
| 521 | 信息产业印制电路板质量监督检验中心 | 2009000828H | 2012-6-8 | 证书变更 |
| 522 | 信息产业广州移动通信产品质量监督检验中心 | 2009000492H | 2012-11-25 | 证书变更 |
| 523 | 信息产业化学物理电源产品质量监督检验中心 | 2009000593H | 2012-3-5 | 证书变更 |
| 524 | 信息产业微特电机产品质量监督检验中心 | 2010000827H | 2013-5-12 | 证书变更 |
| 525 | 信息产业信息传输线质量监督检验中心 | 2010000661H | 2013-5-20 | 证书变更 |
| 526 | 信息产业华东工程软件测评中心 | 2008002107H | 2011-11-19 | 证书变更 |
| 527 | 信息产业接插件继电器质量监督检验中心 | 2009000901H | 2012-12-7 | 证书变更 |
| 528 | 信息产业微波光电产品质量监督检测中心 | 2009002009H | 2012-10-27 | 证书变更 |
| 529 | 信息产业防静电产品质量监督检验中心 | 2009001176H | 2012-9-14 | 证书变更 |
| 530 | 信息产业机房工程及设备质量监督检测中心 | 2009002729H | 2012-6-2 | 证书变更 |
| 531 | 国家计算机网络与信息安全管理中心实验室 | 2009002488H | 2012-9-29 | 证书变更 |
| 532 | 信息产业信息安全测评中心 | 2011002247H | 2014-2-23 | 证书变更 |
| 533 | 北京邮电大学电信测试实验室 | 2009001069H | 2012-11-30 | 证书变更 |
| 534 | 石家庄铁道大学岩土与结构实验中心 | 2011002964N | 2014-8-3 | 复查换证 |
| 535 | 中铁十一局集团电务工程有限公司计量测试中心 | 2011002244N | 2014-8-3 | 复查换证 |
| 536 | 中铁建电气化局集团北方工程有限公司计量测试中心 | 2011002245N | 2014-7-31 | 复查换证 |
| 537 | 乌鲁木齐铁路局电力试验所 | 2011000296N | 2014-7-31 | 复查换证 |
| 538 | 国家铁路罐车容积计量站 | 2011002290N | 2014-7-31 | 复查换证 |
| 539 | 国家轨道衡计量站 | 2011000377N | 2014-7-31 | 复查换证 |
| 540 | 国家电力公司内蒙古发电用煤质量监督检验中心 | 2011001651D | 2014-7-25 | 复查换证 |
| 541 | 深圳市海洋与渔业环境监测站（深圳市水产品质量监督检验中心） | 2011002215F | 2014-7-31 | 复查换证 |
| 542 | 国家光电测距仪检测中心 | 2011000712Z | 2014-7-31 | 复查换证 |
| 543 | 总后勤卫生部药品仪器检验所 | 2011000907S | 2014-7-31 | 复查换证 |
| 544 | 慈溪出入境检验检疫局综合技术服务中心 | 2011008318Z | 2014-6-9 | 证书变更 |
| 545 | 农业部肥料质量监督检验测试中心（济南） | 2011001730V | 2014-11-5 | 复查换证 |
| 554 | 国家海洋局北海海洋环境监测中心站 | 2011002206F | 2014-8-17 | 复查换证 |
| 555 | 农业部农业环境质量监督检验测试中心（南京） | 2011002223V | 2014-8-15 | 复查换证 |
| 556 | 国家海洋局温州海洋环境监测中心站（温州市海洋环境监测中心） | 2011002197F | 2014-8-15 | 复查换证 |
| 557 | 大庆油田产品质量监督检验所 | 2011002266J | 2014-8-7 | 复查换证 |
| 558 | 云南省水环境监测中心 | 2011001727F | 2014-8-11 | 复查换证 |

续表

| 序号 | 资质认定获证名称 | 证书编号 | 有效日期 | 评审类型 |
|---|---|---|---|---|
| 559 | 农业部烟花爆竹质量监督检验测试中心（萍乡） | 2011000356V | 2014-8-25 | 复查换证 |
| 560 | 农业部环保机械设备及船用产品质量监督检验测试中心 | 2011001697V | 2014-8-25 | 复查换证 |
| 561 | 北京铁城信诺工程检测有限公司 | 2011002571N | 2014-8-25 | 复查换证 |
| 562 | 贵州省水环境监测中心 | 2011001622F | 2014-8-23 | 复查换证 |
| 563 | 湖南省水环境监测中心 | 2011001621F | 2014-8-23 | 复查换证 |
| 564 | 中联煤层气国家工程研究中心有限责任公司基础实验中心 | 2011003238J | 2014-8-24 | 首次认证 |
| 565 | 国家海洋局珠海海洋环境监测中心站 | 2011002214F | 2014-8-21 | 复查换证 |
| 566 | 国家海洋局青岛海洋环境监测中心站（国家海洋局北海预报中心） | 2011002201F | 2014-8-21 | 复查换证 |
| 567 | 机械工业超声仪器产品质量监督检测中心 | 2011000777A | 2014-8-24 | 复查换证 |
| 568 | 机械工业环保机械产品质量监督检测中心 | 2011001477A | 2014-8-21 | 复查换证 |
| 569 | 水利部珠江水利委员会基本建设工程质量检测中心 | 2011001757F | 2014-8-23 | 复查换证 |
| 570 | 国家海洋局上海海洋环境监测中心站（国家海洋局东海预报中心） | 2011002194F | 2014-8-24 | 复查换证 |
| 571 | 武汉船舶救生设备质量检验测试中心 | 2011000755P | 2014-8-15 | 复查换证 |
| 572 | 中国科学院生态环境研究中心水质分析实验室 | 2011003240K | 2014-8-25 | 首次认证 |
| 573 | 海军工程大学海军工程技术检测中心 | 2011002963Z | 2014-9-4 | 复查换证 |
| 574 | 中国五冶集团有限公司试验检测中心 | 2009002336E | 2012-10-25 | 证书变更 |
| 575 | 建筑材料工业环境监测中心 | 2011000762M | 2014-9-15 | 复查换证 |
| 576 | 化学工业合成材料老化质量监督检验中心 | 2011001687B | 2014-9-13 | 复查换证 |
| 577 | 化工地质矿山第二十一实验室 | 2011001743B | 2014-9-11 | 复查换证 |
| 578 | 兰州铁路局机务处电力试验所 | 2011000297N | 2014-9-13 | 复查换证 |
| 579 | 沈阳铁路局锦州电力试验所 | 2011000610N | 2014-9-15 | 复查换证 |
| 580 | 清华大学环境质量检测中心 | 2011002973K | 2014-9-12 | 复查换证 |
| 581 | 农业部水产种质与渔业环境质量监督检验测试中心（青岛） | 2011002238V | 2014-8-28 | 复查换证 |
| 582 | 中国船舶工业非金属材料技术检测中心 | 2011000729W | 2014-9-15 | 复查换证 |
| 583 | 国土资源部地质钻探工具监督检测中心 | 2011003241G | 2014-9-15 | 首次认证 |
| 584 | 福建省水环境监测中心 | 2011001700F | 2014-9-15 | 复查换证 |
| 585 | 海南热带汽车试验有限公司 | 2011001438A | 2014-3-22 | 证书变更 |
| 586 | 广东南天司法鉴定所 | 2008000012I | 2012-12-31 | 证书变更 |
| 587 | 东北师范大学分析测试中心 | 2011001692K | 2014-9-13 | 复查换证 |
| 588 | 国土资源部重庆矿产资源监督检测中心 | 2011003243G | 2014-9-25 | 首次认证 |
| 589 | 中铁三局集团电务工程有限公司测试中心 | 2011002255N | 2014-9-25 | 复查换证 |
| 590 | 四川省核工业辐射测试防护院 | 2009001133W | 2012-9-24 | 证书变更 |
| 591 | 国家轻工业香料化妆品洗涤用品质量监督检测南京站 | 2011001615C | 2014-10-17 | 复查换证 |
| 592 | 中国疾病预防控制中心营养与食品安全所 | 2011001802S | 2014-9-25 | 复查换证 |
| 593 | 中国水电基础局有限公司试验中心 | 2011003249D | 2014-10-16 | 首次认证 |
| 594 | 空军工程综合试验检测中心 | 2011002978W | 2014-10-16 | 复查换证 |
| 595 | 上海潜水设备产品质量监督检验测试中心 | 2011000854P | 2014-10-13 | 复查换证 |
| 596 | 中交第一公路工程局有限公司土木技术研究院 | 2011002041P | 2014-10-17 | 复查换证 |
| 597 | 机械工业火电设备性能检测中心（哈尔滨） | 2011001670A | 2014-10-17 | 复查换证 |

续表

| 序号 | 资质认定获证名称 | 证书编号 | 有效日期 | 评审类型 |
|---|---|---|---|---|
| 598 | 长江水利委员会水文局长江口水环境监测中心 | 2011001647F | 2014-10-17 | 复查换证 |
| 599 | 四川省辐射环境管理监测中心站 | 2011002996U | 2014-10-17 | 复查换证 |
| 600 | 农业部转基因植物环境安全监督检验测试中心（济南） | 2011002988V | 2014-10-17 | 复查换证 |
| 601 | 农业部鞋类产品质量监督检验测试中心 | 2011001679V | 2014-10-17 | 复查换证 |
| 602 | 农业部果品及苗木质量监督检验测试中心（兴城） | 2011001656V | 2014-10-17 | 复查换证 |
| 603 | 农业部动物及动物产品卫生质量监督检验测试中心 | 2011001706V | 2014-10-17 | 复查换证 |
| 604 | 中国煤炭加工利用协会煤炭检验中心 | 2011003250L | 2014-10-24 | 首次认证 |
| 605 | 成都军区联勤部药品仪器检验所 | 2011002555S | 2014-10-30 | 复查换证 |
| 606 | 中山大学测试中心 | 2011000896K | 2014-12-11 | 复查换证 |
| 607 | 中铁上海工程局有限公司工程质量检测中心 | 2011000589N | 2014-10-17 | 复查换证 |
| 608 | 北京大学环境工程实验室 | 2011002982K | 2014-10-30 | 复查换证 |
| 609 | 中国科学院武汉岩土力学研究所岩土工程检测中心 | 2011001009K | 2014-11-14 | 复查换证 |
| 610 | 甘肃省水环境监测中心 | 2011001677F | 2014-11-13 | 复查换证 |
| 611 | 中国环境监测总站近岸海域环境监测中心站（浙江省舟山海洋生态环境监测站、浙江省海洋生态环境科学研究所） | 2011001472U | 2014-11-10 | 复查换证 |
| 612 | 中国人民解放军军事医学科学院消毒检测中心 | 2011001793S | 2014-11-10 | 复查换证 |
| 613 | 中铁一局集团第五工程有限公司中心试验室 | 2011000295N | 2014-11-13 | 复查换证 |
| 614 | 信息产业传感器产品质量监督检验中心 | 2011003260H | 2014-11-10 | 首次认证 |
| 615 | 河南省环境监测中心 | 2009001531U | 2012-7-21 | 证书变更 |
| 616 | 农业部农产品质量安全监督检验测试中心（武汉） | 2011002967V | 2014-11-3 | 复查换证 |
| 617 | 中铁五局集团第六工程有限责任公司中心试验室 | 2011001164N | 2014-11-6 | 复查换证 |
| 618 | 中国铁建电气化局集团有限公司工程检测中心 | 2009002354N | 2012-8-16 | 证书变更 |
| 619 | 中铁上海工程局市政工程有限公司试验检测中心 | 2009001151N | 2012-11-26 | 证书变更 |
| 620 | 广州威凯检测技术有限公司 / 广州威凯检测技术研究院 | 2011002171A | 2014-2-17 | 证书变更 |
| 621 | 中国疾病预防控制中心环境与健康相关产品安全所 | 2011000919S | 2014-11-24 | 复查换证 |
| 622 | 机械工业减变速机及环保机械产品质量监督检测中心 | 2011000954A | 2014-11-20 | 复查换证 |
| 623 | 机械工业畜牧机械产品质量监督检测中心 | 2011000697A | 2014-11-19 | 复查换证 |
| 624 | 国家轻工业电池质量监督检测长沙站 | 2011000603C | 2014-12-5 | 复查换证 |
| 625 | 农业部转基因生物产品成分监督检验测试中心（太原） | 2011002989V | 2014-11-27 | 复查换证 |
| 626 | 农业部转基因植物环境安全监督检验测试中心（北京） | 2011002999V | 2014-12-1 | 复查换证 |
| 627 | 农业部转基因植物用微生物环境安全监督检验测试中心（北京） | 2011002998V | 2014-12-1 | 复查换证 |
| 628 | 农业部转基因生物生态环境安全监督检验测试中心（天津） | 2011003000V | 2014-12-1 | 复查换证 |
| 629 | 农业部转基因植物环境安全监督检验测试中心（长春） | 2011002987V | 2014-11-28 | 复查换证 |
| 630 | 农业部马铃薯机械质量监督检验测试中心（银川） | 2011002168V | 2014-11-28 | 复查换证 |
| 631 | 农业部牧草与草坪草种子质量监督检验测试中心（乌鲁木齐） | 2011001711V | 2014-11-27 | 复查换证 |
| 632 | 中铁四局集团第一工程有限公司质量检测中心 | 2011001804N | 2014-12-7 | 复查换证 |
| 633 | 电力工业江西发电用煤质量监督检验中心 | 2011001728D | 2014-12-1 | 复查换证 |
| 634 | 河南石油勘探局压力容器检验所 | 2011002681J | 2014-12-7 | 复查换证 |
| 635 | 中国石油天然气股份有限公司油田节能监测中心 / 中国石油天然气集团公司东北油田节能监测中心 | 2009002320J | 2012-2-11 | 证书变更 |

续表

| 序号 | 资质认定获证名称 | 证书编号 | 有效日期 | 评审类型 |
|---|---|---|---|---|
| 636 | 中铁建设集团有限公司中心试验室 | 2010002114N | 2013-3-4 | 证书变更 |
| 637 | 西南交通大学结构工程试验中心 | 2011001809K | 2014-12-7 | 复查换证 |
| 638 | 云南省辐射环境监督站 | 2011002232U | 2014-12-7 | 复查换证 |
| 639 | 东北石油大学石油井架检测实验室 | 2009001159J | 2012-7-29 | 证书变更 |
| 640 | 中国科学院金属研究所金属腐蚀与防护测试部 | 2011000877K | 2014-12-11 | 复查换证 |
| 641 | 中国石油集团测井有限公司技术中心测井实验室 | 2011001814J | 2014-12-11 | 复查换证 |
| 642 | 国家轻工业包装装潢印刷制品质量监督检测上海站 | 2011000771C | 2014-12-11 | 复查换证 |
| 643 | 农业部农用动力机械及零配件质量监督检验测试中心（南京） | 2011002225V | 2014-12-11 | 复查换证 |
| 644 | 国家石油化工产品质量监督检验中心（安庆） | 2011003274Z | 2014-12-27 | 首次认证 |
| 645 | 机械工业风力机械产品质量监督检测中心 | 2011001900A | 2014-11-19 | 复查换证 |
| 646 | 河口出入境检验检疫局综合实验室 | 2011008235Z | 2014-3-7 | 复查换证 |
| 647 | 广州医学院第三附属医院法医物证司法鉴定所 | 2011003261X | 2014-11-8 | 首次认证 |
| 648 | 湖南省天衡司法鉴定所 | 2011003196X | 2014-2-20 | 首次认证 |
| 649 | 山东金剑司法鉴定中心 | 2011003208X | 2014-3-30 | 首次认证 |
| 650 | 济南迪恩法医司法鉴定所 | 2011003253X | 2014-10-30 | 首次认证 |
| 651 | 重庆法医验伤所 | 2011003222X | 2014-6-14 | 首次认证 |
| 652 | 河南诚信法医临床司法鉴定所 | 2011003202X | 2014-3-2 | 首次认证 |

附件 2:

## 2011 年通过国家认监委资质认定的检查机构名单

| 序号 | 资质认定获证名称 | 证书编号 | 有效日期 | 评审类型 |
|---|---|---|---|---|
| 1 | 河北省产品质量监督检验院 | 2011000008I | 2014-3-23 | 复查换证 |
| 2 | 北京市建设工程质量第六检测所有限公司 | 2011000009I | 2014-3-23 | 复查换证 |
| 3 | 广州市建筑科学研究院有限公司检查鉴定中心 | 2011000010I | 2014-4-6 | 复查换证 |
| 4 | 上海电气器具检验测试所 | 2011000004I | 2014-9-22 | 复查换证 |
| 5 | 深圳市建筑科学研究院有限公司 | 2011000014I | 2014-12-7 | 复查换证 |
| 6 | 山东安康医院精神疾病司法鉴定所 | 2011000036I | 2014-3-2 | 首次认证 |
| 7 | 河南科技大学司法鉴定中心 | 2011000034I | 2014-3-2 | 首次认证 |
| 8 | 南京东南司法鉴定中心 | 2011000032I | 2014-2-13 | 首次认证 |
| 9 | 苏州大学司法鉴定所 | 2011000037I | 2014-3-2 | 首次认证 |
| 10 | 复旦大学上海医学院司法鉴定中心 | 2010000018I | 2013-4-5 | 证书变更 |
| 11 | 重庆市正鼎司法鉴定所 | 2011000038I | 2014-5-15 | 首次认证 |
| 12 | 四川西南司法鉴定中心 | 2011000041I | 2014-7-13 | 首次认证 |
| 13 | 北京华夏物证鉴定中心 | 2011000044I | 2014-9-19 | 复查换证 |
| 14 | 潍坊青州法医司法鉴定所 | 2011000042I | 2014-8-10 | 首次认证 |
| 15 | 华东政法大学司法鉴定中心 | 2011000040I | 2014-6-28 | 首次认证 |
| 16 | 重庆法医验伤所 | 2011000039I | 2014-6-14 | 首次认证 |
| 17 | 天津市天通司法鉴定中心 | 2011000043I | 2014-8-18 | 首次认证 |
| 18 | 温州医学院司法鉴定中心 | 2011000046I | 2014-11-2 | 首次认证 |
| 19 | 南通市第三人民医院司法鉴定所 | 2011000047I | 2014-11-8 | 首次认证 |

附件 3：

## 2011 年通过国家认监委资质认定的食品检验机构名单

| 序号 | 资质认定获证名称 | 证书编号 | 有效日期 | 评审类型 |
|---|---|---|---|---|
| 1 | 中国检验检疫科学研究院综合检测中心 | F2011000001 | 2014-7-13 | 首次认证 |
| 2 | 广东出入境检验检疫局检验检疫技术中心食品实验室 | F2011000006 | 2014-7-13 | 首次认证 |
| 3 | 辽宁出入境检验检疫局检验检疫技术中心 | F2011000039 | 2014-11-27 | 首次认证 |
| 4 | 中国商业联合会食品质量监督检测中心（北京） | F2011000012 | 2014-9-15 | 首次认证 |
| 5 | 北京出入境检验检疫局检验检疫技术中心 | F2011000003 | 2014-10-17 | 首次认证 |
| 6 | 江苏省疾病预防控制中心 | F2011000011 | 2014-11-8 | 首次认证 |
| 7 | 梧州出入境检验检疫局检验检疫综合实验室 | F2011000021 | 2014-11-8 | 首次认证 |
| 8 | 湖北省疾病预防控制中心 | F2011000031 | 2014-11-20 | 首次认证 |
| 9 | 莱州出入境检验检疫局综合实验室 | F2011000016 | 2014-11-3 | 首次认证 |
| 10 | 连云港出入境检验检疫局动植物实验室 | F2011000020 | 2014-11-3 | 首次认证 |
| 11 | 内蒙古出入境检验检疫局检验检疫技术中心 | F2011000032 | 2014-11-20 | 首次认证 |
| 12 | 北仑出入境检验检疫局综合测试实验室 | F2011000019 | 2014-11-3 | 首次认证 |
| 13 | 国家轻工业食品质量监督检测南京站 | F2011000013 | 2014-10-19 | 首次认证 |
| 14 | 中国疾病预防控制中心营养与食品安全所 | F2011000002 | 2014-9-25 | 首次认证 |
| 15 | 国家轻工业食品质量监督检测广州站 | F2011000014 | 2014-10-17 | 首次认证 |
| 16 | 农业部动物及动物产品卫生质量监督检验测试中心 | F2011000017 | 2014-10-17 | 首次认证 |
| 17 | 浙江省检验检疫科学技术研究院（浙江出入境检验检疫局检验检疫技术中心、浙江立德产品技术有限公司） | F2011000022 | 2014-11-8 | 首次认证 |
| 18 | 广东省疾病预防控制中心 | F2011000040 | 2014-12-7 | 首次认证 |
| 19 | 四川省疾病预防控制中心 | F2011000037 | 2014-12-7 | 首次认证 |
| 20 | 湖州出入境检验检疫局综合技术服务中心（浙江省检验检疫科学技术研究院湖州分院） | F2011000034 | 2014-11-16 | 首次认证 |
| 21 | 南通出入境检验检疫局检验检疫综合技术中心 | F2011000038 | 2014-12-7 | 首次认证 |
| 22 | 首都医科大学食品药品安全评价中心 | F2011000033 | 2014-11-20 | 首次认证 |
| 23 | 国家食品质量安全监督检验中心 | F2011000018 | 2012-7-6 | 首次认证 |
| 24 | 国家酒类及加工食品质量监督检验中心 | F2011000036 | 2013-4-1 | 首次认证 |
| 25 | 国家饮料及粮油制品质量监督检验中心 | F2011000035 | 2012-12-22 | 首次认证 |
| 26 | 农业部农产品质量安全监督检验测试中心（武汉） | F2011000030 | 2014-11-3 | 首次认证 |
| 27 | 中华全国供销合作总社济南果蔬及制品质量监督检验测试中心 | F2011000041 | 2014-12-25 | 首次认证 |

# 关于开展信息技术服务管理体系认证工作的公告

2012年第8号

为促进信息技术服务业发展，满足社会相关业界对信息技术服务管理体系认证的需求，国家认证认可监督管理委员会（以下简称国家认监委）决定开展信息技术服务管理体系认证工作，现将相关事项公告如下：

一、开展信息技术服务管理体系认证的范围

信息技术服务管理体系认证划分具体的业务类别，根据我国现有条件分批开展。第一批开展认证的业务类别见附件一。

二、认证依据

信息技术服务管理体系认证以国家标准GB/T 24405.1《信息技术 服务管理 第1部分：规范》为认证依据。

三、资质条件

符合下列条件的认证机构可以申请开展信息技术服务管理体系认证业务：

（一）经国家认监委批准具有信息安全管理体系或其他信息技术相关领域的认证从业资格，或者有五年以上质量管理体系认证经历且颁发信息技术类质量管理体系认证证书200张以上。

（二）在信息技术服务管理体系认证领域有10名以上专职审核员。专职审核员应符合下列条件：

1. 是认证机构的正式职员；

2. 有信息技术相关专业本科以上学历并取得相应的学位证书；或者有5年以上与信息技术相关的全职工作经历；

3. 有从事信息安全管理体系或其他信息技术相关领域认证经历，或者有2年以上信息技术类质量管理体系认证经历；

4. 取得信息技术服务管理体系认证领域国家注册审核员资格。

（三）提交申请前一年内没有违法违规行为。

（四）管理体系认证能力符合基于GB/T 27021《合格评定 管理体系审核认证机构的要求》的相关要求，且在提交申请前一个年度内的认可评审中没有严重不符合项。

（五）国家认监委规定的其他条件。

三、申请及审批程序

（一）符合条件的认证机构根据自身能力和条件选择适当的业务类别，通过《认证认可行政审批在线服务系统》提交申请。

（二）国家认监委按照法定程序对受理的申请进行审核，对符合从业条件的认证机构批准后，在国家认监委网站上公布。

（三）获批准的认证机构在一年内应符合国家标准GB/T 27308《合格评定 信息技术服务管理体系认证机构要求》。

四、工作要求

（一）国家认监委确定的认可机构应按照国家标准GB/T 27308建立相应的认可制度，并按国家认监委确定的《开展信息技术服务管理体系认证的业务类别表》划分认可范围。国家认监委确定的认证人员注册机构应按国家认监委确定的信息技术服务管理体系认证审核员条件建立相应的审核员注册制度。

（二）信息技术服务管理体系认证机构应按照《信息技术服务管理体系认证实施规则》、GB/T 27308及相应认可制度的要求建立认证管理制度，认证能力应符合GB/T 27308的要求。

（三）开展信息技术服务管理体系认证业务应遵守国家对信息安全的相关管理规定。

（四）信息技术服务管理体系认证机构应按照《信息技术服务管理体系认证实施规则》开展认证，并按照统一要求及时向国家认监委上报信息技术服务管理体系认证相关信息。

附件：1. 开展信息技术服务管理体系认证的业务类别表（第一批）

2. 信息技术服务管理体系认证实施规则

二〇一二年二月二十二日

附件 1：

## 开展信息技术服务管理体系认证的业务类别表（第一批）

| 信息技术服务管理体系认证的业务类别 | | | 信息技术服务内容 |
|---|---|---|---|
| 代码 | 类别号 | 类别名称 | |
| A | 01.01 | 信息系统咨询规划 | 信息系统咨询、规划服务 |
| C | 01.03 | 信息系统软件设计开发 | 软件设计、开发服务 |
| D | 01.04 | 信息技术咨询 | 硬件或软件使用的咨询及培训服务 |
| G | 03.01 | 信息系统测试 | 检验信息系统是否与要求相吻合的测试服务 |
| H | 03.02 | 软件产品测试 | 检验软件产品是否与要求相吻合的测试服务 |
| I | 03.03 | 信息系统工程监理 | 对信息系统工程实施监理的服务 |
| J | 03.04 | 软件工程监理 | 对软件开发实施监理的服务 |
| L | 04.01 | 基础设施运行维护 | 机房电力、空调、消防、安防、网络等设施的运维服务 |
| M | 04.02 | 硬件运行维护 | 计算机及其外部设备、网络设备、音视频设备、自动化控制设备及其他采用信息技术控制的硬件及设备的状态监控、故障处理、性能优化等相关维护服务 |
| N | 04.03 | 软件运行维护 | 基础软件和应用软件的安装、升级、故障处理、病毒防护等维护服务 |
| U | 06.01 | 电子商务支持 | 电子商务活动的支持和管理服务 |
| V | 06.02 | 软件运营 | 通过网络提供软件功能的服务 |
| W | 06.03 | 数据处理 | 图片、文字、影像、语音等信息内容运用数字化技术进行加工处理、运用的服务 |
| X | 06.04 | 呼叫中心 / 服务台 | 呼叫中心服务 |

附件 2：

## 信息技术服务管理体系认证实施规则

### 1 适用范围

本规则用于规范认证机构在中国境内开展信息技术服务管理体系认证活动。

### 2 认证依据

信息技术服务管理体系认证以国家标准 GB/T 24405.1《信息技术 服务管理 第 1 部分：规范》为认证依据，并按照国家认监委确定的《开展信息技术服务管理体系认证的业务类别表》划分认证类别。

### 3 认证程序

3.1 认证申请

3.1.1 认证机构应向申请认证的社会组织（以下称申请组织）至少公开以下信息：

（1）认证范围；

（2）认证工作程序；

（3）认证依据；

（4）证书有效期；

（5）认证收费标准。

3.1.2 认证机构应要求申请组织的授权代表至少提供以下必要的信息：

（1）法人资格证明（工商营业执照、事业单位法人证书或社会团体法人登记证书）；

（2）取得相关法规规定的行政许可文件（适用时）；

（3）从事的业务活动符合中华人民共和国相关法律、法规、信息技术服务标准和有关规范的要求；

（4）对信息技术服务管理体系认证范围涉及的业务活动的描述，包括利用信息技术为内部或外部顾客的业务过程提供支持的说明；

（5）已按认证依据和相关要求建立和实施了文件化的信息技术服务管理体系；

（6）体系有效运行 3 个月以上，并且已完成内部审核和管理评审。

3.1.3 上述必要信息应使认证机构能够确定：

（1）申请组织的行业类别和服务要求；

（2）申请认证的范围；

（3）申请组织的一般特征，包括其名称、物理场所的地址、利用信息技术为内部或外部顾客的业务过程提供支持的说明、过程和运作的重要方面以及任何相关的法律义务；

（4）申请组织与申请认证的领域相关的一般信息，包括其活动，人力与技术资源，以及适用时，其在一个较大实体中的职能和关系；

(5) 申请组织采用的所有影响符合性的外包过程的信息；

(6) 接受与信息技术服务管理体系有关的咨询的情况。

3.2 申请评审

认证机构应根据认证依据、程序等要求，及时对申请组织提交的申请文件和资料进行评审并保存评审记录，以确保：

(1) 识别申请组织的行业类别和与之相应的信息技术服务提供过程的特性和服务要求；

(2) 掌握国家对相应行业的信息技术服务管理体系认证的管理要求；

(3) 申请组织及其管理体系的信息充分，可以进行审核；

(4) 认证要求已有明确说明并形成文件，且已提供给申请组织；

(5) 解决了认证机构与申请组织之间任何已知的理解差异；

(6) 认证机构有能力并能够实施认证活动；

(7) 考虑了申请的认证范围、申请组织的运作场所、完成审核需要的时间和任何其他影响认证活动的因素；保持了决定实施审核的理由的记录。

3.3 现场审核的准备

3.3.1 确定审核组

3.3.1.1 认证审核人员必须取得信息技术服务管理体系认证注册资格。

3.3.1.2 审核组应由取得信息技术服务管理体系认证注册资格的审核员组成，其中至少有一名专职审核员。必要时可以补充技术专家以增强审核组的技术能力。

3.3.1.3 具有信息技术服务、信息技术服务法规等方面的特定知识的技术专家可以成为审核组成员。技术专家应在审核员的监督下进行工作，可就受审核方管理体系中技术充分性事宜为审核员提供建议，但技术专家不能作为审核员。

3.4 初次认证审核

3.4.1 初次认证审核分第一阶段和第二阶段进行。第一阶段与第二阶段现场审核间隔应不少于 5 个工作日且不多于 60 个工作日。

3.4.2 第一阶段审核应在申请组织的现场进行，审核内容包括：

(1)审核申请组织的信息技术服务管理体系文件；

(2)评价申请组织的运作场所和现场的具体情况，并与申请组织的人员进行讨论，以确定第二阶段审核的准备情况；

(3) 审查申请组织理解和实施信息技术服务管理体系标准要求的情况；

(4) 审查申请组织是否系统而充分地识别与所提供的服务相关的法律法规和其他要求及其遵守情况；

(5) 审查第二阶段审核所需资源的配置情况，并与申请组织商定第二阶段审核的细节；

(6) 结合申请组织信息技术服务管理体系方针和目标，了解其审核准备状态，为策划第二阶段的审核提供重点；

(7) 评价申请组织是否策划和实施了内部审核与管理评审，以及信息技术服务管理体系的实施程度能否证明其已为第二阶段审核做好准备。

3.4.3 认证机构应将第一阶段审核发现形成文件并告知申请组织，包括识别任何引起关注的、在第二阶段审核中可能被判定为不符合的问题。

3.4.4 第二阶段审核

第二阶段审核应在具备实施认证审核的条件下在申请组织的场所进行。如果第一阶段审核提出影响实施第二阶段审核的问题，这些问题应在第二阶段审核前得到解决。第二阶段审核的目的是通过在申请组织的现场进行系统、完整地审核，评价申请组织的信息技术服务管理体系是否满足所有适用的认证依据的要求，并判断是否推荐认证注册。应重点关注申请组织是否充分识别了信息技术服务管理过程的重要性，并证实与申请组织的信息技术服务活动是相适应的。

认证机构应要求申请组织证实其对信息技术服务管理过程的分析和组织运作实施了适当的控制措施，应包括：

(1) 服务交付过程（服务级别管理，服务报告，服务连续性和可用性管理，信息技术服务的预算和核算，能力管理，信息安全管理）；

(2) 关系过程（业务关系管理，供方管理）；

(3) 处理过程（事件管理，问题管理）；

(4) 控制过程（配置管理，变更管理）；

(5) 发布过程（发布管理）。

3.4.5 信息技术服务管理体系文件与其他管理体系文件的整合只要信息技术服务管理体系以及与其他管理体系的适当接口能够清楚地被识别，可以允许申请组织将信息技术服务管理体系文件与其他管理体系文件（例如，质量管理体系、环境管理体系，职业健康安全管理体系等）相结合。

3.4.6 管理体系结合审核

3.4.6.1 认证机构可以仅提供信息技术服务管理体系认证服务，或结合信息技术服务管理体系认证提供其他管理体系认证服务。认证机构应有程序确保在结合审核的情形下，对诸如审核范围的界定、审核时间的确定、审核方案的策划等进行有效的管理。

3.4.6.2 可以把信息技术服务管理体系的审核和其他管理体系的审核相结合，但是这种结合必须以审核活动满足信息技术服务管理体系认证所有要求为前提，并且审核的质量不应由于结合审核而受到负面影响。在审核报告中，应清晰体现所有与信息技术服务管理体系有关的重要要素的描述并易于识别。

3.4.7 初次认证的审核结论

审核组应该对第一阶段和第二阶段审核中收集的所有信息和证据进行汇总分析，评价审核发现并就审核结论达成一致。

3.5 认证决定

3.5.1 原则

3.5.1.1 参加审核的人员不能再作为认证决定人员实施认证决定。

3.5.1.2 应该以认证过程中收集的信息和其他相关信息为基础，以充分的证据证实申请组织建立信息技术服务管理体系的管理评审和内部审核的方案已经得到有效实施并且将得到保持，才可决定申请组织通过认证。

3.5.2 决定

3.5.2.1 对于通过认证的申请组织，向其颁发信息技术服务管理体系认证证书。

3.5.1.2 对于未通过认证的申请组织，应以书面的形式明示其不能通过认证的原因。

3.6 监督审核

3.6.1 监督频次

认证机构应在满足认可要求的基础上，根据获证组织信息技术服务管理体系覆盖的业务活动的特点以及所承担的风险，合理设计和确定监督审核的时间间隔和频次。当获证组织信息技术服务管理体系发生重大变更，或发生重大问题、服务质量事故、客户投诉等情况时，认证机构视情况可增加监督的频次。监督审核的最长时间间隔不超过 12 个月。由于获证组织业务运作的时间（季节）特点及其内部审核安排等原因，可以合理选取和安排监督周期及时机，在认证证书有效期内的监督审核必须覆盖信息技术服务管理体系认证范围内的所有业务活动。

3.6.2 监督审核应包括，但不限于以下内容：

（1）体系保持和变化情况；

（2）顾客投诉情况；

（3）涉及变更的范围；

（4）内部审核与管理评审；

（5）服务目录的变化情况；

（6）对上次审核时提出的不符合所采取纠正措施的审查；

（7）标志的使用和（或）任何其他对认证资格的引用；

（8）适当时，其他选定的范围。

3.6.3 监督审核结果评价

对于监督审核合格的获证组织，认证机构应作出保持其信息技术服务管理体系认证资格的决定；否则，应暂停、撤销或注销相应的认证资格。

3.7 再认证

认证证书有效期满前，认证机构根据获证组织的申请对获证组织实施再认证，以保证信息技术服务管理体系认证证书持续有效。

3.7.1 再认证审核的策划

3.7.1.1 认证机构应策划和实施再认证审核，以评价获证组织是否持续满足信息技术服务管理体系标准和相关的认证规范性文件的所有要求。

3.7.1.2 再认证审核应考虑信息技术服务管理体系在认证周期内的绩效，包括调阅以前的监督审核报告。

3.7.1.3 当获证组织、获证组织的信息技术服务管理体系或其运作环境有重大变更时，认证机构应有程序确保对再认证审核活动可能需要进行的第一阶段审核实施管理。

3.7.1.4 对于多场所认证或依据多个管理体系标准进行的认证，再认证审核的策划应确保现场审核具有足够的覆盖范围，以提供对信息技术服务管理体系认证的信任。

3.7.2 再认证程序应与信息技术服务管理体系认证审核的要求和指南保持一致。

3.7.3 认证机构应根据再认证审核的结果，以及认证周期内的体系评价结果和认证使用方的投诉，作出是否更新认证的决定。

3.8 特殊审核

3.8.1 扩大认证范围

对于已授予的认证，认证机构应对获证组织扩大认证范围的申请进行评审，策划并实施必要的审核活动，并在该审核活动中验证获证组织的信息技术服务管理体系的适宜性和有效性，以作出是否可予扩大的决定。扩大认证范围的审核活动可单独进行，也可和对获证组织的监督审核或再认证一起进行。

3.8.2 认证机构为调查投诉、对变更做出回应或对被暂停认证资格的获证组织进

行追踪，可能需要在提前较短时间通知获证组织后对其进行审核。此时：

应向获证组织说明并使其提前了解将在何种条件

下进行此类审核；

由于获证组织缺乏对审核组成员的任命表示反对的机会，认证机构应在指派审核组时给予更多的关注。

3.9 暂停、撤销认证或缩小认证范围

3.9.1 认证机构应有暂停、撤销认证或缩小信息技术服务管理体系认证范围的政策和形成文件的程序，并规定认证机构的后续措施。

3.9.2 发生以下情况（但不限于）时，认证机构应暂停获证组织的信息技术服务管理体系认证资格：

（1）获证组织的信息技术服务管理体系持续地或严重地不满足认证要求，包括对信息技术服务管理体系有效性的要求；

（2）获证组织不允许按要求的频次实施监督或再认证审核；

（3）获证组织不接受或不配合认证认可监督管理部门的监督管理；

（4）获证组织主动请求暂停。

3.9.3 认证资格暂停期最长不超过 6 个月。

3.9.4 在暂停认证期间，获证组织的信息技术服务管理体系认证证书暂时无效。认证机构应做出具有强制实施力的安排，以确保暂停认证期间避免获证组织继续宣传信息技术服务管理体系认证资格。认证机构应使认证证书的暂停信息可公开获取，并采取其认为适当的任何其他措施。

3.9.5 如果获证组织未能在认证机构规定的时限内解决造成暂停认证的问题，认证机构应撤销其信息技术服务管理体系认证或缩小其相应的认证范围。

3.9.6 如果获证组织在认证范围的某些部分持续地或严重地不满足认证要求，认证机构应缩小其信息技术服务管理体系认证范围，以排除不满足要求的部分。认证范围的缩小应与认证标准的要求一致。

3.9.7 认证机构应与获证组织就撤销信息技术服务管理体系认证时的要求做出具有强制实施力的安排，以确保获证组织接到撤销认证的通知时，立即停止使用任何引用信息技术服务管理体系认证资格的广告材料。

3.9.8 在任何组织提出请求时，认证机构应正确说明获证组织的信息技术服务管理体系认证被暂停、撤销或缩小的情况。

**4 认证证书**

4.1 证书内容

认证证书内容应以中文书写，至少包括以下方面：

（1）认证证书名称，即信息技术服务管理体系认证证书；

（2）符合本规则 4.2 项规定的证书编号；

（3）获证组织名称、注册地址、受审核地址和邮政编码；

（4）符合本规则 2 项的认证依据；

（5）通过认证的服务类别；

（6）颁证日期、换证日期以及证书有效期的起止年月日。如颁证日期：2002 年 5 月 1 日，有效期：2002 年 5 月 1 日至 2005 年 4 月 30 日；

（7）认证机构的名称及其标志；

（8）认证机构的印章和法定代表人代表或其授权人的签字；

（9）认可标识及认可注册号（应为国家认监委确定的认可机构的标识，以申请认可为目的发出的证书可没有此内容）；

4.1.1 如果认证所覆盖产品（或服务的类别及其所涉及的过程和覆盖的场所较多，需在证书附件上加以注明。

4.2 证书编号

4.2.1 对同一个组织实施的同一个信息技术服务管理体系认证，赋予一个认证证书编号。

4.2.2 证书编号由认证机构批准号、获证年份号、信息技术服务管理体系的英文缩写、顺序号、认证属性、服务类别和子证书号构成，格式如下页图示所示。

4.2.3 同一个组织的认证范围覆盖多个场所并需要颁发子证书时,在子认证证书编号后加上“–”和序号,如 –1（–2，–3，…）。

4.2.4 有效期内换发证书，认证证书编号中的机构注册号、年份号、顺序号和认证的有效期保持不变，应注明换证日期。

4.2.5 再认证完成后换发证书，按 4.2.2 规定重新赋予认证证书编号，第一次再认证为“R1”，第二次再认证为“R2”，依此类推。

4.2.6 撤销证书后，原认证证书编号废止，不再它用。

4.2.7 认证证书上的认证机构名称应与相应的认证机构批准书上的名称一致。

4.3 对获证组织正确宣传认证结果的控制认证机构应采取授权使用标识的方式来要求获证组织在认证结果的宣传和使用中采用本规则确定的认证依据，同时注明通过认证的服务类别和认证证书编号。在认证证书被暂停期间或撤销后，应收回相应的授权。不应授权获证组织在产品上使用上述标识，或以表示产品合格的方式使用上述标识。

**5 对获证组织的信息通报要求及响应**

5.1 为确保获证组织的信息技术服务管理体系持续有效，认证机构应要求获证组织建立信息通报制度，及时向认证机构通报以下信息：

（1）业务、地点、组织机构变化等情况的信息（及时通报）；

（2）顾客投诉的相关信息（每三个月通报一次）；

（3）组织的体系文件、服务目录信息的变化；

（4）有严重信息技术服务事故的信息（及时通报）；

（5）其他重要信息（视情况）。

5.2 认证机构应对上述信息以及收集到的相关公共信息进行分析，视情况采取相应措施，包括增加监督审核频次在内的措施和暂停或撤销认证资格的措施。在发生重大客户投诉等严重情况时，认证机构需立即采取措施。

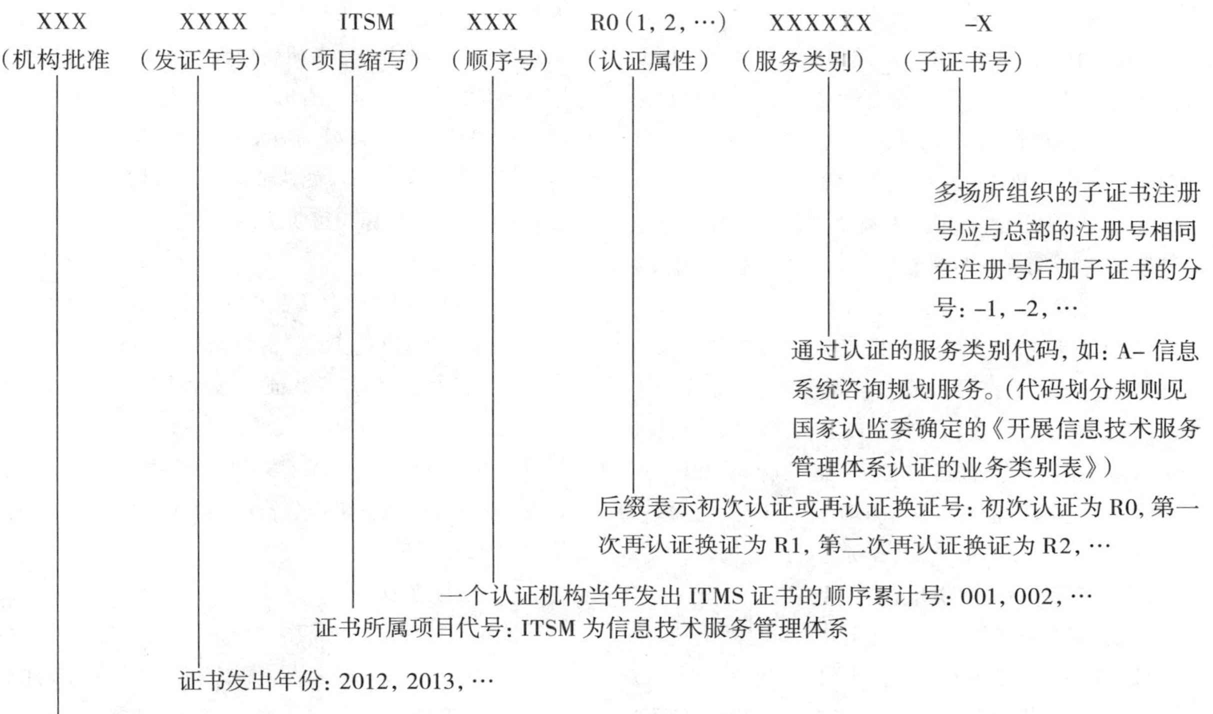


**证书编号构成示意图**

# 关于启用国家有机产品认证标志备案系统的公告

2012 年第 9 号

根据《中华人民共和国产品质量法》、《中华人民共和国认证认可条例》等法律法规规定，为进一步严格国家有机产品认证标志使用，便捷社会公众和相关监管部门对有机产品及其标志的查询、辨识，国家认监委于 2012 年 3 月 1 日正式启用国家有机产品认证标志备案管理系统(以下简称备案系统)。现将相关事宜公告如下:

一、标志使用

自 2012 年 3 月 1 日起，有机产品生产企业应在销售的有机产品或者产品的最小销售包装上，加施国家有机产品认证标志(含有机转换产品认证标志)及其唯一编号(有机码)、认证机构名称或者其标识。2012 年 3 月 1 日前，已从认证机构领取旧版有机产品认证标志或已印制带有旧版有机产品认证标志的产品包装的，应在 2012 年 7 月 1 日前使用完毕。

有机产品认证机构和生产企业应采取有效措施，保证有机产品认证标志仅在认证证书限定的产品范围、数量内使用，严禁在认证证书覆盖范围外的场所进行二次分装、加贴标识等行为。

在 2012 年 3 月 1 日后，初次获得“有机转换产品”认证证书的生产单元一年内生产的有机转换产品，只能以常规产品销售，不得使用有机转换产品认证标志及相关文字说明。

二、信息报送

各有机产品认证机构应当按照《国家有机产品认证标志备案管理系统认证机构数据报送工作指南》要求，制订本机构国家有机产品认证标志管理方案，并报国家认监委备案。

各有机产品认证机构应当在将有机产品认证标志发放给有机产品生产企业前，将有机产品认证标志发放信息传送至备案系统。各机构应建立备案信息的电子台账或相应的信息系统对有机产品认证标志的发放、使用进行有效管理，确保本机构发放的每枚认证标志能够从市场溯源到每张对应的认证证书、产品和生产企业，做到信息可追溯、标识可防伪、数量可控制。

三、公众查询

消费者可在“中国食品农产品认证信息系统”(food.cnca.cn)的“有机码查询”栏目中，输入所持产品上的“有机码”，查询该有机产品认证标志所对应的获证产品的基本信息。

消费者如对查询结果有疑问，可根据备案系统提示信息，联系相应认证机构进行核实，或拨打 12365 进行举报、投诉。

四、监督管理

各地方认证监管部门应当加强对有机产品认证标志使用情况的监督，对伪造、冒用、超期、超范围使用认证标志的，应当依照《中华人民共和国产品质量法》、《中华人民共和国认证认可条例》等法律法规规定进行处理；对未按规定使用或者不规范使用有机产品认证标志的，应当及时通知颁证认证机构依据认证规则规定暂停、撤销该认证证书，并告知相关销售单位。

各认证机构应当定期或不定期进行市场抽样，验证有机产品生产企业合法、规范使用有机产品认证标志情况。对于违规使用认证标志的，应当及时暂停、撤销该认证证书；情节严重的，应当及时向当地认证监管部门报告。

二〇一二年二月二十九日

# 关于对从事国家统一推行的电子信息产品污染控制自愿性认证活动的认证机构、实验室开展确认工作的公告

2012 年第 13 号

根据《国家统一推行的电子信息产品污染控制自愿性认证实施意见》(国认证联[2010]28 号,以下简称《实施意见》)的要求,国家认监委、工业和信息化部即将启动国家统一推行的电子信息产品污染控制自愿性认证(以下简称“国推污染控制认证”)试点工作,现将从事国推污染控制认证 / 检测活动的认证机构 / 实验室(以下简称“实施机构”)的确认要求及工作安排公告如下。

一、认证机构的确认要求

认证机构依法设立且污染控制认证业务已得到批准。

二、实验室的确认要求

1. 依法设立、具有独立的法人资质,具备独立开展国推污染控制认证产品检测相适应的技术能力;

2. 具有长期的电子信息产品检测经验,从事污染控制检测工作 3 年以上或过去一年出具污染控制认证检测报告 100 份以上;

3. 截止至本公告发布之日,国推污染控制认证适用的检测标准(或等同的国际标准)全项目通过中国合格评定国家认可委员会认可和资质认定(计量认证);

4. 在申请前 6 个月内无不良记录;

5. 本单位的法人性质、产权构成以及组织结构能够保证其公正、独立地实施检测活动;

6. 具备承担相应产品认证检测活动所需的全部设备、设施;

7. 参加过 2010 年国家认监委组织的电子信息产品污染控制实验室比对摸底工作,且综合成绩优良;

8. 具有良好的检测客户资源和市场影响力,能够在国推污染控制认证后续采信等工作中发挥积极作用;

9. 能够通过被确认从事国推污染控制认证的认证机构的评审确认并获得认证机构的联合推荐(本条款不涉及申请书 / 申请文件内容,无需单独提供材料)。

三、确认程序及相关要求

1. 认证机构确认程序如下:

(1)认证机构向国家认监委、工业和信息化部递交确认申请书及申请文件;

(2)国家认监委会同工业和信息化部联合对认证机构进行确认;

(3)国家认监委公布国推污染控制认证机构及业务范围。

2. 作为认证机构开展认证服务的检测资源,国推污染控制认证实验室确认程序如下:

(1)实验室向国家认监委、工业和信息化部递交确认申请书及申请文件;

(2)认证机构确认结果公布后,由已获得确认的认证机构依据申请书及申请文件对实验室的能力进行评审,并将评审结果联合推荐至国家认监委、工业和信息化部;

(3)国家认监委会同工业和信息化部联合对认证机构做出的实验室推荐结果予以确认备案;

(4)国家认监委公布国推污染控制认证检测实验室及业务范围。

3. 各机构需认真填写确认申请书及申请文件。申请书及申请文件申报接收截止时间为:2012 年 4 月 27 日 17:00 前。

4. 国家认监委、工业和信息化部将综合考虑国推污染控制认证工作推进情况、实施机构工作质量、认证 / 检测工作业务量等因素对实施机构进行动态调整和管理。

5. 提交申请书的具体联系方式详见附件中申请书正文。

附件:国家统一推行的电子信息产品污染控制自愿性认证认证机构、实验室确认申请书及申请文件(略)

二〇一二年四月六日

# 关于公布从事国家统一推行的电子信息产品污染控制自愿性认证的认证机构确认结果的公告

2012 年第 15 号

按照《国家统一推行的电子信息产品污染控制自愿性认证实施意见》的相关要求，依据认证机构的申请，经国家认监委、工信部联合确认，现将符合国家认监委与工信部 2012 年第 13 号联合公告确认要求的从事国家统一推行的电子信息产品污染控制自愿性认证（以下简称“国推污染控制认证”）的认证机构名单及业务范围（详见附件）予以公布。

特此公告。

附件：从事国推污染控制认证的认证机构确认名单及业务范围（第一批）

二○一二年五月二十八日

**附件：**

### 从事国推污染控制认证的认证机构确认名单及业务范围（第一批）

| 机构名称 | 业务范围 | 联系方式 |
| --- | --- | --- |
| 中国质量认证中心 | CNCA-RoHS-0101:《国家统一推行的电子信息产品污染控制自愿性认证实施规则》 | 北京市南四环西路 188 号 9 区<br>联系人：刘厚利<br>电话：010-83886172<br>传真：010-83886180<br>网址：www.cqc.com.cn |
| 北京赛西认证有限责任公司 | CNCA-RoHS-0101:《国家统一推行的电子信息产品污染控制自愿性认证实施规则》 | 北京市东城区安定门东大街 1 号 816 房间<br>联系人：宋红茹<br>电话：010-84029082<br>传真：010-64061162<br>网址：www.cc.cesi.cn |
| 北京鉴衡认证中心有限公司 | CNCA-RoHS-0101:《国家统一推行的电子信息产品污染控制自愿性认证实施规则》 | 北京市朝阳区北三环东路 18 号 13 号楼 301 室<br>联系人：陈雪松<br>电话：010-59796665<br>传真：010-64228215<br>网址：www.cgc.org.cn |

# 关于公布从事国家统一推行的电子信息产品污染控制自愿性认证的实验室确认结果的公告

2012年第16号

按照《国家统一推行的电子信息产品污染控制自愿性认证实施意见》(国认证联[2010]28号)的相关要求，依据实验室申请，经中国质量认证中心、北京赛西认证有限责任公司、北京鉴衡认证中心有限公司三家认证机构评审确认并联合推荐，现将符合国家认监委与工信部2012年第13号联合公告中相关确认要求的从事《国家统一推行的电子信息产品污染控制自愿性认证实施规则》(CNCA-RoHS-0101)的实验室名单(详见附件)予以公布。

特此公告。

附件：从事国家统一推行的电子信息产品污染控制自愿性认证实验室确认名单(第一批)

二○一二年七月四日

**附件：**

**从事国家统一推行的电子信息产品污染控制自愿性认证实验室确认名单(第一批)**

| 编号 | 实验室名称 | 联系地址和方式 |
|---|---|---|
| 1 | 南京出入境检验检疫局电子电气产品实验室 | 江苏省南京市江宁区菲尼克斯路70号江宁总部基地1&2号楼<br>联系人：何重辉<br>电话：025-52396003<br>传真：025-52396018 |
| 2 | 深圳市华测检测技术股份有限公司 | 广东省深圳市宝安区70区鸿威工业园C栋<br>联系人：刘少蔚<br>电话：13510551101<br>传真：0755-33683385 |
| 3 | 中国电子技术标准化研究院赛西实验室 | 北京市亦庄经济技术开发区同济南路8号<br>联系人：邢卫兵<br>电话：010-67831820<br>传真：010-67831819 |
| 4 | 安徽省产品质量监督检验研究院 | 安徽省合肥市包河工业园延安路13号<br>联系人：巫绪康<br>电话：0551-3356315<br>传真：0551-3356281 |
| 5 | 深圳市信华检测技术有限公司 | 广东省深圳市南山区科技园科智西路5号科苑西25栋4202、4203室<br>联系人：蔡家宏<br>电话：0755-26639005/13600182970<br>传真：0755-26639006 |
| 6 | 威凯检测技术有限公司 | 广东省广州市科学城开泰大道天泰一路3号<br>联系人：陈伟升<br>电话：020-32293683<br>传真：020-32293889 |
| 7 | 深圳市计量质量检测研究院 | 广东省深圳市南山区龙珠大道中段<br>联系人：骆红<br>电话：0755-26941520<br>传真：0755-26941680 |

续表

| 编号 | 实验室名称 | 联系地址和方式 |
| --- | --- | --- |
| 8 | 国家电话机质量监督检验中心 | 北京市西城区月坛南街 11 号<br>联系人：刘妍<br>电话：010-68094167/13810022669<br>传真：010-68094548 |
| 9 | 中国赛宝实验室 | 广东省广州市天河区东莞庄路 110 号<br>联系人：王韬 / 罗道军<br>电话：020-87236789/020-87236986<br>传真：020-87236789/020-87237185 |
| 10 | 江苏出入境检验检疫局轻工产品与儿童用品检测中心 | 江苏省扬州市开发西路 8 号<br>联系人：许菲<br>电话：0514-87950465<br>传真：0514-87885882 |
| 11 | 谱尼测试科技股份有限公司 | 北京市海淀区苏州街 49-3 号盈智大厦 11 层<br>联系人：宋薇<br>电话：010-82618116<br>传真：010-82619629 |
| 12 | 江苏省电子信息产品质量监督检验研究院 | 江苏省无锡市金水路 100 号<br>联系人：毛志凌<br>电话：0510-85104245<br>传真：0510-85104572 |
| 13 | 国家无线电监测中心检测中心 | 北京西城区北礼士路 80 号<br>联系人：姜秋红<br>电话：010-68009182/15010528676<br>传真：010-68009195 |
| 14 | 深圳市安姆特检测技术有限公司 | 广东省深圳市南山区桃源街道塘朗元头巷 5 栋 1 层东，2-6 层<br>联系人：李浪舟<br>电话：0755-86008699/15820761839<br>传真：0755-86008282 |
| 15 | 中国家用电器检测所 | 北京市西城区下斜街 29 号<br>联系人：潘权<br>电话：010-58083802<br>传真：010-58083806 |
| 16 | 中检集团南方电子产品测试（深圳）有限公司 | 广东省深圳市南山区西丽街道西丽工业区石鼓东 28、29 栋<br>联系人：吴立安<br>电话：0755-26627966<br>传真：0755-26628013 |
| 17 | 苏州电器科学研究院股份有限公司 | 苏州市吴中区越溪前珠路 5 号<br>联系人：厉丽华<br>电话：0512-68252753<br>传真：0512-68081686 |
| 18 | 山东省产品质量监督检验研究院 | 山东省济南市经十东路 31000 号<br>联系人：陈淑祥<br>电话：0531-89701986<br>传真：0531-89701986 |
| 19 | 宁波出入境检验检疫局检验检疫技术中心 | 浙江省宁波市马园路 9 号<br>联系人：曹国洲<br>电话：0574-87022653<br>传真：0574-87115852 |
| 20 | 广东省电子电器产品监督检验所 | 广东省广州市三元里沙涌南村南大街 45 号<br>联系人：温建安<br>电话：020-36377971<br>传真：020-36377553 |

# 国家认监委关于韩国 MSA 认证公司非法开展认证活动的公告

2012 年第 17 号

日前，无锡出入境检验检疫局在认证执法活动中查证韩国 MSA 认证公司（MSA Certification Co.Ltd）未经国家认监委批准，在华从事质量管理体系认证活动。其行为违反了《中华人民共和国认证认可条例》的规定，属非法认证，所颁发的认证证书均属无效。

国家认监委提醒社会各界，选择经国家批准的合法认证机构提供认证服务。合法的认证机构名录可从国家认监委官方网站查询。认证机构设立的办事处和境外认证机构在华设立的代表机构，均不能从事认证活动。欢迎各认证申请单位在申请认证的同时，也对认证机构的资质及其行为进行监督。发现非法从事认证活动的机构，可向所在地出入境检验检疫局、质量技术监督局或国家认监委举报，共同维护我国认证市场的健康发展。

二〇一二年七月五日

# 国家认监委关于部分强制性产品认证指定实验室名称等信息变更的公告

2012 年第 18 号

经对部分强制性产品认证指定实验室提交的信息变更申请审核后，现将符合国家认监委《关于规范强制性产品认证指定实验室名称的公告》（2009 年第 21 号公告）要求的实验室变更信息予以公告（见附件）。经我委确认信息变更的指定实验室，在开展强制性产品认证检测业务时，应按变更后的相关信息出具检测报告并收取检测费用。

附件：强制性产品认证指定实验室名称等信息变更确认表

二〇一二年七月十日

附件：

强制性产品认证指定实验室名称等信息变更确认表

| 指定号 | 变更前信息 | | | 变更后信息 | | |
|---|---|---|---|---|---|---|
| | 名称 | 通讯地址 | 联系方式 | 名称 | 通讯地址 | 联系方式 |
| 5 | 广州威凯检测技术有限公司 | 广州市科学城开泰大道天泰一路3号，510663 | 联系人：陈伟升<br>联系电话：020-32293888<br>020-32293683<br>联系传真：020-32293889<br>网址：www.cvc.org.cn | 威凯检测技术有限公司 | 广州市科学城开泰大道天泰一路3号，510663 | 联系人：陈伟升<br>联系电话：020-32293888<br>020-32293683<br>联系传真：020-32293889<br>网址：www.cvc.org.cn |
| 22 | 深圳电子产品质量检测中心 | 深圳市福田区华发北路409栋2楼，518031 | 联系人：杜金盛<br>联系电话：0755-3351572 | 中检集团南方电子产品测试（深圳）有限公司 | 广东省深圳市南山区西丽街道西丽工业区石鼓东28、29栋，518055 | 联系人：吴立安<br>联系电话：0755-26627966<br>联系传真：0755-26628013<br>网址：www.ccic-set.org.cn<br>www.ccic-set.com |
| 26 | 浙江省质量技术监督检测研究院 | 浙江省杭州市天目山路222号，310013 | 联系人（机电产品）：赵奇<br>联系电话：0571-85122128<br>联系传真：0571-85122128<br>联系人（低压电器）：张正<br>联系电话：0571-82619288<br>网址：www.fytest.com<br>联系人（溶剂型木器涂料）：赵新建<br>联系电话：0571-86918251<br>联系人（玩具）：郑希俊<br>联系电话：0571-85028478<br>E-mail：Guhang2004@tom.com | 浙江省质量检测科学研究院 | 浙江省杭州市天目山路222号，310013 | 联系人（机电产品）：赵奇<br>联系电话：0571-85122128<br>联系传真：0571-85122128<br>联系人（低压电器）：张正<br>联系电话：0571-82619288<br>联系人（溶剂型木器涂料）：赵新建<br>联系电话：0571-86918251<br>联系人（玩具）：郑希俊<br>联系电话：0571-85028478<br>E-mail：Guhang2004@tom.com<br>网址：www.fytest.com |
| 76 | 浙江省机电产品质量检测所 | 浙江省杭州市劳动路128号，310002 | 联系人：杜量<br>联系电话：0571-88023690<br>联系传真：0571-88281776 | 浙江省机电产品质量检测所 | 浙江省杭州市拱墅区储鑫路17号，310015 | 联系人：杜量<br>联系电话：0571-88023690<br>联系传真：0571-88027861<br>网址：www.zjjdjc.com |

# 国家认监委关于美国水质协会非法开展认证活动的公告

2012年第19号

经查证，美国水质协会（Water Quality Association，简写WQA）未经国家认监委批准，擅自在中国境内从事对水处理产品进行认证并颁发认证证书活动。其行为违反了《中华人民共和国认证认可条例》的规定，属非法认证。

国家认监委提醒社会各界，选择经国家批准的合法认证机构提供认证服务。合法的认证机构名录可从国家认监委官方网站查询。欢迎各认证申请单位在申请认证的同时，也对认证机构的资质及其行为进行监督。发现非法从事认证活动的机构，可向所在地出入境检验检疫局、质量技术监督局或国家认监委举报，共同维护我国认证市场的健康发展。

特此公告。

二〇一二年七月二十五日

# 国家认监委关于发布《认证认可行风建设实施办法》（试行）的公告

2012年第20号

为促进合格评定事业科学发展，推进认证认可系统的行风建设，规范认证认可行业管理，根据中央纪委、国务院纠风办和国家质检总局有关工作部署，结合认证认可行业实际，我委制定了《认证认可行风建设实施办法》（试行），现予以公告，自发布之日起施行。

二〇一二年七月二十六日

**附件：**

## 认证认可行风建设实施办法（试行）

### 第一章　总则

**第一条** 为促进合格评定事业科学发展，规范认证认可行业管理，推进认证认可系统的行风建设，树立良好的行业形象，根据中央纪委、国务院纠风办和国家质检总局有关工作部署，结合认证认可行业实际，制定本办法试行。

**第二条** 认证认可行风是各级认证认可监督管理部门，认可、人员注册、认证及认证培训、咨询等机构，依法取得资质认定的检验、检测机构和其他认证认可技术服务机构，以及全体认证认可工作人员的工作作风、服务作风、办事作风的综合反映，是认证认可全行业的工作质量、服务质量、精神风貌的整体表现。

**第三条** 认证认可行风建设是国家认证认可监督管理委员会（以下简称国家认监委）履行对全国认证认可工作管理和监督职责的重要内容，也是地方质量技术监督部门和出入境检验检疫部门履行地方认证监督管理职责的任务之一。做好认证认可行风建设各项工作是认可、人员注册、认证及认证培训、咨询等机构，依法取得资质认定的检验、检测机构和其他认证认可技术服务机构等认证认可从业机构的共同责任。

**第四条** 开展认证认可行风建设，必须深入贯彻落实科学发展观，以推进社会主义核心价值体系建设及践行社会主义荣辱观为指导，自觉履行“传递信任、服务发展”的使命要求，宣传贯彻《质量发展纲要（2011—2020年）》，坚持高标准、严要求，从解决认证认可行风中的实际问题出发，努力取得认证认可行风建设的实效。

**第五条** 开展认证认可行风建设，坚持重在宣传教育特别是社会公德、职业道德和个人品德教育，坚持走群众路线，广泛听取社情民意，自觉接受社会监督，坚持全员参与，实行民主治理，取信于民，利民惠民。

**第六条** 开展认证认可行风建设，要标本兼治、纠建并举、重在建设，着力倡导优良作风，积极履行社会责任，树立良好形象，着重纠正不正之风，治理行业乱象。

**第七条** 通过深入持久的认证认可行风建设，在全行业倡导“公正、科学、诚信、责任”的认证认可价值理念，以实现管理科学高效、服务优质规范、行业风气公正廉洁、认证结果真实可信的目标。

### 第二章　任务

**第八条** 建立健全认证认可监管部门和认证认可从业机构的行风建设工作机构和制度规定，及时收集社会公众、服务对象、政府机构及国际社会对认证认可行业的反映，分析存在问题和隐患苗头，制定整改措施，落实整改任务，切实提高认证认可活动的公正性、服务的规范性、行业的廉洁性、服务的满意度，对认证认可结果的信任度。

**第九条** 开展纠正认证认可行业不正之风工作，重点治理在认证认可行政审批、执法检查等政务活动和认证认可评审、检查、检测、咨询、培训、考试等业务活动中存在的以权谋私、以评谋私、以检谋私、以证谋私行为，违规执法、违规评审、违规检测、违规执业、违规发证、违规收费行为，以及侵害服务对象和群众利益的不正之风。

## 第三章 工作制度

**第十条** 国家认监委要认真组织开展并带头落实行风建设和纠风工作任务。机关各部门要把认证认可行风建设工作要求纳入本部门的日常工作之中，既要抓本职业务工作又要抓好政风行风建设有关工作。

地方认证监管部门要按照国家质检总局、国家认监委和地方党委政府的有关要求，在履行认证监管工作职责的同时，组织开展本辖区的认证认可行风建设工作。

承担认可约束、行业自律职能的认可机构、人员注册机构，承担强制性认证业务或政府有关部门指定采信认证业务的认证机构，承担授权业务的国家质检中心和国家级资质认定实验室，应当按照本办法要求建立健全行风建设工作制度，明确有领导责任、有主管部门组织实施、有工作计划、有监督检查、有违规处理及应急处置的内部管理工作机制。

其他认证机构，认证培训机构、认证咨询机构，检验、检测机构和认证认可技术服务机构，要积极按照本办法的要求建立行风建设工作制度，做好本单位的行风建设工作。

**第十一条** 各部门各单位应当坚持正面引导、典型示范，通过开展认证认可文化建设活动、“文明单位”和“青年文明号”创建活动和认证检测机构品牌化建设等活动，加强行风建设工作力度，提高行风建设规范化、制度化水平，使从业人员增强行业荣誉感和社会责任感。

**第十二条** 各部门各单位应当对认证认可行风状况定期进行民主测评，了解掌握有关各方对认证认可行风的反映。

国家认监委组织全国性及有关指定机构的认证认可行风测评，指导认可约束和行业自律等方面的行风测评工作。认证认可从业机构要按照本办法要求，结合职责任务，组织开展行风测评。行风测评原则上每年至少进行一次。测评结果可通过一定形式对外公布，主动接受社会监督。

认证认可行风测评的方式，可根据需要采用调查问卷、明察暗访、媒体征集意见和召开座谈会等；测评内容，根据各单位性质和业务的不同，可包括行政审批、行政执法、认可约束、行业自律、行风管理、服务质量与效率、认证认可结果的信任度、工作人员行为评价等方面。

**第十三条** 建立对认证认可机构和从业人员的行风监督制度，面向认证认可服务对象调查了解行风情况。监督内容，主要包括执业公正性、规范性、廉洁性评价等内容，可采取客户满意度调查、电话回访、廉洁从业调查表、廉政监督卡、绩效考核等多种形式对工作人员执业行为和行风情况进行测评或监测；同时向客户公开监督投诉、客户服务电话及联系部门等信息，方便服务对象反映情况。

**第十四条** 对认证认可行风状况和执行本办法的情况进行定期检查。

各部门各单位应当根据年度工作计划或专项部署，对本单位的行风建设情况及制度执行进行专项检查，督促下属单位落实行风建设和纠风工作任务。检查可采取抽查与座谈调研相结合、明察和暗访相结合、互查和互评相结合、查办案件与行风检查相结合等形式进行。对检查发现的问题，要提出相应的整改措施、时限和反馈要求。

**第十五条** 对涉及认证认可监管部门及其工作人员的违法违纪问题和不正之风案件线索的举报、申诉、投诉，应及时向国家认监委纪检监察部门反映。国家认监委相关部门按照有关党纪政纪和法律法规的规定，开展调查或会同有关部门调查处理。

对涉及承担认可约束、行业自律职能的认可机构和人员注册机构，承担强制性认证业务或政府有关部门指定采信认证业务的认证机构，承担授权业务的国家质检中心和国家级资质认定实验室及其工作人员的违法违纪问题和不正之风案件线索的举报、申诉、投诉，各主管部门应当按照有关党纪政纪和法律法规的规定，按照职责范围开展调查或会同有关部门调查处理。重大事项应当及时向国家认监委、认可机构或人员注册机构联系汇报。

**第十六条** 对不落实认证认可行风建设任务或不正之风问题突出的单位予以通报批评，构成违法违规的追究其法律责任。

**第十七条** 对纠风工作中有关涉及违法违纪问题的反映应予保密。

**第十八条** 认证认可行风测评、检查、案件调查情况应综合评估，及时向国家认监委党风廉政建设领导小组提出报告。

**第四章　组织保障**

**第十九条** 认证认可行风建设和纠风工作的领导机构是国家认监委党风廉政建设领导小组。

**第二十条** 认证认可行风建设和纠风工作的办事机构是国家认监委党风廉政建设领导小组办公室。

**第二十一条** 认证认可行风建设工作实行领导负责制，并按照《关于实行党风廉政建设责任制的规定》进行责任分解，实行检查、考核和责任追究。

**第二十二条** 国家认监委党风廉政建设领导小组建立认证认可行风建设信息沟通和协调联络机制，接受社会各界特别是认证认可从业机构和广大认证认可从业人员的投诉和意见建议，按照规定程序回复受理和处理情况。

**第二十三条** 各单位应当为行风建设和纠风工作提供所需必要的人力、物力、财力。

**第五章　附则**

**第二十四条** 本办法适用于国家认监委机关、地方认证监管部门，国家认监委下属单位，国家认监委负责业务管理的合格评定及认证认可等机构，依法批准设立的认证机构及认证培训、咨询等机构，依法取得资质认定或授权的检验、检测机构。

各单位可参照本办法，结合实际情况，制定具体实施办法。

**第二十五条** 本办法由国家认监委党风廉政建设领导小组办公室负责解释。

**第二十六条** 本办法自发布之日起试行。

# 国家认监委关于发布《有机产品认证增补目录（一）》的公告

2012年第21号

根据《有机产品认证管理办法》（国家质检总局令[2004]第67号）、《有机产品认证实施规则》（国家认监委公告[2011]第34号）规定，按照有序推进、动态调整的原则，结合有机产品生产实际需求及相关方面的意见建议，经有机产品认证技术工作组全体会议审议，现将《有机产品认证增补目录（一）》予以公布。

自本公告发布之日起，有机产品认证机构可受理新增《目录》内产品的有机产品认证申请。本公告发布之日前获得相应产品认证，但证书已到期失效的，由原颁证机构进行核实确认后，在按新版《有机产品认证实施规则》（CNCA-N-009:2011）实施认证时转换期可从生产企业首次提出认证申请之日起计算。

特此公告。

附件：有机产品认证增补目录（一）

二○一二年八月七日

附件：

## 有机产品认证增补目录（一）

| 序号 | 产品名称 | 产品范围 |
|---|---|---|
| 8 | 杂粮 | 糜子；苦荞麦 |
| 9 | 薯芋类 | 魔芋 |
| 13 | 绿叶蔬菜 | 菊花脑；珍珠菜；养心菜；帝王菜 |
| 14 | 新鲜根菜类蔬菜 | 鱼腥草 |
| 17 | 新鲜茄果类蔬菜 | 秋葵 |
| 18 | 新鲜葱蒜类蔬菜 | 圆葱 |
| 19 | 新鲜多年生蔬菜 | 香椿 |
| 34 | 其他水果 | 黑莓；树莓；高钙果；越橘；黑加仑；雪莲果；诺尼果 |
| 37 | 其他坚果 | 香榧；苦槠果；栝蒌 |
| 39 | 其他油料作物 | 苜蓿籽；紫苏籽；翅果油树；青刺果；线麻 |
| 40 | 花卉 | 霸王花；紫藤花 |
| 41 | 香辛料作物产品 | 芝麻菜；山葵；辣根；草果；甘菊；神香草；猫薄荷 |
| 44 | 纺织用的植物原料 | 桑；竹 |
| 46 | 野生采集的植物 | 榛蘑；草蘑；松蘑；栗蘑；红蘑；小麦草；塔花；水飞蓟；益母草；茯苓；高莨姜；接骨木；蒺藜；天门冬；积雪草；蔓荆子；独活；葫芦巴；苦橙；缬草；车前草；远志 |
| 49 | 植物类中药 | 除虫菊；甘草；罗汉果；巴戟天；黄荆；何首乌；川穹；天麻；厚朴；柴胡；莞香；苁蓉；锁阳；蝉花；玛咖；玉竹；连翘；金线莲 |
| 69 | 动物副产品 | 动物内脏；蚕蛹；蚕茧 |
| 71 | 淡水鱼（尾） | 餐条鱼；狗鱼；雅罗鱼；池沼公鱼；武昌鱼；黄颡鱼 |
| 74 | 无脊椎动物 | 海胆；扇贝 |
| 78 | 加工肉制品 | 兔肉制品；驴肉制品 |
| 81 | 其他水产加工制品（包括海草类） | 螺旋藻（粉、片） |
| 94 | 其他方法加工及保藏的水果和坚果 | 水果粉 |
| 97 | 经处理的液体乳 | 黄油；奶油 |
| 98 | 乳粉类 | 乳清粉；乳糖 |
| 99 | 发酵乳 | 奶酪 |
| 106 | 淀粉制品 | 其他淀粉制品 |
| 100 | 小麦 | 麦麸 |
| 102 | 大米 | 米糠 |
| 113 | 茶 | 速溶茶；茶粉 |
| 114 | 代用茶 | 其他代用茶［仅限以本目录“生产——植物类（1~49）”为原料加工］ |
| 117 | 调味品 | 糖 |
| 118 | 植物类中草药加工制品（颗粒 / 饮片） | 松花粉 |
| 119 | 白酒 | 食用酒精 |

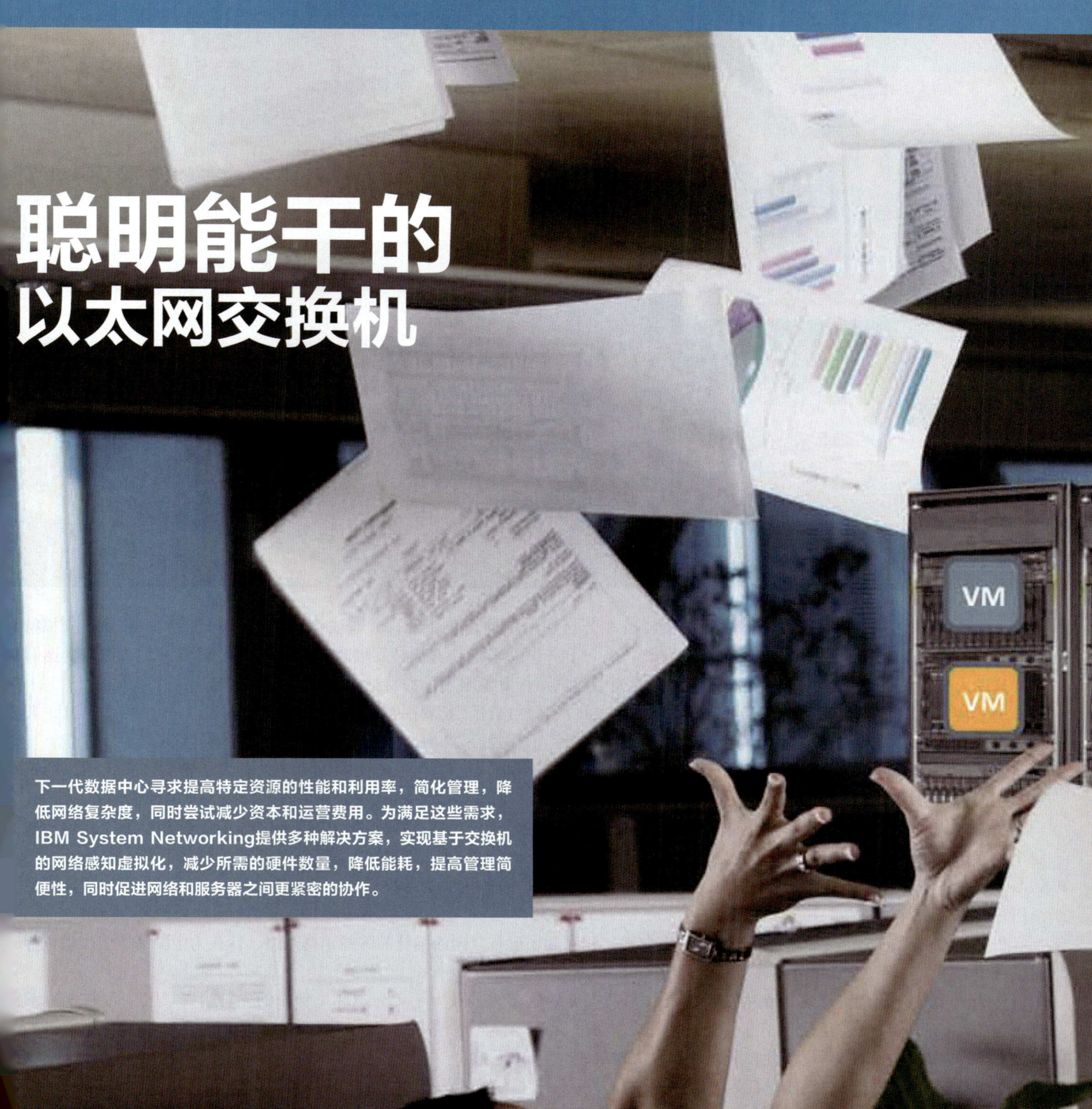
聪明能干的
以太网交换机
VM
VM
下一代数据中心寻求提高特定资源的性能和利用率，简化管理，降低网络复杂度，同时尝试减少资本和运营费用。为满足这些需求，IBM System Networking提供多种解决方案，实现基于交换机的网络感知虚拟化，减少所需的硬件数量，降低能耗，提高管理简便性，同时促进网络和服务器之间更紧密的协作。

# 长安福特汽车

## Changan Ford Auto

进无止境

2001年4月，世界领先的汽车公司——福特汽车公司和中国的百年企业——长安汽车集团，共同签约成立了长安福特汽有限公司（长安福特），并于2003年初正式投产。成立十一年以来，长安福特发展迅速，将成为集整车、发动机、变速器制于一体的大型综合性现代化汽车企业，并朝着“成为中国汽车行业领跑者”的目标不断迈进。

为实现未来发展，长安福特不断扩大产能布局。2011年6月16日，长安福特发动机工厂破土动工；2011年9月24日，长安特马自达变速箱工厂投建；2012年2月24日，长安福特整车二工厂投产。2012年8月27日，长安福特整车三工厂开工建设。

2012年8月29日，长安福特整车四工厂在杭州破土动工。至此，整车产能将达到120万辆的长安福特将以强大的产能布局进入中国汽车企业第一阵营。

长安福特以“创造卓越产品 ，成就品质生活”为使命，融合全球领先的技术和中国优秀的文化，创造品质、绿色、智能安全的汽车，目前长安福特生产和销售的车型有：经典福克斯、新福克斯、麦柯斯、蒙迪欧-致胜、新嘉年华、Volvo S4 Volvo S80。随着SUV翼虎、翼搏的到来，以及未来将陆续投产的多款车型，长安福特产品谱系将涵盖所有主力市场，满足引领用户需求。

长安福特努力向消费者提供世界一流的服务体系，建立起了遍布全国的福特品牌经销商网络，旨在为中国消费者提供世界一的服务体验。

作为一个具有社会责任感的企业公民，长安福特提倡绿色环保，致力于成为“环境保护的先行者”。长安福特工厂不仅备先进的污染防治设施，还建立了完善的环境管理体系，是当地率先通过ISO14001认证的企业。同时，长安福特也积极参与项公益事业，推动社区的环境改善和所在地的经济发展。

长安福特汽车有限公司现任总裁为马瑞麟先生，罗明刚先生为公司现任执行副总裁。

# 有限公司

# obile Co., Ltd.

hangan Ford Automobile Co., Ltd. was established in April 2001 between the centennial Chinese corporate, Changan Automotive Group, and the world-ading automobile manufacturer Ford Motor Company, CAF has been put into production by 2003. Since its establishment 11 years ago, CAF developed and ew rapidly, and has become a big, modernized, integrated OEM with engine and transmission production and operation, and now we are moving towards e direction of becoming the "Leading OEM of Chinese auto industry".

support of future development plan, CAF ground broke a new engine plant at 16th June 2011, on 24th September 2011 CAF transmission plant started con-ruction, 24th February 2012 CAF2 has been put into production, and CAF3 has been under construction by 27th August 2012.

e ground breaking ceremony for CAF4 Hang Zhou plant been held at 29th August 2012, therefore CAF as a OEM has 1.2 million annual capacity will enter e 1st camp of Chinese auto mobile company.

AF's mission is 'building superior products, achieve quality life.' As we combine the leading western technology and unique Chinese culture to build our cars th Quality, Green, Smart, and Safety. Currently, the on production models are Classic Focus, New Focus, S-Max, Mondeo-Zhi Sheng, New fiesta, Volvo S40 d Volvo S80, Kuga and Ecosport as SUV product is coming soon plus intensive launches in the near future, the products portfolio of CAF will cover the ma-rity part of Chinese Auto-mobile market, and to lead and meet customers' requirement.

AF always devoting to provide first class service system to customers, meanwhile the Ford brand dealer network is covering national wide, all of this is to fer the world first class service to Chinese customers.

a responsible corporate citizen, CAF is committed to "pioneering environmental protection" and advocate to environmental friendly and Green. CAF not ly equipped with advanced pollution handling equipment, but also accomplished the environmental management system, as CAF take the lead in been cer-ed with ISO14001. CAF is also an active participant in public welfare programs and supports initiatives that promote the environment and local community onomic development.

. Marin Burela is the current President of Changan Ford Automobile. Mr. Luo Minggang is the Executive Vice President of the company.

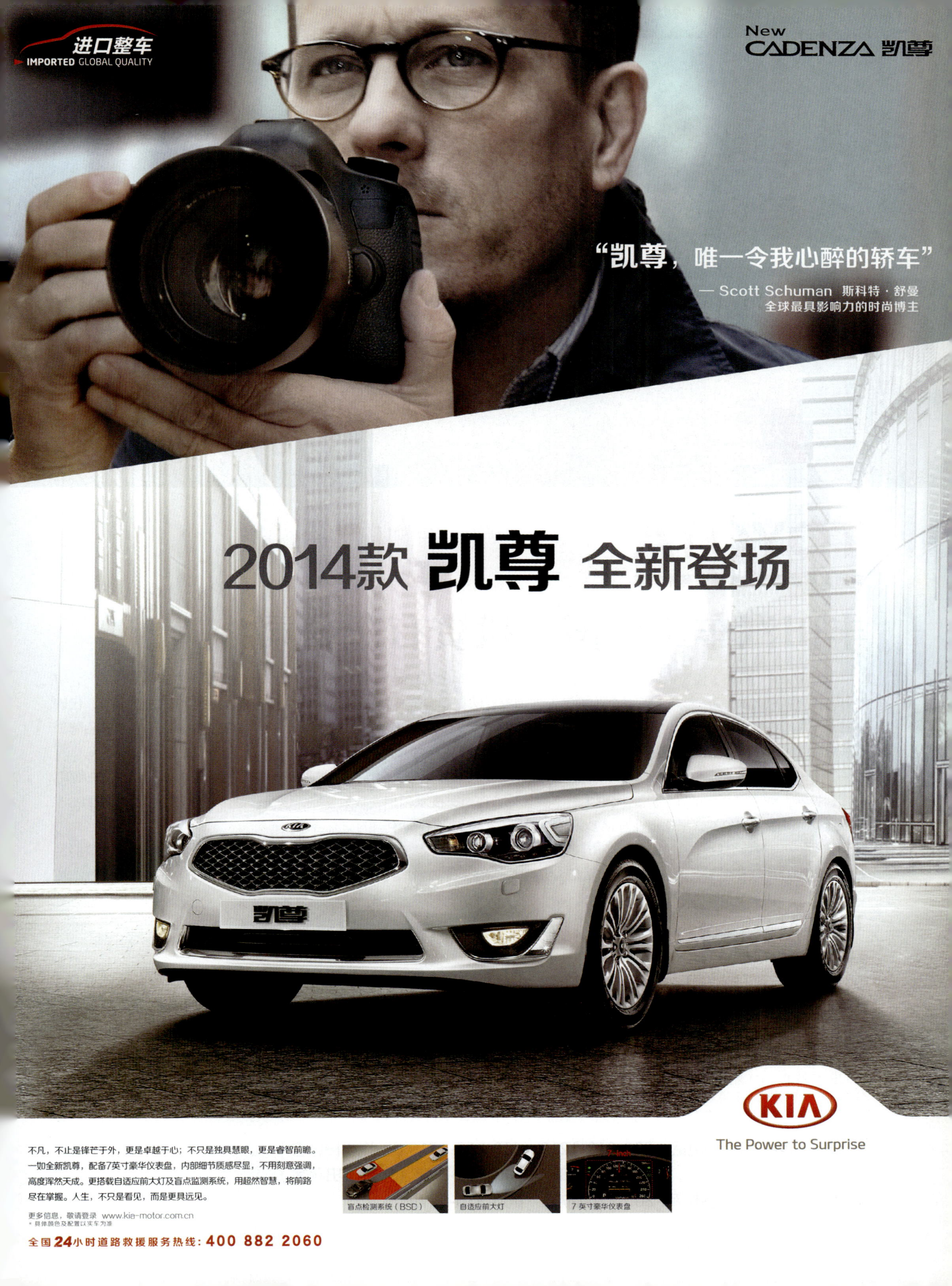

盲点检测系统（BSD）

自适应前大灯

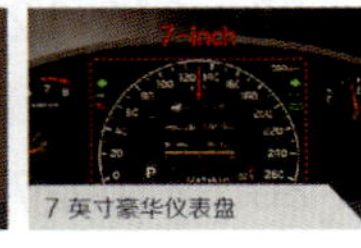
7-inch
7 英寸豪华仪表盘

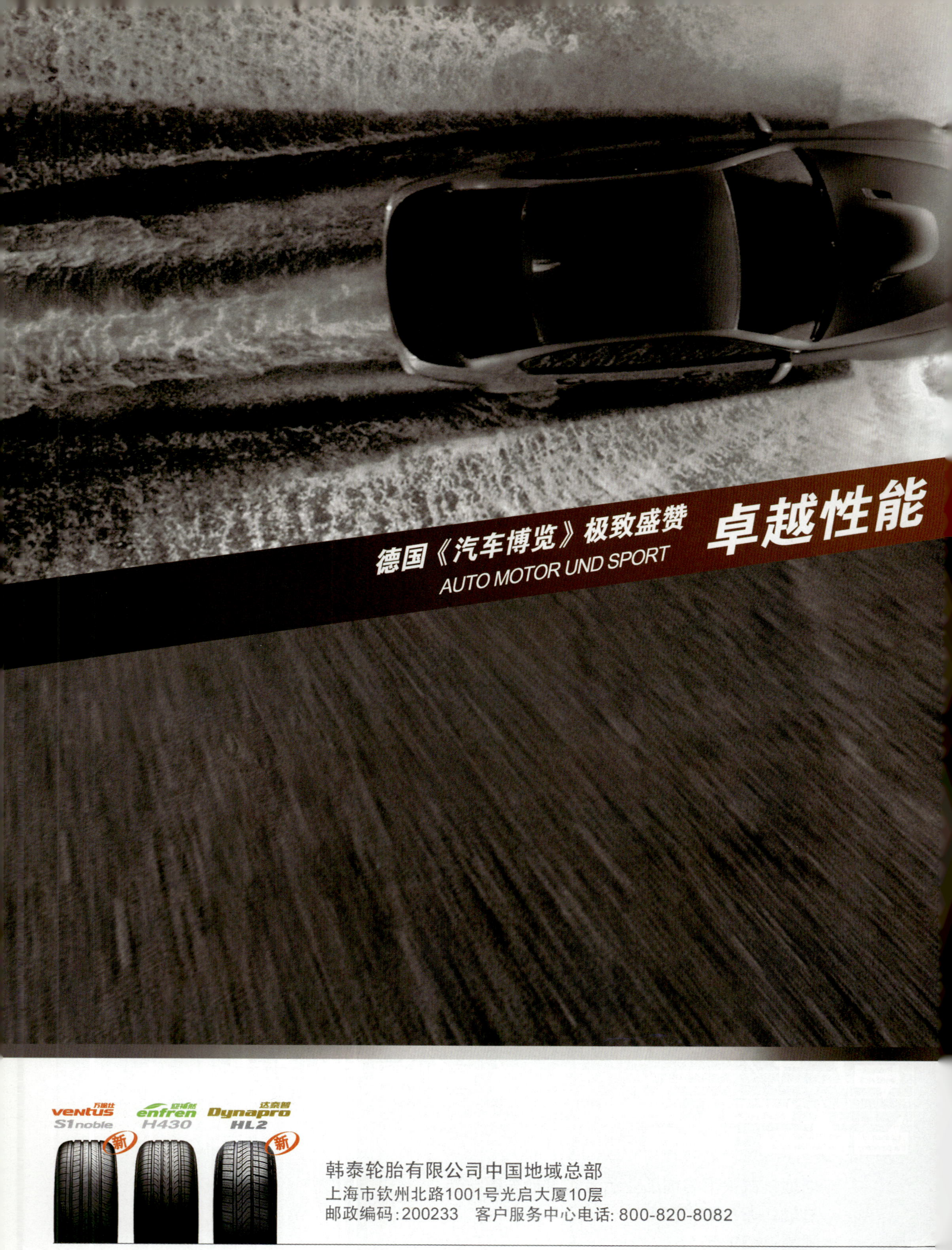
德国《汽车博览》极致盛赞
AUTO MOTOR UND SPORT
卓越性能
万路驰
ventus
S1 noble
新
恒驰
enfren
H430
达奈普
Dynapro
HL2
新
韩泰轮胎有限公司中国地域总部
上海市钦州北路1001号光启大厦10层
邮政编码:200233　客户服务中心电话: 800-820-8082

4 hours daylight ...
e do more than just turn night into day.

# 马瑞利汽车零部件（芜湖）有限公司

## Automotive Lighting

马瑞利汽车零部件（芜湖）有限公司是由马瑞利集团于2005年进入中国市场后建立的专门生产汽车前大灯，尾灯的分公司，坐落于风景秀丽的中部城市—安徽芜湖，由意大利知名汽车零部件制造商玛涅蒂玛瑞利集团全额投资，公司主要从事机动车前大灯，尾灯等汽车照明产品的设计、开发、生产和销售。

公司技术主要来源于位于欧洲的马瑞利集团车灯公司分部，位于德国Reutlingen以及意大利Tolmezzo 的研发中心致力于前、后灯的不断创新开发，同时也拥有一些分部在三大洲的当地的研发中心。客户导向和全球化经营是马瑞利车灯公司取得成功的关键，他们始终与当地客户保持着密切的联系，例如宝马、奥迪、奔驰等世界领先的汽车制造公司。

引领技术，照亮您的未来！

公司采用了一流的生产、检测、试验设备，所采用设备全部从国外引进，同时将马瑞利国外分公司对中国分公司相应的技术、生产、质量体系管理、质量检测方法进行全方位的培训，并每年派出相应岗位负责人赴意大利、德国研发生产中心进行相关培训学习，确保公司生产的产品达到国际一流水平。

上海研发中心　　芜湖工厂

地址：安徽省芜湖经济技术开发区桥北工业园上闸路5号

邮编：241008

电话：021-58696966-6701

Brother
Earth
与您共创美好环境
brother
brother
brother
brother
brother

# 兄弟(中国)商业有限公司

兄弟(中国)商业有限公司成立于2005年3月，是负责Brother集团在中国的产品销售与服务的外商独资企业。

Brother作为拥有100多年历史的国际化品牌，目前已在全球44个国家和地区拥有16个生产基地及52个销售公司。伴随着全球化进程的不断推进，Brother集团把高速发展的中国市场作为未来发展的重要基地。兄弟(中国)充分利用集团总部的资源优势，秉承“At your side.”的企业文化理念，致力于推进以顾客第一为宗旨的产品销售，作为价值链的一环，为中国消费者提供更多具有高附加值的产品和服务。兄弟(中国)的事业领域包括以传真机、打印机、多功能一体机、标签打印机等产品为代表的打印及解决方案事业；以家用缝纫机、绣花机为中心的家用机器事业。

兄弟(中国)总部位于上海，通过设于北京、广州、成都的分公司及遍布各地的众多代理商与维修站构建起了覆盖全国的营销服务网络。依托集团旗下分设于深圳、珠海、台湾等地的生产工厂，用高质量的产品与服务为中国顾客提供优良的价值。

Brother集团以构筑可持续发展的社会为方向，推出了全球性的环保网站“Brother Earth”，以“与您共创美好环境”为口号，在企业活动的所有方面积极不断地致力于关爱地球环境的活动。兄弟(中国)秉承Brother集团全球宪章的精神，以高度的伦理道德观积极履行企业对社会所承担的义务。公司以“环保”与“成长”为关键词，积极开展了环保、教育、慈善等一系列社会公益活动，赢得了社会各界的广泛好评。

“在中国诞生，伴中国成长”。兄弟(中国)将继续弘扬Brother集团“At your side.”的精神，为了成为集团成长战略的核心，成为优秀的企业公民而不懈努力。

## “环保与成长”

## “在中国诞生，伴中国成长”

# 京瓷办公信息系统（中国）有限公司简介

京瓷办公信息系统株式会社隶属于京瓷集团，创立于 1934 年 11 月，其前身为三田工业株式会社，2012 年 4 月 1 日正式更名为京瓷办公信息系统株式会社，总部设立在日本大阪，是涉及打印机、复合机、工程机以及配件、耗材等产品的综合性办公设备制造和销售集团公司。京瓷办公信息系统集团在世界 31 个国家设立了 77 家销售网点，并在 140 个以上的国家和地区开展全球性事业活动，截止 2013 年 3 月，销售额达 2505 亿日元，员工数 15983 人。京瓷办公信息系统（中国）有限公司于 2012 年 1 月 1 日以京瓷美达（中国）商贸有限公司之名，成立了独资销售子公司。并于 2012 年 8 月 1 日正式更名为京瓷办公信息系统（中国）有限公司，负责集团全系列产品及各类文档解决方案在中国大陆区域的销售与服务业务。

## 京瓷 创造新价值

普通办公室里的复印设备，需要经常性的维修保养和频繁地更换消耗部件，才得以维持较长的使用时间。用户常常遇到维修和更换部件而导致的停机现象。在价格竞争激烈的市场上，为了获取售后服务的利益，消耗品的使用寿命普遍较短，用户不得不花费大量的金钱不断购买新的消耗品，同时产生大量的废弃物，这不仅给用户增加了使用的成本，也对环境造成了危害。

京瓷信息系统产品基于京瓷独创的 ECOSYS 理念而生产，该理念致力于最大限度地减少消耗品部件的更换数量，降低产品对环境资源的影响。这一理念的基础就是京瓷独创的长寿技术。

京瓷从生产到使用环节，倾力打造全面环保性产品，通过重复使用、再利用和减少浪费这三大策略，致力于实现环保目的。我们采用长寿命非晶硅感光鼓技术减少更换部件，从而减少浪费；我们采用“组件式”结构设计，对组件内部可重复使用部分进行简单拆卸后可重新组装再使用；我们所有的包装材料都由纸板和重复使用过的报纸以纸浆模塑制品构成，便于重复使用和再利用。我们还建立了“循环利用模式”体制，全面收集那些可被重复使用和再利用的资源，制造可循环使用的产品。

## 节约是硬道理

京瓷以大幅提升用户的使用便利性、经济性和保护环境为出发点，创新性地提出了 TCO 战略，即大幅降低用户的整体使用成本（Total Cost of Ownership）。

TCO 战略的基础就是京瓷独有的长寿命技术，其核心就是非晶硅（a-Si）感光鼓。与普通的 OPC 鼓相比，非晶硅感光鼓的表面硬度要高出大约 30 至 50 倍，因此具有超长的使用寿命。

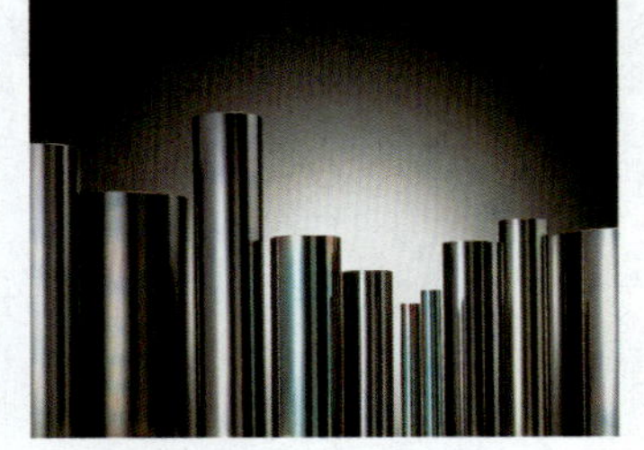

OPC 鼓在打印 3 万至 5 万张以后就需要更换，而非晶硅感光鼓则可连续打印 30 万至 50 万张而无须更换，在其使用寿命以内，用户只需更换碳粉和添加纸张，即可保障稳定而高品质的输出，由此为用户节约的时间成本，以及对环境保护所带来的附加价值更是无可估量的贡献。

得益于独有的长寿命技术和创新性的 ECOSYS 理念，京瓷满怀信心地向广大中国用户推出了长寿命、高品质的系列数码复印机、打印机产品，并借助一系列领先业界的保修政策，实现了用户 TCO 的大幅降低。

## 高附加值售后保障体系

除了符合业界基本标准的一年保修政策以外，京瓷还建立了领先业界的新标准。针对不同机型的特性，京瓷推出了“三年全包”、“三年质保”等独具特色的高附加值保修政策，依托遍布中国的一千余家售后服务网点，用户只需支付一定的金额，即可享受到超乎想象的三年品质保障，进一步提升长寿命技术所带来的新价值。

## 挑战自我，不断飞跃

京瓷公司不断加大研发投入，继享誉世界的 ECOSYS 系列打印机和 TASKalfa 系列数码复合机之后，现全力推出按客户需求定制全方位办公文档解决方案（MDS）的服务。京瓷倡导的是向客户提供整体服务的理念，不仅仅是产品，还包括来自京瓷销售及维修网络所提供的服务，致力实现客户文档作业的最优化和高效率。愿广大中国地区用户携手京瓷，共同分享京瓷创新技术所带来的舒适、无忧的办公环境新体验！

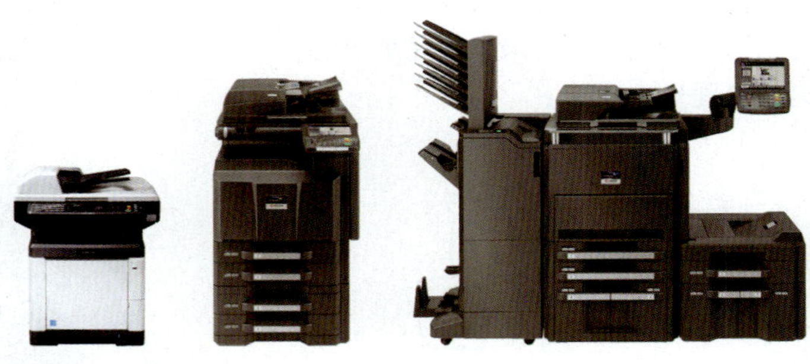

TASKalfa

| ECOSYS<br>打印机、多功能一体机 | TASKalfa<br>复合机 | MDS<br>(Managed Document Services) |
|---|---|---|
| 通过独创的 ECOSYS 理念为文档处理环境带来“环保性”与“经济效益”，并且实现环保的产品称为 ECOSYS。 | 为提高下一代文档工作以及办公室文档相关的所有业务（Task）的效率，最（alfa）有效的复合机称为 TASKalfa。 | 找出文档环境的问题，提出最适合客户的文档环境，由此为办公室提供新价值的一种服务。 |

东芝信息机器(杭州)有限公司是由东芝株式会社在杭州经济开发区出口加工区内设立的IT制造企业，2003年4月正式投产以来，全体员工本着“齐心协力、持续改善、精益求精”的企业精神，致力于笔记本电脑的研发和生产。

本公司于2002年成立，作为百年东芝品牌下的海外唯一的自制量产基地，继承东芝20多年笔记本电脑的设计制造技术及能力，向全世界提供高附加值高性能的笔记本电脑。2005年以来，通过90日为单位的短期革新PJ活动的持续不断的推进，实现了高品质产品的高效率生产。2013年7月23日勇夺由日本能率协会设立的“GOOD FACTORY奖”的“制造过程革新奖”。迄今为止全亚洲地区仅有11家企业获得此项殊荣。这是对本公司多年以来所做的革新成果的肯定。今后公司将继续在“精益求精”的理念下不断进步。同时2013年9月2日本公司检测中心获得了CNAS 认可（注册编号：L6383）。认可检测领域：信息技术和音频、视频类电子设备安全性能检测；电子电器产品及原料有毒有害物质检测；信息技术、电气照明、电动工具以及类似电器的电磁兼容检测。

面对多变多彩的市场，本公司以为全球客户提供优质IT产品为己任，积极创造更新、更高的TOSHIBA品牌价值。

10M法半电波暗室

总经理

本验“超极本”痛快

快速进程

芝Satellite U920t系列超极本，高达4GB DDR3速内存，迅捷回馈灵敏反应，让存储速率更创高；搭载256G SSD固态硬盘，从开机到桌面运，瞬间启动疾速唤醒，动静就在弹指间。

高清摄像

有的双摄像优势，更展现东芝Satellite U920t系滑盖平板超极本的强大！前置摄像头强大的人自动识别功能；后置摄像头，拍摄时可自动对，尽可满足视频会面，视频拍摄等不同需求。

WiDi技术，疾速连接不受“线”

从此摆脱家庭布线的烦恼，为全家呈现无线家庭影院！东芝Satellite U920t系列超极本，以领先的WiDi技术支持3D&1080P无线高清传输，通过WiDi接收器即完成无线连接。即使电脑在书房，全家也能在客厅的液晶电视上欣赏高清电影；坐在沙发上，抱着笔记本，无需任何线路即完成与电视机的连接，无线的快乐，无限享受。

玩转“滑盖”的智趣

一机二用 同步精彩

东芝Satellite U920t系列超极本不仅玩转触控操作，更实现触控和键盘同时操作，同步精彩！竞技游戏时，只需推展屏幕，二人便可即刻开展触控屏幕和键盘的同步操作，无论是协作还是比赛，更添一份乐趣，特配备背光键盘，黑夜中也清晰可键。

高歌呐喊 为胜利助威

更有震撼声响为竞技呐喊助兴！宛如低音炮的音效冲击，特别配备高品质立体声扬声器SRS Premium Sound 3D，特别针对音域视听进行了硬件、技术、软件的深度优化，让高音和低音完美融合，无论看电影、玩火爆游戏，都能领略出色音质。

铂金系列 Satellite U920t系列12.5”W

只有将“想”和“做”完美融合，才有了“触”和“滑”的华丽呈现！这是智慧与科技的较劲，更是梦想和激情的碰撞！来自东芝Satellite U920t系列超极本，一切只为更好，更新的体验！

# 富士施乐高科技（深圳）有限公司

董事长 **岡**地俊彦

富士施乐高科技(深圳)有限公司成立于1995年，是由国际知名企业“日本富士施乐株式会社”在深圳创建的现代化高科技大型企业，其注册资金3800万美元，投资总额5900万美元，现有职工8000余人。公司自创建以来，凭借集团雄厚的经济实力和强大的技术支持，为不断变化的全球市场提供着性能卓越的激光打印机、复印机、集打印，传真，扫描，复印四大功能于一体的多功能数码激光复合机、暗盒及相关零部件，产品全部出口到包括欧美、东南亚及日本在内的全球市场。公司在2012年实现了121亿人民币的销售额。

公司以追求卓越的企业品质为目标，先后通过了ISO9002及ISO9001:2000版国际质量管理体系认证。自成立以来公司获得各种奖项100余项，连年被政府授予“全国外商投资双优企业”、“深圳市劳动和谐关系企业”、“深圳市工业百强企业”等荣誉称号。

公司还一贯倡导节约能源、资源有效利用和废弃物循环使用，2000年11月取得了ISO14001环境管理体系认证，2003年取得了OHSAS18001职业安全卫生管理体系认证，2005年，被国家环境保护部授予“国家环境友好企业”光荣称号。2007年3月，公司正式被国家安全生产监督总局核准为“机械制造行业国家安全质量标准化一级企业”。2011年荣获日本能率协会颁发的Good Factory的CSR贡献奖。

公司十分热心社会公益事业，先后在全国多所大中院校设立了“富士施乐奖学金”，在甘肃省敦煌市偏远地区捐资兴建“富士施乐希望小学”，在河北省滦平县、云南省会泽县捐建了两所富士施乐环保小学，将环保理念的宣教融入到扶贫助学活动中。

“扎根深圳，创建真正的冠军企业”，经过十多年的苦心磨练，富士施乐高科技（深圳）有限公司凭借不断推进的改革活动、先进的信息化管理、强大的生产能力、完善的产品质量，生产规模不断扩大，现已成为了富士施乐集团在海外的最大生产基地。公司将继续以建立被客户和社会所信赖的“以人为本”的“强大、亲和、愉悦”的一流企业为宗旨，为地区社会和文化的发展做出应有的贡献。

源于瑞典的伊莱克斯家用电器集团成立于1919年，始终专注于家用电器领域，有着近百年的专业研发和制造经验。

1901年伊莱克斯公司的前身LUX有限公司在瑞典斯德哥尔摩成立；1908年伊莱克斯电器公司创始人Aelx Wenner-Gren在奥地利维也纳街头灵光一闪产生了要让“每户家庭都该拥有一台吸尘器来清洁住所”的想法，并开始与朋友一起研发家用真空吸尘器；1910年Elektromekaniska在瑞典成立，开始从事电器的开发和研制；1912年Aelx Wenner-Gren开发并销售世界第一台家用真空吸尘器Lux1；1919年Elektromekaniska有限公司与Lux有限公司合并，伊莱克斯(Electrolux)公司正式成立。

经过90多年的发展，总部位于瑞典斯德哥尔摩的伊莱克斯家用电器集团已经成为全球最大的家用电器和商用电器的领导者之一，每年在全球150多个国家和地区销售超过4000万件产品，2010年全球销售额超1000亿瑞典克朗。2010年在全球家电市场份额占10%以上。2010年伊莱克斯在欧洲家电市场的份额近20%，北美家电市场的份额超过21%，在澳洲则占据了将近42%。优异的市场表现使伊莱克斯家用电器集团连续多年的被《财富》杂志评选为全球500强企业。

截止2010年，伊莱克斯在全球60多个国家拥有52000多名员工。并在6个国家设立了全球研发中心，配置了150多名研发专家，以满足消费者需求为核心，从外观设计到功能开发来对产品进行研制和开发。

目前伊莱克斯旗下近50个家电品牌的产品覆盖了从冰箱、洗衣机、空调、烟机、灶具、消毒柜、电热水器、吸尘器等各种大小家用电器到各种商用烹饪、洗涤和冷冻设备等。凭借这些在各国享有盛誉、乃至蜚声世界的品牌和产品,伊莱克斯将全球最高的家电科技与本地消费需求有效结合，立足当地、汲取各国文化精华，赢得了世界各地消费者的信赖与推崇。

# 日出东方 日出东方太阳能股份有限公司

连云港市市长杨省世、日出东方董事长徐新建一起为日出东方鸣锣开市

洛阳基地

兖州基地

日出东方太阳能股份有限公司致力于太阳能热水器、太阳能热水工程系统、太阳能采暖系统以及太阳能制冷空调系统等太阳能热利用产品的研发、生产与销售，拥有“太阳雨”、“四季沐歌”两个中国驰名商标，是全球太阳能热利用领军企业，外贸出口遥遥领先。2012年5月21日，日出东方在上交所A股主板成功上市，成为中国光热行业第一股。

目前，公司在全国建立了北京、江苏、山东、河南、广东五个生产基地。产品销售覆盖了国内30 多个省份、自治区、直辖市以及海外100 多个国家和地区。具备多类型太阳能热水器及集热系统产品的制造能力和完善的工艺技术，已完全实现太阳能热利用全产业链的生产制造，并且能够同时研制生产全玻璃真空集热管、全玻璃热管、玻璃金属封接热管和平板集热器四种具有自主知识产权的核心集热部件。

公司是国家发改委、科技部、财政部、海关总署以及国家税务总局联合认定的“国家认定企业技术中心”，设有国家级“博士后科研工作站”，与北京大学、东南大学等多所国内知名院校建立了横向的“产、学、研”合作关系。拥有多项国家专利和非专利技术，是《民用建筑太阳能热水系统评价标准》等14项国家标准以及《环境标志产品技术要求家用太阳能热水系统》行业标准的起草单位之一 。

公司视产品质量为企业生命，建立了一套完善的质量管理体系，对产品设计开发、生产、安装和服务实施全过程标准化的管理和控制。先后通过了ISO9001、ISO14001、OHSAS18001及国家强制性产品认证等一系列认证。公司的检测中心也于2011年被认定为CNAS认可实验室，先后通过欧盟、美国、加拿大等多个国家和地区的国际产品认证。

公司秉承“创世界名牌，做百年企业”的企业愿景，奉行“健康可持续发展”的企业发展观，积极践行社会责任，在全球范围内推广可再生能源，实现“让阳光改变生活，用绿色还原世界”的企业使命。

太阳能行业内首家全国企业文化建设示范基地

日出东方年度员工大会

连云港基地

自动化平台

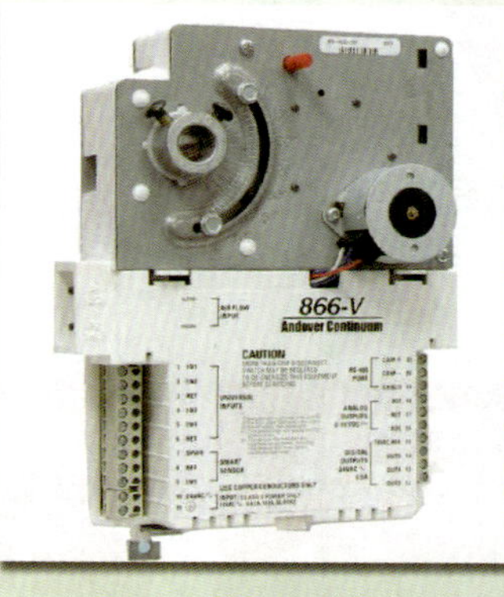

空调变风量控制器

平板电脑

自动化表面贴装生产线

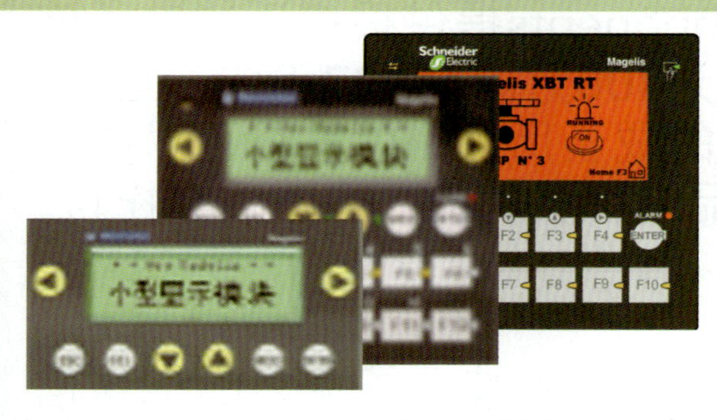

小型文本及半图形终端

面向新市场的图形终端

小型图形终端

三星Smart TV F8000

# SAMSUNG 三星电子有限公司

## 企业风采

三星电子有限公司是全球科技行业的领导者，致力于为世界各地消费者创造更多全新可能。通过持续不断的创新和探索，公司凭借在电视、智能手机、个人电脑、打印机、相机、家电，医疗设备，半导体和LED解决方案等领域的深厚积累，正在引领全球的智能化发展。从1973年推出首台黑白电视至今，三星积累了40年的电视研发、制造经验。

作为全球电视行业领导者，三星历来注重产品创新，每推出一个电视品类，就引导了整个市场潮流。而在这个过程中，三星一直以用户需求为导向，力争创造更震撼、更充分的家庭娱乐生活。2009年，三星面向全球首推LED电视，画质更好、更节能的LED电视大红大紫。2010年，三星首推3D LED电视，为用户带来更震撼的视觉享受，开创了3D电视元年，目前3D几乎成为电视标配。2011年，三星率先推出Smart TV，开启智能电视元年，三星将智能电视定义为一种生活方式，便捷的操作、丰富的应用将为用户带来更便捷、更充分的娱乐；2012年，三星Smart战略继续深化完善，通过智能内容（Smart Content）、智能互动（Smart Interaction）以及智能升级（Smart Evolution），将未来电视呈现于当下。2013年，三星S9、F8000、F9000等经典产品的上市再一次以超高品质震撼业界，并首创智能升级概念，让电视实现硬件、软件的自动升级。三星电视定位于高端市场，为消费者打造高品质、优秀性能的电视产品，以多样化的产品满足不同消费者的需求。在产品、技术上不断创新，始终保持电视市场的领先地位。三星电视已连续七年保持全球销量第一，2012年在中国平板电视市场也取得了市场占有率第一的位置。未来发展中，三星将继续以智能电视为统领，通过内容和应用服务的强化以及在高端市场的持续发力，强化三星电视的高端形象，实现智能电视市场占有率的持续提升。

## F8000产品资料

F8000是三星电视2013年旗舰款新品，拥有出色的节能效果，能效指数达到2.5，采用LED背光源，比传统的CCFL背光源更加节能环保，另外所配备的Eco环境感应器能够感知周围环境亮度，从而提高或降低电视屏幕亮度，达到动态节能效果。此款不仅节能效果出众，而且拥有时尚的外观设计，强大的智能功能和精细的画质表现。

功能特点：

☆ 智能画质提升：Video Purifier图像增强技术可将不同片源的视频进行画质提升，拥有更好的观看体验。

☆ 丰富的智能内容：拥有和丰互联网电视、微博、多米音乐等有趣实用的APP，并可通过手势进行部分游戏和应用的操作，带来令人欣喜的智能体验。

☆ 智能互动2.0，用户能使用更多的语音指令和更自然的手势操控电视，同时可以双手操作，放大、缩小及旋转图片。

☆ F8000的智能升级功能，可以在未来使用智能升级卡对电视进行升级，不用更换电视即可享受最新功能。

节能成效预估：F8000拥有2.5的节能指数，能够实现很好地节能效果，低碳、省电，无论是对家庭的支出还是对环境的保护都非常有利。

# 青岛康大食品有限公司

青岛康大食品有限公司拥有“肉兔、肉鸡和调理食品”三大产业链。公司先后被评为中国食品工业企业100强、中国肉类加工企业50强、山东省肉类食品行业10强。拥有肉鸡、肉兔、水产、偶蹄动物等12个出口检疫代号。实现了对日本、韩国、瑞士、欧盟和美国等多国注册，产品畅销日、韩、欧盟、北美等50多个国家和地区。“嘉府”牌兔肉制品荣获“山东名牌”荣誉称号，“康大现代餐”荣获中国驰名商标。2006年10月9日，公司在新加坡证交所主板上市（股票代码P74），2008年12月22日，公司在香港证交所主板上市（股票代码00834），成为山东省首个在境外双上市的企业。

肉兔产业是公司发展的主导产业，从2004年开始，经过多年的发展，现已形成集良种繁育、商品兔养殖、肉兔生产加工和贸易一体的全产业链运作体系，并先后在吉林、河北和重庆建立了养殖和加工基地，初步完成了产业布局。

2008年公司被农业部指定为“国家兔产业技术体系青岛综合试验站”建设依托单位；

2009年公司发起成立了“亚洲兔产业协会（Asian Rabbit Production Association, ARPA.）”，并在2013年连任主席单位；

2010年公司技术中心被国家发展与改革委员会等五部委评为“国家认定企业技术中心”；

2011年公司与山东农业大学合作培育的国内首个具有自主知识产权的肉兔配套系良种“康大肉兔配套系”获得三个国家新品种证书，结束了国内长期依赖国外良种的历史；

2012年公司联合国内行业领先的20余家大学、研究所和企业发起成立了全国“家兔产业技术创新战略联盟”；

2013年经农业部审批成立了“农业部兔遗传育种与繁育企业重点实验室”，继续在遗传育种领域深入研发。

公司投资千万元建立了1200平方米的检测中心，拥有液相色谱-串联质谱仪、电感耦合等离子体质谱仪、气质联用仪、超高效液相色谱、气相色谱仪、液相色谱仪等大型分析检测仪器，整体检测能力位居国内同类企业前列。能够开展微生物、重金属、农、兽药残留、毒素检测和营养指标检测等共计371个检测项目。2007年12月份顺利通过中国合格评定国家认可委员会（CNAS）认可，2013年通过了复评审现场审核。企业先后通过ISO9001国际质量体系认证、ISO14001国际环境管理体系认证和HACCP国际食品安全控制体系认证，有力保障了食品安全。2013年被青岛市政府列入食品安全信得过企业红名单。

公司已经建成“中国最大的肉兔良种繁育基地”、“中国最先进的肉兔标准化养殖基地”和“中国最大的肉兔生产出口基地”。公司兔肉出口量占全国出口总量的65%以上，占世界兔肉出口总量的17%以上，成为“中国兔业第一品牌”和亚洲最大的兔肉食品专业供应商。

# 中国印钞造币总公司

中国印钞造币总公司是直属中国人民银行总行领导的、国家唯一的法定货币生产企业，下属二十余家大中型企业和一个国家级技术中心，主要从事印钞、造币、钞票纸、银行信用卡的研制生产、印钞造币专用机械与银行机具的设计制造、高纯度金银精炼和印制增值税专用发票、有价证券、银行专用票据、高级防伪证书等方面的生产经营活动。集团员工2万多人，净资产总额220亿元，是世界上整体规模较大的货币生产企业之一。

为增强整体技术实力和国际竞争能力，中国印钞造币总公司大力加强硬件基础设施建设，积极开展国家认可实验室工作。截至2012年底，中国印钞造币总公司共建立了5个国家认可实验室：成都长城金银精炼厂分析检测中心、上海印钞有限公司技术中心检测实验室、上海造币有限公司理化实验室、沈阳造币技术研究所金银制品检验中心、银行卡检测中心/北京银联金卡科技有限公司。

上海造币有限公司理化实验室认可证书及测量审核结果证书

国家认可试验室的建立促进了资源优化，有利于提高管理水平和技术水平。在"十二五"期间及更长时期内，中国印钞造币总公司将以公正的行为、科学的手段、准确的结果，更好地为企业和社会服务，为企业发展提供技术支撑。

上海印钞有限公司技术中心检测实验室认可评定会

中国人民银行副行长李东荣（中排左一）视察银行卡检测中心

# 中国人民银行清算总中心支付系统开发中心

中国人民银行清算总中心支付系统开发中心属中国人民银行直属事业单位的职能部门，面向中国现代化支付系统的建设和维护，承担支付系统系列产品的检测任务。

开发中心检测实验室（以下简称“实验室”）始建于2006年。该实验室依据CNAS-CL01：2006和CNAS-CL20：2006的要求建立了包含四个层次的质量管理体系。

实验室在2012年5月实施了功能性测量审核(MA1001)，取得满意结果。在2012年9月17日~18日组织进行了内审，2012年10月10日进行了管理评审，对实验室的测试和管理工作进行了总结和评审。在2013年8月24~25日由中国合格评定国家认可委员会组织的实验室现场评审过程中，评审专家认为实验室质量管理体系的运行符合认可准则及其应用说明的要求，管理体系运行有效。

开发中心不仅在软件检测方面拥有国内外较强的专业人才和基础设施，同时在软件产品研发、过程管理方面拥有一套完整的管理体制。在2013年7月顺利通过了CMMI ML5正式评估（CMMI-DEV V1.3），获得了CMMI Maturity Level5证书。

开发中心依据国家相关法律法规、国际标准、建立了内部有效的项目管理和测试程序规范，对软件过程中各个活动加以有效控制并通过管理评审、技术验证等方式及时发现、解决体系运行中的问题，确保了工作的科学性、准确性、公正性，使管理体系不断健全和完善，为支付系统的建设提供了有力的支持。

PACT Process Assessment, Consulting & Training

On July 16, 2013
a SCAMPI℠ Class A appraisal determined that

R&D Center of China National Clearing Center
People's Bank of China

was performing at

Maturity Level 5

as defined by the SEI CMMI℠ Version 1.3

Patrick O'Toole, Team Leader
SEI SCAMPI Lead Appraiser
ID No. 0100057-00
Process Assessment, Consulting & Training

CMMI, Capability Maturity Model Integration, and SCAMPI are service marks of Carnegie Mellon University.

地址：北京市海淀区阜成路18号华融大厦1层
电话：010-51709500
传真：010-51709518

# 国家认监委2012年第二季度认证机构及自愿性认证证书信息公告

2012年第22号

现将2012年第二季度的认证机构及自愿性认证证书信息公告如下：

一、经批准的认证机构名称和业务范围（附件1）；

二、自愿性认证各领域证书情况统计表（附件2）；

三、自愿性认证各领域（按地域）当前有效证书统计表（附件3）；

四、自愿性认证各领域（按地域）本季度新增证书情况统计表（附件4）。

如需了解数据中的详细信息内容，可登录国家认监委网站（www.cnca.gov.cn）查询专区中的“认证机构名录”、“中国食品农产品认证信息系统”和“管理体系与自愿性产品认证证书公众查询”栏目。

附件：1. 经批准的认证机构名称和业务范围（略）

2. 自愿性认证各领域证书情况统计表

3. 自愿性认证各领域（按地域）当前有效证书统计表

4. 自愿性认证各领域（按地域）本季度新增证书情况统计表

二〇一二年八月二十一日

**附件：**

## 自愿性认证各领域证书情况统计表

2012年6月　　单位：个

| 认证领域和认证类别 | 标准类型／认证规范 | 本月新增 | 本季度新增 | 当前有效 |
|---|---|---|---|---|
| 质量管理体系认证（QMS） | — | 8 352 | 32 283 | 322 746 |
| GB/T 19001—2008 | GB/T 19001—2008 | 7 673 | 29 204 | 294 367 |
| TL 9000 | TL 9000 电讯业质量管理体系 | 4 | 13 | 171 |
| ISO 13485 | ISO 13485 医疗器械质量管理体系 | 48 | 124 | 1 531 |
| TS 16949 | TS 16949 汽车行业实施 ISO 9001 特殊要求 | 52 | 786 | 15 374 |
| GB/T 50430—2007 | 建筑施工领域质量管理体系认证 | 575 | 2 156 | 11 303 |
| 环境管理体系认证（EMS） | GB/T 24001—2004/ISO 14001:2004 | 1 982 | 7 783 | 76 746 |
| 职业健康安全管理体系认证（OHSMS） | GB/T 28001—2001 | 1 082 | 4 288 | 42 040 |
| 危害分析与关键控制点管理体系认证（HACCP） | — | 154 | 19 | 5 736 |
| 食品安全管理体系认证（FSMS） | GB/T 22000—2006/ISO 22000:2005 | 322 | 906 | 8 398 |
| 测量管理体系认证（MMS） | GB/T 19022—2003/ISO 10012:2003 | 22 | 72 | 1 418 |
| 信息安全管理体系认证（ISMS） | GB/T 22080—2008/ISO/IEC 27001:2005 | 117 | 249 | 1 281 |

续表

| 认证领域和认证类别 | 标准类型／认证规范 | 本月新增 | 本季度新增 | 当前有效 |
|---|---|---|---|---|
| 软件过程及能力成熟度评估（SPCA） | SJ/T 11234 或 SJ/T 11235 | | | 15 |
| 良好农业规范（GAP）认证 | GB/T 20014.1~24 | 17 | 60 | 604 |
| 有机产品认证 | GB/T 19630 | 291 | 732 | 10 655 |
| 食品质量认证 | — | 7 | 12 | 164 |
| 绿色市场认证 | GB/T 19220; GB/T 19221 | | 5 | 147 |
| 无公害农产品认证 | — | | 1 695 | 69 531 |
| 绿色食品认证 | — | | 295 | 17 078 |
| 饲料产品认证 | — | | | 18 |
| 乳制品 GMP 认证 | — | 8 | 22 | 80 |
| 乳制品 HACCP 认证 | — | | 2 | 5 |
| 其他自愿性认证 | — | 2 327 | 7 709 | 134 312 |
| | 合计 | 14 681 | 56 632 | 690 974 |

## 自愿性认证各领域（按地域）当前有效证书统计表

2012 年 6 月　　单位：个

| 地域 | 质量管理体系 | 环境管理体系 | 职业健康安全管理体系 | 食品安全管理体系 | 危害分析与关键控制点管理体系 | 测量管理体系 | 信息安全管理体系 | 软件过程及能力成熟度评估 | 良好农业规范认证 | 有机产品认证 | 食品质量认证 | 绿色市场认证 | 无公害农产品认证 | 绿色食品认证 | 饲料产品认证 | 其他（不包括乳制品） |
|---|---|---|---|---|---|---|---|---|---|---|---|---|---|---|---|---|
| 合计 | 322 746 | 76 746 | 42 040 | 8 398 | 5 736 | 1 418 | 1 281 | 15 | 604 | 10 655 | 164 | 147 | 69 531 | 17 078 | 18 | 134 312 |
| 北京 | 18 412 | 5 542 | 4 003 | 446 | 162 | 24 | 141 | 5 | 13 | 506 | 14 | 8 | 2 075 | 139 | | 2 132 |
| 天津 | 7 135 | 1 647 | 967 | 180 | 91 | 56 | 14 | | 3 | 72 | 8 | 3 | 649 | 122 | | 632 |
| 河北 | 10 743 | 2 131 | 1 503 | 249 | 168 | 41 | 3 | 1 | 17 | 375 | 8 | 4 | 2 617 | 1 109 | | 1 238 |
| 山西 | 3 789 | 880 | 671 | 72 | 75 | 15 | 5 | | 7 | 251 | 2 | 2 | 1 385 | 55 | | 336 |
| 内蒙古 | 2 131 | 560 | 426 | 158 | 203 | 9 | 2 | | 3 | 389 | | 1 | 1 701 | 317 | | 96 |
| 辽宁 | 13 171 | 2 525 | 1 631 | 355 | 428 | 32 | 41 | | 11 | 567 | 2 | 3 | 2 961 | 704 | | 816 |
| 吉林 | 3 560 | 636 | 380 | 170 | 76 | 20 | 5 | | 6 | 637 | | 2 | 2 029 | 289 | | 228 |
| 黑龙江 | 4 029 | 910 | 753 | 276 | 97 | 9 | 28 | | 29 | 1 082 | 2 | 1 | 8 989 | 1 158 | | 130 |
| 上海 | 24 182 | 4 803 | 2 134 | 417 | 291 | 16 | 141 | 1 | 31 | 137 | 4 | 3 | 2 909 | 150 | | 4 689 |
| 江苏 | 49 818 | 11 619 | 4 844 | 887 | 308 | 145 | 442 | 1 | 39 | 530 | 2 | 13 | 11 615 | 1 660 | | 16 789 |

续表

| 地域 | 质量管理体系 | 环境管理体系 | 职业健康安全管理体系 | 食品安全管理体系 | 危害分析与关键控制点管理体系 | 测量管理体系 | 信息安全管理体系 | 软件过程及能力成熟度评估 | 良好农业规范认证 | 有机产品认证 | 食品质量认证 | 绿色市场认证 | 无公害农产品认证 | 绿色食品认证 | 饲料产品认证 | 其他（不包括乳制品） |
|---|---|---|---|---|---|---|---|---|---|---|---|---|---|---|---|---|
| 浙江 | 35 867 | 8 396 | 3 861 | 680 | 356 | 224 | 106 | 1 | 88 | 923 | 3 | 30 | 5 419 | 1 005 | 1 | 32 247 |
| 安徽 | 7 929 | 1 911 | 1 275 | 216 | 158 | 134 | 6 |  | 38 | 309 | 6 | 4 | 1 395 | 1 132 |  | 1 714 |
| 福建 | 8 762 | 2 504 | 1 174 | 364 | 330 | 223 | 17 | 1 | 78 | 311 | 4 |  | 1 609 | 481 | 15 | 3 877 |
| 江西 | 3 720 | 863 | 526 | 122 | 62 | 25 | 29 |  | 22 | 222 |  | 2 | 1 016 | 493 |  | 466 |
| 山东 | 21 209 | 5 541 | 3 446 | 1 092 | 988 | 81 | 58 |  | 45 | 1 001 | 24 | 15 | 3 929 | 2 420 |  | 3 451 |
| 河南 | 8 902 | 2 033 | 1 575 | 216 | 201 | 4 | 22 | 2 | 5 | 150 | 9 | 2 | 2 399 | 345 |  | 789 |
| 湖北 | 8 539 | 1 895 | 1 404 | 231 | 87 | 16 | 9 |  | 11 | 246 | 9 | 2 | 2 368 | 1 338 |  | 838 |
| 湖南 | 5 870 | 1 386 | 1 010 | 146 | 94 | 15 | 7 |  | 14 | 143 | 5 | 1 | 1 885 | 944 |  | 389 |
| 广东 | 47 615 | 12 441 | 3 976 | 866 | 449 | 69 | 132 | 2 | 25 | 360 | 7 | 36 | 2 112 | 563 |  | 33 567 |
| 广西 | 3 018 | 640 | 489 | 245 | 80 | 37 | 1 |  | 6 | 172 | 3 |  | 938 | 145 |  | 245 |
| 海南 | 620 | 162 | 113 | 59 |  |  |  |  | 12 | 40 |  |  | 267 | 18 |  | 16 |
| 重庆 | 6 093 | 1 088 | 789 | 66 | 44 | 1 | 10 |  | 3 | 128 | 2 |  | 1 152 | 255 |  | 782 |
| 四川 | 10 773 | 2 522 | 1 812 | 293 | 247 | 53 | 28 | 1 | 47 | 602 | 29 | 3 | 2 637 | 790 | 2 | 1 212 |
| 贵州 | 1 854 | 546 | 483 | 109 | 56 | 76 | 1 |  | 2 | 247 |  | 1 | 1 160 | 75 |  | 165 |
| 云南 | 2 952 | 754 | 682 | 176 | 109 | 8 | 2 |  | 17 | 337 | 5 |  | 813 | 460 |  | 208 |
| 西藏 | 160 | 54 | 43 | 13 | 11 |  |  |  |  | 7 |  |  | 88 | 3 |  | 10 |
| 陕西 | 5 676 | 1 089 | 885 | 80 | 130 | 61 | 31 |  | 11 | 263 | 6 | 1 | 967 | 136 |  | 391 |
| 甘肃 | 1 794 | 422 | 353 | 61 | 117 | 6 |  |  | 1 | 69 | 4 | 1 | 507 | 299 |  | 147 |
| 青海 | 426 | 96 | 78 | 13 | 32 | 1 |  |  |  | 33 |  |  | 41 | 51 |  | 16 |
| 宁夏 | 867 | 321 | 239 | 79 | 59 | 6 |  |  | 1 | 73 |  | 9 | 764 | 209 |  | 61 |
| 新疆 | 1 840 | 537 | 497 | 57 | 216 | 11 |  |  | 19 | 382 | 6 |  | 1 129 | 211 |  | 196 |
| 澳门 | 30 | 11 | 1 |  |  |  |  |  |  | 1 |  |  |  |  |  | 6 |
| 香港 | 932 | 239 | 8 | 3 | 2 |  |  |  |  | 16 |  |  |  |  |  | 7 627 |
| 台湾 | 72 | 6 | 4 | 1 | 1 |  |  |  |  | 4 |  |  |  |  |  | 3 403 |
| 国外 | 256 | 36 | 5 |  |  |  |  |  |  | 70 |  |  | 6 | 2 |  | 15 403 |

注：表中数据为当前有效数。

## 自愿性认证各领域（按地域）本季度新增证书情况统计表

2012 年 6 月

单位：个

| 地域 | 质量管理体系 | 环境管理体系 | 职业健康安全管理体系 | 食品安全管理体系 | 危害分析与关键控制点管理体系 | 测量管理体系 | 信息安全管理体系 | 软件过程及能力成熟度评估 | 良好农业规范认证 | 有机产品认证 | 食品质量认证 | 绿色市场认证 | 无公害农产品认证 | 绿色食品认证 | 饲料产品认证 | 其他产品认证 |
|---|---|---|---|---|---|---|---|---|---|---|---|---|---|---|---|---|
| 合计 | 32 283 | 7 783 | 4 288 | 906 | 519 | 72 | 249 |  | 60 | 732 | 12 | 5 | 1 695 | 295 |  | 7 709 |
| 北京 | 1 831 | 562 | 400 | 57 | 7 |  | 14 |  | 1 | 31 |  |  | 86 | 1 |  | 176 |
| 天津 | 682 | 170 | 112 | 18 | 11 | 7 | 1 |  | 1 | 3 |  |  | 70 |  |  | 17 |
| 河北 | 1 151 | 214 | 150 | 36 | 15 |  |  |  |  | 10 | 2 |  | 56 | 24 |  | 86 |
| 山西 | 378 | 73 | 53 | 8 | 6 |  |  |  |  | 13 |  | 1 | 108 |  |  | 67 |
| 内蒙古 | 202 | 52 | 39 | 21 | 14 | 1 |  |  | 1 | 14 |  |  | 29 | 1 |  | 19 |
| 辽宁 | 1 264 | 264 | 176 | 56 | 47 |  | 7 |  |  | 49 |  | 1 | 34 | 4 |  | 34 |
| 吉林 | 349 | 54 | 36 | 18 | 8 |  |  |  | 1 | 14 |  |  | 13 | 10 |  | 10 |
| 黑龙江 | 353 | 65 | 56 | 22 | 9 | 2 | 11 |  | 3 | 45 |  |  | 24 | 19 |  | 3 |
| 上海 | 2 292 | 425 | 217 | 42 | 36 | 2 | 25 |  | 1 | 22 |  |  |  |  |  | 343 |
| 江苏 | 5 231 | 1 140 | 496 | 92 | 20 | 7 | 78 |  | 8 | 65 |  |  | 376 | 19 |  | 777 |
| 浙江 | 3 520 | 810 | 375 | 64 | 24 | 9 | 33 |  | 4 | 108 |  | 1 | 364 | 27 |  | 2 022 |
| 安徽 | 826 | 233 | 154 | 29 | 17 | 1 | 1 |  | 3 | 23 |  |  | 24 | 20 |  | 60 |
| 福建 | 892 | 273 | 142 | 48 | 24 |  | 6 |  | 10 | 38 |  |  | 13 | 18 |  | 449 |
| 江西 | 386 | 110 | 55 | 22 | 5 | 1 | 7 |  | 8 | 17 |  |  | 61 | 10 |  | 21 |
| 山东 | 2 193 | 603 | 361 | 133 | 108 | 14 | 26 |  | 2 | 61 | 6 |  | 35 | 44 |  | 320 |
| 河南 | 1 082 | 244 | 185 | 18 | 25 |  | 13 |  |  | 8 | 3 | 1 | 1 | 5 |  | 8 |
| 湖北 | 781 | 164 | 121 | 24 | 3 | 1 | 1 |  | 4 | 18 |  |  | 3 | 11 |  | 39 |
| 湖南 | 586 | 159 | 102 | 14 | 9 | 3 | 3 |  |  | 15 |  |  | 19 | 17 |  | 43 |
| 广东 | 4 830 | 1 301 | 397 | 65 | 35 | 4 | 13 |  | 3 | 30 | 1 |  | 4 | 1 |  | 1 627 |
| 广西 | 230 | 96 | 80 | 22 | 6 | 2 | 1 |  | 1 | 12 |  |  | 25 | 13 |  | 16 |
| 海南 | 26 | 7 | 8 | 5 |  |  |  |  | 4 | 2 |  |  | 18 |  |  | 2 |
| 重庆 | 599 | 141 | 95 | 6 | 3 |  | 2 |  |  | 1 |  |  | 6 |  |  | 33 |
| 四川 | 1 050 | 266 | 191 | 23 | 22 | 5 | 1 |  |  | 51 |  | 1 | 25 | 14 |  | 78 |
| 贵州 | 178 | 53 | 46 | 9 | 3 | 11 | 1 |  | 1 | 27 |  |  | 19 |  |  | 11 |
| 云南 | 255 | 84 | 69 | 22 | 14 |  | 1 |  | 1 | 18 |  |  | 37 | 27 |  | 26 |
| 西藏 | 6 | 3 | 1 |  |  |  |  |  |  |  |  |  |  |  |  |  |
| 陕西 | 549 | 80 | 66 | 7 | 12 |  | 4 |  |  | 5 |  |  | 116 | 4 |  | 21 |
| 甘肃 | 130 | 39 | 31 | 5 | 6 |  |  |  |  | 3 |  |  |  | 4 |  | 11 |
| 青海 | 33 | 4 | 4 | 2 | 1 |  |  |  |  | 3 |  |  | 4 |  |  |  |

续表

| 地域 | 质量管理体系 | 环境管理体系 | 职业健康安全管理体系 | 食品安全管理体系 | 危害分析与关键控制点管理体系 | 测量管理体系 | 信息安全管理体系 | 软件过程及能力成熟度评估 | 良好农业规范认证 | 有机产品认证 | 食品质量认证 | 绿色市场认证 | 无公害农产品认证 | 绿色食品认证 | 饲料产品认证 | 其他产品认证 |
|---|---|---|---|---|---|---|---|---|---|---|---|---|---|---|---|---|
| 宁夏 | 102 | 31 | 26 | 13 | 4 | | | | | | | | 60 | 1 | | |
| 新疆 | 188 | 48 | 42 | 5 | 25 | 2 | | | 3 | 7 | | | 64 | 1 | | 18 |
| 台湾 | 9 | | 1 | | | | | | | 12 | | | | | | 233 |
| 香港 | 76 | 10 | 1 | | | | | | | 7 | | | | | | 206 |
| 澳门 | 3 | | | | | | | | | | | | | | | |
| 国外 | 20 | 5 | | | | | | | | | | | 1 | | | 933 |

注：表中数据为本季度新增数。

# 国家认监委关于亚太国际认证有限公司非法开展认证活动的公告

2012年第23号

经查证，亚太国际认证有限公司未经国家认监委批准，擅自在中国境内从事认证活动并颁发质量管理体系认证证书。其行为违反了《中华人民共和国认证认可条例》的规定，属非法认证。

国家认监委提醒社会各界，选择经国家批准的合法认证机构提供认证服务。合法的认证机构名录可从国家认监委官方网站查询。欢迎各认证申请单位在申请认证的同时，也对认证机构的资质及其行为进行监督。发现非法从事认证活动的机构，可向所在地出入境检验检疫局、质量技术监督局或国家认监委举报，共同维护我国认证市场的健康发展。

特此公告。

二〇一二年九月二十日

# 国家认监委关于注销广东加华美认证有限公司认证机构批准书的公告

2012年第24号

广东加华美认证有限公司是国家认证认可监督管理委员会于2008年批准设立的从事一般工业产品认证（出口产品）的认证机构（批准号CNCA-RF-2008-51），认证机构批准书有效期至2012年8月28日。因其未在认证机构批准书到期之前提交延续有效期的申请，经国家认证认可监督管理委员会研究，决定注销广东加华美认证有限公司的认证机构批准书。自注销之日起，广东加华美认证有限公司不再具有认证资质。

持有广东加华美认证有限公司颁发的有效认证证书的企业，可按照自愿原则选择经国家认证认可监督管理委员会批准的具有相关认证业务资格的认证机构转换认证证书。

特此公告。

二〇一二年十月十二日

# 国家认监委关于拟指定/调整承担强制性产品认证相关任务的认证机构和实验室的公告

2012年第25号

为方便企业申请认证，合理利用检测资源，根据工作需要，我委将于近日依据《认证认可条例》和《强制性产品认证机构、检查机构和实验室管理办法》（国家质检总局65号令）的有关规定，按照“合理布局，便利企业；总量控制，适度竞争；能力优先，综专结合”的方针，补充指定承担强制性产品认证相关任务的认证机构和实验室，现将相关信息公告如下：

一、指定原则

（一）公开公正，公平竞争，择优使用，资源合理利用。

（二）同等条件下，优先考虑有CCC产品认证经验的认证机构、认证与检测一体化的认证机构和产业集中地的认证机构。

（三）同等条件下，优先考虑有CCC产品检测经验的实验室和承担CCC认证相关标准制修订工作的专业实验室。

二、拟指定认证机构、实验室的业务领域、地域及数量详见附件1。

三、受理指定的申请条件

（一）申请从事强制性产品认证活动的认证机构，应当具备下列条件：

1. 依照条例规定设立，具有相应领域2年以上认证经历或者颁发相关产品认证证书20份以上；

2. 取得国家确定的认可机构的认可；

3. 在申请前6个月内无不良记录；

4. 本机构的法人性质、产权构成和组织结构等能够保证其强制性认证活动的客观公正；

5. 具备能够公正、独立和有效地从事强制性产品认证活动的技术与管理能力；

6. 具备从事强制性产品认证活动所需要并且可以独

立调配使用的检测、检查资源，拥有与强制性产品认证工作任务相适应的符合条例规定的认证人员和稳定的财力资源。

（二）申请从事强制性产品认证检测活动的实验室，应当具备下列条件：

1. 具有法律、行政法规规定的基本条件和能力，并经依法认定；

2. 获得资质认定并具有相关领域检测经验，从事检测工作 2 年以上或者对外出具相关产品检测报告 20 份以上；

3. 取得国家确定的认可机构的认可；

4. 在申请前 6 个月内无不良记录；

5. 本单位的法人性质、产权构成以及组织结构能够保证其公正、独立地实施检测活动；

6. 具备承担相应产品认证检测活动所需的全部设备、设施，或者经相关设备、设施所有权单位的授权，可以独立使用设备、设施；

7. 检测人员接受过与其承担的相应产品认证检测所必需的教育和培训，并掌握相关的标准、技术规范和强制性产品认证实施规则的要求，具备必要的产品检测能力。

四、指定工作安排

（一）符合本公告第三项所述条件并愿意承担相应认证或检测任务的认证机构和实验室，请于 2012 年 11 月 16 日 17:00 前（以收到为准）将填写完成的申请书及电子版（申请表格见附件 2）寄送国家认监委，并请注意以下事项：

1. 申请多个《拟指定认证机构、实验室的业务领域、地域及数量表》指定序号或者同一指定序号多行所列认证或检测任务的认证机构、实验室的，应按每一指定序号、每行对应要求分别填写申请书。

2. 各申请机构应确保申请材料的真实性，如发现存在虚假、瞒报等情况的，一律取消指定资格，后果自负。

3. 为保证工作秩序，我委不受理直接上门报送材料；寄送材料推荐使用 EMS 邮政特快专递，由质检总局收发室统一收取。

（二）2012 年 11 月 19 日至 11 月 30 日，国家认监委对申请机构提交的书面材料进行审查，提出初审意见，并将初审意见反馈给申请机构。

（三）2012 年 12 月 3 日至 12 月 14 日，国家认监委组织专家进行评审，并提出评审结论。需要时，国家认监委将组织专家进行现场调查，本阶段所需时间将相应延长。

（四）2012 年 12 月 28 日前，国家认监委确定并公布本次指定认证机构和实验室的名录及业务范围。需要进行现场调查时，本阶段完成时间将相应顺延。

（五）申请机构对指定决定有异议的，自指定名录公布之日起 15 个工作日内向国家认监委提出书面申诉和投诉。

五、信息咨询及联络

（一）电气电子类联系人：邱磊

电话：010-82262779

E-mail：qiul@cnca.gov.cn

（二）非电气电子类联系人：薛岩

电话：010-82262741

E-mail：xuey@cnca.gov.cn

（三）邮寄地址

北京市海淀区马甸东路 9 号，邮编 100088，国家认监委认证监管部

附件：1. 拟指定认证机构和实验室的业务领域、地域及数量表

2. 申请成为强制性产品指定认证机构、检查机构与实验室的申请书（略）

二〇一二年十月二十五日

附件 1:

## 拟指定认证机构和实验室的业务领域、地域及数量表

### 一、认证机构

| 序号 | 业务领域 | | 拟指定认证机构所在的地域（拟指定业务地域） | 拟指定认证机构数量 |
|---|---|---|---|---|
| | 实施规则号 | 产品名称 | | |
| 1 | CNCA-01C-010 | 低压成套开关设备 | 国内（国内外） | 1 |
| 2 | CNCA-01C-011 | 开关和控制设备类产品 | 国内（国内外） | 1 |
| 3 | CNCA-01C-012 | 整机保护设备类产品 | 国内（国内外） | 1 |
| 4 | CNCA-01C-017 | 音视频设备 | 国内（国内外） | 2 |
| 5 | CNCA-01C-020 | 信息技术设备 | 国内（国内外） | 2 |

### 二、实验室

| 序号 | 业务领域 | | 拟指定实验室所在的地域（拟指定业务地域） | 拟指定实验室数量 |
|---|---|---|---|---|
| | 实施规则号 | 产品名称 | | |
| 1 | CNCA-01C-001 | 电线组件 | 江苏（江苏） | 1 |
| 2 | CNCA-01C-004 | 家用和类似用途固定式电气装置的开关 | 江苏（江苏） | 1 |
| | | | 深圳（深圳） | 1 |
| 3 | CNCA-01C-005 | 工业用插头插座和耦合器 | 广东（广东） | 1 |
| | | | 上海（上海、浙江、江苏、安徽） | 1 |
| 4 | CNCA-01C-008 | 家用和类似用途固定式电气装置电器附件安装盒和外壳 | 上海（上海、浙江、江苏、安徽） | 1 |
| 5 | CNCA-01C-009 | 小型熔断器的管状熔断体 | 北京（华北、东北、西北、山东） | 1 |
| 6 | CNCA-01C-010 | 低压成套开关设备 | 西南（西南） | 1 |
| 7 | CNCA-01C-011 | 开关和控制设备类产品 | 浙江（浙江） | 1 |
| 8 | CNCA-01C-012 | 整机保护设备类产品 | 浙江（浙江） | 1 |
| 9 | CNCA-01C-015 | 电焊机 | 国内（国内外） | 1 |
| 10 | CNCA-01C-016 | 家用电冰箱和食品冷冻箱 | 江苏（江苏） | 1 |
| | | | 安徽（安徽） | 1 |
| | | 家用电动洗衣机 | 广东（广东） | 1 |
| | | | 安徽（安徽） | 1 |
| | | | 重庆（重庆） | 1 |
| | | 电热水器 | 安徽（安徽） | 1 |
| | | 电风扇、贮水式电热水器、快热式电热水器、真空吸尘器、电灶、灶台、烤炉和类似器具、微波炉、电饭锅 | 深圳（深圳） | 1 |
| 11 | CNCA-01C-020 | 微型计算机、便携式计算机 | 重庆（重庆） | 1 |
| | | 电源适配器充电器 | 浙江（浙江） | 1 |
| 12 | CNCA-01C-022 | 灯具 | 江苏（江苏） | 1 |
| | | 灯具 | 厦门（厦门） | 1 |
| | | 照明电器 | 广东（广东） | 1 |
| 13 | CNCA-07C-031 | 移动用户终端 | 广东（广东） | 3 |
| | | | 天津（天津） | 1 |

续表

| 序号 | 业务领域 | | 拟指定实验室所在的地域（拟指定业务地域） | 拟指定实验室数量 |
|---|---|---|---|---|
| | 实施规则号 | 产品名称 | | |
| 14 | CNCA-02C-023 | 汽车（仅限 M2、M3 类汽车） | 山东（国内） | 1 |
| | | 汽车（仅限专用汽车） | 湖北（湖南、湖北） | 1 |
| 15 | CNCA-02C-024 | 摩托车 | 广东（广东） | 1 |
| | | 摩托车（仅限电动摩托车） | 江苏（江苏） | 1 |
| 16 | CNCA-02C-026 | 汽车安全带 | 国内（国内） | 2 |
| 17 | CNCA-03C-027 | 汽车轮胎 | 广东（广东、广西、海南） | 1 |
| | | | 天津（华北） | 1 |
| 18 | CNCA-04C-028 | 建筑安全玻璃 | 重庆（重庆） | 1 |
| | | | 上海（上海） | 1 |
| 19 | CNCA-12C-050 | 瓷质砖 | 山东（山东） | 1 |
| 20 | CNCA-12C-051 | 混凝土防冻剂 | 辽宁（东北） | 1 |
| 21 | CNCA-02C-055 | 机动车喇叭 | 国内（国内） | 1 |
| | | | 广东（广东） | 1 |
| 22 | CNCA-02C-056 | 机动车回复反射器 | 国内（国内） | 2 |
| | | | 广东（广东） | 1 |
| | | | 江苏（江苏） | 1 |
| 23 | CNCA-02C-057 | 机动车制动软管总成 | 国内（国内） | 1 |
| 24 | CNCA-02C-058 | 汽车外部照明及光信号装置 | 国内（国内） | 2 |
| | | | 江苏（江苏、浙江、上海） | 1 |
| 25 | CNCA-02C-059 | 汽车后视镜 | 国内（国内） | 2 |
| | | | 广东（广东） | 1 |
| | | | 江苏（江苏） | 1 |
| 26 | CNCA-02C-060 | 汽车内饰件 | 国内（国内） | 1 |
| | | | 广东（广东） | 1 |
| | | | 安徽（安徽） | 1 |
| 27 | CNCA-02C-061 | 汽车门锁及门保持件 | 国内（国内） | 1 |
| 28 | CNCA-02C-062 | 汽车燃油箱 | 国内（国内） | 1 |
| 29 | CNCA-02C-063 | 汽车座椅及头枕 | 国内（国内） | 1 |
| 30 | CNCA-02C-064 | 摩托车后视镜 | 广东（广东） | 1 |
| 31 | CNCA-02C-065 | 摩托车外部照明及光信号装置 | 广东（广东） | 1 |
| 32 | CNCA-13C-068 | 童车类产品 | 国内（国内外） | 3 |
| | | | 河北（河北） | 1 |
| 33 | CNCA-13C-069 | 电玩具类产品 | 国内（国内外） | 3 |
| | | | 广东（广东） | 1 |
| 34 | CNCA-13C-070 | 塑料玩具类产品 | 国内（国内外） | 1 |
| | | | 广东（广东） | 1 |
| 35 | CNCA-13C-071 | 金属玩具类产品 | 国内（国内外） | 1 |
| | | | 广东（广东） | 1 |
| 36 | CNCA-13C-072 | 弹射玩具类产品 | 国内（国内外） | 2 |
| | | | 广东（广东） | 1 |
| 37 | CNCA-13C-073 | 娃娃玩具类产品 | 国内（国内外） | 2 |
| | | | 广东（广东） | 1 |

# 国家认监委关于调整IEC三大认证体系国内运作机制工作组的公告

2012年第26号

2009年，我委在IEC三大认证体系国内运作机制项下设立了战略发展、技术支持、同行评审、市场推广和申投诉处理五个工作组。各工作组依据《IEC三大认证体系国内运作机制工作组工作规则》（以下简称工作规则）开展了大量的工作，为IEC三大认证体系国内运作和国际参与提供了有力支持和保障。

截至2012年底，首届工作组三年任期即将届满。根据工作规则，我委对各工作组长、成员进行了重新确认和调整。第二届工作组任期为2013年1月1日至2015年12月31日。具体名单见附件。

特此公告。

附件：IEC三大认证体系国内运作机制工作组（第二届）组长、成员名单

二〇一二年十月三十日

附件：

## IEC三大认证体系国内运作机制工作组（第二届）组长、成员名单

战略发展组

组长：薄昱民

| 国家成员机构 | |
|---|---|
| 薄昱民 | 国家认监委国际合作部 |
| 杜春景 | 国家认监委国际合作部 |
| 徐秋媛 | 国家认监委认证监管部 |
| IECQ体系 | |
| 万举勇 | 中国赛宝实验室 |
| 魏建中 | 中国赛宝实验室 |
| 王 静 | 中国电子技术标准化研究所 |
| 俞毅敏 | 上海市质量监督检验技术研究院 |
| 王敏良 | 江苏省电子信息产品质量监督检验研究院 |
| IECEE体系 | |
| 陈 伟 | 中国检验认证集团中国质量认证中心 |
| 沈 涛 | 中国检验认证集团中国质量认证中心 |
| 边 婧 | 中国检验认证集团中国质量认证中心 |
| 吴尚杰 | 中国家用电器研究院 |
| 李华 | 国家广播电视产品质量监督检验中心 |
| 胡京平 | 中国电子技术标准化研究所 |
| 戴雪伟 | 上海出入境检验检疫局机电产品检测中心 |
| 吴长顺 | 国家电线电缆质量监督检验中心 |
| 朱 刚 | 上海电器设备检测所 |
| 俞毅敏 | 上海市质量监督检验技术研究院 |
| 陈伟升 | 威凯检测技术有限公司 |
| 刘群兴 | 中国赛宝实验室 |
| 黄海坤 | 广东产品质量监督检验研究院 |
| 吕 文 | 福建省产品质量检验研究院 |
| 徐哲淳 | 浙江检验检疫科学技术研究院 |
| 顾 航 | 浙江方圆检测集团有限公司 |
| 潘顺芳 | 上海电气器具检验检测所 |
| 王敏良 | 江苏省电子信息产品质量监督检验研究院 |

续表

| IECEx 体系 | |
|---|---|
| 张 伟 | 方圆标志认证集团 |
| 王 军 | 国家防爆电气产品质量监督检验中心 |
| 吴建国 | 国家防爆电气产品质量监督检验中心 |
| 徐建平 | 上海仪器仪表自控系统检验测试所 |
| 冯孝秋 | 石油和化学工业电气产品防爆质量监督检验中心 |
| 董春海 | 国家煤矿防爆安全产品质量监督检验中心 |

**技术支持组**

**组长：杜春景**

**副组长：郝欣、汪修慈、边婧、李合德**

| 国家成员机构 | |
|---|---|
| 杜春景 | 国家认监委国际合作部 |
| 郝 欣 | 国家认监委认证监管部 |
| 刘志伟 | 国家认监委国际合作部 |
| IECQ 体系 | |
| 汪修慈 | 中国赛宝实验室 |
| 郑丹丹 | 中国赛宝实验室 |
| 钟伦燕 | 中国赛宝实验室 |
| 吴正平 | 中国电子技术标准化研究所 |
| 曹 寅 | 上海市质量监督检验技术研究院 |
| 秦 峰 | 江苏省电子信息产品质量监督检验研究院 |
| IECEE 体系 | |
| 边 婧 | 中国检验认证集团中国质量认证中心 |
| 肖向荣 | 中国检验认证集团中国质量认证中心 |
| 潘 权 | 中国家用电器研究院 |
| 刘 莹 | 国家广播电视产品质量监督检验中心 |
| 王 莹 | 中国电子技术标准化研究所 |
| 徐 胜 | 上海出入境检验检疫局机电产品检测中心 |
| 李 骥 | 国家电线电缆质量监督检验中心 |
| 章克强 | 上海电器设备检测所 |
| 曹 寅 | 上海市质量监督检验技术研究院 |
| 顾 菁 | 上海电气器具检验测试所 |
| 刘国荣 | 威凯检测技术有限公司 |
| 胡妍飞 | 中国赛宝实验室 |
| 高晓东 | 广东产品质量监督检验研究院 |
| 余 轩 | 广东出入境检验检疫局电气安全实验室 |
| 吕 文 | 福建省产品质量检验研究院 |
| 程丽玲 | 浙江检验检疫科学技术研究院 |
| 金 勇 | 浙江方圆检测集团有限公司 |
| 宋继军 | 江苏省电子信息产品质量监督检验研究院 |
| IECEx 体系 | |
| 李合德 | 方圆标志认证集团 |
| 邓秋玮 | 方圆标志认证集团 |
| 寇晓光 | 国家防爆电气产品质量监督检验中心 |
| 徐建平 | 上海仪器仪表自控系统检验测试所 |
| 卢 巧 | 上海仪器仪表自控系统检验测试所 |
| 杨津南 | 石油和化学工业电气产品防爆质量监督检验中心 |
| 付淑玲 | 国家煤矿防爆安全产品质量监督检验中心 |
| 范 光 | 国家煤矿防爆安全产品质量监督检验中心 |

**同行评审组**

**组长：杜春景**

| 国家成员机构 | |
|---|---|
| 杜春景 | 国家认监委国际合作部 |
| IECQ 体系 | |
| 万举勇 | 中国赛宝实验室 |

续表

| | |
|---|---|
| 汪修慈 | 中国赛宝实验室 |
| IECEE 体系 | |
| 边 婧 | 中国检验认证集团中国质量认证中心 |
| 刘 江 | 中国检验认证集团中国质量认证中心 |
| 祁 冰 | 中国家用电器研究院 |
| 刘志刚 | 国家广播电视产品质量监督检验中心 |
| 胡京平 | 中国电子技术标准化研究所 |
| 朱 刚 | 上海电器设备检测所 |
| 俞毅敏 | 上海市质量监督检验技术研究院 |
| 柳荣贵 | 威凯检测技术有限公司 |
| 杨 林 | 中国赛宝实验室 |
| 邹正昌 | 广东产品质量监督检验研究院 |
| 杨志华 | 香港标准检定中心 |
| IECEx 体系 | |
| 徐建平 | 上海仪器仪表自控系统检验测试所 |
| 张 伟 | 方圆标志认证集团 |
| 王 军 | 国家防爆电气产品质量监督检验中心 |

市场推广组

组长：陈钼、吴杨、郑深

| IECQ 体系 | |
|---|---|
| 陈 钼 | 中国赛宝实验室 |
| 李 正 | 中国电子技术标准化研究所 |
| IECEE 体系 | |
| 吴 杨 | 中国检验认证集团中国质量认证中心 |
| 吴 珩 | 中国家用电器研究院 |
| 高岭松 | 国家广播电视产品质量监督检验中心 |
| 李 正 | 中国电子技术标准化研究所 |
| 易 谦 | 上海电器设备检测所 |
| 朱喜群 | 威凯检测技术有限公司 |
| 张 茸 | 中国赛宝实验室 |
| 李晓帆 | 广东产品质量监督检验研究院 |
| 廖媛敏 | 广东出入境检验检疫局电气安全实验室 |
| 林 彤 | 福建省产品质量检验研究院 |
| 王 春 | 浙江检验检疫科学技术研究院 |
| 赵 奇 | 浙江方圆检测集团有限公司 |
| IECEx 体系 | |
| 郑 深 | 方圆标志认证集团 |
| 赵红宇 | 国家防爆电气产品质量监督检验中心 |
| 卢 巧 | 上海仪器仪表自控系统检验测试所 |
| 殷 红 | 石油和化学工业电气产品防爆质量监督检验中心 |
| 朱世安 | 国家煤矿防爆安全产品质量监督检验中心 |

申投诉处理组

组长：刘志伟

| 国家成员机构 | |
|---|---|
| 刘志伟 | 国家认监委国际合作部 |
| IECQ 体系 | |
| 王 韬 | 中国赛宝实验室 |
| 李 正 | 中国电子技术标准化研究所 |
| IECEE 体系 | |
| 吴 杨 | 中国检验认证集团中国质量认证中心 |
| 祁 冰 | 中国家用电器研究院 |
| 韩正涛 | 国家广播电视产品质量监督检验中心 |
| 李 正 | 中国电子技术标准化研究所 |
| 易 颖 | 上海电器设备检测所 |
| 赖文静 | 威凯检测技术有限公司 |
| 张 茸 | 中国赛宝实验室 |

续表

| | |
|---|---|
| 周晓燕 | 广东产品质量监督检验研究院 |
| 王一宁 | 福建省产品质量检验研究院 |
| 陈　涛 | 浙江方圆检测集团有限公司 |
| IECEx 体系 | |
| 郑　深 | 方圆标志认证集团 |
| 穆大玉 | 国家防爆电气产品质量监督检验中心 |
| 卢　巧 | 上海仪器仪表自控系统检验测试所 |
| 庞建军 | 石油和化学工业电气产品防爆质量监督检验中心 |

# 国家认监委关于儿童用可移式灯具和 TDMA 移动用户终端强制性认证要求的公告

2012 年第 27 号

为保证强制性产品认证制度的科学性、合理性，经研究决定：

一、自本公告发布之日起，《电气电子产品类强制性认证实施规则　照明设备》（编号：CNCA-01C-022:2007）中规定的检测标准增加 GB 7000.4《灯具第 2-10 部分：特殊要求　儿童用可移式灯具》。对于儿童用可移式灯具，应依据 GB 7000.1 和 GB 7000.4 进行产品安全检测。

二、自本公告发布之日起，《电气电子产品类强制性认证实施规则　电信终端设备》（编号：CNCA-07C-031：2007）中规定的检测标准中删除 YD 1032，修改为 GB/T 22450.1。对于 TDMA 移动用户终端，应依据 GB/T 22450.1 进行产品电磁兼容检测。

三、儿童用可移式灯具和 TDMA 移动用户终端强制性认证依据标准变化涉及的其他实施要求按我委 2012 年 4 号公告执行。

二〇一二年十月三十日

# 国家认监委 2012 年第 3 季度认证机构及自愿性认证证书信息公告

2012 年第 28 号

现将 2012 年第 3 季度的认证机构及自愿性认证证书信息公告如下：

一、经批准的认证机构名称和业务范围（附件 1）；

二、自愿性认证各领域证书情况统计表（附件 2）；

三、自愿性认证各领域（按地域）当前有效证书统计表（附件 3）；

四、自愿性认证各领域（按地域）本季度新增证书情况统计表（附件 4）。

如需了解数据中的详细信息内容，可登录国家认监委网站（www.cnca.gov.cn）查询专区中的“认证机构名录”、“中国食品农产品认证信息系统”和“管理体系与自愿性产品认证证书公众查询”栏目。

附件：1. 经批准的认证机构名称和业务范围（略）

2. 自愿性认证各领域证书情况统计表

3. 自愿性认证各领域（按地域）当前有效证书统计表

4. 自愿性认证各领域（按地域）本季度新增证书情况统计表

二〇一二年十一月十九日

附件:

## 自愿性认证各领域证书情况统计表

2012 年 9 月

单位:个

| 认证领域和认证类别 | 标准类型/认证规范 | 本月新增 | 本季度新增 | 当前有效 |
|---|---|---|---|---|
| 质量管理体系认证(QMS) | — | 5 568 | 33 959 | 326 306 |
| GB/T 19001—2008 | GB/T 19001—2008 | 5 105 | 30 548 | 294 996 |
| TL 9000 | TL 9000 电讯业质量管理体系 | | 14 | 181 |
| ISO 13485 | ISO 13485 医疗器械质量管理体系 | 13 | 131 | 1 558 |
| TS 16949 | TS 16949 汽车行业实施 ISO 9001 特殊要求 | 63 | 933 | 15 944 |
| GB/T 50430—2007 | 建筑施工领域质量管理体系认证 | 387 | 2 333 | 13 627 |
| 环境管理体系认证(EMS) | GB/T 24001—2004/ISO 14001:2004 | 1 352 | 8 347 | 78 995 |
| 职业健康安全管理体系认证(OHSMS) | GB/T 28001—2001 | 745 | 4 700 | 44 416 |
| 危害分析与关键控制点管理体系认证(HACCP) | — | 216 | 594 | 4 236 |
| 食品安全管理体系认证(FSMS) | GB/T 22000—2006/ISO 22000:2005 | 322 | 1 061 | 7 319 |
| 测量管理体系认证(MMS) | GB/T 19022—2003/ISO 10012:2003 | | 34 | 1 400 |
| 信息安全管理体系认证(ISMS) | GB/T 22080—2008/ISO/IEC 27001:2005 | 51 | 186 | 1 335 |
| 软件过程及能力成熟度评估(SPCA) | SJ/T 11234 或 SJ/T 11235 | | 6 | 18 |
| 良好农业规范(GAP)认证 | GB/T 20014.1~20014.24 | 43 | 104 | 488 |
| 有机产品认证 | GB/T 19630 | 603 | 1 644 | 7 355 |
| 食品质量认证 | — | 9 | 25 | 166 |
| 绿色市场认证 | GB/T 19220; GB/T 19221 | 1 | 8 | 120 |
| 无公害农产品认证 | — | | 2 508 | 72 226 |
| 绿色食品认证 | — | | 326 | 16 591 |
| 饲料产品认证 | — | | | 18 |
| 乳制品 GMP 认证 | — | 2 | 17 | 86 |
| 乳制品 HACCP 认证 | — | 16 | 54 | 256 |
| 其他自愿性认证 | — | 487 | 8 284 | 137 592 |
| | 合计 | 9 415 | 61 857 | 698 923 |

注:表中数据为当前有效数。

## 自愿性认证各领域(按地域)当前有效证书统计表

2012 年 9 月

单位:个

| 地域 | 质量管理体系 | 环境管理体系 | 职业健康安全管理体系 | 食品安全管理体系 | 危害分析与关键控制点管理体系 | 测量管理体系 | 信息安全管理体系 | 软件过程及能力成熟度评估 | 良好农业规范认证 | 有机产品认证 | 食品质量认证 | 绿色市场认证 | 无公害农产品认证 | 绿色食品认证 | 饲料产品认证 | 其他(不包括乳制品) |
|---|---|---|---|---|---|---|---|---|---|---|---|---|---|---|---|---|
| 合计 | 326 306 | 78 995 | 44 416 | 7 319 | 4 236 | 1 400 | 1 335 | 18 | 488 | 7 355 | 166 | 120 | 72 226 | 16 591 | 18 | 137 592 |
| 北京 | 18 549 | 5 656 | 4 111 | 374 | 103 | 23 | 156 | 9 | 9 | 314 | 14 | 9 | 2 037 | 223 | | 2 178 |
| 天津 | 7 380 | 1 703 | 1 064 | 149 | 58 | 54 | 16 | 1 | 2 | 30 | 8 | 3 | 673 | 123 | | 670 |
| 河北 | 10 815 | 2 185 | 1 554 | 216 | 113 | 40 | 5 | 1 | 19 | 231 | 8 | 4 | 2 545 | 1 112 | | 1 247 |
| 山西 | 3 830 | 916 | 692 | 53 | 57 | 14 | 4 | | 6 | 177 | 2 | | 1 395 | 68 | | 354 |
| 内蒙古 | 2 155 | 579 | 466 | 125 | 132 | 7 | 1 | | 1 | 267 | | 1 | 1 536 | 294 | | 111 |
| 辽宁 | 13 191 | 2 571 | 1 674 | 306 | 324 | 31 | 45 | | 11 | 269 | 2 | 3 | 3 015 | 654 | | 844 |
| 吉林 | 3 574 | 655 | 390 | 142 | 53 | 18 | 6 | | 6 | 404 | | 2 | 2 087 | 294 | | 237 |
| 黑龙江 | 3 971 | 911 | 759 | 249 | 39 | 9 | 27 | | 16 | 856 | 2 | 1 | 8 998 | 1 182 | | 125 |
| 上海 | 24 196 | 4 934 | 2 313 | 339 | 225 | 16 | 146 | 1 | 24 | 96 | 4 | 3 | 3 048 | 143 | | 5 230 |
| 江苏 | 50 383 | 11 929 | 5 243 | 784 | 207 | 137 | 401 | | 33 | 363 | 2 | 7 | 13 466 | 1 597 | | 16 784 |
| 浙江 | 36 094 | 8 602 | 4 076 | 601 | 246 | 242 | 128 | 1 | 81 | 621 | 3 | 30 | 5 312 | 1 027 | 1 | 34 020 |
| 安徽 | 8 041 | 1 978 | 1 347 | 196 | 134 | 133 | 8 | | 36 | 211 | 6 | 3 | 1 342 | 1 087 | | 1 706 |
| 福建 | 8 900 | 2 635 | 1 326 | 326 | 247 | 206 | 16 | 1 | 60 | 211 | 4 | | 1 894 | 492 | 5 | 4 179 |
| 江西 | 4 038 | 937 | 584 | 114 | 41 | 26 | 31 | | 22 | 124 | | 2 | 1 010 | 430 | | 510 |
| 山东 | 21 246 | 5 718 | 3 607 | 969 | 800 | 82 | 70 | | 44 | 616 | 24 | 10 | 4 291 | 2 340 | | 3 641 |
| 河南 | 8 945 | 2 117 | 1 660 | 197 | 62 | 4 | 20 | 1 | 2 | 120 | 9 | 2 | 2 369 | 328 | | 781 |
| 湖北 | 8 633 | 1 982 | 1 480 | 198 | 5 | 16 | 9 | | 11 | 188 | 11 | 2 | 567 | 1 241 | | 885 |
| 湖南 | 6 031 | 1 417 | 1 036 | 142 | 61 | 15 | 6 | | 3 | 96 | 5 | 1 | 1 901 | 874 | | 389 |
| 广东 | 48 025 | 12 692 | 4 224 | 770 | 323 | 72 | 160 | 2 | 23 | 280 | 7 | 24 | 2 137 | 499 | | 33 932 |

续表

| 地域 | 质量管理体系 | 环境管理体系 | 职业健康安全管理体系 | 食品安全管理体系 | 危害分析与关键控制点管理体系 | 测量管理体系 | 信息安全管理体系 | 软件过程及能力成熟度评估 | 良好农业规范认证 | 有机产品认证 | 食品质量认证 | 绿色市场认证 | 无公害农产品认证 | 绿色食品认证 | 饲料产品认证 | 其他（不包括乳制品） |
|---|---|---|---|---|---|---|---|---|---|---|---|---|---|---|---|---|
| 广西 | 3 007 | 652 | 507 | 226 | 62 | 34 | 2 | | 4 | 158 | 3 | | 969 | 136 | | 259 |
| 海南 | 642 | 175 | 117 | 54 | 7 | | 3 | | 8 | 26 | | | 258 | 16 | | 14 |
| 重庆 | 6 257 | 1 191 | 859 | 58 | 32 | 3 | 13 | | 4 | 93 | 2 | | 1 065 | 249 | | 853 |
| 四川 | 11 128 | 2 642 | 1 903 | 247 | 202 | 54 | 24 | 1 | 31 | 406 | 29 | 2 | 2 721 | 782 | 2 | 1 232 |
| 贵州 | 1 883 | 567 | 481 | 90 | 37 | 74 | 1 | | 1 | 371 | | | 1 167 | 63 | | 170 |
| 云南 | 3 003 | 764 | 695 | 162 | 88 | 8 | 3 | | 5 | 209 | 5 | | 862 | 429 | | 218 |
| 西藏 | 147 | 51 | 40 | 12 | 9 | | | | | 2 | | | 92 | 4 | | 10 |
| 陕西 | 5 885 | 1 133 | 944 | 67 | 83 | 57 | 31 | | 10 | 190 | 6 | 1 | 1 014 | 127 | | 395 |
| 甘肃 | 1 775 | 410 | 365 | 57 | 99 | 7 | 1 | | 1 | 46 | 4 | 1 | 489 | 318 | | 145 |
| 青海 | 445 | 111 | 88 | 13 | 20 | 1 | | | | 21 | | | 47 | 55 | | 17 |
| 宁夏 | 893 | 325 | 261 | 37 | 36 | 5 | | | 1 | 42 | | 9 | 808 | 202 | | 55 |
| 新疆 | 1 958 | 562 | 529 | 44 | 180 | 12 | 2 | | 14 | 257 | 6 | | 1 106 | 200 | | 202 |
| 澳门 | 29 | 11 | 1 | | | | | | | | | | | | | 6 |
| 香港 | 916 | 241 | 9 | 1 | 1 | | | | | 5 | | | | | | 7 575 |
| 台湾 | 76 | 6 | 6 | 1 | | | | | | 4 | | | | | | 3 344 |
| 国外 | 265 | 37 | 5 | | | | | | | 51 | | | 5 | 2 | | 15 274 |

## 自愿性认证各领域（按地域）本季度新增证书情况统计表

2012 年 9 月

单位：个

| 地域 | 质量管理体系 | 环境管理体系 | 职业健康安全管理体系 | 食品安全管理体系 | 危害分析与关键控制点管理体系 | 测量管理体系 | 信息安全管理体系 | 软件过程及能力成熟度评估 | 良好农业规范认证 | 有机产品认证 | 食品质量认证 | 绿色市场认证 | 无公害农产品认证 | 绿色食品认证 | 饲料产品认证 | 其他产品认证 |
|---|---|---|---|---|---|---|---|---|---|---|---|---|---|---|---|---|
| 合计 | 33 959 | 8 347 | 4 700 | 1 061 | 594 | 34 | 186 | 6 | 104 | 1 644 | 25 | 8 | 2 508 | 326 | | 8 284 |
| 北京 | 1 799 | 631 | 464 | 54 | 4 | | 22 | 4 | 2 | 68 | | 1 | 30 | 5 | | 106 |
| 天津 | 713 | 167 | 115 | 26 | 7 | 2 | 2 | 1 | | 2 | 2 | | 21 | | | 15 |
| 河北 | 1 115 | 264 | 180 | 34 | 15 | 1 | 1 | | 3 | 29 | 2 | 1 | 20 | 9 | | 65 |
| 山西 | 449 | 91 | 55 | 6 | 5 | | | | 4 | 29 | | | 12 | 13 | | 44 |
| 内蒙古 | 255 | 68 | 48 | 26 | 32 | | | | | 60 | | | 19 | 5 | | 20 |
| 辽宁 | 1 224 | 252 | 159 | 56 | 33 | | 5 | | 1 | 54 | | | 19 | 27 | | 64 |
| 吉林 | 354 | 76 | 47 | 16 | 4 | | | | 1 | 63 | | | 21 | 6 | | 21 |
| 黑龙江 | 386 | 86 | 63 | 35 | 5 | 1 | 2 | | 1 | 187 | | | 16 | 21 | | 8 |
| 上海 | 2 480 | 447 | 230 | 42 | 26 | | 21 | | 8 | 33 | | 1 | 197 | 5 | | 634 |
| 江苏 | 5 406 | 1 291 | 588 | 108 | 18 | | 55 | | 8 | 105 | | | 1 080 | 20 | | 608 |
| 浙江 | 3 863 | 912 | 453 | 97 | 28 | 17 | 27 | | 23 | 179 | | 3 | 137 | 36 | | 1 990 |
| 安徽 | 925 | 238 | 158 | 36 | 24 | | 2 | | 13 | 59 | 5 | | 22 | 16 | | 46 |
| 福建 | 1 018 | 305 | 161 | 44 | 46 | 1 | 1 | | 12 | 47 | | | 238 | 19 | | 466 |
| 江西 | 436 | 112 | 77 | 17 | 5 | 1 | 2 | | | 17 | | | 10 | 6 | | 61 |
| 山东 | 2 070 | 512 | 328 | 140 | 151 | 1 | 6 | | 6 | 105 | 3 | 1 | 142 | 47 | | 302 |
| 河南 | 1 022 | 253 | 182 | 34 | 28 | | | | 1 | 18 | 3 | | 31 | 9 | | 33 |
| 湖北 | 874 | 212 | 160 | 27 | 2 | | | | 3 | 35 | 5 | | 135 | 15 | | 48 |

续表

| 地域 | 质量管理体系 | 环境管理体系 | 职业健康安全管理体系 | 食品安全管理体系 | 危害分析与关键控制点管理体系 | 测量管理体系 | 信息安全管理体系 | 软件过程及能力成熟度评估 | 良好农业规范认证 | 有机产品认证 | 食品质量认证 | 绿色市场认证 | 无公害农产品认证 | 绿色食品认证 | 饲料产品认证 | 其他产品认证 |
|---|---|---|---|---|---|---|---|---|---|---|---|---|---|---|---|---|
| 湖南 | 671 | 154 | 92 | 26 | 5 |  | 1 |  |  | 21 |  |  | 28 | 8 |  | 26 |
| 广东 | 5 033 | 1 313 | 434 | 87 | 48 | 4 | 30 | 1 | 6 | 67 |  | 1 | 70 | 5 |  | 2 135 |
| 广西 | 280 | 72 | 61 | 21 | 7 |  | 1 |  | 2 | 42 |  |  | 24 |  |  | 18 |
| 海南 | 66 | 21 | 15 | 11 |  |  | 3 |  | 2 | 4 |  |  |  |  |  |  |
| 重庆 | 645 | 149 | 97 | 11 | 3 |  | 1 |  | 1 | 27 | 2 |  | 28 | 4 |  | 74 |
| 四川 | 1 060 | 251 | 171 | 31 | 53 | 1 | 1 |  | 3 | 113 | 3 |  | 54 | 9 |  | 80 |
| 贵州 | 216 | 66 | 41 | 16 | 7 | 2 |  |  |  | 128 |  |  | 42 | 1 |  | 19 |
| 云南 | 281 | 79 | 64 | 18 | 6 |  | 1 |  | 2 | 40 |  |  | 35 | 6 |  | 29 |
| 西藏 | 24 | 7 | 8 | 5 | 8 |  |  |  |  |  |  |  |  |  |  |  |
| 陕西 | 659 | 134 | 104 | 9 | 7 | 2 |  |  |  | 39 |  |  | 22 |  |  | 17 |
| 甘肃 | 153 | 36 | 28 | 7 | 5 |  |  |  |  | 11 |  |  | 38 | 19 |  | 5 |
| 青海 | 44 | 20 | 14 | 4 | 1 |  |  |  |  | 2 |  |  | 4 | 13 |  | 2 |
| 宁夏 | 114 | 39 | 33 | 4 | 3 |  |  |  |  | 2 |  |  | 4 |  |  | 2 |
| 新疆 | 214 | 70 | 66 | 13 | 8 | 1 | 2 |  | 2 | 46 |  |  | 9 | 2 |  | 21 |
| 台湾 | 11 | 1 |  |  |  |  |  |  |  |  |  |  |  |  |  | 233 |
| 香港 | 57 | 11 | 1 |  |  |  |  |  |  |  |  |  |  |  |  | 221 |
| 澳门 | 3 |  |  |  |  |  |  |  |  |  |  |  |  |  |  |  |
| 国外 | 39 | 7 | 3 |  |  |  |  |  |  | 12 |  |  |  |  |  | 871 |

注：表中数据为本季度新增数。

# 国家认监委关于北京协和建昊医药技术开发有限责任公司化学品评价中心等两家实验室良好实验室规范（GLP）评价合格的公告

2012 年第 29 号

根据国家认监委 2008 年第 17 号公告《良好实验室规范（GLP）原则》（试行）和《良好实验室规范（GLP）符合性评价程序》（试行）的有关要求和程序，经国家认监委组织中国合格评定国家认可中心进行技术评价合格，现正式批准北京协和建昊医药技术开发有限责任公司化学品评价中心成为国家认监委承认的符合良好实验室规范（GLP）的实验室，该实验室可以在化学品“毒性研究”、“致突变研究”以及“水生和陆生生物的环境毒性研究”等方面开展 GLP 研究，并出具 GLP 研究报告。北京协和建昊医药技术开发有限责任公司化学品评价中心的 GLP 实验室资格有效期为 2012 年 10 月 26 日 ~ 2015 年 10 月 25 日。

广东省微生物分析检测中心生态毒理与环境安全实验室近期通过我委的 GLP 监督检查，批准该实验室可以继续在化学品“理化性质测试”、“致突变研究”、“水生和陆生生物的环境毒性研究”以及“生物富集实验”等方面开展 GLP 研究，并出具 GLP 研究报告。

特此公告。

二〇一二年十一月二十一日

# 国家认监委关于印发强制性产品认证目录描述与界定表的公告

2012 年第 30 号

为进一步明确强制性产品认证适用范围，规范强制性产品认证活动和监督管理工作，国家认监委修订了《强制性认证产品目录描述与界定表》，共 22 大类 157 种产品，现予发布。

国家认监委 2007 年第 9 号公告自即日起废止。

本公告内容由国家认监委负责解释。

附件：强制性认证产品目录描述与界定表

二〇一二年十二月十一日

附件:

## 说明

1. 对于电气电子产品，除电信终端、电焊机，适用范围仅限于带有可直接或间接连接到大于 36V（直流或交流有效值）供电电源的产品。

2. 对于电气电子产品，除铁路机车车辆用电线电缆、车载移动用户终端或特别说明外，专为汽车及摩托车、火车、船舶、飞机设计、制造和使用的、具有专门设计和安装结构的产品不在 CCC 认证范围内。

3. 具有两种或两种以上强制性产品认证目录内产品的多功能产品，以产品的主要功能和主要使用目的进行归类。多功能产品应符合主要功能产品的认证实施规则要求，同时兼顾其他功能产品对应的认证实施规则要求。

4. 适用产品界定应当结合“对产品种类的描述”和“对适用产品的描述或列举”及“备注”等内容，并以此作为判定产品是否属于认证范围。

5. 产品列举不一定包括所有可能存在的产品名称，未列举的产品可根据具体情况参照相应描述界定。

6. 摩托车头盔因仅向越南出口产品实施强制性认证，不在下表中描述界定。

## 强制性产品认证目录描述与界定表

一、电线电缆（4 种）
1. 不包括阻燃电线电缆、耐火电线电缆、裸电线、电力电缆、架空绝缘电缆、通信电缆、光缆、绕组线产品；
2. 不包括认证实施规则和认证依据标准中未列明的型号、规格

| 产品种类 | 对产品种类的描述 | 适用产品 | 对适用产品的描述或列举 | 备注 |
|---|---|---|---|---|
| 1. 电线组件 | 适用于家用和类似一般设备所用的电线组件（即由带不可拆线插头和不可拆线的连接器的软缆或软线构成的组件）和互连电线组件（即由带有不可拆线插头连接器和不可拆线的连接器的软缆或软线构成的组件） | 电线组件 | 包括带有以下规格连接器的电线组件：<br>1. 用于冷条件下Ⅱ类设备的 0.2 A 连接器<br>2. 用于冷条件下Ⅰ类设备的 2.5 A 连接器<br>3. 用于冷条件下Ⅱ类设备的 2.5 A 连接器<br>4. 用于冷条件下Ⅱ类设备的 6 A 连接器<br>5. 用于冷条件下Ⅰ类设备的 10 A 连接器<br>6. 用于热条件下Ⅰ类设备的 10 A 连接器<br>7. 用于酷热条件下Ⅰ类设备的 10 A 连接器<br>8. 用于冷条件下Ⅱ类设备的 10 A 连接器<br>9. 用于冷条件下Ⅰ类设备的 16 A 连接器<br>10. 用于酷热条件下Ⅰ类设备的 16A 连接器<br>11. 用于冷条件下Ⅱ类设备的 16 A 连接器<br>12. 互连电线组件<br>13.Y 型电线组件<br>14.Y 型互连电线组件 | 适用标准:<br>GB 15934<br>GB/T 26219 |
| 2. 交流额定电压 3 kV 及以下铁路机车车辆用电线电缆 | 1. 交流额定电压为 500 V、750 V、1.5 kV 和 3 kV；直流额定电压为交流额定电压的 1.5 倍；<br>2. 乙丙橡胶混合物绝缘、交联聚烯烃混合物绝缘，氯磺化聚乙烯橡胶混合物护套（若有护套）；<br>3. 铜芯；<br>4. 单芯电缆 | 交流额定电压 3 kV 及以下轨道交通车辆用电缆 | 用于交流额定电压 3 kV 及以下轨道交通车辆配电系统、控制系统、信号系统的电器装置<br>DCEH/3-100 750V 0.5 ~ 300<br>DCEH/3-100 1500V 1 ~ 300<br>DCEH/3-100 3000V 2.5 ~ 300<br>WDZ-DCYJ-125、WDZ-DCYJ/2-125<br>WDZ-DCYJ/3-125 500V 1 ~ 4<br>WDZ-DCYJ-125、WDZ-DCYJ/2-125<br>WDZ-DCYJ/3-125 750V 0.75 ~ 300<br>WDZ-DCYJ-125<br>WDZ-DCYJ/2-125<br>WDZ-DCYJ/3-125 1500V 0.75 ~ 300<br>WDZ-DCYJ-125<br>WDZ-DCYJ/2-125<br>WDZ-DCYJ/3-125 3000V 0.75 ~ 300<br>WDZ-DCYJB-125<br>WDZ-DCYJB/2-125<br>WDZ-DCYJB/3-125<br>WDZ-DCYJB-150<br>WDZ-DCYJB/2-150<br>WDZ-DCYJB/3-150 750V 0.5 ~ 6 | 适用标准:<br>GB/T 12528 |

续表

| 产品种类 | 对产品种类的描述 | 适用产品 | 对适用产品的描述或列举 | 备注 |
|---|---|---|---|---|
| 3. 额定电压 450/750 V 及以下聚氯乙烯绝缘电线电缆 | 1. 交流额定电压不超过 450/750 V 的动力装置用电缆；<br>2. 聚氯乙烯绝缘；<br>3. 铜芯、铝芯；<br>4. 单芯电缆 | 聚氯乙烯绝缘无护套电缆 | 1. 用于固定布线；<br>2. 可用于工业，大量用于家庭（如照明、空调的动力线路）。<br>60227 IEC 01（BV）450/750V 1.5 ~ 400<br>60227 IEC 02（RV）450/750V 1.5 ~ 240<br>60227 IEC 05（BV）300/500V 0.5 ~ 1<br>60227 IEC 06（RV）300/500V 0.5 ~ 1<br>60227 IEC 07（BV–90）300/500V 0.5 ~ 2.5<br>60227 IEC 08（RV–90）300/500V 0.5 ~ 2.5<br>BV 300/500V 0.75 ~ 1<br>BLV 450/750V 2.5 ~ 400<br>BVR 450/750V 2.5 ~ 70 | 适用标准：<br>GB/T 5023.3<br>JB/T 8734.2 |
| | 1. 交流额定电压不超过 450/750 V 的动力装置用电缆；<br>2. 聚氯乙烯绝缘和聚氯乙烯护套；<br>3. 铜芯、铝芯 | 聚氯乙烯绝缘聚氯乙烯护套电缆 | 用于固定布线。<br>60227 IEC 10（BVV）300/500V 1.5 ~ 35（2 ~ 5 芯）<br>BVV 300/500V 0.75 ~ 10（1 芯）<br>BLVV 300/500V 2.5 ~ 10（1 芯）<br>BVVB 300/500V 0.75 ~ 10（2 ~ 3 芯）<br>BLVVB 300/500V 2.5 ~ 10（2 ~ 3 芯） | 适用标准：<br>GB/T 5023.4<br>JB/T 8734.2 |
| | 1. 交流额定电压不超过 450/750 V 的动力装置用电缆；<br>2. 聚氯乙烯绝缘和聚氯乙烯护套（若有护套）；<br>3. 铜芯 | 聚氯乙烯绝缘软电缆电线 | 1. 用于固定布线；<br>2. 具有一定的可移动性。<br>60227 IEC 41（RTPVR）300/300V（2 芯）<br>60227 IEC 43（SVR）300/300V 0.5 ~ 0.75（1 芯）<br>60227 IEC 52（RVV）300/300V 0.5 ~ 0.75（2 ~ 3 芯）<br>60227 IEC 53（RVV）300/500V 0.75 ~ 2.5（2 ~ 5 芯）<br>60227 IEC 56（RVV–90）300/300V 0.5 ~ 0.75（2 ~ 3 芯）<br>60227 IEC 57（RVV–90）300/500V 0.75 ~ 2.5（2 ~ 5 芯）<br>RVV 300/500V 0.75 ~ 2.5（6 ~ 41 芯，含不等截面产品）<br>RVV 300/500V 1.5 ~ 6（2 芯）<br>RVV 300/500V 4（3 ~ 5 芯）<br>RVS 300/300V 0.5 ~ 2.5（2 芯）<br>RVB 300/300V 1 ~ 2.5（2 芯） | 适用标准：<br>GB/T 5023.5<br>JB/T 8734.3 |
| | 1. 交流额定电压不超过 450/750 V 的动力装置用电缆；<br>2. 聚氯乙烯绝缘和聚氯乙烯护套；<br>3. 铜芯 | 聚氯乙烯绝缘聚氯乙烯护套电梯电缆和挠性连接用电缆 | 60227 IEC 71f（TVVB）300/500V 0.75 ~ 1（3 ~ 24 芯）<br>60227 IEC 71f（TVVB）450/750V 1.5 ~ 2.5（3 ~ 12 芯）<br>60227 IEC 71f（TVVB）450/750V 4 ~ 25（4、5 芯）<br>TVVB 300/500V 0.75 ~ 1（25 ~ 60 芯）<br>60227 IEC 71c（TVV）300/500V 0.75 ~ 1（6 ~ 30 芯）<br>60227 IEC 71c（TVV）450/750V 1.5 ~ 2.5（6 ~ 30 芯）<br>60227 IEC 71c（TVV）450/750V 4 ~ 25（4、5 芯） | 适用标准：<br>GB/T 5023.6<br>不包括：<br>1. 用于自由悬挂长度超过 35m 或移动速度超过 1.6m/s 的电梯和升降机的扁形电缆；<br>2. 用于自由悬挂长度超过 45m 或移动速度超过 4.0m/s 的电梯和升降机的圆形电缆 |

续表

| 产品种类 | 对产品种类的描述 | 适用产品 | 对适用产品的描述或列举 | 备注 |
|---|---|---|---|---|
| 3. 额定电压450/750 V 及以下聚氯乙烯绝缘电线电缆 | 1. 交流额定电压不超过 450/750 V 的动力装置用电缆；<br>2. 聚氯乙烯绝缘和耐油聚氯乙烯护套；<br>3. 铜芯 | 聚氯乙烯绝缘耐油聚氯乙烯护套软电缆 | 1. 用于机床、起重运输设备在内的机器各部件间的内部连接；<br>2. 有屏蔽型和非屏蔽型，屏蔽电缆用于有中等水平电磁干扰的场合；<br>3. 具有较好的耐油性。<br>60227 IEC 74（RVVYP） 300/500V<br>0.5 ~ 2.5（2 ~ 60 芯）<br>60227 IEC 75（RVVY） 300/500V<br>0.5 ~ 2.5（2 ~ 60 芯） | 适用标准：<br>GB/T 5023.7 |
| | 1. 交流额定电压不超过 450/750 V 的动力装置用电缆；<br>2. 聚氯乙烯绝缘和聚氯乙烯护套（若有护套）；<br>3. 铜芯 | 安装电缆 | 用于电器、仪表、电子设备和自动化装置的内部。<br>AV，AV-90 300/300V 0.08 ~ 0.4（1 芯）<br>AVR，AVR-90 300/300V 0.08 ~ 0.4（1 芯）<br>AVRB 300/300V 0.12 ~ 0.4（2 芯）<br>AVRS 300/300V 0.12 ~ 0.4（2 芯）<br>AVVR 300/300V 0.08 ~ 0.4（2 芯）<br>AVVR 300/300V 0.12 ~ 0.4（3 ~ 24 芯） | 适用标准：<br>JB/T 8734.4 |
| | 1. 交流额定电压不超过 450/750 V 的动力装置用电缆；<br>2. 聚氯乙烯绝缘和聚氯乙烯护套（若有护套）；<br>3. 铜芯；<br>4. 金属编织或缠绕屏蔽 | 屏蔽电缆 | 1. 用于电器、仪表和电子设备及自动化装置；<br>2. 具有良好的屏蔽性能。<br>AVP，AVP-90 300/300V 0.08 ~ 0.4（1 芯）<br>RVP，RVP-90 300/300V 0.08 ~ 2.5（1 芯）<br>RVP，RVP-90 300/300V 0.08 ~ 1.5（2 芯）<br>RVVP，RVVP1 300/300V 0.08 ~ 2.5（1 芯）<br>RVVP，RVVP1 300/300V 0.08 ~ 1.5（2 芯）<br>RVVP，RVVP1 300/300V 0.12 ~ 1.5（3 芯）<br>RVVP，RVVP1 300/300V 0.12 ~ 0.4（4 ~ 24 芯） | 适用标准：<br>JB/T 8734.5 |
| 4. 额定电压450/750 V 及以下橡皮绝缘电线电缆 | 1. 交流额定电压不超过 450/750 V 的动力装置用电缆；<br>2. 橡皮绝缘；<br>3. 铜芯；<br>4. 单芯电缆 | 耐热橡皮绝缘电缆 | 具有良好的耐高温特性。<br>60245 IEC 03（YG） 300/500V 0.5 ~ 16<br>60245 IEC 04（YYY） 450/750V 0.5 ~ 95<br>60245 IEC 05（YRYY） 450/750V 0.5 ~ 95<br>60245 IEC 06（YYY） 300/500V 0.5 ~ 1<br>60245 IEC 07（YRYY） 300/500V 0.5 ~ 1 | 适用标准：<br>GB/T 5013.3<br>GB/T 5013.7 |
| | 1. 交流额定电压不超过 450/750 V 的动力装置用电缆；<br>2. 橡皮覆盖层；<br>3. 铜芯；<br>4. 单芯电缆 | 橡皮绝缘电焊机电缆 | 1. 具有良好的柔软性；<br>2. 用于连接电焊机和焊钳。<br>60245 IEC 81（YH） 16 ~ 95<br>60245 IEC 82（YHF） 16 ~ 95 | 适用标准：<br>GB/T 5013.6 |
| | 1. 交流额定电压不超过 450/750 V 的动力装置用电缆；<br>2. 橡皮绝缘和橡皮护套（若有护套）；<br>3. 铜芯 | 橡皮绝缘电梯电缆 | 用于电梯等场合（不用于高速电梯和高层建筑用电梯）。<br>60245 IEC 70（YTB） 300/500 0.75 ~ 1（6 ~ 30 芯）<br>60245 IEC 74（YT） 300/500 0.75 ~ 1（6 ~ 30 芯）<br>60245 IEC 75（YTF） 300/500 0.75 ~ 1（6 ~ 30 芯） | 适用标准：<br>GB/T 5013.5 |

续表

| 产品种类 | 对产品种类的描述 | 适用产品 | 对适用产品的描述或列举 | 备注 |
|---|---|---|---|---|
| 4. 额定电压450/750 V 及以下橡皮绝缘电线电缆 | 1. 交流额定电压不超过 450/750 V 的动力装置用电缆；<br>2. 橡皮绝缘和橡皮护套；<br>3. 铜芯 | 通用橡套软电缆电线 | 用于家用电器、电动工具和各种移动电器的电源连接。<br>60245 IEC 53（YZ）300/500V 0.75 ~ 2.5（2 ~ 5芯）<br>60245 IEC 57（YZW）300/500V 0.75 ~ 2.5（2 ~ 5芯）<br>60245 IEC 66（YCW）450/750V 1.5 ~ 400（1芯）<br>60245 IEC 66（YCW）450/750V 1 ~ 25（2，5芯）<br>60245 IEC 66（YCW）450/750V 1 ~ 95（3芯）<br>60245 IEC 66（YCW）450/750V 1 ~ 150（4芯）<br>60245 IEC 66（YCW）450/750V 1 ~ 25（5芯）<br>60245 IEC 58（YS）300/500V 0.75、1.5（1芯）<br>60245 IEC 58f（YSB）300/500V 1.5（2芯）<br>YQ，YQW 300/300V 0.3 ~ 0.5（2 ~ 3芯）<br>YZ，YZW 300/500V 4 ~ 6（2 ~ 5芯）<br>YZ，YZW 300/500V 0.75 ~ 6（6芯）<br>YZ，YZW 300/500V 1.5 ~ 6（3+1芯）<br>YZB，YZWB 300/500V 0.75 ~ 6（2 ~ 6芯）<br>YC 450/750V 1.5 ~ 400（1芯）<br>YC 450/750V 1.5 ~ 95（2芯）<br>YC 450/750V 1.5 ~ 150（3，4芯）<br>YC 450/750V 1.5 ~ 25（5芯）<br>YC 450/750V 2.5 ~ 150（3+1芯）<br>YCW 450/750V 35 ~ 95（2芯）<br>YCW 450/750V 120 ~ 150（3芯）<br>YCW 450/750V 2.5 ~ 150（3+1芯） | 适用标准：<br>GB/T 5013.4<br>JB/T 8735.2 |
| | 1. 交流额定电压不超过 450/750 V 的动力装置用电缆；<br>2. 橡皮绝缘和橡皮护套（若有护套）；<br>3. 铜芯 | 橡皮绝缘编织软电线 | 用于照明灯具、家用电器的电源连接。<br>245 IEC 51（RX）300/300V 0.75 ~ 1.5（2 ~ 3芯）<br>RE 300/300V 0.3 ~ 0.5（2 ~ 3芯）<br>RE 300/300V 2.5 ~ 4（2 ~ 3芯）<br>RES 300/300V 0.3 ~ 4（2芯）<br>REH 300/300V 0.3 ~ 4（2 ~ 3芯） | 适用标准：<br>GB 5013.4<br>JB/T 8735.3 |
| | 1. 交流额定电压不超过 450/750 V 的动力装置用电缆；<br>2. 橡皮或交联聚氯乙烯绝缘，橡皮或交联聚氯乙烯护套；<br>3. 铜芯 | 特软电缆 | 要求特别柔软场合使用。<br>60245 IEC 86（RQ）300/300V 0.75 ~ 1.5（2 ~ 3芯）<br>60245 IEC 87（RQVJ）300/300V 0.75 ~ 1.5（2 ~ 3芯）<br>60245 IEC 88（RQVJVJ）300/300V 0.75 ~ 1.5（2 ~ 3芯） | 适用标准：<br>GB/T 5013.8 |

续表

<table>
<tr><td colspan="5">二、电路开关及保护或连接用电器装置（6种）</td></tr>
<tr><th>产品种类</th><th>对产品种类的描述</th><th>适用产品</th><th>对适用产品的描述或列举</th><th>备注</th></tr>
<tr><td rowspan="2">1. 插头插座（家用和类似用途、工业用）</td><td>插头插座（家用和类似用途）：<br>1. 适用于户内或户外使用的、家用和类似用途的、仅用于交流电、额定电压在50V以上但不超过440V、额定电流不超过32A的、带或不带接地触头的插头和固定式、移动式插座；<br>2. 也适用于装在电线组件中的插头和装在电线加长组件中的插头和移动式插座，还适用于作为电器的一个部件的插头插座，在有关电器标准上另有说明除外；<br>3. 也适用于与器具组成一整体的和安装在器具里或固定到器具上的插座；<br>4. 对装有无螺纹端子的固定式插座，额定电流最大仅限为16A</td><td>1. 单相两极插头、插座、器具插座；<br>2. 单相两极带接地插头、插座、器具插座；<br>3. 三相插头和插座</td><td>1. 单相两极可拆线插头<br>2. 单相两极带接地可拆线插头<br>3. 单相两极不可拆线插头<br>4. 单相两极带接地不可拆线插头<br>5. 单相两极双用明装插座<br>6. 单相两极双用暗装插座<br>7. 单相两极带接地明装插座<br>8. 单相两极带接地暗装插座<br>9. 带保护门单相两极双用明装插座<br>10. 带保护门单相两极双用暗装插座<br>11. 带保护门单相两极带接地明装插座<br>12. 带保护门单相两极带接地暗装插座<br>13. 带开关单相两极双用明装插座<br>14. 带开关单相两极双用暗装插座<br>15. 带开关单相两极带接地明装插座<br>16. 带开关单相两极带接地暗装插座<br>17. 单相两极双用、两极带接地明装插座<br>18. 单相两极双用、两极带接地暗装插座<br>19. 带保护门单相两极双用、两极带接地明装插座<br>20. 带保护门单相两极双用、两极带接地暗装插座<br>21. 带开关单相两极双用、两极带接地明装插座<br>22. 带开关单相两极双用、两极带接地暗装插座<br>23. 单相两极可拆线移动式插座<br>24. 单相两极带接地可拆线移动式插座<br>25. 单相两极不可拆线移动式插座<br>26. 单相两极带接地不可拆线移动式插座<br>27. 单相两极带接地不可拆线移动式多位插座<br>28. 电线加长组件<br>29. 单相两极或两极带接地器具插座<br>30. 三相四极可拆线插头<br>31. 三相四极不可拆线插头<br>32. 三相四极明装插座<br>33. 三相四极暗装插座<br>34. 地板插座<br>35. 组合型插座<br>36. 带有辅助装置的固定式插座<br>37. 固定式无联锁带开关插座<br>38. 固定式有联锁带开关插座</td><td>适用标准：<br>GB 2099.1<br>GB 2099.2<br>GB 2099.4<br>GB 2099.5<br>GB 1002<br>GB 1003<br>不包括：<br>1.ELV（即，特低电压）的插头和固定式或移动式插座，与熔断体、自动开关等组合在一起的固定式插座；<br>2. 非标准孔型插座（即，插座插孔不符合GB 1002、GB 1003）、非我国标准插头（如，圆脚插销的插头、矩形插销的插头）</td></tr>
<tr><td>插头插座（工业用）：<br>1. 适用于主要作工业用途户内和户外使用的额定工作电压不超过690V d.c. 或 a.c. 和500Hz a.c., 额定电流不超过250A的插头和插座；<br>2. 安装在电气设备里的或固定于电气设备的插座或器具输入插座在本产品目录之内。本产品目录亦适用于预定用于特低电压装置里的电器附件；<br>3. 不排除将这些电器附件用于建筑工地，或作农业、商业或家用用途</td><td>工业用插头、插座、连接器、器具输入插座、耦合器</td><td>1. 工业用插头<br>2. 工业用明装插座<br>3. 工业用暗装插座<br>4. 工业用插座<br>5. 工业用带开关插座<br>6. 工业用带联锁装置插座</td><td>GB/T 11918<br>GB/T 11919</td></tr>
</table>

续表

| 产品种类 | 对产品种类的描述 | 适用产品 | 对适用产品的描述或列举 | 备注 |
|---|---|---|---|---|
| 2. 家用和类似用途固定式电气装置的开关 | 1. 适用于户内或户外使用的，仅用于交流电、额定电压不超过 440V、额定电流不大于 63A 的家用和类似用途固定式电气装置的手动操作的一般用途的开关；<br>2. 还适用于装有信号灯的开关，带有开关和其他功能组合的开关（但不适用于与熔断器组合的开关），装有软缆保持装置和软缆出口装置的开关；<br>3. 对装有无螺纹端子的开关的额定电流限为最大 16A | 家用和类似用途固定式电气装置的开关 | 1. 明装式或暗装式按钮开关<br>2. 明装或暗装式拉线开关<br>3. 明装式或暗装式旋转开关<br>4. 明装或暗装跷板式单极开关<br>5. 明装或暗装跷板式两极开关<br>6. 明装或暗装跷板式三极开关<br>7. 明装或暗装跷板式三极加中线开关<br>8. 明装或暗装跷板式双控开关<br>9. 明装或暗装跷板式有公共进入线的双控开关<br>10. 明装或暗装跷板式有一个断开位置的双控开关<br>11. 明装或暗装跷板式两极双控开关<br>12. 明装或暗装跷板式双控换向开关（或中间开关）<br>13. 明装或暗装倒扳式单极开关<br>14. 明装或暗装倒扳式两极开关<br>15. 明装或暗装倒扳式三极开关<br>16. 明装或暗装倒扳式三极加中线开关<br>17. 明装或暗装倒扳式双控开关<br>18. 明装或暗装倒扳式有公共进入线的双控开关<br>19. 明装或暗装倒扳式有一个断开位置的双控开关<br>20. 明装或暗装倒扳式两极双控开关<br>21. 明装或暗装倒扳式双控换向开关（或中间开关）<br>22. 明装或暗装跷板式瞬动开关（如，门铃开关）<br>23. 明装或暗装按钮式瞬动开关（如，门铃开关） | 适用标准：<br>GB 16915.1<br>不包括属于 GB 15092 范围的开关 |
| 3. 器具耦合器（家用和类似用途、工业用） | 器具耦合器（家用和类似用途）<br>1. 适用于家用和类似用途的、有接地触头和无接地触头的交流两极器具耦合器。该耦合器用于将电源软线连接到额定电压不超过 250V，额定电流不超过 16A，电源频率为 50Hz 或 60Hz 的器具或其他电气设备上；<br>2. 也适用于安装在器具或设备上以及与器具或设备形成一体的器具输入插座；<br>3. 也适用于家用和类似用途器具或设备用交流两极，带有接地触头或不带接地触头的互连耦合器，使用于额定电压不超过 250V，额定电流不超过 16A，频率为 50Hz 或 60Hz 的交流电源上；<br>4. 也适用于与器具或其他设备成一整体的或装在器具或其他设备里的器具插座 | 1. 器具耦合器：包括连接器和器具输入插座两部分；<br>2. 连接器<br>3. 互连耦合器：包括插头连接器和器具插座两部分；<br>4. 插头连接器；<br>5. 靠器具重量啮合的耦合器；<br>6. 防护等级高于 IPX0 的器具耦合器 | 1. 用于冷条件下Ⅱ类设备的 0.2A 连接器<br>2. 用于冷条件下Ⅱ类设备的 0.2A 器具输入插座<br>3. 用于冷条件下Ⅰ类设备的 2.5A 连接器<br>4. 用于冷条件下Ⅰ类设备的 2.5A 器具输入插座<br>5. 用于冷条件下Ⅱ类设备的 2.5A 连接器<br>6. 用于冷条件下Ⅱ类设备的 2.5A 器具输入插座<br>7. 用于冷条件下Ⅱ类设备的 6A 连接器<br>8. 用于冷条件下Ⅱ类设备的 6A 器具输入插座<br>9. 用于冷条件下Ⅰ类设备的 10A 连接器<br>10. 用于冷条件下Ⅰ类设备的 10A 器具输入插座<br>11. 用于热条件下Ⅰ类设备的 10A 连接器<br>12. 用于酷热条件下Ⅰ类设备的 10A 连接器<br>13. 用于热条件下Ⅰ类设备的 10A 器具输入插座<br>14. 用于酷热条件下Ⅰ类设备的 10A 器具输入插座<br>15. 用于冷条件下Ⅱ类设备的 10A 连接器<br>16. 用于冷条件下Ⅱ类设备的 10A 器具输入插座<br>17. 用于冷条件下Ⅰ类设备的 16A 连接器<br>18. 用于冷条件下Ⅰ类设备的 16A 器具输入插座<br>19. 用于酷热条件下Ⅰ类设备的 16A 连接器<br>20. 用于酷热条件下Ⅰ类设备的 16A 器具输入插座<br>21. 用于冷条件下Ⅱ类设备的 16A 连接器 | 适用标准：<br>GB 17465.1<br>GB 17465.2<br>GB 17465.3<br>GB 17465.4 |

续表

| 产品种类 | 对产品种类的描述 | 适用产品 | 对适用产品的描述或列举 | 备注 |
| --- | --- | --- | --- | --- |
| 3. 器具耦合器（家用和类似用途、工业用） | | | 22. 用于冷条件下Ⅱ类设备的 16A 器具输入插座<br>23. Ⅰ类设备用 2.5A 插头连接器<br>24. Ⅰ类设备用 2.5A 器具插座<br>25. Ⅱ类设备用 2.5A 插头连接器<br>26. Ⅱ类设备用 2.5A 器具插座<br>27. Ⅰ类设备用 10A 插头连接器<br>28. Ⅰ类设备用 10A 器具插座<br>29. Ⅱ类设备用 10A 插头连接器<br>30. Ⅱ类设备用 10A 器具插座<br>31. Ⅰ类设备用 16A 插头连接器<br>32. Ⅰ类设备用 16A 器具插座<br>33. Ⅱ类设备用 16A 插头连接器<br>34. 地板插座<br>35. 组合型插座<br>36. 带有辅助装置的固定式插座<br>37. 固定式无联锁带开关插座<br>38. 固定式有联锁带开关插座<br>39. 器具耦合器<br>40. 连接器<br>41. 器具输入插座<br>42. 互连耦合器<br>43. 插头连接器<br>44. 器具插座 | |
| | 器具耦合器（工业用）<br>1. 适用于主要作工业用途户内和户外使用的额定工作电压不超过 690V d.c. 或 a.c. 和 500Hz a.c., 额定电流不超过 250A 的电缆耦合器和器具耦合器；<br>2. 不排除将这些电器附件用于建筑工地，或作农业、商业或家用用途；<br>3. 安装在电气设备里的或固定于电气设备的器具输入插座在本产品目录之内。本产品目录亦适用于预定用于特低电压装置里的电器附件 | 工业用连接器、器具输入插座、耦合器 | 1. 工业用连接器<br>2. 工业用器具输入插座<br>3. 工业用耦合器<br>4. 工业用电缆耦合器<br>5. 工业用器具耦合器<br>6. 工业用器具插座 | 适用标准：<br>GB/T 11918<br>GB/T 11919 |
| 4. 热熔断体 | 1. 适用于安装在一般户内环境下使用的电器、电子设备及其组件里，用以防止它们在发生故障情况下出现超温的热熔断体；<br>2. 只要熔断体周围的气候和其他直接环境与规定的条件相类似，也适用于在非户内条件下使用的热熔断体；<br>3. 适用于简单形状的热熔断体。如熔断片或熔断丝，只要工作时排除的熔融材料不会影响设备的安全使用，尤其对手持式或便携式设备，无论使用位置如何，均不会影响他们的使用安全；<br>4. 适用于交流额定电压不超过 660V、额定电流不超过 63A、频率在 45~62Hz 的热熔断体 | 热熔断体 | 1. 金属外壳热熔断体<br>2. 塑料外壳热熔断体<br>3. 陶瓷外壳热熔断体<br>4. 陶瓷底座热熔断体 | 适用标准：<br>GB 9816<br>不包括在腐蚀性或爆炸性大气等极端条件下使用的热熔断体 |

续表

| 产品种类 | 对产品种类的描述 | 适用产品 | 对适用产品的描述或列举 | 备注 |
|---|---|---|---|---|
| 5. 家用和类似用途固定式电气装置电器附件外壳 | 1. 适用于户内或户外使用的额定电压不超过 440V 的家用和类似用途固定式电气装置电器附件外壳或外壳部件；<br>2. 本产品目录中所指的外壳，包括电器附件所装的明装式、暗装式和半暗装式安装盒的盖或盖板，这些盖或盖板可以是，也可以不是电器附件的一部分；<br>3. 亦适用于以安装或悬吊照明设备用的安装盒；<br>4. 亦适用于家用和类似固定式电气装置的电器附件的空壳体和其中的部件，其预期使用的额定电压不超过 400V，输入总负载电流不超过 125A，在正常使用中的最大功耗容量由制造商声明。这些壳体预期用于家用的保护装置和带有或不带有电源功耗的装置。它们预期被安装在预期短路电流不超过 10kA 的场合，除非它们有被限制电流保护设备提供保护，其带有切断电流不超过 17kA | 安装盒、盖或盖板、面板、空白电气箱体 | 1. 塑料或金属面板<br>2. 明装式安装盒<br>3. 暗装式或暗装塑料安装盒<br>4. 暗装式或暗装金属安装盒<br>5. 半暗装式塑料或金属安装盒<br>6. 塑料或金属盖或盖板<br>7. 塑料或金属外壳<br>8. 塑料配电箱箱体<br>9. 金属配电箱箱体<br>10. 塑料照明箱箱体<br>11. 金属照明箱箱体<br>12. 防溅面盖<br>13. 地板插座安装盒 | 适用标准：<br>GB 17466.1<br>GB 17466.21<br>GB 17466.23<br>GB 17466.24<br>不包括开关设备和控制设备装有过电流保护装置的组合装置的外壳和用于汇流条线槽型的外壳 |
| 6. 小型熔断器的管状熔断体 | 1. 适用于保护通常在户内使用的电气装置、电子设备和其中元件的小型熔断器；<br>2. 适用于保护那些通常使用于户内电气装置、电子设备和其中元件的小型熔断器用管状熔断体；<br>3. 适用于印制电路用并且用来保护户内使用的电气装置、电子设备和其中元件的超小型熔断体 | 小型熔断器的管状熔断体 | 1. 快速动作高分断能力的 5mm × 20mm 熔断体（标准规格单 1）（管状熔断体）<br>2. 快速动作低分断能力的 5mm × 20mm 熔断体（标准规格单 2）（管状熔断体）<br>3. 延时动作（耐浪涌）低分断能力的 5mm × 20mm 熔断体（标准规格单 3）（管状熔断体）<br>4. 快速动作低分断能力的 6.3mm × 32mm 熔断体（标准规格单 4）（管状熔断体）<br>5. 延时动作（耐浪涌）高分断能力的 5mm × 20mm 熔断体（标准规格单 5）（管状熔断体）<br>6. 快速动作低分断能力的超小型熔断体（标准规格单 1）（超小型熔断体）<br>7. 快速动作低分断能力的超小型熔断体（标准规格单 2）（超小型熔断体）<br>8. 快速动作低分断能力的超小型熔断体（标准规格单 3）（超小型熔断体）<br>9. 延时，低分断能力的超小型熔断体（标准规格单 4）（超小型熔断体） | 适用标准：<br>GB 9364.1<br>GB 9364.2<br>GB 9364.3<br>不包括在特殊条件（例如腐蚀或易爆环境）下使用的电气装置的熔断器 |

**续表**

三、低压电器（9 种）
工作电压交流 1000V（工作电压为 AC1140V 的电器可参照执行）、直流 1500V 以下的电气线路中的电气设备

| 产品种类 | 对产品种类的描述 | 适用产品 | 对适用产品的描述或列举 | 备注 |
|---|---|---|---|---|
| 1. 漏电保护器 | 适用于交流额定电压至 380V、额定电流至 200A 的漏电保护器。能同时完成检测剩余电流，将剩余电流和基准值相比较，以及当剩余电流超过基准值时，断开被保护电路等三个功能的装置（例如漏电断路器）或组合装置（例如由漏电继电器与低压断路器或低压接触器组成的漏电保护器） | 家用和类似用途的不带过电流保护的移动式剩余电流装置（PRCD） | PRCD 由一个插头、一个漏电动作保护器和一个或几个插座或接线装置组合在一起，与电源连接时易于从一地移动到另一地使用的漏电保护器。列举如下：<br>动作功能与电源电压无关的 PRCD<br>动作功能与电源电压有关的 PRCD<br>AC 型 PRCD<br>A 型 PRCD | 适用标准：<br>GB 20044<br>不包括包含电池的 PRCD、具有检测电源侧故障的附加功能并能在供电电路故障时防止其闭合的 PRCD |
| | | 剩余电流动作继电器 | 由零序电流互感器来检测剩余电流，并在规定条件下，但剩余电流达到或超过给定值时使电器的一个或多个电气输出电路中的触头产生开闭动作的开关电源。列举如下：<br>AC 型剩余电流动作继电器<br>A 型剩余电流动作继电器 | 适用标准：<br>GB/T 22387<br>不包括兼有过载保护的继电器、鉴相鉴幅漏电继电器、脉冲型漏电继电器 |
| 2. 断路器 | 适用于主触头用来接入额定电压不超过交流 1000V 或直流 1500V 电路中的断路器 | 低压断路器 | 能接通、承载和分断正常电路条件下的电流，也能在规定的非正常条件下（例如短路条件下）接通、承载电流一定时间和分断电流的一种机械开关电器。列举如下：<br>塑料外壳式断路器（MCCB）<br>具有剩余电流保护的断路器<br>电子式塑料外壳式断路器<br>智能型塑料外壳式断路器<br>磁场断路器<br>遮断器<br>自动灭磁开关<br>电动机保护用断路器<br>万能式（框架式）断路器<br>无熔丝断路器<br>直流快速断路器<br>空气断路器（ACB）<br>真空断路器（VCB）<br>限流断路器<br>插入式断路器<br>抽屉式断路器<br>气体断路器<br>无过电流保护要求的断路器<br>剩余电流装置模块（无内部电流分断装置）<br>瞬时脱扣断路器（ICB） | 适用标准：<br>GB 14048.1<br>GB 14048.2 |
| | | 不带过电流保护的剩余电流动作断路器（RCCB） | 剩余电流动作断路器是指在正常运行条件下能接通、承载和分断电流，以及在规定的条件下当剩余电流达到规定值时能使触头断开的机械开关电器。列举如下：<br>动作功能与电源电压无关的 RCCB（电磁式）<br>动作功能与电源电压有关的 RCCB（电子式）<br>固定装设和固定接线的 RCCB<br>移动式以及用电缆连接的 RCCB<br>AC 型 RCCB<br>A 型 RCCB<br>延时型 RCCB<br>非延时型 RCCB | 适用标准：<br>GB 16916.1<br>GB 16916.21<br>GB 16916.22<br>不包括采用电池的 RCCB |

续表

| 产品种类 | 对产品种类的描述 | 适用产品 | 对适用产品的描述或列举 | 备注 |
|---|---|---|---|---|
| 2. 断路器 | | 家用及类似场所用过电流保护断路器（MCB） | MCB 用作保护建筑物的线路设施及类似用途，这些断路器是设计成适用于未受过训练的人员使用，无需进行维修。列举如下：<br>单极断路器<br>带一个保护极的二极断路器<br>带两个保护极的二极断路器<br>带三个保护极的三极断路器<br>带三个保护极的四极断路器<br>带四个保护极的四极断路器<br>B 型 MCB<br>C 型 MCB<br>D 型 MCB | 适用标准：<br>GB 10963.1<br>GB 10963.2<br>不包括整定电流可由用户能触及的器具调节的断路器 |
| | | 设备用断路器（CBE） | CBE 是指专门用于保护设备，在正常电路的情况下能接通，承载和分断电流，而且在规定的非正常电路情况下也能接通，承载一规定时间和自动分断电流的机械开关电器。列举如下：<br>R 型设备用断路器<br>M 型设备用断路器<br>S 型设备用断路器<br>J 型设备用断路器<br>E 型设备用断路器 | 适用标准：<br>GB 17701 |
| 3. 熔断器 | 当电流超过规定值足够长的时间，通过熔断一个或几个特殊设计和成比例的熔体分断此电流，由此断开其所接入的电路的装置。熔断器由形成完整装置的所有部件组成。适用于装有额定分断能力不小于 6kA 的封闭式限流熔断体的熔断器。该熔断器作为保护标称电压不超过 1000V 的交流工频电路或标称电压不超过 1500V 的直流电路用 | 专职人员使用的熔断器 | 适用于在专职人员使用的熔断器。列举如下：<br>刀型触头熔断器<br>带撞击器的刀型触头熔断器<br>螺栓连接熔断器<br>圆筒形帽熔断器<br>偏置触刀熔断器<br>“gD”和“gN”特性熔断器 | 适用标准：<br>GB 13539.1<br>GB/T 13539.2 |
| | | 非熟练人员使用的熔断器 | 适用于额定电流不超过 100A，额定电压不超过交流 500V 的非熟练人员使用的家用及类似用途的“gG”熔断器。列举如下：<br>D 型熔断器<br>NF 圆管式熔断器<br>BS 圆管式熔断器<br>意大利圆管式熔断器<br>插脚式熔断器<br>用于插头的圆管式熔断体 | 适用标准：<br>GB 13539.1<br>GB 13539.3 |
| | | 半导体设备保护用熔断体 | 在规定条件下，可以分断其分断范围内任何电流的限流熔断体。列举如下：<br>A 型螺栓连接熔断体<br>B 型螺栓连接熔断体<br>C 型螺栓连接熔断体<br>A 型接触片式熔断体<br>B 型接触片式熔断体<br>A 型圆筒形帽熔断体 | 适用标准：<br>GB 13539.1<br>GB/T 13539.4 |

续表

| 产品种类 | 对产品种类的描述 | 适用产品 | 对适用产品的描述或列举 | 备注 |
|---|---|---|---|---|
| 4. 低压开关（隔离器、隔离开关、熔断器组合电器） | 在正常电路条件下（包括规定的过载工作条件），能够接通、承载和分断电流，并在规定的非正常电路条件下（例如短路），能在规定时间内承载电流的一种机械开关电器。适用于额定电压交流不超过 1000V 或直流不超过 1500V 的配电电路和电动机电路中的开关、隔离器、隔离开关和熔断器组合电器 | 隔离器 | 在断开状态下能符合规定的隔离功能要求的机械开关电器。列举如下：<br>熔断器式隔离器<br>隔离器 | 适用标准：<br>GB 14048.1<br>GB 14048.3 |
| | | 隔离开关 | 断开状态下能符合隔离器的隔离要求的开关。列举如下：<br>熔断器式隔离开关<br>熔断器式开关<br>隔离开关<br>刀开关<br>手动转换开关 / 电动转换开关<br>倒顺开关<br>组合开关<br>铁壳开关<br>双投开关<br>开启式负荷开关 | 适用标准：<br>GB 14048.1<br>GB 14048.3 |
| | | 熔断器组合电器 | 在制造厂或按其说明书将机械开关电器与一个或数个熔断器组装在同一个单元内的组合电器。列举如下：<br>开关熔断器组<br>隔离开关熔断器组<br>隔离器熔断器组 | 适用标准：<br>GB 14048.1<br>GB 14048.3 |
| 5. 其他电路保护装置 | 用来保护电路或电路中的部件免受损坏的电器，适用于主触头用来接入额定电压不超过交流 1000V 或直流 1500V 电路中 | 限流器 | 限流器 | 适用标准：<br>GB 14048.1<br>GB 14048.2 |
| | | 电路保护装置 | 控制与保护开关电器 | 适用标准：<br>GB 14048.1<br>GB 14048.9 |
| | | 过流保护器、热保护器、过载继电器、低压机电式接触器 | 电子式继电器<br>过载继电器 / 热继电器<br>热保护器<br>过流保护器<br>低压机电式接触器 | 适用标准：<br>GB 14048.1<br>GB 14048.4 |
| | | 电动机起动器 | 电动机起动器<br>星三角起动器<br>可逆起动器<br>转子变阻式起动器<br>电磁起动器<br>综合保护起动器<br>自耦减压起动器 | 适用标准：<br>GB 14048.1<br>GB 14048.4 |
| 6. 继电器 | 当控制电器的电气输入量在电路中的变化达到规定的要求时，在电器的一个或多个电气输出电路中使被控量发生预定的阶跃变化的开关电器，适用于额定电压不超过交流 1000V（频率不超过 1000Hz）或直流 600V 的控制电路电器 | 接触器式继电器 | 接触器式继电器 | 适用标准：<br>GB 14048.1<br>GB 14048.5<br>不包括：<br>1.GB/T 14598 及 IEC 60255 涉及的继电器；<br>2. 家用及类似用途的自动电气控制器件；<br>3. 工作电压 36V 以下的产品 |

续表

| 产品种类 | 对产品种类的描述 | 适用产品 | 对适用产品的描述或列举 | 备注 |
|---|---|---|---|---|
| 6. 继电器 | | 时间继电器 | 晶体管时间继电器<br>时间继电器 | 适用标准：<br>GB 14048.1<br>GB 14048.5<br>不包括：<br>1.GB/T 14598 及 IEC 60255 涉及的继电器；<br>2. 家用及类似用途的自动电气控制器件；<br>3. 工作电压 36V 以下的产品 |
| | | 中间继电器 | 电压继电器<br>频率继电器<br>温度继电器<br>液位继电器<br>速度继电器<br>过电流继电器<br>直流电磁继电器 | 适用标准：<br>GB 14048.1<br>GB 14048.5<br>不包括：<br>1.GB/T 14598 及 IEC 60255 涉及的继电器；<br>2. 家用及类似用途的自动电气控制器件；<br>3. 工作电压 36V 以下的产品 |
| 7. 其他开关 | 在正常的电路条件下（包括过载工作条件）能接通、承载和分断电流，也能在规定的非正常条件下（例如短路条件下）承载电流一定时间的一种机械开关电器。接近开关是指与运动部件无机械接触而能动作的位置开关。适用于额定电压不超过交流 1000V（频率不超过 1000Hz）或直流 1500V 的控制电路电器 | 电器开关、真空开关、压力开关、脚踏开关、热敏开关、液位开关、按钮开关、限位开关、微动开关、温度开关、行程开关、倒顺开关 | 电器开关<br>凸轮开关<br>控制开关<br>跑偏开关<br>急停开关<br>拉绳开关<br>延时开关<br>真空开关<br>压力开关<br>脚踏开关<br>热敏开关<br>液位开关<br>按钮开关<br>组合按钮开关<br>钥匙式操作按钮<br>指示灯式按钮<br>定向防护式按钮<br>导向按钮<br>限位开关<br>微动开关<br>温度开关<br>行程开关<br>倒顺开关<br>程序控制器<br>旋转开关 | 适用标准：<br>GB 14048.1<br>GB 14048.5<br>不包括 GB/T 14598 及 IEC 60255 涉及的继电器或家用及类似用途的自动电气控制器件 |

续表

| 产品种类 | 对产品种类的描述 | 适用产品 | 对适用产品的描述或列举 | 备注 |
|---|---|---|---|---|
| 7. 其他开关 | | 接近开关 | 与运动部件无机械接触而能动作的位置开关。<br>适用于能检测金属的和（或）非金属的物体存在<br>与否的电感式和电容式接近开关、能检测反射声<br>音物体存在与否的超声波式接近开关、能检测物<br>体存在与否的光电式接近开关。列举如下：<br>接近开关<br>电感式接近开关<br>电容式接近开关<br>超声波式接近开关<br>光电式接近开关<br>非机械磁性式接近开关 | 适用标准：<br>GB 14048.1<br>GB/T 14048.10<br>不包括具有模拟量输出的接近开关 |
| | | 转换开关 | 适用于额定电压交流不超过 1000V 或直流不超过 1500V 的转换开关电器（TSE），TSE 用于在转换过程中中断对负载供电的电源系统。列举如下：<br>自动转换开关电器（ATSE）<br>手动操作转换开关电器（MTSE）<br>遥控操作转换开关电器（RTSE） | 适用标准：<br>GB 14048.1<br>GB/T 14048.11<br>不包括仅用于紧急照明的TSE |
| 8. 其他装置 | 适用于额定电压不超过交流 1000V（频率不超过 1000Hz）或直流 1500V 的控制电路电器 | 电动机起动器 | 电动机起动器<br>星三角起动器<br>可逆起动器<br>转子变阻式起动器<br>电磁起动器<br>综合保护起动器<br>自耦减压起动器 | 适用标准：<br>GB 14048.1<br>GB 14048.4 |
| | | 信号灯、辅助触头组件、主令控制器 | 信号灯<br>信号灯组<br>辅助触头组件<br>辅助开关<br>主令控制器 | 适用标准：<br>GB 14048.1<br>GB 14048.5<br>不包括 GB/T 14598 及 IEC 60255 涉及的继电器或家用及类似用途的自动电气控制器件 |
| | | 交流半导体电动机控制器和起动器 | 交流半导体电动机控制器为交流电动机提供起动功能和截止状态的半导体开关电器。列举如下：<br>电动机软起动器<br>电动机负载半导体接触器 | 适用标准：<br>GB 14048.1<br>GB 14048.6<br>不包括在非正常转速下持续控制交流电动机的转速、控制非电动机负载的半导体装置和半导体接触器、IEC 60146 中的电子式交流变流器 |
| | | 接触器 | 交流接触器<br>直流接触器<br>切换电容接触器<br>真空接触器<br>家用及类似用途用接触器 | 适用标准：<br>GB 14048.1<br>GB 14048.4<br>GB 17885 |

续表

| 产品种类 | 对产品种类的描述 | 适用产品 | 对适用产品的描述或列举 | 备注 |
|---|---|---|---|---|
| 9. 低压成套开关设备 | 由一个或多个低压开关设备和与之相关的控制、测量、信号、保护、调节等设备，由制造厂家负责完成所有内部的电气和机械的连接，用结构部件完整地组装在一起的一种组合体。<br>适用于在额定电压为交流不超过1000V，频率不超过1000Hz的低压成套开关设备。适用于与发电、输电、配电和电能转换的设备以及控制电能消耗的设备配套使用的成套设备 | 低压成套开关设备 | 开启式成套设备<br>固定面板式成套设备<br>封闭式成套设备（柜式成套设备、柜组式成套设备、固定封闭式成套设备、抽出式成套设备、台式成套设备、箱式成套设备、箱组式成套设备） | 适用标准：<br>GB 7251.1<br>对于智能型设备，还应按照GB/T 7251.8 补充测试 |
| | | 母线干线系统（母线槽） | 由母线、母线支撑件和绝缘件、外壳、某些固定件及与其他单元相接的连接件组成。它可具有分接装置也可无分接装置。<br>密集绝缘母线槽<br>空气绝缘母线槽<br>滑触式母线槽 | 适用标准：<br>GB 7251.2<br>对于智能型设备，还应按照GB/T7251.8 补充测试 |
| | | 配电板 | 一种带有开关或保护器件（如熔断器或小型断路器），并带有一条或多条进出线电路，以及用来连接中性导体和保护电路导体端子的成套设备。户内固定安装式成套设备，适合于民用（家用）或在非专业人员可以进入的场地使用。<br>照明箱<br>计量箱<br>插座箱 | 适用标准：<br>GB 7251.3<br>对于智能型设备，还应按照GB/T 7251.8 补充测试 |
| | | 建筑工地用成套设备（ACS） | 建筑工地使用的组合装置。该组合装置是由一个或多个变压器或开关连同其控制、测量、信号、保护和调节以及内部电气、机械连接件和结构件而组成。<br>进线及计量用 ACS<br>主配电 ACS<br>配电用 ACS<br>变压器 ACS<br>终端配电用 ACS<br>插座出线式 ACS | 适用标准：<br>GB 7251.4<br>对于智能型设备，还应按照GB/T 7251.8 补充测试 |
| | | 公用电网动力配电成套设备 | 此装置为固定安装的型式试验的成套设备，用于三相系统的电能分配。<br>电缆分线箱<br>变电站电缆配电盘 | 适用标准：<br>GB 7251.5<br>对于智能型设备，还应按照GB/T 7251.8 补充测试 |
| | | 低压成套无功功率补偿装置 | 由一个或多个低压开关设备、低压电容器和与之相关的控制、测量、信号、保护、调节等设备，由制造商完成所有内部的电气和机械的连接，用结构部件完整地组装在一起的一种组合体 | 适用标准：<br>GB/T 15576<br>对于智能型设备，还应按照GB/T 7251.8 补充测试 |

续表

| 四、小功率电动机（1种） | | | | |
|---|---|---|---|---|
| 产品种类 | 对产品种类的描述 | 适用产品 | 对适用产品的描述或列举 | 备注 |
| 1. 小功率电动机 | 适用于额定电压大于36V（直流或交流有效值），小于直流1500V、交流1000V的驱动用小功率电动机，包括：<br>1. 转速折算到1500 r/min时，最大连续定额不超过1.1 kW的各类交流异步电动机、交流同步电动机；<br>2. 最大连续定额不超过1.1 kW的交流换向器电动机、直流电动机。<br>注1：额定功率≤同步转速 ×1.1kW/1500 r/min；<br>注2：不包括防爆电动机和控制电动机（如伺服电动机、步进电动机、自整角机、旋转变压器、测速发电机、感应移相器等）；<br>注3：不适用于有一种定额超出以上适用范围的多电压、多转速电动机 | 三相异步电动机（YS系列） | 用于工业及类似用途 | 适用标准：GB 12350 |
| | | 电阻起动异步电动机（YU系列） | 家用、工业及类似用途；电阻起动，带有离心开关 | 适用标准：GB 12350 |
| | | 电容起动异步电动机（YC系列） | 家用、工业及类似用途；带有起动用的电容器，离心开关 | 适用标准：GB 12350 |
| | | 电容运转异步电动机（YY系列） | 家用、工业及类似用途；带有电动机运转用电容器 | 适用标准：GB 12350 |
| | | 双值电容异步电动机（YL系列） | 工业及类似用途；带有起动用的电容器，离心开关，电动机运转用电容器 | 适用标准：GB 12350 |
| | | 一般用途的罩极异步电动机 | 适用于一般用途的罩极异步电动机 | 适用标准：GB 12350 |
| | | 三相电泵用电动机 | 主要供输送冷却液用 | 适用标准：GB 12350 |
| | | 盘式制动异步电动机 | 工业及类似用途；电枢与转子为盘状，气隙磁场－轴向结构 | 适用标准：GB 12350 |
| | | 单相串励电动机 | 适用于一般用途、家用及类似用途家用电器、医疗器械、一般设备、仪器、机械等用的小功率单相串励电动机 | 适用标准：GB 12350 |
| | | 三相机械离合器电动机 | 主要供工业缝纫机使用 | 适用标准：GB 12350 |
| | | 单相机械离合器电动机 | 主要供工业缝纫机使用 | 适用标准：GB 12350 |
| | | 水泵用电动机 | 与水泵共轴的三相、单相电阻起动、单相电容起动和单相电容运转小功率异步电动机 | 适用标准：GB 12350 |
| | | 家用缝纫机电动机 | 家用缝纫机电动机 | 适用标准：GB 12350 |
| | | 洗衣机用电动机 | 一般家用电动洗衣机（洗涤机和洗涤－脱水机）用电动机 | 适用标准：GB 12350 |
| | | 洗衣机脱水用电动机 | 一般家用洗衣机脱水用电动机 | 适用标准：GB 12350 |
| | | 空调器风扇用电动机 | 装有冷凝器、蒸发器、全封闭电动机压缩机的房间空调器风扇用电动机，以及热泵、除湿机、风机盘管式空调器风扇用电动机 | 适用标准：GB 12350 |
| | | 交流台扇用电动机 | 交流台扇（包括壁扇、台地扇、落地扇）用的单相电容运转异步电动机、无刷直流电动机和单相罩极异步电动机 | 适用标准：GB 12350 |
| | | 转页扇用电动机 | 转页扇用的单相电容运转异步电动机、无刷直流电动机和单相罩极异步电动机 | 适用标准：GB 12350 |
| | | 吸排油烟机用电动机 | 家用吸排油烟机用单相电容运转异步电动机、无刷直流电动机 | 适用标准：GB 12350 |
| | | 家用换气扇用电动机 | 家用和类似用途的换气扇用单相电容运转异步电动机、无刷直流电动机和单相罩极异步电动机 | 适用标准：GB 12350 |

续表

| 产品种类 | 对产品种类的描述 | 适用产品 | 对适用产品的描述或列举 | 备注 |
|---|---|---|---|---|
| 1. 小功率电动机 | | 食品搅拌器用串励电动机 | 带有刀具的食物搅碎器及类似用途用电动机 | 适用标准：GB 12350 |
| | | 家用真空吸尘器用单相串励电动机－风机 | 适用于家用真空吸尘器用单相串励电动机－风机 | 适用标准：GB 12350 |
| | | 一般用途用永磁同步电动机 | 适用于一般用途用永磁同步电动机 | 适用标准：GB 12350 |
| | | 爪极式永磁同步电动机 | 带多级减速齿轮箱的永磁同步电动机 | 适用标准：GB 12350 |
| | | 直流电动机 | 最大连续额定功率不超过 1.1kW 的永磁式和电磁式小功率直流电动机 | 适用标准：GB 12350 |
| | | — | 以上范围以外、按 GB 12350 标准设计、生产的符合本规则适用范围的其他系列电动机 | 适用标准：GB 12350 |
| | | 三相异步电动机 | 工业及类似用途 | 适用标准：GB 14711 |
| | | 变极多速三相异步电动机（YD 系列） | 工业及类似用途；电动机以变极而变速，有二速、三速、四速三种类型，电动机定子绕组在二速时为单套绕组，三速、四速时为双套绕组 | 适用标准：GB 14711 |
| | | 高转差率三相异步电动机（YH 系列） | 工业及类似用途；以 S3 为基准的周期工作定额，负载持续率分为 15%、25%、40%、60% 四种 | 适用标准：GB 14711 |
| | | 电磁调速电动机（YCT 系列） | 工业及类似用途；由电磁转差离合器、拖动电动机及电磁调速控制器组成。拖动电动机借凸缘端盖止口直接安装在离合器机座上的组合式结构 | 适用标准：GB14711 |
| | | 电磁调速电动机（YCTD 系列） | 工业及类似用途；由电磁转差离合器、拖动电动机及电磁调速控制器组成。拖动电动机借凸缘端盖止口直接安装在离合器机座上的组合式结构；是一种低电阻端环电磁调速电动机，调速范围比 YCT 调速电动机大 | 适用标准：GB 14711 |
| | | 齿轮减速三相异步电动机（YCJ 系列） | 工业及类似用途；输出转速约为 15~600r/min；减速电动机采用外啮合渐开线圆柱齿轮，分单级、两级和三级减速传动，并可正反向运转 | 适用标准：GB 14711 |
| | | 变极多速三相异步电动机（YDT 系列） | 主要配用于风机、水泵类负载的一种变极多速三相异步电动机；电动机以变极而变速，有二速、三速二种类型 | 适用标准：GB 14711 |
| | | 电磁制动三相异步电动机（YEJ 系列） | 工业及类似用途；由三相异步电动机和电磁制动器组成 | 适用标准：GB 14711 |
| | | 户外及户外化学腐蚀三相异步电动机（Y-W 系列及 Y-WF 系列） | 工业及类似用途；适用于户外及户外腐蚀环境中；电动机按所能承受的使用环境化学介质的严酷程度，分为户外防轻腐蚀型（Y-W），户外防中等腐蚀型（Y-WF1）及户外防强腐蚀型（Y-WF2） | 适用标准：GB 14711 |

续表

| 产品种类 | 对产品种类的描述 | 适用产品 | 对适用产品的描述或列举 | 备注 |
| --- | --- | --- | --- | --- |
| 1. 小功率电动机 | | 防腐蚀型三相异步电动机（Y-F 系列） | 工业及类似用途；适用于户内腐蚀环境中；电动机按所能承受的使用环境化学介质的严酷程度，分为户内防中等腐蚀型（Y-F1）及户内防强腐蚀型（Y-F2） | 适用标准：GB 14711 |
| | | 木工用三相异步电动机（Y-M 系列） | 工业及类似用途；主要用于驱动木工机械 | 适用标准：GB 14711 |
| | | 振动源三相异步电动机 | 工业及类似用途；振动电机的偏心块在规定位置条件下，由振动电机自激产生振动力 | 适用标准：GB 14711<br>不包括插入式混凝土振动器用电动机 |
| | | YLJ 系列力矩三相异步电动机 | 工业及类似用途；电动机的定额是从空载至堵转之间负载和转速连续变化的 S9 工作制的非周期工作定额 | 适用标准：GB 14711 |
| | | 变频调速专用三相异步电动机（YVF2） | 工业及类似用途；电动机在规定频率范围内恒转矩（3Hz 或 5~50Hz）和恒功率（50~100Hz）运行 | 适用标准：GB 14711 |
| | | 小型平面制动三相异步电动机 | 工业及类似用途；盘式定、转子结构 | 适用标准：GB 14711 |
| | | 阀门电动装置用三相异步电动机（YDF2 系列） | 工业及类似用途；适用于阀门电动装置；电动机的定额以短时工作制（S2-10min）为基准的短时定额 | 适用标准：GB 14711 |
| | | — | 除以上电动机以外，按 GB 14711 设计、生产的符合本规则适用范围的其他系列电动机 | 适用标准：GB 14711 |

五、电动工具（16 种）
1. 用手握持操作的，装有电源线（含带电源箱或电动机 - 发电机组）并内装电源开关的、由电动机或由电磁铁作动力来驱动的；
2. 交流单相和直流额定电压大于 50V，不大于 250V，交流三相额定电压不大于 440V；
3. 不适用于中频电动工具（用电源箱或电动机 - 发电机组或电源转换器供电的工具除外）、防爆电动工具和 GB 3883.1 附录 K 涉及的电池式电动工具

| 产品种类 | 对产品种类的描述 | 适用产品 | 对适用产品的描述或列举 | 备注 |
| --- | --- | --- | --- | --- |
| 1. 电钻 | — | 电钻、手电钻、角向电钻、万向电钻 | 1. 对金属、木料、塑料构件等各种材料上进行钻孔用的电动工具；<br>2. 有单速、双速、多速结构，没有冲击机构；<br>3. 一般采用串励电动机作动力，少量产品采用三相异步电动机作动力 | 适用标准：GB 3883.1<br>GB 3883.6<br>GB 4343.1<br>GB 17625.1 |
| | | 冲击电钻 | 1. 用装在输出轴上的钻头，靠冲击机构在混凝土、砖石及类似材料上钻孔用的电动工具；<br>2. 可通过调节冲击 - 旋转装置，去除冲击功能但保留旋转功能，从而可在金属、木料、塑料构件上进行钻孔作业；<br>3. 一般采用串励电动机作动力 | |

续表

| 产品种类 | 对产品种类的描述 | 适用产品 | 对适用产品的描述或列举 | 备注 |
|---|---|---|---|---|
| 2. 电动螺丝刀和冲击扳手 | — | 电动螺丝刀、自攻螺丝刀、电动起子、永磁直流螺丝刀、直流无刷螺丝刀 | 1. 用各种螺丝刀头来拧紧和旋松螺钉等类似零件的电动工具；<br>2. 不装冲击机构，可装有调节深度或设定扭矩的或断开旋转机构；<br>3. 永磁直流螺丝刀一般用直流电动机驱动，由一起提供的电源箱供直流电；直流无刷螺丝刀的电动机是交流感应电动机，一般用转换器将直流电转换成高频交流电；其余螺丝刀一般采用串励电动机作动力 | 适用标准：<br>GB 3883.1<br>GB 3883.2<br>GB 4343.1<br>GB 17625.1 |
| | | 冲击扳手、电扳手 | 1. 用套筒来拧紧和旋松螺栓、螺母等类似零件的电动工具；<br>2. 装有冲击机构，依靠冲击机构对螺栓、螺母进行冲击来拧紧，可装有调节深度或设定扭矩的或断开旋转机构；<br>3. 一般采用串励电动机作动力，少量产品采用三相异步电动机作动力 | 适用标准：<br>GB 3883.1<br>GB 3883.2<br>GB 4343.1<br>GB 17625.1<br>不包括非冲击类的电动扳手 |
| 3. 电动砂轮机 | — | 角向磨光机、砂磨机、湿式磨光机、切割机、砂轮开槽机 | 1. 用跛形、杯形、平行砂轮对金属材料、构件、石材上的不平整部位、焊缝，或对地面等进行磨光作业或切割金属材料的电动工具，对地面进行磨光作业时，一般需带水源；<br>2. 当带水源作业时，该产品应当用额定电压不超过 115V 的隔离变压器供电；<br>3. 一般采用串励电动机作动力 | 适用标准：<br>GB 3883.1<br>GB 3883.3<br>GB 4343.1<br>GB 17625.1 |
| | | 电磨、模具电磨、阀座电磨 | 1. 用多种形式的小型砂轮、磨石对特定形状的构件进行磨光、去除表面材料的电动工具；<br>2. 一般采用串励电动机作动力 | 适用标准：<br>GB 3883.1<br>GB 3883.3<br>GB 4343.1<br>GB 17625.1 |
| | | 直向砂轮机 | 1. 用圆柱形砂轮的圆柱面对金属材料、构件上的不平整部位以及焊缝等进行磨光、去除表面材料的电动工具；<br>2. 一般采用串励电动机作动力，少量产品采用三相异步电动机作动力 | 适用标准：<br>GB 3883.1<br>GB 3883.3<br>GB 4343.1<br>GB 17625.1 |
| | | 抛光机 | 1. 用抛轮对各种材料表面进行抛光的电动工具；<br>2. 一般采用串励电动机作动力 | 适用标准：<br>GB 3883.1<br>GB 3883.3<br>GB 4343.1<br>GB 17625.1 |
| | | 盘式砂光机 | 1. 用装在底盘衬垫上的圆形砂纸对材料表面进行砂光的电动工具；<br>2. 砂盘与电机轴成刚性连接，砂盘只能随电动机作旋转运动；<br>3. 一般采用串励电动机作动力 | 适用标准：<br>GB 3883.1<br>GB 3883.3<br>GB 4343.1<br>GB 17625.1 |

续表

| 产品种类 | 对产品种类的描述 | 适用产品 | 对适用产品的描述或列举 | 备注 |
| --- | --- | --- | --- | --- |
| 4. 砂光机 | — | 非盘式砂光机、有规则运动（平板）摆动式砂光机、磨平机 | 1. 用装在偏心连接的底盘上的不同形状砂纸对材料表面进行砂光的电动工具；<br>2. 砂盘与电机轴成偏心连接，砂盘只随电机轴的转动作轨迹式摆动；<br>3. 一般采用串励电动机作动力 | 适用标准：<br>GB 3883.1<br>GB 3883.4<br>GB 4343.1<br>GB 17625.1 |
| | | 无规则运动圆板砂光机 | 1. 用装在偏心连接的底盘上的圆形状砂纸对材料表面进行砂光的电动工具；<br>2. 砂砂盘与电机轴成偏心连接，砂盘既能随电机轴的转动作轨迹式摆动，还同时随着电机轴的旋转作随机旋转运动；<br>3. 一般采用串励电动机作动力 | 适用标准：<br>GB 3883.1<br>GB 3883.4<br>GB 4343.1<br>GB 17625.1 |
| | | 非盘式抛光机 | 1. 用装在偏心连接的底盘上的圆形状抛轮对材料表面进行抛光的电动工具；<br>2. 抛轮与电机轴成偏心连接，抛轮既能随电机轴的转动作轨迹式摆动，还同时随着电机轴的旋转作随机旋转运动；<br>3. 一般采用串励电动机作动力 | 适用标准：<br>GB 3883.1<br>GB 3883.4<br>GB 4343.1<br>GB 17625.1 |
| | | 带式砂光机 | 1. 用环形砂磨带对构件去除表面材料的电动工具；<br>2. 一般采用串励电动机作动力 | 适用标准：<br>GB 3883.1<br>GB 3883.4<br>GB 4343.1<br>GB 17625.1 |
| 5. 圆锯 | — | 电圆锯 | 1. 用圆锯齿刀片对木质构件进行锯割作业的木工电动工具；<br>2. 底板上方设置有固定护罩，下方设置有活动护罩，在锯片的平面内可安装有分料刀，也可不设分料刀；<br>3. 不适用于带砂轮的圆锯；<br>4. 一般采用串励电动机作动力 | 适用标准：<br>GB 3883.1<br>GB 3883.5<br>GB 4343.1<br>GB 17625.1 |
| 6. 电锤 | — | 电锤 | 1. 以活塞冲击能量辅以钎杆、钻头的旋转运动，在砖块，水泥构件、轻质墙、石料等建筑材料上钻孔用的电动工具；<br>2. 输出轴仅具有旋转－冲击功能一般采用串励电动机作动力 | 适用标准：<br>GB 3883.1<br>GB 3883.7<br>GB 4343.1<br>GB 17625.1 |
| | | 锤钻、旋转电锤 | 1. 以活塞冲击能量辅以钎杆、钻头的旋转运动，在砖块，水泥构件、轻质墙、石料等建筑材料上钻孔用的电动工具；<br>2. 输出轴具有旋转－冲击和纯旋转两种功能；<br>3. 一般采用串励电动机作动力 | 适用标准：<br>GB 3883.1<br>GB 3883.7<br>GB 4343.1<br>GB 17625.1 |
| | | 电镐、电动凿岩机、枕木电镐 | 1. 以活塞冲击能量捶击钎杆，在砖块，水泥构件、轻质墙、石料、地面等建筑材料上凿孔用的电动工具；<br>2. 输出轴只有冲击功能，无旋转功能；<br>3. 一般采用串励电动机作动力 | 适用标准：<br>GB 3883.1<br>GB 3883.7<br>GB 4343.1<br>GB 17625.1 |
| 7. 不易燃液体电喷枪 | — | 不易燃液体电喷枪 | 1. 通过喷枪内活塞的往复运动形成负压，使吸管将将容器内的各种低黏度的非易燃液体喷射成雾状的电动工具；<br>2. 由电磁铁、容器、吸管和喷嘴构成；<br>3. 一般采用电磁铁作动力。也有旋转类的电喷枪 | 适用标准：<br>GB 3883.1<br>GB 3883.13<br>GB 4343.1<br>GB 17625.1 |

续表

| 产品种类 | 对产品种类的描述 | 适用产品 | 对适用产品的描述或列举 | 备注 |
|---|---|---|---|---|
| 8. 电剪刀 | — | 电剪刀、双刃电剪刀 | 1. 用输出轴上的剪刀剪切金属片、金属薄板、金属条的电动工具；<br>2. 工具的上刀片作上下往复运动而与下刀片形成剪切运动；<br>3. 一般采用串励电动机作动力 | 适用标准：<br>GB 3883.1<br>GB 3883.8<br>GB 4343.1<br>GB 17625.1 |
| | | 电冲剪 | 1. 用冲头冲剪薄金属片、金属薄板（包括瓦楞板、波纹板）构件、金属条的电动工具；<br>2. 工具的上冲头作上下往复运动形成冲剪；<br>3. 一般采用串励电动机作动力 | 适用标准：<br>GB 3883.1<br>GB 3883.8<br>GB 4343.1<br>GB 17625.1 |
| 9. 攻丝机 | — | 攻丝机 | 1. 用丝锥对金属、塑料等构件切制内螺纹的电动工具；<br>2. 一般采用串励电动机作动力 | 适用标准：<br>GB 3883.1<br>GB 3883.9<br>GB 4343.1<br>GB 17625.1 |
| 10. 往复锯 | — | 往复锯、刀锯、曲线锯、电动锯管机 | 1. 以往复运动的锯条对木料、金属薄板构件进行锯割的电动工具；<br>2. 电机轴通过偏心柱带动滑杆作往复运动；<br>3. 一般采用串励电动机作动力 | 适用标准：<br>GB 3883.1<br>GB 3883.11<br>GB 4343.1<br>GB 17625.1 |
| 11. 插入式混凝土振动器 | — | 插入式混凝土振动器 | 1. 通过插入被浇注的混凝土内的振动棒的振动使得混凝土被捣实的电动工具；<br>2. 主要采用三相异步电动机作动力，也有采用串励电动机作动力，或用电动机－发动机组发出的中频电源作为工具的动力 | 适用标准：<br>GB 3883.1<br>GB 3883.12<br>GB 4343.1<br>GB 17625.1 |
| 12. 电链锯 | — | 电链锯 | 1. 用链形锯条对木料、原木等进行锯割的电动工具；<br>2. 一般采用串励电动机作动力 | 适用标准：<br>GB 3883.1<br>GB 3883.14<br>GB 4343.1<br>GB 17625.1 |
| 13. 电刨 | — | 电刨 | 1. 用传动带拖动皮带轮带动刨刀来刨削木材表面的电动工具；<br>2. 一般采用串励电动机作动力 | 适用标准：<br>GB 3883.1<br>GB 3883.10<br>GB 4343.1<br>GB 17625.1 |
| 14. 电动修枝剪 | — | 电动修枝剪、剪灌机 | 1. 对灌木、树篱进行修剪的电动工具；<br>2. 不适用于带旋转刀片的电动工具；<br>3. 一般采用串励电动机作动力 | 适用标准：<br>GB 3883.1<br>GB 3883.15<br>GB 4343.1<br>GB 17625.1 |
| 15. 电木铣和修边机 | — | 电木铣、雕刻机 | 1. 在木质构件上用各种形状的铣刀和底板铣、雕刻出各种形状的孔、槽、边缘的电动工具；<br>2. 铣刀处有环行保护基座，一般双手操作；<br>3. 一般采用串励电动机作动力 | 适用标准：<br>GB 3883.1<br>GB 3883.17<br>GB 4343.1 |
| | | 电动修边机 | 1. 在木质构件上用各种形状的铣刀铣、雕刻出各种形状的孔、槽、边缘的电动工具；<br>2. 体积比电木铣小，一般可单手操作；<br>3. 一般采用串励电动机作动力 | GB 17625.1 |

续表

| 产品种类 | 对产品种类的描述 | 适用产品 | 对适用产品的描述或列举 | 备注 |
|---|---|---|---|---|
| 16. 电动石材切割机 | — | 石材切割机、大理石切割机、墙壁开槽机 | 1. 用金刚石锯片切割瓷砖、地砖、石材、大理石等用的电动工具；<br>2. 该产品如果带水源进行作业：<br>（a）应是装有剩余电流动作保护器的 I 类或 II 类结构，或<br>（b）应设计成与额定电压不超过 115V 的隔离变压器一起使用的 I 类或 II 类结构；<br>3. 不要装上木雕刀片或带齿锯片；<br>4. 一般采用串励电动机作动力 | 适用标准：<br>GB 3883.1<br>GB 3883.18<br>GB 4343.1<br>GB 17625.1 |

六、电焊机（15 种）

1. 将电能转换为焊接能量的整套装置或设备，包括电网输入和原动机驱动的焊接电源（弧焊电源、电阻焊机）、辅助设备及焊接附件；

2. 不包括螺柱焊机、光纤熔接机、热熔电焊机、激光焊接机、高频加热焊机、波峰焊机、钎焊机、超声波焊机

| 产品种类 | 对产品种类的描述 | 适用产品 | 对适用产品的描述或列举 | 备注 |
|---|---|---|---|---|
| 1. 小型交流弧焊机 | 小型交流弧焊机是提供电流和电压，并具有适合于弧焊及类似工艺所需特性的限制负载的设备 | 小型交流弧焊机 | 小型交流弧焊机是由主变压器和外壳等组成的限制负载的弧焊电源，配合焊钳和焊条将电能转换为焊接能量的设备。通过对焊接工件施加高温电弧，使工件局部发生冶金反应，形成焊缝。按输出外特性分为：恒流和缓降外特性二种，并有机械式和电子式等多种调节类型。<br>1.BX6：抽头调节方式系列<br>2.BX1：动铁芯调节方式系列<br>3. 电子控制调节方式系列 | 适用标准：<br>GB 15579.6 |
| 2. 交流弧焊机 | 电弧焊机(交流弧焊机、直流弧焊机、TIG 弧焊机、MIG/MAG 弧焊机、埋弧焊机、等离子弧焊机、等离子弧切割机等）是提供电流和电压，并具有适合于弧焊及类似工艺所需特性的设备 | 交流弧焊机、直流弧焊机、TIG 弧焊机、MIG/MAG 弧焊机、埋弧焊机、等离子弧焊机、等离子弧切割机和多种焊接工艺组合的电弧焊机等 | 电弧焊机（交流弧焊机、直流弧焊机、TIG 弧焊机、MIG/MAG 弧焊机、埋弧焊机、等离子弧焊机、等离子弧切割机等）是由主变压器、调节机构和外壳等组成的弧焊电源，配合送丝装置和焊枪 / 焊炬 / 焊钳及焊接材料等将电能转换为焊接能量的设备。通过对焊接工件施加高温电弧，使焊接工件局部发生冶金反应，形成焊缝。按输出外特性分为：恒流、恒压和介于两者间的缓降外特性三种类型。并有机械式、电磁式和电子式等焊接参数多种调节类型。<br>1.BX1、BX6、BX3 系列交流弧焊机<br>2.WS 系列 TIG 弧焊机<br>3.NB 和 NBC 系列 MIG/MAG 弧焊机<br>4.LH 系列等离子弧焊机<br>5.LG 系列等离子弧切割机<br>6.MZ 系列埋弧焊机<br>7.ZX5、ZX7、ZX6、ZX1、ZXG 系列直流弧焊机<br>8. 发电机式直流弧焊机<br>9. 多功能（如手工焊 /TIG 焊 /MIG/MAG 焊）弧焊机 | 适用标准：<br>GB 15579.1<br>GB/T 8118 |
| 3. 直流弧焊机 | | | | |
| 4.TIG 弧焊机 | | | | |
| 5.MIG/MAG 弧焊机 | | | | |
| 6. 埋弧焊机 | | | | |
| 7. 等离子弧焊机 | | | | |
| 8. 等离子弧切割机 | | | | |

续表

| 产品种类 | 对产品种类的描述 | 适用产品 | 对适用产品的描述或列举 | 备注 |
|---|---|---|---|---|
| 9. 弧焊变压器防触电装置 | 弧焊变压器防触电装置是用以降低可能由弧焊电源空载电压引起触电危险几率的一种装置 | 电弧焊机防触电装置 | 弧焊变压器防触电装置是由安全保护电路组成的，用于弧焊电源上降低可能因空载电压引起触电危险几率的自动保护装置。它是通过装置本身的传感器件和控制装置，在规定的时间内将超过安全限值的电压降低到规定值，降低可能由弧焊电源空载电压引起触电危险的几率，起到保护作用。<br>弧焊变压器防触电装置（交流接触式或晶闸管等方式） | 适用标准：GB 10235 |
| 10. 电焊钳 | 电焊钳是在弧焊过程中，用于夹持和操纵焊条，并保证与焊条保持电气连接的手持器具 | 电焊钳 | 电焊钳通过焊接电缆与弧焊电源直接连接并通过夹持焊条、电流传导和工件接触，实现维持电弧焊接的装置。它是手工电弧焊时的重要辅机具。电焊钳分为 B 型钳和 A 型钳两种。<br>125A ~ 630A 电焊钳 | 适用标准：GB 15579.11 |
| 11. 焊接电缆耦合装置 | 焊接电缆耦合装置是连接两根电缆，或者把一根焊接软电缆连接到一台弧焊电源或焊接设备的一种装置 | 焊接电缆耦合装置 | 焊接电缆耦合装置是牢固、快速连接弧焊电源和焊接电缆或焊接电缆和焊接电缆的装置。它是通过装置本身插头和插座，将焊接电缆和弧焊电源或焊接电缆与焊接电缆快速、牢固的连接起来，确保焊接电流的可靠传输和防止操作中的意外触电。<br>DKJ 系列焊接电缆耦合装置 | 适用标准：GB 15579.12 |
| 12. 电阻焊机 | 电阻焊机是利用电流通过工件及其接触面间的电阻产生热量，同时对焊接处施加压力进行焊接的设备 | 电阻焊机 | 电阻焊机是由阻焊电源和机械装置等组成的焊接设备。通过电阻加热原理，对焊接工件局部加压和加温，使工件在高温形成牢固的熔核。焊接部位须经过：加压—加热—熔化—凝固结晶—形成接头的过程。阻焊使用的电流分为：交流、直流和脉冲等类型。<br>1.DN 系列点焊机、精密点焊机、悬挂式（移动式）点焊机、移动式点焊钳（带变压器）<br>2.TN 系列凸焊机<br>3.FN 系列缝焊机<br>4.UN 系列对焊机 | 适用标准：GB 15578 |
| 13.TIG 焊焊炬 | TIG 焊焊炬是在弧焊工艺过程中，能提供维持电弧所需电流、气体和冷却液等必要条件的装置 | TIG 焊焊炬 | TIG 焊焊炬是与弧焊电源直接连接，并通过保护气（液）体，电流传导和工件接触引弧或非接触引弧，实现维持电弧焊接的装置。<br>1.QQ、QS 系列 TIG 焊焊炬<br>2.WP 系列 TIG 焊焊炬 | 适用标准：GB/T 15579.7 |
| 14.MIG/MAG 焊焊枪 | MIG/MAG 焊焊枪是在弧焊工艺过程中，能提供维持电弧所需电流、气体和焊接材料等必要条件的装置 | MIG/MAG 焊焊枪 | MIG/MAG 焊焊枪是与弧焊电源直接连接，并通过保护气体、电流传导和工件接触，实现维持电弧焊接的装置。<br>MIG/MAG/$CO_2$ 焊焊枪 | 适用标准：GB/T 15579.7 |
| 15. 送丝装置 | 焊机送丝装置是将焊丝送至电弧或熔池，并能进行焊丝控制的设备 | 焊机送丝装置 | 焊机送丝装置是与弧焊电源和焊枪配合使用，通过调节送丝速度，输送焊接材料，传导焊接电流和保护介质，实现连续电弧焊接的装置。送丝装置的调速装置可在送丝装置内部，也可在焊接电源内部或单独放置。焊机送丝装置与手工焊枪或机械导向焊枪配套使用。<br>1.MIG/MAG 送丝装置<br>2.SAW 埋弧焊送丝装置 | 适用标准：GB/T 15579.5 |

续表

| 七、家用和类似用途设备（18 种）<br>1. 包括满足以下要求的家用和类似用途设备：<br>（1）作为家用及类似用途的；<br>（2）对公众存在危险的，包括在商店、办公场所、酒店、轻工业、农场等场所由非电专业人员使用的设备；<br>2. 除电动机－压缩机外，如果通过市网供电，单相器具额定电压必须包含 220V、额定频率必须包括 50Hz，三相器具额定电压必须包含 380V、额定频率必须包括 50Hz；<br>3. 不包括专为工业用而设计的器具 | | | | |
|---|---|---|---|---|
| **产品种类** | **对产品种类的描述** | **适用产品** | **对适用产品的描述或列举** | **备注** |
| 1. 家用电冰箱和食品冷冻箱 | 1. 单相器具额定电压不超过 250V，其他器具额定电压不超过 480V；<br>2. 有效容积≤ 500L | 家用电冰箱和食品冷冻箱 | 1. 电动机－压缩机驱动的冷冻箱（柜）、冷藏箱（柜）、冷藏冷冻箱（柜）、无霜冰箱<br>2. 电动机－压缩机驱动的非敞开式冷藏/冷冻展示柜<br>3. 带有制冰机或冰淇淋机功能的家用电冰箱<br>4. 吸收式冰箱<br>5. 帕耳帖效应式（半导体制冷）冰箱 | 适用标准：<br>GB 4706.1<br>GB 4706.13<br>GB 4343.1<br>GB 17625.1<br>不包括商用售卖机、敞开式冷藏/冷冻展示柜、以独立形式存在的制冰机和冰淇淋机等 |
| 2. 电风扇 | 1. 单相器具额定电压不超过 250V，其他器具额定电压不超过 480V；<br>2. 通过电动机驱动扇叶旋转产生流动气流通风排气 | 电风扇 | 转页扇、落地扇、台扇（台地扇）、壁扇、吊扇、冷风扇、风幕扇、换气扇、吸顶扇、夹子扇、可独立使用的其他类型风扇等 | 适用标准：<br>GB 4706.1<br>GB 4706.27<br>GB 17625.1<br>GB 4343.1<br>不包括：<br>1. 不单独使用，仅作设备配件使用的风扇（如计算机中的散热风扇、电梯专用风扇）；<br>2. 仅作为工业用途，一般人员无法触及的通风机；<br>3. 微风吊扇（明显无法按照标准要求在正常工作状态（吊扇安装于天花板上）下使用 |
| 3. 空调器 | 1. 单相器具额定电压不超过 250V，其他器具额定电压不超过 480V；<br>2. 装有全封闭电动机－压缩机，额定制冷量≤ 21000 大卡 /h（24360W）；<br>3. 可作为一个组件或组件系统的一部分独立销售 | 空调器 | 窗式空调器、挂壁式空调器、落地式空调器、吊顶式空调器、嵌入式空调器、多联式空调器、移动式空调器、除湿机、冷水机组、水冷机组、单元式空调机、机房精密空调等各种空调器等 | 适用标准：<br>GB 4706.1<br>GB 4706.32<br>GB 4343.1<br>GB 17625.1<br>不包括：<br>1. 不带有压缩机的末端设备（与室外机没有匹配关系、控制关系和电的连接），如风机盘管等；<br>2. 不带有压缩机的空气调节产品；<br>3. 吸收式、吸附式、热电式、喷射式空调器；<br>4. 加湿器、空气清新器、负离子发生器 |

续表

| 产品种类 | 对产品种类的描述 | 适用产品 | 对适用产品的描述或列举 | 备注 |
|---|---|---|---|---|
| 4. 电动机－压缩机 | 1. 输入功率≤ 5000W 家用和类似用途装置所用的密闭式（全封闭型和半封闭型）电动机－压缩机；<br>2. 额定电压单相不超过 250V，额定电压三相不超过 480V | 电动机－压缩机 | 1. 制冷器具、冰激凌机、制冰机用电动机－压缩机<br>2. 热泵、空调器、除湿机用电动机－压缩机<br>3. 饮水机用的电动机－压缩机<br>4. 商用售卖机用电动机－压缩机<br>5. 用于制冷、空气调节或加热用途或这些用途的组合而传递热量的由工厂制造的装配组件用电动机－压缩机，如商用展示柜或冷库用压缩冷凝机组用电动机－压缩机<br>6. 用于车辆或船上的器具用电动机－压缩机 | 适用标准：<br>GB 4706.1<br>GB 4706.17<br>不包括专为工业用途设计的电动机－压缩机等 |
| 5. 家用电动洗衣机 | 1. 单相器具额定电压不超过 250V，其他器具额定电压不超过 480V；<br>2. 用于对衣物和纺织物品进行洗涤、脱水处理的；<br>3. 可结合有加热、脱水和干燥的装置；<br>4. 离心式脱水机、带有离心式脱水功能的洗衣机，其负载容量为≤ 10kg 的干衣 | 家用电动洗衣机 | 单桶洗衣机、离心式脱水机、带脱水装置的双桶洗衣机、带干衣或不带干衣功能的波轮式全自动洗衣机、带加热或不带加热的全自动滚筒式洗衣机、滚筒式洗衣干衣机、带有电动挤水器的洗衣机、搅拌式洗衣机等 | 适用标准：<br>GB 4706.1<br>GB 4706.24<br>GB 4706.20<br>GB 4706.26<br>GB 4343.1<br>GB 17625.1<br>不包括单独用电热烘干的干衣机、干洗设备等 |
| 6. 电热水器 | 电热水器－储水式热水器：<br>1. 单相器具额定电压不超过 250V，其他器具额定电压不超过 480V；<br>2. 具有储存水并将水加热至沸点以下某个可控温度功能、用于洗浴、洗涤和类似用途的驻立式器具；<br>3. 器具通过金属铠装电热元件、非金属铠装电热元件、电热膜或类似膜状电热元件、或其他型式的加热元件（如微波加热、电磁加热）实现加热水的功能 | 电热水器－快热式热水器 | 1. 密闭式储水热水器<br>2. 出口敞开式储水热水器<br>3. 水箱式储水热水器<br>4. 水槽供水式储水热水器<br>5. 带电加热的太阳能热水器<br>6. 热泵热水器 | 适用标准：<br>GB 4706.1<br>GB 4706.12<br>GB 4706.32（适用时）<br>不包括专门为工业用设计的器具、腐蚀性和爆炸性场所使用的器具、设计打算同时使用气源的器具、商用售卖机、定制生产和安装的大型太阳能热水器（带电辅助加热）等 |
|  | 电热水器－快热式热水器：<br>1. 单相器具额定电压不超过 250V，其他器具额定电压不超过 480V；<br>2. 具有当水流过器具时将水加热到沸点以下温度功能、用于洗浴、洗涤和类似用途的器具；<br>3. 器具通过金属铠装电热元件、非金属铠装电热元件、电热膜或类似膜状电热元件、裸露式电热元件或其他加热方式实现加热水的功能 | 电热水器－快热式热水器 | 1. 封闭式快热热水器<br>2. 出口开放式快热热水器<br>3. 裸露电热元件快热式热水器 | 适用标准：<br>GB 4706.1<br>GB 4706.11<br>不包括专门为工业用设计的器具、腐蚀性和爆炸性场所使用的器具、设计打算同时使用气源的器具、商用售卖机等 |
| 7. 室内加热器 | 1. 单相器具额定电压不超过 250V，其他器具额定电压不超过 480V；<br>2. 用于对房间空气进行加热的加热器 | 室内加热器 | 辐射式加热器、对流式加热器、风扇式加热器，如：充油式电暖气（油汀）、浴霸、取暖器等 | 适用标准：<br>GB 4706.1<br>GB 4706.23<br>不包括：<br>1. 不单独使用，仅作设备配件使用的加热器；<br>2. 储热式房间加热器、地毯式加热器；<br>3. 暖手宝、干衣架、毛巾烘干机、柔性加热装置；<br>4. 加热元件与散热装置分离的加热器 |

续表

| 产品种类 | 对产品种类的描述 | 适用产品 | 对适用产品的描述或列举 | 备注 |
|---|---|---|---|---|
| 8. 真空吸尘器 | 1. 额定电压不超过 250V；<br>2. 利用真空原理用于地面或其他表面去除灰尘和污物、吸水，以及动物清洁等目的的器具 | 真空吸尘器 | 真空吸尘器（包括中央安置吸尘器）、吸水清洁器具、动物清洁器具、带有电源适配器的充电式吸尘器等 | 适用标准：<br>GB 4706.1<br>GB 4706.7<br>GB 4343.1<br>GB 17625.1<br>不包括专门为工业用设计的器具、腐蚀性和爆炸性场所使用的器具等 |
| 9. 皮肤和毛发护理器具 | 1. 额定电压不超过 250V；<br>2. 用于对头发或皮肤护理的带电加热元件的个人护理器具 | 皮肤和毛发护理器具 | 电吹风、干手器、电热梳、卷发器、电发夹、毛发定型器、面部桑那器等 | 适用标准：<br>GB 4706.1<br>GB 4706.15<br>GB 17625.1<br>GB 4343.1<br>不包括医用皮肤、毛发护理器具、电动剃须刀等 |
| 10. 电熨斗 | 1. 额定电压不超过 250V；<br>2. 具有一定重量的平的底板，采用电热元件加热，加热后可熨压织物并使其平滑<br>3. 可包括相关设备，如容量不超过 5L 的分离式水箱或蒸汽器 | 电熨斗 | 干式电熨斗、蒸汽电熨斗（包括开口式、压力式）、无绳电熨斗、带有单独蒸汽发生器或水箱的电熨斗等 | 适用标准：<br>GB 4706.1<br>GB 4706.2<br>GB 4343.1<br>GB 17625.1<br>不包括旋转式或平台式熨平机、织物蒸汽机（蒸汽熨刷）、专为工业用途设计的器具等 |
| 11. 电磁灶 | 1. 单相器具额定电压不超过 250V，其他器具额定电压不超过 480V；<br>2. 通过电磁线圈元件，将放在金属容器中的食物、水进行加热的器具 | 电磁灶 | 便携式电磁灶、驻立式电磁灶、气电组合电磁灶器具中的电器部分等 | 便携式器具适用：<br>GB 4706.1<br>GB 4706.29<br>驻立式器具适用：<br>GB 4706.1<br>GB 4706.22<br>不包括商用电磁灶台等 |
| 12. 电烤箱（便携式烤架、面包片烘烤器及类似烹调器具） | 1. 额定电压不超过 250V；<br>2. 采用电热元件加热，具有烘烤、烧煮等食物烹调功能。<br>3. 属于便携式器具。<br>4. 容积不超过 10L | 电烤箱（便携式烤架、面包片烘烤器及类似烹调器具） | 面包片烘烤器、华夫饼炉、电烤箱、电烤炉、旋转烤架、烘烤器、烤肉叉、辐射烤架、烤盘、烧烤架、奶酪烤架、接触烤架、室内用烧烤炉、食物烘烤器、电炉、电灶、气电组合烧烤器具中的电器部分等 | 适用标准：<br>GB 4706.1<br>GB 4706.14<br>不包括打算用于商用餐饮业的器具、保温板等 |
| 13. 电动食品加工器具［食品加工机（厨房机械）］ | 1. 额定电压不超过 250V；<br>2. 用于对食物进行加工准备的器具；用于开罐头的器具；用于磨刀的器具 | 电动食品加工器具［食品加工机（厨房机械）］ | 食物混合器、奶油搅打器、打蛋机、搅拌器、筛分器、搅乳器、冰淇淋机（包括在冰箱冷冻室或冰柜中使用的）、柑桔果汁压榨器、离心果汁器、绞肉机、面条机、果浆汁榨取器、切片机、豆类切片机、土豆剥皮机、磨碎器与切碎器、磨刀器、开罐头器、刀具、食品加工器、谷类磨碎器（漏斗容量≤ 3L）、咖啡碾碎器（漏斗容量≤ 500g）、家用榨油机等 | 适用标准：<br>GB 4706.1<br>GB 4706.30<br>不包括商用食品加工机、商用咖啡研磨机等 |
| 14. 微波炉 | 1. 额定电压不超过 250V；<br>2. 利用频率在 300MHz ~ 30GHz 之间的电磁能量加热腔体内食物和饮料的器具；<br>3. 可对食物有附加的功能，如着色功能、烧烤功能、蒸汽功能等 | 微波炉 | 微波炉、烧烤微波炉、光波微波炉、转波炉、蒸汽微波炉、热风循环式微波炉等 | 适用标准：<br>GB 4706.1<br>GB 4706.21 |

续表

| 产品种类 | 对产品种类的描述 | 适用产品 | 对适用产品的描述或列举 | 备注 |
| --- | --- | --- | --- | --- |
| 15. 电灶、灶台、烤炉和类似器具（驻立式电烤箱、固定式烤架及类似烹调器具） | 1. 单相器具额定电压不超过 250V，其他器具额定电压不超过 480V；<br>2. 采用电热元件加热，具有烘烤、烧煮等食物烹调功能；<br>3. 属于驻立式器具 | 电灶、灶台、烤炉和类似器具（驻立式电烤箱、固定式烤架及类似烹调器具） | 驻立式烤架、驻立式烤盘、烤炉（包括蒸汽烤炉、及热解式自洁烤炉）电灶、灶台、气电组合烹调器具中的电器部分等 | 适用标准：<br>GB 4706.1<br>GB 4706.22<br>不包括打算用于商用餐饮业的器具等 |
| 16. 吸油烟机 | 1. 额定电压不超过 250V；<br>2. 安装在烹调炉具、炉灶或类似器具上部，用电动机驱动用于抽吸被污染空气的吸油烟机 | 吸油烟机 | 深型吸油烟机、欧式吸油烟机、薄型吸油烟机、亚深型吸油烟机、分体式吸油烟机等 | 适用标准：<br>GB 4706.1<br>GB 4706.28<br>不包括仅为工业或商业目的的安装的排烟系统或仅依靠静电除尘的器具等 |
| 17. 液体加热器和冷热饮水机 | 液体加热器：<br>额定电压不超过 250V | 液体加热器 | 电水壶、电茶壶、电热杯、电热水瓶等产生沸水的电开水器（额定容量≤ 10L）、咖啡壶、煮蛋器、电热奶器、喂食瓶加热器、电压力锅（含电压力饭锅，额定压力≤ 140kPa、额定容量≤ 10L）、电烹调平锅、电炖锅、电热锅、电蒸锅、电药壶（煲）、电酸奶器、煮沸清洗器、带有水壶的多功能的早餐机、多用途电热锅、电火锅、电消毒器、家畜饲料蒸煮器、带有水套的煮胶锅等 | 适用标准：<br>GB 4706.1<br>GB 4706.19<br>不包括煎锅和深油炸锅、非电热元件加热的高频加热器具、用液体或蒸汽清洁表面的清洗器、便携浸入式加热器、商用开水器（容量 > 10L）、电极型液体加热器、干式消毒器、蒸汽压力消毒器等 |
|  | 冷热饮水机：<br>1. 额定电压不超过 250V；<br>2. 将桶装、管道中或其他水源提供的饮用水直接加热或冷却到适宜温度供使用者直接饮用的器具 | 冷热饮水机 | 可对饮用水进行前期净化和 / 或消毒和 / 或软化等处理后，再进行加热或冷却，供使用者直接饮用的器具 | 适用标准：<br>GB 4706.1<br>GB 4706.19<br>GB 4706.13<br>不包括商用电煮锅、商用电热水锅炉、装有电极型加热器的器具、商用售卖机、不带有加热或冷却功能的直饮机、不带有加热或冷却功能的净水机等 |
| 18. 电饭锅 | 1. 额定电压不超过 250V；<br>2. 以煮饭为主要功能的器具；<br>3. 可结合有煮粥、炖汤等功能 | 电饭锅 | 电饭锅（煲）、自动电饭锅（煲）、全自动电饭锅（煲）、多功能电脑电饭锅（煲）、定时电饭锅（煲）、西施锅（煲）、智能（电饭）锅（煲）等 | 适用标准；<br>GB 4706.1<br>GB 4706.19<br>GB 4343.1<br>GB 17625.1<br>不包括使用石油气、煤气等加热的饭锅 |

续表

八、音视频设备（12 种）
1. 适用标准：GB 8898、GB 13837、GB 17625.1（备注中已注明标准的产品除外）；
2. 不包括广播电台和电视台使用的广播级音响设备；
3. 不包括预定在室外环境使用的电子产品（“室外”是指会直接受到风吹、雨淋、日晒等气候条件影响的自然环境）

| 产品种类 | 对产品种类的描述 | 适用产品 | 对适用产品的描述或列举 | 备注 |
|---|---|---|---|---|
| 1. 总输出功率 在 500W（有效值）以下的单扬声器和多扬声器有源音箱 | 扬声器：把电能转换成声能，并把声功率辐射到空气中的电声换能器。有源扬声器音箱：音箱内除了扬声器之外，还包含有电能源。例如：存在着有源器件构成的电路（包括音频功率放大电路）和供电电源电路 | 有源扬声器音箱 | 单扬声器有源音箱<br>多扬声器有源音箱<br>有源扬声器音箱与无源扬声器音箱组合而成的有源扬声器系统 | 不包括正常工作条件下，总输出功率 ≥ 500W（有效值）的有源扬声器或多扬声器有源音箱 |
| 2. 音频功率放大器 | 将音频电信号（或者是通过传声器将声音信号转换而成的音频电信号）放大（包括电流 / 电压 / 功率放大）到一定功率以推动负载（扬声器）放声的音频放大器 | 音频功率放大器 | 适用于监听，扩声及家用音频功率放大器（定阻式或定压式）。<br>定阻式：输出端以负载阻抗标示的放大器，例如带有传声器(麦克风)的音频功率放大器。<br>定压式：输出端以电压标示的放大器，例如不带有传声器（麦克风）的音频功率放大器 | |
| | | | 环绕声放大器：具有环绕声解码器、并具有视频信号通道的多通道声频放大器，例如扩音机 / 扩音器、前置放大器等 | 不包括不直接推动负载（扬声器，耳机）的前置放大器 |
| | | | 家庭影院 由环绕声放大器、多个扬声器系统、大屏幕电视及高质量 A/V 节目源构成的具有环绕声影院视听效果的家用视听系统，例如家庭影院用的环绕声放大器 | |
| 3. 各种广播波段的调谐接收机、收音机 | — | 各种广播波段的调谐接收机、收音机 | 调幅收音机(工作于长波或中波或短波波段，用来接收调幅广播的收音机）<br>调频收音机（工作于超短波波段，用来接收调频广播的收音机）<br>带时钟的收音机（包括兼可接收无线电话，电报的设备） | |
| 4. 各类载体形式的音视频录制播放及处理设备（包括各类光盘、磁带、硬盘、等载体形式） | — | 各类载体形式的音视频录制播放及处理设备（包括各类光盘、磁带、硬盘等载体形式） | 磁带录放机、CD 播放机、VCD/ 超级 VCD 播放机、LD 播放机、DVD 播放机、MP3 录 / 放机、MP4 录 / 放机、盘式电唱机、CD/MD 唱机、具有录音功能的激光唱机、语言复读机、带有载体的编码器 / 解码器等 | 不包括电脑光驱、摄像机、数码相机、无载体的音视频录制播放及处理设备（如无载体的视频展示台） |
| 5. 以上四种设备的组合 | | 以上四种设备的组合 | 磁带收放音机<br>收录放音组合机<br>带 CD 播放功能的收录机<br>带有有源扬声器的声频功率放大器<br>带 VCD 播放功能的声频功率放大器<br>带 DVD 播放功能的声频功率放大器<br>带收音、录音、功率放大等功能的组合音响<br>组合音响系统（可带视频功能）<br>带电唱机的组合音响 | |

续表

| 产品种类 | 对产品种类的描述 | 适用产品 | 对适用产品的描述或列举 | 备注 |
|---|---|---|---|---|
| 6. 音视频设备配套的电源适配器（含充/放电器） | 将交流电网电源与音视频产品配接（包括供电性质和电气参数）的设备 | 音视频设备配套的电源适配器（含充/放电器） | 交流输入，交流输出的电源适配器<br>交流输入，直流输出的电源适配器<br>常规串联稳压式直流输出电源适配器<br>开关稳压式直流输出电源适配器<br>带有向外充电功能的电源适配器 | 不包括专为干电池充电的充电器 |
| 7. 各种成像方式的彩色电视接收机 | 可以接收广播电视信号，能解调并能输出或重现广播电视信号的设备 | 彩色电视接收机 | 阴极射线显象管彩色电视接收机<br>液晶显示彩色电视接收机<br>等离子彩色电视接收机<br>投影（背投、前投）彩色电视接收机<br>彩色视频投影机<br>数字电视机顶盒 | |
| 8. 监视器 | 将视频信号转换为光图像信号的设备 | 监视器 | 彩色视频监视器<br>黑白视频监视器<br>其他单色视频监视器 | |
| 9. 显像（示）管 | 用来重现电视图像的一种阴极射线管 | 显像（示）管 | 仅限于管屏对角线尺寸 >16cm 的阴极射线管<br>16cm 以上彩色阴极射线电视显像管<br>16cm 以上黑白阴极射线电视显像管<br>16cm 以上单色阴极射线电视显像管 | 适用标准：<br>GB 8898<br>不包括背投电视中的投影管 |
| 10. 录像机 | 用相关介质记录，重放视频信号及音频信号的设备 | 录像机 | 磁带录像机<br>硬盘录像机<br>DVD 录像机 | |
| 11. 电子琴 | 通过电产生声音的键盘乐器，通常由音色、自动节奏，自动和弦三大部分组成 | 电子琴 | 落地式单层键盘电子琴<br>落地式多层键盘电子琴<br>便携式单层键盘电子琴<br>便携式多层键盘电子琴<br>电子钢琴 | 不包括电吉他、铉琴、电手风琴等 |
| 12. 天线放大器 | 将天线接收到的信号进行放大的独立设备 | 天线放大器 | 天线放大器 | |

九、信息技术设备（11 种）

1. 适用标准：GB 4943.1、GB 9254、GB 17625.1（备注中已注明标准的产品除外）；

2. 不包括预定在室外环境使用的电子产品（“室外”是指会直接受到风吹、雨淋、日晒等气候条件影响的自然环境）

| 产品种类 | 对产品种类的描述 | 适用产品 | 对适用产品的描述或列举 | 备注 |
|---|---|---|---|---|
| 1. 微型计算机 | 由计算模块、存储模块、供电模块和操作系统组成，具有独立结构的实体。该实体可以外接或内置外围设备，组成信息处理系统 | 微型计算机 | 适用于额定功率小于 1 300W 的微型计算机。家用、办公用的计算机、台式计算机、控制智能仪表用的计算机、数据处理设备、文本处理设备、网络计算机等 | 不包括对生产过程及其机电设备、工艺装备进行检测与控制的工业控制计算机 |
| 2. 便携式计算机 | 以便携性为特点，内置了输入输出设备、电池模块的微型计算系统 | 便携式数据处理设备 | 设备质量≤ 10kg，至少具备中央处理器、键盘和显示器。<br>掌上电脑（须带有实体键盘和适配器）、笔记本电脑、平板电脑等 | 不包括仅带有虚拟键盘的掌上电脑 |
| 3. 与计算机连用的显示设备 | 可以是单独的直观显示设备，也可以作为一个设备单元组装到系统的设备上，还可以是带有显示功能和控制功能的显示终端设备 | 与计算机连用的显示设备 | LCD 液晶显示器、CRT 单色显示器、CRT 彩色显示器、显示终端、PDP 显示器、投影显示器、LED 电子显示屏、其他显示器等 | 不包括医用显示器（非通用接口）、电子白板 |
| | 将输入信号通过透射式投射方式或反射式投射方式等显示在投影面上的设备 | 数据投影机 | CRT（阴极射线管）投影机<br>LCD（液晶显示器）投影机<br>DLP（数码光路处理器）投影机<br>DLV（数码光阀）投影机 | |

续表

| 产品种类 | 对产品种类的描述 | 适用产品 | 对适用产品的描述或列举 | 备注 |
|---|---|---|---|---|
| 4. 与计算机相连的打印设备 | 具有与计算机相连的通讯接口，可以单独或与 IT 设备连接，打印文件、票据或照片等 | 与计算机相连的打印设备 | 激光打印机、针式打印机、喷墨打印机、热敏打印机、热转印打印机、票据打印机、宽幅打印机、标签打印机、条码打印机等 | 不包括光盘、服装、塑料件的打印机或 A4 幅面打印速度大于 60ppm 的打印机 |
| | 具有与计算机相连的数据通讯接口，可单独或与 IT 设备连接，用来将图形准确绘制在介质上的绘图仪设备 | 绘图仪 | 从原理上分类，绘图仪分为笔式、喷墨式、热敏式、静电式、激光式等；从结构上可分为平台式和滚筒式；从颜色上可分为单色和彩色绘图仪。平台式绘图仪的工作原理是，在计算机控制下，笔或喷墨头在 $X$、$Y$ 方向移动，而纸在平面上固定不动。滚筒式绘图仪的工作原理是，笔或喷墨头沿 $X$ 方向移动，纸沿 $Y$ 方向移动。<br>笔式绘图仪、喷墨式绘图仪、热敏式绘图仪、静电式绘图仪、激光式绘图仪 | |
| 5. 多用途打印复印机 | 具有与计算机相连的通讯接口，具有打印和复印等功能 | 多用途打印复印机 | 打印 / 复印 / 传真多用机等 | 不包括 A4 幅面打印速度大于 60ppm 或能复制开本大于 A1 规格的打印复印机 |
| 6. 扫描仪 | 通常与计算机配套使用，用来扫描文件、图纸或照片等 | 扫描仪 | 适用于与计算机配套使用的扫描设备。<br>平板扫描仪、图纸扫描仪、立式扫描仪、其他高 速扫描仪等 | 不包括不带打印功能的条形码扫描器和笔式扫描器 |
| 7. 计算机内置电源及电源适配器充电器 | 适用于额定功率 1300W 以下的安装在计算机或服务器内部的电源 | 计算机内置电源 | 计算机 / 服务器机内电源（带机内外壳或不带机内防护外壳） | |
| | 信息技术设备配套的将交流电网电源与信息技术产品配接（包括供电性质和电气参数）的设备 | 电源适配器充电器 | 电源适配器<br>充电器 | 不包括专为干电池充电的充电器 |
| 8. 电脑游戏机 | 由处理器、图像处理器、键盘、电源及有关配件等部分组成，专门用于运行游戏软件 | 电脑游戏机 | 适用于需与显示设备配套使用的电脑游戏机 | 适用标准：<br>GB 4943.1<br>不包括手持式掌上游戏机、商用游戏机 |
| 9. 学习机 | 由处理器、图像处理器、键盘、电源及有关配件等部分组成 | 学习机 | 适用于需与显示设备配套使用的学习机 | 适用标准：<br>GB 4943.1<br>不包括手持式学习机 |
| 10. 复印机 | 从书写、绘制或印刷的原稿得到等倍、放大或缩小的复印品的设备 | 复印机 | 彩色或黑白的静电复印机、重氮复印机、小胶印机、油印机、数字式一体化速印机、缩微阅读（复印）机、胶版复印机、油印机、静电感光复印设备（直接或间接法）、带有光学系统的感光复印设备、接触式的感光复印设备、热敏复印设备、供电电源覆盖 220V 单相交流电(包括适配器供电)的平板印刷机、胶印机等 | 不包括能复制开本大于 A1 规格的复印机 |
| 11. 服务器 | 服务器是基于某种操作系统、具有通用开放体系结构，能通过网络为客户端计算机提供各种服务的高性能的计算机产品。具有高扩充性、高可用性、高稳定性 | 服务器 | 适用于额定功率小于 1 300 W 的服务器。<br>具有服务器功能的磁盘阵列、网络服务器、刀片服务器等 | |

**续表**

<table>
<tr><td colspan="5">十、照明电器（2 种）<br>不包括光源产品</td></tr>
<tr><th>产品种类</th><th>对产品种类的描述</th><th>适用产品</th><th>对适用产品的描述或列举</th><th>备注</th></tr>
<tr><td rowspan="3">1. 灯具</td><td rowspan="3">能分配、透出或转变一个或多个光源发出光线的器具，并包括支承、固定和保护光源必需的所有部件（但不包括光源本身），以及必需的电路辅助装置和与电源连接的装置</td><td>固定式通用灯具</td><td>指不为专门目的设计固定式灯具，由于灯具的固定方式使之只能借助于工具才能拆卸，或由于灯具使用在不易接触到的地方，灯具不能轻易地从一处移到另一处。适用范围为使用电光源、电源电压高于 36V 和不超过 1000V 的固定式通用灯具，包括使用内装式变压器的固定式通用钨丝灯灯具。灯具的电源方式包括：灯具连接装置、接线端子、与插座配合的插头、连接引线、电源线、与电源导轨连接的接合器、器具插座。<br>1. 悬吊在天花板上的灯具，如枝形花灯，库房、商场等使用的吊灯，教室、办公室用的吊灯等；<br>2. 表面安装灯具，包括天花板表面安装灯具，如吸顶灯；墙面安装的灯具，如室内外墙壁表面安装的壁灯；厨柜表面安装灯具，如壁厨内表面安装的灯具；<br>3. 安装在电源导轨上的灯具；<br>4. 草坪、私人庭园用，灯具总高度低于 2.5m 的固定式灯具；<br>5. 使用内装式钨丝灯变压器或转换器的固定式通用灯具</td><td>适用标准：<br>GB 7000.1<br>GB 7000.201<br>GB 17743<br>GB 17625.1<br>不包括：<br>1. 固定式应急照明用灯具；<br>2. 隧道灯具；<br>3. 道路和街路照明灯具；<br>4. 灯具总高度不低于 2.5m（≥ 2.5m）的柱式合成灯具和室外公共场所照明用灯具；<br>5. 投光灯具；<br>6. 影视舞台灯具；<br>7. 游泳池和类似场所用灯具；<br>8. 医疗场所用灯具；<br>9. 通风灯具</td></tr>
<tr><td>可移式通用灯具</td><td>指不为专门目的设计的可移式灯具，而且正常使用时，连接电源后的灯具能够从一处移到另一处。适用范围为使用电光源、电源电压高于 36V 和不超过 250V 的可移式通用灯具。灯具的电源方式包括：电源线、带插头、器具插座。通过带插头的电源线连接到电网电源的灯具，可以用蝶形螺钉、钢夹、挂钩方式固定到支承物上的灯具，徒手可以很方便地从支承物上取下的灯具，均被认为是可移式通用灯具。<br>1. 桌面摆放的灯具，如读写台灯；<br>2. 地面摆放的灯具，如落地灯；<br>3. 夹持在垂直或水平表面、或圆杆的灯具，如夹灯；<br>4. 使用内装式变压器的可移式通用钨丝灯灯具；<br>5. 提供带插头的控制装置的 LED 台灯</td><td>适用标准：<br>GB 7000.1<br>GB 7000.204<br>GB 17743<br>GB 17625.1<br>不包括：<br>1. 以原电池为电源的手电筒；<br>2. 以蓄电池为电源的可移式灯具；<br>3. 应急照明用可移式灯具；<br>4. 庭园用可移式灯具；<br>5. 手提灯；<br>6. 灯串</td></tr>
<tr><td>嵌入式灯具</td><td>指制造厂打算完全或部分嵌入安装表面的灯具。适用范围为使用电光源、电源电压高于 36V 和不超过 1000V 的嵌入式灯具。灯具的电源方式包括：灯具连接装置、接线端子、与插座配合的插头、连接引线、电源线、与电源导轨连接的接合器、器具插座。<br>1. 嵌入安装在吊顶或天花板表面的灯具，如格栅灯、筒灯；<br>2. 嵌入安装在墙面上的灯具，如墙脚灯具；<br>3. 使用内装式钨丝灯变压器或转换器的嵌入式灯具；<br>4. 嵌入安装在厨柜的内、外表面上的灯具</td><td>适用标准：<br>GB 7000.1<br>GB 7000.202<br>GB 17743<br>GB 17625.1<br>不包括：<br>1. 游泳池或类似场所嵌入池壁或池底表面安装的水下灯具；<br>2. 嵌入安装在天花板表面或墙面上的应急照明用灯具<br>3. 嵌入安装在机场地面的机场跑道灯具</td></tr>
</table>

续表

| 产品种类 | 对产品种类的描述 | 适用产品 | 对适用产品的描述或列举 | 备注 |
| --- | --- | --- | --- | --- |
| 1. 灯具 | | 水族箱灯具 | 用于照明一个水族箱内部的灯具，灯具被放在离水缸顶部很近的地方，或放在水缸里或水缸上。适用范围为使用电光源、电源电压高于36V和不超过1000V的家用水族箱灯具。固定式的水族箱灯具的电源连接方式同固定式通用灯具；可移式的水族箱灯具的电源连接方式同可移式通用灯具。<br>1. 非永久固定的水族箱的灯具，灯具可以放在水族箱水缸顶部或可移式顶部盖框、或固定式顶部盖框上的灯具，灯具可以徒手移动的；<br>2. 永久固定的水族箱灯具，灯具固定在水族箱的水缸上或水族箱的固定式顶部盖框上的灯具，且灯具只能使用工具移动；<br>3. 独立悬挂的水族箱灯具，灯具悬吊安装，非永久性固定于水缸 | 适用标准：<br>GB 7000.1<br>GB 7000.211<br>GB 17743<br>GB 17625.1<br>不包括：<br>1. 非用于照明水族箱内部的灯具；<br>2. 非家用水族箱的照明灯具 |
| | | 电源插座安装的夜灯 | 指夜晚为不需要正常照明的区域提供低照度光源的灯具。适用范围为使用电光源、电源电压高于36V和不超过交流250V、50/60Hz的采用电源插座安装的夜灯。电源连接方式：电源插头。<br>插头直插安装的夜灯 | 适用标准：<br>GB 7000.1<br>GB 7000.212<br>GB 17743<br>GB 17625.1 |
| | | 地面嵌入式灯具 | 指电源连接和电气部件在地面以下，适宜于安装到地面内的灯具。适用范围为使用电光源、电源电压高于36V和不超过1000V的地面嵌入式灯具。该类灯具适于在室内或室外使用，如庭园、院子、普通机动车道（非高速公路和快速路）、停车场、自行车道、人行道、行人徒步区域、游泳池或者戏水池用安全特低电压区域以外的区域、托儿所和类似场所。电源连接方式同嵌入式灯具。<br>1. 地埋灯具，灯具出光面与地表平齐的地面嵌入式灯具；<br>2. 矮柱灯具，灯具的电源连接和电气部件在地面以下，预定安装到地面内，但灯具出光面可能高出地表的灯具 | 适用标准：<br>GB 7000.1<br>GB 7000.213<br>GB 17743<br>GB 17625.1<br>不包括：<br>1. 安装在高速公路和快速路车道的地面嵌入式灯具；<br>2. 机场跑道上的地面嵌入式灯具 |
| | | 儿童用可移式灯具 | 指正常使用情况下，连接着电源可从一处移至另一处的灯具，而且灯具设计所提供的安全程度超过符合GB 7000.204—2008的可移式通用灯具，是为使用时可能没有适合的人监护的儿童设计的。适用范围为光源是电源电压高于36V和不超过250V的钨丝灯或单端荧光灯的儿童用可移式灯具。电源连接方式同可移式通用灯具。<br>在可移式罩子上面具有人物或动物的三维图形或造型的灯具 | 适用标准：<br>GB 7000.1<br>GB 7000.4<br>GB 17743<br>GB 17625.1<br>不包括用电池的灯具或者不与电网电源直接连接的灯具 |

续表

| 产品种类 | 对产品种类的描述 | 适用产品 | 对适用产品的描述或列举 | 备注 |
|---|---|---|---|---|
| 2. 镇流器 | 连接在电源和一支或若干支放电灯之间，利用电感、电容或电感电容的组合将灯电流限制在规定值的装置。镇流器还可包括电源电压转换装置，以及有助于提供启动电压和预热电流的装置 | 荧光灯镇流器 | 指连接在电源和一支或若干支荧光灯之间，利用电感、电容或电感电容的组合将灯电流限制在规定值的装置。适用范围为采用1000V以下，50Hz或60Hz交流电源，配用的荧光灯包括低气压放电的双端（直管形）荧光灯或单端（环形、双管H形、π形、方形或2D形以及多管紧凑形）荧光灯等，可以是开启式（直接能看到铁芯）、封闭式（有外壳，外壳内灌封有树脂或黑胶）、整体式（可以无外壳，与灯具连成一体，不可拆开）。<br>电抗式镇流器<br>谐振式镇流器<br>漏磁升压式镇流器 | 适用标准：<br>GB 19510.1<br>GB 19510.9<br>GB 17743<br>GB 17625.1<br>不包括：<br>1. 电阻式荧光灯镇流器；<br>2. 荧光灯试验用基准镇流器；<br>3. 荧光灯寿命试验用镇流器 |
| | | 放电灯（荧光灯除外）用镇流器 | 指连接在电源和一支或若干支高强度气体放电灯之间，利用电感、电容或电感电容的组合将灯电流限制在规定值的装置。适用范围为采用1000V以下，50Hz或60Hz交流电源，配用的气体放电灯包括高压汞灯、高压钠灯、金属卤化物灯以及低压钠灯等。可以是开启式（直接能看到铁芯）、封闭式（有外壳，外壳内灌封有树脂）、整体式（可以无外壳，与灯具连成一体，不可拆开）。<br>阻抗式高强度气体放电灯镇流器<br>漏磁升压式高强度气体放电灯镇流器<br>超前顶峰式高强度气体放电灯镇流器（又称CWA型） | 适用标准：<br>GB 19510.1<br>GB 19510.10<br>GB 17743<br>GB 17625.1<br>不包括：<br>1. 高强度气体放电灯用电子镇流器；<br>2. 高强度气体放电灯试验用基准镇流器；<br>3. 高强度气体放电灯寿命试验用镇流器；<br>4. 霓虹灯变压器 |
| | | 荧光灯用交流电子镇流器 | 由电源电网供电，包含有稳定器件的交流/直流/高频逆变器，通常在高频时启动并使一支或几支荧光灯工作。适用范围为采用1000V以下，50Hz或60Hz交流电源，配用的荧光灯包括低气压放电的双端(直管形)荧光灯或单端(环形、双管H形、π形、方形或2D形以及多管紧凑形）荧光灯等。<br>1. 具有金属外壳或塑料外壳，内部有装有电子元件的印刷线路板，用接线端子引出或用导线引出。可以是独立安装式或内装式，包括无电极荧光灯用电子镇流器；<br>2. 有一块或多块装有电子元器件的印刷线路板，具有引出线或接线端子、无独立的外壳，称为整体式电子镇流器，一般安装在支架灯具或台灯灯具内，依靠灯具外壳来防止机械损坏以及防触电等；<br>3. 带有调光等控制功能的荧光灯交流电子镇流器 | 适用标准：<br>GB 19510.1<br>GB 19510.4<br>GB 17743<br>GB 17625.1<br>不包括：<br>1. 荧光灯用直流电子镇流器；<br>2. 仅适用于应急照明的荧光灯电子镇流器；<br>3. 汽车用金卤灯电子镇流器；<br>4. 钨丝灯用电子降压转换器；<br>5. 各种LED模块用电子控制装置；<br>6. 高强度气体放电灯用电子镇流器 |

续表

十一、机动车辆及安全附件（16 种）
1. 在中国公路及城市道路上行驶的 M 类汽车、N 类汽车和 O 类挂车（须上普通牌照的车辆）；
2. 在中国公路及城市道路上行驶的摩托车产品；
3. 以上两类产品的安全附件

| 产品种类 | 对产品种类的描述 | 产品适用范围 | 对产品适用范围的描述或列举 | 备注 |
|---|---|---|---|---|
| 1. 汽车 | 1. 由动力驱动，具有四个或四个以上车轮的非轨道承载车辆<br>2. 设计和制造上需要由汽车牵引，才能在道路上正常使用的无动力道路车辆 | M 类汽车 | 至少有四个车轮并且用于载客的机动车辆。<br>1.M1 类：包括驾驶员座位在内，座位数不超过九座的载客车辆；<br>2.M2 类：包括驾驶员座位在内，座位数超过九个，且最大设计总质量不超过 5 000 kg 的载客车辆；<br>3.M3 类：包括驾驶员座位在内，座位数超过九个，且最大设计总质量超过 5 000 kg 的载客车辆 | 1. 车辆分类应符合 GB/T 15089 规定。<br>2. 车辆定义应符合 GB/T 3730.1 规定。<br>3. 专用车辆定义应<br>符合 GB/T 17350 规定。<br>4. 不包括：<br>（1）三类底盘：缺少车身或驾驶室、货箱（车厢）的汽车。<br>（2）GB 7258 中规定的低速汽车。<br>（3）无轨电车。<br>（4）在轨道上行驶的车辆、农业与林业用拖拉机和各种工程机械以及其他并非为道路上行驶和使用而设计和制造、主要用于封闭道路和场所作业施工的轮式专用车辆 |
| | | N 类汽车 | 至少有四个车轮并且用于载客的机动车辆。<br>1.N1 类：最大设计总质量不超过 3 500 kg 的载货车辆；<br>2.N2 类：最大设计总质量超过 3 500 kg，但不超过 1 2000kg 的载货车辆；<br>3.N3 类：最大设计总质量超过 1 2000 kg 的载货车辆 | |
| | | O 类挂车 | 挂车（包括半挂车）。<br>1.O1 类：最大设计总质量不超过 750 kg 的挂车；<br>2.O2 类：最大设计总质量超过 750 kg，但不超过 3500kg 的挂车；<br>3.O3 类：最大设计总质量超过 3500 kg，但不超过 10000kg 的挂车；<br>4.O4 类：最大设计总质量超过 10 000 kg 的挂车 | |
| 2. 摩托车 | 由动力装置驱动的，具有两个或三个车轮的道路车辆 | L1 类摩托车 | 无论采用何种驱动方式，其最大设计车速不大于 50 km/h 的摩托车，且：<br>——如使用内燃机，其排量不大于 50 mL；<br>——如使用电驱动，其电动机最大输出功率总和不大于 4 kW；<br>——装有一个驱动轮和一个从动轮的轻便摩托车 | 1. 车辆分类应符合 GB/T 15089 规定。<br>2. 车辆定义应符合 GB 7258 和 GB/T 5359.1 规定。<br>3. 不包括：<br>（1）整车整备质量超过 400kg 的不带驾驶室的三轮车辆；<br>（2）整车整备质量超过 600kg 的带驾驶室的三轮车辆 |
| | | L2 类摩托车 | 无论采用何种驱动方式，其最大设计车速不大于 50km/h 的摩托车，且：<br>——如使用内燃机，其排量不大于 50 mL；<br>——如使用电驱动，其电动机最大输出功率总和不大于 4 kW；<br>——装有与前轮对称分布的两个后轮的轻便摩托车 | |
| | | L3 类摩托车 | 无论采用何种驱动方式，其最大设计车速大于 50 km/h，或如使用内燃机，其排量大于 50 mL，或如使用电驱动，其电动机最大输出功率总和大于 4 kW 的，装有一个从动轮和一个驱动轮的普通摩托车 | |

续表

| 产品种类 | 对产品种类的描述 | 产品适用范围 | 对产品适用范围的描述或列举 | 备注 |
|---|---|---|---|---|
| 2. 摩托车 | | L4 类摩托车 | 无论采用何种驱动方式，其最大设计车速大于 50 km/h, 或如使用内燃机，其排量大于 50 mL，或如使用电驱动，其电动机最大输出功率总和大于 4kW 的，右侧装有边车的摩托车 | （3)最大设计车速、整车整备质量、外廓尺寸等指标符合相关国家标准和规定的，专供残疾人驾驶的机动轮椅车；（4）电驱动的，最大设计车速不大于 20km/h，具有人力骑行功能，且整车整备质量、外廓尺寸、电动机额定功率等指标符合相关国家标准规定的两轮车辆 |
| | | L5 类摩托车 | 无论采用何种驱动方式，其最大设计车速大于 50 km/h, 或如使用内燃机，其排量大于 50 mL，或如使用电驱动，其电动机最大输出功率总和大于 4 kW 的，装有与前轮对称分布的两个后轮的普通摩托车，且如设计和制造上允许装载货物或载运乘员，其最大设计车速小于 70 km/h | |
| 3. 消防车 | 在火灾等事故现场，用于喷射灭火剂、抢险救援的专用特种车辆 | 消防车 | 罐类消防车：泡沫消防车、水罐消防车 | 适用标准：GB 7956<br>不包括普通救护车、普通洒水车 |
| | | | 举高类消防车：登高平台消防车、云梯消防车、举高喷射消防车 | |
| | | | 特种类消防车：抢险救援消防车、照明消防车、器材消防车、排烟消防车 | |
| 4. 摩托车发动机 | — | 摩托车发动机 | 驱动摩托车行驶的发动机 | 不包括：<br>1. 助力自行车用的发动机；<br>2. 通用汽油机 |
| 5. 汽车安全带 | — | 汽车安全带 | M 类汽车、N 类汽车上由前向成年乘员作为独立装备单独使用的安全带和约束系统 | 不包括：<br>1. 侧向座椅、后向座椅上使用的安全带和约束系统；<br>2. 儿童乘员使用的安全带和约束系统；<br>3. 构成安全带总成和约束系统的单独零部件（安全带织带、卷收器总成、带扣总成、预紧装置、调节装置，以及其他上述产品的零部件） |
| 6. 机动车喇叭 | — | 汽车和摩托车用喇叭 | 限于以直流电和压缩空气驱动的 M、N、L3、L4、L5 类机动车用喇叭总成 | 不包括：<br>1. 构成喇叭总成的零件；<br>2. 轻便摩托车（L1 和L2类）用的喇叭；<br>3. 警用、消防和救护等车辆使用的特殊用途的喇叭；<br>4. 蜂鸣器（倒车、防盗等用途）；<br>5. 防盗报警系统中的喇叭；<br>6. 车内音响用的喇叭 |

续表

| 产品种类 | 对产品种类的描述 | 产品适用范围 | 对产品适用范围的描述或列举 | 备注 |
| --- | --- | --- | --- | --- |
| 7. 机动车回复反射器 | — | 汽车和摩托车用回复反射器 | 汽车、挂车、摩托车和轻便摩托车使用的成形的回复反射器 | 不包括可制成回复反射器的光学单元材料 |
| 8. 机动车制动软管 | 汽车、挂车、摩托车和轻便摩托车使用的液压、气压和真空制动软管总成产品 | 汽车和摩托车用制动软管 | 液压制动软管总成 | 不包括可构成软管总成的零件，如软管、管接头和护套等 |
| | | | 气压和真空制动软管总成，包括成形软管（仅限于软管不带永久性管接头的情况） | 不包括构成总成的其他零件，如管接头和护套等 |
| 9. 机动车外部照明及光信号装置 | M、N类汽车和O类挂车使用的外部照明及光信号装置（简称汽车灯具）总成及摩托车和轻便摩托车使用的外部照明及光信号装置（简称摩托车灯具）总成 | 汽车用灯具 | 1. 单独或组合的汽车前照灯、前雾灯、后雾灯、前位灯、后位灯、示廓灯、制动灯、倒车灯、转向信号灯、昼间行驶灯、驻车灯、侧标志灯和后牌照板照明装置等；<br>2. 仅仅不带灯泡和／或插座的灯具装置 | 不包括：<br>1. 构成灯具总成的零件（如：反射镜、配光镜、灯泡、壳体等）；<br>2. 外部装饰性灯具（如绿色、蓝色等装饰灯）和汽车内部照明灯具（如阅读灯、踏步灯）等 |
| | | 摩托车用灯具 | 1. 单独或组合的摩托车前照灯、前位灯、后位灯、制动灯、转向信号灯和后牌照板灯、前雾灯和后雾灯等；<br>2. 仅仅不带灯泡和／或插座的灯具装置 | 不包括：<br>1. 构成灯具总成的零件（如：反射镜、配光镜、灯泡、壳体等）；<br>2. 装饰性灯具（如绿色、蓝色的装饰灯和踏步灯等） |
| 10. 机动车后视镜 | M、N类车辆，以及其他少于四轮，车身部分或全部封闭驾驶员的车辆后视镜总成及摩托车和轻便摩托车的后视镜总成 | 汽车后视镜总成 | 各类起补盲、监视作用的光学后视镜 | 不包括：<br>1. 构成后视镜总成的零件（如：镜片、支架、壳体等）；<br>2. 起类似后视镜作用的雷达、摄像头等装置 |
| | | 摩托车后视镜 | 摩托车和轻便摩托车的后视镜总成 | 不包括：<br>1. 车身部分封闭或全部封闭驾驶室的摩托车用后视镜（为汽车后视镜范围）；<br>2. 构成摩托车后视镜总成的零件（如镜片、支架、壳体等）；<br>3. 起类似后视镜作用的雷达、摄像头等装置 |

续表

| 产品种类 | 对产品种类的描述 | 产品适用范围 | 对产品适用范围的描述或列举 | 备注 |
|---|---|---|---|---|
| 11. 汽车内饰件 | M、N类车辆的驾驶室及乘客舱内采用单一型或层积复合型有机材料的内饰件产品 | 汽车内饰件 | 1. 地板覆盖层；<br>2. 装饰性衬板，如：门内护板（含扶手）、前围护板、侧围护板、后围护板、车顶棚衬里；<br>3. 天窗遮覆内饰件，如：天窗遮光板/帘；<br>4. 客车上部及顶棚的通风管外表面材料 | 不包括：<br>1. 形状和尺寸不足以制成标准试样（356mm×100mm）的汽车内饰件，详见GB 8410；<br>2. 座椅护面（面套）；<br>3. 脚垫和乘用车的后窗台板（也称衣帽架）；<br>4. 仪表板、独立的座椅扶手、活动式折叠车顶、杂物箱、室内货架板、窗帘、遮阳板、发动机罩覆盖物、轮罩覆盖物 |
| 12. 汽车门锁及门保持件 | M1类和N1类汽车上用于乘员进出的任一侧车门的门锁及门保持件 | 汽车门锁 | 1. 汽车门锁总成；<br>2. 锁体 | 不包括：<br>1. 可构成门锁总成的零件，如锁扣、挡块、内外操纵和锁止装置、钥匙、锁眼等；<br>2. 折叠门、上卷门和易于拆卸的简易门等的门锁；<br>3. 中控锁 |
| | | 汽车门保持件（铰链） | 铰接门的门铰链 | 不包括：<br>1. 折叠门、上卷门和易于拆卸的简易门等的门保持件；<br>2. 滑动门导轨和/或其他支撑部件 |
| 13. 汽车燃油箱 | — | 汽车燃油箱 | 以汽油、柴油为燃料的M类和N类汽车的金属燃油箱和塑料燃油箱总成 | 不包括：<br>1. 构成燃油箱总成的零件（如：箱盖、安全阀、管路等）；<br>2.LPG和CNG等双燃料油箱的供气部分 |

续表

| 产品种类 | 对产品种类的描述 | 产品适用范围 | 对产品适用范围的描述或列举 | 备注 |
|---|---|---|---|---|
| 14. 汽车座椅及座椅头枕 | — | 汽车座椅 | M、N 类汽车的座椅总成 | 不包括：<br>1. 侧向座椅、后向座椅和 M2、M3 类客车中 A 级、I 级客车使用的座椅；<br>2. 构成座椅总成的零件，如座椅骨架、座椅护面等；<br>3. 儿童乘员使用的座椅系统；<br>4. 客车和卡车的卧铺 |
| | | 座椅头枕 | M、N 类汽车的座椅所用的头枕总成 | 不包括：<br>1. 侧向座椅、后向座椅的头枕和 M2、M3 类客车中 A 级、I 级客车使用的座椅头枕；<br>2. 构成座椅头枕总成的零件，如头枕骨架、头枕护面等 |
| 15. 车身反光标识 | — | 车身反光标识 | 为增强车辆的可识别性而粘贴在车身表面的反光材料的组合 | 适用标准：<br>GB 23254<br>GB 7258 |
| 16. 汽车行驶记录仪 | 专用校车、公路客车和旅游客车、未设置乘客站立区的公共汽车、危险货物运输车、半挂牵引车和总质量不小于 12 000kg 的货车安装的数字式电子记录装置 | 汽车行驶记录仪 | 1. 汽车行驶记录仪；<br>2. 具有行驶记录功能且行驶记录功能符合 GB/T 19056 要求的卫星定位装置 | 适用标准：<br>GB/T 19056<br>GB 7258 |

十二、机动车辆轮胎（3 种）
1. 安装在机动车辆车轮上，供机动车辆行驶使用的圆环形弹性制品；
2. 轮胎定义应符合 GB/T 6326；
3. 不包括翻新轮胎；
4. 不包括专为竞赛设计的轮胎

| 产品种类 | 对产品种类的描述 | 产品适用范围 | 对产品适用范围的描述或列举 | 备注 |
|---|---|---|---|---|
| 1. 轿车轮胎 | 设计用于轿车的轮胎 | 轿车子午线轮胎 | 新的轿车充气子午线轮胎 | 适用标准：<br>GB 9743 |
| | | 轿车斜交轮胎 | 新的轿车充气斜交轮胎 | |
| 2. 载重汽车轮胎 | 设计用于载重汽车和客车及其拖挂车的轮胎 | 载重汽车子午线轮胎 | 新的载重汽车充气子午线轮胎 | 适用标准：<br>GB 9744 |
| | | 载重汽车斜交轮胎 | 新的载重汽车充气斜交轮胎 | |
| 3. 摩托车轮胎 | 设计用于两轮或整车整备质量不超过 400kg 的三轮机动车的轮胎 | 摩托车轮胎 | 新的摩托车充气轮胎 | 适用标准：<br>GB 518 |

**续表**

<table>
<tr><td colspan="5">十三、安全玻璃（3 种）</td></tr>
<tr><th>产品种类</th><th>对产品种类的描述</th><th>产品适用范围</th><th>对产品适用范围的描述或列举</th><th>备注</th></tr>
<tr><td rowspan="5">1. 汽车安全玻璃</td><td rowspan="5">由无机材料、无机材料与有机材料经复合或处理而成的产品，当这类产品用于车辆上时，能最大限度地减少人员伤害的可能性，且应具有视野、强度和耐磨性等特殊要求的产品</td><td>汽车夹层玻璃</td><td>用于汽车、工程车辆或农用车辆上的，由两层或多层玻璃与一层或多层有机材料粘结而成的安全玻璃，也称夹胶玻璃</td><td rowspan="5">适用标准：<br>GB 9656<br>不包括车辆前风窗以外用刚性塑料材料</td></tr>
<tr><td>汽车区域钢化玻璃</td><td>用于汽车、工程车辆或农用车辆上的，分区域控制碎片颗粒的特殊钢化玻璃</td></tr>
<tr><td>汽车钢化玻璃</td><td>用于汽车、工程车辆或农用车辆上的，通过适当处理的安全玻璃材料，一旦破碎其碎片可以最大程度减少对人体的伤害</td></tr>
<tr><td>汽车塑玻复合材料</td><td>用于汽车、工程车辆或农用车辆上的，由玻璃与有机塑料材料复合而成的材料，通常在车内侧面为有机塑料材料</td></tr>
<tr><td>汽车中空玻璃</td><td>用于汽车、工程车辆或农用车辆上的，由两层或多层钢化或夹层玻璃组合而成的中空玻璃</td></tr>
<tr><td rowspan="6">2. 建筑安全玻璃</td><td rowspan="6">建筑物上使用的，当应用和破坏时对人体伤害程度达到最小的玻璃</td><td>建筑夹层玻璃</td><td>1. 由两层或多层玻璃与一层或多层有机材料粘结而成的安全玻璃，也称夹胶玻璃；<br>2. 可细分为：建筑钢化夹层玻璃、建筑普通夹层玻璃</td><td>适用标准：<br>GB 15763.3</td></tr>
<tr><td>建筑钢化玻璃</td><td>1. 用于建筑物上，经热处理加工的特殊玻璃，一旦破碎其碎片可以最大程度减少对人体的伤害；<br>2. 可细分为：建筑装饰类钢化玻璃、建筑普通钢化玻璃</td><td>适用标准：<br>GB 15763.2<br>不包括：<br>1. 采用化学方法钢化的玻璃；<br>2. 家具、家电用钢化玻璃</td></tr>
<tr><td>建筑安全中空玻璃</td><td>用于建筑上的内、外侧均由钢化或夹层玻璃组合而成的中空玻璃</td><td>适用标准：<br>GB/T 11944<br>不包括内侧或外侧由普通玻璃组成的中空玻璃</td></tr>
<tr><td>建筑光伏夹层玻璃</td><td>使用在建筑光伏一体化上的，通过有机封装材料将玻璃材料与晶硅电池或薄膜电池粘结而成的夹层玻璃，也称双玻组件、三玻组件</td><td>适用标准：<br>GB 15763.3<br>不包括支架型光伏电站所用光伏玻璃组件</td></tr>
<tr><td>建筑光伏钢化玻璃</td><td>使用在光伏组件的前板玻璃或背板玻璃</td><td>适用标准：<br>GB 15763.2</td></tr>
<tr><td>建筑光伏中空玻璃</td><td>使用光伏夹层玻璃和钢化玻璃或普通夹层玻璃组合而成的中空玻璃</td><td>适用标准：<br>GB/T 11944</td></tr>
<tr><td rowspan="4">3. 铁道车辆安全玻璃</td><td rowspan="4">由无机材料、无机材料与有机材料经复合或处理而成的产品，当这类产品用于铁道车辆上时，能最大限度地减少人员伤害的可能性，且应具有视野、强度和耐磨性等特殊要求的产品</td><td>铁道车辆用前风窗夹层玻璃</td><td>使用在轨道车辆前风窗部位的，由两层或多层玻璃与一层或多层有机材料粘结而成的安全玻璃</td><td>适用标准：<br>GB 14681.2</td></tr>
<tr><td>铁道车辆前窗以外用夹层玻璃</td><td>轨道车辆除前风窗以外部位使用的，由两层或多层玻璃与一层或多层有机材料粘结而成的安全玻璃</td><td rowspan="3">适用标准：<br>GB 18045</td></tr>
<tr><td>铁道车辆用安全中空玻璃</td><td>轨道车辆除前风窗以外部位使用的，由两层或多层钢化或夹层玻璃组合而成的中空玻璃</td></tr>
<tr><td>铁道车辆钢化玻璃</td><td>轨道车辆除前风窗以外部位使用的，通过适当处理的安全玻璃材料，一旦破碎其碎片可以最大程度减少对人体的伤害</td></tr>
</table>

续表

<table>
<tr><td colspan="5">十四、农机产品（2 种）</td></tr>
<tr><th>产品种类</th><th>对产品种类的描述</th><th>产品适用范围</th><th>对产品适用范围的描述或列举</th><th>备注</th></tr>
<tr><td rowspan="11">1. 植物保护机械</td><td rowspan="11">通过液力、气力、热力分散并喷射农药，用于防治植物病、虫、害和 / 或其他生物侵害的机具</td><td>背负式喷雾喷粉机</td><td>1. 由操作者背负，利用汽油机驱动高速离心风机产生的气流进行喷雾或喷粉的机器。<br>2. 主要由汽油机、药箱总成、风机总成、机架等件组成</td><td rowspan="11">适用标准：<br>GB 10395.1<br>GB 10395.6</td></tr>
<tr><td>背负式动力喷雾机</td><td>1. 由操作者背负，由汽油机驱动小型液泵利用液力进行喷雾的机器。<br>2. 由汽油机、药液箱、液泵、机架等组成</td></tr>
<tr><td>背负式喷雾器</td><td>1. 由操作者背负，用手摇杠杆驱动液泵利用液力进行喷雾的机器。<br>2. 主要由药箱、空气室、液泵、喷射部件等组成</td></tr>
<tr><td>背负式电动喷雾器</td><td>1. 由操作者背负，以蓄电池为能源，驱动微型直流电机，带动液泵进行喷雾的机器。<br>2. 主要由微型电机、液泵、蓄电池、药箱、喷射部件等组成</td></tr>
<tr><td>压缩式喷雾器</td><td>1.用手动气泵（打气筒）向药液箱内充入压缩气体，使机具中的药液具有压力并从喷头喷出的机器。<br>2. 主要由药箱、气泵、喷射部件、压力表等部件组成</td></tr>
<tr><td>踏板式喷雾器</td><td>1. 扳动加长杠杆驱动装在脚踏板上的液泵进行喷雾的机器。<br>2. 主要由液泵、气室、喷射部件和杠杆组件组成</td></tr>
<tr><td>烟雾机</td><td>1. 利用热能或利用空气压缩机的气体压力能使药液雾化成烟雾微粒散布的喷雾机器。<br>2. 烟雾机按雾化原理分为热烟雾机和常温烟雾机。热烟雾机是利用热能使油剂农药在烟化管内发生蒸发、裂化形成烟雾；常温烟雾机是利用空气压缩机产生的压缩空气的压力能使药液与高速气流混合，在常温下形成烟雾</td></tr>
<tr><td>担架式（手推车式、车载式）机动喷雾机</td><td>1. 由发动机或电机驱动液泵进行液力喷雾的机器。<br>2. 按照机架型式和携带方式又可分为担架式、手推车式、手提式和车载式等。主要组成部件为内燃机、液泵、喷射部件和药液箱。其中担架式和手提式机动喷雾机没有药液箱</td></tr>
<tr><td>喷杆式喷雾机</td><td>1. 用装有喷头的喷杆喷洒药液的机器，分为悬挂式、牵引式和自走式等。<br>2. 其主要工作部件为：药液箱、液泵、喷杆、喷头、调压阀和控制阀等。工作时由动力驱动液泵，将药液箱中的药液以一定的压力通过控制阀和输液管路输往喷杆，当喷头处的喷雾液体压力达到预定值时，防滴装置便自动开启，药液以雾状喷出</td></tr>
<tr><td>风送式喷雾机</td><td>1. 靠风机产生的高速气流雾化药液或辅助雾化药液，并输送雾滴的喷雾机器。<br>2. 工作时内燃机或电动机驱动风机和液泵，液泵将药液箱中的药液以一定的压力输往喷筒上的多个喷头，喷头喷出的药液在高速气流的作用下，进一步雾化成细小的雾滴并被定向送往目标物</td></tr>
<tr><td>电动气力超低量喷雾器</td><td>由高速电机驱动风机，产生高速气流，通过气液流喷头雾化成极小雾粒的机器</td></tr>
</table>

续表

| 产品种类 | 对产品种类的描述 | 产品适用范围 | 对产品适用范围的描述或列举 | 备注 |
| --- | --- | --- | --- | --- |
| 2. 轮式拖拉机 | 通过车轮行走，具有两轴（或多轴），用于牵引、推动、携带或/和驱动配套农机具进行作业的自走式动力机械 | 以单缸柴油机或功率不大于18.40kW（25马力）的多缸柴油机为动力的轮式拖拉机 | 1. 一般由柴油机、底盘和电器系统组成。<br>2. 拖拉机底盘由传动系、行走系、转向系、制动系和工作装置组成。<br>3. 工作装置主要用来连接或吊挂农机具，以便和各种农机具配套完成不同作业 | 适用标准：<br>GB 18447.1<br>GB 18447.4<br>不包括手扶拖拉机 |

| 十五、乳胶制品（1种） | | | | |
| --- | --- | --- | --- | --- |
| 产品种类 | 对产品种类的描述 | 产品适用范围 | 对产品适用范围的描述或列举 | 备注 |
| 1. 橡胶避孕套 | — | 橡胶避孕套 | 由天然胶乳制造提供消费者用于避孕和有助于防止性传播疾病的避孕套 | 适用标准：<br>GB 7544<br>不包括主要材料为合成橡胶的避孕套 |

| 十六、电信终端设备（9种）<br>1. 适用于连接到公共通信网（包括PSTN/无线通信网络/公共互联网）内的非通信运营商管理维护的用户端通信产品；<br>2. 电信终端产品配套的电源适配器（充电器）应随整机检测，不在CCC认证范围；<br>3. 适用标准：GB 4943.1、GB 9254、YD/T 993（备注中已注明标准的产品除外） | | | | |
| --- | --- | --- | --- | --- |
| 产品种类 | 对产品种类的描述 | 产品适用范围 | 对产品适用范围的描述或列举 | 备注 |
| 1. 调制解调器（含卡） | 在商业和民用设备内使用的，具有调制解调功能的终端产品（包括内置卡） | 调制解调器（含卡） | 音频调制解调器、基带调制解调器、xDSL调制解调器等 | 不包括工业系统控制专业调制解调器、电力调制解调器（PLC）、电缆调制解调器 |
| 2. 传真机 | 在商业和民用设备内使用的，具有传真功能的办公和家用设备 | 传真机 | 传真机、电话语音传真卡、多功能传真一体机等 | 不包括工业传真机 |
| 3. 固定电话终端及电话机附加装置 | 在PSTN网络终端处使用的，连接在有线用户线上的，不需要通过无线电方式工作的各类电话机 | 固定电话终端 | 普通电话机、主叫号码显示电话机、卡式管理电话机、录音电话机、投币电话机、智能卡式电话机、IC卡公用电话机、免提电话机、数字电话机、智能短信电话机 | |
| | 在PSTN网络终端处使用的，连接在有线用户线上的，为实现非语音通话功能的独立电话机附加装置 | 电话机附加装置 | 答录盒、主叫号码显示器、电话报警器、电话遥控开关、电话拨号器、卡式电话管理系统、电话分线器、电话计费器 | |
| 4. 无绳电话终端 | 在PSTN网络终端处使用的，由座机（或主机）和手机（或副机）组成的，座机通过有线用户线与交换机相连，座机与手机之间采用无线通信方式，手机可随身携带，在有效的距离内可实现收铃、拨号和通话功能的电信终端产品 | 无绳电话终端 | 模拟无绳电话机、2.4GHz数字无绳电话机 | 适用标准：<br>GB 4943.1<br>GB 19483<br>YD/T 993<br>不包括无线集群电话 |

续表

| 产品种类 | 对产品种类的描述 | 产品适用范围 | 对产品适用范围的描述或列举 | 备注 |
|---|---|---|---|---|
| 5. 集团电话 | 在非通信运营商管理维护的通信机房中使用的，具有直接连接220V单相工频电源的，对语音、数据等信息进行交换处理的系统。系统的组成包括主机和专用外部设备（如果有专用外部设备的情况） | 集团电话 | 电话会议总机、集团电话（含带有220 V电源的程控用户交换机） | 不包括网络计费系统、网络信令系统、集团电话专用话机 |
| 6. 移动用户终端 | 在为社会公众服务的公共移动通信网络中使用，实现通信功能的各类制式蜂窝移动终端设备。包含移动通信模块 | 移动用户终端 | 900/1800 MHz GSM/GPRS用户终端设备、800 MHz CDMA用户终端设备、2 GHz TD-SCDMA用户终端设备、2 GHz WCDMA用户终端设备、2 GHz CDMA 2000用户终端设备和其他终端设备（包括车载、固定台、无线数据终端等） | 适用标准：<br>GB 4943.1<br>GB 19484.1<br>GB/T 22450.1<br>YD/T 1592.1<br>YD/T 1595.1<br>YD/T 1597.1<br>不包括使用非上述主频的PHS手机、对讲机、SCDMA终端、手机电池、工业环境和预定在室外环境中使用的模块 |
| 7.ISDN终端 | 在ISDN线路终端使用的，连接在ISDN线路上的用户终端设备（包括内置卡） | ISDN终端 | 网络终端设备（NT1、NT1+）、终端适配器（卡）TA | |
| 8. 数据终端（含卡） | 在非通信运营商管理维护的机房使用的、具有数据存储、转换和传递功能的通信终端产品（包括内置卡） | 数据终端（含卡） | 存储转发传真/语音卡、以太网集线器（工作电压覆盖220 V单相工频，且端口固定，且通信端口全部为以太网端口）、接口转换器、POS终端（彩票销售终端） | |
| 9. 多媒体终端 | 在非通信运营商管理维护的机房使用的，利用公共通信网络对语音、图象、数据进行双向传递的多媒体终端产品 | 多媒体终端 | 可视电话、会议电视终端、信息点播终端、多媒体控制单元（MCU）、网络机顶盒 | |

十七、医疗器械产品（7种）
1. 对在医疗监视下的患者进行诊断、治疗或监护，与患者有身体的或电气的接触，和（或）向患者传送或从患者取得能量，和（或）检测这些所传送和取得能量的设备。
2. 不包括兽用医疗器械

| 产品种类 | 对产品种类的描述 | 产品适用范围 | 对产品适用范围的描述或列举 | 备注 |
|---|---|---|---|---|
| 1. 医用X射线诊断设备 | 通过X射线束穿过人体，利用X射线成像原理实现临床诊断或借助X射线影像辅助实施手术或治疗的设备 | 血管造影X射线设备 | 1. 用于对心、脑血管和周围血管等进行造影检查和介入治疗；<br>2. 具有X射线源，数字化影像接收装置，图像信息分析和显示系统，导管床；<br>3. 品名举例：C形臂血管造影机、血管造影介入治疗系统、血管造影系统、血管造影X射线机 | |
| | | X射线专用摄影设备 | 1. 仅用于对患者的摄影，获得单幅影像供临床诊断；<br>2. 该类设备具有X射线源，成像介质包括胶片、影像板、数字平板等，还可能配有患者支撑装置等；<br>3. 品名举例：医用诊断X射线摄影设备、数字化X射线摄影设备 | |

续表

| 产品种类 | 对产品种类的描述 | 产品适用范围 | 对产品适用范围的描述或列举 | 备注 |
|---|---|---|---|---|
| 1. 医用X射线诊断设备 | | X射线专用透视设备 | 1. 仅用于对患者的透视，获得连续影像供临床诊断；<br>2. 该类设备具有X射线源，成像介质包括荧光屏、电视系统等，还可能带有患者支撑装置等；<br>3. 品名举例：遥控X射线透视机、医用诊断X射线透视设备、数字化X射线透视系统 | 不包括：<br>1. 无X射线源的医用X射线诊断设备；<br>2. 利用X射线生物效应进行治疗的设备 |
| | | X射线透视摄影设备 | 1. 用于对患者的摄影和透视，获得单幅或连续影像供临床诊断；<br>2. 兼具有X射线摄影和透视功能的通用X射线设备；该类设备具有X射线源，成像介质包括胶片、影像板、荧光屏、电视系统、数字平板等，还可能带有患者支撑装置等；<br>3. 品名举例：医用诊断X射线设备、数字化X射线系统 | |
| | | 移动式X射线机 | 1. 用于将X线机移动至病房、手术室等地对不宜搬动的患者进行摄影或透视使用；<br>2. 带有滚轮等装置，在使用中可方便移动的通用X射线设备；该类设备具有X射线源，成像介质包括胶片、数字平板等；<br>3. 品名举例：移动式X射线机、移动式X射线摄影机、床旁X射线机 | |
| | | 放射治疗模拟机 | 用于在放射治疗肿瘤前对肿瘤位置的定位 | |
| | | 医用X射线定位设备 | 1. 与其他设备配合使用，主要用于医学诊断、治疗时的定位；<br>2. 利用X射线的成像原理对病灶定位，以配合诊断、治疗等；<br>3. 品名举例：体外冲击波碎石机用X射线机 | |
| | | 泌尿X射线设备 | 1. 专用于妇科、泌尿科X射线透视和摄影，获得影像以供临床诊断；<br>2. 具有X射线源，高压发生装置，图像显示系统，专用泌尿床的X射线透视摄影设备；<br>3. 品名举例：泌尿X射线机、泌尿X射线设备 | |
| | | 乳腺X射线摄影设备 | 1. 专用于对人体乳腺组织摄影，获取组织影像供临床诊断；<br>2. 一般采用钼或铑等材料制X射线管靶面，配合较低的管电压来形成低能量的X射线束，配有乳腺压迫器，影像分析和显示系统的专用X射线摄影设备；<br>3. 品名举例：乳腺X射线机、乳腺X射线摄影系统 | |
| | | 口腔X射线设备 | 1. 用于对颌面部至口腔部分，包含对耳鼻喉部的X射线全景及体层摄影，获得影像供临床诊断；<br>2. 具有X射线源，口外影像接收器，用狭缝光阑并与X射线管和影像接收器之间相对运动配合的X射线机；<br>3. 品名举例：口腔颌面全景X射线机、口腔全景曲面体层X射线机 | |
| | | | 1. 专用于对颌面部至口腔部分，包含对耳鼻喉部的X射线摄影，可获得三维影像，供临床诊断；<br>2. 具有X射线源，口外影像接收器，影像处理和显示系统的口腔颌面部诊断X射线摄影系统；成像时，X射线束围绕患者的颌面部运动获取平面图像，通过平面图像进行三维重建；<br>3. 品名举例：口腔锥形束体层摄影设备 | |

续表

| 产品种类 | 对产品种类的描述 | 产品适用范围 | 对产品适用范围的描述或列举 | 备注 |
|---|---|---|---|---|
| 1. 医用X射线诊断设备 | | 口腔X射线设备 | 1. 专用于对牙齿X射线摄影，获得影像供临床诊断；<br>2. 一般采用组合机头，口内影像接收器，可能有伸缩曲臂等的专用X射线机；<br>3. 品名举例：牙科X射线机、便携式牙科设备 | |
| | | 携带式X射线机 | 1. 适用于骨科或野外条件下，对四肢，或其他较小、较薄部位进行X射线临床检查；<br>2. 在使用时或使用的间隔期间，可由一个人或几个人携着从一个地方移到另一个地方的X射线机，主要部件包括X射线管头等；<br>3. 品名举例：便携式诊断X射线机、微型X射线机、手提式X射线透视仪 | |
| | | 胃肠X射线设备 | 1. 专用于临床胃肠道X射线透视及摄影检查，获得影像供临床诊断；<br>2. 品名举例：胃肠X射线设备、胃肠造影X线机、遥控胃肠X射线系统 | |
| | | X射线骨密度仪 | 1. 通过对人体的X射线衰减测量，专用于评估患者骨骼及邻近组织的骨密度和矿物质含量，以供临床诊断；<br>2. 该类设备具有X射线源，探测器，信息分析和显示系统，还可能有患者支撑装置；<br>3. 品名举例：双能X射线骨密度仪、X射线骨密度仪、全身骨密度测量仪 | |
| | | 车载X射线机 | 1. 适用于机动条件下，在远离医院的现场开展X射线透视、摄影诊断检查；<br>2. 安装在可移动运输工具上的X射线机，有透视和/或摄影功能；<br>3. 品名举例：车载X射线机 | |
| | | X射线计算机体层摄影设备（CT） | 1. 适用于头部和/或全身体层扫描，形成横断面图像和三维图像供临床诊断；<br>2. 品名举例：X射线计算机体层摄影设备、头部X射线CT机、全身CT机 | |
| | | CT放疗模拟机 | 1. 利用CT影像在放射治疗前对人体组织进行模拟定位；<br>2. 品名举例：CT放疗模拟机 | |
| 2. 血液透析装置 | 供急慢性肾功能衰竭等患者作血液透析/滤过治疗时使用的医疗器械。这些装置供医务人员使用或供在专家监督下使用，包括由患者自己操作的血液透析、血液透析滤过设备 | 血液透析设备 | 1. 供急慢性肾功能衰竭等患者作血液透析治疗时使用的医疗器械；<br>2. 血液透析（HD）是一种通过跨越半透膜的弥散作用，纠正患者血液中溶质失衡的方法 | 适用标准：<br>GB 9706.1<br>GB 9706.2 |
| | | 血液透析滤过设备 | 1. 供急慢性肾功能衰竭等患者作血液透析/滤过治疗时使用的医疗器械；<br>2. 血液透析滤过（HDF）是一种通过跨越半透膜同时进行弥散和滤过，纠正患者血液中溶质失衡的方法 | |
| | | 连续性血液净化设备 | 连续性血液净化设备是采用连续性肾脏替代治疗（CRRT）方法对急慢性肾功能衰竭等患者进行治疗的医疗器械 | |

续表

| 产品种类 | 对产品种类的描述 | 产品适用范围 | 对产品适用范围的描述或列举 | 备注 |
|---|---|---|---|---|
| 3. 空心纤维透析器 | 一次性使用的血液透析器、血液透析滤过器，该产品是用于配合血液净化装置供急慢性肾功能衰竭等患者进行血液透析或血液透析滤过用的医疗器械 | 血液透析器 | 由半透膜及支撑结构组成的，主要用于血液透析治疗的器件 | 适用标准：YY 0053 |
| | | 血液透析滤过器 | 由高通量半透膜制成的滤器，主要用于血液透析滤过治疗或高通量透析等方式清除体内的溶质和水分的器件 | |
| 4. 血液净化装置的体外循环血路 | 与血液透析器、血液透析滤过器和（或）血液滤过器等血液净化装置配合使用的一次性使用的体外循环血路 | 血液净化装置的体外循环血路 | 1. 血液净化治疗时，血液在体外循环的管路，包括与管路连接的一些支路，如测压管、输液管、肝素管等；<br>2. 其规格尺寸应能配合血液透析装置、血液透析滤过和 / 或血液滤过装置使用 | 适用标准：YY 0267 |
| 5. 人工心肺机 | 供医疗单位施行手术及抢救时，暂时代替心脏功能进行体外循环用或局部灌注等使用 | 热交换水箱 | 为体外循环血液热交换系统中的热交换器提供加温水、降温水和原水的驱动装置，供医疗单位施行体外循环时调节温度用 | 适用标准：GB 9706.1 GB 12263 |
| | | 鼓泡式氧合器 | 1. 用于体外循环施行心脏直视手术时，代替人体肺功能进行气体交换的医疗器械；<br>2. 包括作为氧合器整体一部分的热交换器 | 适用标准：YY 0604 |
| | | 滚压式血泵 | 用于实施心脏手术时，代替人体心脏功能进行血液体外循环的医疗器械 | 适用标准：GB 9706.1 GB 12260 |
| | | 体外循环管道 | 在体外循环施行心脏直视手术时，连接各部件形成一个封闭的体外循环同时作为血液通道使用的器件 | 适用标准：YY 1048 |
| 6. 心电图设备 | 提供可取下供诊断用的心电图图谱的心电图设备 | 心电图机 | 该心电图机往往独立组成一个整体，能实时记录病人的心电图图谱，如单道心电图机、多道心电图机等 | 适用标准：GB 9706.1 GB 10793 不包括心电监护类设备，如心电遥测系统、心电监护仪、24 小时动态心电监视系统 |
| | | 心电分析系统 | 该心电图设备可与运动平板设备一起组成一个系统，能实时记录病人的心电图和运动时心电图图谱，如负荷测试仪等 | |
| | | 心电工作站 | 该心电图设备由心电输入单元和电脑、显示器、打印机、隔离变压器等组成的心电图设备及主要功能具有心电诊断功能的生理医用设备，不能实时记录病人的心电图图谱 | |
| 7. 植入式心脏起搏器 | 植入式心脏起搏器是完全植入人体内，用于治疗心律失常的设备 | 植入式心脏起搏器 | 1.通过一根植入电极导管与患者心室或心房相连，实现对心室或心房的起搏功能；或通过三根或三根以上植入电极导管分别与患者的心室和心房相连，实现对心室和心房的起搏功能；<br>2. 目的是恢复适合病人生理需要的心律及心脏输出，通过调节工作模式及特性以满足病人在植入时以及随后的变化要求；<br>3. 品名举例：单腔起搏器、双腔起搏器、三腔起搏器或多腔起搏器、具有心脏除颤功能的单腔、双腔或多腔起搏器（ICD） | 适用标准：GB 16174.1 不包括同位素电池驱动的起搏器（核能起搏器）和体外临时起搏器。不覆盖起搏器的抗快速心律失常和除颤功能 |

续表

| 十八、消防产品（7 种） | | | | |
|---|---|---|---|---|
| 产品种类 | 产品分类 | 产品适用范围 | 对产品适用范围的描述或列举 | 备注 |
| 1. 火灾报警产品 | 点型感烟火灾探测器 | 点型感烟火灾探测器 | 1. 对悬浮在大气中的燃烧和 / 或热解产生的固体或液体微粒敏感的点型火灾探测器；<br>2. 点型感烟火灾探测器、点型离子感烟火灾探测器、点型光电感烟火灾探测器、无线点型感烟火灾探测器 | 适用标准：GB 4715 |
| | 点型感温火灾探测器 | 点型感温火灾探测器 | 1. 对温度和 / 或升温速率和 / 或温度变化响应的点型火灾探测器；<br>2. 点型感温火灾探测器、无线点型感温火灾探测器 | 适用标准：GB 4716 |
| | 独立式感烟火灾探测报警器 | 独立式感烟火灾探测报警器 | 1. 一个包括感烟探测、电源和报警器件的报警器，主要用于家庭住宅的火灾探测和报警；<br>2. 独立式感烟火灾探测报警器、独立式光电感烟火灾探测报警器、独立式离子感烟火灾探测报警器 | 适用标准：GB 20517 |
| | 手动火灾报警按钮 | 手动火灾报警按钮 | 通过手动启动器件发出火灾报警信号的装置 | 适用标准：GB 19880<br>不包括防盗报警按钮 |
| | 点型紫外火焰探测器 | 点型紫外火焰探测器 | 对火焰中波长小于 300nm 的紫外光辐射响应的火焰探测器 | 适用标准：GB 12791 |
| | 特种火灾探测器 | 点型红外火焰探测器 | 对火焰中波长大于 850nm 的红外光辐射响应的火焰探测器 | 适用标准：GB 15631 |
| | | 吸气式感烟火灾探测器 | 采用吸气工作方式获取探测区域火灾烟参数的感烟火灾探测器 | |
| | | 图像型火灾探测器 | 使用摄像机、红外热成像器件等视频设备或它们的组合方式获取监控现场视频信息，进行火灾探测的探测器 | |
| | | 点型一氧化碳火灾探测器 | 对一氧化碳响应的点型火灾探测器 | |
| | 线型光束感烟火灾探测器 | 线型光束感烟火灾探测器 | 应用光束被烟雾粒子吸收而减弱的原理的线型感烟火灾探测器 | 适用标准：GB 14003<br>不包括红外光束入侵探测器 |
| | 电气火灾监控系统 | 电气火灾监控探测器 | 1. 探测被保护线路中的剩余电流、温度等电气火灾危险参数变化的探测器；<br>2. 剩余电流式电气火灾监控探测器、测温式电气火灾监控探测器 | 适用标准：GB 14287.27.3<br>不包括漏电保护器 |
| | | 电气火灾监控设备 | 能接收来自电气火灾监控探测器的报警信号，发出声、光报警信号和控制信号，指示报警部位，记录并保存报警信息的装置 | 适用标准：GB 14287.1 |
| | 火灾显示盘 | 火灾显示盘 | 火灾报警指示设备的一部分。它是接收火灾报警控制器发出的信号，显示发出火警部位或区域，并能发出声光火灾信号的楼层或区域显示盘（显示器） | 适用标准：GB 17429 |
| | 火灾声和 / 或光警报器 | 火灾声光警报器 | 1. 与火灾报警控制器分开设置，火灾情况下能够发出声和 / 或光火灾警报信号的装置；<br>2. 火灾声光警报器、火灾声警报器、火灾光警报器 | 适用标准：GB 26851<br>不包括气体释放警报器、民用警告灯 |

续表

| 产品种类 | 对产品种类的描述 | 产品适用范围 | 对产品适用范围的描述或列举 | 备注 |
|---|---|---|---|---|
| 1. 火灾报警产品 | 火灾报警控制器 | 火灾报警控制器 | 1. 作为火灾自动报警系统的控制中心，能够接收并发出火灾报警信号和故障信号，同时完成相应的显示和控制功能的设备；<br>2. 火灾报警控制器、独立型火灾报警控制器、区域型火灾报警控制器、集中型火灾报警控制器、集中区域兼容型火灾报警控制器、无线火灾报警控制器、火灾报警控制器（联动型） | 适用标准：GB 4717<br>不包括防盗报警控制器 |
| | 消防联动控制系统设备 | 消防联动控制器 | 接收火灾报警控制器或其他火灾触发器件发出的火灾报警信号，根据设定的控制逻辑发出控制信号，控制各类消防设备实现相应功能的控制设备 | 适用标准：GB 16806<br>不包括：<br>1. 非消防电气控制装置；<br>2. 普通广播设备；<br>3. 普通电话；<br>4. 计算机信息显示查询装置；<br>5. 民用电动开门、窗机、防盗电磁门吸；<br>6. 非消防系统用中继模块、控制模块 |
| | | 气体灭火控制器 | 用于控制气体灭火系统的控制器 | |
| | | 消防电气控制装置 | 1. 用于控制各类电动消防设施的控制装置；<br>2. 消防电气控制装置（消防水泵电气控制装置、消防排烟风机电气控制装置、消防电动门窗电气控制装置等） | |
| | | 消防设备应急电源 | 交流电源断电时，能够为各类消防设备供电的电源设备 | |
| | | 消防应急广播设备 | 用于火灾情况下的进行应急广播的设备 | |
| | | 消防电话 | 用于消防控制中心（室）与建筑物中各部位之间通话的电话系统。由消防电话总机、消防电话分机和传输介质构成 | |
| | | 传输设备 | 将火灾报警控制器发出的火灾报警信号传输给火警调度台的设备 | |
| | | 消防控制室图形显示装置 | 消防控制中心安装的用来模拟现场火灾探测器等部件的建筑平面布局，能如实反映现场火灾、故障等状况的显示装置 | |
| | | 消防电动装置 | 1. 电动消防设施的专用驱动、释放装置；<br>2. 消防电动装置（消防电动开窗机）、消防电动装置（消防电动开门机）等 | |
| | | 消火栓按钮 | 用于向消火栓水泵控制器或消防联动控制器发送启动控制信号的按钮 | |
| | | 模块 | 1. 用于控制器和其所连接的受控设备和受控部件之间信号传输的设备；<br>2. 输入模块、输出模块、输入 / 输出模块、中继模块 | |
| | 防火卷帘控制器 | 防火卷帘控制器 | 用于控制防火卷帘的电控设备 | 适用标准：GA 386<br>不包括普通卷帘控制器 |

续表

| 产品种类 | 对产品种类的描述 | 产品适用范围 | 对产品适用范围的描述或列举 | 备注 |
|---|---|---|---|---|
| 2. 消防水带 | 有衬里消防水带 | 有衬里消防水带 | 1. 由各类编织层、衬里（或兼有覆盖层）紧密结合组成的，用于消防供水或输送其他液体灭火剂的消防水带；<br>2. 设计工作压力分别为 0.8 MPa、1.0 MPa、1.3 MPa、1.6 MPa、2.0 MPa、2.5 MPa；<br>3. 内径的公称尺寸分别为 25 mm、40 mm、50 mm、65 mm、80 mm、100 mm、125 mm、150 mm、200 mm、250 mm、300 mm；<br>4. 基本长度分别是 15 m、20 m、25 m、30 m、40 m、60 m、200 m | 1. 适用标准：GB 6246<br>2. 不包括普通农用水带；<br>3. 获证产品的长度允许向下覆盖，长度长的产品规格覆盖长度短的产品规格，如：60m 长度的获证产品包含 60m、40m、30m、25m、20m、15m 长度 |
| | 消防湿水带 | 消防湿水带 | 1. 在一定压力下，能够均匀渗水，使带身湿润，在火场起到保护作用的，用于消防供水或输送其他液体灭火剂的消防水带；<br>2. 设计工作压力分别为 0.8 MPa、1.0 MPa、1.3 MPa、1.6 MPa、2.0 MPa、2.5 MPa；<br>3. 内径的公称尺寸分别为 25 mm、40 mm、50 mm、65 mm、80 mm、100 mm、125 mm、150 mm、200 mm、250 mm、300 mm；<br>4. 基本长度分别是 15 m、20 m、25 m、30 m、40 m、60 m、200 m | |
| | 消防软管卷盘 | 消防软管卷盘 | 1. 由阀门、输入管路、卷盘、软管和喷枪组成，能在迅速展开软管的过程中喷射灭火剂的灭火器具；<br>2. 额定工作压力分别为 0.8 MPa、1.0 MPa、1.6 MPa、2.5 MPa、4.0 MPa；<br>3. 软管内径的公称尺寸分别为 13 mm、16 mm、19 mm、25 mm、32 mm、38 mm；<br>4. 软管长度分别是 15 m、20 m、25 m、30 m、40 m、60 m | 1. 适用标准：GB 15090<br>2. 不包括普通软管卷盘；<br>3. 获证产品的软管长度允许向下覆盖，软管长度长的规格认证产品覆盖软管长度短的产品规格，如：30m 的获证产品包含 30m、25m、20m、15m 长度的消防软管卷盘 |
| 3. 喷水灭火产品 | 水流指示器 | 水流指示器 | 在自动喷水灭火系统中使用，将水流信号转换成电信号的报警装置 | 适用标准：GB 5135.7 |
| | 压力开关 | 压力开关 | 在自动喷水灭火系统中使用，将系统的压力信号转换为电信号的装置 | 适用标准：GB 5135.10 |
| | 喷头 | 洒水喷头 | 在自动喷水灭火系统中使用的控火型洒水喷头，包括开式喷头和闭式喷头 | 适用标准：GB 5135.1 |
| | | 水雾喷头 | 1. 在一定压力作用下将水流分解成直径 1mm 以下的水滴，并按设计洒水形状喷洒水雾的喷头；<br>2. 常见的雾化角有 45°、60°、90°、120°、150° | 适用标准：GB 5135.3 |
| | | 早期抑制快速响应（ESFR）喷头 | 火灾初期可感温快速自动开启并可使一定冲量的水按规定的形状和密度在设计的保护面积上分布，从而早期抑制火灾的灭火型洒水喷头 | 适用标准：GB 5135.9 |

续表

| 产品种类 | 对产品种类的描述 | 产品适用范围 | 对产品适用范围的描述或列举 | 备注 |
|---|---|---|---|---|
| 3. 喷水灭火产品 | 喷头 | 扩大覆盖面积洒水喷头 | 具有比常规洒水喷头更大的特定保护面积的洒水喷头 | 适用标准：GB 5135.12 |
| | | 家用喷头 | 安装在家庭和其他类似居住空间内，在预定的温度范围内自行启动，按设计的洒水形状和流量洒水到设计保护区域内的洒水喷头 | 适用标准：GB 5135.15 |
| | | 水幕喷头 | 用于持续喷水形成水幕帘，对防护物体表面进行保护并形成防火分隔水幕的喷头 | 适用标准：GB 5135.13 |
| | 报警阀 | 湿式报警阀 | 只允许水流入湿式灭火系统并在规定压力、流量下驱动配套部件报警的单向阀 | 适用标准：GB 5135.2 |
| | | 干式报警阀 | 在出口侧充以压缩气体，当气压低于预定值时能使水自动流入喷水系统并进行报警的单向控制阀门 | 适用标准：GB 5135.4 |
| | | 雨淋报警阀 | 通过电动、机械或其他方式开启，使水能够自动单向流入喷水系统，并同时报警的单向控制阀门 | 适用标准：GB 5135.5 |
| | 消防通用阀门 | 消防闸阀 | 用于消防供水和给水管道，能够控制管道开启和封闭的阀门 | 适用标准：GB 5135.6 不包括工业用普通阀门 |
| | | 消防球阀 | | |
| | | 消防蝶阀 | | |
| | | 消防电磁阀 | | |
| | | 消防信号蝶阀 | | |
| | | 消防信号闸阀 | | |
| | | 消防截止阀 | | |
| 4. 灭火剂 | 泡沫灭火剂 | 泡沫灭火剂 | 能够与水混溶并可产生灭火泡沫的灭火剂，如：蛋白泡沫灭火剂、水成膜泡沫灭火剂等 | 适用标准：GB 15308 |
| | 水系灭火剂 | 水系灭火剂 | 由水及相关添加剂组成，一般以液滴或液滴与泡沫混合的形式灭火的灭火剂，如：非发泡型水系灭火剂、发泡型水系灭火剂等 | 适用标准：GB 17835 |
| | 干粉灭火剂 | BC 干粉灭火剂 | 干燥、易于流动并具有灭火效能的微细粉末状灭火剂，适用于扑灭 B/C 类或 A/B/C 类火灾 | 适用标准：GB 4066.1 |
| | | ABC 干粉灭火剂 | | 适用标准：GB 4066.2 |
| | | BC 超细干粉灭火剂 | 90% 粒径小于或等于 $20\mu m$ 固体粉末状灭火剂，适用于扑灭 B/C 类或 A/E/C 类火灾 | 适用标准：GA 578 |
| | | ABC 超细干粉灭火剂 | | |
| | 气体灭火剂 | 二氧化碳灭火剂 | 具有不导电、挥发快、灭火后不留残余物等基本特征的灭火剂 | 适用标准：GB 4396 |
| | | 七氟丙烷 FC227ea）灭火剂 | | 适用标准：GB 18614 |
| | | 惰性气体灭火剂 | | 适用标准：GB 20128 |
| 5. 建筑耐火构件 | 防火窗 | 钢质隔热防火窗 | 1. 隔热防火窗是在规定时间内，能同时满足耐火隔热性和耐火完整性要求的防火窗。<br>2. 隔热防火窗产品与塑钢窗及普通建筑窗户的区别： | |
| | | 木质隔热防火窗 | | |

续表

<table>
<tr><th>产品种类</th><th>对产品种类的描述</th><th>产品适用范围</th><th>对产品适用范围的描述或列举</th><th>备注</th></tr>
<tr><td rowspan="2">5. 建筑耐火构件</td><td rowspan="2">防火窗</td><td>钢木复合隔热防火窗</td><td rowspan="2">（1）关键原材料及配件区别：隔热防火窗使用的玻璃为隔热型防火玻璃，五金配件为耐高温的不燃材料，密封件为防火防烟密封件；塑钢窗和普通建筑窗户使用的玻璃为普通平板玻璃，五金配件未作耐高温和不燃性的要求，密封件未作防火防烟要求；<br>（2）使用功能的不同：防火窗设置在防火墙或防火隔墙上必须开洞口的部位、用于防止火灾蔓延，对于活动式防火窗具备感温自动关闭的功能；<br>（3）性能要求不同：隔热防火窗具备耐火性能、抗风压性能、气密性能、关闭可靠性能、热敏感元件的静态动作温度等性能要求</td><td rowspan="2">适用标准：<br>GB 16809<br>不包括普通塑钢窗及建筑窗</td></tr>
<tr><td>其他材质隔热防火窗</td></tr>
<tr><td rowspan="21">6. 泡沫灭火设备产品</td><td rowspan="4">泡沫混合装置</td><td>压力式比例混合装置</td><td rowspan="4">使泡沫灭火剂与水按规定比例混合的装置</td><td rowspan="21">适用标准：<br>GB 20031</td></tr>
<tr><td>平衡式比例混合装置</td></tr>
<tr><td>管线式比例混合器</td></tr>
<tr><td>环泵式比例混合器</td></tr>
<tr><td rowspan="6">泡沫发生装置</td><td>低倍数空气泡沫产生器</td><td rowspan="6">1. 使空气与泡沫混合液混合并产生一定倍数的空气泡沫的设备；<br>2. 包括但不限于低倍数泡沫产生器、高背压泡沫产生器、中倍数泡沫产生器、高倍数泡沫产生器、泡沫喷头等</td></tr>
<tr><td>高背压泡沫产生器</td></tr>
<tr><td>泡沫钩管</td></tr>
<tr><td>中倍数泡沫产生器</td></tr>
<tr><td>高倍数泡沫产生器</td></tr>
<tr><td>泡沫喷头</td></tr>
<tr><td>泡沫泵</td><td>泡沫泵</td><td>输送泡沫灭火剂的专用泵</td></tr>
<tr><td rowspan="6">专用阀门及附件</td><td>泡沫消火栓</td><td rowspan="6">泡沫灭火装置的专用阀门及相关附件</td></tr>
<tr><td>连接软管</td></tr>
<tr><td>单向阀</td></tr>
<tr><td>安全阀</td></tr>
<tr><td>控制阀门</td></tr>
<tr><td>过滤器</td></tr>
<tr><td rowspan="2">泡沫喷射装置</td><td>泡沫炮</td><td rowspan="2">使泡沫灭火剂按照设计的参数喷射的装置</td></tr>
<tr><td>泡沫枪</td></tr>
<tr><td>泡沫消火栓箱</td><td>泡沫消火栓箱</td><td>具有储存泡沫灭火剂并产生空气泡沫功能的箱状固定式专用装置</td></tr>
<tr><td>轻便式泡沫灭火装置</td><td>半固定式（轻便式）泡沫灭火装置</td><td>具有储存泡沫液并产生空气泡沫功能的单元式泡沫灭火装置</td></tr>
<tr><td>闭式泡沫－水喷淋装置</td><td>闭式泡沫－水喷淋装置</td><td>使用热敏感元件的闭式喷淋头（如洒水喷头）的泡沫－水喷淋装置，当热敏感元件动作后，泡沫或水直接喷洒到保护区内</td></tr>
<tr><td>7. 消防装备产品</td><td>正压式消防空气呼吸器</td><td>正压式消防空气呼吸器</td><td>1. 消防队员和抢险救护人员进行灭火战斗或抢险救援时，为防止吸入对人体有害的毒气、烟雾、悬浮于空气中的有害污染物或在缺氧环境中使用的呼吸保护装具；<br>2. 气瓶额定工作压力：30 MPa；<br>3. 气瓶公称容积：2 L、3 L、4.7 L、6.8 L、6.9 L、9 L、12 L</td><td>适用标准：<br>GA 124；<br>不包括非消防用防毒面具</td></tr>
</table>

续表

| 十九、安全防范产品（5种） | | | | |
|---|---|---|---|---|
| 产品种类 | 产品分类 | 产品适用范围 | 对产品适用范围的描述或列举 | 备注 |
| 1. 入侵探测器 | 对入侵或企图入侵或用户的故意操作作出响应以产生报警状态的装置 | 主动红外入侵探测器 | 1. 当发射机与接收机之间的红外辐射光束被完全遮断或按给定的百分比被部分遮断时能产生报警状态的探测装置。一般应由红外发射机与红外接收机组成。<br>2. 包括主动红外入侵探测器、主动红外护栏，以及主动红外入侵探测器与其他设备集成的产品 | 适用标准：<br>GB 10408.1<br>GB 10408.4<br>GB 16796 |
| | | 室内用被动红外探测器 | 1. 由于人在室内探测器覆盖区域内移动引起接收到的红外辐射电平变化而产生报警状态的一种探测器。一般应有一个或多个传感器和一个处理器组成<br>2. 包括被动红外入侵探测器、被动红外入侵探测器与其他设备集成的产品 | 适用标准：<br>GB 10408.1<br>GB 10408.5<br>GB 16796 |
| | | 室内用微波多普勒探测器 | 1. 由于人体移动使反射的微波辐射频率发生变化而产生报警状态的一种探测器。一般应有一个或多个传感器和一个信号处理器组成。<br>2. 包括被微波多普勒探测器、微波多普勒探测器与其他设备集成的产品 | 适用标准：<br>GB 10408.1<br>GB 10408.3<br>GB 16796 |
| | | 微波和被动红外复合入侵探测器 | 1. 将微波和被动红外两种单元组合于一体，且当两者都感应到人体的移动，同时都处于报警状态时才发出报警信号的装置。一般应由微波单元、被动红外单元和信号处理器组成，并应装在同一机壳内。<br>2. 包括微波和被动红外复合入侵探测器、微波和被动红外复合入侵探测器与其他设备集成的产品 | 适用标准：<br>GB 10408.1<br>GB 10408.6<br>GB 16796 |
| | | 振动入侵探测器 | 1. 在探测范围内能对入侵者引起的机械振动（冲击）产生报警信号的装置。一般应有振动传感器、适调放大器和触发器组成。<br>2. 包括振动入侵探测器、振动入侵探测器与其他设备集成的产品 | 适用标准：<br>GB 10408.1<br>GB/T 10408.8<br>GB 16796 |
| | | 室内用被动式玻璃破碎探测器 | 1. 安装在玻璃防护区域内，能对玻璃破碎时通过玻璃传送的冲击波做出响应的探测装置。一般应有一个或多个传感器和一个信号处理器组成。<br>2. 包括被动式玻璃破碎探测器、被动式玻璃破碎探测器与其他设备集成的产品 | 适用标准：<br>GB 10408.1<br>GB 10408.9<br>GB 16796 |
| | | 磁开关入侵探测器 | 1. 磁开关是由开关盒和磁铁盒构成，当磁铁盒相对于开关盒移开至一定距离时，能引起开关状态的变化，控制有关电路而发出报警信号的探测装置。<br>2. 包括磁开关入侵探测器、磁开关入侵探测器与其他设备集成的产品 | 适用标准：<br>GB 10408.1<br>GB 15209<br>GB 16796 |
| 2. 防盗报警控制器 | 在入侵报警系统中实施设置警戒、解除警戒、判断、测试、指示、传送报警信息以及完成某些控制功能的设备 | 防盗报警控制器 | 本地报警的防盗报警控制器、异地报警的防盗报警控制器、无线传输防盗报警控制器、安全技术防范集成系统中具备入侵报警功能的防盗报警控制器、防盗报警控制器与其他设备集成的防盗报警产品 | 适用标准：<br>GB 12663 |
| 3. 汽车防盗报警系统 | 汽车防盗报警系统是指在设置警戒状态下对未经许可打开任何车门、行李厢门、前盖或发动机仓盖的行为实施探测、发出告警信号并能止动车辆的报警系统 | 汽车防盗报警系统 | 车辆防盗报警系统 | 适用标准：<br>GB 20816 |
| | | | 带有汽车反劫防盗联网报警功能的车辆防盗报警系统 | 适用标准：<br>GB 20816<br>GA/T 553 |

续表

| 产品种类 | 对产品种类的描述 | 产品适用范围 | 对产品适用范围的描述或列举 | 备注 |
|---|---|---|---|---|
| 4. 防盗保险柜 | 在规定时间内抵抗规定条件下非正常进入装有机械、电子锁具的柜体 | 防盗保险柜 | 1. 防盗保险柜；<br>2. 制造方承诺具有防盗功能并附加其他功能的柜，如ATM机用防盗保险柜、宾馆用防盗保险柜、防盗枪柜、投入式保险柜等 | 适用标准：GB 10409 |
| 5. 防盗保险箱 | 在规定时间内抵抗规定条件下非正常进入装有机械、电子锁具的箱体 | 防盗保险箱 | 1. 防盗保险箱；<br>2. 制造方承诺具有防盗功能并附加其他功能的箱，如宾馆用防盗保险箱、投入式防盗保险箱、墙壁嵌入式防盗保险箱及银行专用防盗保险箱等 | 适用标准：GA 166 |

二十、无线局域网产品（1种）

| 产品种类 | 对产品种类的描述 | 产品适用范围 | 对产品适用范围的描述或列举 | 备注 |
|---|---|---|---|---|
| 1. 无线局域网产品 | 具有无线局域网鉴别与保密功能（WAPI）的无线局域网产品、设备，工作频段通常为2.4 GHz、5.8 GHz等 | 无线局域网产品 | 1. 独立的无线局域网设备，如无线接入点、无线网络适配器、无线网桥、无线路由器、无线网关、无线鉴别服务器、包含鉴别功能的无线访问控制服务器等和其他设备；<br>2. 集成或内置了无线局域网设备的产品，如PC机、笔记本、PDA、数码相机及摄像机、绘图仪、投影仪、扫描仪、复印机、打印机、电视机、DVD，电冰箱等和其他设备）；<br>3. 提供无线局域网鉴别与保密功能（WAPI）的软件产品 | 1. 不区分使用场所和电压；<br>2. 根据国家质检总局、标准委、认监委2004年44号联合公告，该产品强制性认证的强制实施时间后延 |

二十一、装饰装修产品（3种）

| 产品种类 | 对产品种类的描述 | 产品适用范围 | 对产品适用范围的描述或列举 | 备注 |
|---|---|---|---|---|
| 1. 溶剂型木器涂料 | 适用于室内装饰装修和工厂化涂装用聚氨酯类、硝基类和醇酸类溶剂型木器涂料（包括底漆和面漆） | 硝基类涂料 | 由硝酸和硫酸的混合物与纤维素酯化反应制的硝酸纤维素为主要成膜物质的一类涂料 | 适用标准：GB 18581<br>不包括辐射固化涂料和不饱和聚酯腻子、木器用溶剂型腻子 |
| | | 醇酸类涂料 | 由多元酸、脂肪酸（或植物油）与多元醇缩聚制得的醇酸树脂为主要成膜物质的一类涂料 | |
| | | 聚氨酯类涂料 | 由多异氰酸酯与含活性氢的化合物反应而成的聚氨（基甲酸）酯树脂为主要成膜物质的一类涂料 | |
| 2. 瓷质砖 | 1. 用于建筑物装修用的吸水率平均值$E \leqslant 0.5\%$的陶瓷砖；<br>2. 符合GB/T 4100附录G要求 | 瓷质砖 | 瓷质砖根据其放射性水平可被认证为：<br>1.A类：使用范围不受限制；<br>2.B类：不可用于住宅、老年公寓、托儿所、医院和学校等I类民用建筑的内饰面，但可用于I类民用建筑的外饰面和其他一切建筑物的内、外饰面 | 适用标准：GB 6566 |
| 3. 混凝土防冻剂 | 1. 能使混凝土在负温下硬化，并在规定养护条件下达到预期性能的具有室内使用功能的建筑用混凝土外加剂；<br>2. 符合JC 475要求 | 混凝土防冻剂 | 按其成分可分为强电解质无机盐类（氯盐类、氯盐阻锈类、无氯盐类）、水溶性有机化合物类、有机化合物与无机盐复合类、复合型防冻剂 | 适用标准：GB 18588<br>不包括桥梁、公路及其他室外工程用混凝土防冻剂 |

续表

<table>
<tr><td colspan="5">二十二、玩具类产品（6 种）</td></tr>
<tr><th>产品种类</th><th>产品分类</th><th>产品适用范围</th><th>对产品适用范围的描述或列举</th><th>备注</th></tr>
<tr><td rowspan="8">1. 童车类产品</td><td rowspan="8">设计或预定供儿童乘骑玩耍的童车类产品</td><td>儿童自行车</td><td>1. 适用于四岁至八岁的儿童骑行；<br>2. 鞍座的最大高度大于 435mm 而小于 635mm；<br>3. 仅借儿童的人力，通过传动机构驱动后轮的两轮车辆；<br>4. 例如：12 寸、14 寸、16 寸轮径的儿童自行车等</td><td>适用标准：<br>GB 14746<br>不包括特技骑行的自行车</td></tr>
<tr><td>儿童三轮车</td><td>1. 各车轮与地面接触点呈三角形或梯形，如为梯形则窄轮距宽度应小于宽轮距的一半；<br>2. 可承载一名或多名儿童，且仅靠人力脚蹬驱动前轮而行驶的车辆；<br>3. 例如：单人三轮车、双人三轮车、推骑两用三轮车等</td><td>适用标准：<br>GB 14747<br>不包括玩具三轮车或设计用于其他特殊目的三轮车（如游乐三轮车）</td></tr>
<tr><td>儿童推车</td><td>1. 预定运载一名或多名儿童，由人工推行的可调节或不可调节的轮式车辆；<br>2. 例如：卧式推车、坐式推车、坐卧两用推车、多用途推车等</td><td>适用标准：<br>GB 14748<br>不包括玩具推车或设计用于其他特殊用途推车</td></tr>
<tr><td>婴儿学步车</td><td>1. 有能在脚轮上运转的框架；<br>2. 婴儿在车内就座后，可以借助框架的支撑、用脚驱动进行任意方向活动的车辆；<br>3. 例如：X 型框架、圆形框架、折叠式框架和可调节弹性框架等结构形式的婴儿学步车</td><td>适用标准：<br>GB 14749<br>不包括医疗用学步车以及气垫支撑婴儿的学步车</td></tr>
<tr><td>玩具自行车</td><td>1. 鞍座的最大高度小于或等于 435mm；<br>2. 仅以儿童的人力，主要是借助于脚踏板来驱动的两轮车；<br>3. 例如：带有平衡轮、不带有平衡轮的各种款式、轮径的玩具自行车</td><td>适用标准：<br>GB 6675</td></tr>
<tr><td>电动童车</td><td>1. 由儿童驾驶、以直流电为能源驱动的车辆；<br>2. 例如：各种款式的两轮、三轮、四轮电动童车等</td><td>适用标准：<br>GB 6675<br>GB 19865(不包括第 20 章）</td></tr>
<tr><td>其他玩具车辆</td><td>1. 除上述车辆外、由儿童自身力量驱动、预定承载儿童体重的其他车辆；<br>2. 例如：扭扭车等</td><td>适用标准：<br>GB 6675<br>不包括滑板车</td></tr>
<tr style="display:none"></tr>
<tr><td rowspan="3">2. 电玩具类产品</td><td rowspan="3">设计或预定供 14 岁以下儿童玩耍的、至少有一种玩耍功能需要使用额定电压小于或等于 24V 的玩具产品</td><td>电动玩具</td><td>1. 无论何种材料的由电能驱动实现各种动作为主要玩耍功能的玩具；<br>2. 例如：无线遥控玩具，线控玩具、声控玩具、红外遥控玩具、开关控制玩具等，包括软体填充带电玩具</td><td rowspan="3">适用标准：<br>GB 6675<br>GB 19865(不包括第 20 章）<br>不包括变压器和电池充电器</td></tr>
<tr><td>视频玩具</td><td>1. 无论何种材料的带有视频屏幕、或可外接视频屏幕，通过儿童操作玩耍的玩具；<br>2. 例如：电子游戏玩具、视频学习机玩具等</td></tr>
<tr><td>声光玩具</td><td>无论何种材料的由电能发声 / 发光为主要玩耍功能的玩具。<br>例如：电子琴、语音枪、八音盒等，包括软体填充带电玩具</td></tr>
</table>

续表

| 产品种类 | 对产品种类的描述 | 产品适用范围 | 对产品适用范围的描述或列举 | 备注 |
|---|---|---|---|---|
| 3. 塑胶玩具类产品 | 设计或预定供 14 岁以下儿童玩耍的、玩具主体或主要玩耍部分由塑胶制成的，非预定承载儿童体重的非电玩具产品 | 静态塑胶玩具 | 1. 不含任何驱动机芯的塑胶玩具；<br>2. 例如：拼插玩具、手持玩具、玩偶（公仔、车仔）、拖拉玩具、积木玩具等 | 适用标准：<br>GB 6675<br>不包括充气玩具、口动玩具、类似文具玩具、水上玩具等 |
| | | 机动塑胶玩具 | 1. 带有非电的驱动机芯的塑胶玩具；<br>2. 例如：装有发条机芯、惯性机芯各种款式的塑胶玩具 | |
| 4. 金属玩具类产品 | 设计或预定供 14 岁以下儿童玩耍的、玩具主体或主要玩耍部分由金属材料制成的，非预定承载儿童体重的非电玩具产品 | 静态金属玩具 | 1. 不含任何驱动机芯的金属玩具；<br>2. 例如：金属小车等各类金属玩具 | 适用标准：<br>GB 6675<br>不包括类似文具玩具、口动玩具等 |
| | | 机动金属玩具 | 1. 带有非电的驱动机芯的金属玩具；<br>2. 例如：装有发条机芯、惯性机芯各种款式的金属玩具 | |
| 5. 弹射玩具类产品 | 设计或预定供 14 岁以下儿童玩耍的，各种材质的通过可贮存和释放能量的弹射机构发射弹射物的蓄能弹射玩具和由儿童给予的能量发射弹射物的非蓄能弹射玩具的玩具产品 | 弹射玩具 | 1. 通过可贮存和释放能量的弹射机构发射弹射物的蓄能弹射玩具；<br>2. 由儿童给予的能量发射弹射物的非蓄能弹射玩具；<br>3. 例如：玩具弹射枪、玩具弓箭、玩具飞镖等 | 适用标准：<br>GB 6675<br>不包括投石器、弹弓、带有金属尖头的飞镖或标枪、气压和气动汽枪和汽手枪、弓弦的最大松弛长度大于 120cm 的弓箭装置 |
| 6. 娃娃玩具类产品 | 设计或预定供 14 岁以下儿童玩耍的、至少头部和四肢由非纺织物材质的聚合材料制成，并带有服装或身体由软性材料填充的非电的婴儿娃娃或人物娃娃玩具产品 | 娃娃玩具 | 1. 至少头部和四肢完全由非纺织物材质的的聚合材料制成，并带有服装或身体由软性材料填充的非电的婴儿娃娃或人物娃娃玩具；<br>2. 供手持或搂抱的人物娃娃。<br>3. 例如：独立包装的人物娃娃，带有各种服装、饰品或配件的套装娃娃等 | 适用标准：<br>GB 6675<br>不包括不带电的软体填充玩具 |

# 国家认监委关于世界认证服务（中国）有限公司非法开展认证活动的公告

2012 年第 31 号

经查证，世界认证服务（中国）有限公司［World Certification Services （CN） Ltd, 简写为 WCS］未经国家认监委批准，擅自在中国境内从事认证活动并颁发质量管理体系认证证书。其行为违反了《中华人民共和国认证认可条例》的规定，属非法认证，所颁发认证证书均属无效。

国家认监委提醒社会各界，选择经国家批准的合法认证机构提供认证服务。合法的认证机构名录可从国家认监委官方网站查询。欢迎各认证申请单位在申请认证的同时，也对认证机构的资质及其行为进行监督。发现非法从事认证活动的机构，可向所在地出入境检验检疫局、质量技术监督局或国家认监委举报，共同维护我国认证市场的健康发展。

特此公告。

二〇一二年十二月十九日

# 国家认监委关于注销东北认证有限公司部分认证业务范围的公告

2012 年第 32 号

东北认证有限公司是 2002 年经国家认监委批准设立的认证机构（批准号：CNCA-R-2002-010），《认证机构批准书》有效期至 2014 年 12 月 10 日。根据该机构申请并经进一步审查，其已获批准的乳制品生产企业危害分析与关键控制点（HACCP）体系和乳制品生产企业良好生产规范（GMP）两个领域的专职认证人员数量已不能满足《中华人民共和国认证认可条例》第十条的规定。

经研究决定，自公告发布之日起注销东北认证有限公司乳制品生产企业危害分析与关键控制点（HACCP）体系和乳制品生产企业良好生产规范（GMP）两个领域的认证业务范围。请持有东北认证有限公司上述两个领域有效认证证书的组织，按照自愿原则选择其他经国家认监委批准的具有相关认证业务资质的认证机构转换认证证书。

特此公告。

二〇一二年十二月二十四日

# 国家认监委关于强制性产品认证实施机构指定/调整决定的公告

2012年第35号

根据《中华人民共和国认证认可条例》、《强制性产品认证机构、检查机构和实验室管理办法》（国家质检总局第65号令）、《强制性产品认证管理规定》（国家质检总局第117号令）和国家认监委2012年25号公告（以下简称25号公告）的相关要求和规定，经专家委员会评审，现将25号公告的指定/调整决定予以公告（详见附件）。

附件：强制性产品认证实施机构指定/调整决定

二〇一二年十二月二十八日

**附件：**

强制性产品认证实施机构指定/调整决定
（根据国家认监委2012年25号公告指定/调整）

## 一、认证机构

| 序号 | 指定认证机构名称 | 指定认证机构地址 | 指定业务领域 | | 指定业务地域 | 联系方式 |
|---|---|---|---|---|---|---|
| | | | 实施规则号 | 产品名称 | | |
| 1 | 方圆标志认证集团有限公司 | 北京市海淀区增光路33号 | CNCA-01C-010 | 低压成套开关设备 | 国内外 | 联系人：郑深<br>电话：010-88411888-558<br>传真：010-68437171<br>E-mail：Zhengs@cqm.com.cn<br>网址：www.cqm.com.cn<br>邮编：100048 |
| 2 | 广东质检中诚认证有限公司 | 广州市海珠区新港东路海诚西街7号三楼自编301 | CNCA-01C-011 | 开关和控制设备类产品 | 国内外 | 联系人：李晞晖<br>电话：020-89232678<br>传真：020-89232078<br>E-mail：1481910989@qq.com<br>网址：www.qtctc.org<br>邮编：510330 |
| 3 | 广东质检中诚认证有限公司 | 广州市海珠区新港东路海诚西街7号三楼自编301 | CNCA-01C-012 | 整机保护设备类产品 | 国内外 | 联系人：李晞晖<br>电话：020-89232678<br>传真：020-89232078<br>E-mail：1481910989@qq.com<br>网址：www.qtctc.org<br>邮编：510330 |

续表

| 序号 | 指定认证机构名称 | 指定认证机构地址 | 指定业务领域 | | 指定业务地域 | 联系方式 |
|---|---|---|---|---|---|---|
| | | | 实施规则号 | 产品名称 | | |
| 4 | 北京赛西认证有限责任公司 | 北京市安定门东大街1号 | CNCA-01C-017 | 音视频设备 | 国内外 | 联系人：王凌<br>电话：010-84029743<br>传真：010-64061162<br>E-mail：wangling@cesi.ac.cn<br>网址：www.cc.cesi.cn<br>邮编：100007 |
| 5 | 中国信息安全认证中心 | 北京市朝阳区朝外大街甲10号中认大厦 | CNCA-01C-020 | 信息技术设备 | 国内外 | 联系人：布宁<br>电话：010-65994330<br>传真：010-65994271<br>E-mail：buning@isccc.gov.cn<br>网址：www.isccc.gov.cn<br>邮编：100020 |

## 二、实验室

| 序号 | 指定业务领域 | | 指定业务地域 | 指定实验室名称 | 指定实验室检测地址及联系方式 | 备注 |
|---|---|---|---|---|---|---|
| | 实施规则号 | 产品名称 | | | | |
| 1 | CNCA-01C-001 | 电线组件 | 江苏 | — | — | 无符合指定要求的实验室 |
| 2 | CNCA-01C-004 | 家用和类似用途固定式电气装置的开关 | 江苏 | 苏州市产品质量监督检验所 | 江苏省苏州市吴中区吴中大道1368号B楼<br>联系人：陈兴慧<br>电话：0512-65137116<br>传真：0512-65137116<br>E-mail：chenxinghui72@sina.com<br>网址：www.szzjzx.cn<br>邮编：215104 | |
| | | | 深圳 | — | — | 无符合指定要求的实验室 |
| 3 | CNCA-01C-005 | 工业用插头插座和耦合器 | 广东 | 广东产品质量监督检验研究院 | 广东省广州市海珠区新港东路海诚东街6号<br>联系人：沈小华<br>电话：020-89232263<br>传真：020-89232825<br>E-mail：tz@gqi.org.cn<br>网址：www.gqi.org.cn<br>邮编：510330 | |
| | | | 上海<br>浙江<br>江苏<br>安徽 | 上海电气器具检验测试所 | 上海市宝庆路10号<br>联系人：潘顺芳<br>电话：021-54314863<br>传真：021-54339515<br>E-mail：tiet@tiet.org<br>网址：www.tiet.org<br>邮编：200031 | |

续表

| 序号 | 指定业务领域 | | 指定业务地域 | 指定实验室名称 | 指定实验室检测地址及联系方式 | 备注 |
|---|---|---|---|---|---|---|
| | 实施规则号 | 产品名称 | | | | |
| 4 | CNCA-01C-008 | 家用和类似用途固定式电气装置电器附件安装盒和外壳 | 上海<br>浙江<br>江苏<br>安徽 | 上海市质量监督检验技术研究院 | 上海市徐汇区苍梧路381号<br>联系人：俞毅敏<br>电话：021-64331823<br>传真：021-64312574<br>E-mail：dzs@sqi.com.cn<br>网址：www.sqi.org.cn<br>邮编：200233 | |
| 5 | CNCA-01C-009 | 小型熔断器的管状熔断体 | 华北<br>东北<br>西北<br>山东 | 中国家用电器检测所 | 北京市经济技术开发区博兴八路3号<br>联系人：吴尚杰<br>电话：010-58083606<br>传真：010-58083806<br>E-mail：wusj@cheari.com<br>网址：www.cheari.com<br>邮编：100176 | 法人单位：中国家用电器研究院 |
| 6 | CNCA-01C-010 | 低压成套开关设备 | 西南 | — | — | 无符合指定要求的实验室 |
| 7 | CNCA-01C-011 | 开关和控制设备类产品 | 浙江 | 浙江省机电产品质量检测所 | 浙江省杭州市拱墅区储鑫路17号<br>联系人：杜量<br>电话：0571-88023690<br>传真：0571-88027861<br>E-mail：liangd298@163.com<br>网址：www.zjjdjc.com.cn<br>邮编：310015 | 实施规则中除接近开关外的其他产品 |
| 8 | CNCA-01C-012 | 整机保护设备类产品 | 浙江 | 浙江省机电产品质量检测所 | 浙江省杭州市拱墅区储鑫路17号<br>联系人：杜量<br>电话：0571-88023690<br>传真：0571-88027861<br>E-mail：liangd298@163.com<br>网址：www.zjjdjc.com.cn<br>邮编：310015 | 仅限于MCB（仅限交流产品）、RCCB、RCBO、PRCD、剩余电流动作继电器 |
| 9 | CNCA-01C-015 | 电焊机 | 国内外 | 成都三方电气有限公司 | 四川省成都市东三环路二段龙潭工业区航天路24号<br>联系人：邢军<br>电话：028-84216623<br>传真：028-84216690<br>E-mail：xingj@cdsfe.com<br>网址：www.cdsfe.com<br>邮编：610052 | |

续表

| 序号 | 指定业务领域 | | 指定业务地域 | 指定实验室名称 | 指定实验室检测地址及联系方式 | 备注 |
|---|---|---|---|---|---|---|
| | 实施规则号 | 产品名称 | | | | |
| 10 | CNCA-01C-016 | 家用电冰箱和食品冷冻箱 | 江苏 | 江苏出入境检验检疫局机电产品检测中心 | 江苏省无锡市惠山区堰新路328号<br>联系人：赵介军<br>电话：0510-88219787<br>传真：0510-83583539<br>E-mail：zhaojiejunciq@126.com<br>网址：www.jsmetc.com<br>邮编：214174 | |
| | | | 安徽 | 安徽省产品质量监督检验研究院 | 安徽省合肥市包河工业园区延安路13号<br>联系人：巫绪康<br>电话：0551-63356315<br>传真：0551-63356281<br>E-mail：wuxvkang@126.com<br>网址：www.ahzjy.org.cn<br>邮编：230051 | |
| | | 家用电动洗衣机 | 广东 | 广东产品质量监督检验研究院 | 广东省广州市海珠区新港东路海诚东街6号<br>联系人：沈小华<br>电话：020-89232263<br>传真：020-89232825<br>E-mail：tz@gqi.org.cn<br>网址：www.gqi.org.cn<br>邮编：510330 | |
| | | | 安徽 | 安徽省产品质量监督检验研究院 | 安徽省合肥市包河工业园区延安路13号<br>联系人：巫绪康<br>电话：0551-63356315<br>传真：0551-63356281<br>E-mail：wuxvkang@126.com<br>网址：www.ahzjy.org.cn<br>邮编：230051 | |
| | | | 重庆 | 重庆市电子电器商品质量监督检验站 | 重庆市渝中区嘉陵江嘉滨路151号（一号桥）<br>联系人：张文<br>电话：023-63724062<br>传真：023-63521360<br>E-mail：cqzjzx@cqlab.net<br>网址：www.cccq.org<br>邮编：400010 | 法人单位：重庆商社（集团）有限公司 |
| | | 电热水器 | 安徽 | 合肥通用机电产品检测院有限公司 | 安徽省合肥市长江西路888号<br>联系人：李道平<br>电话：0551-65316828<br>传真：0551-65325105<br>E-mail：lidaop@yahoo.com.cn<br>网址：www.gmpicn.com<br>邮编：230031 | |
| | | 电风扇、贮水式电热水器、快热式电热水器、真空吸尘器、电灶、灶台、烤炉和类似器具、微波炉、电饭锅 | 深圳 | 深圳市计量质量检测科学研究院 | 深圳市南山区龙珠大道中段计量质检院大楼<br>联系人：骆红<br>电话：0755-26941520<br>传真：0755-26941608<br>E-mail：tech@smq.com.cn<br>网址：www.smq.com.cn<br>邮编：518055 | |

续表

| 序号 | 指定业务领域 | | 指定业务地域 | 指定实验室名称 | 指定实验室检测地址及联系方式 | 备注 |
|---|---|---|---|---|---|---|
| | 实施规则号 | 产品名称 | | | | |
| 11 | CNCA-01C-020 | 微型计算机、便携式计算机 | 重庆 | 重庆市计量质量检测研究院 | 重庆市渝北区杨柳北路1号<br>联系人：李立<br>电话：023-67952724<br>传真：023-67951136<br>E-mail：lili@cqjz.com.cn<br>网址：www.cqjz.com.cn<br>邮编：401123 | |
| | | 电源适配器充电器 | 浙江 | 浙江科正电子信息产品检验有限公司（国家电子计算机外部设备质量监督检验中心） | 浙江省杭州市马塍路36号<br>联系人：蔡方明<br>电话：0571-88366802<br>传真：0571-88366821<br>E-mail：cfm@chinacptc.net<br>网址：www.chinacptc.net<br>邮编：310012 | |
| 12 | CNCA-01C-022 | 灯具 | 江苏 | 扬州光电产品检测中心 | 江苏省扬州市开发西路10号<br>联系人：刘炘/赵文<br>电话：0514-87862465<br>传真：0514-87885882<br>E-mail：liux1965@126.com<br>zen3306@hotmail.com<br>网址：www.china-yot.com<br>邮编：225009 | 仅限于固定式通用灯具、嵌入式灯具、可移式通用灯具 |
| | | 灯具 | 厦门 | 厦门市产品质量监督检验院（国家半导体发光器件（LED）应用产品监督检验中心） | 福建省厦门市翔安产业区翔星路88号育成中心<br>联系人：傅诺毅<br>电话：0592-2699790<br>传真：0592-2699700<br>E-mail：funuoyi@126.com<br>邮编：361000 | 仅限于固定式通用灯具、嵌入式灯具、可移式通用灯具、儿童用可移式灯具（以上四种产品不做高强度气体放电灯） |
| | | 照明电器 | 广东 | 中检集团南方电子产品测试（深圳）有限公司 | 广东省深圳市南山区西丽街道西里工业区石鼓东28、29栋<br>联系人：吴立安<br>电话：0755-26627966<br>传真：0755-26628013<br>E-mail：wla@ccic-set.com<br>网址：www.ccic-set.com<br>邮编：518055 | |
| | | | | 广东省中山市质量计量监督检测所［国家灯具质量监督检验中心（中山）］ | 广东省中山市东区博爱六路48号<br>联系人：彭振坚<br>电话：0760-88320103<br>传真：0760-88381175<br>E-mail：13392928868@126.com<br>网址：www.nlqst.com<br>邮编：528403 | |

续表

| 序号 | 指定业务领域 | | 指定业务地域 | 指定实验室名称 | 指定实验室检测地址及联系方式 | 备注 |
|---|---|---|---|---|---|---|
| | 实施规则号 | 产品名称 | | | | |
| 13 | CNCA-07C-031 | 移动用户终端 | 广东 | 工业和信息化部电子第五研究所/中国赛宝实验室/中国电子产品可靠性与环境试验研究所 | 广州市天河区东莞庄路110号<br>联系人：杨林<br>电话：020-85131105<br>传真：020-87236171<br>E-mail：lynny@ceprei.biz<br>网址：www.ceprei.com<br>邮编：510610 | |
| | | | | 深圳市计量质量检测科学研究院 | 深圳市南山区龙珠大道中段计量质检院大楼<br>联系人：骆红<br>电话：0755-26941520<br>传真：0755-26941608<br>E-mail：tech@smq.com.cn<br>网址：www.smq.com.cn<br>邮编：518055 | |
| | | | | 广东省通讯终端产品质量监督检验中心 | 广东省河源市高新技术开发区科技大道<br>联系人：骆建<br>电话：0762-3607181<br>传真：0762-3603336<br>E-mail：hzljian@sina.com<br>网址：www.ncct.org.cn<br>邮编：517001 | |
| | | | 天津 | — | — | 无符合指定要求的实验室 |
| 14 | CNCA-02C-023 | 汽车（仅限M2、M3类汽车） | 国内 | — | — | 无符合指定要求的实验室 |
| | | 汽车（仅限专用汽车） | 湖南、湖北 | 武汉华威专用汽车检测有限责任公司/机械工业专用汽车产品质量检测中心 | 湖北省武汉经济技术开发区沌阳大道318号<br>联系人：王维<br>电话：027-84298086、13647200727<br>传真：027-84298053<br>E-mail：wangwei@catarc.ac.cn<br>网址：www.chinaspv.org.cn<br>邮编：420056 | |
| 15 | CNCA-02C-024 | 摩托车 | 广东 | 广东省江门市质量计量监督检测所/国家摩托车及配件质量监督检验中心（广东） | 广东省江门市建设三路48号质监局大院<br>联系人：区长胜<br>电话：0750-3286027、13709617181<br>传真：0750-3286125<br>E-mail：ozhsh@163.com<br>网址：www.cnmtcgd.com<br>邮编：529000 | |
| | | 摩托车（仅限电动摩托车） | 江苏 | 无锡市产品质量监督检验中心/国家轻型电动车及电池产品质量监督检验中心 | 江苏省无锡市东亭春新东路8号<br>联系人：黄晓东<br>电话：0510-88205836、18961779006<br>传真：0510-88204261<br>E-mail：huangkd@wxzjs.com<br>网址：www.wxzjs.com<br>邮编：214101 | |

续表

| 序号 | 指定业务领域 | | 指定业务地域 | 指定实验室名称 | 指定实验室检测地址及联系方式 | 备注 |
|---|---|---|---|---|---|---|
| | 实施规则号 | 产品名称 | | | | |
| 16 | CNCA-02C-026 | 汽车安全带 | 国内 | 北京中汽寰宇机动车检验中心有限公司 | 北京市大兴区北臧村镇天荣街32号<br>联系人：杨新影<br>电话：010-60273218、13911651276<br>传真：010-60279702<br>E-mail：lab@cccap.org.cn<br>网址：www.cccap.org.cn<br>邮编：102609 | |
| | | | | 江苏出入境检验检疫局机电产品检测中心 | 江苏省无锡市惠山区堰新路328号<br>联系人：赵介军<br>电话：0510-88219787<br>传真：0510-83583539<br>E-mail：zhaojiejunciq@126.com<br>网址：www.jsmetc.com<br>邮编：214174 | |
| 17 | CNCA-03C-027 | 汽车轮胎 | 广东<br>广西<br>海南 | 广州橡胶工业制品研究所有限公司检测中心/化学工业力车胎质量监督检验中心 | 广州市海珠区工业大道中270号<br>联系人：赵艳芬<br>电话：020-84351770、84340049<br>传真：020-84128611<br>E-mail：jian-ce@sohu.com<br>网址：www.xjyjs.com<br>邮编：510280 | 法人单位：广州橡胶工业制品研究所有限公司 |
| | | | 华北 | 天津汽车检测中心/国家轿车质量监督检验中心 | 天津市程林庄道天山路口<br>联系人：王阳<br>电话：022-84379689<br>传真：022-84379662<br>E-mail：wangyang@catarc.ac.cn<br>网址：www.tatc.com.cn<br>邮编：300162 | |
| 18 | CNCA-04C-028 | 建筑安全玻璃 | 重庆 | 重庆市计量质量检测研究院 | 重庆市渝北区杨柳北路1号<br>联系人：李立<br>电话：023-67952724<br>传真：023-67951136<br>E-mail：lili@cqjz.com.cn<br>网址：www.cqjz.com.cn<br>邮编：401123 | |
| | | | 上海 | 上海市质量监督检验技术研究院 | 上海市徐汇区苍梧路381号<br>联系人：章若红<br>电话：021-54336268<br>传真：021-54336263<br>E-mail：zhangrh@sqi.org.cn<br>网址：www.sqi.com.cn<br>邮编：200233 | |
| 19 | CNCA-12C-050 | 瓷质砖 | 山东 | 国家陶瓷与耐火材料产品质量监督检验中心 | 山东省淄博市张店区昌国西路88号<br>联系人：林晓慧<br>电话：0533-2858006<br>传真：0533-2858060<br>E-mail：lxh1038@163.com<br>网址：www.nicrc.cn<br>邮编：255063 | 法人单位：淄博市产品质量监督检验所 |

续表

<table>
<tr><th rowspan="2">序号</th><th colspan="2">指定业务领域</th><th rowspan="2">指定业务地域</th><th rowspan="2">指定实验室名称</th><th rowspan="2">指定实验室检测地址及联系方式</th><th rowspan="2">备注</th></tr>
<tr><th>实施规则号</th><th>产品名称</th></tr>
<tr><td>20</td><td>CNCA-12C-051</td><td>混凝土防冻剂</td><td>东北</td><td>辽宁省产品质量监督检验院（辽宁省建筑材料监督检验院）</td><td>辽宁省沈阳市皇姑区崇山东路61号<br>联系人：闫飞<br>电话：024-86610662<br>传真：024-86610662<br>E-mail：yanfei1231@163.com<br>网址：www.lnzjy.com.cn<br>邮编：110032</td><td></td></tr>
<tr><td rowspan="2">21</td><td rowspan="2">CNCA-02C-055</td><td rowspan="2">机动车喇叭</td><td>国内</td><td>机械科学研究总院工程机械军用改装车试验场(国家工程机械质量监督检验中心)</td><td>北京市延庆县东外大街55号<br>联系人：陆明<br>电话：010-69101140<br>传真：010-69101904<br>E-mail：luryue@126.com<br>网址：www.syc.org.cn<br>邮编：102100</td><td>法人单位：机械科学研究总院</td></tr>
<tr><td>广东</td><td>威凯检测技术有限公司</td><td>广东省广州市科学城开泰大道天泰一路3号<br>联系人：陈伟升<br>电话：020-32293683<br>传真：020-32293889<br>E-mail：office@cvc.org.cn<br>qt@vc.org.cn<br>网址：www.cvc.org.cn<br>邮编：510663</td><td></td></tr>
<tr><td rowspan="4">22</td><td rowspan="4">CNCA-02C-056</td><td rowspan="4">机动车回复反射器</td><td rowspan="2">国内</td><td>机械科学研究总院工程机械军用改装车试验场(国家工程机械质量监督检验中心)</td><td>北京市延庆县东外大街55号<br>联系人：陆明<br>电话：010-69101140<br>传真：010-69101904<br>E-mail：luryue@126.com<br>网址：www.syc.org.cn<br>邮编：102100</td><td>法人单位：机械科学研究总院</td></tr>
<tr><td>宁波出入境检验检疫局检验检疫技术中心汽车零部件检测中心/宁波汽车零部件检测有限公司</td><td>浙江省宁波市鄞州区投资创业中心金谷南路99号<br>联系人：严国荣<br>电话：0574-28888228<br>传真：0574-28888200<br>E-mail：yanguorong@catarc.ac.cn<br>邮编：315104</td><td></td></tr>
<tr><td>广东</td><td>威凯检测技术有限公司</td><td>广东省广州市科学城开泰大道天泰一路3号<br>联系人：陈伟升<br>电话：020-32293683<br>传真：020-32293889<br>E-mail：office@cvc.org.cn<br>qt@vc.org.cn<br>网址：www.cvc.org.cn<br>邮编：510663</td><td></td></tr>
<tr><td>江苏</td><td>江苏检验检疫车辆灯具检测实验室</td><td>江苏丹阳市经济开发区葛丹路3号<br>联系人：葛志晨<br>电话：0511-86229936、13951408196<br>传真：0511-86225170<br>E-mail：gezhichen@163.com<br>邮编：212300</td><td></td></tr>
</table>

续表

| 序号 | 指定业务领域 | | 指定业务地域 | 指定实验室名称 | 指定实验室检测地址及联系方式 | 备注 |
|---|---|---|---|---|---|---|
| | 实施规则号 | 产品名称 | | | | |
| 23 | CNCA-02C-057 | 机动车制动软管总成 | 国内 | 机械科学研究总院工程机械军用改装车试验场（国家工程机械质量监督检验中心） | 北京市延庆县东外大街55号<br>联系人：陆明<br>电话：010-69101140<br>传真：010-69101904<br>E-mail：luryue@126.com<br>网址：www.syc.org.cn<br>邮编：102100 | 法人单位：机械科学研究总院 |
| 24 | CNCA-02C-058 | 汽车外部照明及光信号装置 | 国内 | 中国兵器装备集团摩托车检测技术研究所 | 陕西省西安市灞桥区米秦路6号<br>联系人：李宝基<br>电话：029-86795295、18629082789<br>传真：029-86795296<br>E-mail：libaoji@cnmtc.com.cn<br>网址：www.cnmtc.com.cn<br>邮编：710032 | |
| | | | | 机械科学研究总院工程机械军用改装车试验场（国家工程机械质量监督检验中心） | 北京市延庆县东外大街55号<br>联系人：陆明<br>电话：010-69101140<br>传真：010-69101904<br>E-mail：luryue@126.com<br>网址：www.syc.org.cn<br>邮编：102100 | 法人单位：机械科学研究总院 |
| | | | 江苏、浙江、上海 | 江苏检验检疫车辆灯具检测实验室 | 江苏丹阳市经济开发区葛丹路3号<br>联系人：葛志晨<br>电话：0511-86229936、13951408196<br>传真：0511-86225170<br>E-mail：gezhichen@163.com<br>邮编：212300 | |
| 25 | CNCA-02C-059 | 汽车后视镜 | 国内 | 北京中汽寰宇机动车检验中心有限公司 | 北京市大兴区北臧村镇天荣街32号<br>联系人：杨新影<br>电话：010-60273218、13911651276<br>传真：010-60279702<br>E-mail：lab@cccap.org.cn<br>网址：www.cccap.org.cn<br>邮编：102609 | |
| | | | | 机械科学研究总院工程机械军用改装车试验场（国家工程机械质量监督检验中心） | 北京市延庆县东外大街55号<br>联系人：陆明<br>电话：010-69101140<br>传真：010-69101904<br>E-mail：luryue@126.com<br>网址：www.syc.org.cn<br>邮编：102100 | 法人单位：机械科学研究总院 |
| | | | 广东 | 佛山市质量计量监督检测中心 | 广东省佛山市南海区佛山一环科技路口<br>联系人：张兆芝<br>电话：0757-88735599、18666391886<br>传真：0757-88735555-22<br>E-mail：zzz8398@163.com<br>网址：www.fszjzx.com<br>邮编：528225 | |
| | | | 江苏 | — | — | 无符合指定要求的实验室 |

续表

| 序号 | 指定业务领域 | | 指定业务地域 | 指定实验室名称 | 指定实验室检测地址及联系方式 | 备注 |
|---|---|---|---|---|---|---|
| | 实施规则号 | 产品名称 | | | | |
| 26 | CNCA-02C-060 | 汽车内饰件 | 国内 | 机械科学研究总院工程机械军用改装车试验场（国家工程机械质量监督检验中心） | 北京市延庆县东外大街55号<br>联系人：陆明<br>电话：010-69101140<br>传真：010-69101904<br>E-mail：luryue@126.com<br>网址：www.syc.org.cn<br>邮编：102100 | 法人单位：机械科学研究总院 |
| | | | 广东 | 佛山市质量计量监督检测中心 | 广东省佛山市南海区佛山一环科技路口<br>联系人：张兆芝<br>电话：0757-88735599、18666391886<br>传真：0757-88735555-22<br>E-mail：zzz8398@163.com<br>网址：www.fszjzx.com<br>邮编：528225 | |
| | | | 安徽 | 安徽省产品质量监督检验研究院 | 安徽省合肥市包河工业园区延安路13号<br>联系人：巫绪康<br>电话：0551-63356315<br>传真：0551-63356281<br>E-mail：wuxvkang@126.com<br>网址：www.ahzjy.org.cn<br>邮编：230051 | |
| 27 | CNCA-02C-061 | 汽车门锁及门保持件 | 国内 | 北京中汽寰宇机动车检验中心有限公司 | 北京市大兴区北臧村镇天荣街32号<br>联系人：杨新影<br>电话：010-60273218、13911651276<br>传真：010-60279702<br>E-mail：lab@cccap.org.cn<br>网址：www.cccap.org.cn<br>邮编：102609 | |
| 28 | CNCA-02C-062 | 汽车燃油箱 | 国内 | 机械科学研究总院工程机械军用改装车试验场（国家工程机械质量监督检验中心） | 北京市延庆县东外大街55号<br>联系人：陆明<br>电话：010-69101140<br>传真：010-69101904<br>E-mail：luryue@126.com<br>网址：www.syc.org.cn<br>邮编：102100 | 法人单位：机械科学研究总院 |
| 29 | CNCA-02C-063 | 汽车座椅及头枕 | 国内 | 宁波出入境检验检疫局检验检疫技术中心汽车零部件检测中心/宁波汽车零部件检测有限公司 | 浙江省宁波市鄞州区投资创业中心金谷南路99号<br>联系人：严国荣<br>电话：0574-28888228<br>传真：0574-28888200<br>E-mail：yanguorong@catarc.ac.cn<br>邮编：315104 | |

续表

| 序号 | 指定业务领域 | | 指定业务地域 | 指定实验室名称 | 指定实验室检测地址及联系方式 | 备注 |
|---|---|---|---|---|---|---|
| | 实施规则号 | 产品名称 | | | | |
| 30 | CNCA-02C-064 | 摩托车后视镜 | 广东 | 广东省江门市质量计量监督检测所/国家摩托车及配件质量监督检验中心(广东) | 广东省江门市建设三路48号质监局大院<br>联系人：区长胜<br>电话：0750-3286027、13709617181<br>传真：0750-3286125<br>E-mail：ozhsh@163.com<br>网址：www.cnmtcgd.com<br>邮编：529000 | |
| 31 | CNCA-02C-065 | 摩托车外部照明及光信号装置 | 广东 | 广东省江门市质量计量监督检测所/国家摩托车及配件质量监督检验中心(广东) | 广东省江门市建设三路48号质监局大院<br>联系人：区长胜<br>电话：0750-3286027、13709617181<br>传真：0750-3286125<br>E-mail：ozhsh@163.com<br>网址：www.cnmtcgd.com<br>邮编：529000 | |
| 32 | CNCA-13C-068 | 童车类产品 | 国内外 | 广东出入境检验检疫局检验检疫技术中心玩具实验室 | 广州市珠江新城花城大道66号B座11楼<br>联系人：陈阳<br>电话：020-38290582<br>传真：020-38290599<br>E-mail：cheny@iqtc.cn<br>网址：www.iqtc.cn<br>邮编：510623 | 法人单位：广东出入境检验检疫局检验检疫技术中心 |
| | | | | 福建省产品质量检验研究院 | 福建省福州市鼓楼区杨桥西路山头角121号<br>联系人：林彤<br>电话：0591-83774485<br>传真：0591-83710867<br>E-mail：lintong12350i@163.com<br>网址：www.fcii.net<br>邮编：350002 | |
| | | | | 上海市质量监督检验技术研究院 | 上海市徐汇区苍梧路381号<br>联系人：章若红<br>电话：021-54336268<br>传真：021-54336263<br>E-mail：zhangrh@sqi.org.cn<br>网址：www.sqi.com.cn<br>邮编：200233 | |
| | | | 河北 | — | — | 无符合指定要求的实验室 |

续表

| 序号 | 指定业务领域 | | 指定业务地域 | 指定实验室名称 | 指定实验室检测地址及联系方式 | 备注 |
|---|---|---|---|---|---|---|
| | 实施规则号 | 产品名称 | | | | |
| 33 | CNCA-13C-069 | 电玩具类产品 | 国内外 | 国家玩具质量监督检验中心（上海方圆玩具检验所） | 上海市万荣路1218弄6号（B幢）五楼<br>联系人：丁训强 / 许文龙<br>电话：021-64311041<br>传真：021-64378969<br>E-mail：sfytii@sh163.net<br>邮编：200436 | |
| | | | | 上海市质量监督检验技术研究院 | 上海市徐汇区苍梧路381号<br>联系人：章若红<br>电话：021-54336268<br>传真：021-54336263<br>E-mail：zhangrh@sqi.org.cn<br>网址：www.sqi.com.cn<br>邮编：200233 | |
| | | | | 宁波出入境检验检疫局轻工产品检测中心 | 浙江省慈溪市古塘街道科技路389号<br>联系人：林玲<br>电话：0574-63036155<br>传真：0574-63029697<br>E-mail：ling-sky@163.com<br>网址：www.zjnci.com<br>邮编：315300 | 法人单位：宁波出入境检验检疫局综合技术服务中心 |
| | | | 广东 | 广东省汕头市质量计量监督检测所/国家玩具质量监督检验中心（汕头） | 广东省汕头市东厦北路155号<br>联系人：余石金<br>电话：0754-88382350<br>传真：0754-88532247<br>E-mail：cntc_shantou@yahoo.com.cn<br>网址：www.stzjs.com.cn<br>www.cntc-lab.com<br>邮编：515041 | |
| 34 | CNCA-13C-070 | 塑料玩具类产品 | 国内外 | 宁波出入境检验检疫局轻工产品检测中心 | 浙江省慈溪市古塘街道科技路389号<br>联系人：林玲<br>电话：0574-63036155<br>传真：0574-63029697<br>E-mail：ling-sky@163.com<br>网址：www.zjnci.com<br>邮编：315300 | 法人单位：宁波出入境检验检疫局综合技术服务中心 |
| | | | 广东 | 广东省汕头市质量计量监督检测所 | 广东省汕头市东厦北路155号<br>联系人：余石金<br>电话：0754-88382350<br>传真：0754-88532247<br>E-mail：cntc_shantou@yahoo.com.cn<br>网址：www.stzjs.com.cn<br>www.cntc-lab.com<br>邮编：515041 | |

续表

| 序号 | 指定业务领域 | | 指定业务地域 | 指定实验室名称 | 指定实验室检测地址及联系方式 | 备注 |
|---|---|---|---|---|---|---|
| | 实施规则号 | 产品名称 | | | | |
| 35 | CNCA-13C-071 | 金属玩具类产品 | 国内外 | 国家玩具质量监督检验中心（上海方圆玩具检验所） | 上海市万荣路1218弄6号（B幢）五楼<br>联系人：丁训强 / 许文龙<br>电话：021-64311041<br>传真：021-64378969<br>E-mail：sfytii@sh163.net<br>邮编：200436 | |
| | | | 广东 | 广东省汕头市质量计量监督检测所 | 广东省汕头市东厦北路155号<br>联系人：余石金<br>电话：0754-88382350<br>传真：0754-88532247<br>E-mail：cntc_shantou@yahoo.com.cn<br>网址：www.stzjs.com.cn<br>www.cntc-lab.com<br>邮编：515041 | |
| 36 | CNCA-13C-072 | 弹射玩具类产品 | 国内外 | 深圳市计量质量检测研究院 | 深圳市南山区龙珠大道中段计量质检院大楼<br>联系人：骆红<br>电话：0755-26941520<br>传真：0755-26941608<br>E-mail：tech@smq.com.cn<br>网址：www.smq.com.cn<br>邮编：518055 | |
| | | | | 宁波出入境检验检疫局轻工产品检测中心 | 浙江省慈溪市古塘街道科技路389号<br>联系人：林玲<br>电话：0574-63036155<br>传真：0574-63029697<br>E-mail：ling-sky@163.com<br>网址：www.zjnci.com<br>邮编：315300 | 法人单位：宁波出入境检验检疫局综合技术服务中心 |
| | | | 广东 | 广东省汕头市质量计量监督检测所 | 广东省汕头市东厦北路155号<br>联系人：余石金<br>电话：0754-88382350<br>传真：0754-88532247<br>E-mail：cntc_shantou@yahoo.com.cn<br>网址：www.stzjs.com.cn<br>www.cntc-lab.com<br>邮编：515041 | |

续表

| 序号 | 指定业务领域 | | 指定业务地域 | 指定实验室名称 | 指定实验室检测地址及联系方式 | 备注 |
|---|---|---|---|---|---|---|
| | 实施规则号 | 产品名称 | | | | |
| 37 | CNCA-13C-073 | 娃娃玩具类产品 | 国内外 | 宁波出入境检验检疫局轻工产品检测中心 | 浙江省慈溪市古塘街道科技路389号<br>联系人：林玲<br>电话：0574-63036155<br>传真：0574-63029697<br>E-mail：ling-sky@163.com<br>网址：www.zjnci.com<br>邮编：315300 | 法人单位：宁波出入境检验检疫局综合技术服务中心 |
| | | | 国内外 | 国家玩具质量监督检验中心（上海方圆玩具检验所） | 上海市万荣路1218弄6号（B幢）五楼<br>联系人：丁训强 / 许文龙<br>电话：021-64311041<br>传真：021-64378969<br>E-mail：sfytii@sh163.net<br>邮编：200436 | |
| | | | 广东 | 广东省汕头市质量计量监督检测所 | 广东省汕头市东厦北路155号<br>联系人：余石金<br>电话：0754-88382350<br>传真：0754-88532247<br>E-mail：cntc_shantou@yahoo.com.cn<br>网址：www.stzjs.com.cn<br>www.cntc-lab.com<br>邮编：515041 | |

# 国家认监委关于发布强制性产品认证目录产品与2012年HS编码对应表的公告

2012年第36号

为进一步规范各级出入境检验检疫部门实施的强制性产品认证目录产品入境监管工作，服务并促进相关产品的进口贸易发展，国家认监委组织相关专家编制完成《强制性产品认证目录产品与2012年HS编码对应表》，现予发布。

《强制性产品认证目录产品与2012年HS编码对应表》作为强制性产品认证目录产品办理进口手续时对照参考使用，有关强制性产品认证目录产品的描述与界定问题，以《国家认监委关于印发强制性产品认证目录描述与界定表的公告》（国家认监委2012年第30号公告）为准。

本公告内容由国家认监委负责解释。

附件：强制性产品认证目录产品与2012年HS编码对应表

二〇一二年十二月二十八日

**附件：**

**强制性产品认证目录产品与2012年HS编码对应表**

| 序号 | 强制性产品认证目录产品名称 | 2012年商品编码（HS编码） | 商品编码对应的商品名称及备注 |
|---|---|---|---|
| 1 | 电线组件 | 8536900000 | 其他≤ 1000 V电路开关等电气装置 |
| 2 | 交流额定电压3kV及以下铁路机车车辆用电线电缆 | 8544492100 | 1000 V ≥额定电压> 80 V其他电缆 |
| | | 8544601200 | 1000V <额定电压≤ 35 kV的电缆 |
| | | 8544492100 | 1000 V ≥额定电压> 80 V其他电缆 |
| | | 8544601200 | 1000V <额定电压≤ 35 kV的电缆 |
| 3 | 额定电压450/750 V及以下聚氯乙烯绝缘电线电缆 | 8544492100 | 1000 V ≥额定电压> 80 V其他电缆 |
| | | 8544492100 | 1000 V ≥额定电压> 80 V其他电缆 |
| | | 8544492100 | 1000 V ≥额定电压> 80 V其他电缆 |
| | | 8544492100 | 1000 V ≥额定电压> 80 V其他电缆 |
| | | 8544492100 | 1000 V ≥额定电压> 80 V其他电缆 |
| | | 8544492100 | 1000 V ≥额定电压> 80 V其他电缆 |
| | | 8544492100 | 1000 V ≥额定电压> 80 V其他电缆 |
| 4 | 额定电压450/750 V及以下橡皮绝缘电线电缆 | 8544492100 | 1000 V ≥额定电压> 80 V其他电缆 |
| | | 8544492100 | 1000 V ≥额定电压> 80 V其他电缆 |
| | | 8544492100 | 1000 V ≥额定电压> 80 V其他电缆 |
| | | 8544492100 | 1000 V ≥额定电压> 80 V其他电缆 |
| | | 8544492100 | 1000 V ≥额定电压> 80 V其他电缆 |
| | | 8544492100 | 1000 V ≥额定电压> 80 V其他电缆 |

续表

| 序号 | 强制性产品认证目录产品名称 | 2012 年商品编码（HS 编码） | 商品编码对应的商品名称及备注 |
|---|---|---|---|
| 5 | 插头插座（家用和类似用途、工业用） | 8536690000 | 电压≤ 1000 V 的插头及插座 |
| 6 | 家用和类似用途固定式电气装置的开关 | 8536900000 | 其他≤ 1000 V 电路开关等电气装置 |
| 7 | 器具耦合器（家用和类似用途、工业用） | 8536900000 | 其他≤ 1000 V 电路开关等电气装置 |
| | | 8536690000 | 电压≤ 1000 V 的插头及插座 |
| 8 | 热熔断体 | 8536100000 | 熔断器（电压不超过 1000 V） |
| 9 | 家用和类似用途固定式电气装置电器附件外壳 | 8536900000 | 其他≤ 1000 V 电路开关等电气装置 |
| 10 | 小型熔断器的管状熔断体 | 8536100000 | 熔断器（电压不超过 1000 V） |
| 11 | 漏电保护器 | 8536300000 | 电压≤ 1000 V 其他电路保护装置 |
| | | 8536419000 | 36 V < 电压≤ 60 V 的继电器 |
| | | 8536490000 | 电压大于 60 V 的继电器（用于电压不超过 1000 V 的线路） |
| 12 | 断路器 | 8535210000 | 电压 < 72.5 kV 自动断路器（用于电压超过 1000 V 的线路） |
| | | 8536200000 | 电压不超过 1000 V 自动断路器 |
| 13 | 熔断器 | 8535100000 | 电路熔断器（电压 > 1000 V） |
| | | 8536100000 | 熔断器（电压不超过 1000 V） |
| 14 | 低压开关（隔离器、隔离开关、熔断器组合电器） | 8535309000 | 隔离开关及断续开关（用于电压超过 1000 V 的线路） |
| | | 8536500000 | 电压≤ 1000 V 的其他开关（用于电压不超过 1000 V 的线路） |
| 15 | 其他电路保护装置 | 8536300000 | 电压≤ 1000 V 其他电路保护装置 |
| | | 8535900090 | 其他 >1000 V 电路开关等电气装置 |
| | | 8536419000 | 36 V < 电压≤ 60 V 的继电器 |
| | | 8536490000 | 电压大于 60 V 的继电器（用于电压不超过 1000 V 的线路） |
| 16 | 继电器 | 8536419000 | 36 V< 电压≤ 60 V 的继电器 |
| | | 8536490000 | 电压大于 60 V 的继电器（用于电压不超过 1000 V 的线路） |
| 17 | 其他开关 | 8536500000 | 电压≤ 1000 V 的其他开关 |
| 18 | 其他装置 | 8536300000 | 电压≤ 1000 V 其他电路保护装置（用于电压不超过 1000 V 的线路） |

续表

| 序号 | 强制性产品认证目录产品名称 | 2012 年商品编码（HS 编码） | 商品编码对应的商品名称及备注 |
|---|---|---|---|
| 19 | 低压成套开关设备 | 8536300000 | 电压≤ 1000 V 其他电路保护装置 |
| | | 8535900090 | 其他 >1000 V 电路开关等电气装置 |
| | | 8536419000 | 36 V < 电压≤ 60 V 的继电器 |
| | | 8536490000 | 电压大于 60 V 的继电器（用于电压不超过 1000 V 的线路） |
| 20 | 小功率电动机 | 8501109190 | 电动机及发电机，其他机座最大尺寸在 20~39 mm 微电机，输出功率不超过 37.5 W |
| | | 8501510090 | 其他不超过 750 W 多相交流电动机（输出功率不超过 750W） |
| | | 8501520000 | ＞ 750 W ≤ 75kW 多相交流电动机（输出功率不超过 750 W，但不超过 75 kW） |
| | | 8501320000 | ＞ 750 W ≤ 75 kW 直流电动机、发电机（输出功率超过 750 W，但不超过 75 kW） |
| | | 8501400000 | 单相交流电动机 |
| | | 8501109990 | 其他微电机（输出功率不超过 37.5 W） |
| | | 8501200000 | ＞ 37.5 W 交直流两用电动机（输出功率超过 37.5 W） |
| | | 8501310000 | 其他≤ 750 W 直流电动机、发电机（输出功率不超过 750 W） |
| 21 | 电钻 | 8467210000 | 手提式电动钻 |
| | | 8467299000 | 其他手提式电动工具 |
| 22 | 电动螺丝刀和冲击扳手 | 8467299000 | 其他手提式电动工具 |
| | | 8467299000 | 其他手提式电动工具 |
| 23 | 电动砂轮机 | 8467291000 | 手提式电动砂磨工具 |
| | | 8467299000 | 其他手提式电动工具 |
| 24 | 砂光机 | 8467299000 | 其他手提式电动工具 |
| 25 | 圆锯 | 8467229000 | 其他手提式电锯 |
| | | 8467299000 | 其他手提式电动工具 |
| 26 | 电锤 | 8467299000 | 其他手提式电动工具 |
| 27 | 不易燃液体电喷枪 | 8467299000 | 其他手提式电动工具 |
| 28 | 电剪刀 | 8467299000 | 其他手提式电动工具 |
| 29 | 攻丝机 | 8467299000 | 其他手提式电动工具 |

续表

| 序号 | 强制性产品认证目录产品名称 | 2012 年商品编码（HS 编码） | 商品编码对应的商品名称及备注 |
|---|---|---|---|
| 30 | 往复锯 | 8467229000 | 其他手提式电锯 |
| | | 8467299000 | 其他手提式电动工具 |
| 31 | 插入式混凝土振动器 | 8467299000 | 其他手提式电动工具 |
| 32 | 电链锯 | 8467221000 | 手提式电动链锯 |
| | | 8467299000 | 其他手提式电动工具 |
| 33 | 电刨 | 8467292000 | 手提式电刨 |
| | | 8467299000 | 其他手提式电动工具 |
| 34 | 电动修枝剪 | 8467299000 | 其他手提式电动工具 |
| 35 | 电木铣和修边机 | 8467299000 | 其他手提式电动工具 |
| 36 | 电动石材切割机 | 8467299000 | 其他手提式电动工具 |
| 37 | 小型交流弧焊机 | 8515319000 | 其他电弧（包括等离子弧）焊接机及装置（全自动或半自动） |
| | | 8515390000 | 其他电弧（等离子弧）焊接机器及装置（非全自动或半自动的） |
| | | 8515311000 | 螺旋焊管机（全自动或半自动的） |
| | | 8515800090 | 其他焊接机器及装置 |
| | | 8515900000 | 电气等焊接机器及装置零件 |
| 38 | 交流弧焊机 | 8515319000 | 其他电弧（包括等离子弧）焊接机及装置（全自动或半自动） |
| | | 8515390000 | 其他电弧（等离子弧）焊接机器及装置（非全自动或半自动） |
| | | 8515311000 | 螺旋焊管机（全自动或半自动的） |
| | | 8456901000 | 等离子切割机 |
| 39 | 直流弧焊机 | 8515319000 | 其他电弧（包括等离子弧）焊接机及装置（全自动或半自动） |
| | | 8515390000 | 其他电弧（等离子弧）焊接机器及装置（非全自动或半自动） |
| | | 8515311000 | 螺旋焊管机（全自动或半自动的） |
| | | 8456901000 | 等离子切割机 |
| 40 | TIG 弧焊机 | 8515800090 | 其他焊接机器及装置 |
| 41 | MIG/MAG 弧焊机 | | |
| 42 | 埋弧焊机 | 8515900000 | 电气等焊接机器及装置零件 |
| 43 | 等离子弧焊机 | | |
| 44 | 等离子弧切割机 | | |

续表

| 序号 | 强制性产品认证目录产品名称 | 2012 年商品编码（HS 编码） | 商品编码对应的商品名称及备注 |
|---|---|---|---|
| 45 | 弧焊变压器防触电装置 | 8515319000 | 其他电弧（包括等离子弧）焊接机及装置（全自动或半自动） |
| | | 8515390000 | 其他电弧（等离子弧）焊接机器及装置（非全自动或半自动） |
| | | 8515800090 | 其他焊接机器及装置 |
| | | 8515900000 | 电气等焊接机器及装置零件 |
| 46 | 电焊钳 | 8515319000 | 其他电弧（包括等离子弧）焊接机及装置（全自动或半自动） |
| | | 8515390000 | 其他电弧（等离子弧）焊接机器及装置（非全自动或半自动） |
| | | 8515800090 | 其他焊接机器及装置 |
| | | 8515900000 | 电气等焊接机器及装置零件 |
| 47 | 焊接电缆耦合装置 | 8515319000 | 其他电弧（包括等离子弧）焊接机及装置（全自动或半自动） |
| | | 8515390000 | 其他电弧（等离子弧）焊接机器及装置（非全自动或半自动） |
| | | 8515800090 | 其他焊接机器及装置 |
| | | 8515900000 | 电气等焊接机器及装置零件 |
| 48 | 电阻焊机 | 8515211000 | 直缝焊管机（全自动或半自动的） |
| | | 8515219000 | 其他全自动或半自动电阻焊接机器（包括焊接装置） |
| | | 8515290000 | 其他电阻焊接机器及装置 |
| 49 | TIG 焊焊炬 | 8515319000 | 其他电弧（包括等离子弧）焊接机及装置（全自动或半自动） |
| | | 8515390000 | 其他电弧（等离子弧）焊接机器及装置（非全自动或半自动） |
| | | 8515800090 | 其他焊接机器及装置 |
| | | 8515900000 | 电气等焊接机器及装置零件 |
| 50 | MIG/MAG 焊焊枪 | 8515319000 | 其他电弧（包括等离子弧）焊接机及装置（全自动或半自动） |
| | | 8515390000 | 其他电弧（等离子弧）焊接机器及装置（非全自动或半自动） |
| | | 8515800090 | 其他焊接机器及装置 |
| | | 8515900000 | 电气等焊接机器及装置零件 |

续表

| 序号 | 强制性产品认证目录产品名称 | 2012 年商品编码（HS 编码） | 商品编码对应的商品名称及备注 |
|---|---|---|---|
| 51 | 送丝装置 | 8515319000 | 其他电弧（包括等离子弧）焊接机及装置（全自动或半自动） |
| | | 8515390000 | 其他电弧（等离子弧）焊接机器及装置（非全自动或半自动） |
| | | 8515800090 | 其他焊接机器及装置 |
| | | 8515900000 | 电气等焊接机器及装置零件 |
| 52 | 家用电冰箱和食品冷冻箱 | 8418102000 | 200 L < 容积≤ 500 L 冷藏冷冻组合机（各自装有单独外门的） |
| | | 8418103000 | 容积≤ 200 L 冷藏 – 冷冻组合机（各自装有单独外门的） |
| | | 8418211000 | 容积 > 150 L 压缩式家用型冷藏箱 |
| | | 8418212000 | 压缩式家用型冷藏箱（50 L < 容积≤ 150 L） |
| | | 8418213000 | 容积≤ 50 L 压缩式家用型冷藏箱 |
| | | 8418291000 | 半导体制冷式家用型冷藏箱 |
| | | 8418292000 | 电气吸收式家用型冷藏箱 |
| | | 8418299000 | 其他家用型冷藏箱 |
| | | 8418302900 | 制冷温度 > –40℃小的其他柜式冷冻箱（小的指容积≤ 500 L） |
| | | 8418402900 | 制冷温度 > –40℃小的立式冷冻箱（小的指容积≤ 500 L） |
| | | 8418500000 | 装有冷藏或冷冻装置的其他设备，用于存储及展示（包括柜、箱、展示台、陈列箱及类似品） |
| 53 | 电风扇 | 8414511000 | 功率≤ 125 W 的吊扇（本身装有一个输出功率不超过 125 W 的电动机） |
| | | 8414512000 | 其他功率≤ 125 W 换气扇（装有一输出功率≤ 125 W 电动机） |
| | | 8414513000 | 功率≤ 125 W 有旋转导风轮的风扇（本身装有一个输出功率不超过 125 W 的电动机） |
| | | 8414519100 | 功率≤ 125 W 的台扇（本身装有一个输出功率不超过 125 W 的电动机） |
| | | 8414519200 | 功率≤ 125 W 的落地扇（本身装有一个输出功率不超过 125 W 的电动机） |
| | | 8414519300 | 功率≤ 125 W 的壁扇（本身装有一个输出功率不超过 125 W 的电动机） |
| | | 8414519900 | 其他功率≤ 125 W 其他风机、风扇（本身装有一个输出功率不超过 125 W 的电动机） |
| | | 8414591000 | 其他吊扇（电动机输出功率超过 125 W 的） |
| | | 8414592000 | 其他换气扇（电动机输出功率超过 125 W 的） |
| | | 8414599091 | 其他台扇、落地扇、壁扇（电动机输出功率超过 125 W 的） |
| | | 8414599099 | 其他风机、风扇 |

续表

| 序号 | 强制性产品认证目录产品名称 | 2012 年商品编码（HS 编码） | 商品编码对应的商品名称及备注 |
|---|---|---|---|
| 54 | 空调器 | 8415101000 | 独立窗式或壁式空气调节器（装有电扇及调温、调湿装置，包括不能单独调湿的空调器） |
| | | 8415102100 | 制冷量≤ 4 000 大卡 /h 分体式空调，窗式或壁式（装有电扇及调温、调湿装置，包括不能单独调湿的空调器） |
| | | 8415102201 | 制冷量＞ 4 000 大卡 /h 分体式空调，窗式或壁式（装有电扇及调温、调湿装置，包括不能单独调湿的空调器） |
| | | 8415102290 | 其他制冷量＞ 4 000 大卡 /h 分体式空调，窗式或壁式（装有电扇及调温、调湿装置，包括不能单独调湿的空调器） |
| | | 8415811000 | 制冷量≤ 4 000 大卡 /h 热泵式空调器（装有制冷装置及一个冷热循环换向阀的） |
| | | 8415812001 | 制冷量＞ 4 000 大卡 /h 热泵式空调器（装有制冷装置及一个冷热循环换向阀的） |
| | | 8415812090 | 制冷量＞ 4 000 大卡 /h 热泵式空调器（装有制冷装置及一个冷热循环换向阀的） |
| | | 8415821000 | 制冷量≤ 4 000 大卡 /h 的其他空调器（仅装有制冷装置，而无冷热循环装置的） |
| | | 8415822001 | 制冷量＞ 4 000 大卡 /h 的其他空调（仅装有制冷装置，而无冷热循环装置的） |
| | | 8415822090 | 其他制冷量＞ 4 000 大卡 /h 的其他空调（仅装有制冷装置，而无冷热循环装置的） |
| | | 8479892000 | 空气增湿器及减湿器 |
| 55 | 电动机 – 压缩机 | 8414301101 | 0.4kW ＜功率≤ 5kW 的冷藏、冷冻箱用定速压缩机 |
| | | 8414301102 | 功率≤ 0.4kW 的冷藏、冷冻箱用定速压缩机 |
| | | 8414301190 | 其他小型电驱动冷藏或冷冻箱用压缩机（小型指电动机额定功率≤ 0.4kW） |
| | | 8414301202 | 0.4kW ＜功率≤ 5kW 的冷藏、冷冻箱用定速压缩机 |
| | | 8414301290 | 其他中型电驱动冷藏或冷冻箱用压缩机（指电动机额定功率＞ 0.4kW，但≤ 5kW） |
| | | 8414301301 | 0.4kW ＜功率≤ 5kW 的空气调节器用无级变速压缩机 |
| | | 8414301302 | 0.4kW ＜功率≤ 5kW 的空气调节器用定速压缩机 |
| | | 8414301390 | 其他小型电动机驱动空调器用压缩机（指电动机额定功率＞ 0.4kW，但≤ 5kW 的） |
| | | 8414301901 | 其他制冷设备用无级变速压缩机 |
| | | 8414301902 | 其他制冷设备用定速压缩机 |
| | | 8414301990 | 电动机驱动其他用于制冷设备的压缩机 |
| 56 | 家用电动洗衣机 | 8450111000 | 干衣量≤ 10kg 全自动波轮式洗衣机 |
| | | 8450112000 | 干衣量≤ 10kg 全自动滚筒式洗衣机 |
| | | 8450119000 | 其他干衣量≤ 10kg 的全自动洗衣机 |
| | | 8450120000 | 装有离心甩干机的非全自动洗衣机（干衣量≤ 10kg） |
| | | 8450190000 | 干衣量≤ 10kg 的其他洗衣机 |
| | | 8421121000 | 干衣量≤ 10kg 的离心干衣机 |
| | | 8421191000 | 脱水机 |

续表

| 序号 | 强制性产品认证目录产品名称 | 2012年商品编码(HS编码) | 商品编码对应的商品名称及备注 |
|---|---|---|---|
| 57 | 电热水器 | 8516101000 | 储存式电热水器 |
| | | 8516102000 | 即热式电热水器 |
| | | 8516109000 | 其他电热水器 |
| 58 | 室内加热器 | 8516299000 | 电气空间加热器 |
| | | 8516292000 | 辐射式空间加热器 |
| | | 8516293900 | 其他对流式空间加热器 |
| | | 8516293100 | 风扇式对流空间加热器 |
| | | 8516293200 | 充液式对流空间加热器 |
| 59 | 真空吸尘器 | 8508110000 | 电动的真空吸尘器（功率不超过1500W，且带有容积不超过20L的集尘袋或其他集尘容器） |
| | | 8508190000 | 其他电动的真空吸尘器 |
| 60 | 皮肤和毛发护理器具 | 8516310000 | 电吹风机 |
| | | 8516320000 | 其他电热理发器具 |
| | | 8516330000 | 电热干手器 |
| 61 | 电熨斗 | 8516400000 | 电熨斗 |
| 62 | 电磁灶 | 8516601000 | 电磁炉 |
| 63 | 电烤箱（便携式烤架、面包片烘烤器及类似烹调器具） | 8516605000 | 电烤箱 |
| | | 8516609000 | 其他电热炉（包括电热板、加热环、烧烤炉及烘烤器） |
| | | 8516721000 | 家用自动面包机 |
| | | 8516722000 | 片式烤面包机（多士炉） |
| | | 8516729000 | 其他电热烤面包器 |
| 64 | 电动食品加工器具［食品加工机（厨房机械）］ | 8509401000 | 水果或蔬菜的榨汁机 |
| | | 8509409000 | 食品研磨机，搅拌器 |
| | | 8509809000 | 其他家用电动器具 |
| 65 | 微波炉 | 8516500000 | 微波炉 |
| 66 | 电灶、灶台、烤炉和类似器具（驻立式电烤箱、固定式烤架及类似烹调器具） | 8516799000 | 其他电热器具 |
| | | 8516609000 | 其他电热炉（包括电热板、加热环、烧烤炉及烘烤器） |
| 67 | 吸油烟机 | 8414601000 | 抽油烟机（指罩的平面最大边长不超过120cm，装有风扇的） |
| 68 | 液体加热器和冷热饮水机 | 8516711000 | 滴液式咖啡机 |
| | | 8516712000 | 蒸馏渗滤式咖啡机 |
| | | 8516713000 | 泵压式咖啡机 |
| | | 8516719000 | 其他电热咖啡机和茶壶 |
| | | 8419810000 | 加工热饮料，烹调，加热食品的机器 |
| | | 8516791000 | 电热饮水机 |

续表

| 序号 | 强制性产品认证目录产品名称 | 2012 年商品编码（HS 编码） | 商品编码对应的商品名称及备注 |
|---|---|---|---|
| 69 | 电饭锅 | 8516603000 | 电饭锅 |
| 70 | 总输出功率在 500W（有效值）以下的单扬声器和多扬声器有源音箱 | 8518210000 | 单喇叭音箱 |
| | | 8518220000 | 多喇叭音箱 |
| 71 | 音频功率放大器 | 8518400090 | 其他音频扩大器 |
| | | 8543709200 | 其他高，中频放大器 |
| | | 8518500000 | 电气扩音机组 |
| 72 | 各种广播波段的调谐接收机、收音机 | 8527920000 | 带时钟的收音机 |
| | | 8527990000 | 其他收音机 |
| 73 | 各类载体形式的音视频录制播放及处理设备（包括各类光盘、磁带、硬盘、等载体形式） | 8517629900 | 其他接收、转换并发送或再生音像或其他数据用的设备 |
| | | 8519200010 | 以特定支付方式使其工作的激光唱机（用硬币、钞票、银行卡、代币或其他支付方式使其工作） |
| | | 8519200090 | 其他以特定支付方式使其工作的声音录制或重放设备 |
| | | 8519811100 | 未装有声音录制装置的盒式磁带型声音重放装置（编辑节目用放声机除外） |
| | | 8519811200 | 装有声音重放装置的盒式磁带型录音机 |
| | | 8519811900 | 其他使用磁性媒体的声音录制或重放设备 |
| | | 8519812100 | 激光唱机，未装有声音录制装置 |
| | | 8519812910 | 具有录音功能的激光唱机 |
| | | 8519812990 | 其他使用光学媒体的声音录制或重放设备 |
| | | 8519813100 | 装有声音重放装置的闪速存储器型声音录制设备 |
| | | 8519813900 | 其他使用半导体媒体的声音录制或重放设备 |
| | | 8519891000 | 不带录制装置的其他唱机，不论是否带有扬声器 |
| | | 8519899000 | 其他声音录制或重放设备 |
| | | 8521901110 | 具有录制功能的视频高密光盘（VCD）播放机 |
| | | 8521901190 | 其他视频高密光盘（VCD）播放机 |
| | | 8521901290 | 其他数字化视频光盘（DVD）播放机 |
| | | 8521901910 | 具有录制功能的其他激光视盘播放机 |
| | | 8521901990 | 其他激光视盘播放机（不论是否装有高频调谐放大器） |
| | | 8521909090 | 其他视频信号录制或重放设备（不论是否装有高频调谐放大器） |

续表

| 序号 | 强制性产品认证目录产品名称 | 2012 年商品编码（HS 编码） | 商品编码对应的商品名称及备注 |
|---|---|---|---|
| 74 | 以上四种设备的组合 | 8527910000 | 其他收录（放）音组合机 |
| 75 | 音视频设备配套的电源适配器（含充/放电器） | 8504401990 | 其他稳压电源 |
| 76 | 各种成像方式的彩色电视接收机 | 8528711000 | 彩色的卫星电视接收机（在设计上不带有视频显示器或屏幕的） |
| | | 8528718000 | 其他彩色的电视接收装置（在设计上不带有视频显示器或屏幕的） |
| | | 8528721100 | 其他彩色的模拟电视接收机 |
| | | 8528721200 | 其他彩色的数字电视接收机，阴极射线显像管的 |
| | | 8528721900 | 其他彩色的电视接收机，阴极射线显像管的 |
| | | 8528722100 | 彩色的液晶显示器的模拟电视接收机 |
| | | 8528722200 | 彩色的液晶显示器的数字电视接收机 |
| | | 8528722900 | 其他彩色的液晶显示器的电视接收机 |
| | | 8528723100 | 彩色的等离子显示器的模拟电视接收机 |
| | | 8528723200 | 彩色的等离子显示器的数字电视接收机 |
| | | 8528723900 | 其他彩色的等离子显示器的电视接收机 |
| | | 8528729100 | 其他彩色的模拟电视接收机 |
| | | 8528729200 | 其他彩色的数字电视接收机 |
| | | 8528729900 | 其他彩色的电视接收机 |
| | | 8529901011 | 卫星电视接收用解码器 |
| | | 8528691000 | 其他彩色的投影机 |
| | | 8528699000 | 黑白或其他单色的投影机 |
| 77 | 监视器 | 8528491000 | 其他彩色的阴极射线管监视器 |
| | | 8528499000 | 其他黑白或其他单色的阴极射线管监视器 |
| | | 8528591090 | 其他彩色的监视器 |
| | | 8528599000 | 黑白或其他单色的监视器 |

续表

| 序号 | 强制性产品认证目录产品名称 | 2012 年商品编码（HS 编码） | 商品编码对应的商品名称及备注 |
|---|---|---|---|
| 78 | 显像（示）管 | 8540110000 | 彩色阴极射线电视显像管（包括视频监视器用阴极射线管） |
| | | 8540120000 | 单色阴极射线电视显像管（包括视频监视器用阴极射线管） |
| | | 8540401000 | 点距<0.4mm 彩色数据 / 图形显示管（指屏幕荧光点间距<0.4mm） |
| | | 8540402000 | 单色数据 / 图形显示管 |
| | | 8540609000 | 其他阴极射线管 |
| 79 | 录像机 | 8521101900 | 其他磁带型录像机（不论是否装有高频调谐放大器） |
| | | 8521102000 | 磁带放像机（不论是否装有高频调谐放大器） |
| | | 8521901210 | 具有录制功能的数字化视频光盘（DVD）播放机（不论是否装有高频调谐放大器） |
| 80 | 电子琴 | 9207100000 | 通过电产生或扩大声音的键盘乐器（手风琴除外） |
| 81 | 天线放大器 | 8529102000 | 收音机、电视机天线及其零件（包括收音机的组合机用的天线及零件） |
| | | 8529109090 | 其他无线电设备天线及其零件 |
| 82 | 微型计算机 | 8471414000 | 微型机 |
| | | 8471412000 | 小型自动数据处理设备 |
| | | 8471419000 | 其他数字式数据处理设备（同一机壳内至少一个 CPU 和一个输入输出部件；包括组合式） |
| | | 8471492000 | 以系统形式报验的小型计算机 |
| | | 8471494000 | 以系统形式报验的微型机 |
| | | 8471499900 | 以系统形式报验的其他计算机 |
| | | 8471900090 | 未列名的磁性或光学阅读器（包括将数据以代码形式转录的机器及处理这些数据的机器） |
| | | 8472901000 | 自动柜员机 |
| | | 8471504001 | 含显示器和主机的微型机 |
| 83 | 便携式计算机 | 8471300000 | 便携式自动数据处理设备（质量≤ 10kg，至少由一个中央处理器、键盘和显示器组成） |
| 84 | 与计算机连用的显示设备 | 8528410000 | 专用或主要用于品目 8471 商品的阴极射线管监视器 |
| | | 8528511000 | 专用或主要用于品目 8471 商品的液晶监视器 |
| | | 8528519000 | 其他专用或主要用于品目 8471 商品的监视器 |
| | | 8528610010 | 专用或主要用于品目 8471 商品的彩色投影机 |
| | | 8528610090 | 其他专用或主要用于品目 8471 商品的投影机 |
| | | 8528691000 | 其他彩色的投影机 |
| | | 8528699000 | 黑白或其他单色的投影机 |

续表

| 序号 | 强制性产品认证目录产品名称 | 2012年商品编码（HS编码） | 商品编码对应的商品名称及备注 |
| --- | --- | --- | --- |
| 85 | 与计算机相连的打印设备 | 8443321100 | 专用于品目8471所列设备的针式打印机（可与自动数据处理设备或网络连接） |
| | | 8443321200 | 专用于品目8471所列设备的激光打印机（可与自动数据处理设备或网络连接） |
| | | 8443321300 | 专用于品目8471所列设备的喷墨打印机（可与自动数据处理设备或网络连接） |
| | | 8443321400 | 专用于品目8471所列设备的热敏打印机（可与自动数据处理设备或网络连接） |
| | | 8443321900 | 专用于品目8471所列设备的其他打印机（可与自动数据处理设备或网络连接） |
| | | 8472100000 | 胶版复印机、油印机 |
| | | 8443329090 | 其他印刷（打印）机、复印机和电传打字机（可与自动数据处理设备或网络连接） |
| | | 8443329090 | 其他印刷（打印）机、复印机和电传打字机（可与自动数据处理设备或网络连接） |
| 86 | 多用途打印复印机 | 8443311090 | 其他静电感光式多功能一体机（可与自动数据处理设或网络连接） |
| | | 8443311010 | 静电感光式多功能一体加密传真机（可与自动数据处理设或网络连接） |
| | | 8443319010 | 其他具有打印和复印两种功能的机器 |
| | | 8443319090 | 其他具有打印、复印或传真中两种及以上功能的机器 |
| 87 | 扫描仪 | 8471605000 | 自动数据处理设备的扫描器 |
| 88 | 计算机内置电源及电源适配器充电器 | 8504401300 | 品目8471所列机器用的稳压电源 |
| | | 8504401990 | 其他稳压电源 |
| 89 | 电脑游戏机 | 9504501000 | 视频游戏控制器及设备（电视用）（与电视接收机配套使用的，编号950430的货品除外） |
| | | 9504509000 | 其他视频游戏控制器及设备（子目9504.30的货品除外） |
| | | 9504901000 | 其他电子游戏机 |
| 90 | 学习机 | 9504901000 | 其他电子游戏机 |
| 91 | 复印机 | 8443329090 | 其他印刷（打印）机、复印机和电传打字机（可与自动数据处理设备或网络连接） |
| | | 8443391100 | 将原件直接复印的静电感光复印设备 |
| | | 8443391200 | 将原件通过中间体转印的静电感光复印设备 |
| | | 8443392100 | 带有光学系统的其他感光复印设备 |
| | | 8443392200 | 接触式的其他感光复印设备 |
| | | 8443392300 | 热敏复印设备 |
| | | 8443392400 | 热升华复印设备 |
| | | 8443399000 | 其他印刷（打印）机、复印机 |

续表

| 序号 | 强制性产品认证目录产品名称 | 2012 年商品编码（HS 编码） | 商品编码对应的商品名称及备注 |
|---|---|---|---|
| 92 | 服务器 | 8471414000 | 微型机 |
| 93 | 灯具 | 9405100000 | 枝形吊灯（包括天花板或墙壁上的照明装置，但露天或街道上的除外） |
| | | 9405200000 | 电气台灯、床头灯、落地灯 |
| | | 9405409000 | 其他电灯及照明装置 |
| 94 | 镇流器 | 8504101000 | 电子镇流器 |
| | | 8504109000 | 其他放电灯或放电管用镇流器 |
| 95 | 汽车 | 8701200000 | 半挂车用的公路牵引车 |
| | | 8701909000 | 其他牵引车（不包括品目 8709 的牵引车） |
| | | 8702109100 | 30 座及以上大型客车（柴油型）（指装有柴油或半柴油发动机的 30 座及以上的客运车） |
| | | 8702109201 | 20 ≤座≤ 23 装有压燃式活塞内燃发动机的客车 |
| | | 8702109290 | 24 ≤座≤ 29 装有压燃式活塞内燃发动机的客车 |
| | | 8702109300 | 10 ≤座≤ 19 装有压燃式活塞内燃发动机的客车 |
| | | 8702901000 | 30 座及以上大型客车（其他型，指装有其他发动机的 30 座及以上的客运车） |
| | | 8702902001 | 20 ≤座≤ 23 装有非压燃式活塞内燃发动机的客车 |
| | | 8702902090 | 24 ≤座≤ 29 装有非压燃式活塞内燃发动机的客车 |
| | | 8702903000 | 10 ≤座≤ 19 装有非压燃式活塞内燃发动机的客车 |
| | | 8703213001 | 1 L< 排量≤ 1 L 的装有点燃往复式活塞内燃发动机的小轿车 |
| | | 8703214001 | 1 L< 排量≤ 1 L 的带点燃往复式活塞内燃发动机的越野车（4 轮驱动） |
| | | 8703215001 | 1 L< 排量≤ 1 L 的带点燃往复式活塞内燃发动机的小客车（9 座及以下） |
| | | 8703219001 | 排量≤ 1L 的带点燃往复式活塞内燃发动机的其他车辆 |
| | | 8703223001 | 1 L< 排量≤ 1.5 L 带点燃往复式活塞内燃发动机小轿车 |
| | | 8703224001 | 1< 排量≤ 1.5 L 带点燃往复活塞内燃发动机四轮驱动越野车 |
| | | 8703225001 | 1< 排量≤ 1.5 L 带点燃往复式活塞内燃发动机小客车（≤ 9 座） |
| | | 8703229001 | 1< 排量≤ 1.5 L 带点燃往复式活塞内燃发动机其他车 |
| | | 8703234101 | 1.5 L< 排量≤ 2 L 装点燃往复式活塞内燃发动机小轿车 |

续表

| 序号 | 强制性产品认证目录产品名称 | 2012 年商品编码（HS 编码） | 商品编码对应的商品名称及备注 |
|---|---|---|---|
| 95 | 汽车 | 8703234201 | 1.5 L< 排量≤ 2 L 装点燃往复式活塞内燃发动机越野车（4 轮驱动） |
| | | 8703234301 | 1.5 L< 排量≤ 2 L 装点燃往复式活塞内燃发动机小客车（9 座及以下的） |
| | | 8703234901 | 1.5 L< 排量≤ 2 L 装点燃往复式活塞内燃发动机的其他载人车辆 |
| | | 8703235101 | 2 L< 排量≤ 2.5 L 装点燃往复式活塞内燃发动机小轿车 |
| | | 8703235201 | 2 L< 排量≤ 2.5 L 装点燃往复式活塞内燃发动机越野车（4 轮驱动） |
| | | 8703235301 | 2 L< 排量≤ 2.5 L 装点燃往复式活塞内燃发动机小客车（9 座及以下的） |
| | | 8703235901 | 2 L< 排量≤ 2.5L 装点燃往复式活塞内燃发动机的其他载人车辆 |
| | | 8703236101 | 2.5 L < 排量≤ 3 L 装点燃往复式活塞内燃发动机小轿车 |
| | | 8703236201 | 2.5 L< 排量≤ 3 L 装点燃往复式活塞内燃发动机越野车（4 轮驱动） |
| | | 8703236301 | 2.5 L< 排量≤ 3 L 装点燃往复式活塞内燃发动机旅行小客车（9 座及以下的） |
| | | 8703236901 | 2.5 L<排量≤3 L装点燃往复式活塞内燃发动机的其他载人车辆(不包括非 4 轮驱动越野车） |
| | | 8703236902 | 2.5 L< 排量≤ 3L 装点燃往复式活塞内燃发动机的非 4 轮驱动越野车 |
| | | 8703241101 | 3 L< 排量≤ 4 L 装点燃往复式活塞内燃发动机小轿车 |
| | | 8703241201 | 3 L< 排量≤ 4 L 装点燃往复式活塞内燃发动机越野车（4 轮驱动） |
| | | 8703241301 | 3< 排量≤ 4 L 装点燃往复式活塞内燃发动机的小客车（9 座及以下的） |
| | | 8703241901 | 3 L< 排量≤ 4 L 装点燃往复式活塞内燃发动机的其他载人车辆（不包括非 4 轮驱动越野车） |
| | | 8703241902 | 3 L< 排量≤ 4 L 装点燃往复式活塞内燃发动机的非 4 轮驱动越野车 |
| | | 8703242101 | 排量 >4 L 装点燃往复式活塞内燃发动机小轿车 |
| | | 8703242201 | 排量 >4 L 装点燃往复式活塞内燃发动机越野车（4 轮驱动） |
| | | 8703242301 | 排量 >4 L 装点燃往复式活塞内燃发动机的小客车（9 座及以下的） |
| | | 8703242901 | 排量 >4 L 装点燃往复式活塞内燃发动机的其他载人车辆（不包括非 4 轮驱动越野车） |
| | | 8703242902 | 排量 >4 L 装点燃往复式活塞内燃发动机的非 4 轮驱动越野车 |

续表

| 序号 | 强制性产品认证目录产品名称 | 2012 年商品编码（HS 编码） | 商品编码对应的商品名称及备注 |
|---|---|---|---|
| 95 | 汽车 | 8703311101 | 排量≤ 1 L 的装有压燃往复式活塞内燃发动机小轿车 |
| | | 8703311901 | 排量≤ 1 L 的装有压燃往复式活塞内燃发动机的其他载人车辆 |
| | | 8703312101 | 1 L< 排量≤ 1.5 L 装压燃往复式活塞内燃发动机小轿车 |
| | | 8703312201 | 1 L< 排量≤ 1.5 L 装压燃式活塞内燃发动机越野车（4 轮驱动） |
| | | 8703312301 | 1 L< 排量≤ 1.5 L 装压燃往复式活塞内燃发动机小客车（9 座及以下的） |
| | | 8703312901 | 1 L< 排量≤ 1.5 L 装压燃往复式活塞内燃发动机的其他载人车辆 |
| | | 8703321101 | 1.5 L< 排量≤ 2 L 装压燃往复式活塞内燃发动机小轿车 |
| | | 8703321201 | 1.5 L< 排量≤ 2 L 装压燃往复式活塞内燃发动机越野车（4 轮驱动） |
| | | 8703321301 | 1.5 L< 排量≤ 2 L 装压燃往复式活塞内燃发动机小客车（9 座及以下的） |
| | | 8703321901 | 1.5 L< 排量≤ 2 L 装压燃往复式活塞内燃发动机的其他载人车辆 |
| | | 8703322101 | 2 L< 排量≤ 2.5 L 装压燃往复式活塞内燃发动机小轿车 |
| | | 8703322201 | 2 L< 排量≤ 2.5 L 装压燃往复式活塞内燃发动机越野车（4 轮驱动） |
| | | 8703322301 | 2 L< 排量≤ 2.5 L 装压燃往复式活塞内燃发动机小客车（9 座及以下的） |
| | | 8703322901 | 2 L< 排量≤ 2.5 LL 装压燃往复式活塞内燃发动机的其他载人车辆 |
| | | 8703331101 | 2.5 L< 排量≤ 3 L 装压燃往复式活塞内燃发动机小轿车 |
| | | 8703331201 | 2.5 L< 排量≤ 3 L 装压燃往复式活塞内燃发动机越野车（4 轮驱动） |
| | | 8703331301 | 2.5 L< 排量≤ 3 L 装压燃往复式活塞内燃发动机小客车（9 座及以下的） |
| | | 8703331901 | 2.5 L< 排量≤ 3 L 装压燃往复式活塞内燃发动机的其他载人车辆（不包括非 4 轮驱动越野车） |
| | | 8703331902 | 2.5 L< 排量≤ 3 L 装压燃往复式活塞内燃发动机的非 4 轮驱动越野车 |
| | | 8703332101 | 3 L< 排量≤ 4 L 装压燃往复式活塞内燃发动机小轿车 |
| | | 8703332201 | 3 L< 排量≤ 4L 装压燃往复式活塞内燃发动机越野车（4 轮驱动） |
| | | 8703332301 | 3 L< 排量≤ 4 L 装压燃往复式活塞内燃发动机小客车（9 座及以下的） |
| | | 8703332901 | 3 L< 排量≤ 4 L 装压燃往复式活塞内燃发动机的其他载人车辆（不包括非 4 轮驱动越野车） |

续表

| 序号 | 强制性产品认证目录产品名称 | 2012 年商品编码（HS 编码） | 商品编码对应的商品名称及备注 |
|---|---|---|---|
| 95 | 汽车 | 8703332902 | 3 L< 排量≤ 4 L 装压燃往复式活塞内燃发动机的非 4 轮驱动越野车 |
| | | 8703336101 | 排量 > 4 L 装压燃往复式活塞内燃发动机小轿车 |
| | | 8703336201 | 排量 > 4 L 装压燃往复式活塞内燃发动机越野车（4 轮驱动） |
| | | 8703336301 | 排量 > 4 L 装压燃往复式活塞内燃发动机小客车（9 座及以下的） |
| | | 8703336901 | 排量 > 4 L 装压燃往复式活塞内燃发动机其他载人车辆（不包括非 4 轮驱动越野车） |
| | | 8703336902 | 排量 > 4 L 装压燃往复式活塞内燃发动机非 4 轮驱动越野车 |
| | | 8703900001 | 其他型排量≤ 1 L 的其他载人车辆 |
| | | 8703900002 | 其他型 1.5 L< 排量≤ 2 L 的其他载人车辆 |
| | | 8703900003 | 其他型 2 L< 排量≤ 2.5 L 的其他载人车辆 |
| | | 8703900004 | 其他型 2.5 L< 排量≤ 3 L 的其他载人车辆（不包括编号 8703900014 所述小轿车和越野车） |
| | | 8703900005 | 其他型 3 L< 排量≤ 4 L 的其他载人车辆（不包括编号 8703900015 所述小轿车和越野车） |
| | | 8703900007 | 1 L< 其他型排量≤ 1.5 L 的其他载人车辆 |
| | | 8703900006 | 其他型排量 > 4 L 的其他载人车辆（不包括编号 8703900016 所述小轿车和越野车） |
| | | 8703900010 | 电动汽车和其他无法区分排量的载人车辆 |
| | | 8703900014 | 其他型 2.5 L< 排量≤ 3 L 的小轿车、越野车 |
| | | 8703900015 | 其他型 3 L< 排量≤ 4 L 的小轿车、越野车 |
| | | 8703900016 | 其他型排量 > 4 L 的小轿车、越野车 |
| | | 8704210000 | 柴油型其他小型货车（装有压燃式活塞内燃发动机，小型指车辆总质量≤ 5 t） |
| | | 8704223000 | 柴油型其他中型货车（装有压燃式活塞内燃发动机，中型指 5< 车辆总质量 <14 t） |
| | | 8704224000 | 柴油型其他重型货车（装有压燃式活塞内燃发动机，重型指 14 ≤车辆总质量≤ 20t） |
| | | 8704230001 | 固井水泥车、压裂车、混砂车底盘（车辆总质量 > 35 t，装驾驶室） |
| | | 8704230002 | 起重质量≥ 55 t 汽车起重机用底盘（装有压燃式活塞内燃发动机） |
| | | 8704230003 | 车辆总质量≥ 31 t 清障车专用底盘 |

续表

| 序号 | 强制性产品认证目录产品名称 | 2012 年商品编码（HS 编码） | 商品编码对应的商品名称及备注 |
| --- | --- | --- | --- |
| | | 8704230090 | 柴油型的其他超重型货车（装有压燃式活塞内燃发动机，超重型指车辆总质量＞20 t） |
| | | 8704310000 | 总质量≤5 t 的其他货车（汽油型，装有点燃式活塞内燃发动机） |
| | | 8704323000 | 5 t<总质量≤8 t 的其他货车（汽油型，装有点燃式活塞内燃发动机） |
| | | 8704324000 | 总质量＞8 t 的其他货车（汽油型，装有点燃式活塞内燃发动机） |
| | | 8704900000 | 装有其他发动机的货车 |
| | | 8705102100 | 起重质量≤50 t 全路面起重车 |
| | | 8705102200 | 50 t<起重质量≤100 t 全路面起重车 |
| | | 8705102300 | 起重质量 >100 t 全路面起重车 |
| | | 8705109100 | 起重质量≤50 t 其他机动起重车 |
| | | 8705109200 | 50 t<起重质量≤100 t 其他起重车 |
| | | 8705109300 | 起重质量 >100 t 其他机动起重车 |
| | | 8705200000 | 机动钻探车 |
| | | 8705400000 | 机动混凝土搅拌车 |
| | | 8705901000 | 无线电通信车 |
| | | 8705902000 | 机动放射线检查车 |
| | | 8705903000 | 机动环境监测车 |
| | | 8705904000 | 机动医疗车 |
| | | 8705905900 | 其他机动电源车（频率为 400 Hz 航空电源车除外） |
| | | 8705907000 | 道路（包括跑道）扫雪车 |
| | | 8705908000 | 石油测井车，压裂车，混沙车 |
| | | 8705909090 | 其他特殊用途的机动车辆（主要用于载人或运货的车辆除外） |
| | | 8706002100 | 车辆总质量≥14 t 的货车底盘（装有发动机的） |
| | | 8706002200 | 车辆总质量 <14 t 的货车底盘（装有发动机的） |

续表

| 序号 | 强制性产品认证目录产品名称 | 2012 年商品编码（HS 编码） | 商品编码对应的商品名称及备注 |
|---|---|---|---|
| 95 | 汽车 | 8706004000 | 汽车起重机底盘（装有发动机的） |
| | | 8706009000 | 其他机动车辆底盘（装有发动机的，品目 8701、8703 和 8705 所列车辆用） |
| | | 8716100000 | 供居住或野营用厢式挂车及半挂车 |
| | | 8716311000 | 油罐挂车及半挂车 |
| | | 8716319000 | 其他罐式挂车及半挂车 |
| | | 8716391000 | 货柜挂车及半挂车 |
| | | 8716399000 | 其他货运挂车及半挂车 |
| | | 8716400000 | 其他未列名挂车及半挂车 |
| 96 | 摩托车 | 8711100010 | 微马力摩托车及脚踏两用车（装有往复式活塞发动机，微马力指排量≤ 50 mL） |
| | | 8711100090 | 微马力摩托车及脚踏两用车（装有往复式活塞发动机，微马力指排量≤ 50 mL） |
| | | 8711201000 | 50 mL< 汽缸容量≤ 100 mL 装往复式活塞内燃发动机摩托车及脚踏两用车 |
| | | 8711202000 | 100 mL< 汽缸容量≤ 125 mL 装往复式活塞内燃发动机摩托车及脚踏两用车 |
| | | 8711203000 | 125mL< 汽缸容量≤ 150mL 装往复式活塞内燃发动机摩托车及脚踏两用车 |
| | | 8711204000 | 150 mL< 汽缸容量≤ 200 mL 装往复式活塞内燃发动机摩托车及脚踏两用车 |
| | | 8711205000 | 200 mL< 汽缸容量≤ 250 mL 装往复式活塞内燃发动机摩托车及脚踏两用车 |
| | | 8711301000 | 250 mL< 汽缸容量≤ 400 mL 装往复式活塞内燃发动机摩托车及脚踏两用车 |
| | | 8711302000 | 400 mL< 汽缸容量≤ 500 mL 装往复式活塞内燃发动机摩托车及脚踏两用车 |
| | | 8711400000 | 500 mL< 汽缸容量≤ 800 mL 装往复式活塞内燃发动机摩托车及脚踏两用车 |
| | | 8711500000 | 800 mL< 汽缸容量，装往复式活塞内燃发动机摩托车及脚踏两用车 |
| | | 8711901090 | 其他电动及电动助力的摩托车及边车（包括机器脚踏两用车；脚踏车） |
| | | 8711909001 | 排量≤ 250 mL 摩托车及脚踏两用车 |
| | | 8711909002 | 排量 > 250 mL 摩托车及脚踏两用车 |
| | | 8711909009 | 其他无法区分排气量的摩托车及脚踏两用车 |
| | | 8711909090 | 装有其他辅助发动机的脚踏车及边车 |

续表

| 序号 | 强制性产品认证目录产品名称 | 2012 年商品编码（HS 编码） | 商品编码对应的商品名称及备注 |
|---|---|---|---|
| 97 | 消防车 | 8705309000 | 其他机动救火车 |
| | | 8705301000 | 装有云梯的机动救火车 |
| | | 8705309000 | 其他机动救火车 |
| 98 | 摩托车发动机 | 8407310000 | 排量≤ 50 mL 往复式活塞引擎（第 87 章所列车辆用的点燃往复式活塞发动机，不超过 50 mL） |
| | | 8407320000 | 50 mL< 排量≤ 250 mL 往复式活塞引擎（第 87 章所列车辆用的点燃往复式活塞发动机） |
| | | 8407330000 | 250 mL< 排量≤ 1000 mL 往复活塞引擎（第 87 章所列车辆的点燃往复式活塞发动机） |
| | | 8407341001 | 缸内直接喷射的汽油发动机，1000 mL< 排量≤ 2500 mL（第 87 章所列车辆的点燃往复式活塞发动机） |
| | | 8407341002 | 升功率≥ 75kW 的多点喷射涡轮增压汽油发动机，1000 mL< 排量≤ 2500 mL（第 87 章车辆的点燃往复式活塞发动机，直接喷射式除外） |
| | | 8407341090 | 1000 mL< 排量≤ 3000 mL 车辆的往复式活塞引擎（第 87 章所列车辆的点燃往复式活塞发动机） |
| 99 | 汽车安全带 | 8708210000 | 坐椅安全带，品目 8701 至 8705 的车辆用 |
| 100 | 机动车喇叭 | 8512301100 | 机动车辆用喇叭，蜂鸣器 |
| 101 | 机动车回复反射器 | 8512209000 | 其他照明或视觉信号装置（包括机动车辆用视觉装置） |
| 102 | 机动车制动软管 | 8708309100 | 牵引车、拖拉机用制动器及其零件，包括助力制动器及其零件 |
| | | 8708309200 | 大型客车用制动器及其零件，包括助力制动器及其零件 |
| | | 8708309400 | 柴、汽油轻型货车用制动器及零件，指编号 87042100、87042230、87043100、87043230 所列≤ 14 t 车辆用 |
| | | 8708309500 | 柴、汽油型重型货车用制动器及其零件，指品目 87042240、87042300 及 87043240 所列车辆用 |
| | | 8708309600 | 特种车用制动器及其零件，指品目 8705 所列车辆用，包括助动器及零件 |
| | | 8708309990 | 其他机动车辆用制动器（包括助力制动器）的零件 |
| | | 8708995900 | 总质量≥ 14t 柴油货车用其他零部件 |
| | | 4009110000 | 未加强或其他材料合制硫化橡胶管（不带附件、硬质橡胶除外） |
| | | 4009120000 | 未加强或其他材料合制硫化橡胶管（装有附件、硬质橡胶除外） |
| | | 4009210000 | 加强或只与金属合制的硫化橡胶管（不带附件、硬质橡胶除外） |
| | | 4009220000 | 加强或只与金属合制的硫化橡胶管（装有附件、硬质橡胶除外） |
| | | 4009310000 | 加强或与纺织材料合制硫化橡胶管（不带附件、硬质橡胶除外） |
| | | 4009320000 | 加强或与纺织材料合制硫化橡胶管（装有附件、硬质橡胶除外） |
| 103 | 机动车外部照明及光信号装置 | 8512201000 | 机动车辆用照明装置 |

续表

| 序号 | 强制性产品认证目录产品名称 | 2012 年商品编码（HS 编码） | 商品编码对应的商品名称及备注 |
|---|---|---|---|
| 104 | 机动车后视镜 | 7009100000 | 车辆后视镜（不论是否镶框） |
| 105 | 汽车内饰件 | 8708299000 | 其他车身未列名零部件，包括驾驶室的零件、附件 |
| | | 3926300000 | 塑料制家具，车厢及类似品的附件 |
| | | 4016910000 | 硫化橡胶制铺地制品及门垫（硬质橡胶的除外） |
| | | 8708995900 | 总质量≥ 14 t 柴油货车用其他零部件 |
| 106 | 汽车门锁及门保持件 | 8301209000 | 其他机动车用锁 |
| | | 8301201000 | 机动车用中央控制门锁 |
| | | 8302100000 | 铰链（折叶） |
| | | 8302300000 | 机车用贱金属附件及架座 |
| 107 | 汽车燃油箱 | 8708299000 | 其他车身未列名零部件，包括驾驶室的零件、附件 |
| | | 8708995900 | 总质量≥ 14 t 柴油货车用其他零部件 |
| 108 | 汽车座椅及座椅头枕 | 9401201000 | 皮革或再生皮革面的机动车辆用坐具 |
| | | 9401209000 | 其他机动车辆用坐具 |
| | | 9401901900 | 机动车辆用其他座具零件 |
| | | 8708995900 | 总质量≥ 14 t 柴油货车用其他零部件 |
| 109 | 车身反光标识 | 8512209000 | 其他照明或视觉信号装置（包括机动车辆用视觉装置） |
| 110 | 汽车行驶记录仪 | 9106900000 | 其他时间记录器及其他类似装置 |
| 111 | 轿车轮胎 | 4011100010 | 机动小客车用新的充气子午线轮胎（橡胶轮胎，包括旅行小客车及赛车用） |
| | | 4011100090 | 机动小客车用新的非子午线轮胎（橡胶轮胎，包括旅行小客车及赛车用） |
| | | 4011200091 | 其他客或货车用新充气子午线轮胎（指机动车辆用橡胶轮胎） |
| | | 4011200099 | 客或货车用新的其他非子午线充气橡胶轮胎 |
| | | 4011990091 | 其他新的充气橡胶子午线轮胎（其他用途，新充气橡胶轮胎，非人字形胎面） |
| | | 4011990099 | 其他新的充气橡胶非子午线轮胎（其他用途，新充气橡胶轮胎，非人字形胎面） |
| | | 4011100010 | 机动小客车用新的充气子午线轮胎（橡胶轮胎，包括旅行小客车及赛车用） |
| | | 4011100090 | 机动小客车用新的非子午线轮胎（橡胶轮胎，包括旅行小客车及赛车用） |
| | | 4011990091 | 其他新的充气橡胶子午线轮胎（其他用途，新充气橡胶轮胎，非人字形胎面） |
| | | 4011990099 | 其他新的充气橡胶非子午线轮胎（其他用途，新充气橡胶轮胎，非人字形胎面） |

续表

| 序号 | 强制性产品认证目录产品名称 | 2012 年商品编码（HS 编码） | 商品编码对应的商品名称及备注 |
|---|---|---|---|
| 112 | 载重汽车轮胎 | 4011100010 | 机动小客车用新的充气子午线轮胎（橡胶轮胎，包括旅行小客车及赛车用） |
| | | 4011100090 | 机动小客车用新的非子午线轮胎（橡胶轮胎，包括旅行小客车及赛车用） |
| | | 4011200091 | 其他客或货车用新充气子午线轮胎（指机动车辆用橡胶轮胎） |
| | | 4011200099 | 客或货车用新的其他非子午线充气橡胶轮胎 |
| | | 4011990091 | 其他新的充气橡胶子午线轮胎（其他用途，新充气橡胶轮胎，非人字形胎面） |
| | | 4011990099 | 其他新的充气橡胶非子午线轮胎（其他用途，新充气橡胶轮胎，非人字形胎面） |
| | | 4011100010 | 机动小客车用新的充气子午线轮胎（橡胶轮胎，包括旅行小客车及赛车用） |
| | | 4011100090 | 机动小客车用新的非子午线轮胎（橡胶轮胎，包括旅行小客车及赛车用） |
| | | 4011990091 | 其他新的充气橡胶子午线轮胎（其他用途，新充气橡胶轮胎，非人字形胎面） |
| | | 4011990099 | 其他新的充气橡胶非子午线轮胎（其他用途，新充气橡胶轮胎，非人字形胎面） |
| 113 | 摩托车轮胎 | 4011400000 | 摩托车用新的充气橡胶轮胎 |
| | | 4011990091 | 其他新的充气橡胶子午线轮胎（其他用途，新充气橡胶轮胎，非人字形胎面） |
| | | 4011990099 | 其他新的充气橡胶非子午线轮胎（其他用途，新充气橡胶轮胎，非人字形胎面） |
| 114 | 汽车安全玻璃 | 7007219000 | 车辆用层压安全玻璃（规格及形状适于安装在车辆上的） |
| | | 7007119000 | 车辆用钢化安全玻璃（规格及形状适于安装在车辆上的） |
| | | 7008001000 | 中空或真空隔温、隔音玻璃组件 |
| | | 7008009000 | 其他多层隔温、隔音玻璃组件 |
| | | 8708294100 | 汽车电动天窗 |
| | | 8708294200 | 汽车手动天窗 |
| 115 | 建筑安全玻璃 | 7007290000 | 其他层压安全玻璃 |
| | | 7007190090 | 其他钢化安全玻璃 |
| | | 7008001000 | 中空或真空隔温、隔音玻璃组件 |
| | | 7008009000 | 其他多层隔温、隔音玻璃组件 |
| | | 7007190001 | 低铁钢化太阳能电池组件封装专用玻璃，指最大含铁量 0.02%$Fe_2O_3$，厚度为 2.5~3.5 mm 的玻璃 |

续表

| 序号 | 强制性产品认证目录产品名称 | 2012 年商品编码（HS 编码） | 商品编码对应的商品名称及备注 |
| --- | --- | --- | --- |
| 116 | 铁道车辆安全玻璃 | 7007219000 | 车辆用层压安全玻璃（规格及形状适于安装在车辆上的） |
| | | 7007119000 | 车辆用钢化安全玻璃（规格及形状适于安装在车辆上的） |
| | | 7008001000 | 中空或真空隔温、隔音玻璃组件 |
| | | 7008009000 | 其他多层隔温、隔音玻璃组件 |
| 117 | 植物保护机械 | 8424810000 | 农业或园艺用喷射、喷雾机械器具 |
| 118 | 轮式拖拉机 | 8701901190 | 其他轮式拖拉机 |
| 119 | 橡胶避孕套 | 4014100000 | 硫化橡胶制避孕套 |
| 120 | 调制解调器（含卡） | 8517623400 | 调制解调器 |
| | | 8517623300 | IP 电话信号转换设备 |
| 121 | 传真机 | 8443319090 | 其他具有打印、复印或传真中两种及以上功能的机器 |
| | | 8443329010 | 传真机 |
| | | 8443319020 | 其他多功能一体加密传真机（兼有打印、复印中一种及以上功能的机器） |
| 122 | 固定电话终端及电话机附加装置 | 8517180090 | 其他电话机 |
| | | 8517180010 | 其他加密电话机 |
| | | 8517699000 | 其他有线通信设备 |
| | | 8519500000 | 电话应答机 |
| 123 | 无绳电话终端 | 8517110010 | 无绳加密电话机 |
| | | 8517110090 | 其他无绳电话机 |
| 124 | 集团电话 | 8517621900 | 其他数字式程控电话交换机 |
| | | 8517621100 | 局用电话交换机、长途电话交换机、电报交换机，数字式 |
| 125 | 移动用户终端 | 8517121019 | 其他 GSM 数字式手持无线电话机 |
| | | 8517121029 | 其他 CDMA 数字式手持无线电话机 |
| | | 8517121090 | 其他手持式无线电话机（包括车载式无线电话机） |
| | | 8517129000 | 其他用于蜂窝网络或其他无线网络的电话机 |
| | | 8517629200 | 无线网络接口卡 |
| | | 8517629300 | 无线接入固定台 |
| | | 8517691090 | 其他无线通信设备 |

续表

| 序号 | 强制性产品认证目录产品名称 | 2012 年商品编码（HS 编码） | 商品编码对应的商品名称及备注 |
| --- | --- | --- | --- |
| 126 | ISDN 终端 | 8517699000 | 其他有线通信设备 |
| 127 | 数据终端（含卡） | 8517622100 | 光端机及脉冲编码调制设备（PCM） |
| | | 8517622200 | 波分复用光传输设备 |
| | | 8517622990 | 其他光通讯设备 |
| | | 8517623100 | 非光通讯网络时钟同步设备 |
| | | 8517623210 | 非光通讯加密以太网络交换机 |
| | | 8517623290 | 其他非光通讯以太网络交换机 |
| | | 8517623500 | 集线器 |
| | | 8517623690 | 其他路由器 |
| | | 8517623610 | 非光通讯加密路由器 |
| | | 8517623700 | 有线网络接口卡 |
| | | 8517622910 | 光通讯加密路由器 |
| | | 8517699000 | 其他有线通信设备 |
| 128 | 多媒体终端 | 8517623900 | 其他有线数字通信设备 |
| | | 8517629900 | 其他接收、转换并发送或再生音像或其他数据用的设备 |
| | | 8517699000 | 其他有线通信设备 |
| 129 | 医用 X 射线诊断设备 | 9022130000 | 其他牙科用 X 射线应用设备 |
| | | 9022140090 | 其他医疗或兽医用 X 射线应用设备 |
| | | 9022120000 | X 射线断层检查仪 |
| 130 | 血液透析装置 | 9018904000 | 肾脏透析设备（人工肾） |
| 131 | 空心纤维透析器 | 9018909000 | 其他医疗、外科或兽医用仪器器具 |
| 132 | 血液净化装置的体外循环血路 | 9018909000 | 其他医疗、外科或兽医用仪器器具 |
| 133 | 人工心肺机 | 9018909000 | 其他医疗、外科或兽医用仪器器具 |
| 134 | 心电图设备 | 9018110000 | 心电图记录仪 |
| 135 | 植入式心脏起搏器 | 9021500000 | 心脏起搏器，不包括零件、附件 |
| 136 | 火灾报警产品 | 8531901000 | 防盗、防火及类似装置用零件 |
| | | 8531100000 | 防盗或防火报警器及类似装置 |
| 137 | 消防水带 | 5909000000 | 纺织材料制水龙软管及类似管子（不论有无其他材料作衬里、护套或附件） |

续表

| 序号 | 强制性产品认证目录产品名称 | 2012 年商品编码（HS 编码） | 商品编码对应的商品名称及备注 |
|---|---|---|---|
| 138 | 喷水灭火产品 | 8424100000 | 灭火器 |
| 139 | 灭火剂 | 3813001000 | 灭火器的装配药 |
| 140 | 建筑耐火构件 | 4418101000 | 辐射松木制的木窗，落地窗及其框架 |
| | | 4418109010 | 拉敏木制木窗、落地窗及其框架 |
| | | 4418109020 | 濒危木制木窗、落地窗及其框架 |
| | | 4418109090 | 其他木制木窗、落地窗及其框架 |
| 141 | 泡沫灭火设备产品 | 8424899910 | 分离喷嘴（由狭缝状、曲率半径极小的弯曲通道组成，内有分离楔尖） |
| | | 8424899990 | 其他用途的喷射、喷雾机械器具 |
| 142 | 消防装备产品 | 9020000000 | 其他呼吸器具及防毒面具（但不包括既无机械零件又无可互换过滤器的防护面具） |
| 143 | 入侵探测器 | 8531100000 | 防盗或防火报警器及类似装置 |
| 144 | 防盗报警控制器 | 8531100000 | 防盗或防火报警器及类似装置 |
| 145 | 汽车防盗报警系统 | 8512301200 | 机动车辆用防盗报警器 |
| 146 | 防盗保险柜 | 8303000000 | 保险箱，柜，保险库的门 |
| 147 | 防盗保险箱 | | |
| 148 | 无线局域网产品 | 注：根据国家质检总局、标准委、认监委 2004 年 44 号联合公告，该产品强制性认证的强制实施时间后延 | |
| 149 | 溶剂型木器涂料 | 3208901090 | 其他聚氨酯油漆清漆等（溶于非水介质以聚胺酯类化合物为基本成分，含瓷漆大漆） |
| | | 3208909000 | 溶于非水介质其他油漆、清漆溶液（包括以聚合物为基本成分的漆，本章注释四所述溶液　） |
| | | 3210000090 | 其他油漆及清漆，皮革用水性颜料（包括非聚合物为基料的瓷漆，大漆及水浆涂料） |
| 150 | 瓷质砖 | 6904100000 | 陶瓷制建筑用砖 |
| | | 6904900000 | 陶瓷制铺地砖，支撑或填充用砖（包括类似品） |
| | | 6905900000 | 其他建筑用陶瓷制品（包括烟囱罩通风帽，烟囱衬壁，建筑装饰物） |
| | | 6907100010 | 瓷砖、陶瓷等产品，未打磨上釉陶瓷（表面最宽＜ 7cm） |
| | | 6907100090 | 未上釉的小陶瓷砖、瓦、块及类似品（小指最大表面积可置入边长＜ 7cm 的方格为限） |
| | | 6907900000 | 未上釉的大陶瓷砖、瓦、块及类似品（大指最大表面积超过子目号 690710 所列规格的） |
| | | 6908100000 | 上釉的小陶瓷砖、瓦、块及类似品（小指最大表面积以可置入边长＜ 7cm 的方格为限） |
| | | 6908900000 | 上釉的大陶瓷砖、瓦、块及类似品（大指最大表面积超过子目号 690810 所列规格的） |
| 151 | 混凝土防冻剂 | 3824409000 | 其他水泥、灰泥及混凝土用添加剂 |

续表

| 序号 | 强制性产品认证目录产品名称 | 2012 年商品编码（HS 编码） | 商品编码对应的商品名称及备注 |
|---|---|---|---|
| 152 | 童车类产品 | 8712008110 | 12~16in 的未列明自行车 |
| | | 8712008190 | 11in 及以下的未列明自行车 |
| | | 8712008900 | 其他未列明自行车 |
| | | 9503001000 | 三轮车、踏板车、踏板汽车和类似的带轮玩具；玩偶车 |
| | | 8712009000 | 其他非机动脚踏车 |
| | | 8715000000 | 婴孩车及其零件 |
| | | 8715000000 | 婴孩车及其零件 |
| | | 8712008110 | 12~16in 的未列名自行车 |
| | | 8712008190 | 11in 及以下的未列名自行车 |
| | | 8712008900 | 其他未列名自行车 |
| | | 9503001000 | 三轮车、踏板车、踏板汽车和类似的带轮玩具；玩偶车 |
| | | 8712008900 | 其他未列名自行车 |
| | | 8712009000 | 其他非机动脚踏车 |
| | | 9503001000 | 三轮车、踏板车、踏板汽车和类似的带轮玩具；玩偶车 |
| | | 9503008900 | 其他未列名玩具 |
| 153 | 电玩具类产品 | 9503006000 | 智力玩具 |
| | | 9503001000 | 三轮车、踏板车、踏板汽车和类似的带轮玩具；玩偶车 |
| | | 9503002100 | 动物玩偶，不论是否着装 |
| | | 9503002900 | 其他玩偶，不论是否着装 |
| | | 9503003100 | 缩小（按比例缩小）的电动火车模型 |
| | | 9503003900 | 其他缩小（按比例缩小）的全套模型组件，不论是否活动 |
| | | 9503008100 | 组装成套或全套的其他玩具 |
| | | 9503008200 | 其他带动力装置的玩具及模型 |
| | | 9503008900 | 其他未列名玩具 |
| | | 9503009000 | 玩具、模型零件 |
| | | 9503006000 | 智力玩具 |
| | | 9503008900 | 其他未列名玩具 |
| | | 9503009000 | 玩具、模型零件 |
| | | 9504901000 | 其他电子游戏机 |
| | | 9503002100 | 动物玩偶，不论是否着装 |
| | | 9503002900 | 其他玩偶，不论是否着装 |
| | | 9503004000 | 其他建筑套件及建筑玩具 |
| | | 9503005000 | 玩具乐器 |
| | | 9503006000 | 智力玩具 |
| | | 9503008100 | 组装成套或全套的其他玩具 |
| | | 9503008200 | 其他带动力装置的玩具及模型 |
| | | 9503008900 | 其他未列名玩具 |

续表

| 序号 | 强制性产品认证目录产品名称 | 2012 年商品编码（HS 编码） | 商品编码对应的商品名称及备注 |
|---|---|---|---|
| 154 | 塑胶玩具类产品 | 9503001000 | 三轮车、踏板车、踏板汽车和类似的带轮玩具；玩偶车 |
| | | 9503002100 | 动物玩偶，不论是否着装 |
| | | 9503002900 | 其他玩偶，不论是否着装 |
| | | 9503004000 | 其他建筑套件及建筑玩具 |
| | | 9503006000 | 智力玩具 |
| | | 9503008100 | 组装成套或全套的其他玩具 |
| | | 9503008900 | 其他未列名玩具 |
| | | 9503009000 | 玩具、模型零件 |
| | | 9503001000 | 三轮车、踏板车、踏板汽车和类似的带轮玩具；玩偶车 |
| | | 9503002100 | 动物玩偶，不论是否着装 |
| | | 9503002900 | 其他玩偶，不论是否着装 |
| | | 9503005000 | 玩具乐器 |
| | | 9503006000 | 智力玩具 |
| | | 9503008100 | 组装成套或全套的其他玩具 |
| | | 9503008200 | 其他带动力装置的玩具及模型 |
| | | 9503008900 | 其他未列名玩具 |
| | | 9503009000 | 玩具、模型零件 |
| 155 | 金属玩具类产品 | 9503001000 | 三轮车、踏板车、踏板汽车和类似的带轮玩具；玩偶车 |
| | | 9503002100 | 动物玩偶，不论是否着装 |
| | | 9503002900 | 其他玩偶，不论是否着装 |
| | | 9503004000 | 其他建筑套件及建筑玩具 |
| | | 9503006000 | 智力玩具 |
| | | 9503008100 | 组装成套或全套的其他玩具 |
| | | 9503008900 | 其他未列名玩具 |
| | | 9503009000 | 玩具、模型零件 |
| | | 9503001000 | 三轮车、踏板车、踏板汽车和类似的带轮玩具；玩偶车 |
| | | 9503002100 | 动物玩偶，不论是否着装 |
| | | 9503002900 | 其他玩偶，不论是否着装 |
| | | 9503006000 | 智力玩具 |
| | | 9503008100 | 组装成套或全套的其他玩具 |
| | | 9503008200 | 其他带动力装置的玩具及模型 |
| | | 9503008900 | 其他未列名玩具 |
| | | 9503009000 | 玩具、模型零件 |

续表

| 序号 | 强制性产品认证目录产品名称 | 2012 年商品编码（HS 编码） | 商品编码对应的商品名称及备注 |
|---|---|---|---|
| 156 | 弹射玩具类产品 | 9503002100 | 动物玩偶，不论是否着装 |
| | | 9503002900 | 其他玩偶，不论是否着装 |
| | | 9503008100 | 组装成套或全套的其他玩具 |
| | | 9503008200 | 其他带动力装置的玩具及模型 |
| | | 9503008900 | 其他未列名玩具 |
| | | 9503009000 | 玩具、模型零件 |
| 157 | 娃娃玩具类产品 | 9503002900 | 其他玩偶，不论是否着装 |
| | | 9503008900 | 其他未列名玩具 |
| | | 9503009000 | 玩具、模型零件 |

# 国家认监委关于注销成都电气检验所强制性产品认证检测业务资格的公告

2012 年第 37 号

成都电气检验所因不再符合强制性产品认证指定实验室条件，根据《强制性产品认证机构、检查机构和实验室管理办法》（质检总局 65 号令）第三十九条的规定，现决定注销成都电气检验所承担强制性产品认证检测业务的资格。

二〇一二年十二月三十一日

# 国家认监委关于注销部分实验室承担强制性产品认证检测业务资格的公告

2012 年第 38 号

根据国家质检总局、国家认监委 2012 年第 117 号联合公告，部分产品不再实施强制性产品认证管理。由于上述调整，注销以下实验室承担强制性产品认证检测业务的资格：

上海工业自动化仪表研究所仪器仪表及自控系统检验测试所、中北电磁兼容联合实验室、江苏省计量测试技术研究所、上海市计量测试技术研究院、国家电工仪器仪表质量监督检验中心

特此公告。

二〇一二年十二月三十一日

# 二、农产品认证监督管理

| 认证机构名称 | GAP认证 | 食品安全管理体系 | HACCP认证 | 食品质量 | 绿色市场 | 饲料产品 | 乳品HACCP | 乳品GMP | 绿色食品 | 无公害农产品 |
|---|---|---|---|---|---|---|---|---|---|---|
| 北京埃尔维质量认证中心 | — | 103 | 21 | — | — | — | — | — | — | — |
| 北京爱科赛尔认证中心有限公司 | — | — | — | — | — | — | — | — | — | — |
| 北京大陆航星质量认证中心有限公司 | — | 136 | 17 | — | — | — | — | — | — | — |
| 北京东方嘉禾认证有限责任公司 | — | — | — | — | — | — | — | — | — | — |
| 北京东方纵横认证中心 | — | 50 | — | — | — | — | — | — | — | — |
| 北京恩格威认证中心 | — | 81 | — | — | — | — | — | — | — | — |
| 北京华思联认证中心 | 41 | 308 | 1 | — | — | — | — | — | — | — |
| 北京世标认证中心有限公司 | — | 79 | 119 | — | — | — | — | — | — | — |
| 北京五岳华夏管理技术中心 | — | — | — | — | — | — | — | — | — | — |
| 北京五洲恒通认证有限公司 | — | 340 | 98 | — | — | — | 6 | 1 | — | — |
| 北京新世纪认证有限公司 | — | 220 | — | — | — | — | — | — | — | — |
| 北京中安质环认证中心 | — | 98 | 3 | — | — | — | — | — | — | — |
| 北京中大华远认证中心 | — | 359 | 192 | — | 23 | — | 84 | 14 | — | — |

续表

| 认证机构名称 | GAP认证 | 食品安全管理体系 | HACCP认证 | 食品质量 | 绿色市场 | 饲料产品 | 乳品HACCP | 乳品GMP | 绿色食品 | 无公害农产品 |
|---|---|---|---|---|---|---|---|---|---|---|
| 北京中合金诺认证中心有限公司 | 14 | — | — | — | — | — | — | — | — | — |
| 北京中绿华夏有机食品认证中心 | — | — | — | — | — | — | — | — | — | — |
| 北京中瑞雅德士技术服务有限公司 | 14 | — | — | — | — | — | — | — | — | — |
| 长城（天津）质量保证中心 | — | 138 | — | — | — | — | — | — | — | — |
| 东北认证有限公司 | — | 86 | 30 | — | — | — | 2 | — | — | — |
| 方圆标志认证集团有限公司 | 29 | 932 | 339 | — | — | 7 | 125 | 56 | — | — |
| 福建东南标准认证中心 | 18 | 43 | 32 | — | — | 14 | — | — | — | — |
| 广东中鉴认证有限责任公司 | 21 | 240 | 41 | — | — | — | — | — | — | — |
| 杭州万泰认证有限公司 | 90 | 128 | 95 | — | — | — | — | — | — | — |
| 杭州中农质量认证中心 | 4 | — | — | — | — | — | — | — | — | — |
| 黑龙江省产品质量认证中心 | 5 | — | — | — | — | — | — | — | — | — |
| 湖南欧格有机认证有限公司 | — | — | — | — | — | — | — | — | — | — |
| 华夏认证中心有限公司 | — | 72 | 6 | — | — | — | — | — | — | — |
| 凯新认证（北京）有限公司 | — | 290 | 66 | — | — | — | — | — | — | — |

续表

| 认证机构名称 | GAP认证 | 食品安全管理体系 | HACCP认证 | 食品质量 | 绿色市场 | 饲料产品 | 乳品HACCP | 乳品GMP | 绿色食品 | 无公害农产品 |
|---|---|---|---|---|---|---|---|---|---|---|
| 劳氏质量认证（上海）有限公司 | — | 3 | — | — | — | — | — | — | — | — |
| 辽宁方园有机食品认证有限公司 | — | — | — | — | — | — | — | — | — | — |
| 辽宁辽环认证中心 | — | — | — | — | — | — | — | — | — | — |
| 摩迪英联认证有限公司（英国） | — | 167 | 349 | — | — | — | 11 | 4 | — | — |
| 南京国环有机产品认证中心 | 4 | — | — | — | — | — | — | — | — | — |
| 农业部农产品质量安全中心 | — | — | — | — | — | — | — | — | — | 67 402 |
| 农业部优质农产品开发服务中心 | 32 | — | — | — | — | — | — | — | — | — |
| 上海挪华威认证有限公司（上海） | — | 13 | — | — | — | — | — | — | — | — |
| 上海色瑞斯认证有限公司 | — | — | — | — | — | — | — | — | — | |
| 上海天祥质量技术服务有限公司 | — | 17 | — | — | — | — | — | — | — | — |
| 上海质量体系审核中心 | — | 88 | 26 | — | — | — | — | — | — | — |
| 深圳华测鹏程国际认证有限公司 | — | 53 | — | — | — | — | — | — | — | — |

续表

| 认证机构名称 | GAP认证 | 食品安全管理体系 | HACCP认证 | 食品质量 | 绿色市场 | 饲料产品 | 乳品HACCP | 乳品GMP | 绿色食品 | 无公害农产品 |
|---|---|---|---|---|---|---|---|---|---|---|
| 深圳市环通认证中心有限公司 | — | 71 | 20 | — | — | — | — | — | — | — |
| 通标标准技术服务有限公司 | 15 | 402 | 273 | — | — | — | — | — | — | — |
| 西北农林科技大学认证中心 | — | — | — | — | — | — | — | — | — | — |
| 新疆生产建设兵团环境保护局 | — | — | — | — | — | — | — | — | — | — |
| 兴原认证中心有限公司 | — | 121 | 35 | — | — | — | — | — | — | — |
| 浙江公信认证有限公司 | 7 | — | — | — | — | — | — | — | — | — |
| 中国绿色食品发展中心 | — | — | — | — | — | — | — | — | 15 371 | — |
| 中国质量认证中心 | 182 | 2 858 | 2 161 | — | 39 | — | 35 | 10 | — | — |
| 中环联合（北京）认证中心 | — | 21 | — | — | — | — | — | — | — | — |
| 中食恒信（北京）质量认证中心有限公司 | 16 | 63 | 118 | — | 63 | — | — | — | — | — |
| 中食联盟（北京）认证中心 | — | — | — | 110 | — | — | — | — | — | — |
| 中质协质量保证中心 | — | 50 | — | — | — | — | — | — | — | — |
| 合计 | 492 | 7 630 | 4 042 | 110 | 125 | 21 | 263 | 85 | 15 371 | 67 402 |

# 长虹品牌价值827.58亿

6月26日，世界品牌实验室在北京发布了2013年（第十届）《中国500最具价值品牌》排行榜。家电知名企业长虹以827.58亿元的估值蝉联西部中国品牌价值500强，与工商银行、国家电网、中国移动通信、CCTV等一起迈进世界级品牌阵营。

世界品牌实验室认为，长虹不断向延伸产业价值链，构建起以软件和芯片为代表的六大核心技术能力，成功培育出面向大数据时代的智能基因，全球首创的语音浏览器、中国唯一的超高清数字电视系统以及行业首个智能语音芯片等研发成功将重新定义智能终端，并引领整个家电行业IT化。

长虹相关负责人透露，长虹正加快实施智能战略，包括电视、冰箱、空调的全线智能产品即将面市。随着产品结构调整和技术积累效应逐渐显现，随着长虹黑+白的全产业链优势发挥和内部运营水平提升，今年整体盈利水平将得到大改善，并助推长虹进入千亿级企业的阵营。

据长虹方面介绍，今年起，以“U-MAX”客厅电视为主体的新一轮市场推广正全力推进。长虹多媒体营销中心总经理白志强透露，“一季度长虹46寸以上智能大平板电视销售占比与去年同期相比增长80%”。

# 国际电声界的传奇 *a legend of perfect sound*

HiVi惠威源自中国，名誉世界。经过21年的高速发展，惠威已成为世界高级音响制造公司，并且以各类顶级电声产品享誉业界。惠威目前拥有亚洲最大的专业电声消声室，这是研发电声产品及技术最重要的专业设施，惠威拥有世界上最先进的各类研发设备及设计软件，使惠威在行业内保持科技领先地位。

惠威致力于追求完美声音重放，正如惠威企业理念：专注声音品质！

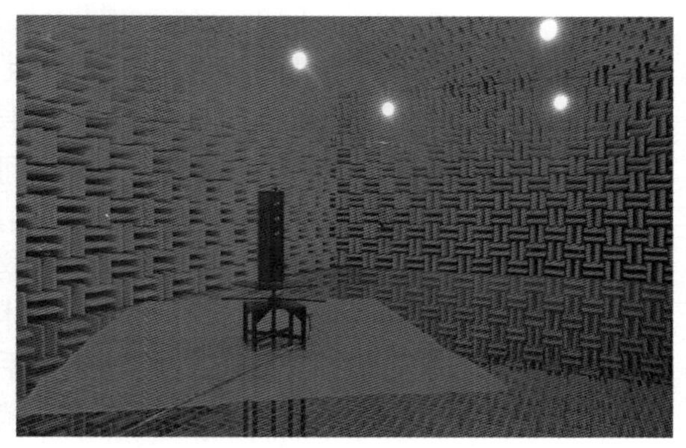

作为世界著名Hi-End高级音响制造商，HiVi惠威在国际上已经获得如此赞誉：HiVi惠威将国际最顶级的电声科技结合中国精密制造技术，HiVi惠威产品拥有世界一流的设计及合理成本。HiVi惠威扬声器单元以超卓的品质及尽善尽美的声音，赢得众多欧美著名音响厂商的青睐，并将之用于其品牌音箱上，例如美国著名的Totem公司、德国音响界的超级巨无霸Burmester柏林之声公司……他们认为世界一流的HiVi惠威扬声器是其品牌引领世界音响潮流的根本保证。

HiVi惠威拥有从扬声器单元、音箱到各类电声产品的完整产业链，均配备HiVi惠威顶级扬声器单元。HiVi惠威音箱不仅音质超卓，且与国际品牌相比性价比更高。目前HiVi惠威是业界著名的高级电声集团公司，产品线覆盖HiFi、家庭影院、多媒体有源音响、汽车音响、专业音响、智能广播系统、各类扬声器单元和箱体制造等多个领域。

HiVi惠威目前拥有亚洲最大的专业电声消声室，这是研发电声产品及技术最重要的专业设施，HiVi惠威拥有世界上最先进的各类研发设备及设计软件，使HiVi惠威在行业内保持科技领先地位。

HiVi惠威屡获国际大奖。2003年，在拉斯维加斯CES消费电子大展上，HiVi惠威以等磁场带式超级旗舰荣获“Best of CES 2003 High-End Audio Finalists ”大奖，这是中国音响界在国际上首次获得的最高荣誉！2005年HiVi惠威再次荣获“Best of CES Ultimate Audio Finalist” CES高级音响冠军组大奖，成为史上唯一两次勇夺该项大奖的国际音响企业！从08年至今，惠威产品在5年内连续6次获得CES Innovations Design and Engineering Awards （CES创新与工程设计大奖）；象征惠威的高端扬声器研发和制造已进入新的纪元。与荣誉同步的是惠威销售额的飞速增长，目前惠威已经占据国内高端有源音箱80%的市场份额，是有源音响、家庭影院音响、车载音响、专业音响等多个领域中最具含金量的国际顶尖音响品牌。在《微型计算机》杂志的2012年度评选中，惠威被评为读者首选品牌。

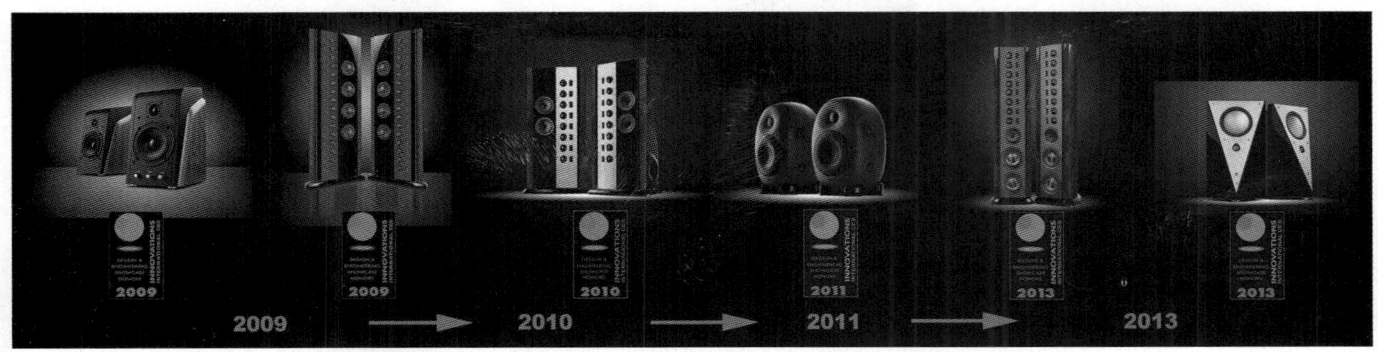


HiVi惠威致力于追求完美声音重放，正如HiVi惠威企业理念：专注声音品质！

纤维有多密？泡沫有多细！
为了洁净丝丝不苟
我们让泡沫细致入微
瞬间迸发极细腻泡沫，净透每一丝纤维
形象代言人:邬靖靖
松下洗衣机「更好的洗衣科技，为生活设计。」
Bubble Maker
专利泡沫发生技术
让洗涤剂充分溶解；
瞬间产生更细腻泡沫；
显著增加有效洗涤时间；
清除纤维深处污渍。
专利号：ZL 2010 2 0050279.1
Fine Washing
专利精洗技术
特别设计的精洗网板；
避免衣物直接接触波轮；
洗涤羊绒等高级衣物；
衣物不易缩水，变形。
专利号：ZL 95 1 08725.8

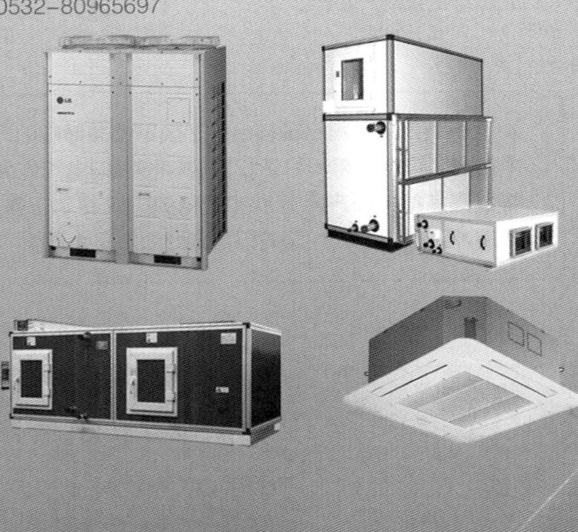

# 浙江大华技术股份有限公司

浙江大华技术股份有限公司是领先的监控产品供应商和解决方案服务商，面向全球提供领先的视频存储、前端、显示控制和智能交通等系列化产品。公司自2001年推出业内首台自主研发8路嵌入式DVR以来，一直持续加大研发投入和不断致力于技术创新。每年近10%的销售收入投入研发，现拥有千余人研发团队，创造众多行业和世界第一，并立志打造高品质、高性价比的精品，持续为客户创造最大价值。

大华股份的营销和服务网络覆盖海内外，在国内31个省市，海外亚太、北美、欧洲、非洲等地建立营销和服务中心，为客户提供端对端快速、优质服务，并在业内率先实行产品保修三年。产品广泛应用于公安、金融、交通、能源、通信等关键领域，并相继问鼎三峡水电、六国峰会，奥运场馆、上海世博、广州亚运、陕西世界园艺博览会、英国伦敦地铁等重大工程项目。

大华股份作为国家级高新技术企业，2008年5月成功在A股上市（股票代码002236），公司拥有国家级博士后科研工作站，现已承接3项国家火炬计划项目、2项国家高技术产业化重大专项，1项国家863计划，4项电子信息产业发展基金项目。已连续4年被列入国家规划布局内重点软件企业，拥有及获得受理专利142项，其中拥有发明专利9项，连续7年荣获中国安防十大品牌，连续5年入选《A&S》“全球安防50强”（2011年位列前十），是中国平安城市建设推荐品牌和中国安防最具影响力的品牌之一。

**“社会的安全，我们的责任”**。大华股份将秉承“诚信、敬业、责任、创新”的企业精神，铭记“行业领先，产业报国”的使命，以“客户为中心”不断提升产品品质、服务和性价比，为客户创造更多价值，并为共同构建安全、便捷、稳定、轻松的高品质生活而不懈努力。

China National Accreditation Service for Conformity Assessment
LABORATORY ACCREDITATION CERTIFICATE
(No. CNAS L2047)
Emerson Network Power R&D Dept. Laboratory

中国合格评定国家认可委员会
实验室认可证书
(No. CNAS L2047)

ACT CERTIFICATE
Acceptance of Client's Testing
Emerson Network Power Co. Ltd. (ENP)
CERTIFICATE

TÜV
Certificate
of
Appointment
Emerson Network Power Co., Ltd.

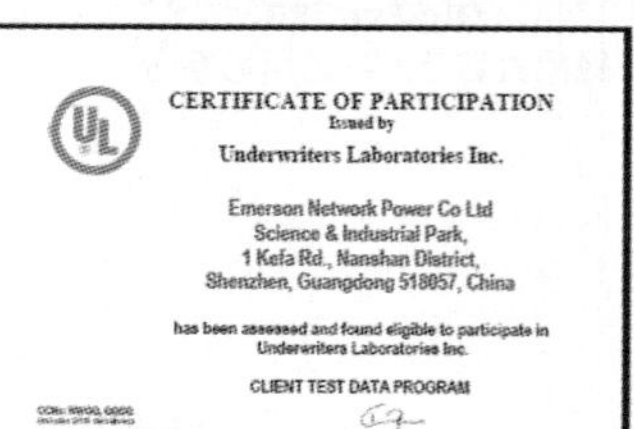
CERTIFICATE OF PARTICIPATION
Issued by
Underwriters Laboratories Inc.
Emerson Network Power Co Ltd
Science & Industrial Park,
1 Kefa Rd., Nanshan District,
Shenzhen, Guangdong 518057, China
has been assessed and found eligible to participate in
Underwriters Laboratories Inc.
CLIENT TEST DATA PROGRAM

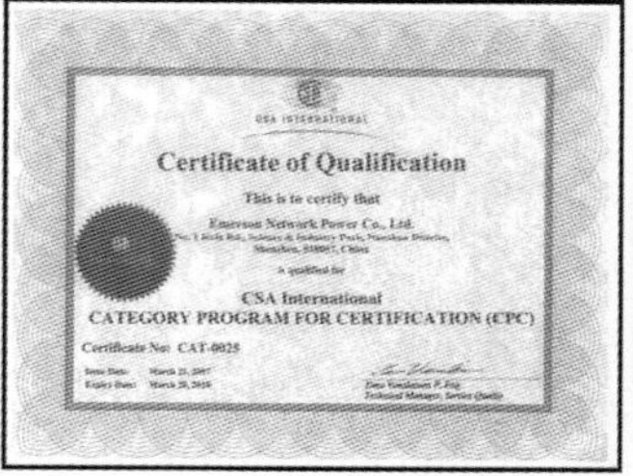
Certificate of Qualification
This is to certify that
Emerson Network Power Co., Ltd.
is qualified for
CSA International
CATEGORY PROGRAM FOR CERTIFICATION (CPC)
Certificate No: CAT-0025

In recognition of
Emerson Network
Power Co. Ltd.
as a
Sustaining Member

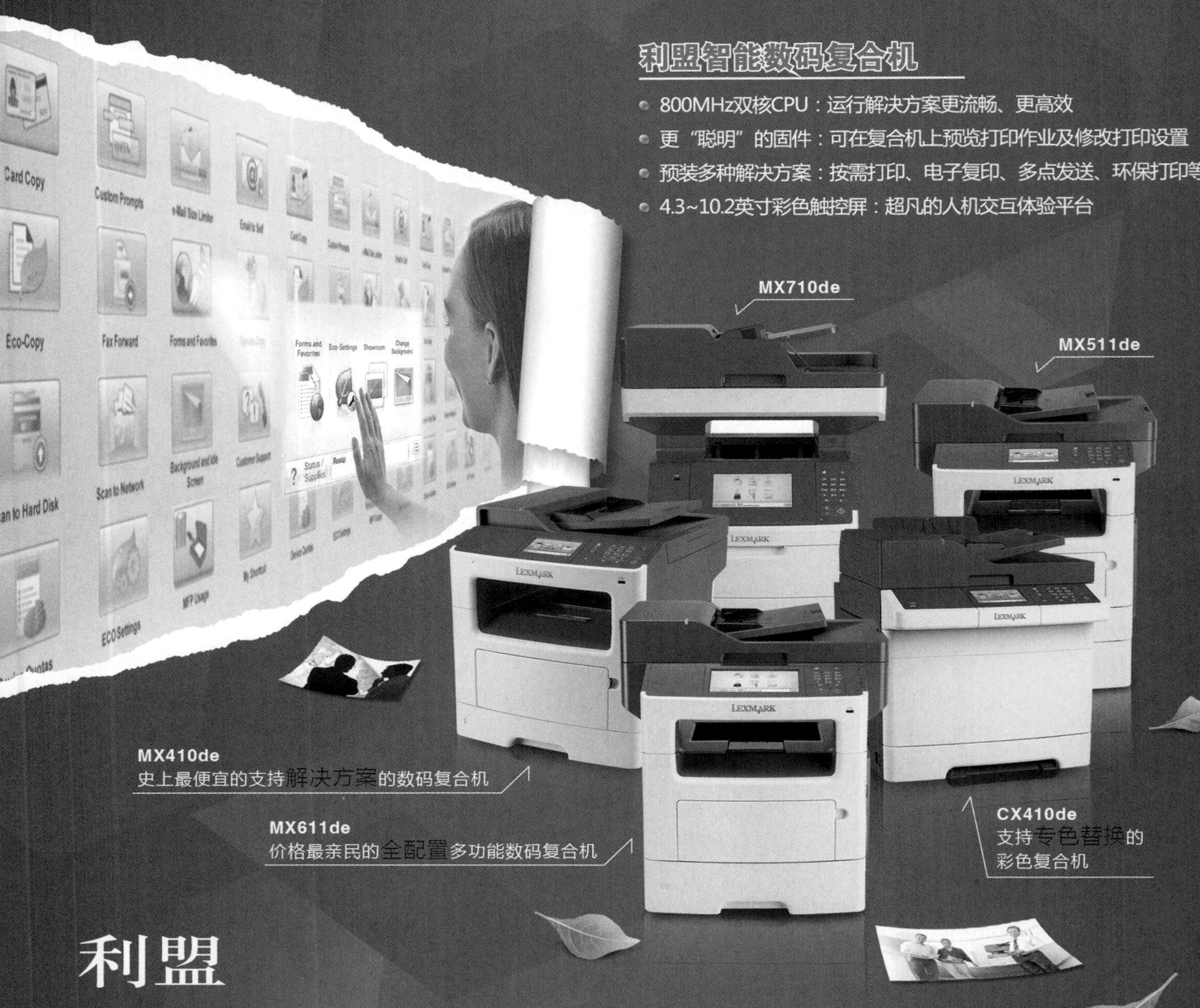
利盟智能数码复合机
800MHz双核CPU：运行解决方案更流畅、更高效
更“聪明”的固件：可在复合机上预览打印作业及修改打印设置
预装多种解决方案：按需打印、电子复印、多点发送、环保打印等
4.3~10.2英寸彩色触控屏：超凡的人机交互体验平台
MX710de
MX511de
MX410de
史上最便宜的支持解决方案的数码复合机
MX611de
价格最亲民的全配置多功能数码复合机
CX410de
支持专色替换的
彩色复合机
Card Copy
Custom Prompts
Eco-Copy
Fax Forward
Forms and Favorites
Scan to Network
Scan to Hard Disk
ECO Settings
MFP Usage
LEXMARK

# 马自达汽车株式会社
# Mazda Motor Corporation

马自达汽车株式会社（Mazda Motor Corporation）成立于1920年，其前身是“　洋工　株式会社”，1984年正式更名为“マツダ株式会社”。“Mazda”这一公司名称源自与西亚人类文明发祥地同时诞生的智慧、理性、和谐之神“Ahura Mazda”，表达了马自达对世界和平与汽车产业光明前景的祝愿。此外，“Mazda”与公司创始人松田重次郎（Matsuda Junjiro）的日语发音很相近也是缘由之一。

“创造新价值，以最好的汽车和最令人满意的服务把喜悦和感动带给顾客”是马自达矢志不渝的企业理念。以不屈不挠的精神投身于转子发动机的开发，是世界上唯一将转子发动机实用化的汽车企业。1991年第59届法国勒芒24小时耐力赛中，搭载4转子引擎的Mazda787B赛车获得了日本汽车史上最初的综合冠军。以马自达6为开端，新一代马自达车型完美地传承了“Zoom-Zoom”精神，以动感不凡的造型、出色的操控、舒适人性化的设计赢得了全世界客户的青睐，全球销量超过130万台。

在中国，马自达是最早取得CCC车辆认证的国际汽车企业之一。严格遵守中国的技术法规，认真履行认证义务，赢得了各个政府部门及检测中心的信任与支持。也为马自达中国业务的扩大做出了扎实的贡献。马自达在中国的关联企业有：马自达（中国）企业管理有限公司、一汽马自达汽车销售有限公司、长安福特马自达汽车有限公司、长安福特马自达发动机有限公司等。在华销售车型有Mazda6，Mazda5，Mazda3，Mazda3 Sport，Mazda2，Mazda MX-5等。陆续将有更多富有特色的马自达产品提供给广大中国消费者。

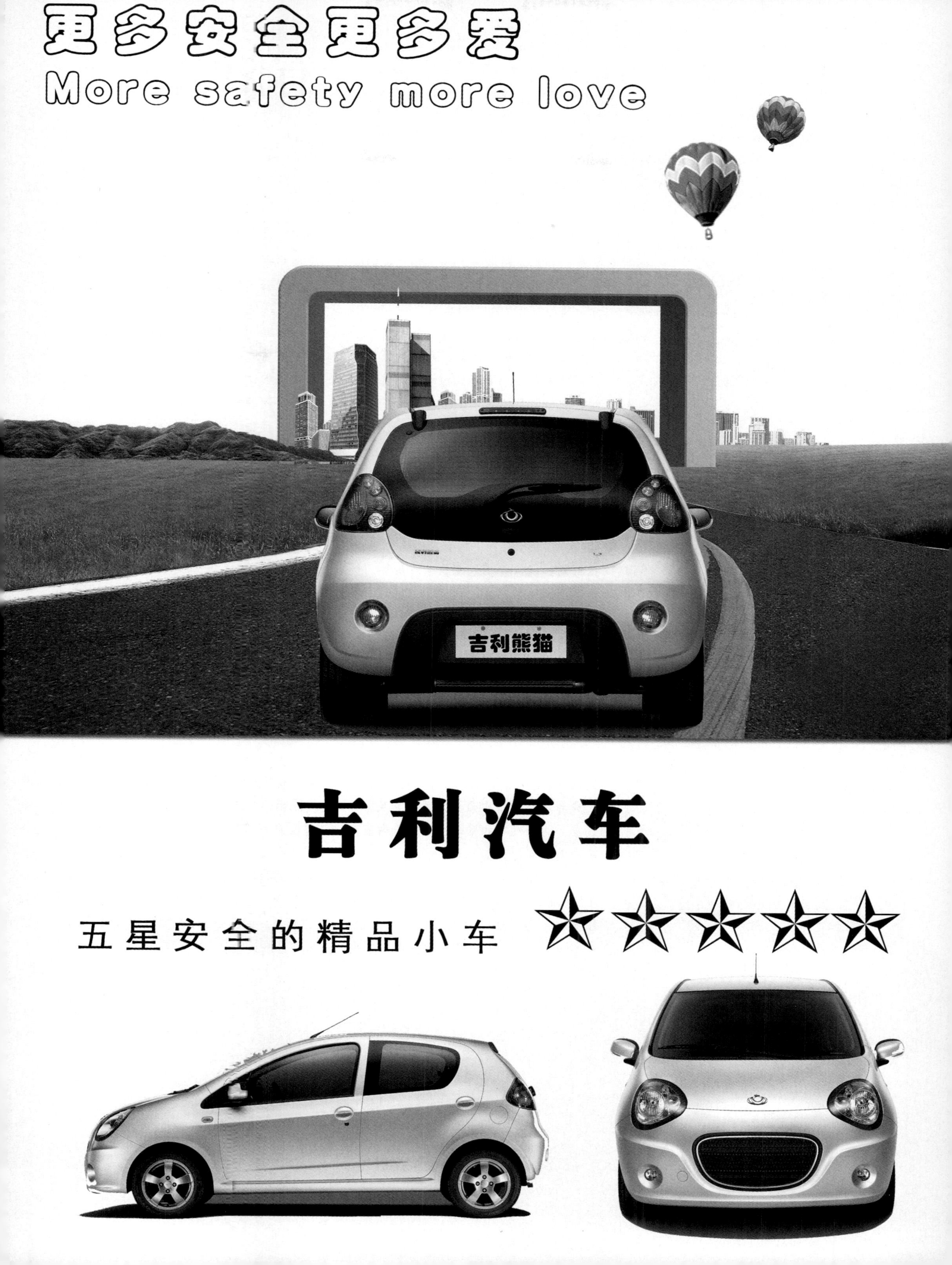
更多安全更多爱
More safety more love
吉利熊猫
吉利汽车
五星安全的精品小车

# 上海恩坦华汽车门系统有限公司

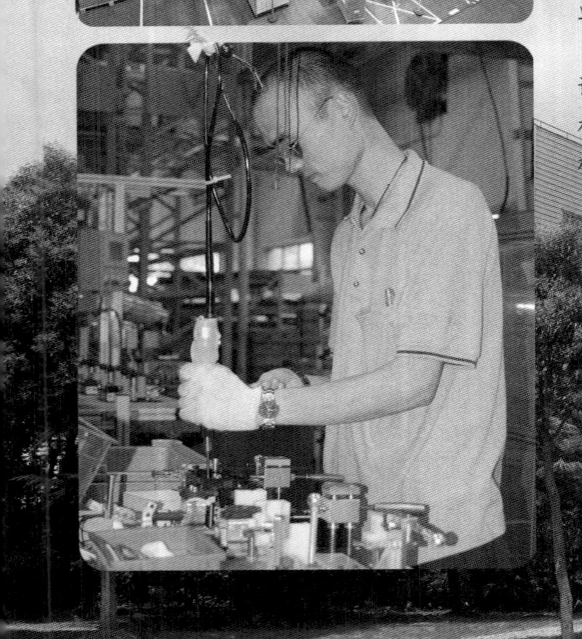

## 创新驱动促发展

以科技创新为源动力，以精诚的产品为保证，以完善的服务为依托，与客户携手共增值。

上海恩坦华汽车门系统有限公司位于大都市上海，建于1999年，现占地面积1.2万平方米。公司主要从事汽车门锁总成的开发、生产和销售，门锁总成年生产能力达到1700万套。公司具有完善的技术开发、生产管理、市场营销、仓储物流体系，随着公司的发展壮大，将不断扩大生产规模。

公司具有完善的技术开发体系，分别在北美和欧洲有2个技术中心，这有利于与整车厂进行同步、联合开发，可以高效率、高质量的实现汽车行业零部件产品开发。完全能够按照整车厂要求进行设计和图纸转换工作，并使用本公司自有实验设备进行开发阶段的性能匹配试验，输出满足整车厂要求的产品。产品质量的先期策划按照整车厂汽车零部件的要求，限定计划目标和内容，做好产品设计开发和过程设计开发的优化组合。目前合作的有一汽一大众、上海大众、上海通用、上汽通用五菱、长安汽车、上海汽车、神龙汽车、华晨金杯、奇瑞汽车、北京汽车等国内客户；印度大众、俄罗斯大众与北美通用等国外客户，并得到了客户的一致认可。

公司采用了一流的生产、检测、试验设备。主要生产设备有：超声波焊接机、激光焊接机、门锁生产线、门锁功能终检台。主要检测和试验设备有：力和行程测试台、拉力机、扭力测试仪、镀层厚度仪、三坐标、投影仪、三元测量机、测力计、弹簧扭力测试仪、金属硬度测试仪、橡胶硬度测试仪、电器耐久测试台、机械耐久测试台、高低温环境箱、盐雾箱、示波记录仪、声音测试仪、高温箱、淋雨实验箱、沙尘试验箱、绝缘电阻测试仪、耐压测试仪、步入式温湿度环境箱，目前公司内部实验室已经通过了CNAS的初次评审，预计2013年12月通过CNAS的正式评审。

公司在创业、发展的过程中坚持以人为本，吸纳人才、挖掘人才、培养人才，运用完善的人力资源体系，不断增强企业的核心竞争力，构建一支具有创新精神、责任意识、团结、敬业的优秀队伍。

公司本着“超越客户的期望”的质量方针，于2003年9月首次通过ISO/TS16949：2002认证，2009年9月ISO/TS16949：2009 升级审核通过，2005年1月ISO14001复审通过。本着“成为客户心目中最满意的供应商！”多次获得客户和政府的表彰，如：上海通用、上海汽车、北京汽车和奇瑞汽车优秀供应商，获得国家高新技术企业、上海市外商投资双优企业和上海市创新型企业称号。

自建厂以来，公司先后开发并生产的18种汽车锁体总成相继通过了国家强制性产品认证（CCC），并顺利通过了历年的CCC认证工厂监督审查，在认证过程中公司对各种认证的标准有了进一步的认识，同时在产品的设计开发、生产过程控制及产品性能测试等方面严格按照各项产品质量认证的标准来组织产品的设计和制造，吸收、优化不断提高。

# 丰田汽车仓储贸易（上海）有限公司

丰田汽车仓储贸易（上海）有限公司成立于2001年12月，主要业务有：以汽车及汽车零件为主的保税区仓储、分拨、展示、技术咨询、技术培训及售后服务业务；国际贸易、保税区企业间的贸易及转口贸易；面向雷克萨斯品牌经销商进行纯牌零件、机油化学品的销售以及其他相关配套业务。

位于江苏省的常熟分公司于2011年正式开业，目前已建成全世界丰田第二大零件中心。

为了使每一位顾客都能满意，我们秉承贯彻着“顾客至上”的宗旨，在供应及物流服务中积累技术与经验，为创造优质服务积极开拓丰富多彩的新事业。

总公司地址：上海市外高桥保税区日滨路88号A楼　　联系电话（总机）：（021）5869-0363

分公司地址：江苏省常熟市东南开发区丰田路2号　　联系电话（总机）：（0512）5235-8883

统计数据表明，每年全球有超过一百万人死于交通事故，还有更多的人在事故中严重受伤。如果这种趋势持续下去，到2020年时每年死亡的人数将会翻倍。在人们承受了无法计算的痛苦的同时，估计全社会每年用于医疗、康复和因此而造成的金钱损失将超过千亿美元。

基于此事实，奥托立夫决定了我们努力的方向和目标：尽全力减少上述数字。我们每天都在为此而努力，我们的安全产品每年可以拯救25,000条生命，更使以十倍于此的人在交通事故中免于严重伤害，印象非常深刻的数字。但我们还有更多的工作需要完成，所以我们的愿景是：实质上降低汽车交通事故、致死及致伤；我们的使命是：创新、制造及销售最新技术的汽车安全系统。

奥托立夫正以不懈地努力开发新产品，致力于成为能够提供包括驾驶员气囊、乘员气囊、方向盘、头部气帘、行人保护及防滑气囊、侧气囊、膝部气囊、夜视系统、雷达、鞭打保护系统、集成式儿童增高座垫、行人保护用引擎盖提升器、电控单元及安全带等产品的安全系统集成供应商。

我们拥有拯救生命的激情；我们全心全意地为顾客提供满意的服务，重视他们的驾驶安全；我们尽力提高员工的技术、知识及创造性；我们始终坚持最高标准的道德伦理行为；我们企业是建在全球化思维和因地制宜的本地化运作基础上的。

为了实现我们的使命，奥托立夫在中国进行了一系列的投资。

1990年建立了中国第一家安全带生产企业：南京宏光奥托立夫汽车安全装备有限公司（已于2009年更名为南京奥托立夫汽车安全系统有限公司）。

1994在长春建立生产安全带的长春宏光奥托立夫汽车安全装备有限公司。

1999年建立了生产安全气囊的上海奥托立夫汽车安全系统有限公司。

2002生产安全带及安全气囊的长春奥托立夫贸鸿汽车安全系统有限公司（已于2007年更名为长春奥托立夫汽车安全系统有限公司）。

2002年后，伴随着中国汽车市场进入了新一轮快速发展的轨道，我们实施了更大规模的投资。

2005年建立了生产安全带及安全气囊的广州奥托立夫汽车安全系统有限公司。

2006年建立了生产汽车安全电子产品的上海奥托立夫电子有限公司，生产气体发生器的奥托立夫（上海）气体发生器有限公司，生产方向盘的上海奥托立夫汽车方向盘有限公司。

2007年建立了生产安全带织带的太仓维欧爱申达特种纺织品有限公司。

2009年奥托立夫（上海）管理有限公司、奥托立夫汽车安全系统研发有限公司、上海奥托立夫汽车安全系统有限公司新址落成，全资收购南京宏光奥托立夫汽车安全装备有限公司，更名为南京奥托立夫汽车安全系统有限公司。

2010年上海奥托立夫汽车安全系统有限公司自产安全气囊气袋。

2010年7月份与北汽海纳川合资成立北京奥托立夫汽车安全系统有限公司

2011年南京新工厂建成并投入使用。

这些新的投资业务，一方面是为了适应中国市场的高速增长，另一方面是为了实现奥托立夫先进成本国家战略，以满足亚太地区需求。

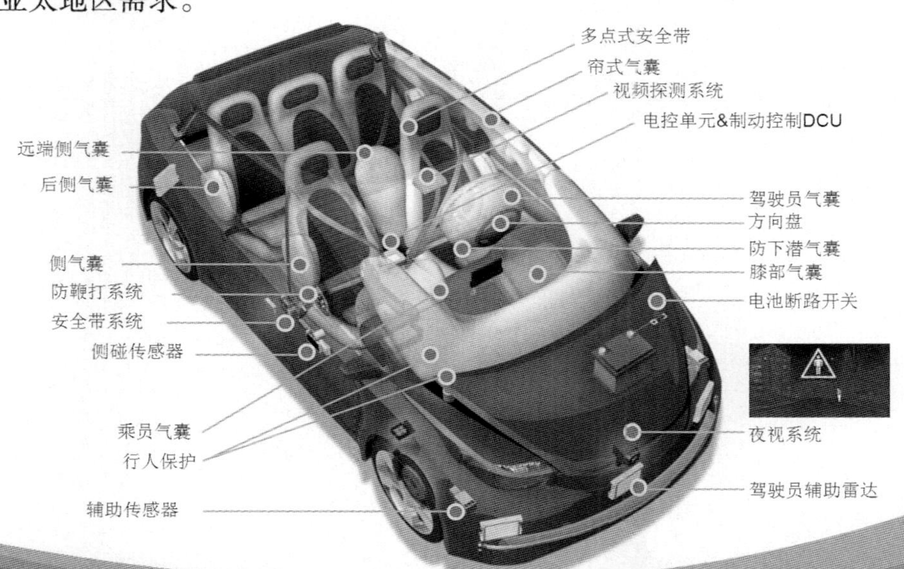

# 乐家（中国）有限公司

乐家，于1917年由乐家兄弟在西班牙巴塞罗那创立。作为全球最大的卫浴设备生产企业[注]，在欧洲、非洲、亚洲和拉丁美洲拥有72家工厂，旗下众多品牌产品销往世界135个国家和地区。

乐家（中国）有限公司，作为乐家集团在中国的独资企业，于1999年在中国南海设立，通过二十几年扎根中国不断发展，目前在中国拥有7家工厂和2个物流中心。

乐家，追求不断更新的设计、稳定的品质和创新的技术：

## 人人可及的美妙设计

设计是乐家的精华。在乐家设在巴塞罗那的全球设计中心，与世界知名建筑大师、设计大师合作，全力以赴，以满足我们一贯高品位以及高标准的客户层出不穷的新需求。在众多奖项中，最值得一提的是2008欧洲设计管理大奖，一个只颁发给把创新设计思维成功融入经营管理的企业。乐家获此殊荣，进一步奠定了乐家在卫浴行业创新设计上的领导地位。

## 环保

乐家一向坚持在环保方面的承诺，坚持与环境维持一个长久及平衡的共存状态，并保证每一件产品，均完全符合欧洲的绿色标准。

## 创新技术

乐家致力创造未来。乐家不断构思新产品、设计及物料，并进行全方位的研究，范围涵盖色调、科技、人体工学、医疗卫生等，务求为消费者创造一个舒适的卫浴空间。

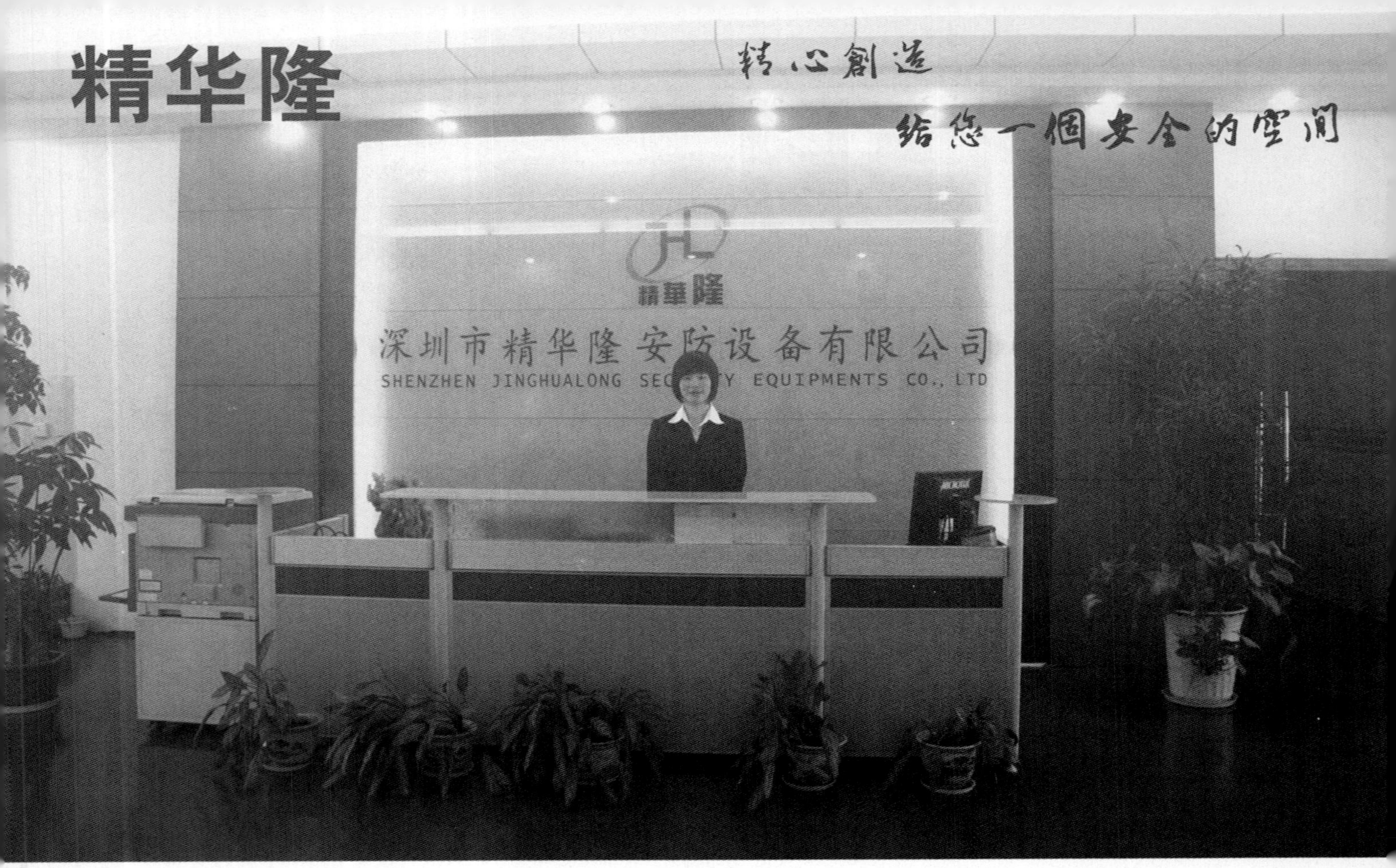

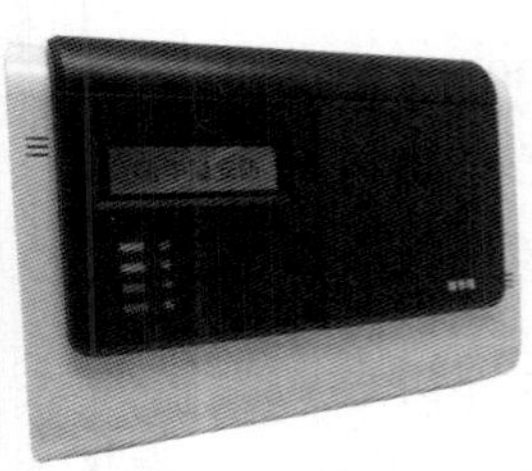

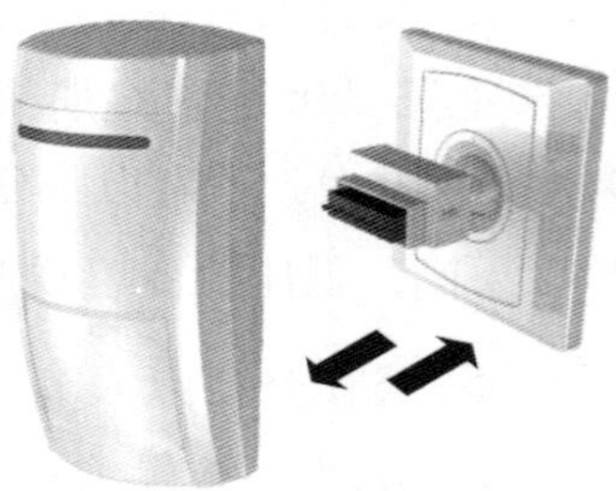

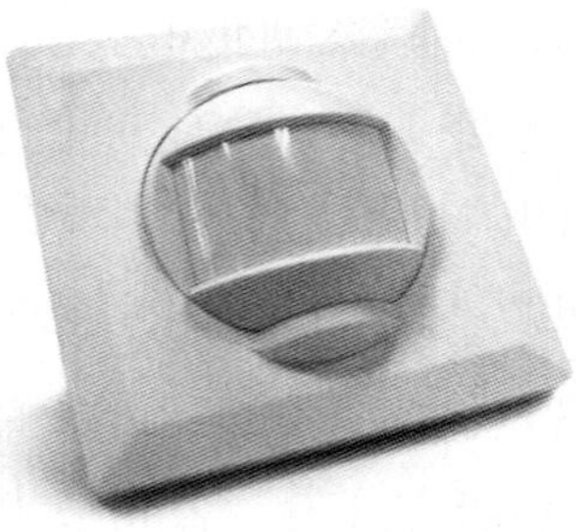

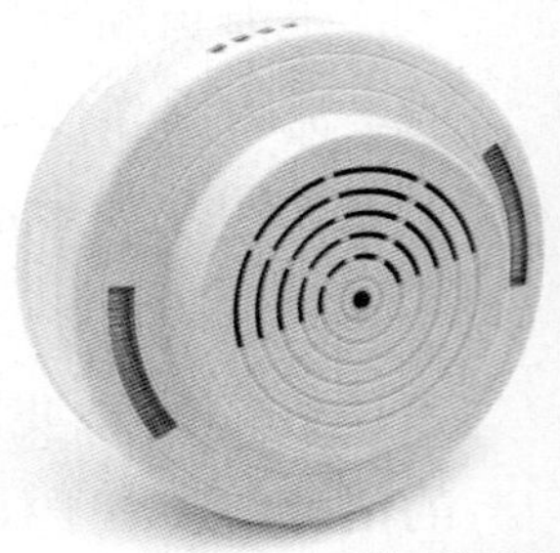

# 好当家集团

好当家集团坐落于山东半岛最东端——荣成市，创建于1978年，经过30多年的不懈努力，现已发展成一处集远洋捕捞、水产养殖、食品加工、热电造纸、滨海旅游等产业为一体的大型国家级企业集团，形成了渔工贸、产学研一体化的综合性经营格局。集团现拥有直属企业50多处，职工10000多人，固定资产60多亿元。2004年公司控股山东好当家海洋发展股份有限公司在上海证券交易所成功上市，是国内首家海洋产业上市公司。

公司是全国农产品加工出口示范单位、全国食品工业优秀龙头食品企业、中国工业行业排头兵、国家级企业技术中心、国家农产品加工技术研发专业分中心、高新技术企业、中国专利山东省明星企业、省级文明单位，下辖的山东好当家海洋发展股份有限公司被评为全国农业产业化优秀龙头企业，水产养殖区被列为全国水产养殖标准化示范区。“好当家”海洋食品被评为中国名牌产品，好当家注册商标被评为中国驰名商标，并成为十一届全运会海参产品独家供应商和海洋食品指定供应商。

公司建有5万亩围海养殖基地、21万亩深海养殖基地、40万平方米海参苗种基地，并在山东乳山、福建霞浦、广东深圳、广西北海、海南东方等地建有养殖基地，是国内面积最大的海参海蜇养殖基地；公司拥有16处食品加工企业，主要生产“好当家”牌冷冻调理、休闲即食、罐头食品等海洋食品，年生产能力20万吨，公司充分发掘海参的药理功能，开发出好当家刺参系列功能保健品和医药品，具有纯天然、无副作用、针对性强，效果明显的特点，公司在上海、北京、哈尔滨等各大城市建立了300多家“好当家刺参”连锁专卖店；公司拥有年生产22万吨的箱板纸厂、年产1.5万吨的水转印纸厂、年产2000万平方米的纸箱包装厂以及热电厂、塑料管网制品厂、制砖厂等；公司拥有30条捕捞渔船和冷冻运输船，从事远近洋捕捞和运输，建有造船厂一处，可进行1000马力以下的各类渔船；公司已建成万吨级冷链物流配送中心并拟建10万吨级国家一类开放港，打造新的物流航运中心；公司倾力打造“好当家天海湾国际旅游度假城”，包括五星级宾馆、温泉养生项目、旅游地产、36洞高尔夫球场、海上垂钓中心、生态型农业示范园、游艇俱乐部等项目。

好当家集团董事长唐传勤是全国劳动模范、全国农村百名优秀人才、全国建设新农村十大杰出复转军人、2007年度CCTV十大三农人物、中国当代渔业企业领军人物、山东省人大代表、山东省优秀共产党员、山东省改革开放三十年渔业发展优秀企业家、山东省乡村之星。

防火防盗保险柜

枪箱

C级防盗防爆保险柜

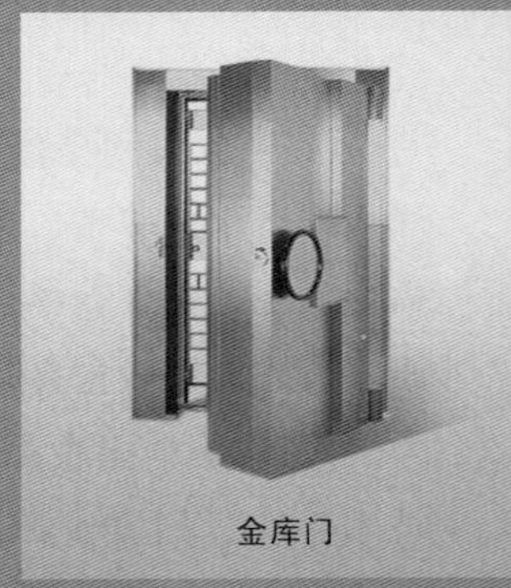
金库门

# 惠州玛骐摩托车有限公司

惠州玛骐摩托车有限公司成立于1993年，为中外合资企业。是国内首家与台湾光阳技术合作的厂家，也是国家第一批摩托车下乡的生产企业之一，具有国家五部委公告的《具有出口资质的摩托车整车生产企业》目录。

公司实施ISO9001—9002质量体系认证和ISO14001环境体系认证以及“3C”中国国家强制性产品认证；通过国家摩托车生产企业“准入制度”。目前公司生产基地占地面积达42万平方米，其中厂房面积5万平方米，具备年产发动机50万台和整车50万辆的生产能力。

公司生产的“麦科特”、“MCT”品牌以优良的品质和优质的服务在市场上获得了很高的知名度和信誉度。多次荣获中国质量协会、中国消费者协会、中国商品协会等国家权威机构授予的“全国十佳品牌”、“中国质量过硬放心品牌”“最受欢迎产品”“向消费者推荐产品”“明明白白消费”等多项荣誉，并成功创造了国产摩托21万公里无大修的行驶记录。

本着“以人为本”的经营理念，坚持“目标、责任、实干、绩效”的企业精神，贯彻“企业与人为本，质量以严为纲，以市场为导向、以顾客为中心”的经营方针，以“创建一流企业，营造一流环境，生产一流产品，培育一流人才”为目标，麦科特摩托正向美好而辉煌的明天奋进、攀登。

中国力量 自由梦想
power of china
dream of freedom

发现，是一种态度，于平庸中勾勒梦想的宽度；旅行，是对自由的追逐，于行走中寻找生命的归属；钟情摩旅的极限探索装备，源于每时每刻的舒适驾驭，首开国内休旅车先河的赛科龙RX3，将内心的蓬勃激情尽情释放，张扬造型内蕴优越品质，精湛工艺演绎人性设计；源于跑车的操控技能，令驾驭收放自如；高性能发动机，彰显澎湃动力；更有以人为本的安全配备，让人车惺惺相惜。赛科龙RX3，让每一次休闲旅行的热情始终如一，无论何时何地，魅力难掩。驾驭RX3，将你的本性一路张扬！

服务电话 4007003088 地址：重庆市巴南区宗申工业园 邮编：400054 网址 http://www.zongshenmotor.com 新浪微博 http://weibo.com/zsmotor 腾讯微博 http://t.qq.com/zongshenteam

宗申机车

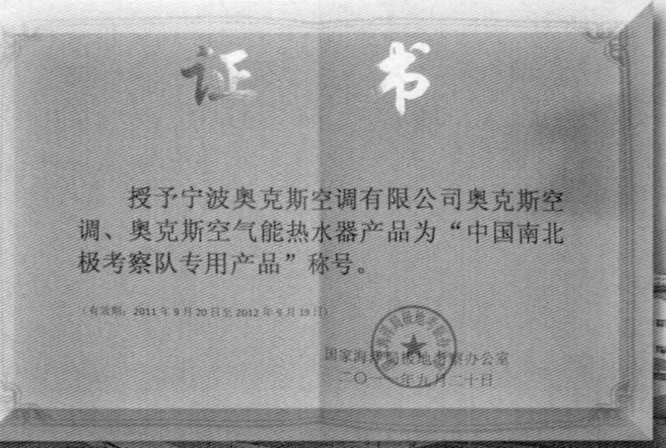

证书
授予宁波奥克斯空调有限公司奥克斯空调、奥克斯空气能热水器产品为“中国南北极考察队专用产品”称号。

# 华北电力大学生物质发电成套设备国家工程实验室

华北电力大学生物质发电成套设备国家工程实验室于 2009 年经国家发展改革委员会批准设立，依托华北电力大学建设，国能生物发电集团、国能电力集团、济南锅炉集团参与共建，旨在突破生物质发电的技术瓶颈，促进生物质能产业发展。2012 年 8 月 20 日，实验室通过国家认证认可监督管理委员会的审批，获得了资质认定计量认证证书（证书编号：2012003337K），实验室具备国家有关法律、行政法规规定的检测条件和检测能力。

实验室现有工作人员 14 名，其中管理人员 4 名、检测人员 10 名，具有博士学历以上人员 11 名。实验室占地面积 4000 平方米，其中恒温恒湿面积 300 平方米。主要仪器设备有：等温式全自动量热仪、智能灰熔融测试仪、自动高温水解滴定氟氯测定仪、德国 vario MACRO cube 元素分析仪 、美国安捷伦原子吸收仪、高温高压微波消解仪、烟气分析仪、快速热解 – 气质联用仪、热重 – 红外联用仪等大型精密仪器设备。实验室具备煤炭和生物质燃料的工业分析、元素分析、着火点测定、发热量测定、灰熔融性测定、灰中金属元素含量测定、热重分析等方面的分析检测能力，可向社会提供燃料特性的分析测试服务。2012 年实验室新增纵向项目 17 项，其中“十二五”科技支撑计划项目 2 项、国家自然基金 4 项，国家外专局项目 1 项；完成企业委托项目 10 余项。同时获得三项国家能源局关于生物质发电能源领域行业标准制定计划。此外实验室于 2012 年加入中关村开发实验室，成为新能源领域开发实验室之一。 实验室不断完善实验室规范化管理与资质建设，以更加完备的服务体系、更为规范的内部管理、更高水平的服务质量，服务于社会，为企业和科研机构提供有效检测数据和结果。

地址：北京市昌平区回龙观北农路 2 号华北电力大学主楼 B 座
电话：010-61772032-808、010-61772990
传真：010-61772992

# 中国人民大学电子文件系统测试中心

中国人民大学电子文件系统测试中心（以下简称 ERSTC）是中国人民大学和国家计量认证高校评审组领导下的国家级计算机软件系统质量检测的计量认证机构。中心成立于 2011 年 2 月，已按照 GB/T 17025《实验室资质认定评审准则》、CNAS–CL01：2006《检测和校准实验室能力认可准则》和 CNAS–CL20:2006《检测和校准实验室能力认可准则在信息技术软件产品检测领域的应用说明》建立了完备的质量管理体系并能有效实施，为社会提供可信的系统测试服务。

ERSTC 工作定位于理论研究、实践应用和工程测试服务相结合，现有工作人员 12 名，其中高级职称以上 8 名。ERSTC 借助于中国人民大学信息学院、信息资源管理学院和中国人民大学数据工程与知识工程教育部重点实验室的教师力量、实验设施和文理研究相结合的人、财、物综合资源优势，在电子文件管理学科方向不断地探索和研究如何基于计算机系统实现对电子文件管理的科学管理，研究电子文件管理系统的功能要求、建设指南、测试规范以及机构开展电子文件管理的能力要求和能力评估方法等国家标准，研究电子文件系统测试的原理、方法和技术，通过实施系统测试为国家有关主管部门提供行业准入机制和辅助决策信息与建议，为我国逐渐推行电子文件管理的认证认可制度奠定坚实的基础。

ERSTC 目前已经研究并制定了电子文件管理系统的标准符合性测试套件，建立了电子文件系统测试过程质量管理平台，面向电子文件系统的研发厂商和应用单位开展标准符合性测试，并出具系统测试报告。通过测试，使厂商电子文件管理系统的质量得到了提升，使厂商的系统建设与实施人员对电子文件管理工作的具体要求有了深入的认识和理解，使用户单位得到了高质量的电子文件管理系统，不仅缩短了电子文件系统的实施周期，节约了成本，而且促进各行各业电子文件管理文化氛围的形成与深化，这对机构信息资产的增值、国家历史记忆的留存和绿色网络生态环境的建设与发展都具有非常重要的作用和意义。

在我国，电子文件管理已经上升到国家战略高度， 2009 年我国成立了跨部委的国家电子文件管理部际联席会议办公室，陆续制定并发布了《电子文件管理暂行办法》（厅字 [2009]39 号）、《国家电子文件管理工作规划》（2011–2015）和《电子文件管理标准体系框架》等一系列国家层面的规章制度和标准规范，明确提出将 “开展电子文件管理的认证认可工作，推行电子文件系统测评工作，建立电子文件管理的能力评估体系”作为未来 5 年国家电子文件管理工作的主要内容和重要任务之一。目前 ERSTC 已受国家电子文件管理部际联席会议办公室的委托，完成了国家标准《电子文件系统测试规范》的起草，正在开展《电子文件管理能力的基本要求》和《电子文件管理能力的评估规范》两项国家标准的制定，这是电子文件管理国家战略的落地实施和电子文件管理认证认可体系的顺利推行的重要的、基础性工作。

# 中国人民解放军总后勤部车辆装备检测试验中心

一、认可证书编号：CNAS L5870

二、通过认可时间：2012 年 10 月 15 日

三、认可范围

中国人民解放军总后勤部车辆装备检测中心可承担车辆装备、方舱等产品的性能检测试验工作，现有高低温湿热实验室，淋雨试验室、日照试验室等大型试验室，为各类产品提供了完善的室内模拟试验环境，可完成各种产品的高低温湿热环境适应性试验、防雨密封性试验、日照热效应试验等。

四、主要技术指标

（一）高低温湿热试验室：

1、有效容积：15m × 9m × 5m（长 x 宽 x 高）

2、温度范围：–55℃ ~ + 70℃

3、温度控制精度：± 1℃

4、湿热温度范围：+ 20℃ ~ + 60℃

5、相对湿度范围：45%~95%

（二）淋雨试验室：

1、有效容积：15m × 9m × 5m（长 × 宽 × 高）

2、降雨量：1.7mm/min~10mm/min

（三）日照试验室：

1、有效容积：15m × 9m × 5m（长 × 宽 × 高）

2、光源能对试验装备上顶面、前面、左右侧面进行照射，且照射距离可调

3、辐射强度：0~1120w/m2（可调）

五、其它试验室

本中心还建有道路模拟试验室，可对车辆及车身等零部件总成进行道路模拟试验， 节省产品研发时间，提高产品研发效率和质量。

主要技术指标

1、试验车辆最大总质量：2000kg

2、工作频率：0.1~50Hz

3、单作动器名义推力：160KN

4、作动器名义行程：400mm

5、作动器最大加速度：16g

地址：天津市河东区万东路 20 号　　　邮编：300161
电话 / 传真：022–84656961　　　E–mail：vetcpla@163.com

# 天津矢崎汽车配件有限公司检验中心

天津矢崎汽车配件有限公司检验中心始建于 1989 年 05 月，隶属天津矢崎汽车配件有限公司，是其属下一个专门从事产品检验的部门，检验中心人事行政属天津矢崎汽车配件有限公司管理。

天津矢崎汽车配件有限公司成立于 1988 年 03 月，位于天津经济技术开发区，占地 37，079M2，注册资金 1963.4 万美元。主要经营车用低压电线束的制造。产品出口日本、美国及国内各大汽车制造厂商。

检验中心负责公司产成品检验、检测工作。现有检验人员 12 人，大、中型检测设备 6 台套。检验中心负责公司内部产品性能检验。主要检验工作有：车用低压电线束尺寸、端子与电线连接、电线束包扎、零部件的安装、拉力、接点拉力和撕裂力、密封塞压接；端子与导体横断面；电压降等。

2010 年底为确保检验工作的科学公正、准确及时，检验中心依据国家相关法律法规、方针政策和 CNAS CL01:2006《检测和校准实验室能力认可准则》ISO/IEC17025: 2005 )的要求，正式开始了实验室管理体系的运行。

2013 年 4 月，检验中心通过了 CNAS 的认可评审。目前检验中心已建设成为一个技术力量较强、检测手段先进、工作环境良好的检测实验室。检验中心将继续秉承“遵守法律法规，满足客户要求，检测结果准确，防止不良流出”的质量方针，确保检验工作、服务客户。

## 国家茶叶质量监督检验中心（福建）

国家茶叶质量监督检验中心（福建）是经国家质量监督检验检疫总局批准的国家级茶叶质检机构，承担各级政府下达的茶叶监督抽查、风险监测、茶叶生产许可证发证检验、质量仲裁检验任务和企业委托检验工作，并承担全国茶叶标准化技术委员会乌龙茶标准制修订工作。将不断完善质量管理体系、加强科学管理、提高技术水平、增强服务能力，竭诚为广大客户提供优质、高效、公正的检测服务。

严格按照《检测和校准实验室能力认可准则》、《食品检验机构资质认定评审准则》和《实验室资质认定评审准则》等要求，建立了质量管理体系。通过国家计量认证/审查认可授权和实验室认可，检验能力覆盖我国各茶类的国家和行业茶叶产品标准，检测参数包括茶叶产品的感官品质、理化、农药残留量、污染物、微生物等指标，参数和产品标准共计184项。拥有多种大型先进进口检测设备：如气相色谱仪（GC）、石墨炉原子吸收光谱仪（AAS）、原子荧光光度计（AFS）、气质联用仪（GC-MS）、凝胶净化浓缩系统（GPC）、高效液相色谱仪（HPLC）、液质联用仪（LC-MS）、等离子体发射质谱仪（ICP-MS）等设备，建立了微生物百级净化实验室，P2实验室，检测设备先进，设施完善。现有25名工作人员，其中教授级高级工程师1名，高级工程师5人，工程师9人，高、中级评茶师10人，硕士研究生10人。


地 址：福建省安溪县火车站工贸区A-18号　　邮 编：362400

电 话：0595-23286755　　传 真：0595-23261810

网 址：www.cyjy.org　　电子信箱：fjaxcjz@163.com


## CAEP 中国工程物理研究院计量测试中心

中国工程物理研究院计量测试中心位于四川省绵阳市涪江之畔的科学城内，拥有总建筑面积8320平方米、采用中央空调的计量大楼，设施完备，环境幽静。拥有一批国内先进的仪器设备，具有几何量、热学、电磁学、力学、无线电电子学、时间频率、电离辐射、光学、化学等专业的计量检测能力。承担计量测试技术研究、量值传递、专用测试设备研制、计量器具维修等工作。在精密测量、振动冲击测试、高电压测试、脉冲参数及微波参数计量等方面居于国内先行水平。

计量测试中心是国防科技工业5116二级计量站，通过了总装备部军用实验室认可（校[2010-62]）、国防科技工业校准实验室认可、中国合格评定国家认可委员会国家校准实验室认可（CNAS L1377）。

计量测试中心秉承"铸国防基石，做民族脊梁"理念，以高水平的技术和优质的服务，竭诚为院内外同行和客户提供全方位的计量检测技术服务与技术合作。


地址：四川省绵阳市919信箱811分箱

邮编：621900

电话：0816-2493182

传真：0816-2483182


## 中国人民解放军军事医学科学院<br>医学计量测试研究站

军事医学科学院医学计量测试研究站隶属于中国人民解放军军事医学科学院，是从事医学实验仪器检测工作的专业技术机构，为军队内部及社会提供医学实验设备检测技术服务。

医学计量测试研究站始建于1996年，2012年12月通过国家认证认可监督管理委员会现场评审组的评审，2013年3月获得国家认证认可监督管理委员会批准可以向社会出具有证明作用的数据和结果，并授予资质认定证书（计量认证证书），编号为：2013003374S。

医学计量测试研究站配备有先进的标准计量器具，配套有相应的辅助设施和办公设施，可保障检测业务的正常开展。现主要设置有热学组、力学组、光学组、化学组、生物安全组5个专业技术组，可提供分光光度计、蒸汽灭菌器、生物显微镜、生化分析仪、电子天平、压力表、常用玻璃量器、离心机等实验设备的检测技术服务。现有持证计量检定员11人，其中高级专业技术职务2人，中级专业技术职务9人。

医学计量测试研究站全体工作人员认真贯彻实施国家和军队有关标准、法规，保证提供科学、准确、可靠、公正的测试数据，确保为军队内部及社会各界客户提供满意的检测服务。


联系人：程环

电话：010-66931923

地 址：北京市海淀区太平路27号

邮编：100850


## 龙 岩 市 计 量 所

**龙岩市计量所是依法设置国家授权的法定计量检定机构，属独立法人单位，具有独立的机构编制。于2013年4月10日正式通过中国合格评定国家认可委员会（CNAS）认可评审，证书号码CNAS L6151。主要负责龙岩市的计量单位统一和量值溯源，负责研究和建立计量标准、社会公用计量标准，进行量值传递，执行强制检定和其它检定、校准和检测，起草检定规程和校准规范，培训计量检定、校准技术人员，承担计量仲裁检定和有关计量技术考核，承担福建省、龙岩市质监局指派的其他计量检定、校准、计量监督工作。**

**该所内设有长度室、流量室、力学室、电学室、化学室五个专业室，建有长度、热学、力学、电学、化学等五类52项社会公用计量标准，其中通过国家校准实验室认可项目52项。为社会提供检定、校准服务，并为行政执法提供公证数据。**

**该所现有职工50人，其中高级工程师7人、工程师8人；硕士研究生3人，本科14人。房屋面积1582平方米，其中实验室面积1150平方米。拥有仪器设备固定资产850万元。**

**近年来，该所秉承"科学、公正、准确、满意"的宗旨，全面实施科技兴检战略，大力加强实验室质量管理，配强检测仪器设备，做好量值比对，提升检测能力，强化学习培训，加强绩效管理，为龙岩科学发展、跨越发展提供了强有力的计量技术支撑。**

# 三棵树涂料股份有限公司检测中心

2012年8月6日，三棵树涂料股份有限公司检测正式通过中国合格评定国家认可委员会认可，成为国家认可实验室，是福建省涂料行业首家通过国家认可的企业实验室。三棵树检测中心的先进的检测设备、专业的技术能力以及实验室管理体系的良好运行赢得了评审专家的高度认可。　三棵树检测中心现拥有国际一流的尖端检测设备，如进口的扫描电子显微镜、气质联用色谱仪、ICP电感耦合等离子体发射光谱仪、液相色谱仪、气相色谱仪、红外光谱仪、玻璃化温度仪、粒径分布检测仪、QUV耐候测试仪等科研设备，为技术研发和质量管理提供了强有力的硬件保障。

三棵树检测中心团队成员在实验室领域皆具有丰富的工作经验，是一支管理能力强、专业水平过硬、综合素质高、尽职尽责的技术人员队伍，在通过国家实验室认可之前，就已通过了ISO9001、卓越绩效管理等8个质量管理和产品管理体系。

三棵树检测中心通过国家认可实验室后，具备对外开展检测的能力，检测项目包括：1.溶剂型木器涂料中的苯含量，甲苯、二甲苯、乙苯含量总和，甲醇含量，卤代烃含量，可溶性重金属含量（铅、镉、铬）；2.内墙涂料中的苯、甲苯、乙苯、二甲苯总和，游离甲醛，可溶性重金属（铅、镉、铬）；3.胶粘剂中的游离甲醛，苯，甲苯+二甲苯，甲苯二异氰酸酯，二氯甲烷，1,2-二氯乙烷，1,1,2-三氯乙烷，三氯乙烯；4.建筑用外墙涂料中的苯含量，甲苯、乙苯和二甲苯含量总和，游离甲醛含量，游离二异氰酸酯（TDI和HDI）含量总和，重金属含量（铅、镉、六价铬）；5.水性木器涂料中的苯系物含量（苯、甲苯、乙苯和二甲苯总和），游离甲醛含量，可溶性重金属含量（铅、镉、铬）。

三棵树检测中心成为国家认可实验室，不仅表明三棵树检测中心检测准确性达到国家认可标准，而且它的公正性也是通过国家实验室认可委员会考验的，不因其母体公司的性质而对检测结果产生任何影响。所以，如果您和您的朋友有质量问题需要解决的，请找三棵树检测中心解惑，三棵树检测中心承诺向您提供公正、准确、快速、保密的检测服务。

# 成都信息处理产品检测中心

1　组织简介

1.1 成都信息处理产品检测中心（以下称本中心）是经业务主管单位四川省成都市高新区科技局批准，于2008年3月在成都高新区社会事业局注册成立的独立法人机构，是四川科技应用创新服务平台软件产品第三方评测认证专业服务机构。

1.2 本中心是依照CNAS-CL01:2006《检测与校准实验室能力认可准则》、《检测和校准实验室能力认可准则在信息技术软件产品检测领域的应用说明》的要求，以及《中华人民共和国计量法》、《中华人民共和国标准化法》、《中华人民共和国质量法》等国家有关法律法规的要求，严格管理的实验室，已获得国际多家大中心的认可。我们坚持“公正、公平、高效、诚信、科学、准确”的质量方针，提供精良的测试设备，准确的检测方法和优质的专业服务，现已为多家客户提供检测服务，得到了市场的认可。

2　本中心标识：

名称：成都信息处理产品检测中心

地址：四川省成都市高新区孵化园6号楼公共技术平台　邮编：610041

传真：028-85336199　　E-Mail：2355487962@qq.com

3　实验室人员及设施：

该实验室始建于　2008　年，现有工作人员13名，其中管理人员3名，检测/校准人员8名。占地面积100平方米，其中试验场地60平方米。

3.1 设施环境：实验室的检测环境采用防静电措施，检测面积60平方米，制定了内务管理制度，对进出检测区域制定了管理要求，检测环境满足实验室的检测业务的发展。

3.2 依据标准：实验室实施软件检测采用的GB/T25000.51-2010标准为现行有效标准。

4　实验室主要人员：

实验室主任车容俊，质量负责人李元、技术负责人兼技术部负责人、设备管理员杨光意、质量监督员邱子严、档案管理员兼样品管理员谢静、测试人员卢慧、高弘博、林夏、人事行政经理李乐

5　实验室质量管理体系文件

实验室依据CNAS-CL01：2006认可准则、应用说明CNAS-CL20及相关的法规等文件。

# 中广核检测技术有限公司

中广核检测技术有限公司(CITEC)，成立于2007年10月，由苏州热工研究院与西班牙TECNATOM公司共同投资组建，注册资本金1.7亿元人民币，是中国与西班牙在高科技领域组建的第一家大型合资企业。CITEC是从事役前、在役检查、无损检测技术服务和检测设备、技术研究开发的专业公司，服务领域涉及核电站、核电装备制造企业、火电厂、石油、化工、航空航天等行业。

2013年9月，CITEC正式通过中国合格评定国家认可委员会（CNAS）国家实验室认可，认可范围包括：民用核安全机械设备（超声波、射线、磁粉、渗透、涡流、目视检测）、压力容器（超声波、射线、磁粉、渗透检测）、压力管道（超声波、射线、磁粉、渗透检测、涡流检测）。

CITEC拥有国际一流的各类无损检测自动检查装备，主要有：核电站反应堆压力容器超声、视频自动化检查装备；反应堆压力容器接管焊缝射线检查设备；蒸汽发生器传热管自动涡流检查系统；主螺栓、螺母自动超声、涡流检查系统以及其他各种特殊环境检验设备等。

针对EPR第三代核电站新的在役检查要求，开发了控制棒驱动机构、稳压器加热元件套管、主管道窄间隙焊缝等在役检查自动检查装置，其中控制棒驱动机构自动涡流检查装置、控制棒驱动机构压力衬套对接焊缝自动超声检查装置，均为自主研制的国际和国内首台三代核电站关键部件检验设备。

CITEC在主要承担的广东大亚湾、辽宁红沿河、福建宁德、广东阳江、广东台山和广西防城港等中国各大核电基地的役前、在役检查中，取得了良好的业绩，并得到行业的一致公认。

地址：苏州市工业园区阳浦路191号

电话：0512-81878600

网址：www.citec.cn

# 上海航空电器有限公司试验中心

上海航空电器有限公司试验中心原名上海航空电器厂试验室，与母体同时与1956年成立。上海航空电器有限公司隶属于中国航空工业集团公司，位于上海市闵行区中春路6629号，交通便利，距虹桥枢纽仅15分钟车程。中心现有专业技术人员20余名，试验场地近1200平方米，试验设备30余台，主要从事航空、航天、船舶、兵器等军用民用配套产品的环境适应性试验和光学特性检测工作。

中心下设综合技术、气候环境、可靠性、力学强度、光学等五个专业技术组。已获CNAS/DILAC认可进行GJB150-86及GJB150A-2009中低气压、高温、低温、温度冲击、温度高度、湿热、加速度、振动、冲击、太阳辐射等环境试验项目。可进行GJB455-1988/ GJB1394-1992/ GJB2020-1994等标准光学性能检测。

中心拥有试验设备30余台。其中特色设备为：5吨推力可翻转式振动台，可满足较大量值的产品进行各轴向振动和冲击试验；离心试验台可进行最大80g离心力的加速度试验；高温试验房可进行大体积多数量产品的高温试验；容积为1立方米的温度高度试验箱可满足对较大体积产品进行低气压及温度高度试验的需求。

中心自成立以来，以“搭建一个平台，建立一套体系，打造一支队伍”为目标，依托上海航空电器有限公司的资源优势，经过全体员工的共同努力，在硬实力和软实力上都有了长足的发展。中心建立的试验信息管理系统为各项任务高效有序的进行提供了强有力的保障；中心以CNAS/DILAC要求建立的管理体系使中心日常活动专业化与规范化；中心按试验项目类型进行专业分组，细化试验的方法研究与实施，并定期组织全员会议，交流经验，共享资源，打造出“一专多能”的业务团队。

上海航空电器有限公司试验中心将秉持“航空报国，强军富民”的宗旨，坚守“过程求真务实，结果客观公正，持续改进，客户满意”的质量方针，以先进的航空技术，科学的质量管理，最大的热情，全情的投入为各企事业单位，科研院所提供优质的服务。

## 飞利浦灯具（上海）有限公司

飞利浦灯具（上海）有限公司实验室成立于2001年，现有18名员工，其中工程师5名，技术员11名，上岗人员均经过岗位培训考核。实验室下设灯具安全试验室、配光试验室及电磁兼容试验室，总面积约820m2，其中办公室面积约为90m2。实验室拥有GMS2000立式大型分布光度计、ENV216+Receiver电磁兼容检测设备、温度记录仪、弹簧冲击锤等150多台检测仪器设备，固定资产约1200万元，其中设备资产约为700万元。

飞利浦灯具（上海）有限公司实验室目前主要业务是：灯具产品安全性能检测、型式试验、投诉抱怨分析检测、灯具配光检测、灯具EMC检测等相关检测项目，多年来为保证本公司产品的内在质量及新产品开发．起到了重要的作用。

飞利浦灯具（上海）有限公司实验室于2007年成为KEMA认证检测机构（现在更名为DEKRA）的WMT实验室，2012年5月通过DEKRA的WMT实验室复审并获得签发证书。

2012年7月通过中国合格评定国家认可委员会（CNAS）的实验室认可，证书编号CNAS L5745。

飞利浦灯具（上海）有限公司实验室依据GB/T 27025：2008 IDT ISO/IEC 17025:2005《检测和校准实验室能力的通用要求》建立了健全的运行有效的实验室管理体系，秉承“公正、科学、客观、准确、独立、迅速”的质量方针，保护客户机密和所有权，为客户提供高质量的检测服务。

## 上海锦湖日丽塑料有限公司检测中心

上海锦湖日丽塑料有限公司检测中心创立于2004年，2010年开始运行CNAS-CL01:2006管理体系，于2013年1月通过中国合格评定国家认可委员会实验室认可，证书编号为CNAS L：6004。

2011年本中心投资百万对实验室进行了重大改造，根据检测项目明确划分和标识检测区域，划分了物性检测区、流动性检测、耐热性检测区、机械加工区，改善了测试环境，并建立了恒温恒湿室，保证测试环境符合标准要求。实验室主要分检测室及应用评价两大模块，占地面积540平方米。

目前，检测中心已建立成为一个技术力量雄厚，检测手段先进的现代化实验室。共有30台主要仪器设备，拥有德国ZWICK电子万能材料试验机、ZWICK熔指测定仪、电子冲击试验机、意大利CEAST热变形温度测定仪、ATLAS水平垂直燃烧试验仪，ATLAS氙灯老化箱等一系列先进的检测设备。

目前，本中心管理层均为本科及以上学历，检测中心大专及以上学历占70%。为了确保人员的胜任力，本检测中心会不定期地组织人员参加外训，并组织内部培训以提高人员的技能；同时，实验室与外部其他第三方检测机构形成友好关系，参加实验室间比对、进行技术交流，保证检测结果的准确性，体系执行的有效性。

本检测中心坚持“准确、及时、真实、有效”的质量方针，不断要求提高自身的检测手段、技能及管理水平，努力为公司及客户提供专业化的服务。

联系电话：021-62968030　联系人：潘淑婷

邮箱：stpan@kumhosunny.com

地址：上海市闵行区华漕镇纪高路1399号

邮编：201107

## 江苏九鼎光伏系统有限公司

江苏九鼎光伏系统有限公司，座落于常州新北区薛家工业园，优先致力于光伏接线盒、连接器及其延伸系列的产品的设计、开发和研制。公司以“节能、低碳、安全”为研发项目的核心目标，致力于绿色、环保、节能领域的产品研发和应用，为用户提供安全、智能、快捷的解决方案和技术支持。

江苏九鼎光伏系统有限公司检测中心隶属于江苏九鼎光伏系统有限公司，成立于2010年。检测中心现有固定资产总额约200万元。经过多次发展扩充，现已建成了一个能进行光伏接线盒及光伏连接器专业检验检测中心。

本检测中心现有在编员工10余人，其中大中专以上学历达90%，是一支具有较高文化素质的队伍。

本检测中心在公司总经理的直接领导下，管理层设有中心主任、技术负责人及质量负责人；机构下设综合管理室、检测室两个职能管理部门。

本检测中心现有试验室面积250多平方米，检测中心主要设备有：高低温交变试验箱、氙灯老化箱、IP防护等级测试试验箱等检测设备。

本检测中心通过实施管理体系，使本检测中心全体人员熟悉与之相关的质量文件并执行这些政策和程序，确保本检测中心管理体系遵循CNAS-CL01:2006（idt ISO/IEC 17025：2005）《检测和校准实验室能力认可准则》、GB/T 27025-2008《检测和校准实验室能力的通用要求》运行。

本检测中心对影响检测质量的因素进行有效的控制，确保检测质量。本检测中心还将本着“严谨、规范、高效、协作”的原则和对客户及社会高度负责的精神，及时向客户提供科学、公正、准确的检测报告。

## 南方汇通股份有限公司检测中心

南方汇通股份有限公司检测中心，主要业务是开展本公司生产、经营、试制等过程的检测/校准工作。检测中心下设综合管理室、金属化学室、非金属化学室、金相检测室、长度室、热电室、力学室。其它相关工作由公司相应部门完成，接受公司的领导、监督和管理。检测中心组织机构如图示：

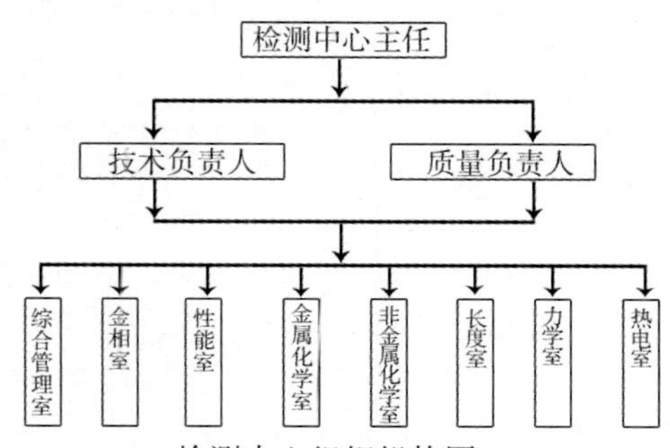

检测中心组织机构图

检测中心检测工作主要是铁路货车用钢铁材料、配件的金相组织、化学成份、物理性能的检测与分析，电焊锰烟等环境卫生检测；校准工作主要是公司长度、力学、电学、热工等仪器、设备的校准。

检测中心现有检测人员21名，其中工程师6人，助理工程师11人。

检测中心有固定资产净值约500万元，建筑面积1100m$^2$。建有9套计量标准，覆盖长度、力学、质量、电学、热工等专业。有德国的直读光谱仪，日本岛津的ICPS-7510高频等离子光谱仪、日本奥林巴斯金相显微镜、电子万能试验机、万能工具显微镜、二米测长机等设备。

# 中国海洋石油总公司计量检测中心

中国海洋石油总公司计量检测中心是中国海洋石油系统中唯一的具有国家一级计量标准的计量检测中心站，隶属于海石油工程股份有限公司。中心成立于1999年5月，经国家质量技术监督检验检疫总局考核合格，获国家一级计量检测认证，具有国家一级计量标准10项。2009年11月获得由中国合格评定国家认可委员会（CNAS）认可的校准实验室资质（证书：CNASL4267），认可的校准项目涵盖力学、电磁、热工、流量、气体五个领域。

中国合格评定国家认可委员会
实验室认可证书

计量中心拥有12套具有自主知识产权和国家专利（专利号：ZL00267844.6）的干式负荷装置，总容量29.2MW，可以实现在120米以内计算机远程操作或现场手动操作。可以测量、评价陆地电站、海上油气田电站、船舶电站、UPS电源等设备的主要技术指标。

计量中心拥有两套大型钢结构称重装置，采用微机控制的液压系统，系统测量准确度优于1%，测量重复性优于0.5%，可以为30000吨以下大型结构物进行重量、重心现场测量计算技术服务，也可以提供大型结构物顶升、水平位移技术服务。

计量中心还有多台套安全阀校验装置，80%以上的员工取得了国家特种设备（安全阀）操作证书，能够进行各种型式的安全阀的离线校验与维修工作。

# 天津市环亚建筑工程环境质量检测有限公司

天津市环亚建筑工程环境质量检测有限公司（以下简称环亚公司）成立于2004年，是天津市城乡建设和交通委员会管理的国有企业，为独立企业法人单位。该公司是“天津市省级民用建筑能效测评机构”和“建设工程质量检测机构”，是天津市经济和信息化委员会认定的“天津市固定资产投资项目节能评估机构”，拥有天津市质量技术监督局颁发的计量认证资格证书（CMA）。环亚公司实验室已于2013年9月10日获得CNAS实验室能力认可资格（初评），证书编号为CNAS L6399。

环亚公司座落于天津市西青经济开发区赛达国际工业城，拥有宽敞整洁的工作环境和技术先进的检测设备。其中，与本次通过实验室能力认可检测能力范围相关的主要设备有：墙体耐候性检测设备、建筑门窗动风压性能检测设备、门窗保温性能检测设备、墙体保温性能检测设备、散热器检测设备、产烟毒性试验设备、氧指数测定仪、导热系数测定仪、微机控制电子万能试验机等。

环亚公司经营范围包括：项目前期的固定资产投资项目节能评估、绿色建筑等级咨询评估，项目中期的建筑材料检测、结构工程质量检测，项目后期的建筑节能检测、建筑工程室内环境质量检测、民用建筑能效测评等。其中，作为拥有民用建筑能效测评资质的机构，环亚公司是天津市建交委批准的三家省级民用建筑能效测评机构之一，其民用建筑能效测评业务具有广阔的发展前景。本次通过CNAS实验室能力认可的检测能力范围包括：外墙外保温系统、建筑门窗、中空玻璃、散热器、绝热材料、绝热用模塑聚苯乙烯泡沫塑料以及民用建筑室内环境等。

环亚公司独立完成了《天津市民用建筑能效测评标识管理办法》的编制工作（这是天津市城乡建设和交通委员会的研究项目《天津市建筑节约能源条例》的子课题之一），并组织编制了《民用建筑能效测评操作规程》，该规程现已申请成为公司企标。环亚公司积极与开展建筑节能研究的天津大学、天津城建大学等院校开展科研与技术合作，其中，与天津大学合作的“华北地区既有建筑综合改造技术集成示范工程”项目日前已顺利通过了天津市高新技术成果转化中心组织的科技成果鉴定。

环亚公司的质量方针是：实事求是，方法科学，把关严格，服务规范；质量目标是：创一流实验室，提供一流服务，满足用户要求。秉承这样的质量方针和质量目标，环亚公司近年先后完成了天津市文化中心商业体、海河教育园国际交流中心等市重点工程项目，均受到客户的一致好评。

中国合格评定国家认可委员会
实验室认可证书

LABORATORY ACCREDITATION CERTIFICATE